KB273421

基本手法事典

바둑시리즈④

下 卷

藤沢秀行 著
김 홍 순 譯

五星出版社

머 리 말

　　본권에서는 「포석, 맞공격, 사활, 종반」의 수법을 실었다. 상권 「싸움의 수법」과 합쳐서 위기 전반의 수법을 집성한 셈이다.

　　가장 효율적으로 돌을 활동시킨 착수를 수법이라고 하는 것은 이 하권에서도 변치 않는다. 포석에서는 돌의 활동이 확산되어 알기 어렵고, 맞공격, 사활에서는 돌의 활동이 집중되어 빠지기 쉽다. 종반은 돌의 활동이라는 질적인 문제를 양으로 환산하는 공작이 필요하다. 모두 싸움의 수법과 같이 시언한 결론은 바랄 수 없지만, 각기 목적을 달성하기 위해 최선의 착점과 수순이 요구되는 것은 중반도, 서반도, 종반도 똑같다. 수법이란, 기수부터 종국에 이르는 길에 깔린 디딤돌이며 무수하게 보이면서 비슷한 패턴이 있다.

　　착의에 의한 분류는 특히 종반에서 난항했다. 나중에 생각하니 1국의·바둑을 포석, 싸움, 종반 등으로 분류하는 일 자체에 문제가 있고, 좀더 종합적인 관점에서 분류를 시도할 것이었는지도 모른다. 장래에 수법이라기보다는 착수의 목적 그 자체를 분석한 더욱 고차원의 사전도 생각될 것이다.

　　여하간 지금까지 시도된 일이 없는 분야에 발을 들여 놓아 제 나름대로 성과를 거두고 만족하고 있다. 「事典」이라고 하기에는 체계에 약간 불비한 점이 있지만, 「수법 독본」 내지 「실력 양성 문제집」으로서는 예기한 이상의 집합을 보아 의외로 피가 통하는 수법서의 체제를 이루었다. 본서를 발판으로 삼아, 더 심오한 자경으로 향할 의욕을 여러분이 가지신다면, 저자로서 그 이상의 기쁨이 없겠다.

저자

● 차례

〈제1부〉 포석의 수법

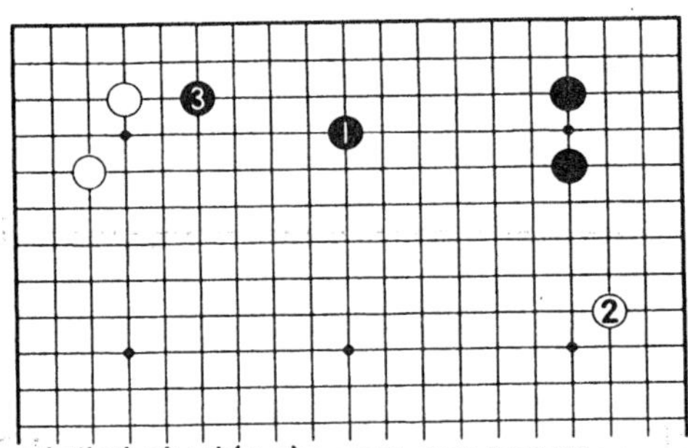

전개의 수법(16) 큰곳의 벌리기(흑선)

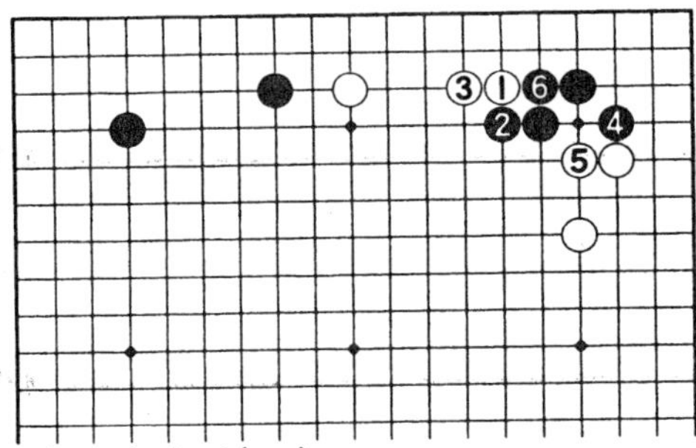

접근의 수법(37) 턱(백선)

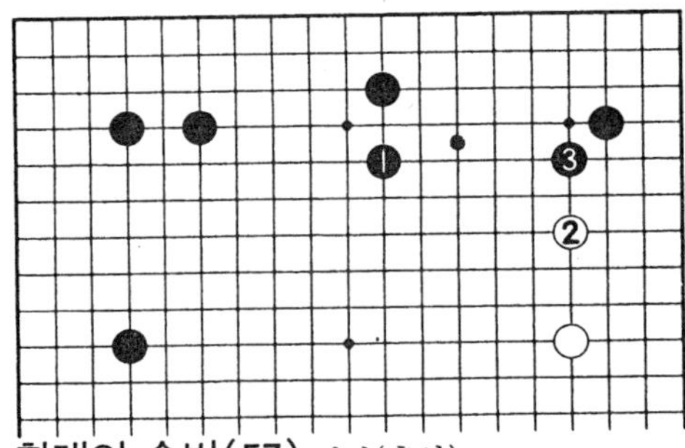

확대의 수법(57) 뛰기(흑선)

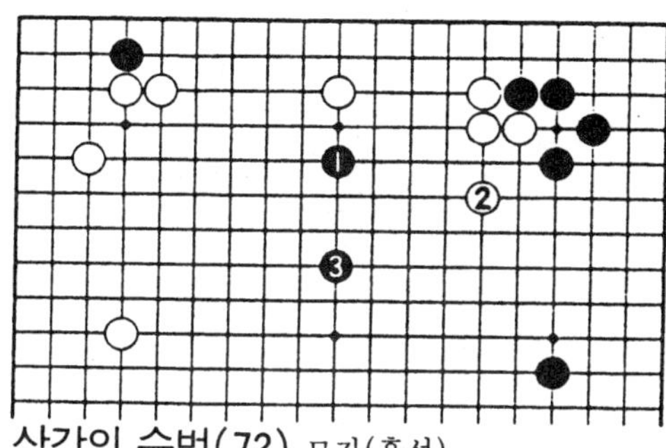

삭감의 수법(72) 모자(흑선)

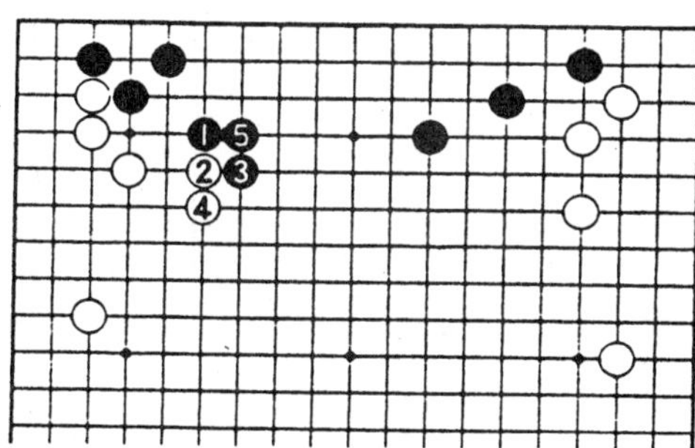

포위의 수법(88) 계마(흑선)

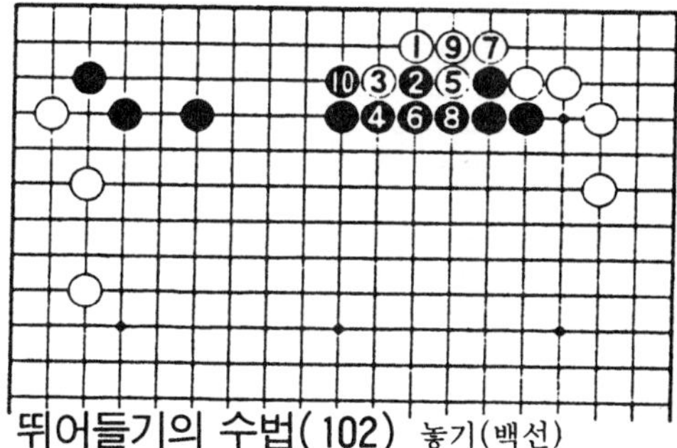

뛰어들기의 수법(102) 놓기(백선)

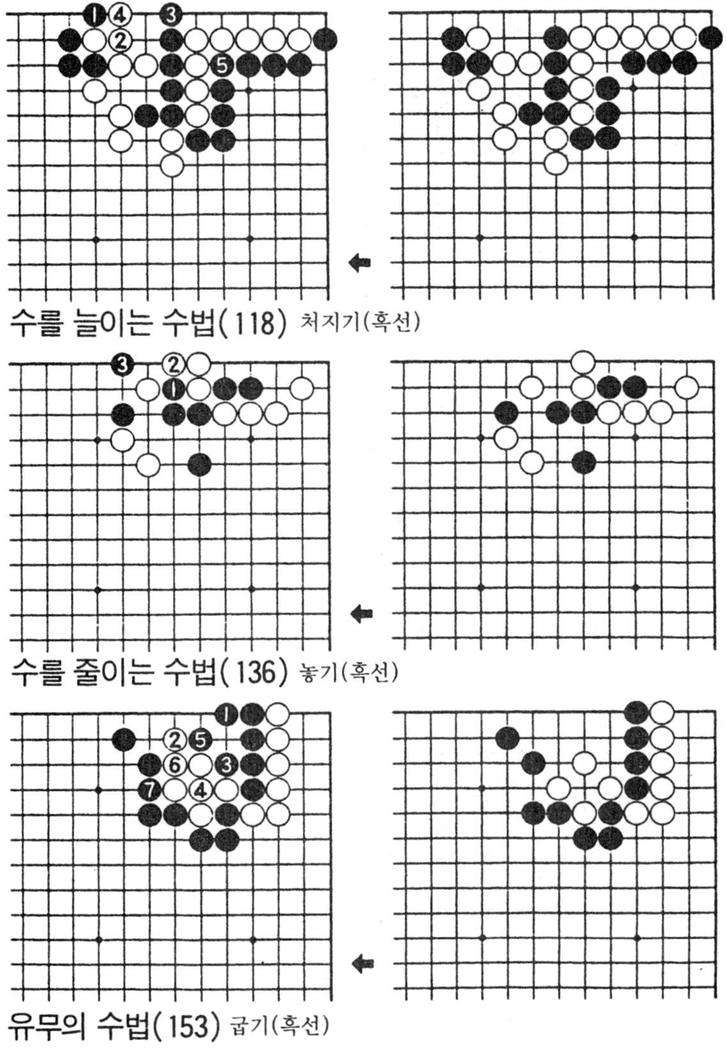

〈제 2 부〉 맞공격의 수법

수를 늘이는 수법(118) 처지기(흑선)

수를 줄이는 수법(136) 놓기(흑선)

유무의 수법(153) 굽기(흑선)

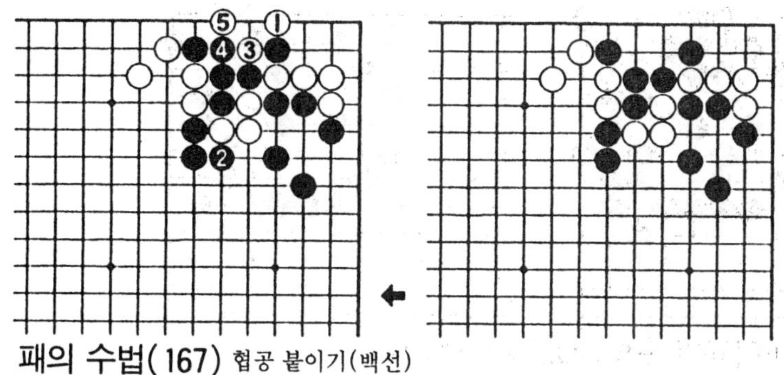

패의 수법(167) 협공 붙이기(백선)

〈제 3 부〉 사활의 수법

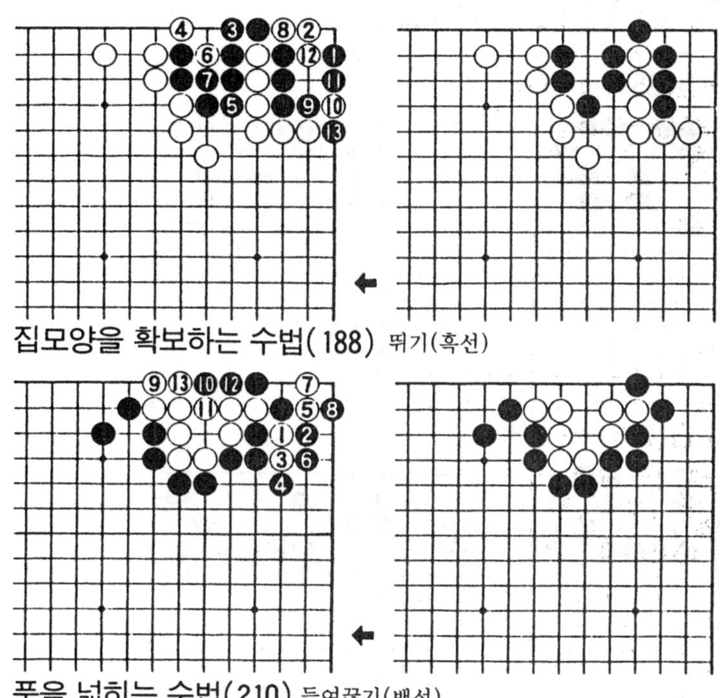

집모양을 확보하는 수법(188) 뛰기(흑선)

품을 넓히는 수법(210) 들여끊기(백선)

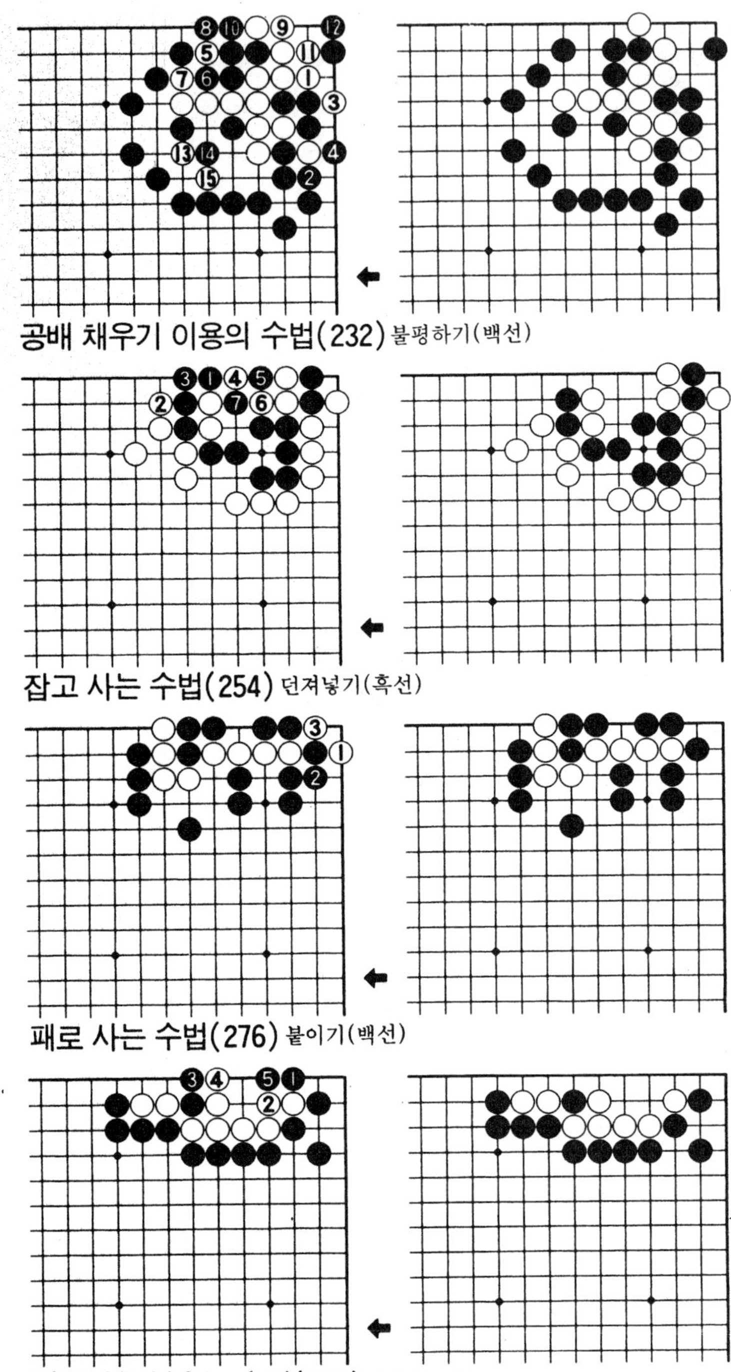

공배 채우기 이용의 수법(232) 불평하기(백선)

잡고 사는 수법(254) 던져넣기(흑선)

패로 사는 수법(276) 붙이기(백선)

집모양을 부수는 수법(298) 단수(흑선)

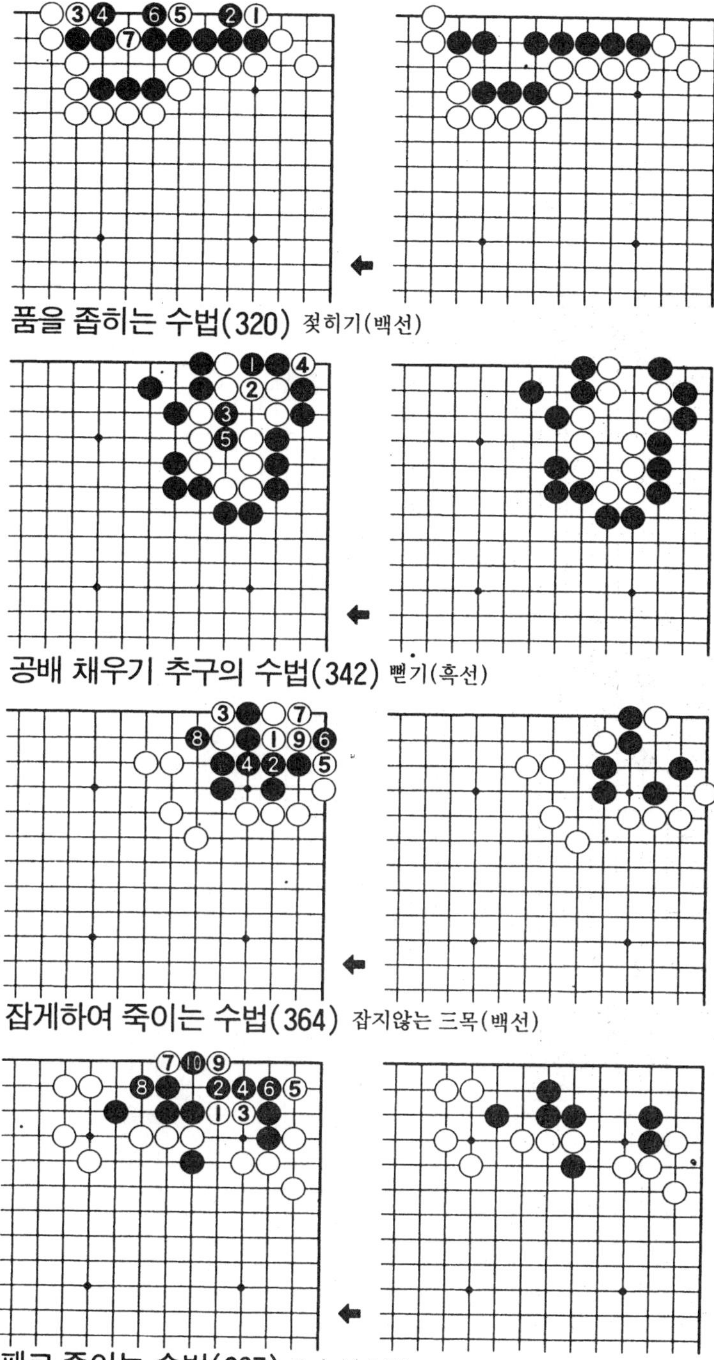

품을 좁히는 수법(320) 젖히기(백선)

공배 채우기 추구의 수법(342) 뻗기(흑선)

잡게하여 죽이는 수법(364) 잡지않는 三목(백선)

패로 죽이는 수법(387) 붙이기(백선)

〈제 4 부〉 종반의 수법

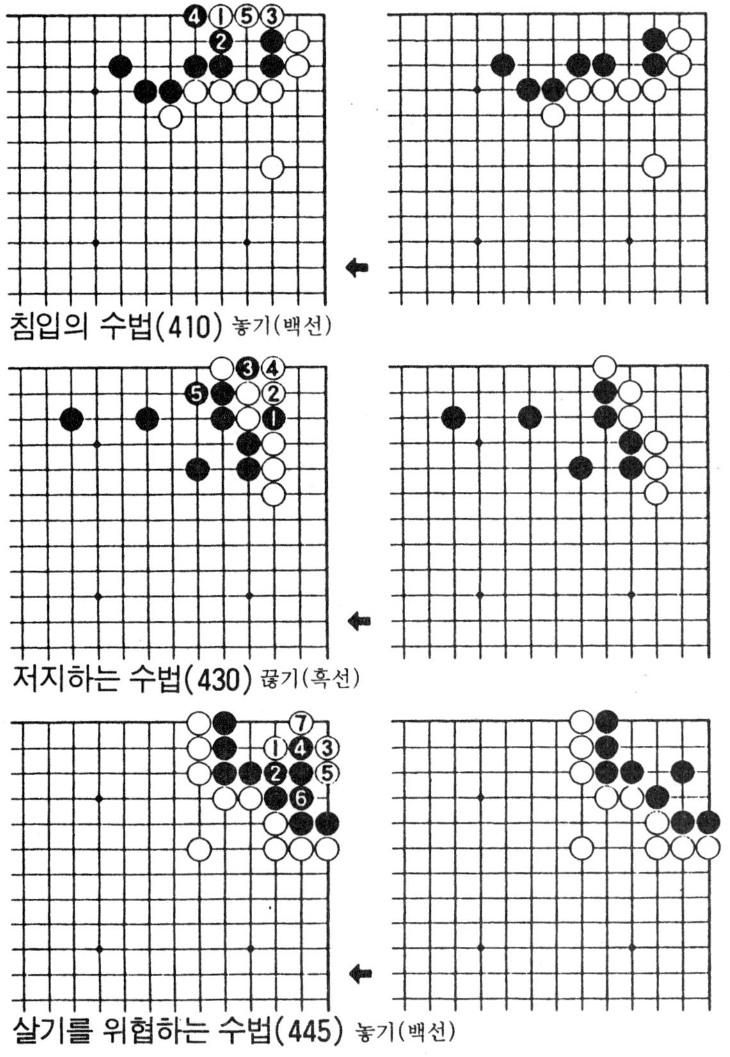

침입의 수법(410) 놓기(백선)

저지하는 수법(430) 끊기(흑선)

살기를 위협하는 수법(445) 놓기(백선)

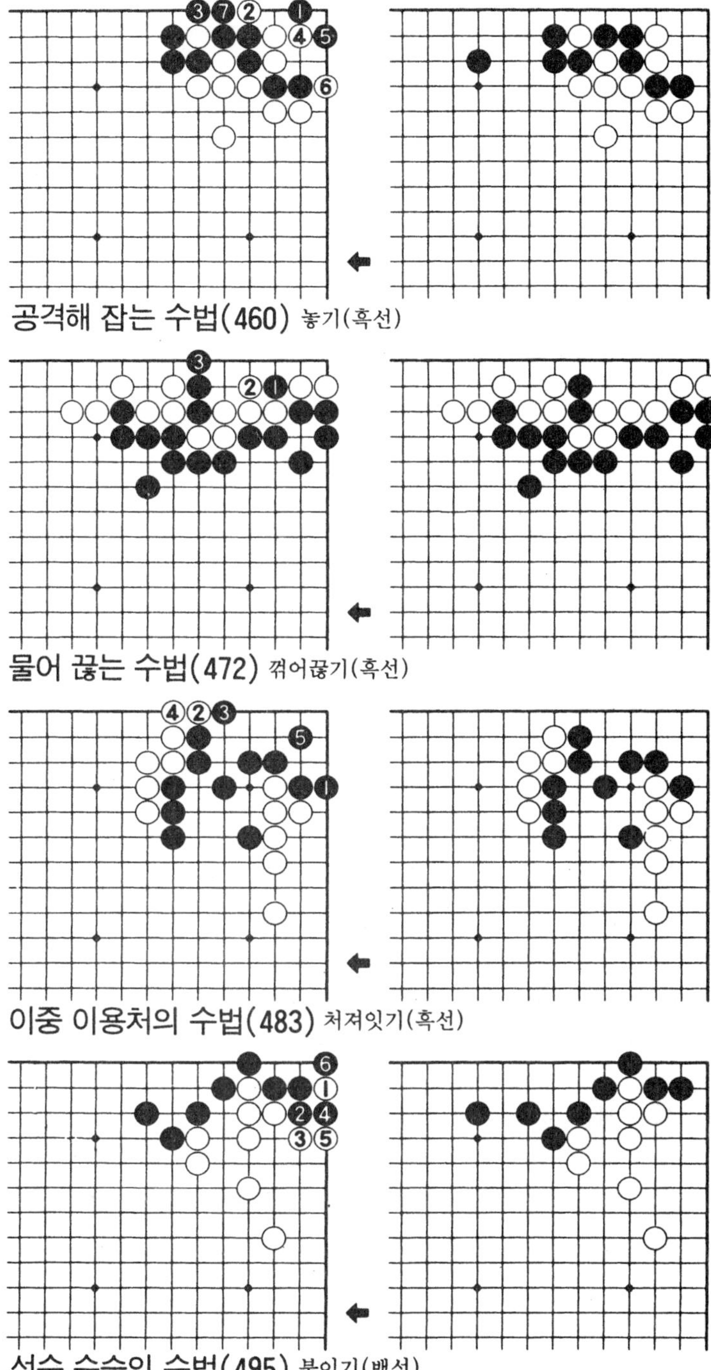

공격해 잡는 수법(460) 놓기(흑선)

물어 끊는 수법(472) 꺾어끊기(흑선)

이중 이용처의 수법(483) 처져잇기(흑선)

선수 수습의 수법(495) 붙이기(백선)

범 례

☐ 기본적인 수법을 목적별로 분류했다.
☐ 가장 기초적인 수법은, 항목의 해설과 함께 말했다.
☐ 수법의 응용, 특이한 예는 참고로 해설했다.
☐ 출전(出典)이 분명한 모양은 그 유래를 설명했다.
☐ 한 문제를 한 페이지에 수록하고, 본그림, 차례를 계시하여 연구의 편리를 도모했다.
☐ 색인 밑의 숫자는 페이지 수를 나타낸다.

第 1 部

포석의 수법

전개의 수법

전개의 수법이란, 돌의 연결의 수법이며, 발전의 수법이다. 기착과 연락을 유지하면서 발전할 수 있는 한도는 어디인가. 돌의 발전법을 기초로 삼아, 포석의 변에서 전개법을 설명하겠다.

「二立三析」이라는 벌림의 원칙은 제삼선을 포석의 중심선으로 삼은 고전적 전개법이며 현대의 입체적인 포석에서는 예외부분이 많다. 전국적인 균형에 언급하면서 여러가지 전개의 원리와 수법을 소개하겠다.

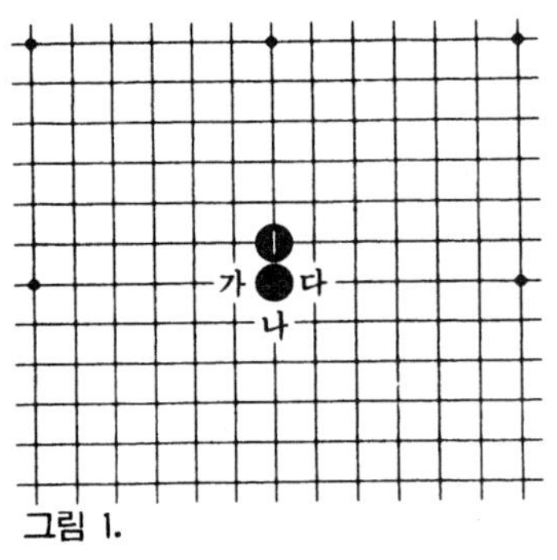

그림 1.

그림 1(줄짓기) 먼저 연결의 기초부터. 흑1의 줄짓기는 가장 확실한 연결법인데, 기착과 일심 동체다. 다만, 돌의 발전에서 보면 가장 효율이 나쁘고 안전도와 효율은 언제나 반비례의 관계에 있음을 알아야 한다.

단독의 돌부터의 줄짓기는 가, 나, 다 합쳐서 네 군데.

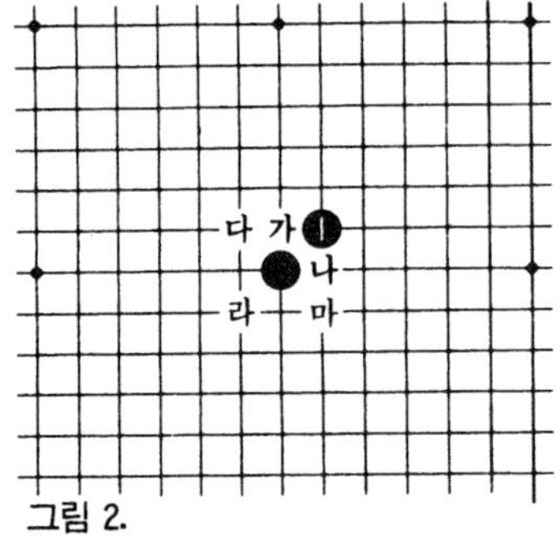

그림 2.

그림 2(마늘모) 흑1의 마늘모는 상호 착수의 원리에서 연락을 확보하고 있다. 백가라면 흑나, 백나라면 흑가다. 다만, 이것도 주변에 상대의 돌이 없을 때는 돌의 효율이 좋지 않은 모양이다.

단독인 돌부터의 마늘모는 흑1 외에 다, 라, 마의 네 군데.

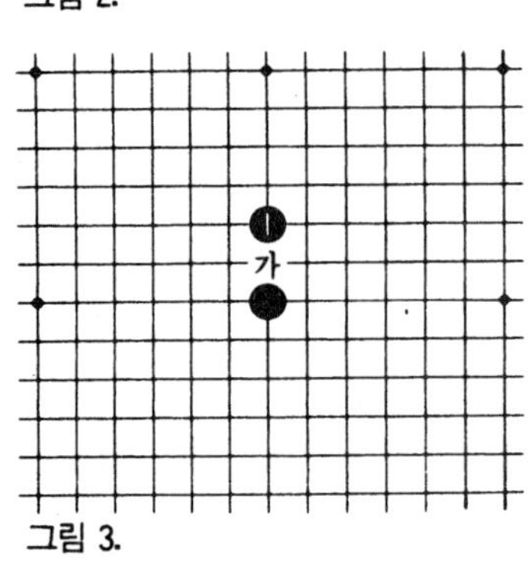

그림 3.

그림 3(한칸 뛰기) 연결도 거의 확실. 1수를 생략해서 효율도 나쁘지 않다. 돌 발전의 기초가 되는 수법인데 주변에 상대의 돌이 접근했을 때에는, 백가로 끼어드는 노골적인 절단을 노림 당하는 경우도 있을 것이다.

단독적 돌의 뛰기는 네 군데.

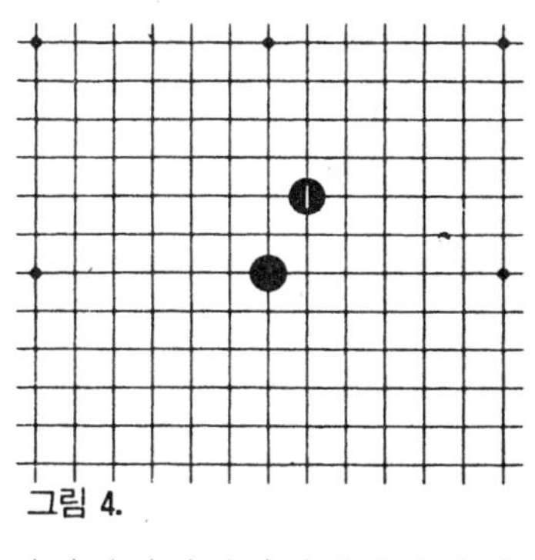

그림 4.

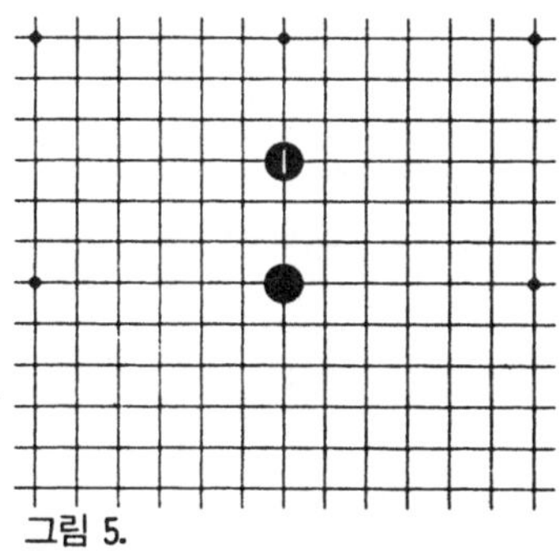

그림 5.

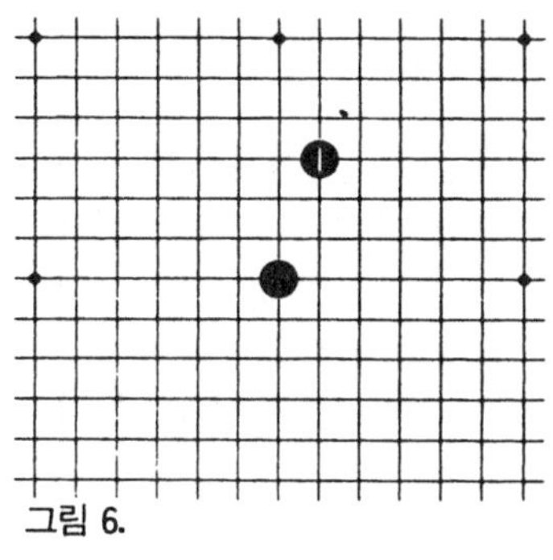

그림 6.

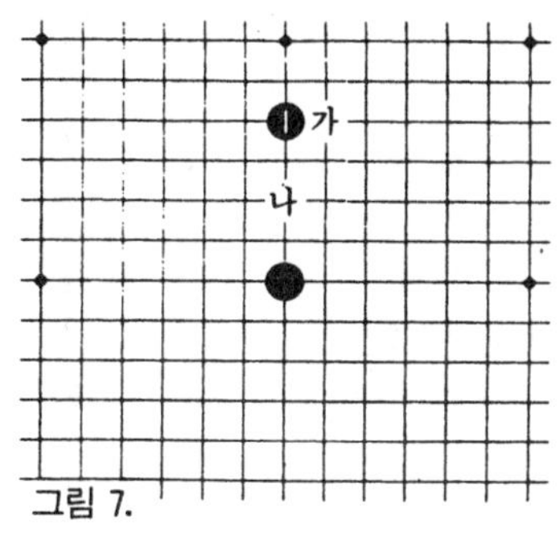

그림 7.

그림 4(계마) 일본 장기의 계마 움직임에서 명명된 발전형. 주변에 상대의 돌이 오면 연결이 당장 동요되지만, 1수를 소비해 지키거나, 상대의 절단을 역이용하거나 위치의 우위를 이용해서 막는다. 발전 우선의 모양이다. 단독적 돌부터의 계마는 여덟 군데다.

그림 5(두칸 뛰기) 뛰기의 모양인데, 1줄 더 넓다. 주변에 상대의 돌이 오면 연결을 확정하기 위해 1수 더 필요하지만, 연결과 발전의 중간적 위치에 있어서 독자적 수비가 어려워져 대부분은 접근하는 상대의 돌에 기댄다.
   판끝을 이용하는 경우는 전개의 기본형.

그림 6(눈목자) 계마의 모양인데, 1줄 더 넓다. 연결도를 희생하고 발전에 중점을 둔다. 보통은 단독적 돌부터의 발전이 아니고, 또, 연결도의 희박성은 판끝의 이용으로 커버하는 수가 많다. 따라서 단독적 돌부터의 발전이라고 하면, 여덟 군데부터의 선택이 중요할 것이다.

그림 7(세칸 뛰기) 흑1의 세칸 뛰기, 흑가의 큰눈목자는 단독적 돌부터의 발전법으로서는 원칙적으로 무리한 수법이다.
   가령 흑1이면 백나로 분단되어 연결이 불가능하다. 따라서 이 이상인 경우는 판끝의 특성을 이용한다. 벌리기의 문제도 따로 생각해야겠다.

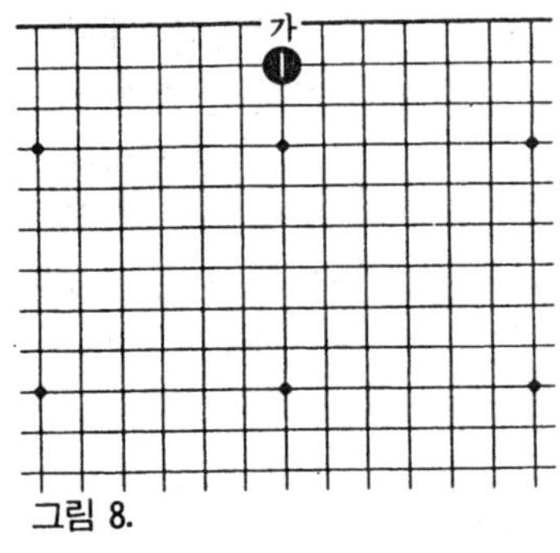

그림 8.

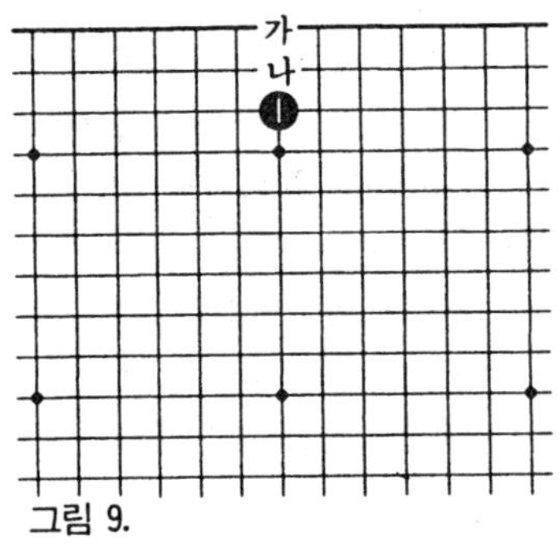

그림 9.

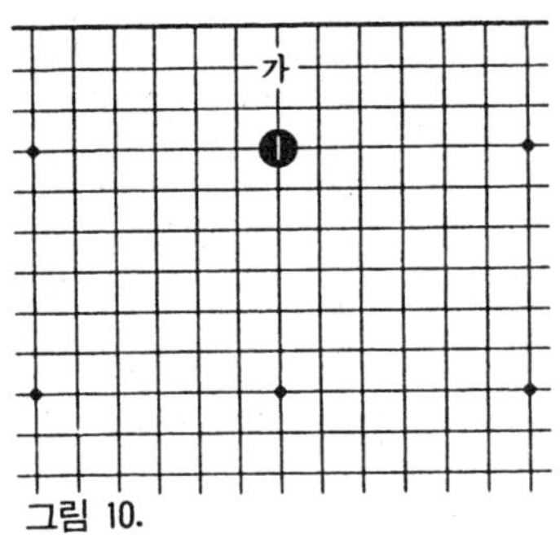

그림 10.

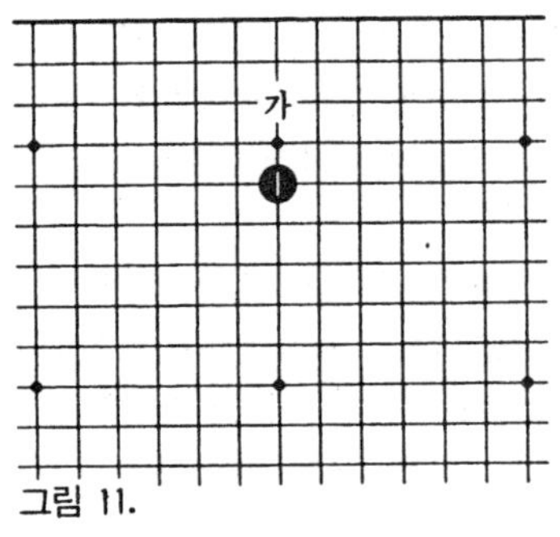

그림 11.

그림 8(제2선) 방향에 따라서는 돌의 발전을 보강하고, 전개의 수법을 지탱하는 판끝에 대해서 설명해 두겠다.

흑1은 판끝부터의 제2선이다. 가의 제1선에 두어도 판끝을 이용할 수 없지만, 제2선이면 가에 상대가 들어올 수 없는 점, 즉, 땅을 가질 수 있다.

그림 9(제3선) 흑1은 제3선. 가와 나에 상대가 들어올 수 없는 점을 가지고 소위 1수에 대해서 2집의 땅을 만든다. 다른 호칭을 쓰면 근거이므로 근거를 만들기 쉬운 제3선의 돌은 발전에 있어서도 신경질적으로 연결을 염려할 필요가 없다. 제2선에서는 1수 당의 땅이 너무 적다.

그림 10(제4선) 흑1의 제4선을 가의 제2선이 미끄러져 들어오면 판끝과의 연결을 끊기울 염려가 있다. 다만, 이대로 땅이 되면 1수당 3집이므로 안정도는 제3선만 못하지만, 보다 적극적인 판끝 이용이라고 하겠다.

현대 포석은 이 제4선과 제3선이 중심이 된다.

그림 11(제5선) 흑1의 제5선은 판끝과의 거리가 멀고, 백에 가의 제3선이 숨어들면 근거를 잃는다. 다만, 전국의 밸런스에서 단독으로도 두는 수가 있고, 또 반대로 제3선에의 고압수단으로서 두는 수도 있다.

제6선 이상은 판끝을 거의 이용할 수 없다.

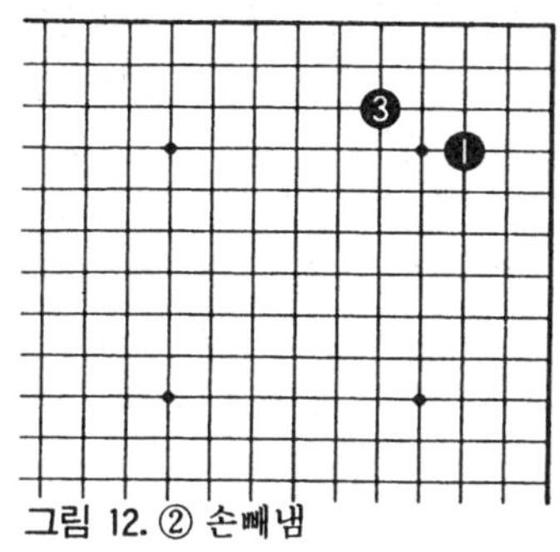

그림 12. ② 손빼냄

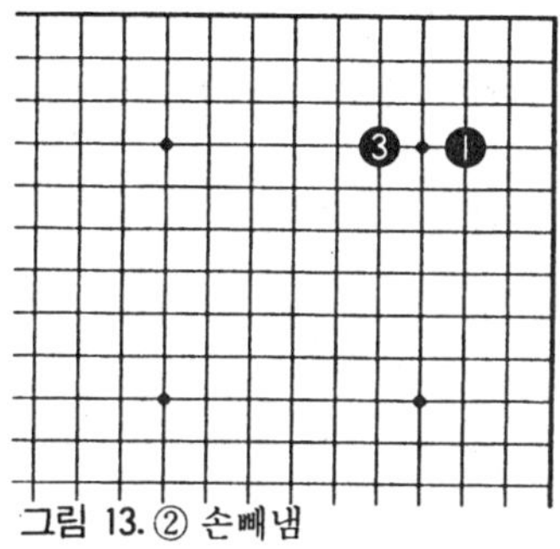

그림 13. ② 손빼냄

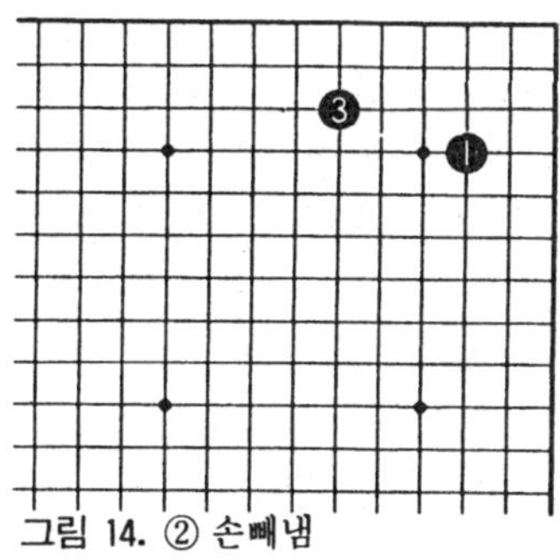

그림 14. ② 손빼냄

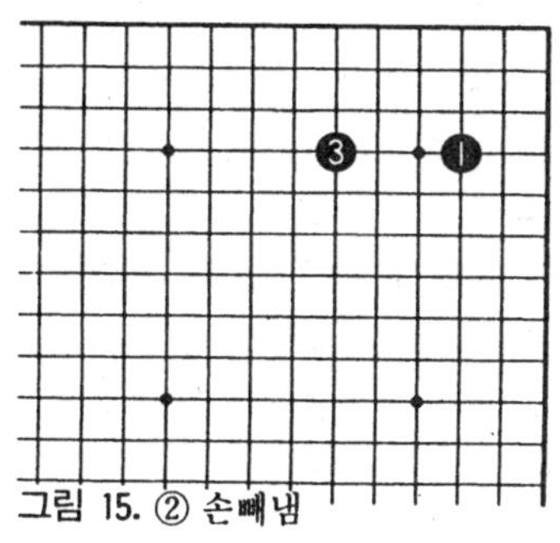

그림 15. ② 손빼냄

　그림 12(날일자 굳히기) 판끝을 이중으로 이용할 수 있는 귀는 땅(근거)을 만들기 쉽고, 2수 연타하면 이상적인 발전형을 얻을 수 있다.
　흑1의 소목은 우변부터 제3선, 흑3의 외목은 상변부터 제3선 모양도 긴밀하고, 가장 견고한 모양으로 여기는 날일자 굳히기다.

　그림 13(한칸 굳히기) 흑3의 고목은 상변부터 제4선이며 제2선이 미끄러져 들어올 약점을 남기고 있다. 반면에 우변은 한 마당 바위라고 해도 좋을 한칸 뛰기인데, 얼마든지 강하게 싸울 수 있다. 실리보다 세력을 주체로 한 적극적인 발전형이다.
　흑3부터 1에 굳혀도 같다.

　그림 14(눈목자 굳히기) 흑1, 3 모두 제3선에 뿌리를 내려서 수비를 강화하고 있는데 눈목자의 발전형이므로 연결도는 약하다. 주변에 상대의 돌이 접근하면 지킨 땅을 파괴당할 염려도 있을 것이다. 그대로 종합되면 크고 또 상대가 한 약점을 찌르면 다른 약점은 사라진다.

　그림 15(두칸 높은 굳히기) 흑3이 제4선에 떠오른 모양인데, 연결도로는 약하므로 산만한 굳히기다. 다만, 세력적으로는 우위에 있어서 국면에 따라서는 의외로 활동한다. 산만한 모양은 오히려 약점을 분산시키는 경우도 있을 것이다.
　세력 7분 실리 3분인 굳히기다.

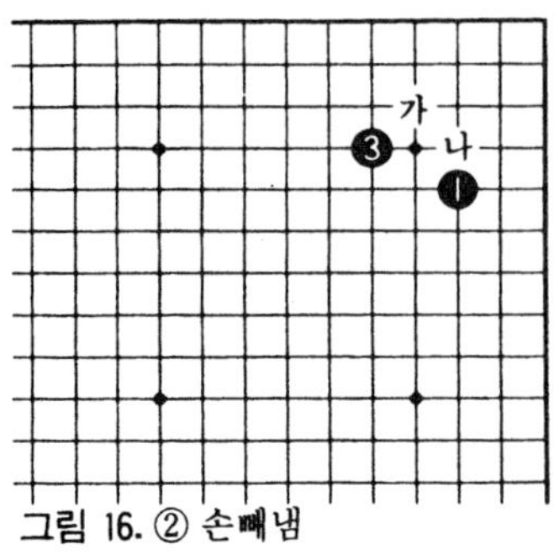

그림 16. ② 손빼냄

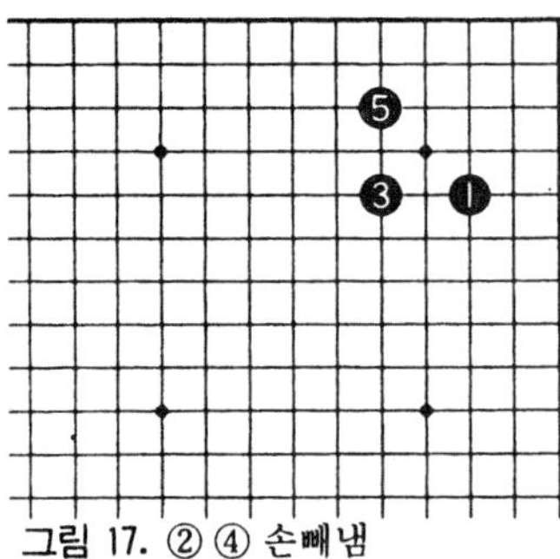

그림 17. ② ④ 손빼냄

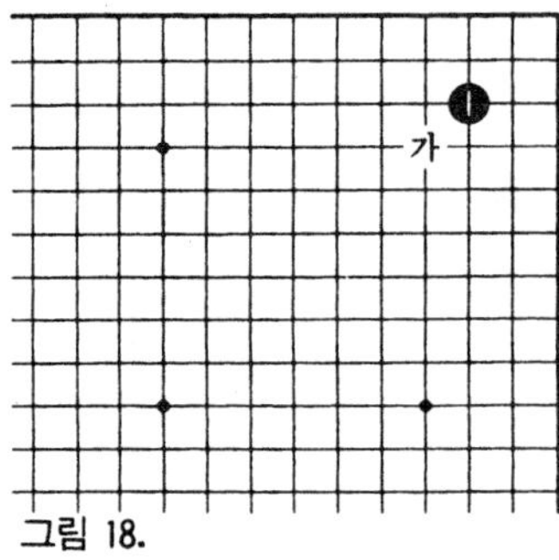

그림 18.

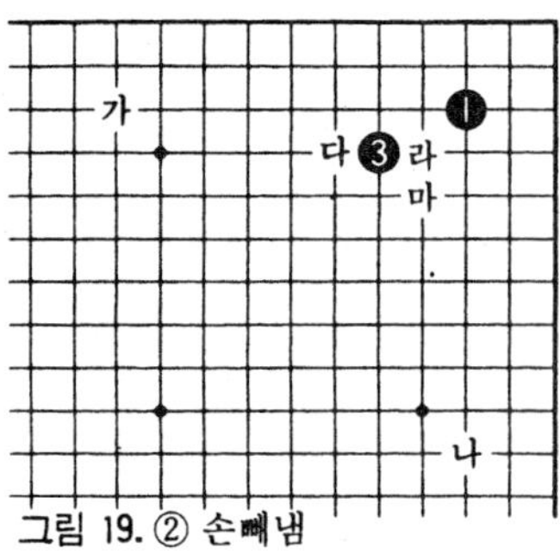

그림 19. ② 손빼냄

그림 16(높은 계마 굳히기) 흑1의 외목부터는 3의 높은 계마와 가의 날일자의 선택이 있고, 흑3의 고목부터는 1의 높은 계마와 나의 1칸의 선택이 있다. 더구나 흑1부터 3이냐 가냐는 땅이 주냐 세력이 주냐의 선택과 함께 굳히기의 발전 방향이 반대로 되는 사실을 알아야 한다.

그림 17(토치카) 3수 소비해서 귀를 크게 집으로 하고, 동시에 양변에 1칸 굳히기의 위용을 자랑한다. 다만, 그 동안 상대도 다른 점을 3수 두는 셈이므로, 수를 소비해서 견고한만큼 좋다고는 할 수 없다.

세력을 싸움에 이용하고, 몰아넣기형의 굳히기다.

그림 18(三3) 2수 소비해서 귀를 지키는 굳히기에 대해 1수로 귀를 어느 정도의 세력권에 놓으려는 것이 흑1의 三3과 가의 화점이다. 흑1은 어느 변에서도 제3선이므로, 실리와 근거는 더할나위없이 견고하다. 그 대신 발전력이 부족하고, 백가의 어깨짚기 등으로 발전이 한정된다.

그림 19(三3의 굳히기) 삼3부터는 굳히기보다, 가, 나 등 화점 옆 주변의 전개를 우선한다. 다음 단계는 흑3 또는 다 등으로 전개를 입체화하고 백라의 삭감에 대비한다. 흑3에서 마라고 해도 부분적으로는 같다. 전국의 배치에 응해서 보강하는 방향을 선택할 수 있는 것이 三3의 특징.

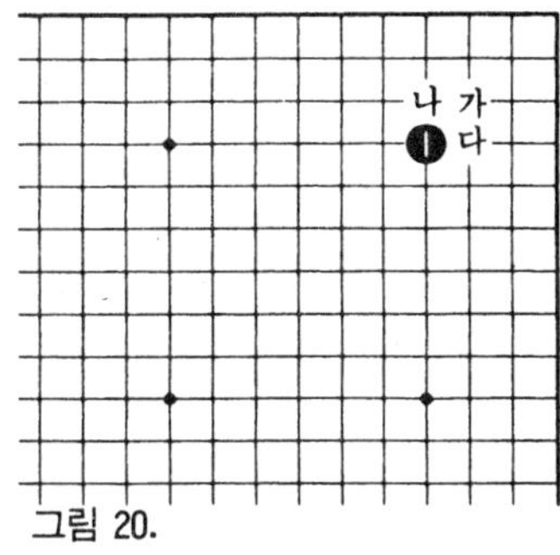

그림 20.

그림 20(화점) 흑1의 화점은 양변부터 제4선의 위치에 있고, 실리보다는 발전성을 강조한다. 백이 가의 三3으로 침입하면 실리를 깡그리 뺏기는데 단독적 모양이라면 흑나 또는 다로 방향을 선정하면서, 외세를 다져서 불리는 없다. 三3과 같이 1수로 귀를 세력권 밑에 둔다.

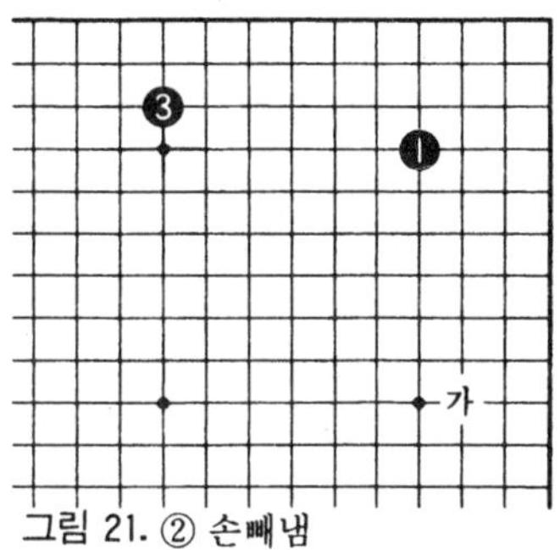

그림 21. ② 손빼냄

그림 21(전개) 화점부터의 발전도, 귀를 직접 지키는 굳히기보다 변의 화점밑 주변에의 전개를 우선한다. 흑1 자체가 세력적인 착점이므로 三3과 같이 발판을 나중에 구출할 필요는 없다. 흑3 방면이냐 가 방면이냐, 제2수에 벌리기를 선택할 수 있는 것이 三3의 특성이다.

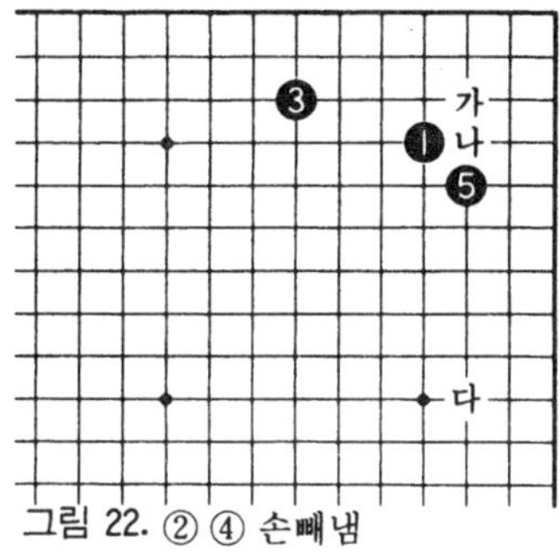

그림 22. ② ④ 손빼냄

그림 22(화점의 굳히기) 흑3으로 눈목자에 굳혀도 백가의 三3이 침입하면 귀의 실질을 뺏긴다. 완전하게 만들기 위해서는 1수 더 5 내지 나의 지킴을 필요로 하는 것이 화점의 고충이다. 흑3은 단독으로 두기보다 다 방면의 벌리기의 다음 단계에서 두는 수가 많다.

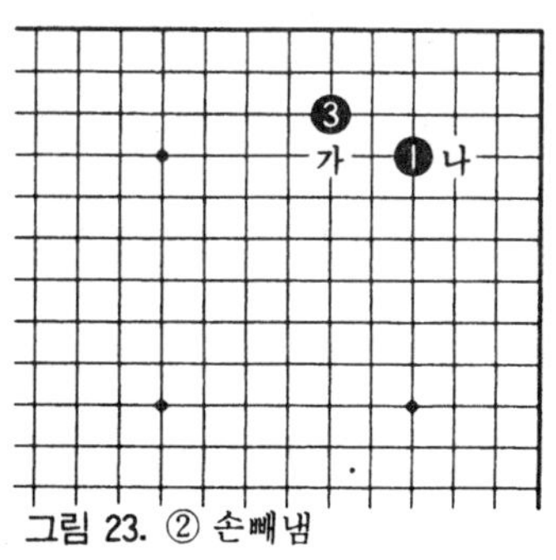

그림 23. ② 손빼냄

그림 23(좁은 굳히기) 흑3의 날일자는 발전도를 삼가하고 귀의 수비에 중점을 둔 것. 흑가의 1칸이라면 세력을 더욱 확대한 굳히기다. 그러나 그것들은 역시 三3이 남는다. 흑부터 땅을 확실하게 지키려면 나인데 이것은 너무나 발전성이 없다. 모두 일장 일단이 있다.

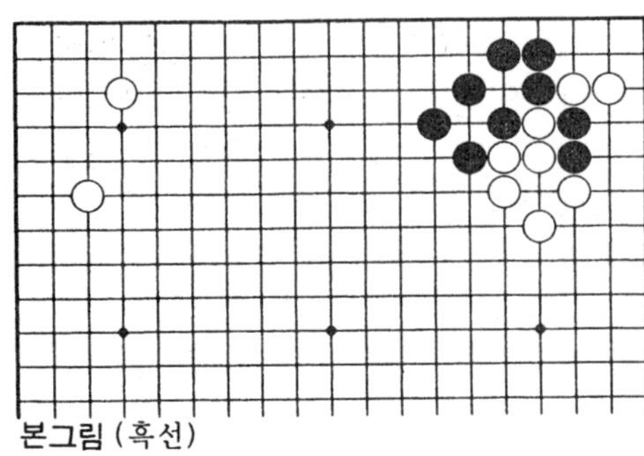

본그림 (흑선)

가득 채우기

확실한 근거를 갖고 있는 세력, 소위 두께부터의 벌리기는 과감하게 넓혀서 싸움을 유발한다.

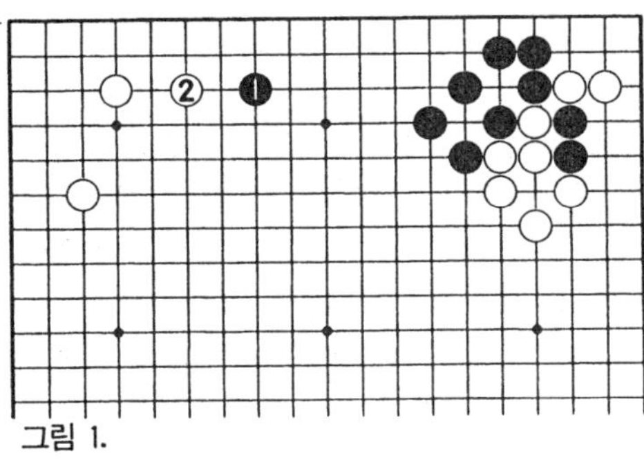

그림 1.

그림 1(네칸 벌리기) 세력과 벌리기의 관계에서만 말하면 흑1쯤이 한도가 된다. 그러나 이 모양에서는 백2의 채우기가 귀를 보강해서 절호점.

우변에서도 백에게 실리를 주고 있으므로 흑으로서는 이 벌리기로는 괴롭다.

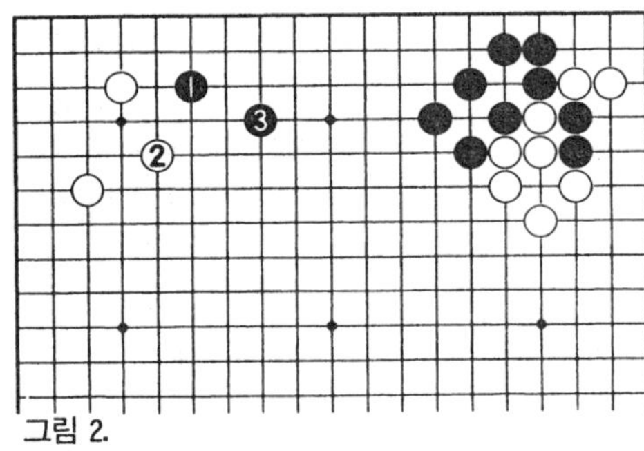

그림 2.

그림 2(흑1, 모양) 흑1까지 잔뜩 벌려서 백2면 흑3으로 지키는 기세다. 이 규모의 무늬이면 백의 양변 실리를 충분히 대항할 수 있고, 무늬라기보다는 이미 집으로 확정지어지는 데에 가까운 구성이다.

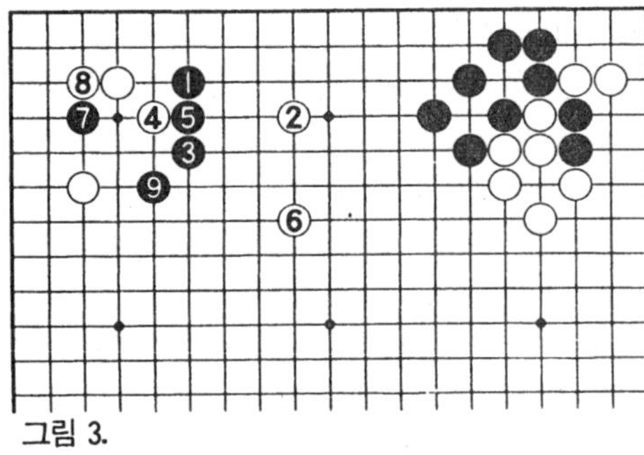

그림 3.

그림 3(싸움으로) 백2 등으로 모양화를 방해한다면 흑3 등으로 뛰어 착실하게 공격하는 진행이다. 싸움이 되면 우방의 두께가 작용할 것이 필연적이기 때문이다.

흑3에서는 8로 붙이고 귀를 교란하기도 가능.

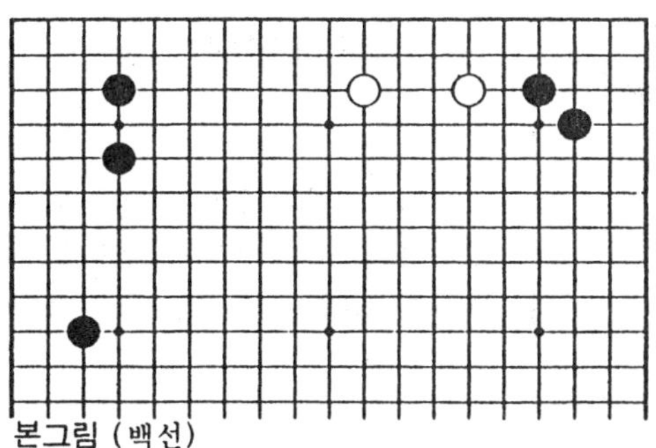

본그림 (백선)

눈목자 벌리기

좌변의 흑 모양을 의식하면서 상변에 벌린다. 밸런스의 감각이 요구된다.

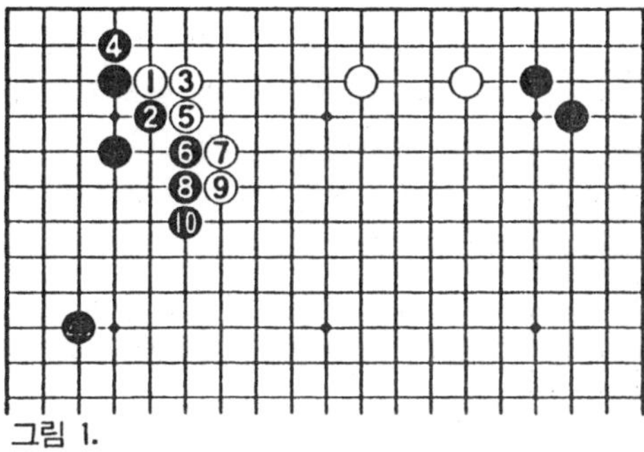

그림 1.

그림 1(가로로 붙이기) 백1의 가로로 붙이기는 가득찬 수인데 ●이 있을 때는 확정시키는 실리가 너무 커서 악수라고 단정될 것이다.

선수로 세력을 확장한다해도 상변의 백 무늬는 어수선한 감이 있다.

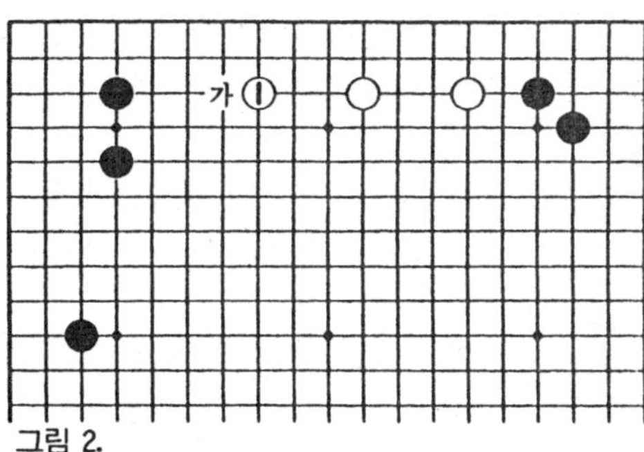

그림 2.

그림 2(낮은자리) 백1로 벌려서 아무렇지도 않은 듯하지만 느낌으로 낮은 자리이기 때문에 마음이 내키지 않는다.

그렇다고 백1에서 가는 설혹 넓다고 해도 「세칸에 뛰어들기가 있음」으로 되돌림 수의 벌리기가 된다.

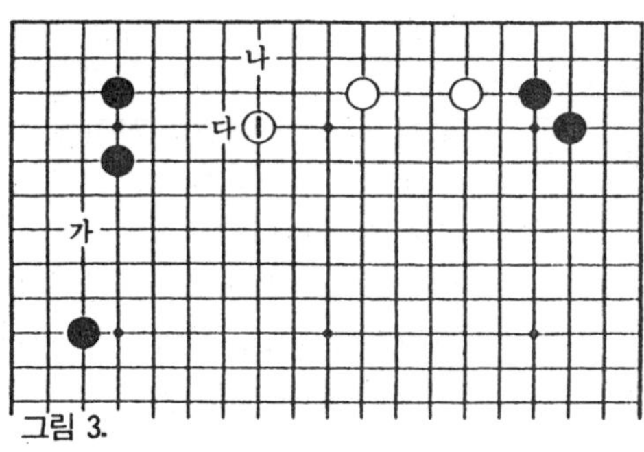

그림 3.

그림 3(백1, 모양) 백1의 높은 두칸 벌리기 등이 재미있다. 이것은 가 등에 뛰어들었을 때 원군으로서 크게 활동할 것이다. 흑 나의 끝은 비어 있지만 이 국면에서는 지엽 문제다.

백1에서 다는 약간 엷다.

큰 곳의 벌리기

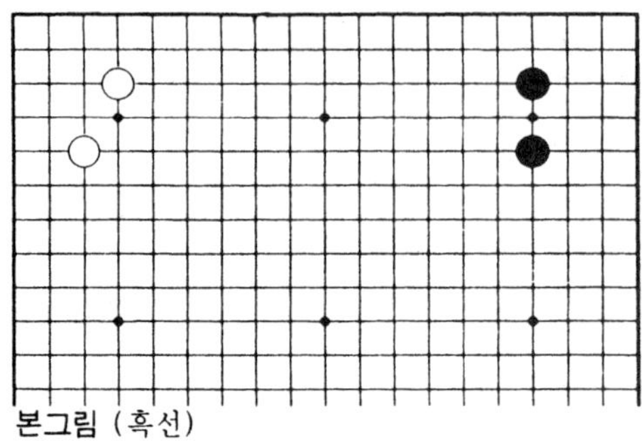

본그림 (흑선)

상변의 판가름한 곳은 물론, 흑의 우변의 벌리기도 크므로 가능하면 양쪽 모두 다 두고 싶은 국면이다.

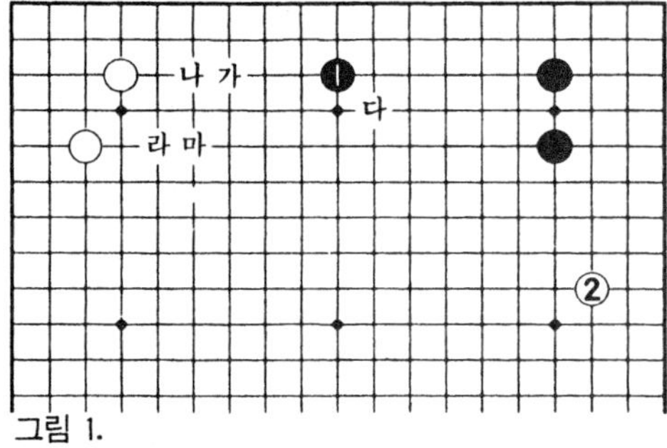

그림 1.

그림 1(상식) 흑1의 화점밑은 지극히 상식적인 벌리기인데, 물론 백은 2에 둘 것이다.

이후 상변을 둔다면 흑가냐 나냐 둘 중의 하나다.

흑가면 백다의 지우기가 있고, 흑나면 백라 흑마 이하가 예상된다.

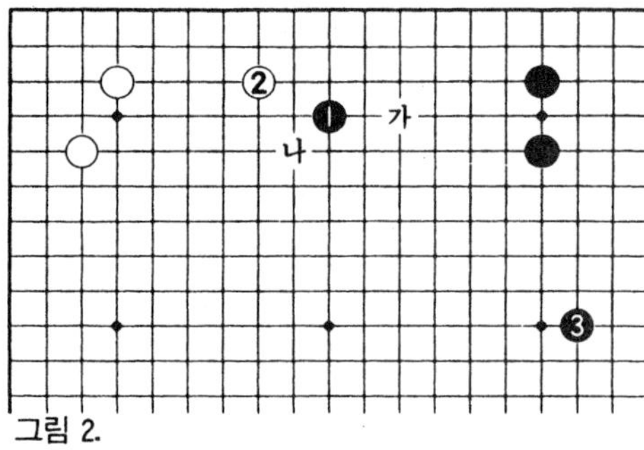

그림 2.

그림 2(흑1, 기략) 흑1로 높이 벌리는 것이 흑의 방안이 될 수 있다.

백2의 채우기면 흑3인데 양쪽을 두기에 성공했다. 이후 백가면 흑나로 싸운다. 백이 뛰어들지 않으면 흑나로 넓히는 것이 한 모양이다.

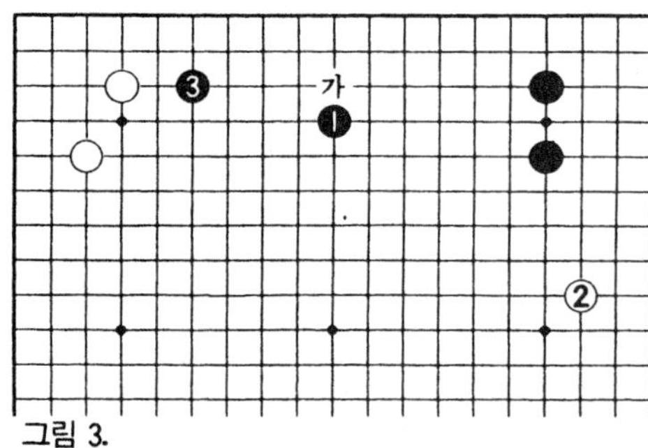

그림 3.

그림 3(규모 큼) 백2로 우변을 향하면 흑은 흑3으로 채운다. 이렇게 되니까 흑1이 가점에 있는 것보다 상변의 흑 무늬가 훨씬 규모가 웅대하다.

아무 별난 것도 없는 큰 곳의 벌리기라고 해도 전국과의 관련으로 여러 변화가 있다.

5칸 벌리기

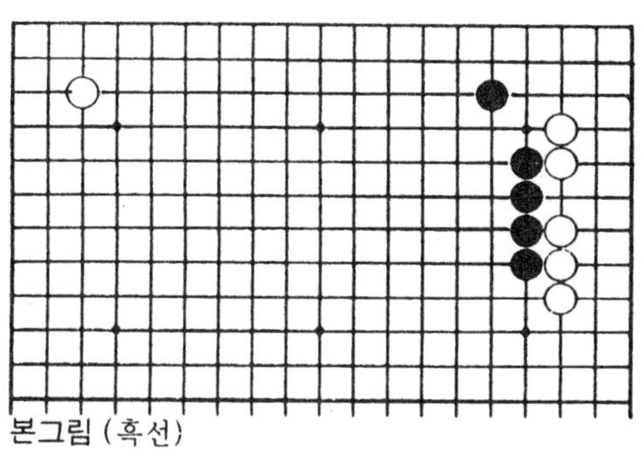

본그림 (흑선)

상변을 어디까지 벌릴 수 있을까. 벌리기에는 한도가 있음을 알아야 한다.

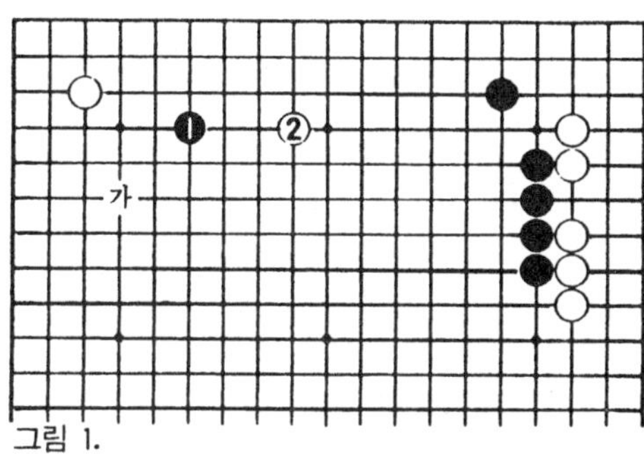

그림 1.

그림 1(선택권) 흑1로 걸치고 백가, 흑2로 벌리면 상변은 이상형이지만 백이 그 구도를 싫어한다면 언제든지 2로 갈를 수 있다.

흑은 우변에서 땅을 손해 봤으므로 상변의 무늬가 지워지면 괴롭다.

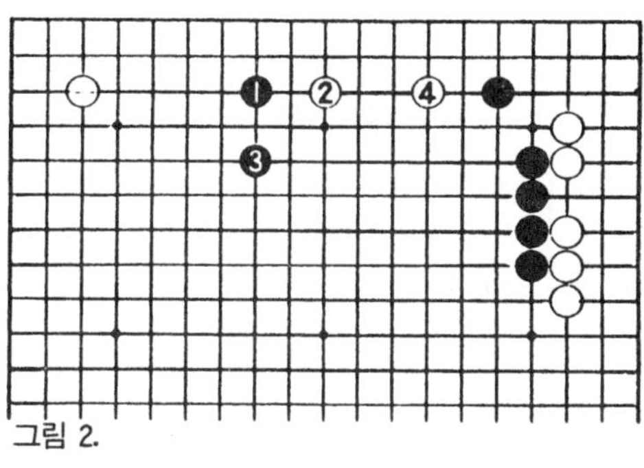

그림 2.

그림 2(6칸 벌리기) 우방의 세력은 육립(六立)에 해당하고 흑1까지 벌려도 괜찮은 듯하지만 백2의 뛰어들기부터 4로 두칸 벌리기의 근거를 주어 세력이 작용하지 않는다.

6칸 이상의 벌리기는 땅으로 삼기 어렵다.

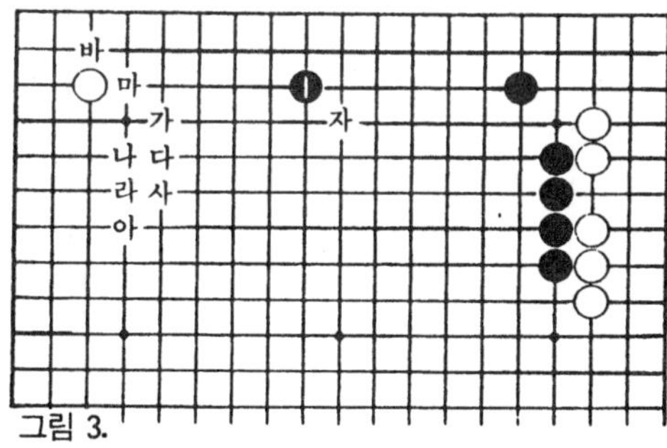

그림 3.

그림 3(흑1, 한도) 흑1의 5칸을 벌리기는 이것이 한도라고 여겨진다.

그리고 흑1에서는 차라리 **가로** 걸치고 백나면 흑다 이하 **자**로 겨누는 것도 과감한 수법. 그러나 일반적으로 이 수법은 단조롭다고 싫어한다.

세칸 벌리기

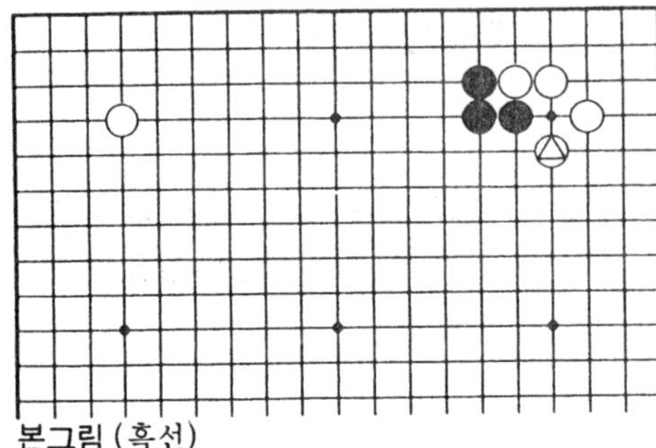

본그림 (흑선)

2립 3절의 전형적인 장면이다. ●과 ⬡의 교환이 없는 모양과 혼동해서는 안된다.

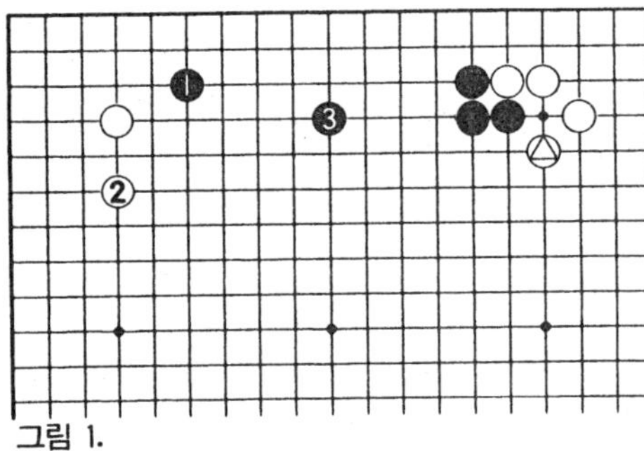

그림 1.

그림 1(부분적인 이상형) 흑 1로 걸치고 3으로 겨누면 이상형이지만 백은 2에서 3으로 가를 확률이 크다.

●과 ⬡을 결정했기 때문에 흑 3점이 무거워졌다. 결정하지 않고 흑1, 백2면 ●, ⬡, 흑3의 수순이 있다.

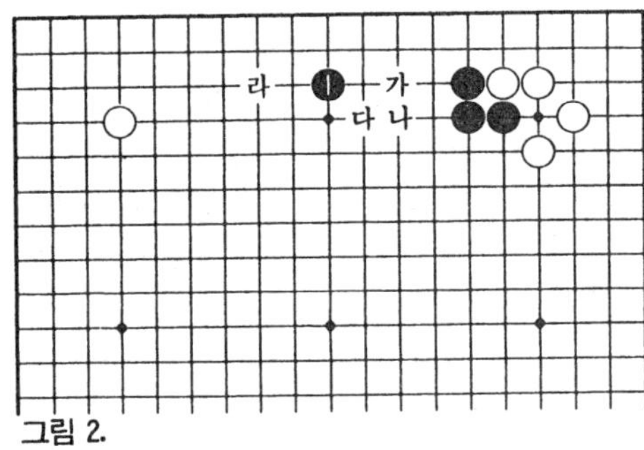

그림 2.

그림 2(흑1, 모양) 흑1이 ●의 3립에 대한 3절인데 지금 당장 백가에는 흑나든지 다든지 흑좋다.

따라서 백은 이후 라로 채우고 가의 뛰어들기를 노림수로 삼을 참이다.

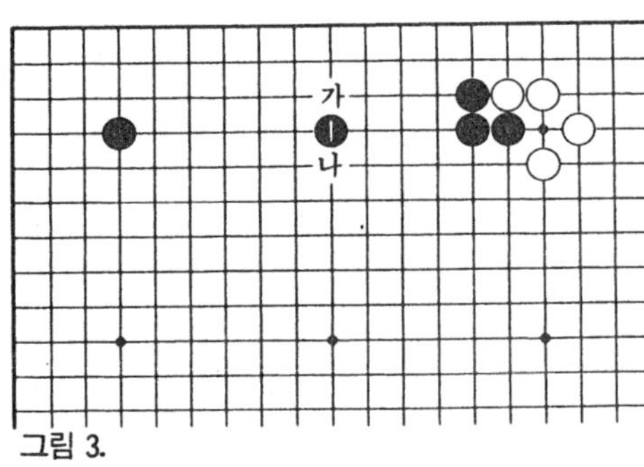

그림 3.

그림 3(모양의 벌리기) 좌상에 흑의 배치가 있고 상변 일대를 큰 모양화하는 의도라면 흑1의 높은 벌리기도 밸런스가 좋다.

여기서 흑1을 가라면 백나의 모자로 지우는 마이너스를 각오해야 한다.

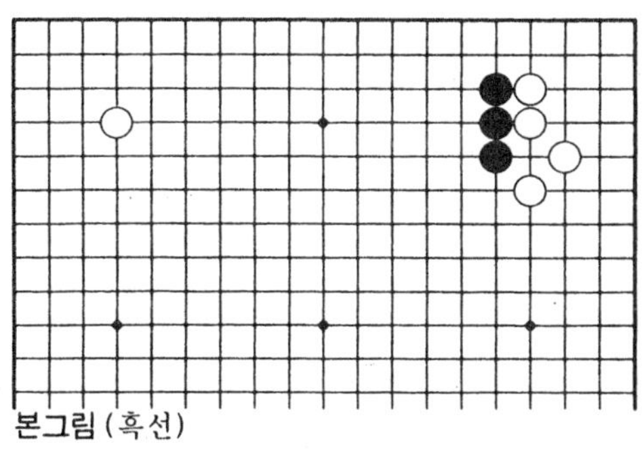

본그림 (흑선)

세칸 벌리기

상변에 흑부터 어떻게 벌릴까. 때로는 힘을 비축하는 것도 필요하다.

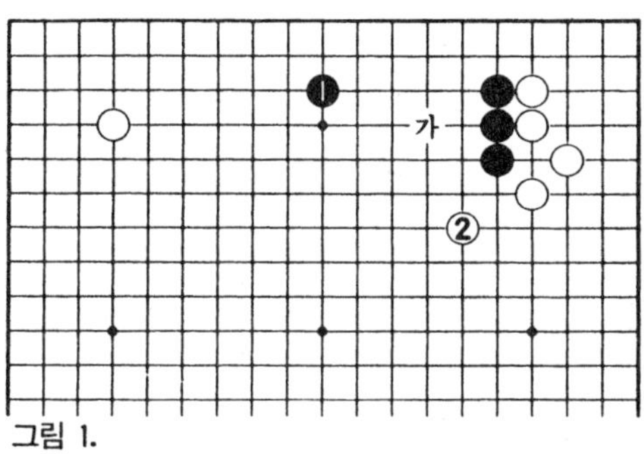

그림 1.

그림 1(한도) 3립의 세력으로 하면 흑1까지 발걸음을 옮겨 돌연한 뛰어들기는 없다.

그러나 백2가 더하면 흑으로서는 백이 가의 뛰어들기가 귀찮고, 또 백의 뛰어들기가 두려워 1수 소비해서 지키기에는 너무 좁아서 불만일 것이다.

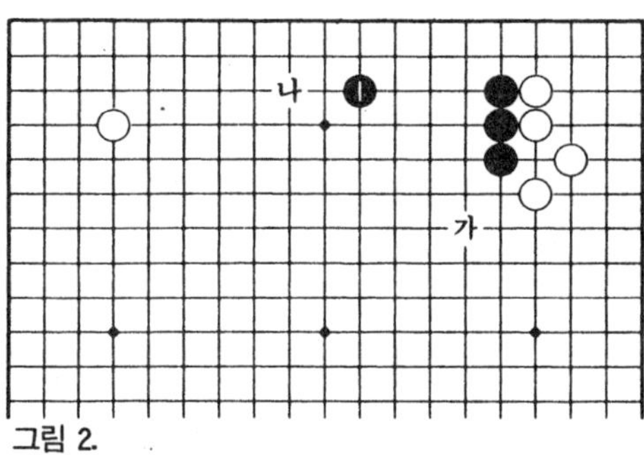

그림 2.

그림 2(흑1, 본수) 흑1로 시초부터 삼가했으면 백가를 선수로 이용당하는 일도 없고 백나의 채우기가 와도 근거를 위협 받는 일이 없다.

여기서 자제해야 할 점은 한도에 찬 벌리기가 가장 이득이라고 할 수 없다는 점이다.

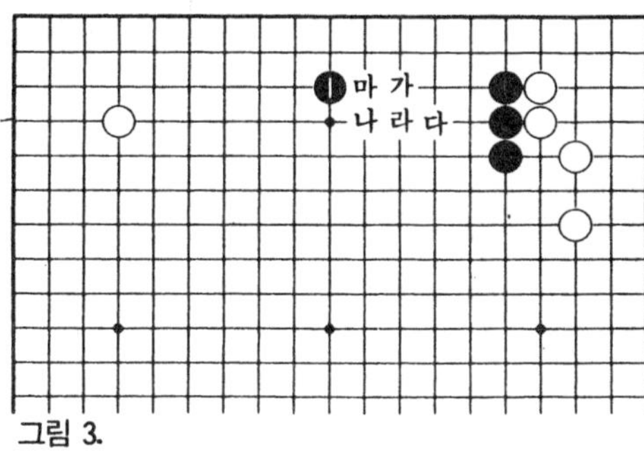

그림 3.

그림 3(3립 4절) 이 모양이면 흑1로 4칸에 벌려도 나쁘지 않다. 백가의 뛰어들기면 흑나로 빗겨두어 잡을 수 있고 백다의 뛰어들기면 흑라로 붙이는 수비도 있다. 흑1에서 마는 오히려 응결형이다.

높은 5칸

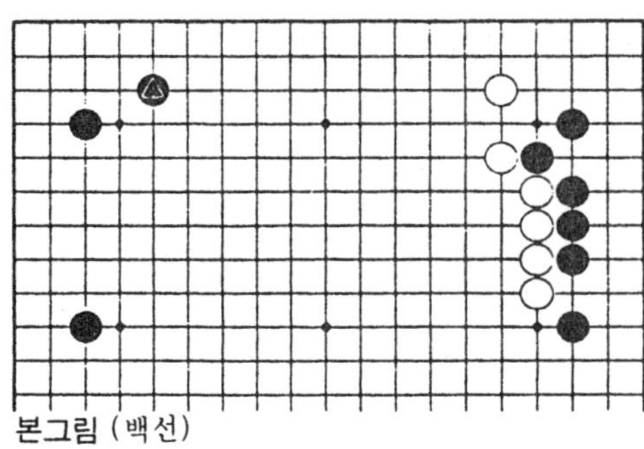

본그림 (백선)

상변의 벌리기는 어디일까. ◎의 아래와 백의 대세력을 계산에 넣는다.

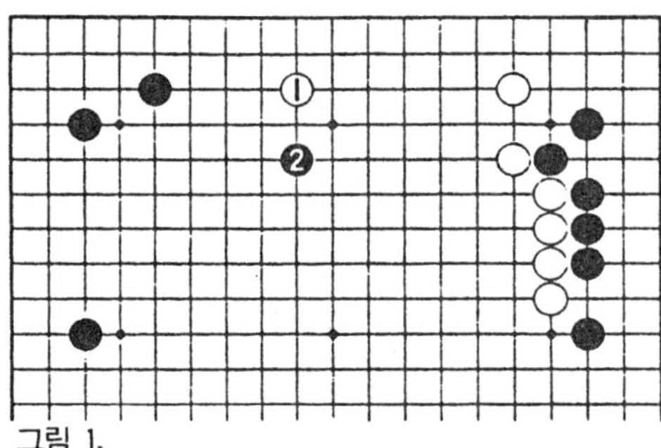

그림 1.

그림 1(낮은 위치) 백1의 5칸 벌리기는 이 경우 부적합. 흑2의 모자가 우변 백의 세력을 지우면서 좌변의 흑 무늬에 한 구실을 한 절호점이 되기 때문이다.

백1이 이것보다 좁게 벌렸다면 문제밖이다.

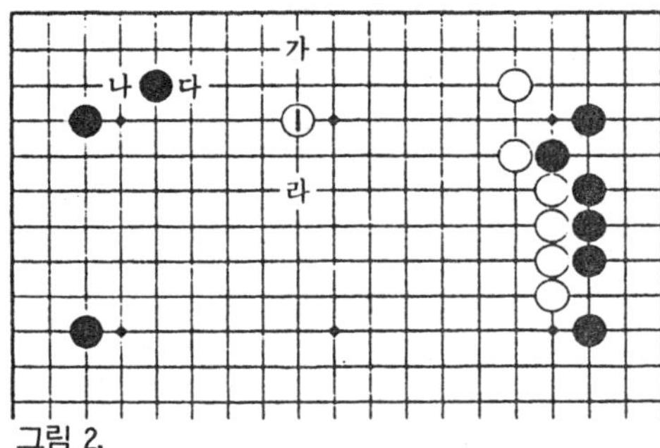

그림 2.

그림 2(백1, 모양) 같은 5칸이라고 해도 백1로 높이 벌릴 참이다. 가의 미끄럼은 낮은 위치이므로 염려하지 않고 그 엷음을 백 나 또는 다로 기대서 찌르는 노림수도 남는다.

흑라의 모자는 무리가 따르므로 약간 두기 어렵다.

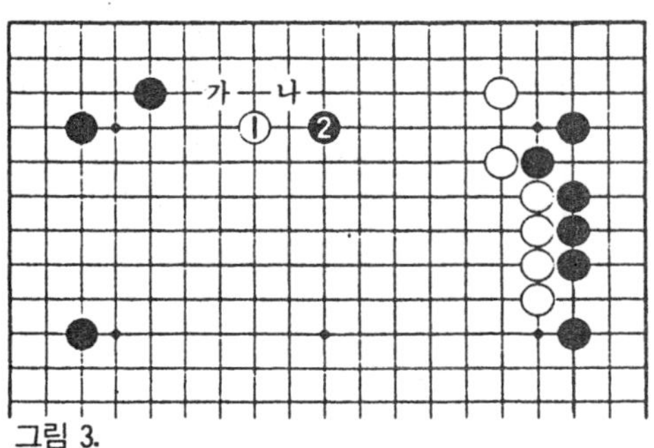

그림 3.

그림 3(지나친 벌리기) 어차피 미끄러질 것이니까 하고 백1까지 진행하면 이번에는 흑2의 뛰어들기로 변화를 받아 백은 우편의 쌓은 세력은 안개처럼 사라진다.

좌변의 흑이 견고한 모양이므로 백1로 가 등도 흑나가 매섭다.

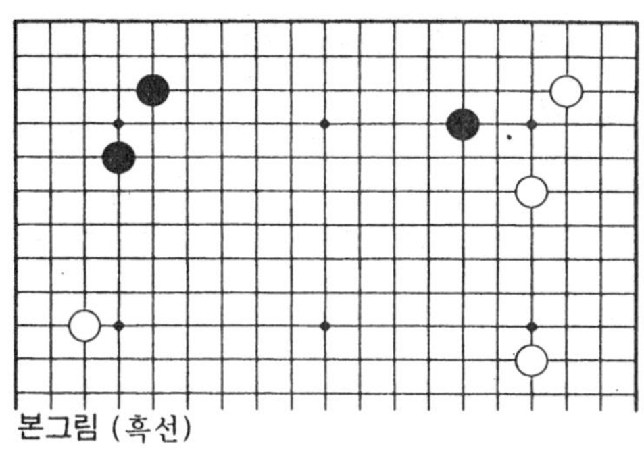

본그림 (흑선)

높은 두칸

상변의 벌리기는 어느 정도일까. 이곳까지 포석이 진전하면 착점은 많이 한정되고 있다.

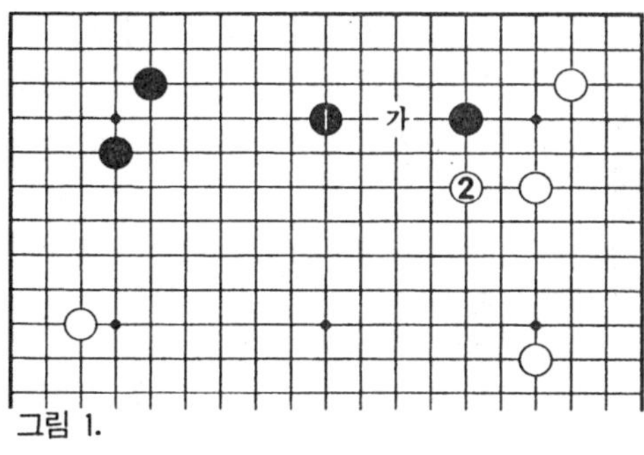

그림 1.

그림 1(높은 3칸) 흑1의 높은 세칸 벌리기인데 상변은 큰 모양이다.

그러나 백이 2로 쌍방의 모양의 접점에 선행해서 가의 약점을 강조하는 것이 불만이다.

흑의 모양 좌변으로 발전할 여지도 없다.

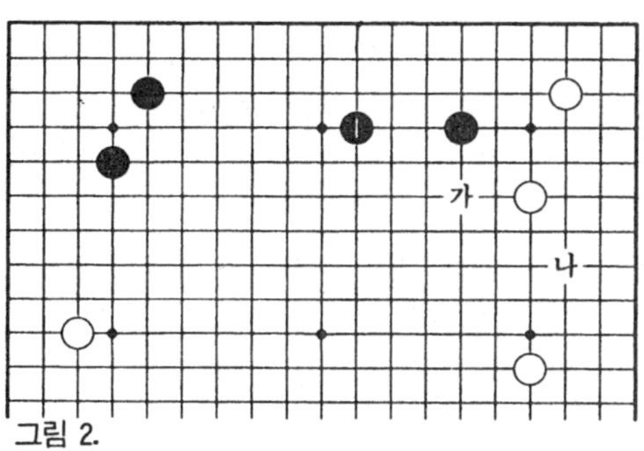

그림 2.

그림 2(흑1, 모양) 흑1로 견고하게 겨누면 백가에 박력이 없다.

백가를 두지 않으면 흑부터 나의 뛰어들기도 노릴 수 있다.

모양보다 백의 입장에서는 싸움의 준비로서 벌리기에 주목할 국면이다.

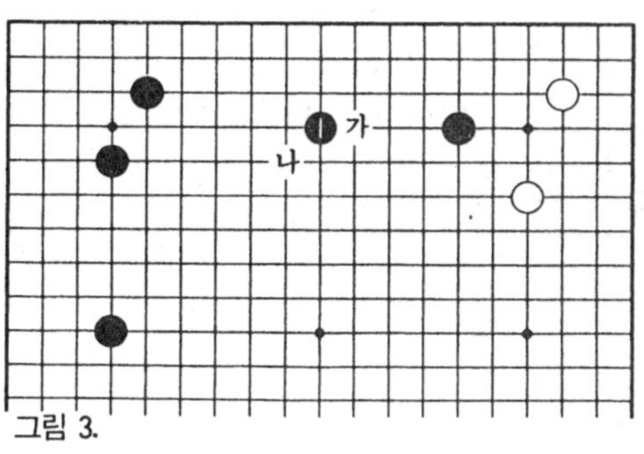

그림 3.

그림 3(배후의 모양) ●이 있어서 입체적인 무늬를 기대할 수 있는 경우에는 물론 흑1의 3칸이 낫다.

흑1에서 가의 2칸으로는 세력과의 관계가 허술하고 백나 부근부터 희미하게 지우는 수도 유력하게 된다.

큰 눈목자 벌리기

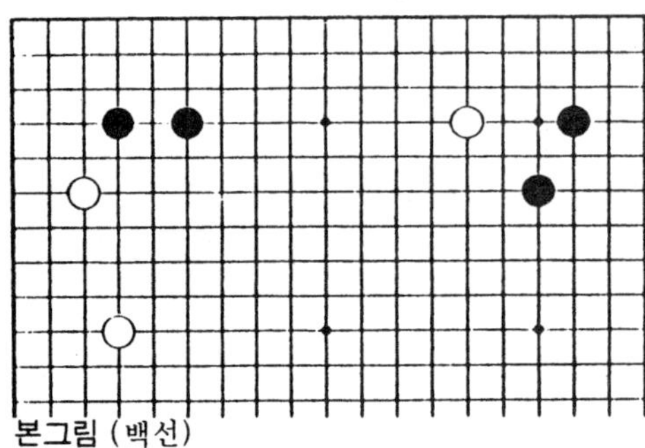

본그림 (백선)

상변으로 어떻게 벌릴까. 밸런스나 나중의 노림수를 가미한다.

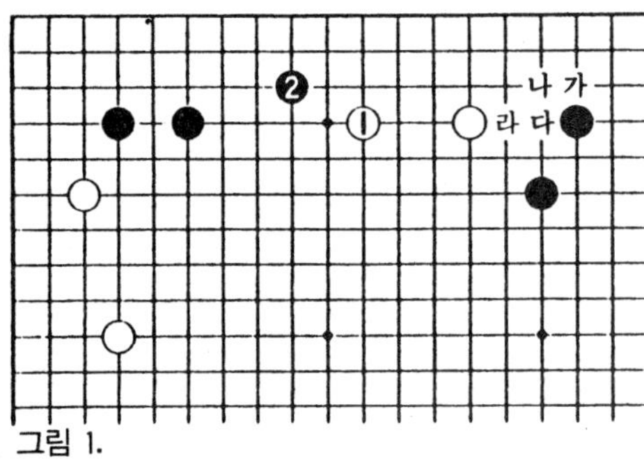

그림 1.

그림 1(떠오른다) 백1의 두 칸 벌리기로는 흑2로 채워 전체가 떨떠름한 곳에서 떠올랐으므로 불만이다.

가의 붙이기는 백의 노림수인데 흑나, 백다, 흑라로 차단되어 상변을 공격당할지도 모른다.

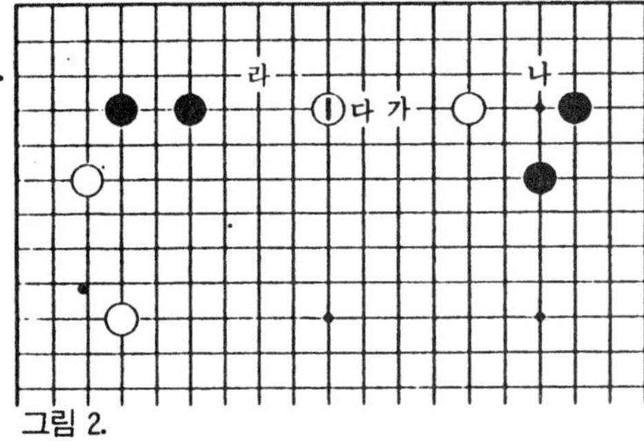

그림 2.

그림 2(엉거주춤) 백1이면 넓지만 흑가의 뛰어들기가 매섭고 또 흑나로 귀를 지켜도 보충이 어렵다.

그렇다고 백1에서 다는 흑라로 갈라서 흩어진 모양이다. 벌리지 않으면 흑라가 매섭다.

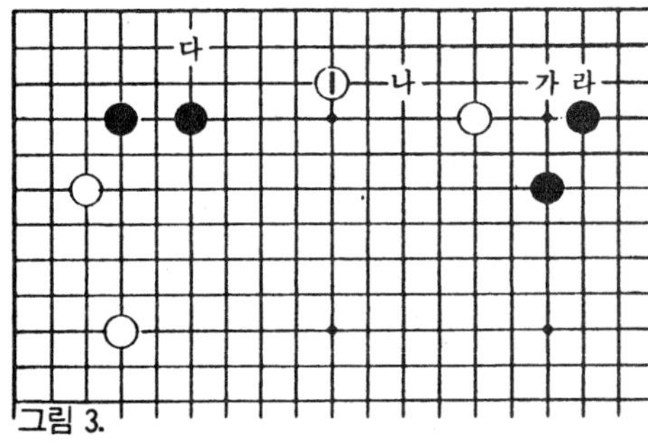

그림 3.

그림 3(백1, 모양) 백1이 밸런스가 잡힌 벌리기다. 가의 작용을 보고 있으므로 흑나로 뛰어 들어도 바로잡기에 고생하지 않고, 다의 미끄럼을 보고 있으므로 라의 붙이기가 두기 쉽다.

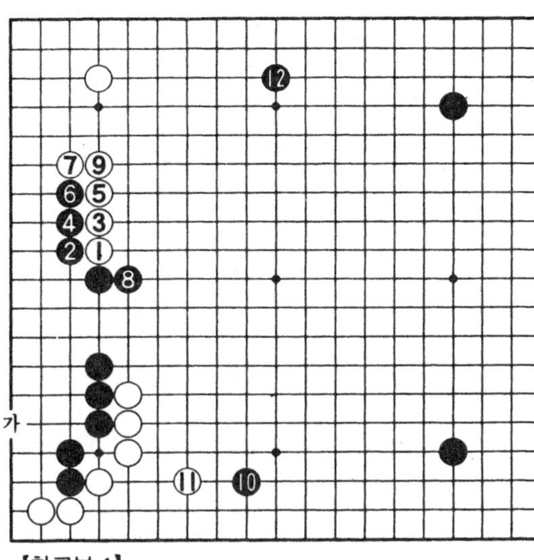

【참고보 1】
吳淸源 · 신예8단전　백　　吳　淸　源
　　　　　　　　　　　흑　　島村利博

붙이기

　때로는 벌리기를 생략하고 상대의 돌을 응결형으로 만드는 노림수의 붙이기를 시도하는 경우도 있다. 발이 빠른 수법이다.

【참고보1】
　백1의 붙이기가 뜻밖에 찔렀다. 흑2 이하로 기어서 8의 쪽 뻗기가 급소. 백은 귀가 집으로 화했고 가의 미끄럼도 남아 흑지는 크지 않다고 보고 있다. 대략 걸맞음.

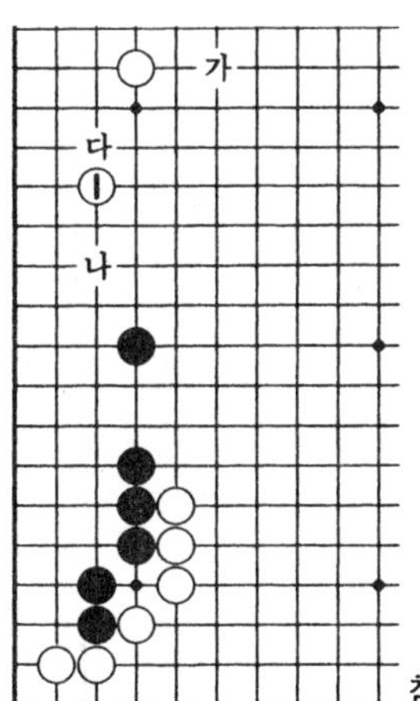

참고그림 1

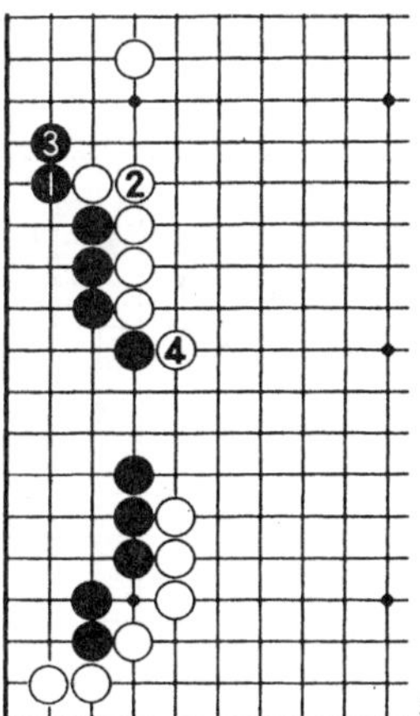

참고그림 2

　참고 그림 1(서서히)　백1의 굳히기로 어떻다는 것도 없지만 흑가의 채우기는 매섭고, 흑나로 여전히 호점. 더우기 없는 백선으로서 과감한 취향으로 나왔다. 백이 손빼기하면 흑다의 걸치기가 절호점이 된다.

　참고 그림 2(중앙의 문제) 〈참고보〉의 흑8에서 1, 3으로 땅에 짜게 둔다면 백4의 젖히기가 와서 중앙이 옹색하게 된다. 이 큰 외세를 기반으로 삼으면 어떤 작전도 자유다. 보의 흑8에서 선수를 취하고 큰곳의 벌리기에 선행해서 흑이 알기 쉬운 국면이다.

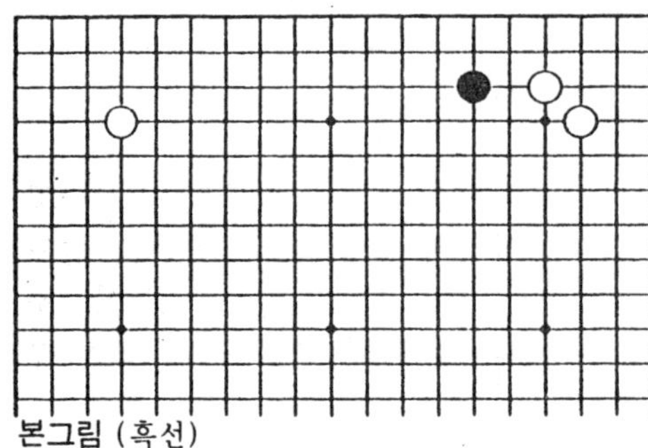

본그림 (흑선)

두칸 벌리기

상변을 흑부터 어떻게 벌릴까. 제3선 단독의 돌부터의 기본적인 벌리기도 있다.

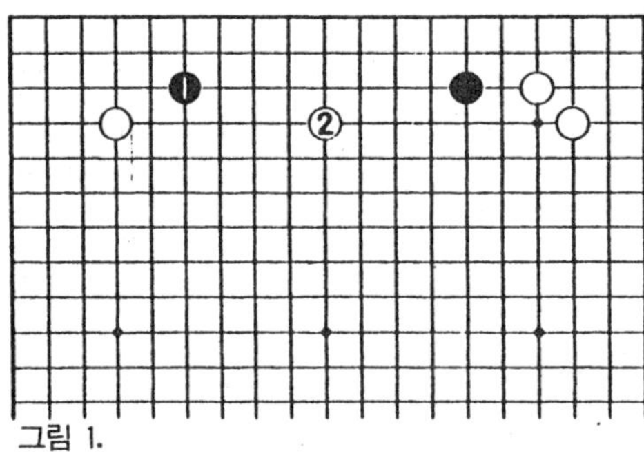

그림 1.

그림 1(지나친 두기) 흑1은 벌리기가 아니고 좌상의 백에 대한 걸치기. 뭔가 받게하고 2의 점에 포위하면 부분적으로는 이상형이 되는데 백은 물론 2로 갈라서 좌우를 분단하려 든다. 흑1은 지나친 두기다.

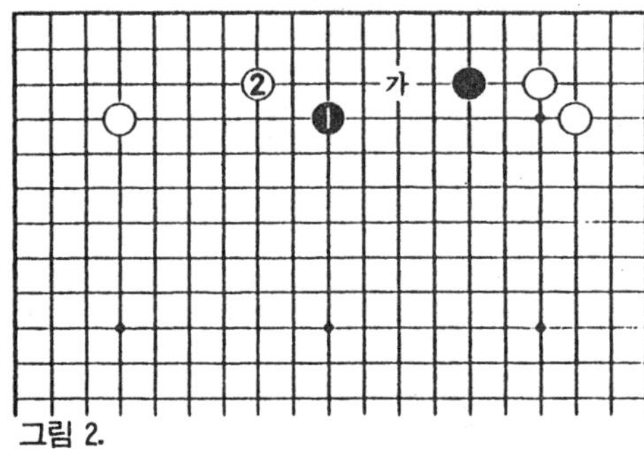

그림 2.

그림 2(큰 눈목자) 때로는 유력한 벌리기. 가의 뛰어들기 등 약점은 남지만 현재 급한 문제는 아니라고 보고 한도까지의 발전이다. 다만 백2로 채우면 흑 전체가 떠오른다. 엷은 되돌림수의 벌리기다.

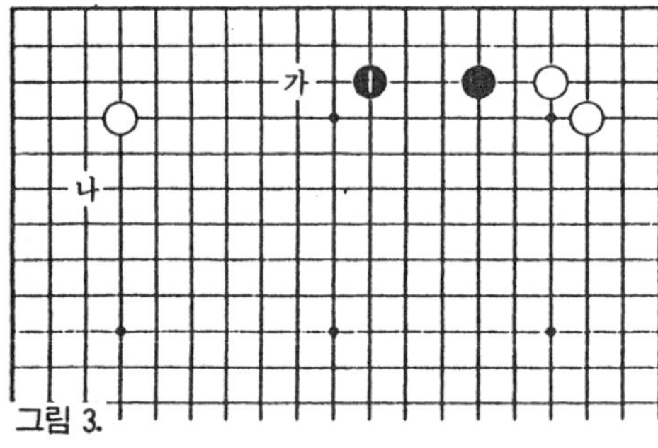

그림 3.

그림 3(흑1, 수법) 흑1의 두칸 벌리기가 벌리기의 기본. 백가로 채워도 좀처럼 동요하지 않는 근거를 지닌다. 상변에 우선 완강하게 벌리고 이후 나 방면부터 걸쳐서 백을 견고한 돌에 붙일 구상이다.

8칸 벌리기

굳이 크게 벌려서 상대의 뛰어들기를 유인해서 낙전으로 유도하는 취향도 없지 않다. 나중의 수습에는 역량을 요한다.

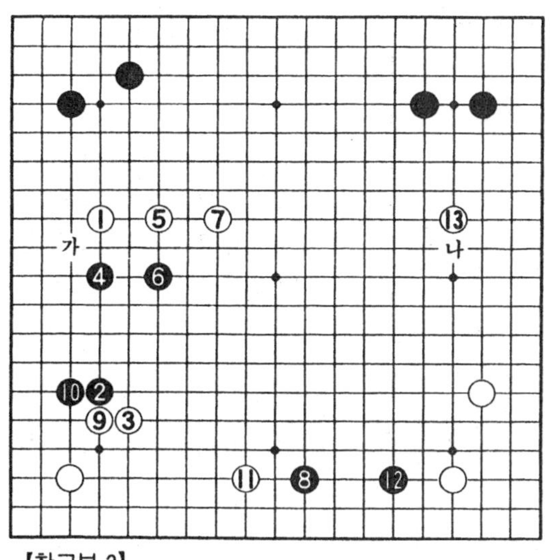

【참고보 2】
제13기 명인전 　백　　山部俊郎
리그전 　　　흑　　大竹英雄

【참고보 2】
백1에서는 두칸 벌리기의 여지를 남기는 가가 보통. 흑4로 두게 하고 백5, 7로 뛰어 상변의 무늬를 견제하는 취향이다.

백13도 보통이면 나.

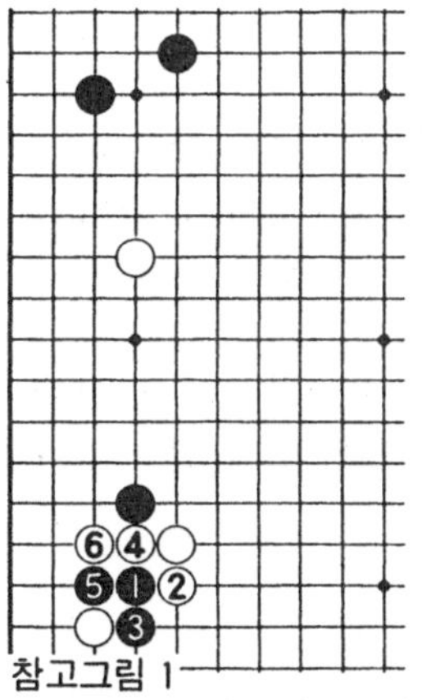

참고그림 1

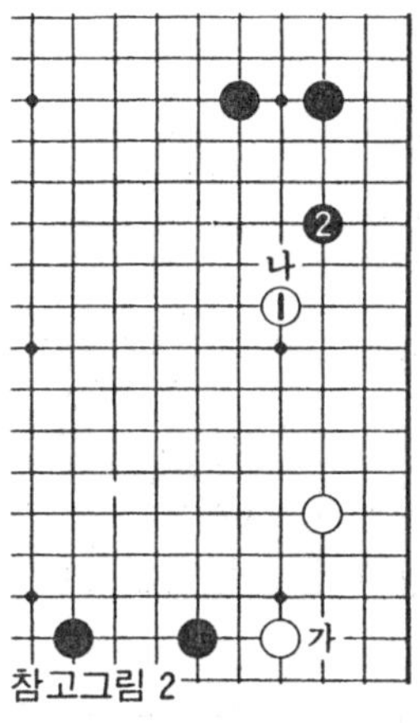

참고그림 2

참고그림 2 (채우기를 싫어한다)〈참고보2〉의 백13에서 1의 상식적인 벌리기는 흑2의 채우기가 호점으로 남는다. 귀의 눈목자 굳히기는 흑의 채우기가 와 있고,

참고그림 1(관련성)〈참고보〉의 백3은 1의 벌리기와 관련되어 있고 흑1로 틈사이를 찔러 오는 수는 없다. 백2이하 6으로 눌러 외세를 다졌을 때 시초의 벌리기가 빛난다.

가로 붙여서 쑤시기 당할 수가 남아있는 만큼 우변을 정식으로 모양화하는 것은 마음이 내키지 않는 참이다. 백1에서 나라면 흑도 가로 두기 어렵다.

밸런스의 벌리기

부분적으로는 법을 벗어난 벌리기라고 해도 전국의 밸런스를 유지하고 있다면 그것은 그것 나름대로 훌륭한 포석이다.

【참고보 3】

흑1은 엉거주춤한 벌리기인데 흑가에서는 귀가 비고 흑나에서는 갈라치기가 남는다.

백2의 굳히기를 넘겨다 보고 흑3부터 7로 수를 쓰니 최고의 겨누기가 되었다.

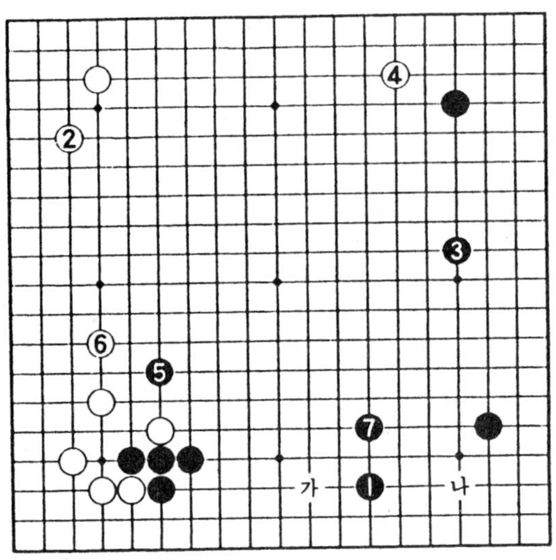

【참고보 3】
제6기 프로10걸전　백　　橋本昌二
　　　　　　　　　흑　　武宮正樹

참고그림 1(지우기가 없다)
백2에서 하변을 향해도 의외로 적절한 지우기가 없다. 백1의 모자는 흑2가 꼭 맞고 백1에서 2는 흑1로 뛰어 공격하면서 하변을 확대한다. 백1에서 가면 흑2의 걸기다.

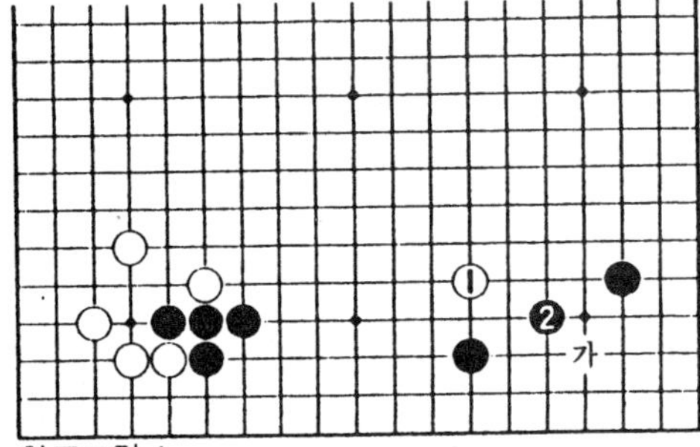

참고그림 1

참고그림 2(일격)〈참고보 2〉의 백4에서는 1로 세력의 요점에 일격해 두는 편이 낫다. 흑은 2로 받아 가를 노리는데, 적어도 〈참고보 2〉와 같은 이상형을 주지 않아도 되었다. 귀를 지키는 모양이 어렵다.

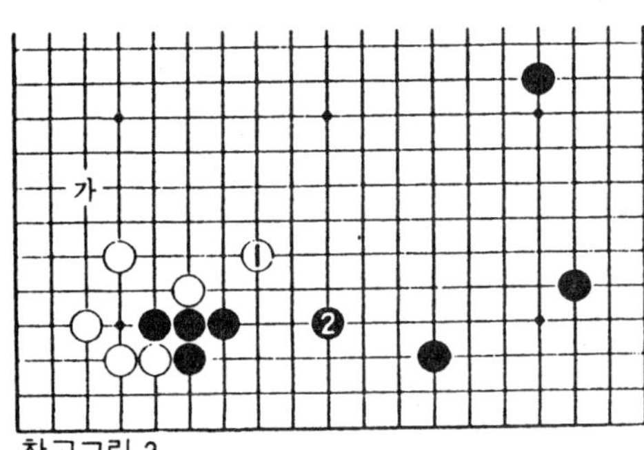

참고그림 2

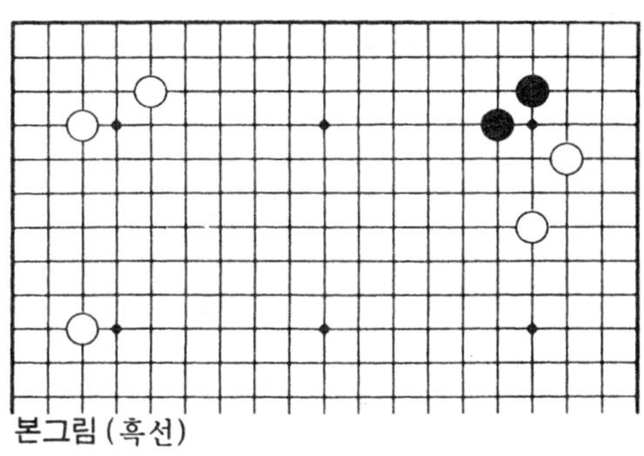

본그림 (흑선)

4칸 벌리기

큰곳의 벌리기는 상대의 돌에 두칸 벌리기의 여지를 남기는 것이 기본적 주의사항이다.

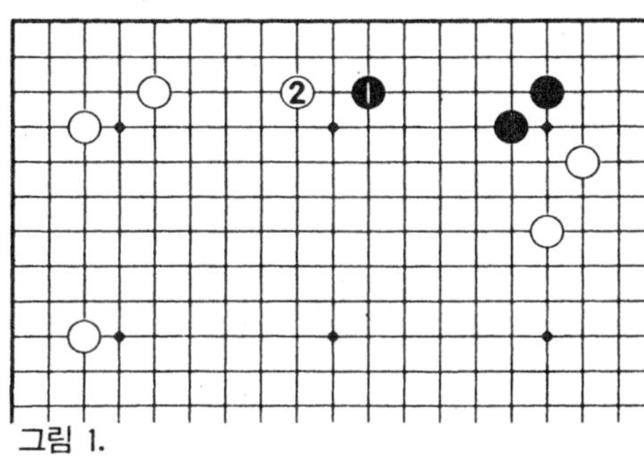

그림 1.

그림 1(세칸 벌리기) 흑 ● 의 돌부터는 1의 벌리기가 모양. 그러나 백2로 채우니 좌상의 모양이 퍼지는 것, 우상의 흑이 견고한 것 등을 종합하면 흑1의 벌리기로는 약간 불만이다.

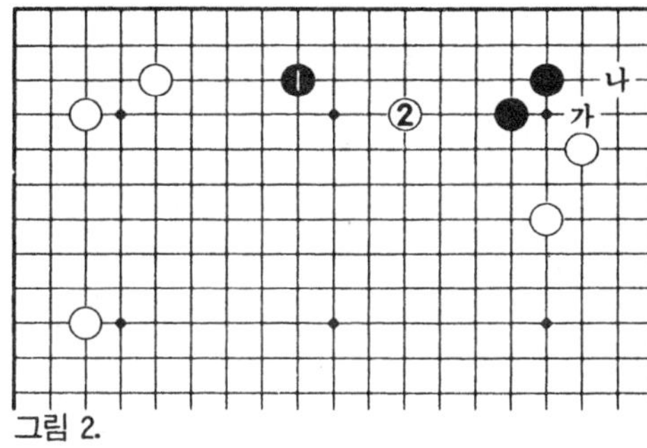

그림 2.

그림 2(5칸 벌리기) 흑1까지 진행하면 백2의 뛰어들기가 매섭다. 이후 흑은 가로 마늘모붙여서 귀를 안정시키고 상변은 백에게 맡기게 된다. 흑가의 실리를 기피하면 백2에서는 나, 흑2도 있을 것이다.

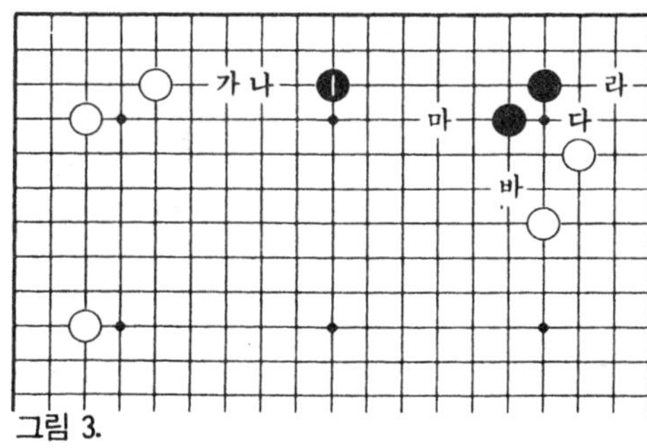

그림 3.

그림 3(흑1, 모양) 흑1로 벌리고 가의 두칸 벌리기를 남기는 것이 좋다. 백나면 흑다, 백라면 흑가인데 백마의 뛰어들기를 직접 지키지 않아도 된다.

갑자기 백마면 흑가, 백라, 흑바로 싸울 수 있을 것이다.

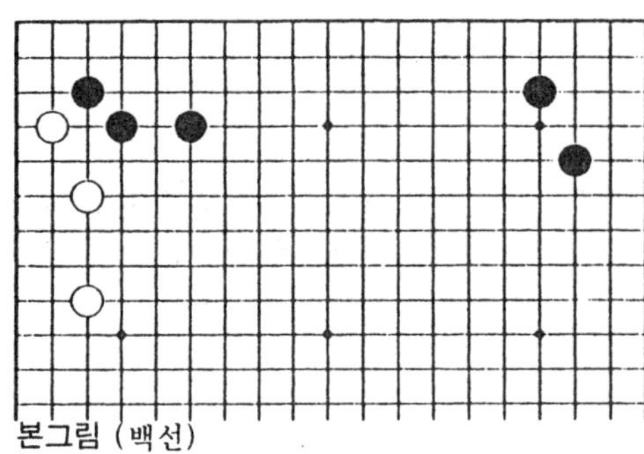

본그림 (백선)

갈라치기

상변에 흑부터 벌리면 큰 모양. 백은 미연에 그것을 방지하고 싶다.

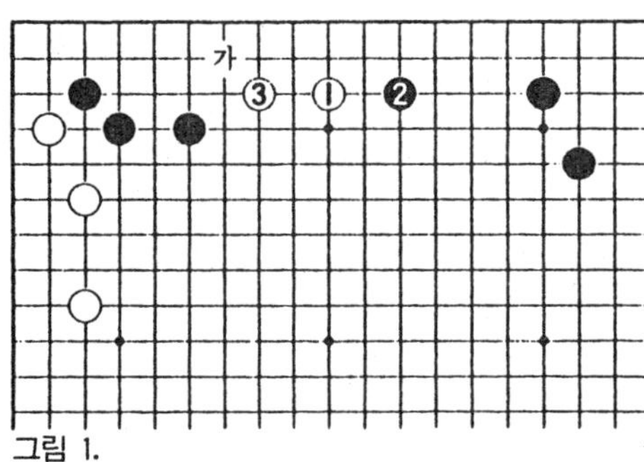

그림 1.

그림 1(치우친다) 백1로 한쪽에 치우지면 흑2의 채우기가 호조. 백3으로 참고 빈끝을 노릴 기분도 없지 않으나 시기를 보아 흑가로 지키는 수가 백에게 공격이 된다. 백1에서 2면 흑1이 크다.

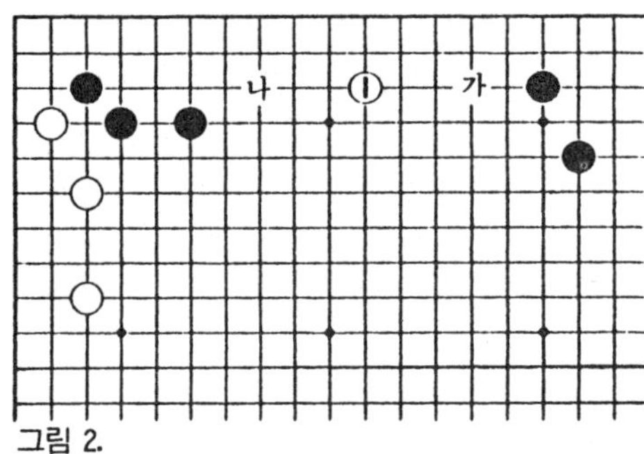

그림 2.

그림 2(백1, 모양) 백1로 한 가운데를 가르고, 좌우의 두칸 벌리기를 대응으로 삼는 것이 좋다. 가, 나, 어느 쪽으로 벌려도 앞그림보다 늘씬한 모양이고 일단의 근거를 가지고 급전을 피하고 있다.

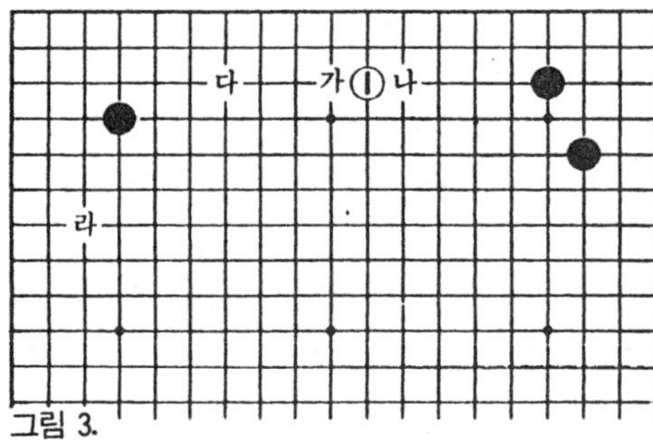

그림 3.

그림 3(치우치는 감각) 이 모양이면 백1로 치우치는 느낌도 없지 않고 역시 좌우의 두칸이 대응. 백1에서 가는 흑나, 백다, 흑라라는 기세가 있는 것을 기피한 경우 임시 조처라고 봐도 좋다.

접근의 수법

판 위에 돌의 수효가 증가되면 쌍방의 돌이 몇은 접근한다. 또는 좀더 적극적으로 상대의 호조인 전개를 방해하려고 굳이 접근하는 경우도 있고 포석시대는 이것이 걸치기이고 협공이며 채우기다.

접근은 접촉전의 앞 단계다. 단독적 접근은 2대 1의 불리한 싸움이 되므로, 우선 간격을 조여서 상대의 행동권을 제한하고 원군을 비축해서 접촉전으로 진행한다. 기초적인 접근법을 열거하겠다.

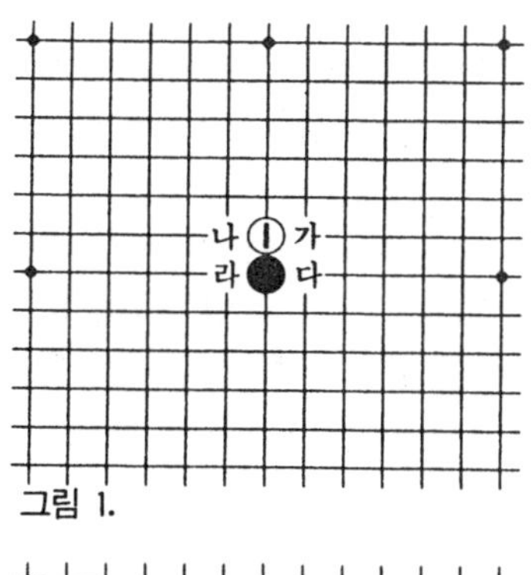

그림 1.

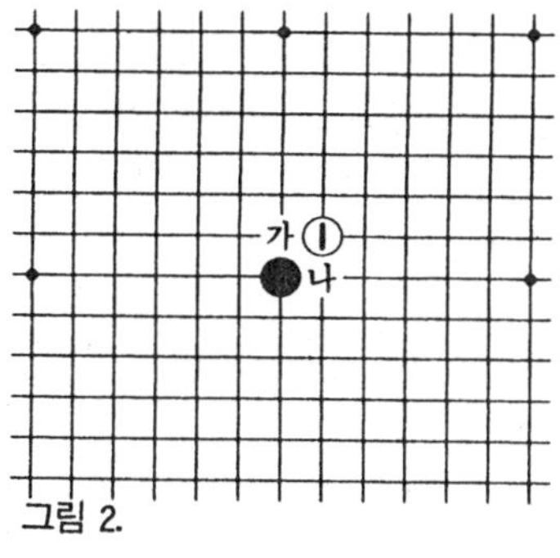

그림 2.

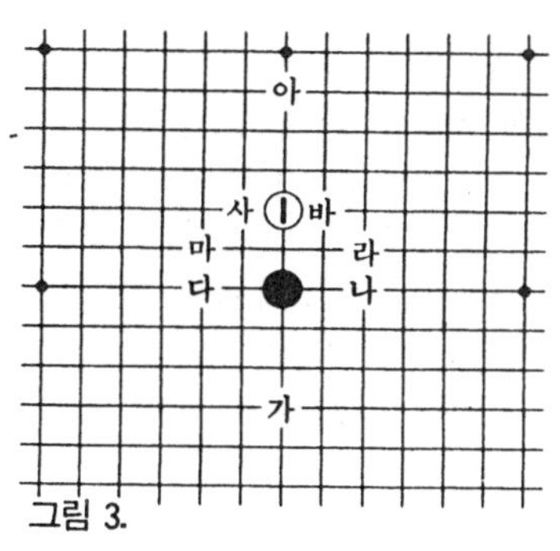

그림 3.

그림 1(붙이기) 백1은 접근이 아니고 접촉이며 대부분 이곳부터 싸움이 시작된다. 단독적 붙이기는 붙인 방면으로의 상대의 전개를 둔화시킬 목적. 다만, 부분적으로는 불리한 싸움을 각오해야 한다.

흑의 응수는 가, 나의 젖히기냐, 다, 라의 뻗기냐. 젖히기 쪽이 응수.

그림 2(모) 접근 방향에 따라서는 어깨라고도, 형상에 따라서는 턱이라고도 한다. 접촉과 접근의 중간적 수법. 흑은 힘을 비축하려는 쪽에 가 내지 나로 밀기 때문에 접촉과 같은 모양이다. 다만, 백1에서 나의 붙이기로는 흑1로 눌리우는 방향으로 1보 선행하고 있는 것이 모의 이점이다.

그림 3도(1칸) 접근의 기본이다. 그 방향으로 상대의 전개를 방해하면서 다음 단계에는 접촉전을 도발하기도 가능.

흑의 응수는 가 등의 배면으로 발전, 나, 다 등 측면으로의 발전, 라, 마 등 압박(진출)적 발전, 바, 사 등의 접촉전, 아 방면부터의 역습 등 다양.

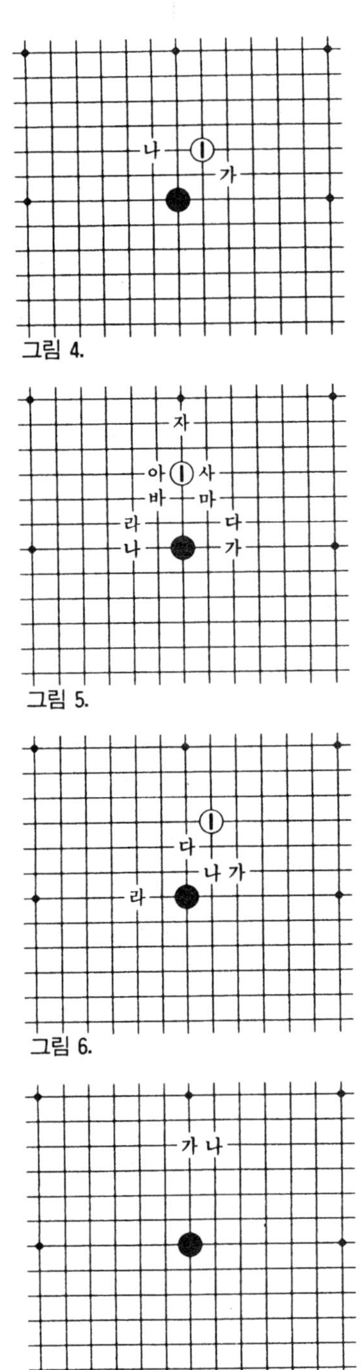

그림 4.

그림 5.

그림 6.

그림 7.

그림 **4**(계마) 백1이 계마의 접근. 흑석의 위치, 접근의 방향에 따라 목적이 다르지만 1칸보다는 곡선적인 끈기가 있는 접근법이다.

흑의 직접적인 응수는 **가** 방면의 수비와 **나** 방면의 수비로 크게 나뉘고 간접적인 응수를 포함시키면 1칸보다 더 변화가 많다.

그림 **5**(2칸) 2칸의 접근은 약간 영향력이 적다. 주목적은 그 방면으로의 발전을 우선 방해하는 데 있다.

흑은 그 위치에 따라서 **가** 이하 **라** 등으로 보강하는 경우도 있고 **마**, **바** 등으로 세력권 확대로 향하는 수도 있고 **사**, **아**의 도전, **자** 방면의 역습도 생각할 수 있다.

그림 **6**(눈목자) 완만한 접근으로 매서운 목적이 없다. 상대의 발전을 방해하고 끈질기게 싸우려고 하는 경우의 수법이다.

흑의 응수는 **가**, **나** 방면의 수비와 **다** 등의 세력적 대항, **라** 방면의 수비 등도 생각할 수 있다.

이 언저리가 일단 접근의 한도다.

그림 **7**(먼 접근) **가**의 3칸, **나**의 큰 눈목자에서는 흑돌에의 직접적 영향은 없다. 다만, 이것이 변의 문제라고 하면 상대의 두칸 벌리기를 뺏은 일에 의해서 다음 단계에서의 공격이 매섭다는 노림수에 연결된다.

접근도 위치와 방향에 따라서 목적이 아주 다르다.

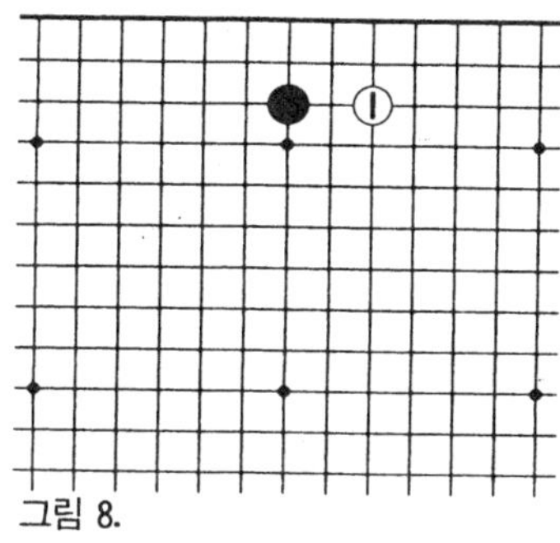

그림 8.

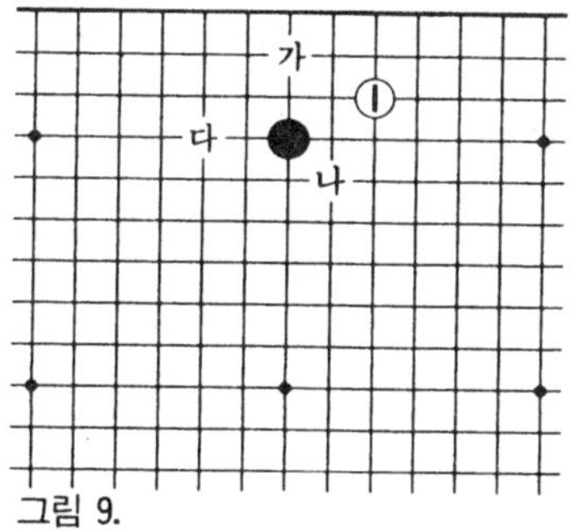

그림 9.

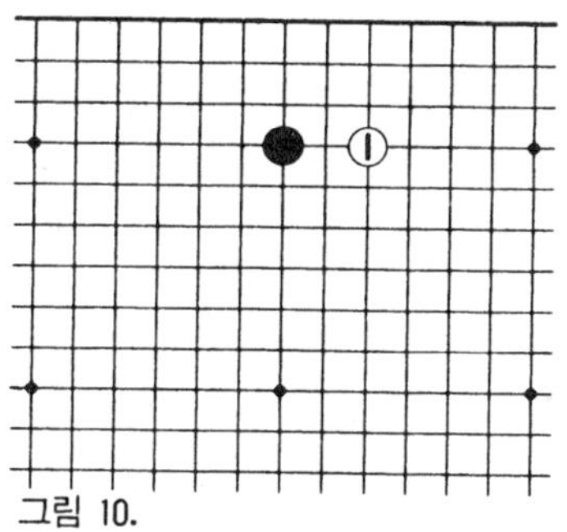

그림 10.

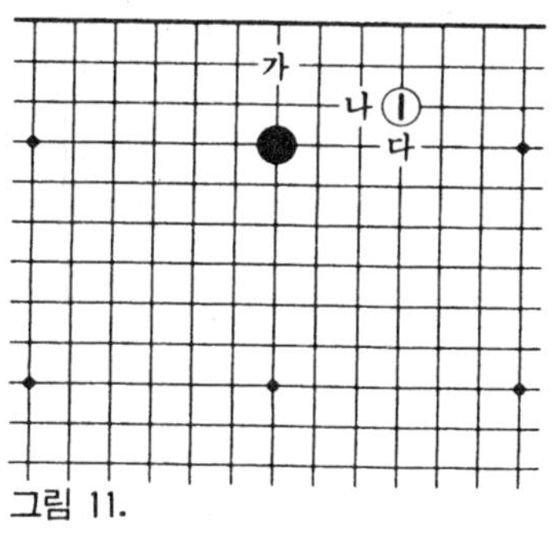

그림 11.

그림 8(변의 접근) 지금까지는 일반적인 접근에 대한 설명이었는데, 대상을 변의 접근으로 좁혀서 두세가지 첨가하겠다.

접근 대상이 제三선의 돌이면 기본적 접근은 백1의 1칸이다. 쌍방의 배후에 원군이 얼마나 있느냐로 이후의 싸우는 방식이 변한다.

그림 9(계마) 접근 대상이 제四선인 경우는 백1의 계마가 기본이 된다. 가의 미끄럼을 보고 발밑을 위협하고 나의 걸기를 보아 압도되지 않는다. 단독적 접근으로서는 가장 유력하고 다 방면부터의 협격도 노리고 있다. 흑은 빈끝을 지키던가, 중앙의 세력을 잡던가 선택할 필요가 있다.

그림 10(1칸) 제四선에 1칸은 세력 중시의 접근, 빈끝의 노림 수는 버리고 흑의 중앙 제패를 방해하는 일에 주안을 둔다. 물론 1칸 접근의 기본적 성격에서 배후의 세력권을 함께 가를 목적이다.

제三선 끼리의 1칸보다 서로 불안정하고 노림수도 많다.

그림 11(눈목자) 제四선에 눈목자는 가의 미끄럼이 최대의 목적이다. 미끄러진 모양은 백1이 나에 있을 때보다 활동한다.

또 백다의 높은 2칸은 상대의 발전을 딱 멈출 목적. 기세를 주지 않고 두었다가 나중에 크게 협격하는 노림수에 연결할 수 있다.

협공의 접근

두 변이 직각으로 교차되는 귀에서는 접근의 목적도 다소 달라진다. 빈귀에 선행한 돌에 귀의 우위를 독점시키지 않으려고 접근하면 우위를 지키려는 상대와의 사이에 싸움이 생겨서 정석으로 발전해간다.

여기서는 정석의 출발점이 되는 걸치기의 접근과 접촉전에 쏟아져 들어가기 쉬운 협공의 접근의 기본적 성격을 요약해 두겠다. 이후의 절충에 대해서는 따로 정석에서 연구하시기 바란다.

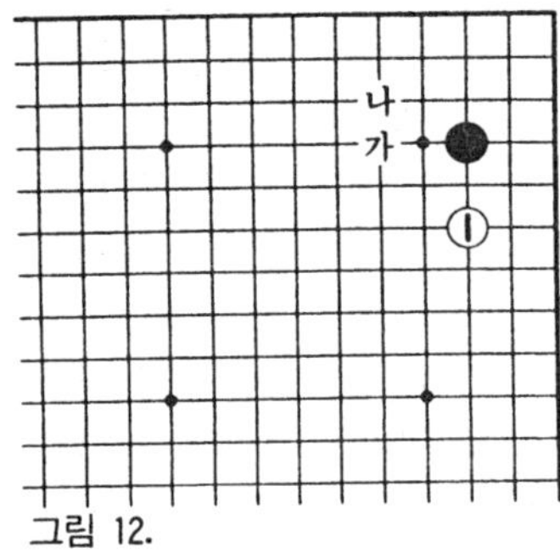

그림 12.

그림 12(틀린 방향) 제3과 제四선의 교차점인 소목에 제3선쪽에서 접근해도 앞이 막혔다.

흑가 또는 나로 귀의 실질을 확보한 위에 백1의 한점은 공격 대상이 될 가능성이 있다.

방향을 그르친 접근은 어떤 경우에도 큰 손해를 본다.

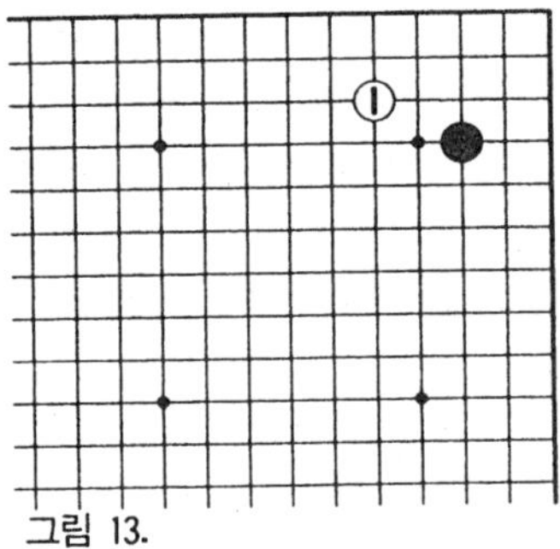

그림 13.

그림 13(날일자 걸치기) 빈끝의 약점이 보이고 있는 백1 쪽부터 걸친다. 다음에 상변에의 전개가 계속 수단, 또는 우변으로 협공해서 흑의 전개를 방해하는 목적도 포함했다.

흑도 이 모양으로 귀를 지키는 것은 효율이 나쁘다. 우변으로 전개하던가 백의 전개를 방해하던가이다.

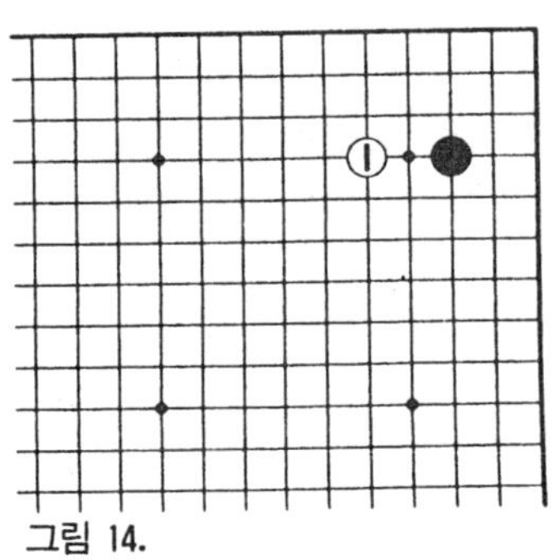

그림 14.

그림 14(한칸 높은 걸치기) 제四선에서 1칸의 접근은 귀의 실리를 양보하고라도 상변 전개를 확보하고 중앙으로의 발전에도 힘을 남길 목적이다.

흑은 그 주문대로 응해도 부분적으로는 손해가 없고 또 귀를 점점 쳐들어 갈 것을 각오하면 상변으로의 전개를 방해해서 싸움으로 이끌 수 있다.

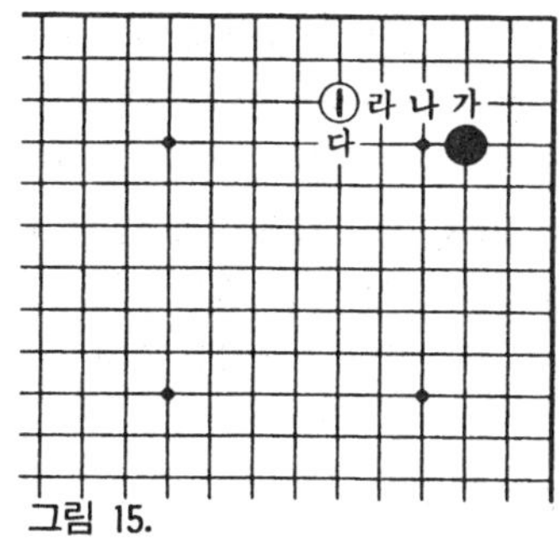

그림 15.

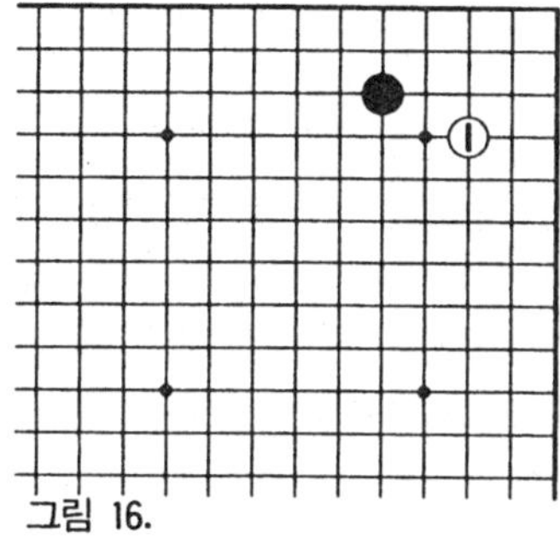

그림 16.

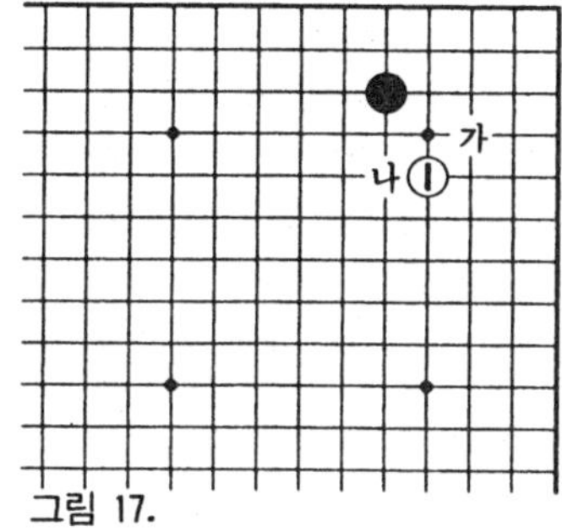

그림 17.

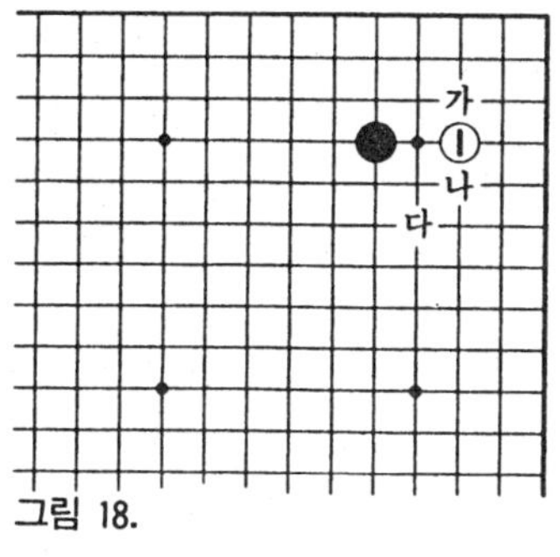

그림 18.

그림 15(눈목자 걸치기) 백1의 눈목자 걸치기는 상변의 벌리기를 보는 동시에 귀의 특수성을 살려 가의 三3 붙이기를 노린다. 흑은 나로 땅을 지키든가 상변에 협공하든가다.

백1에서 다의 두칸 높은 걸치기는 흑라 등으로 귀의 땅을 굳혀도 좋다는 전국적 밸런스의 접근법이다.

그림 16(낮은 걸치기) 외목에 소목 걸치기는 상변에서는 떠오른 계마의 접근인데 우변에서는 제三선. 귀의 수비를 방해하면서 〈그림 13〉의 흑의 위치를 잡으려 한다.

흑이 압박이나 협공의 직접 행동이라면 싸움. 목적을 남기고 상변으로 전개하는 것도 이따금 보는 진행이다.

그림 17(높은 걸치기) 외목에 계마의 접근인데 방향은 중앙부터. 귀의 실리를 양보하고라도 우변 전개의 원리와 중앙 발전의 발판 공작을 확보하려는 목적이다.

흑은 가로 귀를 지키느냐 나로 붙여서 세력 탈환의 싸움을 거느냐 전국과의 관련에서 판단하게 된다.

그림 18(소목 들기) 고목으로의 걸치기. 귀의 실리를 뺏고 압박은 두려워하지 않는다. 흑이 손을 빼면 〈그림 14〉의 흑의 처지가 된다.

흑부터는 가로 붙여서 귀로 먹어 들어가느냐 나나 다 등으로 압박하느냐.

백이 보다 실리에 눈을 향한다면 1에서 가의 三3들기도 유력하다.

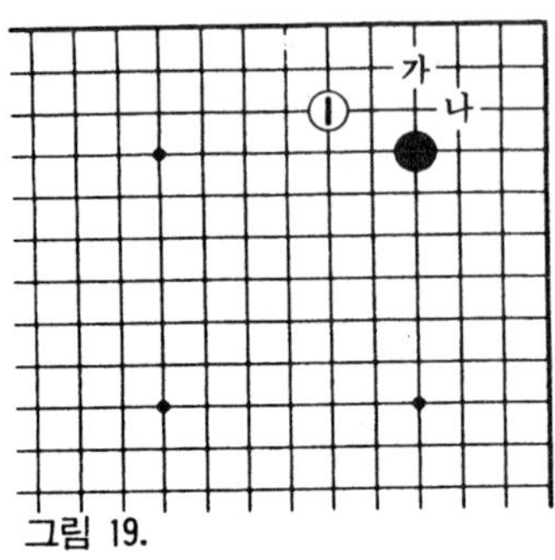

그림 19.

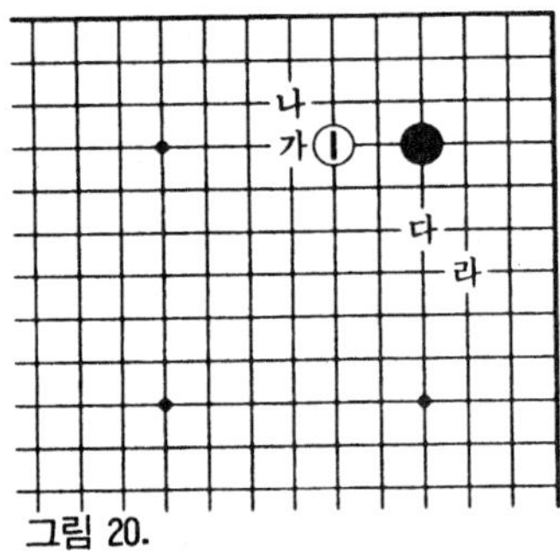

그림 20.

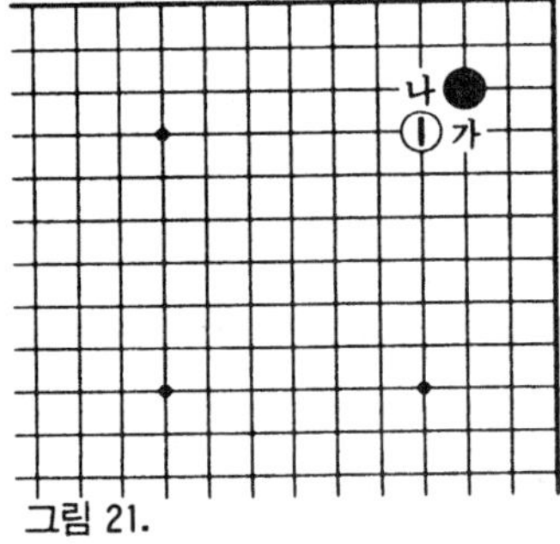

그림 21.

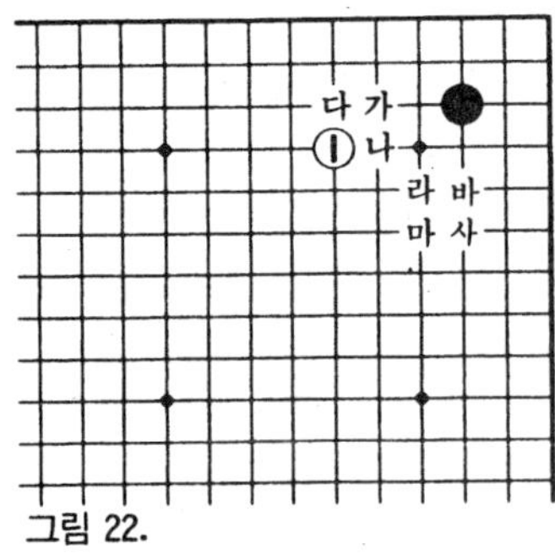

그림 22.

그림 19(화점으로의 날일자) 소목과 화점이 접근 대상이 다르면 비슷한 모양이라도 나중의 목적이 다르다. 백1의 날일자 걸치기는 가의 미끄럼만이 아니고 나의 三3 들기로 귀를 땅으로 만드는 목적도 있다. 상변으로의 전개, 우변부터의 협격도 노림수. 흑은 상변일까, 우변일까.

그림 20(화점으로의 1칸) 백1의 1칸은 〈그림 14〉와는 달리 귀의 땅을 수비 당하면 크다. 실리를 희생하고라도 상변으로의 전개를 확보하고 싶을 때의 특수한 걸치기다. 백가의 두칸 높임, 나의 눈목자도 큰차는 없고 흑은 세력을 주로 하거나 다, 실리를 주로 한다면 라로 받아도 충분하다.

그림 21(三3으로의 어깨) 三3은 어느 쪽부터 접근해도 제三3이고 이미 실리와 근거를 얻고 있는 돌에 조기 접근은 재미없다는 평언도 있다.
차라리 그 저위를 강조하려는 것이 백1의 어깨 짚기인데 전국적인 포석에 맞춰 둘 것이다. 흑에 가, 나의 선택이 있다.

그림 22(눈목자) 방향성을 지닌 거치기면 백1의 눈목자가 보통. 떠오른 위치인데 그만큼 가볍고, 진퇴가 자유롭다. 가, 나, 다 등은 특수한 목적을 지닌 걸치기.
흑에는 라, 마 등, 다음 전개를 포함하는 받기, 바, 사 등 1수로 완결하는 받기의 선택이 있을 것이다.

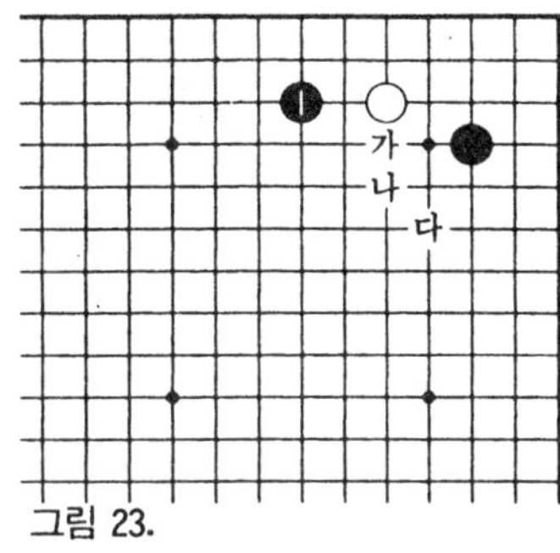

그림 23.

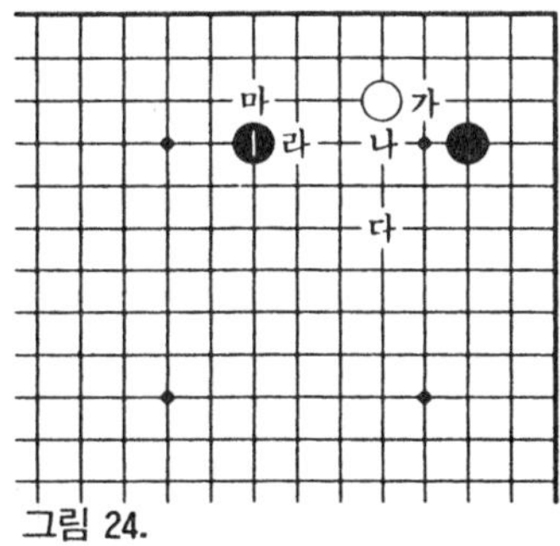

그림 24.

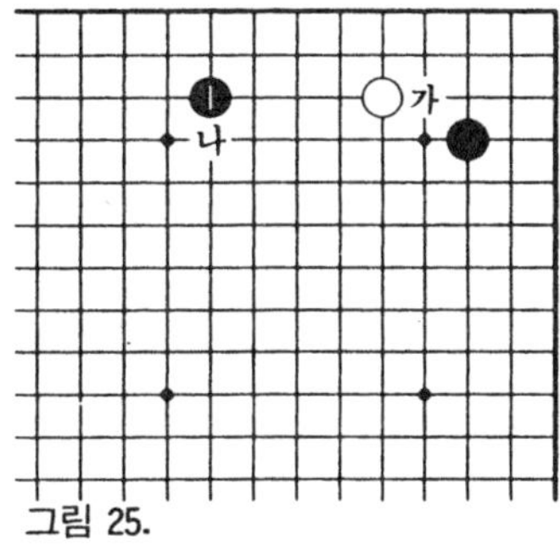

그림 25.

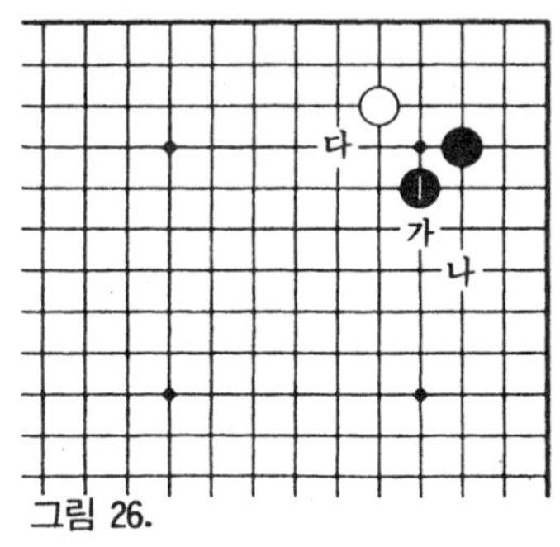

그림 26.

그림 23(한칸 협공) 흑1은 1칸의 접근인데 귀의 흑석과 타협해서 백을 중앙으로 쫓아 내려는 목적을 지니면 협공이라고 한다. 다음에 가로 붙이면 봉쇄. 백나면 흑다의 기세로 우변으로 전개한다.

다만 그것으로 백은 나쁘지 않고 나에서는 달리 변화 수단도 많다.

그림 24(두칸 높은 협공) 협공의 목적은 같지만 이 모양에서는 다음의 목적이 가, 나의 양쪽이 있을 것이다. 협공이 완만하므로 백은 다로 2칸으로 진출할 여유가 있다.

흑1에서 라의 한칸 높은 협공이면 백다는 무리. 흑1에서 마의 두칸 협공이면 백다도 괜찮다.

그림 25(세칸 협공) 완만한 접근이지만 협격태세를 갖춘 위에 2칸 벌리기를 뺏고 있으므로 그만한 위력이 있다. 방치하면 흑가로 마늘모붙이고 귀의 땅을 굳히면서 본격적으로 중앙으로 쫓아 낸다.

협공은 1, 나의 세칸 높임이 한도.

그림 26(받기) 우선 자기의 세력권을 굳히려는 것이 흑1, 가, 나 등의 받기. 전개의 한 변종이다.

다음에 협공을 노리고, 흑1인 경우라면 다의 압박도 유력하다.

백은 상변으로 전개해서 실리와 근거를 확인하고 이 진행이면 접촉전은 나중의 문제.

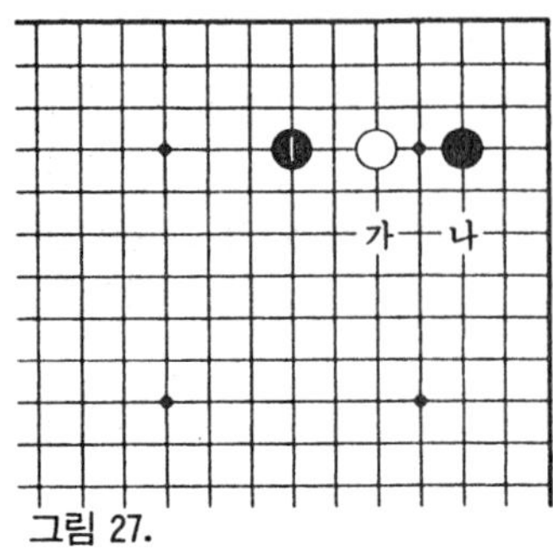

그림 27.

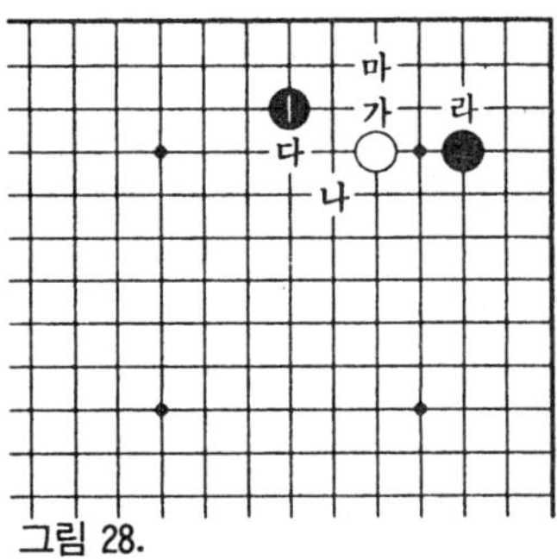

그림 28.

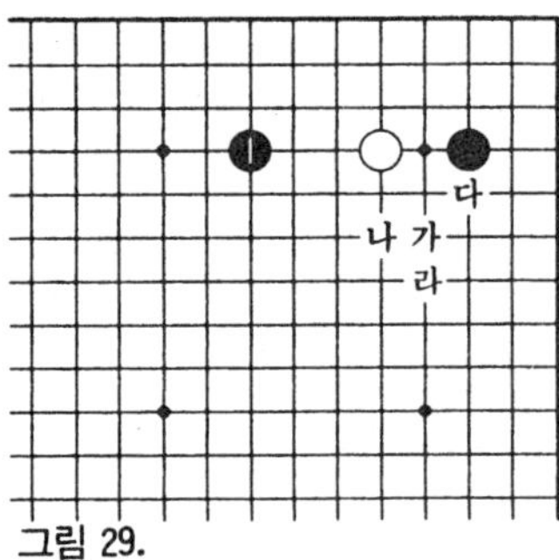

그림 29.

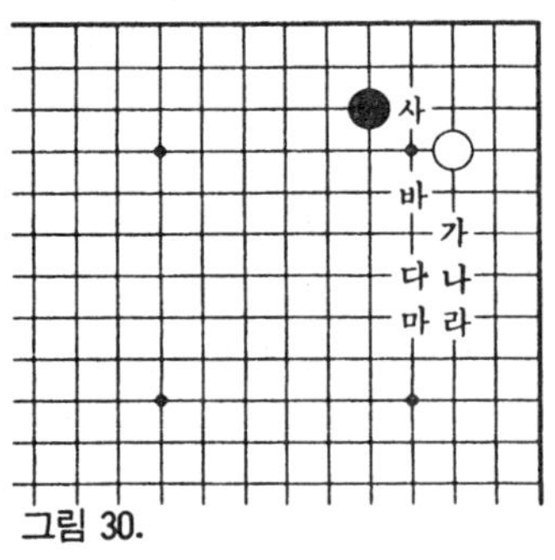

그림 30.

그림 **27**(한칸 협공) 제四선의 한 칸 협공은 각기 불안정한 돌인만큼 대범한 바로잡기가 된다. 제三선의 한칸 협공이면 협격의 기본형이라고 해도 좋지만 제四선으로는 불확정 인자가 너무 많다.

백은 우선 가로 진출할 참, 흑나로 받고 1의 1석의 처리가 문제다.

그림 **28**(계마 협공) 흑1의 낮은 협공이면 안정감이 있고 가의 붙여 건너기 등도 계속 수단으로서 유력. 백은 여하간 그 건너기를 저지할 참인데 나, 다 등 중앙 진출을 겸하느냐 라, 마 등으로 귀에의 먹어 들기를 겸하느냐는 전국의 배치에 따른다. 이 모양에서의 기본적 협공이다.

그림 **29**(두칸 높은 협공) 귀의 접촉전에는 백에게 선착권을 주어도 전개를 뺏었으므로 언젠가는 크게 공격할 수 있다고 본다. 손빼기면 흑가로 귀를 보강해서 공격하는 모양이다.

백은 나로 중앙으로 진출하느냐 다로 흑의 우변 진출을 누르느냐 두 기능을 겸해서 라로 덮어 씌우느냐.

그림 **30**(외목부터) 외목의 협공은 가 이하 마로 여러 가지인데 모두 백의 전개를 뺏고 중앙봉쇄와 귀부터의 쫓아내기를 대응으로 삼고 있는 점에서 공통이다.

따라서 기본적으로는 백바 등으로 중앙으로 진출하느냐 백사로 귀에 사느냐의 선택이 된다.

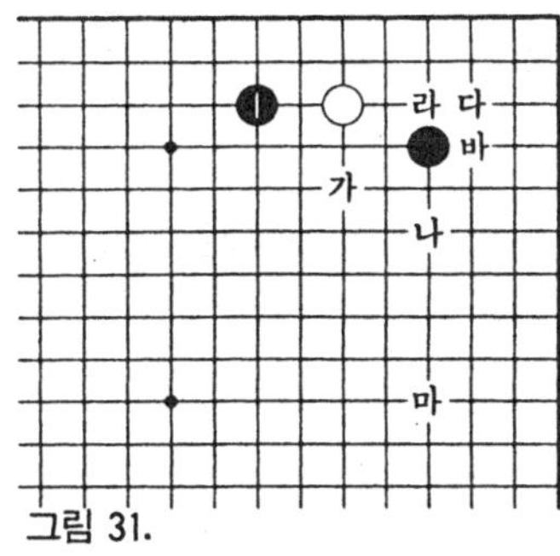

그림 31.

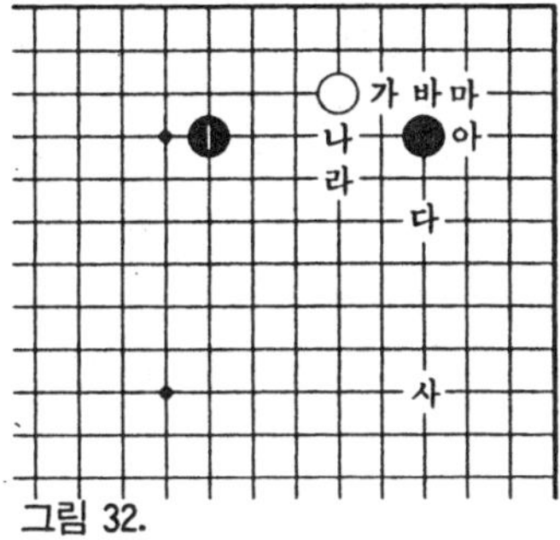

그림 32.

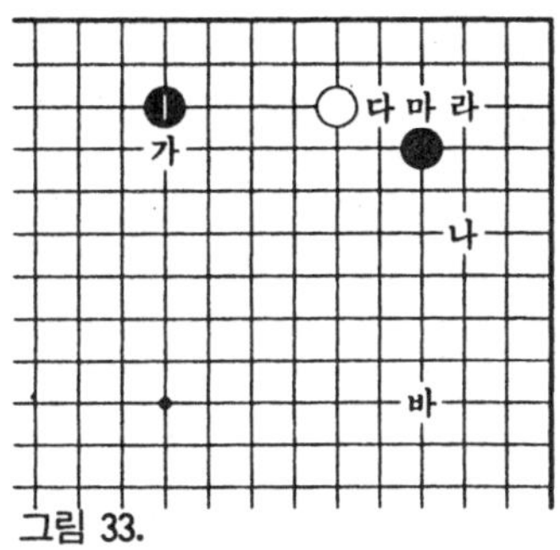

그림 33.

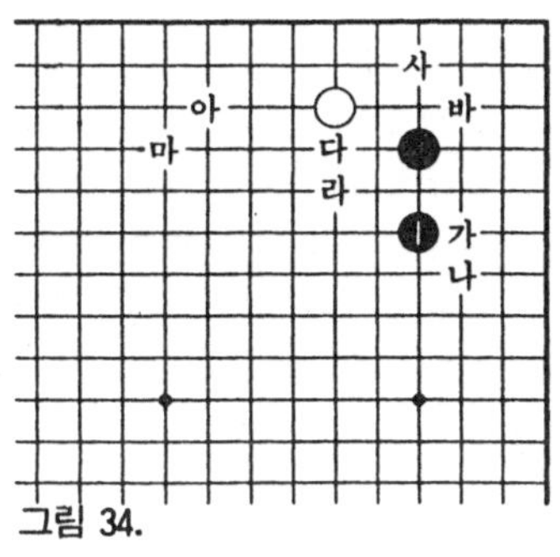

그림 34.

그림 31(화점의 1칸) 협공과 기맥을 통하는 원점의 돌 위치에 따라서도 협공의 성격은 약간 달라진다.

흑1의 한칸 협공으로 전개를 뺏고 백가, 흑나가 일단의 주문. 백이 다의 三3 들기면 라의 차단은 당연하지만 마 방면에 준비가 있을 때는 흑바로 건너게 한다.

그림 32(화점의 2칸 높음) 한칸은 봉쇄가 목적이지만 두칸의 협공은 봉쇄와 축출이 절반씩의 목적이다. 백도 흑가, 백나, 흑다를 피해서 라 등으로 진출하느냐 먼저 마로 귀의 실리를 뺏느냐의 선택이 어렵다. 백마에는 바의 차단이 되는데 이것도 흑사의 준비가 있으면 아로 누른다.

그림 33(화점의 3칸) 흑1, 가 등의 세칸 협공은 백에도 행동의 자유가 있고 상변을 방치해서 나 등으로 흑의 우변 전개를 방해하러 갈 수도 있다. 이 모양으로는 중앙으로 진출해도 흑1이 멀어서 재미없다.

또 흑다의 공격을 피해서 백라면 흑마. 흑바가 있어도 흑마다.

그림 34(화점의 받기) 흑1로 우변으로 전개하면 평온하고 다음에 협공을 노린다.

흑1에서는 달리 가, 나도 있고 또 다, 라 등으로 압박의 기분이 짙은 응수도 있을 것이다.

흑1이면 백마로 전개해서 바로 먼저 이득을 보고 아로 전개하느냐이다.

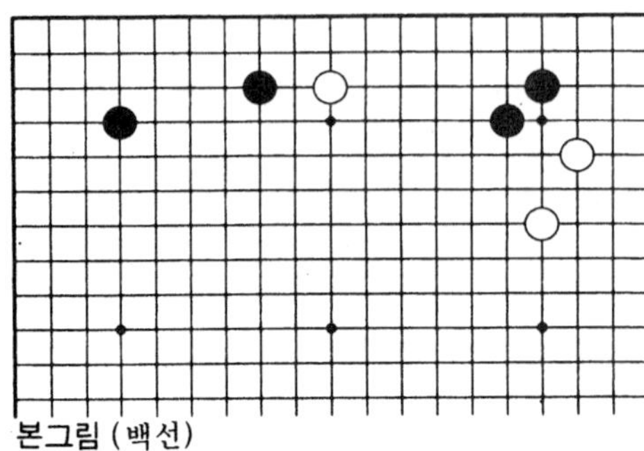

본그림 (백선)

턱

상변의 백을 어떻게 지키느냐.
수비만 아니고 공격기능도 지니
게 하고 싶다.

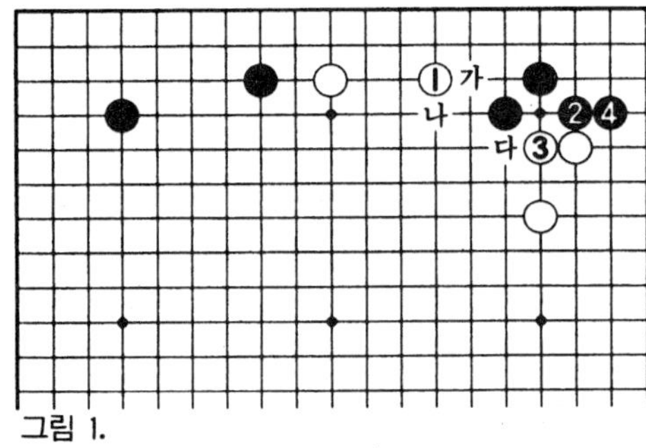

그림 1.

그림 1(2칸) 단독적 돌부터
의 전개는 2칸을 한도로 여기는
데 백1의 벌리기로는 흑을 약간
호강시킨다. 흑4에서는 가, 백나,
흑다로 밀어 내어 싸우는 맥도 있
고 백이 주도권을 놓칠 우려도 있
다.

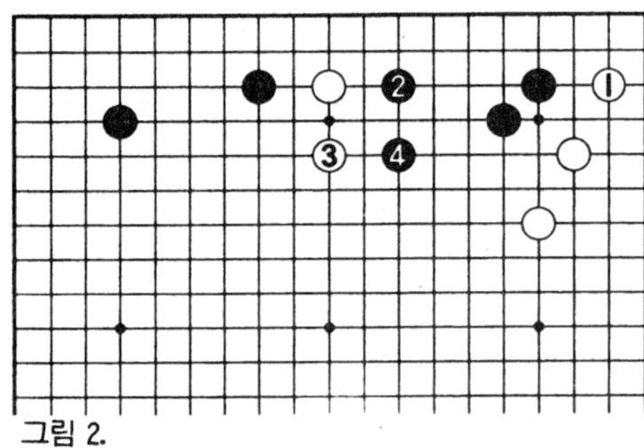

그림 2.

그림 2(기세) 백1로 귀에서
이득을 보면서 흑2에는 백3으로
도주하는 행마도 생각되는데, 반
대로 흑부터도 흑4로 공격하면서
좌상을 굳히는 기세도 있어서 본
래로 되돌아간다. 이제 전망이 분
명치 않다.

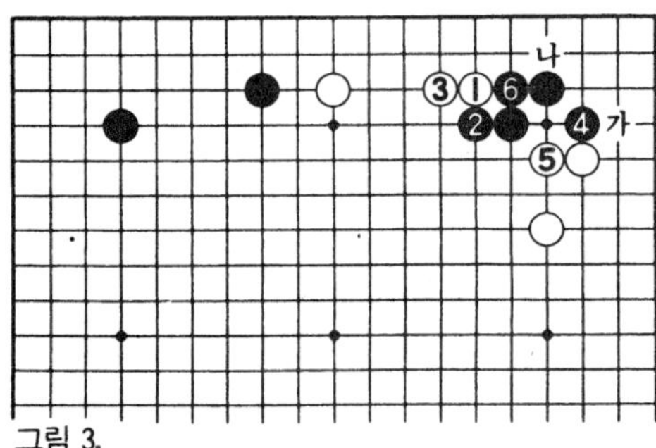

그림 3.

그림 3(백1, 급소) 백1의 턱
까지 진행한다. 흑2이하 6까지가
받기의 정형인데 흑6으로 활동이
없는 수를 두게 한 데에 만족이
있을 것이다. 흑6에서 가는 백나
가 매섭다. 흑2에서 4, 6이면 이
용처로 보아도 좋다.

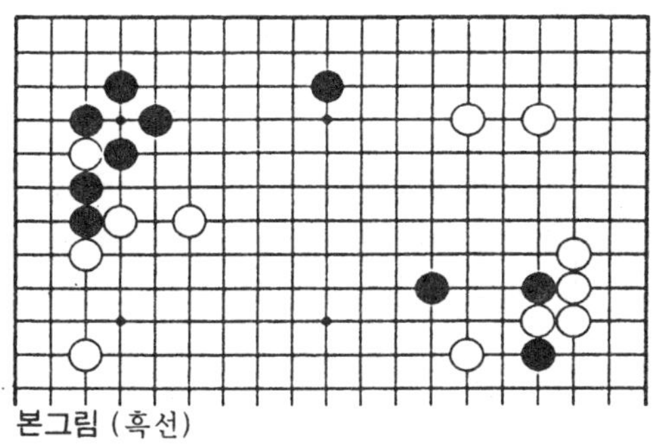

본그림 (흑선)

1칸

상변을 흑부터 어떻게 두느냐 인데 땅만의 문제가 아니고 중앙에 떠도는 흑의 사실도 생각하고 싶다.

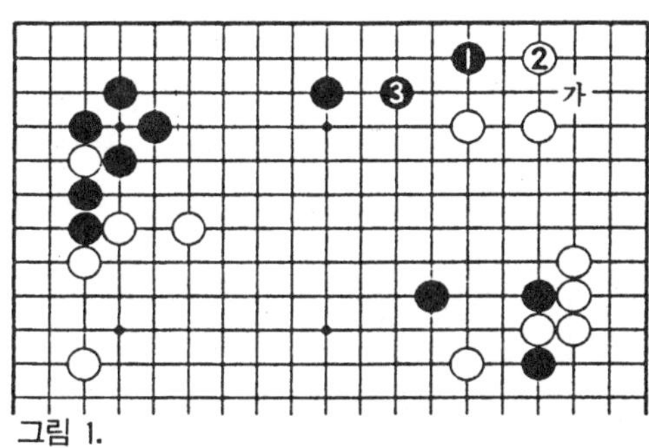

그림 1.

그림 1(미끄럼) 흑1로 미끄러지고 백2로 가의 三3을 막으면 흑3으로 수를 되돌려 보통이면 훌륭한 모양이다. 그러므로 이 국면에서는 백은 2로 받지 않고 틀림없이 역습할 것이다. 흑1은 지나친 두기다.

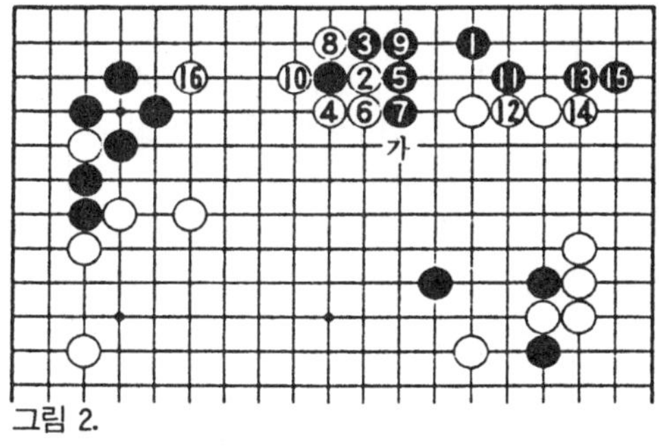

그림 2.

그림 2(붙이기의 역습) 백2의 붙이기가 매섭다. 흑3이면 백 4, 6으로 중앙을 두껍게 두고 상변과 대체하고도 가의 봉쇄를 보고 있다. 흑13, 15로 귀를 교란당했지만 본래 흑13의 침입이 있었던 곳이다.

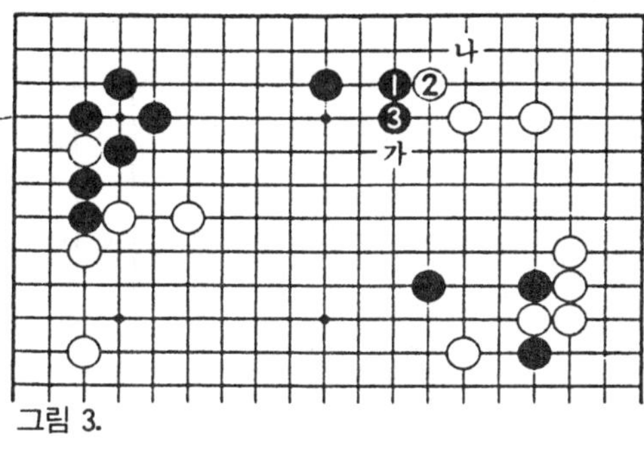

그림 3.

그림 3(흑1, 본수) 미끄럼을 참고 흑1로 채워 놓는 것이 본수다. 백2를 이용당해서 응결형인데 흑3의 뻗기가 중앙으로의 지원이 된다. 백2에서 가면 흑나를 이용하고 나서 중앙을 두어도 좋다.

가득 채우기

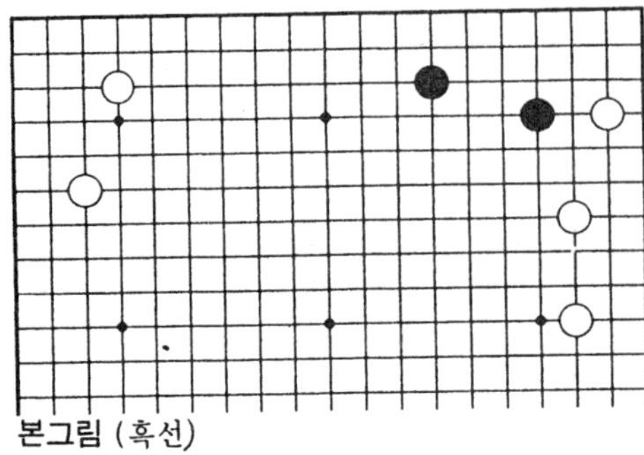

본그림 (흑선)

우상의 흑의 모양은 엉거주춤 하지만 그것을 역용해서 상변 전개의 기세를 지어낸다.

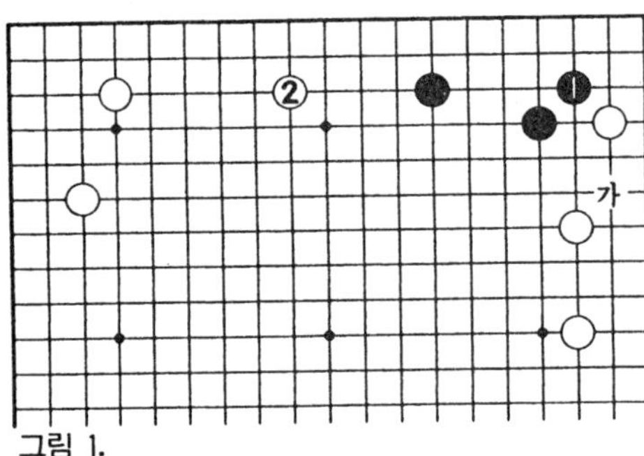

그림 1.

그림 1(수비) 흑1로 지키면 가의 놓기를 노릴 수 있고 틀림없이 큰 수지만 약간 느슨하다. 백2의 벌리기도 완만한 바둑이 된다.

흑1은 땅의 수인데 백의 영향이 엷다.

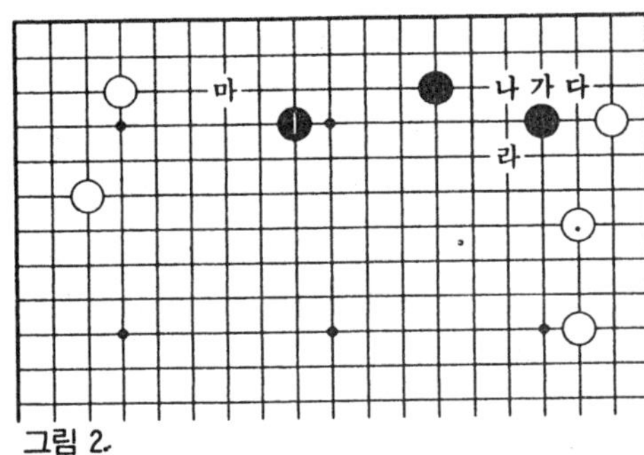

그림 2.

그림 2(밸런스) 흑1은 밸런스가 잡힌 벌리기. 귀를 백가, 흑나, 백다면 손을 빼도 좋고 시기를 보아서 라도 두껍다.

다만, 흑1에는 백마의 채우기가 귀의 보강도 겸해서 매우 호점이다.

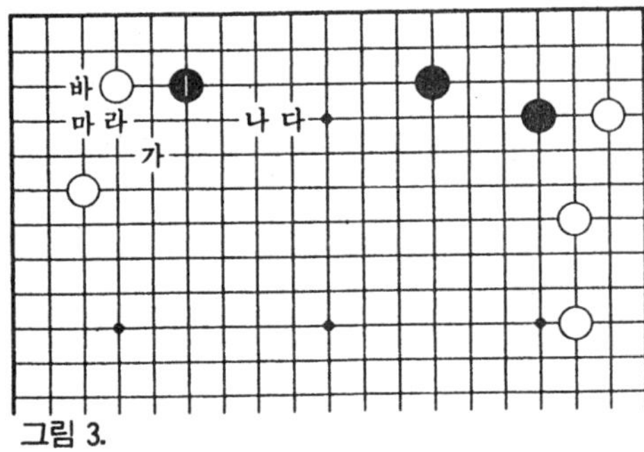

그림 3.

그림 3(흑1, 기세) 흑1까지 가득히 채울 기세다. 백가면 흑나로 포위해도 좋고 백다로 뛰어들면 흑라, 백마, 흑바로 쳐들어가서 뛰어들기의 공격을 노린 바로잡기.

눈목자

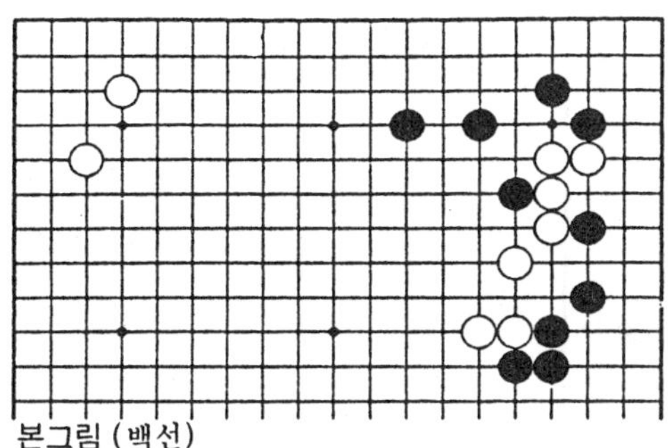

본그림 (백선)

상변에 백부터 어떻게 벌리느냐 우상 흑의 모양으로 결정한다.

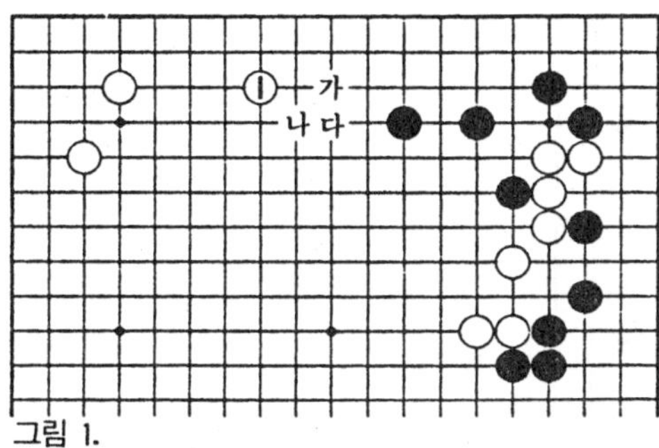

그림 1.

그림 1(좁다) 백1은 견실하지만 흑가의 큰 채우기를 남겨 불만스럽다.

우변의 백에 불안은 없으므로 더 진행하고 싶다.

백1에서 나나 다의 높은 채우기로는 흑의 노림수가 없다.

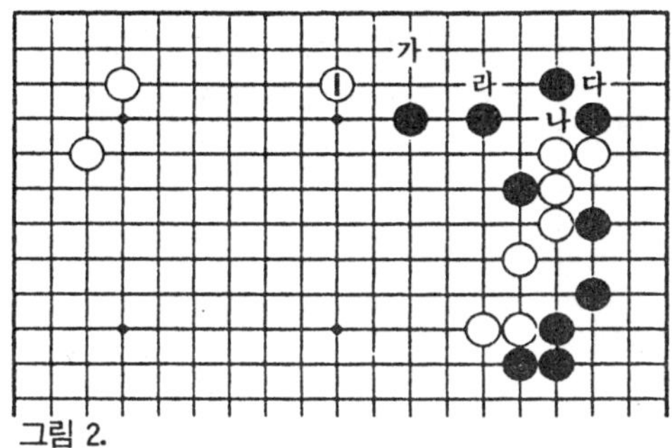

그림 2.

그림 2(지나친 진행) 백1의 계마부터 가의 미끄럼은 백나, 흑다가 작용이므로 흑라로 지킬 수밖에 없어서 선수. 그러나 백1로는 굳히기와의 간격이 지나치게 커서 간단하게 돌파당할 수가 남아 재미없다.

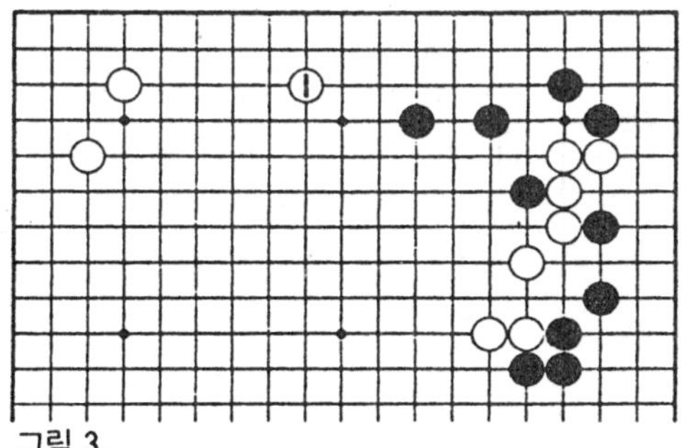

그림 3.

그림 3(백1, 모양) 미끄럼이 목적이면 백1의 눈목자가 최선의 접근이다. 흑의 견고한 돌부터 떨어져 있고 굳히기와의 간격도 나쁘지 않다.

이것이면 상변을 간단하게 돌파 당할 일도 없는 모양이다.

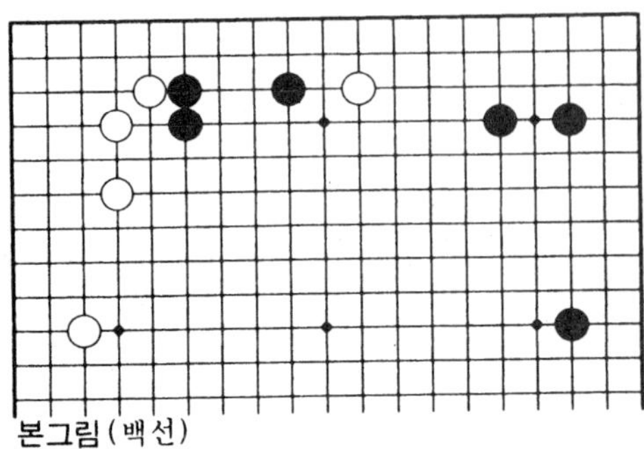

본그림(백선)

모퉁이

상대의 응수를 보고 맛을 남긴다. 상대를 강화시킬 뿐이면 재미없다.

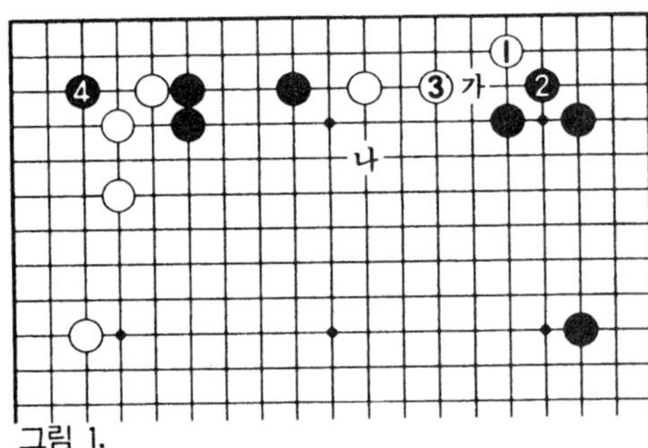

그림 1.

그림 1(미끄럼) 백1의 미끄럼으로 빈끝을 타박 주어도 3의 수비가 필요로 되어 상변의 흑이 호강한다. 흑4로 三3들기의 틈을 주어 버릴 것이다.

흑2에서 가면 2를 남겨 백나의 요령.

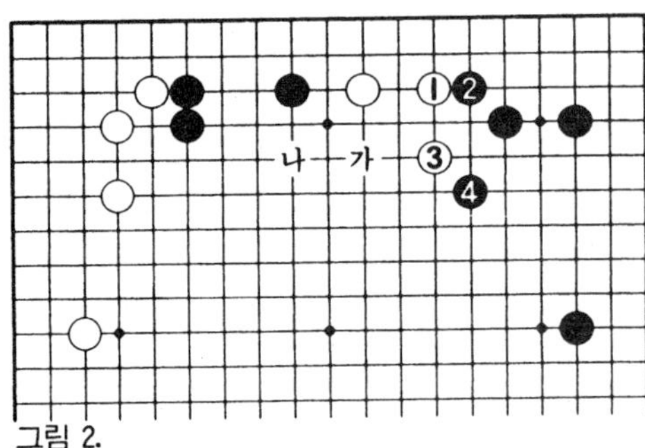

그림 2.

그림 2(1칸) 백1의 1칸은 이 경우 흑2, 4로 다투어 둘 것 같다. 흑2를 손빼기 당해도 그리 매서운 노림수는 없다.

백1에서 단순히 가는 흑나인데 귀를 둘 기세가 없어진다.

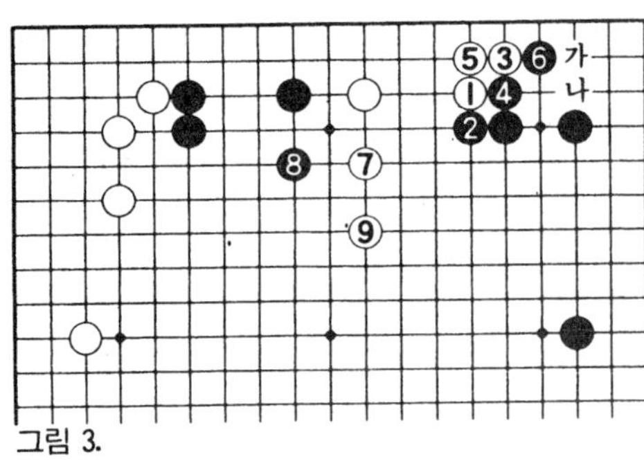

그림 3.

그림 3(백1, 모양) 백1의 모퉁이까지 진행하고 흑2, 4면 가의 붙인 맛을 남기고 백7의 뛰기 등이 유력한 수순. 이 뛰기도 좌상의 三3 들기를 견제한다.

흑2에서 4면 백나로 붙여서 상황을 보는 맥이다.

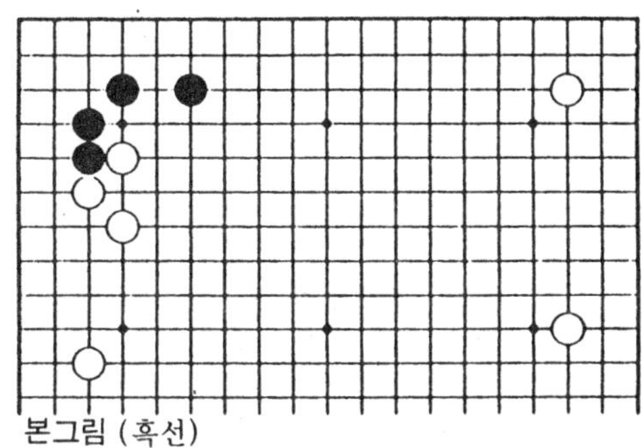

본그림 (흑선)

계 마

상변만이 남겨진 큰곳으로서 흑이 어떻게 두느냐다.

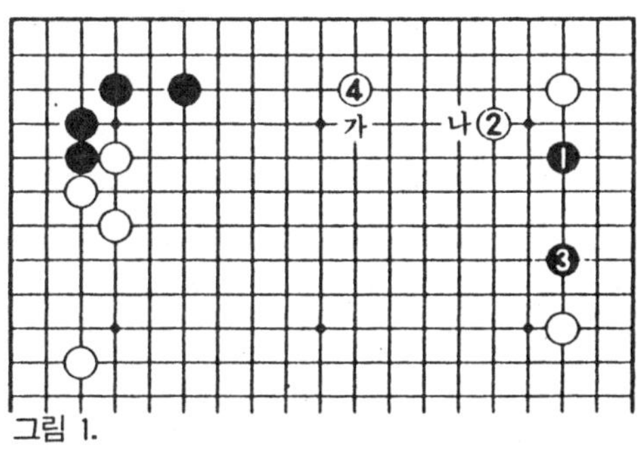

그림 1.

그림 1(백에 큰곳) 흑1, 3 등으로 우변을 교란하면 백4로 큰곳을 점거하는 수순을 준다.

그렇다고 해서 성급하게 흑1에서 가 등의 전개는 완만하고 백2 또는 나로 우변을 확대당해서 재미없다.

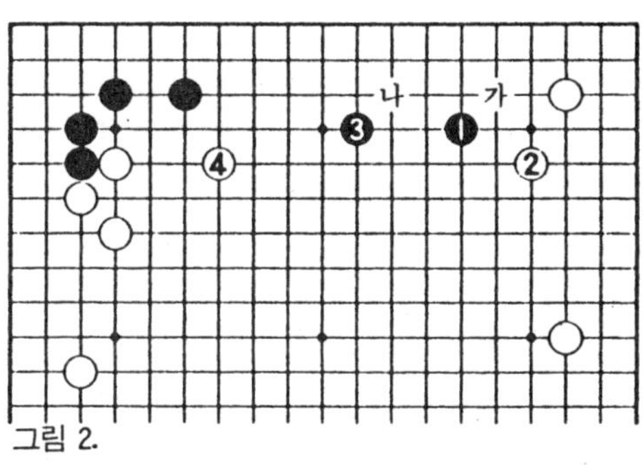

그림 2.

그림 2(보통) 흑1의 눈목자는 보통의 걸치기인데 흑3으로 겨누었을 때에 백4가 절호점. 쌍방의 접점에 두니, 백에게 기세를 주었다.

흑1에서 가, 백2, 흑나로는 상변 전체가 낮은 위치다.

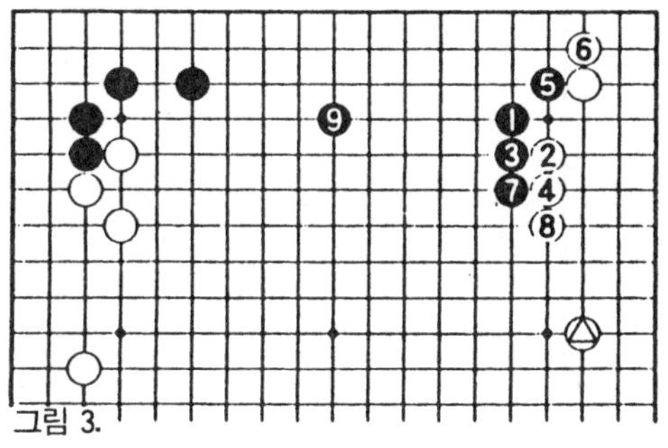

그림 3.

그림 3(흑1, 모양) 백의 땅을 굳혀서 의문시되는 흑1이지만 이 경우는 ⊘을 약간 응결형의 벌리기로 하고 상변을 크게 겨누어서 유력한 구도가 된다.

이 국면에서 백2 이하는 변화의 여지가 거의 없다.

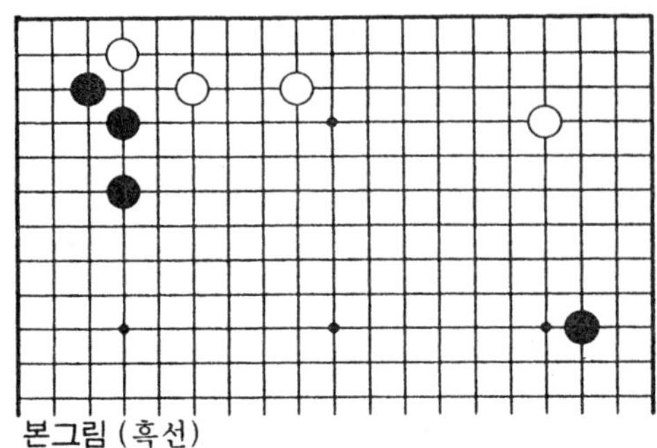

본그림 (흑선)

계　마

우상의 화점에 상변부터면 어떤 접근법이 적절할까. 좌상의 견고한 백에 주의.

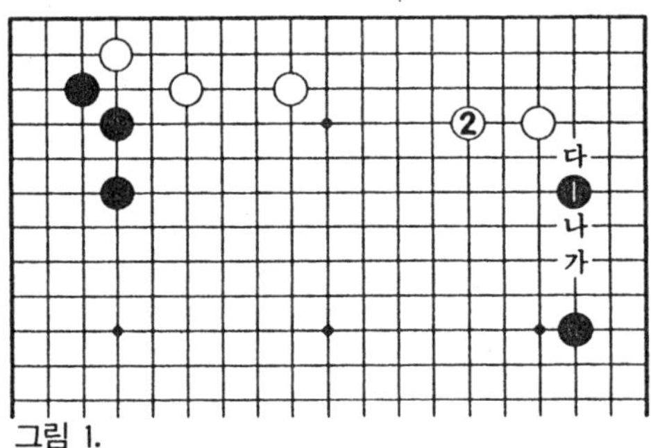

그림 1.

그림 1(걸치기) 흑1의 걸치기는 선수를 잡고 싶은 경우. 백가의 뛰어들기가 남는다.

흑1에서 **나**는 우변이 주. 일단 굳히고 나서 상변부터 걸치기를 노린다. 백2는 받아도 좋고 다도 있다.

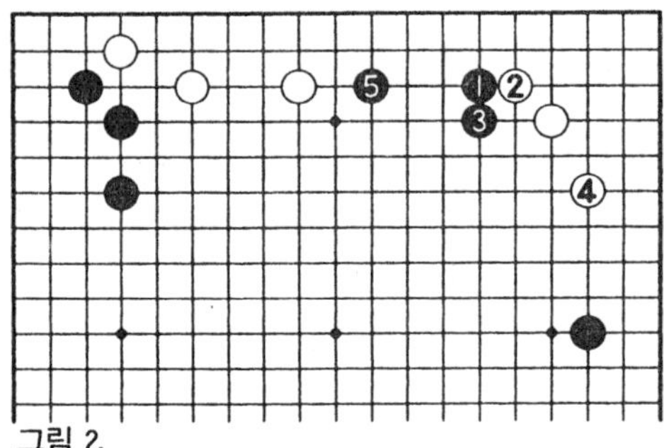

그림 2.

그림 2(후수) 흑1의 날일자 걸치기면 보통인데 백2, 4로 귀를 굳힌 위에 흑5의 벌리기를 생략할 수 없어 후수.

그 흑의 벌리기가 견고한 백에 아무런 영향도 주지 못하는 것이 괴롭다.

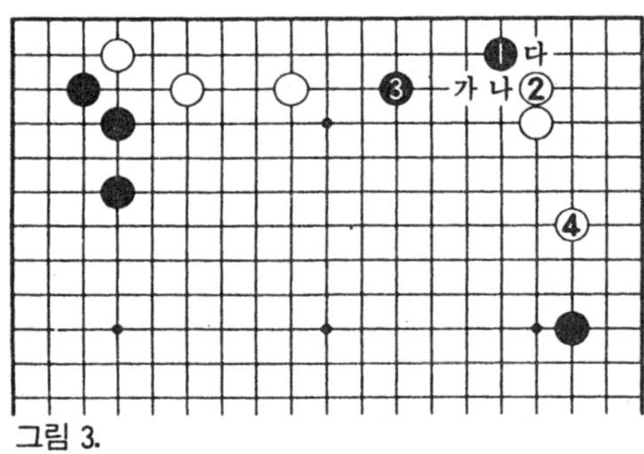

그림 3.

그림 3(흑1, 모양) 흑1의 끝 걸치기가 이 경우에는 재미있다. 백2면 3으로 벌려 백4는 생략할 수 없고 서반에서 1수의 차는 크다. 백2에서 **가**는 귀가 허술해서 불가. 백2에서 나면 흑다로 뻗어 귀에 산다.

계   마

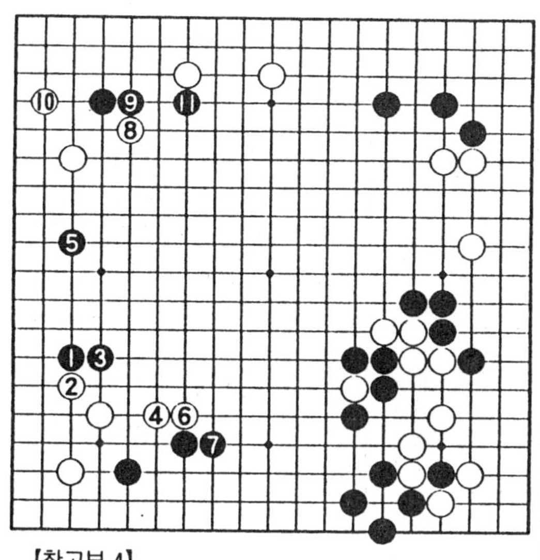

【참고보 4】
제1기 기성전　　　백　　橋本宇太郎
　　제 1 국　　　　흑　　藤澤秀行

좌변을 어떻게 둘까. 바쁜 장소에서는 상대의 약점을 노린 매서운 접근 수단이 아니면 뒤떨어져 불리하게 된다.

【참고보 4】

흑1로 걸쳐서 귀의 엷음을 노린다. 백2로 끝을 지키고 4로 봉쇄를 피하면 흑5로 벌리고 뒤는 귀를 바로잡기만 하면 된다.

흑11은 탈출의 수법.

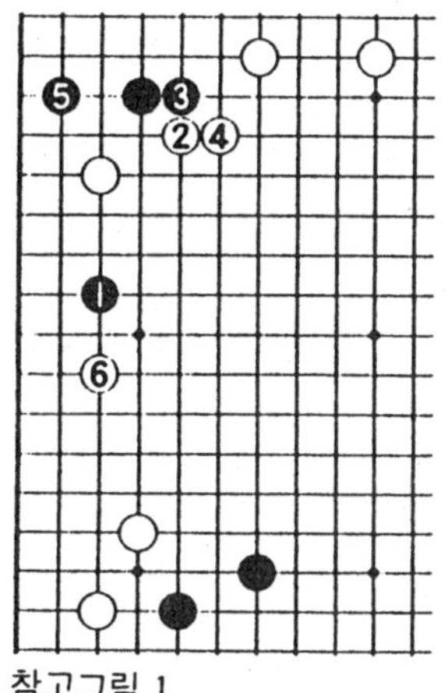

참고그림 1

참고그림　1(울리지　않는다)
흑1의 협공으로는 백2, 4로 세력을 비축해서 6으로 되 협공 당할 정도에서 형세가 이상하다.

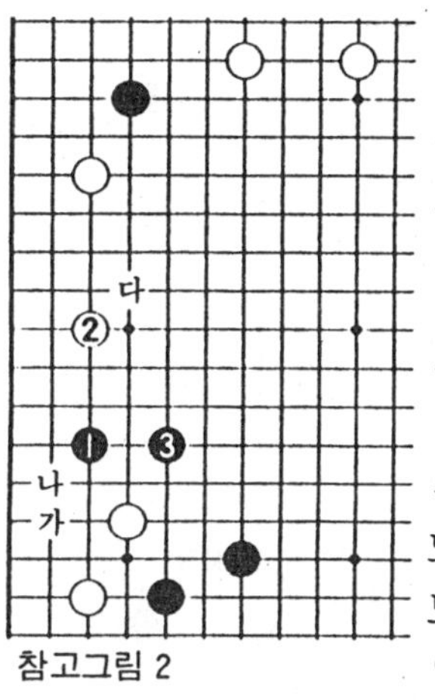

참고그림 2

참고그림　2
(귀의　엷음)
백2 등으로 변의 벌리기를 뺏으러 온다면 흑은 3으로 뛰어 하변의 무늬에 이바지 하면서 귀에의 공격을 노리고 있는 정도이면 된다. 백이 손을 빼면 흑가의 미끄럼인데 대체로 확대가 작용하는 모양이다. 백은 여하간에 빈 끝을 지켜야 한다. 백2에서 나의 계마면 흑다 로 가볍게 협공한다.

계　마

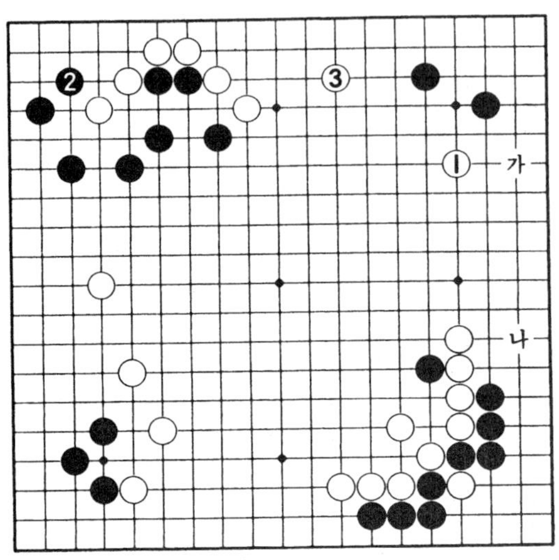

【참고보 5】
제10기 명인전　　백　　藤澤秀行
　　제 6 국　　　흑　　林 海 峰

부분적으로는 아무리 이상한 모양이라고 해도 전국의 밸런스에서 요청되는 접근도 있을 것이다. 상형에 구애되어서는 안된다.

【참고보 5】

백1로 견고한 굳히기로 그리고 떠오른 모양으로 접근하는 것이 이 1수다. 가의 빈끝은 나 쪽도 비어 있으므로 해서 개의치 않는다. 중앙의 모양이 중요하다.

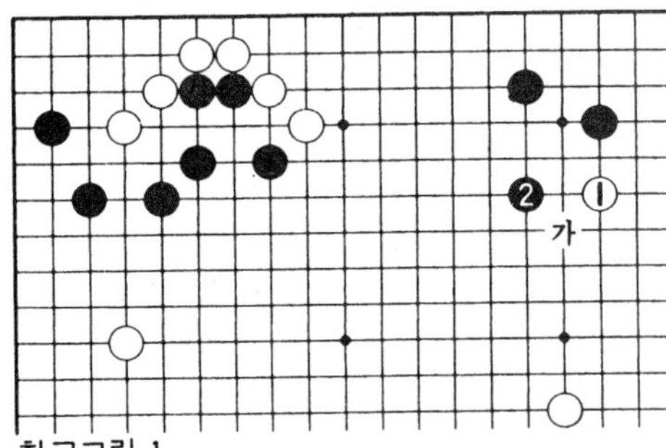

참고그림 1

참고그림 1(낮다)　백1의 낮은 벌리기로는 문제밖.

빈끝을 포위하러간 악수이고 흑2로 모자당해서 중앙의 무늬 규모가 축소된다.

백1에서 가로 물러서면 땅의 균형이 위험하다.

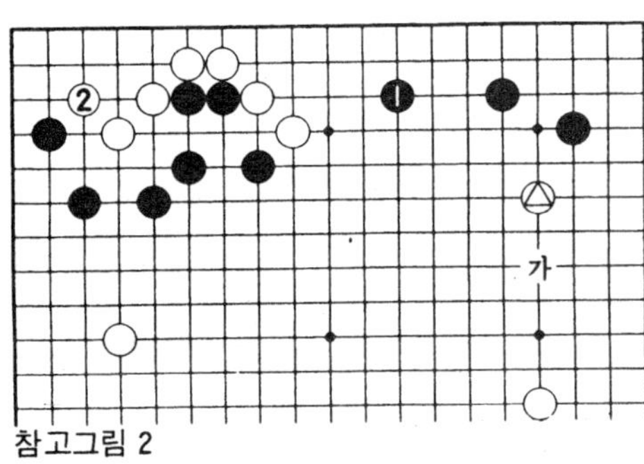

참고그림 2

참고그림 2(흑의 최선)　〈참고보〉의 실전 수순은 흑2가 그르쳤다. 흑1로 벌려서 백2로 바꾸어 놓는 편이 좋고 △의 퇴로에 흑석이 있으면 장래에 가로 뛰어들었을 때에 큰 차가 생긴다. 〈참고보〉에서는 백 우세.

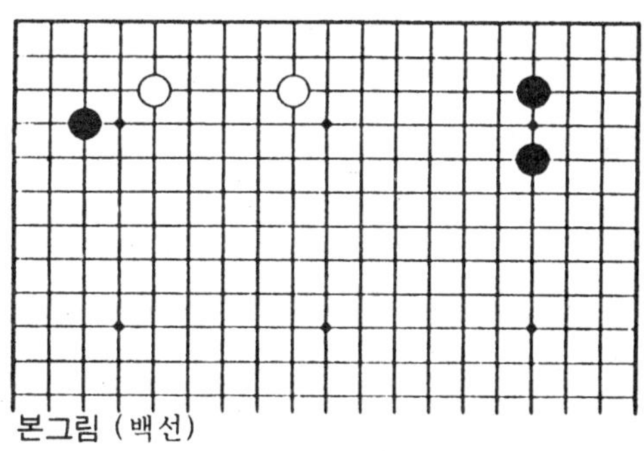

본그림 (백선)

붙이기

상변에 어떻게 전개하느냐 하는 것이 우선 감이 잡혀야 하는데 꼭 맞는 접근법이 없으면 접촉해서 기세를 구하는 수가 있다.

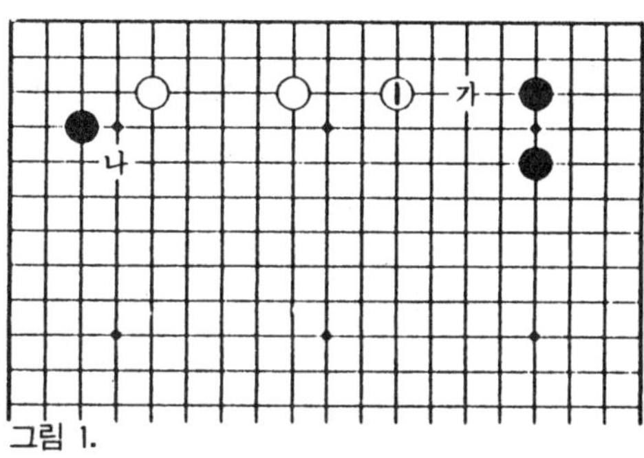

그림 1.

그림 1(2칸) 백1의 2칸으로는 흑에 울리지 않고 응결형의 벌리기. 그렇다고 백1의 위치를 가까지 진행하면 굳히기의 두께를 배경으로 삼은 강렬한 뛰어들기를 노림당한다.

다만 흑나가 있으면 백1도 한 방법일 것이다.

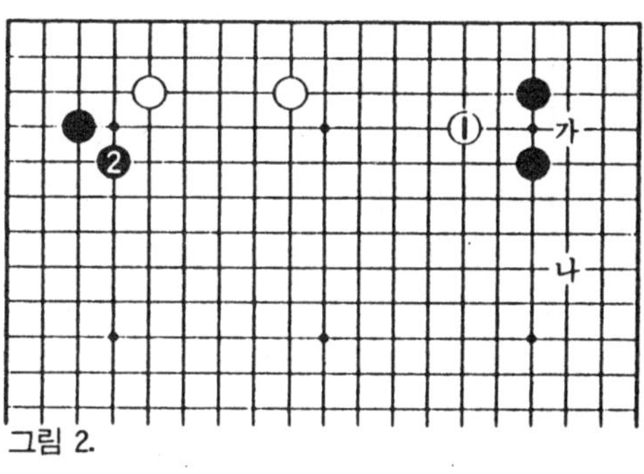

그림 2.

그림 2(계마) 백1은 지나친 접근같지만 제4선이므로 진퇴가 가볍다. 다음에 가의 들여다 보기도 노릴 수 있어 유력한 접근법이다.

다만 흑2로 좌상을 지킴 당하면 즐거움이 사라지고 흑2에서 나면 백은 땅을 손해본다.

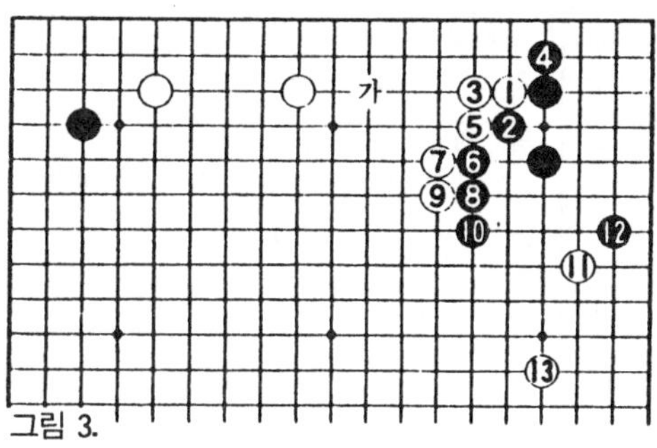

그림 3.

그림 3(백1, 1책) 상변과 우변의 양쪽을 두려고 하는 것이 백1의 붙이기. 이하 흑12 까지가 정형인데 백13은 좌상에 뭔가 도전하기도 가능하다.

흑2에서 백3으로 늘어붙이고 흑4면 이용처여서 흑가의 채우기의 가치가 감소된다.

2칸

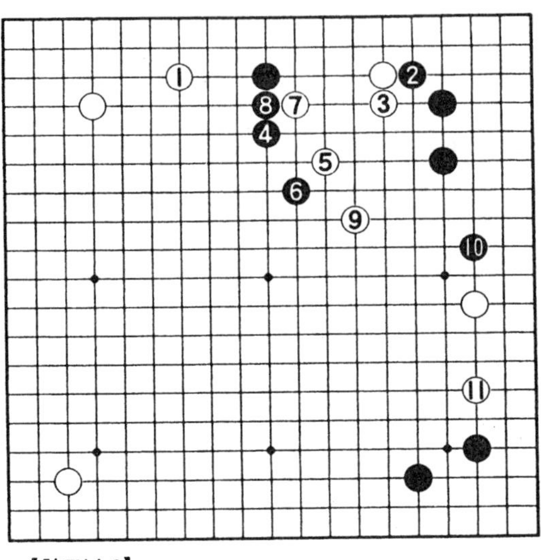

【참고보 6】

한도까지 접근하는 것이 반드시 매서운 수는 아니다. 이후의 진행을 예상하고 그때 적절한 위치에 서도록 간격을 조절한다.

【참고보 6】

백1로 3선 흑에 2칸의 거리로 채운 것은 흑2, 4의 공격을 유인한 것.

이곳에 흑의 세력이 생길 것을 예측하고 그 세력을 미리 지워버리기에는 꼭 맞는 위치다.

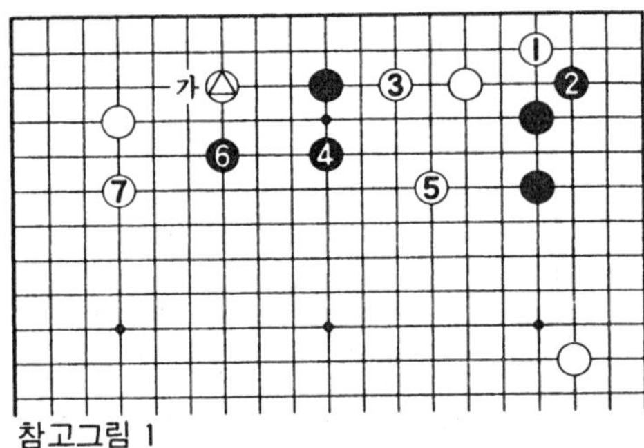

참고그림 1

참고그림 1(손빼기) 흑이 손빼기하면 백1 이하의 공격이 호조. 백1에서 4는 약간 지나친 두기가 된다.

이때 ⊘이 가의 점으로는 공격에 박력이 없고 ⊘이 없으면 1, 3에 흑가의 걸치기다.

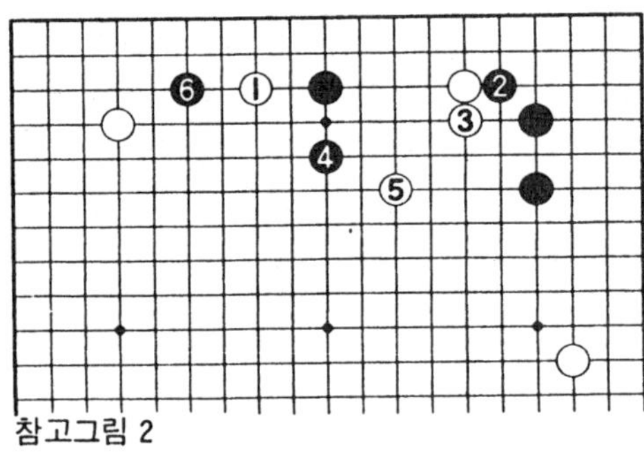

참고그림 2

참고그림 2(가득 참) 백1의 가득 찬 채우기면 흑이 손빼기했을 때는 유리하지만 흑이 방관하지 않는다. 흑2, 4로 두었을 때는 지나친 두기가 된다.

흑6으로 뛰어들기 당하고 우방의 백이 약하므로 나중에 바로잡기가 곤란하다.

확대의 수법

　확대의 수법은 돌이 접촉하고 있는 경우 압박의 수법과 연동된다. 다소의 중복은 개의치 않고 기초적인 모양부터 설명하겠다.
　포석의 고전적 순서에서라면 1빈귀 2굳히기(걸치기) 3벌리기, 4채우기 5뛰기의 5번째. 서로 땅과 근거를 확인하고 나서 자기의 세력권을 확대하게 된다. 현대의 바둑에서는 그 순서도 무너지는 수가 많고 또 입체적인 현대 포석에서는 벌리기보다 뛰기가 우선하는 경우가 없지않다.

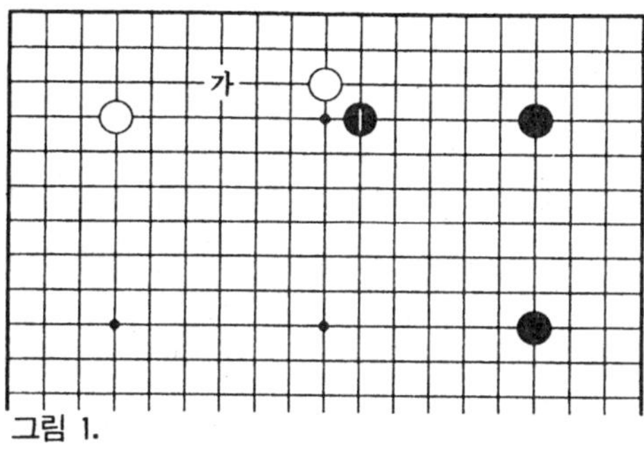

그림 1.

그림 1(어깨 짚기)　제三선의 돌은 압박을 겸해서 땅 모양을 확대한다. 흑1은 상대의 움직임을 강제하여 확대의 기세를 구하는 수법.
　다만, 상대도 강화시키는데 가에 백이 있고 응결형으로 만들 수 있으면 이상적이다.

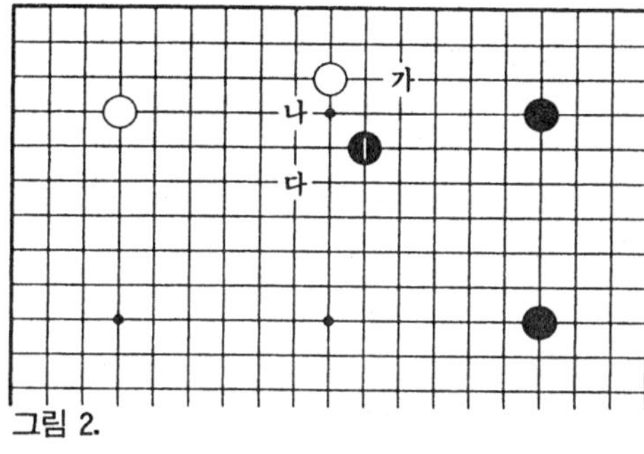

그림 2.

그림 2(계마)　흑1의 계마는 상대를 그리 굳히지 않고 확대의 효과를 올릴 수 있다. 방향성을 지닌 압박법의 기본이고 다음의 노림수에 가의 수비와 나의 압박을 본다.
　백나면 흑다도 유력한 노림수가 된다.

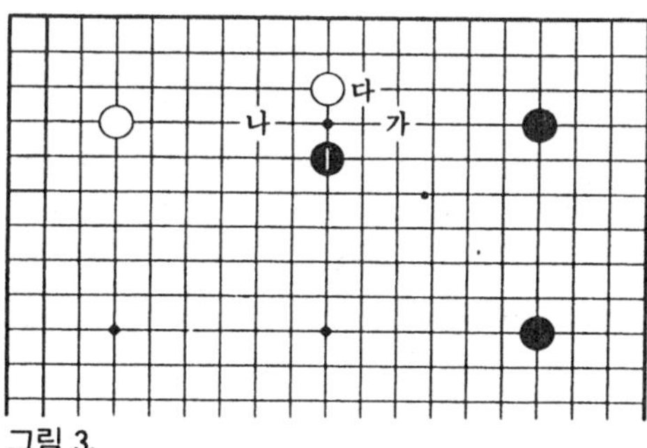

그림 3.

그림 3(모자)　흑1의 모자는 압박이 첫째 목적이고 확대가 종으로 전개된다. 이 모양이면 백가로 연락을 끊을지도 모르고 유리, 불리는 불문하고라도 우변 확대의 목적을 달성할 수 없다. 흑1에 백나의 수비면 흑다가 계속 수법.

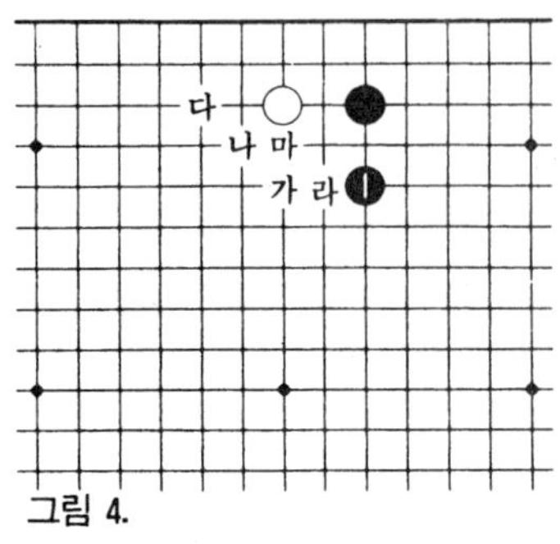

그림 4.

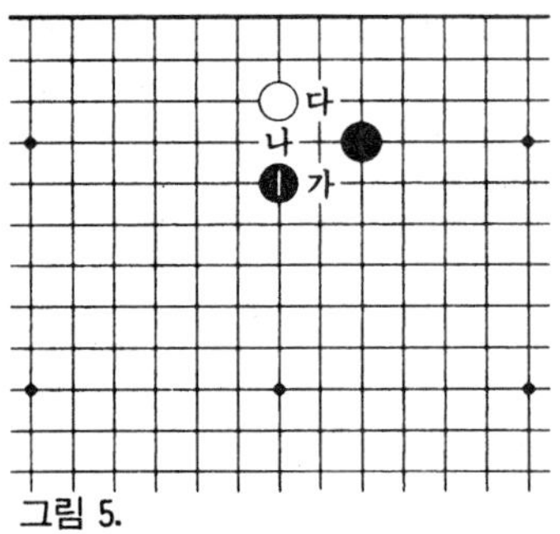

그림 5.

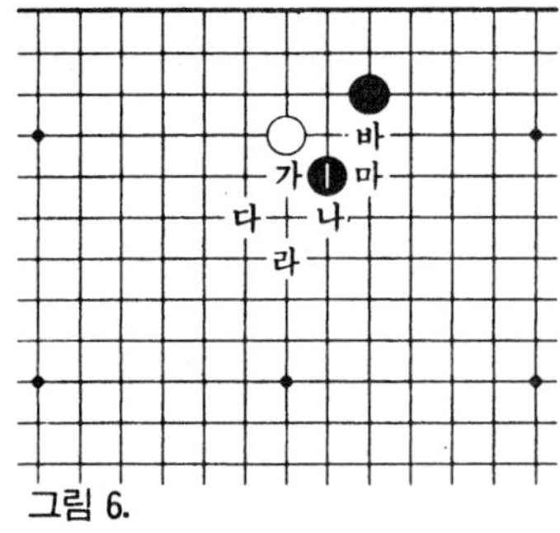

그림 6.

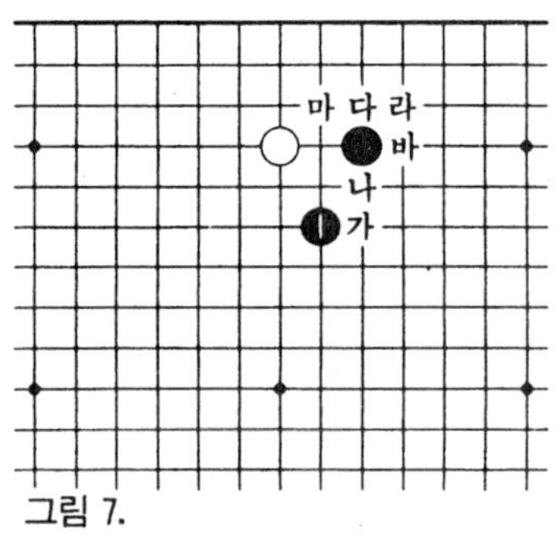

그림 7.

그림 4(접근의 확대)　돌의 접근시 확대의　기본형을　예거하겠다. 제三선 대 제三선의 접근시는 흑1로 뛰어 우선 확대한 다음에 가, 나의 압박, 다의 협격 등을 노리는 것이 보통.

　흑1에서는 **라**도 있고 또 백을 굳혀도 괜찮은 상태에 있다면 **마**의 붙이기도 유력한 확대법이 된다.

그림 5(계마)　제三선과 제四선의 접근시는 제四선 측부터면 흑1의 계마 걸치기가 보통. 이 모양이 허리의 지나친 뻗기로써 백가를 노림 당할 것 같은 경우는 흑1에서 **가**의 마늘모에 삼가해 놓는다. 상대를 굳혀도 상관없다면 **나**의 붙이기고　빈끝을 기피한다면 **다**의 마늘모 붙이기다.

그림 6(걸기)　제三선 대 제四선에서 제三선 측부터 둔다면 1의 걸기가 기본이며 동시에 확대. 백**가**면 흑**나**로 1보 먼저 뻗고 백**다**면 흑**라**로 우상에 걸쳐서 건다.

　흑1에서 **마**면 견실하지만 약간 완만하고 또 경우에 따라서는 **나**의 걸기도 있는데 백**바**로는 분명치 않다.

그림 7(계마)　제四선 대 제四선의 접근 시에는 **가**의 뛰기보다 1의 계마가 오히려 보통. 물론 백**나**의 도전을 받고 설 수 있을 때다.

　흑**가**의 뛰기에서는 백**다**로 붙였을 때 흑**라**, 백**마**, 흑**바**로 될 확률이 큰만큼 약간 응결형인 느낌이 든다.

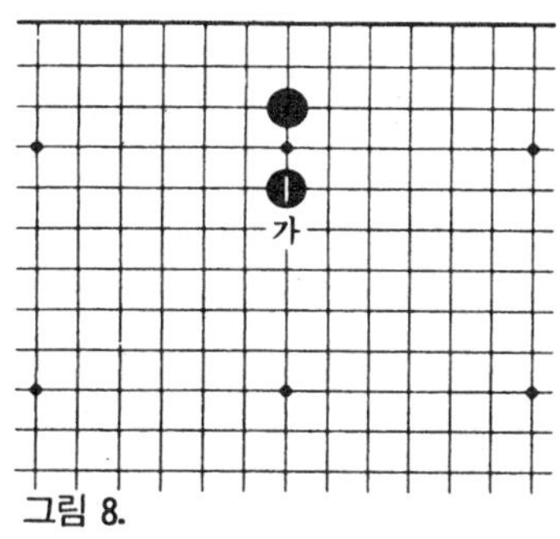

그림 8.

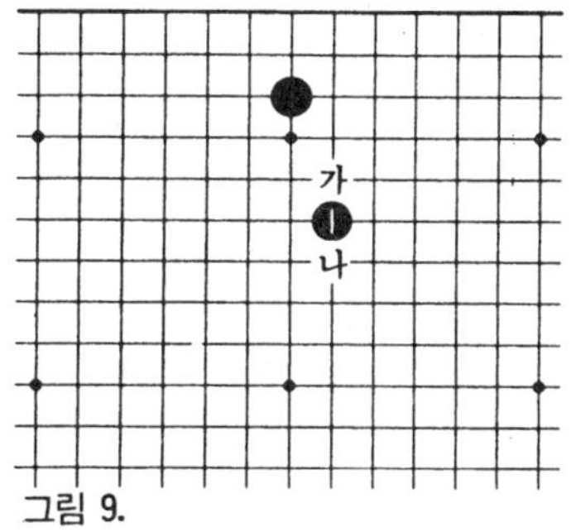

그림 9.

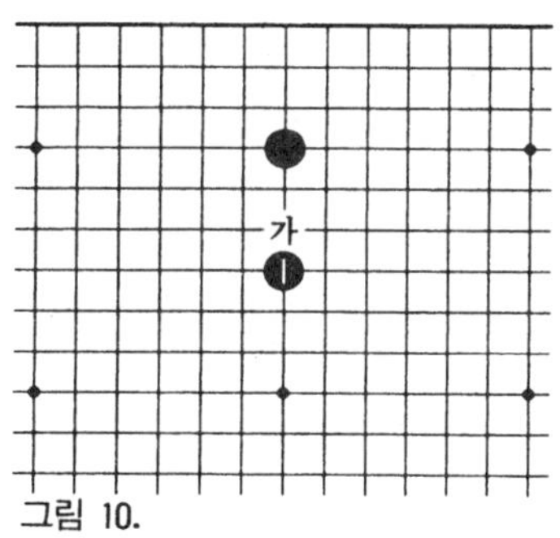

그림 10.

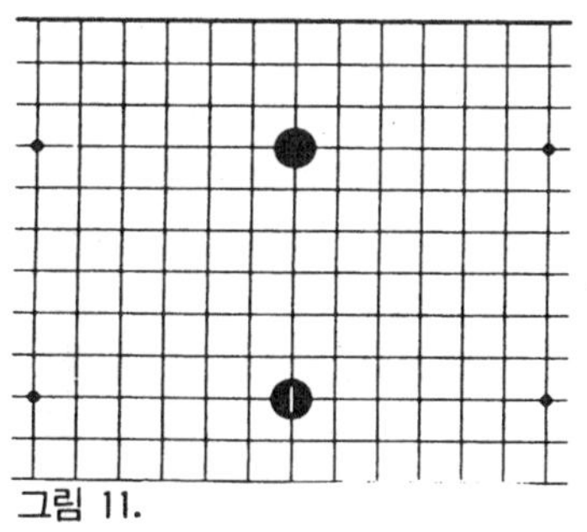

그림 11.

그림 8(단독적 확대)　단독적 돌부터 중앙으로 진출해서 해당한 변을 확대하는 케이스다.

제三선의 돌부터는 흑1의 1칸 뛰기가 기본이 된다. 흑가의 2칸 뛰기로는 약간 긴밀도가 부족하고 확대와 타협하는 세력이 여간 견고한 때가 아니면 안 된다.

그림 9(눈목자)　세력의 방면에 치우쳐서 흑1로 눈목자에 두는 모양도 스케일이 크다. 긴밀도에 부족한 부분을 포위하는 양, 확대하는 것으로 보충하려고 한다.

흑1에서 가의 날일자는 확대라고 하기보다는 포위의 기분이다. 나의 큰 눈목자는 간격이 있어서 엷다.

그림 10(제4선부터)　제四선부터의 확대는 본래 대범한 전개이기도 하므로 흑1의 2칸 뛰기가 의외로 유력하다. 제四선의 벌리기는 확실성보다는 발전 속도를 중시하므로 확대에도 속도가 요구된다.

흑가의 1칸은 확실하지만 약간 무거운 감각이다.

그림 11(중앙으로)　제四선이 기본적이 되는 포석에서는 더욱 대범하게 흑1로 천원 부근으로 선행하고 부분적인 모양의 확대보다 전국적인 모양의 규모로 승부하는 것도 재미있다. 상대부터의 삭감은 용이한데 삭감하러 온 돌을 공격 목표로 삼아 기세의 전개를 도모한다.

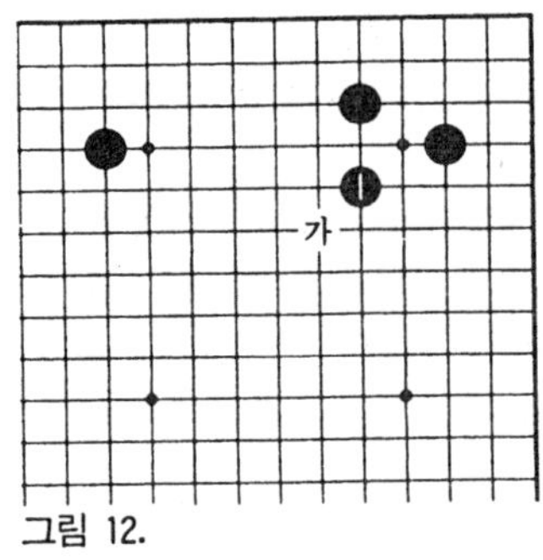

그림 12.

그림 12(굳히기부터) 모양을 좀더 구체적으로 굳히기부터의 확대형을 중심 삼는다.

날일자 굳히기부터는 흑1의 점이 확대의 급소. 동점에 백부터 선행 당하면 당장 모양이 평면적으로 되어 버린다. 모양의 규모에 따라서는 흑1에서 가의 눈목자도 한 모양.

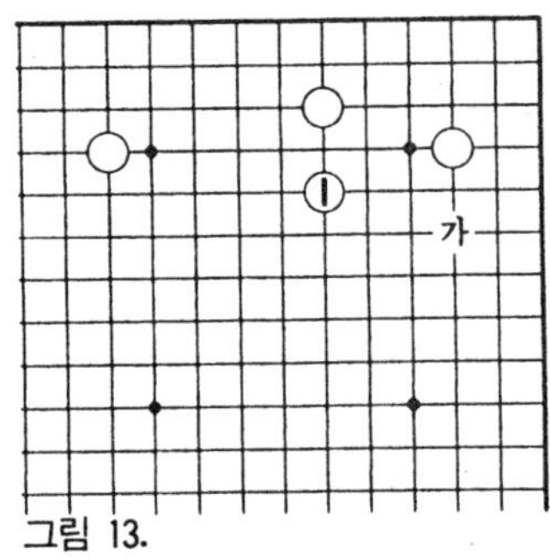

그림 13.

그림 13(눈목자부터) 눈목자 굳히기인 경우에도 백1의 뛰기가 확대의 요점이 된다. 흑부터 1로 두면 백의 모양 규모가 축소될 것이 확실하지만 눈목자에는 이밖에 가의 약점도 있어서 한쪽을 찌르면 한쪽이 사라진다.

한칸 굳히기에는 세력으로 볼 때 약점은 없다.

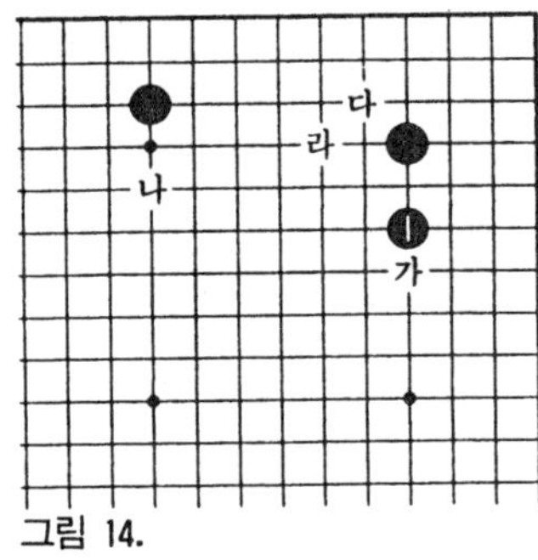

그림 14.

그림 14(화점부터) 화점부터의 굳히기 중에도 상변의 모양의 확대를 의식한다면 1 또는 가로 제四선을 선택한다. 우변의 빈끝. 三3의 틈은 다음의 다음이다. 흑나로 넓히느냐, 다로 다지느냐는 전국 나름이다.

같은 1칸이라고 해도 라 쪽에 두면 포위 기분.

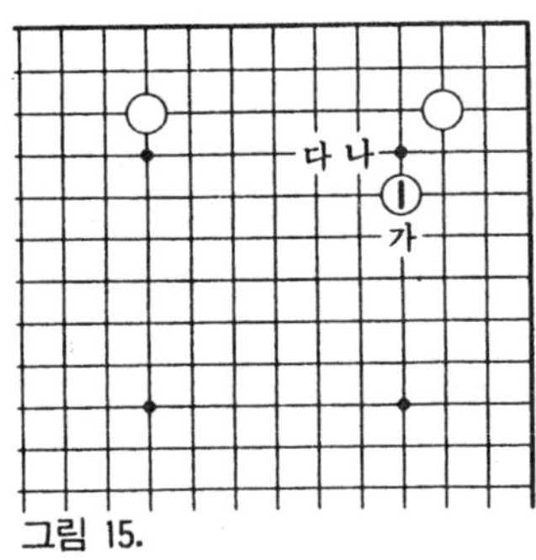

그림 15.

그림 15(三3부터) 三3도 굳히기의 방향에 따라서는 확대냐 포위냐의 의식으로 나눈다. 백1 또는 가면 상변 확대이고, 백나 또는 다면 일단 상변을 집으로 하는 기분.

이 선택은 화점의 경우와 같이 우변의 상태나 전국의 배치에 따라서 결정하게 된다.

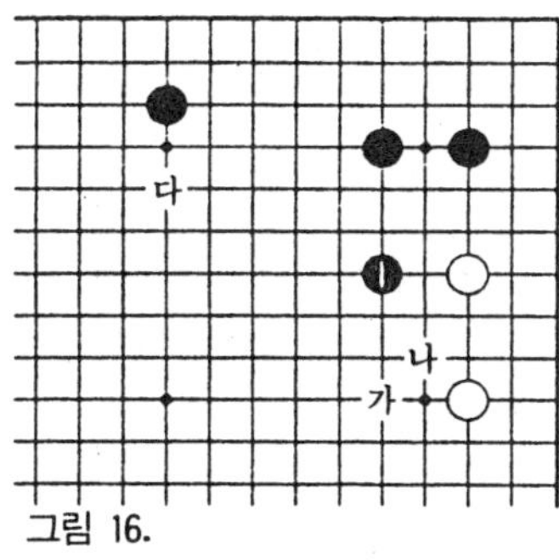

그림 16.

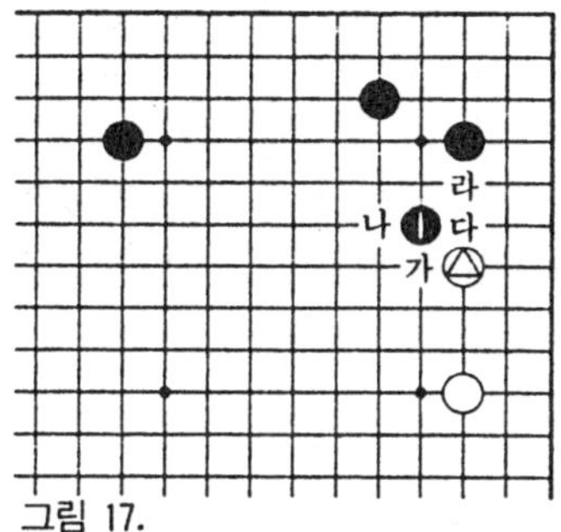

그림 17.

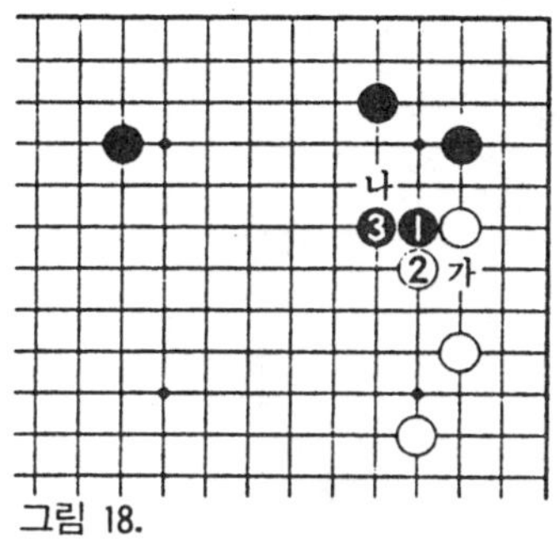

그림 18.

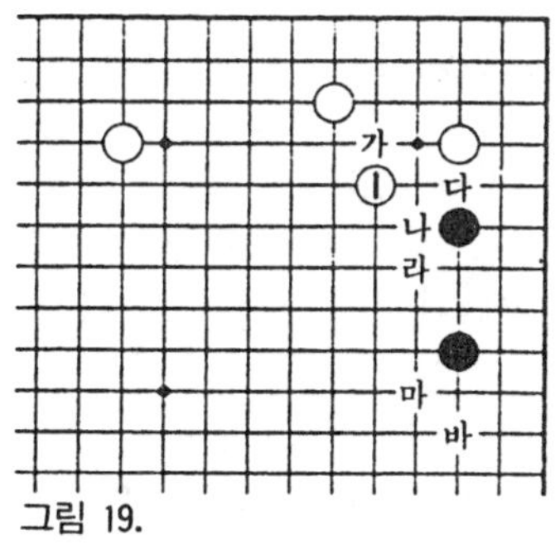

그림 19.

그림 16(굳히기에 접근시) 굳히기에 상대의 돌이 접근하고 있을 때 그것을 역용하는 확대법을 두세가지 예거하겠다.

한칸 굳히기부터의 흑1은 호조. 백가의 뛰기로 세력을 만회하면 흑나로 들여다보아 상황을 보고나서 흑다로 뛰는 기세가 된다.

그림 17(어깨 짚기) 흑1로 어깨를 짚고 백가면 흑나로 뻗어 자연스럽게 상변을 확대하는 수법. 백은 가, 흑나, 또는 백다, 흑라로 바뀌고 그 이상의 기세를 주지 않고 상변의 지우기로 선회할 것이다.

△이 가의 제四선에 있을 때도 흑나의 어깨짚기는 유력하다.

그림 18(붙여 뻗기) 상대를 강화시켜도 괜찮은 모양이면 흑1, 3의 붙여뻗기로 재미있다. 백은 2로 젖혀서 기세를 주는 일 없이 가로 참느냐, 그대로 두고 지우기로 선회하느냐일 것이다.

흑1에서 나 또는 3에서는 백에 울리지 않는다고 보았을 때의 수법이다.

그림 19(계마) 백가로 지키면 귀는 확실하지만 상변 확대를 겸해서 백1도 자주 두게 되는 수다. 나나 다로 접촉해서 흑을 강화시키지 않고 일단 참고 다시 라의 압박을 노린다.

백가의 경우는 마 또는 바가 다음의 목표. 시초의 목적과 목표가 일관되야 한다.

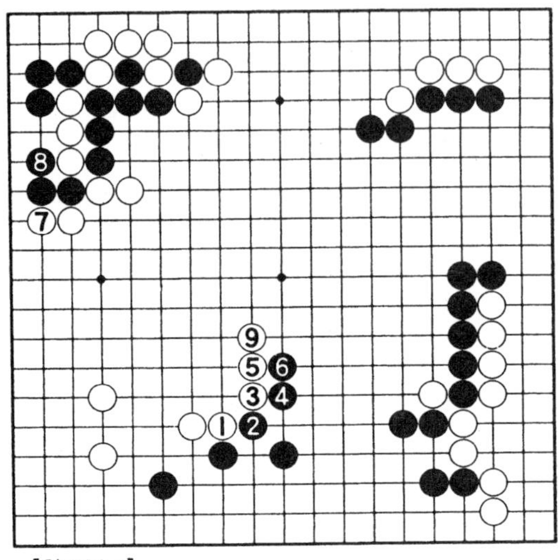

【참고보 7】

제30기 本因坊戰　　백　　武宮正樹
리그전　　　　　　흑　　橋本宇太郎

밀　기

　확대의 수법은 특히 전국과
의 관련이 중대사. 통상으로
는 나쁘다고 여기는 맥이라고
해도 때를 얻기만 하면 호수
가 된다.

【참고보 7】

　백1의 밀기는 흑2, 4로 부
풀어 부분적으로는 악수. 그
러나 이 국면에서는 흑의 모
양의 넓이가 좁고 백 모양
의 넓이는 넓다. 이것이 이 바
둑의 결정수다.

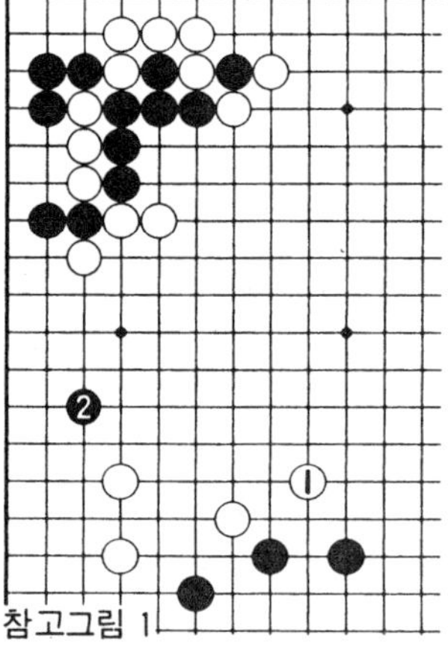

참고그림 1

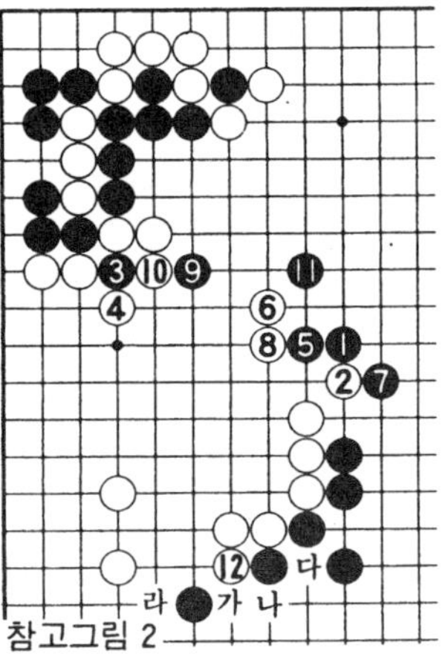

참고그림 2

　참고그림 1(엷다)　보통은 백
1로 계마로 확대하는 맥인데 이
모양에서는 엷고 흑2의 뛰어들기
가 유유하게 성립된다. 우방의 흑
에 목표가 없다.

　참고그림 2(이후의 진행)　흑
1에는 백2가 수법인데 흑7, 백5를
기대했지만 흑3으로 끊어 5를 축
단수로 하는 호수 때문에 중앙은
대폭 삭감하게 되었다. 그러나 좌
변은 크고 백12로 돌아 승리. 흑가
면 백나, 흑다, 백라 이하의 조이
기를 노리고 있다.

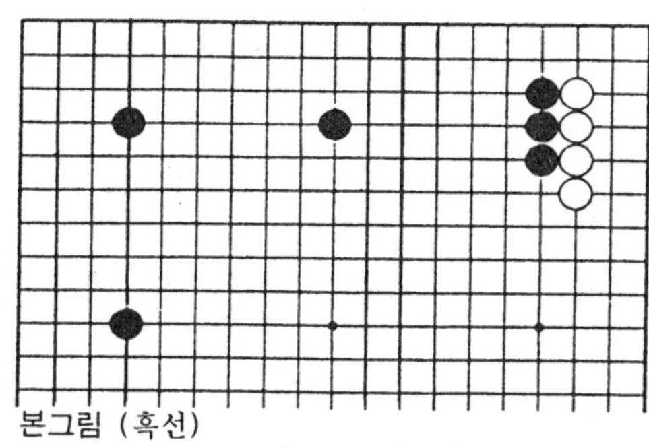

본그림 (흑선)

계　마

무늬의 효율은 첫째로 규모가 힘을 쓰고 긴밀도는 그 뒤의 문제다.

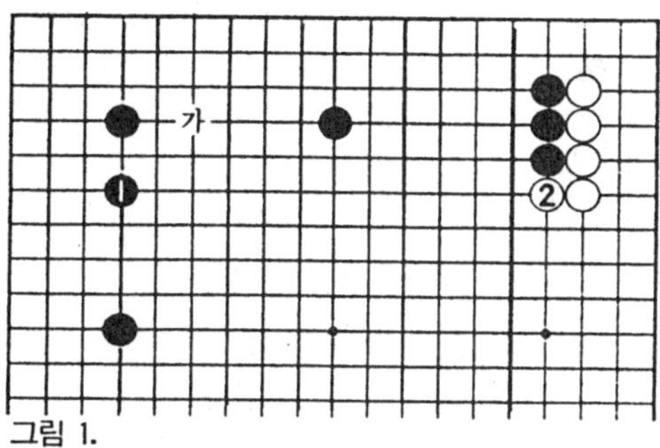

그림 1.

그림 1(1칸) 흑1 또는 가로 무늬를 긴축시키는 것은 이 모양으로 완수. 백2로 급소를 굽으니 흑의 모양 규모는 대번에 축소되어 버렸다.

흑 3집은 공배 채우기로 보강도 어렵다.

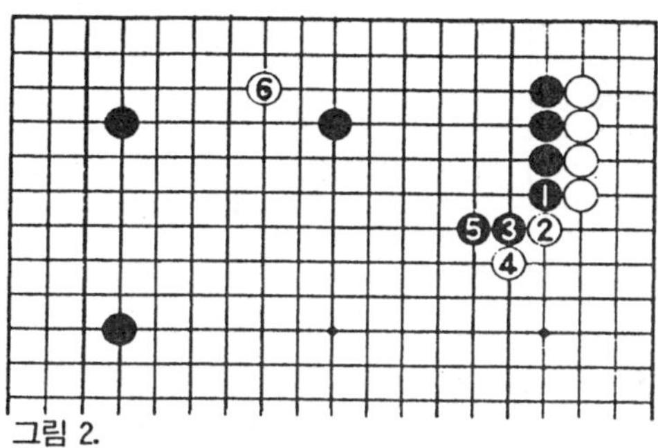

그림 2.

그림 2(밀기) 힘찬 흑1의 밀기지만 뒤에서 가는 수여서 확대 속도가 부족하다. 백2, 4의 2단 젖히기로 선수를 뺏기고 6의 뛰어들기로 돌변해서 흑으로선 약간 불만스럽다.

모양에 차도만큼의 위압감이 없다.

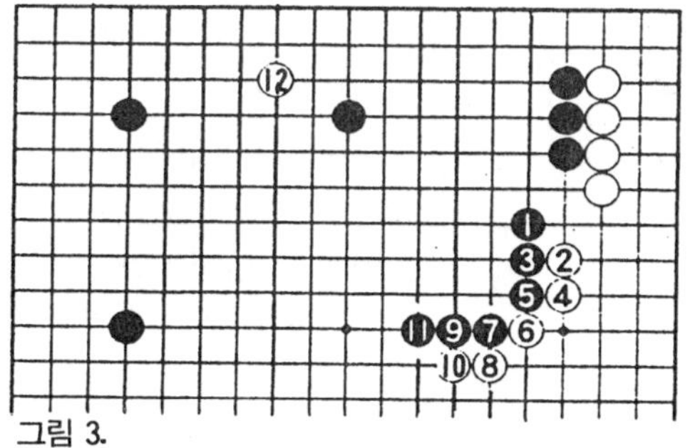

그림 3.

그림 3(흑1, 급소) 흑1이 「양계마의 맥」이라는 세력상의 급소. 흑3, 5의 밀기, 7, 9의 젖혀뻗기 등 단조롭지만 모두 확대의 수법이다.

백은 한칸 낮은 백12로 뛰어들고 이후의 공방으로 적당한 여부가 판가름될 징후다.

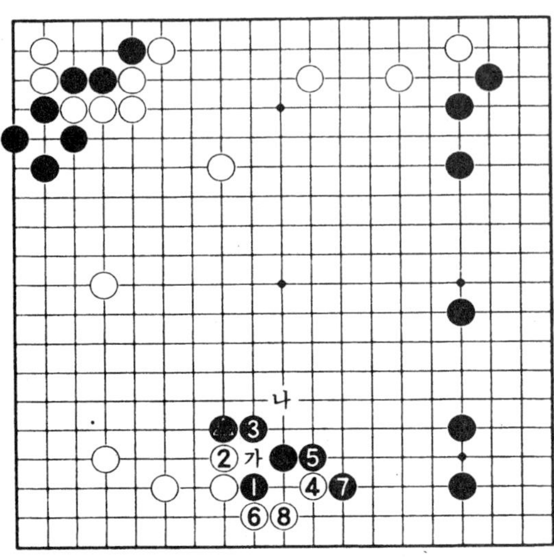

【참고보 8】

제30기 本因坊戰　　백　　武宮正樹
리그전　　　　　흑　　木神原章

마늘모 붙이기

제四선부터　제三선으로의 마늘모 붙이기는 빈끝을 선수로 완화하는 수법. 다음 수와 연동해서 무늬 확대의 목적을 달성한다.

【참고보 8】

흑1, 3으로 중앙을 두껍게 둔다. 흑3에서 가면 백4의 뛰어들기는 없지만 3의 단점이 중앙의 모양에 악영향을 줄 것이다. 흑 ●이 없으면 3에서 나로 뛰는 모양.

참고그림(이후의 진행)　하변은 쑤심 당했지만 선수로 처리해서 흑1, 3의 확대로 돌았다. 백4는 실리를 얻을 만큼 얻고 나서 뛰어들기를 기대하려는 구상인데 참기 승부를 각오하고 있다. 이것을 두지 않으면 흑가의 잇기를 이용 당해도 두껍고 흑4의 부풀기도 매섭다.

흑5로 천원에 겨누어서 큰 모양 완성. 모양의 규모로는 백은 미치지 못하므로 우변으로 뛰어들어서의 싸움이다.

흑1에서 5의 천원을 서두르면 백나 부근부터 중앙 삭감과 상변 확대를 겸하니 재미없다. 또 흑5에서 우변에서 우변으로 1수 넣으면 거의 확정된 땅이지만 그러면 백이 천원 주변에 두어 완만한 바둑이 된다.

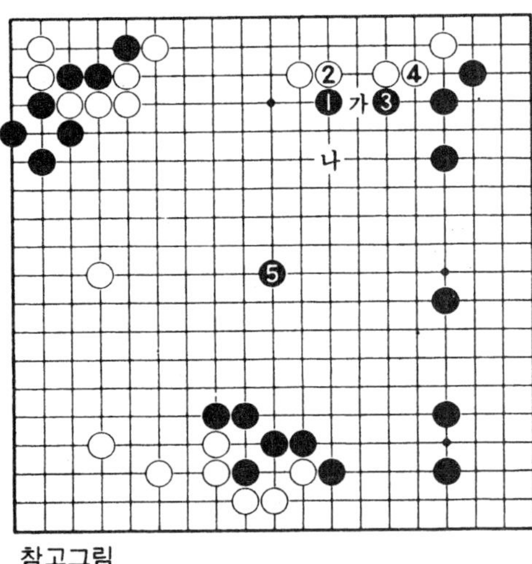

참고그림

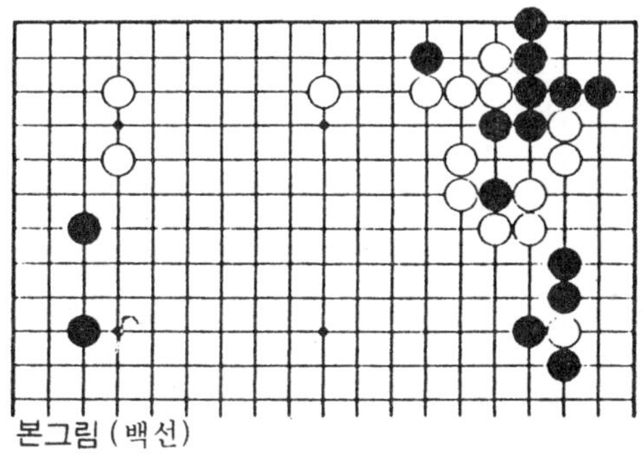

본그림 (백선)

큰 눈목자

삭감의 급소가 어디인가를 알면 확대의 급소가 자연히 밝혀진다. 전반적으로 배후 세력과의 밸런스를 항상 생각해야 한다.

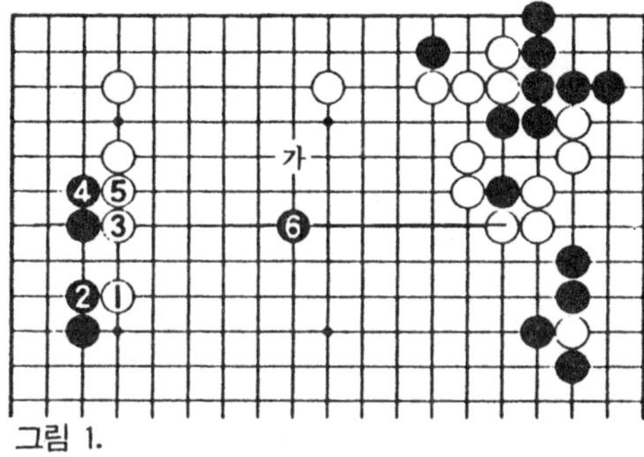

그림 1.

그림 1(과감하게) 백1, 3으로 과감하게 넓히는 맥도 유력하고 흑은 6정도의 지우기가 최대의 한도가 된다.

다만 중앙은 두껍게 되었지만 흑은 좌변에서는 손해를 보고 있고 이후 백은 백가로 날일자 지키는 정도로 할 때 흑은 너무 늦지 않을까.

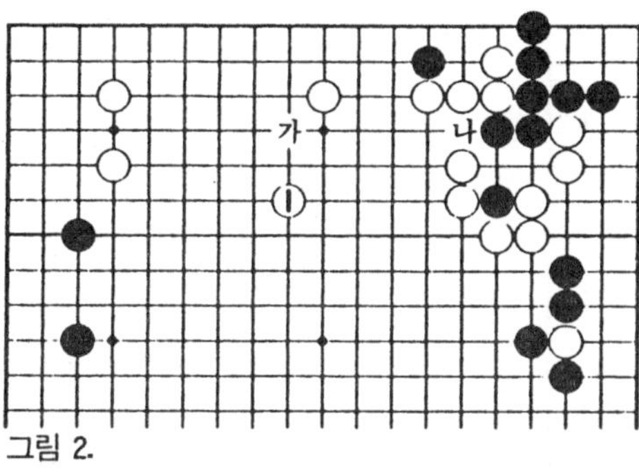

그림 2.

그림 2(작다) 방치하면 흑가의 어깨짚기로 나의 부근에 남는 엷음을 노림 당하고 한번에 모양이 축소된다.

백1이면 흑가는 막지만 우변의 세력과 약간 중복된 기분이어서 마음이 내키지 않는다.

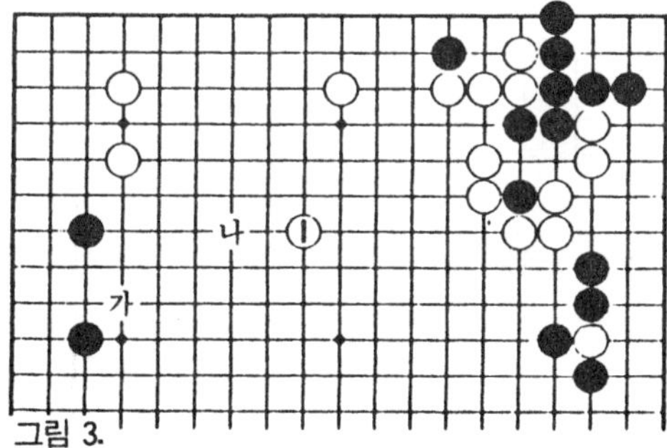

그림 3.

그림 3(백1, 모양) 백1의 큰 눈목자가 이 경우 밸런스가 잡힌 확대가 된다. 다음에 백가 이하를 노리고 앞그림의 경우면 포위지만 본그림에서라면 확대라고 해도 좋다. 흑은 나의 지우기가 한도일 것이다.

충　돌

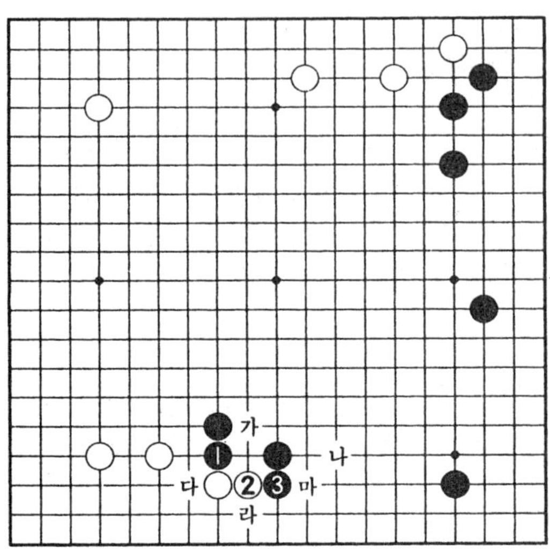

【참고보 9】
제2기 기성전　　백　　加藤劍正
제 3 국　　　　흑　　藤澤秀行

엷음을 보충하면서 모양을 결정하고 확대하는 기세로 연결하는 수법. 계마의 약점을 지키고 계마의 약점을 타박주는 급소에 해당한다.

【참고보9】

혹1에서 백가의 목표를 지우고 백2를 유인해서 흑3으로 누른다. 백나의 뛰어들기를 지우고 **다**의 젖혀 내기를 노리는 선수다.

백2에서 **라**면 이 모양에서는 흑마로 충분.

참고그림(수비 앞에) 〈참고보 9〉에 이어 백1의 나오기는 흑2의 누르기를 약속해 놓는 수법. 백3으로 지키고 나서 백1에서는 흑가로 뒤떨어질 확률이 크다.

흑도 단점을 지키기 전에 4의 들여다보기는 수법인데 백5의 잇기면 이용처. 장래에 흑나로 들었을 때에 강력한 원군이 될 것이고 그 이득이 있으므로 흑6으로 크게 겨누고 백가의 끊기에 흑다부터 단수해서 2이하의 3점을 버리는 구상도 생긴다. 백1에서 단순하게 3, 흑4 백라면 흑5 이하 조르기가 작용, 철벽의 두께가 됨.

실전은 백1에서 3, 흑4의 수순인데 흑4에서는 마, 백1 흑가도 유력했다.

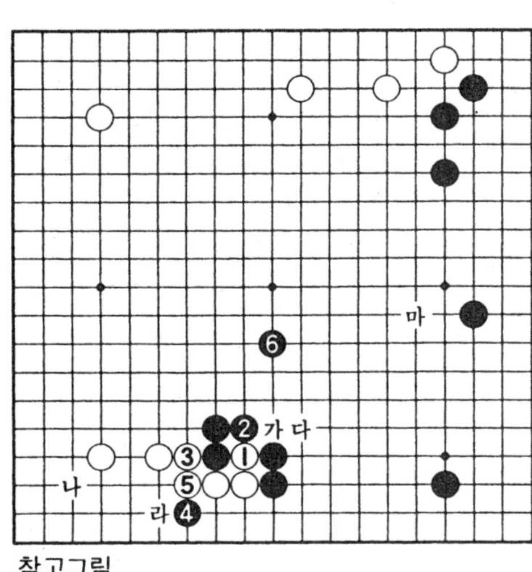

참고그림

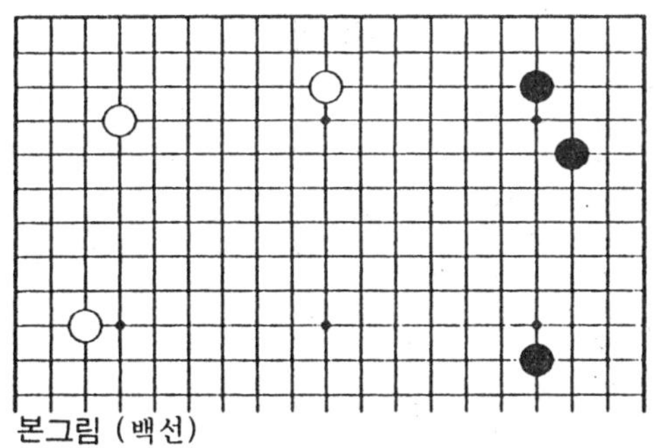

본그림 (백선)

붙이기

모양 확대는 자기의 문제만이 아니고 상대의 모양을 지우고 상대의 돌에 달라붙으면서 하는 확대도 있다.

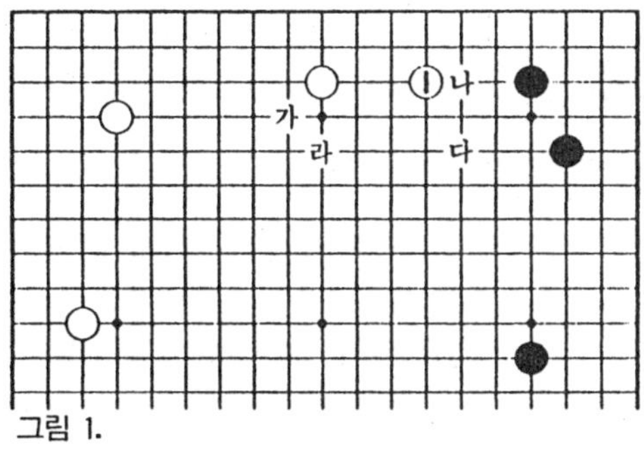

그림 1.

그림 1(벌리기) 백1의 벌리기에서는 평면적인 모양인데 흑가의 어깨짚기가 꼭 맞다. 백1을 나까지 진행하면 흑다의 기세가 있어서 흑 모양도 커진다. 백1에서 라의 뛰기는 三3이 남아 허술하다.

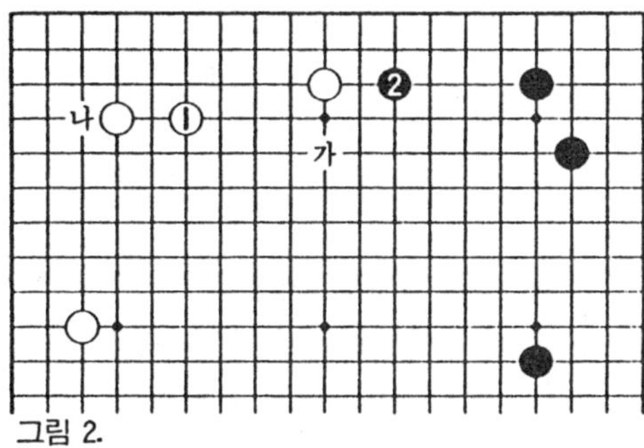

그림 2.

그림 2(구성) 이경우 초보자들은 백1로 모양을 긴축하는 것이 보통인데 모양이 흑2의 호점을 양보해야 한다.

흑2에서는 가의 지우기나 나의 뛰어들기도 있어서 백이 이것을 지키려고 하면 뜻한 바 구성이 작아지는 모양이다.

그림 3(백1, 3, 기세) 백1의 지우기부터 두는 기세도 있다. 흑2면 백3 이하 7로 측면에서 굳히고 흑도 모양을 삭감하는 단서에 고심할 것이다.

백1에서 단순하게 3은 흑4, 백7, 흑가, 백5, 흑나로 흑의 우변이 지나치게 크다.

그림 3.

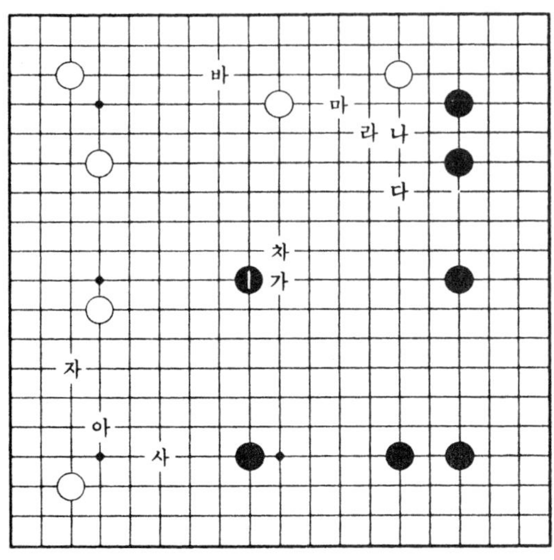

【참고보 10】

제14기 명인전　　백　　橋本宇太郎
리그전　　　　　흑　　藤澤秀行

천원 옆구리

서로 제四선을 점거하는 대범한 포석에서는 처음에 천원 부근에 두고 모양을 확대하고 뛰어들기의 거점을 만드는 것이 호수가 된다.

【참고보10】

흑1에서 **가**의 천원은 약간 좁은 느낌이고 백**나**의 뛰기가 좋아진다. 흑1이면 백**나**에 흑 **다**로 받아도 충분하다.

흑1 앞에 **라**, 백마로 결정치 않는 것은 흑**바**의 뛰어들기를 노리고 있기 때문이다. 또 흑**사**, 백**아**로 결정치 않는 것도 **자**의 뛰어들기를 노리고 있기 때문이다.

다만 두지 않아도 그 권리가 있으므로 흑1은 지나친 진행이 되지 않는다. 흑1에서 **차**는 틀린 방향이다.

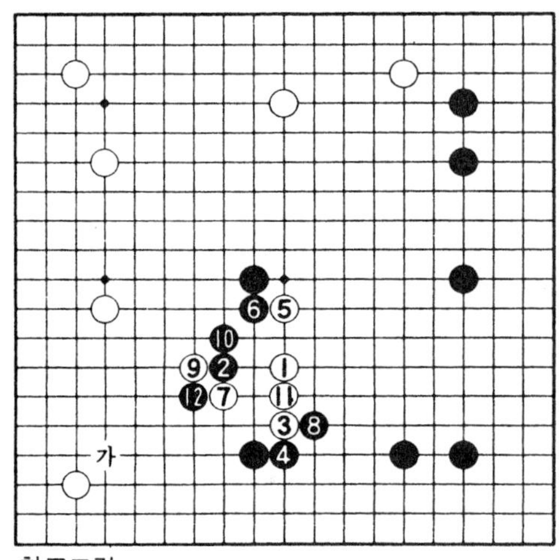

참고그림

참고그림(이후의 진행) 이만한 큰 무늬가 되면 한쪽 변을 삭감하면 상대를 강화할 뿐 아니라 또 한쪽의 변이 확정지가 된다. 백1로 중앙을 둘 참인데 어디가 최선인가는 간단하게 말할 수 없다.

흑2로 포위 공격해서 중앙이 두꺼워지면 백, 모양에의 뛰어들기도 구체화한다. 흑12로 끊어 가의 작용도 있고 흑이 충분히 싸울 수 있는 모양일 것이다.

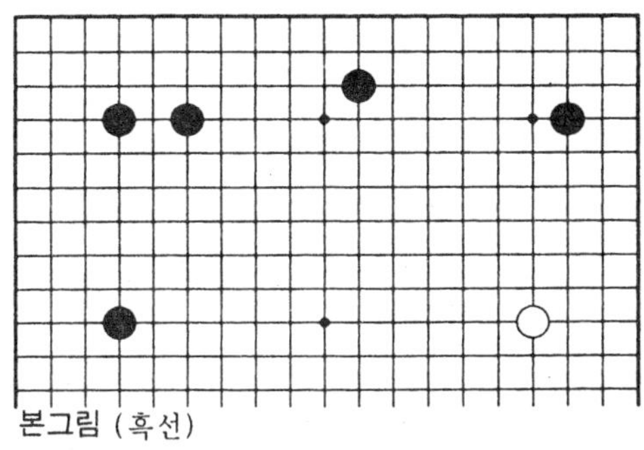

본그림 (흑선)

뛰 기

모양의 중심점을 잘못 보면 상대에게 지우기의 호조를 줄 뿐이다. 바둑에서 뛰기의 개념은 확대냐 긴축이냐의 선택에 의해서 결정지어진다.

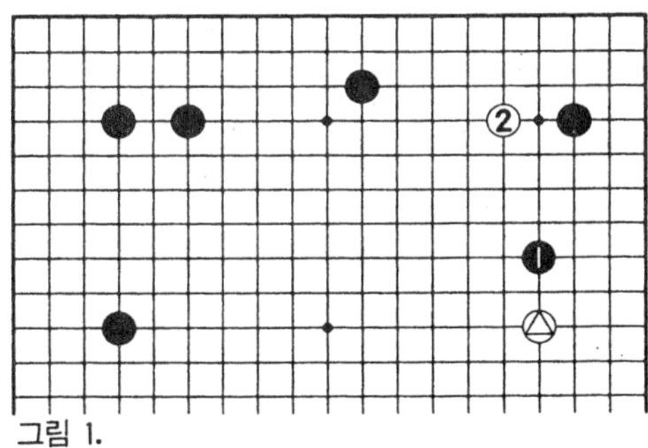

그림 1.

그림 1(채우기) 흑1의 채우기는 약간 지나치게 넓힌 느낌이 들고 백2로 돌파 당해도 공격이 마음대로 되지 않는다. 백 ⓐ에 대해서 여간 강렬한 공격을 예상할 수 있는 경우가 아니면 지나친 두기가 될 것이다.

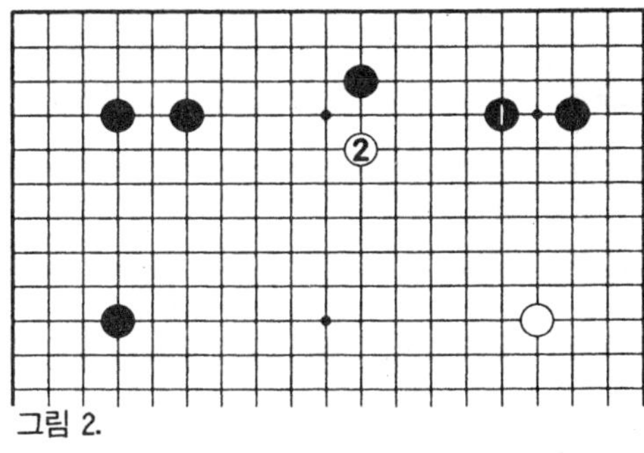

그림 2.

그림 2(굳히기) 흑1로 굳혀서 귀를 땅으로 만들어도 백2로 모양의 중심점을 일격 당하면 흑으로서는 이 이상의 발전을 바랄 수 없다.

흑 모양의 본체는 우상 귀가 아니고 좌상부터 상변에 걸쳐져 있음을 착각해서는 안된다.

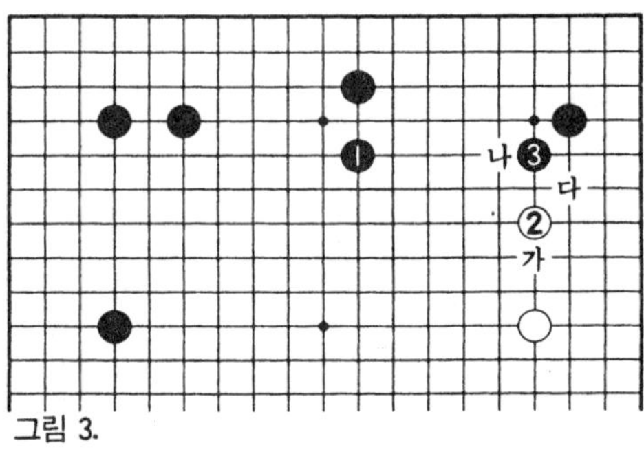

그림 3.

그림 3(흑1, 요점) 흑1로 뛰고 다음에 가를 노리는 기세. 백2의 채우기면 흑3으로 받고 굳히기를 생략해 버린다.

백2에서 나 부근부터의 지우기면 흑다로 땅을 벌어도 좌상의 모양은 조금도 동요하지 않는다.

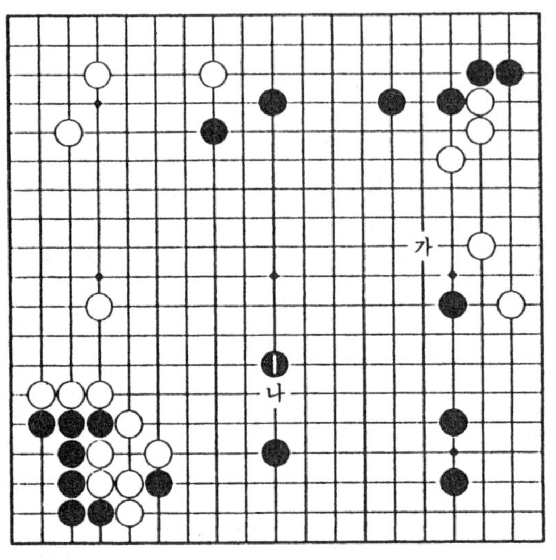

【참고보 11】
제1기 명인전   백   山部俊郎
리그전   흑   藤澤秀行

2칸 뛰기

확대의 구상을 부분적인 무늬에 그치지 않고 전국적 관점에서 해야한다. 부분적 모양보다 전국적 밸런스를 우선시킨다.

【참고보 11】

흑1로 2칸으로 뛰어 하변의 모양을 확대하면서 전국적인 두께를 쌓는다. 가의 모자를 포함하고 중앙도 커질 것 같다.

흑1에서 나는 부분에 치우치고 있다.

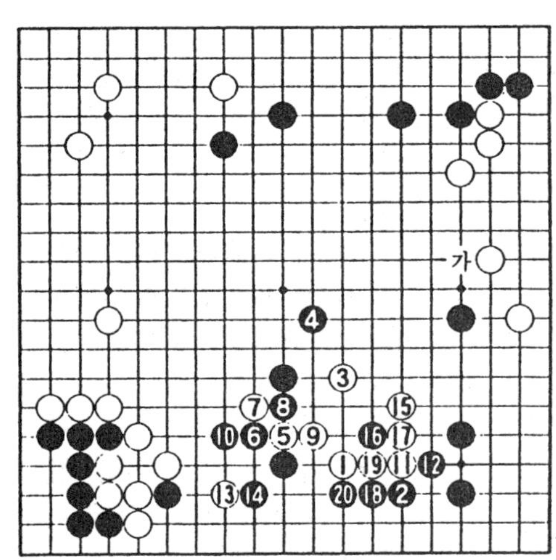

참고그림(이후의 공방)

백1의 뛰어들기는 지금이 시기. 흑은 2로 채워서 귀의 땅을 굳히면서 백을 축출하는 공격이다. 백3에는 흑4로 씌워서 가로 붙이는 기대기의 공격을 노린다.

백5, 7로 흑에게도 약점을 만들고 11, 15로 모양 만들기에 정신이 없다. 흑16은 집모양의 탄력을 뺏는 수법이고 흑18, 20으로 건너서 일방적인 공세를 약속했다.

땅 균형에서도 이미 균형이 잡혔고 아직 남는 백에의 공격 맛과 중앙에 형성 중인 막연한 땅 모양 나눔을 흑의 리드라고 보겠다.

굳이 크게 넓히고 상대부터의 뛰어들기를 유인하는 확대의 구상도 때로는 유력하다.

참고그림

뻗어끊기

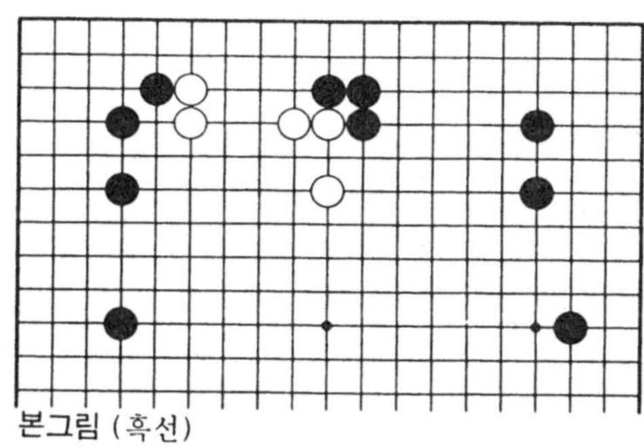

본그림 (흑선)

돌이 접촉시에 세력 상 급소의 하나. 돌의 탄력에서 말해도 놓칠 수 없다.

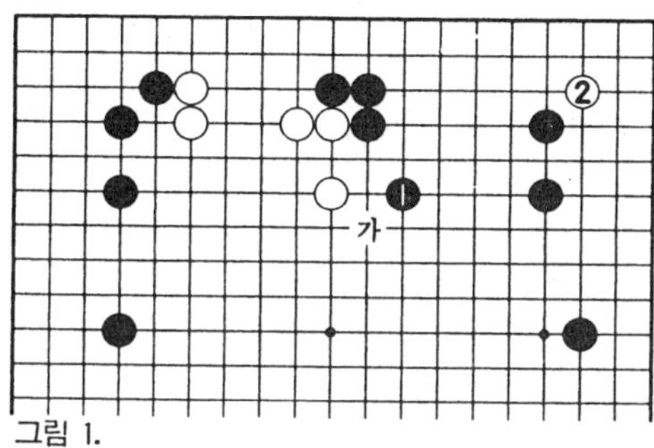

그림 1.

그림 1(계마) 흑1의 계마로는 백에의 노림수가 부족하고 백2로 호조로 교란 당한다.

어차피 후수로 확대한다면 축 유리를 조건으로 삼아 가의 걸기도 생각할 수 있어서 좋을지도 모른다.

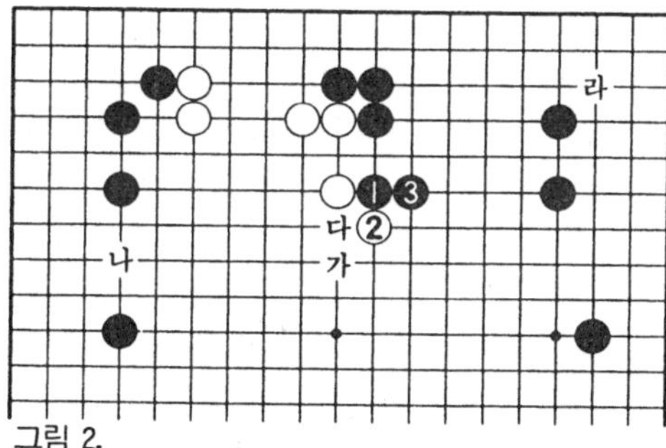

그림 2.

그림 2(붙이기) 흑1, 3의 붙여 뻗기는 공격하고 싶은 돌을 굳히는 경향이 있어서 바람직하지 못하다.

백은 가로 두께를 비축해서 나의 뛰어들기를 노리느냐, 아니면 다의 끊기를 각오하고 라의 실리로 향하느냐다.

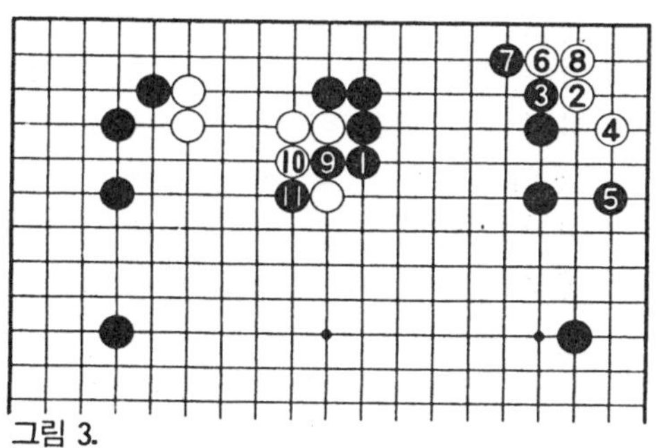

그림 3.

그림 3(흑1, 급소) 흑1의 뻗어 끊기가 백으로부터 두꺼운 모양을 피하는 「부풀기의 급소」다. 백2, 4로 귀를 교란 당해도 흑9, 11의 나와 끊기로 돌면 흑집 모양세의 규모는 크다.

백이 중앙을 지키면 흑2.

삭감의 수법

확대와 반대의 처지에 있는 것이 삭감. 상대의 무늬 확대를 미연에 막는 것이 그 목적이다. 쌍방의 무늬가 접하고 있을 때는 삭감의 수단이 확대의 수단을 겸하는 수도 많다. 혼자서 적의 무늬로 쳐들어가는 경우에는 주로 제3선의 벌리기에 대한 압박 수단이 된다. 빠른 시기에 결정하면 상대를 굳힐 뿐이 되고 시기가 늦으면 역습의 우려가 생긴다.

삭감의 기본적인 패턴은 한정되어 있고 오히려 응수에 변화가 많다.

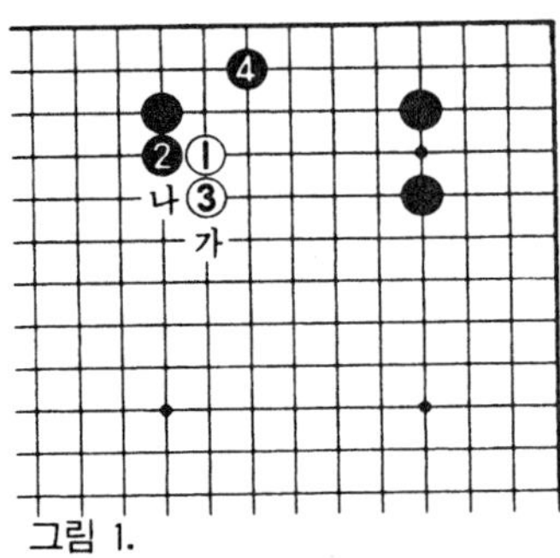

그림 1.

그림 1(어깨짚기) 백1의 어깨 짚기, 가장 깊은 삭감 수단이다. 흑2, 4가 기본적 받기인데 백의 발밑을 후려서 장래의 공격을 예견한다.

흑 모양의 골짜기가 매우 깊으면 백1에 가로 공격당해 위험. 좌편에도 흑 모양이 퍼져 있으면 흑4에서 나로 밀려서 괴롭다.

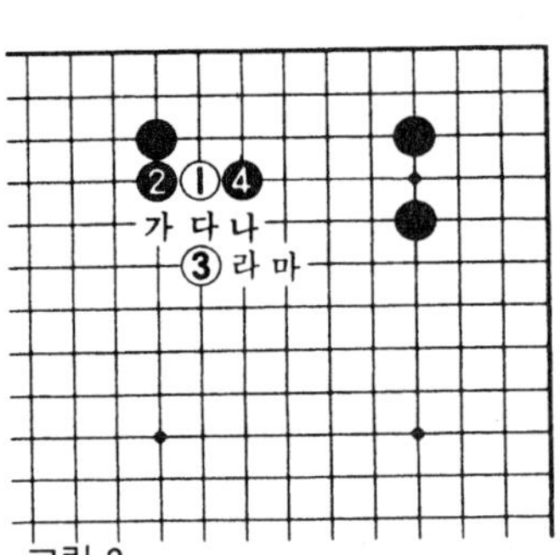

그림 2.

그림 2(가볍게) 흑2의 밀기에는 백3으로 가볍게 뛰어 중앙 진출을 서두르는 맥도 있다. 흑4로 협공 붙이면 상변은 집이지만 가 또는 나가 작용해서 백도 중앙이 두껍다. 흑4에서 다로 젖혀 넣고 백나, 흑가, 백라로 모양을 결정해 두는 것도 한 방책. 단순히 흑가의 뻗기면 백은 다나 마.

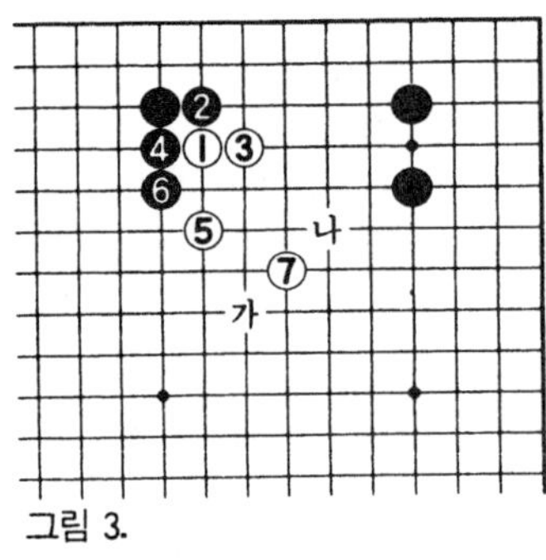

그림 3.

그림 3(밑 기기) 흑2의 밑 기기도 있다. 백3의 뻗기에는 흑4, 6으로 힘차게 뻗어 끊고 백도 7 부근에 보충하고 일단락이다. 좌편에는 두꺼운 모양이지만 백도 중앙으로 진출해서 급한 공격은 바랄 수 없다. 부분적으로는 걸맞음이지만 선악은 전국의 판결에 있다. 백7에서는 가, 나도 한 모양.

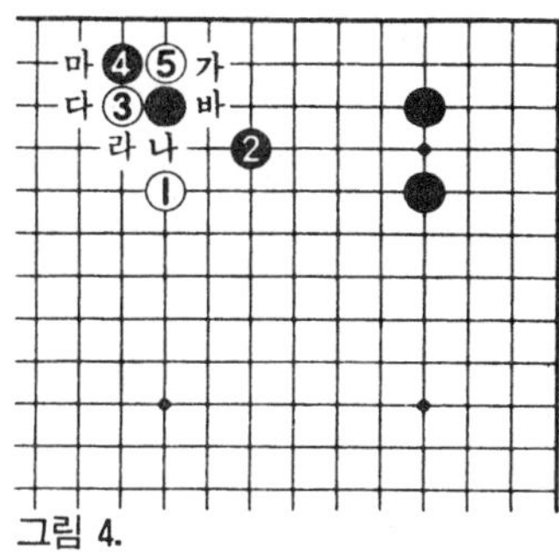

그림 4.

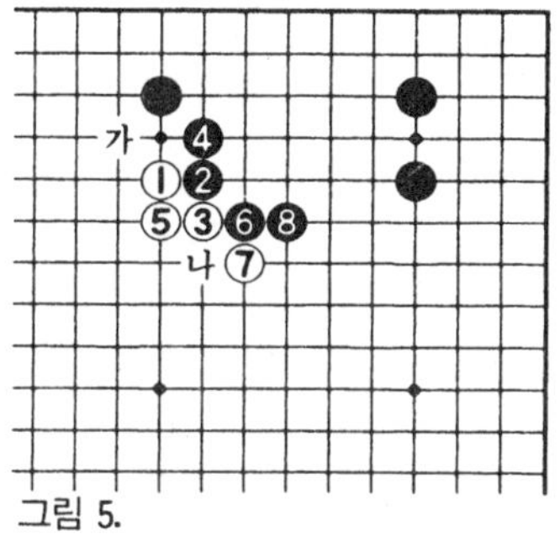

그림 5.

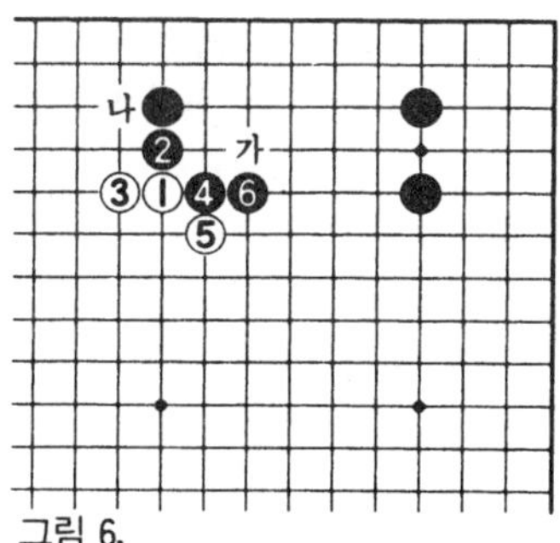

그림 6.

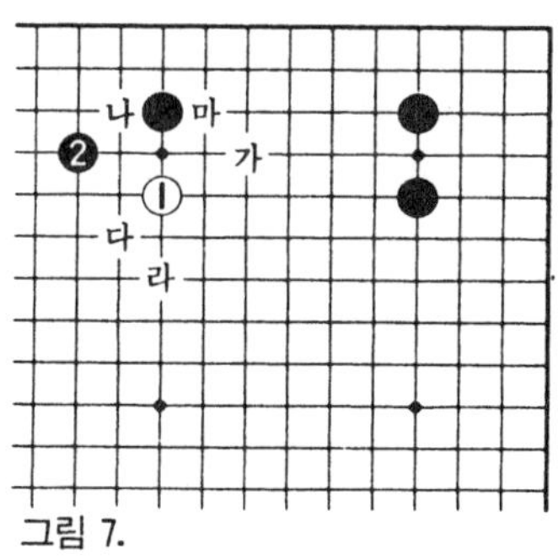

그림 7.

그림 4(모자)　확대의 기본인 1칸 뛰기의 지점으로 선행하여 흑의 응수를 본다. 흑2로 안쪽의 계마에 받으면 백3, 5의 붙여 끊기가 계속 수단인데 모양을 정비한다.

이후 흑가의 단수면 백나, 흑다의 단수에 백라, 흑가, 백마 이하의 축이 나쁘면 백바로 도리어 단수해서 싸움.

그림 5(굳혀도)　흑2, 4의 붙여 끌기는 중앙의 백을 강화해도 상변을 선수로 굳히고 싶은 경우.

흑6에서는 손빼기 외에 **가**도 있고 흑8에서는 축 유리면 **나**의 절단도 생각할 수 있다.

백도 5의 잇기에서 6으로 뻗어 끊고 흑5의 끊기를 맞이해 싸움도 가능.

그림 6(철저한 수비)　좌편에도 흑 모양이 있어서 어느 쪽을 북돋우어도 좋다면 흑2의 충돌도 맵다. 단순히 흑가는 백나의 붙이기로 먹어 들어가는 것을 기피한 것이다.

이것은 철저한 수비의 수법인데 때로 유력. 백3은 물론 북돋우어져서 큰 쪽으로 뻗는다.

그림 7(서로 교란하기)　흑가에서는 백나의 붙이기로 백 모양도 커진다는 국면이면 흑2로 진출해서 **다**의 공격을 포함하고 교란으로 두는 것도 생각될 것이다.

이것들 외에 모양의 골짜기가 깊으면 흑라의 공격도 있고 손을 빼서 백나, 마를 영결할 수도 있다.

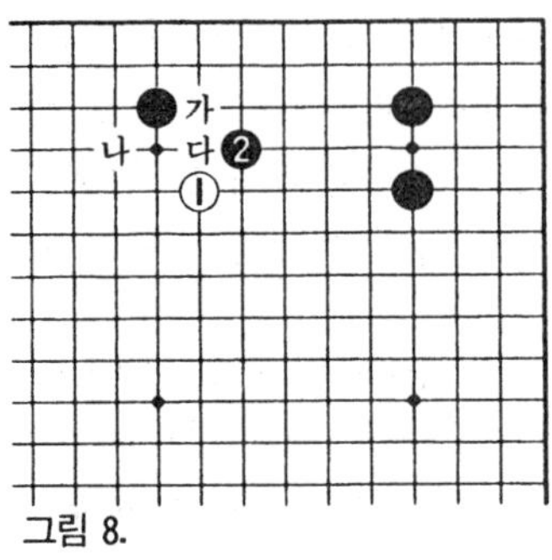

그림 8.

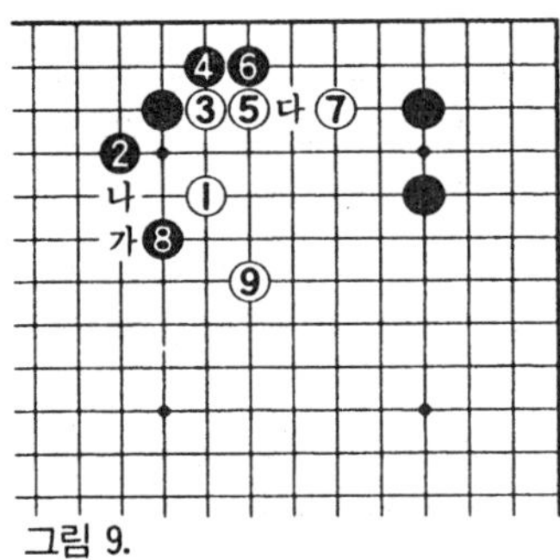

그림 9.

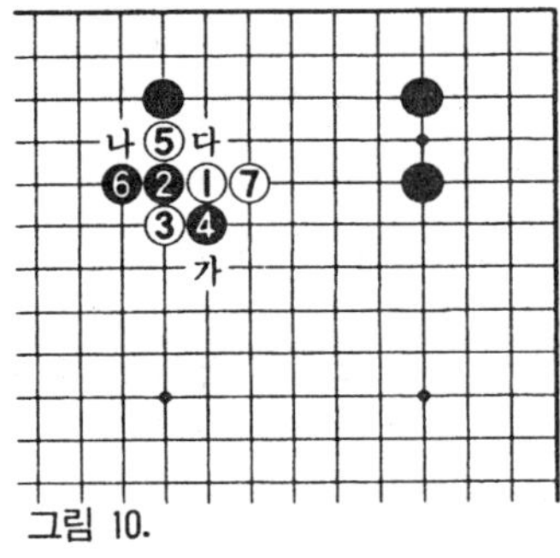

그림 10.

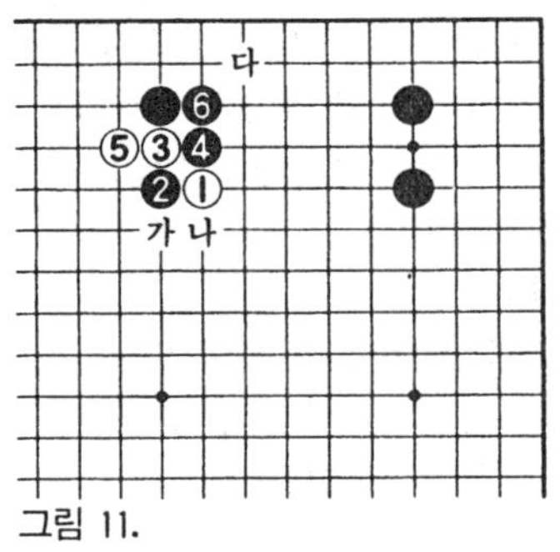

그림 11.

그림 8(계마) 백1의 계마는 가의 붙이기를 보아 모자보다 강제력이 있다. 다만 흑2로 받았을 때 나 정도의 계속수단 밖에 없으므로 집에 허술하게 되는 것은 피할 수 없을 것이다.

흑2에서는 다로 마늘모 붙여서 좌우의 젖히기를 대응으로 삼는 받기도 있다.

그림 9(부수게 해서) 흑2의 마늘모는 동점의 걸기를 기피해서 집은 부수게 해도 흑8의 공격으로 돌 의도다. 이 공격을 피하고 중앙으로 향하는 세력을 남기려면 백3에서 가 또는 나다. 또 백7에서는 8로 빗겨 두고 흑다의 젖히기는 허용해도 중앙으로의 속도를 중시하는 변화도 있을 것이다.

그림 10(축 관계) 흑2의 붙이기에는 축관계에 따라서 백의 응수가 다르다. 백3의 젖히기는 우방으로 축이 좋은 경우. 흑4의 서로 끊기는 최강이지만 백5, 7의 수법으로 가, 나를 대응으로 삼는다. 백7에서 다의 잇기는 대개의 경우 흑나로 눌리워서 바로잡기가 무겁다.

그림 11(반대 축) 좌편으로의 축이 좋은 경우에는 백3으로 젖혀 넣어서 바로잡는다. 흑4, 6은 최강이지만 백가가 성립되면 아무렇지도 않다.

양쪽의 축이 나쁘면 백3에서 4, 흑3, 백나로 뻗어서 도주할 수 밖에 없지만 이것은 어깨 짚기와 같은 모양. 흑다로 약간 무거워졌다.

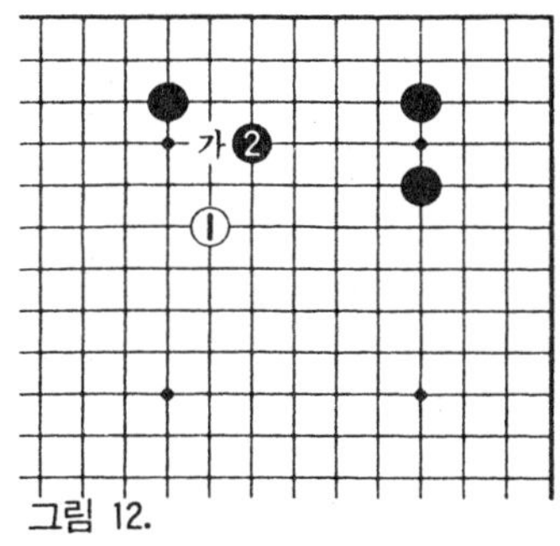

그림 12.

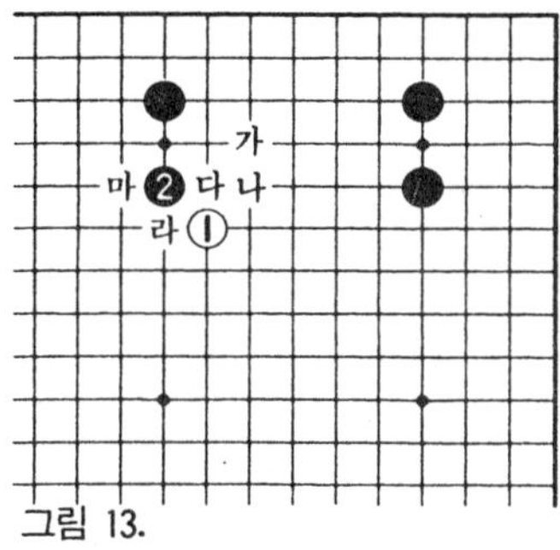

그림 13.

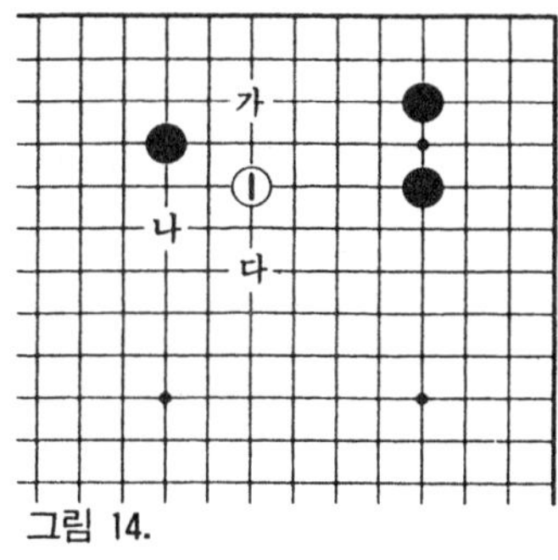

그림 14.

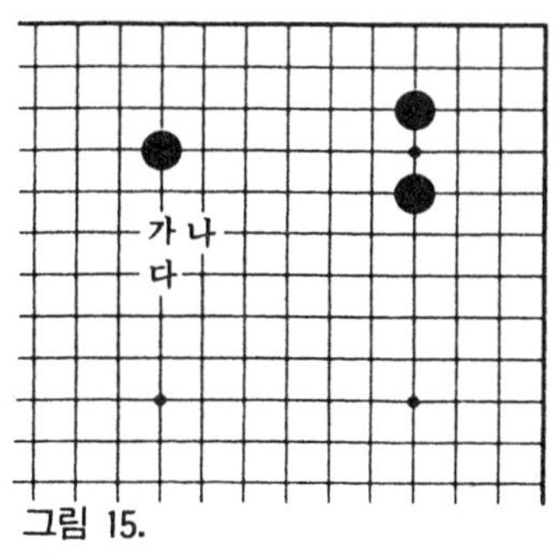

그림 15.

그림 12(눈목자)　눈목자의 지우기는 흑2 또는 가의 받기를 기대하는 것. 흑의 굳은 돌로부터 조금이라도 떨어지려는 의도인데 적절한 후속 수단이 없으므로 일장 일단이기도 하다.

또 손빼기를 당해도 매서운 노림수가 없다. 부분적인 지우기보다 전국적인 세력의 삭감에 사용된다.

그림 13(최강인 모퉁이)　흑2로 모퉁이로 뛰는 받기는 최강. 백가로 침입하고 흑나 내지 다의 절단을 맞이해서 싸울 수 있느냐 없느냐다.

백가가 무리였거나 중앙의 세력을 중시한 경우에는 백라로 미는데 거기서 흑은 다로 상변을 지키느냐 마로 진출을 주로 하느냐의 선택이 있다.

그림 14(제4선으로)　제四선의 벌리기에 대해서는 지우기보다 뛰어들기를 노리는 것이 보통. 다만 흑 모양이 입체적이고 뛰어들어 중앙이 커질 것 같을 때는 백1의 가로 계마가 지우기의 급소가 된다. 흑가로 받으면 이용처, 흑나면 백다로 도주해서 가를 노린다.

그림 15(땅이 크다)　백가 또는 나로 제六선부터 지우러 가면 상대가 받아도 땅이 너무 크다. 다만 백가로 두는 수가 백모양의 확대에 도움이 될 때에는 지우기의 기분 절반으로 제四선에의 모자도 성립 안 되는 것은 아니다. 같은 의미라면 가보다 다가 나은 경우도 있을 것이다.

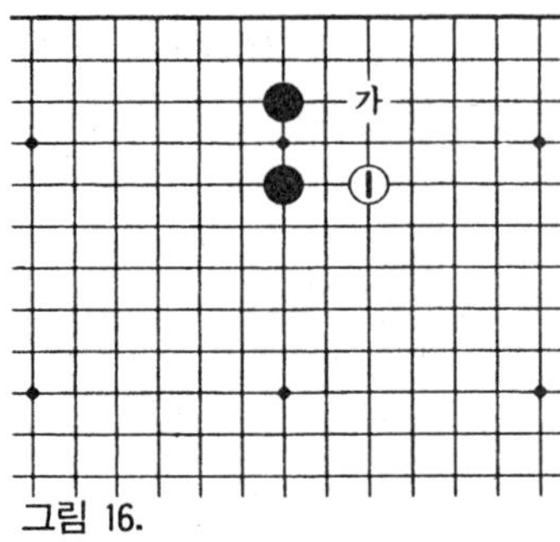

그림 16.

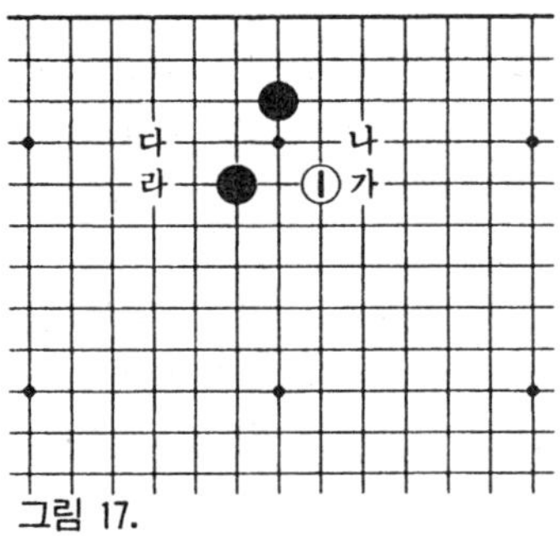

그림 17.

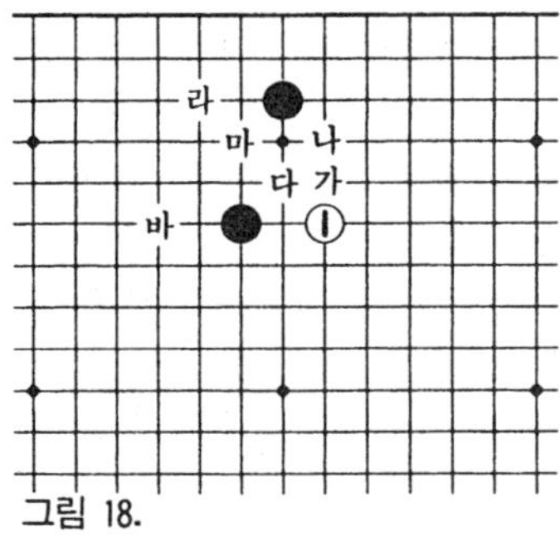

그림 18.

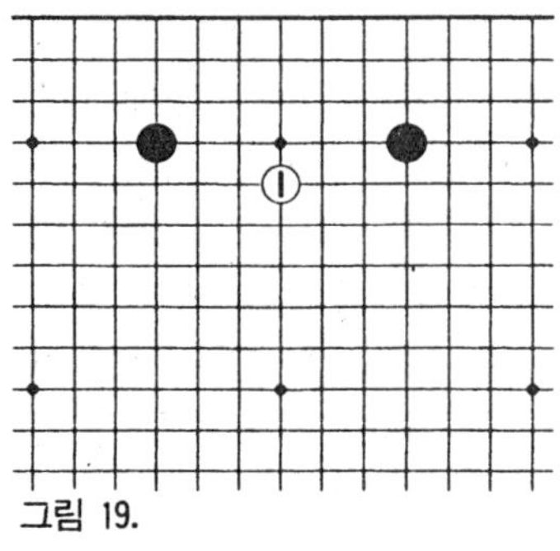

그림 19.

그림 16(돌 두개) 지금까지는 단독적 돌에 대한 삭감의 급소를 설명해 왔는데 두 돌로 구성된 모양의 급소에 두 세가지 언급하겠다.

한칸 뛰기에 대해서는 백1이 급소. 다음에 가로 제三선으로 침입하면 대개의 경우는 참기 형이다. 흑가로 받으면 이용처.

그림 17(계마의 구성) 좌편에 백이 어떤 구성을 하고 있느냐로 달라지는데 백1이 우선 급소가 된다. 직접 급소를 찌르면 수비의 기세를 주게 되어 재미없을 때는 백가, 나로 약간 피하는 편이 효과적일 때도 있다.

왼편부터 육박한다면 다, 라가 급소가 된다.

그림 18(눈목자의 구성) 눈목자에 대해서 백1이 우선 급소. 본래 엷은 구성이므로 기타 백가, 나도 유력하고 흑을 강화시켜도 괜찮다면 노골적으로 백다로 두는 수조차 있다.

왼편부터 육박한다면 라, 마의 침입, 백바의 삭감이 급소.

그림 19(제五선) 뛰어들기가 있어도 뛰어들지 않고 위부터 지우는 편이 전국적으로 유리하게 되는 케이스가 적지 않다. 어떤 구성에 대해서도 제五선에 두어 제三선에 받게 하는 모양을 기대했을 때는 지우기의 수법이며 상대의 돌이 없을 때에도 지우기의 수법이 발휘된다.

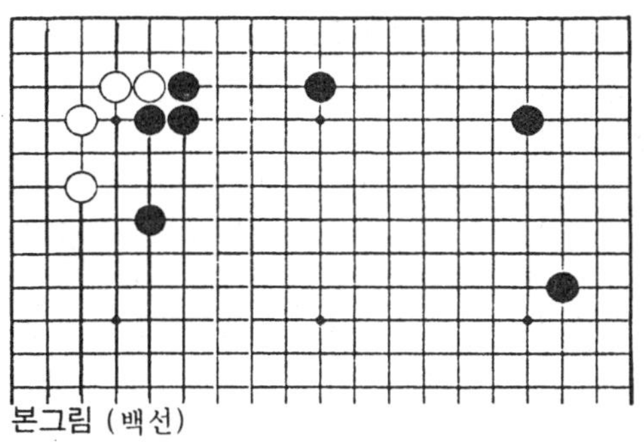

본그림 (백선)

눈목자

상변에 대해서 여러 가지 지우기가 있지만 좌변의 세력이 골짜기를 깊게 만들고 있는 사실에 주의해야 한다.

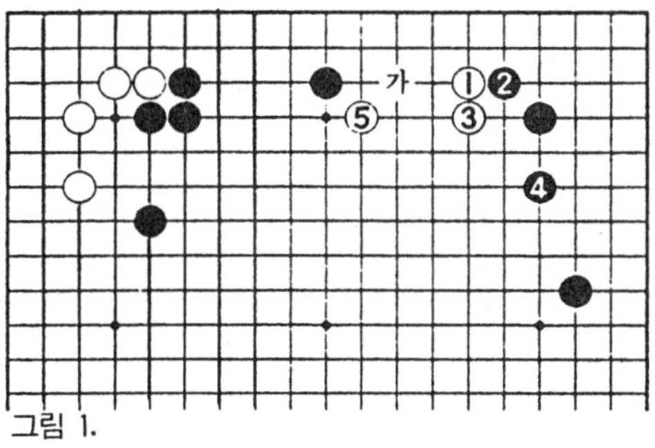

그림 1.

그림 1(걸치기) 백1로 걸쳐도 둘 수 없지는 않다. 좌변을 굳혀도 죄는 가벼움으로 백5의 어깨도 두기 쉬운 모양.

그러나 흑이 좌우에서 땅을 굳히면서 공격하는 데에는 백으로서는 부담을 받아 마음이 무겁고 또 흑4에서는 가도 있다.

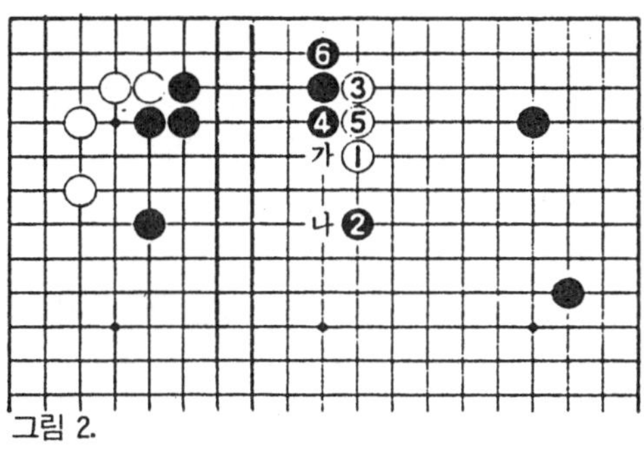

그림 2.

그림 2(계마) 위부터 지우러 간다면 백1은 너무 깊이 빠진 경향일 것이다.

흑2로 모자를 쓰게 되어 고압당하고 백3으로 붙여도 전체가 공격 대상이 된다.

백1에서 가의 모자도 흑나로 올 듯하다.

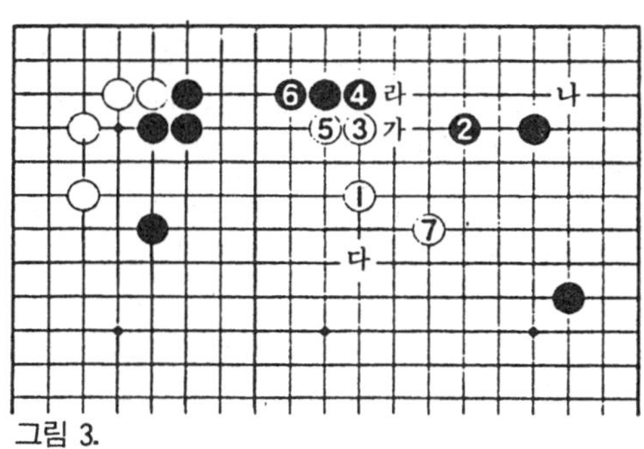

그림 3.

그림 3(백1, 경수) 백1의 눈목자면 가벼운 모양. 흑가라면 백은 기세좋게 나의 三3으로 뛰어들어간다.

백1에서 갑자기 나의 三3은 선수로 처리되어 다, 부근에 펼칠 것 같다. 흑은 2로 三3을 견제하고 백7은 라가 목표.

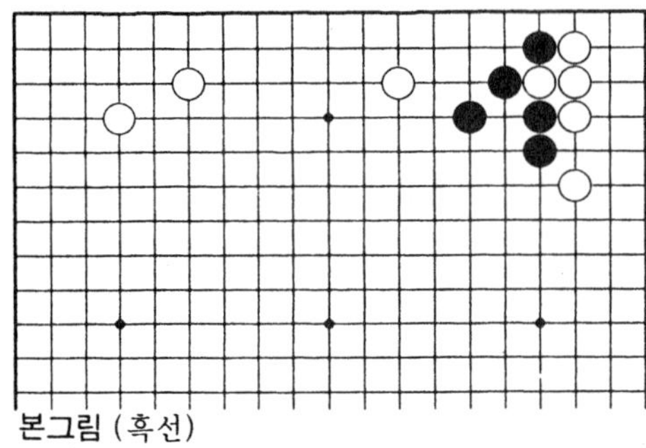

본그림 (흑선)

어깨짚기

흑의 모양은 두께라고 단언할 수도 없는데 백이 접근하면 상변이 솟아 오른다. 흑으로서 기선을 제하여 상변을 지우는 급소는 어디일까.

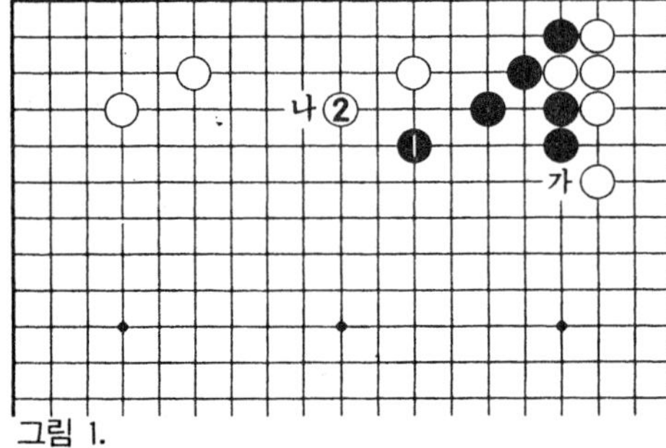

그림 1.

그림 1(모자) 흑1의 모자로는 백2로 받으면 상변이 꼭 맞는 구성이 된다.

백가로 눌리우면 매우 시끄럽다. 그렇다고 흑가의 밀기는 손해가 먼저고 흑나는 백1로 괴로운 싸움이 전개된다.

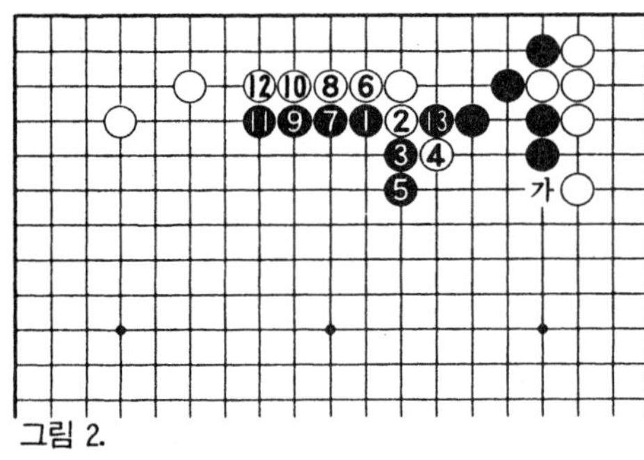

그림 2.

그림 2(흑1, 급소) 가의 밀기를 함축으로 흑1로 어깨에 걸어서 상변을 제三선의 땅에 한정시켜 버린다.

백2, 4로 나와도 이것으로 막다름. 흑13으로 끊고 이 두께는 상당한 것이리라.

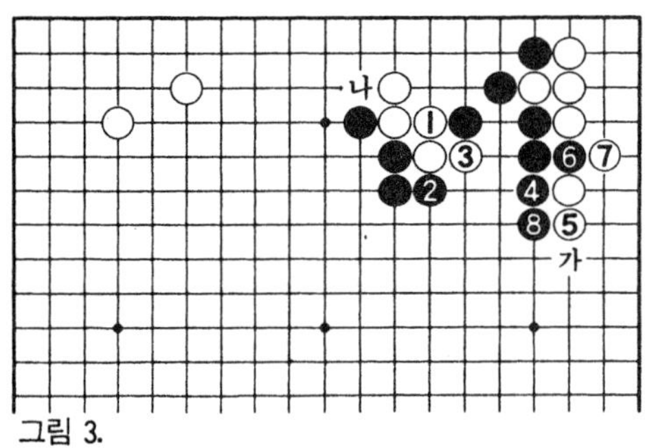

그림 3.

그림 3(가전의 보도(寶刀)) 앞그림 백6에서 1로 이었을 때에만 흑4의 밀기부터 6으로 둔다.

흑8이후 백가면 흑나로 눌러도 좋고 백나면 흑가의 두들기기를 두어도 좋다.

백1은 악수가 되어 흑에게 기세를 줄 뿐이다.

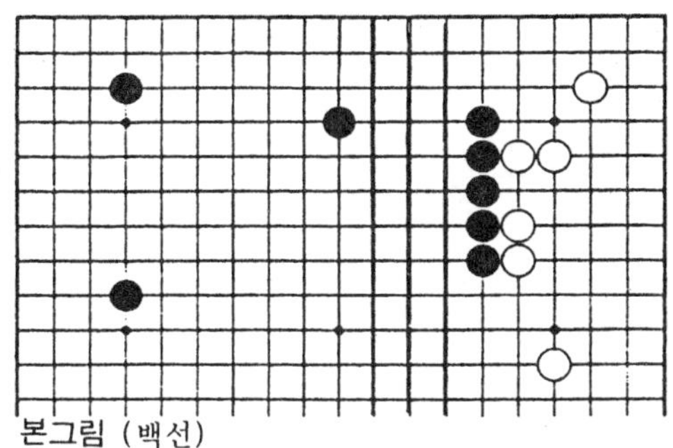

본그림 (백선)

계   마

우변의 벽이 철벽인데 어떻게 피하면서 좌상을 지울까. 섣불리 뛰어들어 공격 당하는 모양이어서는 안된다.

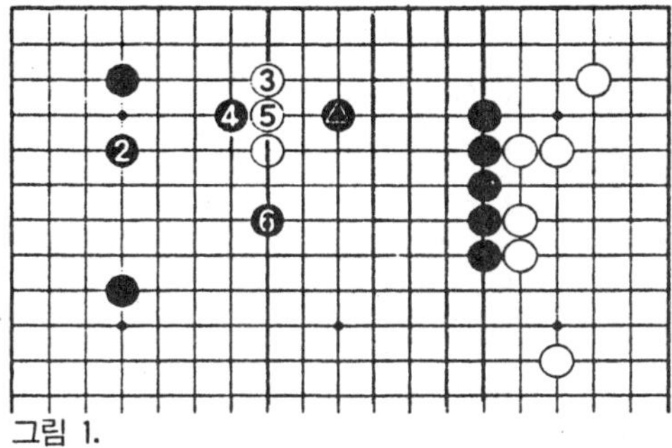

그림 1.

그림 1(가로 계마) ●에 대한 가로 계마의 지우기는 이 경우 두께에 접근해서 위험.

흑2로 귀를 지키므로 백3으로 뛰어들어도 공격 대상이 될 뿐이다. 백3에서 중앙으로 도주해도 목적지가 없다.

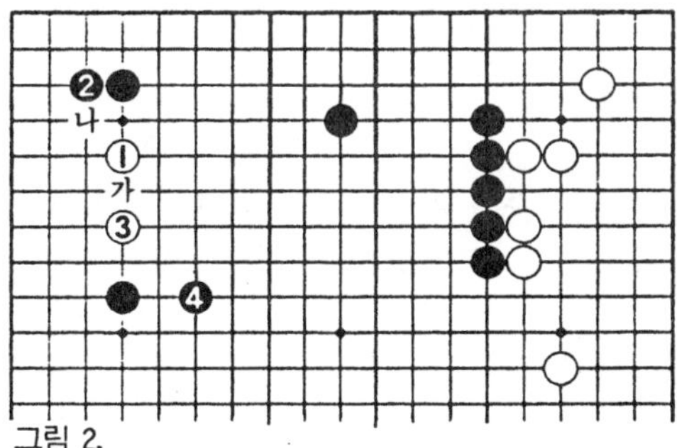

그림 2.

그림 2(걸치기) 백1의 걸치기는 흑2로 바로잡기를 봉쇄해서 철저하게 공격 태세를 구출할지도 모른다.

백1에서 가의 2칸도 흑나, 쫓아 올림을 당하게 되면 철벽이 작용한다.

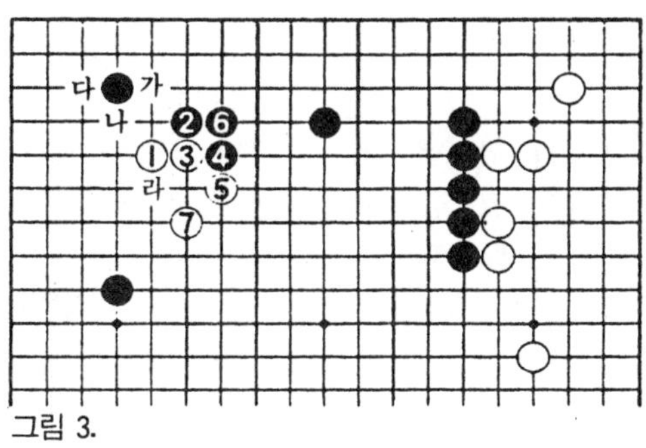

그림 3.

그림 3(백1, 모양) 백1에서 가를 노리고 흑2를 유인해서 백5, 7로 일찌감치 모양 만들기를 지향하는 참이다.

흑4에서 6이면 백나, 흑다, 백4가 생각된다.

백1에서 라는 흑2로 받으니 기세가 붙지 않는다.

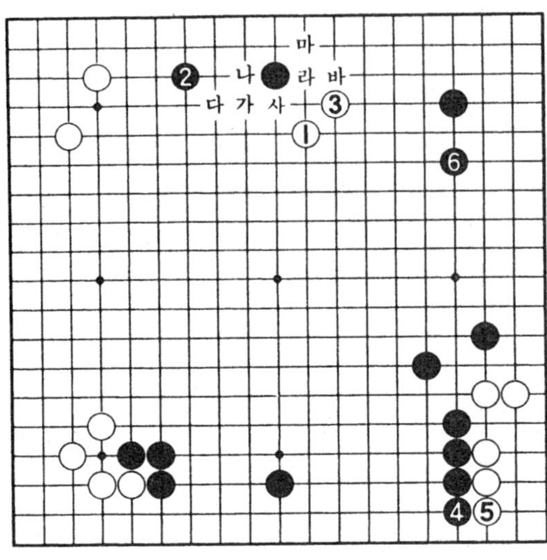

【참고보 12】
10번기 제2국   백   藤澤庫之助
            흑   吳 淸 源

계　　마

　삭감 수단으로 주문대로 받으면 이용당함이 되는 경우가 많고 기세로 반발하는 일부터 생각지도 못한 변화가 생긴다.

【참고보 12】
　백1의 계마에 흑2로 반발하면 백도 3으로 빗겨두어 백가, 흑나, 백다를 노린다. 백3에서 라의 붙이기는 흑마, 백바, 흑사로 약간 허술하다.
　백3에 대응해서 흑6으로 지킨다.

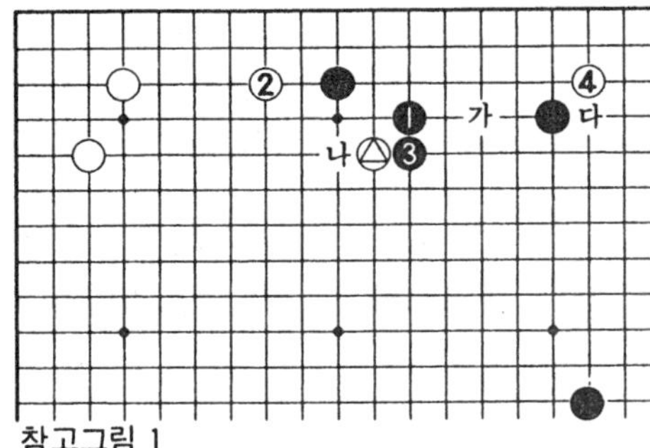

참고그림 1

　참고그림　1(백의 이상)　흑1의 받기는 백의 주문대로인데 백2, 4로 되면 이상적. 백⊙에서 단순히 2면 흑가로 포위 당해도 나로 뛰어도 이렇게는 되지 않는다.
　흑3에서 다의 굳히기는 백가의 뛰어들기가 남는다.

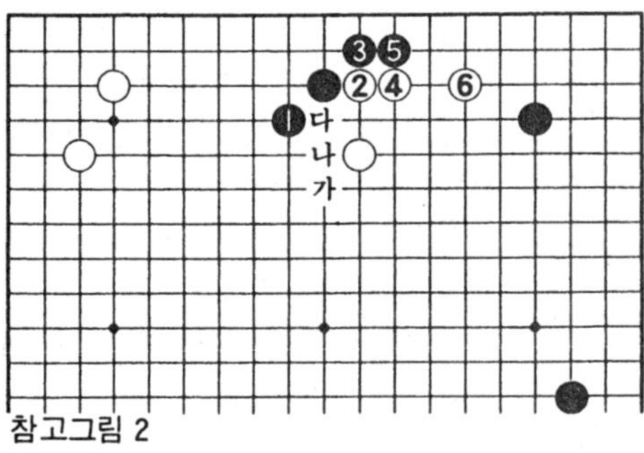

참고그림 2

　참고그림　2(쉽게　부순다) 흑1의 마늘모는 백2이하 6으로 뿌리를 내려서 귀의 모양이 약하고 흑가로 뻗는 공격에 연결되지 않는다.
　흑1에서 나는 이 경우 좌변의 축을 보아 백다로 젖혀 넣는다.

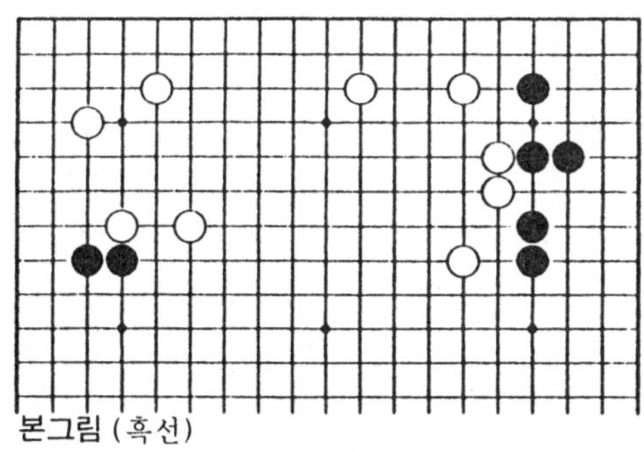

가능성

상변의 백 모양은 골짜기가 깊고 흑의 입장에서 지우기의 상형은 모두 위험하다. 침입의 한도는 어디일까.

본그림 (흑선)

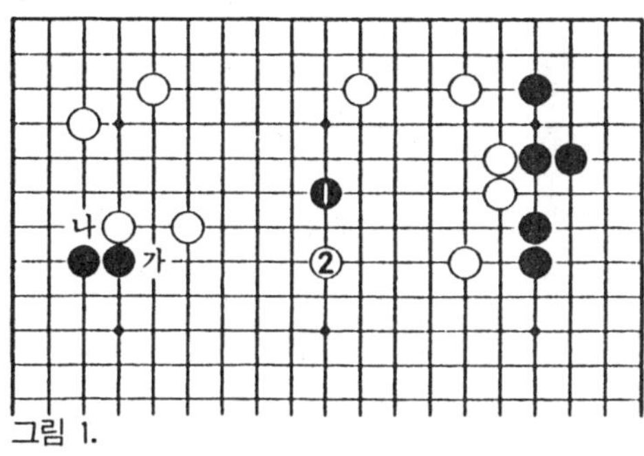

그림 1.

그림 1(깊다) 흑1의 눈목자조차 백2로 씌우고 공격 당하면 괴롭다.

뛰어들어서 어떻게 하든 사는 정도는 가능하겠지만 백을 강화하고 모양의 전반은 백집으로 굳혀질 가능이 크고 백가나 나도 선수로 둘 것 같다.

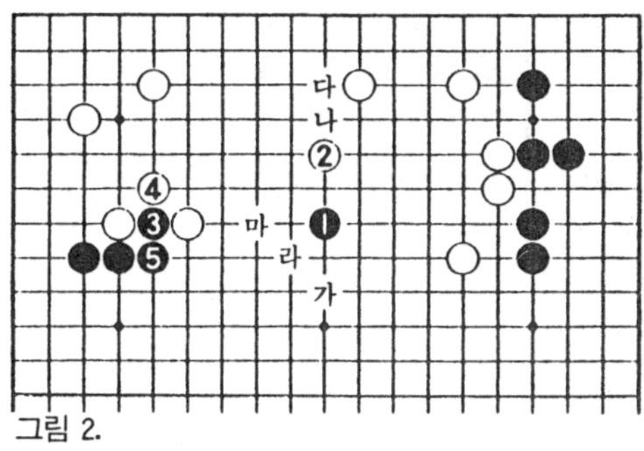

그림 2.

그림 2(흑1, 가능성) 흑1이면 백가로 씌워서 공격해도 흑나, 백다, 흑라 정도여서 염려없다.

백2로 받게 하고 흑3, 5로 충분하다. 흑1로 먼저 3, 5를 두면 백은 백마로 자리를 굳혀 부근에 포위당할 염려가 있다.

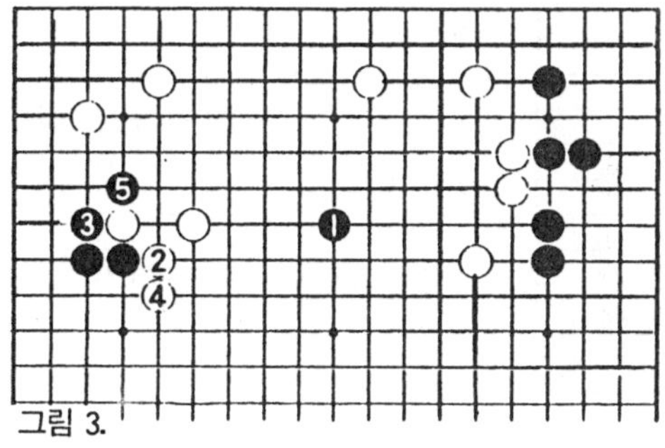

그림 3.

그림 3(기대기) 백은 직접 받지 않고 2로 기대어서 흑을 크게 포위하는 수를 노리는 작전일 것이다.

흑3에서 중앙을 보강하면 무난하지만 흑3, 5는 백을 엷게 만들어 중앙의 바로잡기를 보탬으로 삼으려는 구상.

제 六선

삭감 수단으로서는 너무 얕아도 그것으로 전국의 밸런스를 유지하고 있다면 나쁘지 않다. 깊이 들어감은 혼동의 원인이 된다.

【참고보13】

흑1로 제6선에 두고 제4선의 땅을 포위시키려는 것은 너무 무리고 삭감 수단으로도 얕게 보인다.

백 모양의 규모와 좌우의 실리를 생각하면 이것으로 충분하다.

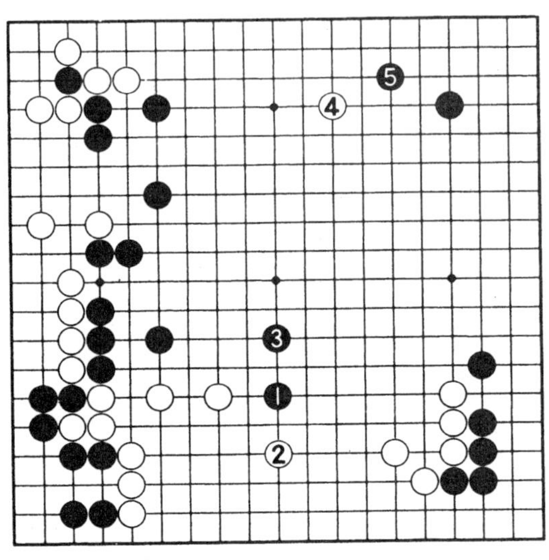

【참고보 13】

제13기 명인전　　　　백　　藤澤秀行
리그전　　　　　　　흑　　本田邦久

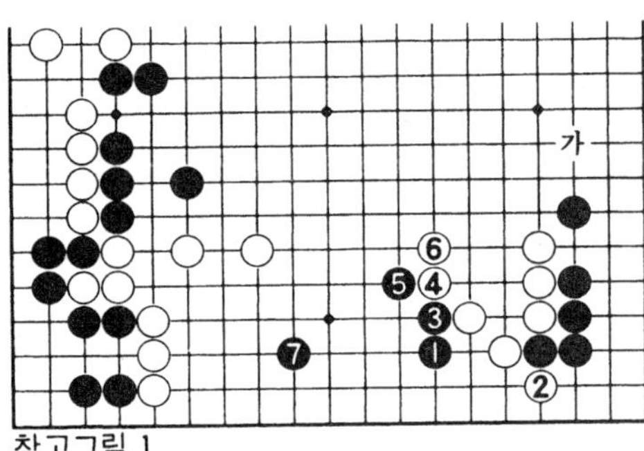

참고그림 1

참고그림　1(뛰어들기)　흑1로 뛰어들어 교란할 수도 있다. 이쪽이 매서울 듯한데 가령 백2의 젖히기가 오면 백가의 채우기가 선수가 되는 등 주위에 꼭 영향을 주게 된다.

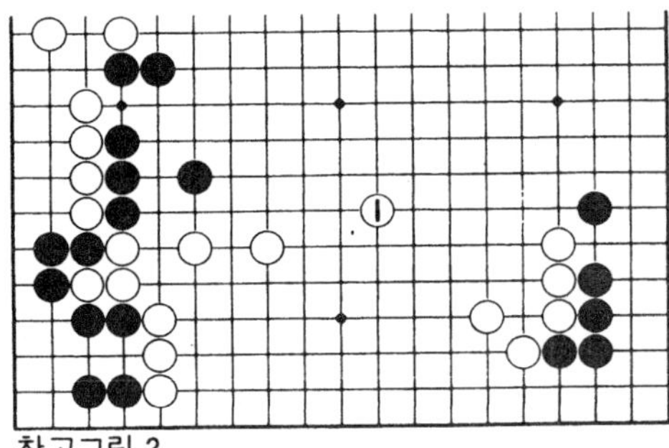

참고그림 2

참고그림　2(포위)·흑은〈참고보 13〉의 1에서 우상귀를 뭔가 지키는 것도 크게 보인다. 그러나 백1로 제七선에서 포위되어서는 큰일이다.

상변은 백도 둘 도리가 없는 곳이다.

붙이기

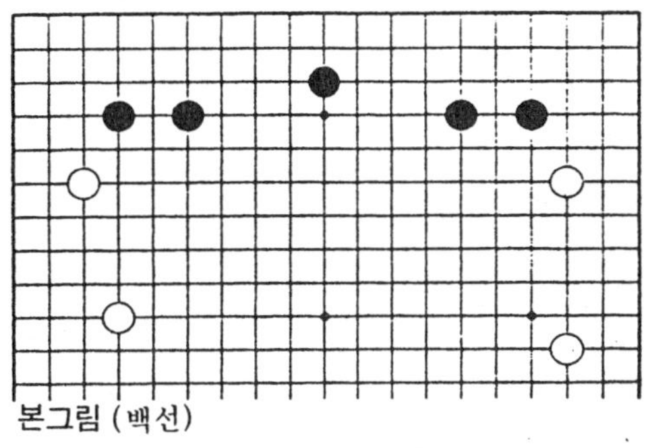

본그림 (백선)

좌우 어느 쪽의 三3을 노릴까.
우선 백은 상변 중앙을 지우고 흑
이 이를 받는 상황에 따라 결정할
수순일 것이다.

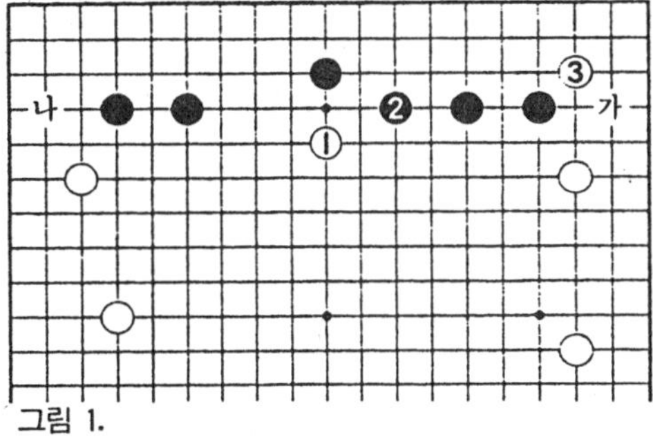

그림 1.

그림 1(모자)　백1의 모자는
극히 보통인 착상이다.

흑2로 지키면 백3이라는 기세
를 구한 것이 된다.

그러나 국면에 따라서 흑은 2
에서 가 또는 나로 침입 당하고
싶지 않은 쪽을 먼저 지킬 가능성
이 있다.

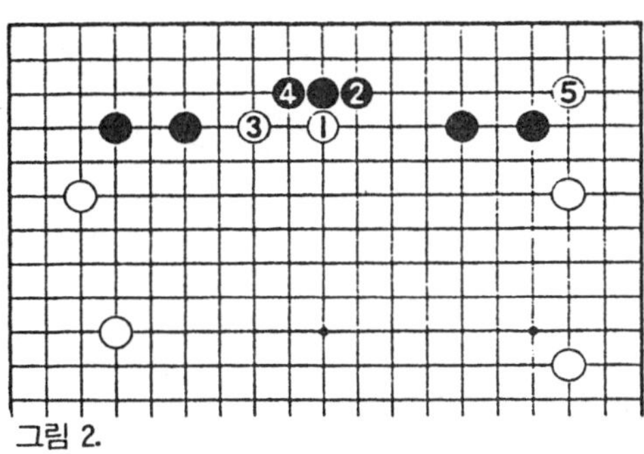

그림 2.

그림 2(백1, 기세)　백1의 붙
이기면 흑의 응수를 강제하고 있
다. 흑이 어느 쪽으로인가 후퇴하
면 백은 후퇴한 쪽의 三3으로 들
기세다.

따라서 흑도 이곳은 바쁘게 싸
워서 백에게 三3들기의 여유를
주지 않는다.

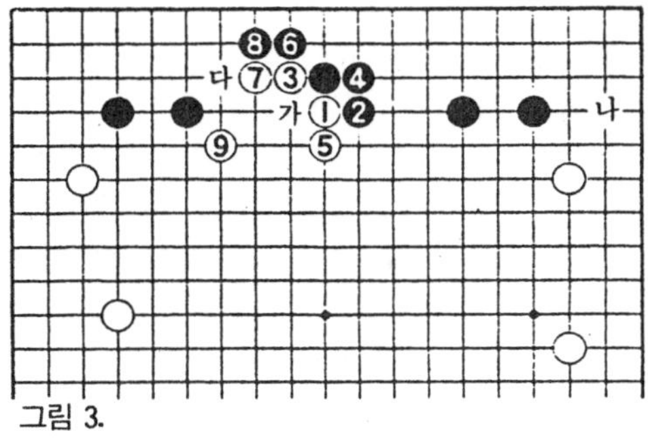

그림 3.

그림 3(바쁘게 둔다)　흑2, 4
가 흑이 三3으로 뛰어들기를 방
지하는 그 한 예다. 백5에서 가의
잇기는 약간 무겁고, 흑6에서는
나로 지켜 버릴 수도 있을 것이
다.

백9로 일단 봉쇄와 다의 나오
기가 대응이 된다.

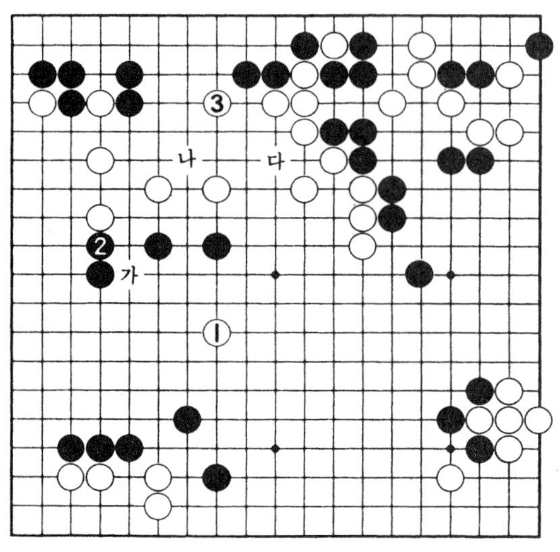

【참고보 14】
제13기 10단전　　백　　藤澤秀行
　　　　　　　　　　　흑　　高木祥一

임한다

　수비 앞의 이용처가 삭감 수단이 되는 수도 있다. 중앙에 어떤 모양이든지 1수 두어 놓으면 나중에 그것이 크게 작용한다.

【참고보 14】

　백1로 뛰어들어서 가의 붙여 넘기를 노리고, 흑2의 수비를 기다려서 백3으로 상변을 다져 놓는다. 백1, 3으로 하변도 클듯하지만, 나, 다의 들여다보기가 작용해서 약간 엷다.

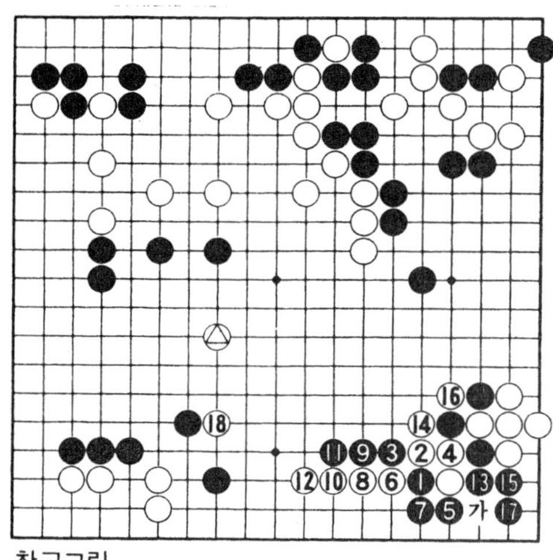

참고그림

참고그림 (이용처의　작용)
　백이 좌상의 일단을 안정시켜 놓으면 땅 균형을 잡지못한 흑은 1로 붙여서 하변을 넓히러 올 수밖에 없고, 그 경우에는 백△이 작용한다는 구상이다. 축 관계는 백이 유리하게 되어 있다.

　흑1에는 백2로 젖혀 내고, 흑5에서 6의 잇기면 중앙을 1수 보충해도 백 승리다. 흑5의 젖히기는 백가면 14의 단수를 이용하려는 분발인데 백6, 8로 반격해서 대체가 되었다.

　흑17로 살았을 때, 백18의 붙이기가 모양의 급소. 이 수도 △의 존재 없이는 생각할 수 없는 강수다. 백의 승세가 결정되어 있다.

모　자

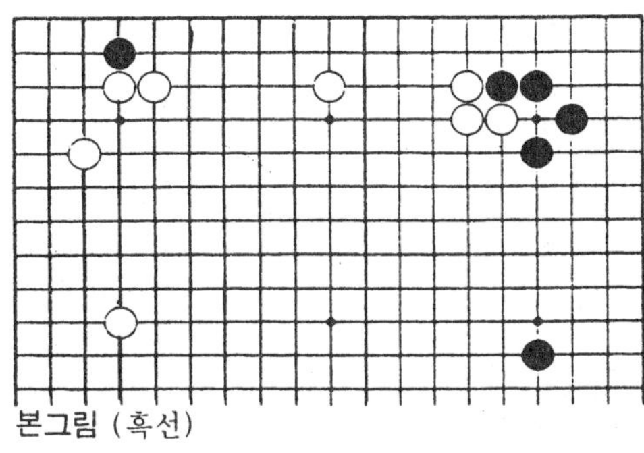

본그림 (흑선)

흑부터의　수는　명백하겠지만,
백의　응수를　예상해　놓을　필요가
있을　것이다.

그러면　백이　응수할　예상되는
자리는　어디가　될까.

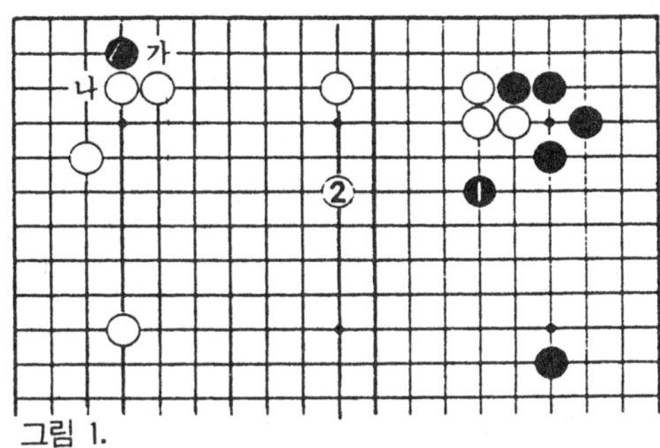

그림 1.

그림 1(확대)　흑1은　쌍방　모
양의　접점인데, 백2 정도로　겨누
니까　어찌　보아도　백　모양의　스케
일이　크다.

또, 흑1로　●을　움직이는　것
도, 가와　나가　있으므로　지금은
결정하고　싶지　않다.

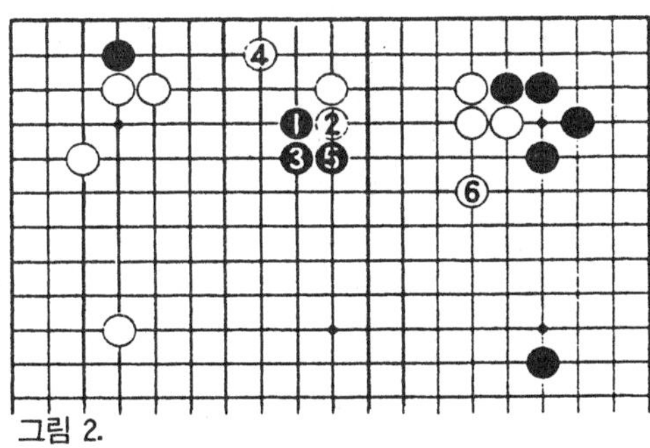

그림 2.

그림 2(어깨　짚기)　정석에서
흑1 의　어깨　짚기는　3칸　벌리기에
대해서　두어서는　안　되는　것으로
되어　있다. 왜냐하면　백2의　밀기
로　간격이　좋은　땅이　되고　중앙
을　공격하면서　우변으로　적이　몰
려드는　진행은　흑으로서는　괴롭
다.

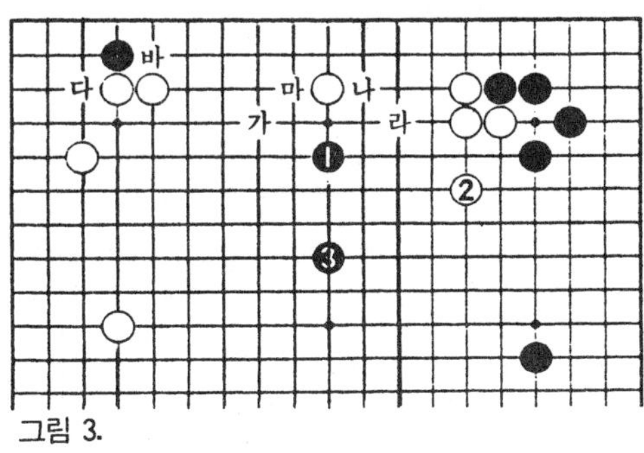

그림 3.

그림 3(흑1, 급소)　흑1의　모
자가　백　모양의　급소. 백가면　흑
나를　남겨　흑다이고, 백라면　흑마
를　보아　흑바로　움직이는　느낌이
든다. 따라서　백도　아무　것도　받
지　않고　모양의　접점으로　선행하
는　것이　좋다.

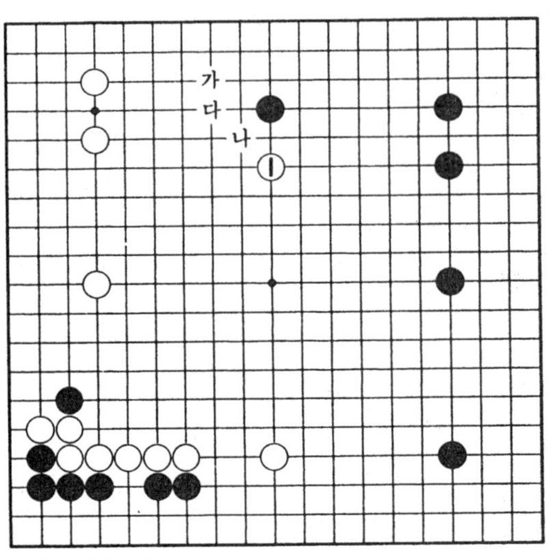

【참고보 15】
제32기 本因坊戰　　백　　加藤正夫
제 4 국　　흑　　武宮秀樹

모 자

　서로 대등하게 큰 모양을 펴고 있는 경우에는 제4선에의 모자 씌우기라도 국면의 밸런스에 따라서 호점이 되는 수가 종종 있다.

【참고보 15】
　백1로 모자 씌워서, 흑모양을 삭감하고 그와 동시에 백모양을 확대하는 순간.
　백1에서 흑가는 백나로 백모양이 엷어지고 백1에서 다는 흑1로 흑 쪽이 엄청나게 크다.

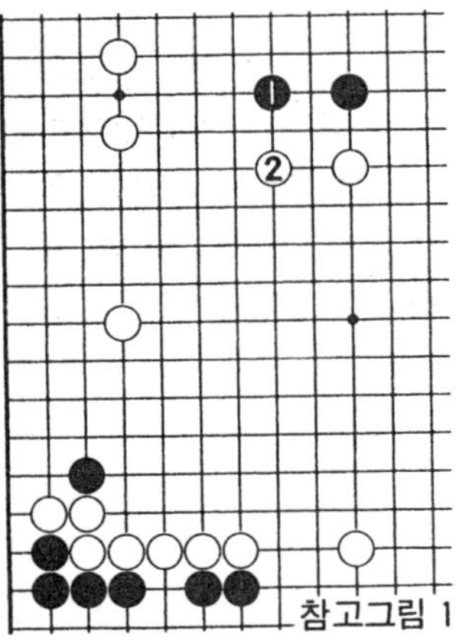

참고그림 1

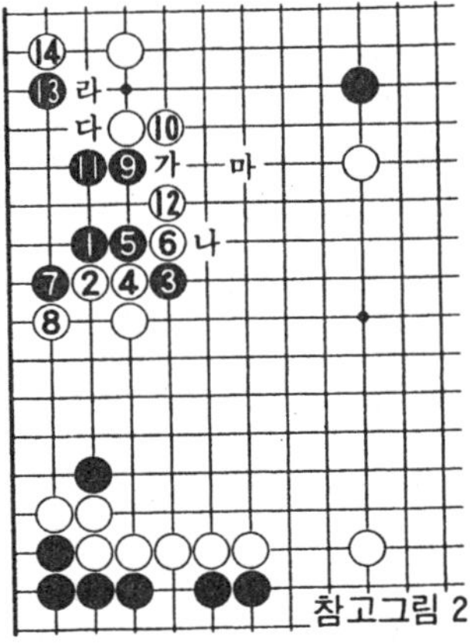

참고그림 2

　참고그림 1(고압)　흑1로 땅으로 나아가는 생각으로는 백2로 또 씌우고, 좌변이 그대로 확정될지도 모른다.

　참고그림 2(시기인데)　흑1로 뛰어들어서 교란하는 타이밍. 백2에 흑3으로 피하는 것도 바로잡기의 수법이다. 백12부터 14로 확대당하면 흑 불리. 흑11에서는 가로 밀고, 백 라, 흑마라는 기세로 중앙으로 진출해야 했다.

귀

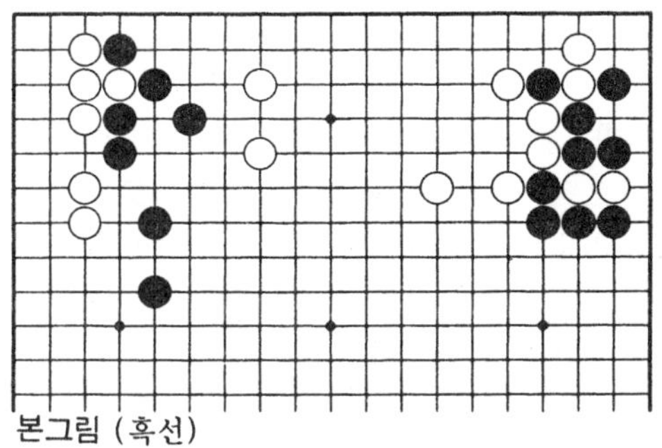

본그림 (흑선)

상변의 백의 땅에는 아직은 뛰어들 틈이 있다. 지금 그 규모를 한정해 두고 싶다.

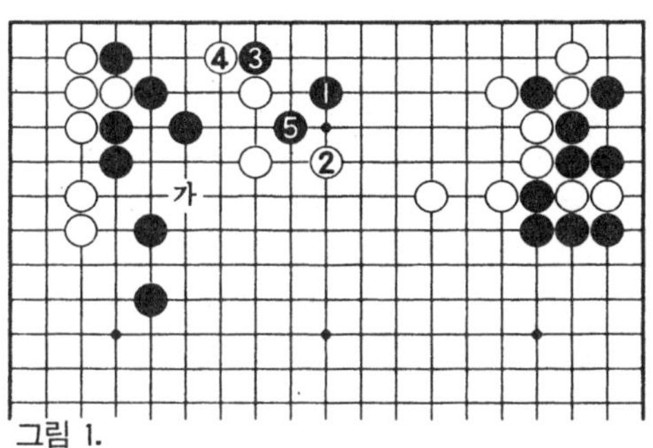

그림 1.

그림 1(뛰어들기) 흑1로 뛰어들어도, 백2면 3, 5라는 맥으로 살기 정도는 있다. 다만, 살아도 이득이 되는 여부는 다른 문제.

백2에는 가의 선수 보강도 있어서 흑으로서는 선행이 불안함을 느낄 것이다.

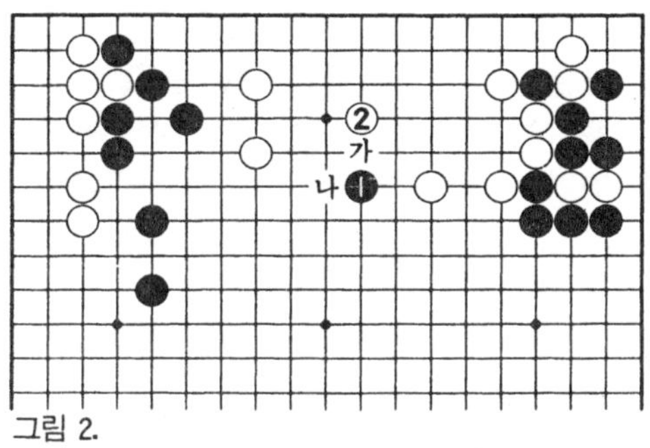

그림 2.

그림 2(얕다) 흑1의 지우기면 백2로 받는 정도의 것. 이것으로 충분하다는 국면도 있을 테지만, 어쨌든 침입할 수 있으면 침입해서 그것을 이용해 놓고 싶다.

흑1에서 가는 백나로 약간 위험하다.

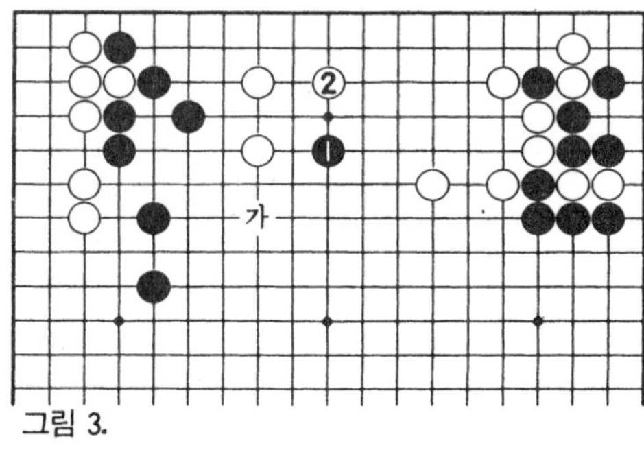

그림 3.

그림 3(흑1, 급소) 흑1이 귀의 급소다.

백2로 받는 정도의 것이므로 앞그림에 비해서 백의 땅은 퍽 작아졌다.

백2에서 가면 흑2로 뛰어들어서, 〈그림 1〉과는 비교가 되지 않는 편한 살기 모양이다.

포위의 수법

포위란 벌리기의 간격을 확실하게 집으로 하는 수다. 상대로부터의 뛰어들기를 봉쇄하고, 약점이 적은 모양으로 만들면 반대로 상대 편으로의 돌입이 목표가 된다. 흔히는 제3선과 제4선의 밸런스를 잡는 구성이 되고, 제5선에의 착수가 많은 확대의 맥과는 그 언저리로 구별할 수도 있을 것이다. 주변 돌의 강약에 따라서, 포위의 모양도 달라진다.

우선 언제와 마찬가지로 포위의 기본적 패턴을 열거하겠다.

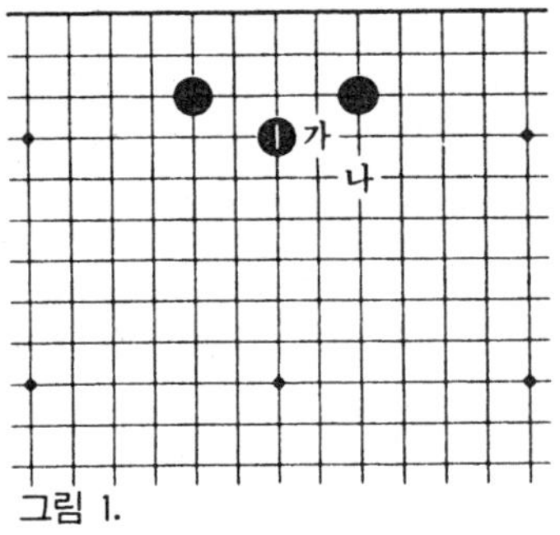

그림 1.

그림 1(3칸) 제三선의 3칸 벌리기는 흑1이 기본적 포위. 다만, 주변 백의 배치에 따라, 가로 한 쪽으로 치우치는 수도 있고, 나로 뛰어서 충당하려는 경우도 있을 것이다.

부분적으로 말하면 약간 응결형의 땅이고, 2립 없는 3칸은 효율이 나쁜 벌리기다.

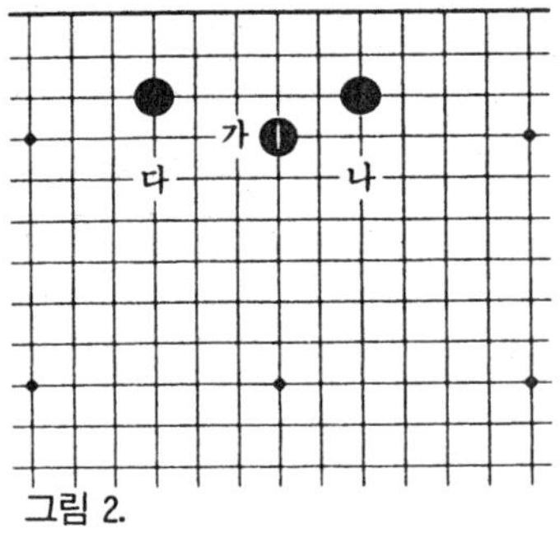

그림 2.

그림 2(4칸) 4칸 벌리기는 흑1, 또는 가로 어느 쪽인가 한 쪽으로 치우쳐서 계마로 포위한다. 흑나의 한칸 뛰기는 물론 주위의 상태에도 따르지만, 백다, 흑가로 이용당한다고 보아도 의외로 변변치 않다.

아직 틈이 있는데, 포석 시대면 흑1로 일단 땅으로 보아도 좋다.

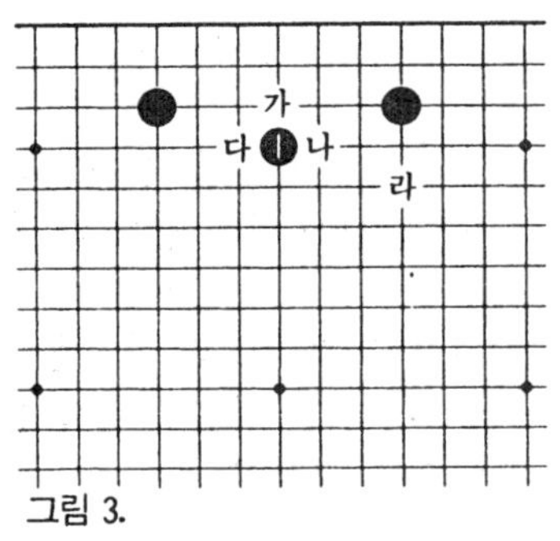

그림 3.

그림 3(5칸) 흑1로 중앙에 포위한다. 가의 三선으로는 낮고, 이 땅을 부풀리지 못한다.

주변 백의 상황에 따라서 흑나 또는 다로 한 쪽에 치우치는 것은 4칸 벌리기와 같은 요령. 또, 5칸 벌리기에서는 라로 뛰어도 뛰어들기의 직접적 수비가 되지 않는다.

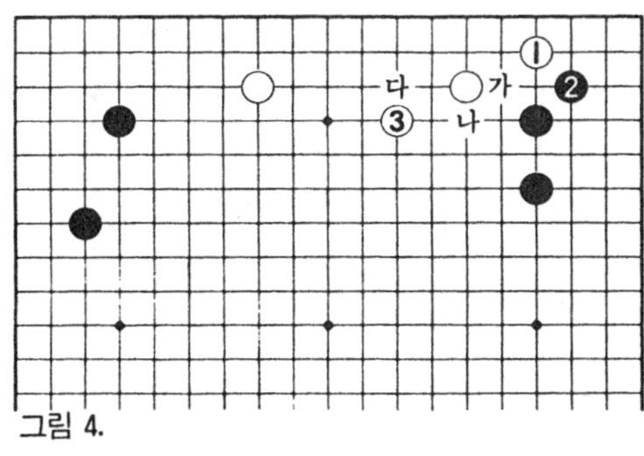

그림 4.

그림 4(5칸의 변화) 5칸의 포위를 조금 더 생각해 보기로 하겠다.

백은 1, 3이 이상. 단순하게 3으로는 흑가, 백나로 이용당했을 때, 포위가 우방으로 편중한다. 흑도 2에서 다의 뛰어들기가 생각될 것이다.

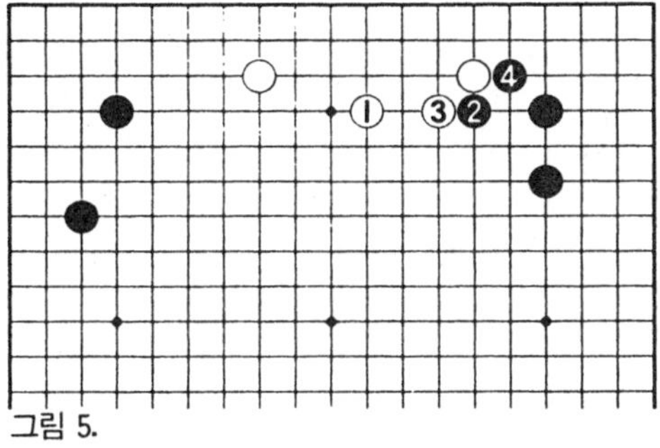

그림 5.

그림 5(응결형) 백1로 곧 포위하면 뛰어들기의 틈을 주지 않으나, 이번에는 흑은 4의 마늘모 붙이기가 아니고 2, 4로 붙여 눌러서 응결형으로 유도할 것을 생각할 것이다.

앞그림과의 선택은 전국으로 되었을 때부터다.

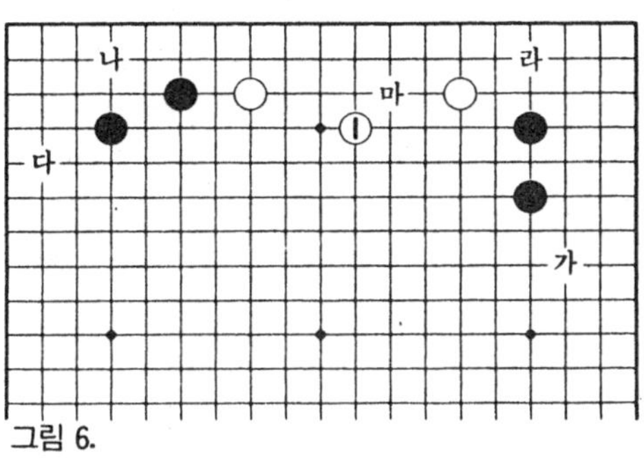

그림 6.

그림 6(본수) 이 모양이면, 백1의 포위가 꼭 맞는 느낌. 먼저 굳히고, 우변에는 가의 걸치기를 노리고 좌상에는 나나 다의 목표를 지닌다.

백1에서 라는 흑마인데 물론 무리다.

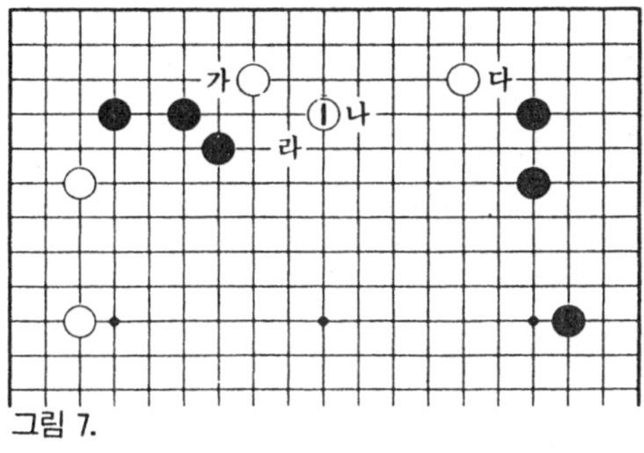

그림 7.

그림 7(밸런스) 흑●의 마늘모가 압력을 걸고 있으므로 백1로 치우쳐 지키는 참이다.

흑가로 두는 수 자체가 그다지 변변치 않으므로 응결형으로는 되지 않는다.

백1에서 나는, 흑다, 백라로 양쪽부터 이용당한다.

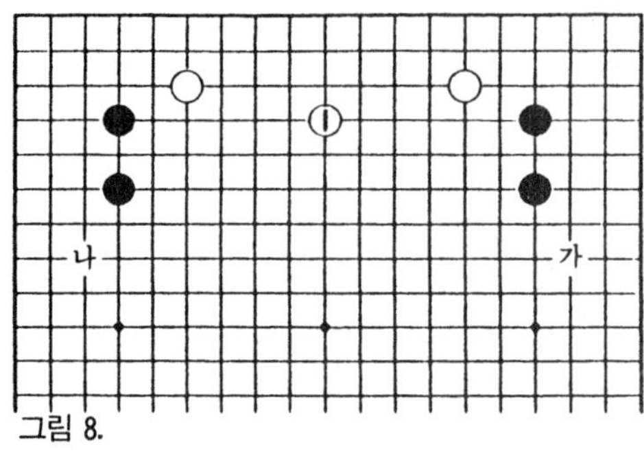

그림 8(백두산) 접바둑에 자주 나타나는 백두산이라고 명명된 포위다. 일단 지켜서 **가, 나**를 노린다. 땅을 에워싼다기보다는 돌의 마무리를 한 수다. 흑1에 갈라치면 흩어진다.

그림 8.

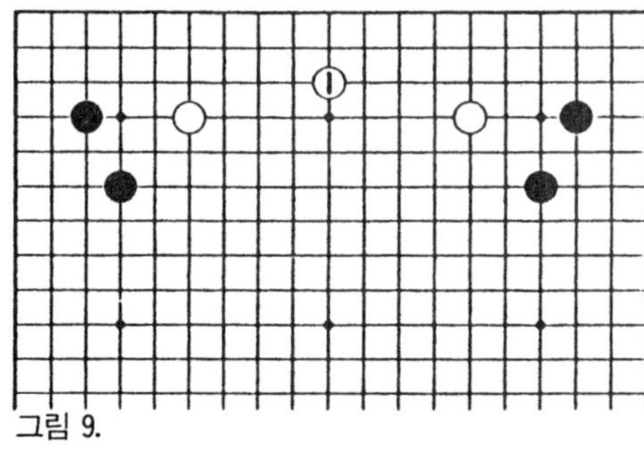

그림 9(고저) 양쪽이 제四선이면, 백1로 제三선에 지킨다. 이것은 포위보다 벌리기로 분류될지도 모른다.

포석에서는 언제나 고저의 밸런스를 생각해야 한다.

그림 9.

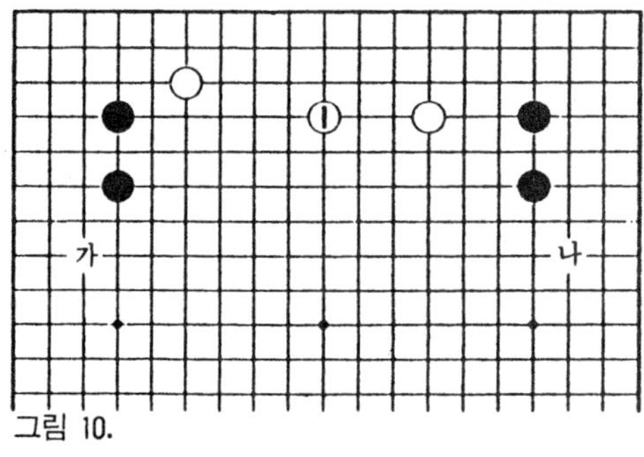

그림 10(계속의 의지) 백1로 포위하면 제四선의 돌에 수비의 주체를 두는 수법. 아직 불완전한 포위이고, 다음에 **가나 나**로 이 부분을 계속해서 두고, 그 기세로 상변을 더욱 다지려는 의도를 지닌다.

그림 10.

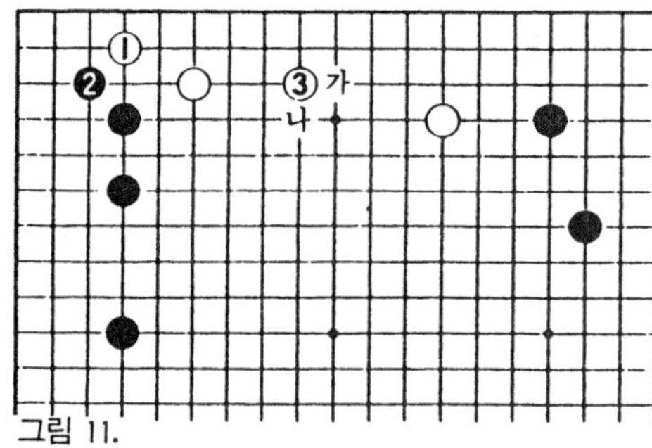

그림 11(완결의 의지) 백1, 3이면 이미 상변만으로 완결한 수법이다. 제四선의 돌은 가볍게 보고 있고, 어떤 식으로도 변화시켜서 둔다.

백1에서 **가나 나**는, 틀린 맥의 수비다.

그림 11.

1칸

제四선부터의 포위는 어렵다. 위부터의 지우기를 막느냐 아니면 빈끝을 지키느냐, 양면 다 뛰어들기도 용이하게 성립되기 때문이다.

【참고보16】

흑1로 1칸에 겨누어, 백가, 흑나, 백다의 뛰어들기를 막았다. 흑1에서 라이거나 마라도 백가 이하는 성립된다. 굳게 지켜두면, 좌변 백의 확대도 막는 것이 된다.

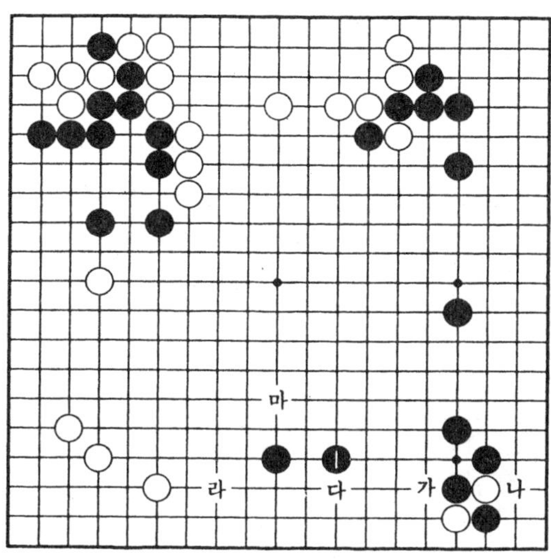

【참고보 16】
제1기 天元戰　　　백　　太平修三
제 4 국　　　　　흑　　藤澤秀行

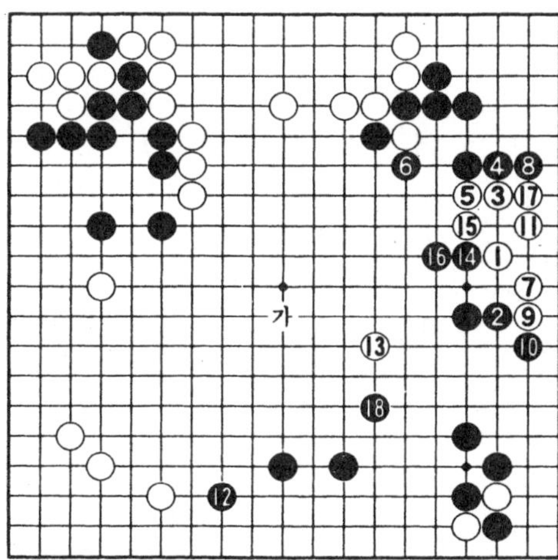

참고그림

참고그림(이후의 진행) 또 1수, 우변까지 수비당해서는 땅 균형 부족이라고 보아 백1로 뛰어든다. 흑2 이하는 백을 살려도 우변 상하는 확정되었고, 흑6의 몰기도 둘 수 있어서 충분하다고 본 태도다.

백11로 살았을 때, 흑12로 채워서 하변을 확정했다. 이것으로 흑14, 16을 이용하고, 가 부근에 크게 구성하는 모양도 호쾌하지만, 주변부터 이용당해서 좌변의 백도 커질 것이다. 모양으로 이기는 것보다 땅으로 이길 수 있으면 더욱 견실하고, 백13의 지우기에도 흑18로 받아도 충분하다.

흑12의 채우기가 ●과 같이 좌변의 백 무늬 확대를 봉쇄하고 있다. ●으로 겨눈 시점에서 승부는 뻔하다.

큰 눈목자

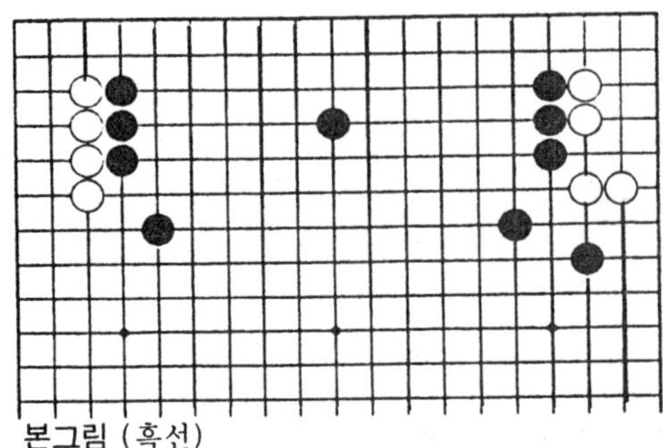

본그림 (흑선)

흑 모양은 스케일은 크지만 좌편의 흑3석이 공배 채우기로 엷어질 가능성이 짙다.

어떻게 지킬까.

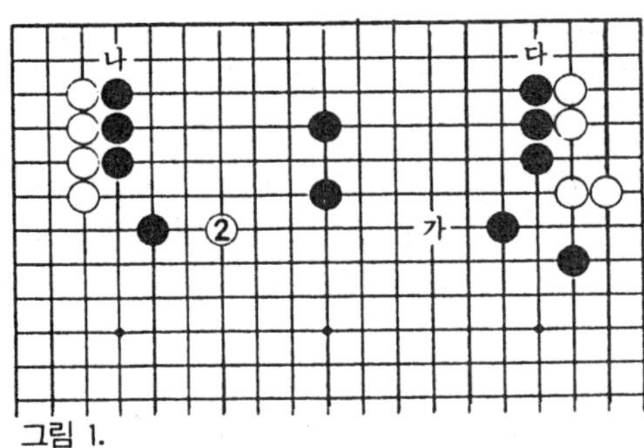

그림 1.

그림 1(뛰기) 흑1의 뛰기 정도로는 백2 또는 가로 위부터 삭감 당하고, 또 백나, 다로 양쪽의 젖혀잇기를 대략 선수라고 봐야 하므로 커보이는 흑세의 규모는 순간에 작아진다.

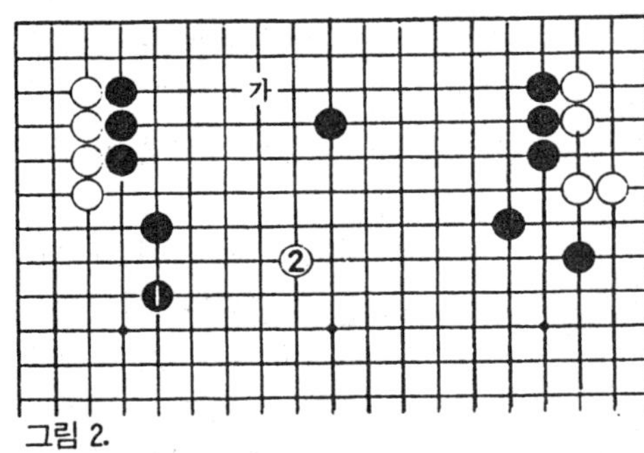

그림 2.

그림 2(확대) 흑1로 넓혀도 너무 산만한 모양이고 백2 부근부터 지움을 당해 흑1이 놀이 수가 될 확률이 크다.

백2에서는 가로 뛰어들어서 교란할 수도 있고 흑1은 엷음을 해소하지 못했다.

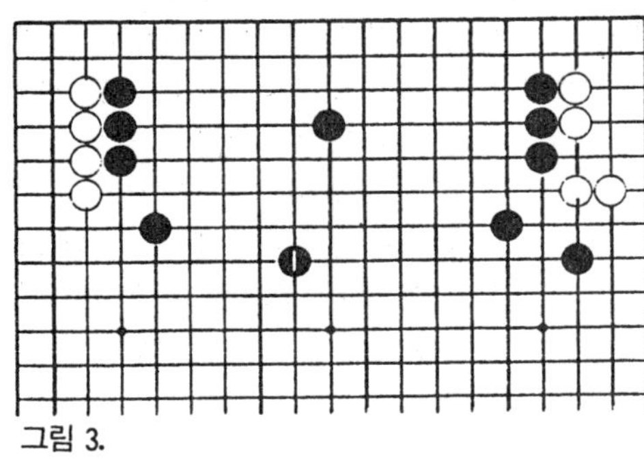

그림 3.

그림 3(흑1, 모양) 흑1 부근에 느긋하게 포위해 놓으면 백도 직접적 뛰어들기에는 용기가 필요할 것이다. 이 모양의 규모면 중앙으로의 퍼짐도 좋고, 얕은 지우기면 받고 있어서 확정지가 크다.

눈목자

중반전이 한창인 시기에도 포위가 승부를 결정하는 경우가 있다. 아무리 예리한 노림수를 지닌 수라고 해도 큰 수보다 실전적이지 못하다.

【참고보 17】

흑1은 맛좋고 큰 수습이지만, 백2의 포위의 크기만은 못하다. 흑1에서는 2로 뛰던가, 가로 뛰어들어서 좌변을 교란하면 승리할 수도 있었다. 그렇지 못하고 백에 포위 당해서 패배했다.

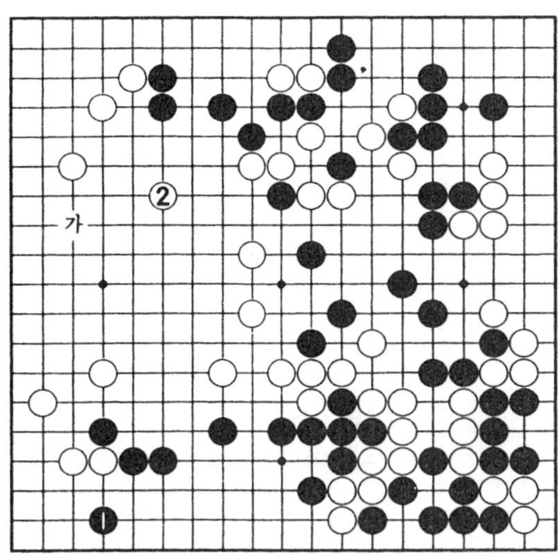

【참고보 17】
제23기 本因坊戰　　백　　林 海 峰
제 3 국　　흑　　坂田榮壽

참고그림(이후의 진행) 포위가 너무 꼭 맞아서, 1수로 역전되었다. 이미 좌변으로의 뛰어들기는 바랄 수 없는 모양. 흑1로 三3에 들어 귀는 약간 감소시켰지만, 백14, 16도 중앙을 더욱 다지니까 분명히 부족하다.

◬의 점에 흑이 두어 놓으면 중앙 일대의 엷음도 노리게 되었고, 중앙이 막혀 있지 않으면 좌변의 뛰어들기로 아주 쉽게 성립되었을 것이다. ●은 두지 않아도 하변의 흑은 그리 학대 받을 모양을 하고 있지 않다.

프로 기호의 엷은 수, 견실한 승리를 바라는 나머지 평범하고 큰 수를 당해서 호국을 잃었다.

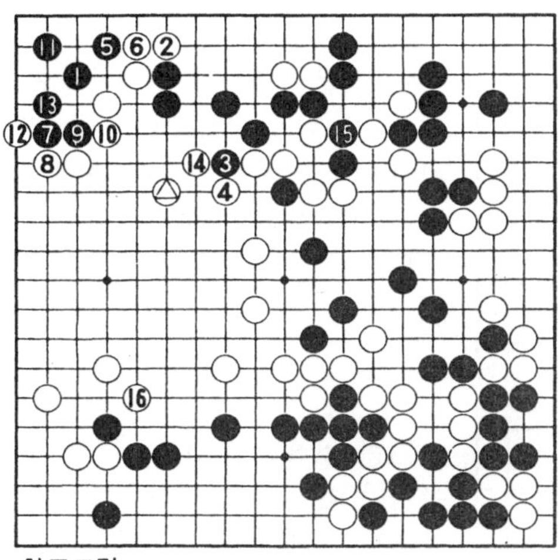

참고그림

눈목자

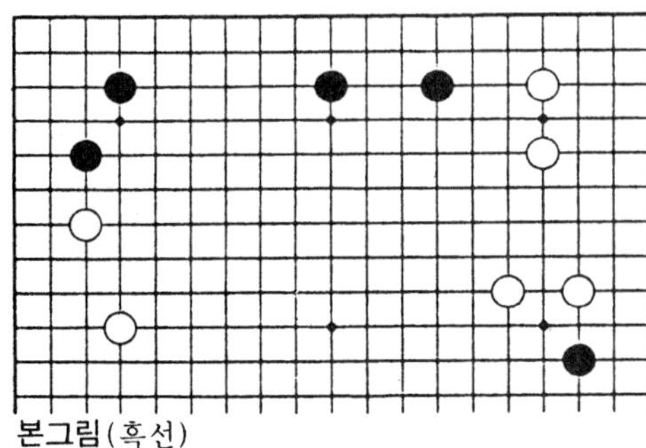

본그림(흑선)

상변을 어떻게 포위할까. 여기서도 세력의 밸런스에 관한 감각을 찾는다.

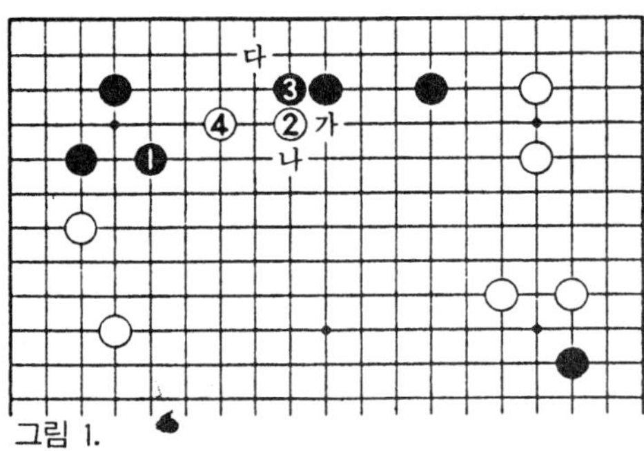

그림 1.

그림 1(확대) 흑1로 넓혀도 백2의 어깨짚기를 당하면 작은 땅이다. 흑3에는 백4인데 상변을 건너면 중앙에 백의 세력이 생긴다.

흑3에서 가도, 백나, 흑다로 낮고 또 맛이 나쁜 건너기.

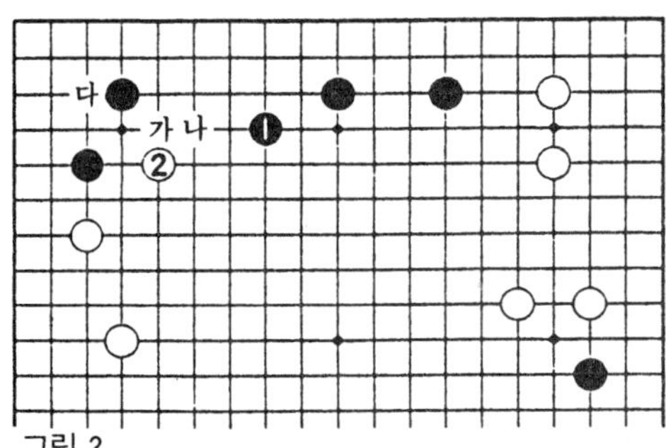

그림 2.

그림 2(날일자) 흑1의 날일자는 백2를 이용당하는 것만으로도 약간 괴롭다. 흑가면 백나로 상황을 볼 것이고, 흑나로는 백다로 붙이는 수습 맥이 남는다.

백2에서는 침입하는 수도 있을 것이다.

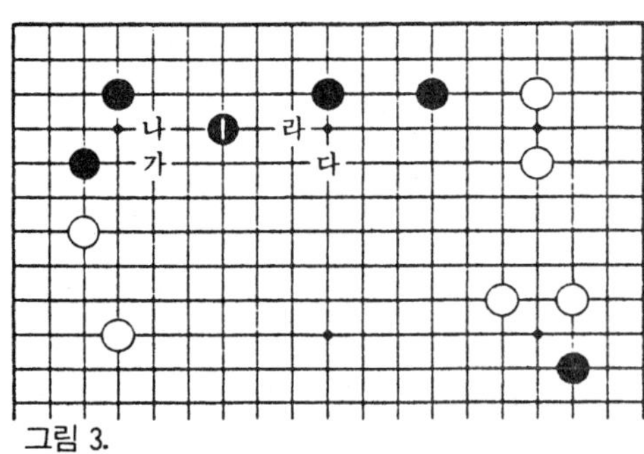

그림 3.

그림 3(흑1, 모양) 흑1의 눈목자가 이 경우는 밸런스가 잡힌 포위다. 백가에는 흑나 고 백다에 흑라로 받으니 이 모양에서는 화도 나지 않는다. 포석 시대면 이것으로 확정지라고 보아도 좋다.

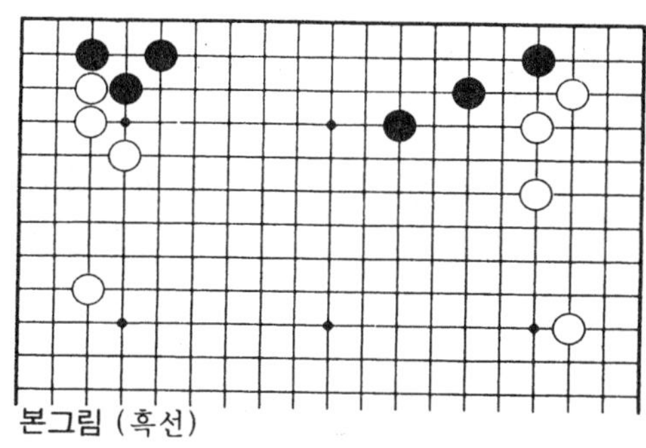

본그림 (흑선)

계　마

포위는 중앙의 수비만이 아니다. 중앙에 두고 나서 변두리에 겨누는 경우도 있다.

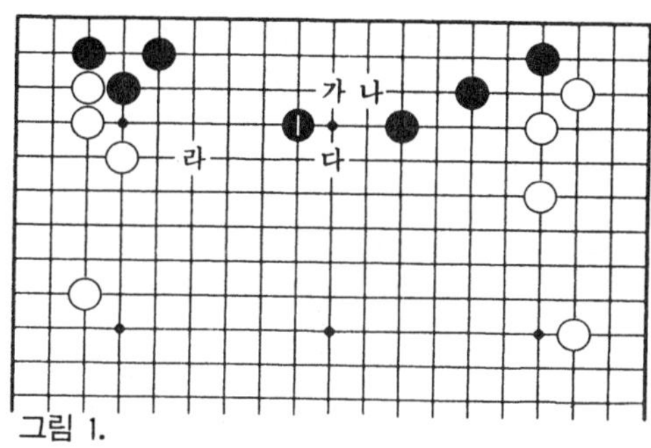

그림 1.

그림 1(평면적) 상변의 포위를 생략하면 백가, 흑나, 백다라는 뛰어들기가 호조다. 그렇다고 흑1의 포위에서는 매우 평면적이고 백라의 뛰기를 이용당할 뿐으로 불유쾌할 것이다.

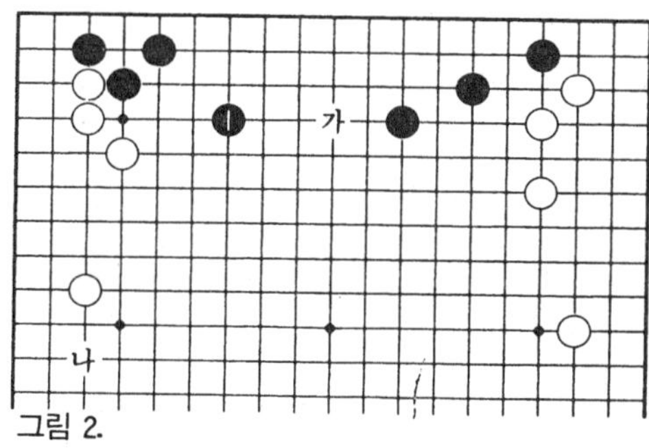

그림 2.

그림 2(눈목자) 흑1로 좌상을 강화해서 상변의 포위를 대신하고 싶은 기분이다. 아직 가의 부근에 틈이 남지만 당장의 문제는 아니고, 흑1의 효과는 나의 채우기의 매서움에도 나타날 것이다.

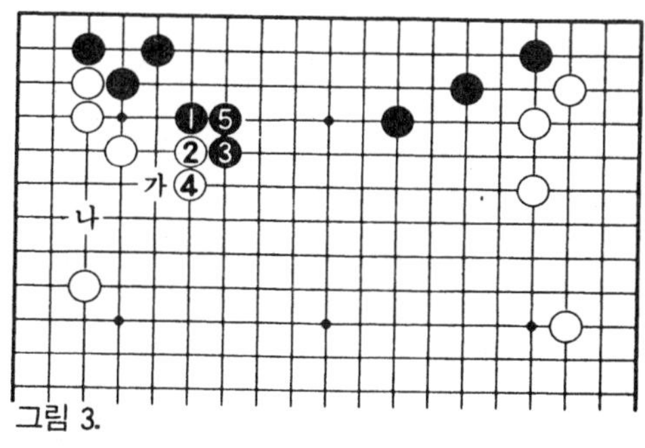

그림 3.

그림 3(흑1, 강수) 흑1로 날일자에 겨누는 편이 보다 힘차다. 앞그림과 같이 일단 포위로 되어 있을 뿐일까, 흑가, 백나의 작용을 보아 상변을 더욱 확대하려는 목표를 포함한다. 백2면 흑3, 5로 확정지다.

날일자

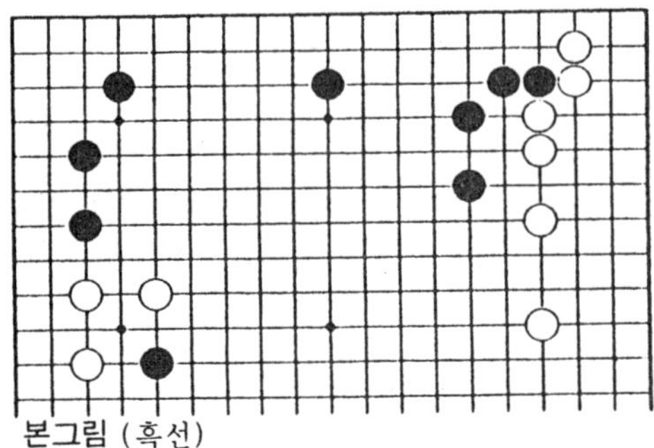

본그림 (흑선)

주위의 적의 돌이 견고하면 대응해서 확실하게 지키는 쪽을 택해야 한다.

흑은 욕심을 앞세워 넓혀도 도리어 손해를 볼 것이다.

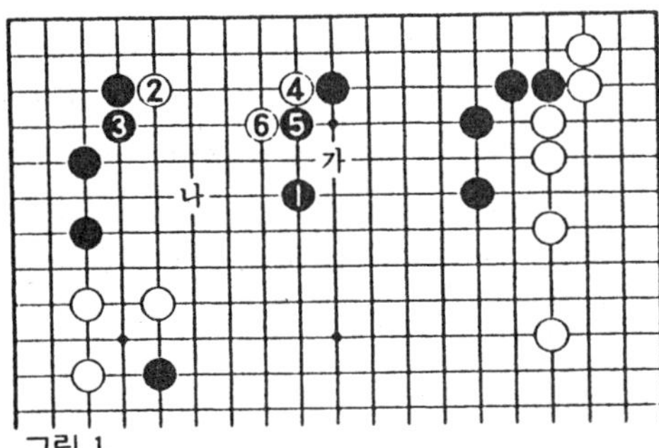

그림 1.

그림 1(확대) 흑1로 넓혀도 백2 이하로 쉽게 부순다. 흑1에서 가나 나의 확대도 대동소이하다.

이곳을 두껍게 해도 주위의 백에 울리지 않으므로 땅이 교란 당한 만큼 손해다.

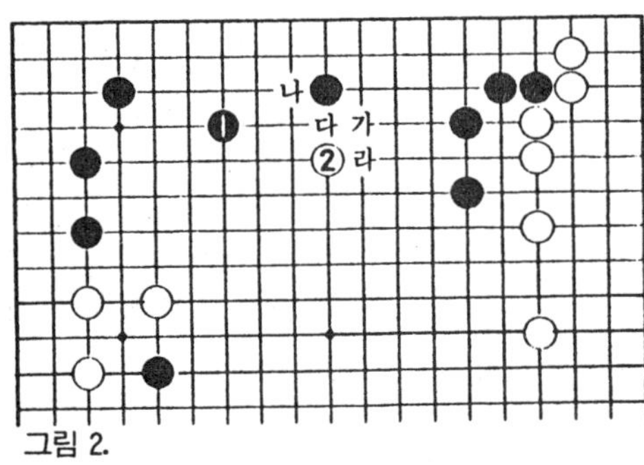

그림 2.

그림 2(눈목자) 흑1의 눈목자는 포위의 밸런스가 나쁘다. 백2의 지우기가 상변의 엷음을 찌르니 매섭고, 이에 꼭맞는 수비도 없는 모양이다.

흑가면 백나가 남고, 흑다면, 백라가 선수로 작용한다.

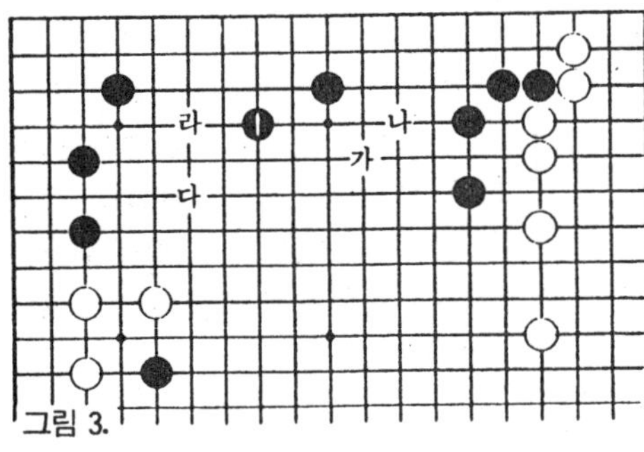

그림 3.

그림 3(흑1, 모양) 흑1로 일단 확실하게 지화하고 나서 여유가 있으면 조금씩 확대한다. 백도 뛰어들기를 노릴 수 없으므로 시기를 보아서 가, 흑나, 백다, 흑라로 이용해 놓는 것이 현명할 것이다.

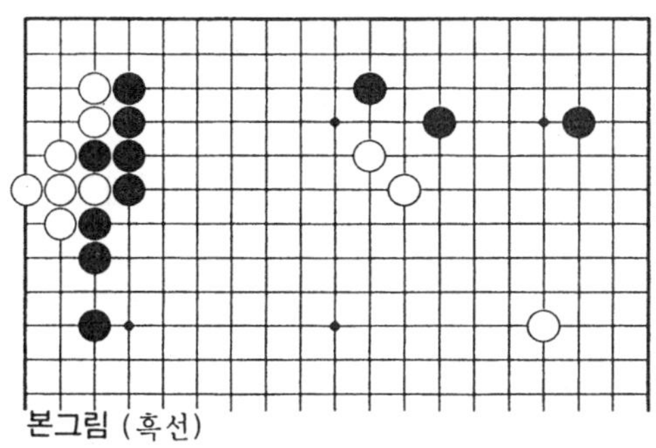

본그림 (흑선)

마늘모

상변부터 우상에 걸쳐서의 흑을 어떻게 종합할까? 흑의 입장에서 소극적인 태도로 수비에 편중하면 백에게 호강을 시킨다.

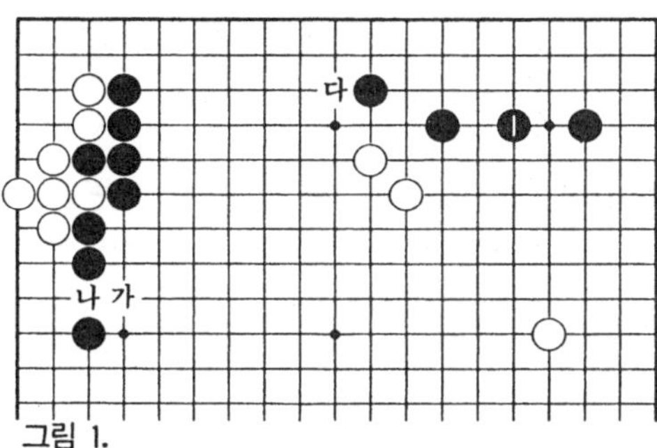

그림 1.

그림 1(귀 뿐) 흑1의 1칸이면 귀의 땅은 확실하다. 그러나 도리어 밖에서의 이용처를 백이 두기 쉽게 되어서 중앙 백에의 공격이 부자유스럽다.

백에는 가, 흑나부터 다로 붙이는 목표도 있다.

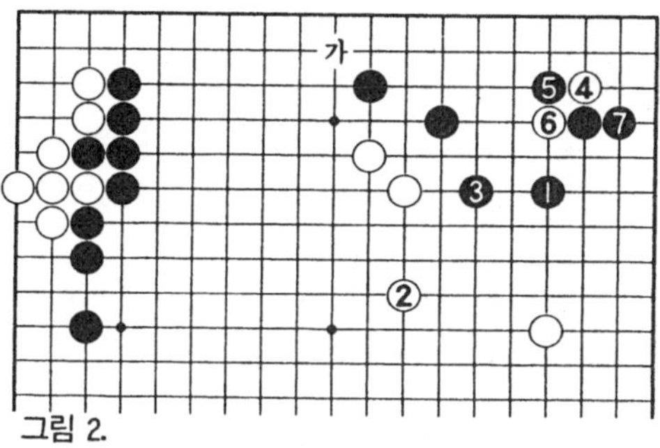

그림 2.

그림 2(크게) 흑1로 넓히고 싶다. 백2에는 흑3으로 크게 포위하고 또 백의 엷음을 노린다. 다만, 지금 하나의 수순을 게을리 했으므로 백4, 6의 맛붙이기부터 나중에 백가를 작용당할 맥이 생겼다.

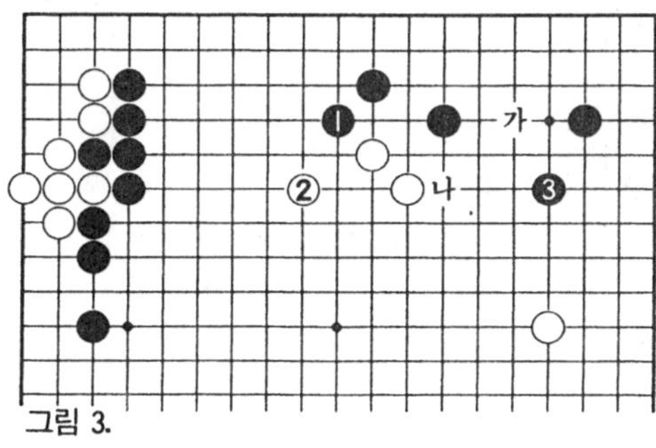

그림 3.

그림 3(흑1, 3 수순) 흑1로 빗겨두어 가의 뛰어들기를 견제하고 백2면 흑3으로 크게 포위하는 수순이었다.

백2에서 가면, 흑나로 붙여서 싸우면 중앙에 약점을 안은 백의 부담이 크다.

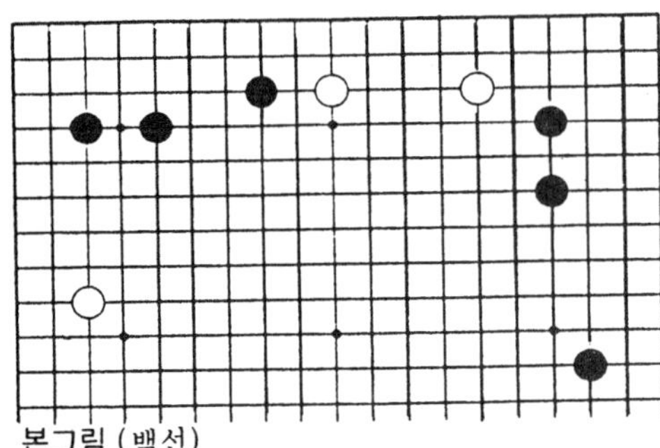

본그림 (백선)

미끄럼

우변의 채우기와 상변의 수비
는 어느 쪽이 우선일까.

그리고 백으로서 지킨다면 그
수순은 어찌될까.

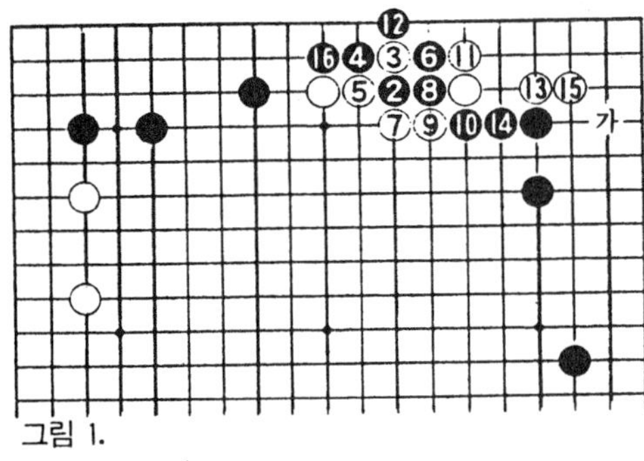

그림 1.

그림 1(싸움) 백1의 채우기
는 과연 크지만, 흑2로 뛰어들면
급전이 되고, 흑이 주도권을 발휘
할 듯하다. 백3의 붙이기는 바로
잡기의 맥인데 이하 흑16이 되어
중앙이 들뜬다.

흑가도 선수가 된다.

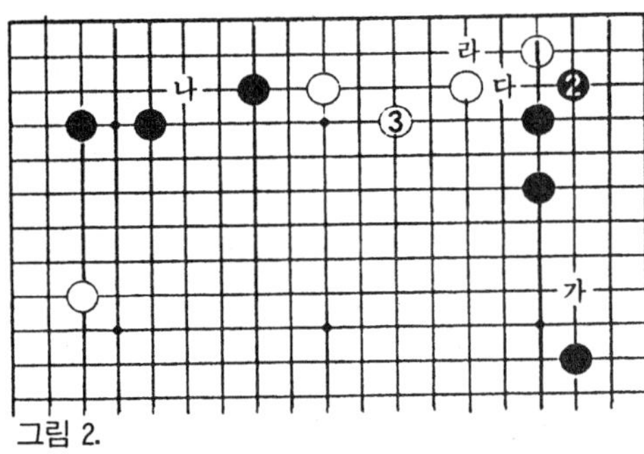

그림 2.

그림 2(백3, 모양) 백1로 미
끄러지고 3으로 겨누면 급전을
피했을 뿐아니라, 가나 나의 뛰어
들기를 노릴 수 있다. 이것이 백
의 주문이다.

백1에서 단순히 3은 흑다, 백
라로 작용당한다.

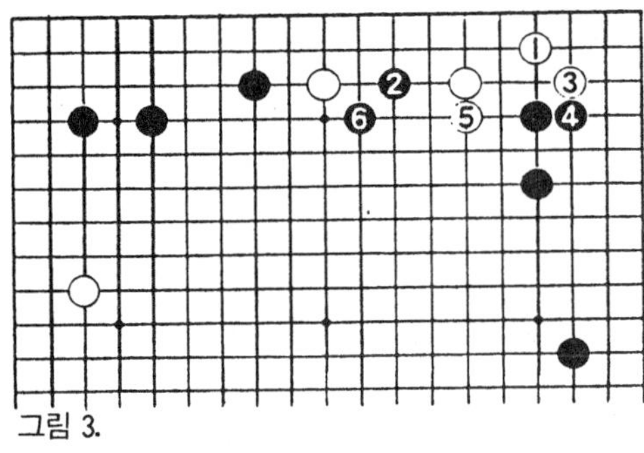

그림 3.

그림 3(흑의 반격) 따라서 흑
은 흑2로 뛰어들어서 반격해야
할 참. 백3의 마늘모를 작용당해
땅은 손해지만, 흑6으로 싸움의
주도권을 잡으면 가능할 것 같다.
백도 우변으로의 뛰어들기가 즐
거움이다.

붙여 부풀기

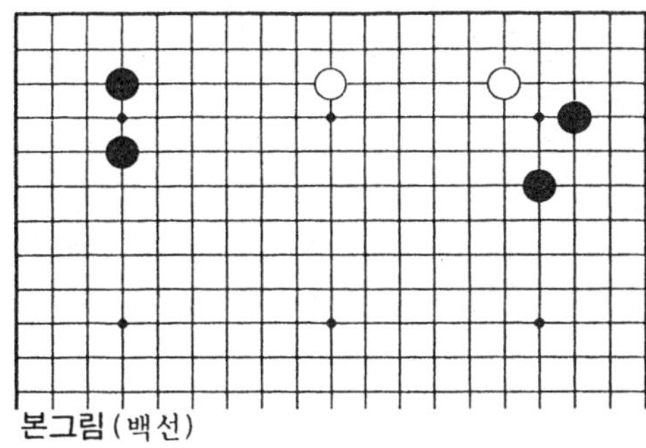

본그림 (백선)

때로는 포위의 대용으로 뛰어 들기 당해도 난처하지 않도록 수 배하는 수도 있을 것이다.

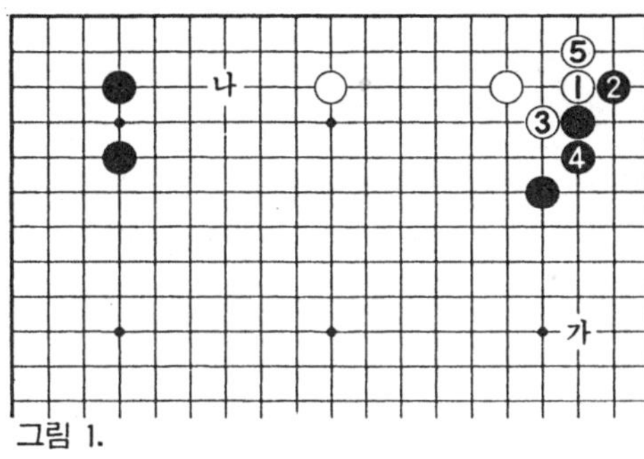

그림 1.

그림 1(백1, 3, 활동함) 백1, 3으로 붙여 부풀어서 5로 처지게 되면, 흑가의 벌리기로 바뀌어 선수로 뛰어들기.

다만, 흑4에서는 5로 걸어 대는 반격이 있고, 그것을 기피하면 백1에서 나다.

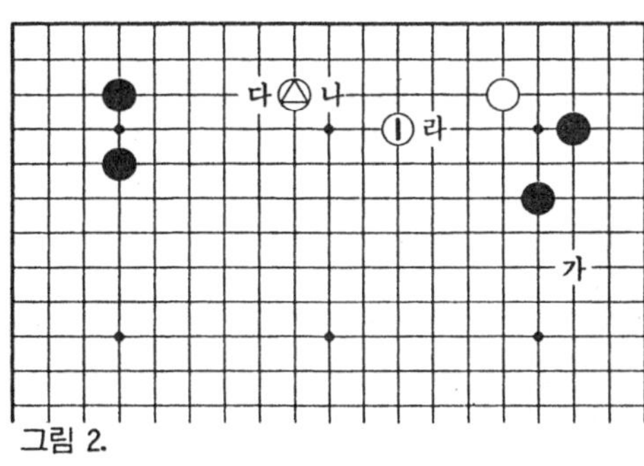

그림 2.

그림 2(넓은 경우) 백의 벌리기가 ⊙의 5칸이면 백1로 지켜서 가의 채우기를 노리는 것도 유력. 그러나 나의 4칸 벌리기로는 흑 다의 채우기가 커서 라로 지킬 마음도 없고, 자연히 앞그림의 변화로 된다.

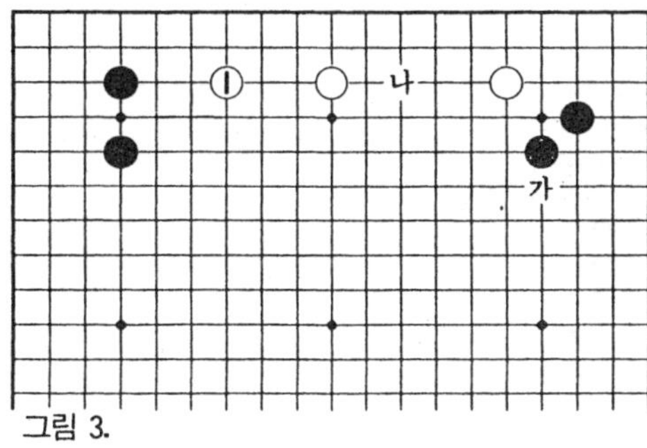

그림 3.

그림 3(마늘모일 때) 흑이 가의 계마가 아니고 ●의 마늘모이면, 귀에 달라붙을 수는 없으므로 백1의 벌리기가 된다. 흑나로 뛰어들어도 백 좌편에 근거가 있으면 귀의 1석만을 바로잡으면 된다.

천   원

아무리 큰 모양도 언젠가는 긴축해서 확정지로의 전환을 지향한다. 그 시기를 그르치면, 돌입당해 대번에 불리하다.

【참고보18】

백1, 3은 지나친 두기. 흑이 굳은 곳에 접근한 악수. 흑4의 지우기도 그 장소가 틀렸다. 백5, 7의 바로잡기를 얻어 이제부터의 형세가 되었다.

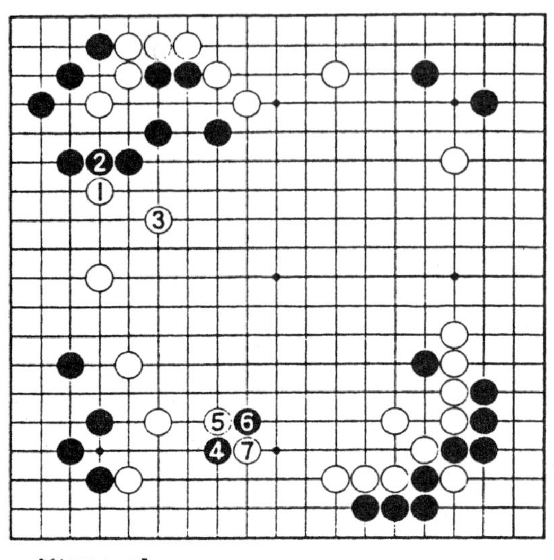

【참고보 18】
제10기 명인전　　백　　藤澤秀行
제6국　　　　　　흑　　林海峰

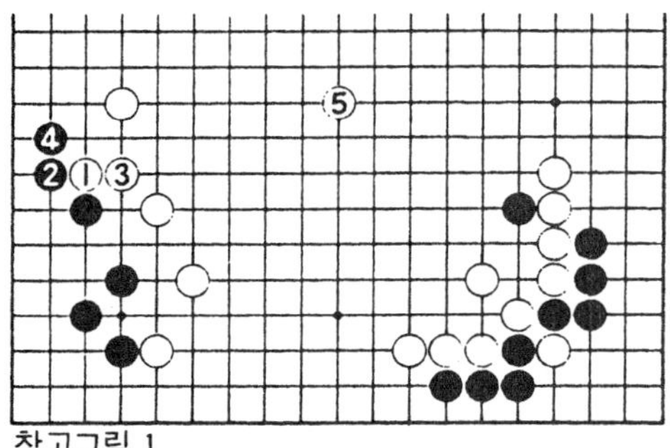

참고그림 1

참고그림 1(포위한다) 〈참고보 18〉의 백1에서는 좌변에서 1, 3의 붙여 끊기를 작용하고 천원 부근에 모양을 긴축시켜 두어야 했다.

이것으로 확정지는 아니지만 하변이나 우변이 종합될 듯하다.

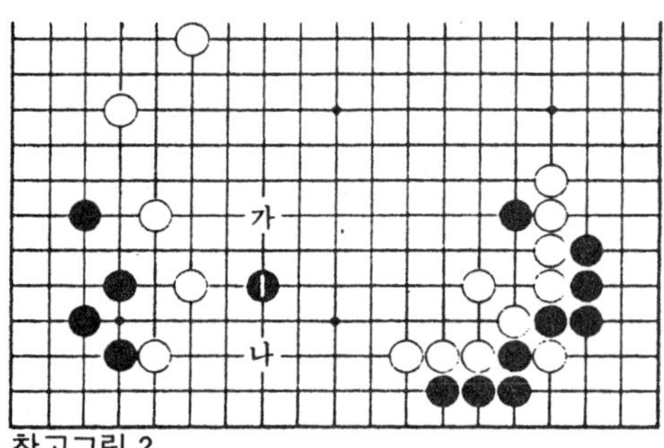

참고그림 2

참고그림 2(지우기의 급소) 〈참고보 18〉의 흑4에서는 1로 높이 육박해서 중앙의 지우기에 중점을 두어야 한다. 하변은 본래 빈끝인데, 교란할 생각도 들지 않을 것이다.

흑1에서 가와 나의 1칸 뛰기가 대응이다.

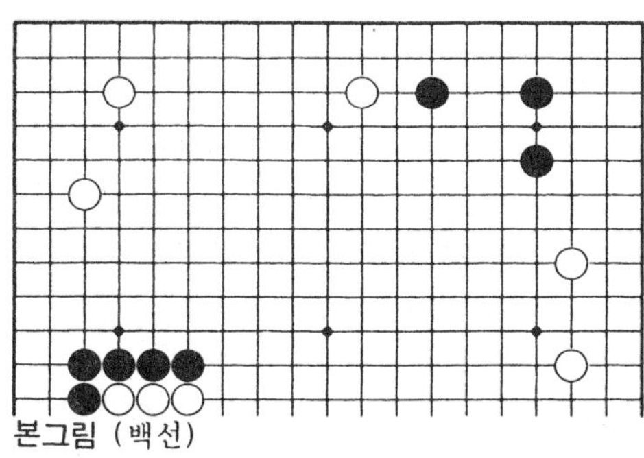

본그림 (백선)

2칸

포위는 모양의 밸런스보다 흑
백 서로의 세력의 밸런스가 보다
중대사다.

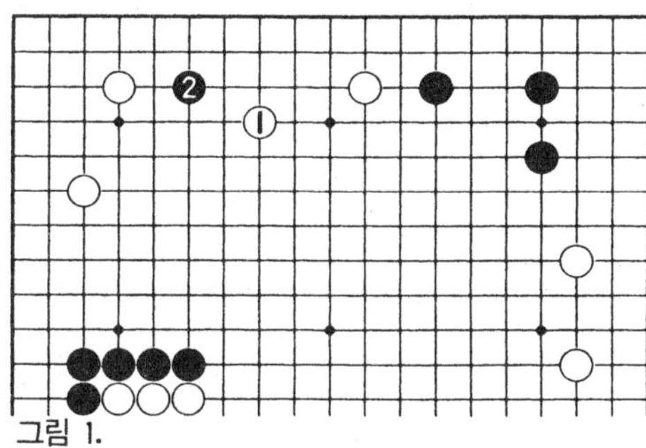

그림 1.

그림　1(모양인데)　제3선과
제4선의 균형을 잡는 백1의 눈목
자이지만, 좌변 흑의 두께를 생각
하면 흑2로 뛰어들어 백이 쩔쩔
맬 것이 뻔하다.

백1은 너무 모양에·구애되었다
고 보아진다.

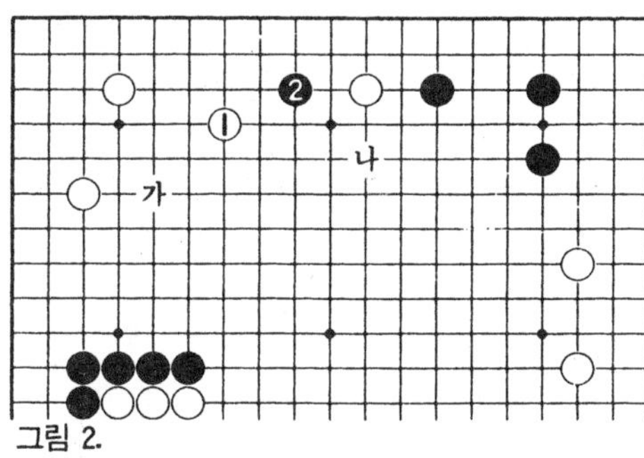

그림 2.

그림 2(치우침)　흑의 두께를
의식하는 나머지 백1로 굳히기를
강화하면 당연히 흑2쪽에 뛰어들
기가 온다.

백1에서 가 또는 나로 공허하
게 확대하는 것은 잘못일 것이다.

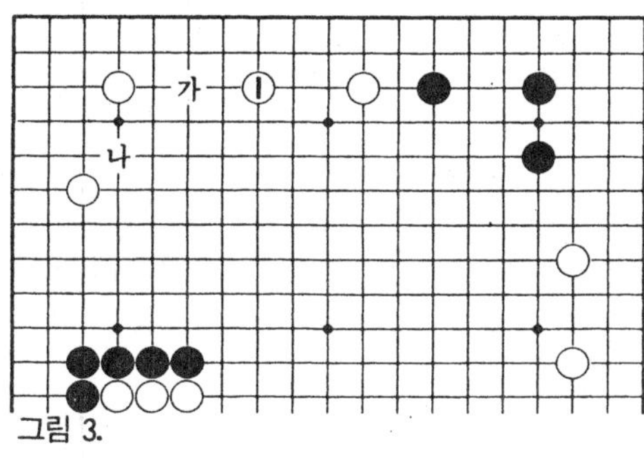

그림 3.

그림 3(백1, 견실)　백1로 제3
선에 포위해 놓는다. 흑가의 뛰어
들기는 아직 성립되지만, 백나로
지켜 이것이면 아무 일 없다.

1수로 끝까지 지킬 수 없으면
뛰어들기 당해도 피해가 적도록
지킨다.

뛰어들기의 수법

뛰어들기란, 한 마디로 하면 완성 직전의 땅을 교란하는 수단이다. 포위와 대응하는데, 포석보다 싸움의 수법으로서의 색채가 짙다. 흔히는 건너기 내지 진출의 수법과 연동하는데 그런 의미에서는 양 노림의 수법이라고 할 수 있는 경우도 있다. 땅을 교란하는 것에서 근거를 뺏는 수법과도 연결되고 소위 뛰어들기의 수법이란 싸움 발단의 수법이기도 할 것이다. 우선, 귀, 변의 뛰어들기의 일반적인 급소를 나란히 줄지어 보겠다.

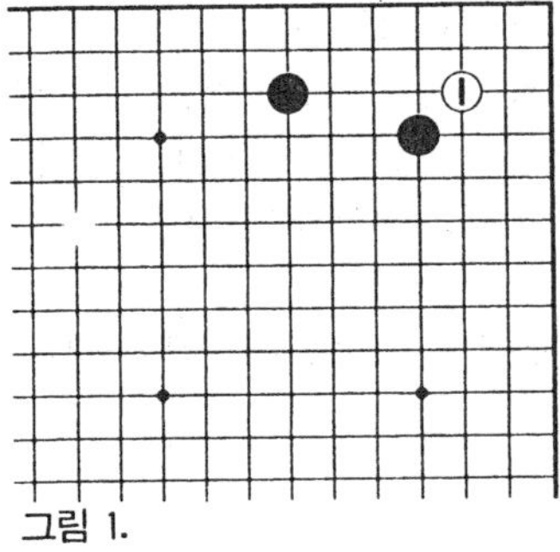

그림 1.

그림 1(三3) 귀의 급소는 三3인데, 속되게 「빈 三3에 수 있다」고노한다. 화점에 둔 포석에서는 포석 시대에 귀의 땅을 지키는 수는 적고 三3으로 돌입하면 대개는 쉽게 땅을 교란할 수 있다. 다만, 귀에 봉쇄당하고 외세가 두껍게 되는데 적당 여부는 따로하고 전국에서 판단되어야 한다.

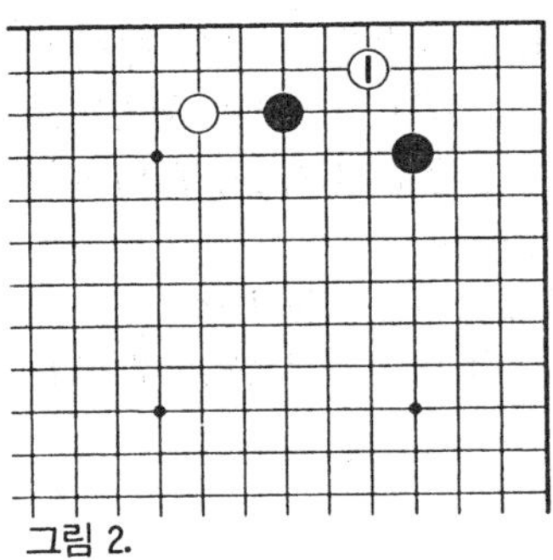

그림 2.

그림 2(안에서 三3) 상대의 포위 속으로 돌입해서, 외부 탈출과 三3을 대응으로 삼는 수법이다. 직접 三3으로 들어가면 옹색하거나, 상대의 외부에 악영향이 미칠 때에 선택한다.

다만, 상대에게 귀를 지키는 수와 탈출을 봉쇄하는 수의 선택이 있는데, 어느쪽을 효과적으로 두면 좋을까.

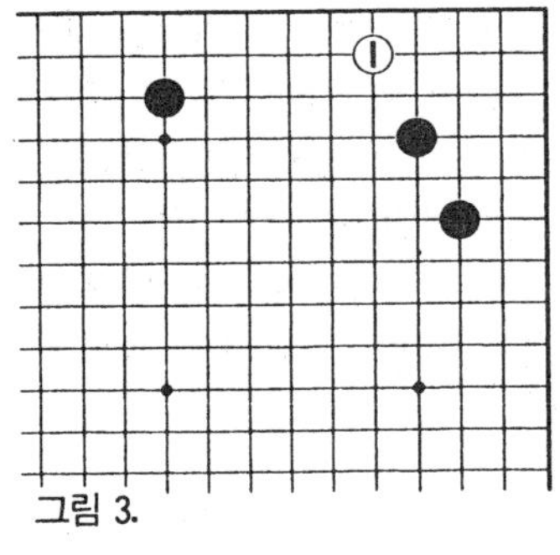

그림 3.

그림 3(밖에서 三3) 귀의 포위 밖에서, 三3들기와 전개를 대응으로 삼는 수법. 접근의 수법과 중복되는 경우도 있을 것이다.

대개의 경우는 화점의 빈끝을 노림의 대상으로 삼는만큼 착수가 저위치에 있다. 상대에게 압박당해서 나쁜 경우는 다시 생각해야 한다.

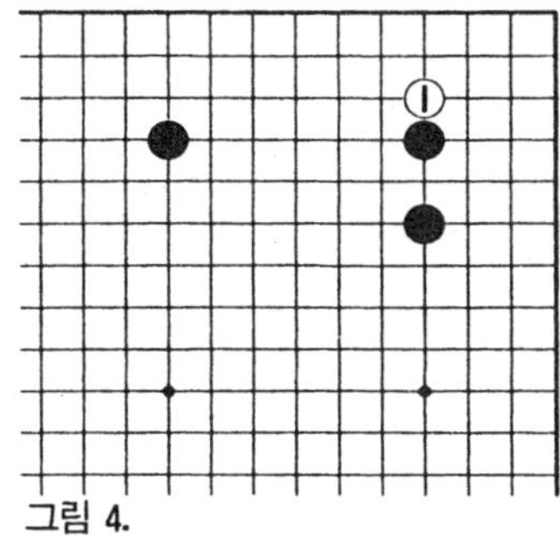

그림 4.

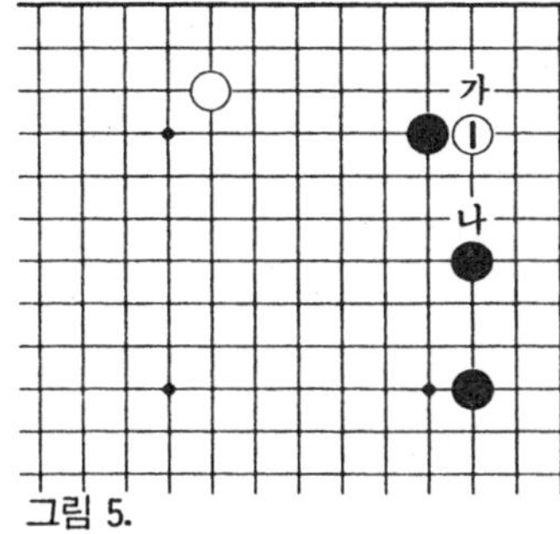

그림 5.

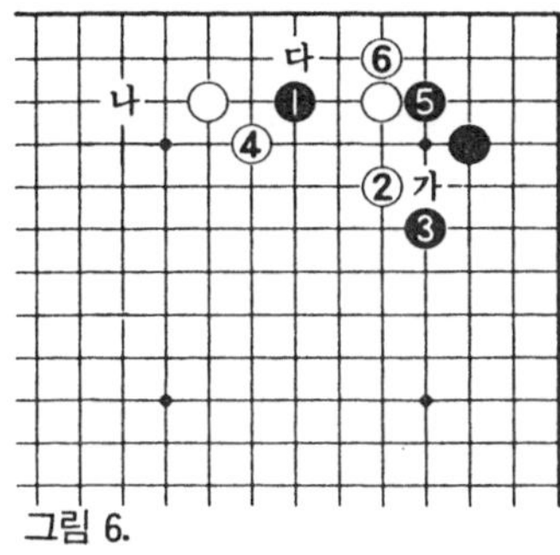

그림 6.

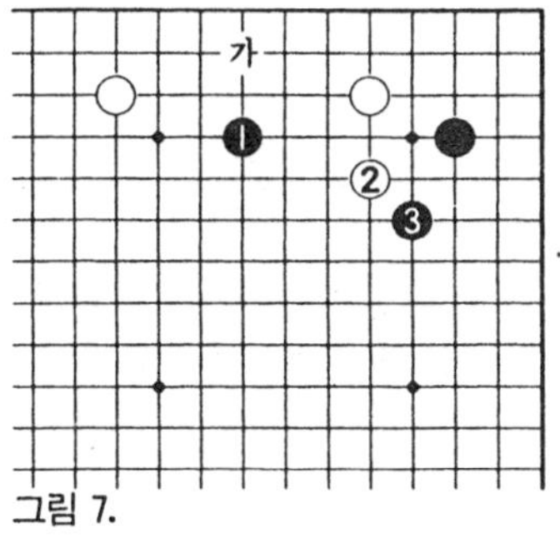

그림 7.

그림 4(밑 붙이기)　화점 구성이 안팎 점점에 붙여서 안에서 받느냐 밖에서 받느냐의 상황을 묻는다. 직접 三3에 들었다가 봉쇄 당해 나쁠 때, 붙이기부터 三3으로 들여 뻗으면 약간 편하다.

상대가 지키려는 쪽에 조금이라도 먹어 들어간다는 효과가 있다.

그림 5(배 붙이기)　화점부터의 구성 내부로 잠입해서 붙이는 수법. 주로 눈목자에 사용한다. 가벼운 바로잡기를 목적하고 있으며 三3에 들면 어느쪽부터 눌리우든지 주도권이 상대에게 양도되는 것을 기피한 것.

흑가면 백나가 계속 수단이다.

그림 6(중앙)　세칸 벌리기의 한가운데로 뛰어든다. 세력적인 열세이어도 뛰어든 1석을 버림돌로 삼아 주위에서 이득을 도모할 수 있을 것이다.

반대로 흑가, 나가 추가되어서 백이 세력적인 열세이면 백다로 붙이고, 가볍게 바로잡는 수법으로 급한 장면을 헤쳐 나가게 될 것이다.

그림 7(중앙)　5칸 벌리기면 여러가지로 뛰어들기 착점이 있다. 그중에서도 중앙에 높이 뛰어드는 모양이 유력하고 도주가 빠르고, 세력적인 열세에 있어도 성립된다.

백2면 흑3으로 전개하는 기세를 얻을 수 있고, 백2에서 가면 이용처로서 만족할 수 있다.

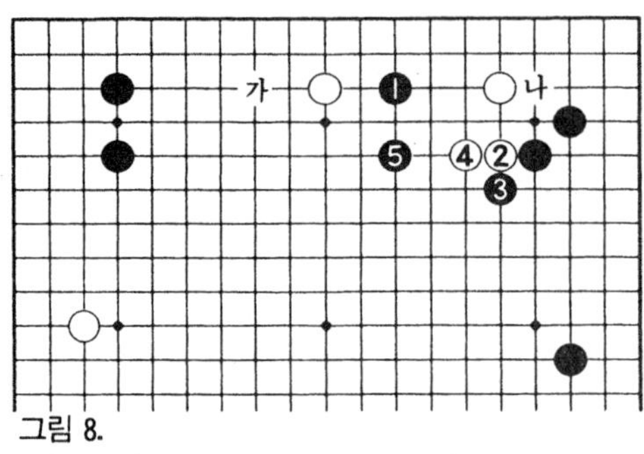

그림 8.

그림 8(떨어진다) 三립의 준비가 없는 4칸 벌리기에는 가의 채우기가 없어도 뛰어들기가 성립되는데 백2, 4를 예기해서 흑1로 세력을 피해 놓는 요령. 흑5에서는 나로 마늘모 붙여서 받기를 묻는 맥도 있다.

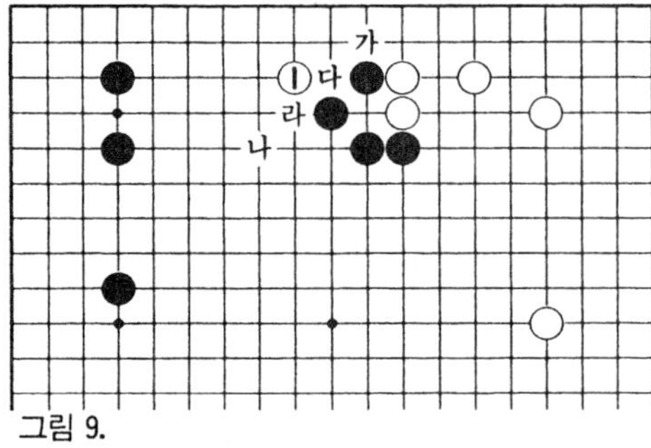

그림 9.

그림 9(모퉁이) 건너기와 진출을 양노림으로 삼고 마늘모 붙이기의 모퉁이도 급소의 하나. 흑가로 건너기를 방해하면 백나로 진출하고, 흑다의 우형이면 이용처로 보고, 나중에 라의 움직임을 즐거움으로 삼는다.

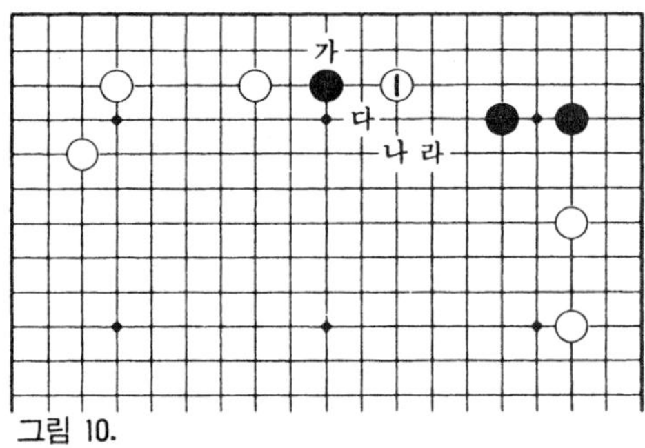

그림 10.

그림 10(1칸). 변의 뛰어들기의 기본이라고 할 수 있는 1칸의 맥이다. 가의 붙여 건너기와 나의 진출과 이 경우면 귀의 빈끝을 보아 안전.
흑다의 마늘모면 백라로 계마로 진출한다.

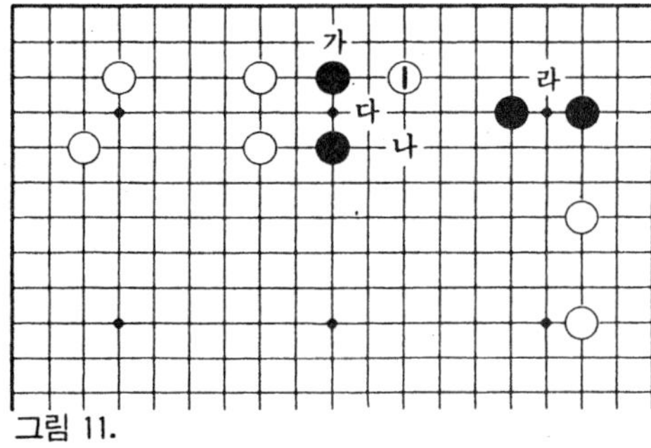

그림 11.

그림 11(1칸) 1칸의 맥은 상대에게 뛰기의 준비가 있어도 유효하고, 이 모양이면 가와 나가 대응.
그 양쪽을 대번에 봉쇄하는 흑다의 마늘모에는 백라로 들여다 보고 귀에 대체하는 요령이다.

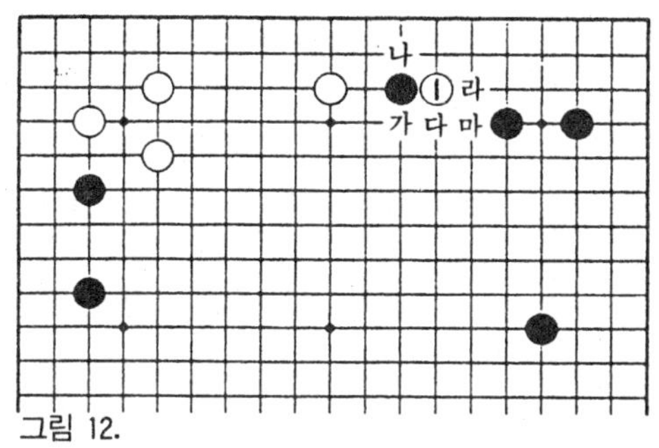

그림 12.

그림 12(안쪽 붙이기) 백1로 구성의 안쪽에 붙여서 침입과 건너기를 대응으로 삼는다. 흑가의 서기면 백나고, 흑다의 젖히기도 백나의 단수 젖히기가 맥.

백1에서 라로 하는 통상 맥에서는 흑마로 밀려서 재미없을 때에 둔다.

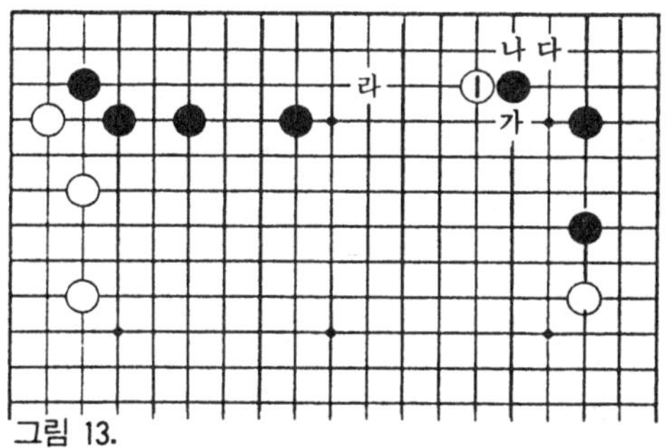

그림 13.

그림 13(바깥 붙이기) 다져도 손해가 적은 구성 밖에서 붙여서, 보다 완만한 구성을 부수는 기세를 구한다. 흑가면 백나, 흑다, 백라로 되는데, 먼저 백라로 뛰어들고 나서의 1에서는 꼭 흑가에 받는다고는 하지 못한다.

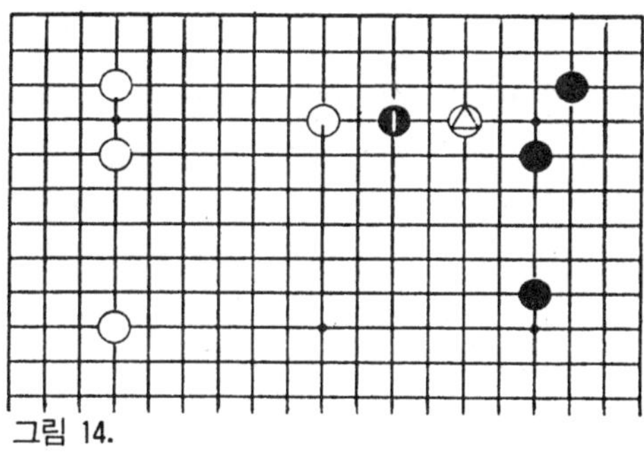

그림 14.

그림 14(제四선의) 제四선의 뛰어들기는 땅을 교란하기보다 상대의 돌을 둘로 나누어서 싸울 의도가 강하다.

흑1은 ⬠을 공격 목표로 삼고 싸우고, 싸우는 중에 백 모양을 교란하려는 노림이다.

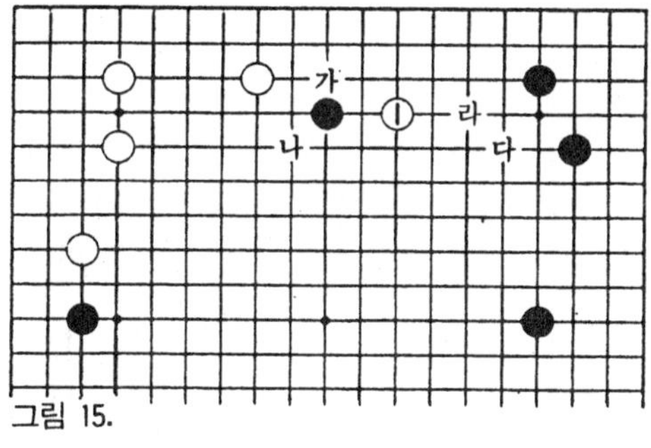

그림 15.

그림 15(붙여 노리기) 같은 제四선의 뛰어들기인데, 가의 붙이기를 보아 흑의 차단을 강제하고 땅무늬를 교란하는 단서로 사는 맥이다. 흑나면 백다인데 단순히 백다로는 흑라로 지킬지도 모른다.

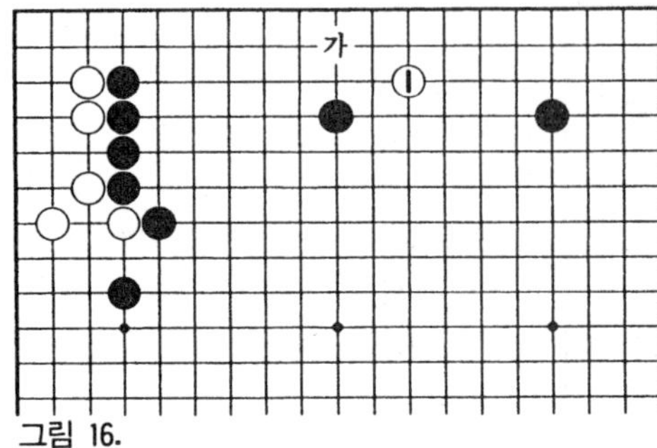

그림 16(제4선을) 제四선의 구성을 대상으로 삼는 뛰어들기다. 백1은 가의 미끄럼을 노리고, 흑이 빈끝을 지키려고 하면 기세로 바깥으로 발전한다. 걸치기와 같은 원리의 접근법을 응용한 뛰어들기다.

그림 16.

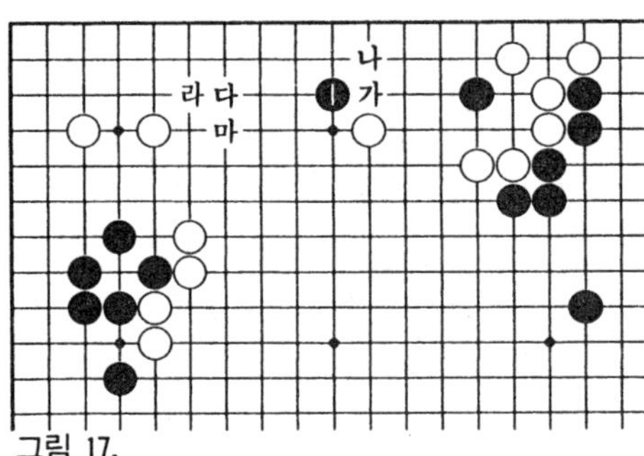

그림 17(바깥 모퉁이) 제四선의 모퉁이까지 진행하고, 백가의 누르기면 흑나의 젖히기도 작용시켜서 단서를 만들려고 한다. 이 경우면 흑1에서 단순히 다는 백라, 흑마, 백1로 재미없다고 본 것이다.

그림 17.

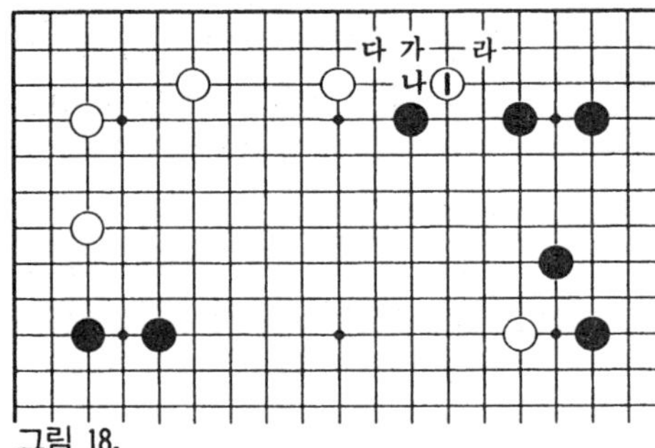

그림 18(안쪽 모퉁이) 제四선에 제3선의 돌부터 모퉁이는 미끄럼보다 매서운 침입법이다. 백1에서 가는 흑1로 멈추지만, 백1까지 침입이 성립되면 이득. 흑나의 차단에는 백가, 흑다, 백라여서 염려가 없다.

그림 18.

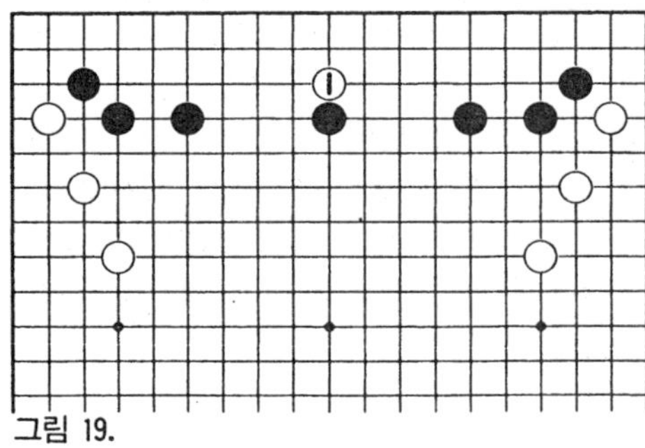

그림 19(밑 붙이기) 제四선의 배에 붙이고, 좌우를 대응으로 삼는 원리는 〈그림 4〉와 비슷하다. 물론 어느 쪽에서 눌리워도 살기, 내지 바로잡기가 있는 것은 필요 조건. 수비의 급소에 곧바로 공격하는 수법이다.

그림 19.

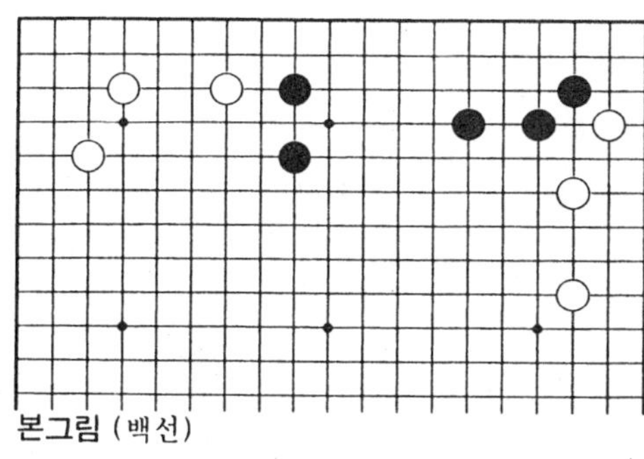

본그림 (백선)

1칸

1칸의 뛰어들기의 기본적 변화에 언급하겠다. 물론 기세에 따라서는 여러가지 수법이 있는 모양이다.

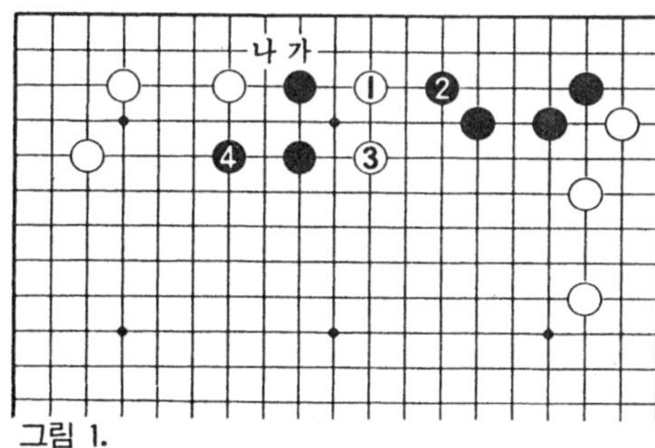

그림 1.

그림 1(백1, 급소) 백1의 뛰어들기에 그 이상의 침입을 피해서 흑2면 백에는 3의 진출과 가의 붙이기의 선택이 있다. 백3이면 큰 싸움이고 백가면 흑은 잠시 방치하고 나의 젖혀내기를 본다.

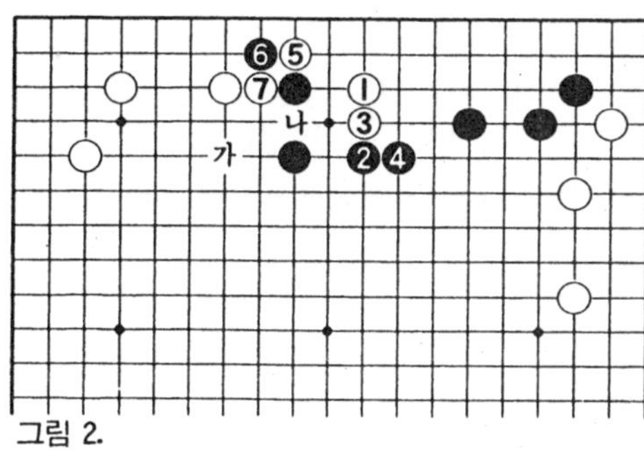

그림 2.

그림 2(건너기) 흑2의 봉쇄면 이 모양에서는 백3으로 상황을 본다. 흑4에는 백5의 건너기다. 백3에서 5의 붙이기는 흑6으로 불가. 백가가 있으면 3에서 5로도 흑6, 백나의 맥으로 건널 수 있다.

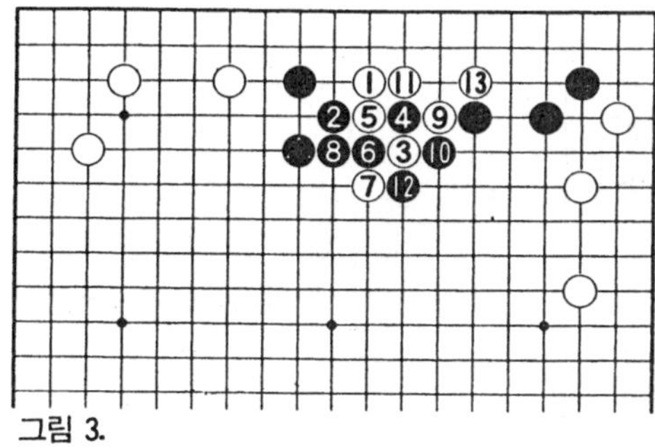

그림 3.

그림 3(변의 살기) 흑2는 건너기로 진출을 대번에 막는 분발인데, ●이 과연 활동이 없는 수여서 일반적으로 잘 두지 않는다. 백3으로 일단 진출, 흑의 봉쇄수를 타고 백13이 되면 살기 모양이다.

1칸

상황 보기의 뛰어들기도 있고, 상대의 응수에 따라서 나중의 구상을 세운다. 작게 잡으러 오면 버림돌로 삼는데 인색하지 않다.

【참고보19】

흑1로 복중에 뛰어들고 백2면 흑3을 작용시킨다. 백가면 작용 이득이고, 상변에 맛을 남기고 흑나의 뛰기로 돌아간다.

백은 4로 반발했다.

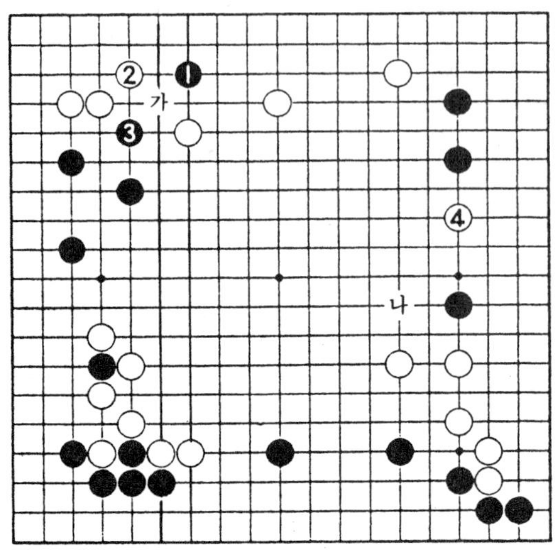

【참고보 19】
제13기 명인전　　　백　　大竹英雄
리그전　　　　　　흑　　藤澤秀行

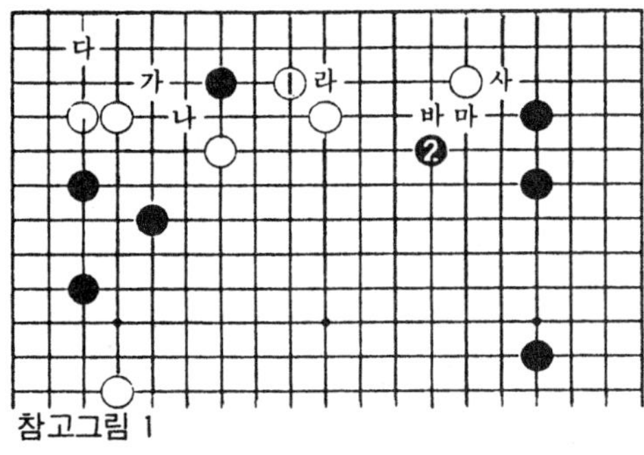

참고그림 1

참고그림 1(위부터) 백1의 마늘모면 상변에 맛은 없으므로 흑2를 아낌없이 작용시켜도 좋다. 귀에는 아직 흑가의 맛이 있고, 백나, 흑다로 간단하게는 삼킬 수 없는 모양이다.

백1에서 라면 흑마, 백바, 흑사의 느낌.

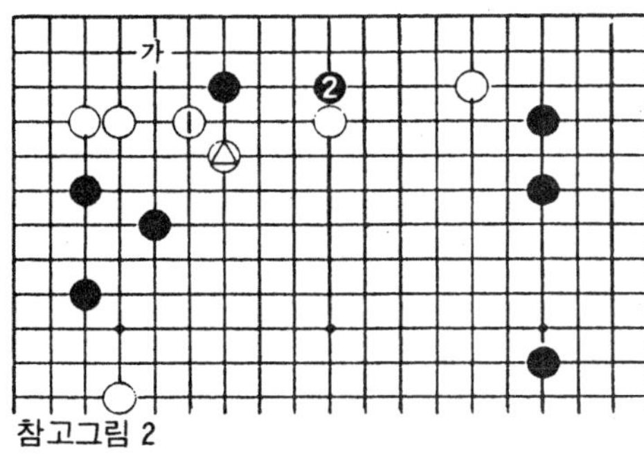

참고그림 2

참고그림 2(산다) 백1로 크게 봉쇄하면, 흑가의 미끄럼도 있어서 편하므로 흑은 2로 붙여서 당장 움직인다.

△의 1착이 지나치게 완만한 모양이 되어 이 싸움에서는 백이 불리하다.

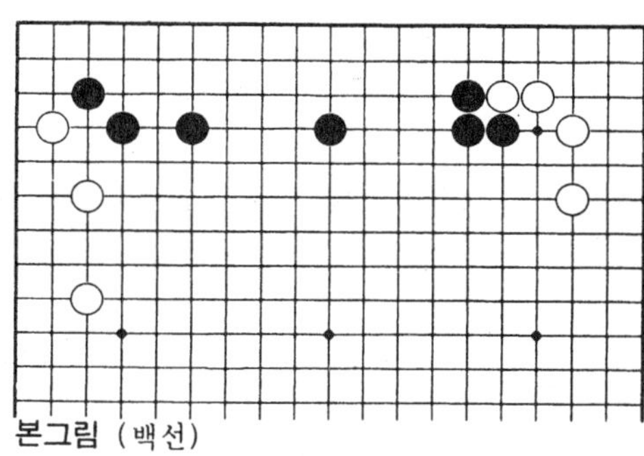

본그림 (백선)

놓 기

제4선의 구성에는 제2선의 놓기가 급소로 되는 수도 많다.

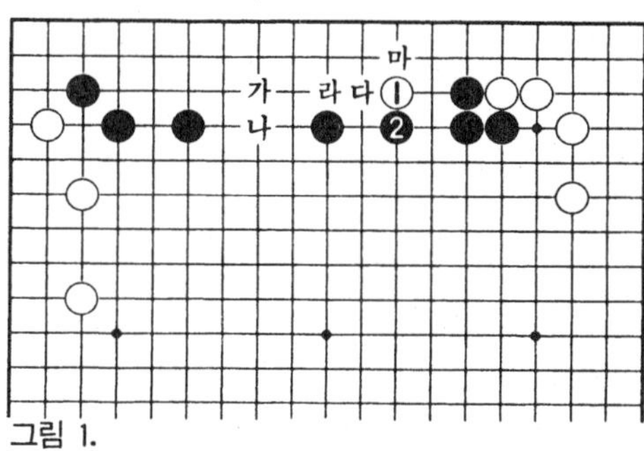

그림 1.

그림 1(제3선) 백1의 제三선은 흑2로 상변에 살아도 학대당할 듯. 백가로 흑나로 대동소이(大同小異)다.

백다는 흑라면 마로 빗겨 두는 약간의 맥인데, 일단 유력하다.

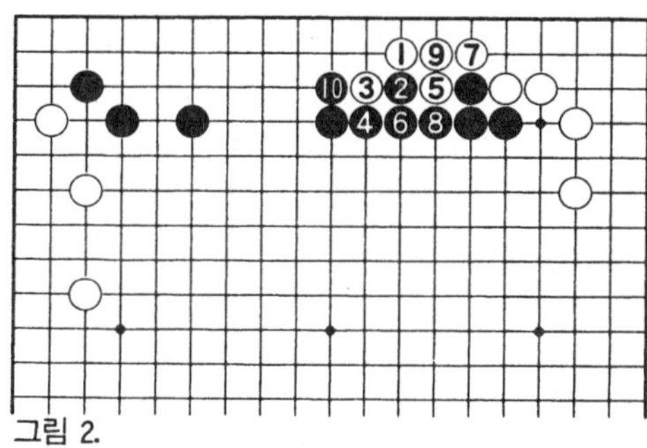

그림 2.

그림 2(백1, 급소) 시초부터 백1로 놓는 맥이 최선. 흑2 이하 10까지는 정형화한 응접인데, 백은 선수로 실리를 뺏고 흑은 두께를 얻은 일로 만족한다. 흑2에서 3은 백7로 선수지만 두께에 큰 차가 있다.

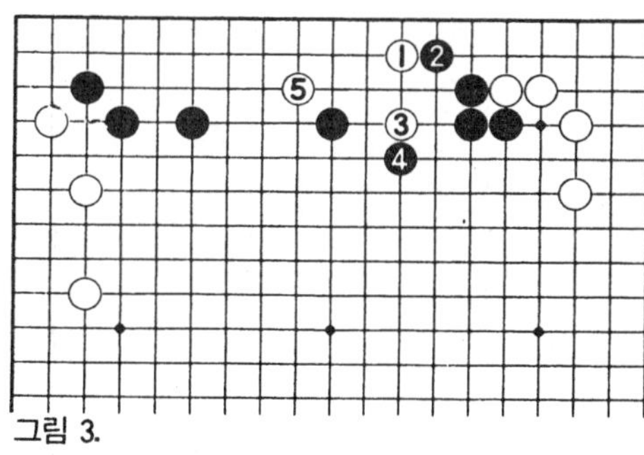

그림 3.

그림 3(진출) 흑2로 건너기를 저지하면 백3의 뛰기부터 5로 뛰어나가니 바로잡기는 쉬울 것이다.

제三선의 뛰어들기에 비해서 제二선은 저위지만 집모양의 탄력이 풍부하다.

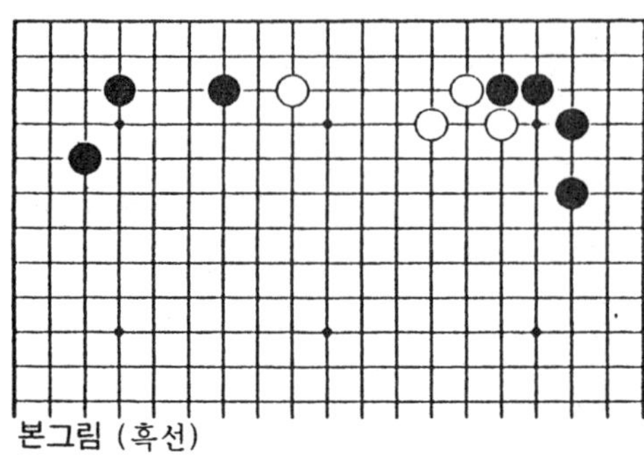

본그림 (흑선)

모퉁이

정석화되어 있는 서반의 뛰어 들기다. 주변의 상황으로 목적도 바뀐다.

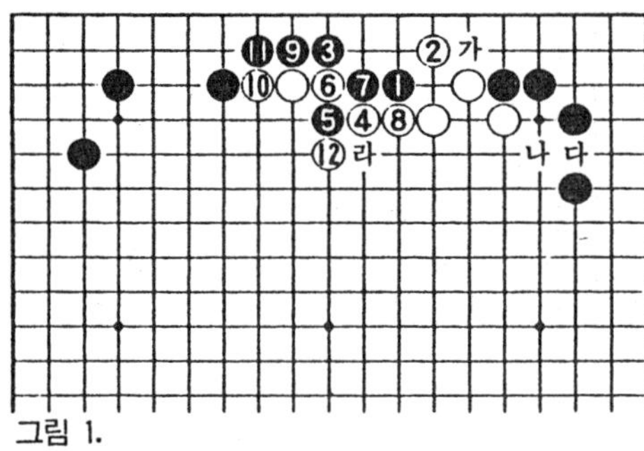

그림 1.

그림 1(흑1, 급소) 흑1이 급소. 가의 건너기와 중앙 진출을 노리고 흑3은 진출하기 전에 백의 건너기를 저지하려는 수법. 백4로 위부터 연락해서 12까지가 통형.

백4에서는 나, 흑다를 작용시키고 8에서 라도 있다.

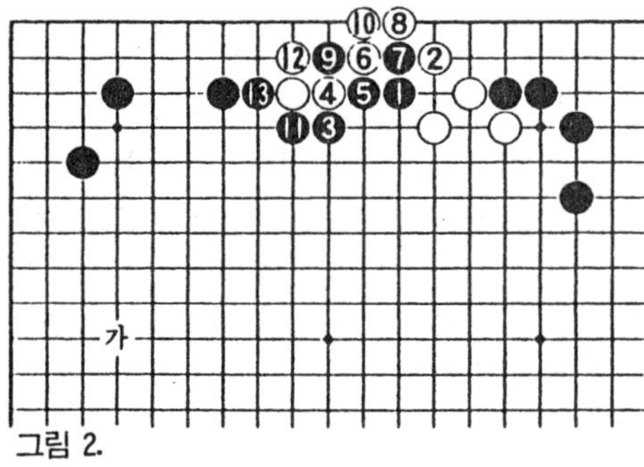

그림 2.

그림 2(발르기) 흑3으로 위부터 두는 것은 백을 건너게 해도 두께를 구축하는 노림. 흑가에 돌이 있으면 꼭 맞는다. 백4에서 11은 흑9 백12 흑4로 고전.

그리고 흑1에서 5는 급소에서 빗나가 백3으로 잡히기다.

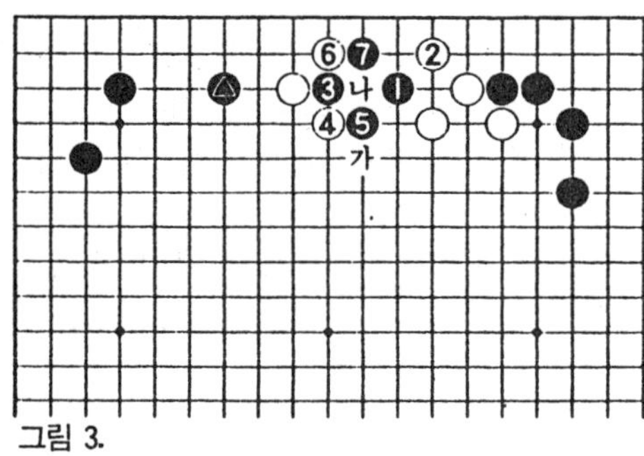

그림 3.

그림 3(패) 흑3, 5로 패로 유도하는 노림도 있지만, 땅의 손해가 크고 이 맥이면 ●의 채우기가 없어도 성립된다.

또 흑3을 가는 백나로 건너니 재미없다.

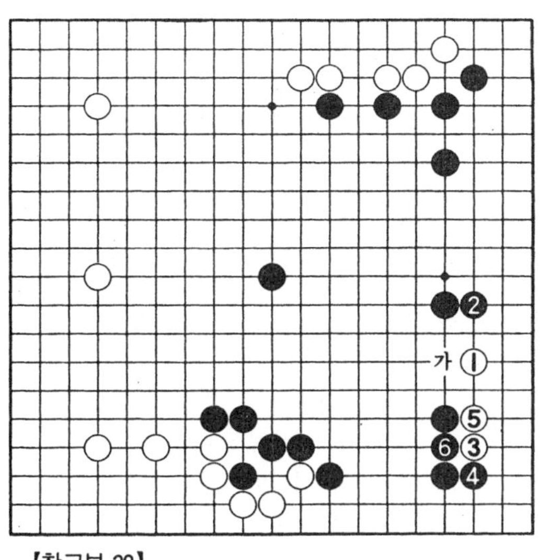

【참고보 20】

제2기 기성전　백　加藤劍正
리그전　　　흑　藤澤秀行

계　마

제四선에 대한 제三선의 계마. 상대의 무늬가 깊으면, 여간 목표를 밝혀 두지 않으면 전멸할 염려가 있다.

【참고보20】

백1로 상하를 노려보고 흑2에서 가는 이 경우 최악. 백3의 들여다보기에 흑4로 눌러서 크게 공격하는 설계인데 백5를 그르쳤으므로 기대기가 가능하게 되었다.

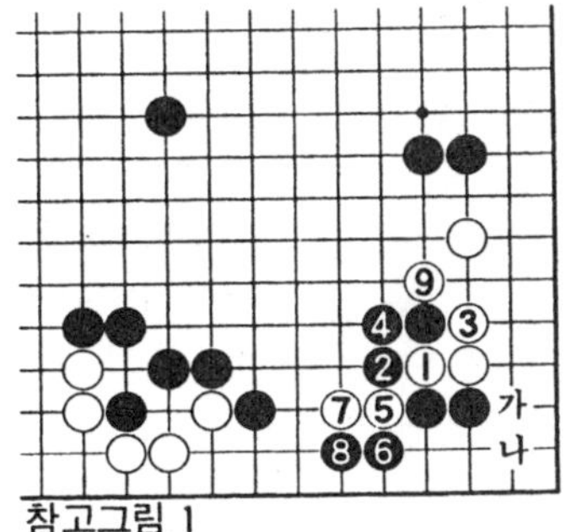

참고그림 1

참고그림 1(나오기 하나) 〈참고보 20〉의 백5에서는 1의 나오기를 하나 결정해 두어야 했다. 흑2, 4에서 〈참고보 20〉과 같은 것같이 보여도 백5의 끊기 맛이 있어서 참기가 퍽 편케 되었다. 흑6에서 7이면 역시 백9로 부풀고 백가, 흑나 백6의 맥을 노리고 역시 약간은 쉽게 되었다.

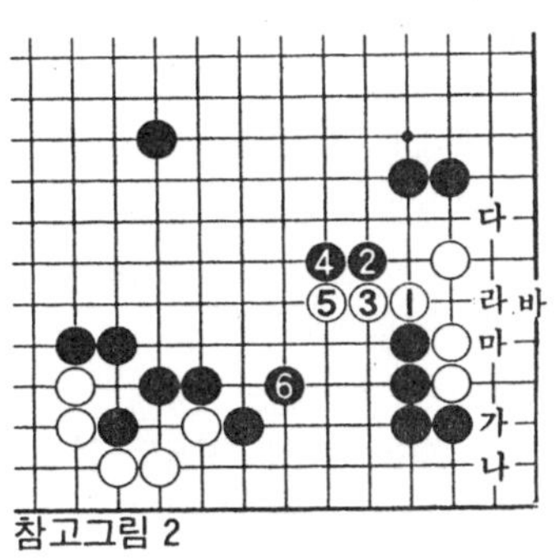

참고그림 2

참고그림 2(기대기) 〈참고보 20〉은 백1로 부풀어도 귀는 견고한 모양이므로 흑2, 4로 안에서 공격하는 수가 있다. 흑6으로 단점을 지키고 이것은 천원의 구성도 활동해서 도저히 살기를 바랄 수 없는 모양일 것이다.

이후 백가, 흑나, 백다면 흑라, 백마, 흑바라는 필살의 수법이 기다린다.

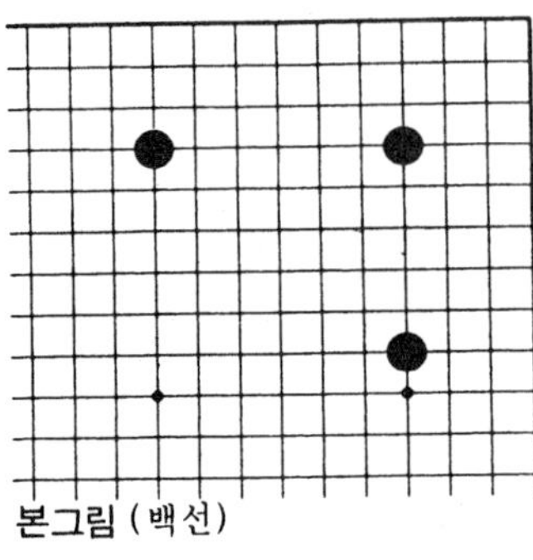

본그림 (백선)

三선

단독적 三3 뛰어들기에 대해서 설명하겠다. 주로 선수로 귀의 실리를 뺏는 목적으로 두는데 상대에게도 선수를 탈환하려는 맥이 있고 그때는 후수라도 실리의 크기를 취하느냐, 귀를 버리고 변을 부수느냐의 선택이 있다.

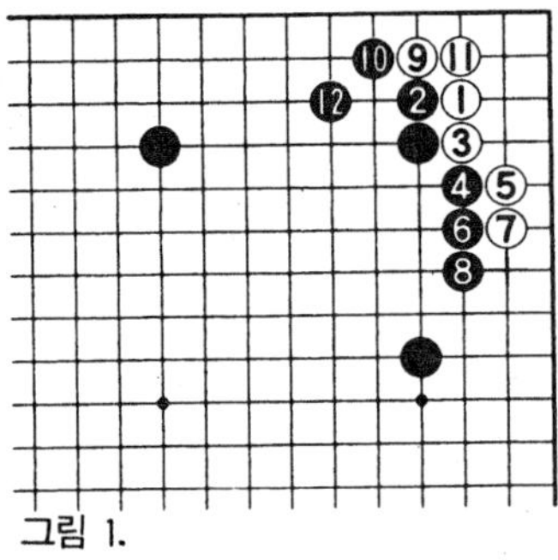

그림 1.

그림 1(기본형) 흑2로 「넓은 쪽부터 누른다」가 바르고 백3으로 기고 이하 흑12까지로 되면 백 선수. 백9, 11은 흑을 강화하는 것 같지만 방치하면 흑9의 처지기로 결정되므로 생략할 수 없다. 흑의 벌리기가 좁고 두께가 활동하지 않을 때 후수를 불만스럽게 여길 때는 변화한다.

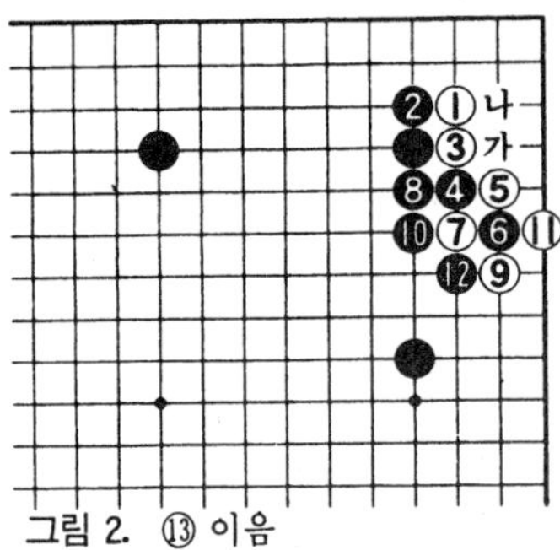

그림 2. ⑬ 이음

그림 2(흑 선수) 흑4, 6의 2단 젖히기가 「선수를 잡는 수법」이다. 백7, 9일 때 흑10으로 단수하던가 혹 **가**, 백11 흑나로 귀를 잡던가의 선택이 있다. 흑10으로 단수 백12면 흑가 이하로 부분적으로 유리한 모양. 백11에는 흑12로 단수해서 잇게 하면 선수로 세력을 다진 것으로 되어 있다.

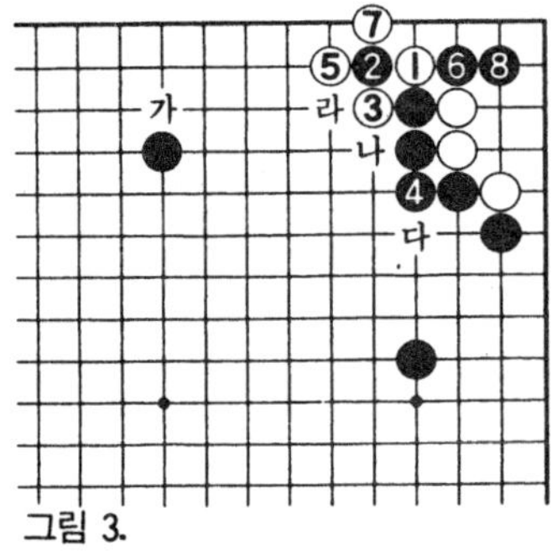

그림 3.

그림 3(대체) 앞그림 흑6일 때 백1, 3으로 상변에 대체할 수도 있다. 귀의 땅은 크지만, 흑이 지키려고 한 변을 부셨으니 백도 불만은 없다.

●이 가에 있을 때는 흑4에서 나에 단수, 백8, 흑다, 백라, 흑5로 분발할 수도 있지만 맛이 나빠서 대체로 이득이 되지 않는다.

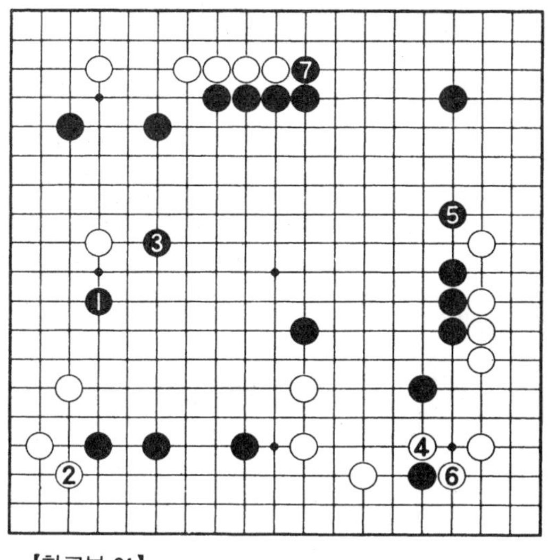

【참고보 21】

【참고보 21】
제19회 NHK배전 백 加藤正夫
              흑 藤澤秀行

높은 한칸

제四선으로의 뛰어들기는 상대의 구성이 높으면 분단의 의도, 낮으면 이용처의 의도라고 보아도 좋다. 두께는 싸움에서 활동한다.

【참고보 21】
흑1로 뛰어들어 좌우를 분단하고 3으로 씌워서 하변과의 양휘감기를 노린다. 백4, 6으로 다지는 사이에 흑5, 7로 중앙에 큰 지역을 만들어 분명히 우세가 되었다.

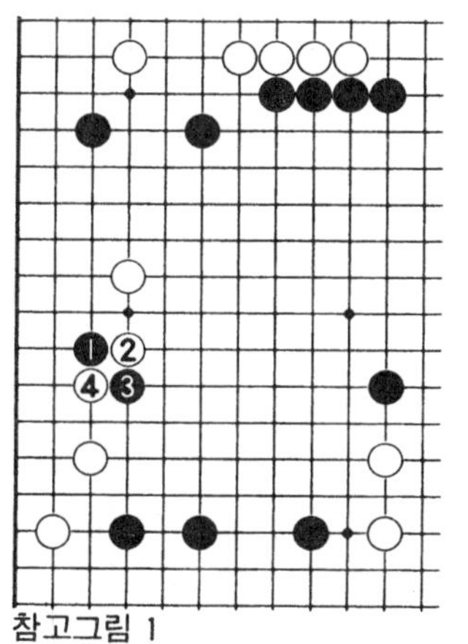

참고그림 1

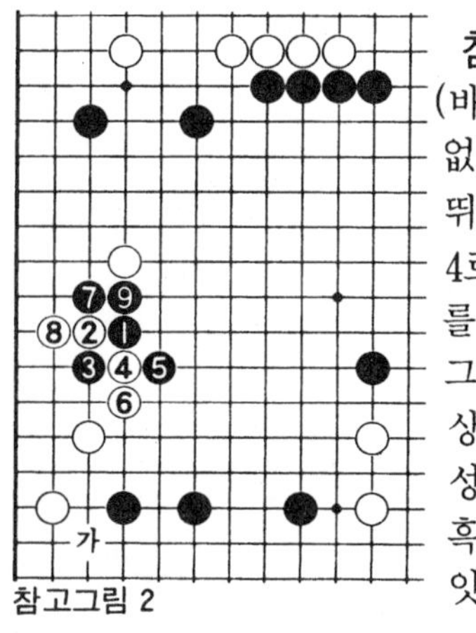

참고그림 2

참고그림 2 (바로 잡을 수 없다) 흑1의 뛰어들기면 2, 4로 서로끊기를 당해도 앞그림과 같은 상하의 관련성이 없다.
흑5 이하 9로 잇고 도리어

참고그림 1(연락의 맥) 흑1의 낮은 뛰어들기에서는 백2, 4로 상하의 관련성이 생긴다. 흑1에서 3도 백4, 흑1, 백2다.

중앙이 종합되기 쉬울 정도다.
흑1에서 3과 서로 끊기에 관해서는 같지만 그쪽은 백가로 산 후, 백1로 움직이는 맥이 남는다.

배 붙이기

부분적으로는 손해라도 전국적으로는 이득을 보면 되는 것은 뛰어들기만이 아니다. 패감 유리조차 뛰어들기를 지지하는 조건의 하나다.

【참고보 22】

흑1에서 다른 곳에 두면 백 가로 지켜서 완만한 바둑이 될 듯 하다. 흑1 이하 9까지면 하변이 종합된다. 흑1에서 2는 백1, 흑나, 백가, 흑다, 백라로 재미없다.

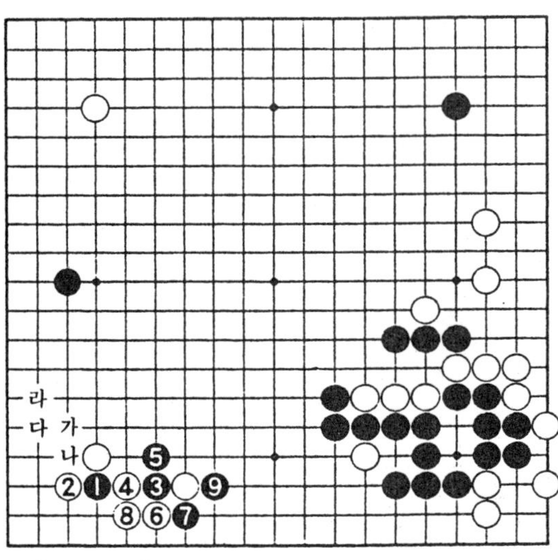

【참고보 22】
제1기 명인전　　　백　　藤澤秀行
　　리그전　　　　흑　　梶原武雄

참고그림 1(패) 배 붙이기부터 가져가는 것은 백1이면 흑2로 뻗어 백의 모양에 버릇을 붙여 흑10 이하의 패로 유도하려는 목적. 흑14, 16으로 우변을 잡으면 전국적으로 알기 쉬운 바둑이 된다.

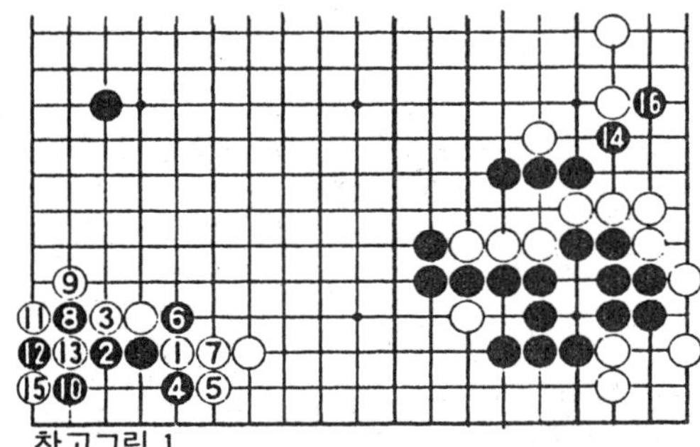

참고그림 1

참고그림 2(쏘시기) 〈참고보 22〉의 백4에서 1로 위에서 누르면 흑2, 4로 하고 단점을 노린다.

백5에는 흑6, 8로 쏘시고 아직 백은 맛이 나쁘고 이것이면 우방의 두께로 충분히 활동했다고 간주된다.

참고그림 2

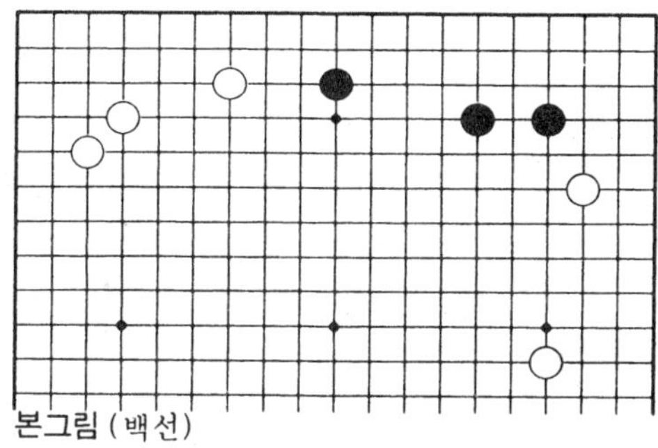

본그림 (백선)

가로 붙이기

뛰어들기와 지우기의 중간적인 수법. 서반의 붙이기는 상대의 받기를 보려는 성질을 지니고 있다.

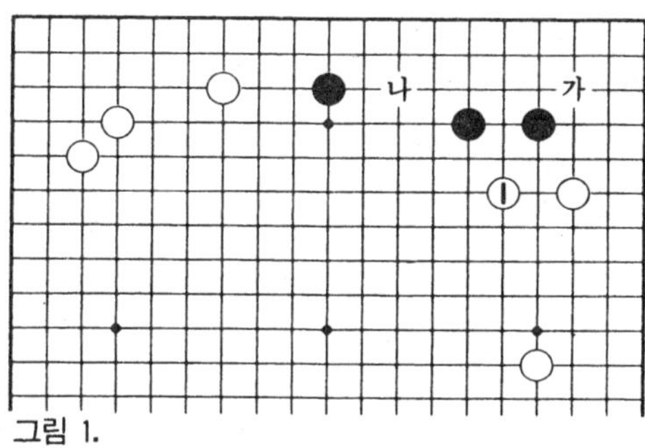

그림 1.

그림 1(선택의 문제) 서반의 뛰어들기는 전국적인 배치에 규제되어 전면 전쟁으로 발전할 위험이 있으므로 시기의 선택, 급소의 선택이 어렵다.

이 모양이면 백은 1로 우변을 넓히고 가, 나를 대응으로 삼을 수도 있다.

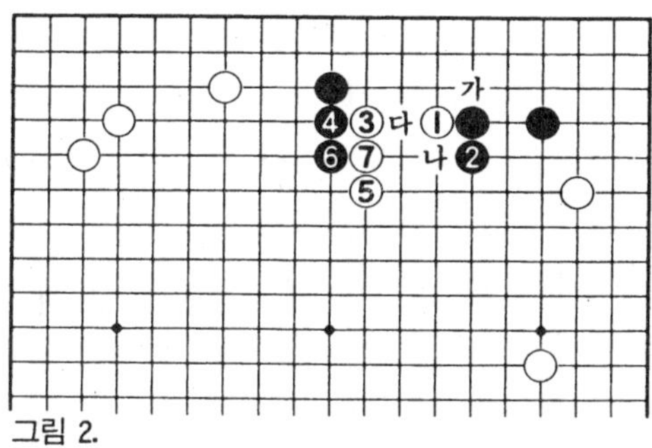

그림 2.

그림 2(백1, 급소) 백1로 붙이고 흑2면 백3으로 어깨를 짚어 싸운다. 흑2에서 가는 작용 당함이고 흑2에서 나는 백다, 흑가 내지 2라는 기세의 진행이다.

그 적당여부는 모두 전국에서 판단에 의한다.

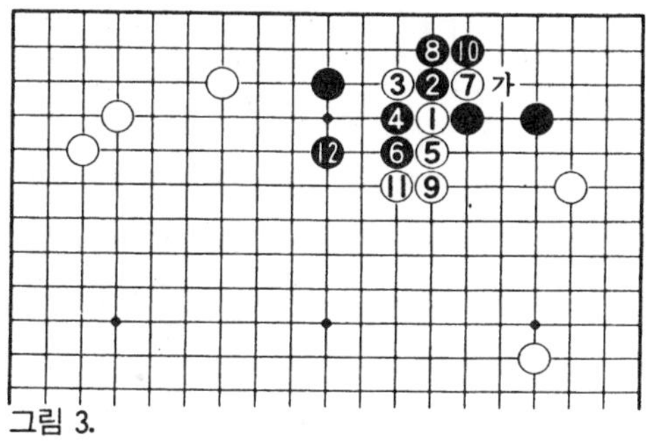

그림 3.

그림 3(밑 젖히기) 흑2의 밑 젖히기는 가장 평온한 응수이고 이하 흑12까지는 정석화된 수순이다.

흑6으로 「끊기 쪽에서 미는」 수법으로 무사히 전환하는데 백9에서는 가의 변화도 있어서 외길이라고는 할 수 없다.

115

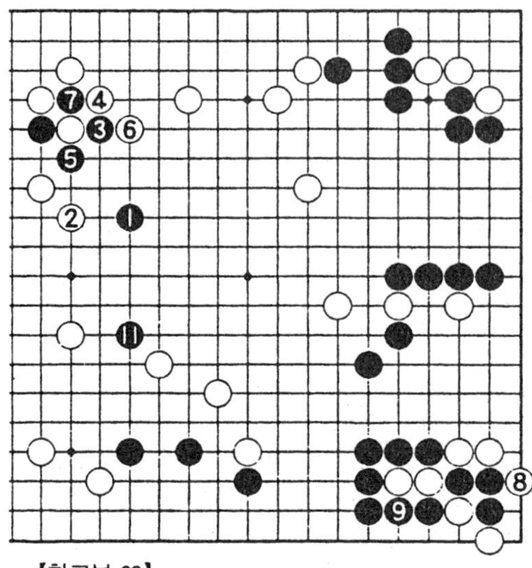

【참고보 23】
제2기 프로10걸전　백　　杉內雅男
　　　　　　　　흑　　藤澤朋齋

낙하산

　모양이 중앙으로 퍼져서 충분히 클 때는 귀와 변의 급소를 무시하고 낙하산 강하를 할 수밖에 없다. 지우기 수법의 뛰어들기 응용판이 된다.

【참고보 23】
　흑1이 절대라는 근거는 없고 여러 가지 주저하지 않는 수단을 본 감각의 1수.
　백2는 동점의 작용을 피한 것인데 흑3 이하로 패가 되면 대성공이다.

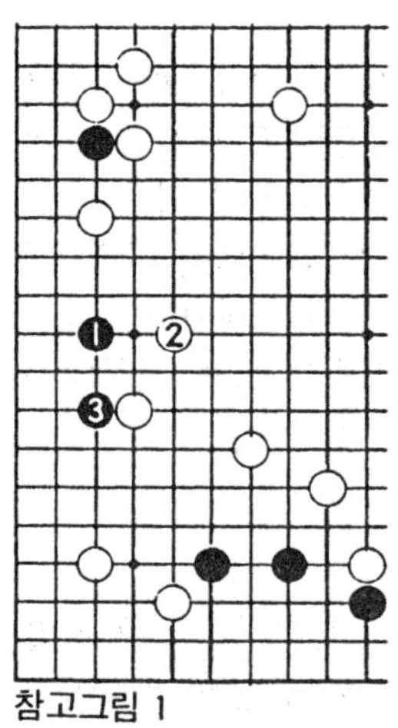

참고그림 1

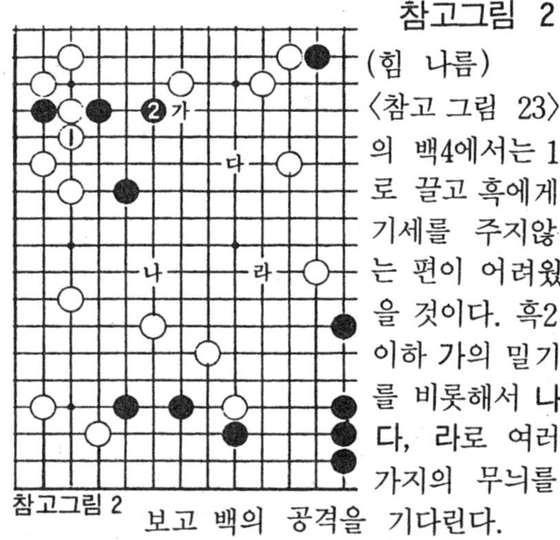

참고그림 2

참고그림 2
(힘 나름)
〈참고 그림 23〉의 백4에서는 1로 끌고 흑에게 기세를 주지않는 편이 어려웠을 것이다. 흑2 이하 가의 밀기를 비롯해서 나, 다, 라로 여러 가지의 무늬를 보고 백의 공격을 기다린다.

　참고그림 1(변은 불가)　흑1로 변에 뛰어들면 살기는 편하지만 중앙을 종합 당해서는 살아도 미치지 못할 형세다.

　이 중앙의 종국 바둑에서 승패가 가려지는데 도저히 끝까지 읽을 수 없고 그 뒤는 힘 나름대로의 암흑의 경기라고 해도 좋다.

第 2 部

맞공격의 수법

수를 늘이는 수법

맞공격에서는 수가 많은 쪽이 이긴다. 무심하기 쉽지만 극히 단순한 원리에 좌우되고 있으며 상대의 수를 줄일 수 없을 때는 자기의 수를 늘이면 된다. 수를 늘이는 수법은 귀의 특수성을 이용하고 변의 특수성을 이용하며 상대의 공배 채우기를 이용하고 상대의 약점을 이용하는 것이다. 여러가지 형태이지만 패턴으로서는 몇 종류에 한정되는데, 맹점이 되지만 않으면 발견은 쉬울 것이다.

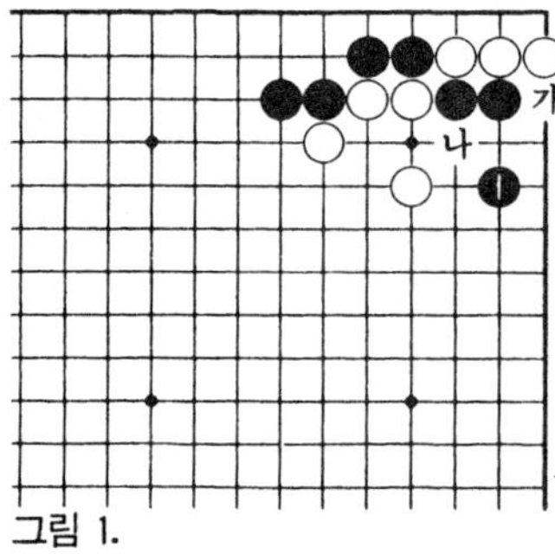

그림 1.

그림 1(늘인다) 맞공격이 되면 상대의 돌을 잡는 데에만 눈이 가기 쉽다. 그러나 요는 상대의 돌보다 수가 많으면 자연히 이길 수 있으므로 당황해서 공배를 채울 것은 없다.

흑1로 뛰어 수를 늘여도 되고 흑 가로 당황해서는 백나로 패배한다.

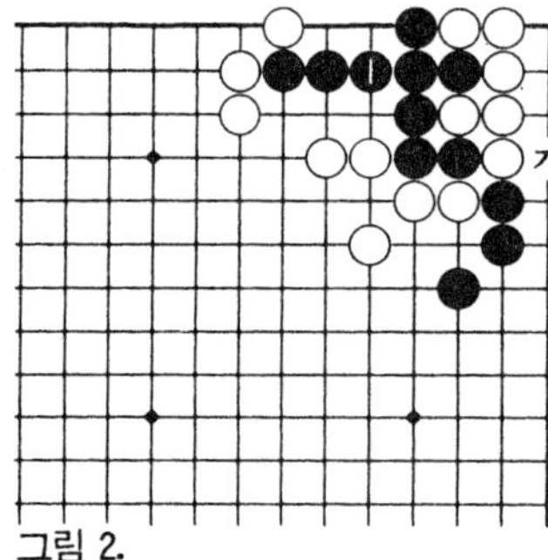

그림 2.

그림 2(막대 잇기) 던져 넣기와 끼워 넣기는 수순을 줄이는 수법. 따라서 던져 넣기를 당하지 않도록 하는 것이 수를 늘이는 한 요령이다.

흑1로 당황하지 않고, 떠들지 않고 막대로 이어서 5수. 백은 4수이므로 물론 승리다. 흑1에서 가는 백1로 수 패배가 된다.

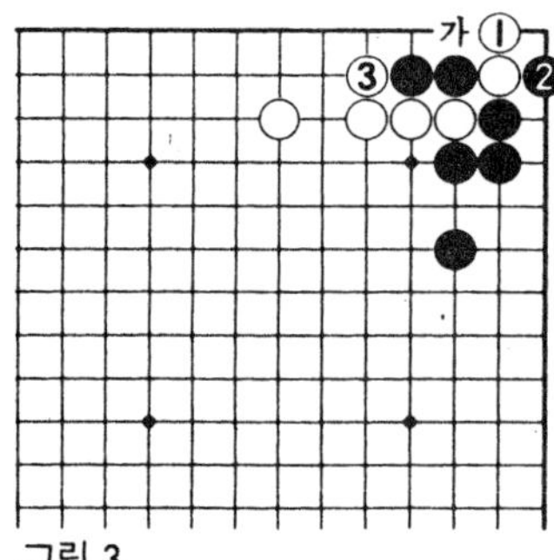

그림 3.

그림 3(귀의 이용) 상대가 맨발로 들어올 수 없는 곳을 만드는 것이 수를 늘이는 수법의 한 전형. 백1로 처지고 흑2면 백3으로 수 승리다. 백1에서 3이면 흑1이고 백1에서 2면 흑1로 1수 패배. 백1, 3의 모양으로 귀로 들어갈 수 없고 가의 점도 몸 공격으로 둘 수 없는 모양이 되어 있다.

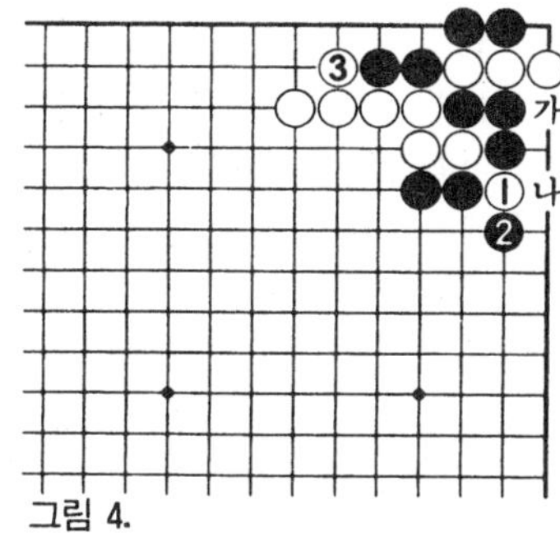

그림 4.

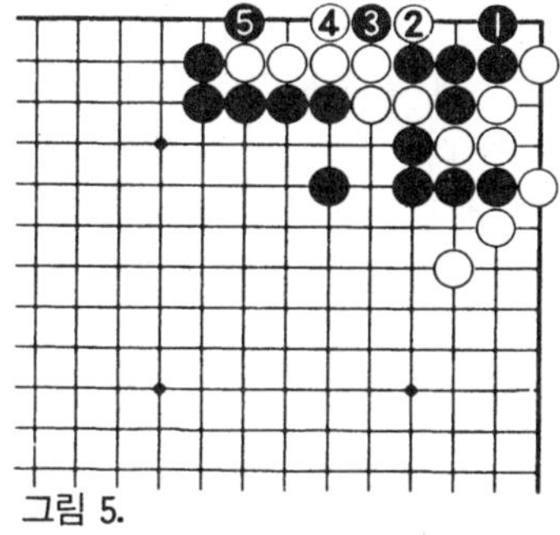

그림 5.

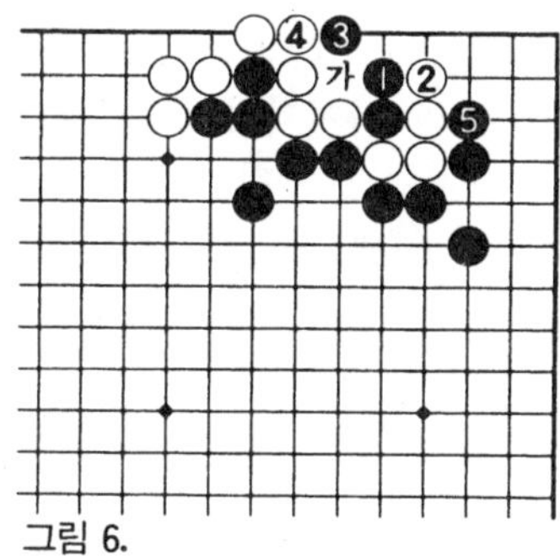

그림 6.

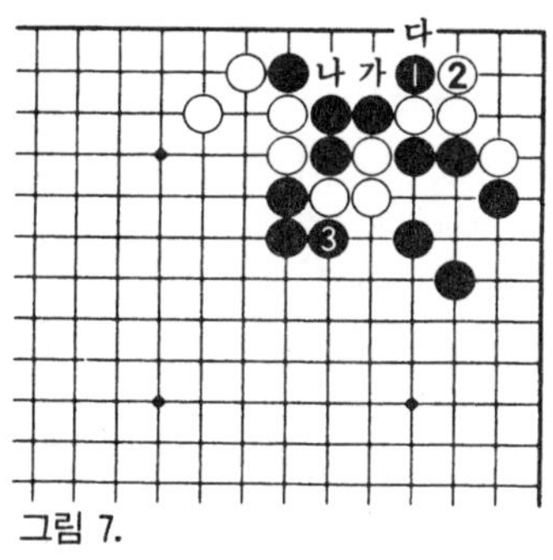

그림 7.

그림 4(끊기) 2수 3수로 절망이라고 생각되는 모양이라도 백1의 보검이 번쩍, 가의 점에 둘 수 없는 모양으로 만들어 백3으로 누르면 1수 승리.

상대의 공배 채우기를 이용하는 전형적인 수법. 흑이 집 모양을 만들지 못하게 하기 위해 백3에서 또 하나 나로 처지는 수가 좋은 경우도 있다.

그림 5(처지기) 귀 쪽부터 수를 채우려면 매우 시간이 걸리는 모양이다. 실질은 3수 대 5수인데 그 백의 약점을 이용해서 흑1의 처지기로 수를 늘이고 3의 먹여 치기로 백의 수를 채운다. 백이 들어갈 수 없음의 1수 승리다. 흑3에서 무심히 5면 백3의 잇기가 수를 늘이는 수법.

그림 6(마늘모) 똑같이 적의 약점을 이용한다. 흑1로 1점을 끌어내어 백2에는 흑3이 호수. 이 마늘모로 백의 공배 채우기를 확정하고 그 뒤는 슬슬 흑5로 채우면 된다.

흑3에서 가로 단수해 보았댔자 쓸데없다는 것이 수법과 속법의 분기점이라 하겠다.

그림 7(젖히기) 흑1의 젖히기 하나로 수수가 1수 늘었다.「양젖히기 1수 늘기」의 수법.

흑1에서 단순히 젖힘은 백가로 불리하지만 흑1의 젖히기를 작용시킨 것으로 백가에는 흑나의 단수가 작용해 수를 3수로 유지할 수 있다. 또 흑3에서 가의 잇기는 백다로 도리어진다.

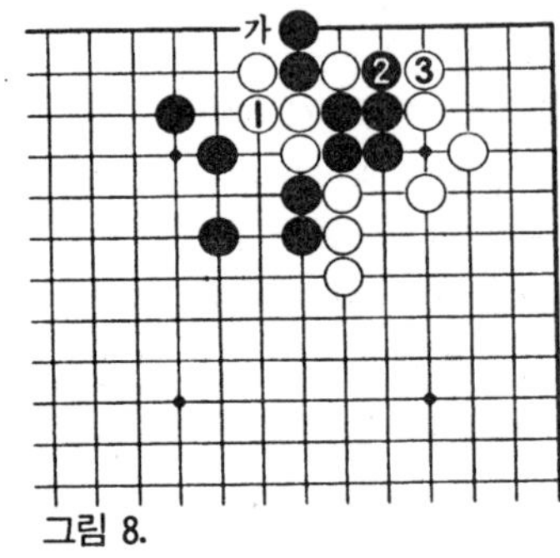

그림 8.

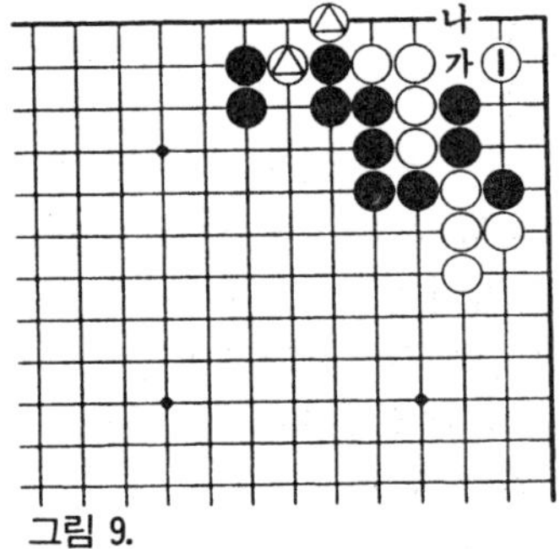

그림 9.

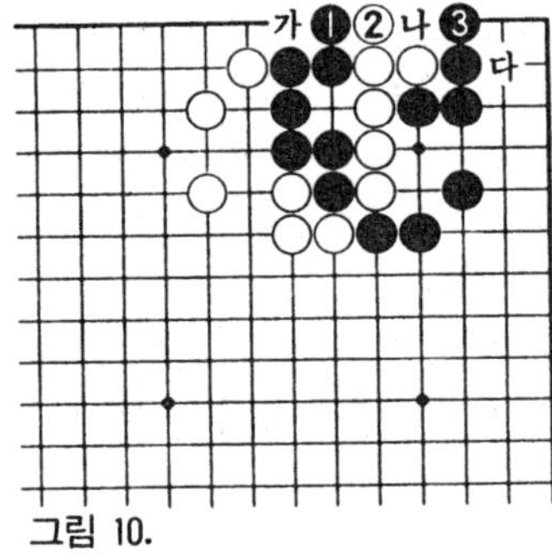

그림 10.

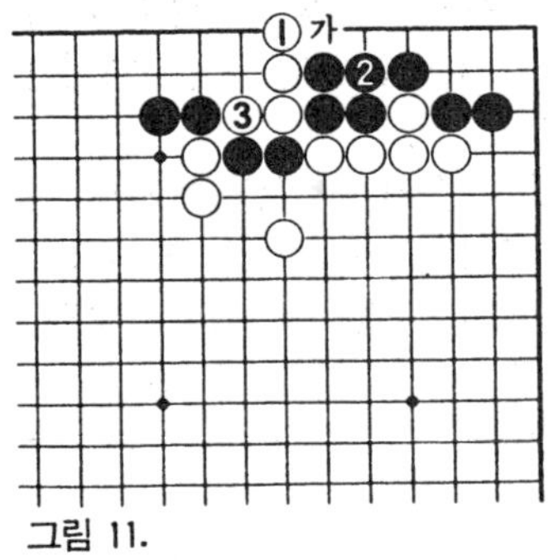

그림 11.

그림 8(잇기) 맞공격은 부분과의 맞공격이 아니고 전체와의 맞공격이다. 그 본질을 잃으면 백1에서 가로 2점을 잡고 흑1의 끊기 이하 조임을 당해 1수 패배가 되기도 한다.

잠자코 백1로 잇고 흑2로 두게 하고 백3으로 두어 전체를 공격하면 간단한 1수 승리.

그림 9(뛰기) ◎이 건너기를 수순 늘이기의 수로서 활동시키려면 백1의 뛰기로 한정된다. 흑가로 나왔을 때 백나로 받고 배후부터의 추격이 없으면 흑가는 몸 공격의 악수가 되기 때문이다.

백1에서 가의 기기는 흑1로 눌리워서 패를 피할 수 없다.

그림 10(처지기) 백의 패 끊기를 봉쇄하려면 흑1의 처지기가 좋다. 기(氣)가 없는 수처럼 보이지만 백이 가의 점을 채우기 위해서는 2수 걸리는 것이 활동이다. 백2면 흑3으로 분명히 1수 승리. 백2에서 3이면 흑2, 백나, 흑다이다. 흑1에서 2는 백1로 먹여치기를 당해 패.

그림 11(처지기) 백1로 처져서 2로 던져 넣는 추격을 노린다. 흑2에서 가로 누를 수 없는 것이 괴로운 점. 약점을 지키는 사이에 1수 늘이고 백3으로 끊어 종석을 잡았다.

백1에서 가로 단수하는 직접 행동으로는 무모하여 수순이 조금도 늘지 않는다.

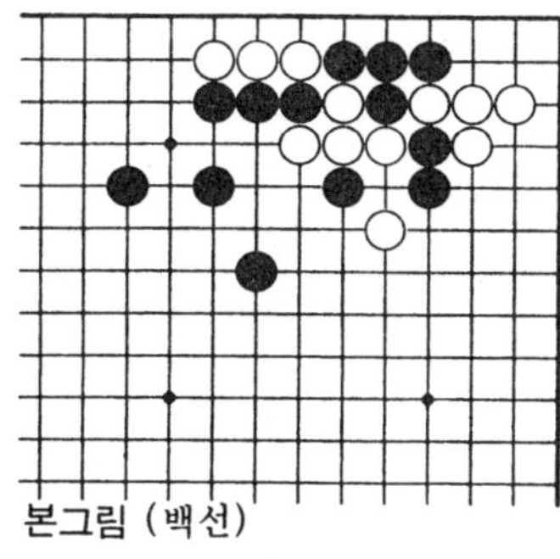

본그림 (백선)

들여대기

흑은 4수. 백은 상변과 중앙, 양쪽
의 수순을 늘여야 하므로 바쁘다.
본그림은 『發陽論』에서 발췌했다.

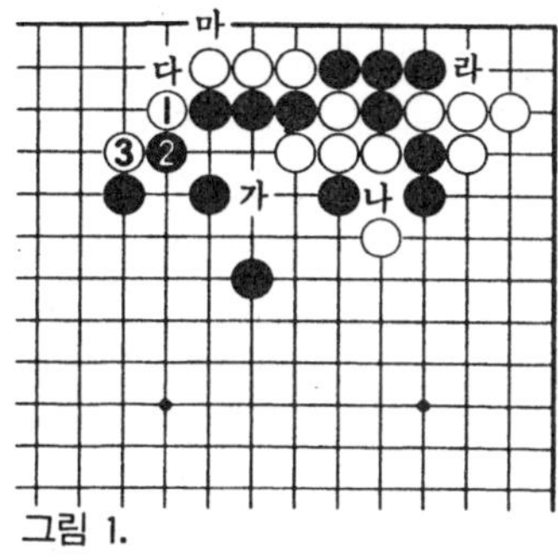

그림 1.

그림 1(백3, 묘수) 백1로 젖히고
흑가면 백나라는 수순은 곧 떠오른다.
그러나 흑2의 부풀기에 대해서 백3의
2단 들여대기는 여간 잘 읽지 못하면
둘 수 없는 수다.
백3에서 나는 흑다, 백라, 흑마로
수 패배이므로 흑다를 두지 못하게 하
려는 고안이다.

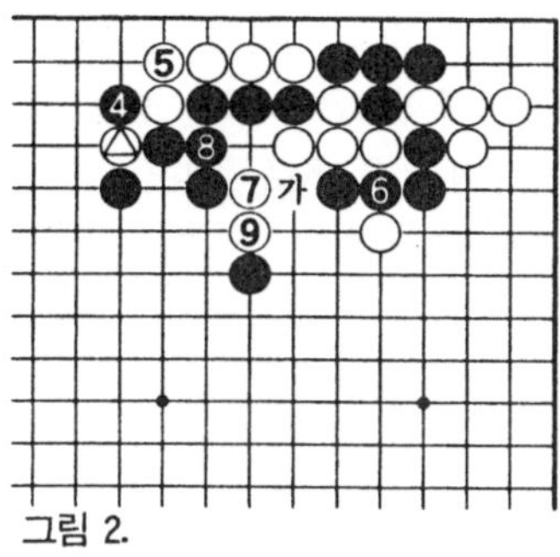

그림 2.

그림 2(축 방지) 흑4부터 6일 때
백7의 마늘모붙이기가 △을 활동시킨
참기다.
흑8, 백9 이후 흑가부터의 축은 좌
우 모두 불성립이다.
흑4에서 5의 단수는 백4에 잇고 상
변은 이길 수 없으며 중앙의 사정도
전혀 호전되지 못했다.

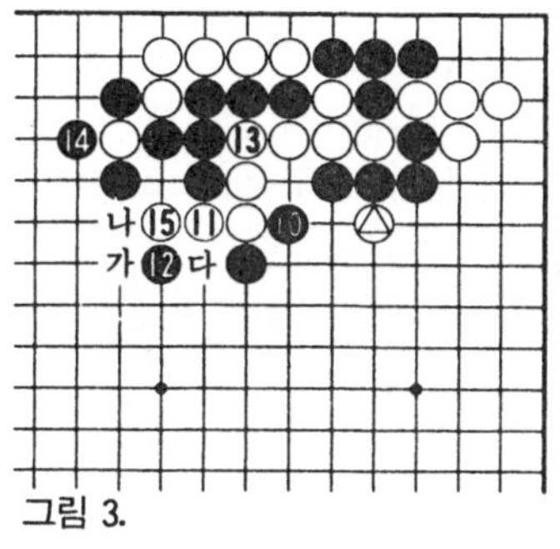

그림 3.

그림 3(찢어진다) 이어서 흑10부
터 12로 걸어도 백13부터 15로 나오니
막을 수 없다. 흑가로 늦추면 1수 패
배이고 흑나로 누르면 백다의 나오기
가 그물을 찢는다.
흑10에서 11은 백10인데 이것도 △
이 활동해서 축에도 장문수에도 걸리
지 않는다.

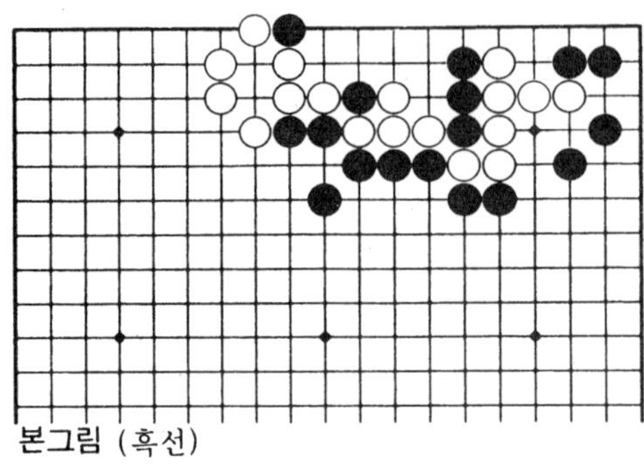

본그림 (흑선)

꺾어 끊기

판면에 남아 있는 돌은 어떤 장소에서든지 뭔가 의미를 지니고 있다.

본그림은 『碁經衆妙』에서 발췌했다.

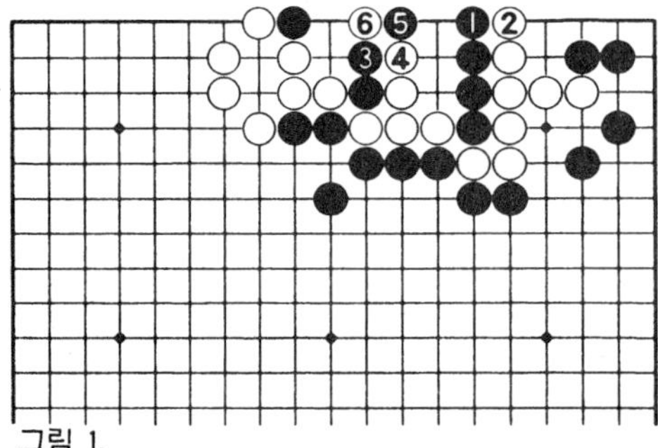

그림 1.

그림 1(대응되지 않는다) 흑 1로 처져서 좌우 대응이라는 맥은 ● 때문에 성립되지 않는다. 흑3으로 1석을 끌어내어 건너기인가 하고 보였을 때, 백6의 던져넣기로 추격이 되었다.

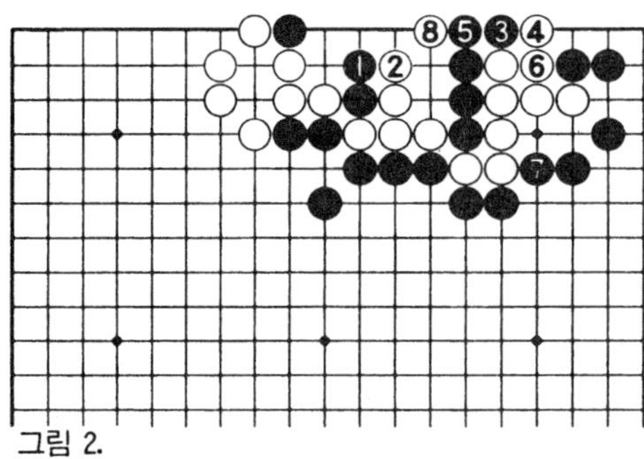

그림 2.

그림 2(준비 부족) 흑1의 처지기는 우선 두어서 손해가 없는 수. 이어서 3, 5로 젖혀 이어 백의 수수를 줄인다. 그러나 이것만으로 흑7로 맞공격하는 것은 준비 부족이고 백8에서 흑, 수 패배다.

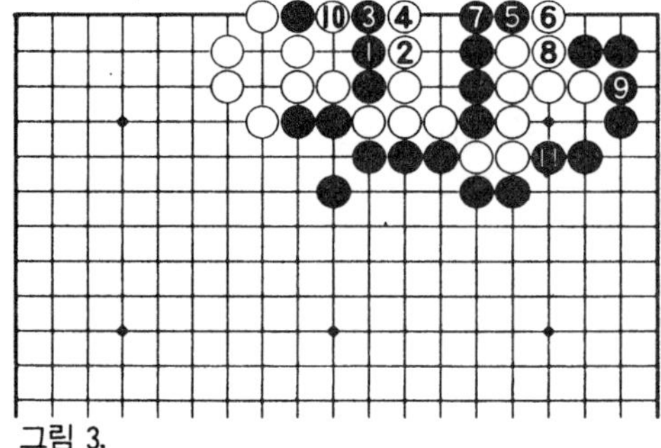

그림 3.

그림 3(흑3, 수법) 흑1부터 3의 꺾어 끊기까지 결정해 놓는다. 이하는 5, 7로 젖혀 잇고, 보통으로 채워서 1수 승리다.

흑3으로 꺾어 끊는 수순은 5, 7을 결정하고 나서도 된다.

꺾어 끊기

귀의 맞공격은 수단이 많으므로 매우 주의하지 않으면 빠뜨리고 읽기 쉽다. 기본에 충실함이 첫째다.

【참고보1】

흑1은 잘못 본 것, 백2로 급소에 왔으므로 패는 면할 수 없다.

백2에서 3, 흑가, 백나는, 흑다로 승리. 그러나 흑3에서 가는 평범하게 백4의 젖히기로 흑 패배다.

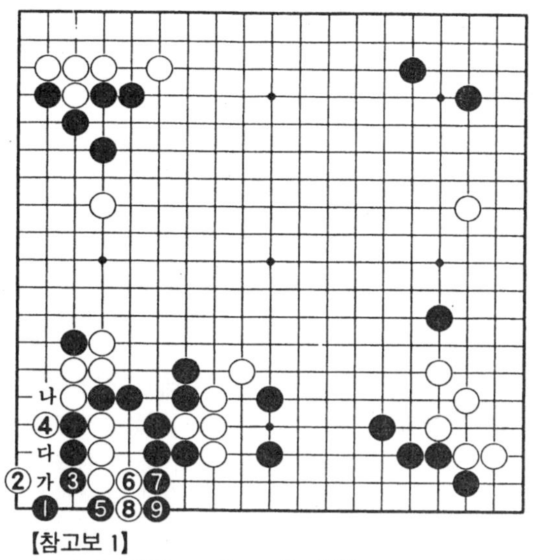

【참고보 1】

제5기 최고위전 　백　 宮下秀洋
리그전 　흑　 藤澤秀行

참고그림 1(누르기) 흑1로 눌렀으면 좋았다. 백2는 최강인데 흑3부터 5로 뛰고 흑9로 채워서 양쪽 밀 수 없음의 수 승리다. 백2에서 8이면 흑5로 뛰어 이 모양이 된다.

흑5에서 7의 누르기로는 백5로 젖혀서 패의 끈기가 생긴다. 흑가, 백6, 흑8, 백나 이하.

참고그림 1

참고그림 2(2의 1) 앞그림 백6에서 1로 나왔을 때에는 흑2로 차단한다. 백3이면 흑4로 젖히기 하나가 작용해서 흑의 1수 승리다. 흑2에서 4는 백2로 건너고 흑4에서 가는 백7로 채우니 역전된다.

●이 2의 급소이기도 하고 이곳에 선착하면 흔히 이길 수 있었다.

참고그림 2

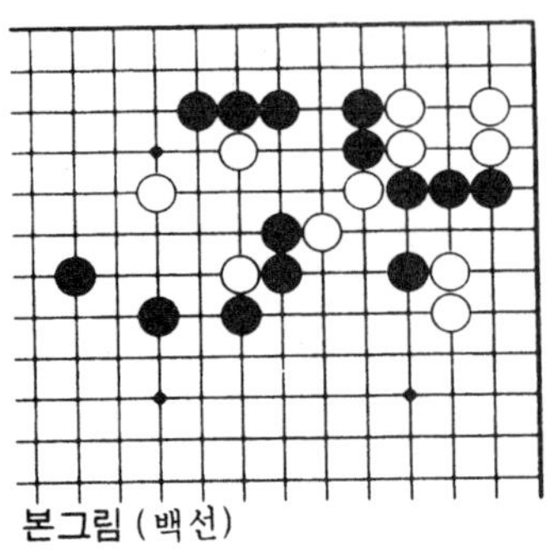

본그림 (백선)

불평하기

싸움이 거의 끝나면 우형도 악형도 없는 읽기와 읽기의 싸움인줄 아시기 바란다. 상대의 약점을 냉철하게 응시하는 맥이다.

본 그림은 『發陽論』에서 발췌.

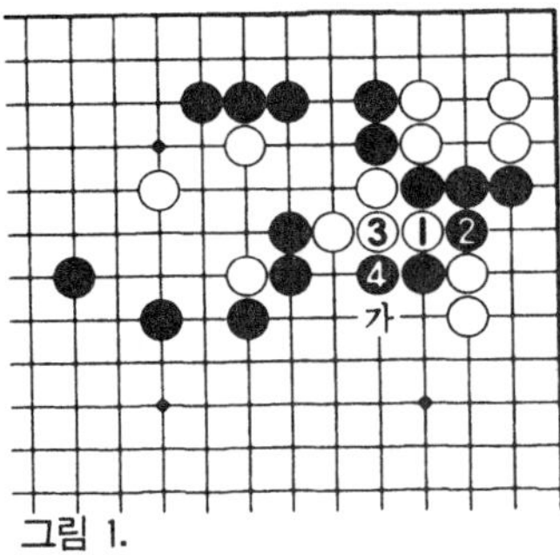

그림 1.

그림 1(끼어들기부터) 시초에는 촛점이 분명치 않으나 백1로 끼어들어 3점을 공격할 수밖에 없는 점을 곧 아시게 될 것. 백3에서 4로 부풀면 패인데 3으로 이으면 흑3수, 백은 선수로 3수로 늘일 수 있느냐의 승부가 된다. 흑4에서 가로 늦추면 당장에 패배.

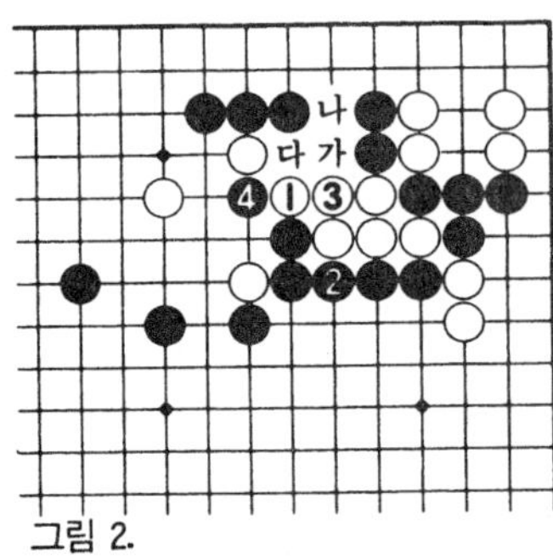

그림 2.

그림 2(들여대기) 백1로 젖혀도 좋을 것처럼 보여주면서 사실은 흑2부터 4의 들여대기를 준비하고 있다. 이후 아무리 몸부림쳐도 흑4의 1점은 잡을 수 없고 따라서 수는 늘지 않는다.

백1에서 가는 흑나로 잇고 백다에는 흑3 이하의 축이다.

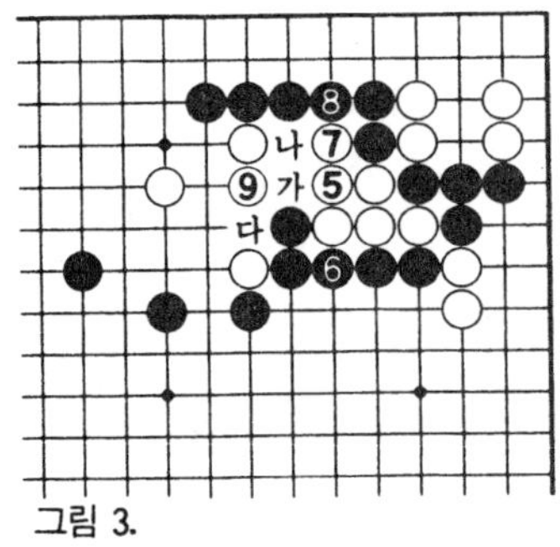

그림 3.

그림 3(백5, 수법) 백5로 불평해서 수 승리란 얄궂은 일이다. 흑6에는 백7을 작용시켜 9로 좋고 흑6에서 가면 백7로 나와도 좋다. 또 흑6에서 나는 이미 3수로 늘어 있고 흑6에서 7이라는 분발도 백가, 흑9, 백다의 단수부터 백6으로 나오기까지다. 6과 7을 노리는 백5가 수법이다.

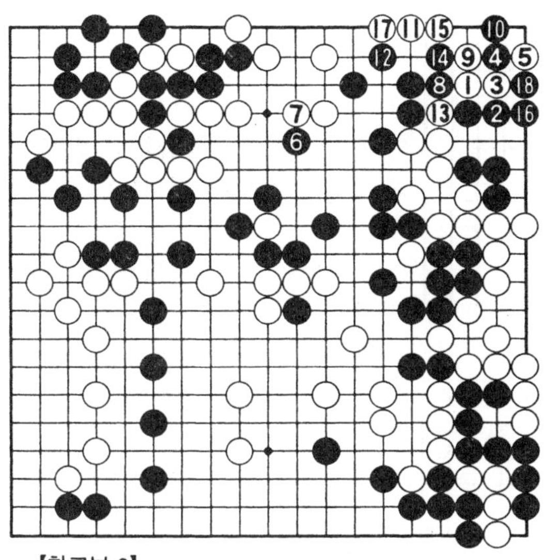

【참고보 2】
제21기 本因坊戰　　백　　藤澤秀行
제 2 국　　흑　　坂田榮壽

계　마

　여유가 있으면 맞공격이 되기 전에 수를 늘여 놓을 수도 있다. 맞공격으로 출발하고 공배가 채워지면 사정도 바뀐다.

【참고보2】

　백1부터 손을 대고 11의 미끄럼이 수를 늘이는 수법이다. 상변을 건너면 백 승리의 바둑이다.

　따라서 흑12가 최선인데 백13의 끊기를 지나치게 서둘렀다.

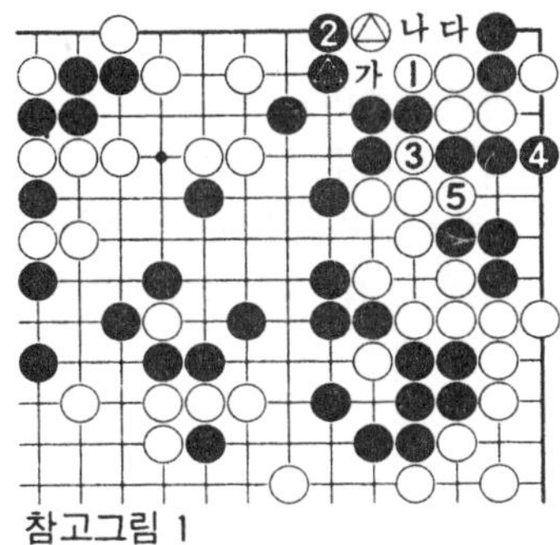

참고그림 1

참고그림 1(1수 더) 〈참고보 2〉의 백13에서 1로 두고 흑2로 바뀌고 나서 백3으로 맞공격을 걸면 흑4에는 백5로 이기고 있었다. △과 ●의 교환 없이 백1은 흑가로 백3으로 끊었을 때 흑나의 젖히기가 있다.

　백1에서는 나로 끌고 흑1이면 백다, 흑2부터 백3으로 끊어도 좋았다.

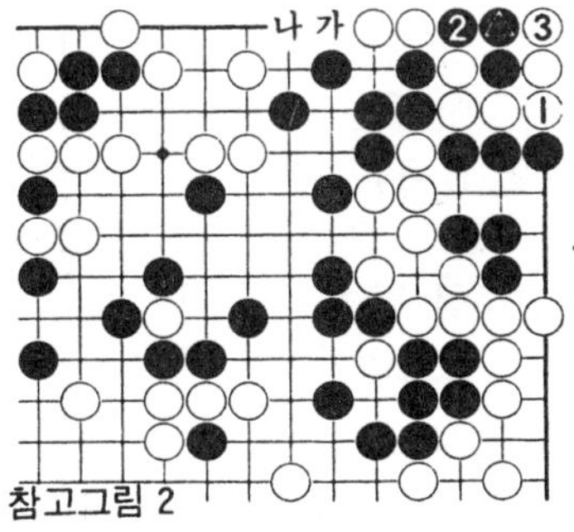

참고그림 2

참고그림 2(수를 줄인다) 〈참고보 2〉의 흑16이 되면 맞공격이 역전되었다. 백1로 이어도 백2의 던져넣기부터 한번 더 ●의 점에 놓는 것이 좋고 백2로 잇게 하고 가로 누르기까지다.

　백1에서 가로 기고 흑나, 백2를 기대할 수 있으면 백 승리지만 먼저 흑1, 백2를 결정하고 흑나면 흑 승리다.

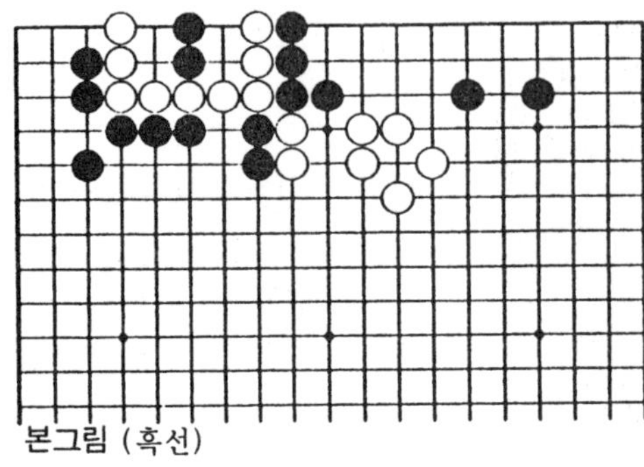

본그림 (흑선)

마 늘 모

백의 수수는 놀랍게도 12수.
흑 4석을 사느냐 건너느냐 아니
면…

본그림은 『玄玄碁經』의 「野猿
過水勢」에서 발췌.

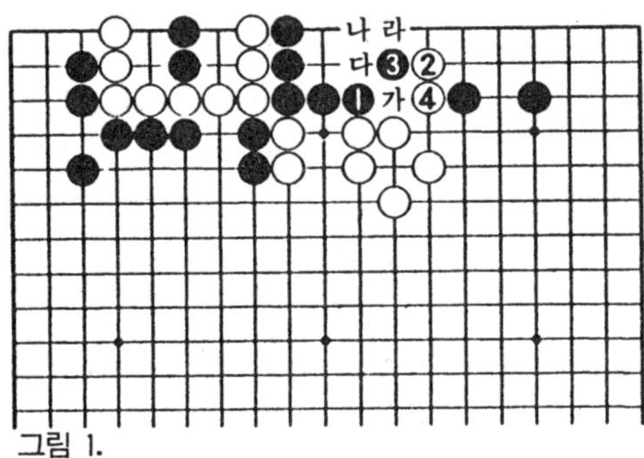

그림 1.

그림 1(건너지 못함) 흑1에
는 백2로 피하고 여하간 흑을 살
리지 않으면 승리다. 백2의 맥을
알지 못하고 가면 흑3, 백2, 흑나
로 불리하다. 흑1에서 다는 백3,
흑2, 백라로 역시 건널 수 없다.

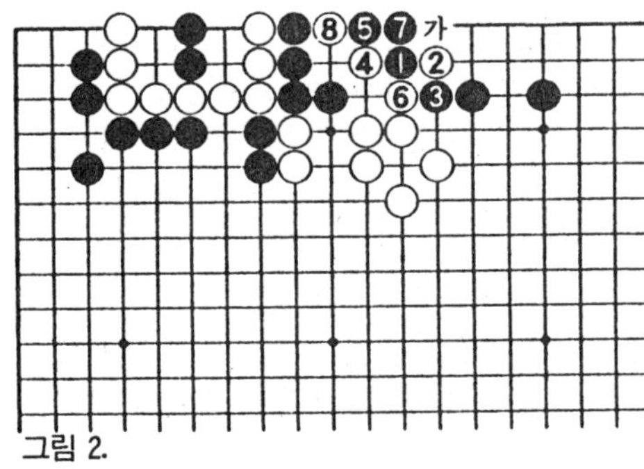

그림 2.

그림 2(던져 넣기) 흑1의 계
마도 생각되지만 백2의 붙여 넘
기로 딱 막힌다. 흑3, 5는 끊기
맥인데 백4, 6부터 8로 먼저 던져
넣기 당해 추격이다. 흑7에서 가
라고 해도 백8이다.

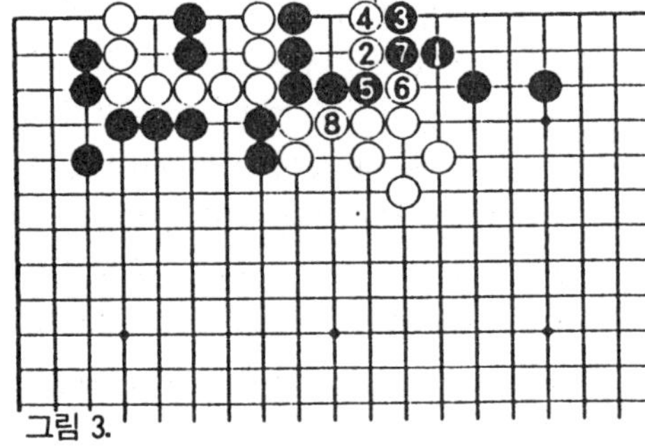

그림 3.

그림 3(흑1, 3 수법) 흑1이
급소. 백2에는 흑3의 마늘모가
묘수인데 백4면 흑5, 7로 비김수.
비김수의 수수는 무한해서 결국
백 전부를 잡게 된다. 백2에서 7
이면 흑3으로 원숭이 다리가 완
성된다.

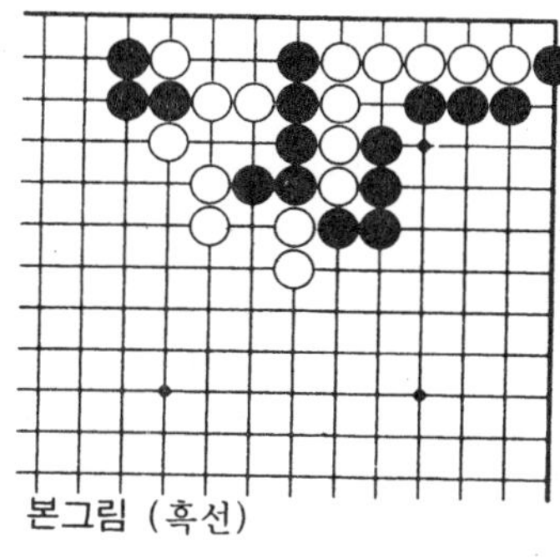

본그림 (흑선)

처지기

『玄玄碁經』의 「五虎入山勢」에서 발췌.

4수 대 6수의 맞공격이 백의 약점을 이용함으로써 역전된다.

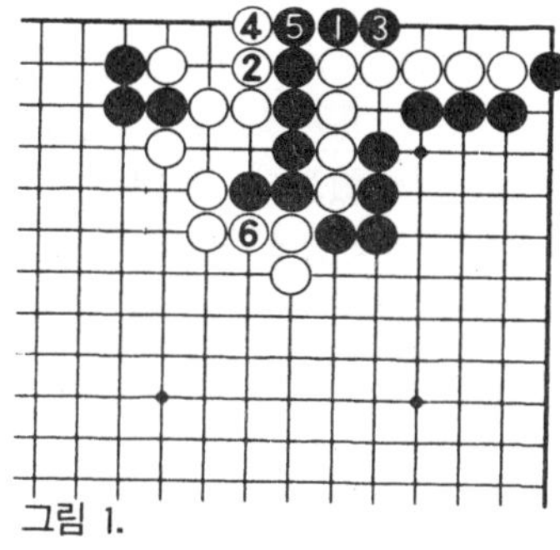

그림 1.

그림 1(2수 패배) 흑1로 젖혀서 보통으로 맞공격하면 백6까지로 2수 대 4수. 과연 2수 지고 있다. 흑1에서 5의 처지기도 백2로 눌리워서 2수 패배는 불변이다.

그렇다고 좌편으로 건너는 수도 없고 패의 탄력을 작성할 장소도 없다. 흑, 절망인가라고 보이지만….

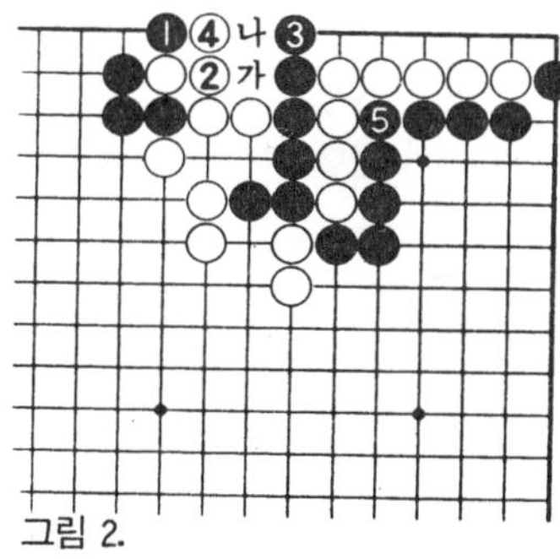

그림 2.

그림 2(흑1, 3, 수법) 흑1로 이상한 곳에 단수하는 것이 극비 작전 제1호. 건너기를 저지하려면 백2밖에 없고 그때 흑3의 처지기가 작전 제2호.

백2에서 가는 흑나, 백2에서 나로 흑가, 백2, 흑3으로 건너기다. 백4로 건너기를 저지하려면 이 1수다.

흑5로 1수 승리.

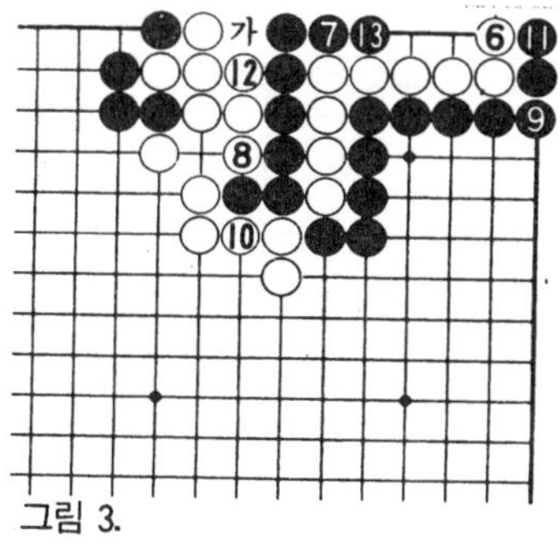

그림 3.

그림 3(밀 수 없음) 앞그림에 이어 차례로 서로 채워본다. 백6의 처지기는 집이 있고 없음을 노린 연명 공작. 흑은 9, 11로 밖에서 채우는 것이 좋고 흑13일 때 백은 가에 둘 수 없는 사실을 문득 깨달았다. 양쪽 밀 수 없음의 모양으로 흑의 수 승리. ●이 마침 활동하고 있다.

처지기

바둑에서 선입감은 금물. 평소에는 당연한 것처럼 성립되는 맥도 때와 장소가 바뀌면 아주 무력하게 되는 수도 있다.

【참고보 3】

백1부터 3, 5로 골라서 11, 13에서 흑가, 백14의 건너기를 기대했는데 흑14로 피해 우변의 맞공격은 백 패배, 그래서 백은 돌을 던질 수밖에 없는 형세다.

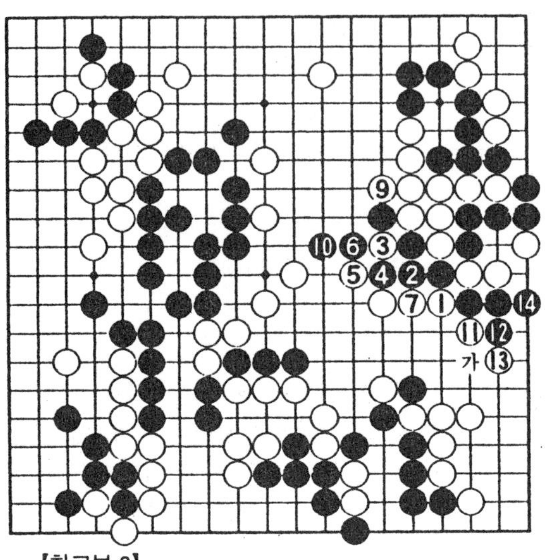

【참고보 3】
제20기 本因坊戰　　백　　藤澤秀行
리그전　　흑　　宮本直毅

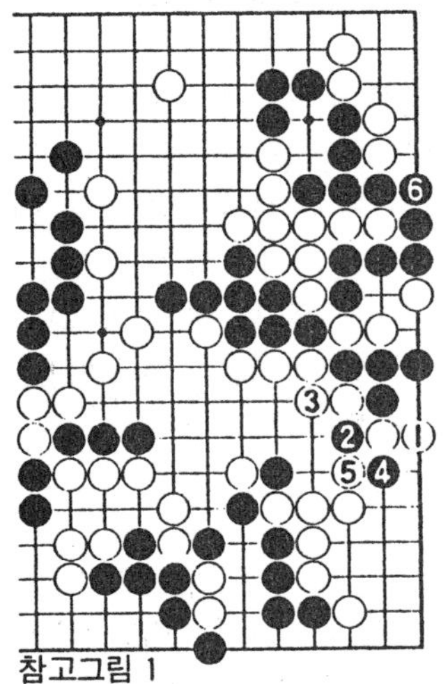

참고그림 1

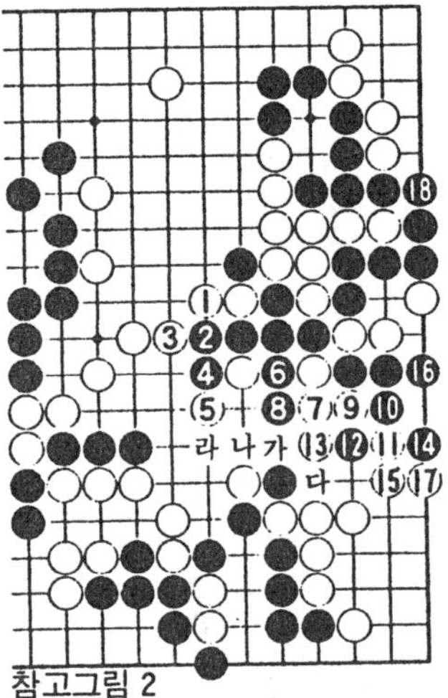

참고그림 2

참고그림 2
(패)〈참고보 3〉의 백5에서 1로 뻗으면 어떨까. 흑2 이하 6, 8로 나오고 백9에는 흑 12, 14가 작용한다. 16으로 겨누어 패이고 이 패는 흑에 패감이 얼마든지 있다.

백17에서 가로 흑나, 백다, 흑라로 나오니 흑의 공배 수가 3수 이하로는 아무리 해도 되지 않는다.

참고그림 1(끊어 젖히기)
〈참고보 3〉이후 백1로 처져도 흑2, 4로 수를 늘이는 수법이 있다. 흑6으로 이어 백 패배다.

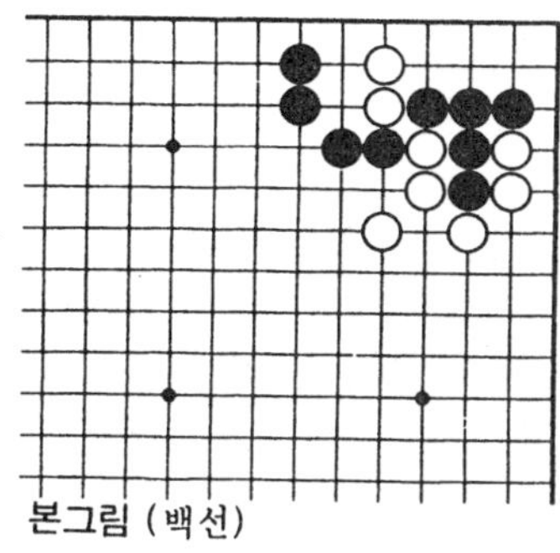

본그림 (백선)

미끄럼

보통 생각하면 4수 대 4수로 백의 승리. 그러나 흑에는 귀의 우위가 있다.

본그림은 『發陽論』에서 발췌.

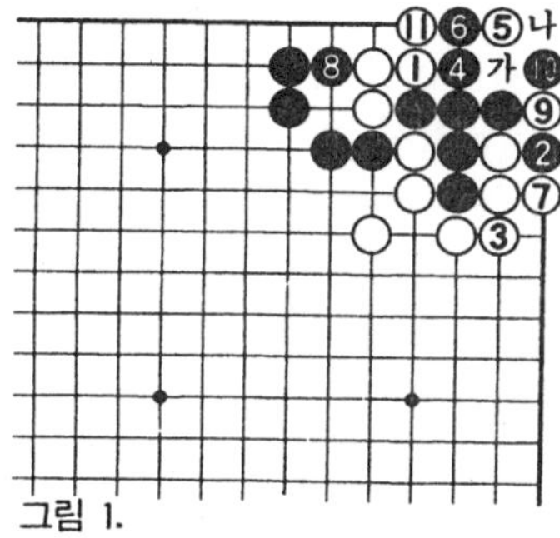

그림 1.

그림 1(패) 백1로 굽어 3으로 탄력을 뺏고 5, 7로 패에 버티는 수가 있다. 흑4에서 가로 젖히고 백나로 바뀐 후의 흑4라면 백다, 흑라, 백6의 패다.

백3에서 단순히 다는 흑5, 백6, 흑나로 젖혀 끊는 맥으로 1수 늘기 때문에 흑마로 수 패배가 된다.

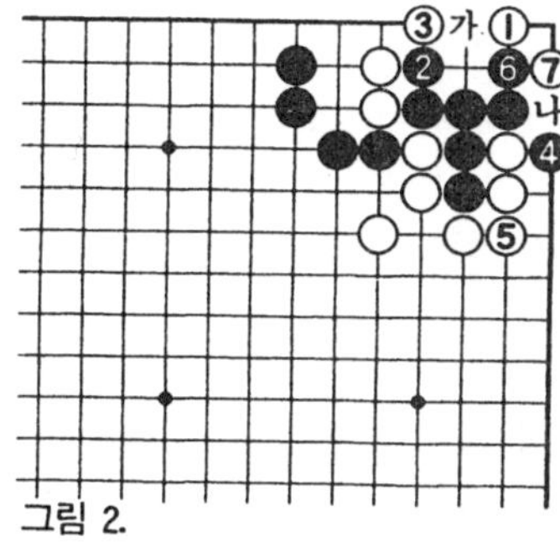

그림 2.

그림 2(살지 못한다) 백1의 붙이기는 흑2의 젖히기가 작용하고 4로 집모양을 만들면 결국 집있고 없음의 패배다.

백3에서 4는 흑3으로 끊고 백가, 흑나, 백다일 때 백라로 누르는 수가 없으므로 유유하게 흑마로 집 잡으러 향할 수가 있다.

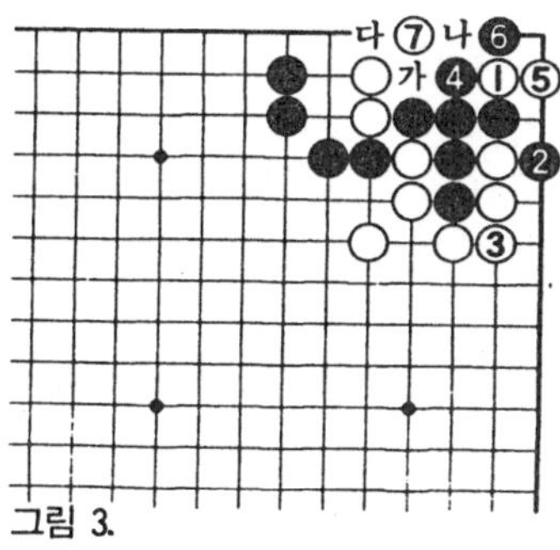

그림 3.

그림 3(백1, 수법) 흑에게 귀의 우위가 있다면 그 우위를 단숨에 뒤엎는 것이 백1의 눈목자 미끄럼이다. 흑가나 나로 붙여서 공배를 채워도 자기의 공배로 채워지니까 마찬가지.

결국 시초의 공배 수의 우위가 돌연화해서 백의 수 승리로 끝나는 모양이 되었다.

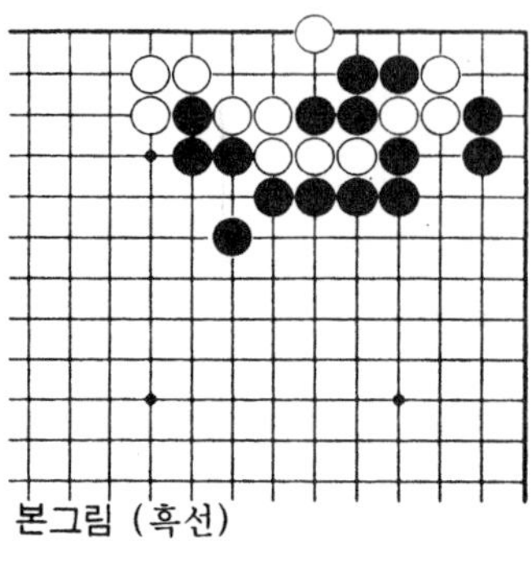

본그림 (흑선)

붙이기

간접적으로 수순을 늘인다. 현재 3수 3수이지만 이길 수 없는 이유가 있고 원인을 제거하는 맥이다.

본그림은 『碁經衆妙』에서 발췌.

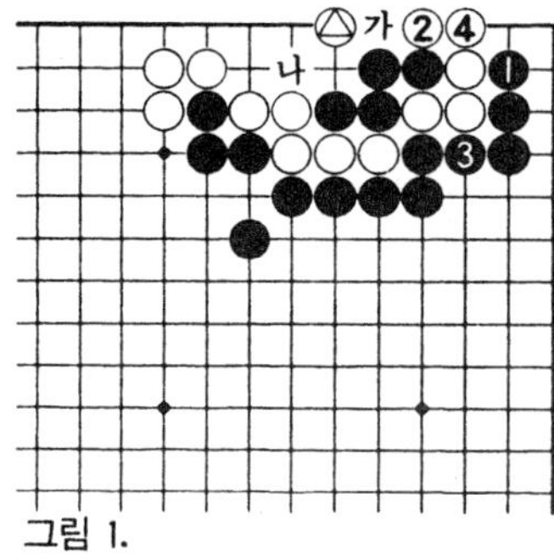

그림 1.

그림 1(들어갈 수 없음) 3수 3수면 흑1로 눌러서 이길 수 있을 듯하지만 △이 절호점에 있어서 백2에 흑가로 들여 밀 수 없다. 흑3, 백4로는 흑나의 단수를 작용시켜도 언발에 오줌이다.

이 맥을 방해하려는 생각에서 저항 몇이 발견된다.

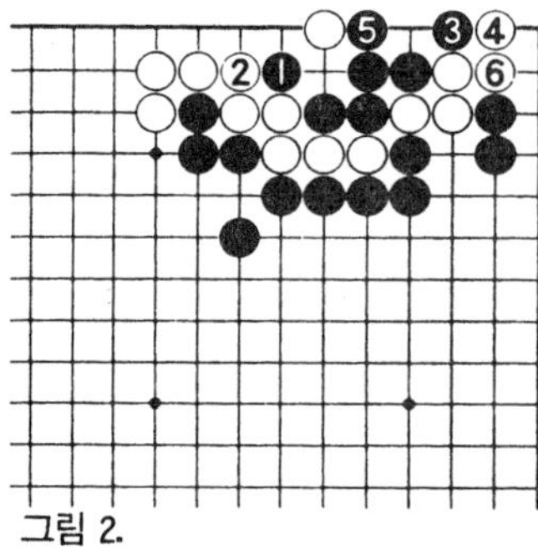

그림 2.

그림 2(종반 패) 우선 흑1을 작용시킨다. 다음에 흑5의 누르기는 백3으로 패배이므로 흑3으로 젖혀서 5로 패로 겨누고 여하간 수에 대항 할 수 있었다.

백4에서는 6이라도 좋고 백6에서는 일단 패를 잡을 테지만 잇기가 패감이 되는 백 유리의 1수 종반패다.

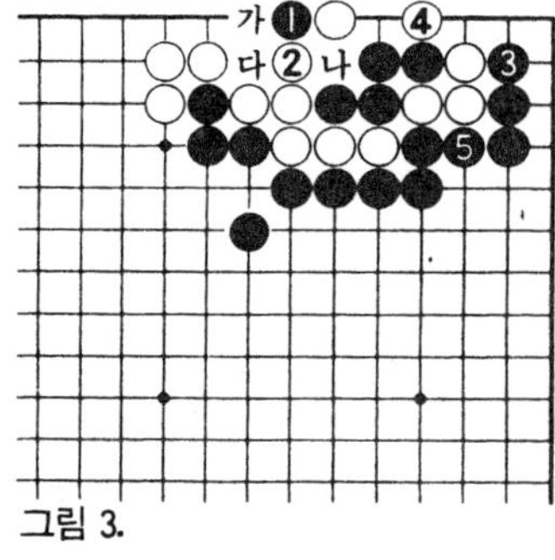

그림 3.

그림 3(흑1, 수법) 흑1의 붙이기는 두었어도 아직 효과가 썩 나타나지 않는 묘수일 것이다. 백2로 바뀌어 흑3, 5로 단수, 비로소 추격이 된 사실을 깨닫는다.

백2에서 가라고 해도, 흑3, 5로 좋고 백2에서 나는 흑다 쪽의 추격이 성립되어 있다. 백3에서 4면 패.

130

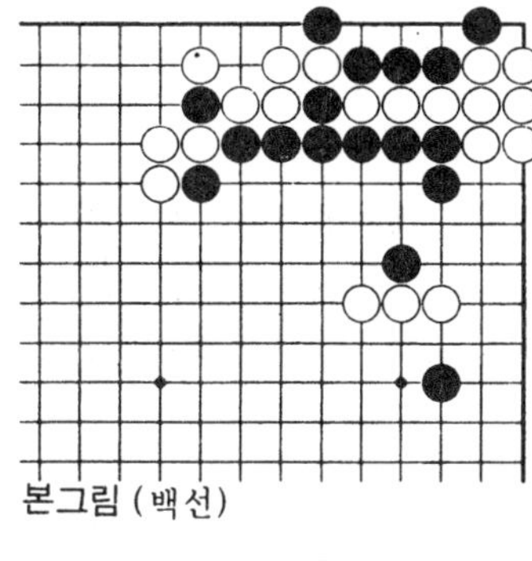

본그림 (백선)

뛰 기

고전, 정석에서는 유명한 속임수 파괴다. 백은 석탑에 졸리워서 위기 일발 건너거나 수를 늘이거나 해서 급한 장면을 면하고 싶다.

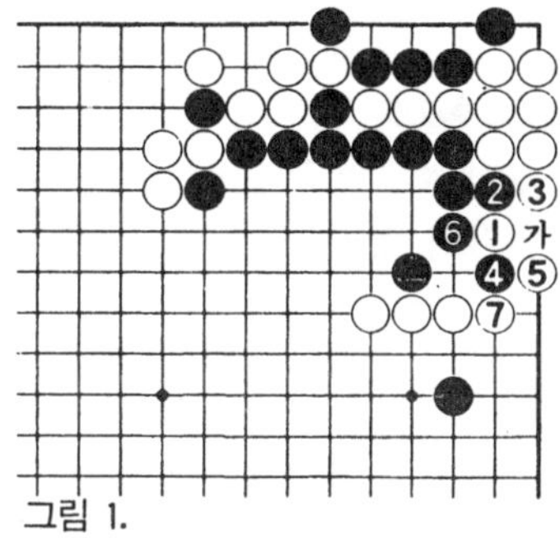

그림 1.

그림 1(뛰기) 백1의 뛰기 흑2의 나오기부터 흑4의 붙이기로 ●이 잔뜩 활동한다.

이때는 백5의 젖히기가 유일한 끊기로 패가 되는데 흑한테 패를 잡혀 그만이다. 흑의 속임수는 감쪽같이 성공했다.

백1에서 가는 흑2, 백3, 흑4까지.

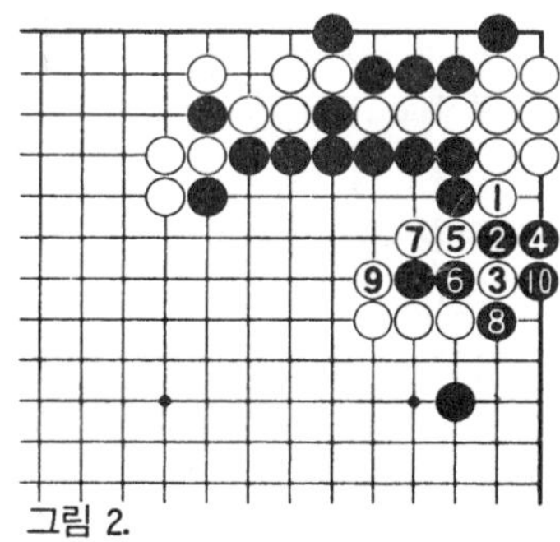

그림 2.

그림 2(귀수) 백1의 굽기가 어렵다. 흑2에 백3으로 마늘모 붙이고 건너면 배후에서의 추격이 무효이므로 흑4로 처질 수밖에 없다. 백5로 끊어 참았는가라고 생각될 때 흑6부터 8로 되끊는 귀수가 성립된다.

백3에서 4면 패.

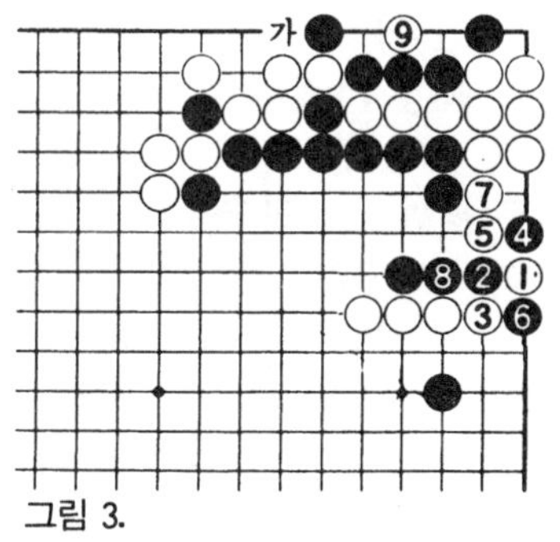

그림 3.

그림 3(백1, 수법) 같은 뛰기라도 백1로 제一선에의 2칸 뛰기이어야 한다. 건너기를 저지하려면 흑2, 4의 수법이 필요한데 그때 백5의 되끊기가 비수고 흑이 건너기를 저지하고 8로 딴쪽을 두는 사이에 백9로 수 승리가 된다. 백9에서 가는 흑9의 2수 수습패가 남는다.

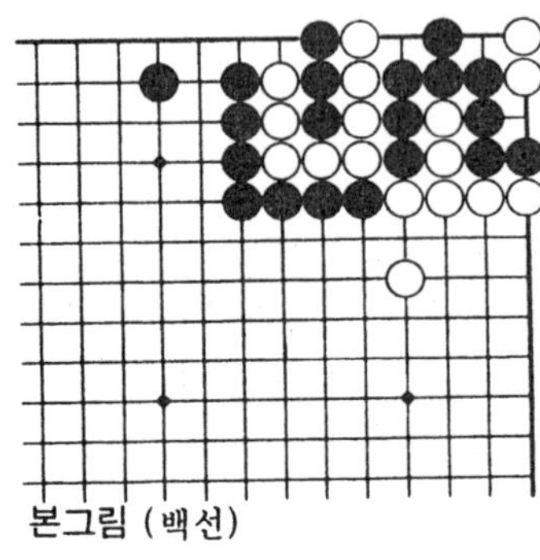

본그림 (백선)

젖히기

큰 내격 작은 내격으로 백의 수 패배로 보인다. 둘곳도 별로 없는 모양이지만 백의 묘수, 비김수로 이끈다.

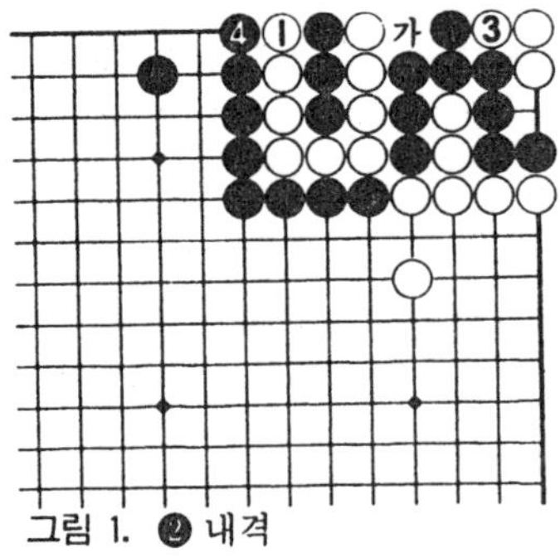

그림 1. ❷ 내격

그림 1(수 패배) 백1로 잡고 서로 채워보겠다. 흑2로 내격당하고 백3, 흑4가 된 모양은 전형적인 큰 내격과 작은 내격. 가의 공배는 흑의 소속이다.

백1에서 잠자코 3으로 채워 놓는 것도 흑4, 백1부터 내격 당해 역시 수패배다. 이 이상의 수는 없을 듯하지만.

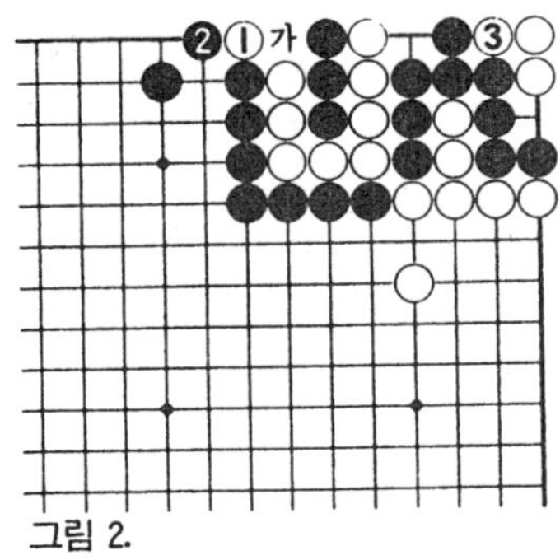

그림 2.

그림 2(백1, 수법) 백1로 하나 젖혀서 흑2로 바뀌고, 그대로 손을 빼서 백3으로 채워 놓는 것이 좋다. 엉거주춤한 모양이지만 이대로 양자가 수를 낼 수 없는 「젖히기 비김수」다.

백가로 3석을 빼는 수는 흑에게 내격 당해 물론 수 패배. 흑부터 가로 잡는 수도 잘 되지 않는다.

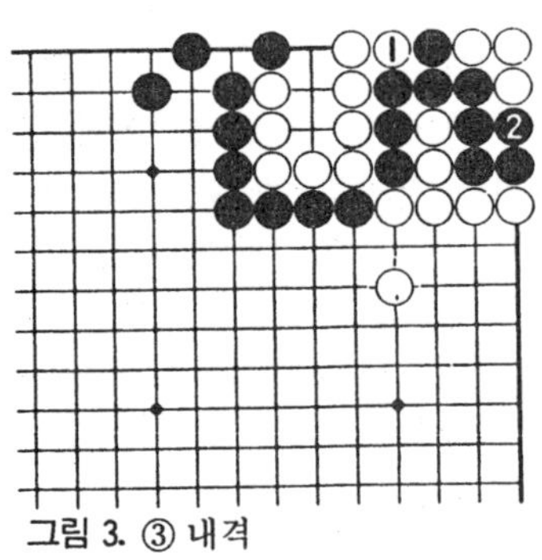

그림 3. ③ 내격

그림 3(무너진다) 앞그림부터 흑이 1점을 빼고 백이 4석을 되빼고 또 흑이 1점을 뺀 것이 이 모양.

백은 1로 평범하게 단수하고 흑2일 때 내격해서 수 승리. 백의 수순은 3수. 흑의 수순은 2수다.

흑은 스스로 비김수를 무너뜨렸다.

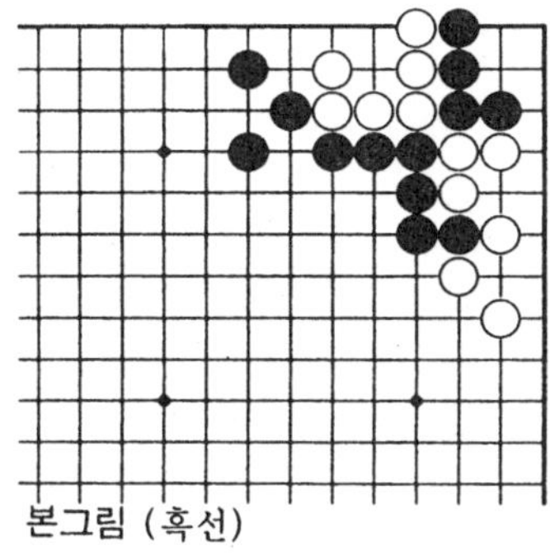

본그림 (흑선)

굽 기

지금은 3수 대 4수의 맞공격인데 귀의 특수성을 이용해서 수순을 늘일 수 있느냐 없느냐.

본그림은 『玄玄碁經』의 「雲起成霞勢」에서 발췌.

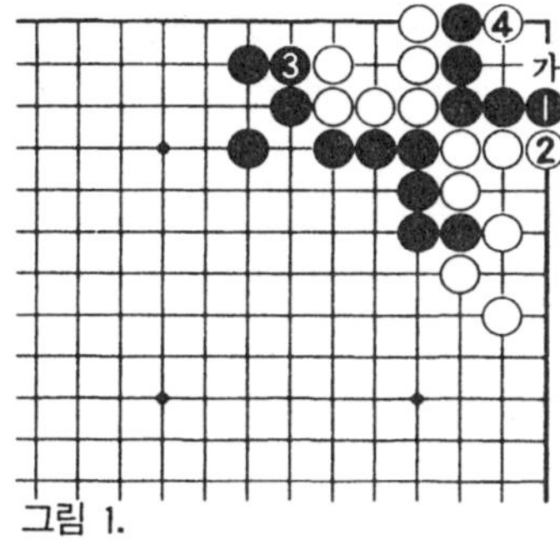

그림 1.

그림 1(귀의 내격)　4목 내격은 5수 있을 것이어서 흑1로 처져도 귀의 내격은 수순이 쑥 짧아진다.

백4로 붙이면 흑의 수는 조금도 늘지 못했다.

흑3에서 4로 두어도 백가인데 내격의 모양은 좋아졌지만 도리어 자기의 공배를 채웠다.

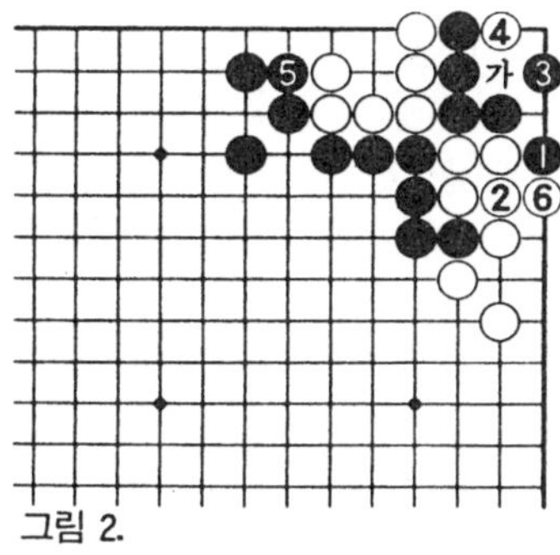

그림 2.

그림 2(패)　흑1로 단수하고 3으로 걸쳐 이어 패의 모양을 만들어 놓으면 무조건 보다 낫다. 흑3에서 단순히 5라도 백4로 붙이고 흑3, 백6의 패나 흑가, 백3의 패가 된다.

흑1에서 잠자코 5로 채워도 백4로 붙일 수밖에 없으므로 이 패는 움직이지 않는 것 같은데….

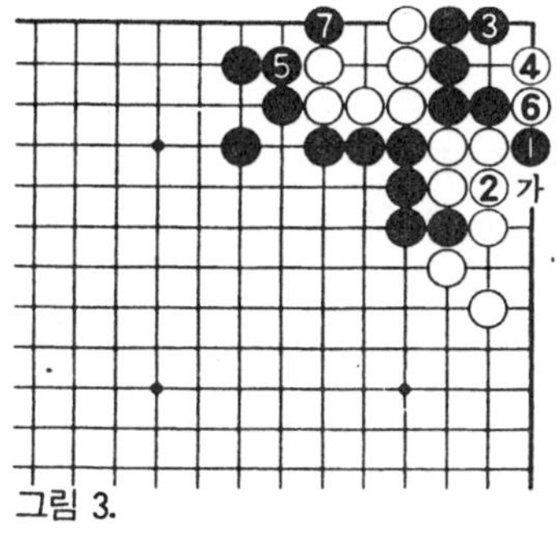

그림 3.

그림 3(흑3, 수법)　흑1의 단수부터 3으로 굽는 기묘한 맥이 있다. 틀림없는 급소이지만 어쩐지 자기의 수를 채우는 것 같아서 두기 어렵다.

그러나 현실적 효과는 분명해서 백 4, 6, 흑5, 7로 서로 공배를 채웠을 때 백은 백가로 1수 딴 곳에 수를 되돌리게 한다.

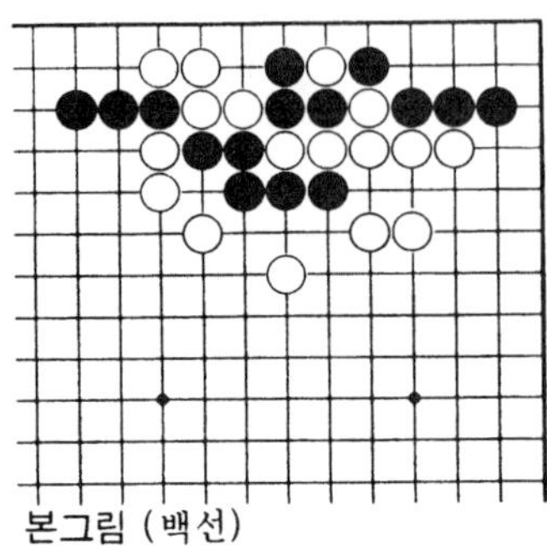

본그림 (백선)

걷어올리기

현재 4수 대 5수. 이 수순을 역전시
키려면 흑의 약점에 착안할 수밖에 없
을 것이다.

본그림은 「碁經衆妙」에서 발췌.

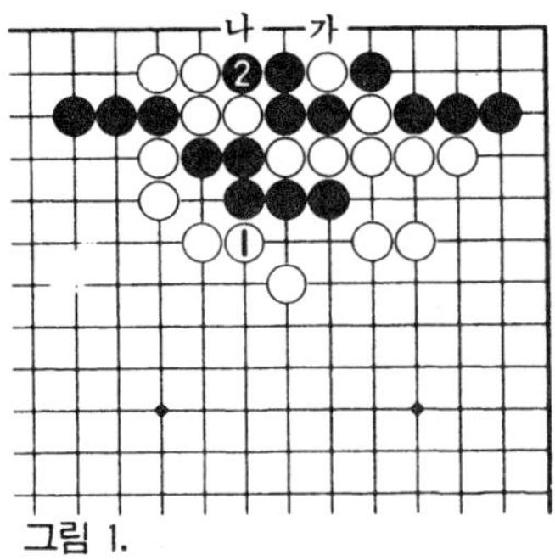

그림 1.

그림 1(차례)　백1이면 흑2. 차례
로 공배를 채워가면 백의 1수 패배가
눈에 보인다. 따라서 흑2가 오기전에
뭔가 공작을 해야 하겠는데 백1에서 2
로 단수하면 흑가의 빼기로 아무 유익
이 없다.

이어 백나를 작용시켜도 자기의 목
을 조를 뿐.

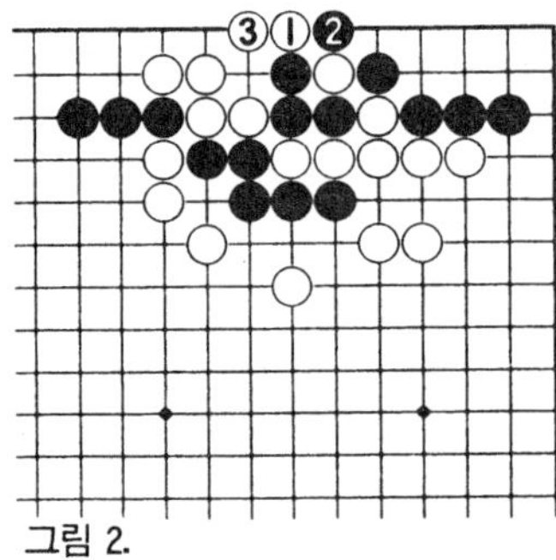

그림 2.

그림 2(백1, 3, 수법)　같은 단수라
도 백1로 밑부터 이어야 한다. 흑2로
빼게하고 백3으로 끌어 별로 변한 빛
도 없는 듯하지만 마무리를 기대하시
라.

백1까지 침입하지 않고 3으로 빗겨
두어도 수.

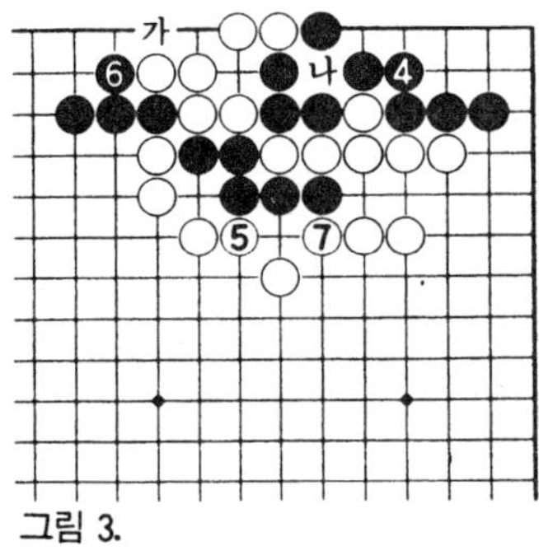

그림 3.

그림 3(들어갈 수 없음)　앞그림에
이어 흑4로 추격을 막아야 한다. 화급
한 이때 흑4로 1수 쉬게 하면 이하는
백5, 7로 보통으로 채워서 1수 승리
다.

가쪽부터도 나쪽 부터도 맨발로 들
어갈 수 없는 모양을 만든 것이 수법
의 효과다.

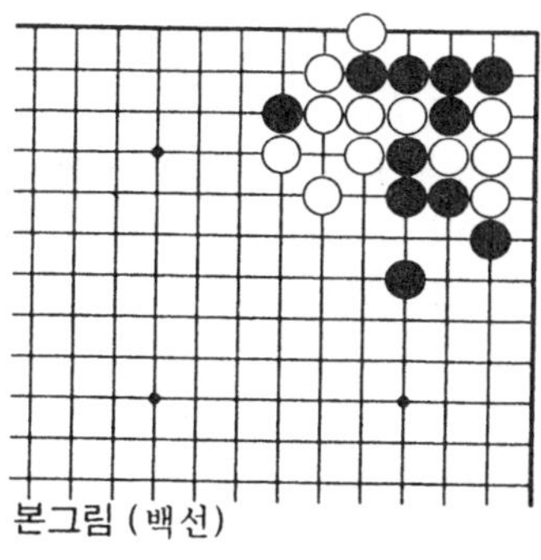

본그림 (백선)

양 젖히기

사활에서는 「젖히기도 품속」인데 맞공격에서는 「젖히기도 손아귀 속」이다.

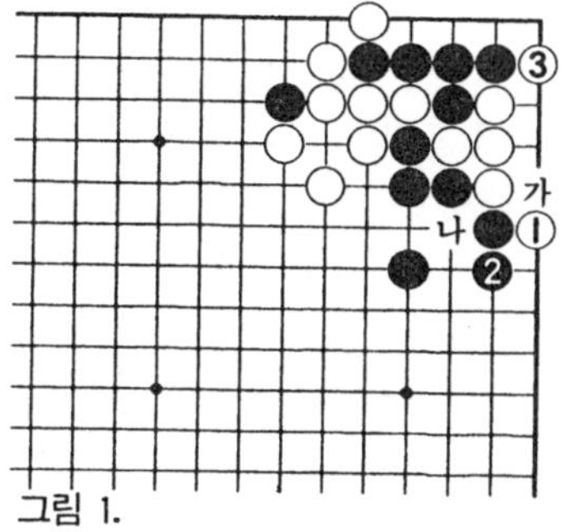

그림 1.

그림 1(백1, 3, 수법) 이상한 점도 없는 백1의 젖히기가 3수 밖에 없던 수순을 4수로 만들었다. 백이 단순히 3의 젖히기로 두는 것은 흑가로 문제없이 패배다.

흑도 2에서 가의 먹여치기가 작용하면 다른 수가 있지만 백나로 되려 단수당해 중앙의 3점이 떨어진다.

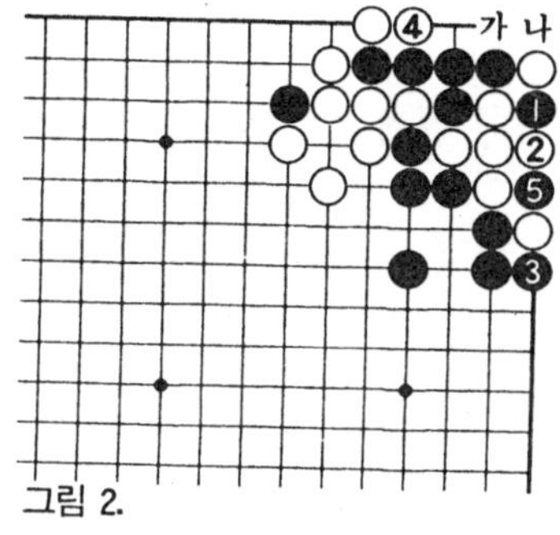

그림 2.

그림 2(방치) 앞그림에 이어 흑1이면 백은 상관하지 않고 2로 채워서 수 승리다. 흑1에서 가로 가도 같다.

먼저 흑1 백나를 교환했다면 흑가로 눌러서 백2일 때 패를 잡는다. 일단 젖혀 놓고 그대로 방치한 점에 수법의 묘미가 있다.

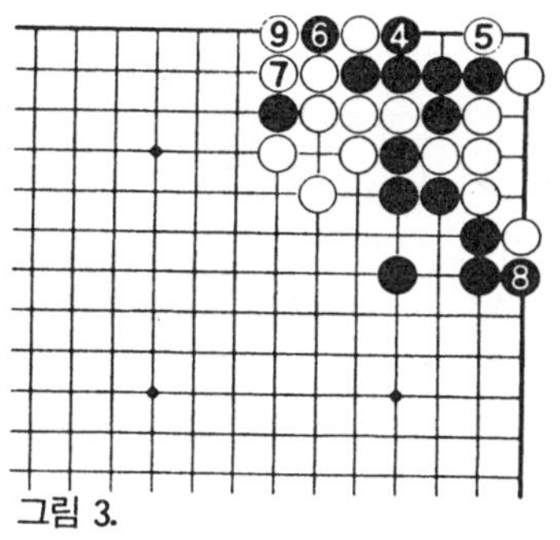

그림 3.

그림 3(흑의 저항) 결국 흑은 〈그림 1〉에 이어 4로 누르고 6으로 빼어서 패로 유도할 수밖에 도리가 없을 것이다. 백5에서 6의 잇기는 흑5에서 집이 있고 집이 없음이 이고 백7에서 9도 흑7로 끊기워서 역시 패인데 실전이면 패배했을 때의 손해가 크므로 7로 늦출 수밖에 없을 것이다.

수를 줄인다

수를 줄이는 수법은 상대의 탄력점을 뺏는 맥과 버림돌의 맥으로 나눌 수 있을 것이다. 버림돌의 맥은 제2선의 돌을 2점으로 만들어서 버리는 케이스가 태반인데 돌의 탄력점은 여러가지여서 그쪽이 발견하기 어렵다.

더구나 안쪽 공배가 있는 맞공격은 상대의 수를 줄이는 일에 마음이 팔려 그 김에 자기의 공배도 채워지는 자신 공격에 빠지기 쉬운 것. 맞공격에서 안쪽 공배와 패는 최후에 두어야 한다.

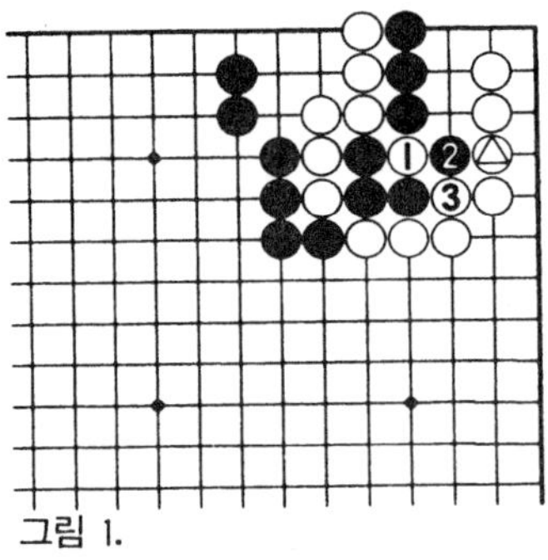

그림 1.

그림 1(던져넣기) 수를 줄이는 기본의 하나가 던져넣기의 버림돌, 백1의 1점을 흑2로 잡게 하므로써 ◎에 접촉시키므로 상대의 공배가 하나 채워진다는 원리다.

백1에서 평범하게 3의 단수면 흑1로 4수가 되고 백1에서 2면 흑1로 이어 이것도 4수다.

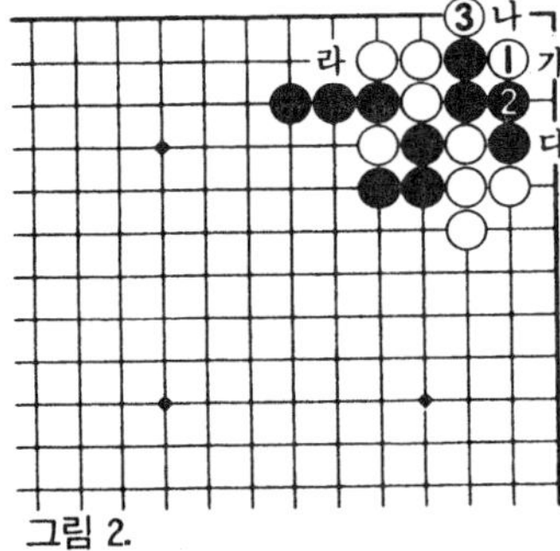

그림 2.

그림 2(붙이기) 백1의 배 붙이기는 전형적인 탄력점이다. 백이 어디에 두어도 흑이 1로 두면 백이 수 패배로 되기 때문인데 반대로 그 급소를 백이 점거하면 1수 승리가 된다.

백1에서 단순히 3의 젖히기는 흑1, 백가, 흑나, 백다일 때 잠자코 흑라로 좋다.

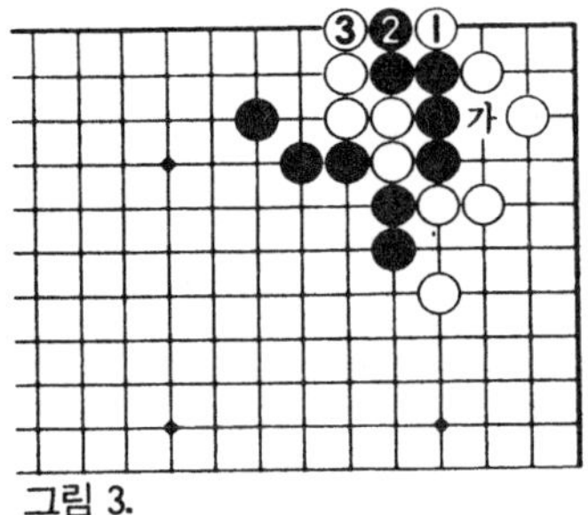

그림 3.

그림 3(젖히기) 백1의 젖히기부터 결정하는 것이 호수순. 건너기를 보여서 흑2의 자신 공격을 유인한다. 백3으로 눌러서 1수 승리다. 보통이면 3수 4수의 맞공격이 백1의 수법으로 역전된다. 백1에서 2쪽의 젖히기는 흑1로 눌리워서 백가, 흑3의 잡기가 백수를 줄인다.

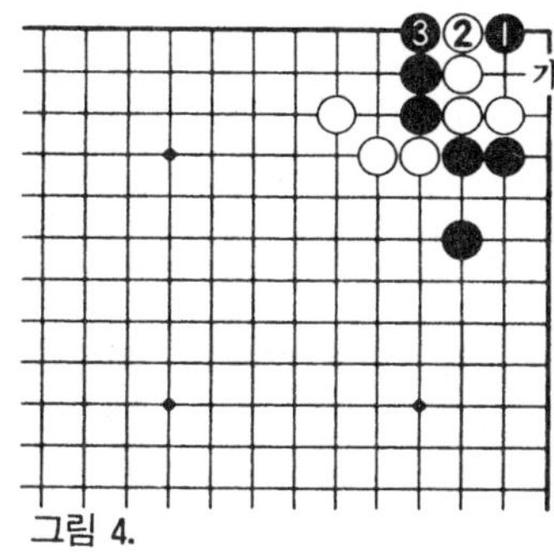

그림 4.

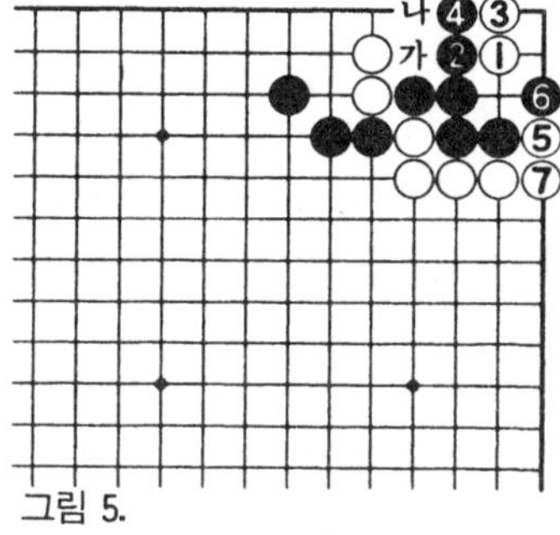

그림 5.

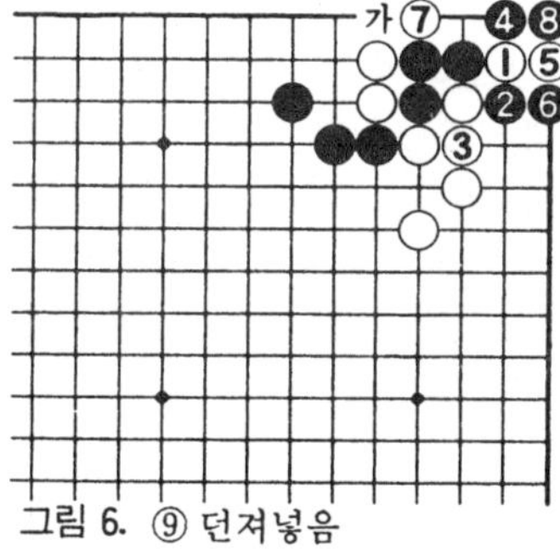

그림 6. ⑨ 던져넣음

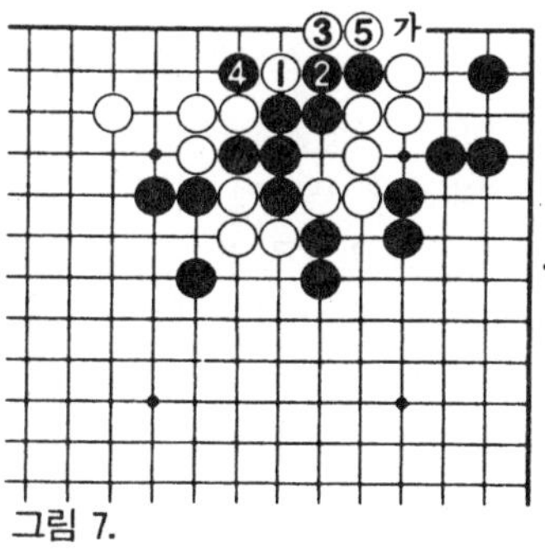

그림 7.

그림 4(놓기) 흑1의 놓기가 백의 탄력을 뺏는다. 백2면 흑3으로 알기 쉽게 1수 승리다.

백의 수를 채우는 것만을 염두에 둔다면 흑1에서 2로 젖힐 수도 있는데 그렇다면 백1로 눌리워서 가의 살기가 분명해진다. 잠자코 탄력점에 흑1로 선행할 참이다.

그림 5(놓기) 백1로 놓고 흑2면 백3으로 건너기를 보이고 나서 5, 7로 젖혀 이어 수 승리가 된다. 무엇보다도 백1의 급소에 선착하는 것이 탄력을 뺏는 수법이고 백3도 같은 탄력의 급소다.

흑2에서 가면 백나 쪽을 젖혀 이어 아직 알기 쉽게 1수는 승리다.

그림 6(처지기) 백1의 젖히기는 흑2의 단수를 남겨서 무모한 것같지만 흑4일 때 백5로 처지는 버림돌의 수법을 보고 있으면 두려워하지 않는다. 제二선의 돌을 2석으로 만들어 잡게 하는 상용 수법부터 다시한번 1의 점에 던져넣고 흑이 잡았을 때 백가로 배후부터 결정해서 수 승리가 됨.

그림 7(젖히기) 백1로 젖히고 심하게 채워 가지 않으면 늦다. 백3의 젖히기는 끊기를 남겨 싫은 모양인데 흑4일 때 백5로 뒤집는 맥을 알고 있다면 불안은 없을 것이다.

흑이 백1을 흑4의 끊기에서 5로 누르는 것은 백가로 공배를 채워서 마찬가지다.

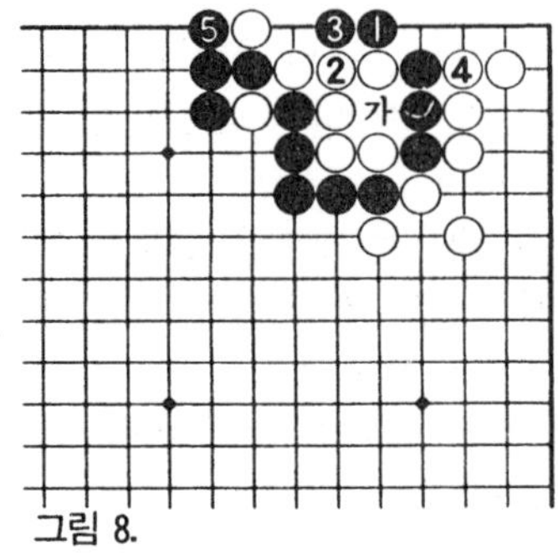

그림 8.

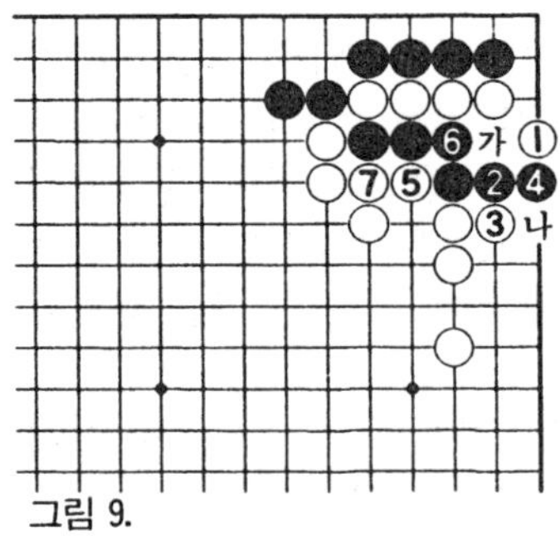

그림 9.

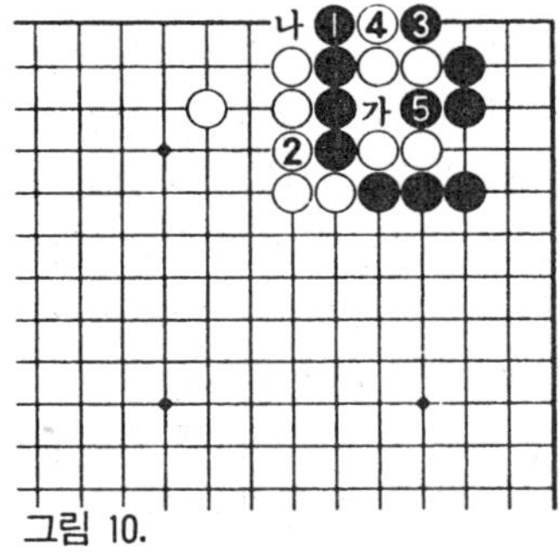

그림 10.

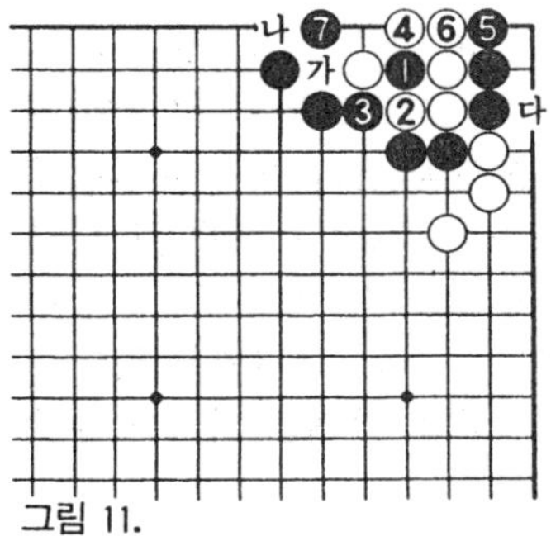

그림 11.

그림 8(젖히기) 흑1의 단순 젖히기가 자신 공격을 피한 수법. 흑가, 백2로 바뀌면 아무 맛도 없어진다. 백2에서 3이면 이번에야말로 가로 단수해서 추격.

백2의 잇기면 가의 공배를 그대로 흑3으로 기고 5로 바깥부터 단수해서 꼭 맞게 건넜다.

그림 9(마늘모) 백1의 마늘모에서 건너기를 본다. 흑2에서 가는 백나. 흑2면 백3부터 5로 들이대어 백1이 꼭 맞는 마늘모가 되어 있다. 흑6에서 가면 몇 석은 살아나지만 그저 그뿐이다.

백1에서 2는 흑가로 추격. 급하면 돌아서 가라의 백1이다.

그림 10(꺾어 끊기) 흑1의 꺾어 끊기가 상대로하여금 공격을 유인하는 맥. 백2일 때 흑3의 젖히기를 먼저 하고 백4로 바뀌고 나서 5다. 백4의 자신 공격을 두지 못하게 하고 흑3에서 5는 백가, 흑3으로 젖혀도 이번에는 백나로 추격이다.

백2에서 4도 자신 공격인데 흑5로 패배.

그림 11(모퉁이) 흑1의 던져넣기는 수수를 줄이는 상용 수단인데 이것만으로 안심하면 맞공격에 이길 수 없다. 흑5를 결정하고 7로 빗겨두는 것이 마무리의 맥인데 백가면 흑나로 이어 놓는다. 흑7에서 가는 백다인데 머뭇거리는 사이에 1수 패배다.

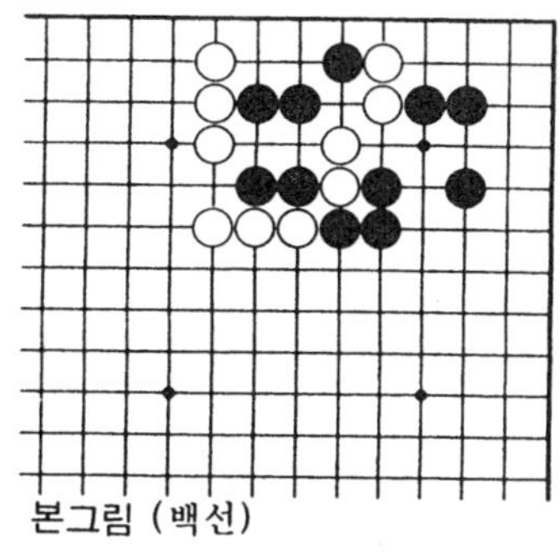

본그림 (백선)

들여대기

맞공격에서는 상대의 모양을 정확하게 결정해 놓는 것도 중요한 수법의 하나다.

본그림은 「碁經衆妙」에서 발췌.

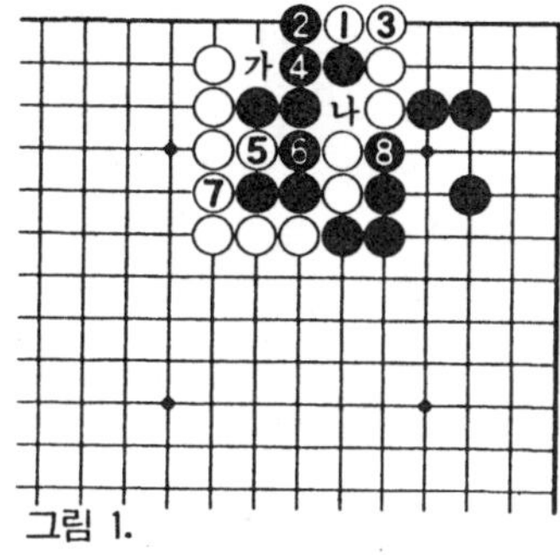

그림 1.

그림 1(늘인다) 백1, 3으로 젖혀 이어도 좋을 듯하지만 흑4의 잇기가 수수를 늘이는 수법에 해당한다. 그후는 차례로 서로 채워 흑8로 백의 패배가 확정되었다.

백1에서 가는 흑나, 백8, 흑3으로 젖히기 당해 수 패배. 흑나일 때 백1로 일부를 살려도 소용이 없다.

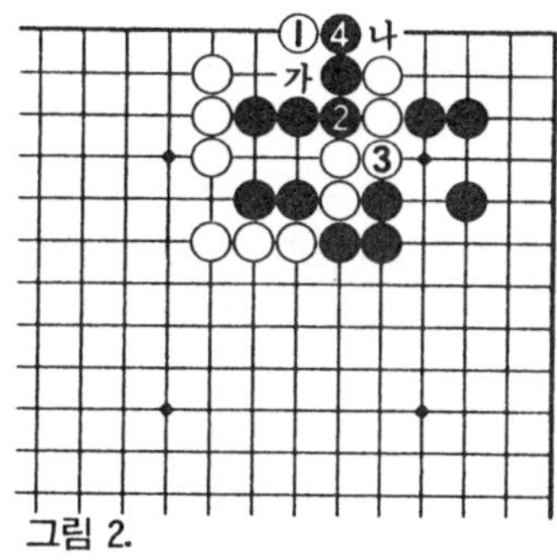

그림 2.

그림 2(계마) 백1의 계마도 약간의 맥인데 흑4면 백2, 흑가, 백나로 결정해서 수 승리다. 그러나 흑은 2로 반대로 결정해서 4. 이번에는 흑의 1수 승리이므로 이럭저럭 급소는 2의 점인 듯하다.

백1에서 나의 단수 처지기도 흑2로 결정하면 백2석을 버릴 수밖에 없다.

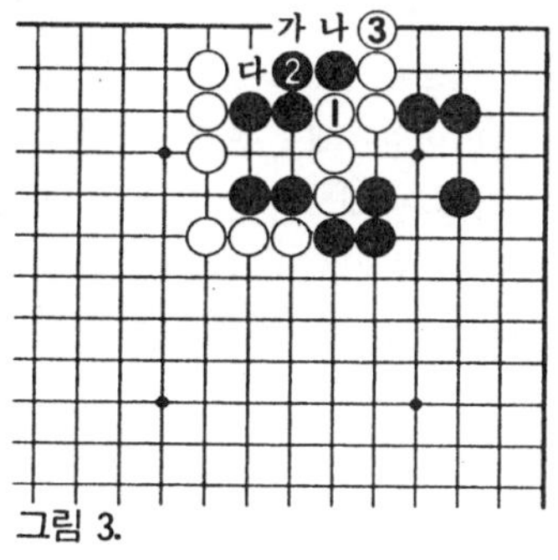

그림 3.

그림 3(백1, 3, 수법) 백1로 반대로 들여대고 흑2의 잇기로 바뀌어 놓는다. 이어서 백3으로 처지면 그후는 흑이 아무리 버티어도 1수 승리. 백가로 붙여서 흑나의 자신 공격을 강제하는 맥을 필요에 응해서 행사하면 된다.

흑2에서 가면 백다, 흑2, 백3이다.

단수 뻗기

공배가 채워진 가지 돌을 본체에 접속시킴으로써 전체의 수수를 줄이는 테크닉이 있다.

최후에 급소로 향한다.

【참고보 4】

백1, 3으로 끊어 맞공격. 흑은 여하간 건너기를 저지하고 4의 누르기인데 백5부터 단수해서 수 승리다. 백5에서 가는 흑5로 잇기 당하고 4수 3수의 패배가 된다.

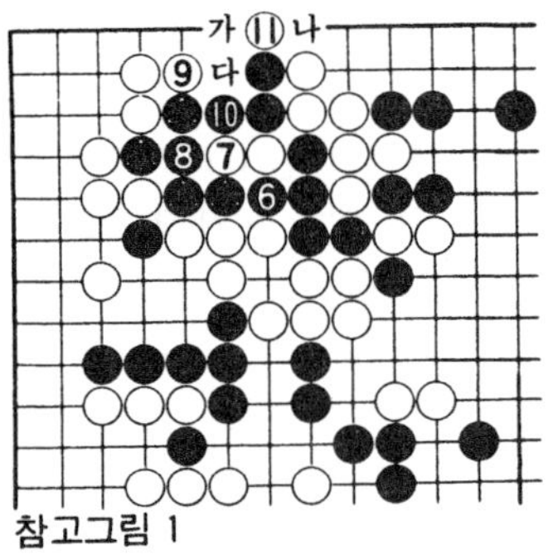

【참고보 4】
제9기 명인전　　　백　　藤澤秀行
리그전　　　　　　흑　　坂田榮男

참고그림 1(이후의 진행) 흑6에는 백7로 또다시 단수하고 공배가 채워진 ●의 가지 돌을 본체에 접속시킨다. 백9의 단수까지 작용한 일로 백11의 젖히기가 호조. 흑가, 백나, 흑다일 때 백9의 돌에 흑다의 잇기가 접촉해서 여기서도 수가 줄고 백의 1수 승리로 되었다.

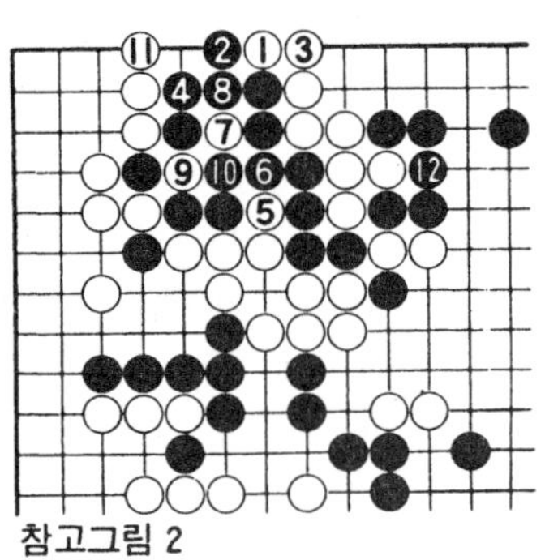

참고그림 1

참고그림 2(패 끈기) 백1, 3의 젖혀 잇기도 확실히 급소의 하나인데 당장 두면 흑4의 걸쳐 잇기로 탄력이 생긴다. 이번에는 백5 쪽부터 단수하고 7에 던져넣는 맥. 다만, 흑8로 패에 버티니까 앞그림처럼은 되지 않는다. 흑8에서 9의 잇기는 백8로 궁할 것이다.

참고그림 2

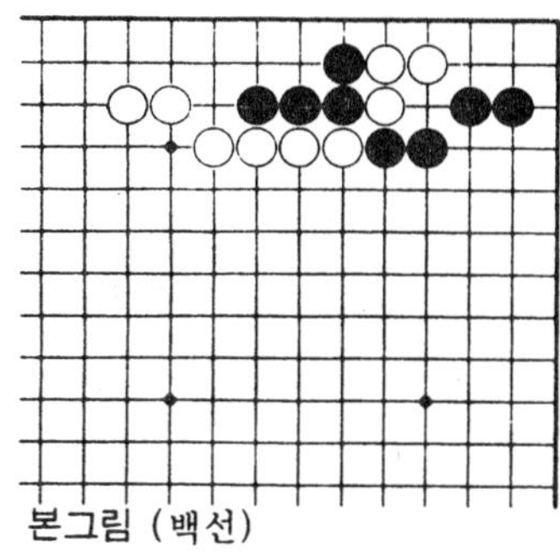

본그림 (백선)

놓　기

　4수 4수인데 흑의 모양은 변을 제어해서 탄력이 있는듯. 곧 집있고 집없음으로 된다. 탄력점을 일격해서 페이스를 회복하고 싶다. 본그림은 『碁經衆妙』에서 발췌.

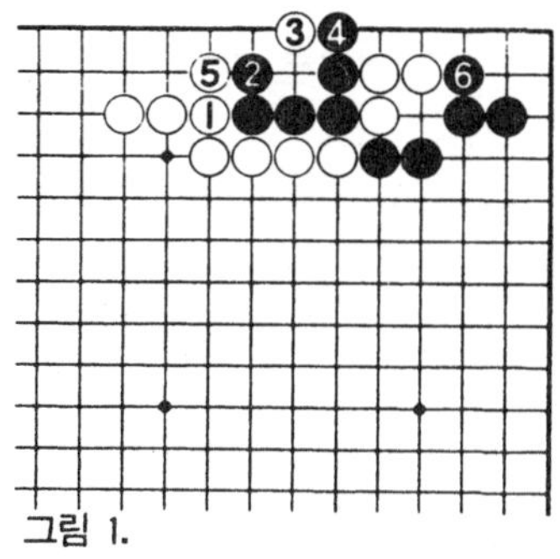

그림 1.

　그림 1(밀 수 없음)　백1로 꽉 채워 이길 수 있을 듯하지만 흑2의 처지기로 있고 없음을 노린다.
　백3으로 집 모양을 방해했을 때에 흑4, 6에서 양쪽을 밀 수 없음으로 변신했다. 백5에서 6으로 기어도 완전히 헛수고다.
　흑2에서 4를 서두르면 백2로 패배.

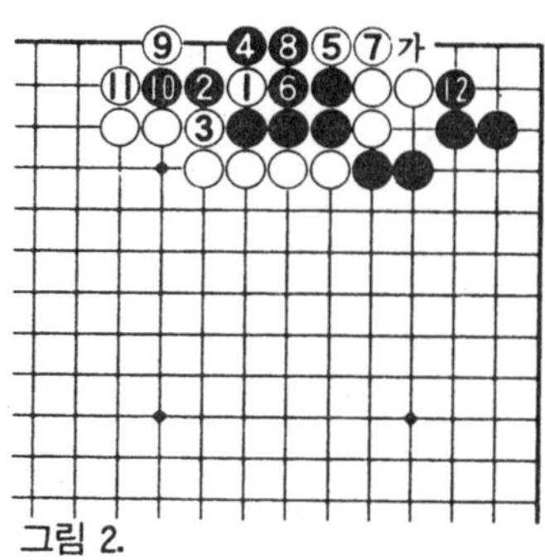

그림 2.

　그림 2(자신 공격)　백1의 붙이기부터 1석을 희생하는 것도 식욕이 동하는 수법. 그러나 이 경우는 백5, 7로 채우는 수 자체가 자신 공격이 되어 흑12로 역시 1수 패배다.
　백1 앞에 5로 젖히고 흑8, 백1이면 흑2, 백3, 흑7, 백가인데 여하간 패한 테는 버티기 당하는 모양.

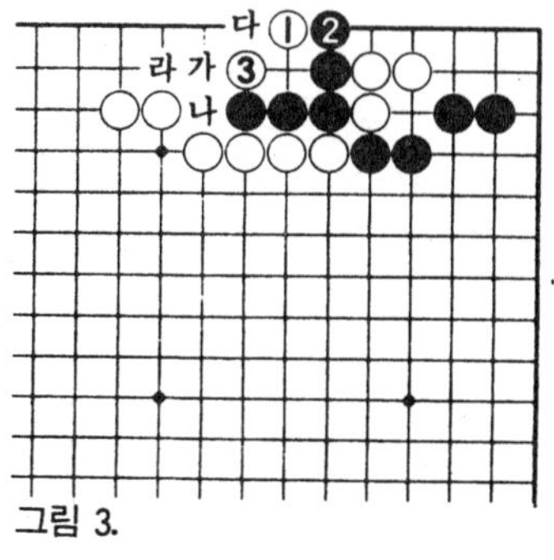

그림 3.

　그림 3(백1, 급소)　백1의 놓기가 절묘. 흑2의 차단은 백3인데 흑가에는 백나로 하면 반대로 흑이 들어갈 수 없는 모양이다. 흑2에서 3은 백2로 건너 좋고 흑2에서 가로 백2, 흑다, 백나, 흑3, 백라로 좋다. 패로 유인하는 2의 점이 제2의 급소. 무조건 잡는 1의 점이 제1의 급소다.

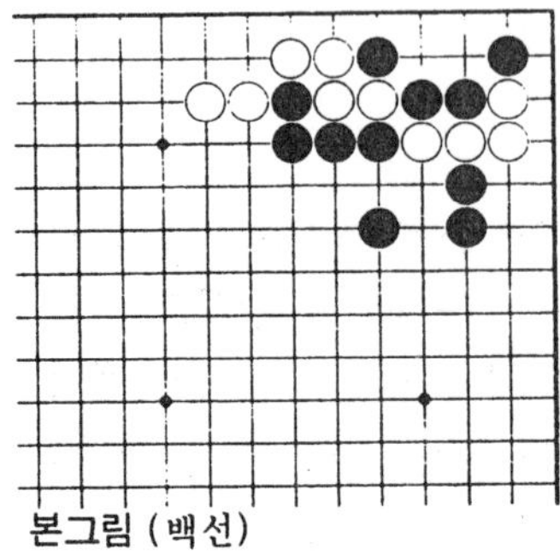

본그림 (백선)

놓 기

패라도 좋다면 몇 가지 맥이 있다. 그러나 무조건이라면 흑의 탄력점을 발견할 수밖에 없을 것이다. 본그림은 「碁經衆妙」에서 발췌.

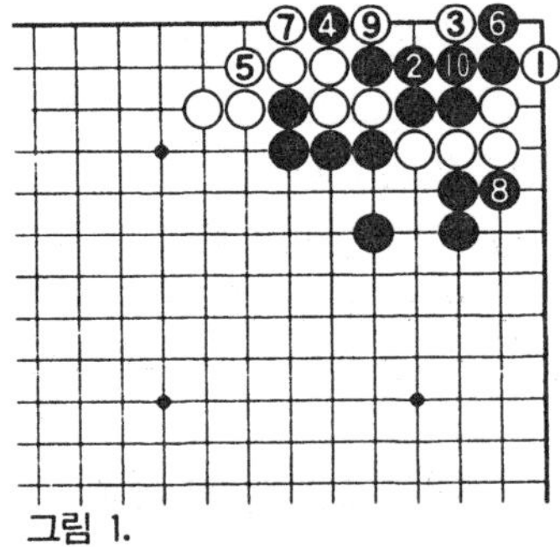

그림 1.

그림 1(늦었다) 백1로 젖히고 흑2에 백3의 놓기는 무조건 승리를 노리는 맥. 그러나 흑4로 태연하게 차단당하고 뒤를 열심히 채워도 백7의 잇기가 필요하며 밖부터의 공배 채우기가 늦었다. 백3에서 4로 단수하고 흑3으로 되는 패로 만들었더라면 좋을 뻔했다고 생각해도 소용없다.

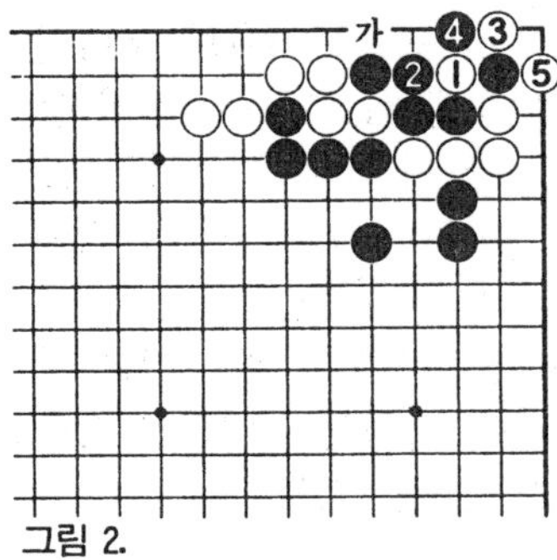

그림 2.

그림 2(맥의 존재) 백1, 3은 이러한 맥도 있다고 하는 것 뿐일 것이다. 맥의 존재와 선택은 딴 문제이다. 이 2단 패보다는 물론 앞에서 설명한 본패가 낫다.

백1에서 2, 흑1, 백가의 끊어잡기는 말할 것도 없이 흑5의 처지기로 1수 패배가 된다.

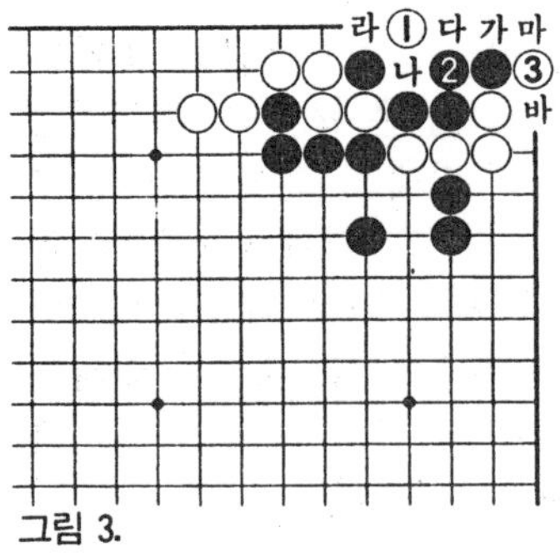

그림 3.

그림 3(백1, 수법) 백1로 놓고 2의 끊기를 본다. 흑2, 백3으로 젖히고 이 모양이면 흑가라도 백나로 패가 되지 않는다. 백3에 흑다, 백라, 흑마에도 백바로 이어서 좋다.

흑2에서 나의 잇기면 백라의 단수. 요컨대 백1의 놓기 1발로 흑의 끊기는 모두 사라졌다.

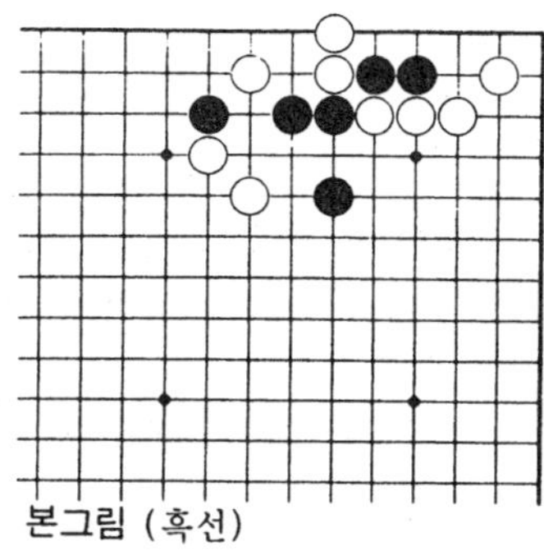

본그림 (흑선)

놓　기

포위 당한 2석을 구출하려면 물론 백을 잡아야 한다.

본그림은 『玄玄碁經』의 「二仙出洞勢」에서 발췌.

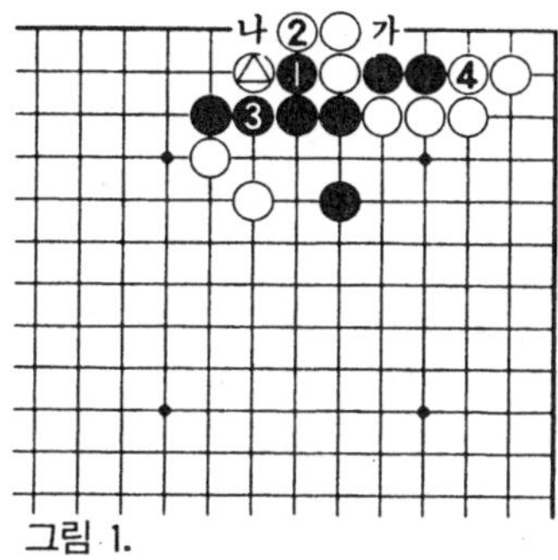

그림 1.

그림 1(가지 돌)　흑1로 나와 3의 잇기는 △이 마침 수수를 늘이고 있어서 흑 패배, 흑3에서 가도 백나로 잇고 흑가가 자신 공격이 되어 있으므로 이길 수 없다.

3수 대 3수로 보이는 맞공격도 △이 가지 돌로 되어 있으므로 사실은 3수 4수이다.

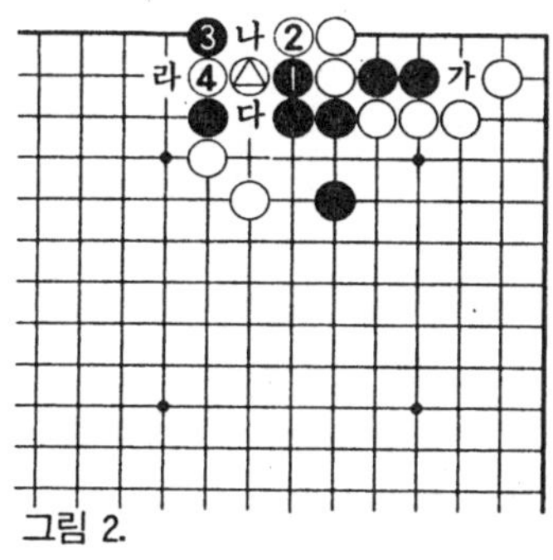

그림 2.

그림 2(흑3, 수법)　흑3의 놓기가 △을 본대에 종합해서 공격하는 수법이다. 백4에서 가는 흑나로 단수. 백4에서 나의 잇기는 가지 돌이 아니게 되었으므로 흑다로 잇고 이번에는 반대로 2수 3수다.

따라서 백은 4로 나오는 것이 최강. 흑라면 가로 앞그림과 같은데….

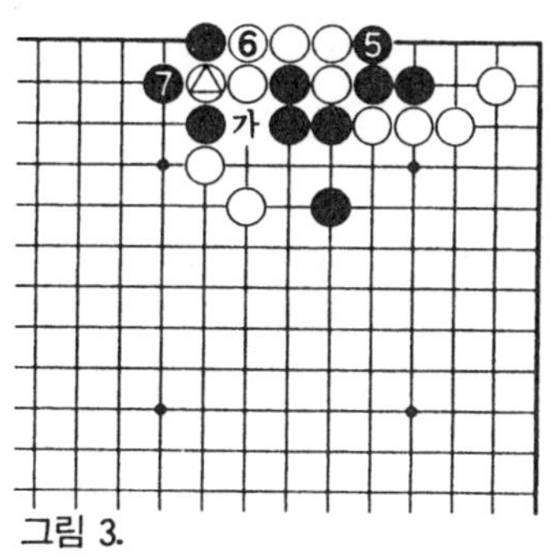

그림 3.

그림 3(배후에서)　전도에 이어 흑5로 배후에서 습격한다. 백6으로 잇게 하고 흑7로 단수. 이것은 간단한 추격이다.

수법의 원리로는 ●에 놓고 6의 찔러 넣기를 이어서 막으면 흑가, △으로 나와 막으면 흑5, 어느 쪽에 두느냐 하고 상황을 본다.

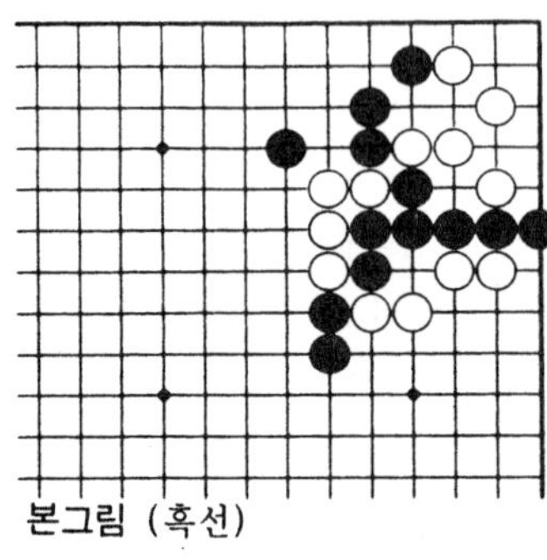

본그림 (흑선)

걸　기

중앙 4점과의 맞공격. 외길이라면 외길인데 도중에 위험한 함정이 몇인가 입을 벌리고 있다.

본그림은 『玄玄碁經』의 「詐降勢」에서 발췌.

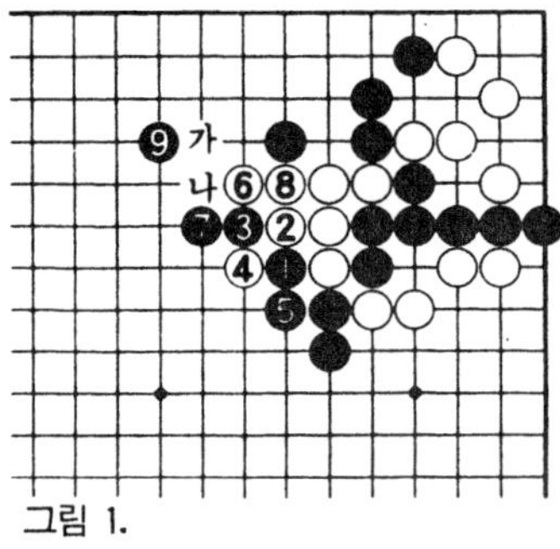

그림 1.

그림 1(흑9, 수법)　4수 대 4수이므로 흑1부터 3으로 젖혀서 세차게 결정해 가는 참. 백도 4, 6은 속맥이지만 여유가 없으므로 버티어 본다.

백8로 이었을 때 흑9의 걸기가 수법. 이것으로 가의 걸기는 백나 이하의 속된 단수 단수로 나오기 당한다.

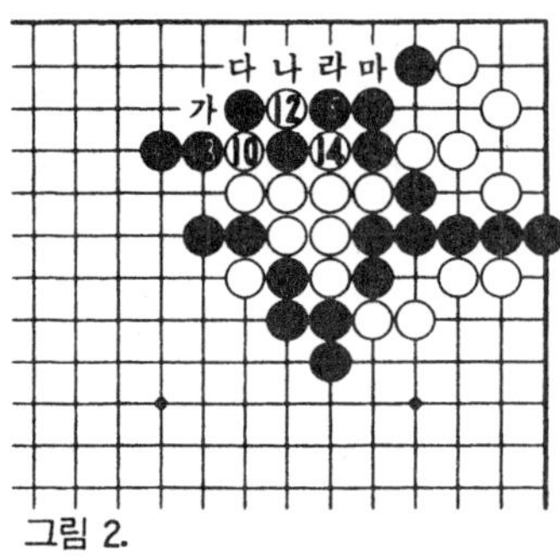

그림 2.

그림 2(들여대기)　백10에 흑11로 젖힌다. 백12에서 가의 젖혀내기는 흑13의 끊기로 알기 쉽게 되므로 혼동을 구한다면 백12, 14의 빼기다.

여기서 흑15의 들여대기가 호수. 나의 2단 젖히기에서는 백다, 흑가, 백라, 흑15일 때 백마로 패. 흑15에서 나의 처지기도 백라로 패가 된다.

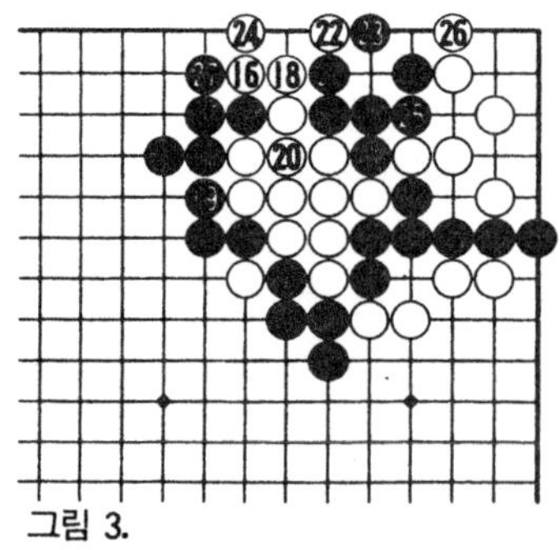

그림 3.

그림 3(패를 피한다)　백16, 18로 활개를 치며나와 흑 도저히 가망없이 보이지만 흑이 21의 급소에 둘 수 있으므로 소생한다. 백22, 24 등 무서울 정도의 끈기, 다만 흑25부터 27로 냉철하게 받아 패로는 되지 않고 추격으로 된다. 그리고 흑19에서는 21로도 승리다.

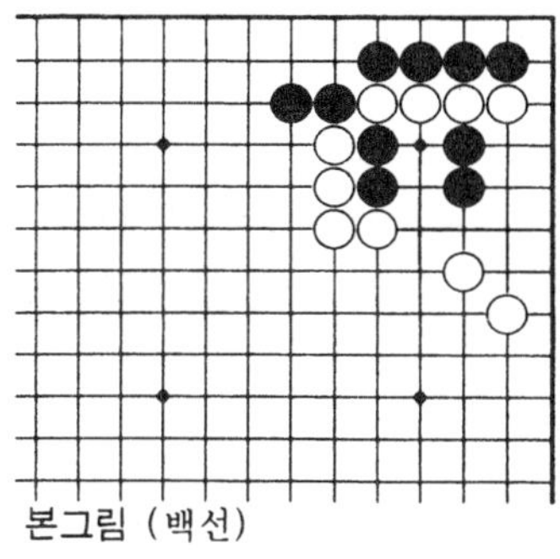

본그림 (백선)

마늘모

백의 원군은 멀다. 그러나 어떻게하면 닿을까 하고 생각하는 것보다 먼저 흑의 탄력을 뺏는 급소를 생각했으면 한다.

원그림은 『碁經衆妙』에서 발췌.

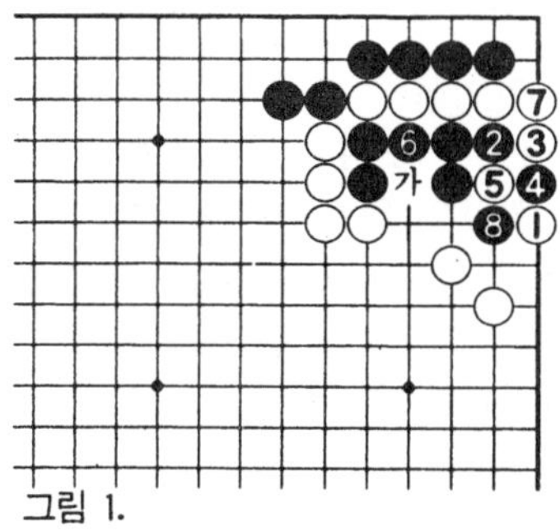

그림 1.

그림 1(눈목자) 백1의 눈목자는 흑2부터 4의 던져 넣기로 안 된다. 백5에 흑6으로 지체없이 단수, 흑8로 확실히 패다. 흑6에서 8의 단수를 서두르면 백가로 두어 흑 2점이 빠지는 것을 주의하시기 바란다. 원군에의 연락을 바라는 나머지 흑에게 끈기의 모양을 주었다.

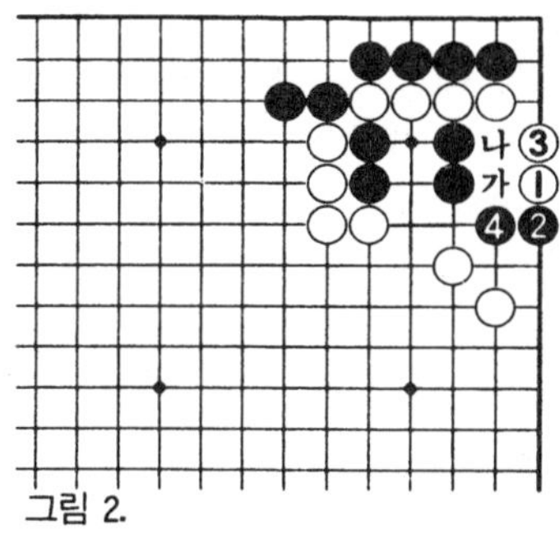

그림 2.

그림 2(날일자) 백1의 날일자도 흑2로 붙이니까 뒤가 없다. 백3, 흑4로 서로 끈 모양은 가능한 듯하지만 현재 1수씩 채우면 흑의 1수 승리다.

백3에서 가면 그 순간 흑나로 나오는 수순이 좋고 백3에서 4면 흑3의 협공 붙이기다.

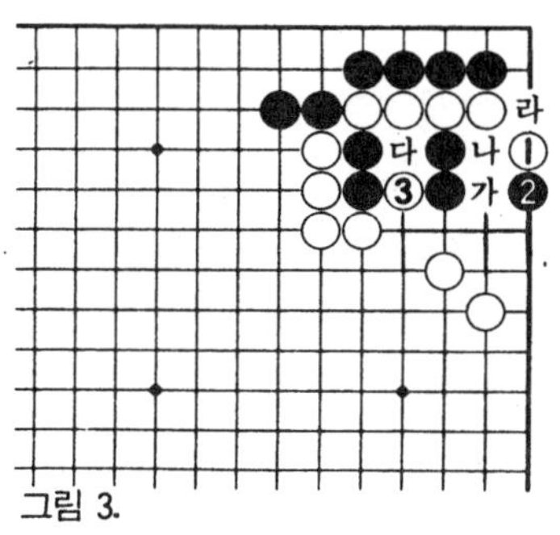

그림 3.

그림 3(백1, 수법) 백1로 원군부터 가장 먼 수가 최선. 흑2면 당장 가로 두지 않고 먼저 백3으로 단수하고 흑나, 백다, 흑라가 실전적 진행일 것이다. 백1에서 3으로 단수해서 흑다, 그리고 나서의 백1은 흑나로 안 된다. 흑2를 약속한 백3이 수순이다. 흑2에서 나는 백2다.

145

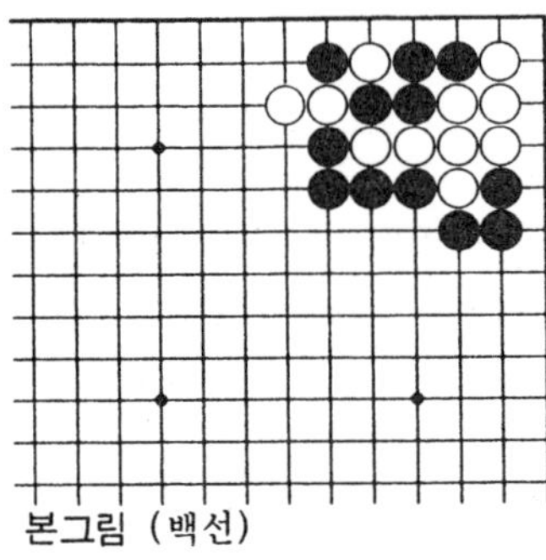

본그림 (백선)

처지기

외부에 결함이 있는 모양은 결함을 지키면서 수를 줄여야 하므로 좀더 까다롭다.

본그림은 『碁經衆妙』에서 발췌.

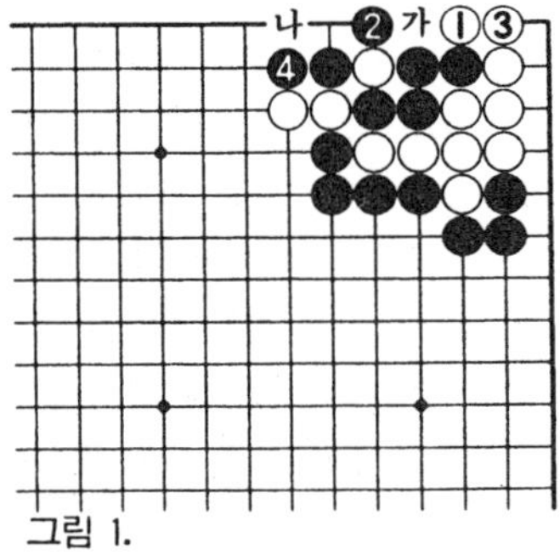

그림 1.

그림 1(안쪽부터) 본래면 백1, 3으로 단수이어서 꼭 1수 승리할 맥이다. 그러나, 이 모양이면 흑4로 기어 아무래도 멈추지 않는다. 백가로 단수해도 소용이 없고, 흑이 질질 수를 늘여 백 패배가 된다.

흑4에서 가면 백4인데, 흑은 나로 젖히는 패다.

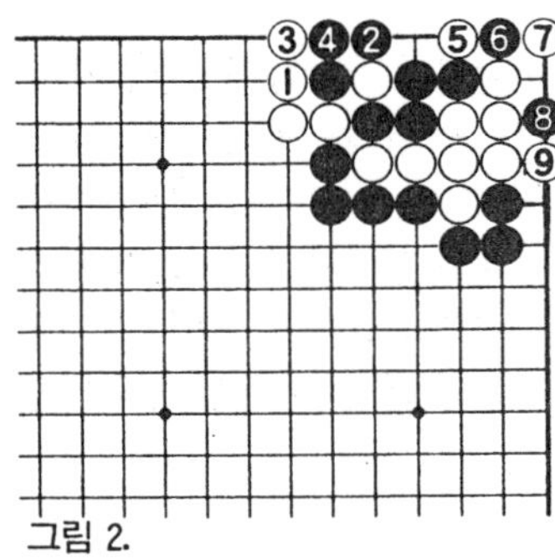

그림 2.

그림 2(밖부터) 백1, 3으로 약점을 지키면서 공격하는 쪽이 좋다. 백5로 젖혀서 집을 뺏으면 흑은 6의 먹여치기부터 비김수로 만들수밖에 없고, 이것은 흑의 선수 비김수다.

흑4에서 5, 백4, 흑6이면 패. 흑에게는 패와 비김수의 선택이 있다.

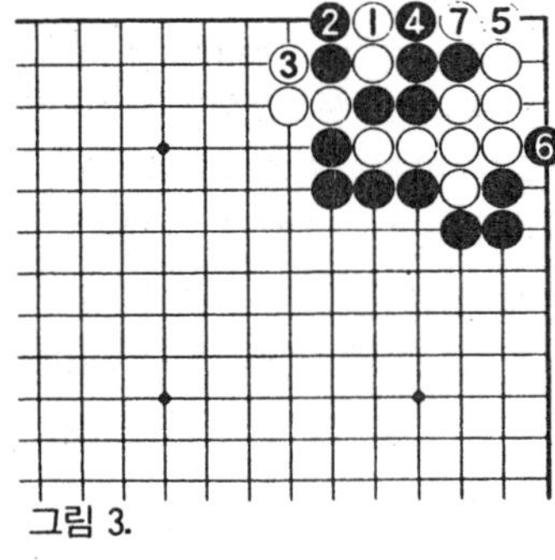

그림 3.

그림 3(백1, 수법) 백1로 처지고 흑2를 기다려서 3으로 단수하는 것이 탄력을 뺏는 수법이 된다. 백5의 처지기로 돌아 흑6에는 백7로 1수 승리. 잡아버리면 무엇보다 간명하다.

집있고 집없음으로 보여 두기 어려운 백1의 처지기이지만, 그 효과는 이렇다.

붙이기

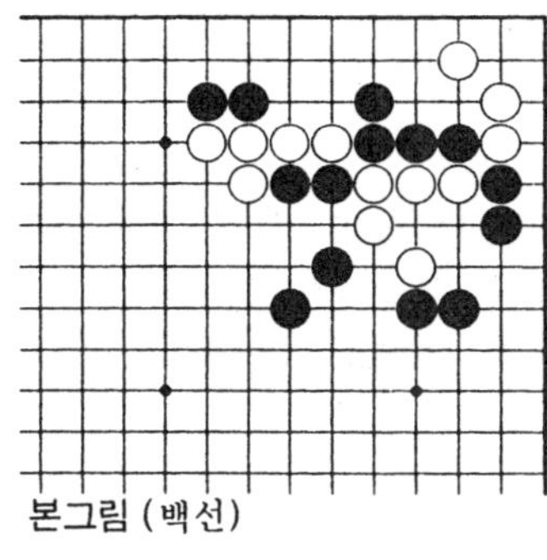

본그림 (백선)

건너기를 멈추면서 수를 채운다는 곤란한 방법. 흑을 3수 이내로 쫓아가야 한다. 본그림은 『玄玄碁經』의 「金鉤勢」에서 발췌.

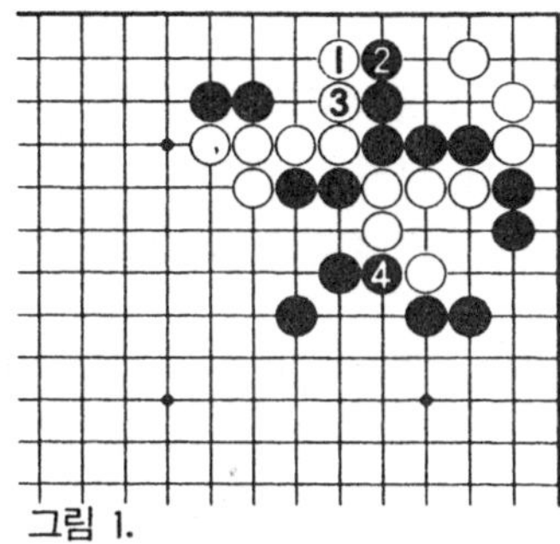

그림 1.

그림 1(유유한 공격) 백1의 뛰어들기로 해결한다면 간단하지만 흑2로 누르면 5수가 되어 문제밖이다. 백1에서 3의 누르기부터 두어도 흑2로 역시 5수. 이곳은 유유한 공격으로는 얘기가 되지 않고, 축의 요령으로 2의 붙이기부터 가져갈 수밖에 없는 곳이다.

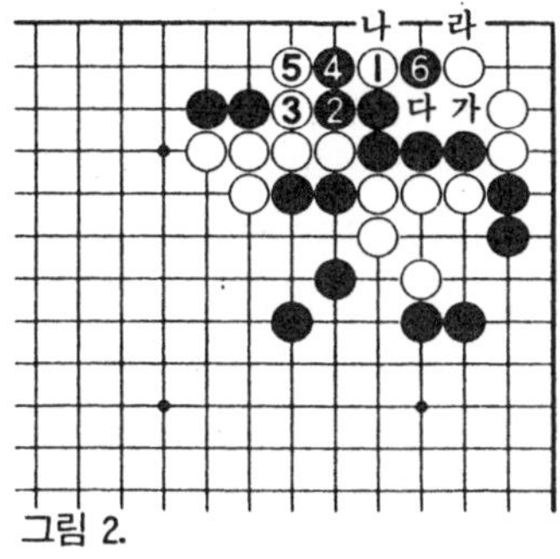

그림 2.

그림 2(백1, 수법) 백1로 붙이고, 흑2에 3, 5로 기세좋게 밀어내어 좌우 분단이 그대로 수수를 채우는 공격으로 되어 있다. 그러나, 흑6으로 몰리면 당황할 듯. 흑가의 살기가 보이고 있는만큼 백가로 두고 싶어지지만, 그래서는 흑나의 빼기부터 백다, 흑라로 젖히기 당해 패맛이다.

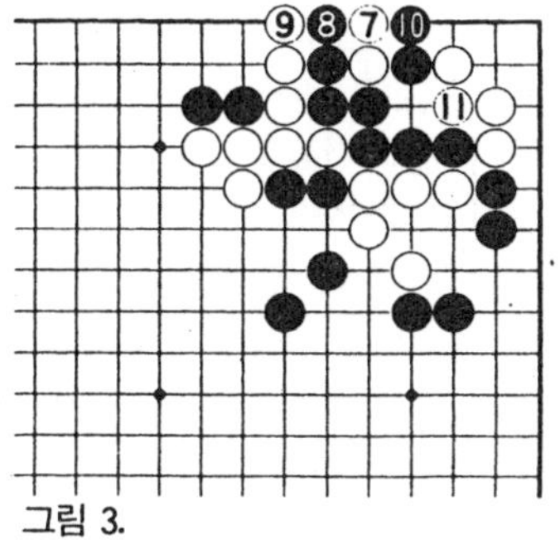

그림 3.

그림 3(무조건) 백7로 처지고, 2점으로 만들어서 버리면 까다로운 일은 없다. 흑8에서도 10에서도 백9, 11로 차례로 채워서 흑은 3수 이상 늘지 않는다. 귀와의 맞공격도 없다.

스타트만 좋으면, 그후는 외길로 결정될 것이다.

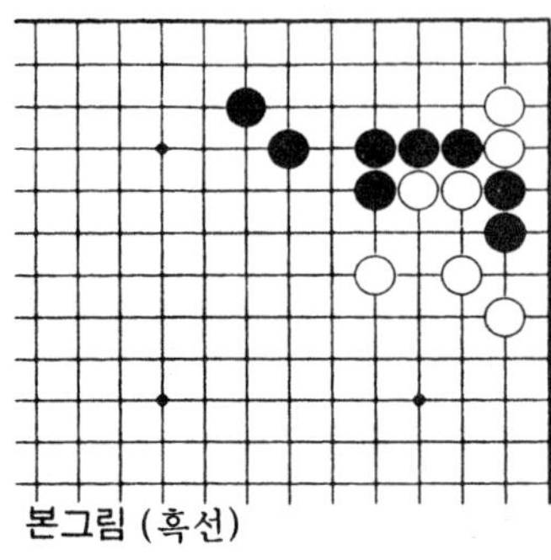

본그림 (흑선)

붙이기

탄력을 **뺏는** 맥도 첫수는 분명하지만, 마무리는 부주의할 것 같다.
본그림은 『發陽論』에서 발췌.

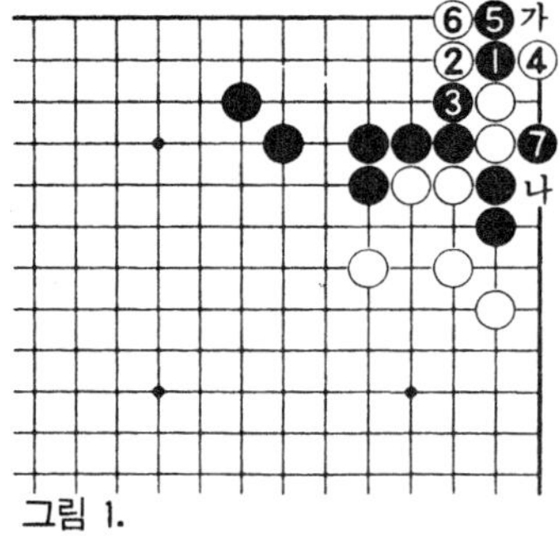

그림 1.

그림 1(코 붙이기) 1수도 늦출 수 없는 사투이므로 흑1의 붙이기는 쉽게 생각이 날 것이다. 백2에는 흑3의 끊기부터 5, 7로 조르는 상용 수법이 있다.

흑7후 백가, 흑1, 백잡기 흑나로 진행되는데, 상변에서 수가 조금도 늘지 않는 것이 백의 슬픈 점이다.

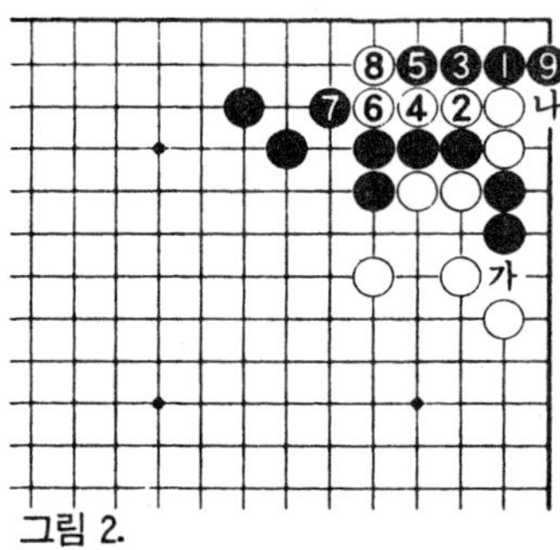

그림 2.

그림 2(흑1, 9, 수법) 백2로 나가는 쪽이 어렵다. 흑3, 5로 추격해 7로 머리를 두들기고, 흑9의 처지기가 마무리 수법이다. 이후 백가면 흑나의 나오기인데 백의 공배를 1수 선수로 뺏는다. 직접 공격하지 않으므로 기분은 나쁘지만, 흑9가 침착, 냉철, 유일한 공격수다.

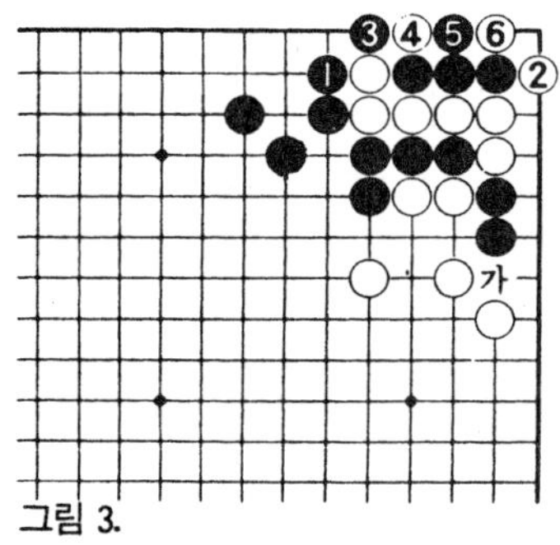

그림 3.

그림 3(패로) 앞그림 흑9에서 1의 누르기로는 백2의 탄력점을 뺏겨 안 된다. 흑3의 건너기로는 백4, 6의 패도전이 생기고 흑3에서 6은 백4로 5목 내격이므로 7, 8수나 패배한다.

흑3에서 4, 백3, 흑6은 최선인데, 백가로 패가 되는 것을 확인하시기 바란다.

붙이기

똑같이 1수를 채우는 데에도 장소에 따라서 효과가 다른 수도 있다. 또 맞공격에 이겨도 희생이 크면 이득이 되지 않는다.

【참고보5】

흑1의 붙이기가 수법. 백2 이하는 부득이하고 12까지는 외길이다.

여기서 흑가, 백나, 흑다면 패인데, 흑에게는 더 강렬한 노림이 있었다.

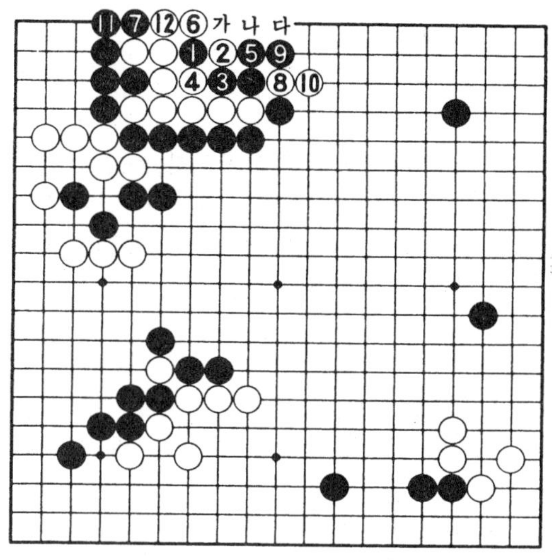

【참고보 5】

| 제12기 명인전 | 백 | 星野 紀 |
| 리그전 | 흑 | 藤澤秀行 |

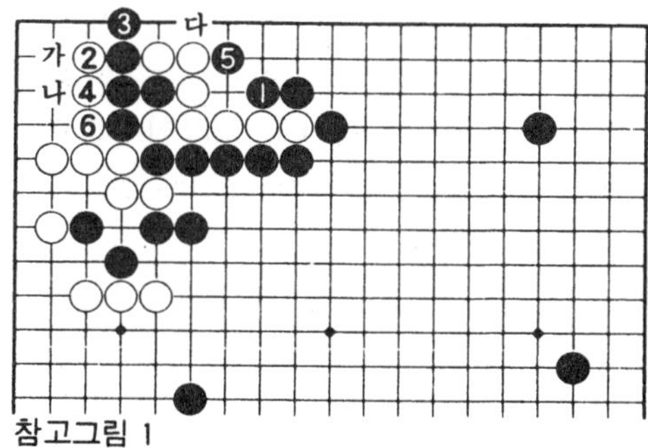

참고그림 1

참고그림 1(채우기의 방식)

흑1로 수를 채워 가면 백2의 붙이기로 수 패배가 된다. 흑3에서 4로 백가, 흑나, 백3으로 같다. 만일 흑1이 5의 점에 있다면 백이 2, 4일때, 흑다로 젖혔으므로 승리다.

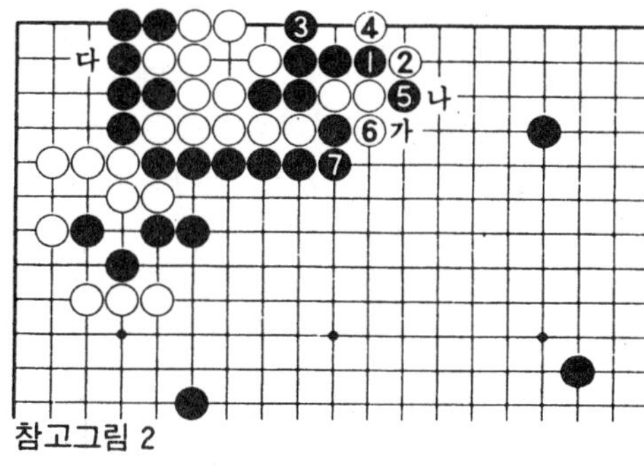

참고그림 2

참고그림 2(잡게 한다)

〈참고보 5〉에 이어 흑1로 기고, 3으로 처졌다. 5, 7로 해도 이후 백가, 흑나, 백다로 수 패배.

그러나 여기서 백이 던진 것은 희생이 너무 커서 흑의 외세가 두껍고 승리 기회를 발견할 수 없기 때문이다.

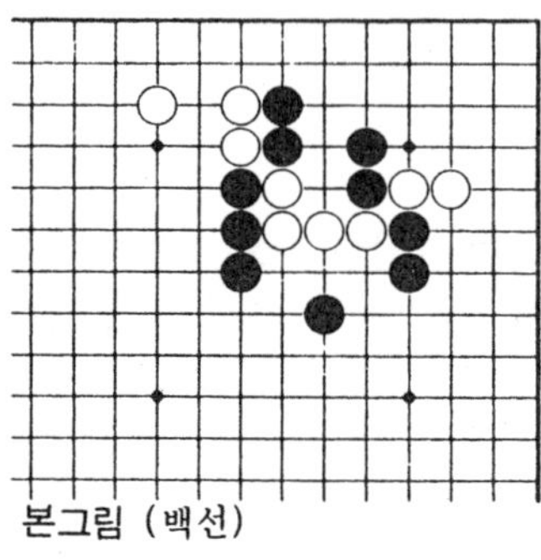

본그림 (백선)

줄짓기

마무리의 맥이 선명하다. 노골적 수보다, 탄력점을 뺏는 우아한 맥이 도리어 매섭다. 본그림은 『玄玄碁經』의 「四皓下山勢」에서 발췌.

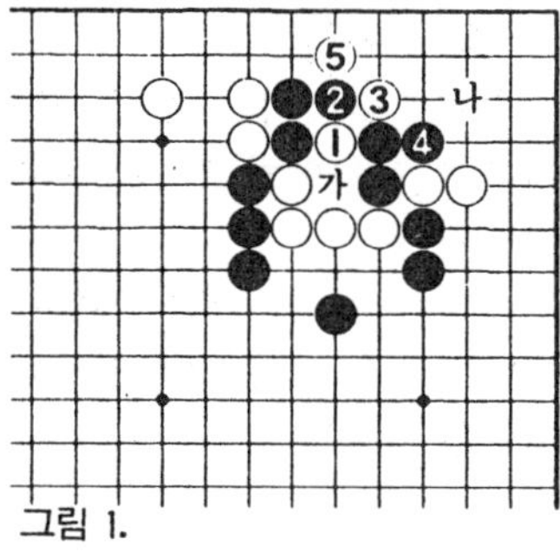

그림 1.

그림 1(갈라 끊기)　백1로 끼어들어서, 3으로 끊기를 넣는다. 흑4는 백5로 깨끗한 축. 흑4에서 가로 물론 백4의 단수부터 축이다.

이것이 실전이면, 흑2에서는 3으로 처져서 단념하고, 백2, 흑나로 귀를 취한다. 지금은 수싸움적으로 흑의 최강을 쫓아 보겠다.

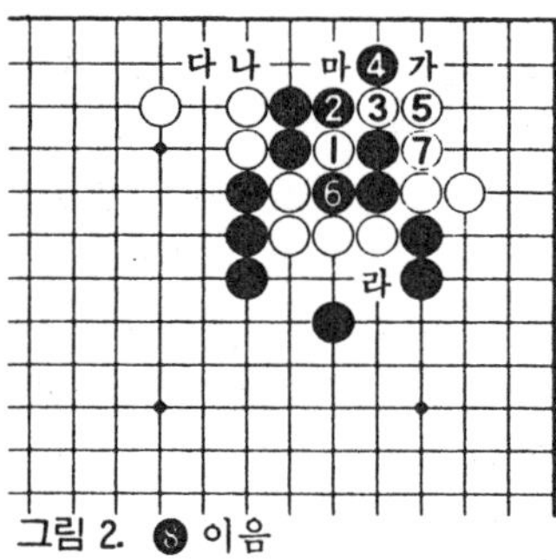

그림 2.　⑧ 이음

그림 2(다음 1수)　백3의 들여끊기에는 틈을 누비며 흑4의 단수를 작용시킨다. 이 단수 하나로 모양이 퍽 편하게 되었고, 백7, 흑8로 졸라도 곧 잡히지는 않는다.

여기서, 백가의 누르기는 흑나, 백다의 양젖히기부터 라. 백나의 처지기는 흑마로 4수 3수.

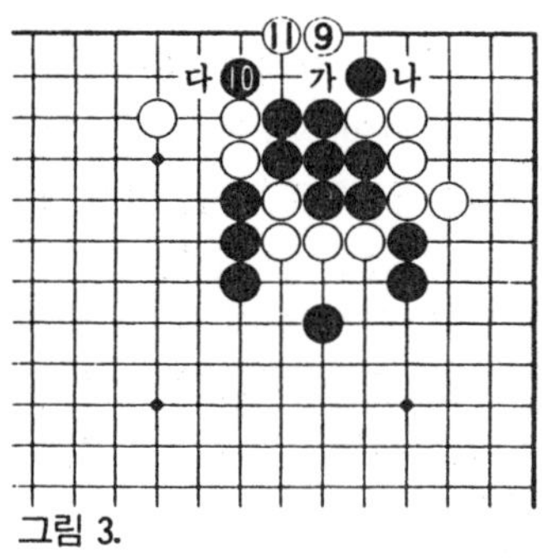

그림 3.

그림 3(백9, 11 수법)　백9로 놓는다. 같은 놓기라고 해도 11 쪽에서는, 흑가로 이어 백4수로 되는 것을 주의해야 한다. 백9에 흑가면 백나로 눌러서 2수다.

흑10의 젖히기가 최강인데, 백11로 줄지어 「너구리의 경쟁」이다. 백11에서 다는 흑가, 백나, 흑11로 백 패배.

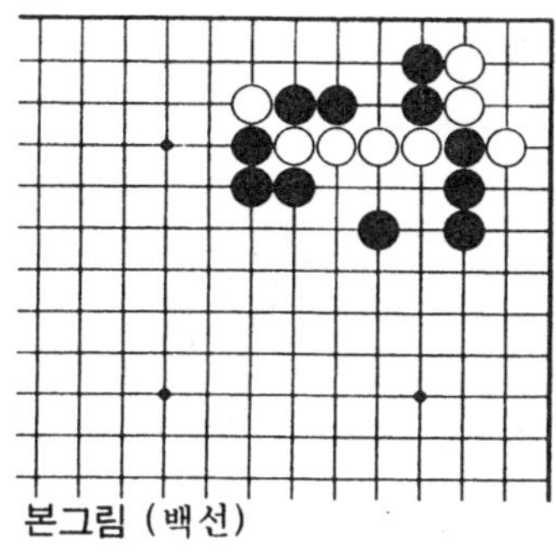

본그림 (백선)

2단 젖히기

이길 운이 없으면 수가 떠오르지 않는다. 몸을 버릴 때, 떠오르는 수가 있다.

본그림은 『碁經衆妙』에서 발췌.

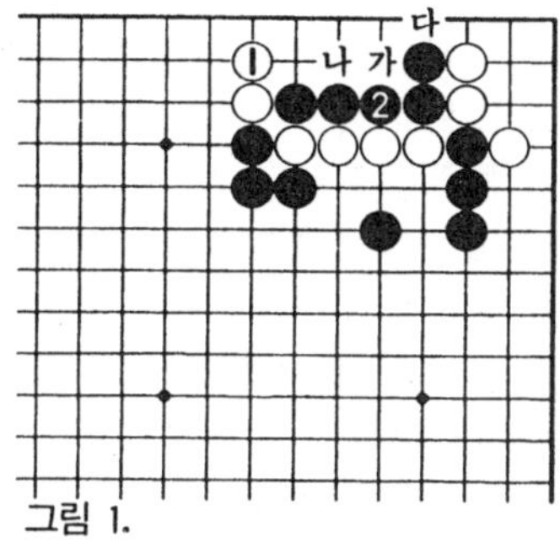

그림 1.

그림 1(평범)　백1로 1점의 거취를 염려하면 흑2로 4수 3수. 백1엣 2로 나와도 흑가, 백1, 흑나로, 역시 4수 3수의 수 패배다.

백1에서 가로 협공 붙이거나, 백1에서 다로 젖히거나, 모두 백 패배로 될 것은 쉽게 확인할 수 있을 것이다.

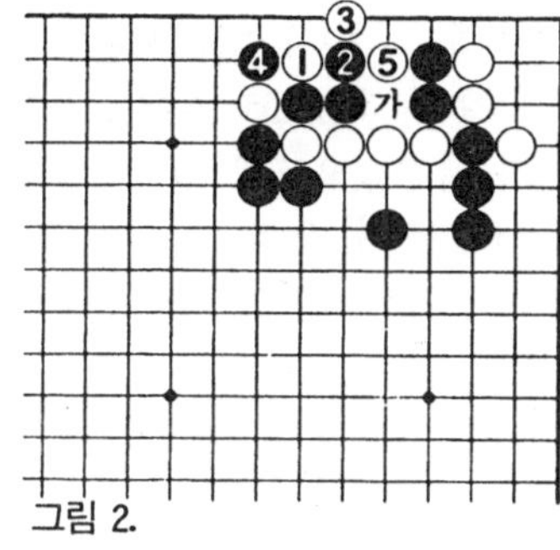

그림 2.

그림 2(백1, 3 수법)　백1로 젖히고, 흑2면 다시 3으로 젖히는 처절한 수법이 있다. 흑4의 끊기면 백5로 젖혀 넣어 단수, 우방의 2석을 잡아서의 생환이다.

흑2에서 가면 백2인데, 이미 4의 단점은 무효. 흑2에서 4면, 백2도 가도 좋다.

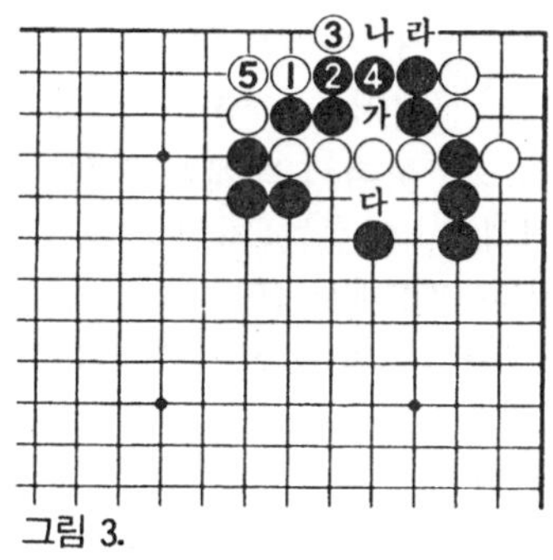

그림 3.

그림 3(되돌려서 승리)　백3에서 5의 잇기는 흑가, 백나, 흑다로 패배다. 흑4에서 가로 둘 수는 없으므로 4로 이어서 버티어 보지만, 그러면 백은 5의 잇기로 수를 되돌리고, 깨끗하게 1수 승리로 되어 있다.

안쪽 공배가 1, 바깥 공배가 2대 3. 흑다면 백라까지다.

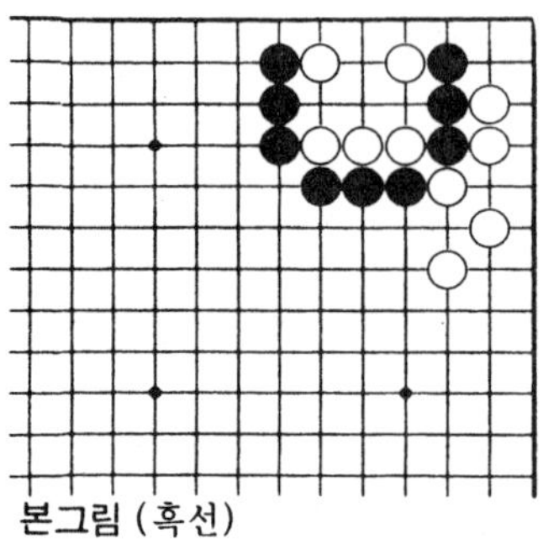

본그림 (흑선)

젖히기

제1감의 수법에 읽기를 맞춰서는 안된다. 선명한 수법이 아니라도, 요는 실효다.

본그림은 『碁經衆妙』에서 발췌.

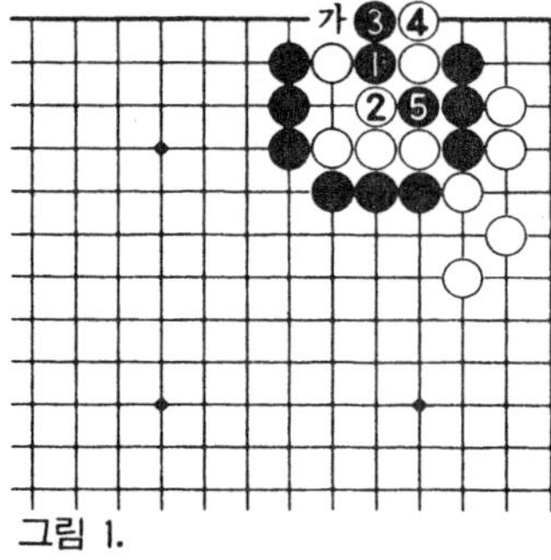

그림 l.

그림 1(끼어들기) 흑1로 끼어들어서, 백2면 흑3 이하, 석탑의 조르기로 유도해서 깨끗하게 끝낸다. 흑5 이후 백가로 2점을 잡게 하고 1의 점에 다시 한번 던져넣어서 수 승리다.

그러나, 이것은 백의 최강의 저항을 못 본 것이다. 맥이 있는 것과, 맥이 성립되는 것은 딴 문제다.

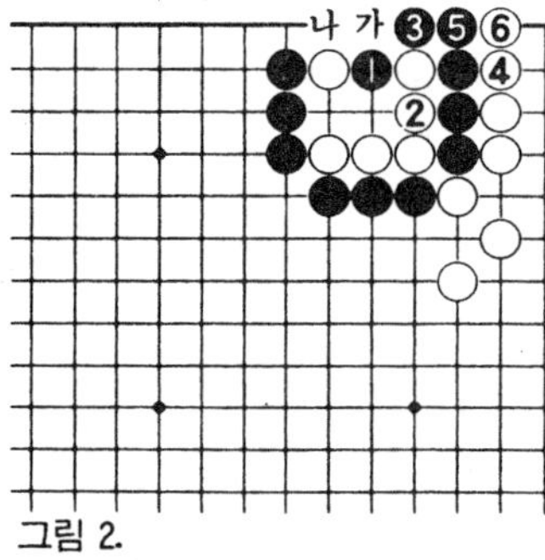

그림 2.

그림 2(추격) 흑1에 대해서는, 백2의 잇기가 최강. 흑3으로 건너도 2의 점의 공배가 채워졌으므로 백4, 6으로 배후부터 단수할 수 있다. 흑가로 잇게 하고 백나. 흑1은 결과적으로 자신 공격이 되었다.

흑1에서 2의 나오기는 물론 백1로 패배다.

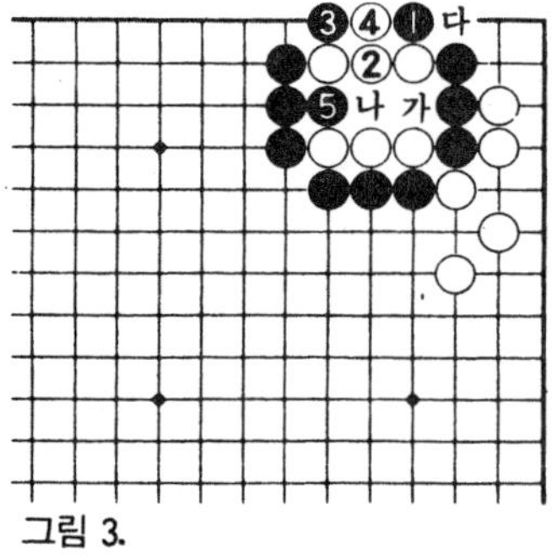

그림 3.

그림 3(흑1, 3, 수법) 흑1로 젖힌다. 여하간 건너기를 저지해야 하고 백2면 흑3으로 젖혀서 백에게 자신 공격을 두게하고, 이후는 천천히 흑5로 나가면 된다. 백2에서 4면 흑가, 백나, 흑5다. 흑1에서 3의 젖히기도 된다고 속단해선 안 된다. 백다의 젖히기로 흑 패배가 된다.

유무의 수법

집모양은 사활 뿐만 아니라 맞공격의 경우에도 크게 작용한다. 집있는 돌과 집없는 돌이 맞공격했을 때, 안쪽 공배가 있으면 그것이 집있는 돌의 소속이 되어 집없는 돌 측은 대번에 불리해진다. 「집 유무는 당(唐)의 맞공격」이라는 이유인데, 다만, 안쪽 공배가 없으면 집모양은 아무 소용이 없고, 「집 유무도 때에 따른다」이다.

유무의 수법의 패턴은 정해져 있고, 어떻게 효과적인 집모양을 만드느냐 뿐이다.

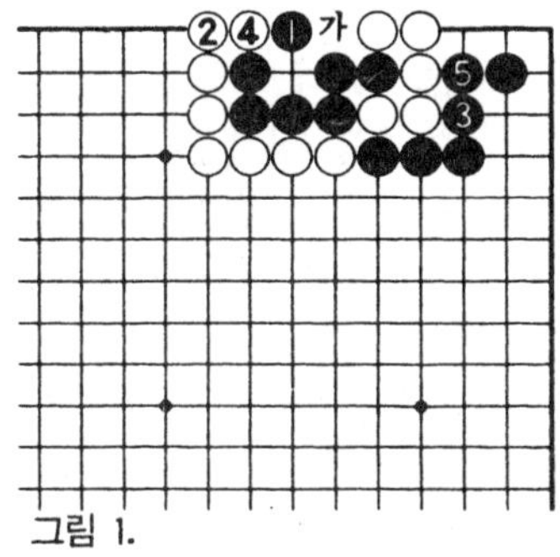

그림 1.

그림 1(집 지니기) 3수 대 4수의 맞공격인데, 흑1로 집모양을 만드는 것에 따라서 역전한다. 백2 이하 흑5로 차례로 공배를 서로 채우면, 그 효과가 분명해질 것이다.

흑1에서 가로 누르면 백4로 흑 패배. 가의 점에 안쪽 공배를 만들면서, 흑1로 집모양을 지니는 요령이다.

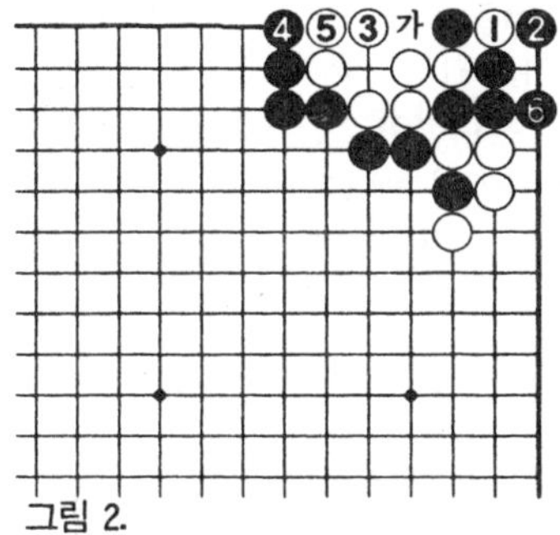

그림 2.

그림 2(먹여치기) 백3으로 집을 지니기 전에, 백1의 먹여치기를 결정해 놓아야 한다. 단순히 백3이면, 흑1, 백가, 흑4로 집모양의 주술(呪術)로 효험이 없다.

흑4, 6으로 비김수. 백5에서 가는 흑5로 양패의 패배다. 흑4를 결정치않고 6이면 백가의 패가 남는다.

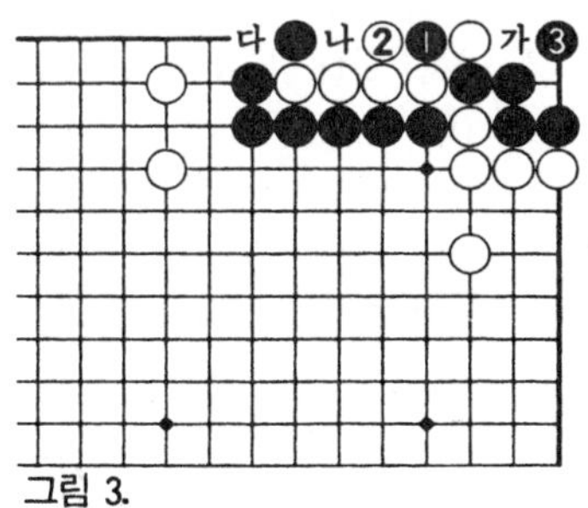

그림 3.

그림 3(패를 피한다) 흑1의 먹여치기부터, 이상한 곳에 흑3으로 집모양을 만들어서 수 승리가 되었다. 흑1에서 가는 백2로 들어가는 수습패의 끈기가 생긴다. 흑1에서 3이라도 부분적으로 승리이지만, 백나, 흑1, 백다로 건너기의 패가 생겨서는 큰 사건. 백나에 흑다는 백1.

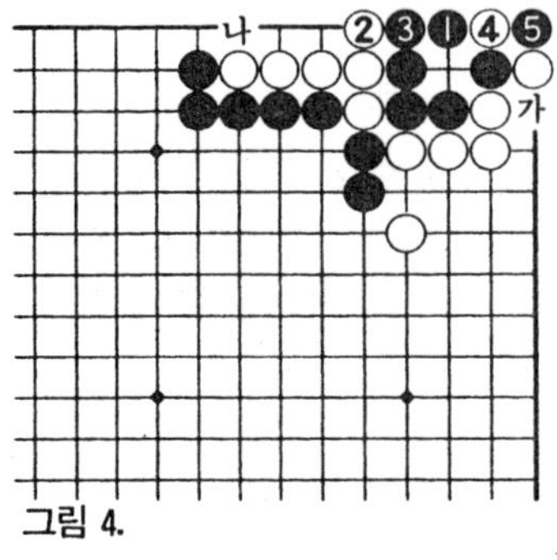

그림 4.

그림 4(패 겨누기) 흑1에 집 지니기가, 귀의 특성 플러스 집모양의 탄력을 발휘하는 수. 수 패로 보이는 맞공격을 패로 유도한다. 1수 수습패로 보이지만, 그렇지 않고, 흑5의 패잡기부터 가로 빼면 승리고, 백이 가의 잇기면 나로 공배를 채우고, 이것은 분명히 본 패다.

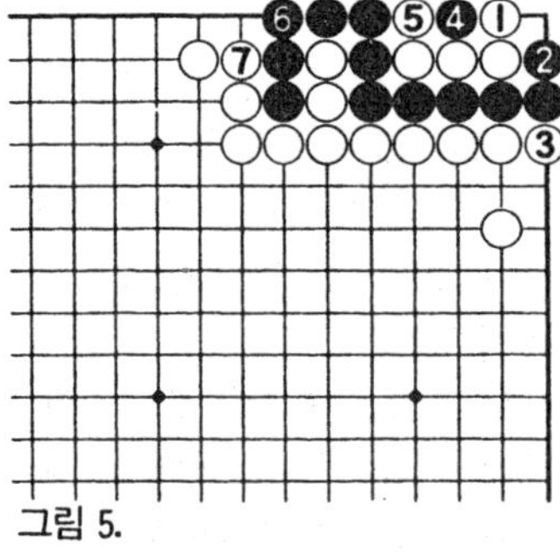

그림 5.

그림 5(사활 속) 사활에 나타나는 집 유무의 수법도 있다. 백1로 굽어 흑2면 백3. 흑4는 5목 내격을 피하는 던져넣기인데, 이번에는 집이 있고 없음으로 내외의 맞공격에 이길 수 없게 되었다.

흑2에서 5면 백4로 5목 내격, 백3에서 황급히 4는 비김수다.

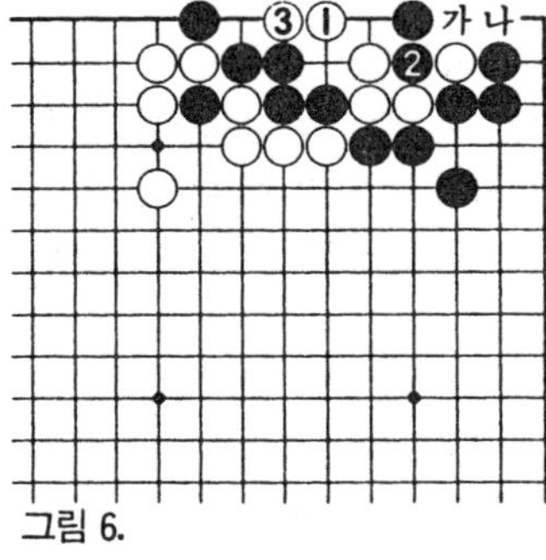

그림 6.

그림 6(집모양 불필요) 집 유무에 사로잡혀서, 이길 수 있는 맞공격에 져서는 안 된다. 이 모양에서는 백1로 빗겨두고, 흑2면 백3으로 양 밀 수 없음으로 이끄는 것이 좋다. 백1에서 가로 집모양을 만들면, 흑나 내지 흑1인데, 안쪽 공배가 사라져 수 패배로 된다.

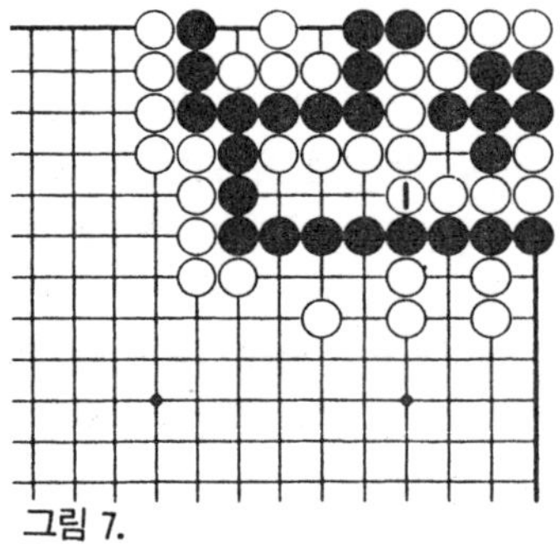

그림 7.

그림 7(큰 내격, 작은 내격) 집 유무의 원리를 더욱 확대한 것이 큰 내격 작은 내격이다. 백1로 두어 안쪽만의 수수는 11수. 큰 내격에 안쪽 공배의 권리가 있어서, 합계 14수다. 흑은 안쪽에 8수, 바깥에 5수이므로 합계 13수. 이후 공배를 서로 채워도 1수 패배로 된다.

놓 기

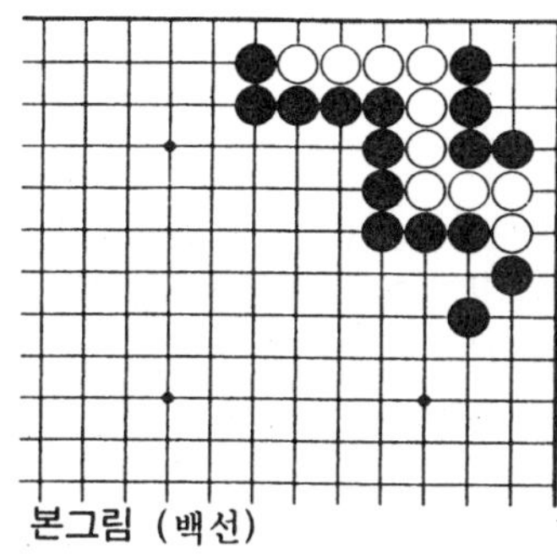

본그림 (백선)

상대가 내격을 완성하지 못하도록 하는 수법이다. 안쪽 공배가 채워졌으므로, 작은 집모양의 집 유무면 싸울 수 있다.

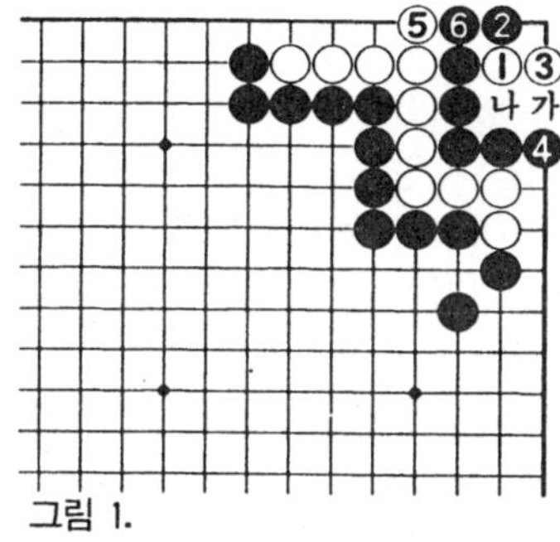

그림 1.

그림 1(심부름) 백1의 붙이기는 급소같으면서, 흑2, 4로 두니까 백의 심부름이 됐다. 5목 내격이 완성되고, 흑의 안쪽에는 6수나 있으므로 5수인 백은 1수 패배가 분명할 것이다.

백3에서는 가로 빗겨두는 편이 좋고, 흑나면 백3으로 이어서 수 승리가 된다.

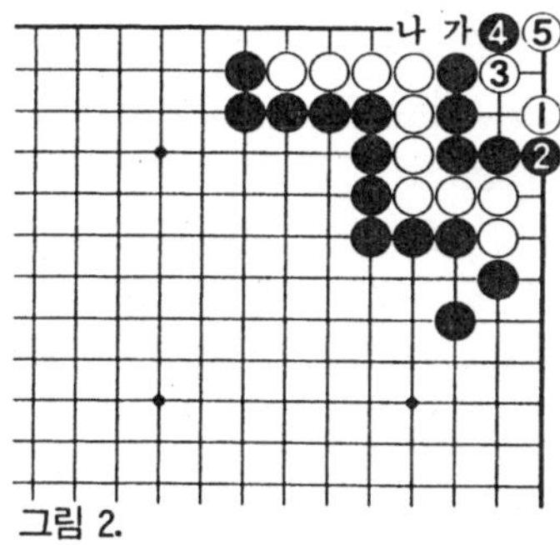

그림 2.

그림 2(패의 맥) 백1의 모퉁이부터 두는 수법도 있는데, 흑2로 차단하게 하고, 백3으로 마늘모붙이면 패가 약속되어 있다. 따라서, 백1에서 3부터 둔 앞그림에서도, 흑4일 때 1의 점에 빗겨두면 패다.

백5 이후, 흑가로 잇게하고, 백나로 채워서의 불리한 1수 수습패가 된다.

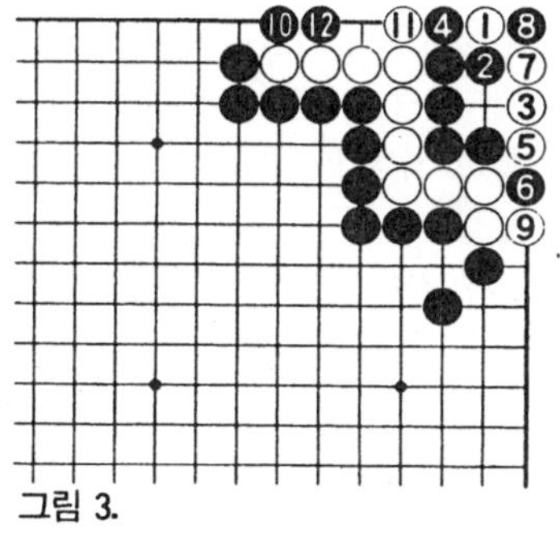

그림 3.

그림 3(백1, 3 수법) 백1로 놓고, 흑2면 백3으로도 놓는다. 흑2에서 5면 백2로 승리. 흑2로 바뀌어서 백3으로 집모양의 급소를 두드린다.

흑4면 백5, 흑4에서 5면 백4로, 두 건너기를 대응으로 삼아도 좋고, 흑은 6 이하로 최강으로 버티어도 2수 수습패다.

누르기

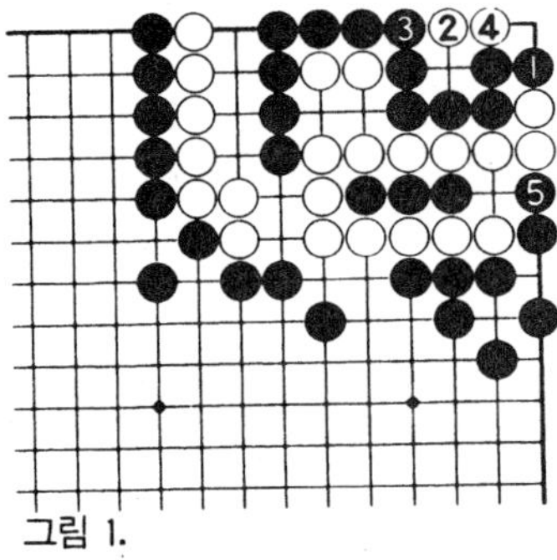

본그림 (흑선)

안쪽 공배가 잔뜩 비어 있으므로, 백보다 큰 내격으로 만들면 큰 내격 작은 내격이다.

본그림은 『「碁經衆妙』』에서 발췌.

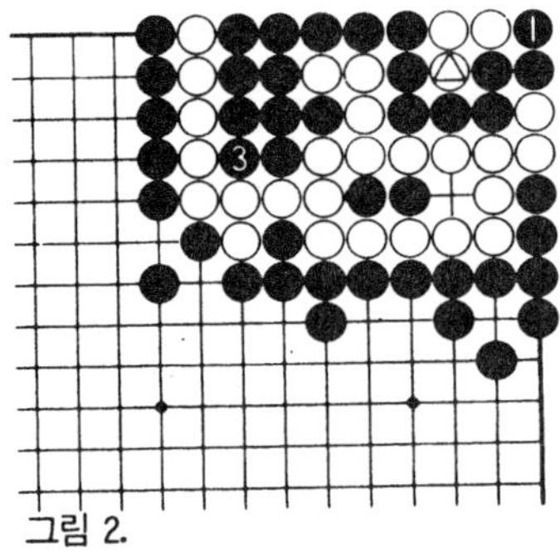

그림 1.

그림 1(흑 1, 5, 수법)　흑1로 누르고, 백2의 놓기를 유인해서 실질 4목 내격의 죽은 모양으로 만들어 놓는다. 선수로 큰 내격을 확보했으므로, 이번에는 백의 내격을 축소하려는 것이 흑5의 충돌이다.

흑5에서 딴 곳에 두고 백이 5의 점을 누르면 비김수다.

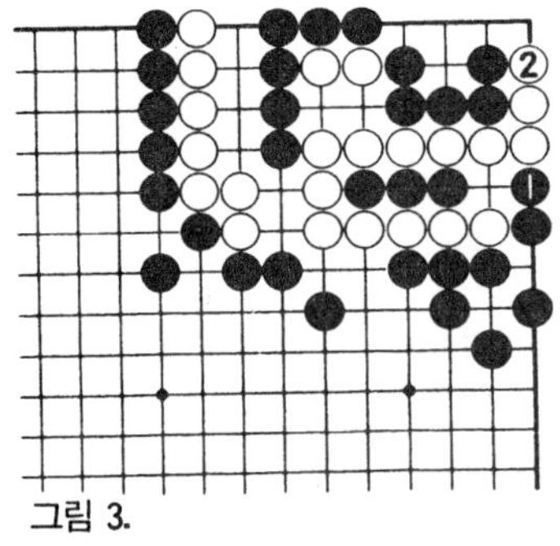

그림 2.

그림 2(수 승리의 증명)　전도 이후, 아직도 비김수라고 주장하는 백 때문에, 흑은 수 승리를 증명해야 한다. 안쪽 공배도 바깥 공배도 흑은 자꾸만 채우고, 내격의 내부도 ● ⊝으로 가득 채워 놓는다. 그래서 흑1로 빼면 백은 내격, 흑3으로 단수를 걸어서 수 승리다.

그림 3.

그림 3(반대로)　결국, 큰 내격 작은 내격 집 유무와 같은 원리므로, 1도에서 백의 수패배가 확정된 순간, 그후는 손을 빼고 그대로 종국 후로 몰수할 수가 있다. 2도는 「증명」에 지나지 않는다.

흑1을 서두르면, 백2로 반대로 큰 내격 작은 내격이다.

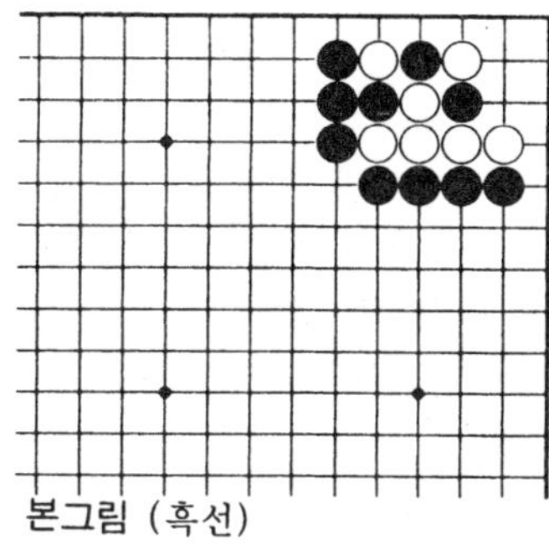

본그림 (흑선)

누르기

사활의 집 유무다. 최종단계에서 내격의 맥과 연동해서 생기기 쉽다.
본그림은 『官子譜』에서 발췌.

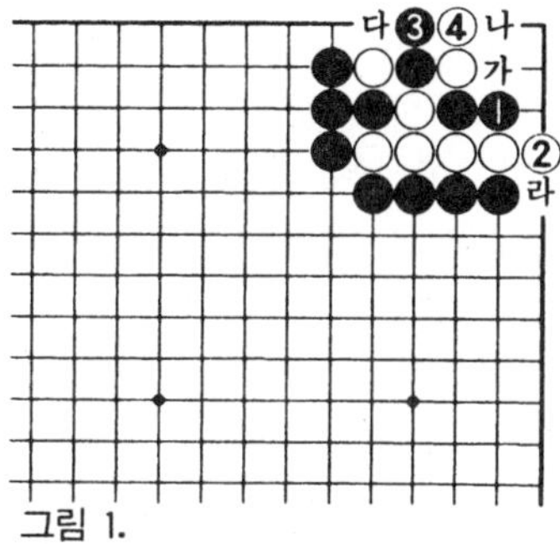

그림 1.

그림 1(처지기) 흑1로 누르고, 백2로 바꾸고 나서 3으로 처지는 것이 호수. 백4의 단수로는 맛이 나쁘지만, 가의 단수로는 흑나의 붙이기로 죽으므로 도리가 없다.
흑3에서 다의 빼기는 백가로 살기이고, 흑3에서 라의 조르기를 서두르는 것도 백은 받고 있어서 살기.

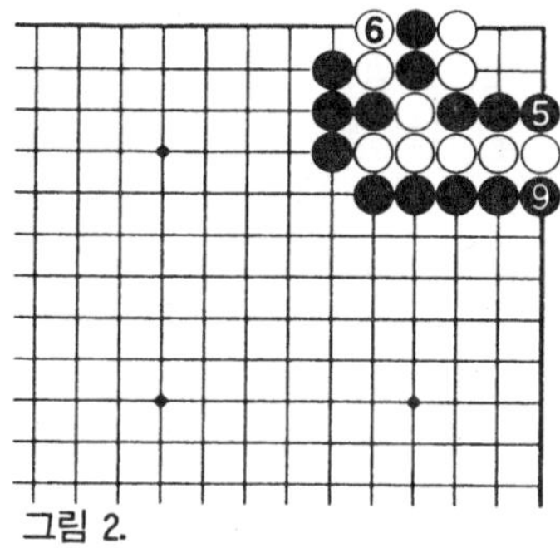

그림 2.

그림 2(기분만으로는) 흑5부터 7로 던져넣어 석탑 모양으로 조르게 되었다. 조르기는 언제나 기분이 좋은 수단이지만, 선수로 뺄 수 있는 것을 백6으로 반대로 빼기를 당했으므로 땅은 손해.
이것으로 수가 없으면, 미세한 바둑이면 역전할 것이다.

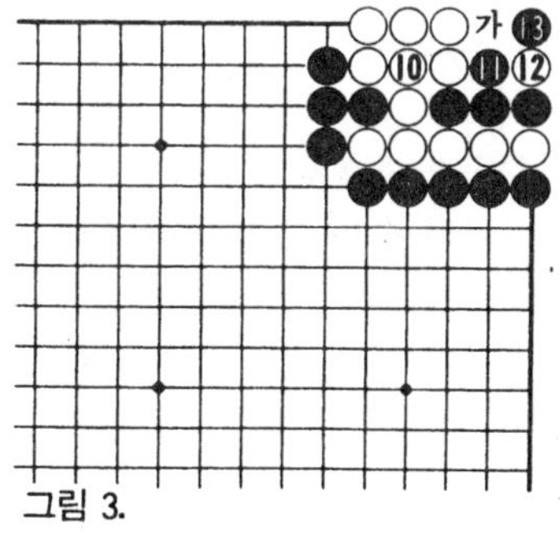

그림 3.

그림 3(흑11 수법) 백10으로 잇게 한 후 흑11로 누르고, 백12의 던져넣기는 집모양의 급소인데, 흑13으로 빼고, 이것은 집 유무. 안과 밖의 맞공격은 흑의 승리로 되었다.
그렇다고, 백12에서 가의 단수는 흑12의 불평하기로 5목 내격이 눈에 보인다.

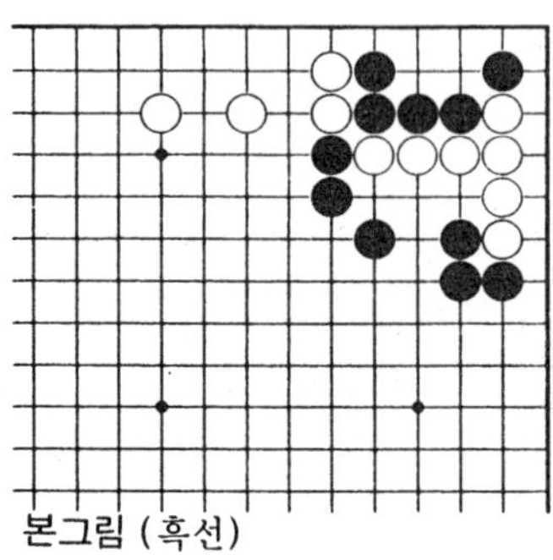

본그림 (흑선)

마늘모

집 유무의 전형으로서, 자주 인용되는 모양이다. 제1착이 재미있다.

본그림은 『玄玄碁經』의 「五子之歌勢」에서 발췌.

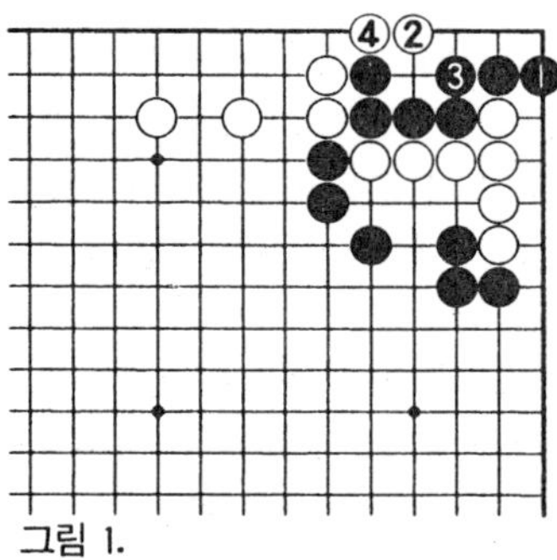

그림 1.

그림 1(처지기) 흑1의 처지기로 좋을듯이 보이지만, 백2의 놓기부터 4로 건너니까, 이 맞공격은 어김없이 백의 1수 승리로 끝난다. 흑3에서 4면 물론 백3의 끊기다.

양 밀 수 없음을 노린 흑1의 처지기가 성공하지 못한다면, 새로 구상해야 한다.

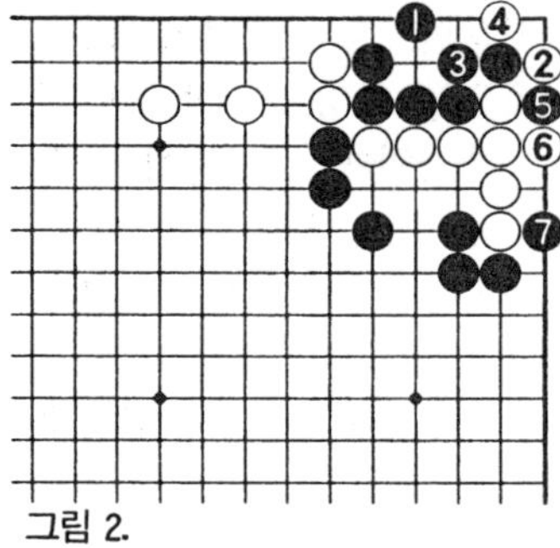

그림 2.

그림 2(흑1, 수법) 흑1의 마늘모가 멋진 수법이다. 백2면 흑3으로 들어가서 집을 지니고 백4의 젖히기를 유인한다. 흑5로 먹여쳐서 7로 젖히고, 백의 집모양을 뺏으면 비김수도 방지하고 수 승리다.

백2에서 흑의 탄력을 뺏으려는 3의 끊기는, 흑2의 처지기로 산다.

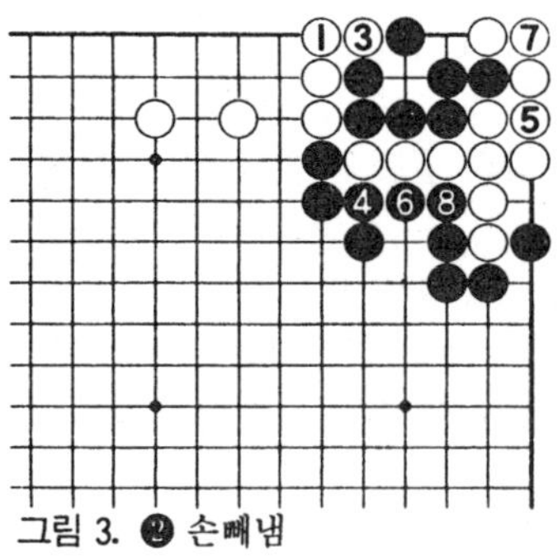

그림 3. ❷ 손빼냄

그림 3(2수 승리) 앞그림은 흑의 2수 승리인데, 백1로 와도 손을 뺄 수 있다. 백3부터 열심으로 채워도, 여하간 5, 7로 자기의 수를 채워 가야 하는 것이 괴롭다.

흑은 한가롭게 6, 8로 바깥을 채우고, 결국 백은 귀로 들어밀 수 없는 모양이 되었다.

158

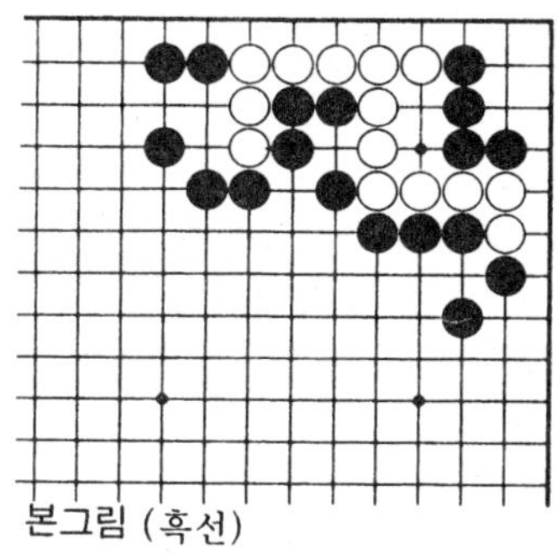

본그림 (흑선)

마늘모

얼핏 보면 백의 수수가 12수나 있어서, 흑이 어찌 두든지 이길 것 같지 않다. 그러나, 내격에 집 유무를 가미한다면….

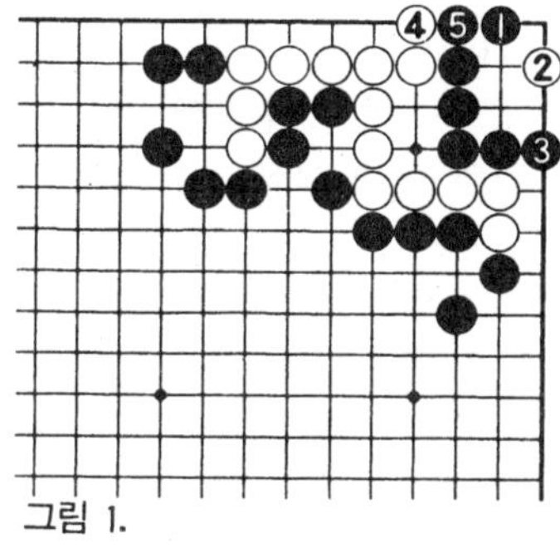

그림 1.

그림 1(흑1, 수법) 흑1의 마늘모가 5목 내격을 확정하는 교묘한 수법이다. 백이 2 이하의 어디에 두어도 흑2로 들어가면, 두 집의 살기. 백2를 보아 흑3으로 처지고 백4에도 흑5로 받고 오로지 내격의 확보에 힘을 쏟는다. 흑의 내부 수순은 7수로 늘었다.

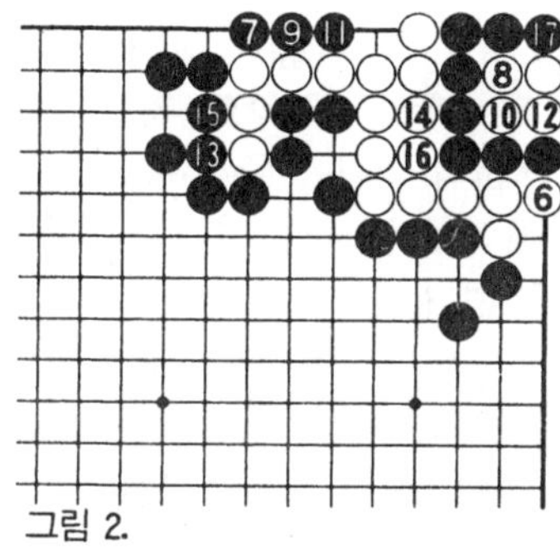

그림 2.

그림 2(1수 패배) 백6에서 7로 처져도, 흑11로 중앙에 두어 3목의 내격. 결국 백14와 16은 자기가 채워가야 한다.

백6으로 채운 시점에서 계산해 보면, 흑은 안에 7, 밖에 2로 합계 9수. 백은 바깥에 10수인데, 그 점이 유무의 위력이다.

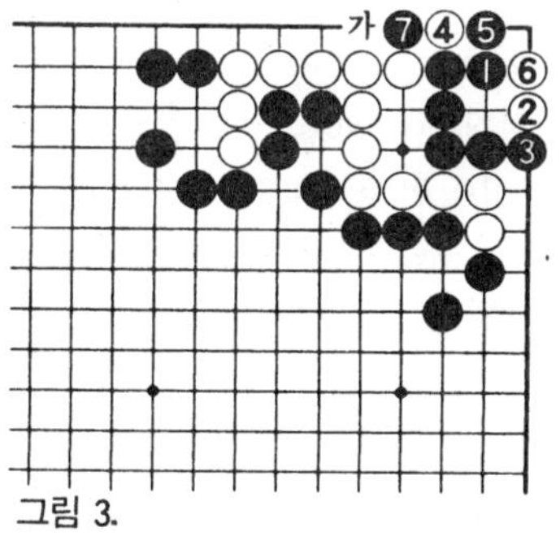

그림 3.

그림 3(2수 수습패) 〈그림 1〉에서 흑1의 마늘모 이외에서는, 어찌 두어도 돌리기에 손이 닿지 않는다.

가령 흑1의 굽기는 백2 이하에서, 흑7로 빼고 집 유무라고 해도, 안쪽의 공배수가 다르므로 백가로 눌러서 흑 불리인 2수 수습패 정도밖에 되지 않는 모양이다.

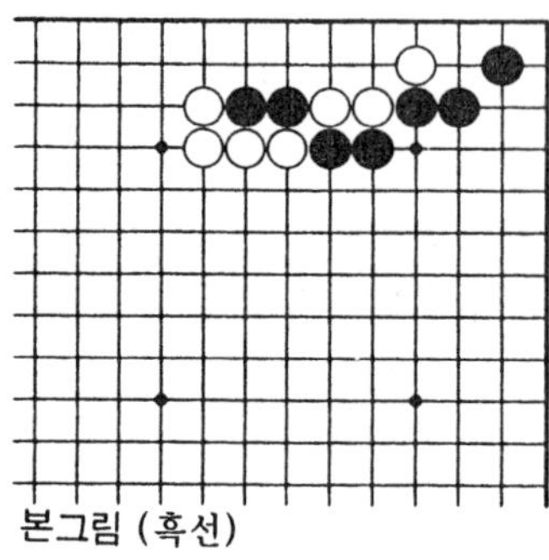

본그림 (흑선)

붙이기

흑2점 대 백3점, 단순한 모양이지만, 볼만한 공방이 전개된다.

본그림은 『玄玄碁經』의 「二桃三士勢」에서 발췌.

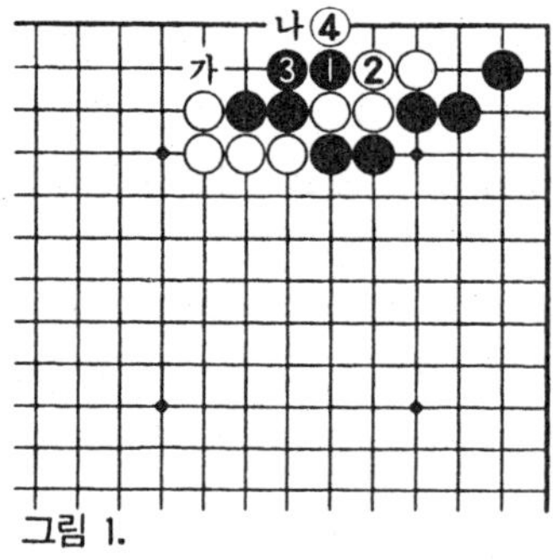

그림 1.

그림 1(나쁜 수) 흑1로 단수해서 3으로 이으면, 백의 불쾌감을 해소한 위에, 자기의 공배 채우기를 노출시키는 우수다. 다만, 백도, 4로 밑부터 젖히는 것이 유일한 참기 맥인데, 기타는 모두 흑의 주문에 빠진다. 이후, 흑 가로 젖힌 순간, 백나의 단수를 작용시키는 것이 긴요.

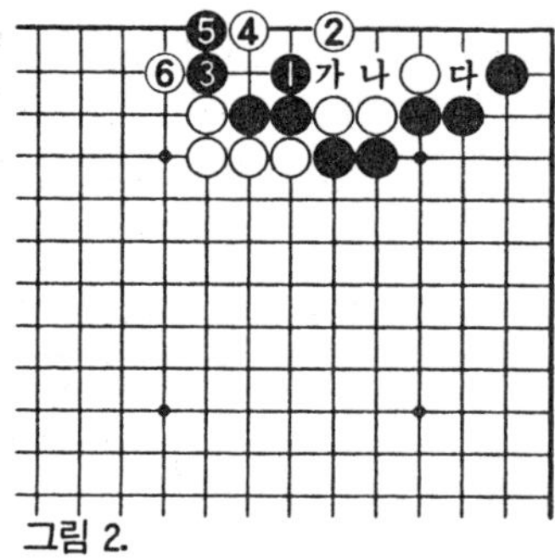

그림 2.

그림 2(뛰기의 저항) 잠자코 흑1로 처진다. 백2는 최강의 저항인데, 흑3이면 백4의 놓기를 준비하고 있다. 흑5에 백6으로 눌러서, 흑은 이 이상 움직일 수 없다.

백2에서 가의 누르기는 흑2의 단수를 이용당하고, 백나, 흑3, 백4, 흑5, 백6일 때, 흑다로 수 패배가 된다.

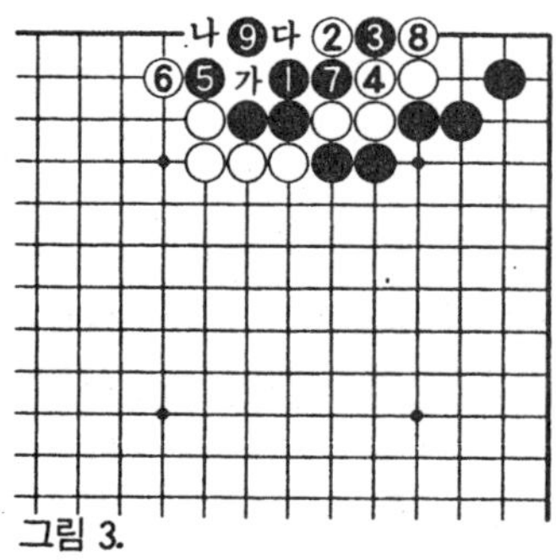

그림 3.

그림 3(흑3, 수법) 백2에는, 흑3으로 뒷쪽에서 붙이는 묘수가 있다. 백4로 바꿔어서 흑5로 젖히고, 백6에 흑7, 9로 집 유무다. 백6에서 9의 놓기면 흑6, 백가일 때, 흑나의 추격 성립이라는 것이, 흑3의 묘수되는 이유다. 백4에서 7은, 흑다로 단수하므로 털썩 털썩 쓰러진다.

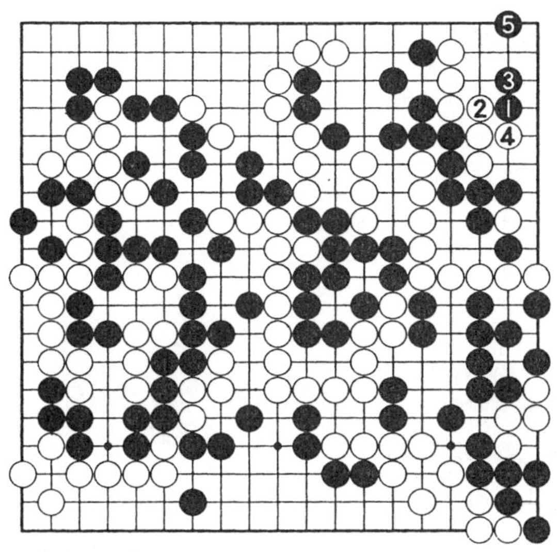

【참고보 6】
제24기 本因坊戰　백　石　郁郎
　　리그전　흑　藤澤秀行

뛰 기

　결정할 때는 정확하게 결정해 놓는다. 수를 늦춰서 상대가 소생하면, 어떻게 쓰러질지 모르는 것이 바둑이다.

【참고보6】

　흑의 큰집이 살기가 분명치 않으나, 1의 놓기부터 5로 뛰어 귀의 백을 죽이고, 동시에 큰집도 살았다. 흑이 후수로 살아 있으면 미세한 바둑이 된다.

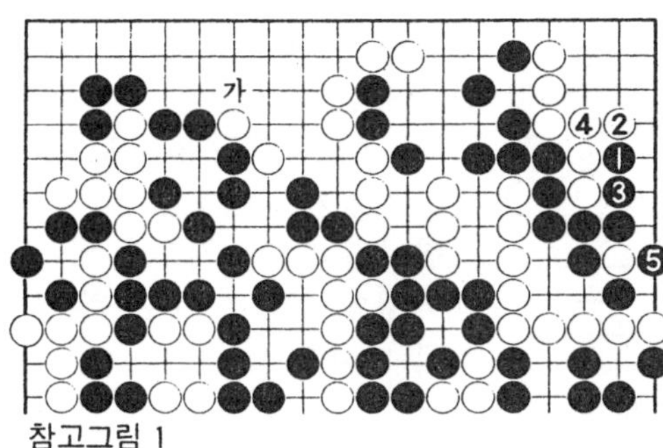

참고그림 1

참고그림 1(살아도)　흑1, 3부터 5 정도로도 큰집의 살기는 용이했다.

　그러나 이런 일로 후수가 된다면, 백으로서는 백가의 수 그치기로 도니까 대번에 집의 균형 부족이 된다.

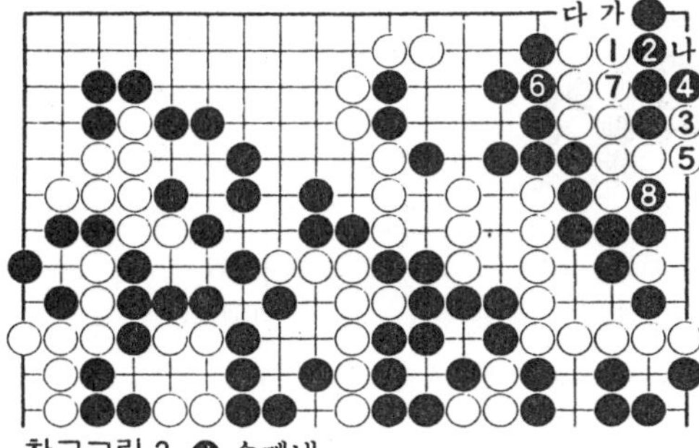

참고그림 2　❻ 손빼냄

참고그림 2(유무) 〈참고보6〉 이후, 백1, 3이하로 맞공격해도 흑8까지로 집 유무다. 백1에서 가면 흑2로 같다.

　백1에서 2나 나면 흑다로 건너서 백 죽음이고, 주위의 흑과의 맞공격은 문제 밖.

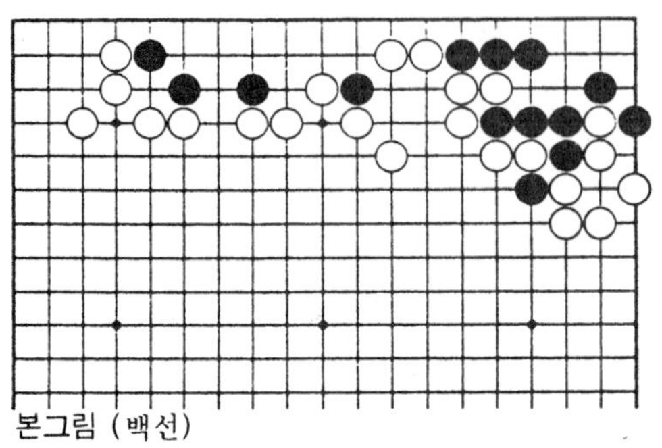

본그림 (백선)

협공 붙이기

수순이 길어서 까다롭지만, 집 모양의 위력을 아는데에 적절한 예제다.

본그림은 『發陽論』에서 발췌.

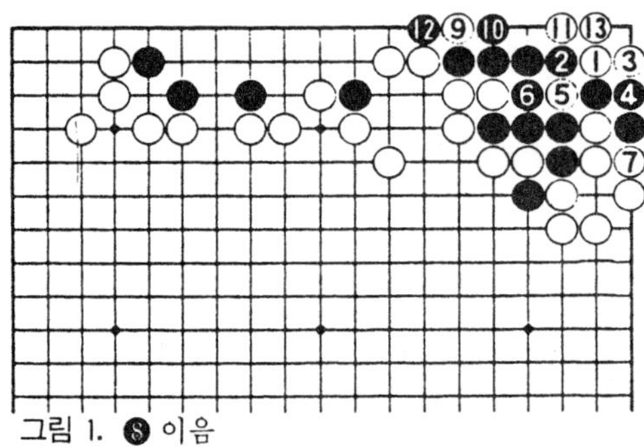

그림 1. ❽ 이음

그림 1(집모양을 만든다) 백 1로 붙이고, 흑2에는 백3 이하로 조른다. 흑2에서 3이면, 백2, 흑 6, 백13.

백9로 젖히고, 흑10에서 13은 백10으로 기니까 누를 수가 없 다. 흑10, 12 사이에, 백은 13으 로 집모양을 만들었다.

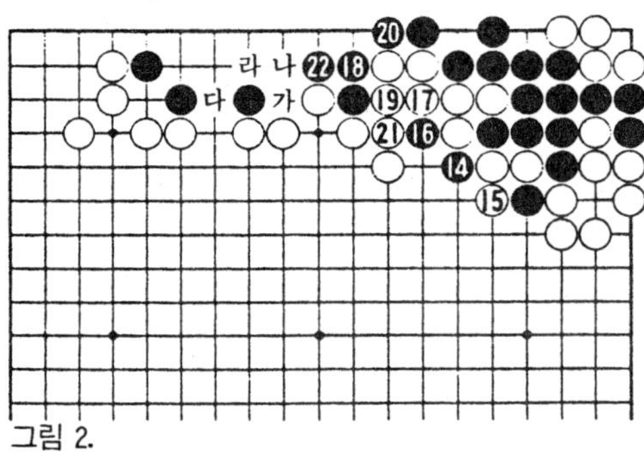

그림 2.

그림 2(건너기) 흑은 14 이 하, 18, 22로 건넜다. 흑22일 때, 백가, 흑나, 백다의 평범으로는 흑라로 잇기 당해 1집.

귀의 백과의 비김수가 되는데, 여기까지 와서는 백도 비김수로 는 불만이다.

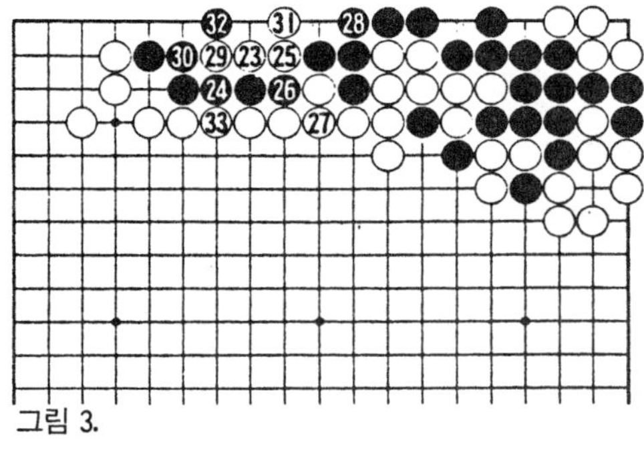

그림 3.

그림 3(백23, 수법) 백23이 절묘. 흑24에서 26이면, 백29로 좌방으로 건넌다. 흑24에는 백 25, 27로 28의 잇기를 강제하고, 이어 백29부터 31로 처지면, 귀 의 집모양을 이용한 양 밀 수 없 음의 흑 죽음이다.

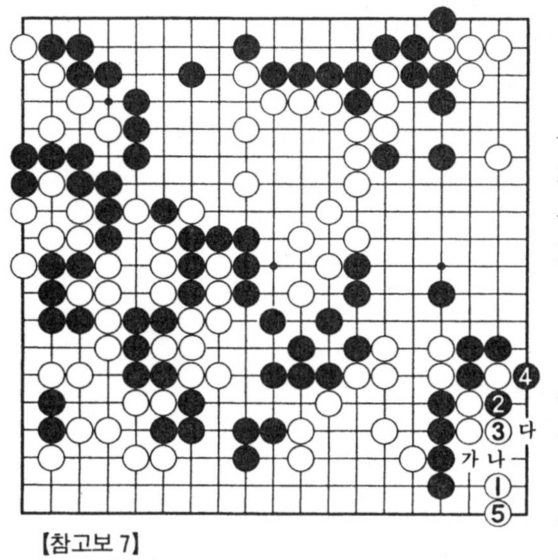

【참고보 7】
제2기 기성전 　　백 　　藤澤秀行
제 6 국 　　흑 　　加藤劍正

매달리기

아무리 이상하게 보여도 급소 는 급소. 더구나 맞공격인 경우, 안쪽 공배를 채운 모양을 상상하 면 급소가 분명해진다.

【참고보 7】

백1의 미끄럼부터 5의 매달리기가, 집 유무를 노린 맞공격의 급소였다.

흑가, 백나로 안쪽 공배를 채우면 분명히 백 수 승리 흑다에도 백나다.

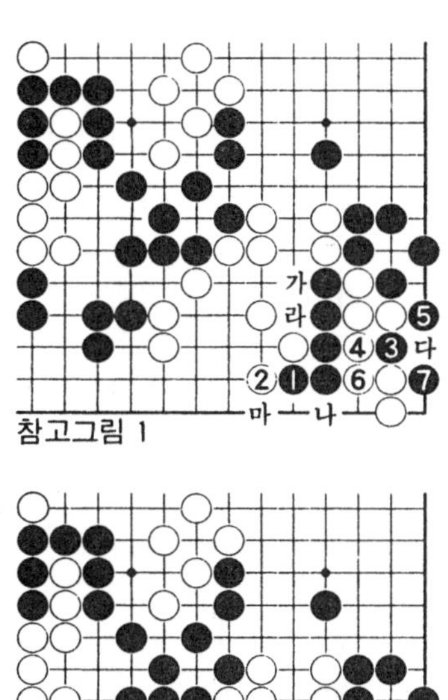

참고그림 1

참고그림 1(실전의 진행) 따라서, 흑1의 굽기부터 3의 끼어들기가 최강의 저항. 흑5부터 7로 젖혀서, 억지로 패로 이끌었다. 백은 일단 패를 잡은 후 가로 채우고, 흑은 나, 다시 다로 이어 패에 이긴다. 흑나일 때 백라면, 흑마의 패가 귀찮다.

참고그림 2

참고그림 2(불리 패) 〈참고보 7〉의 백5에서 1이면 알기 쉽게 이길듯이 보이지만, 흑2로 붙이는 묘수로 역전당한다. 백가는 흑나, 백다, 흑라로 패 배이므로 백나로 둘 수밖에 없지만, 흑가로 건너기 당해 손이 짧다. 결국, 백쪽에서 마로 던져넣는 패가 되어, 매우 불리하다.

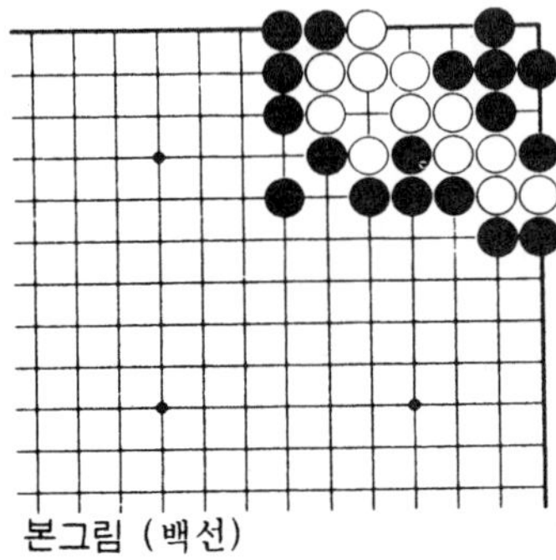

본그림 (백선)

던져 넣기

집 유무로 도리가 없는 모양인 것같지만, 바늘귀를 통과시키는 끈기가 있다.

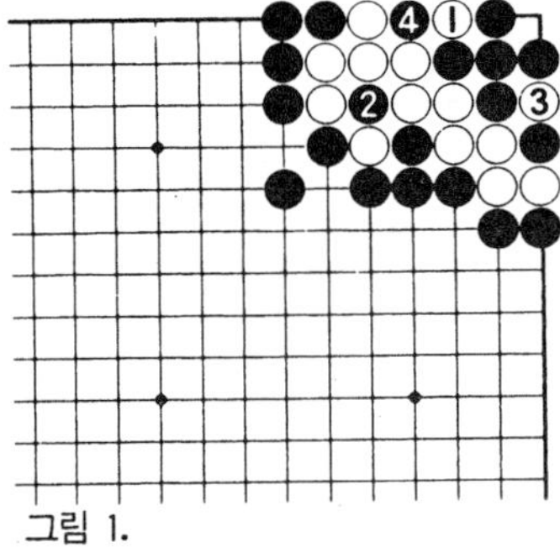

그림 1.

그림 1(백 1, 수법)　백1로 던져 넣으면 흑2로 잡는 정도의 것. 백3의 패 잡기에는 흑도 단수를 피해서 4로 이쪽의 패를 잡는다.

소위 3패인데, 보통의 3패와는 약간 다르다.

여기서도 집모양이 작용해서, 흑에게 유리한 해결법이 있다.

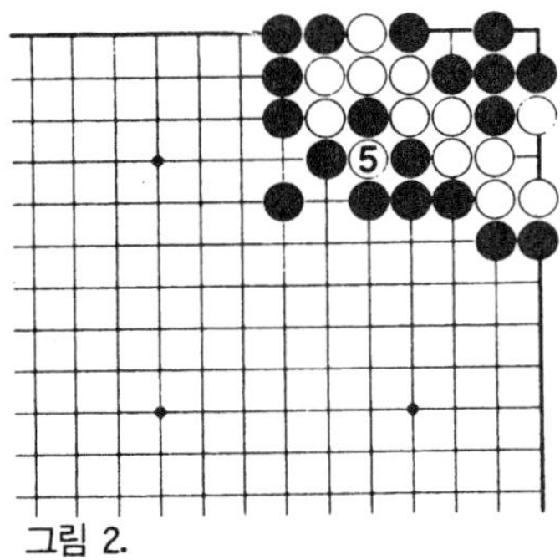

그림 2.

그림 2(선택권)　백은 단수이므로 5로 패를 잡을 수 밖에 없지만, 여기서 손빼기로 할 수 있는 것이 집모양의 위력이다.

현재 일본 기원 위기 규약의 판례로는, 집 유무의 3패는 집있는 측에, 3패 무승부로 하느냐, 부분적 비김수로 하느냐의 선택권을 준다.

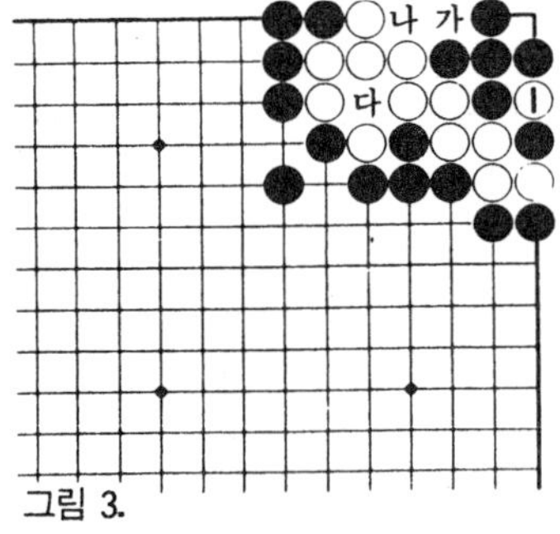

그림 3.

그림 3(단순 잡기도)　백1 쪽에서 패를 잡아도 비슷한 것. 이 패를 이은 순간 흑가로 집 유무고, 백1에 이어 백나로 두면 흑다로 양패의 죽음. 계속해서 둔다면 역시 가로 패에 던져넣을 수밖에 없고, 결국 유무의 3패 모양으로 진행한다.

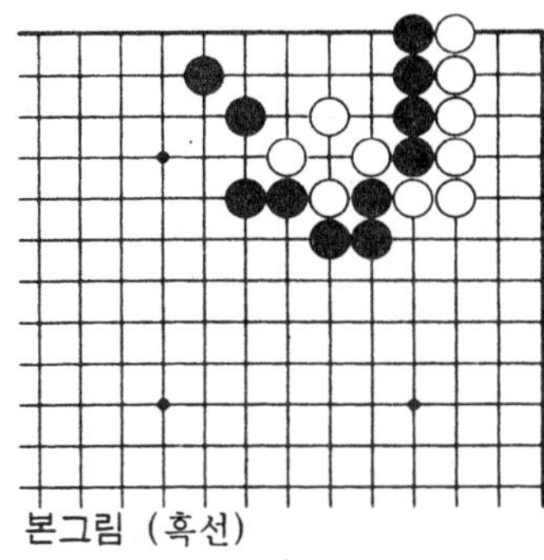

본그림 (흑선)

굽 기

돌의 급소란 의외인 곳에 있다고 생각케 하는 모양.
본그림은 『官子譜』에서 발췌.

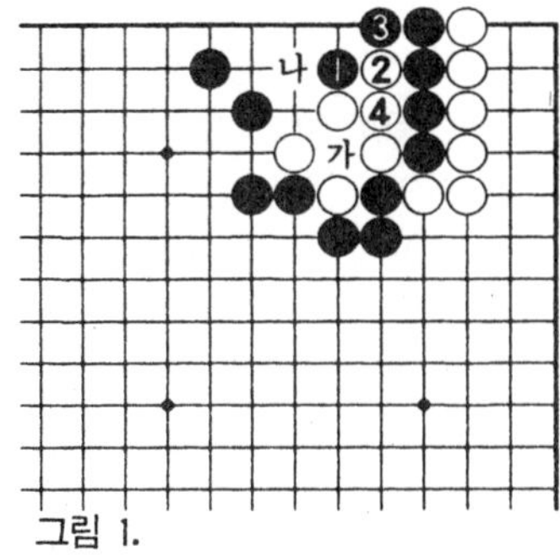

그림 1.

그림 1(이 잡기) 흑1의 붙이기는, 백2의 끼어들기로 전혀 끈기가 없다. 그렇다고 흑1에서 4의 단수도, 백가로 이은 후 흑은 수가 없다.
또, 흑1에서 나의 마늘모는 백2의 마늘모붙이기로 움직일 수 없다. 이후, 너무나 둘 곳이 없게 되었다.

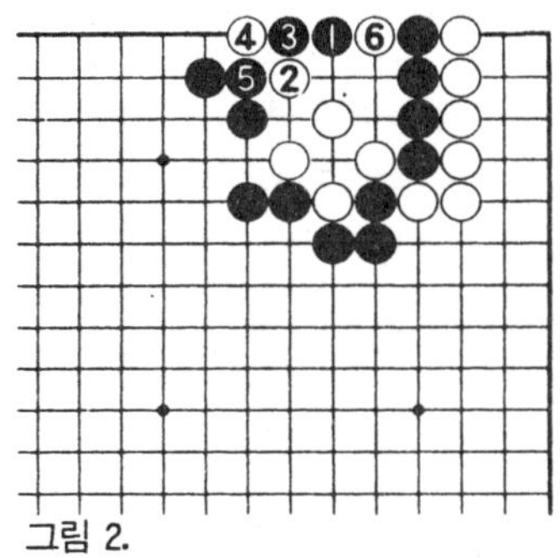

그림 2.

그림 2(뛰기) 흑1의 뛰기는 유망한 듯하지만, 백2로 일단 늦추고 나서 4로 젖혀 내는 좋은 수비가 있다. 흑5로 끊게하고 백6으로 던져넣으면, 이것은 추격이 약속되어 있는 모양이다.
흑1에서 3의 2칸 뛰기도, 백2로 마늘모 붙이기 당해 대동소이(大同小異)다.

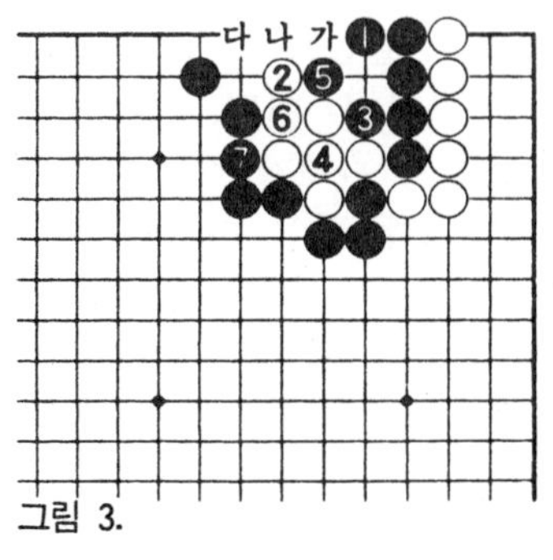

그림 3.

그림 3(흑1, 수법) 흑1로, 이상한 곳을 굽는 것이 수법이라니, 두손을 들었다. 백2에서 5는 흑가로 어물 어물 건널 테니까, 백2로 빗겨두지만, 그 순간 흑은 도사리고 3, 5의 집 지니기다. 백4, 6은 부득이하고, 흑7로 유무가 완성되었다. 백2에서 가도, 흑5, 백2, 흑나, 백다일 때, 흑3까지.

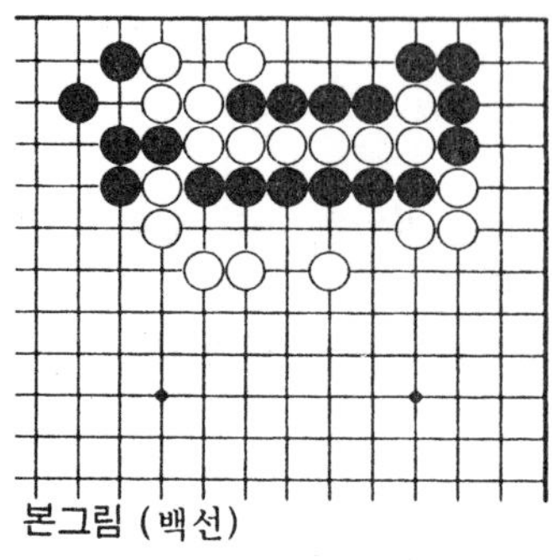

본그림 (백선)

집 지니기

집 유무라기보다는 들어갈 수 없음에 속할 것인데 집모양의 위력을 아는 데에는 적절하다.

본그림은『碁經衆妙』에서 발췌.

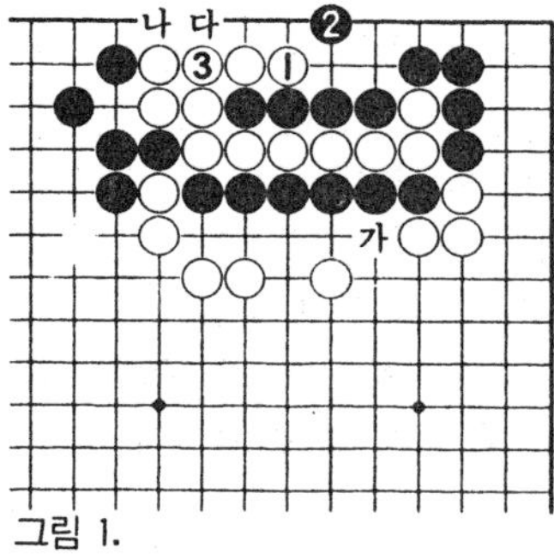

그림 1.

그림 1(기기) 여하간 백1로 기어 본다. 흑2로 늦추면 빠른 애기가 백으로도 1수 승리일 것이다.

가변을 아무 공작도 하지 않고, 가로 공배 채우기를 서두르면, 흑나의 젖히기로 2수 가량 패배한다. 그렇다고, 백1에서 다는 흑1로 눌리워서 재미없다.

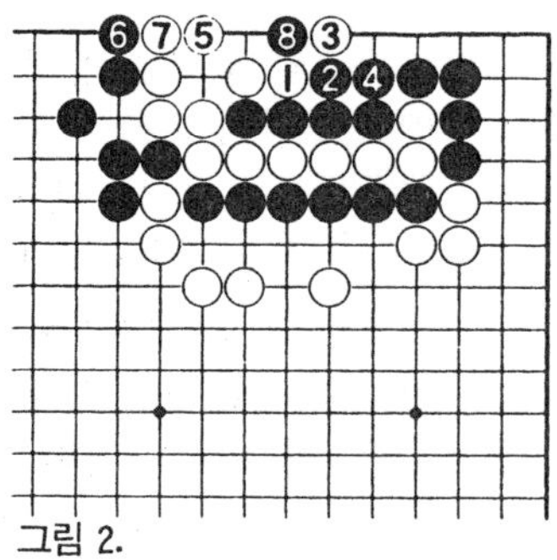

그림 2.

그림 2(백5, 수법) 흑2로 누르게 하고, 백3을 작용시켜서 5로 집을 갖는다. 흑8로 먹여쳐서 이제부터 차례로 서로 채우는데, 흑의 수수는 5수나 되어, 백은 도저히 부족할듯 보인다.

맞공격에서의 집모양은, 사활이나 종반과 달라서 5로 탄력적으로 지녀야 한다.

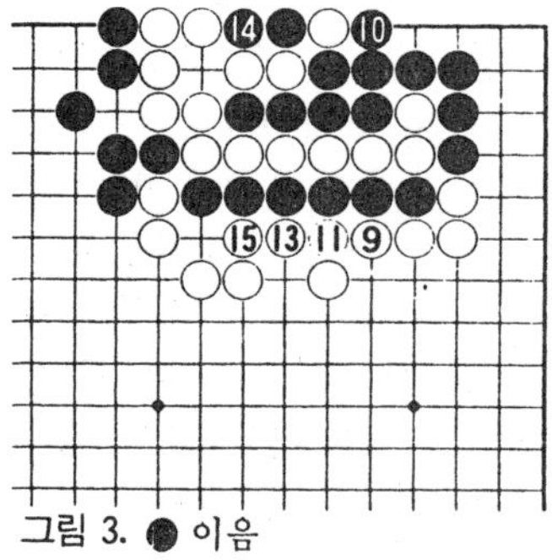

그림 3. ● 이음

그림 3(가지 돌음) 백9부터 서로 채우는데, 흑은 10의 빼기, 12의 잇기로, 백의 본체와 관계가 없는 곳에서 2수나 돌아가게 된 것이 가슴 아프다.

그리고, 흑14로 2점을 단수해도 이것은 가지 돌이어서, 백은 상관않고 15의 단수다. 가지 돌음을 공격하도록 유도당한 흑의 1수 패배다.

패의 수법

맞공격의 패는 모두 돌의 공배의 수에 관한 것이다. 자기의 공배에 여유를 만들고, 상대의 공배를 1수라도 속히 채우기 위해, 본래는 2수 소비해야 할 곳을, 1수로 끝내는 비상 수단이다.

패의 모양 그 자체는 결정되어 있으므로, 어떻게 해서 패로 이끄느냐 하는 도입 수법이 문제다. 또 패를 걸기 전의 이용처, 패의 랭크, 패감, 실전이면 유익한 패의 모양 등, 이밖에도 생각할 점이 많다.

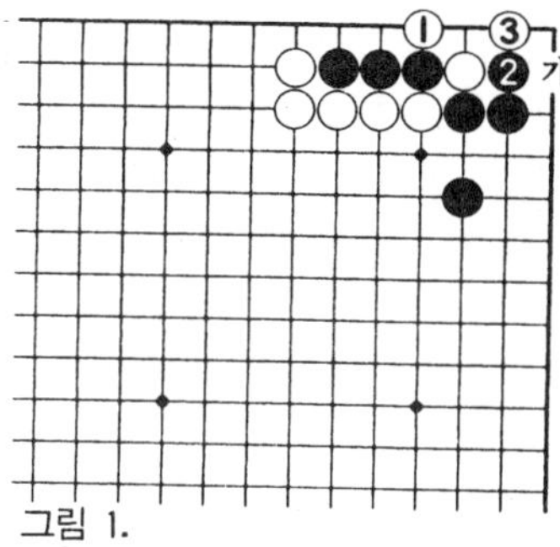

그림 1.

그림 1(젖히기) 백1로 젖혀서 흑의 공배를 채우고 자기의 공배의 수의 부족은 흑2의 단수에 백3으로 젖혀서 귀의 특수성을 이용해 버티는 것이다.

백1에서 2는 흑가로 도리어 돌의 탄력성을 잃고 이후 아무리 몸부림 쳐도 무조건 수 패배다. 백1에서 3은 흑1이 패 배제의 수법.

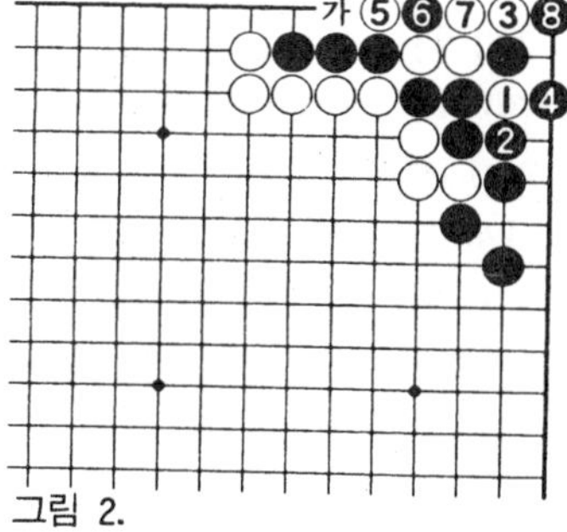

그림 2.

그림 2(던져넣기) 백1, 3의 끊어대기는 귀를 이용해서 수수의 열세를 보충하는 호 수순이다. 백5로 젖히면 흑은 공배 채우기 때문에 **가**로 누를 수 없다. 다만, 흑6의 던져넣기가 맞공격의 본체를 공격하는 호 수순인데 백7로 빼게 하고 나서 흑도 빵따내기의 탄력을 활동시켜서 8이다.

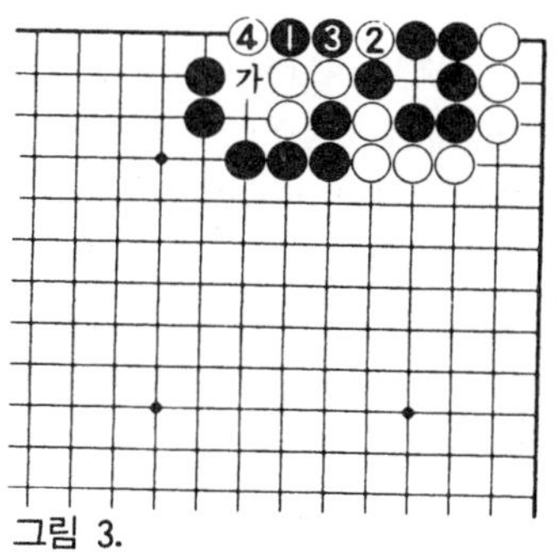

그림 3.

그림 3(되받아 치기) 흑1의 붙이기는 백2에서 3의 누르기를 기대하고 흑가로 두어 집 유무로 유도할 목적이다. 그러나 백에는 2로 던져넣고 되받아 치는 호수가 있고 흑3으로 빼게하고 나서 4면 패는 피할 수 없다. 그리고 흑1에서 가면 백2, 흑3, 백1이 패잡기 차례를 얻는 좋은 수순.

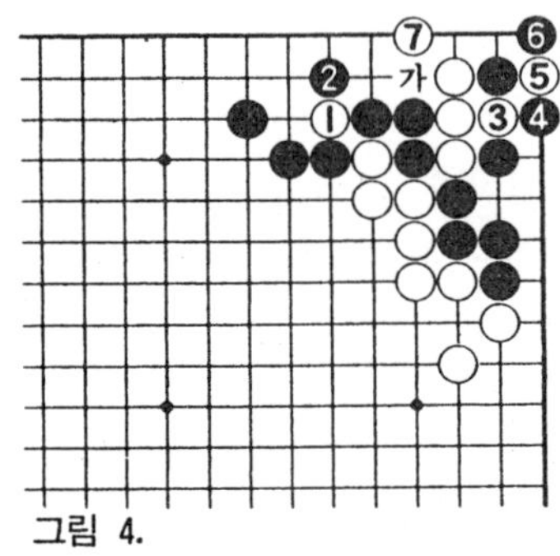

그림 4.

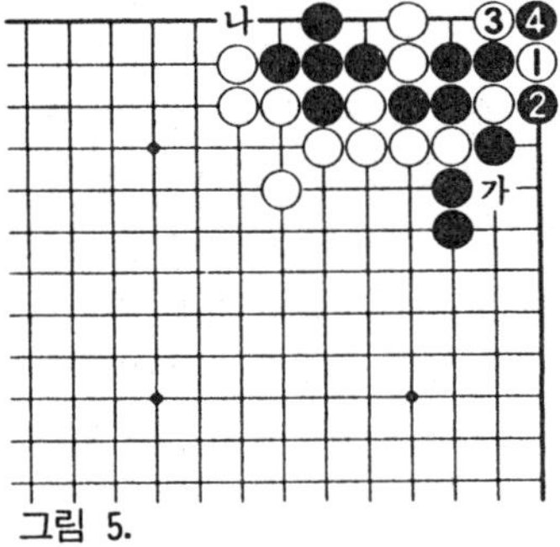

그림 5.

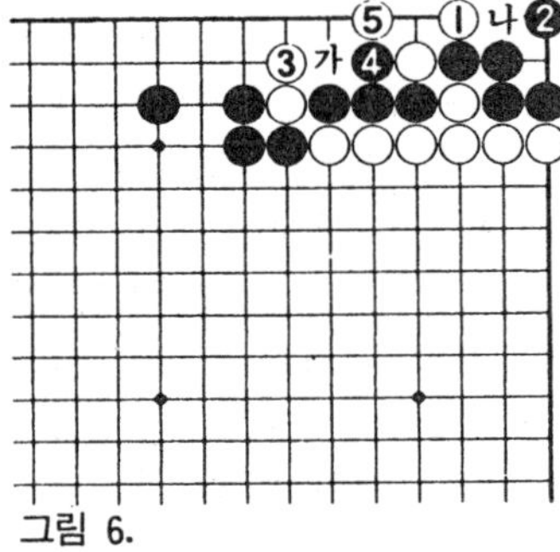

그림 6.

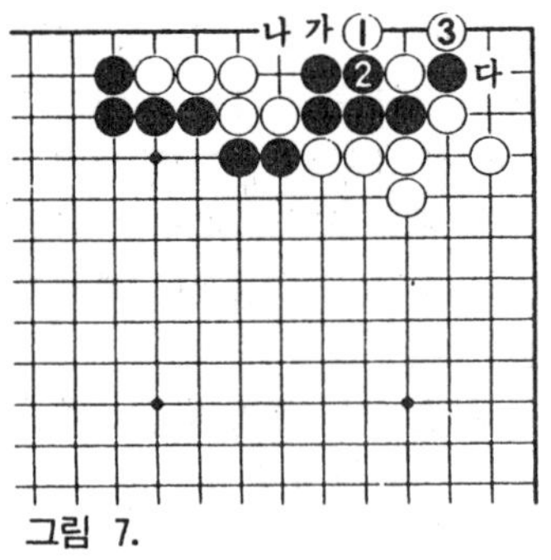

그림 7.

그림 4(마늘모) 백1의 들이끊기를 작용시키고 나서, 3, 5로 던져넣는 것이 패 도전에의 준비 공작. 백7로 빗겨두면, 흑에는 패를 피할 수가 없다. 백1, 흑2의 교환으로 가의 단수를 막고 있는 것이 값어치다.

백5를 결정치 않으면, 백7일 때 흑5로 잇는다.

그림 5(젖히기) 그대로 잡히고 있는 백2점이지만, 백1로 귀를 젖히는 것으로 소생한다. 흑2로 빼게하고 나서도 백3으로 젖혀서 패로 이끌고, 흑4에서 가면 백나로 이미 수 승리다.

흑2에서 3이면, 백나로 처져서 수 승리.

귀의 끈기는 두려울 정도다.

그림 6(처지기) 백1로 잠자코 젖혀서 패로 이끈다. 백1에서 가, 흑3, 백4의 조르기를 결정하고 나서의 1은, 흑2로 눌리어서 집 유무다.

단순히 백1이면 흑2에는 백3의 처지기가 있고, 흑2에서 나면 백5, 흑2에서 4라도 백5인데, 이리 치나 저리 치나 여하간 패다.

그림 7(마늘모) 백1의 마늘모가 멋진 수법. 흑2에는 백3으로 버티어서 패이고, 흑2에서 가면 백나로 마늘모 붙여서 수 승리로 된다.

백1에서 다로 몰면, 흑나로 빗겨두는 맞공격 상용의 호 수법이 있고, 양 밀 수 없음이 백 패배로 된다.

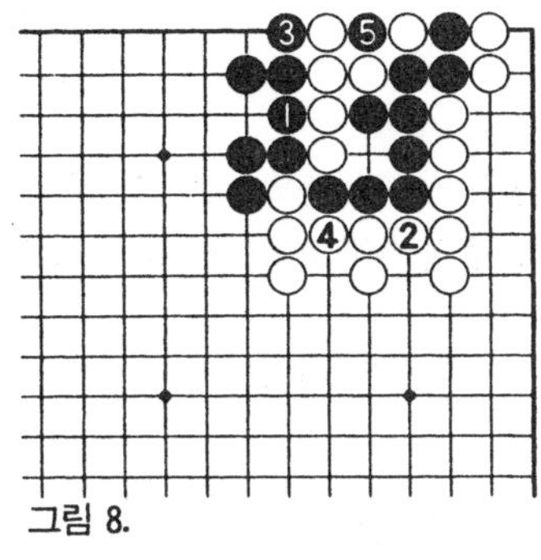

그림 8.

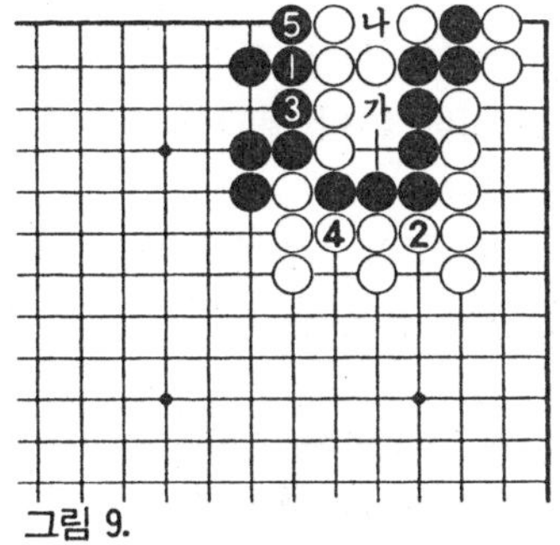

그림 9.

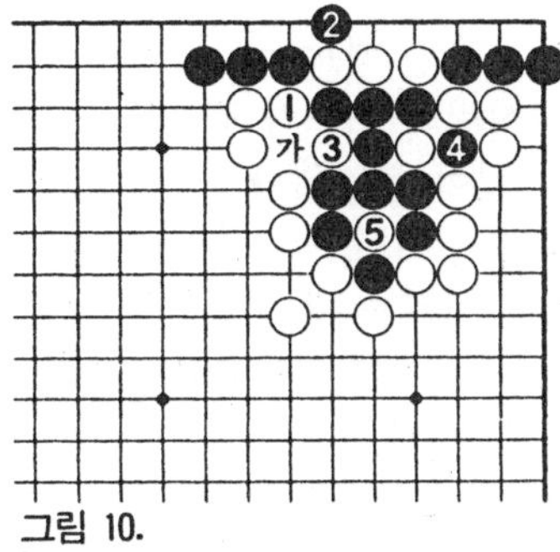

그림 10.

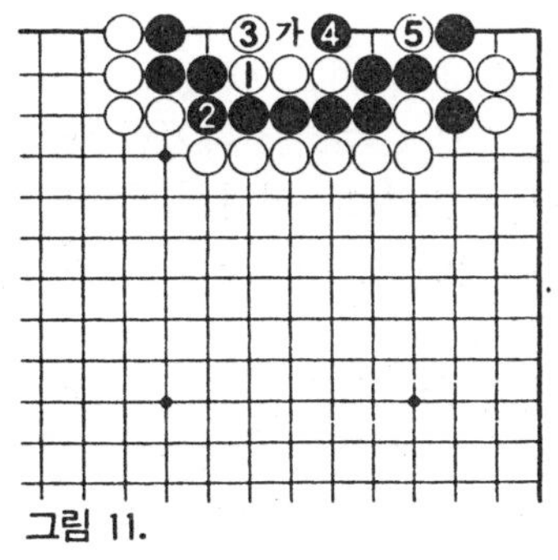

그림 11.

그림 8(패 붙기) 「패 붙은 맞공격, 최후에 잡아라」흑1, 3으로 잡을 수 있는 패를 참으며 잡지 않고 바깥부터 공배를 채우는 것이 좋고, 백4일 때, 흑5로 최종적인 잡기 차례가 온다. 흑1에서 5로 잡으면, 백2, 흑1, 백4, 흑3일 때, 반대로 백이 패 잡기 차례가 된다.

그림 9(만년 패) 패 붙기 맞공격인데, 안쪽 공배가 둘 있다. 흑백 모두 바깥부터 서로 채워서 「만년 패」다. 백가로 공배를 채우면, 흑에게 패잡기 차례를 준다. 흑도 나부터 가면 패인데, 백패 잡기. 결국, 모두 패를 도전하지 않으면 백나로 이어 비김수로 만든다.

그림 10(3패) 백1로 끊어 맞공격. 흑2일 때 백3으로 던져넣으면 단수이므로 흑4 내지 가로 패를 잡고, 그러면 백도 5로 패를 잡고 단수.

모두 손을 빼면 패배라는 것으로 한 쪽이 버리지 않는 한, 일본 기원 위기 규약에 무승부로 되어 있는 3패다.

그림 11(장생) 본래는 내격의 사활에 속하는 진기한 모양인데, 3패와 같이 양자가 양보하지 않으면 무승부로 되고 패와 같이 동형 반복이 되므로 이 항목에 섞어 넣었다.

백1, 3에, 흑4는 집 유무를 피해서 당연. 백5일 때, 백가의 5목 내격을 피해서 흑가로 둔다.

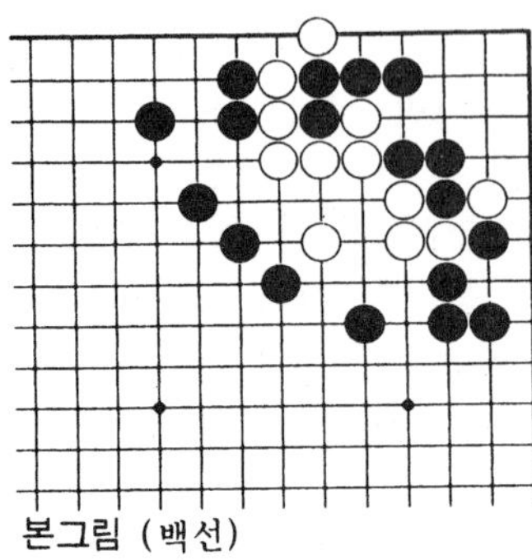

본그림 (백선)

단　수

　작용하기로 보이는 수도, 진정한 작용하기인지, 냉철하게 확인해 놓을 필요가 있다.
　본그림은 『玄玄碁經』의 「寸心千里勢」에서 발췌.

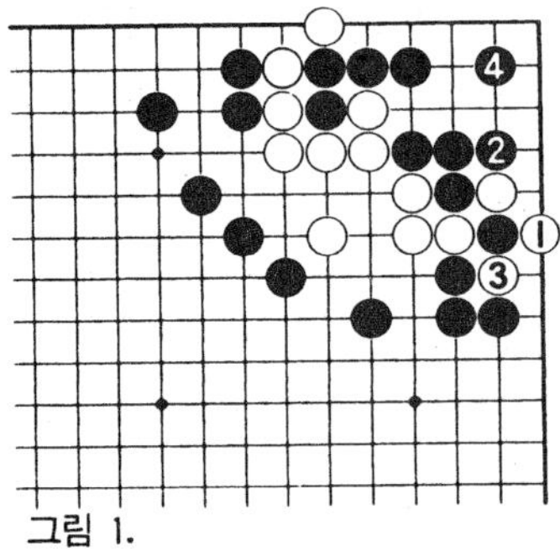

그림 1.

　그림 1(경솔)　백1로 단수해 놓으려는 마음의 작은 틈이 삶과 죽음, 천리의 차를 낳는다.
　물론 흑은 잇지 않고 2, 4로 두어 귀를 살렸기 때문에 중앙 백의 큰집은 그대로 사라진다.
　백1, 흑3이 결정되어 있으면, 그후는 편한 마무리 작업이었는데…….

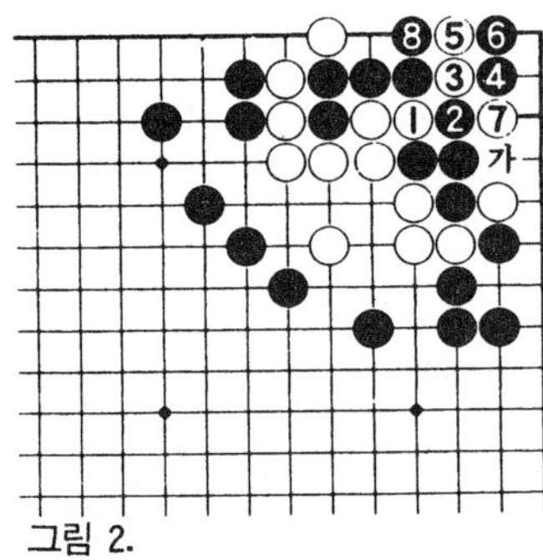

그림 2.

　그림 2(석탑)　백1부터 3, 5로 끊고 쳐져서 석탑의 조르기 모양으로 이끄는 맥인 것이 분명하다. 흑에는 저항하는 수가 전혀 없고, 본심의 잡아걸기면 백이 시키는 대로 조르기 당할 수밖에 없을 것이다. 실전이면 흑6에서 가인지도 모른다.

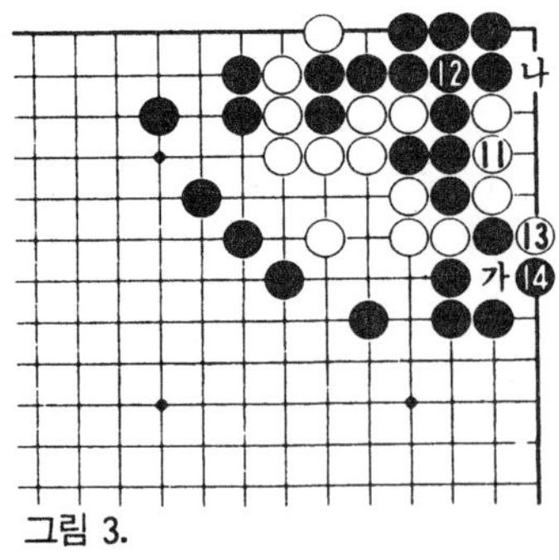

그림 3.

　그림 3(흑14, 끈기)　백11로 단수, 또 하나 13으로 단수해서 흑가면 백나의 양 젖히기로 승리. 따라서, 흑14로 누르고 패로 버티는 것은 도리가 없는 얘기다.
　백도 귀의 조르기를 패감으로 두고 싶을 터이지만, 백11의 시점에서도 13의 단수는 흑11로 불리하다.

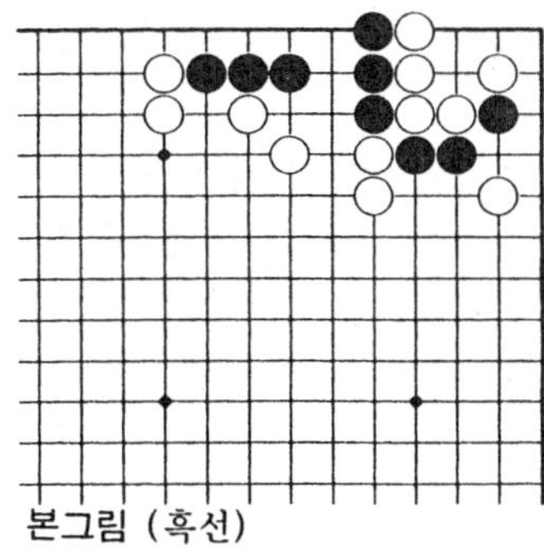

본그림 (흑선)

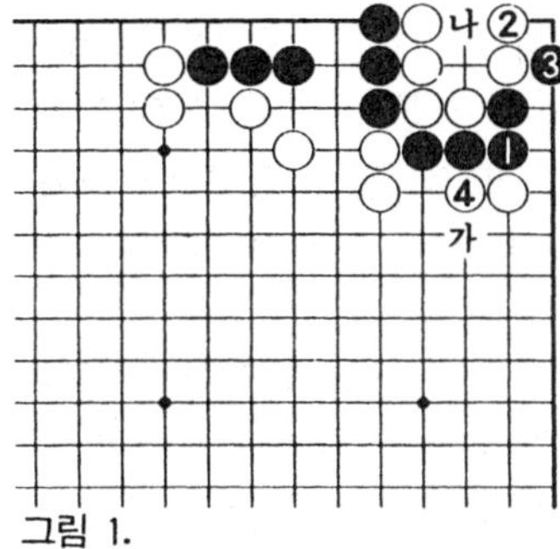

그림 1.

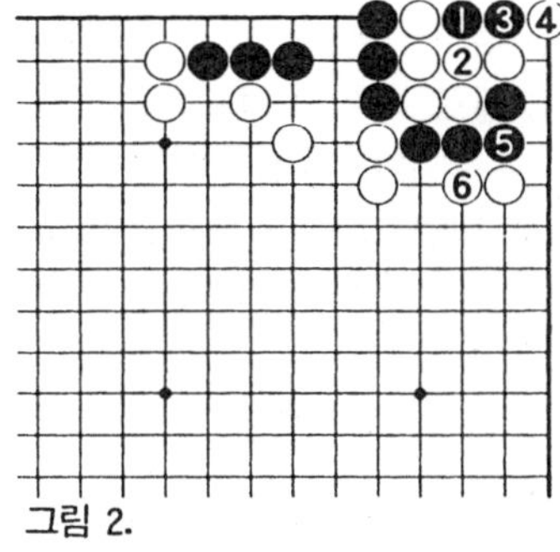

그림 2.

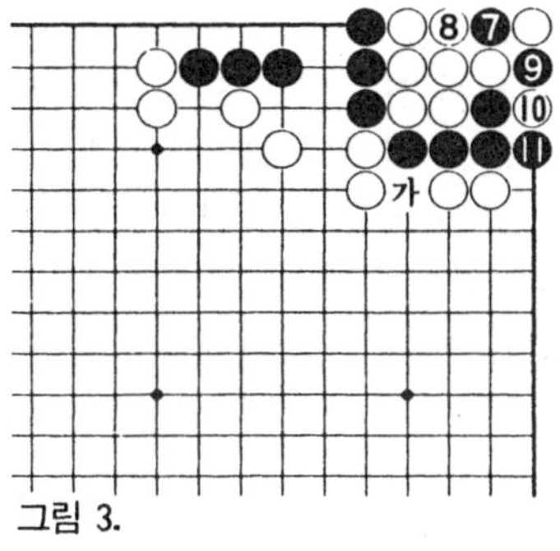

그림 3.

단　수

단수는 속맥이라고 보통은 기피하지만, 때로는 모양을 결정해 놓기 위한 단수가 활동하는 수도 있다.

본그림은 『玄玄碁經』의 「大族風勢」에서 발췌.

그림 1(유무)　흑1의 잇기는 장황스러운 수인데 백2의 집갖기가 교묘해서 집 유무를 노리고 있다. 흑3이면 백4로 수 패배고 흑3에서 가는 백3으로 사는데 순간에 상변 흑의 죽음이 확정된다.

백2에서 나 쪽에 집을 가지면 흑3의 젖히기로 패를 피할 수 없다.

그림 2(흑1, 3, 수법)　흑1의 단수는 곧 알아 차리겠지만 또 하나 흑3으로 단수하고 백4 더러 잡게 해 놓는 수는 두기 어렵다. 냉철하게 생각하면 3의 점은 〈그림 1〉의 백2의 점인데 설혹 잡혀도 선행하고 싶은 곳이다. 귀의 모양을 결정하여 흑5로 잇고 백6으로 막게 하고나서 다음 단계로 옮긴다.

그림 3(두 번, 세 번)　흑7로 던져넣고 또 흑9로 던져넣는다. 버림돌을 4개 써서 겨우 흑11로 누르는 패의 모양이 출현했다.

흑7에서 단순히 9로 던져넣으면 백10, 흑11일 때 백가로 태연하게 공배를 채워서 놀랄 때는 추격이다.

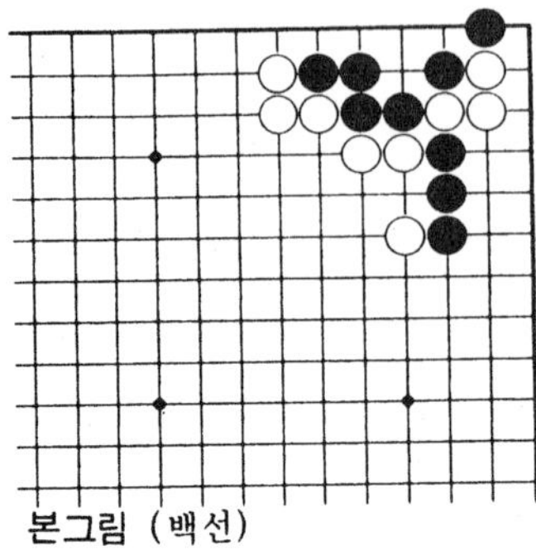

본그림 (백선)

놓 기

현실로 패를 도전하는 경우는 나중에는 작용치 않는 곳을 전부 작용시켜 놓는 편이 유리하다. 패배했을 때 큰 차가 생긴다.

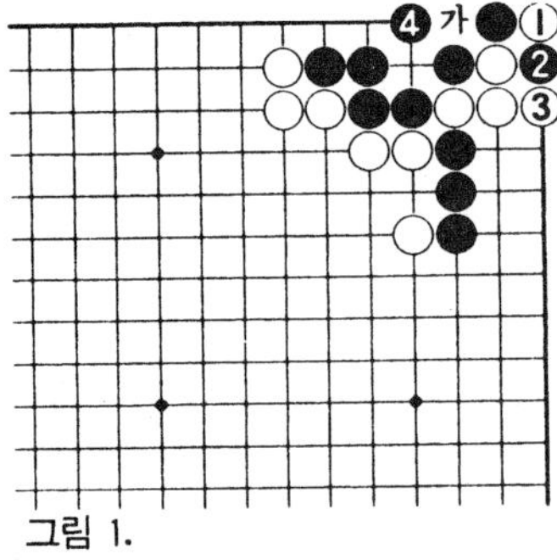

그림 1.

그림 1(패배) 백1로 던져넣고 3으로 누르는 패 맥은 보이고 있지만 지금 곧 두면 흑4로 집을 갖고 백 패잡기, 흑가의 잇기로 무조건 패배로 된다.

보이고 있는 수라도 실행하기 전에 정성을 들이고 때로는 더욱 유리한 수를 고안해야 한다.

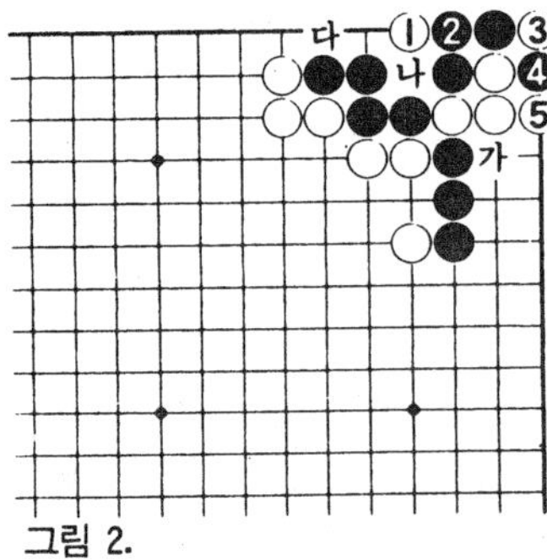

그림 2.

그림 2(여유) 백1로 놓고 흑2로 바뀌면 백3, 5로 확실히 패다. 그러나 이후 곧 가로 단수했다치고 백의 패잡기에 흑나로 잇는 여유가 있다. 백다, 흑 패잡기가 되어 부분적으로는 패감이 없는 모양이다.

흑나로 잇는 여유가 패감 하나의 가치에 해당한다.

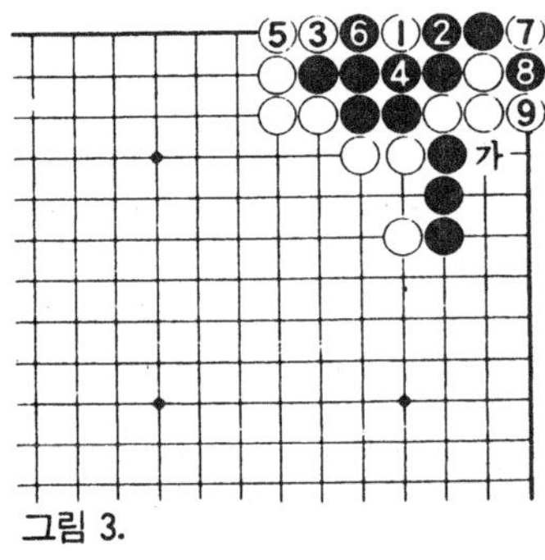

그림 3.

그림 3(백1, 5, 수순) 백1로 놓았으면 그 기회에 3도, 5도, 모두 결정해 놓는다. 그리고 서서히 백7, 9. 이번에는 흑가면 백이 패를 잡아서 부분적으로는 흑한테 패감이 없는 모양이다.

백은 설혹 패에 져도 5의 처지기까지를 두고 있으므로 이득.

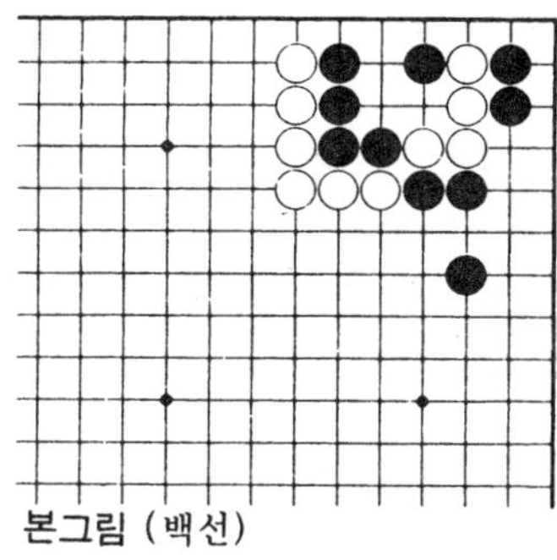

본그림 (백선)

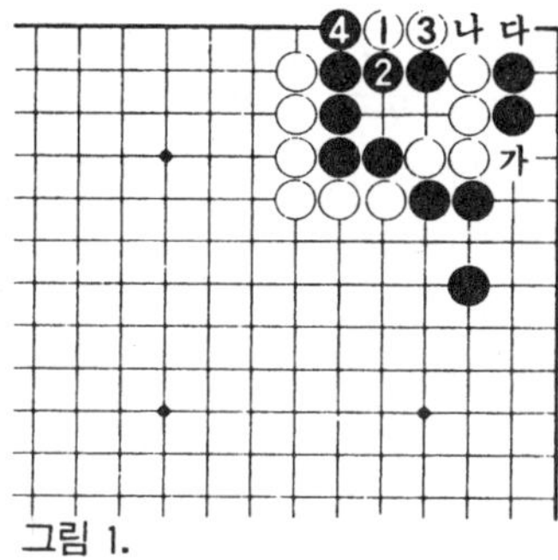

그림 1.

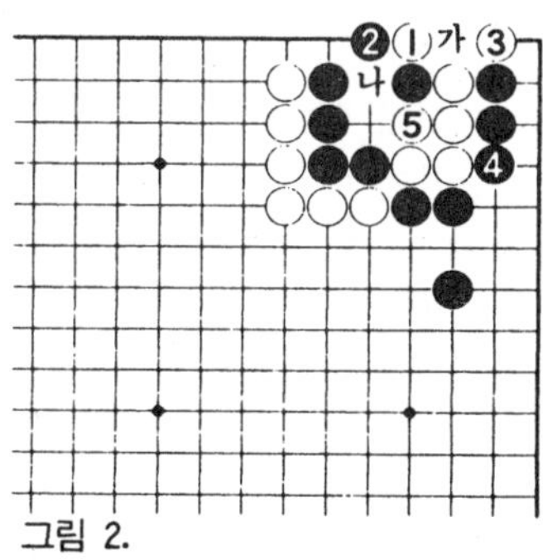

그림 2.

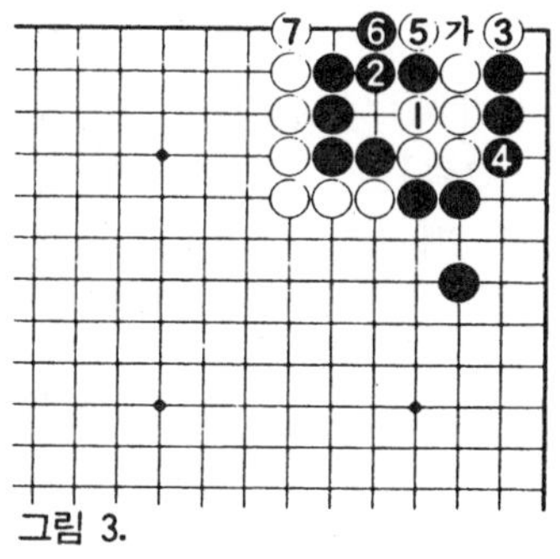

그림 3.

불평하기

흑은 두 건너가가 대칭이 되어 있다. 수순을 다해서 한쪽을 선수로 막고 싶은 것이다.

본그림은 『官子譜』에서 발췌.

그림 1(대응) 백가면, 흑나, 백나면 흑가. 가 쪽은 저지 방법이 하나 밖에 없으므로 가망이 있을듯한 것은 나 쪽의 건너기다.

다만, 백1의 놓기로는 흑2, 4로 간단히 되지 않는다. 백1에서 다의 젖히기도 흑가로 건너니 그만이다.

그림 2(패에는) 백1로 젖히고 흑2에 백3으로 젖혀서 귀의 특수성을 이용하는 패 버티기가 있다. 흑4면 백5로 단수해서 역시 패다.

다만 흑4로는 물론 하나는 가로 패를 잡을 것이다. 또 백5 이후 흑나의 잇기도 패감이 된다. 백은 용이하게 패를 이길 수 없다.

그림 3(백1, 수법) 백1의 불평하기부터 두는 것이 바른 수순이다. 흑2로 잇게 하고 3으로 건너기를 저지, 5부터 7로 되면 앞그림보다 패감 둘은 이득을 본 셈이다. 바둑에 따라서는 승패에 직결되는 차다.

그리고 이 패는 백가로 이어서 해소할 수 있다. 본패다.

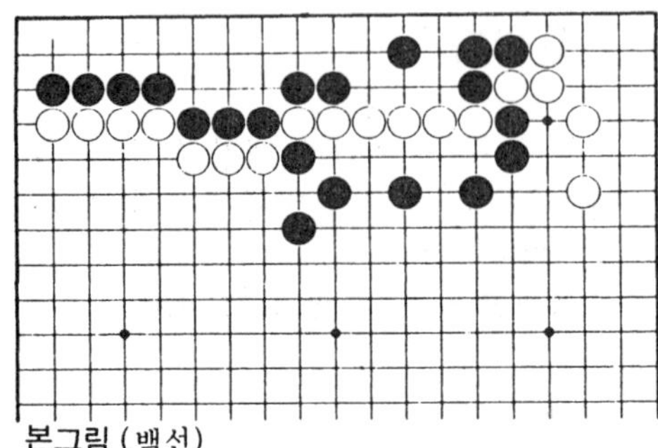

본그림 (백선)

마늘모

모양은 크지만 요는 중앙의 백 6석의 거취다.

본그림은 『玄玄碁經』의 「六出 祁山勢」에서 발췌.

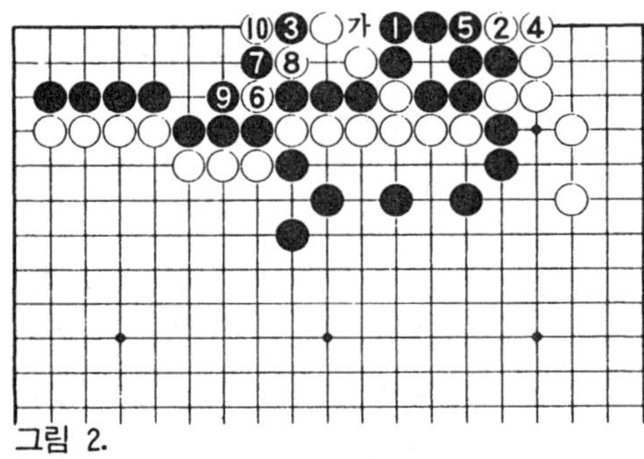

그림 1.

그림 1(백7, 수법) 백1의 붙여 넘기가 먼저. 흑2로 바뀌어 백 3으로 끼어든다. 백3이 먼저면 1일 때 흑6으로 뺀다.

백5로 단수해서 7의 마늘모가 9의 던져넣기를 보는 맥, 백가는 흑나다.

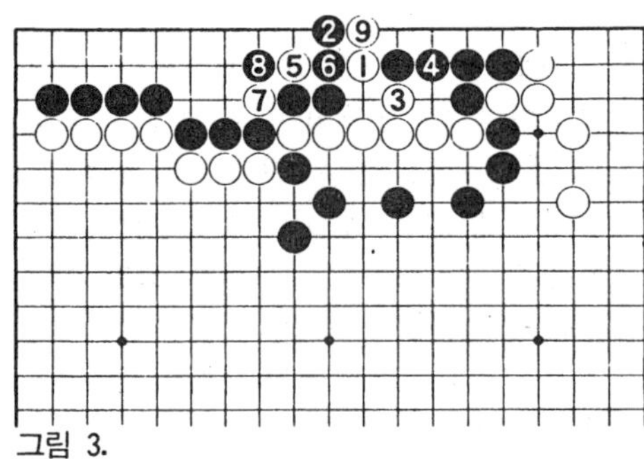

그림 2.

그림 2(무조건) 〈그림 1〉의 흑8에서 1로 잇고 패를 피하려고 하면 도리어 무조건 탈출이 있다. 백2로 집을 뺏고 흑3은 백4 이하 10에서 가가 있고 흑3에서 7도, 백4의 잇기로 꼬리의 4점이 떨어져 나간다.

그림 3(건널 수 없다) 흑2로 뛰어 끝까지 무조건 건너기를 노린다. 〈그림 1〉의 백7과 동점인 급소인데 백에는 3부터 5, 7로 모양을 결정하고 9로 가로막는 수순이 있다. 백5는 묘수라고 해도 좋을 것이다.

그림 3.

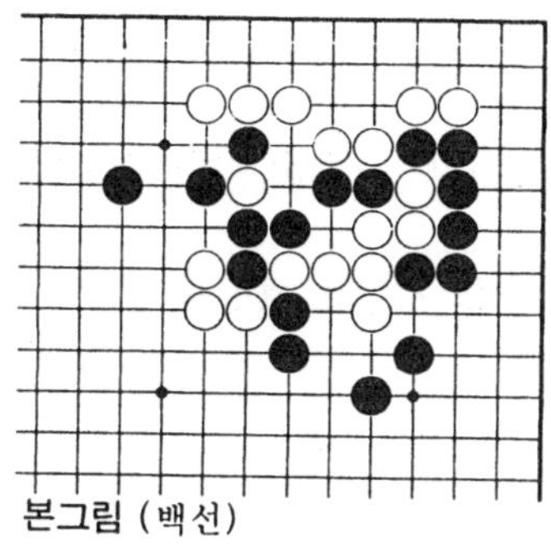

본그림 (백선)

잇　기

　설혹 궁지에 빠져도 패의 끈기를 포기하지 말아야 한다. 수를 줄일 수 있는 급소로 선행해서 끈기를 만드는 맥이다.
　본그림은 『發陽論』에서 발췌.

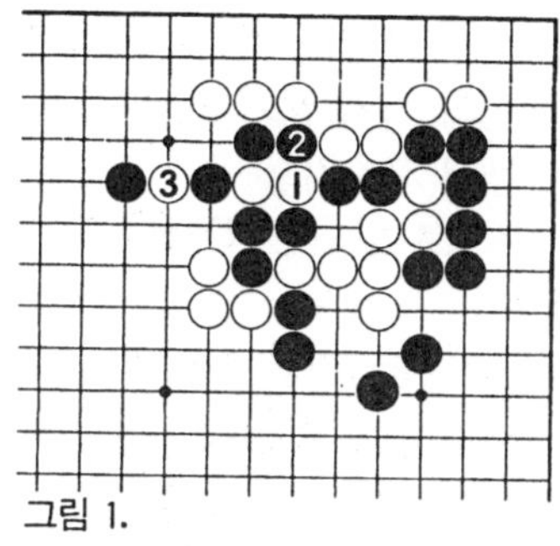

그림 1.

　그림 1(추격)　백1로 던져넣고 나서 3으로 끼어들어가는 것은 추격을 포함한 맥이라 할 수 있다. 백의 수수는 4수이므로 퍽 자유롭게 흑을 공격할 수 있다.
　백1에서 단순히 3은 흑1로 빼니까 의외로 수가 길다. 1수 패배가 되는 것을 확인하기는 쉬울 것이다.

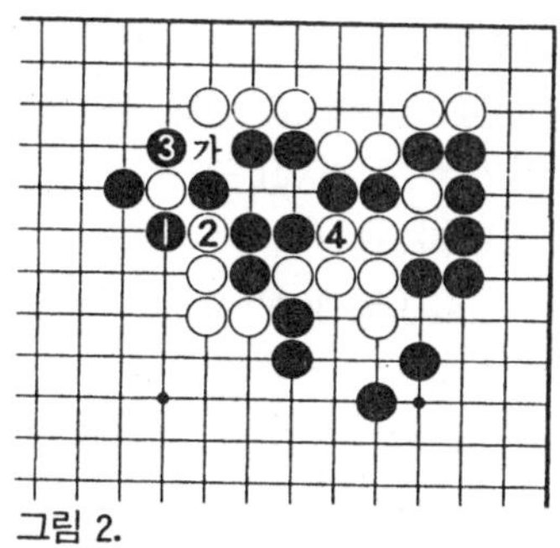

그림 2.

　그림 2(성립)　앞그림에 이어서 흑1 또는 3의 단수로는 백2부터 4로 단수 당해 추격이 된다. 흑3으로 빵따내기 당하므로 전국적으로는 어떨까 해도 맥으로서는 분명히 백의 주문에 빠졌다.
　백4에서는 가로 들여대도 좋다.

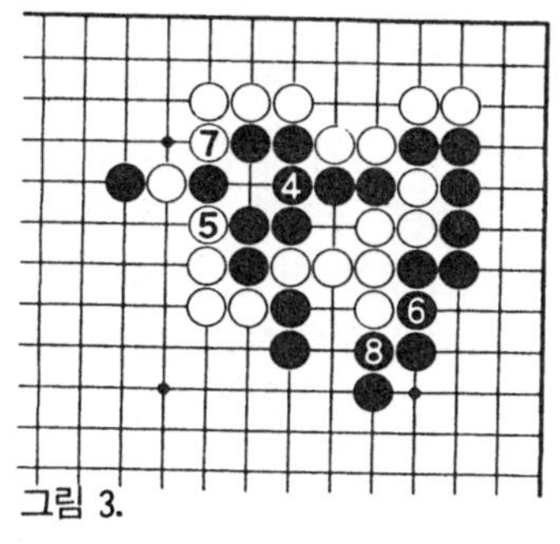

그림 3.

　그림 3(흑4, 수법)　1로부터 흑4로 이으면 백5, 흑6으로 바깥 공배의 상호 채우기가 되어 결국 패. 흑4의 점이 이 맞공격의 급소가 되어 있다.
　다만 이 국면은 백의 두께가 생기고 앞그림에서는 흑의 빵따내기다. 예리한 맥이 옳은 수에 연결되지 못하는 것이 실전의 어려움일 것이다.

175

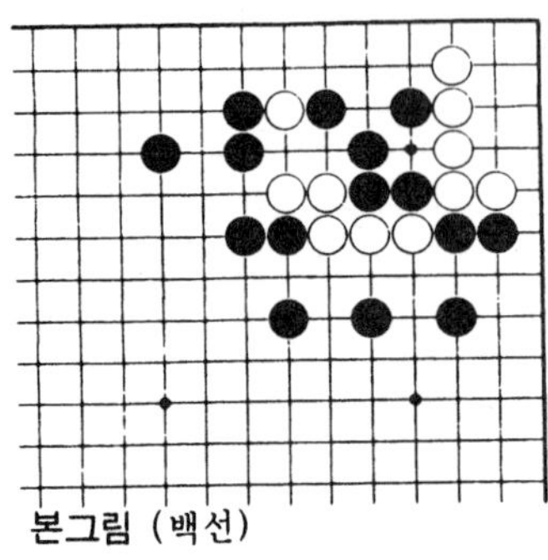

본그림 (백선)

잇　기

『玄玄碁經』의 「五龍出水勢」에서 발췌.

백의 묘수를 지우는 저항이 있다.

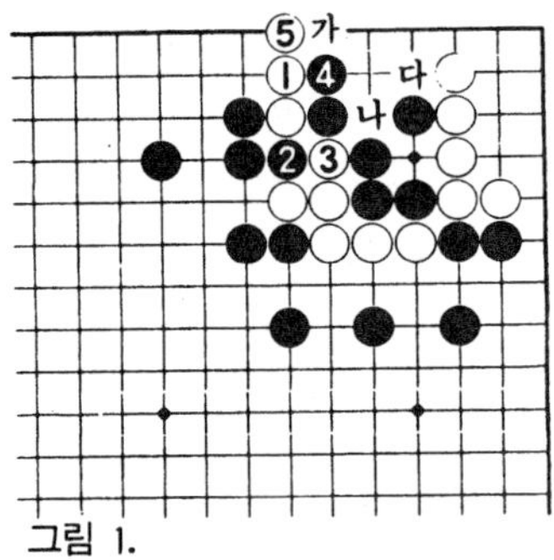

그림 1.

그림 1(꺾어 끊기)　백1로 처져서 흑4일 때에 5의 처져 끊기가 묘수. 이 수는 흑의 공배 채우기를 유발하는 수법인데 이것으로 일단은 끝났다고 생각할 수 있다.

이후 흑가의 누르기면 백나의 던져 넣기부터 추격이고 흑다의 누르기면 백가로 굽어서 역시 추격 포함.

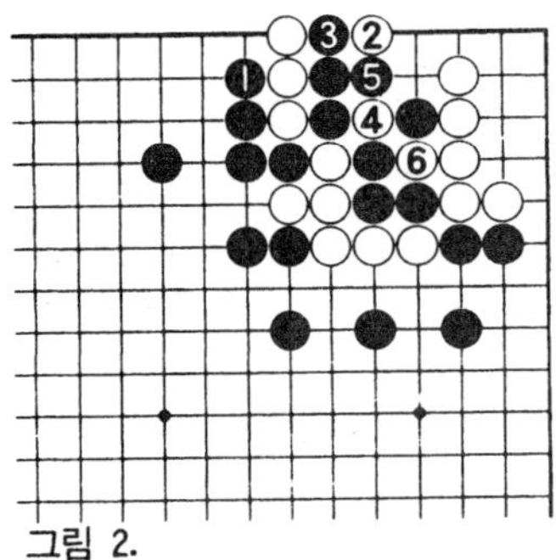

그림 2.

그림 2(뛰기)　앞그림에 이어서 흑1의 바깥 누르기로 참고 있는 듯한데 백2의 뛰기라는 둘째 묘수가 있어서 아무래도 공배가 채워진다.

흑3이면 백4, 6인데 이것도 백으로서는 추격이다.

백의 목적이 추격이면 그 추격을 지키는 급소는 어디일까.

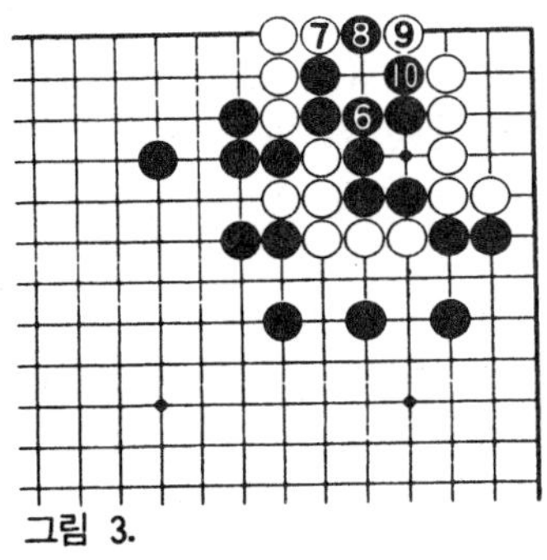

그림 3.

그림 3(흑6, 수법)　흑6의 잇기가 허리의 무게를 발휘한 수인데 추격을 피하면서 백의 건너기도 방해하고 있다. 수수가 대번에 증가했으므로 백도 보통의 맞공격으로는 이길 수 없다.

백7, 9의 약점을 추궁하고 흑10으로 패로 버티어 이것이 쌍방 최선의 결과다.

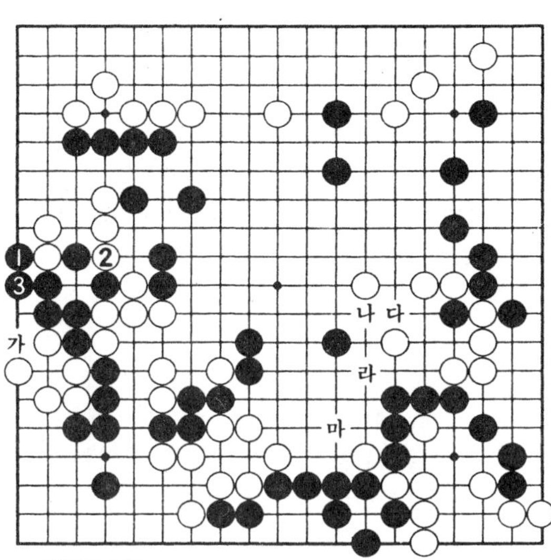

【참고보 8】
제3기 명인전   백   坂田榮壽
제5국   흑   藤澤秀行

잇   기

직접으로는 맞공격의 패를 노리고 상대가 패를 싫어하면 딴 곳에 이익을 구하는 두기도 있다.

실전의 변화는 넓다.

【참고보 8】

형세가 불리한 때이므로 흑 1부터 3의 잇기는 가의 던져 넣기를 본 승부 수. 백은 패를 피할 수도 있지만 오히려 그것은 흑의 주문.

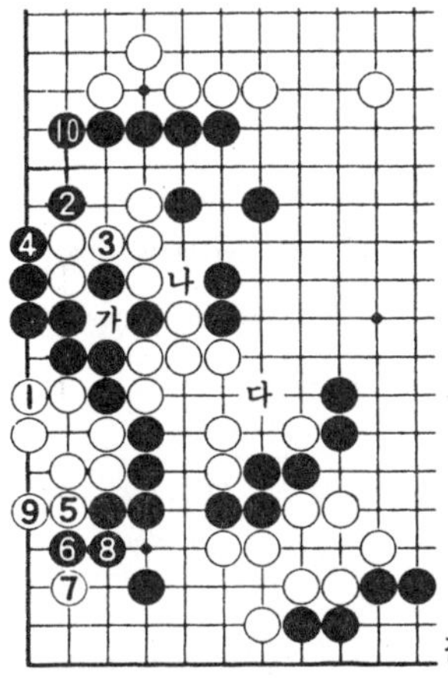

참고그림 1

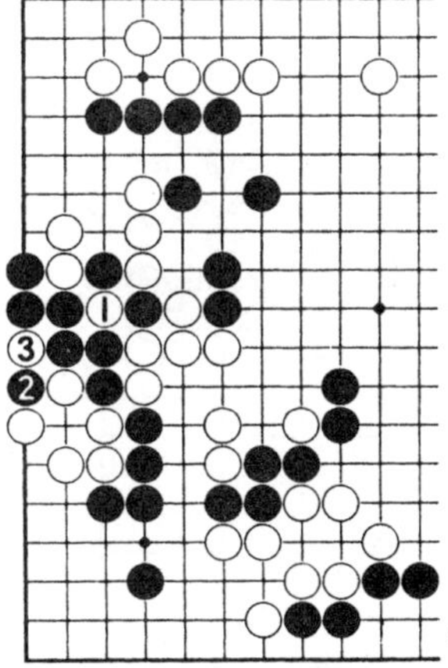

참고그림 2

참고그림 1(피하면) 백1이면 흑2, 4로 빈틈없이 건넌다. 백5부터 9로 살아서 충분한 것 같지만 흑10에서 귀의 뛰어들기를 노리는 한편 백가로 빼도 흑나가 있으므로 흑다의 확대가 작용한다. 이것이 흑의 주문.

참고그림 2(이후의 진행) 실전에서는 백1로 중앙을 보강하고 흑2의 패 도전이 되었다. 이후 흑은 〈참고보 8〉의 나에 패를 세워서 백다, 흑 패 잡기. 백은 보의 라, 마로 패감에 연타해서 국면의 주도권을 잡고 밀어 제쳤다.

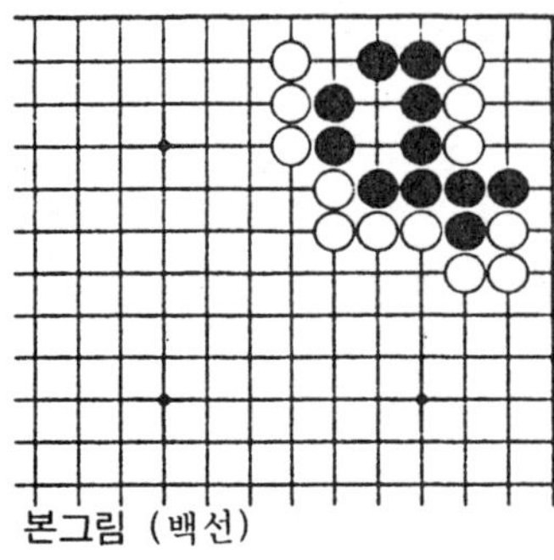

본그림 (백선)

붙이기

흑의 복중의 백3점이 맞공격 포함으로 난동을 시작한다. 흑의 참기 묘수에 백도 호수로 응수해서 유리한 패로 유도한다.

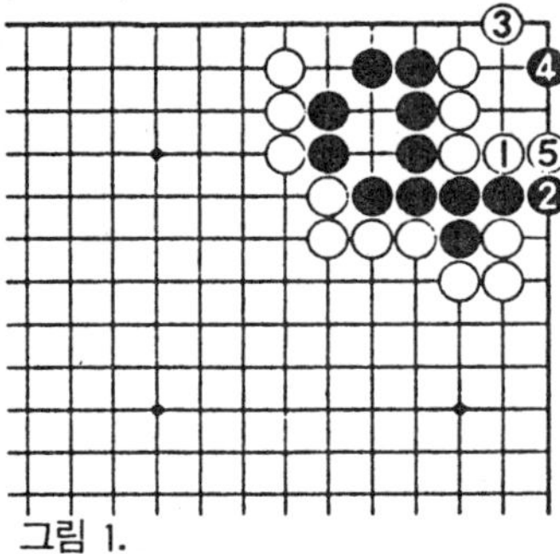

그림 1.

그림 1(5목 내격) 여하간 백1로 누르는 1수일 것이다. 흑2의 처지기면 주문대로인데 백3의 마늘모부터 5로 눌러서 수 승리다. 백은 소원밖의 이익을 얻었다.

흑은 맞공격에 이길 수 없으면 귀에 집을 만들고 살 것을 생각한다. 2는 무기력일 것이다.

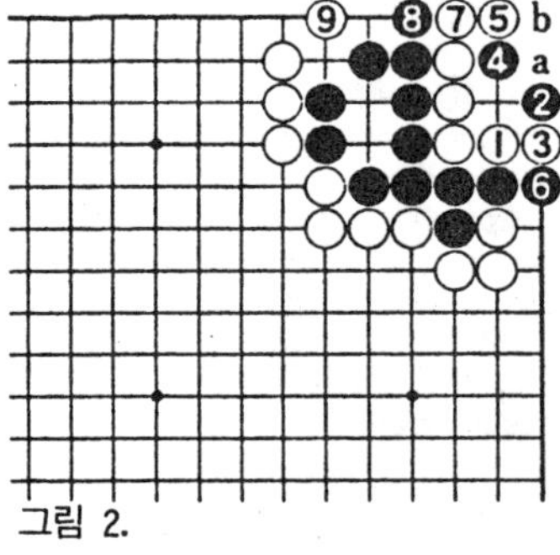

그림 2.

그림 2(수습 패) 흑2의 놓기가 묘수. 백3으로 바뀌어 흑4로 마늘모 붙이고 백5면 6, 8로 바깥 공배를 채워서 패의 모양이다. 흑 a 및 백 b는 모두 수수가 줄기 때문에 둘 수 없고 시기를 보아서 흑 b로 도전당한다.

백5에서 6의 건너기는 흑7에서 살기가 된다.

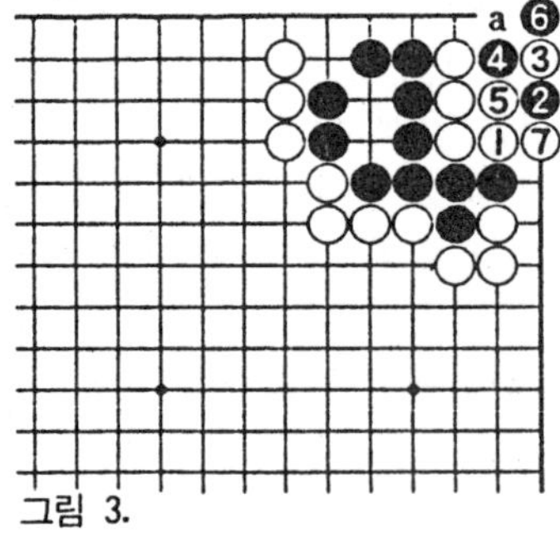

그림 3.

그림 3(백3, 최강) 백은 3으로 붙이고 직접 패로 이끌어야 할 모양이다. 다만 흑4에 a로 받으면 흑이 잡을 차례인 패.

일단 백5부터 7로 단수, 이것이면 백이 잡을 차례가 된다.

백3은 귀의 탄력을 낳는 「二1」의 맥이기도 한 것을 유의하기 바란다.

178

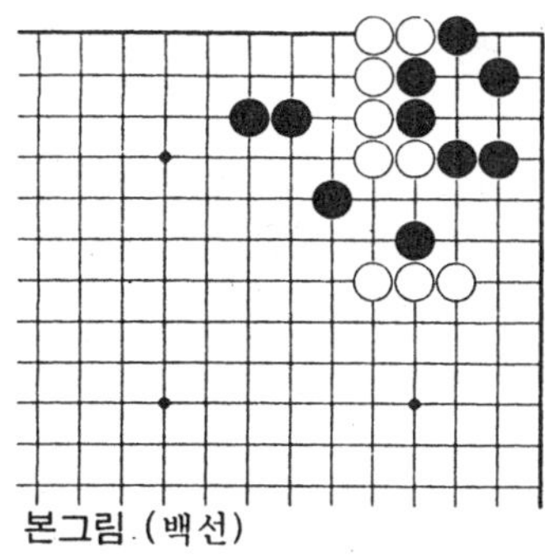

본그림 (백선)

붙이기

흑이 상변 백의 탈출을 끝까지 저지하려고 하면 최후에는 큰 문제의 패가 된다.

본그림은 『發陽論』에서 발췌.

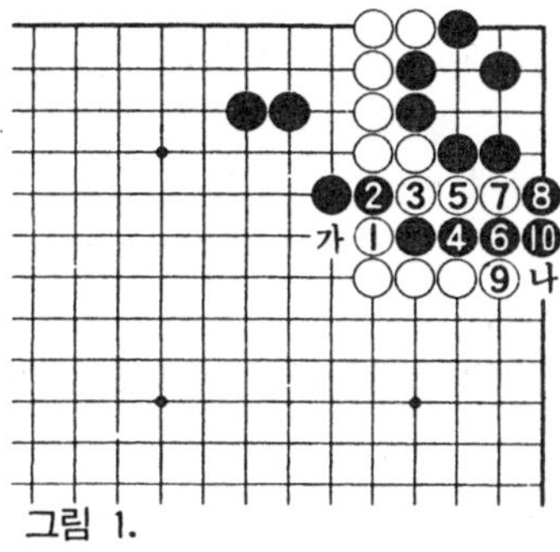

그림 1.

그림 1(준비 완료) 백1, 3이 최선의 맞붙이기 수단. 백1에서는 5로 젖혀 내어 연락하고 있는 것처럼 보이는데 흑1로 끌려서 실패로 끝나는 것을 확인하기 바란다. 백1에서 2, 흑1, 백가도 흑5로 안된다.

백1, 3으로 단수하면 이하 흑10까지는 외길. 나의 단수를 서두르지 말 것.

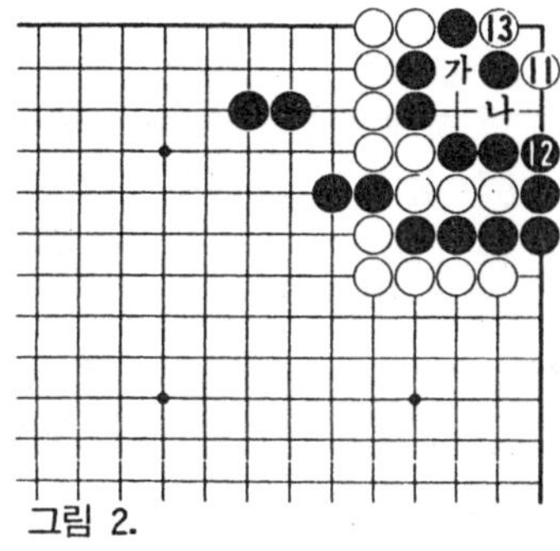

그림 2.

그림 2(백11, 수법) 백11로 붙이면 그후는 흑이 어떻게 응하든지 수로 되어 있다. 흑12의 잇기면 백13으로 던져넣고 흑가면 백나인데 어디까지 가도 패다.

흑12에서 가의 잇기면 역시 백13으로 던져넣고 흑나로 이은 순간 백12 이하의 추격이 성립된다.

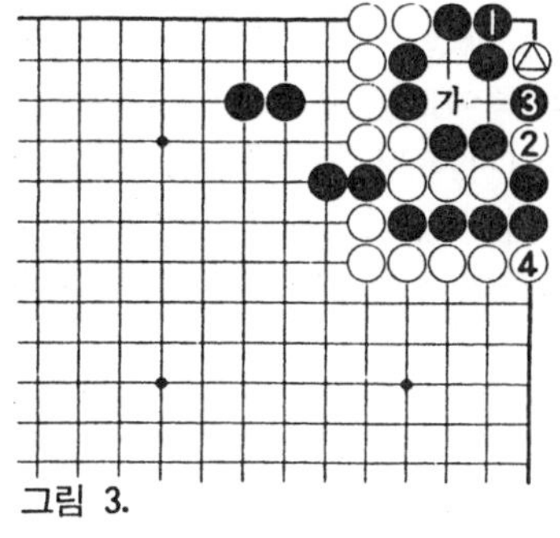

그림 3.

그림 3(양 단수) 백부터의 패 도전을 막으려면 던져넣기 당하는 급소인 흑1의 점에 이을 수밖에 없다. 그러나 그것이면 그것대로 백2의 던져넣기부터 4로 단수, 흑 잇기면 ⊙이 착실히 활동해서 백가가 양단수가 된다.

〈그림 1〉에서의 백의 저항은 무리였다.

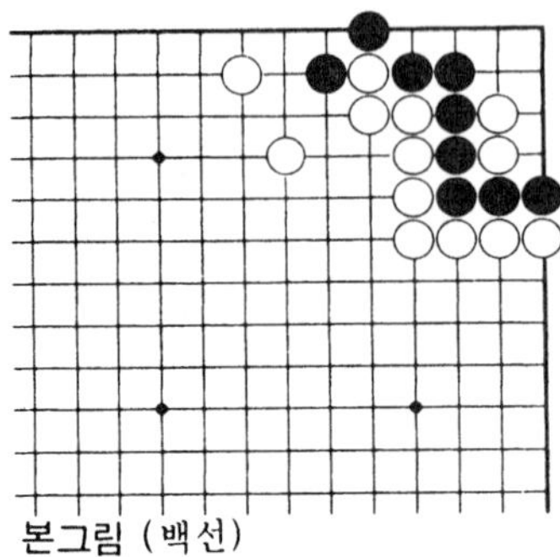

본그림 (백선)

돌　진

장생이 되는 모양. 그 원리를 터득하려면 약간 시간이 걸릴 것 같다.

본그림은 『官子譜』에서 발췌.

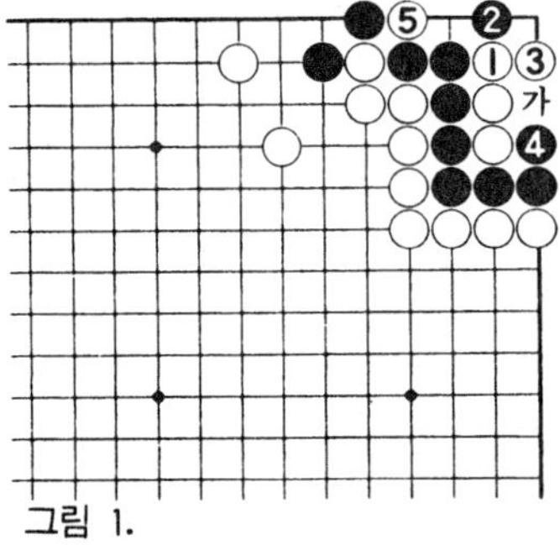

그림 1.

그림 1(5목 내격)　백1부터 3으로 굽으면 집 유무를 피하기 위해 흑4가 필요. 그래서 백5로 먹여치기 당해 흑 가로는 둘 수 없고 여기서 단념할지도 모르는 모양이다.

흑2에서 3이든지 4이든지 백2로 처지기 당하면 구할 도리가 없는 집 유무가 된다.

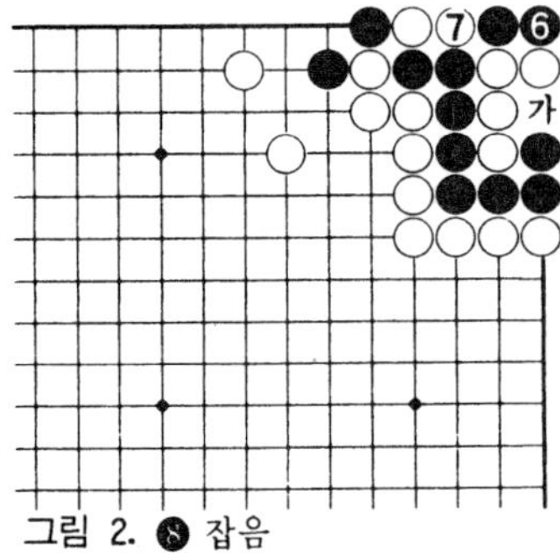

그림 2. ❽ 잡음

그림 2(흑6, 수법)　백가의 5목 내격을 두지 못하게 하는 수는 흑가뿐이 아니고 흑6의 돌진도 그렇다. 가득 차게 둘 수 없으므로 백7로 2점을 잡는데 잡은 모양은 또 단수이므로 흑이 7의 우측에 2점을 다시 잡을 수 있다.

서로 2점씩을 잡았기 때문에 손해와 이익은 없다.

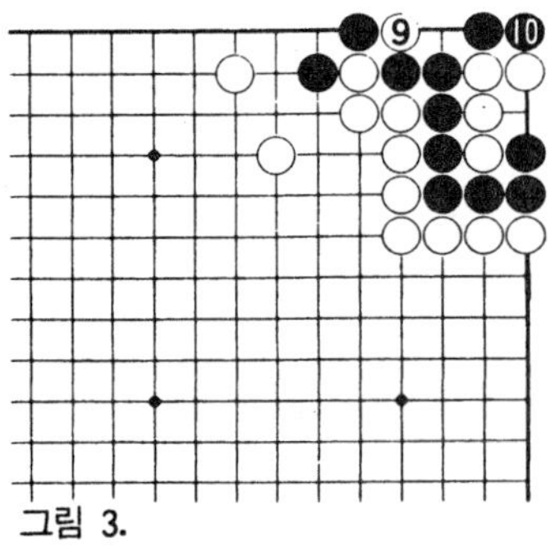

그림 3.

그림 3(장생)　앞그림에 이어 백이 이 흑을 죽이려면 9로 먹여칠 수밖에 없고 먹여치기 당하면 흑도 10으로 돌진할 수밖에 없다. 결국 본래의 모양으로 되돌아가고 6수 싸이클의 되풀이다.

모두 단념하지 않으면 일본 기원 위기 규약에 따라 무승부로 된다.

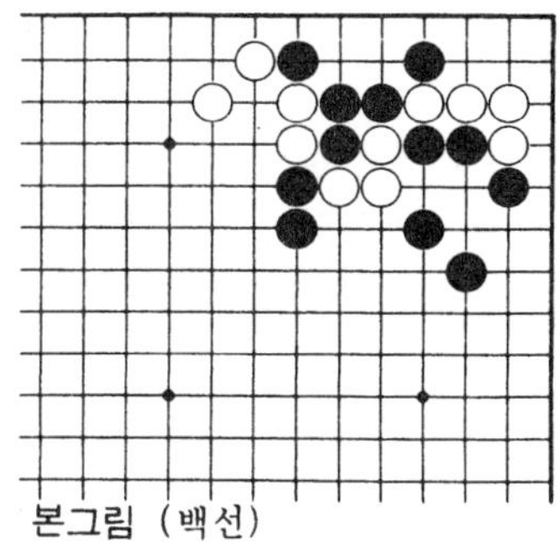

본그림 (백선)

협공 붙이기

양 젖히기를 당해 풍전등화라는 중앙의 백3점인데 아무래도 버리고 싶지 않다면 수는 있다.

본그림은 『碁經衆妙』에서 발췌.

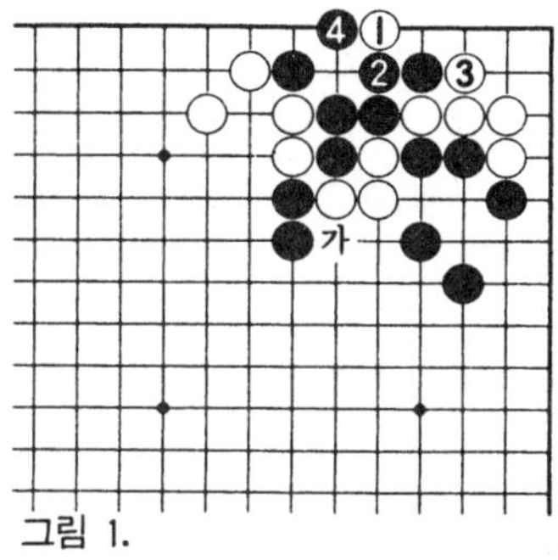

그림 1.

그림 1(놓기) 백1의 놓기는 맞서는 사마귀 격인데 ●의 젖히기를 이미 이용당한 모양으로는 성공못한다. 흑 2, 4로 쉽게 두면 그만이다.

백1에서 3은 「양 젖히기 1수 늘기」의 흑가로 패배.

백1에서 4쪽의 놓기는 흑2로 잇기 당해 4수 3수.

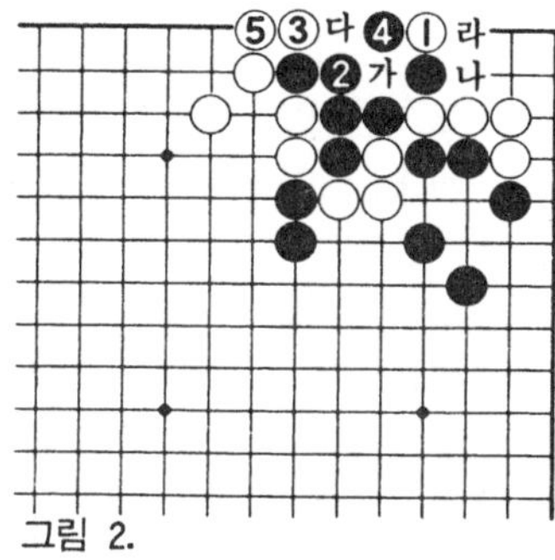

그림 2.

그림 2(백1, 수법) 백1의 협공붙이기는 모르면 둘 수 없는 수. 흑2의 잇기면 백3, 5로 배후부터 추격을 보고 흑2에서 가의 잇기면 백나로 누르고 흑다, 백라로 이것도 배후부터 공격한다.

이상한 것 같지만 흑이 몸부림 칠수록 수가 줄기로 되어 있다.

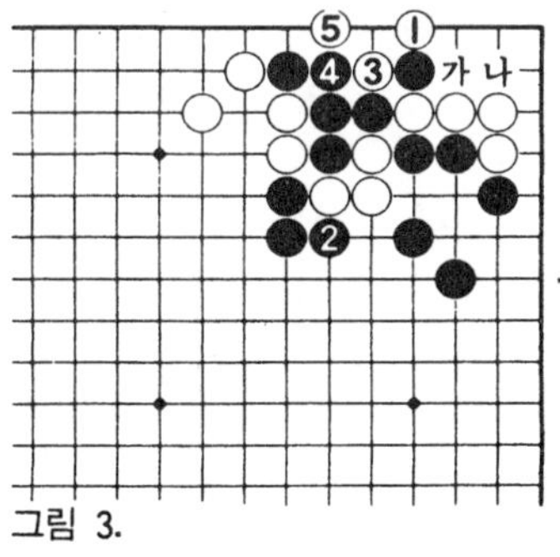

그림 3.

그림 3(흑의 저항) 흑은 잠자코 2로 본체의 공배를 채우고 백3, 5의 패를 맞이하는 참이다.

흑2에서 가로 나와도 백나로 눌리워서 이 이상의 몸부림은 수가 줄어든다. 결국 흑2로 채워서 백3, 5의 패밖에 없다. 백의 묘수를 만났다고 하지만 양젖히기의 효력이 남아서 패다.

181

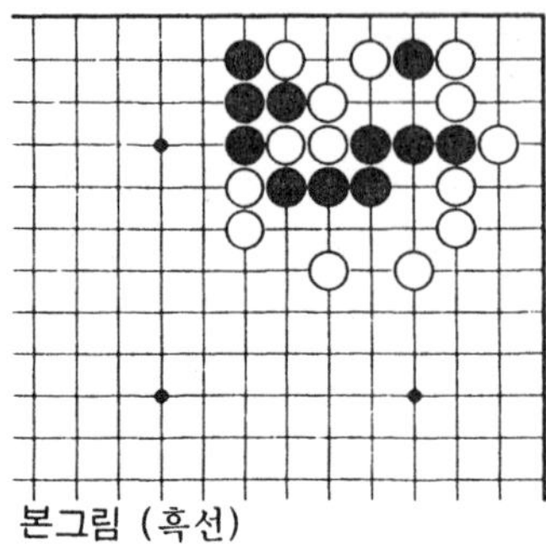

본그림 (흑선)

젖히기

상대의 묘수에 정신이 팔려서 극히 간단한 끊기의 맥을 잊지 말 것이다. 본그림은 『碁經衆妙』에서 발췌.

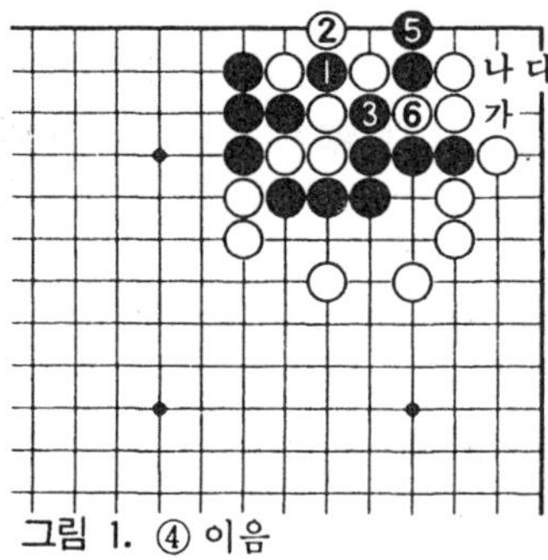

그림 1. ④ 이음

그림 1(패 맥은 있다) 흑1의 던져 넣기부터 3으로 단수 5로 처지면 시초에 예시한 〈그림 5〉의 모양과 비슷하다. 중앙의 흑이 분리되어 있는 이 경우에도 〈그림 5〉의 맥은 성립되고 백6 이후 흑가, 백나, 흑다로 젖히면 패다.

그러나 흑에게는 더 좋은 수가 숨겨져 있다.

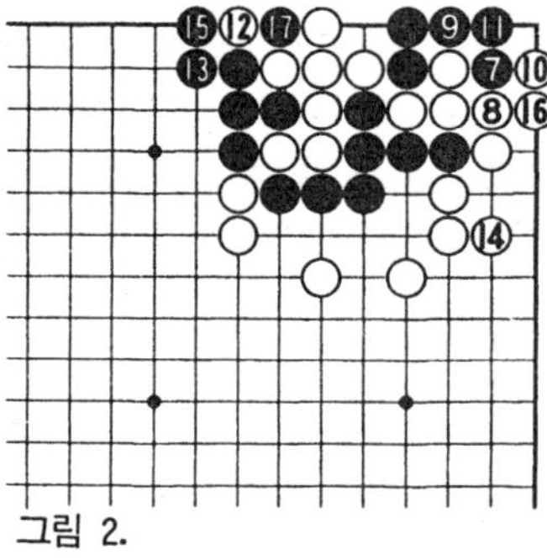

그림 2.

그림 2(백12, 당연) 흑7의 붙이기가 묘수인데 9로 건너면 사정이 일변할 것이다. 백10으로 단수해도 가의 단점이 있으면 양 밀 수 없음의 무조건 잡히기로 보이기 때문이다.

그러나 백에게는 12로 젖히는 평범한 버티기의 맥이 있다. 흑13에서 15면 백나. 흑13, 15면 백16으로 본패.

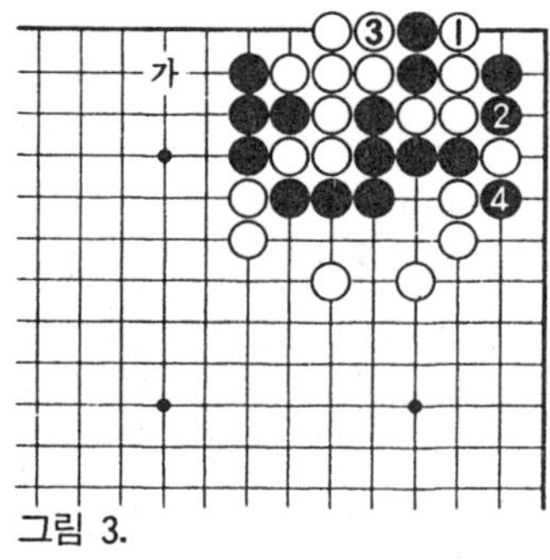

그림 3.

그림 3(수 패배) 앞그림 백8에서 1로 2석을 잡아도 흑2, 4로 물론 맞공격은 패배다.

시초의 모양에서 만일 가의 점에 흑석이 있었다면 개의치 않겠지만 〈그림 2〉의 진행을 보면 흑가의 1수는 본패냐 수습 패냐의 키포인트. 바둑은 참으로 마음을 놓을 수 없다.

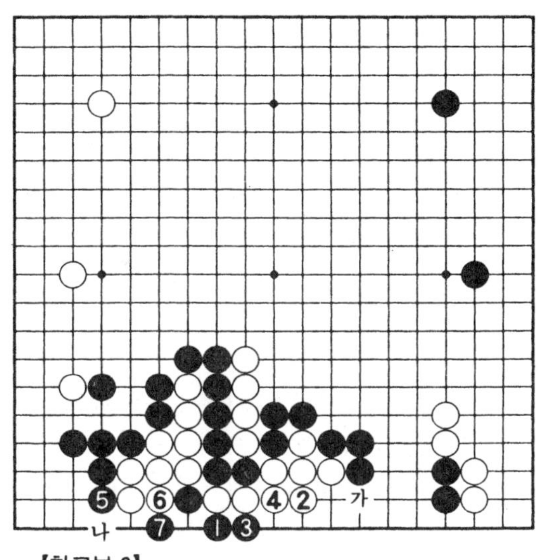

【참고보 9】

제3기 기성전　　　백　　　大竹英雄
9 단전　　　　　　흑　　　梶原武雄

젖히기

　패는 절반의 권리. 희생이 크면 패로 만들어도 의외로 이득이 없다. 패의 부담을 가볍게 하지 않는 모양으로 도전하고 싶다.

【참고보 9】

　흑1의 단순 젖히기를 백은 보지 못한 것 같다.

　백2는 가의 젖히기를 본것. 백6에서 7은 흑나로 회두리가 된다.

　백이 잡을 차례인데 흑의 꽃놀이 패다.

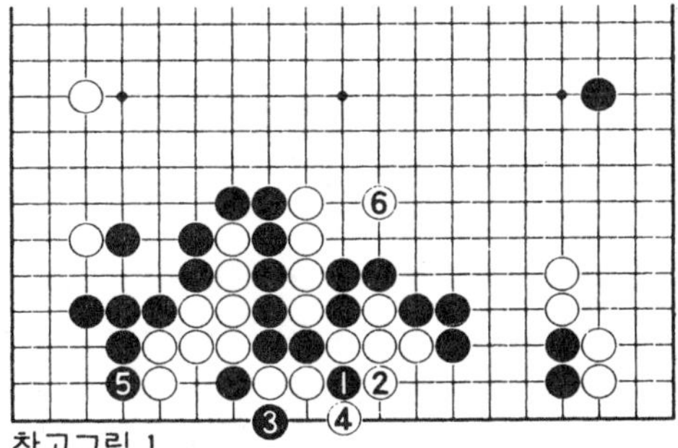

참고그림 1

　참고그림 1(희생)　흑1의 끊기부터 두면, 백2, 4로 빼서 패의 부담이 가볍다. 좌편에 패를 남긴 채 백6으로 우변의 흑을 습격한다. 흑에게 백8점을 끊어 잡을 틈이 없겠다.

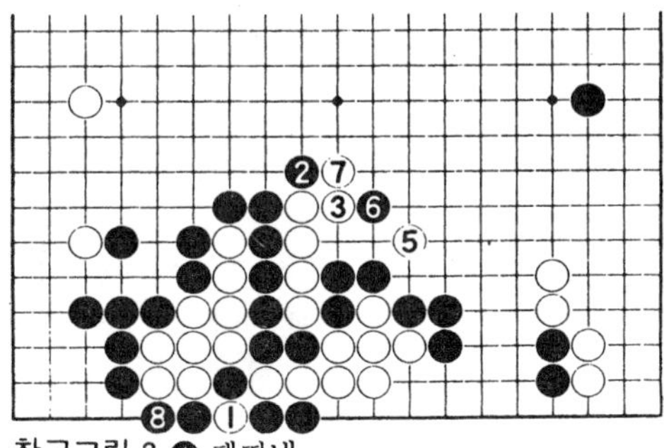

참고그림 2　❹ 패따냄

　참고그림 2(이후의 진행)　백1의 패 잡기에는 흑2의 패감이 있다. 백5는 잘못 본 것일까, 던질 장소를 구한 것일까. 흑6의 붙여 넘기 하나로 패없음으로 되고 흑8의 빼기로 조기의 던지기가 되었다.

183

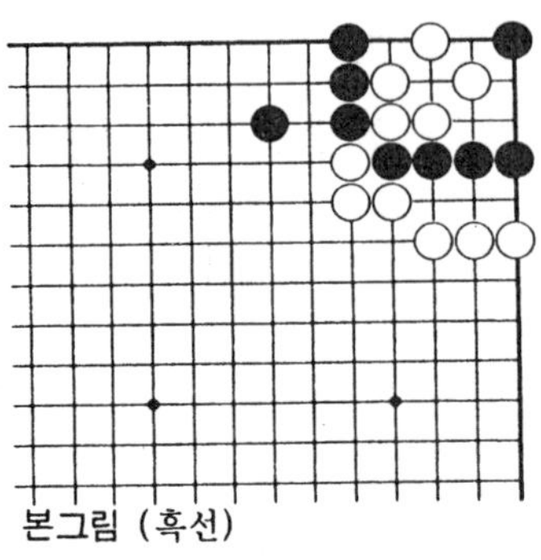

본그림 (흑선)

던져 넣기

집 유무를 타파하려면 집 속에 손가락을 들여미는 수법이 요구될 것이다.
본그림은 『玄玄碁經』의 「五將爭鋒勢」에서 발췌.

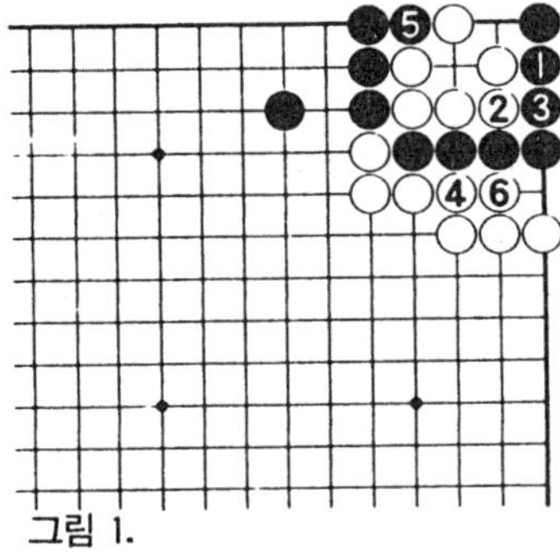

그림 1.

그림 1(유무) 흑1로 1점을 데려올 수는 있지만 백2의 이용처부터 4, 6으로 극히 보통으로 채워져 있어서 5수의 공배도 당장 사라졌다.
흑1에서 5는 백2로 살기이므로 만일 단서가 있다면 흑1에서 먼저 이 점에 두어가야 한다.

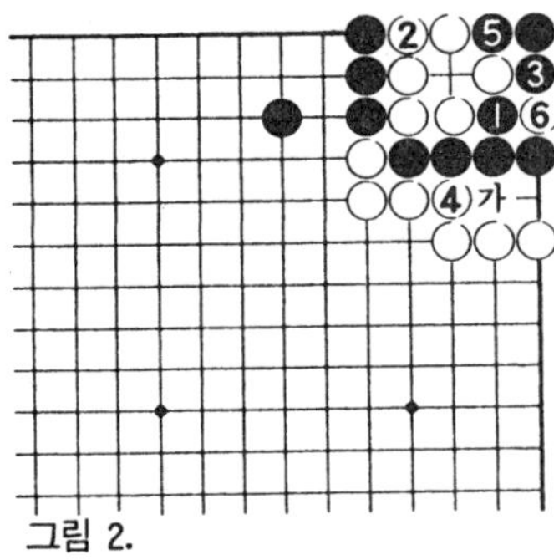

그림 2.

그림 2(흑5, 수법) 흑1로 결정지으면 백2는 부득이 하지만 여기서 흑3으로 건너도 아주 무의미하게 보인다.
흑5에서 6으로 잇고 백가로 되는 집 유무가 보기 쉬운 수기 때문이다.
그러나 흑5로 던져넣는 광인같은 달라붙기가 있다. 백은 우선 6으로 잡지만….

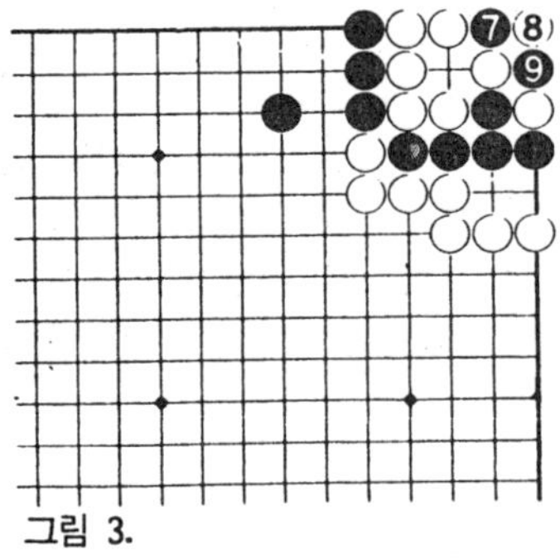

그림 3.

그림 3(다시 한 번) 다시 흑7로 던져넣고 그리고 흑9로 잡아 패의 모양이다. 2단 패인데 물론 무조건 죽음보다 낫다.
흑7의 던져넣기를 잊고 9의 빼기는 백7로 집모양을 확보하니 집 유무이다. 어디까지나 7의 점이 이 모양의 급소였다.

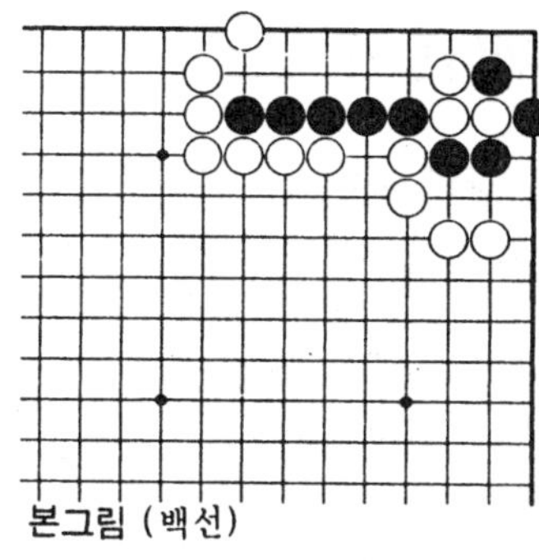

본그림 (백선)

끼어들기

본래는 사활 문제라고 해도 도중에서 부분적인 맞공격 문제로 전환하는 경우는 적지 않다.

본그림은 『玄玄碁經』의 「玄女磨鏡勢」에서 발췌.

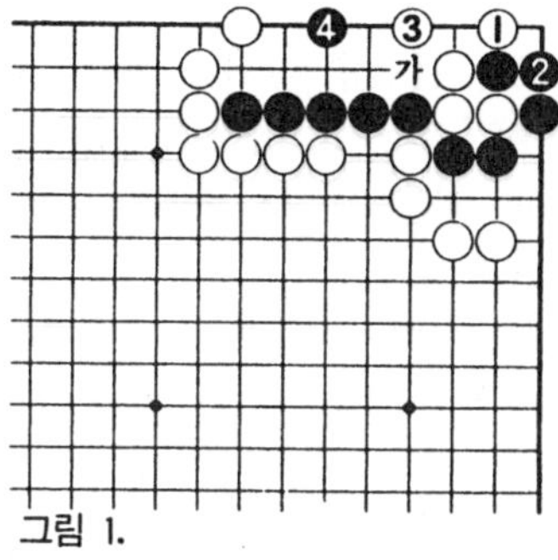

그림 1.

그림 1(건너기 저지) 백1을 깨끗하게 결정하고 3으로 빗겨두는 것이 첫째 수법이다. 흑가의 단수면 백4로 뛰고 3점을 빼기 당해도 다시 뺄 수 있으므로 흑은 결국 1집으로 죽는다는 줄거리다.

건너게 해서는 안 된다면 흑4로 건너기를 저지하고 버티는 1수.

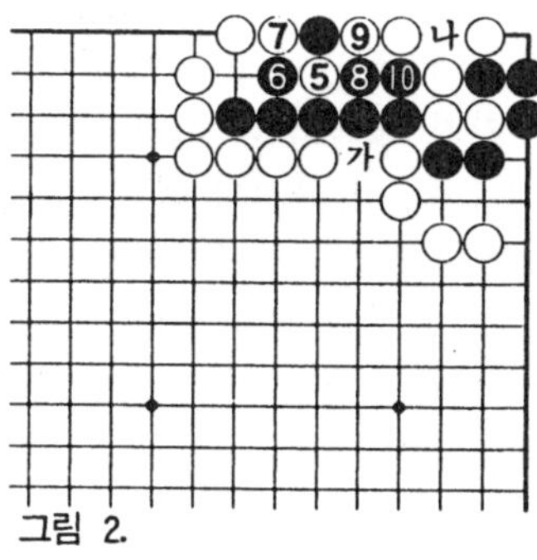

그림 2.

그림 2(백5, 수법) 이어서 백5의 끼어들기가 흑의 공배 채우기를 유발하는 수법이다. 흑6, 8의 빼기에는 백9로 단수, 흑 잇기면 백가로 바깥 공배를 채워서 양 밀 수 없음이다.

흑은 10으로 단수해서 패로 만들 수밖에 없다. 백의 패 잡기에 흑나로 빼도 되빼기를 당해 역시 패다.

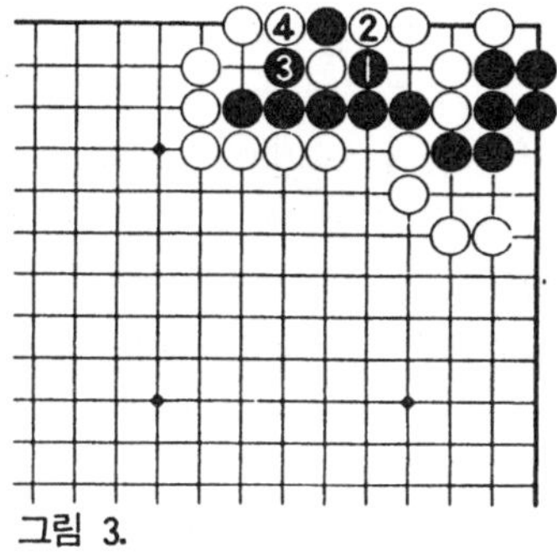

그림 3.

그림 3(반대부터도) 흑1부터 단수하면 그쪽부터 백2로 돌진하는 수순이다. 흑3, 백4로 되어 앞그림과 완전히 같은 패. 백2에서 4족부터 단수하면 흑2로 이어 살 뿐이다.

사활부터 전환한 부분적 맞공격에서 수순을 줄이는 수법부터 패로 이끌었다.

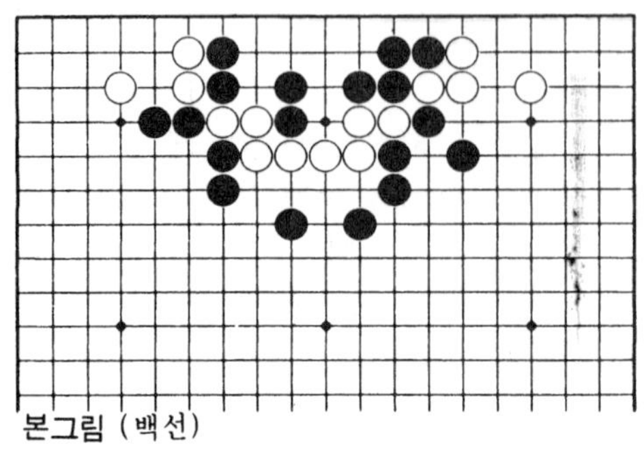

본그림 (백선)

끼어들기

중앙의 백8점은 구출할 수 있을까. 상대의 약점을 찌르고 돌을 잡아 사는 맥이기도 하다.

본그림은 『玄玄碁經』의 「入龍昇天勢」에서 발췌.

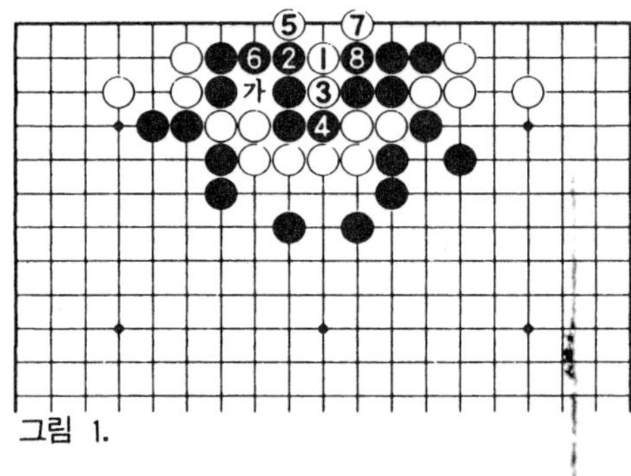

그림 1.

그림 1(단순 놓기) 백1의 단순 놓기가 급소. 이것으로 3은 흑1이고 백1에서 가, 흑6부터의 1은 흑2.

백3의 나오기부터 5의 젖히기를 작용시키는 것이 단순 놓기의 효과의 하나, 그러나 흑6으로 받으니 백 약간 닿지 않는다.

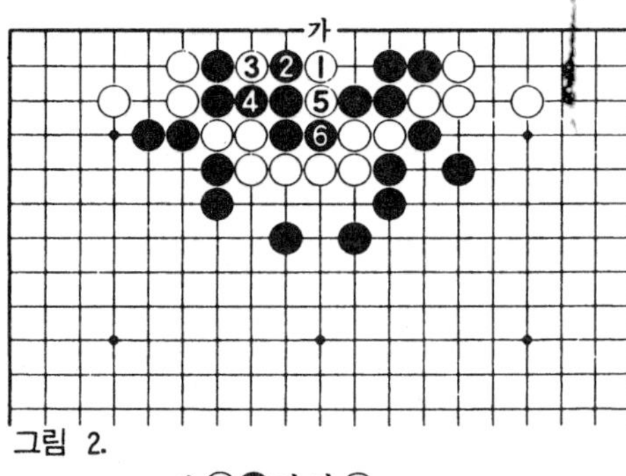

그림 2.

그림 2(백3, 수법) 백3의 끼어들기가 장래의 패 버티기를 보고 두는 수법. 흑4에 백5로 나와 이후에도 호수가 필요하다.

백3에서 5를 먼저 하면 백3일 때 흑가로 절반이 사는 것이 되어 백은 못마땅.

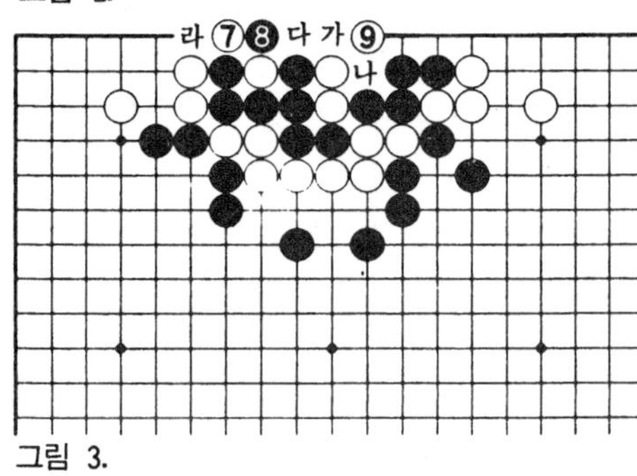

그림 3.

그림 3(마늘모의 맥) 백7로 배후부터 단수하는 수를 알아차리기 어렵다. 이것으로 공배 채우기로 만들고 백9에서 패로 버틸 수 있다.

백7에서 가는 흑9, 백9는 흑나로 공배. 이후의 수순은 흑가, 백다, 흑라의 패다.

第 3 部

사활의 수법

집모양을 확보하는 수법

넓은 의미에서의 살기는 「상대에게 잡히지 않는 돌」인데 좁은 의미에서는 「집을 2개 이상 지니고 또는 번갈아 착수해도 이것을 2개 이상 확보할 수 있는 모양의 일련의 돌」(일본 기원 위기 규약에서)이라고 정의된다. 집모양 2개를 동시에 만들어야 하는 케이스, 선수로 1집을 만들어야 하는 케이스, 1집 더 만들면 사는 케이스, 몇 케이스가 있는데 수법에는 공통된 부분이 많다.

먼저 기초적인 수법을 계시하겠다.

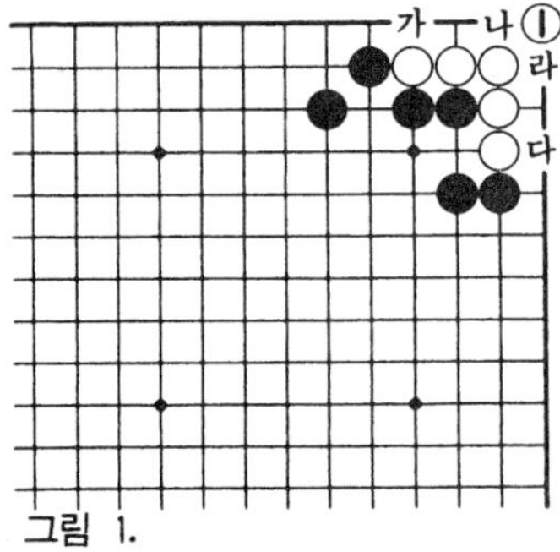

그림 1.

그림 1(가르다) 포위 속의 돌의 품을 둘러 갈라서 집모양 둘을 확보한다. 백1은 그 전형적인데 이것을 가로 넓혀도 흑나, 이어서 백다면 흑라로 「귀의 굽기 4목」의 죽음이다.

그러나 이만큼 단순한 모양은 희귀하고 보통은 더 복잡한 모양으로 나타난다.

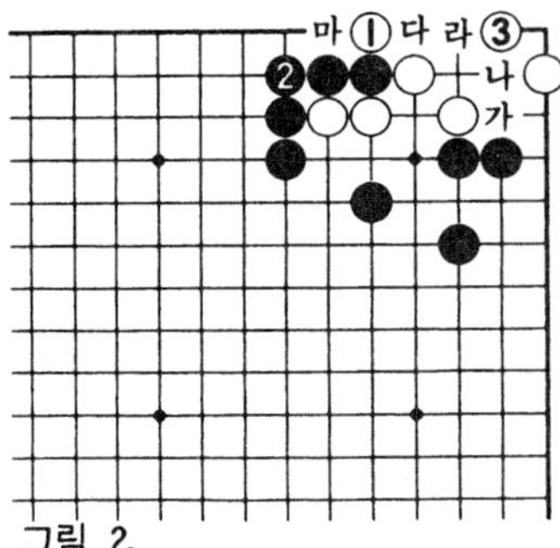

그림 2.

그림 2(이1) 중앙은 7수, 변은 5수 귀는 3수로 1집이 된다. 상대가 둘 수 없는 것을 계산에 넣으면 귀는 2수로 일단의 집모양. 그 귀를 집모양으로 만드는 급소가 —2내지 二1이다.

백3에서 귀에 1집, 변에 1집. 백1에서 단순히 3은 흑가, 백나, 흑다, 백라, 흑마로 패.

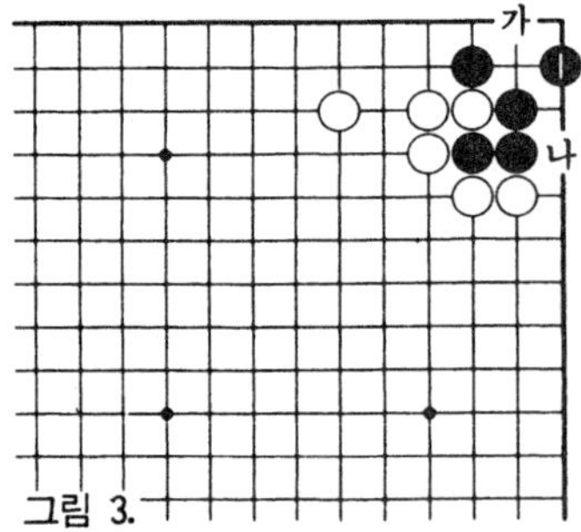

그림 3.

그림 3(두 개 있다) 귀의 사활은 二1에 둘 것부터 생각하기 시작해도 좋을 정도의 급소인데 두개가 있는 경우는 통상 그 어느 쪽이라도 좋다고 할 수는 없다.

흑1 쪽의 二1이면 백가에는 흑나로 살기. 그러나 흑1을 잘못해서 가는 백1로 놓기 당해 죽음이 된다.

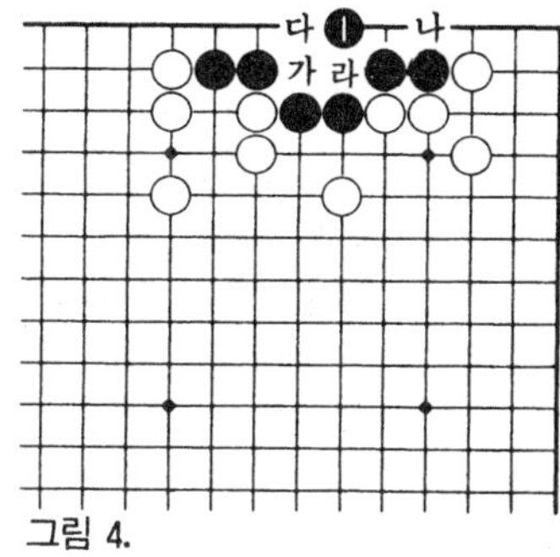

그림 4.

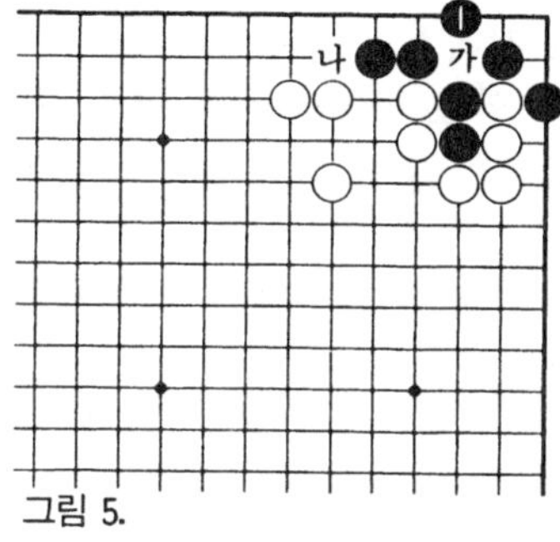

그림 5.

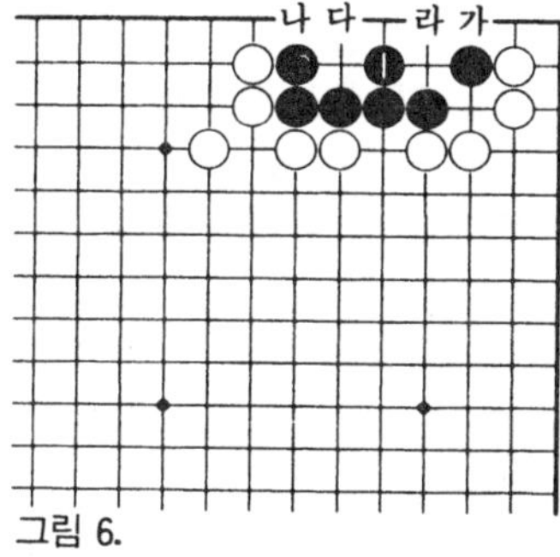

그림 6.

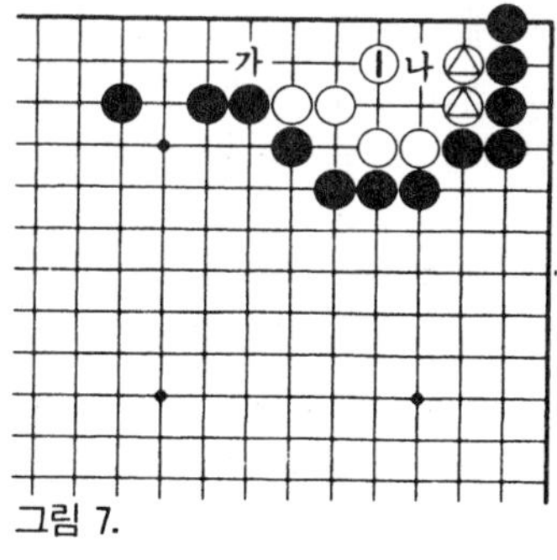

그림 7.

그림 4(걸쳐 잇기) 변에서의 살기는 제一선에의 걸쳐잇기가 기초적인 수법이 된다. 흑1로 살기다. 백가면 흑나, 백나면 흑가. 흑1에서 나는 백1로 놓아 실패로 끝난다. 그리고 흑1에서 다 쪽의 걸쳐잇기는 백라로 끊기우고 ●2점의 공배 채우기로 곤란 당한다. 보강의 선택이 필요하다.

그림 5(들어가기) 가르는 맥의 한 변형. 흑1로 들어가므로 백 가의 2석 잡기에 흑도 되잡아 귀와 변에 1집씩을 확보했다. 흑1에서 평범한 가의 잇기는 백나로 눌리워서 꼼짝도 못한다.
읽기는 필요치 않고 알아차리느냐 못 알아차리느냐 맹점으로 들기 쉬운 수법이다.

그림 6(가로 걸쳐잇기) 흑1로 제二선에서 집모양을 둘로 가른다. 이것으로 설혹 가로 품을 넓혀도 백나, 흑다, 백1로 내격의 죽음이다.
흑1은 〈그림 4〉의 걸쳐잇기라고 해도 좋을지도 모른다.
흑1에 백다면 흑나, 백라, 흑가 이하의 비김수다.

그림 7(들어가기) 제二선에의 들어가기인데 중앙의 1집과 변의 1집 가르는 작용이 있다. 동시에 ◎2점의 공배 채우기를 보강하고 있고 백1에서 가면 흑1로 놓기 당할 급소를 미연에 방지하고 있다.
백1에서 나의 수비는 흑1의 붙이기를 노림당하고 공배 채우기의 해소로 되어 있지 않다.

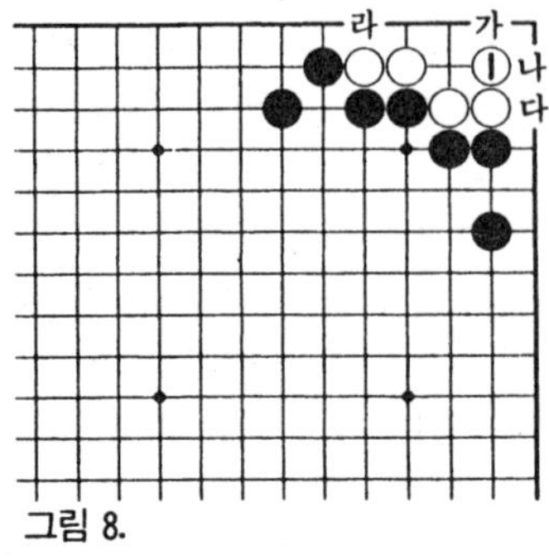

그림 8.

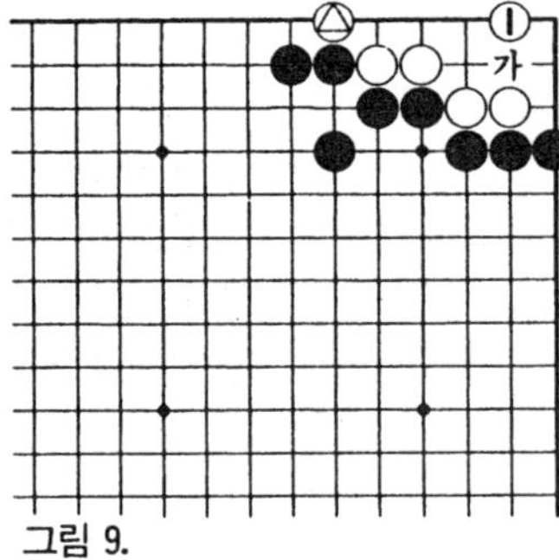

그림 9.

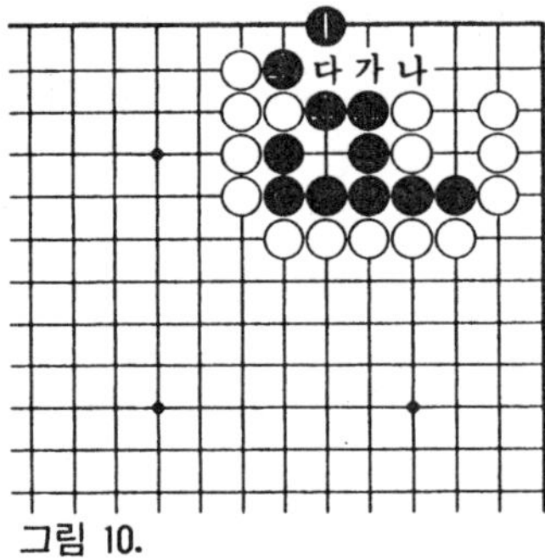

그림 10.

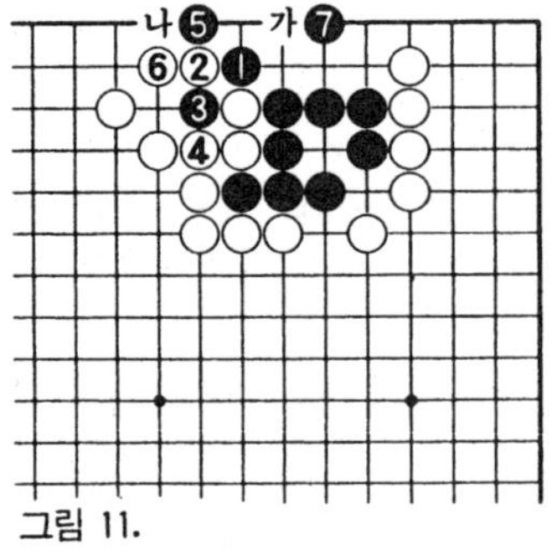

그림 11.

그림 8(二2) 二2도 귀의 급소의 하나다. 백1은 〈그림 6〉에 나타난 가로의 걸쳐잇기에도 해당하고 귀와 변으로 집모양을 가르고 있다.

백1에서 가는 흑나, 백다, 흑라로 공배 채우기를 추궁당해서 죽음. 백1은 전체의 공배 채우기를 방비하는 작용도 가지고 있다.

그림 9(젖히기의 이용) ⊘의 젖히기가 더한 일도 한쪽의 공배 채우기는 완화되었지만 ●이 더한 일로 한쪽의 공배 채우기가 강조되었다.

그 밸런스를 잡고 백1이 이 경우의 정형이다.

백1에서 전도와 같은 가는 흑1로 붙여서 ●을 활동시키니까, 패가 된다.

그림 10(단독적 집모양) 단독으로 집모양을 만들 때에도 장소가 변이면 역시 걸쳐잇기가 주요한 수법. 흑1로 하고 백가면 흑나로 끊어도 좋다.

흑1에서 부주의하게 나는 백다로 끊어 잡혀 귀에 집모양의 여지가 없다. 흑1은 ●3점과 기맥을 통하는 탄력적인 모양이다.

그림 11(제一선의 뛰기) 흑1로 하나 젖혀도 흑3, 5의 이용처부터 7로 겨누는 수법을 모르고서는 무조건으론 살지 못한다. 흑3에서 가의 걸쳐잇기는 백5, 흑7에서 가의 걸쳐잇기는 흑나, 모두 배후에서 공격당해 전자는 죽음, 후자는 패다. 흑5의 단수를 활동시키려면 흑7이어야만 한다.

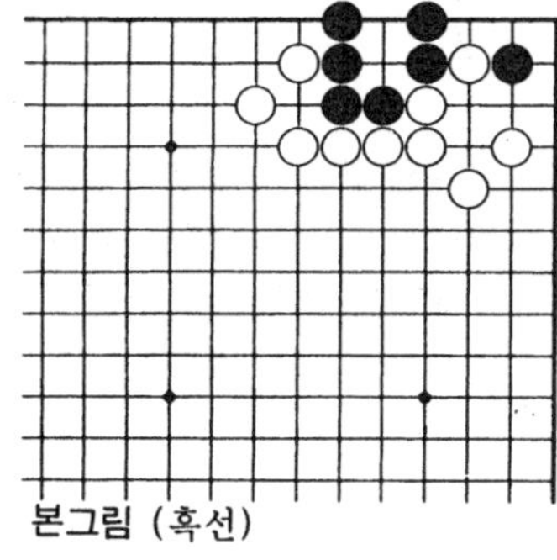

본그림 (흑선)

몰　기

귀에 1집을 만들면 되는데 둘 곳이 한정되어 있음에도 불구하고 고생하게 되었다.

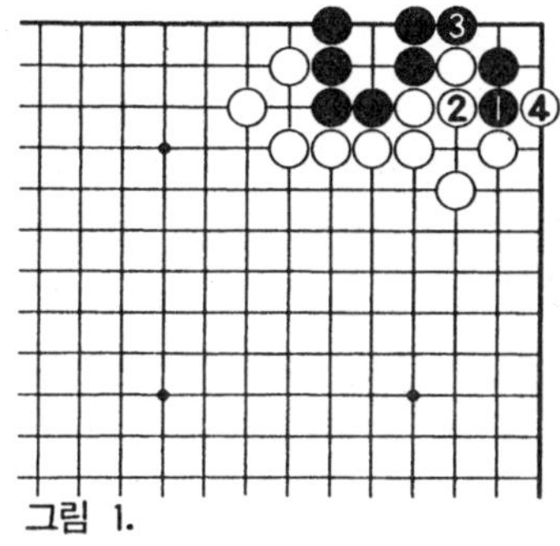

그림 1.

그림 1(건너기)　흑1의 충돌은 백2의 잇기부터 4의 젖히기로 불리. 흑1에서 단순히 3의 건너기도 백2로 잇기 당해 끊긴 맥이다.

건너간 것 뿐으로는 집이 되지 않고 같은 건너기면 좀더 탄력적인 모양으로 건너지 않으면 집모양에 결부되지 못할 것이다.

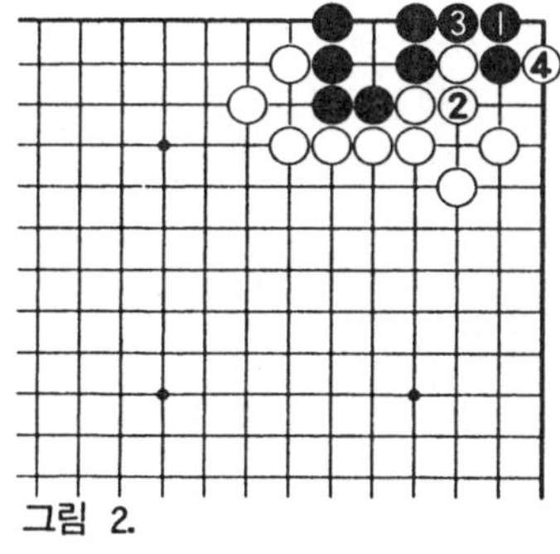

그림 2.

그림 2(집을 서두른다)　흑1의 처지기에서도 건너고 있고 귀에 집모양 같은 것이 보인다. 그러나 백2의 잇기부터 4의 붙이기 역시 어쩔 수 없다.

흑1에서 4의 처지기도 백2의 잇기부터 흑3, 백1로 먹여치기 당해 그만.

흑은 여하간 2의 점으로 모는 1수인 것 같다.

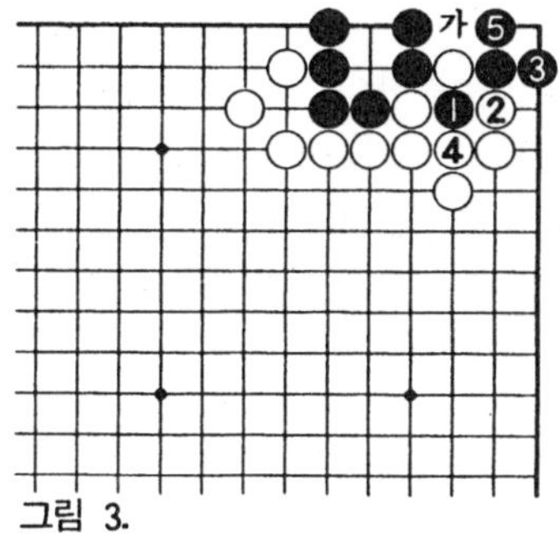

그림 3.

그림 3(흑3, 5, 수법)　흑1로 몰아도 백2의 단수에 가의 빼기를 서두르면 백3으로 죽음. 이 들여끊기 하나로 건너기를 확보하고 흑3으로 품을 넓히는 요령이다.

백4의 빼기에 흑5의 처지기도 침착. 부주의하게 가의 단수로는 백5로 던져 넣어 패가 된다.

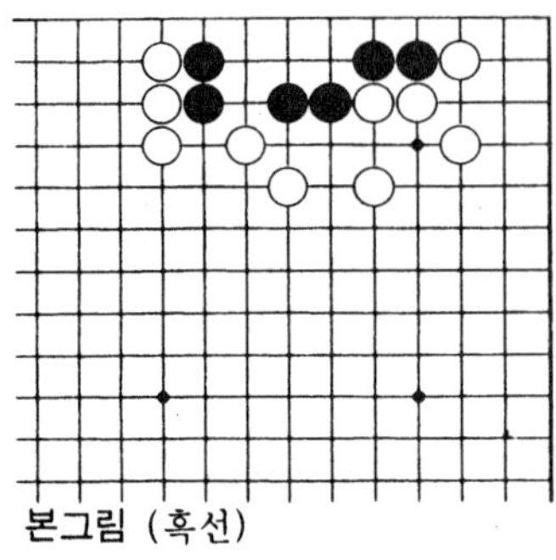

본그림 (흑선)

걸쳐 잇기

가로의 걸쳐잇기냐 세로의 걸쳐잇기냐. 공배 채우기에 주의해야 한다.
본그림은 『碁經衆妙』에서 발췌.

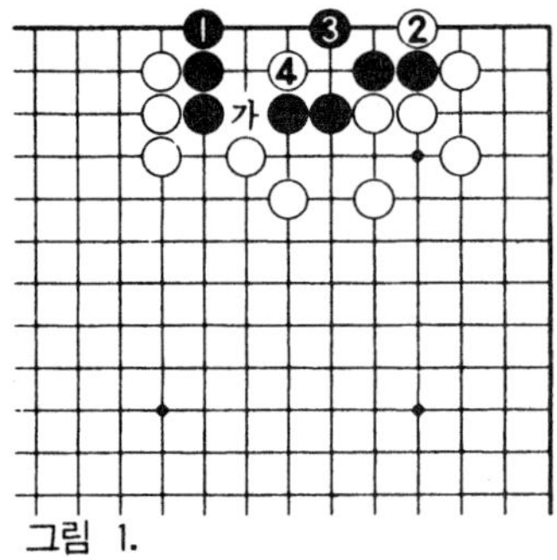

그림 1.

그림 1(품) 흑1로 품을 넓혀 봐도 백2로 좁히고 나서 4로 급소에 놓는 수순으로 죽음이 된다. 흑1에서 가라도 백2로 죽음. 흑1에서 2면 백3으로 죽음. 모두 품을 넓혀서 사는 모양을 만들기에는 너무 좁아서 불가능하다.

공배 채우기를 막으면서 집모양을 가른다.

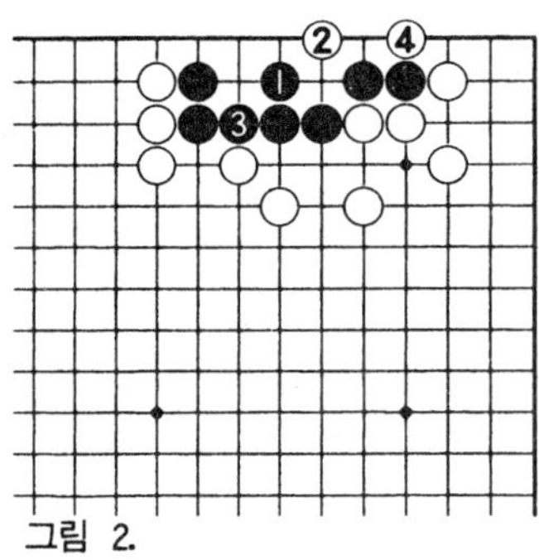

그림 2.

그림 2(공배 채우기) 흑1의 가로로 걸쳐잇기에는 백2의 놓기가 급소다. 흑3이면 백4로 건너기가 되는 것은 ●2점의 공배 채우기에 의한 것인데 흑1로는 그 공배 채우기의 방비가 되어 있지 않다.

다만, 백2에서 3의 나오기는 흑2인데, 절반 살아 버린다.

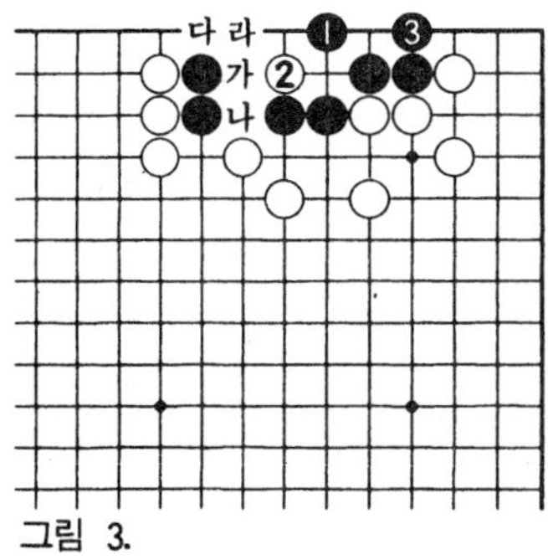

그림 3.

그림 3(흑1, 수법) 걸쳐잇기라도, 흑1 쪽이어야 한다. 백2에서 3은 흑2로 분명해지므로, 수가 있다면 백2의 붙이기. 그러나, 흑3으로 1집을 확보하니, 백2의 1점은 아무래도 구출할 수 없는 모양이다.

이후, 백가, 흑나, 백다면, 흑라로 던져넣어서 추격이다.

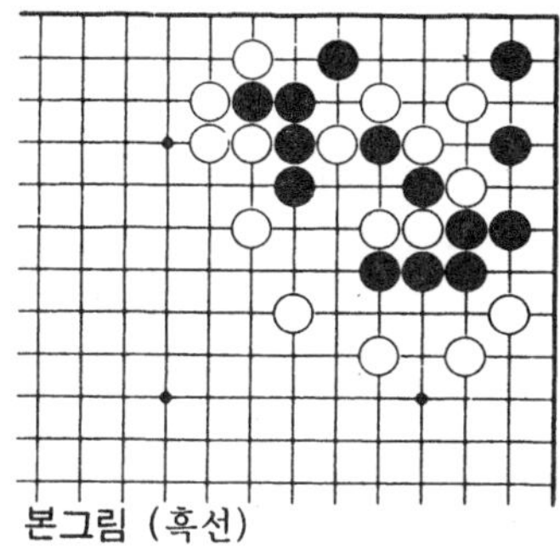

본그림 (흑선)

헛집 살기

헛집만으로도 산다는 특수형. 「두 머리의 살기」라는 별명이 있다.
본그림은 『碁經衆妙』에서 발췌.

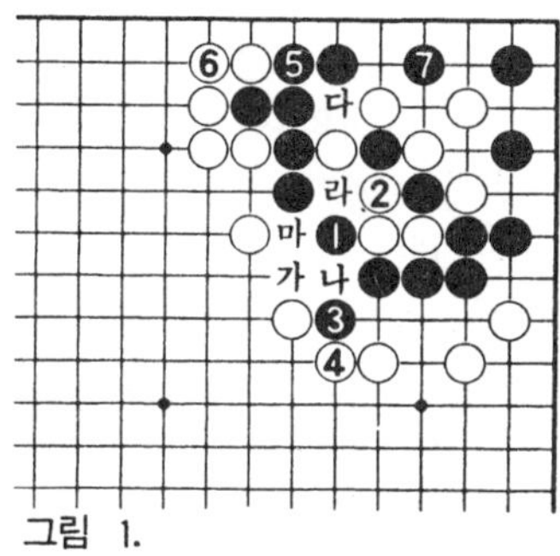

그림 1.

그림 1(우선 연락) 흑1, 3으로 하고, 우선, 좌우 연락이 첫째 과제다. 이어서 흑5의 들여 결정이 소중한 1수. 반대로, 백가, 흑나부터 백5, 흑다, 백라, 흑마로 모양이 결정되면, 최종 단계에서 중대한 지장을 초래한다.
이어서, 흑7로 1자 연결로 연락한다.

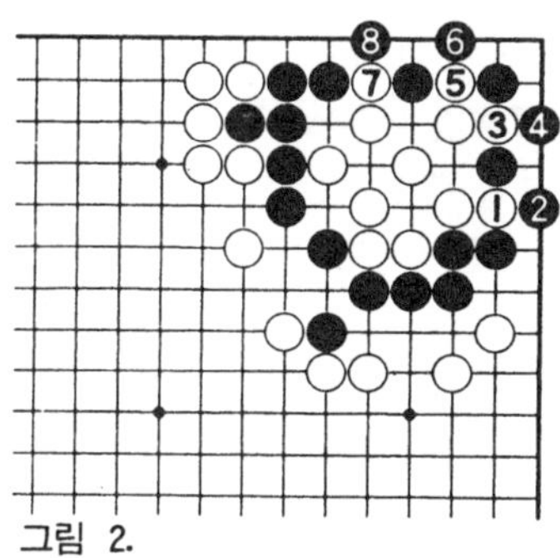

그림 2.

그림 2(원환, 圓環) 백1 이하로, 나올 곳을 모두 나오면 흑에는 집모양다운 집모양이 없다. 감싼 백점은 살았고, 흑은 탈출할 길도 없다.
아무리 보아도 흑은 죽어 있는 것 같은데, 흑점이 원환에 연락한 일로, 헛집인데도 본집과 같은 작용이 생겨난 것이다.

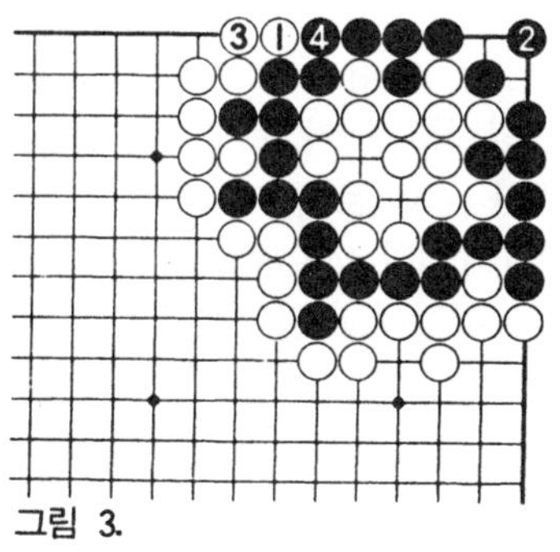

그림 3.

그림 3(흑2, 집모양) 앞그림의 불필요한 공배를 모두 채운 모양. 백1에는 흑2로 집모양을 가르고, 2집과 같은 작용이 있다. 일본 기원 위기 규약에서도 별항을 설치해서 이 살기를 보증하고 있다. 그리고, 백1에 손을 빼면 백2로 죽음. 헛집 하나로는 1자 연결로도 살지 못한다.

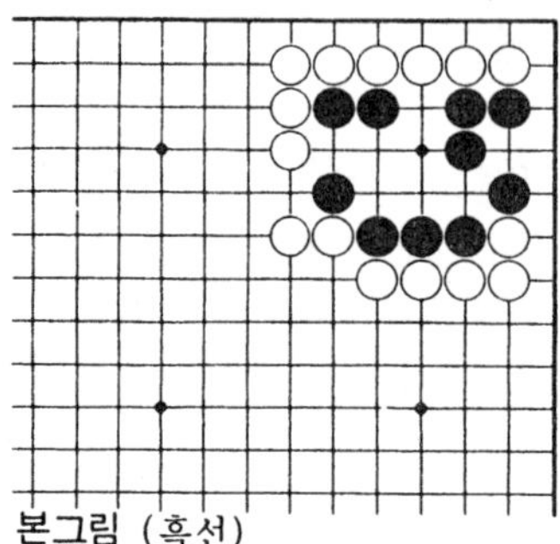

본그림 (흑선)

불평하기

변에는 후수 1집이므로, 중앙에 선수 1집을 만들 필요가 있다. 공배 채우기를 완화하는 급소는 어디일까.

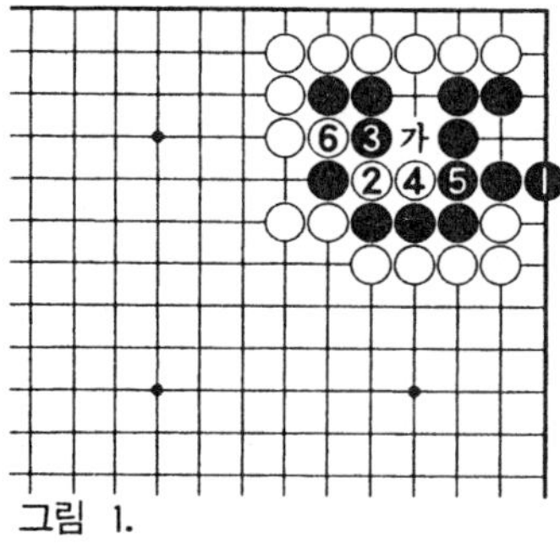

그림 1.

그림 1(들여끊기) 흑1로 먼저 변의 1집을 다져서 백의 공격 수를 본다. 백은 2의 들여끊기가 공배 채우기를 탓하는 급소다.

흑3이면 백4, 6이고, 흑3에서 4면 백가로 죽음이다.

그리고, 흑3에서 6이면 백가로 회두리로 탈출이 대응.

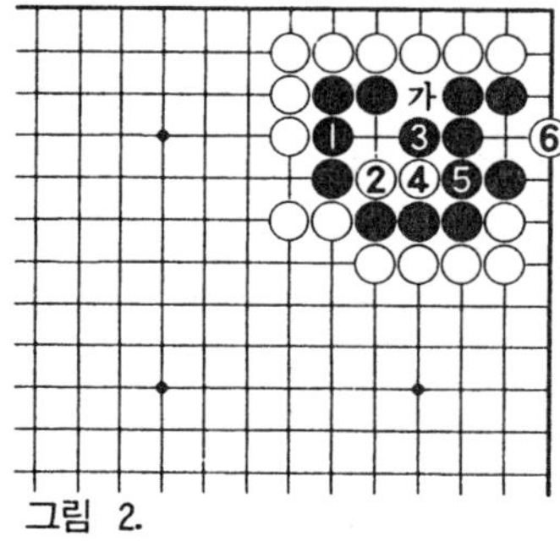

그림 2.

그림 2(중앙 보강) 따라서 중앙을 선수로 1집으로 만들어야 하지만, 흑1로 그저 넓힐 뿐으로는 역시 백2의 들여끊기에 곤란해진다.

흑1에서 가는 백4, 흑1에서 2는 백1, 흑1에서 4도 백1인데, 다음에 백3의 헛집 만들기를 노림당하고 있다.

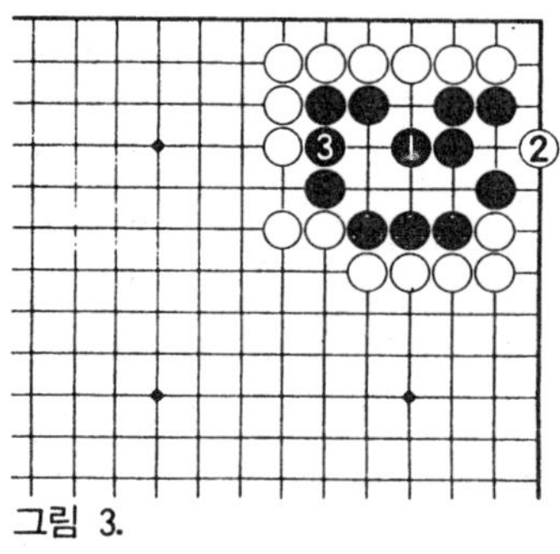

그림 3.

그림 3(흑1, 수법) 느슨해진 모양인데, 흑1의 불평하기가 급소에 해당된다. 백2면 흑3으로 굽기 4목의 살기이고 백2에서 3의 나오기면 상관없이 변의 1집을 확인해도 된다.

흑1은 공배 채우기로 되어 있는 ● 3석의, 소위 「3목의 한가운데」의 급소에도 해당된다.

194

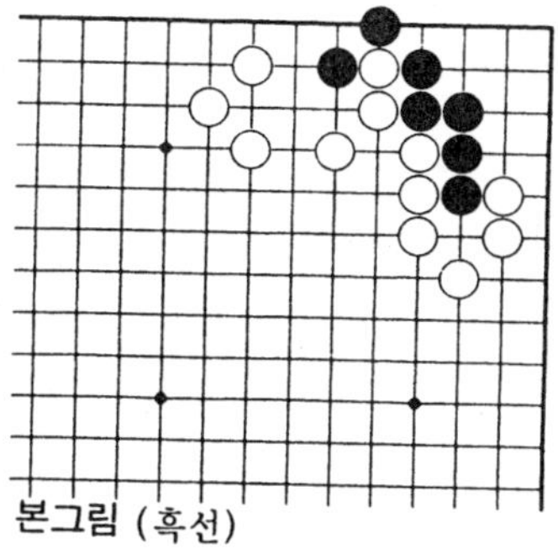

본그림 (흑선)

계　마

아무리 모양이 이상해도 실효가 있는 수법이면 점차 틀림없이 아름답게 보일 것이다.

본그림은 『玄玄碁經』의 「七賢勢」에서 발췌.

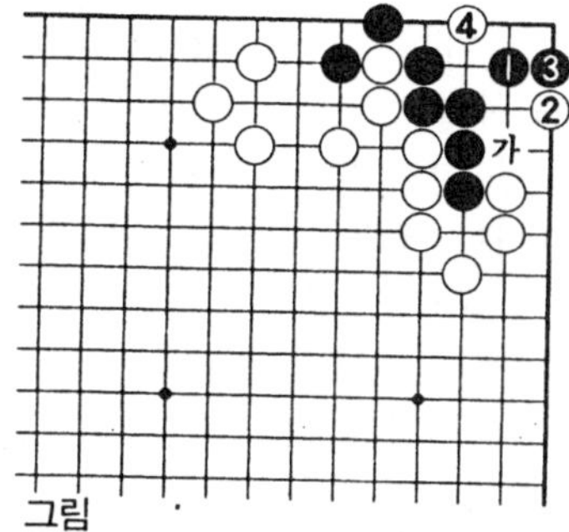

그림

그림 1(이2)　흑가로 넓히면 백1의 놓기로 죽음. 그래서 먼저 흑1의 二2를 생각하는 참이다. 그러나, 이것은 백2로 계마에 미끄러지는 경수가 있고, 흑3, 백4로 어쩔 수 없다.

백2에서 가로 기는 것은, 흑4의 집 갗기로 가운데와 귀의 집모양이 갈리운다.

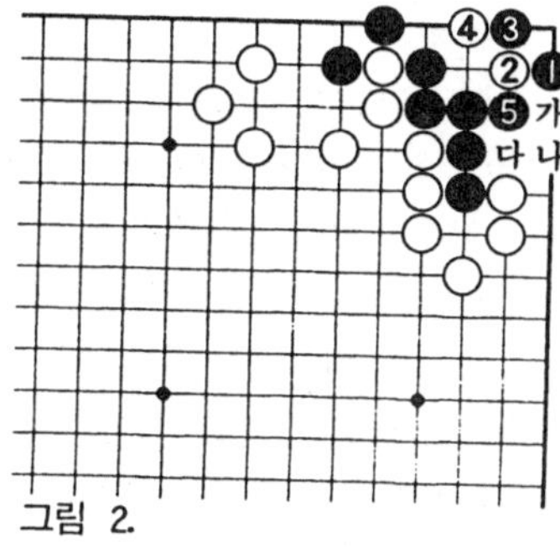

그림 2.

그림 2(흑1, 수법)　흑1의 二1이 비약한 생각. 백2면 흑3으로 또 한쪽의 급소를 두어, 필요하고도 충분한 집모양을 확보한다. 백2에서 가의 붙이기로도, 흑3으로 들어가도 된다.

실전이면 흑3까지이지만, 수싸움이면 백2는 최강 수단이라고 할 수는 없다.

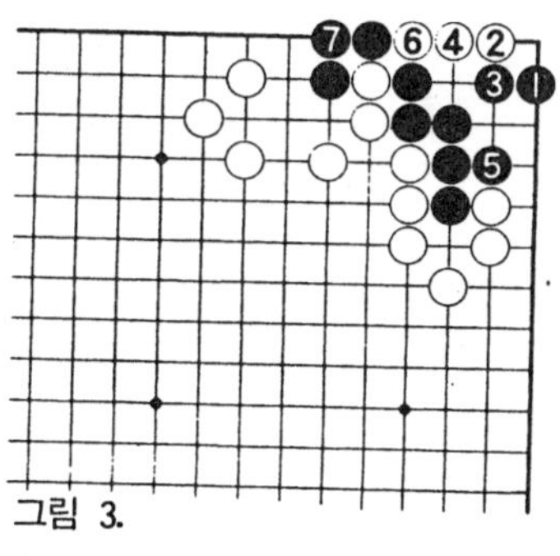

그림 3.

그림 3(최강 수단)　백2로 급소에 돌입하는 수가 최강. 다만, 흑3, 5로 해서 1집을 만들고, 백6의 끊기에는 흑7로 이을 여지가 있으므로, 역시 살기는 움직이지 않는다.

수싸움이면 이 수순이 정해가 된다. 그러나, 실전에서 백2는 파고들기로 큰 악수다.

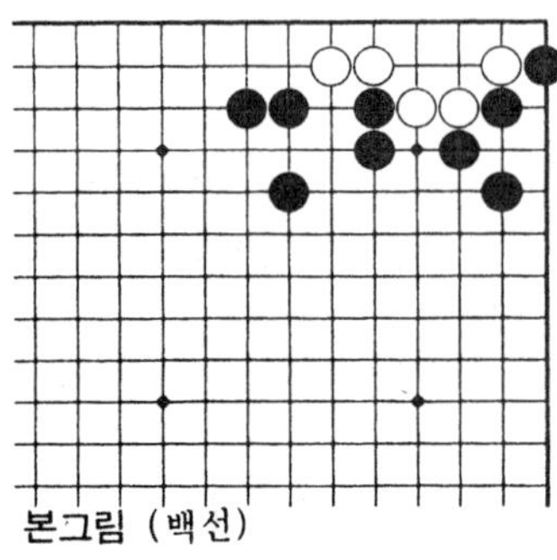

본그림 (백선)

마늘모

1점의 끊어잡기를 어떻게 막느냐, 슬쩍 봐도 다섯 가지 방법이 있고, 무조건 살기는 그중의 하나다.

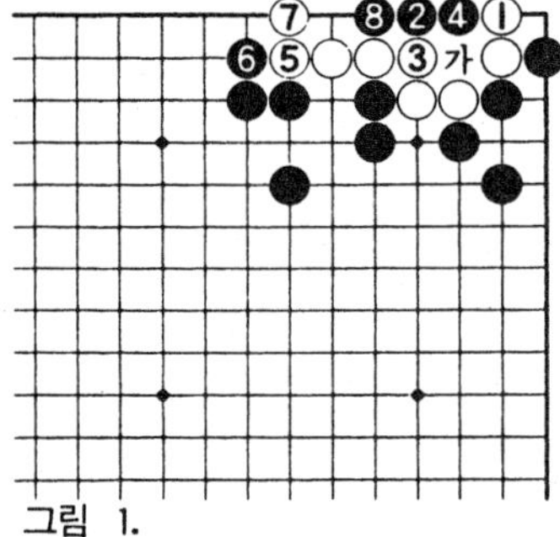

그림 1.

그림 1(처져 잇기) 백1의 처지기는 품을 최대로 넓히는 수법인데, 흑2로 급소를 일격 당해, 종합되지 않는 모양이 된다. 백3 이하, 다시 품을 넓혀도, 다 넓힐 수 없고, 장래에 가의 잇기가 필요한 이 모양에서는, 3목 내격의 죽음이 되지 않을 수 없다. 백1에서 가도 흑2로 죽음.

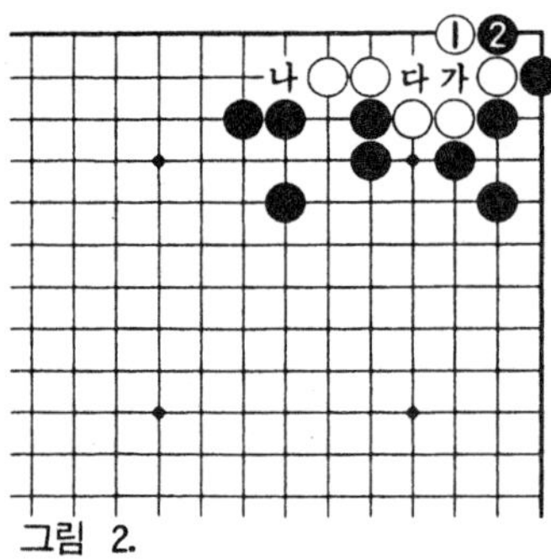

그림 2.

그림 2(걸쳐 잇기) 백1의 걸쳐잇기는 탄력적인 모양. 그러나, 흑에게도 귀의 특수성을 이용해서 2로 패에 던져넣는 강수가 있고, 백가의 잇기는 흑나로 죽음이므로, 백도 패를 다툴 수밖에 없다. 흑2에서 나, 백다로 교환하고 나서의 흑2는, 2단 패에서 불리하다. 백1에서 다는 흑1로 죽음.

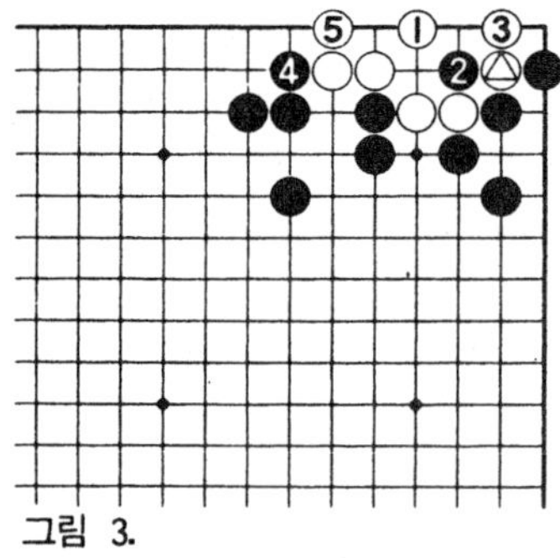

그림 3.

그림 3(백1, 수법) 백1로 들어가서 상변의 1집을 확인하면서, ◎1점을 살리는 것이 유일한 살기 맥이다. 흑2면 백3의 처지기가 성립되는 데에 백1의 수법인 까닭이 있을 것이다.

좌우의 집모양을 가르는 중심이 백1의 점이 된다.

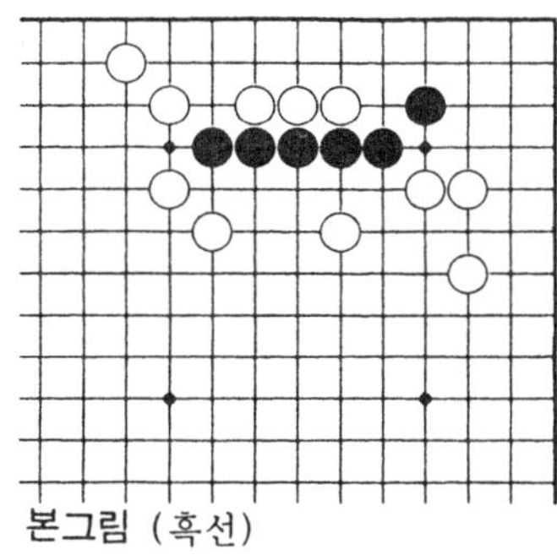

본그림 (흑선)

마늘모

단단한 난문을 제출하겠다. 본그림은 『發陽論』에서 발췌. 귀에서 선수 1집을 구한다.

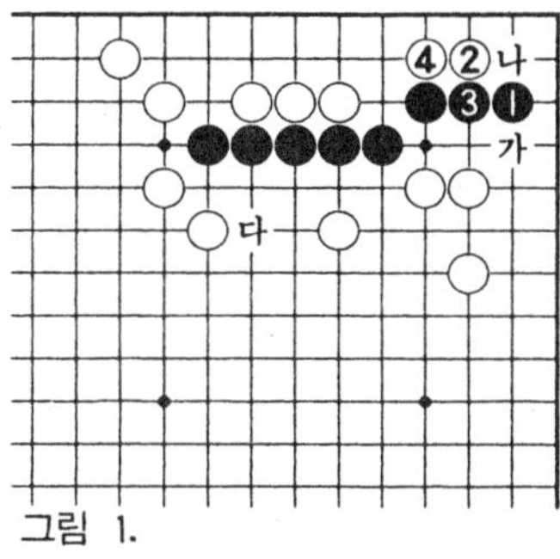

그림 1.

그림 1(급소를 피한다) 흑1의 뛰기는 백2, 흑1에서 4는 백1, 흑1에서 3은 백가인데, 모두 귀는 후수 1집으로 밖에 되지 않는다. 흑1에서 가면 백나, 흑2 이하 절반은 사는데, 이것도 최선이라고는 할 수 없을 것이다.

중앙은 흑다로 붙여서 후수 1집. 전부 살려면 귀에 선수 1집이 필요하다.

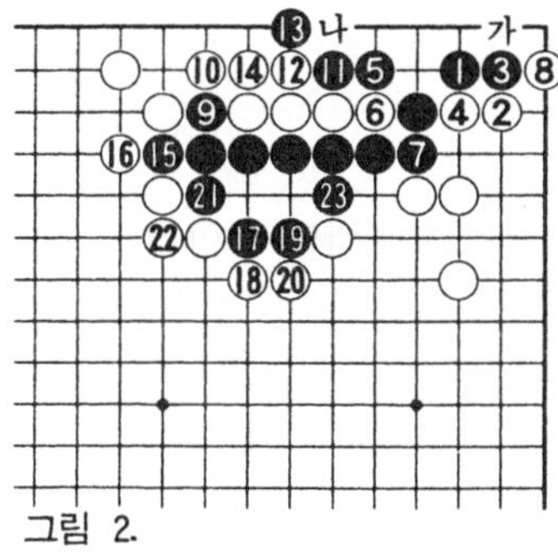

그림 2.

그림 2(흑1, 수법) 활동이 없는 수 같으면서, 흑1이 급소에 해당되고 있다. 백2에 5라도 17이라도, 흑2로 두면 살기이므로 백2, 4가 최강. 백8의 젖히기에 흑9 이하 13을 작용시키고, 이것으로 1집. 흑23까지 중앙에 1집을 얻어 살기로 된다. 이후, 백가면 흑나, 백나면 흑가다.

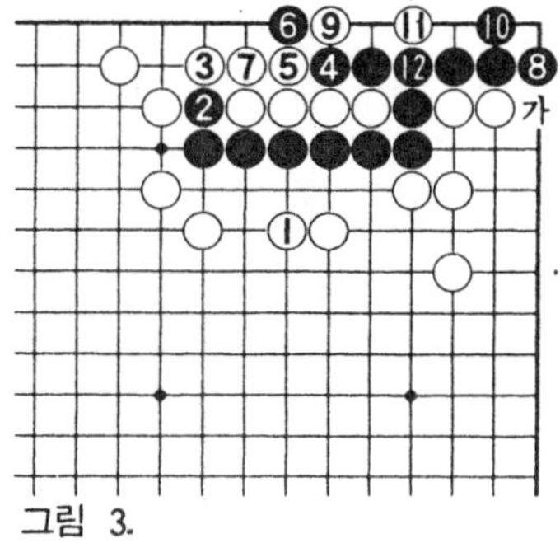

그림 3.

그림 3(흑10, 수법) 앞그림 백8에서, 1로 중앙의 집모양을 지워오면, 흑2 이하 6을 작용시켜서 8로 처진다. 백9면 흑10인데, 6의 젖히기가 활동해서 살기. 백9에서 10이면 흑9로 잇고, 백11, 흑12의 비김수 살기다.

백1에서 4의 누르기는 흑가의 젖히기가 작용해, 역시 귀에서 선수 1집.

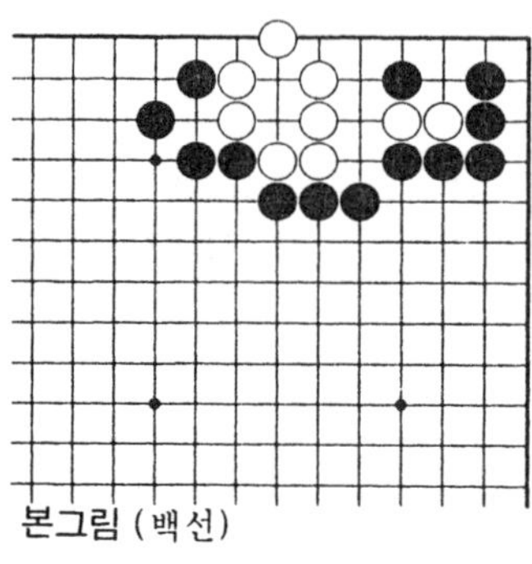

본그림 (백선)

마늘모

패를 피해서, 어떻게 1집을 만드느
냐 직접 행동의 불리함을 알고 뿌리
배치에 신경을 써야 한다.

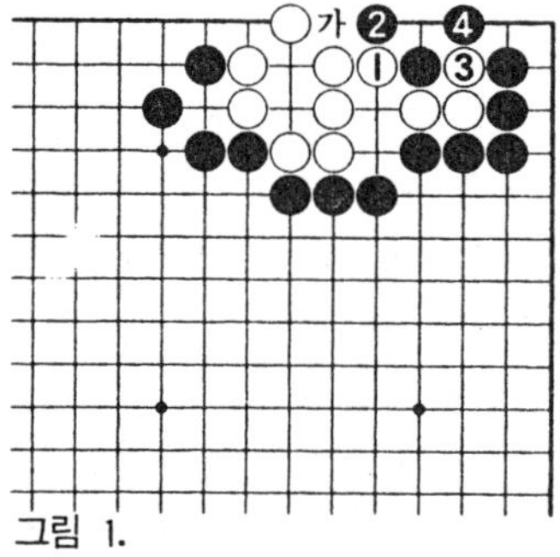

그림 1.

그림 1(패) 백1의 충돌에서는, 흑
2로 젖히는 패의 버티기가 눈에 보인
다. 백3에는 흑4, 3점이 단수되어 있
으므로, 백가의 추격은 성립되지 않는
다.

백1에서 2는 흑1인데, 이것은 패로
도 되지 못하고 죽음. 직접 행동으로
는 성공하지 못하는 모양이다.

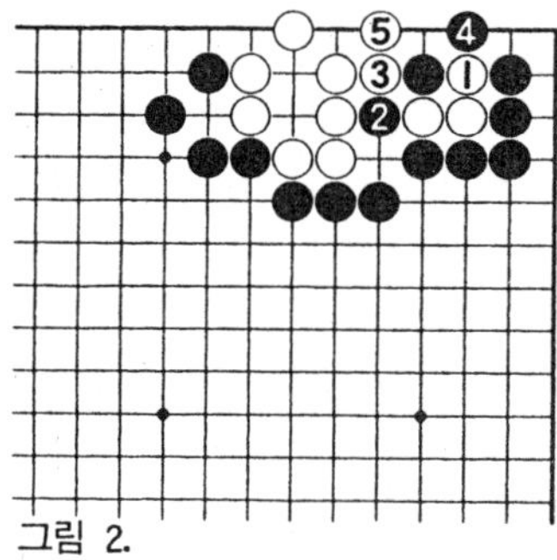

그림 2.

그림 2(백1, 수법) 백1로 먼저 돌
입해서 상황을 보는 것이, 교묘한 준
비 공작이 된다. 흑2면 백3으로 단수,
3점을 희생해서 본대를 살았다.

백1, 흑2의 교환으로, 백3일때 흑5
로 젖히는 패의 버티기를 지우고 있
다. 수순의 묘함이라고 할 것이다.

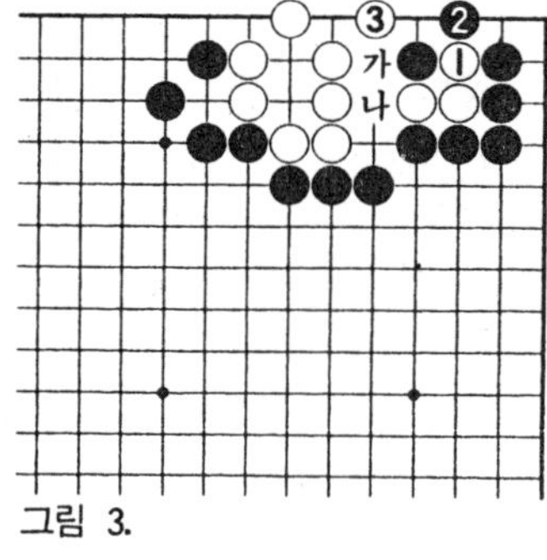

그림 3.

그림 3(밑받기) 백1에 흑2로 밑부
터 단수하면, 역시 석점을 무시하고
백3의 마늘모다. 흑가의 돌입에는, 백
1, 흑2의 교환에 의해서 백나로 추격
으로 되끊을 수 있다.

흑2에서 3의 마늘모도 유력한 저항
수단인데, 이 경우는 백2 처지기로 무
효.

마늘모

어떻게 해서 산다는 경우에
도, 최선의 사는 방법은 한 군
데 밖에 없는 것이 보통이다.
크게 사느냐 밖에서 활동시키
느냐.

【참고보 1】

흑1로 단수해서 흑이 살았
을 때, 백2의 마늘모가 최선
의 살기다.

흑가에 백나로 들어가야 하
고, 4집의 땅. 백다의 살기면
6집인데, 백2는 흑에의 노림
수를 지닌다.

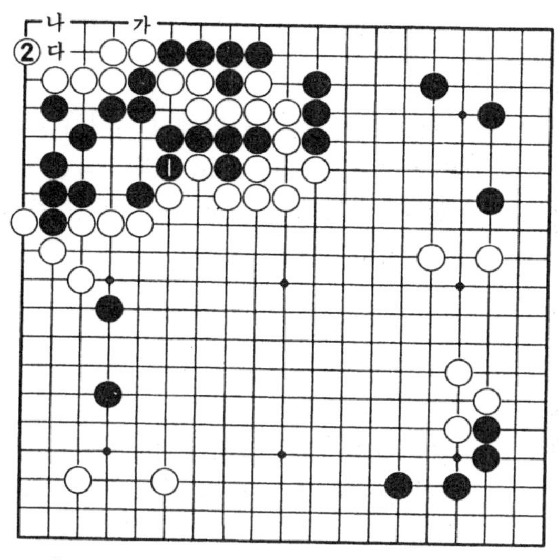

【참고보 1】

제17기 왕좌전   백   大竹英雄

제1국   흑   藤澤秀行

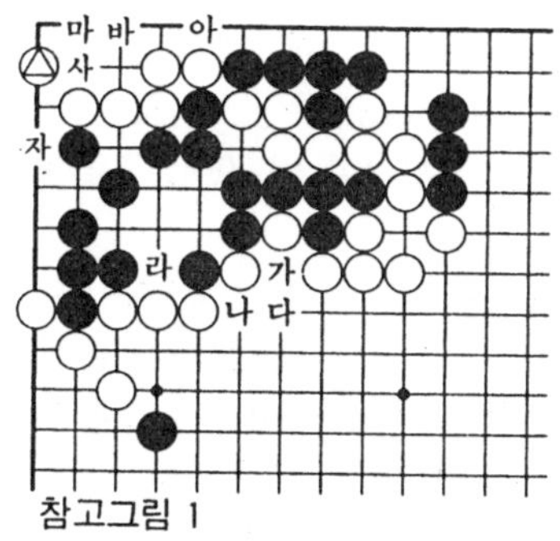

참고그림 1

참고그림 1(귀에 맛없다) 〈참고
보 1〉 이후 흑가, 백나로 바뀌고, 또
그 후에 백다에 흑라로 보충하고 △의
위협을 봉쇄했다.

귀의 백은, 흑마로 놓아도 백바, 흑
사, 백아인데, 흑자의 처지기가 작용
치 않는 모양. 흑자가 작용치 않으면,
백자로 젖히는 패맛이 남아 있다.

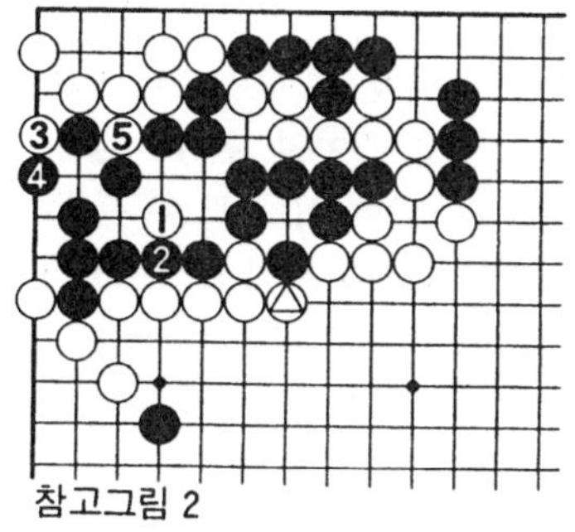

참고그림 2

참고그림 2(패 노리기) △으로
눌러서 중앙에의 탈출을 저지당한 후
는, 백1의 놓기부터 3, 5의 패 도전이
백의 권리다. 지면, 백도 죽는 패지만,
돌의 크기가 매우 다르므로 일방적으
로 흑의 부담이 크다. △이 비어 있는
동안은, 흑의 도주가 살기 패로 된다.

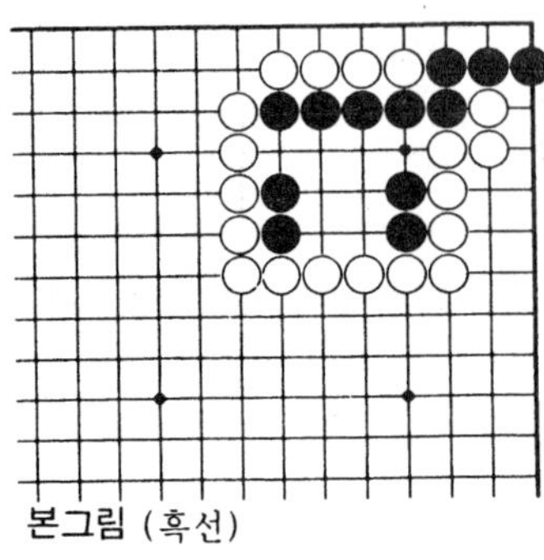

본그림 (흑선)

나오기

때로는, 단 1집을 만들기 위해서 악전 고투해야 하는 수도 있다. 그렇기 때문에 바둑에 있어서 무엇보다도 수순이 중요하다.

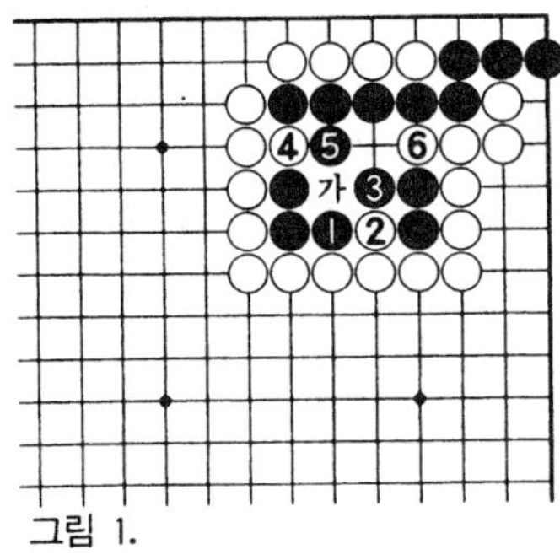

그림 1.

그림 1(차례로 나온다) 둘 장소는 적다. 흑1은 백2, 4로 차례로 나와, 3석의 단수에 눈을 팔지 않고, 백6으로 죽음. 흑1에서 2도, 같은 결과가 된다.

그리고, 흑1에서 3 또는 가로, 끝부터 차례로 나가 살지 못한다. 흑1에서 5도 마찬가지. 첫수는 4 또는 6의 점 밖에 없다.

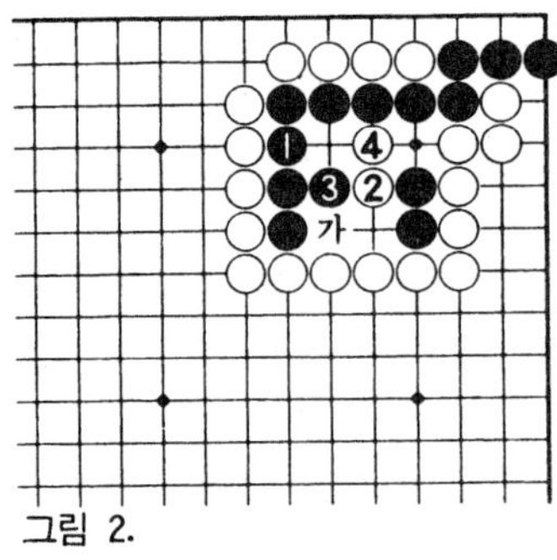

그림 2.

그림 2(최강) 흑1에 대해서, 백2가 최강의 저항. 흑3이면 백4로 나와도 좋고, 흑3에서 4면 백3으로 충돌이다.

백2에서 차례로 나가는 모양은, 어떻게 나가도 흑에게 눌리워서 살기. 또, 붙였을 때 백2에서 3은, 흑가로 나와 백1석을 다시 데려올 수없다.

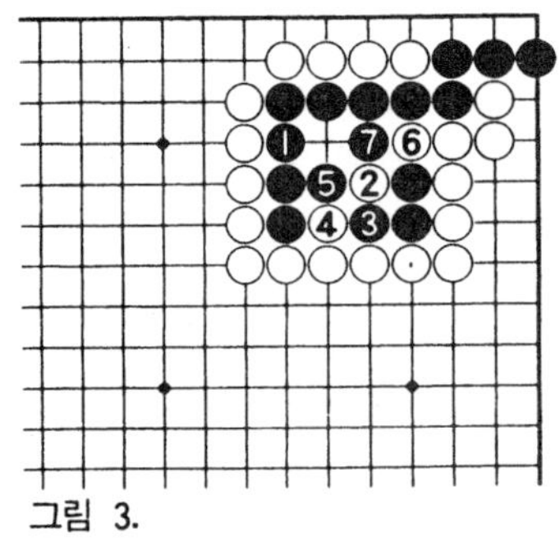

그림 3.

그림 3(흑3, 수법) 백2의 붙이기에는, 흑3으로 나오는 수법으로 대항한다. 백4의 단수 쪽이면, 흑5로 끊고, 백6으로 뺄 수 밖에 없으므로 흑7로 살기라는 셈이다. 백4에서 6쪽의 단수면 흑7로 끊고, 원리는 같다.

흑3으로 몸을 버려서 떠오를 곳을 구한다.

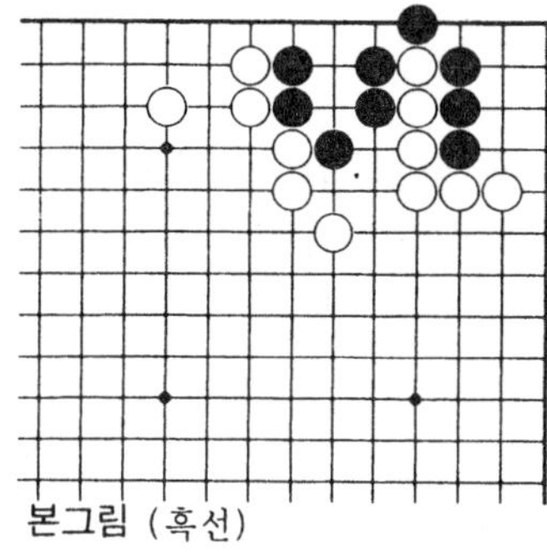

본그림 (흑선)

뛰 기

변에 1집, 귀에 1집의 여지는 있지만, 모두 후수 1집인듯이 보인다. 한 쪽을 선수 1집으로 하지 않으면 이 흑에게 내일은 없다.

본그림은 『碁經衆妙』에서 발췌.

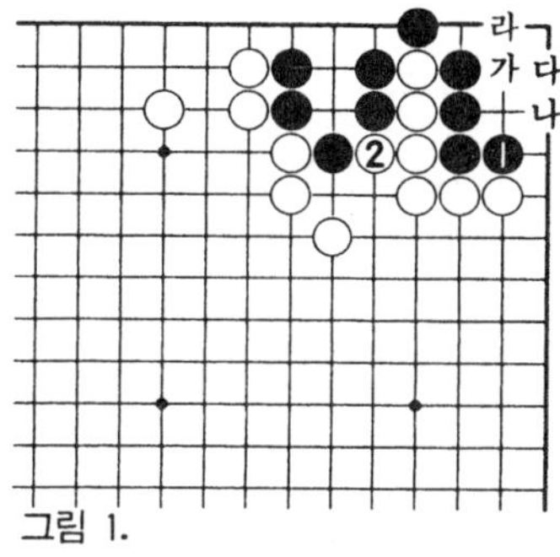

그림 1.

그림 1(귀의 6집 형) 흑1의 누르기는 백2로 변의 집모양을 파괴 당하고, 이후 귀는 어떻게 두어도 2집이 되지 않는다. 「귀의 6집형」이라고 한다. 착각하기 쉬운 모양이다. 흑가면, 백나, 또 흑다면 백라인데, 그 증명은 간단할 것이다. 흑1에서 2면, 백은 **다**의 미끄럼이다.

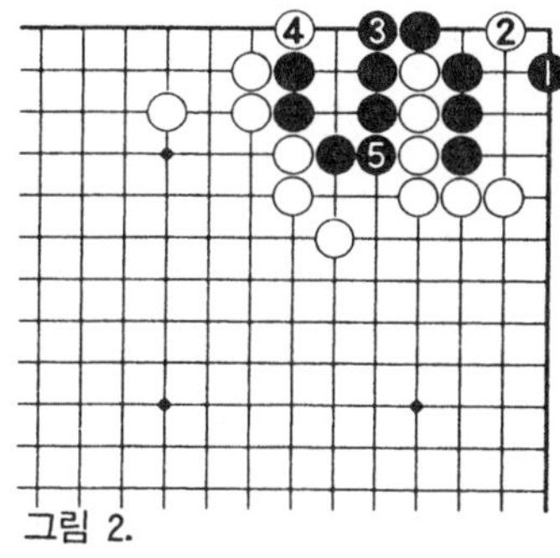

그림 2.

그림 2(흑1, 5 수법) 흑1의 뛰기가 二1의 급소이기도 해서, 백이 변의 1집을 파괴했을 때, 흑2의 살기를 본다. 백2를 필연으로 삼고, 흑3의 잇기가 좌우로 활동케 한 호수. 이곳에 돌이 있으면, 변의 1집은 백4면 흑5 백4에서 5면 흑4로 착실히 방어하고 있다.

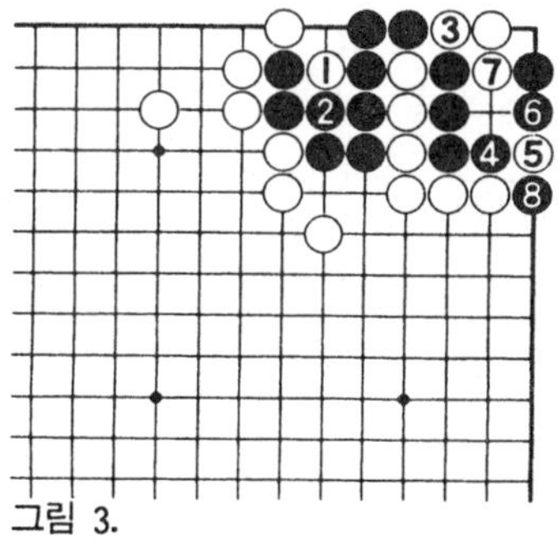

그림 3.

그림 3(흑4, 수법) 앞그림에 이어 백1의 단수면 흑2의 추격에서 보기 쉬운 1집. 문제는 귀의 집모양인데, 백3이면 흑4로 넓히는 맥으로 백7을 유인, 결국, 이 3석을 끝까지 두는 수순을 얻어 살기로 된다. 백3이 단수로 되지 않는 곳에 앞그림 흑3의 활동을 본다. 백3에서 4면 흑3까지.

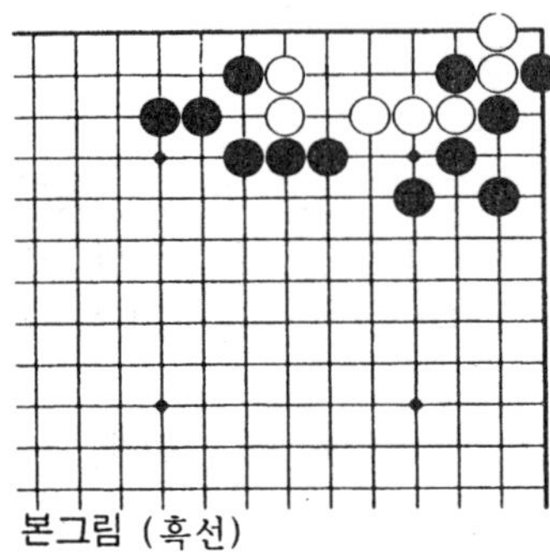

본그림 (흑선)

뛰 기

여하간 흑1석을 잡아야 하느데, 그 잡는 방식에 따라서 생사가 갈린다.
본그림은 『碁經衆妙』에서 발췌.

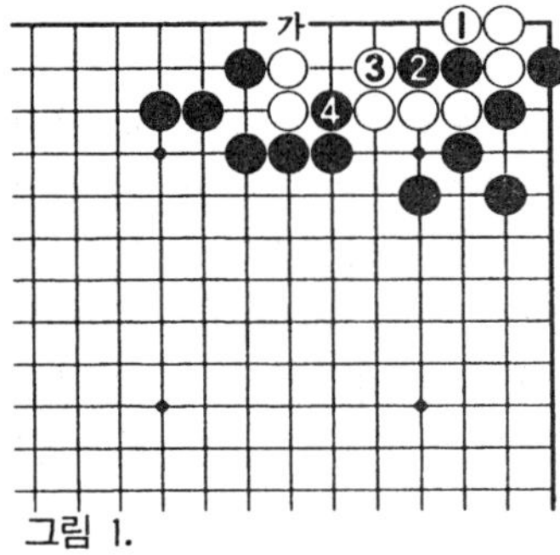

그림 1.

그림 1(밑 몰기) 먼저 나쁠듯한 잡기 방식부터 생각하면, 백1의 밑몰기에서는 흑2의 뻗기가 작용하는데, 탄력이 약해지는 것은 명백하다.

흑2에서는 4의 나오기에로도 가의 젖히기로도 죽음이다. 흑1석을 잡는 1집만이 아니고, 또 1집에의 배려가 없이는 도처히 살 수 없다.

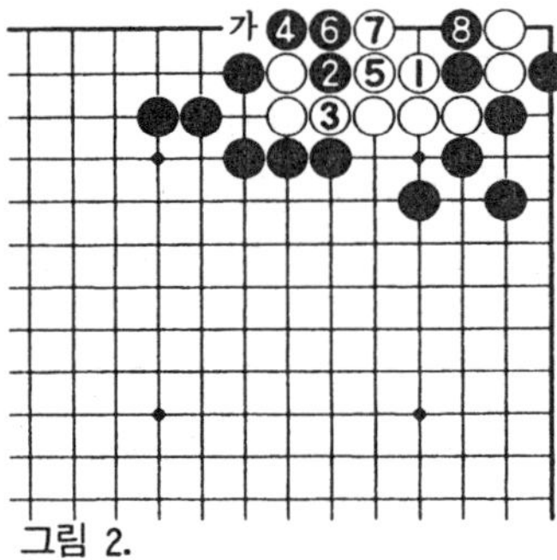

그림 2.

그림 2(위 몰기) 백1의 몰기는 극히 보통인 착수. 흑2에서 3의 나오기도 4의 젖히기도 백2로 지키면 살기이므로, 흑은 2의 붙이기부터 4의 건너기가 최강의 공격수다. 백5, 7로 두 단수를 걸고, 흑가면 백8로 살기라고 보인 순간, 흑8의 역습으로 목숨을 제어한다.

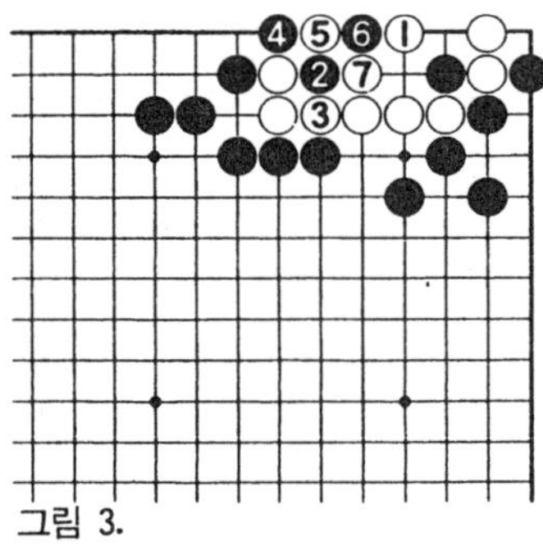

그림 3.

그림 3(백1, 수법) 백1의 뛰기가, 흑1석을 잡을 뿐 아니라, 왼편의 1집에의 대비로도 되어 있다. 흑2, 4면 백5로 던져넣어서의 추격. 흑2에서 4의 젖히기에서도 백5로 눌러, 끝까지 추격을 강조하는 것이 숨겨진 둘째 수법이 된다.

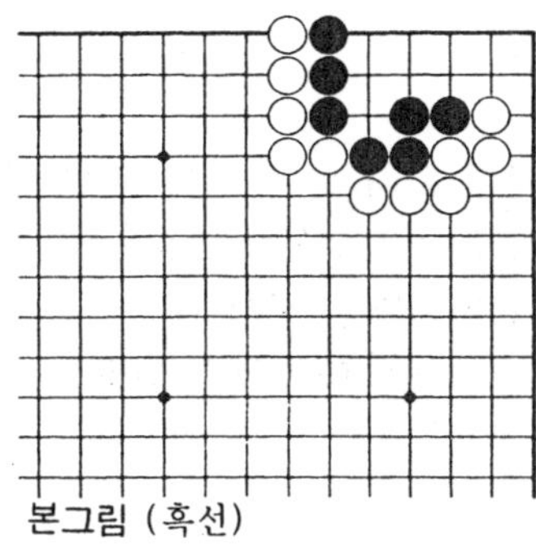

본그림 (흑선)

뛰 기

넓힐까, 집을 지닐까. 아니면 중용을 취하여 선수로 1집을 만들까.

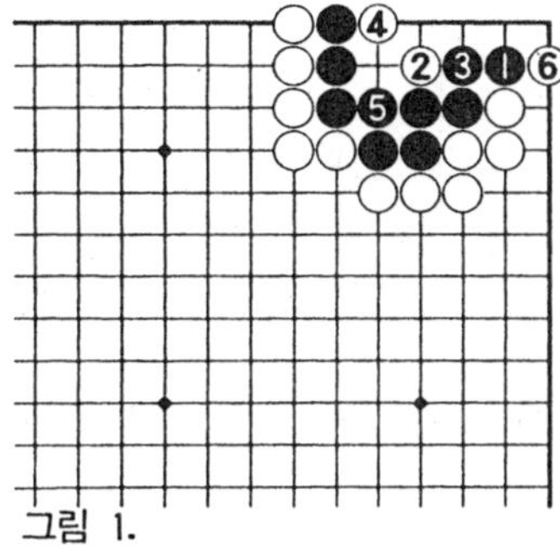

그림 1.

그림 1(넓힌다) 흑1의 젖히기로 품을 넓힌다면 이 1수. 그러나, 흑의 모양이 정리될 순간 전에 백2로 중추부를 일격 당하고, 흑5까지를 강제 당해 내격의 죽음이 된다.

이 점이 급소라고 해서 흑1에서 2는 백1로 젖혀 문제도 되지 않는 사형이다.

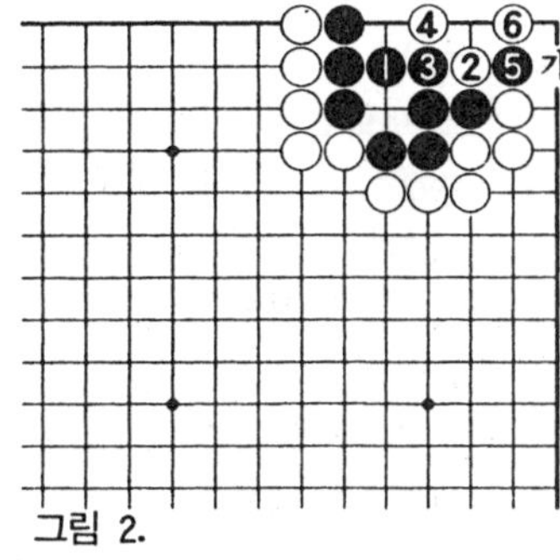

그림 2.

그림 2(집 갖기) 흑1의 집갖기는 너무 겸허해서 무기력에 가깝다. 백2, 4로 심술궂게 침입당해, 흑5의 끊기도 백6의 패로 버팀을 당한다.

흑1에서 5, 백가와의 교환이 있으면 백2에 흑3의 단수가 작용하겠지만, 앞 그림처럼 작용하지 않는 이 모양에서는 딴 수를 생각해야 한다.

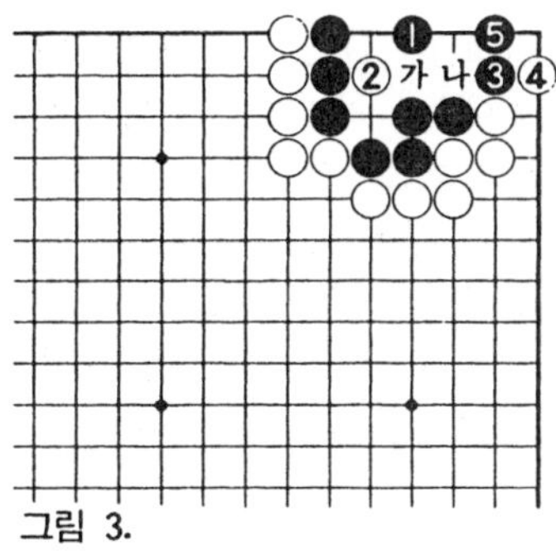

그림 3.

그림 3(흑1, 수법) 흑1의 뛰기가, 백2를 강제해서 선수로 1집을 만드는 수법에 해당된다. 이 교환으로 백가로 공배 채우기를 찌르는 강수를 완화해 놓고 나서, 유유하게 흑3, 5로 품을 넓히고, 1집 더 만들어내면 된다.

백2에서 나면 흑가인데, 그 관계는 변치 않는다.

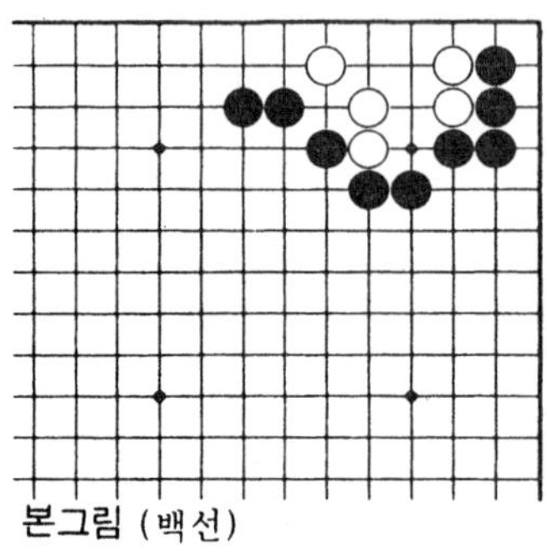

본그림 (백선)

줄짓기

변과 중앙을 대응으로 삼는 집모양 작성의 수법이다. 약점 보강을 겸할 필요가 있는 경우가 태반이다.

본그림은 『碁經衆妙』에서 발췌.

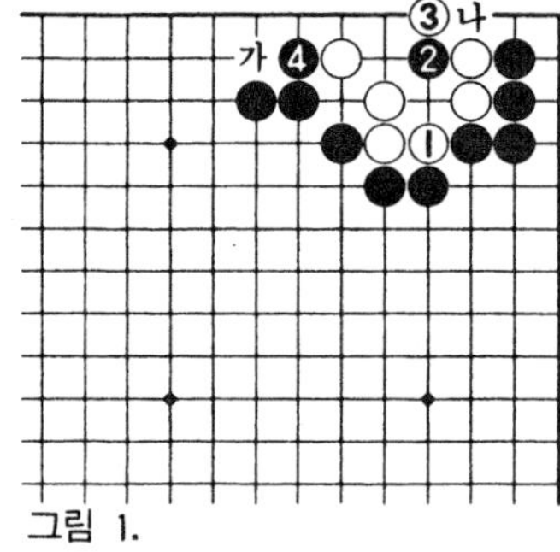

그림 1.

그림 1(넓힌다) 백1로 품을 넓혀도, 흑2로 2석을 노리고, 백3으로 지켰을 때, 흑4로 그만이다. 백1 앞에, 백4, 흑가를 교환해 놓아도 마찬가지다. 흑은 2에서 4를 서둘러서는 결코 안된다.

백1에서 나도 흑2의 한 발로 끝난다.

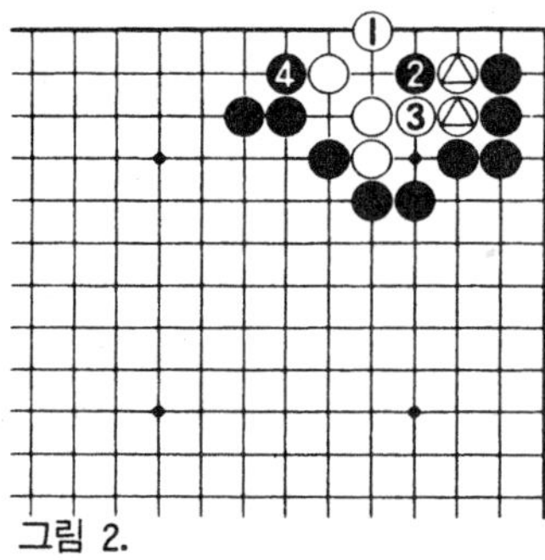

그림 2.

그림 2(마늘모) 백1로 제一선에 빗겨두는 맥도 때로는 유력하지만, 이 모양에서는 ◎2점의 공배 채우기를 지키고 있지 않다. 흑2의 붙이기 한 발이 작용해서, 흑4까지의 죽음이다.

선수로 집모양의 탄력을 뺏기는 흑2의 매서움을 생각하면, 그 붙이기의 방어가 긴급 사항이 된다.

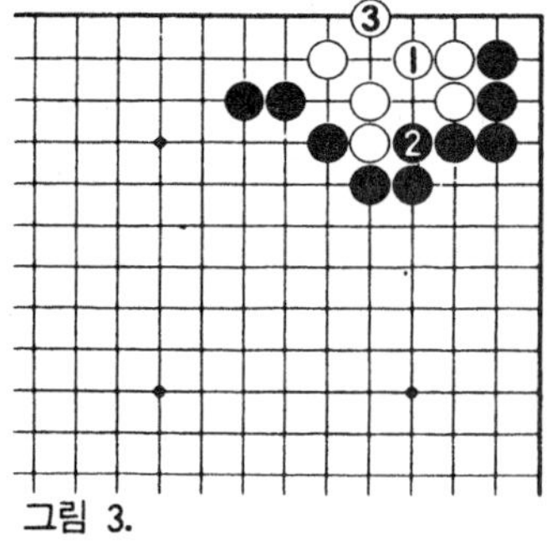

그림 3.

그림 3(백1, 급소) 상대가 두어 곤란한 곳에는, 자기가 두기를 먼저 생각한다. 그리고, 백1로 두어 보면, 2와 3의 점이 대응으로 살아있는 것이 분명할 것이다. 흑2면 백3으로 1집을 확보하고, 다시 한 번 좌우를 대응으로 삼는 기초적인 살기 형이 된다.

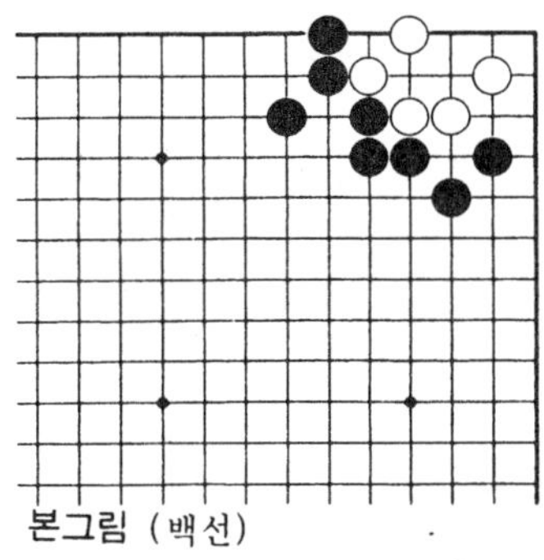

본그림 (백선)

줄짓기

품을 넓히는 맥의 불성립을 확인하고 나서, 집모양을 가르는 맥을 생각하는 것이 순서일 것이다.

본그림은 『碁經衆妙』에서 발췌.

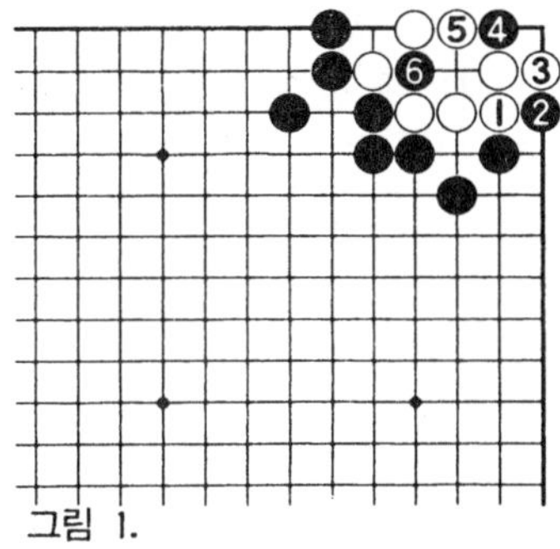

그림 1.

그림 1(넓힌다) 백1의 불평하기는, 만일 살면 가장 유리한 수. 그러나, 흑2의 젖히기부터 4로 붙이고, 6으로 던져 넣는 상용수법으로 덧없이 다운된다. 백1에서 3이라도, 흑4, 6으로 하고 ●의 꺾어 끊기를 활동시키는 맥이 그대로 성립. 백은 ●의 활동을 제한함이 급선무.

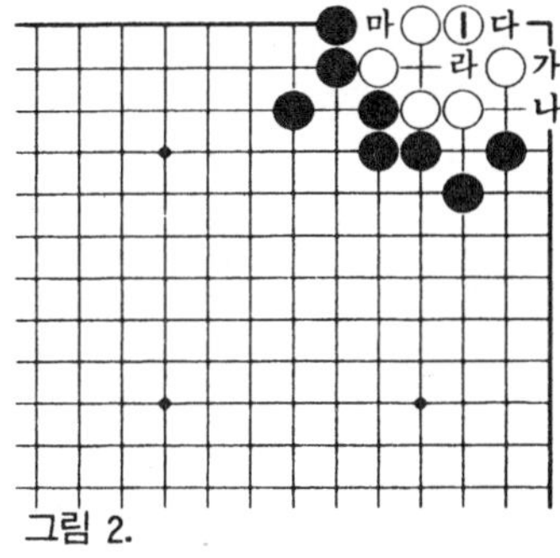

그림 2.

그림 2(백1, 수법) 백1로 줄짓고, 가운데와 귀에 집모양을 가른다. 얼핏 보면 귀의 집모양은 불안정한 듯하지만, 흑가에는 백나로 젖혀 내어 1점을 잡고, 그대로 집모양이다.

백1에서 다면, 흑가로 붙여 귀의 백 집모양이 사라진다. 백1에서 라는 흑 마로 죽음이다.

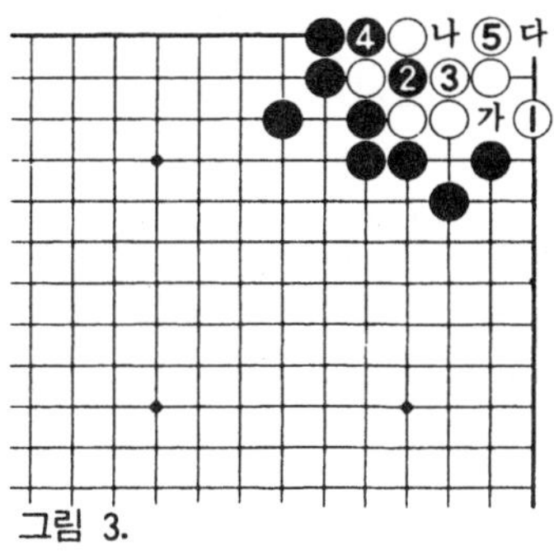

그림 3.

그림 3(탄력) 백1의 마늘모는, 탄력이 있는 수인만큼 공격하기가 어렵다. 지루한 것 같지만, 흑2, 4로 패로 만들 수밖에 없다.

흑2에서 가는 백나인데, 앞그림과 같은 원리인 살기모양. 또 흑2에서 5의 붙이기는 백나, 흑2, 백다인데, 〈그림 1〉의 죽음을 재현할 수 없는 모양.

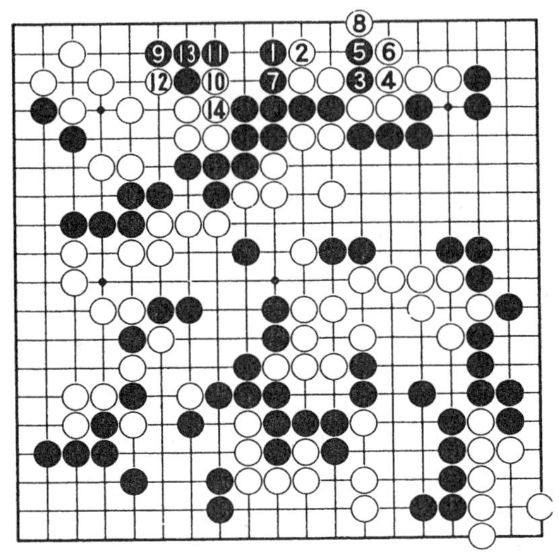

끝   기

생사에 직면한 장면에서는, 수순의 전후가 목숨에 관계된다. 급소를 두는 수순의 배합이 중요하다.

【참고보 2】

하변을 뺏긴 백은 좌상의 흑을 습격하는데, 흑1 이하에서 상변에 선수 1집을 확보하고, 뒤는 좌변에 1집을 만들 뿐. 참으면 흑 승리다.

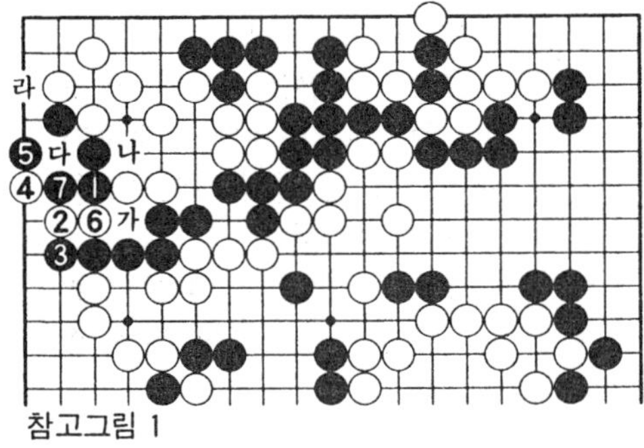

참고그림 1

참고그림   1(단수가   수순)
흑1로 기고, 백2의 놓기에는 흑3으로 차단해도 된다. 백4, 6에는 흑7의 단수가 수순인데, 이것을 가면, 백나, 흑다, 백라로 급사다.

백2에서 4면 흑5, 백2, 흑3으로 동형이다.

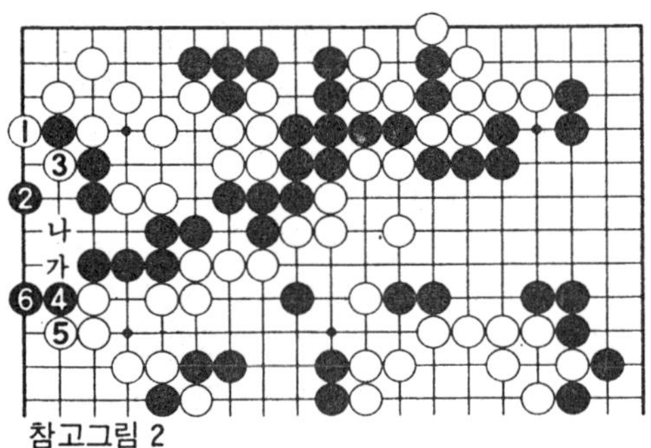

참고그림 2

참고그림   2(뛰기)   백1의 밑 젖히기도 유력한 공격 맥인데, 흑2의 뛰기가 절묘한 참기. 백3의 빼기면 흑4, 6으로 좋고, 백3에서 가, 흑나, 백4에는 흑3의 잇기로 좋다. 흑2에서 3은 백나, 흑가, 백2로 패가 된다.

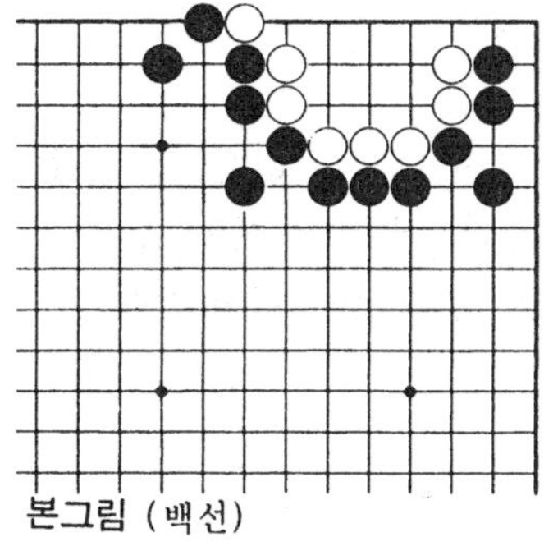

본그림 (백선)

매달리기

첫수에 변화는 많지만, 중앙에 두는 수 이외는 모두 실패인 것을 각자 확인하시기 바란다. 첫수를 포함해서, 집모양을 가르는 맥의 연타다.

본그림은 『玄玄碁經』의 「半層風勢」 에서 발췌.

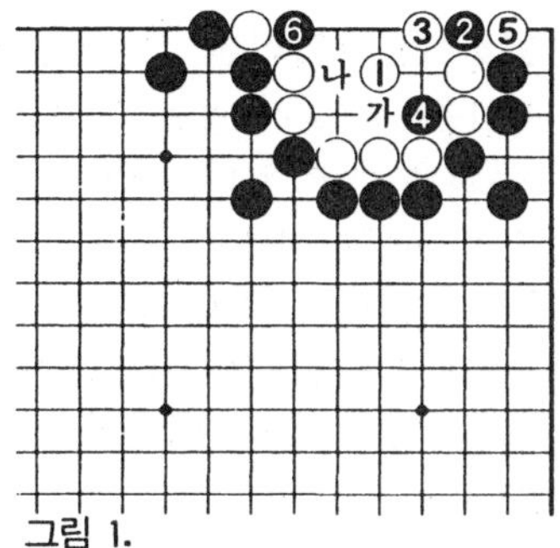

그림 1.

그림 1(누르기) 백1에서 가는 흑나, 백1에서 나는 흑2로 죽음. 우선 백1로 대비, 흑2로 추궁당하고 나서의 문제다.

백3의 누르기는 나쁘고, 흑4의 들여끊기부터 6으로 잡혀 2집의 여지가 없다. 백3은, 자기 자신의 공배 채우기에 대한 수비로 되어 있지 않다.

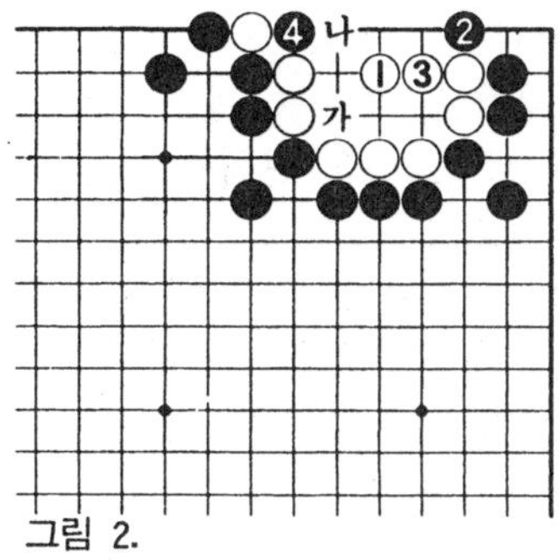

그림 2.

그림 2(들어가기) 백3의 들어가기도 흑4의 단순 잡기로 곤란해진다. 흑4로 안쪽 어디에 두어도, 백의 공배 채우기를 해소하는 심부름이 된다.

그밖에, 백3에서 가는 흑나의 놓기, 백3에서 4로 잇는 것은 흑가의 끊기로, 모두 어김없이 사형으로 된다.

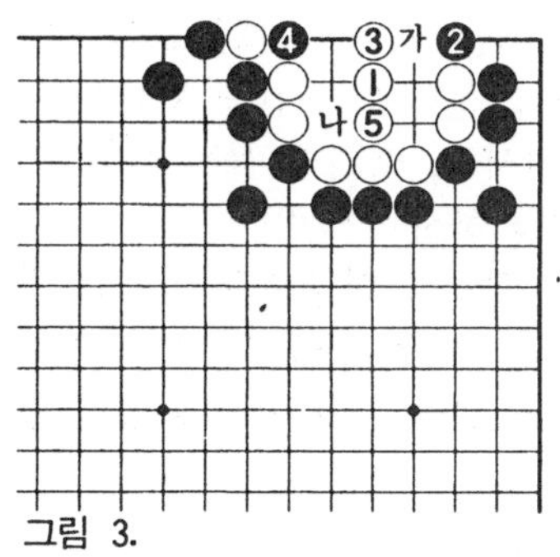

그림 3.

그림 3(백3, 5 수법) 백3의 매달리기가 알아차리기 어려운 호수다. 흑4면 백5로 다시 한 번 집모양을 좌우로 가르고, 양쪽 모두 추격의 1집을 확보하고 있다.

흑4에서 가면 백나로 살기이고, 그밖에 안쪽부터 두는 수는 전부 받아도 지장이 없다.

207

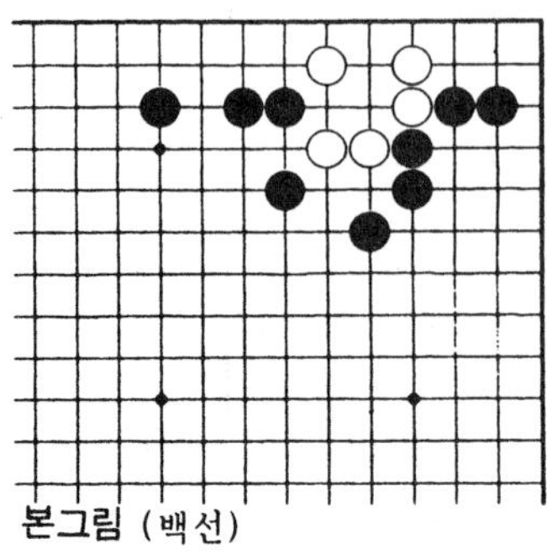

본그림 (백선)

중앙에 두어 좌우를 대응으로 삼는 맥이기도 하다. 급소는 1점이다.

본그림은 『碁經衆妙』에서 발췌.

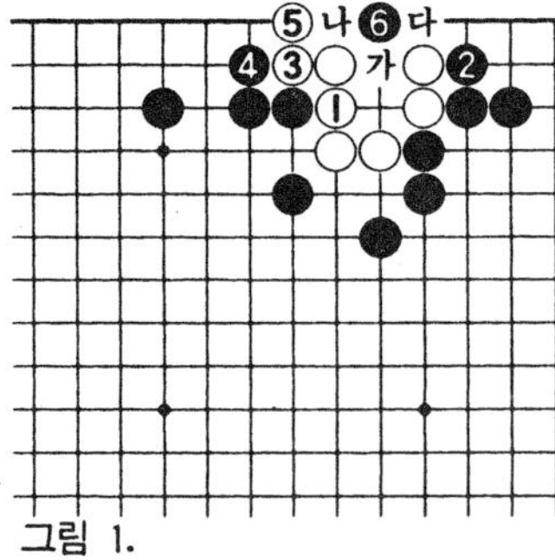

그림 1.

그림 1(넓힌다) 백1이면, 흑2로도 3으로도, 바깥을 꾹 눌러 품을 그 이상 넓히지 못하게 하면 된다. 백3에는 흑4로 누르고, 이후 백5면 흑6이고, 백5에서 가면 흑5, 백나, 흑다이다.

백1은 중앙의 집모양을 확보하는 작용은 있지만, 그 작용이 변까지 미치지 못했다.

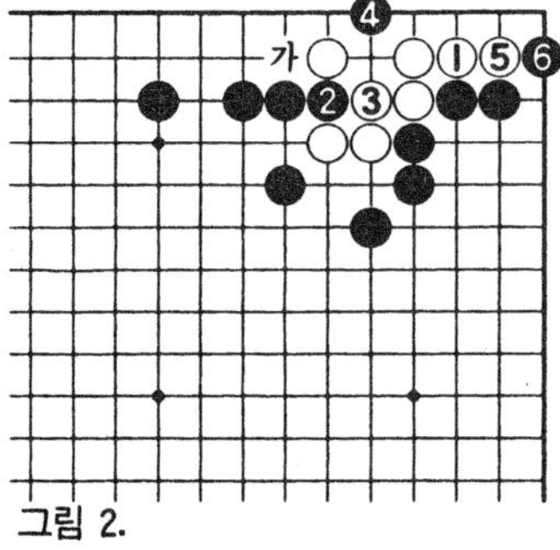

그림 2.

그림 2(급소) 백1, 또는 가로 변에 품을 넓혀도, 흑2부터 4로 급소로 직행하니, 백집모양의 탄력을 잃는다. 이 흑4는 앞그림 흑6의 점이기도 하므로, 「적의 급소는 내 급소」의 원리에서 말하면, 다음 단계에서는 자기부터 둘 것을 생각해야 할 첫째 지점이 된다.

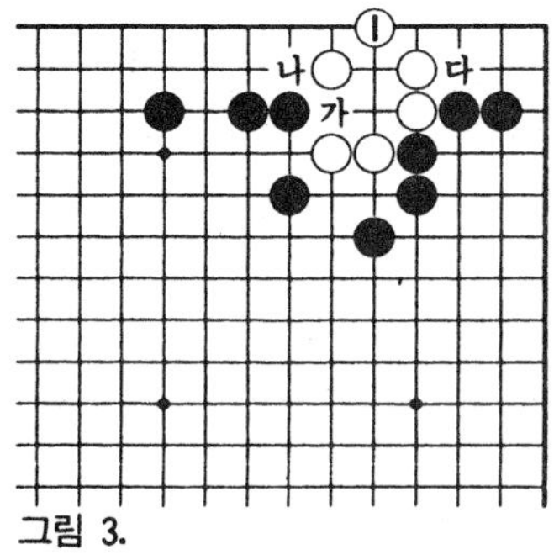

그림 3.

그림 3(백1, 수법) 백1로 들어가는 일로, 가운데에 一집을 확보했다. 이 모양에서는, 백가가 불필요하다는 것에도 주의하시기 바란다.

그뒤는 좌우를 대응으로 삼으면 되고, 흑나면 백나로 一집 더 변에 확보할 수 있는 것은 보기 쉬운 모양일 것이다.

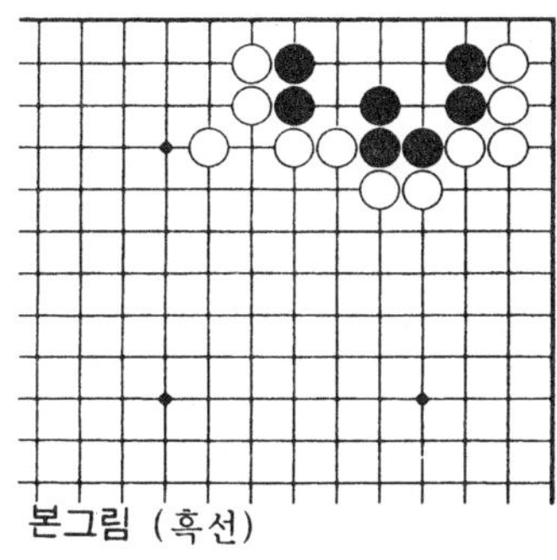

본그림 (흑선)

집 갖기

집모양을 둘로 가른다고 해도, 중심점이 꼭 최선은 아니다. 어느 쪽인가 한쪽으로 치우쳐야 하는 경우도 있다. 본그림은 『碁經衆妙』에서 발췌.

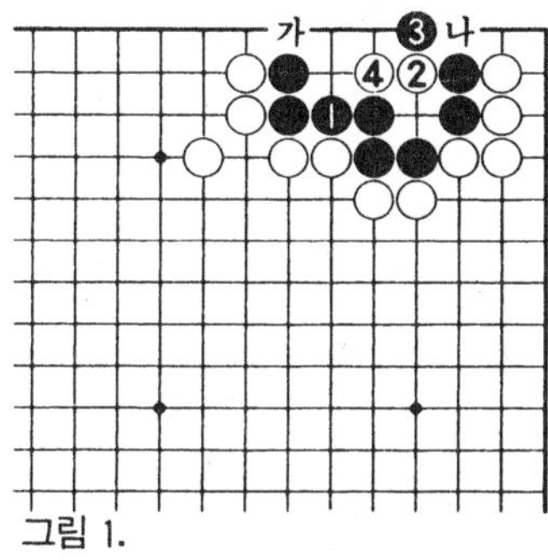

그림 1.

그림 1(넓힌다) 흑1로 품을 넓혀도, 백2의 붙이기로 건너기와 내격을 노리니, 흑 대번에 탄력을 잃는다. 그렇다고 흑1에서 가나, 나는, 백1로 나오는 수에 대해서 무방비다.

역시 이 돌도 넓이로는 살지 못하고, 집모양으로는 사는 것이 고작인 모양이다.

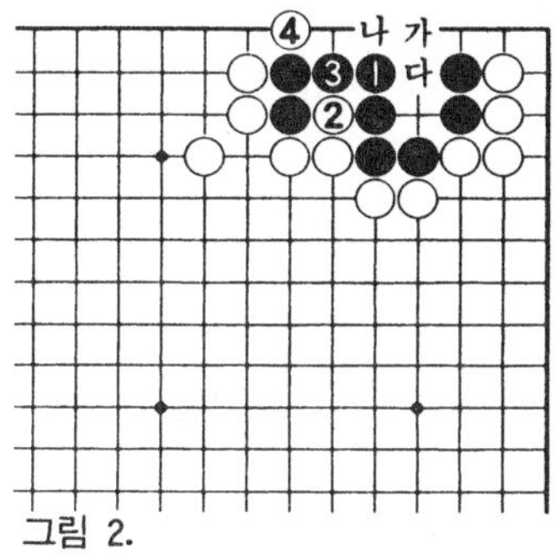

그림 2.

그림 2(중앙은) 집모양을 둘로 가르는 급소라고 하면, 우선 흑1이 떠오른다. 그러나, 백2, 4로 평범하게 좁히기 당해서는 안 되겠고, 사활만의 일이라면, 백4에서 가로 놓아도 어김없는 사형이다.

흑1에서 나도, 백다로 죽음이다.

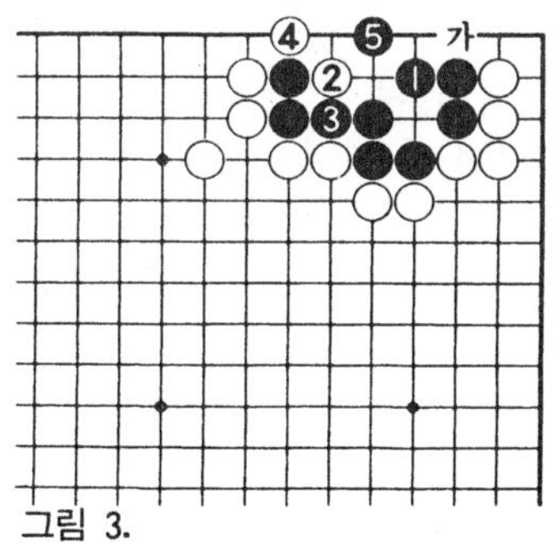

그림 3.

그림 3(흑1, 급소) 흑1로 한쪽으로 치우쳐서, 우선 하나 집모양을 만들어야 할 모양. 또 하나의 집모양에 대해서 이것이 가장 넓은 수비 방식이 되기 때문이다. 백2의 붙이기부터 4의 건너기가 최강의 공격 수인데, 흑5로 해서 가를 노리고, 2집의 살기가 확정되었다. 백2에서 4면 흑2로 좋다.

품을 넓히는 수법

작게 사는 것보다는 크게 사는 편이 틀림없이 좋을 것인데, 그러한 실용적인 문제뿐 아니고, 품을 넓히는 것밖에 살 방법이 없다는 모양도 존재한다.

이곳에는 품을 넓히는 방법과 넓힌 품을 이용하는 수법을 모았는데, 품이라고 해도 다종 다양, 「젖히기도 품 속」인 것을 아시기 바란다.

먼저 품의 넓이를 이용하는 기초적인 수법을 열거하겠다.

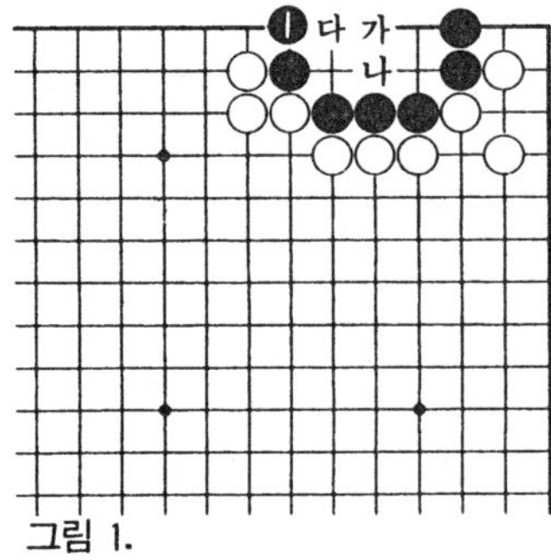

그림 1.

그림 1(처지기) 품을 넓히는 살기의 모양에는, 반드시라고 해도 좋을만큼 예제로 계시되는 「빗 모양」의 살기가 있다. 흑1의 처지기가 유일한 살기 맥이고, 서글픈 모양처럼 보이지만, 백가에는 흑나, 백나에는 흑가로 확실히 살아 있다. 흑1에서 다는 백나로 죽음. 흑1에서 나는 백1로 패다.

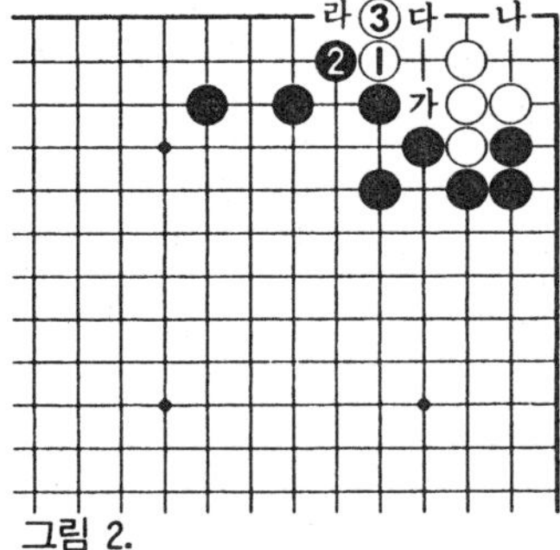

그림 2.

그림 2(붙여 처지기) 앞그림의 처지기를 다시 확대하면, 백1, 3의 붙여 처지기로 된다. 극히 정직한 수인데, 모양이 엷고, 품의 넓이에 도리어 불안을 품을는지도 모른다.

물론, 집모양의 살기로 바꾸려고 하는 순간 죽는다. 백3에서 가면, 흑나, 백다, 흑라다.

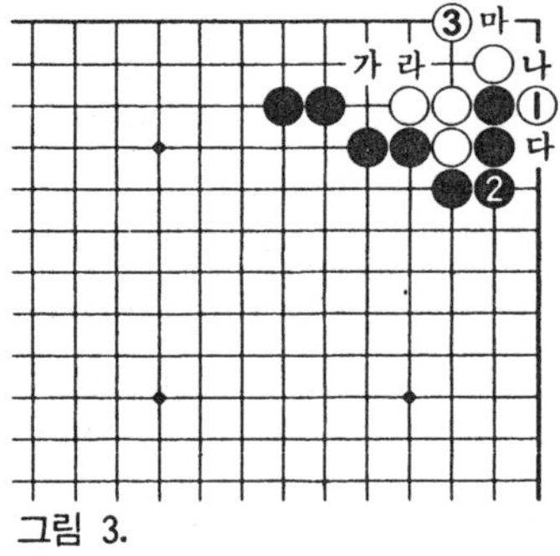

그림 3.

그림 3(젖히기) 상대의 약점을 찔러서 품을 확대하는 경우도 있을 것이다. 백1의 젖히기 하나가 작용하는 일로 귀의 돌에는 대번에 생기가 소생하고, 다음에 백3으로 집모양에 긴축해서 무조건 살기에 닿았다.

백3에서 가는, 흑나, 백3, 흑다, 백라, 흑마로 일단 패다.

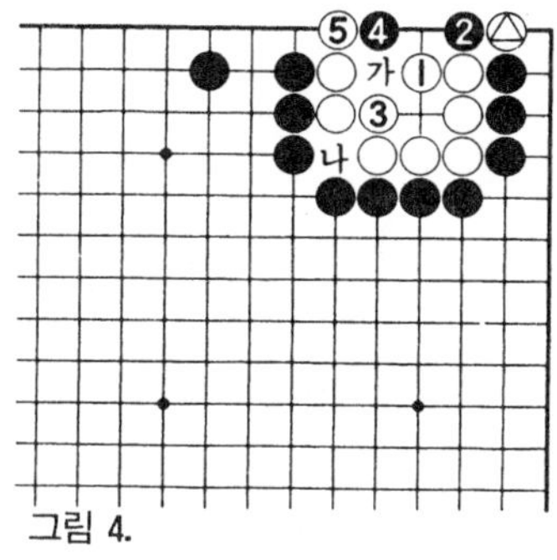

그림 4.

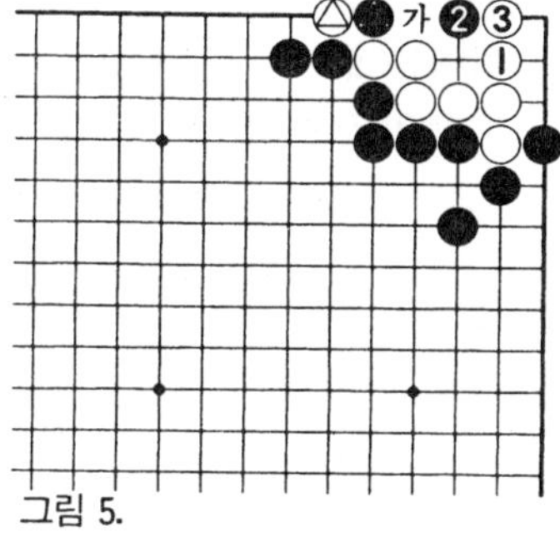

그림 5.

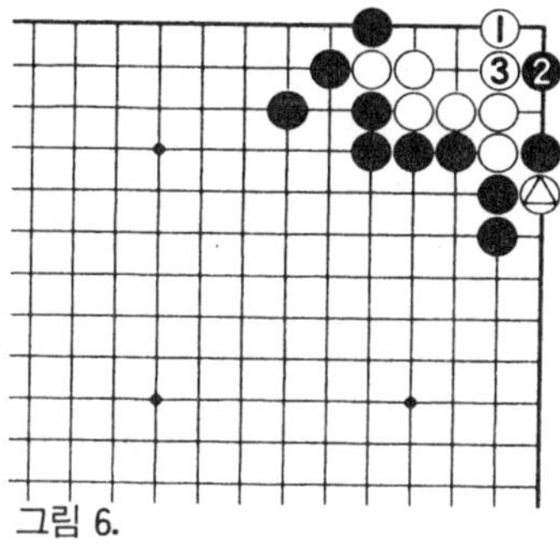

그림 6.

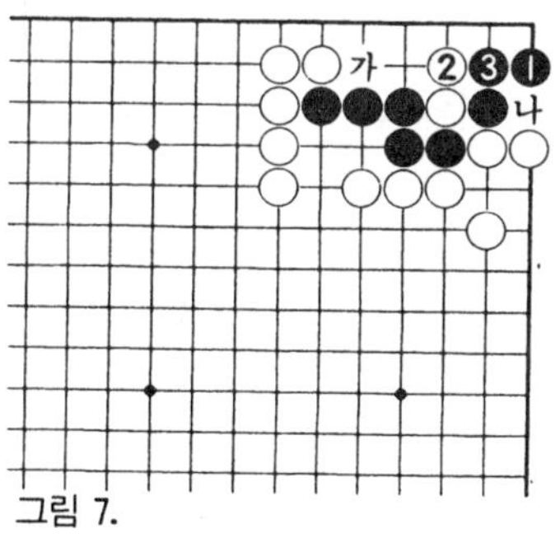

그림 7.

　그림 4(변의 1홉 됫박)　△의 젖히기가 있으면, 젖히기가 있는 쪽부터 백1로 굽어 산다. 「변의 1홉 됫박」의 정석이다. 흑2의 먹여치기에 백3으로 들어가면 △의 활동이 명백하다.

　흑2에서 3으로 돌입하면, 백2, 흑4, 백5, 흑가, 백나로 비김수. 물론, 비김수도 살기에 들었다.

　그림 5(먹여치기)　△의 먹여치기 또는 △의 젖히기를 작용시킨 후 ●의 먹여치기, 그 수순은 어떻든 간에, △의 존재도 품 안으로 헤아려진다.

　백1로 굽고, 흑2리를 유인해서 백3으로 좋고, 흑가로 이을 수 없다. 이어도, 3점으로 잡으면 1집이다.

　그림 6(반대로 먹여치기)　앞그림과는 반대 방향으로 백의 먹여치기가 있다. 이번에는 백1로 二1로 뛰는 맥인데, 흑2를 유인해서 3으로 이으면 앞그림과 꼭같은 살기가 된다.

　젖히기가 먹여치기로 품이 절반 가량 넓어져도, 나중의 이용법을 알지 못하면 소용이 없다.

　그림 7(마늘모)　흑1의 마늘모는, 품을 넓히면서 백1점의 도주를 봉쇄한 묘수. 흑1에서 2의 빼기는 백1, 흑3, 백가로 죽음이고, 흑1에서 나는 백2가 당장 성립된다.

　단순하게 보이는 품 확대의 살기도, 딴 수법과 복합해서 나타나는 케이스가 적지 않다.

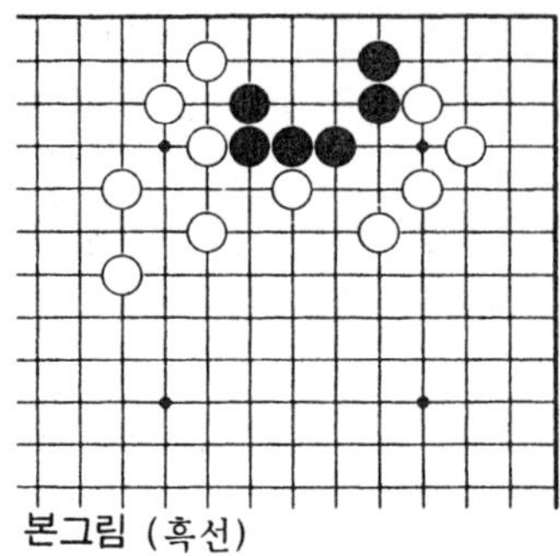

본그림 (흑선)

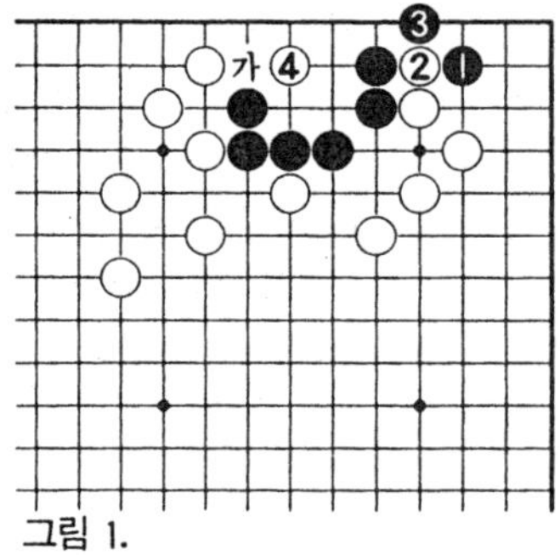

그림 1.

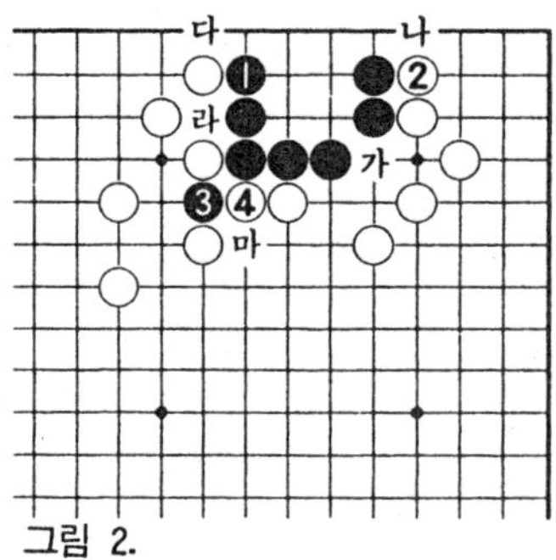

그림 2.

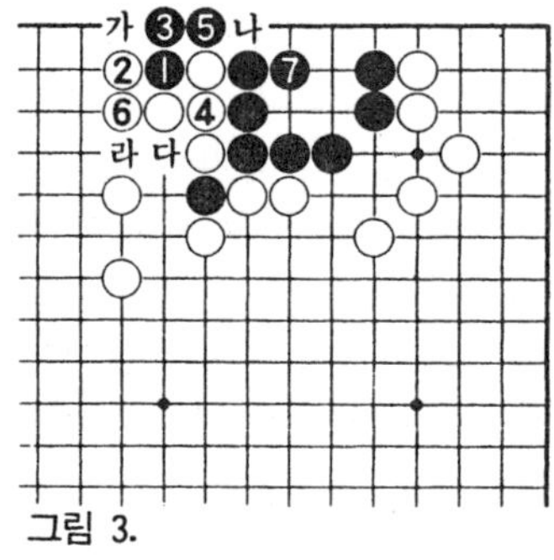

그림 3.

들여대기

젖히기 하나의 품을 확대하기 위해, 많은 준비공작이 필요한 경우도 있을 것이다.

본그림은 『發陽論』에서 발췌.

그림 1(1홉 뒷박으로) 흑1로 귀로 뛰어드는 여지는 있지만, 백2부터 4로 본체의 집모양을 몽땅 뺏기고, 귀에서만 2집 만드는 것은 도저히 불가능하다. 따라서 이곳은, 흑1에서 가로 누르고, 백2의 「변의 1홉 뒷박」부터 생각하기 시작할 곳이다. 흑가에서 4는 백2로 죽음.

그림 2(준비 공작) 흑1, 백2 후, 가의 모퉁이가 빠져 있으므로 흑나의 젖히기는 작용해도 살기는 없고, 또 작용하지도 않는다. 흑다의 젖히기가 필요하지만 그 준비공작이 흑3의 들여 젖히기다.

백4는 부득이하고, 이것으로 라는 흑마로 중앙에 1집이냐 탈출이냐의 모양이 된다.

그림 3(흑1, 수법) 앞그림에 이어, 흑1의 들여대기가 주요한 수법. 백2에는 흑3으로 처지고, 백4면 흑5의 건너기가 선수로 된다. 백2에서 4면 흑5의 건너기가 선수, 백5에서 가면 흑나의 처지기가 선수다.

흑1에서 4의 단수를 서두르면, 백1, 흑다, 백라로 숨이 끊긴다.

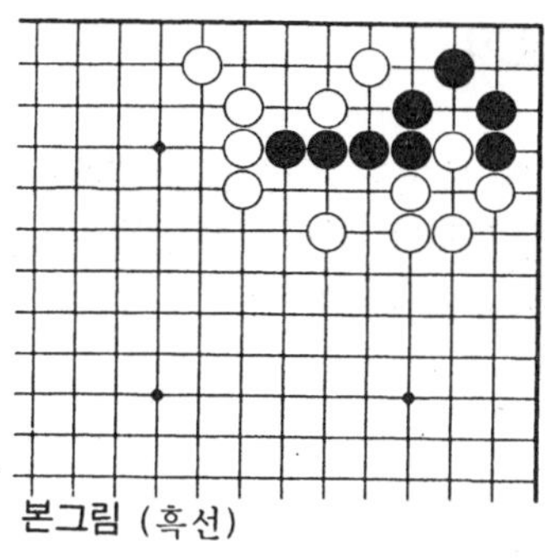

본그림 (흑선)

단수 붙이기

중반적인 분류에서 하변 상황 보기의 수법에 속할 것이다. 본그림은 『玄玄碁經』의 「菱葉穿勢」에서 발췌.

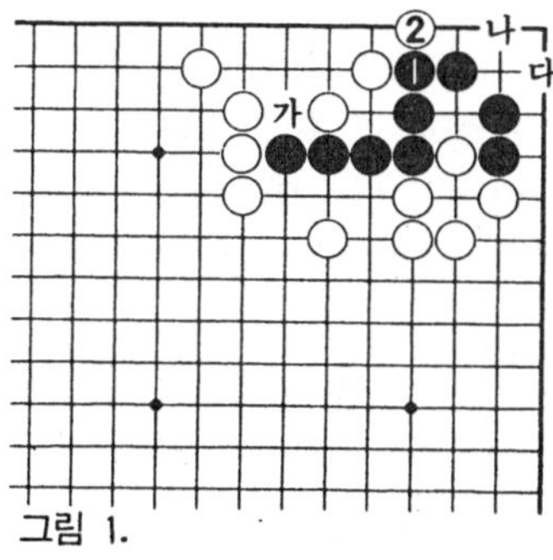

그림 1.

그림 1(내부 구조) 흑1의 불평하기에 백가로라도 지키게 할 수 있다면, 흑나로도 다로도 명쾌한 살기 모양이다. 그러나 현실은 흑1에 백2가 있고, 흑2에는 백나가 있어서 안쪽만의 살기는 없다.

먼저 상황을 보아, 어떻게 작용 맛을 만드느냐의 문제다.

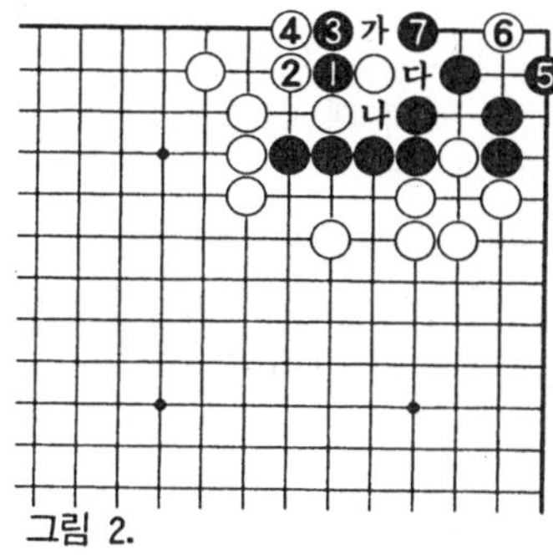

그림 2.

그림 2(흑1, 수법) 흑1의 단수 붙이기가 작용 맛 작성, 품 확대의 수법이다. 백2, 4로 잡으면, 흑5 쪽으로 빗겨두고, 백6을 유인해서 흑7로 건너기를 멈춘다. 다음에 흑가로 두면 백1점을 잡을 수 있다는 구성이다.

백2에서 나를 흑다가 작용해서 쉽게 살기.

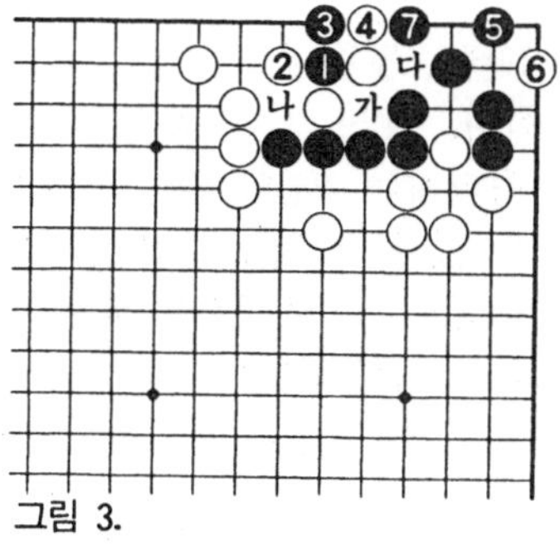

그림 3.

그림 3(변화) 백4로 바깥부터 2석을 잡으러 왔을 때는, 앞그림과는 반대인 흑5 쪽으로 빗겨둔다. 백6을 유인해서 흑7로 마늘모 붙이면 백은 공배 채우기 때문에 집장만을 둘 수 없는 상태로 되어 있다.

백4에서 가로도 나로도 흑다가 작용해서 모두 살기 모양이다.

213

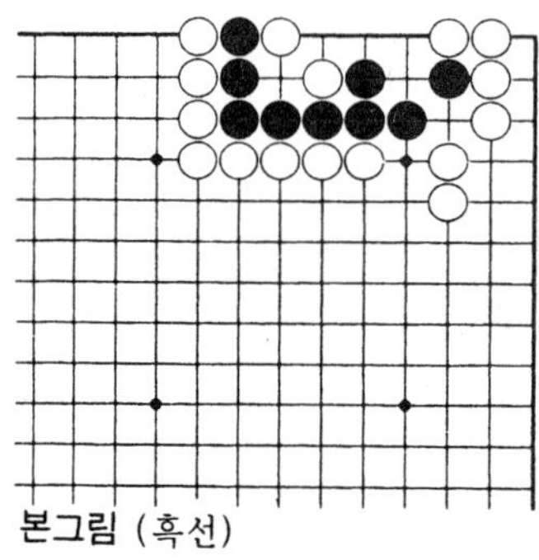

본그림 (흑선)

누르기

수법이 보여도 지금 잠깐 걸음을 멈추고 생각해야 한다. 집모양으로 살 수 밖에 없는 모양인데…….

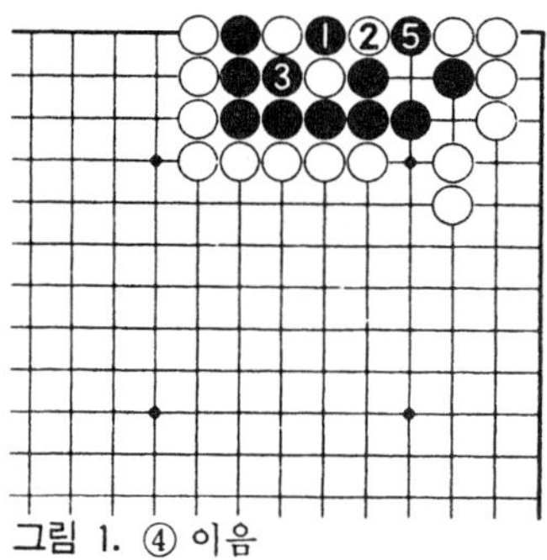

그림 1. ④ 이음

그림 1(수법) 흑1의 던져넣기가, 추격을 포함한 호수법이 된다. 흑1에서 단순히 3의 단수면, 백1로 잇기 당해 그대로 죽어 있는 모양이기 때문이다.

백2로 잡게하고, 흑3으로 추격. 그러나, 백에게도 4로 이어 크게 버티는 호수가 있었다.

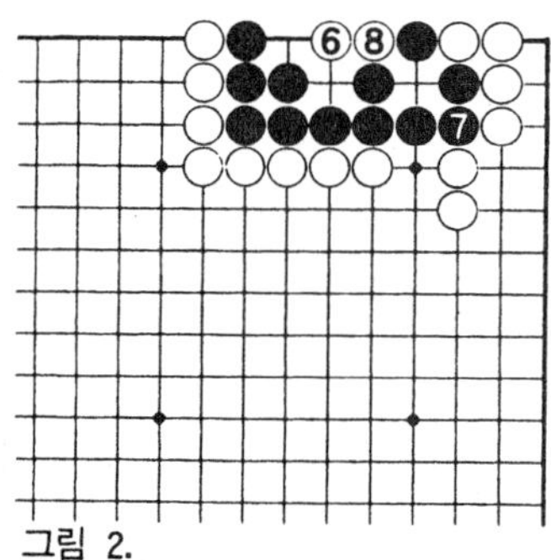

그림 2.

그림 2(패) 앞그림에 이어 백6으로 놓으면, 이제 패 밖에 도리가 없는 모양이 되어 있다.

흑은 수법의 행사를 한 템포 서둘렀다. 지금 하나의 준비 공작으로, 앞그림 백4로 잇는 죽임의 호수법을 막아 놓아야 한다.

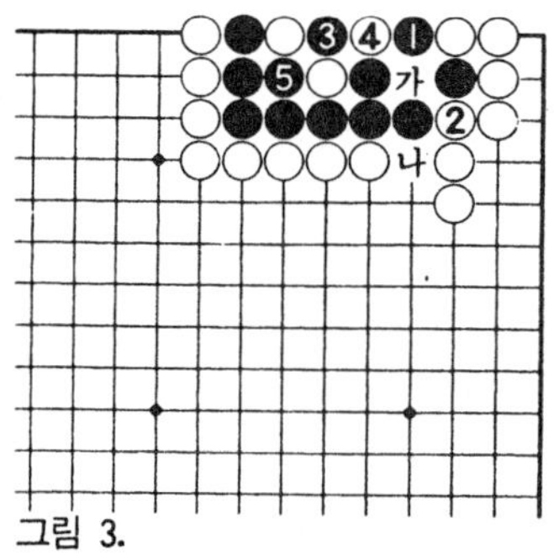

그림 3.

그림 3(흑1, 3 수법) 흑1로, 일단 품을 넓힌다. 백2면 다시 흑3으로 던져놓고, 이번에는 흑5의 단수에 백은 이을 수가 없다. 백가로 2점은 빼기 당하지만, 흑도 3으로 2점을 빼서 착실히 2집의 살기로 되었다.

백2에서 나면, 흑5로 단수해서 살기.

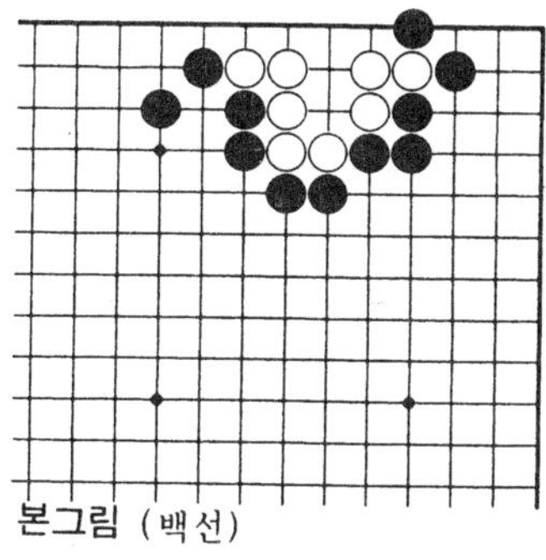

본그림 (백선)

들여 끊기

무에서 유, 요술처럼 품을 확대하는 수법이다.

본그림은 『發陽論』에서 발췌.

단서는 흑의 단점.

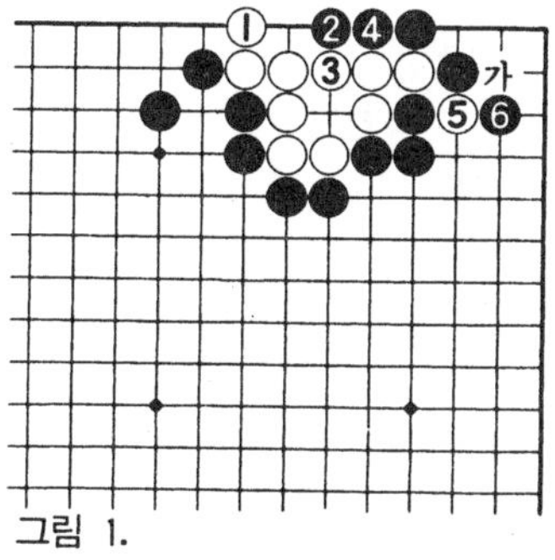

그림 1.

그림 1(안쪽부터) 확대하기 전에, 품의 상태를 확인해 놓아도 해롭지는 않을 것이다. 안쪽만으로 말하면, 백1의 처지기가 최대의 확대인데, 흑2의 놓기로 1집뿐. 나중에 백5의 끊기는 흑6으로 축이다. 백1에서 4, 흑1, 백가로 붙여서 건너도 집으로는 되지 않는다.

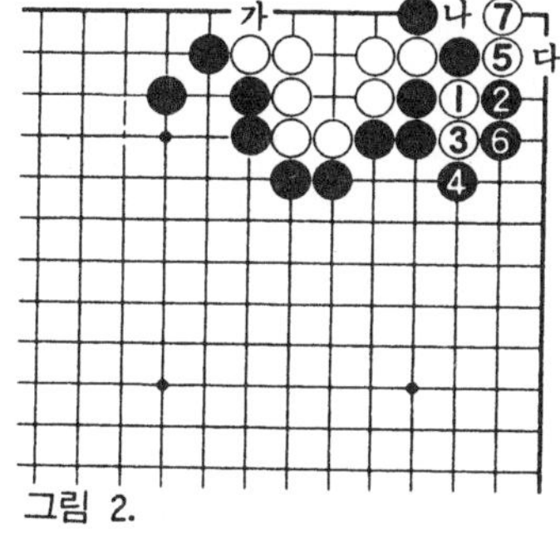

그림 2.

그림 2(백5, 7 수법) 백1이 들여끊어서 흑2, 4로 축으로 잡게 하고, 다시 백5로 들여끊어서 흑6의 빼기를 강요한다. 백3으로 2석으로 만들어서 버리는 맥도 필요 조건이다.

여기서, 백7로 처지는 수법이 기사회생(起死回生)에 연결된다. 흑가면 백나, 흑1, 백다로 귀에 1집.

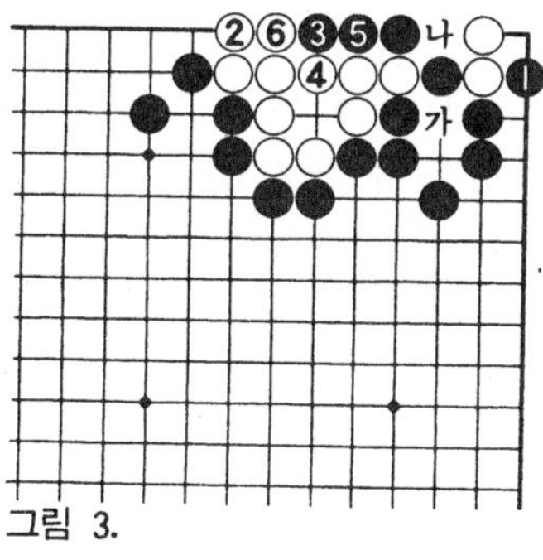

그림 3.

그림 3(추격) 흑1로 귀의 집모양을 파괴하게 하고 백2로 점차 안쪽에 착수한다. 흑3, 5에는, 백6의 추격이 기다리고 있다.

흑1에서 가는, 백나, 흑1로 교환하고 나서 백2의 처지기로 좋고, 흑1에서 나의 잇기면, 백5의 단수가 작용해서 문제없이 살기다.

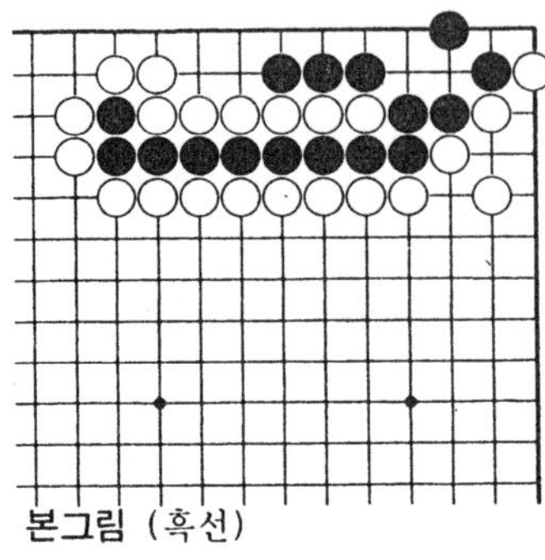

본그림 (흑선)

불평하기

크게 품을 넓혀도 수비로 되지 않는 경우도 있으며, 작게 넓히는 품이 요점인 경우도 있을 것이다. 품확대에도 선택이 필요하다.

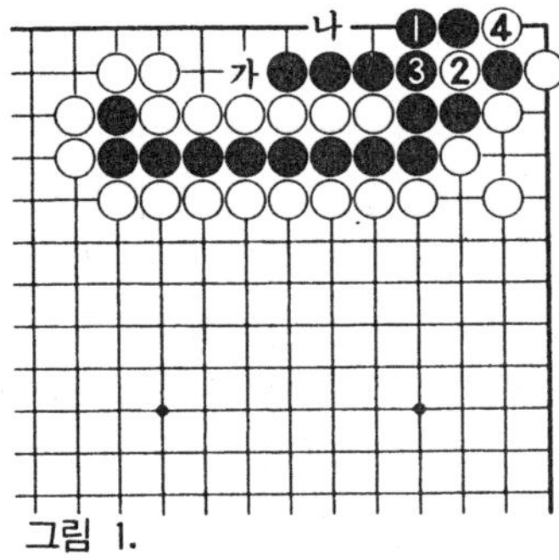

그림 1.

그림 1(집갖기) 흑1로 집 만들기에 착수해도, 백2부터 4로 던져넣기 당해 패. 설혹 2단패라고 해도, 무조건 살기보다 물론 못하다. 흑가에는 백나로 상변에 2집은 구할 수 없다.

흑1에서 3의 집갖기도 백4로 던져넣어서 똑같은 패다. 이번에는 빼기가 단수로 흑가의 틈은 없다.

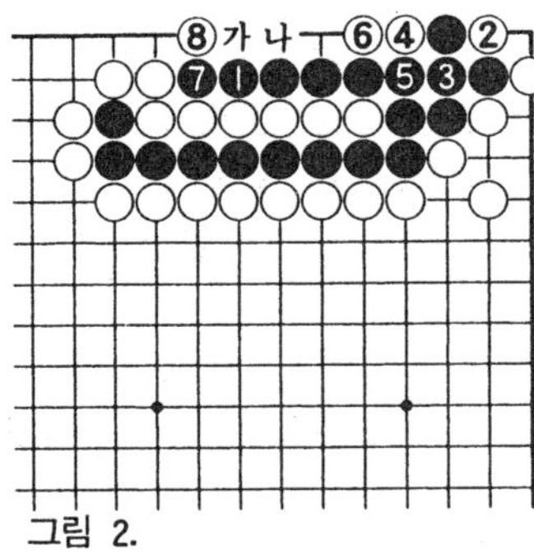

그림 2.

그림 2(크게) 흑1로 크게 품을 넓히는 것은 누구나 처음에 착안하는 지점이다. 그러나 역시 백2의 던져 넣기가 와서, 흑3의 잇기는 백4, 6으로 무조건 죽음이 된다.

백6에서 가의 붙이기는 흑나, 백6, 흑7로 추격이 되는 것에 주의.

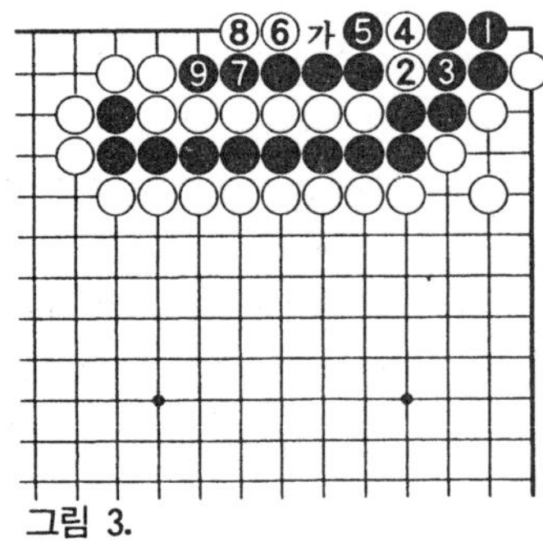

그림 3.

그림 3(흑1, 급소) 패맛을 피하는 흑1의 불평하기가 알아차리기 어려운 급소로 되어 있다. 백2, 4부터 6의 붙이기면 흑7, 9로 앞그림의 끝에도 언급한 추격. 백4에서 단순히 6이라도 흑4, 백가로 공배 채우기를 해소하고 나서 흑7의 추격이다.

백4에서 7이면 흑6.

216

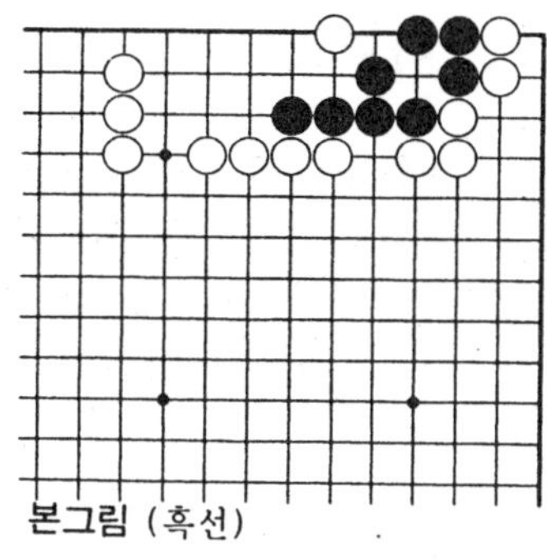

본그림 (흑선)

계　마

품을 넓히는 데에도 준비 공작과 관련해서 넓이의 눈계산이 필요하다.

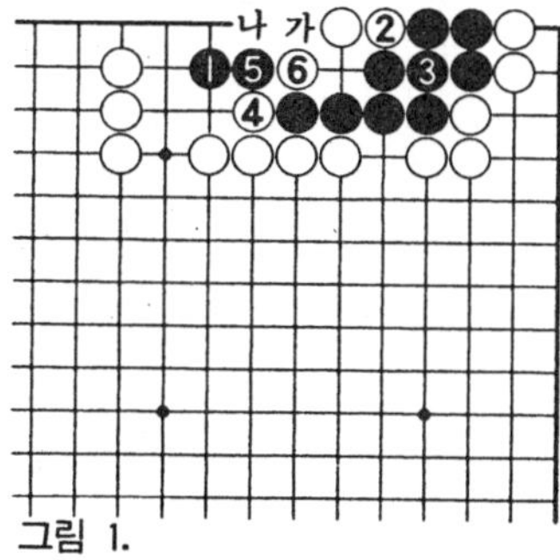

그림 1.

그림 1(준비 부족)　갑자기 흑1로 넓히면 백1의 단수부터 4, 6으로 절단당해 별볼일이 없이 맞공격 패배다.

흑1에서 5는 백가의 줄짓기인데 2의 단수와 나의 건너기를 대응당해 죽음. 흑1에서 2의 잇기는 물론 백5로 살지 못한다.

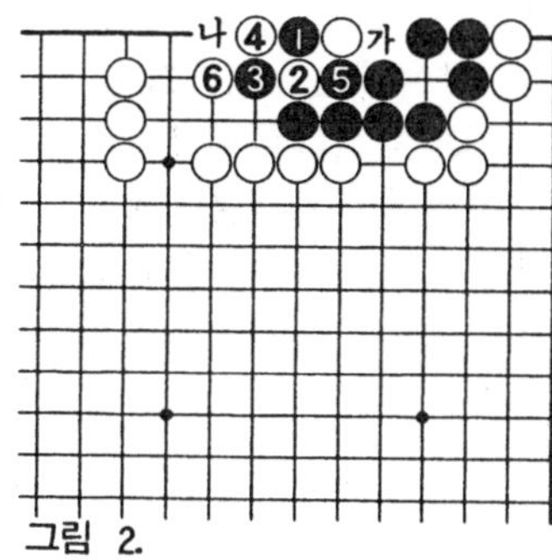

그림 2.

그림 2(패)　백가의 단수를 간접적으로 막는 흑1의 붙이기는 맥에 밝으면 제1감일는지도 모른다. 그러나 백2에 흑3으로 공격을 서두르면 백4로 빼니 패를 면할 수 없는 모양이다. 흑5에서는 6, 백가, 흑5에서도 패이고, 흑5에서 나도 패.

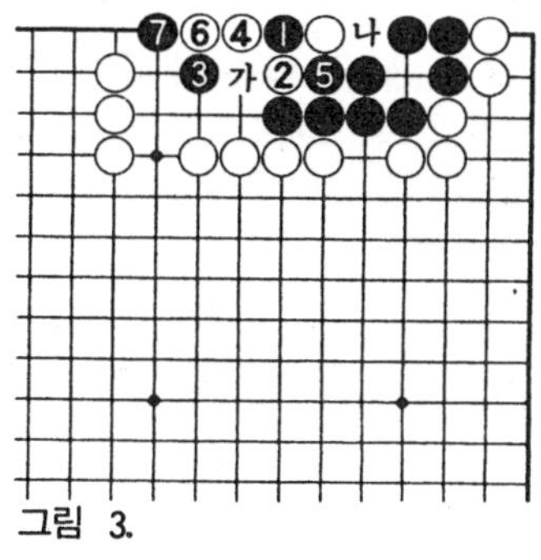

그림 3.

그림 3(흑3, 수법)　흑1, 백2를 교환하고 흑3으로 피하는 것이 품을 넓히는 수법의 묘미다. 백4의 빼기에는 흑5로 들여대고, 이후 백이 아무리 몸부림쳐도 배후부터의 추격이 성립되어 무조건 살기로 된다.

흑5에서 가는 백나로 단수 당해 싫은 맛이 부활한다.

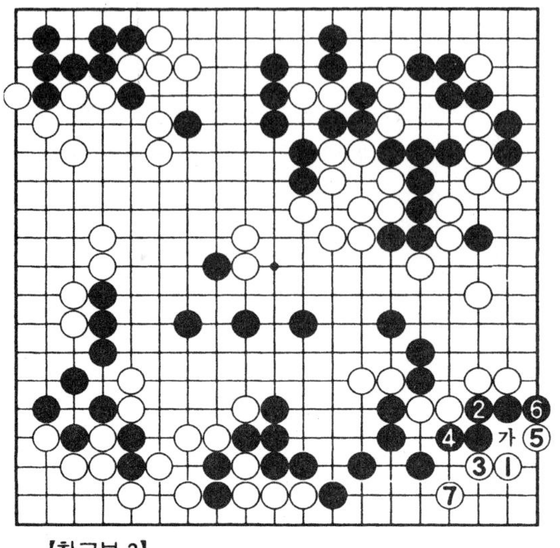

【참고보 3】

제1기 명인전   백   藤澤秀行
리그전   흑   榧本宇太郎

마늘모

1수의 이용처가 우열을 판가름한다. 더구나, 생사에 관한 이용처는 순간의 타이밍이 천국과 지옥의 갈림길이 된다.

【참고보 3】
백1부터 귀를 쑤시면 우세. 흑2에서 3이면 백가로 건넌다. 수순 중, 백5가 요긴한 이용처인데 이것이 없이 백7의 마늘모는 흑 패가 된다.

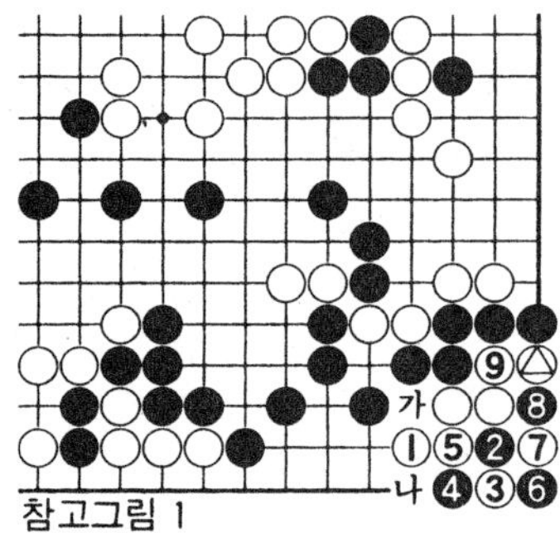

참고그림 1

참고그림 1(양패 살기) 〈참고보 3〉은 흑2로 붙여와도 백3부터 5로 단수, 7로 던져넣고 양패의 살기. ◎이 품을 넓힌 수로서 마침 활동한다.

백3에서 7로 젖혀도 살기인 듯하지만 흑3, 백9, 흑5, 백가, 흑나로 버티니 패가 된다.

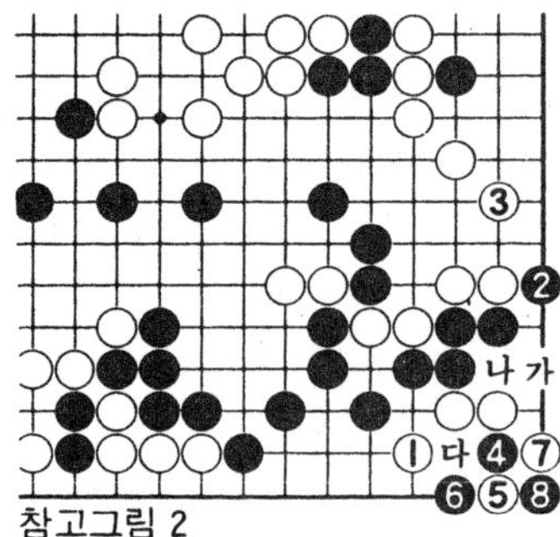

참고그림 2

참고그림 2(패) 마늘모의 이용처를 두지 않고 백1은 빠른 얘기가 흑2의 젖히기가 작용, 흑4의 붙이기로 패가 된다. 패가 되면 백도 낙관할 수 없는 형세다.

나중의 백가는 흑나로 받고 흑8 이후 백다는 흑한테 5의 점에 잇기 당해 내격의 죽음이다.

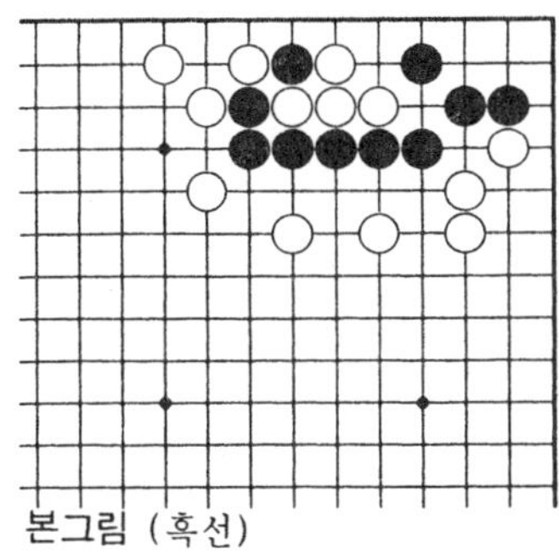

본그림 (흑선)

마늘모

품을 확대하는 수법을 행사할 때 수순도 중요한 요소가 된다.
본그림은 『碁經衆妙』에서 발췌.

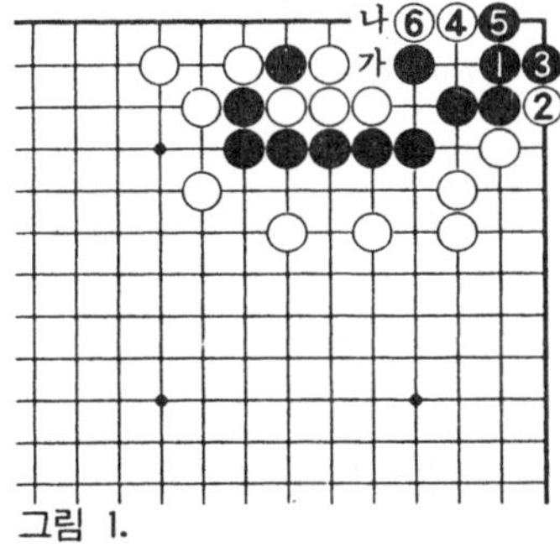

그림 1.

그림 1(굽기) 귀의 6목 모양의 공방을 어떻게 ●에 연결시키느냐. 흑1의 굽기는 백2의 젖히기부터 4로 놓아 ●이 활동할 장면이 없다.
흑1에서 가는 백나로 죽음. 흑1에서 2의 처지기는 백1, 흑5, 백4, 흑3으로 패를 면할 수 없다.

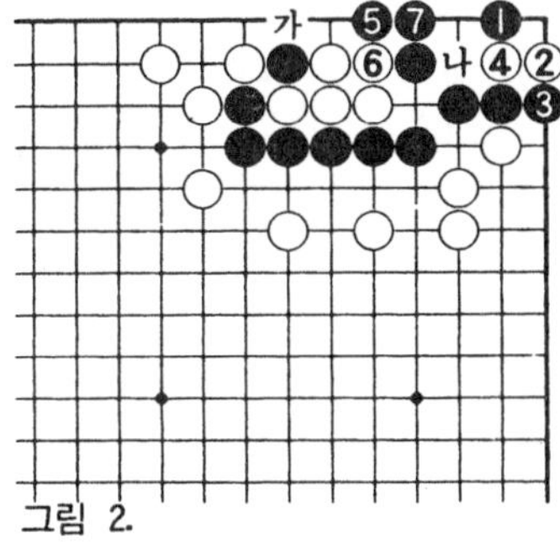

그림 2.

그림 2(흑5, 수법) 흑1로 二1로 뛰고 백2, 4를 유인하고 나서 흑5의 마늘모가 교묘. 백6이면 흑7로 이어 가와 나를 대응으로 삼고 백6에서 나면 흑6으로 좋다. 흑5에서 나는 백7로 죽음이 될 모양이다.
여러가지 작용을 확보한 흑5의 마늘모가 수법이다.

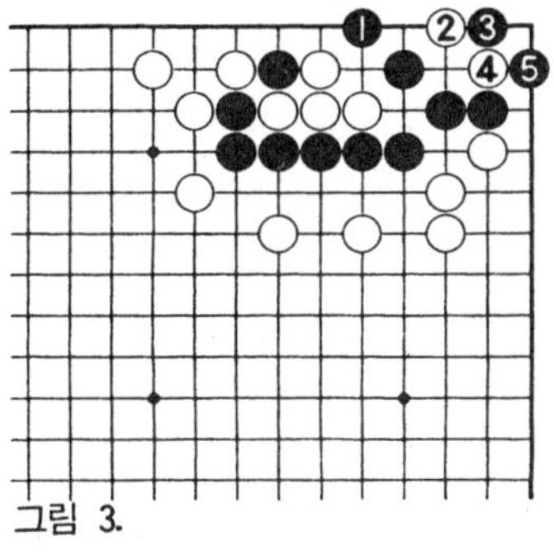

그림 3.

그림 3(지나친 서두르기) 직접적 노림수가 없는 수인 만큼 시초부터 흑1로 빗겨두어도 백한테 손빼기 당한다. 백2의 놓기부터 흑5이든지 백4, 흑5, 백2, 흑3이든지 여러 수순이 있지만 여하간 패가 된다.
먼저 백의 공격 수를 결정한 후의 흑1이 좋다.

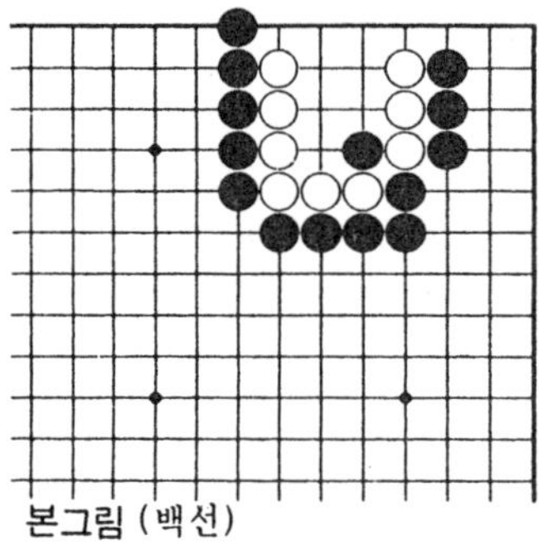

본그림 (백선)

마늘모

뭣이든지 넓히면 되는 것은 아니다. 집모양을 고려하고 공배 채우기를 완화하면서 확대이어야 할 것이다.

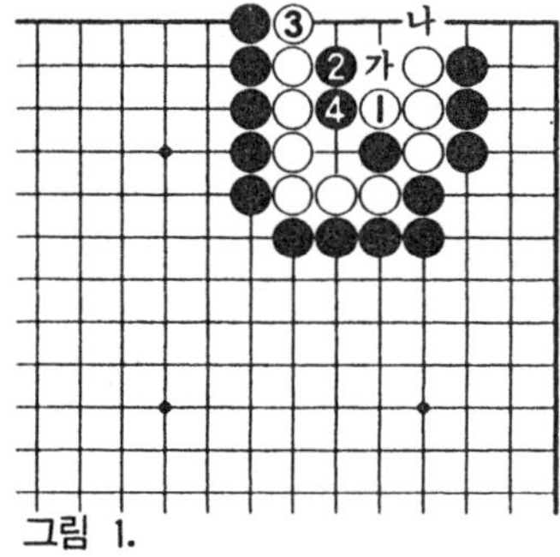

그림 1.

그림 1(집 짓기) 백1로 집 짓기를 서둘러도 흑2의 붙이기가 와서 ●의 꺾어끊기가 작용한다. 백1에서 4는 흑가, 백1에서 가는 흑나, 백1에서 2는 흑1. 직접 행동으로 집모양을 구하는 것은 어찌 두든지 성공하지 못한다.

●의 위력을 제한하는 수를 생각한다.

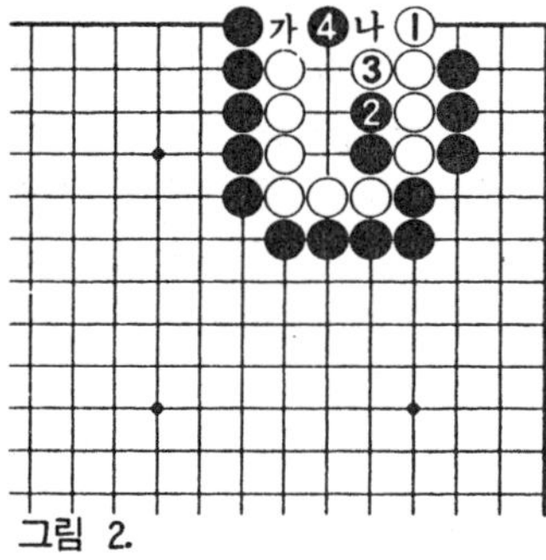

그림 2.

그림 2(처지기) 백1의 처지기로 품을 넓혔을 때는 흑2부터 4의 뛰어들기가 교묘. 백3에서 가라도 흑3, 백나, 흑4의 던져넣기부터 조르기 당해서 비김수로 유도하기에는 품이 충분치 못하다.

백1에서 가의 누르기도 흑3으로 붙이기 당해 죽는 것을 확인하기 바란다.

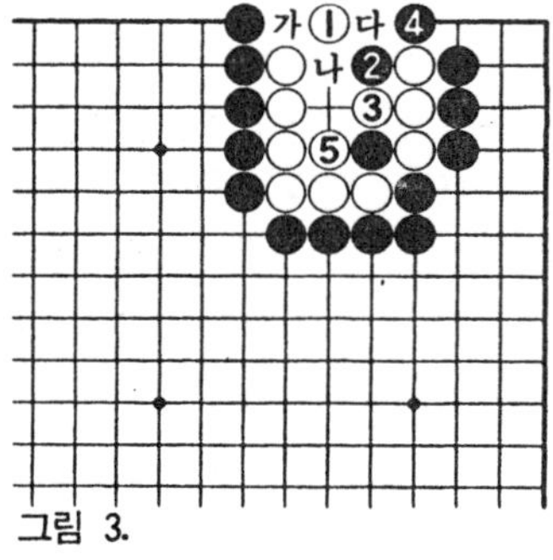

그림 3.

그림 3(백1, 수법) 백1의 마늘모가 꺾어놓기의 위력을 피하고 전체의 공배 채우기를 구원해서 집모양의 탄력이 풍성한 호 수법이다. 흑2, 4의 건너기면 백5로 **빼서** 살기. 백1에서 **가**인 경우는 똑같이 흑2, 4로 건너고 백5에 흑나, 백다의 추격이 공배 채우기 때문에 성립되지 않는다.

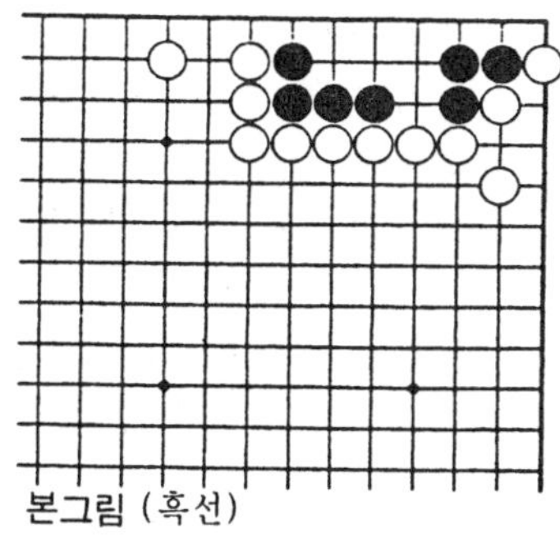

본그림 (흑선)

마늘모

약점을 지키면서 품을 넓히려면 돌의 탄력에 관한 급소를 발견해야 한다.

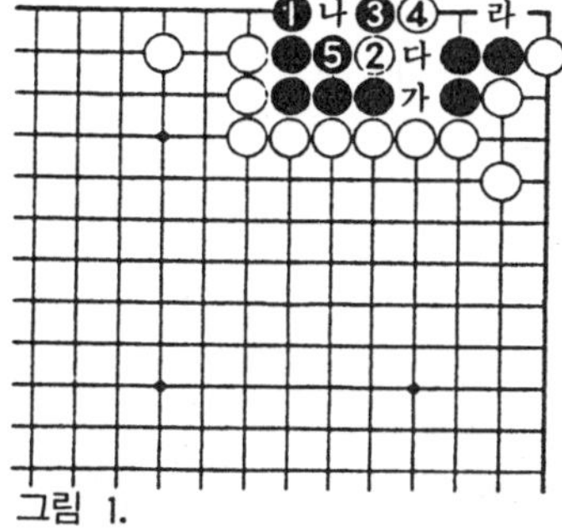

그림 1.

그림 1(큰 확대) 흑1로 넓혀도 지장이 없는 듯하지만 백2의 붙이기로 가의 약점을 추궁당한다. 흑3으로 붙이고, 5로 패에 버틸 수 밖에 없이 되었다. 흑3에서 가면 백나로 죽음. 흑3에서 다면 백4로 죽음. 가의 약점이 어디까지나 영향을 끼친다. 그리고 백2에서 라는 흑3으로 살기다.

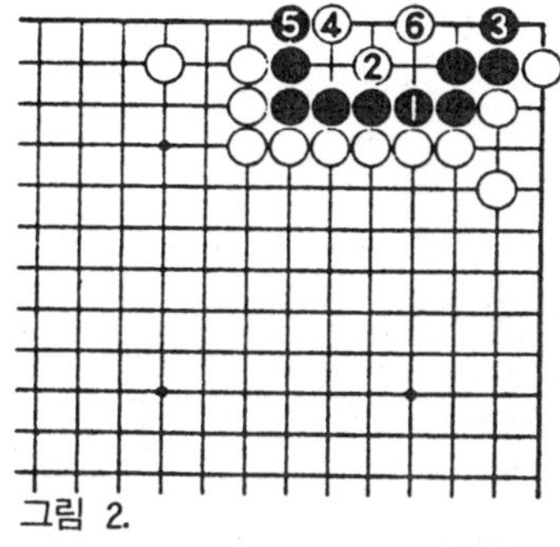

그림 2.

그림 2(수비 뿐) 흑1로 약점의 수비만을 전념하면 백2의 붙이기로 무조건 죽음이 된다. 흑3으로 품을 넓혔을 때, 백4의 마늘모가 중요하여 5목내격. 백4에서 단순히 6은 흑4로 비김수다.

흑1에서 2는 백4, 흑1에서 3도 백4의 놓기로 죽음이다. 따라서…

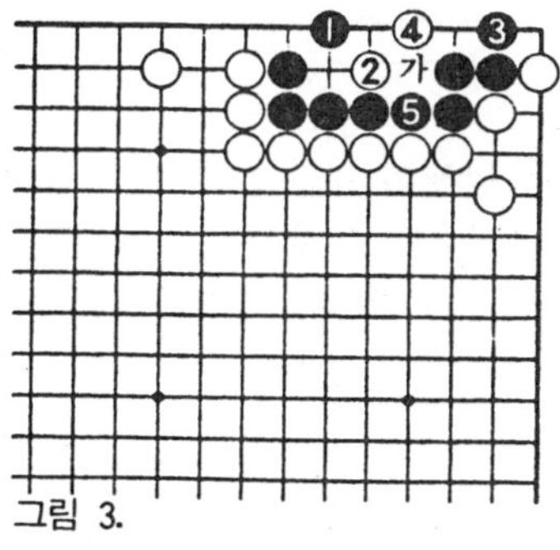

그림 3.

그림 3(흑1, 수법) 흑1이 급소임은 자연히 분명해질 것이다. 그러나 어쩐지 집모양이 부족한 모양이어서 백2로 둘 때의 일이 걱정인데 여기서 흑1의 탄력을 활용하고, 흑3으로 다시 넓힐 여유가 있다. 백4, 흑5로 비김수. 백4에서 5의 나오기는 흑가로 땅을 가져서 살기다.

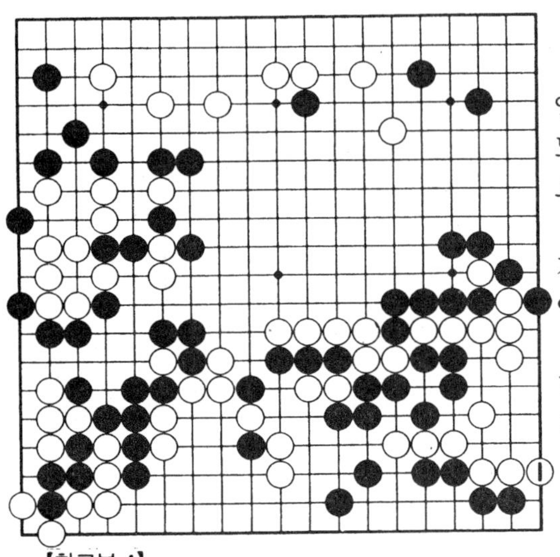

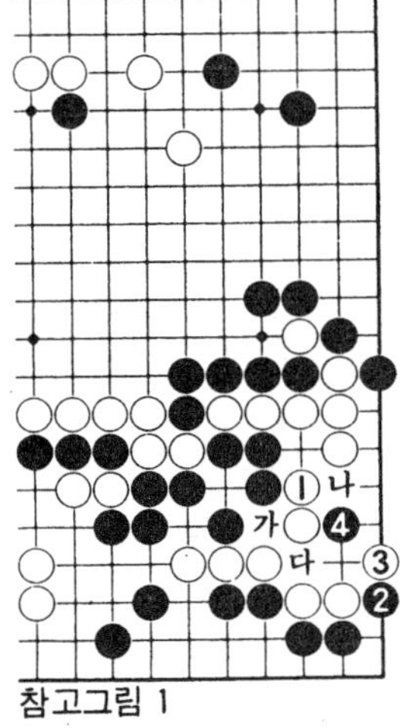

참고그림 1

참고그림 2

【참고보 4】

살기가 틀림없는 것이라고 알았다면 그 이상 집장만의 노림수는 버리고 종반의 발상으로 바꾸는 편이 좋다.

백1의 처지기가 유일한 참기 맥. 품을 넓혀서 사는 전형이기도 하다.

다만, 크게 산 것처럼 보인 백도 종반 흑의 묘수로 2집이 되었다.

참고그림 2

(종반 맥)

종반으로 들어서 흑1의 붙이기가 교묘.

백2로 후퇴시키고 흑3, 5로 건너고 백지는 2집으로 감소했다. 백2에서 5는 흑3으로 납작궁이고, 백2에서 4는 흑5로

참고그림 1(맥없음) 〈참고보 4〉의 백1에서 1 쪽에서는 흑2, 4로 살지 못한다. 백1에서 가의 불평하기는 흑나로 붙이기 당해서 죽임이고 백1에서 4는 흑1, 백나, 흑2, 백3, 이는 살기 맥이 없었다.

잇기 당해서 무조건 살기가 없다. 백2에서 8의 줄짓기에는 흑9로 나오는 수가 있다. 백12까지는 달리 길이 없는 것 같다.

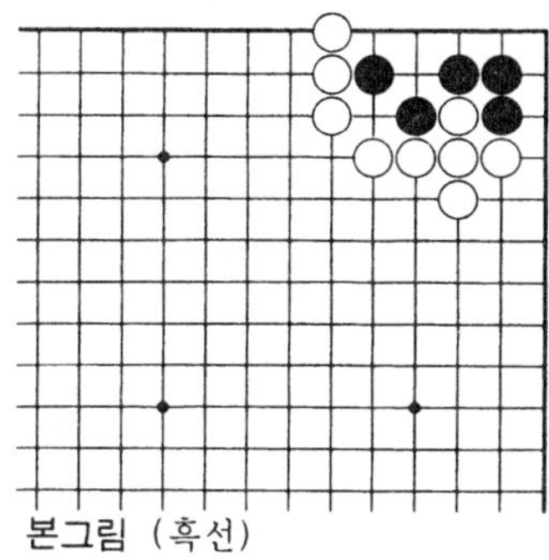

본그림 (흑선)

처지기

　기본적인 품의 확대법인데 상대에게도 대응책이 있음을 잊어서는 안 될 것이다.

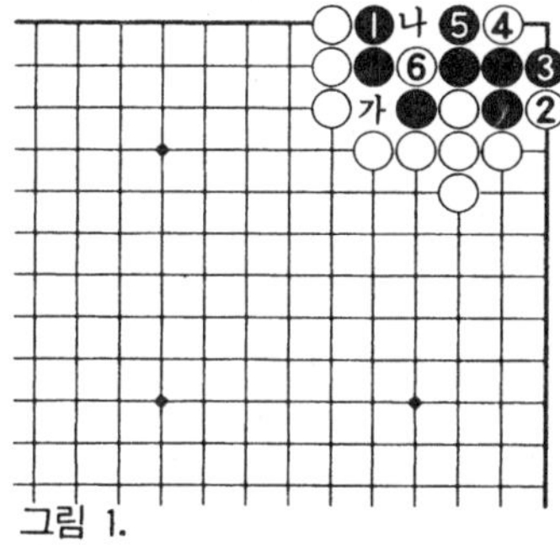

그림 1.

　그림 1(전형적 공격)　흑1쪽의 누르기로는 백2의 젖히기로 품을 좁히고 명백하게 된 급소에 4로 놓는 전형적인 공격 수를 만나, 무조건 죽음을 면할 수 없다. 흑5에는 백6이 상용 집장만 맥. 흑5에서 가는 백5의 기기로 막힌다. 흑1에서 4도, 백나, 흑1, 백6으로 역시 죽음이다.

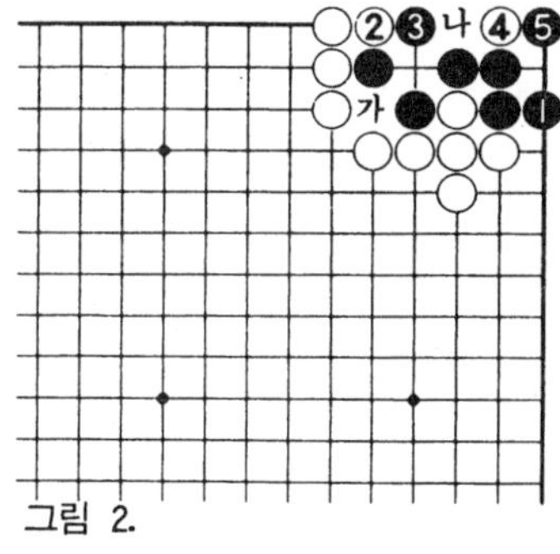

그림 2.

　그림 2(흑1, 수법)　흑1의 처지기로 넓힌다. 백2면 흑3으로 일단 누르고 백4에는 흑5로 으깨기의 살기를 보고, 백4에서 가의 단수면, 흑5로 들어가는 경수로 무조건 살기다.
　흑3에서 5의 집갖기를 서두르면 백나로 붙이기 당해 패가 된다.

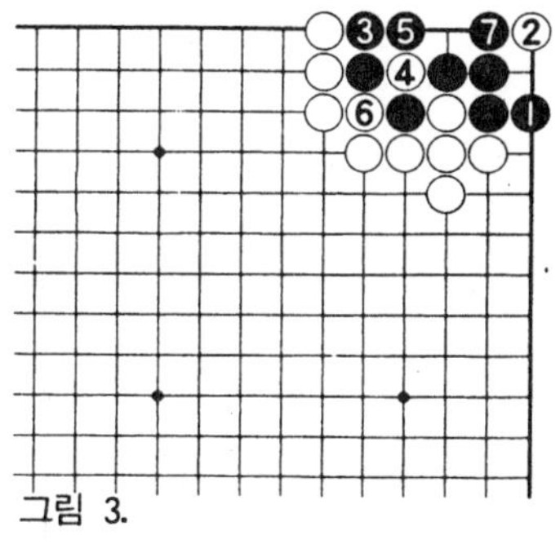

그림 3.

　그림 3(백의 저항)　백은 2로, 귀 끝이라도 집모양의 급소에 놓는 것이 좋다. 흑3으로 다시 한번 품을 넓혔을 때 백4로 던져넣는 수법으로 패로 유도한다.
　흑3에서 7은 백5로 죽음. 백4에서 7은 흑6으로 살기. 흑7까지의 패가 쌍방 최강 최선의 응수다.

223

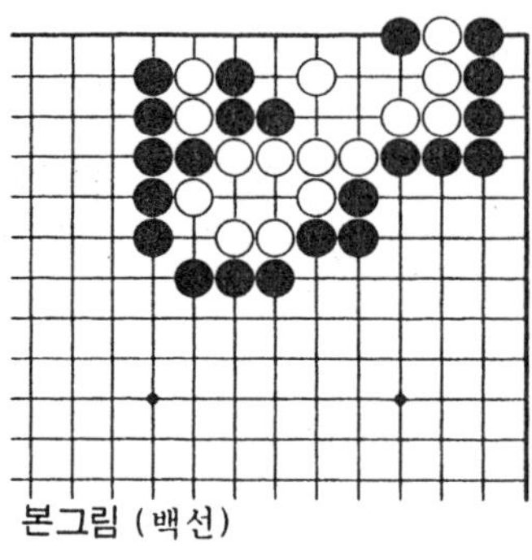

본그림 (백선)

충　돌

수비에만 눈이 가면 도리어 다 지킬 수 없는 경우가 적지 않다. 상대의 약점을 확대해서 수비로 바꾼다.

본그림은『玄玄碁經』의「機玄勢」에서 발췌.

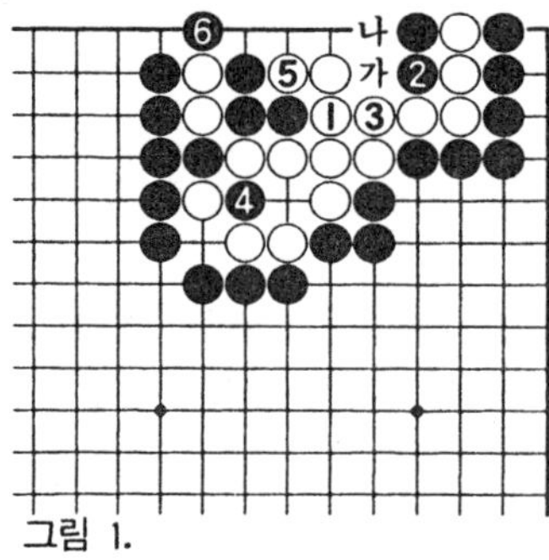

그림 1.

그림 1(소극적)　백1로 이어 4점의 잡힘을 막으면, 흑2의 단수로 상변 백이 1집이 되고 중앙은 흑4의 상용 수단으로 집모양을 파괴당한다. 그렇다고 백1을 가로 하면 흑1의 나오기가 선수. 백1에서 2의 단수나 나의 마늘모붙이기로는 흑3의 단수의 방비로 되어 있지 않다. 발상이 소극적이다.

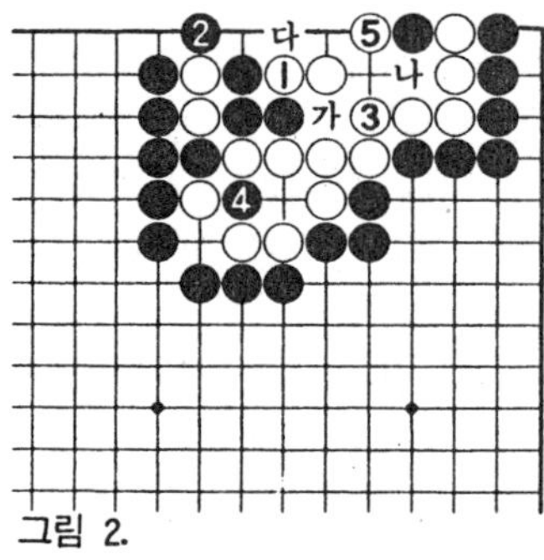

그림 2.

그림 2(백1, 수법)　백1로 충돌, 흑3의 끊기에는 반대로 백가로 흑3점에 한수를 걸어서 참는다. 흑2의 단순 잡기에는 이번에야말로 백3이 냉철. 백1로 품을 넓혀 놓은 효과가 나타나 흑4에는 백5로 살기로 된다.

흑2에서 나는 백3으로 잇기, 흑4에는 백다가 있다.

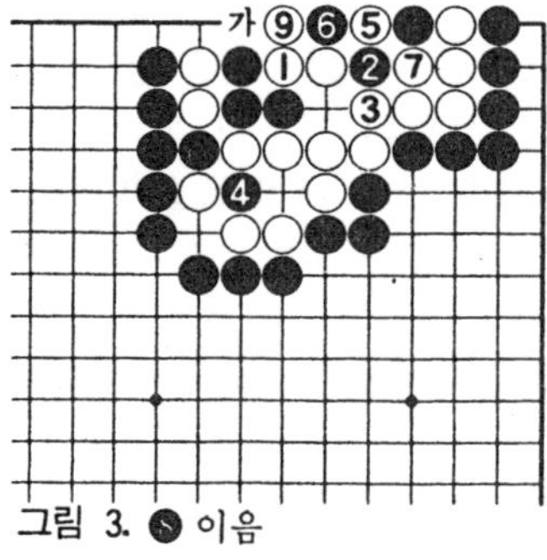

그림 3.　⑤ 이음

그림 3(흑 최강)　흑2의 마늘모붙이기를 하나 작용시키고 4로 중앙의 집을 잡고 정관한다. 백9의 처지기면 흑가로 공배를 채워서 받고, 이것은 백5로 던져넣어도 패로밖에 되지 않는다.

백은 먼저 5의 던져넣기가 좋고, 백7로 배후부터 모양을 결정하는 수순.

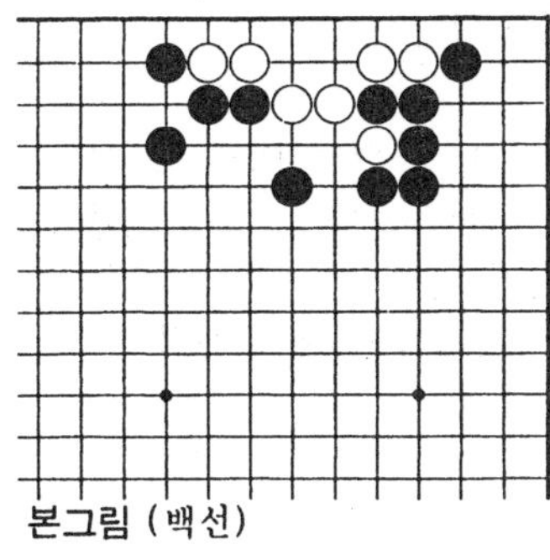

본그림 (백선)

붙이기

품을 확대하는 목적은 단순히 집모양을 풍부하게 하는 것만이 아니다.
본그림은 『碁經衆妙』에서 발췌.

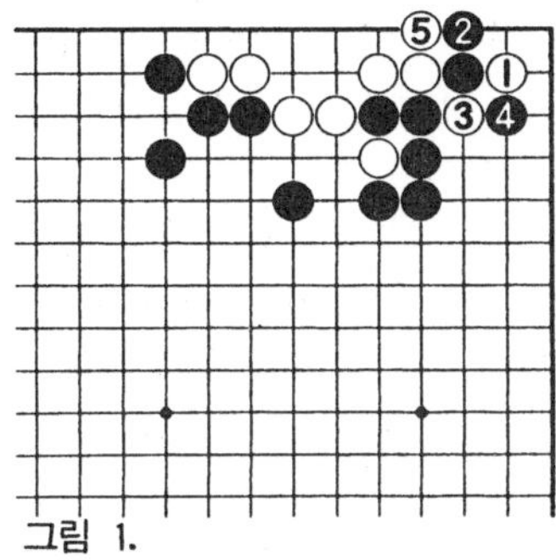

그림 1.

그림 1(백1, 수법) 곧 안쪽에 두어도 살지 못할 것은 명백하고 백1에서 2의 젖히기도 흑1로 끌기 당해서 이 경우는 보탬이 되지 못한다.
그래서 백1로 붙이고 흑2면 백3부터 5의 단수를 작용시켜서의 살기를 지향할 참. 실전에서는 이렇게 될 확률이 크다.

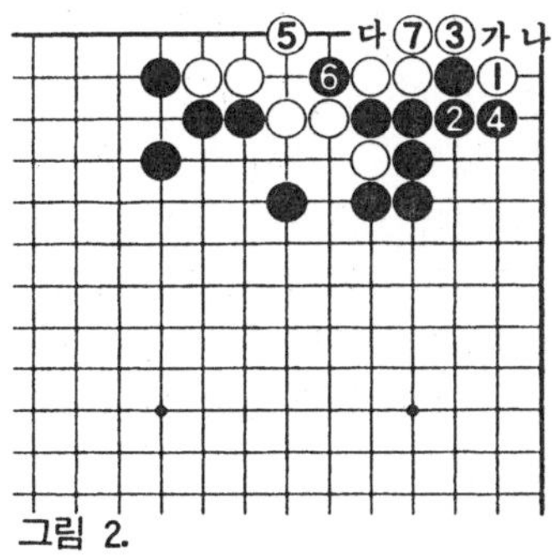

그림 2.

그림 2(수 싸움의 해답) 흑의 최강 수단은 2의 잇기인데 백3의 건너기가 4로 기는 집모양을 보고 있고 흑4로 지키는 사이에 백5, 7로 산다. 흑4에서 가면, 백나, 그리고 7로 먹여쳐도 백다, 여하간 귀의 1집과 백5의 걸쳐잇기를 백이 대응으로 삼았다.

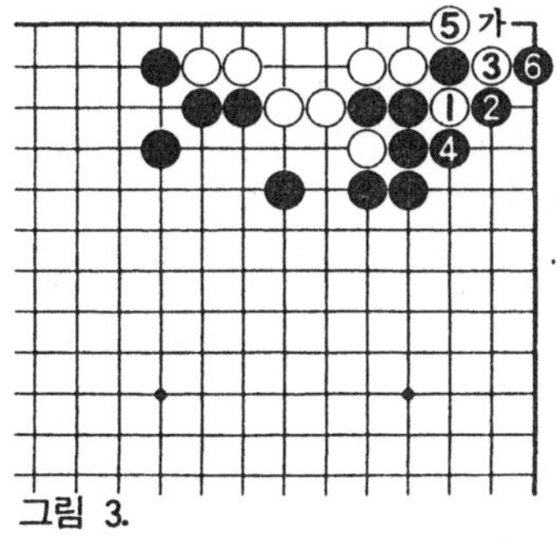

그림 3.

그림 3(돌아가기) 백1의 들여끊기도 때로는 유력한 수법이 되는데 이 경우는 흑2, 4로 태연히 빵따내기 당하고 백5의 건너기에 흑6. 이것은 패를 다툴 수밖에 없는 모양이다.
흑2에서 3은 백2, 흑4, 백가로 붙이는 묘수가 있고 앞그림과 같은 모양으로 산다.

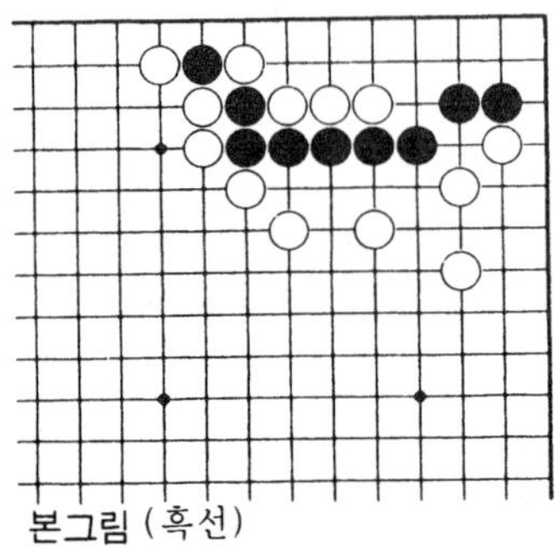

본그림 (흑선)

붙여 처지기

상대의 약점을 품의 확대에 연결한다. 다만, 노골적인 작용은 도리어 탄력을 잃을 것이다.

본그림은 『碁經衆妙』에서 발췌.

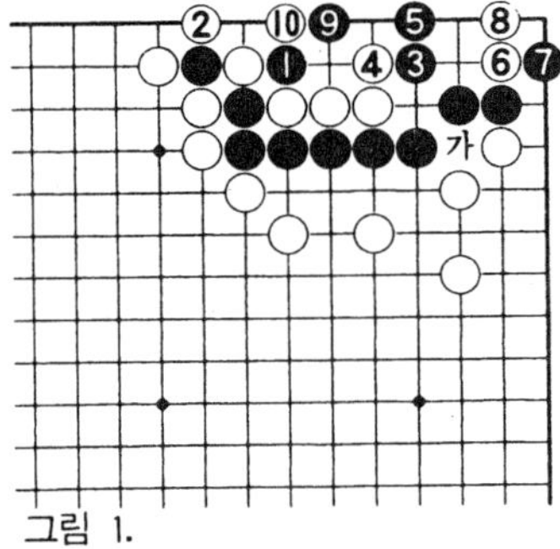

그림 1.

그림 1(좁다) 흑1의 단수는 어차피 두어야 할 이용처인데 흑가의 이용처는 지금 급히 필요없을 것이다.

여기서 흑3의 마늘모로는 백4로 누르기 당하고 귀는 「6목형」으로 1집밖에 되지 못한다. 흑5의 처지기가 작용하면 살기이지만 흑9에는 백10의 패가 있다.

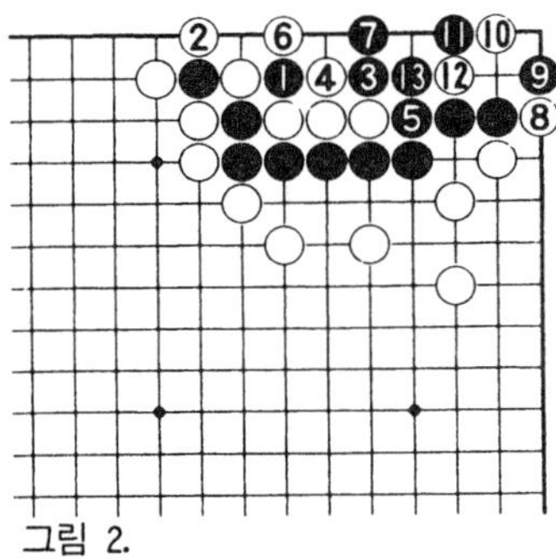

그림 2.

그림 2(이것도 패) 흑3까지 침입해서 5의 단수까지 작용시키고 7로 처지면 당당한 넓이다. 그러나 이 품에는 약점이 있는데 백8부터 10으로 놓았을 때, 흑11로 붙여서 패로 유도할 수밖에 없는 모양. 흑11에서 12는 백11로 기니 흑 무조건 죽음이 되기 때문이다.

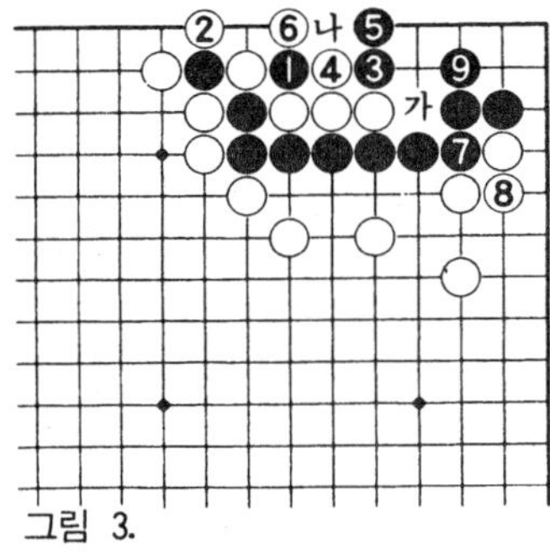

그림 3.

그림 3(흑5, 수법) 흑3의 붙이기부터, 착실히 5로 처지는 것이 수법이다. 흑7의 들여대기가 선수이므로, 흑가를 작용시킬 필요는 없었다.

흑5의 효과는 다음에 6의 처지기를 노리는 점에 있고, 백6이면 흑9로 산다. 백6에서 나면 흑가를 작용시키면 된다.

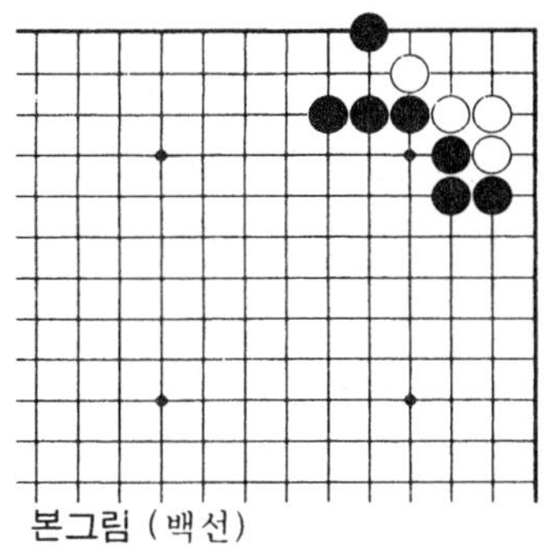

본그림 (백선)

나오기

품의 넓이란, 빈자리의 넓이만을 말하지 않는다. 무의미하게 보이는 젖히기 하나, 나오기 하나에 돌의 탄력이 숨겨져 있는 경우도 있을 것이다.

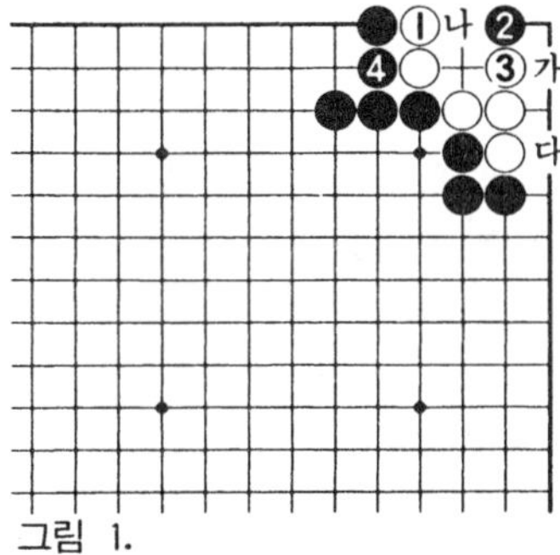

그림 1.

그림 1(누르기) 백1의 누르기는 흑2의 놓기 하나로 탄력을 잃는다. 백3이면 흑4인데, 백은 턱이 빠진 모양이다.

백1에서 가는 흑2, 백나, 흑다로 죽음이므로 二1의 급소는 첫수에 관해서 적용할 수 없다. 백1에서 3이면, 흑4, 백나 흑1로 일단 패.

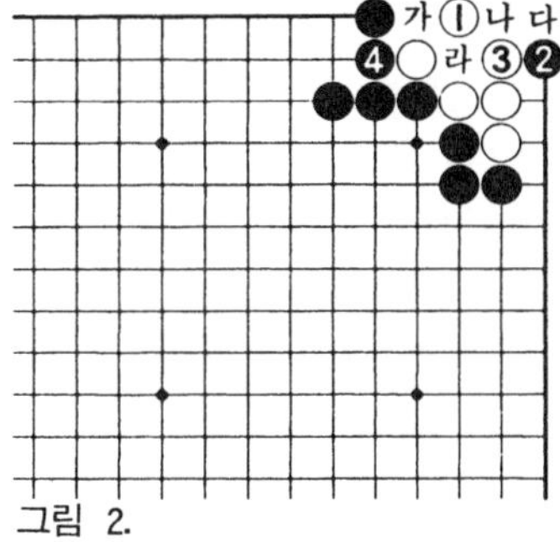

그림 2.

그림 2(패) 백1의 마늘모라도 패로 된다. 흑2의 놓기가 묘착인데, 백3으로 바뀌고 나서의 흑4가 또 냉철. 이후 백가, 흑나라도 백다, 흑가, 백라라도 패. 실전이면, 백은 가장 크게 사는 가의 패를 선택하게 된다.

흑2에서 4의 잇기는 백2로 무조건 살기.

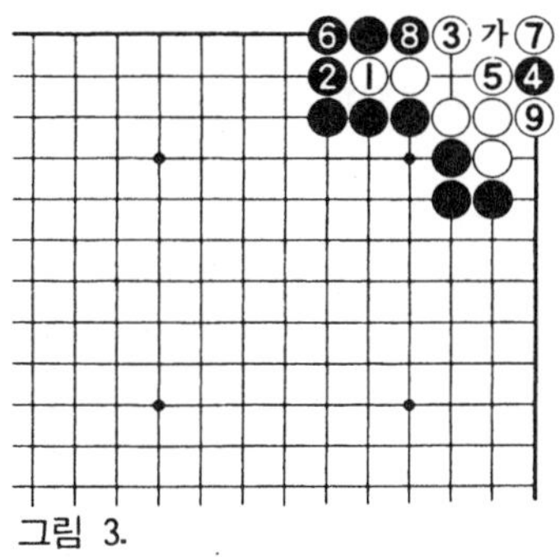

그림 3.

그림 3(백1, 수법) 백1로, 하나 나오고 나서 3으로 걸쳐이으면, 무조건 살기다. 흑4, 6은 예의 수법인데, 흑8일 때 2점 잡기에 불구하고 백9로 좋다. 2점을 뺏겨도 되잡기가 작용해서 무조건 살기다. 백3, 흑4 이후의 백1은, 흑5로 나오니 죽음. 백1에서 가라도 살기이지만 손해.

227

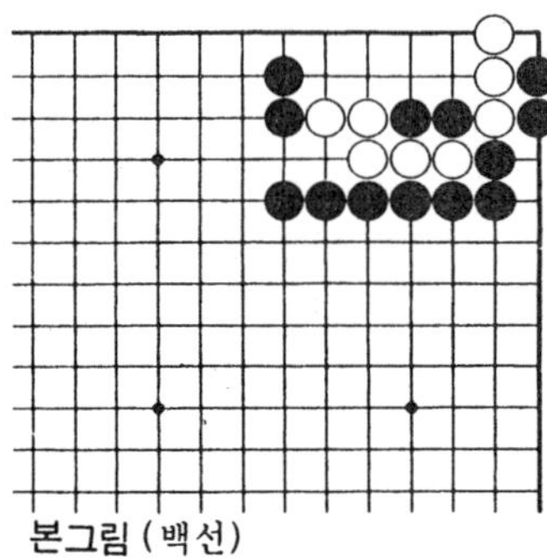

본그림 (백선)

뛰 기

품을 지나치게 넓히면 내격으로 죽을 위험이 생길 것이다. 집모양과의 밸런스를 잡아 넓힌다.

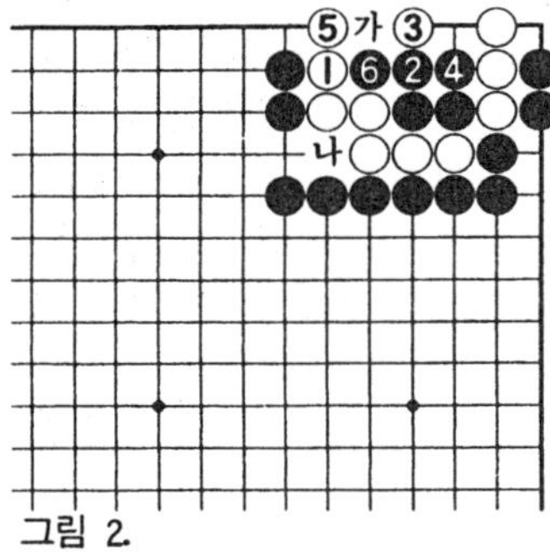

그림 1.

그림 1(4목 내격) 백1의 뛰기는 흑2인데, 단숨에 집모양이 빈곤한 모양. 그리고 백3으로 넓혀도, 흑4로 좁히고 나서 6으로 불평하는 수순으로 4목 내격의 죽음이다. 백1에서 2의 단수는 흑1의 큰 소쿠리, 백1에서 6의 단수는 흑5의 작은 소쿠리로 죽음. 흑2점을 모는 수로는 넓이가 부족하다.

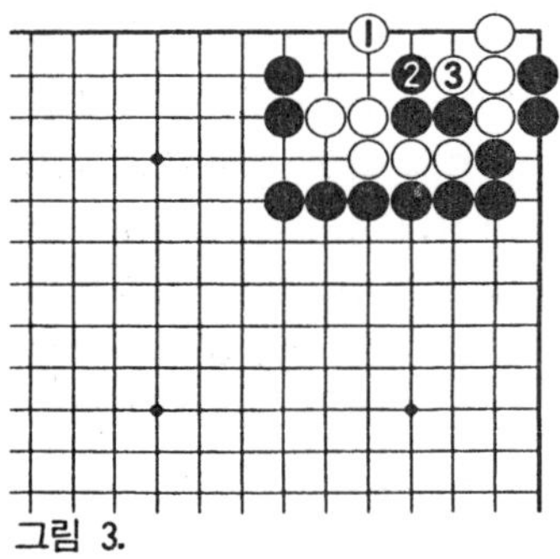

그림 2.

그림 2(지나친 넓히기) 백1의 누르기는 너무 넓다. 흑2로 움직이니, 백3의 붙이기는 흑4로 경단 만들기 당해 이것도 내격의 죽음이다. 백5에는 흑6으로 5목 내격이다.

백3에서 4는 흑3으로 처지고, 백가에는 흑나로 바깥의 공배를 채운다. 양밀 수 없음으로 백 죽음이다.

그림 3.

그림 3(백1, 수법) 백1로 뛰고 공배 채우기를 완화하면서 품을 넓힌다. 흑2에는 백3으로 배를 내밀어 내격의 죽음을 피한다. 흑2에서 3이면 백2다. 똑같은 4목의 돌을 잡는 데에도, 그 모양에 따라 살기로도 되고 내격의 죽음으로도 된다.

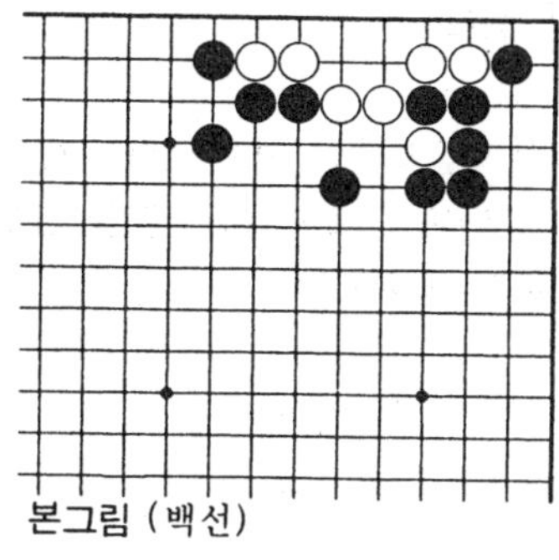

본그림 (백선)

젖히기

우선, 품을 확대하는 목적을 명확히 파악해야 한다. 흑도 그 목적을 간파해서 대항책을 세운다.

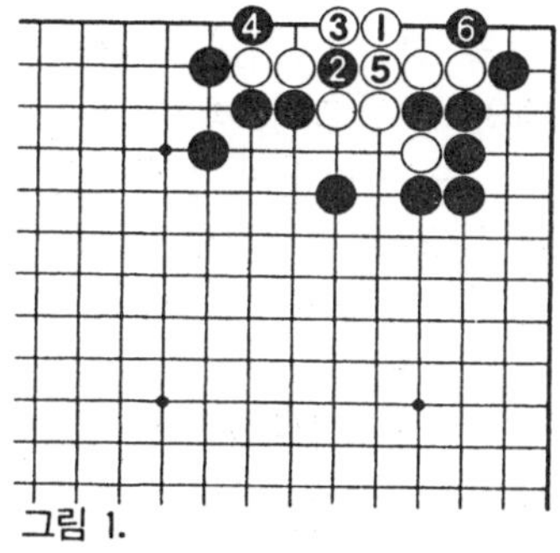

그림 1.

그림 1(연습) 평범하게 두자면 어째서 나쁜가를 알 필요가 있다. 백1의 걸쳐잇기에는, 흑2의 들여끊기가 호수. 백은 공배 채우기 때문에 3, 5로 잡을 수밖에 없고, 중앙이 1집으로 제한되고 흑6의 젖히기로 돌았다.
흑2에서 4면 백2로 무난히 산다.

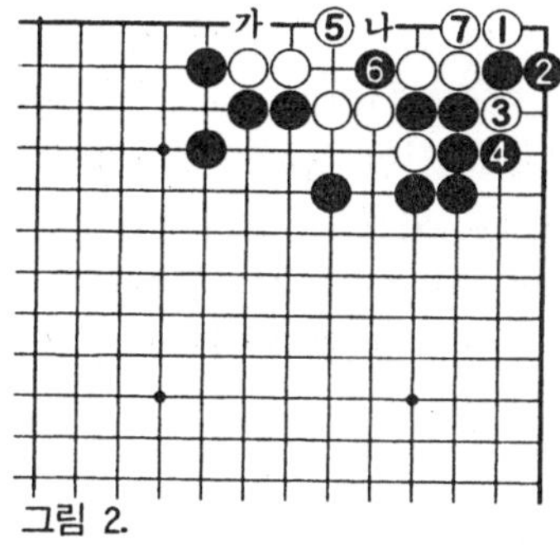

그림 2.

그림 2(백1, 7, 수법) 따라서, 백1로 젖히기 품을 확대하는 목적은 공배 채우기의 해소에 있다. 흑2면 백3을 작용시키고 나서, 약한 쪽을 5로 걸쳐잇는 요령. 흑6의 들여 끊기에는, 백1, 3의 준비 공작을 작용시키는 백7의 잇기가 있다. 가, 나를 대응으로 삼는 무조건 살기다.

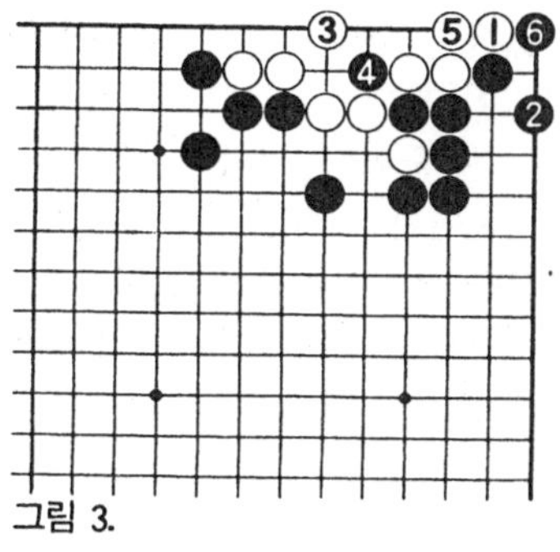

그림 3.

그림 3(흑의 저항) 그러면 흑도, 백1의 젖히기에 대해서는 2로 걸쳐잇고, 백5일 때에 흑6으로 던져넣는 패의 노림수를 남겨 두어야 한다. 수싸움이면 이것이 정해지지만 실지 문제이면 젓힐 때의 손해가 커서, 흑도 쉽게 도전할 수 없는 패일 것이다.

229

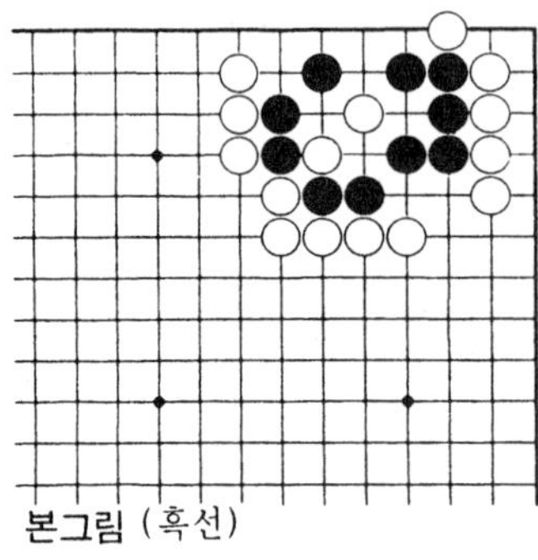

본그림 (흑선)

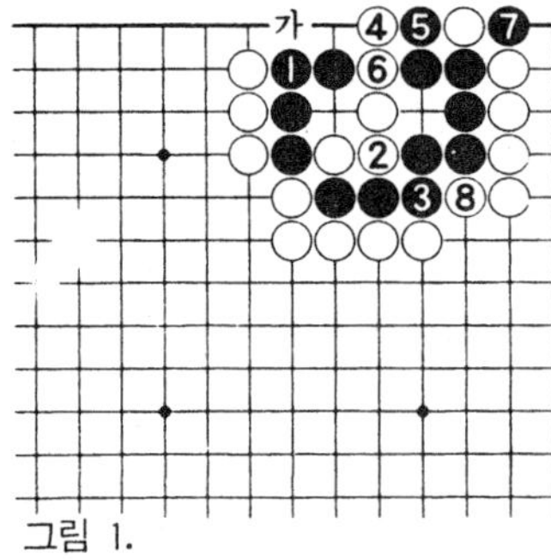

그림 1.

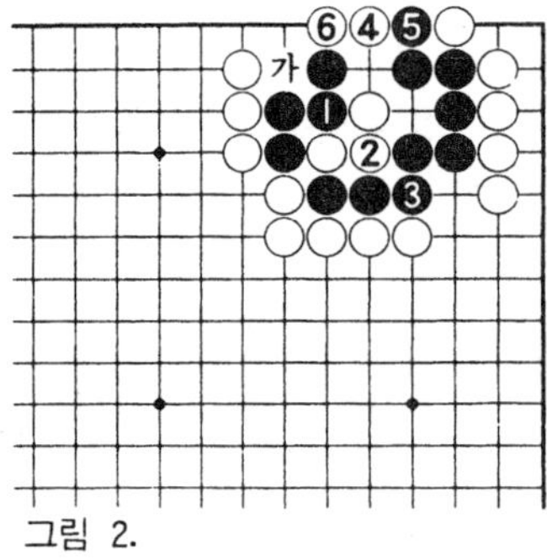

그림 2.

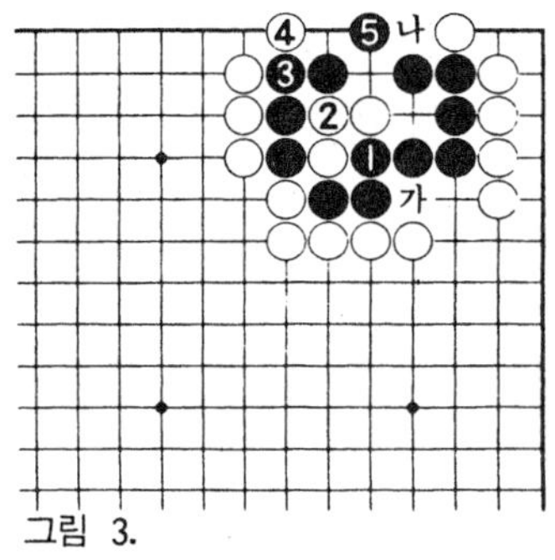

그림 3.

들어가기

뱃속의 백2점은, 틈만있으면 내격으로 유도하려고 호시탐탐. 품을 넓힐 수밖에 없는 모양이다.

그림 1(양 밀 수 없음) 흑1은 확대의 요점인 것 같으나, 백2의 단수부터 4로 뛰어드는 강렬한 공격수가 있어서 당장 동요된다. 흑5에는 백6으로 잇고, 이것은 양 밀 수 없음의 죽은 모양이다.

백4에서는 가로 젖히는 맥도 있고, 그쪽은 내격의 죽음이 된다.

그림 2(내격) 흑1의 단수를 결정, 3으로 이어도 백4의 놓기가 급소로 된다. 백4에서 가면 흑4로 들어가서 비김수 살기로 되므로, 그 언저리에 난구 타개의 힌트가 발견될 것이다.

우선, 안쪽의 모양을 결정하는 것이 요착인 것 같다.

그림 3(흑5, 수법) 흑1 쪽에서 단수, 백2로 잇게하는 기세로 3으로 품을 넓히는 수순이다. 백4의 젖히기에는 흑5로 들어가는 멋진 수법이 있고, 겨우 비김수 살기까지 추진했다.

백4에서 5라도 이번에는 가의 공배가 비어 있으므로 흑나로 차단이 가능하다.

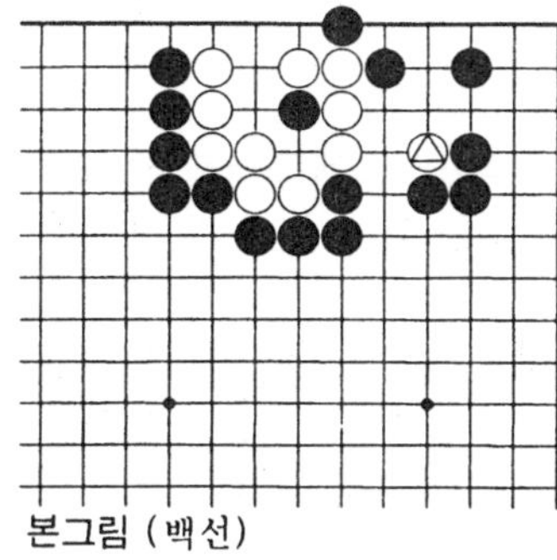

본그림 (백선)

끼어들기

◬이 품의 확대에 한 몫을 하고 있다고 역설해도, 결과를 보기까지는 믿어 주지 않을 것이다.

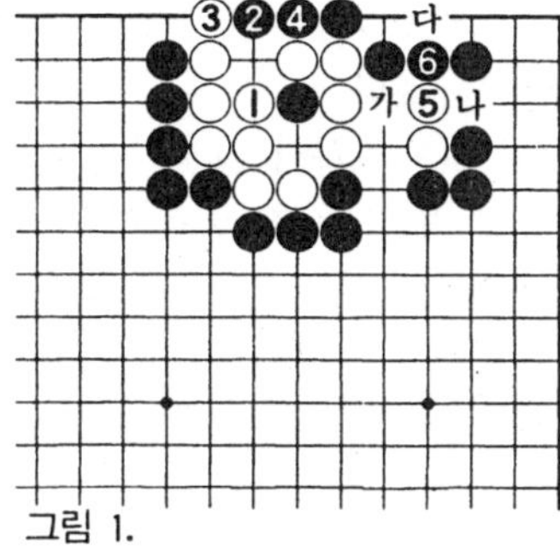

그림 1.

그림 1(추격 못함) 백의 내부를 어떻게 정리하느냐인데, 백1로는 흑2의 놓기가 와서, 백5 이하 어찌 두어도 추격에 연결될 것 같지 않다.

그리고, 이 추격을 전제로, 백1에서 가, 나, 다 또는 5, 6 등 여러 측면에서 공작을 시도해도 그것은 모두 실패로 끝난다.

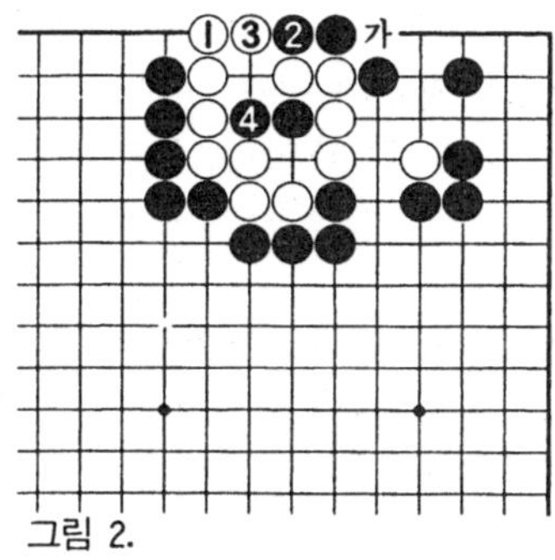

그림 2.

그림 2(단서) 또한 모양의 결정 방식은 백1의 처지기다. 흑2, 4로 안쪽에는 집이 없지만, 이쪽은 뭔가 단서를 구할 수 있을 것 같다. 다만, 흑4 이후 백가로 당장 빼면, 그 좌측에게 관통 당해서 숨이 끊어진다.

흑2에서 단순히 4는, 백2에서 비김수 살기다.

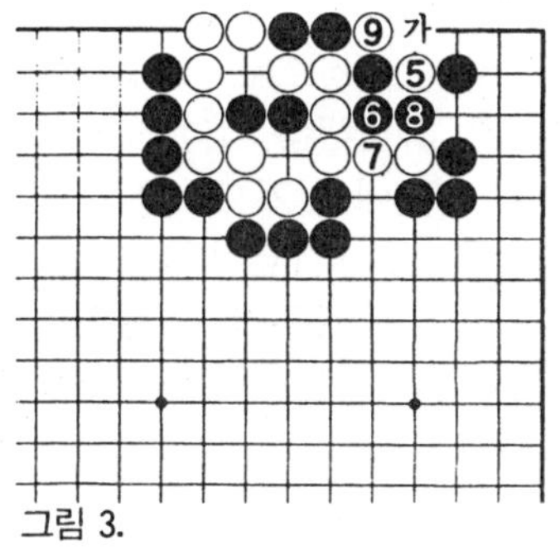

그림 3.

그림 3(백5, 수법) 앞그림에 이어, 백5로 끼어든다. 흑6, 8이면 백9로 빼고, 이것은 단수이므로 흑이 먹여칠 틈은 없다. 흑6에서 단순히 8이라도 백9의 빼기가 선수로 무조건 살기다.

흑6에서 가면 백은 백8로 잇기 때문에 이번의 추격은 흑에게 피할 수가 없다.

공배 채우기 이용 수법

상대의 공배 채우기를 이용해서 살거나, 자기의 공배 채우기를 해소시켜서 사는 모양은, 쌍방의 돌이 서로 휘감긴 상태를 의미하고, 경우에 따라서는 맞공격 포함의 사활문제로 발전한다.

여기서는 집모양을 구하는 맥이나 품을 확대하는 맥은 통용되지 않는다. 무엇보다 돌의 접촉면, 쌍방 돌의 공배 채우기 상태에 신경을 날카롭게 쓸 필요가 있고, 의외인 곳에 급소가 있는 케이스가 적지 않다.

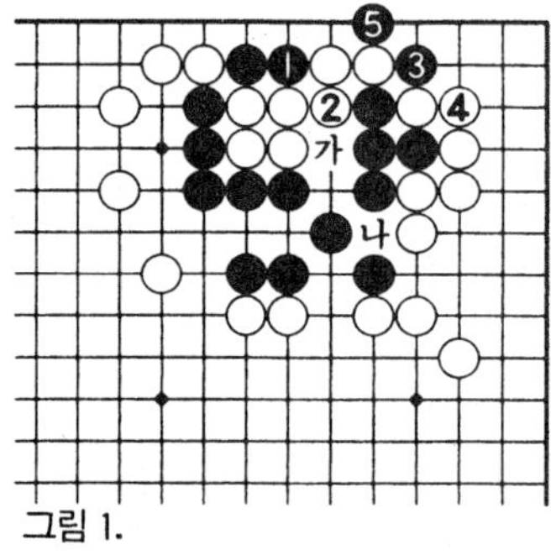

그림 1.

그림 1(들여대기) 먼저 기초적인 수법을 열거하겠다.

흑1 이하 5는 흑가의 집갖기를 단수의 모양으로 두기 위한 공작이다. 어느 수에서 흑가로 두어도 백나로 꽂기 당하고, 이후는 자기의 공배 채우기 때문에 백의 약점을 찌를 수 없는 모양이 된다.

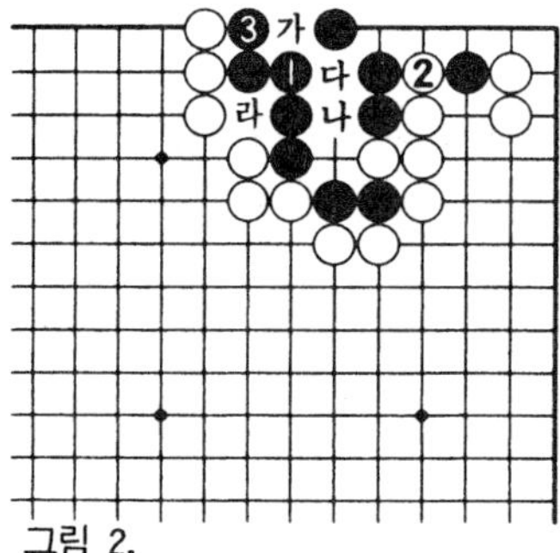

그림 2.

그림 2(불평하기) 활동이 없는듯해도, 흑1은 자기의 공배 채우기를 해소한 유일한 살기 맥이다. 두어 보면, 2와 3의 점이 대응으로 되어 있는 것이 분명하다.

흑1에서 2는 백1로 들여대기 당해서 흑가, 백나의 죽음. 흑1에서 3도 백1, 흑다, 백라로 살지 못한다.

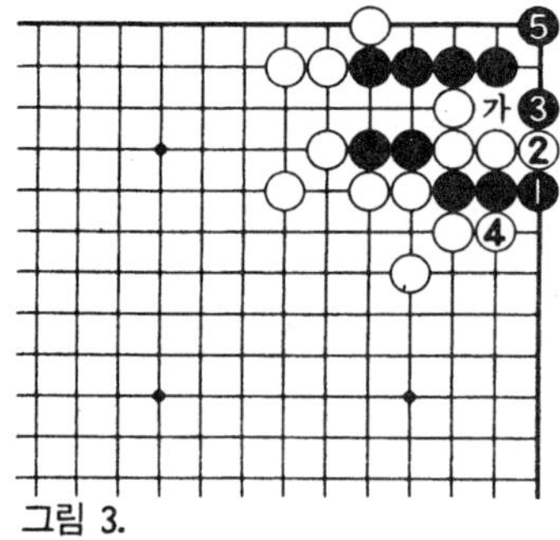

그림 3.

그림 3(꺾어끊기) 흑1로 3점으로 만들어서 버리는 것으로, 흑3과 가로 두 이용처를 확보했다. 흑1에서 단순히 3은 백1, 흑1에서 가도 백1로 살지 못하는 모양. 그 백1로 밑부터 모는 수가 3점의 공배채우기를 해소하는 호수이므로, 그 급소에 흑1로 선행하는 원리로 되어 있다.

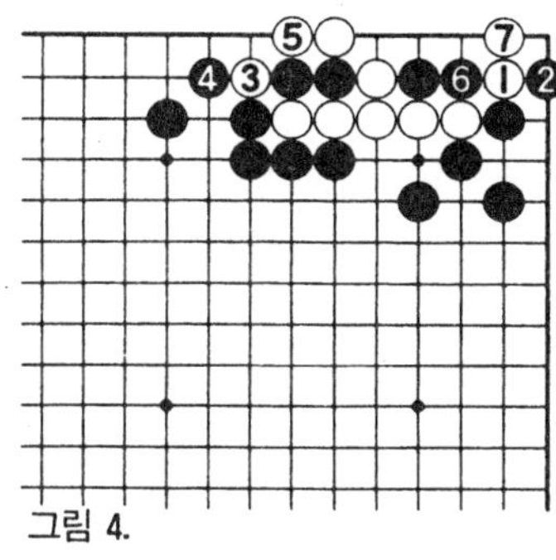

그림 4.

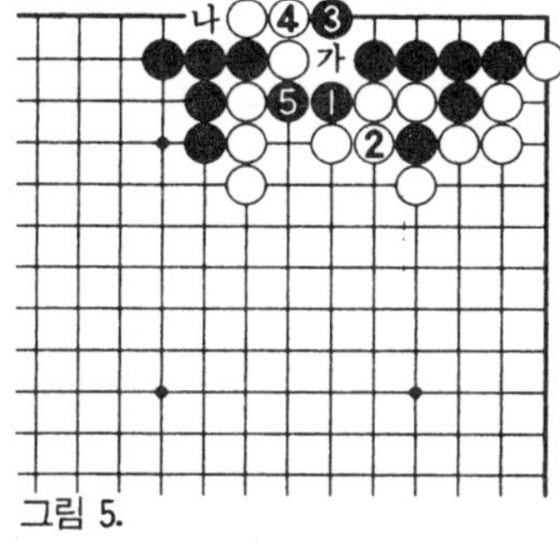

그림 5.

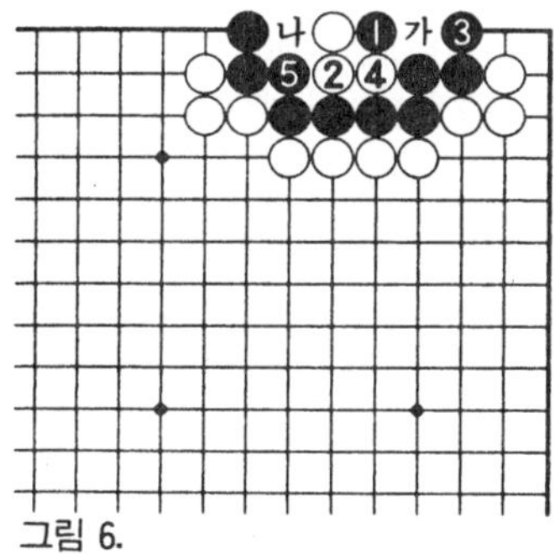

그림 6.

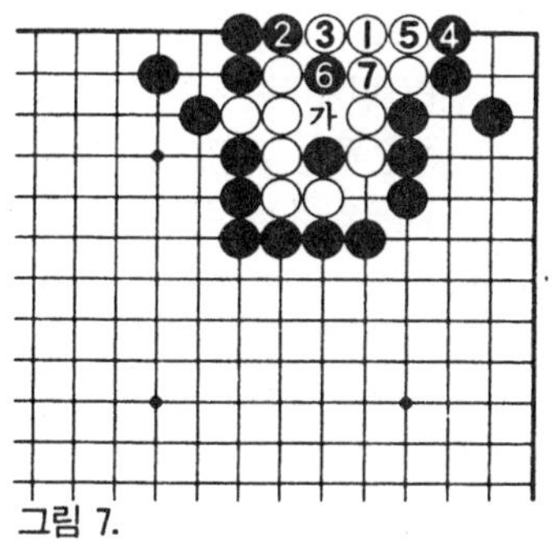

그림 7.

그림 4(젖히기) 백1로 하나 젖히기를 작용시킴으로써 뱃속의 흑 1점을 공배 채우기로 만든다. 이 부분에 1집을 확보했으면, 이후는 유유하게 백3, 5로 끊어잡아 살기다.

백1, 흑2의 교환이 없고, 흑6이 오고 나서의 백1은 흑7로 단수 당한다.

그림 5(마늘모) 흑1, 백2는 이렇게 이용할 수밖에 없는 곳이지만, 흑3의 마늘모가 백의 공배 채우기를 유발하는 수법이다. 백4의 잇기면 흑5로 끊고, 백은 돌입할 수 없는 모양으로 되어 있다.

흑3에서 가는 백5로 잇기 당해 죽음. 백4에서 가는 흑나로 건너기다.

그림 6(으깨기) 흑1로 마늘모붙이고, 백2에는 흑3으로 일단 집모양으로 구성하는 수법이 있다. 백4로 단수, 패처럼 보이지만, 흑5로 단수, 백가에는 흑나로 또 배후에서 단수하면, 백은 이을 수 없는 모양이 되어 흑 살기로 된다.

이것을 으깨기의 살기라고 한다.

그림 7(걸쳐잇기) 똑같은 으깨기의 살기라도, 발견하기 어려운 모양이다. 백1의 걸쳐잇기에 흑2, 4로 바깥부터 공격하고, 백가에는 흑7을 예정했을 때, 백5라는 자살적 확대가 있고, 또 흑6의 단수에는 백7로 으깨기라는 줄거리. 백1에서 5의 처지기는 흑2, 백3, 흑6, 백7로 패.

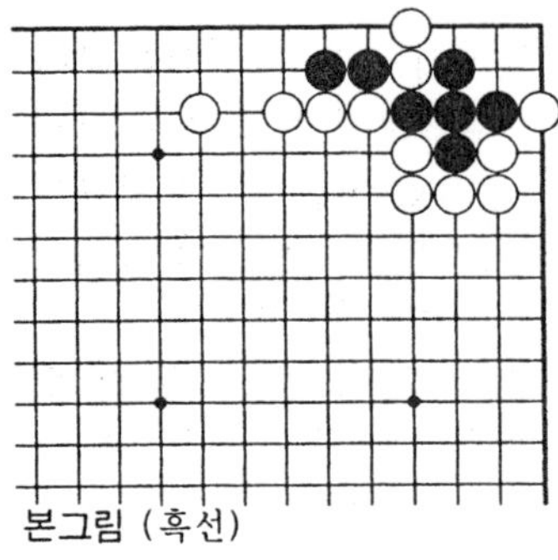

본그림 (흑선)

단　수

　뱃속의 백2점을 어떻게 처리할까. 여하간 흑은 공배 채우기이므로, 두기가 극히 제한될 것이다.
　본그림은 『碁經衆妙』에서 발췌.

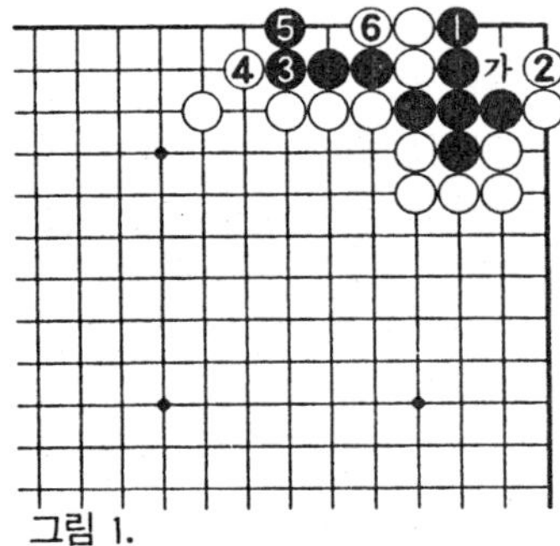

그림 1.

　그림 1(2석 잡기)　흑1로 2점을 잡는 것은 제1감이지만, 백2로 들여뻗는 냉철함을 직면하니 간담이 서늘하다. 흑3이하, 몸부림을 쳐도 집모양은 얻을 수 없다.
　백2에서는 가로 단수할 듯 하지만, 흑6으로 빼게하면 3으로 기어드는 집 갖기와 2에 던져넣는 추격이 대응.

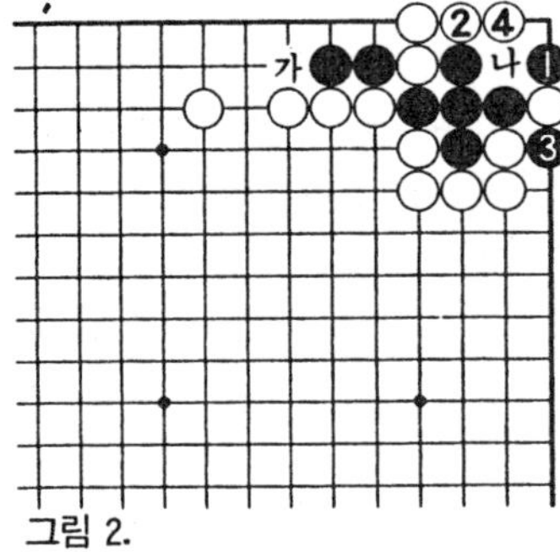

그림 2.

　그림 2(수 패배)　잡아 나쁘다면 잡지 않고 흑1로 눌러 본다. 그러나 백2, 4로 뱃속 벌레의 조작으로 별일 없는 맞공격 패배가 된다.
　흑1에서 4의 마늘모도 흔한 맥인데, 백1로 뻗어 끊기 당해 애기가 되지 않는다.
　흑1에서 가는 백나.

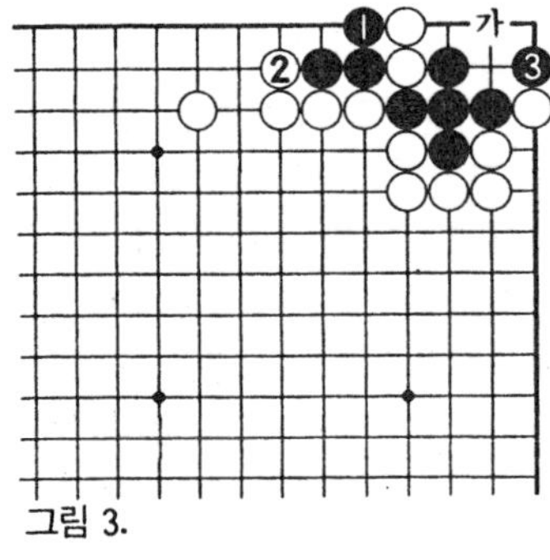

그림 3.

　그림 3(흑1, 수법)　흑1로, 공배수가 풍부한 쪽부터 단수하는 맥은 맹점이 되기 쉽다. 백2에는 흑3으로 누르고, 다음에 흑가로 집을 갖는 수는 방해할 것이 없다.
　흑1에 백3의 들여뻗기면, 흑2로 기어 상변에 1집 더 만든다. 〈그림 1〉과의 차는 컸다.

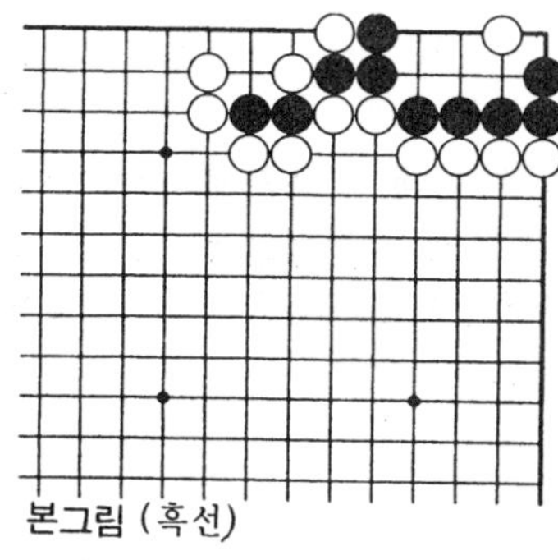

본그림 (흑선)

놓 기

자기의 공배 채우기를 해소시킨다. 상대가 서둘러서 두지 않는 곳은 자기도 서두르지 않고, 착실하게 돌의 활력을 비축한다.

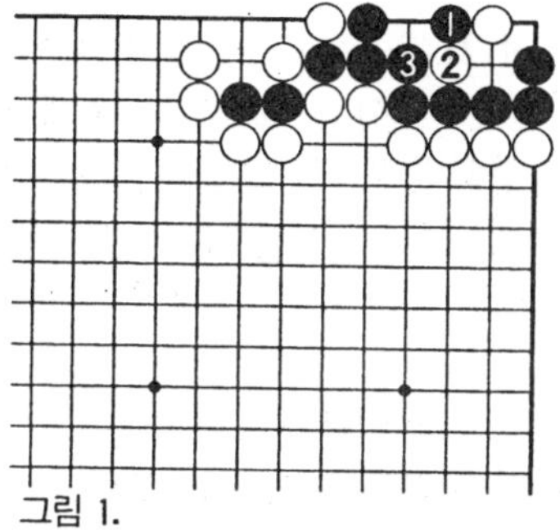

그림 1.

그림 1(내부만) 흑1로 붙여서 안쪽만으로 해결하려고 해도 고작 패다. 흑1에서 3의 잇기도 백1의 줄짓기로 내격의 죽음. 그러나 방치하면 백2의 마늘모붙이기가 선수여서 대번에 집 모양이 적어진다.

바깥을 공작하기 전에 어느 정도의 정형이 필요하다.

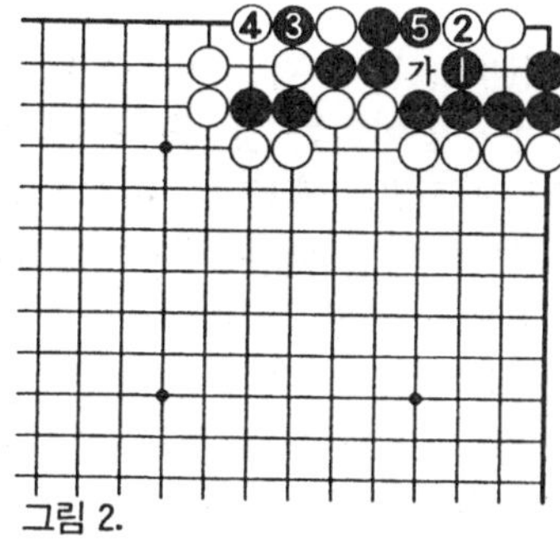

그림 2.

그림 2(패) 흑1로 하나 들어가서 백2와 교환해 놓으면, 다음의 백5에는 흑가로 이어서 비김수 살기이므로 백5로 당할 염려는 없다.

따라서 흑3 등으로 바깥에 여유만 들기로 향할 수 있지만, 흑3에서는 백4로 눌리우고 이것은 패가 되므로 앞 그림과 같다.

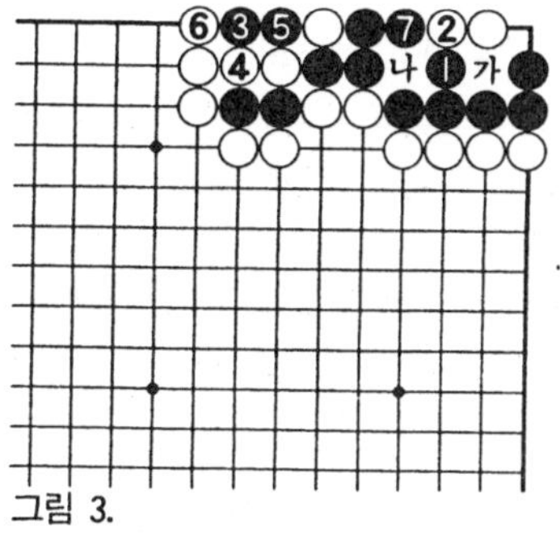

그림 3.

그림 3(흑3, 수법) 흑1, 백2 이후, 흑3으로 놓는 수순 늘이기의 호 수법이 있다. 백은 7로 둘 수 없으므로 4로 참지만, 흑5부터 7로 채우면 백의 2점 잡기에 되잡을 여유가 있고, 흑가로 살기로 된다.

백4에서 나면 흑5로 빼고, 백7, 흑4로 변은 살고 귀는 비김수다.

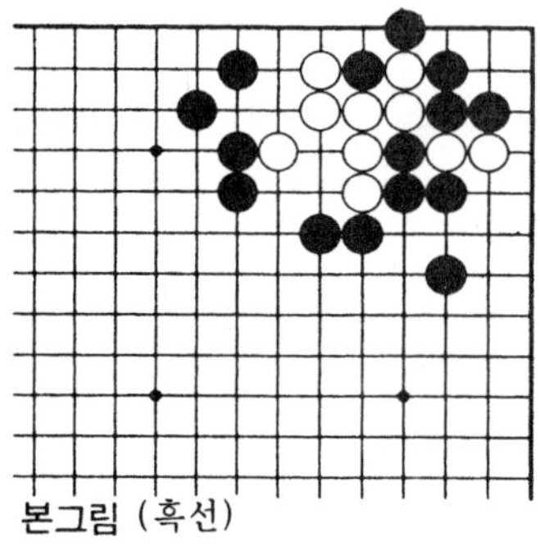

본그림 (흑선)

놓　기

상대의 공배 채우기에 달라붙었으면, 뼈까지 깨물 작정으로 있고 싶다.

본그림은 『玄玄碁經』의 「金不換勢」에서 발췌.

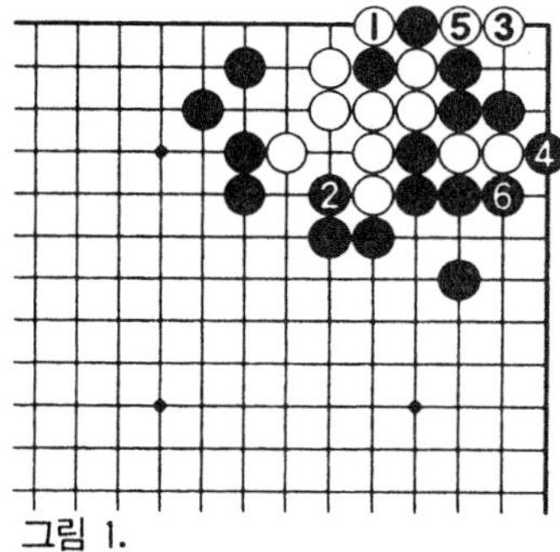

그림 1.

그림 1(묘기 불발)　백1의 빼기면 당연히 흑2가 온다. 그리고 이렇게 모양을 결정하면 이미 묘기가 발생할 여지는 없다. 백3으로 놓아도, 백3에서 5로 빼도, 흑4로 2점을 뺏겨 그만이다.

백1에서 2의 집갖기도, 흑1로 잇기 당해 뒤가 계속되지 못하는 모양.

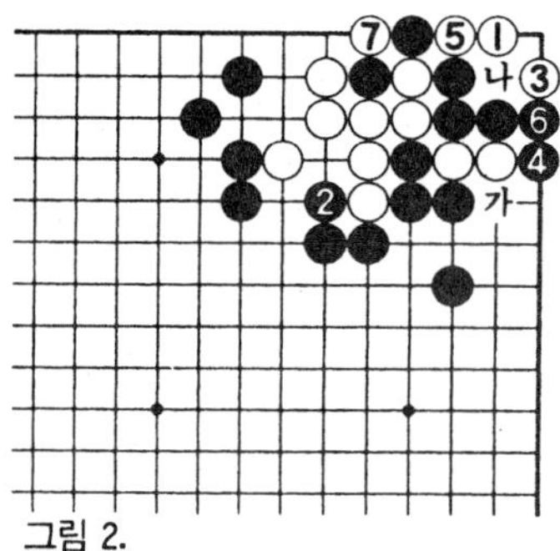

그림 2.

그림 2(백1, 3, 수법)　백1로 먼저 놓는 것이 수법이라는 것. 흑2의 집잡기는 최강이지만, 백3으로 빗겨두어 직접으로는 흑의 공배를 채우지 않는다. 흑4로 몰고 백6의 건너기를 봉쇄했을 때, 백5로 끊어 귀에도 1집이 생긴다. 흑6에서 가면 백나인데, 6의 점의 공배가 흑의 분통.

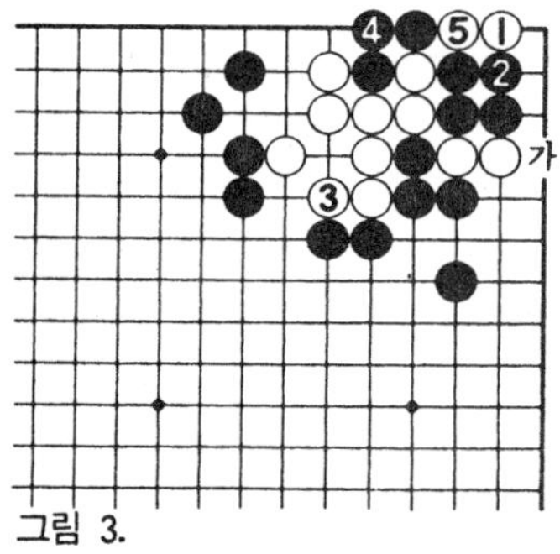

그림　3.

그림 3(추격)　백1의 놓기에 흑2면 백3으로 외면해도 흑4의 잇기는 추격으로 막고 있다. 흑2에서 5의 잇기면 백4의 빼기가 선수로 되고, 흑2에서 가의 몰기면 역시 백3으로 중앙에 집을 갖고 흑4의 잇기는 둘 수 없다. 백1의 마력은 이와 같다.

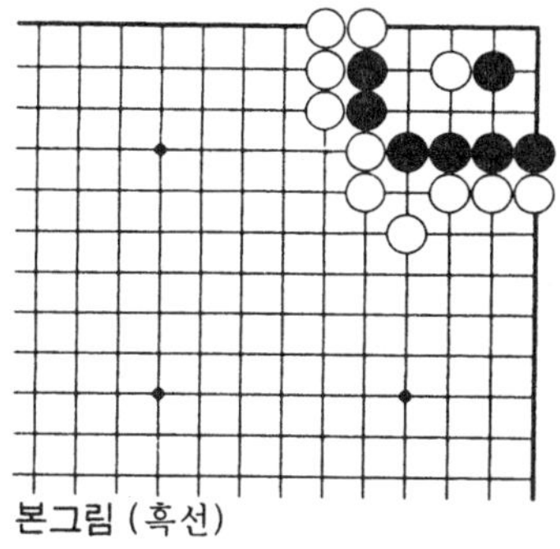

본그림 (흑선)

누르기

자기를 보다 곤경으로 몰아넣는 것으로 상대의 틈을 만든다. 이러한 것에서 소용없어 보이면서 유효한 수도 있을 것이다.

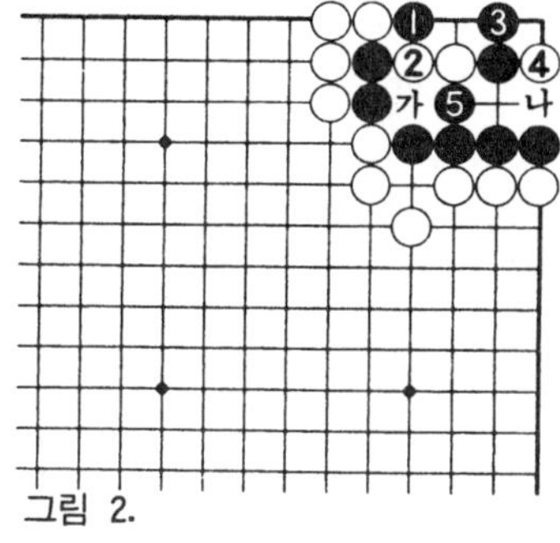

그림 1.

그림 1(처지기) 흑1의 처지기는 확실히 집모양의 급소지만, 백2부터 4로 노골적으로 공격당해, 흑5면 백6의 추격. 흑5에서 6이면 백5로 죽음.

그렇다고, 흑1을 2의 점에 부풀려봐도 백1로 젖히기 당하고, 공배 채우기 때문에 연락을 끊을 수가 없다. 흑가면 백나다.

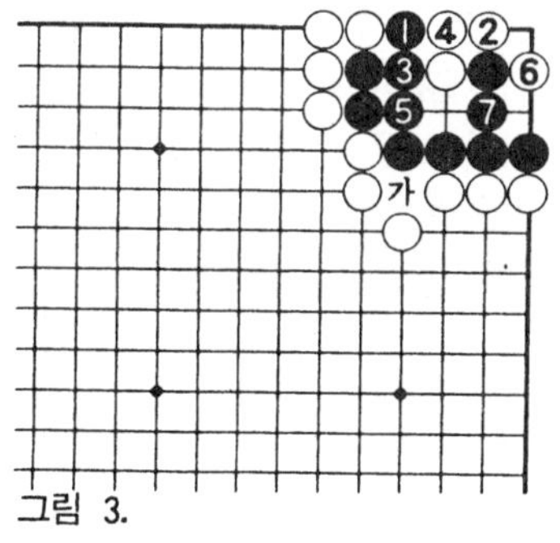

그림 2.

그림 2(흑1, 수법) 소용없는 듯하지만, 일단 흑1로 눌러본다. 백2의 끊기면 흑3으로 처지고, 백4에는 흑5로 가와 나를 대응해서의 살기다.

백2에서 가의 끊기면, 흑5로 단수, 백2, 흑3의 살기다. 먼저 흑1로 누르고, 백의 응수를 보는 것이 수법인 셈이다.

그림 3.

그림 3(침입) 백2의 침입에는 흑3으로 이어도 좋다. 전체가 공배 채우기로 공포스러운 모양이지만, 가의 공배 하나가 명줄이 되어 비김수에 버틸 수 있다.

흑1에서 3이면, 백4, 흑1에서 4면 백3, 백1석이 마음에 걸려 직접 뭔가를 두는 것은 모두 실패한다.

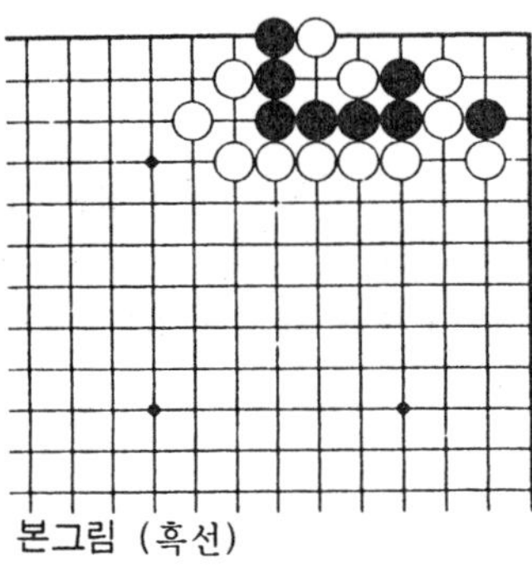

본그림 (흑선)

으깨기

추격 포함의 으깨기. 장래에 상대를 공배 채우기로 만들 준비 공작에 묘수법이 있다.

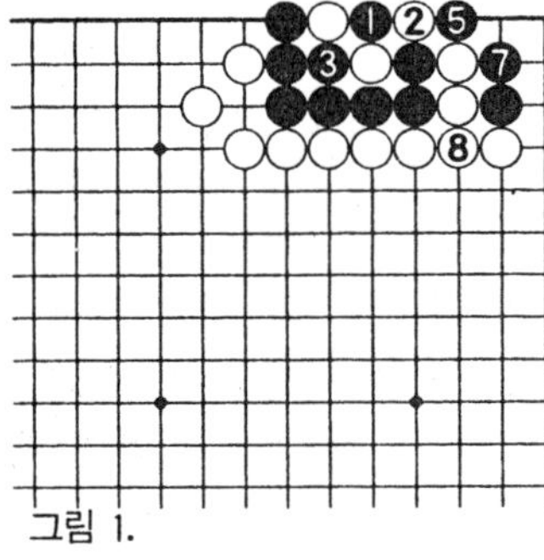

그림 1.

그림 1(추격) 흑1로 던져넣고 나서 3으로 단수하는 수순은 곧 알아차리겠지만, 백4로 이어서 크게 잡게 하는 역습이 있다. 흑5로 4점을 잡아도 1의 점에 내격하고, 다음에 2의 점에 먹여칠 노림수가 있으므로 상변에는 후수 1집밖에 없다. 흑7로 단수해도 그 뿐이다.

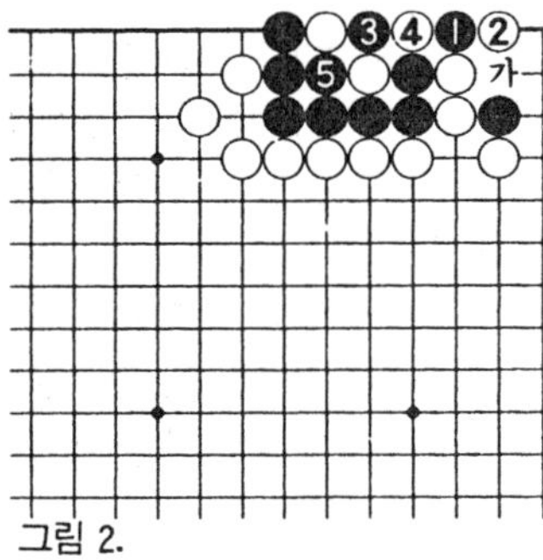

그림 2.

그림 2(백의 저항) 흑1의 젖히기는 유력하다. 백2에서 가면 흑3, 5로 으깨기. 그러나 백2로 누르는 버티기가 있고, 흑3에는 백4로 2석을 함께 빼므로 앞그림과 같은 결과가 된다.

흑3에서 4, 흑3에서 5로 뛰어 보았자 그러나 백이 백3으로 두어 모두 살지 못한다.

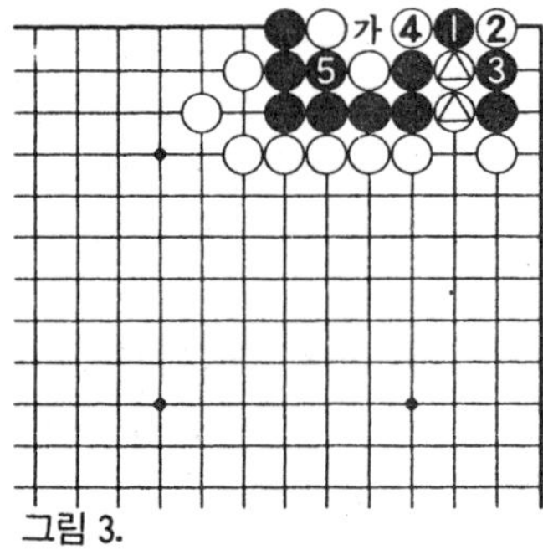

그림 3.

그림 3(흑3, 묘수) 백2일 때, 흑3으로 끊는 기묘한 수법이 유효하다. 백4로 빼게하고 문제밖이라고도 보이지만, 흑5로 추격에 단수한 후, 백가면 흑1의 빼기가 △2점에 단수로 되어 있다. 백가로 놓을 틈을 주지 않고, 백이 4로 되잡았을 때에 흑가로 집을 갖고 산다.

238

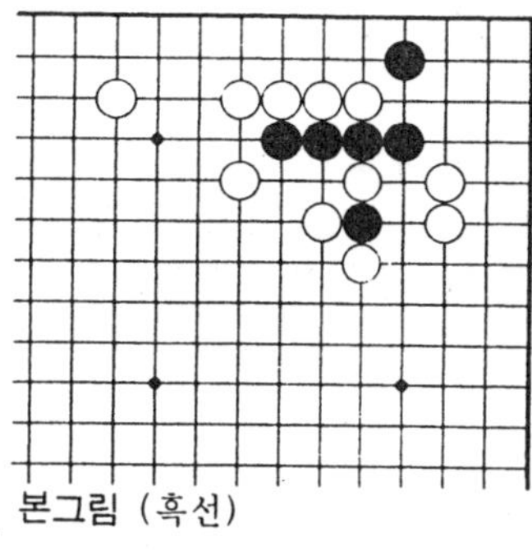

본그림 (흑선)

모퉁이

버림돌의 철저한 이용도 공배 채우기의 수법에 들 것이다. 다만, 『發陽論』 소재의 원인은 모양을 결정하기까지가 어렵다.

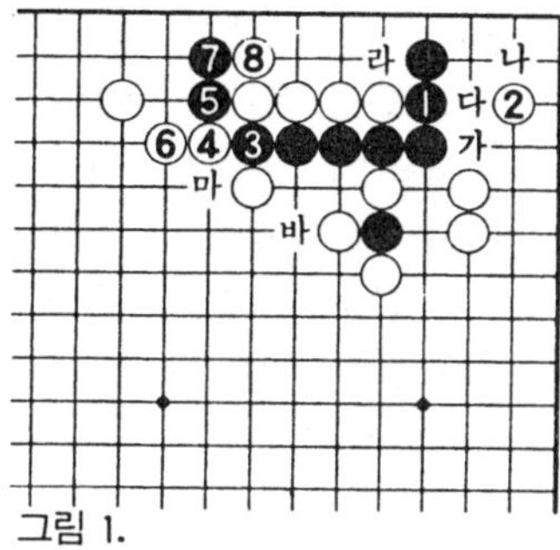

그림 1.

그림 1(정리) 먼저 흑1로 잇는다. 흑1에서 가의 누르기는 백나의 놓기가 있고, 백1, 흑다, 백라라도 패 이상으로는 되지 않는다.

백2를 보고, 흑3, 5의 내끊기를 결정한다. 백6에서 7은 흑마의 단수부터 바의 붙여넘기로 외부 탈출이다. 흑7, 백8로 일단 모양이 정리되었다.

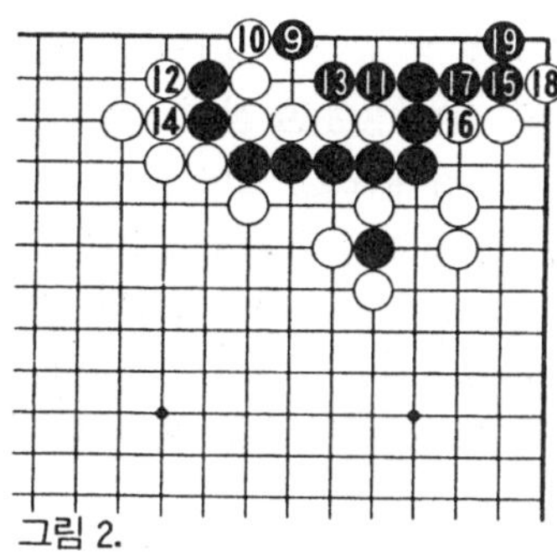

그림 2.

그림 2(흑9, 수법) 앞그림에 이어 흑9의 모퉁이까지 진행한다. 백10과 교환하고 나서 서서히 11, 13으로 작용시키면, 흑9는 이득인 1수. 그 1수가 작용해서 흑15부터 19의 직4각형을 얻는다. 흑9에서 평범하게 11, 13으로 채우면 둘 밖에 작용하지 않는다. 수법의 효과로 셋 작용시켰다.

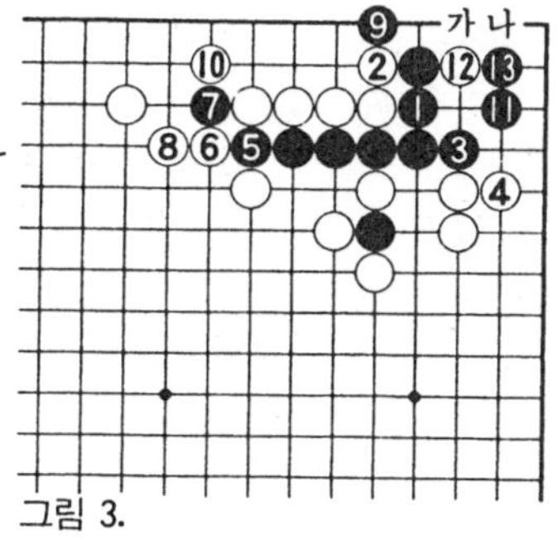

그림 3.

그림 3(젖히기 하나) 처음으로 소급해서 흑1일 때, 백2의 누르기면 흑3을 결정하고 나서 5, 7로 맞을 붙여 흑9의 젖히기 하나를 작용시켜서, 흑11로 무조건 살기다.

흑13 이후 백가면 흑나다. 흑9를 작용시키지 않으면 귀의 1홉 됫박으로, 무조건 살기는 없다.

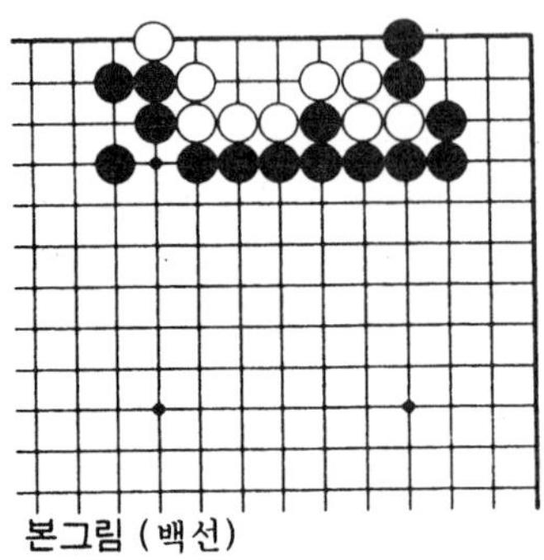

본그림 (백선)

들여끊기

준비 공작이라고 해도, 그것이 생명선의 살기 맥도 있을 것이다. 엉거주춤한 준비는 하지 않음과 같다.

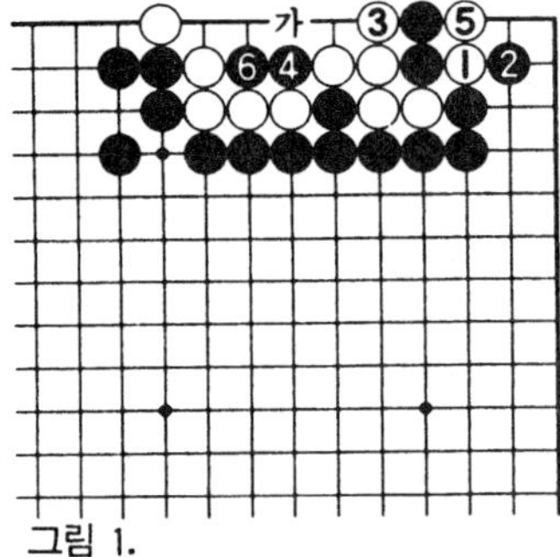

그림 1.

그림 1(준비 부족) 당장 백3으로 누를 수는 없으므로, 백1의 들여끊기는 보기 쉬운 준비 공작일 것이다. 그러나 이것만으로 충분하다고 봐서는 안 된다. 백3의 단수를 서두르면 흑4로 되단수 당해, 2점은 잡아도 전체가 죽었다. 백1 또는 3에서 가는, 물론 흑3으로 죽음.

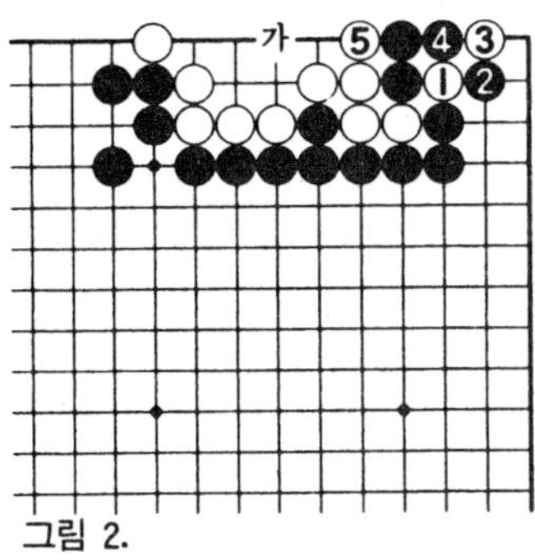

그림 2.

그림 2(백1, 3, 수법) 백의 들여끊기부터. 또 하나 3으로 젖혀 놓는 맥이다. 흑4로 잡게 하고 그후에 백5로 단수한다. 흑 잇기면 백가로 살기다.

실전이면 그렇게 된다. 그러나 백3의 수법의 필연성을 보이기 위해서는 흑에 대한 최강의 저항을 보여야 할 것이다.

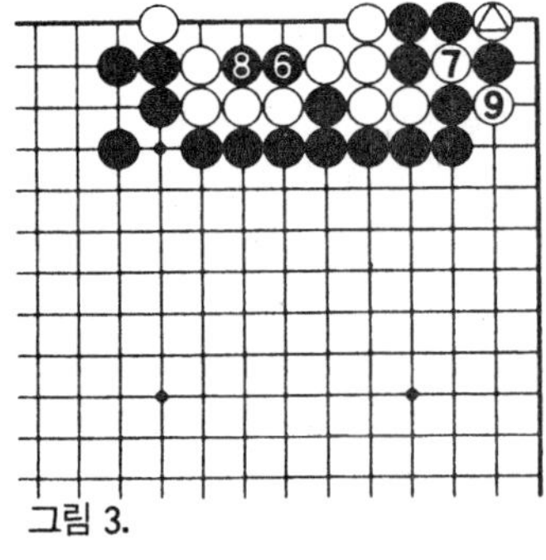

그림 3.

그림 3(흑 최강) 흑6의 되려단수에 백7로 잡았을 때, ⓐ의 효과가 나타난다. 흑8에는 백9로 1점을 끊어잡을 여지가 있기 때문인데, 정성어린 준비 공작이 작용했다.

원리로서는 알기 쉽지만 2중의 준비 공작은 맹점이 될 듯하다.

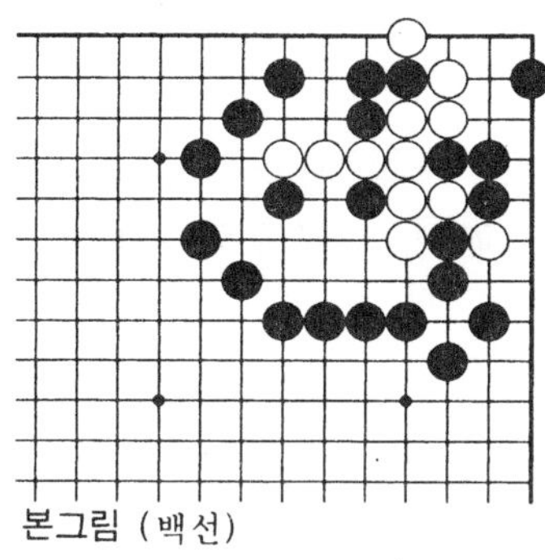

본그림 (백선)

불평하기

여러가지 수법의 복합 모양이다. 중앙의 집짓기의 수법에도 주목할 것.
본그림은 『玄玄碁經』의 「飛蛾投火勢」에서 발췌.

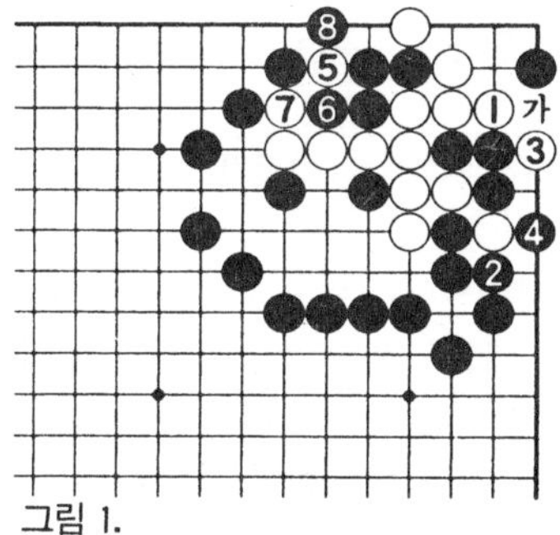

그림 1.

그림 1(모양을 결정한다) 중앙에 1집은 가망이 있는데, 그 전에 귀의 1집을 선수로 확보해야 한다. 그 공작으로 우선 백1, 3을 작동시키고 또 백5, 7로 모양을 결정해 놓는다.
백1에서 가의 붙여넘기는 흑2로 되돌리기 당해 백은 모양을 갖출 단서가 없어진다.

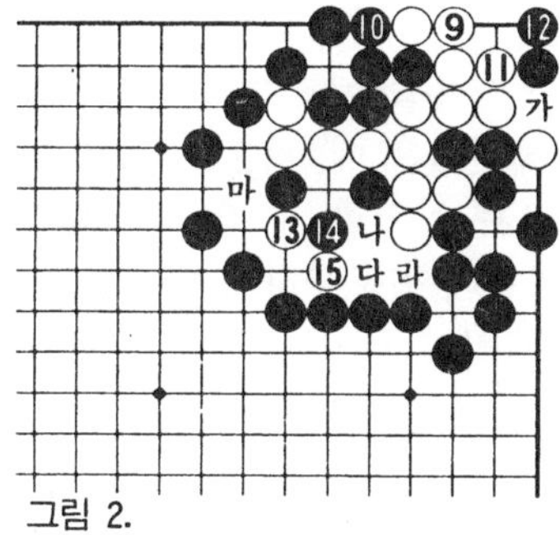

그림 2.

그림 2(백11, 수법) 앞그림에 이어 백9의 잇기를 작용시키고 11의 불평하기가 안목의 수법이다. 흑12로 집을 잡으면 흑가는 공배 채우기 때문에 잃게 되고 방치하면 백12로 으깨기. 백은 여기까지 결정하고 나서 중앙에 13으로 붙여서 산다. 흑14에서 나면, 백다, 흑15, 백14, 흑라, 백마까지.

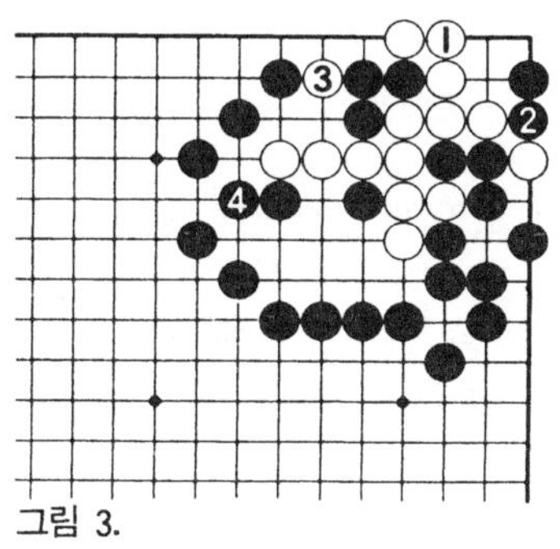

그림 3.

그림 3(늦었다) 〈그림 1〉의 백5의 끼어들기를 두지 않고 단순히 백1의 잇기로 작용시키려고 해도 잘 안 된다. 흑2로 귀의 집모양을 뺏기고 백3으로 그후에 끼어들어도 늦다.
흑4로 중앙을 지키니 백은 흑 3점을 잡긴 했으나 잡은 것만으로는 백 1집밖에 되지 않는다.

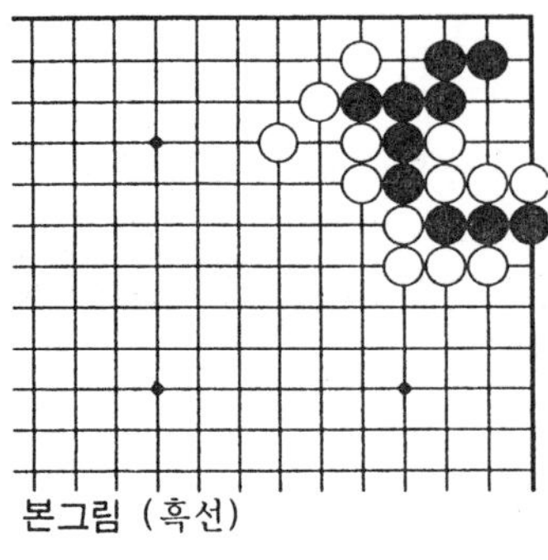

본그림 (흑선)

마늘모

백의 공배 채우기를 간단하게 해소시키지 않고 2중, 3중으로 이용하는 수순을 생각한다.

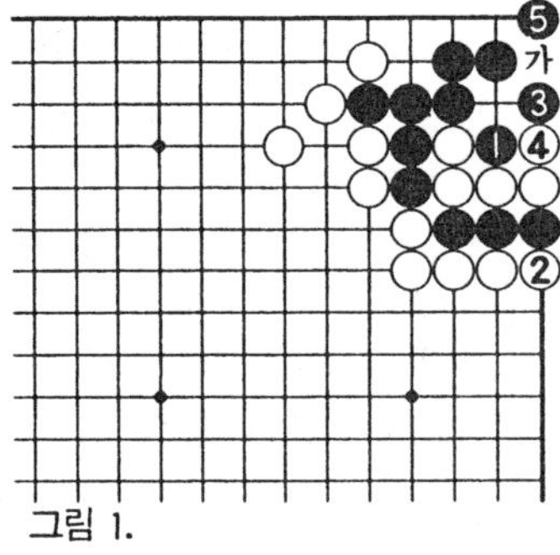

그림 1.

그림 1(단수) 흑1로 단수하면 1회밖에 사용할 수 없다. 그후 흑3의 집 갖기는 백4로 패다. 흑5가 약간의 끈기 맥이다.

흑3에서 4의 누르기는 백가의 붙이기 하나로 항복했다. 소급해서, 흑1에서 4의 단수도 대동소이(大同小異). 직접 단수하면 패가 힘에 겨웁다.

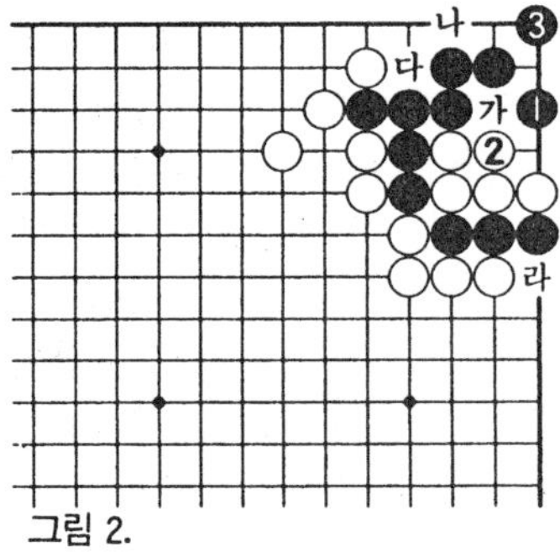

그림 2.

그림 2(흑1, 수법) 흑1의 마늘모는 어쩐지 알쏭달쏭한 수. 그러나 백2로 집을 빼앗았을 때, 흑3으로 들어가고 백가로는 돌입할 수 없고 백나도 흑다가 작용해서 훌륭하게 살아 있다.

백2에서 라의 빼기도 흑3으로 귀의 집모양을 둘로 갈라서 살기다.

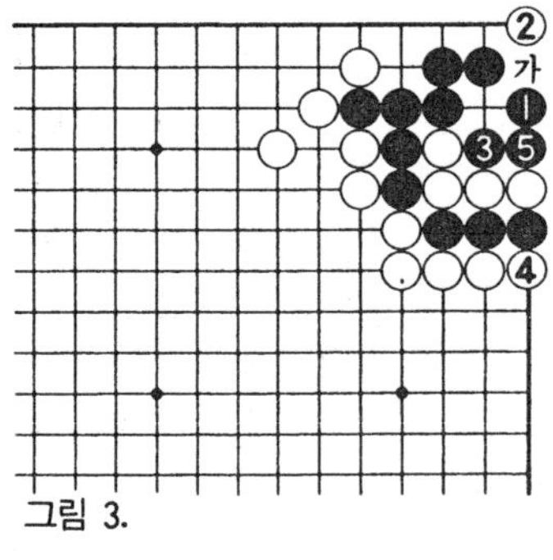

그림 3.

그림 3(수법의 원리) 흑1일 때 백2로 귀의 집모양을 뺏으러 오면 이번에야말로 흑3, 5로 집짓기에 힘쓴다. 백2는 집 모양의 급소인데 공배 채우기의 최북단이기도 해서 백가의 단수를 둘 수 없는 것이 슬프다.

백2를 강요하는 것이 흑1의 수법다운 점이다.

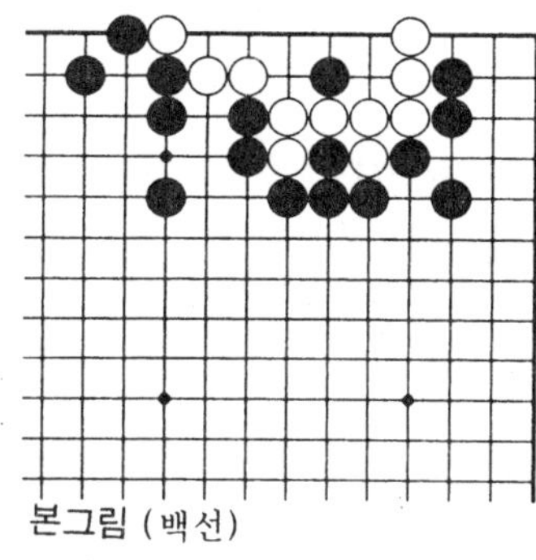

본그림 (백선)

잇 기

골돌하면 생각할 수 없다고 하는데 내용이 충실한 평범이 아니면 더 나쁘다.

본그림은 『碁經衆妙』에서 발췌.

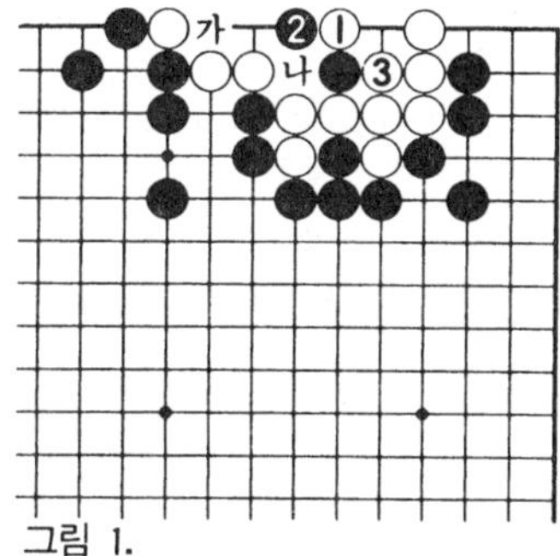

그림 1.

그림 1(패) 백1의 붙이기도 상대를 공배 채우기로 유인하는 맥의 하나다. 흑2로 눌려서는 백3으로 패로 만들 수밖에 없는데 흑2에서 3이면 백가로 이어 크게 사는 노림수를 감추고 있다.

단순히 백가의 잇기는, 물론 흑나로 끊기워서 수 패배의 죽음이다.

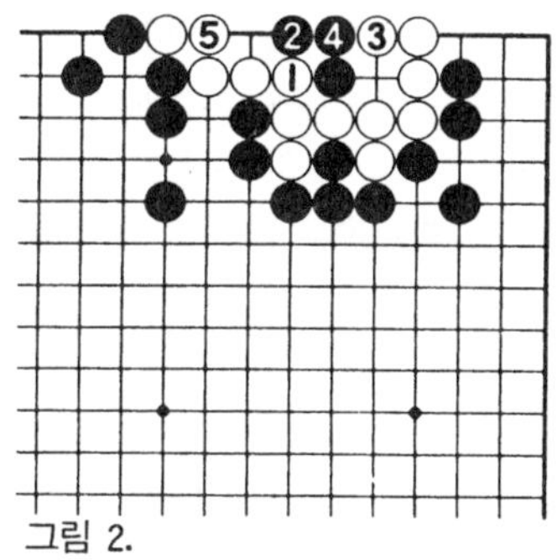

그림 2.

그림 2(백1, 3, 수법) 백1로 잇는 평범이 이 경우에는 최선이다. 다만 흑2로 젖히기 당했을 때 백3의 굽기를 준비하고 있어야 한다. 흑4로 이으면 백5로 비김 살기. 흑4에서 5면 백4로 끊어도 좋다.

백3에서 5는 흑3으로 내격의 죽음이다.

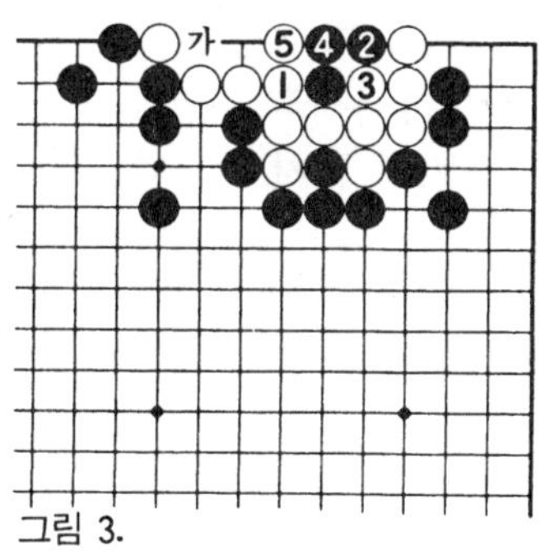

그림 3.

그림 3(변화) 흑2의 마늘모 붙이기면 당장 백3으로 단수한다.

또 흑2에서 4면 백가로 흑5를 유인, 백2로 급소에 두어 앞그림과 같은 비김수 살기다.

흑2에서 가면 백4로 몰아서 살기. 백1로 잇는 평범에 이만큼의 읽기가 들어 있었다.

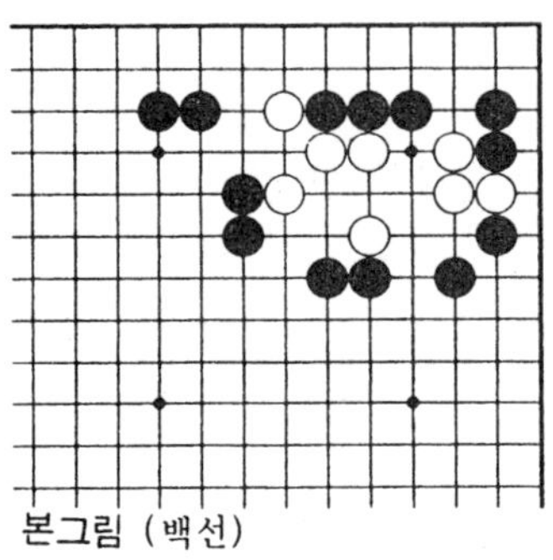

본그림 (백선)

내끊기

맛을 붙이기는 간단해도 그 맛을 어떻게 이용하느냐가 문제다.
본그림은 『發陽論』에서 발췌.

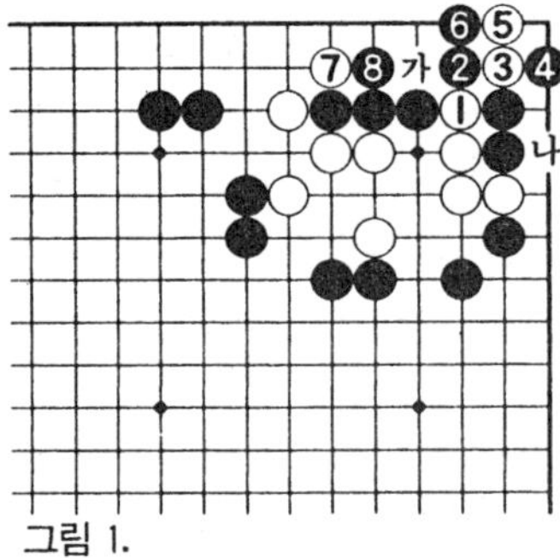

그림 1.

그림 1(백5, 수법) 백에 단독적 집모양은 바랄 수 없으므로 1, 3의 내끊기로 흑의 약점을 확대할 수밖에 없다. 흑4의 단수에 백5의 뻗기가 최초의 수법. 흑6으로 교환해서 흑의 집모양의 탄력을 뺏고 있다. 여기까지 준비하고 나서 백7로 젖힌다. 흑8에서 가는 백나로 거꾸로 잡힌다.

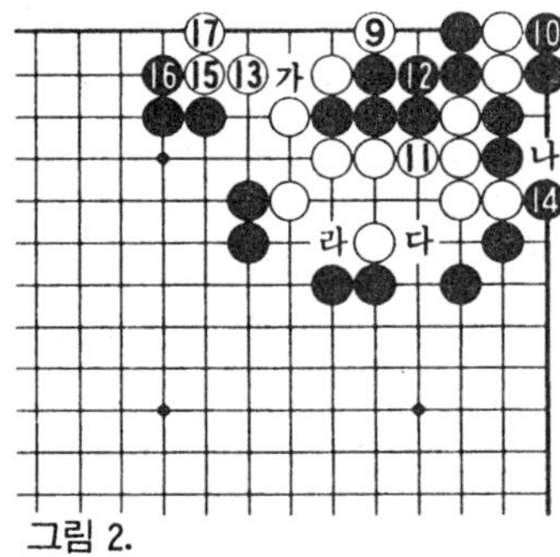

그림 2.

그림 2(백9, 수법) 백9의 단순 젖히기가 안목의 수법이다. 흑10에서 가는 백12의 양단수를 막은 수단이 없고 흑10의 빼기면 백11과 13 둘이 작용한다. 흑10에서 12면 백나로 거꾸로 전부가 죽는다. 백13에 흑14가 필요.
백15, 17로 살았다. 중앙은 백11이 오면 다, 라가 대응으로 1집이다.

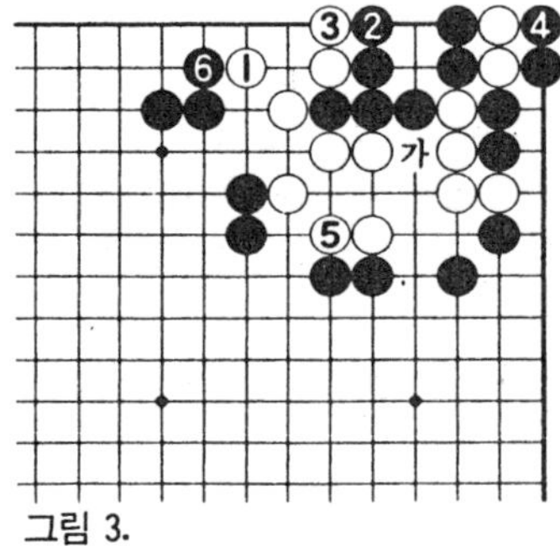

그림 3.

그림 3(몸부림) 앞그림 백9로 젖히는 공배 채우기 추궁의 수법을 발견하지 못하고 백1로 걸쳐 이으면 몸부림 속으로 들어간다. 흑2의 처지기가 냉철하고 백3으로 눌러도 중앙의 집이 선수로 되어 있지 않기 때문에 흑6으로 눌러서 죽음이 된다. 백3에서 가라도 역시 흑6으로 눌러서 좋다.

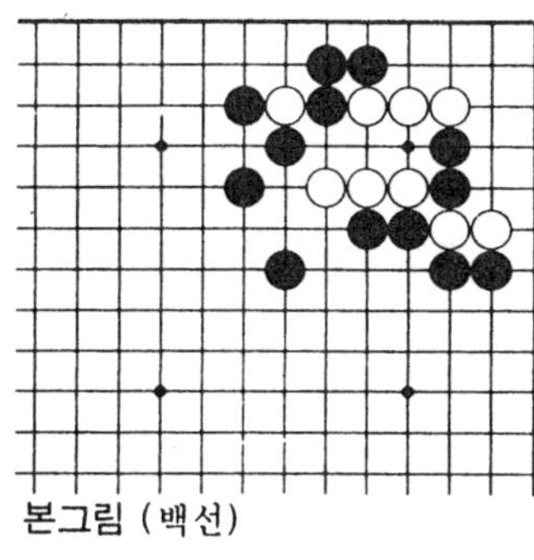

본그림 (백선)

뛰　기

자기의 공배 채우기를 해소하고 상대의 공배 채우기를 강조하는 일련의 수법.

본그림은 『發陽論』에서 발췌.

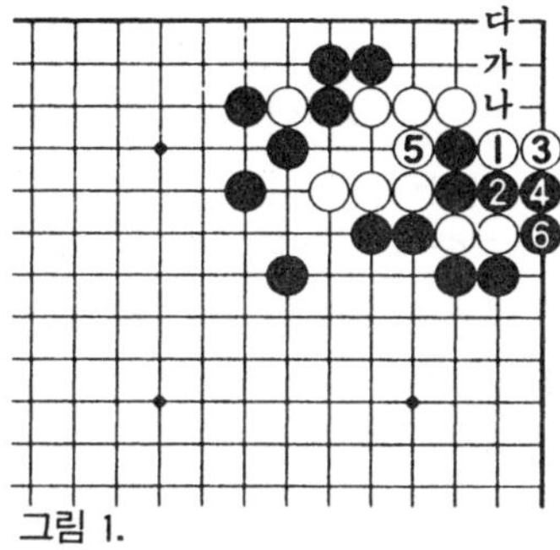

그림 1.

그림 1(백3, 수법)　백1, 3으로 젖혀처져서 6의 처지기를 노리는 것이 첫째 수법. 백3에서 가는 흑3으로 패, 백3에서 나는 흑다로 죽음이 된다.

흑도 4로 공배를 채워서 받는 것이 최강. 6의 빼기에서는 백가로 간단한 살기다. 백5를 이용당하는 것은 각오한 바다.

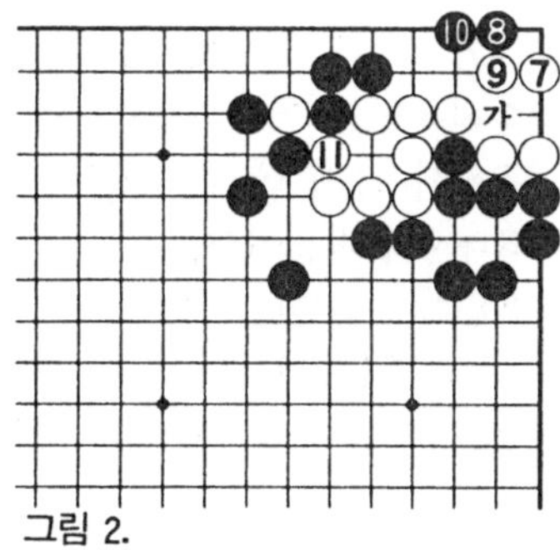

그림 2.

그림 2(백7, 수법)　앞그림에 이어 백7로 一2로 뛰는 이상한 잇기 방식이 있다. 이것으로 9면 흑7의 붙이기 하나로 죽음. 흑8에서 가면 백9로 2점을 버리고 살려는 읽기 맥이다.

흑8의 백일홍이면 백9부터 11의 집 갖기가 흑의 공배 채우기를 강조한 수법에도 해당된다.

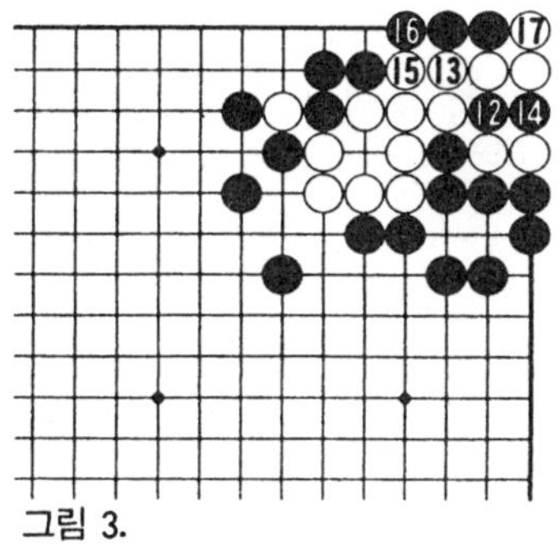

그림 3.

그림 3(백15, 수법)　이어 흑12의 먹여치기에는 백13으로 잇고 2점에 구애되지 않는 것이 좋다. 백15의 불평하기부터 17로 채우고 꼬리의 3점을 추격으로 잡는 1집이 있기 때문이다. 백13에서 14면 흑13으로 죽음. 백15에서 16이면 흑15로 죽음. 가는 곳마다 함정이 기다리고 있다.

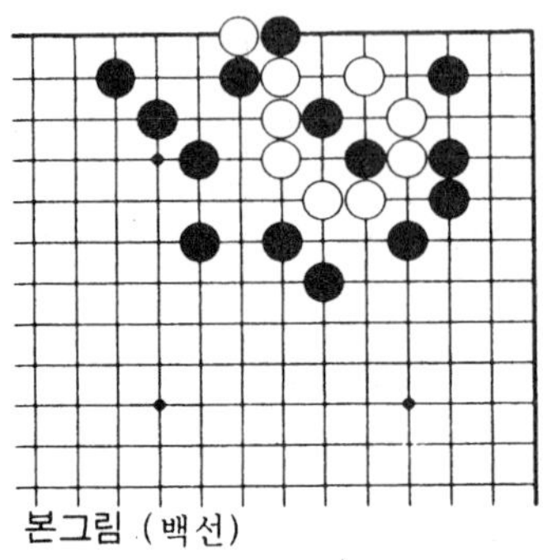

본그림 (백선)

두번 빼기

으깨기와 함께 상대의 공배 채우기를 이용하는 두 번 빼기의 수법이다.

본그림은 『碁經衆妙』에서 발췌.

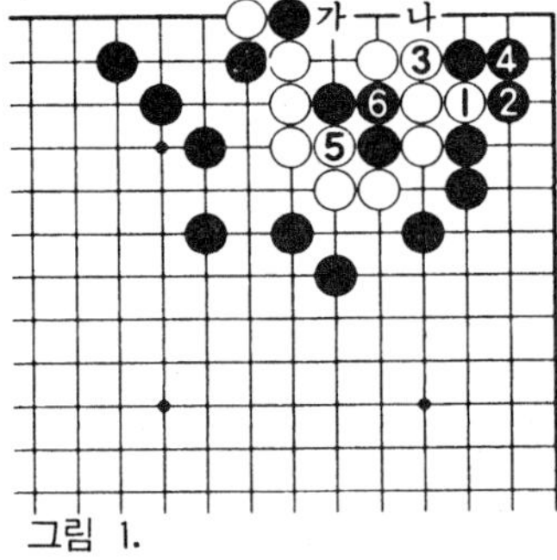

그림 1.

그림 1(정리) 백1, 3은 달리 결정할 수도 없는 곳. 백5의 단수에도 허비가 없을 것이다. 그러나 여기서 다음 수에 당혹할 것 같다. 백가의 빼기가 선수면 문제는 없는데 흑나로 젖히기 당해 ●을 잡는 수는 없다. 그렇다고 백나의 처지기에서는 흑가로 거는 집이 눈에 보인다.

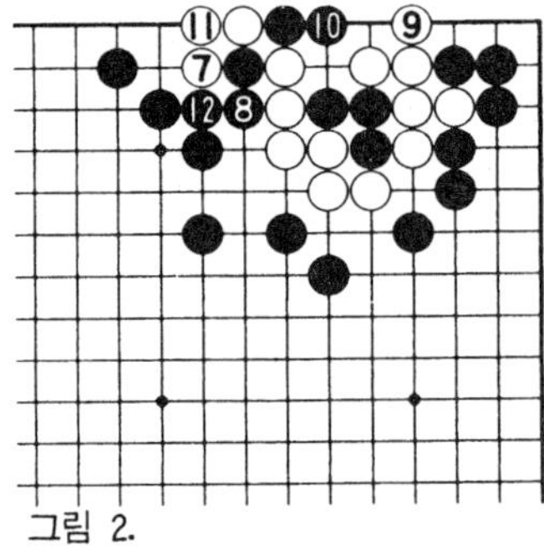

그림 2.

그림 2(백7, 수법) 단수를 상관않고 백7로 젖혀올리는 것이 교묘한 수법이다. 흑8에서 11의 빼기면 백10으로 눌러서 8과 9의 대응이다.

따라서 흑8로 도주한다. 그러나 백7의 효과는 백9, 흑10으로 바뀐 후, 백11로 이어서 수수를 늘일 수 있는 곳에 있다.

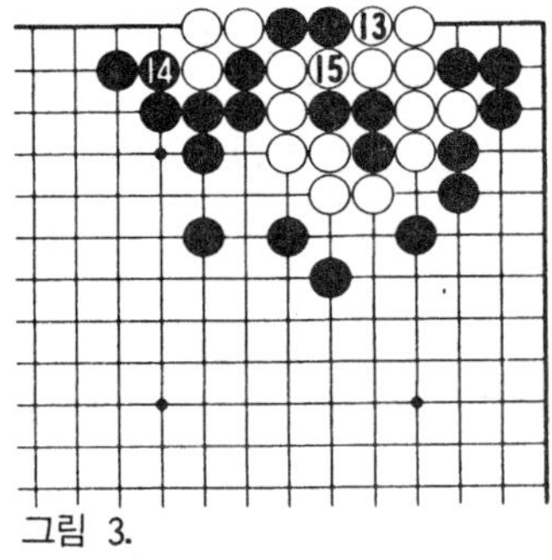

그림 3.

그림 3(백13, 수법) 백13으로 바깥부터 공배를 채워가는 것이 수법이다. 이것으로 15의 3점 빼기는 중앙에 내격 당해 그만이다. 흑14에 백15로 상하를 함께 빵따낼 수 있는 것이 가치이고 중앙의 집갖기와 변의 집짓기를 대응으로 삼는다. 이것이 두 번 빼기다.

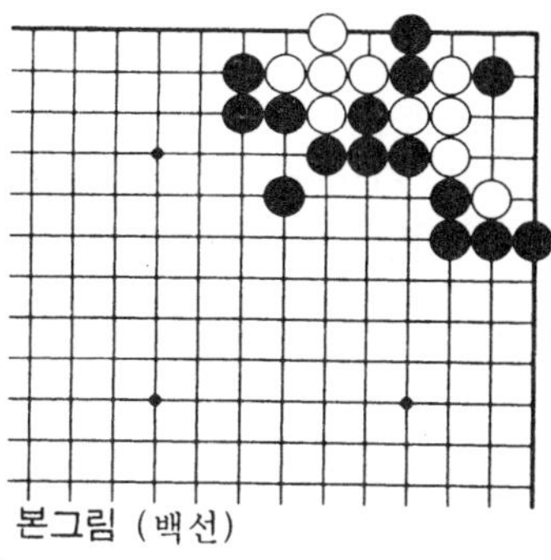

본그림 (백선)

젖히기

자기의 공배 채우기를 어떻게 해소 시키느냐. 최후의 최후까지 마음을 놓 아서는 안된다.

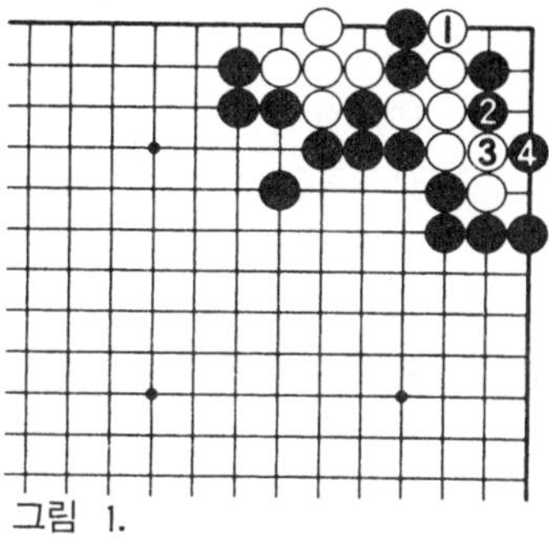

그림 1.

그림 1(양 건너기) 백1의 붙여내기로는 흑2, 4로 건넌다. 또 백1에서 2의 누르기는 흑1로 흑 건넌다. 그 어느 쪽도 공배 채우기 때문에 백은 저항할 수 없다.

따라서 그 양건너기를 일거에 막고 자기의 공배 채우기를 해소하는 수법이 요구된다.

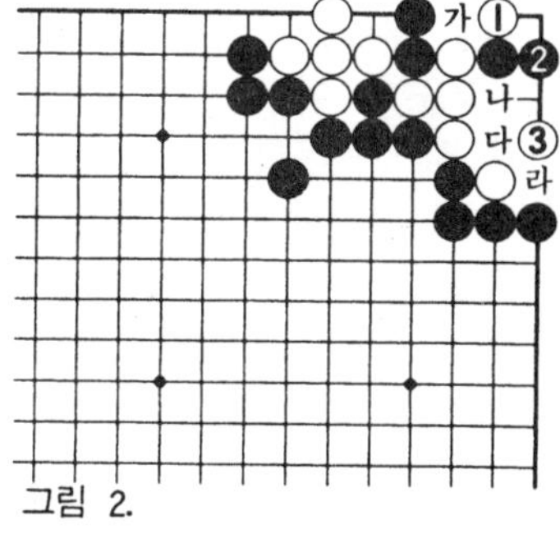

그림 2.

그림 2(백1, 수법) 백1로 젖히면 흑가로는 물론 둘 수 없고 흑나, 백다, 흑3의 건너기에는 백2의 추격이 있다. 흑2는 가벼운 함정이지만 백3이 정착이어서 위험을 모면했다.

백3에서 부주의하게 다의 굳게 잇기면 흑3, 백라, 흑나로 패가 된다.

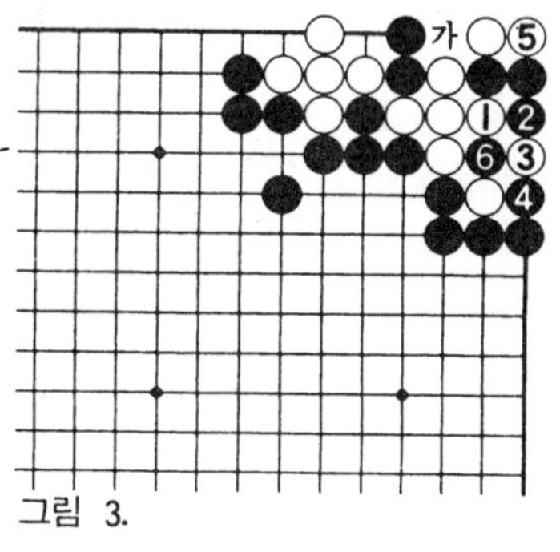

그림 3.

그림 3(공배 채우기 부활) 앞의 백3에서 1은 흑2부터 4로 단수하는 무서운 맥을 유발한다. 백5로 3점을 빼도 아무렇지도 않을 듯하지만 흑6으로 패를 잡히면 딱 곤란해졌다. 백2의 잇기는 그 위에 던져넣기 당해 양 밀수 없음 포함의 패다. 흑6에 백가는 흑2로 죽음.

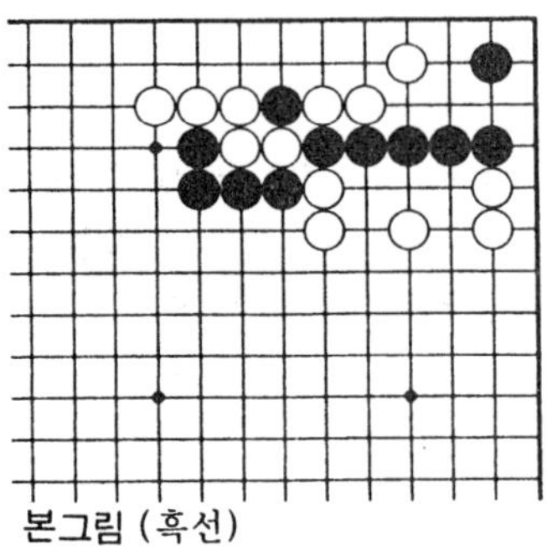

본그림 (흑선)

젖히기

믿기 어렵게 기묘한 수라도 나중에 생각하면 기본적인 원리에 적합한 것.
본그림은 『玄玄碁經』의 「勢均力敵勢」에서 발췌.

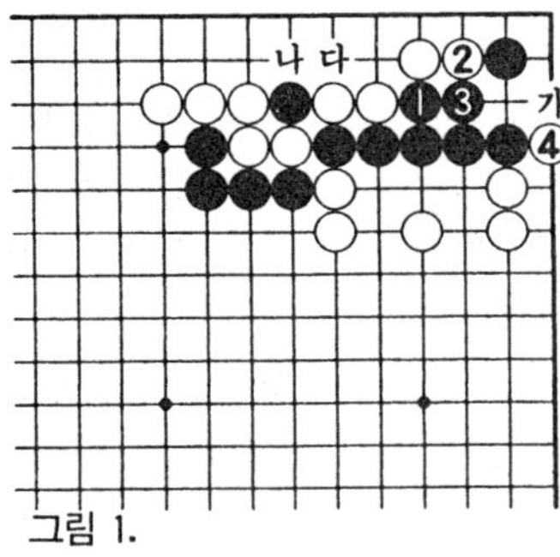

그림 1.

그림 1(안쪽부터) 흑1의 들여대기에는 백2부터 4의 젖히기, 흑1에서 2의 충돌에는 백1, 흑3, 백가의 놓기. 양쪽 모두 상변에서 ●이 활동할 여지가 없는 모양이다.
그렇다고 흑1에서 먼저 나로 뻗어봐도 백다로 눌려서 전기의 사정은 전혀 변하지 않는다.

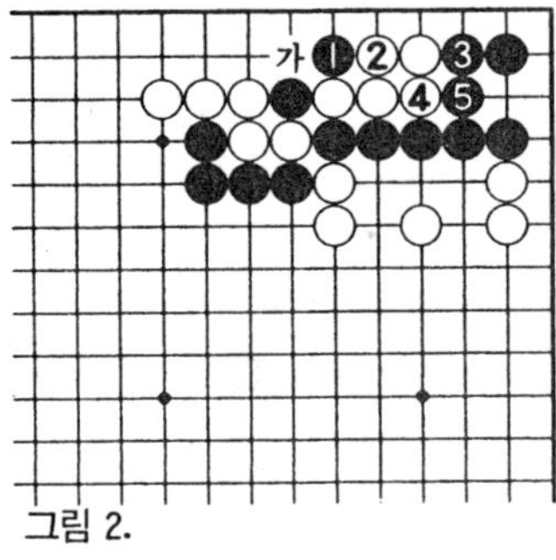

그림 2.

그림 2(흑1, 수법) 흑1을 젖히기라 불러도 좋을까. 이 이상한 1수로 흑의 일단에 생기가 돈다. 백2의 불평하기면 흑3으로 부딪쳐서 5의 공배 채우기가 흑가를 보아 선수. 유유하게 귀의 살기로 손을 쓸 수 있다. 백2에서 4면 흑5가 역시 선수다.

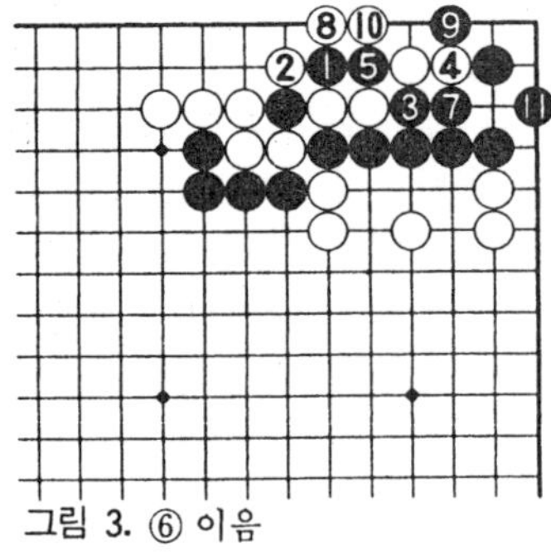

그림 3. ⑥ 이음

그림 3(상황 보기) 백2의 빼기면 이번에는 흑3의 들여대기다. 백4에서는 흑5의 단수부터 7, 9를 작용시키고 흑11로 집을 갖고 당당한 살기다.
이렇게 보면 흑1의 젖히기는 백의 응수에 따라 3의 들여대기냐 4의 부딪치기냐를 결정하는 수법이라는 것을 알 수 있다.

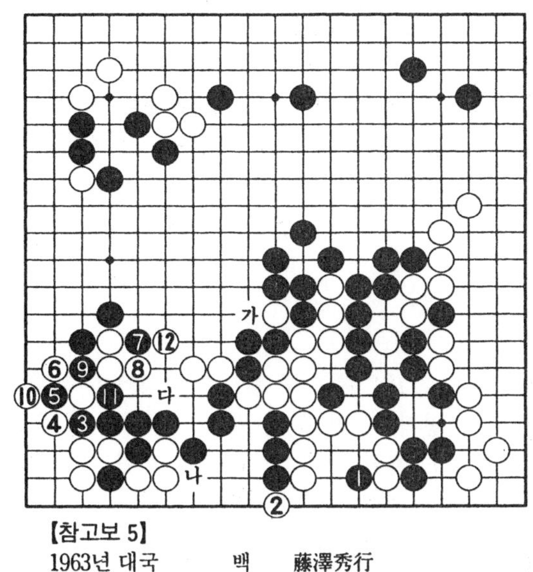

【참고보 5】
1963년 대국　　백　　藤澤秀行
　　　　　　　　흑　　加田克可

젖히기

　젖히기 하나로 상대를 공배 채우기로 만들고 대체를 피하는 수법이다. 나중이면 작용하지 않는 곳을 먼저 작용시킨다.

【참고보 5】
　흑1은 승부다. 3의 나오기에 대해서 백4로 받았으므로 흑5, 7의 맥이 생겼다. 흑11로 끊어서 패다. 백의 큰집은 가가 있으므로 태평.
　흑1에 나는 백다가 선수.

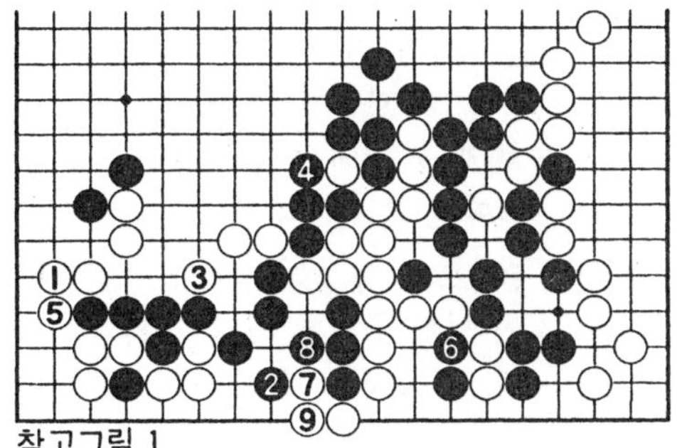

참고그림 1

　참고그림　1(무조건　죽음) 보의 백4에서 1의 처지기면 흑은 무조건으로 죽어 있었다. 흑2는 백3이 선수인데 이하의 맞공격은 백 승리. 흑6에서 9는 백8로 놓아도 좋다. 백5에서는 9의 뻗기를 작용시키는 것도 견실.

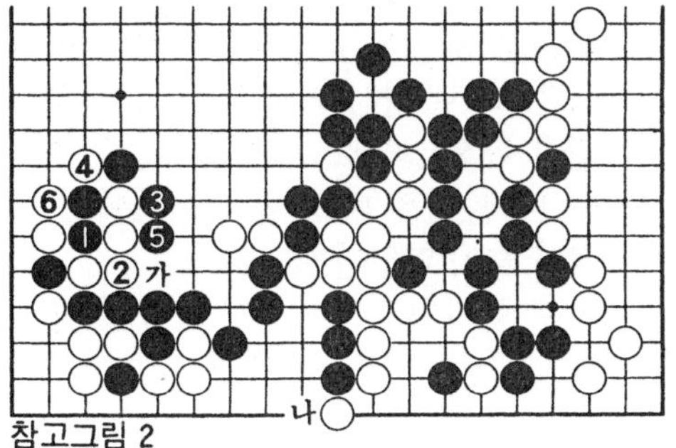

참고그림 2

　참고그림　2(대체)　보의 흑7에서 1의 단수를 먼저 하면 흑3의 젖히기에 백4로 끊어 대체 당한다. 백6 이후 흑이 가의 나오기를 지켰을 때 백나로 건너 흑 좌변의 손해가 크고 흑은 땅이 부족하다.

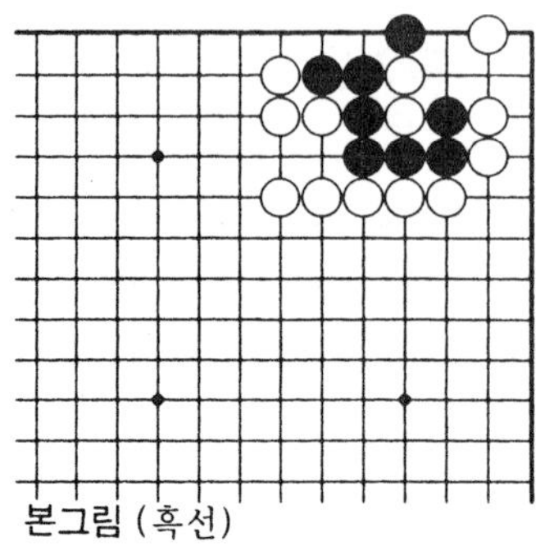

본그림 (흑선)

젖혀 넣기

꼬리를 쥐어 뜯겨도 본체를 살려야 하는 것은 물론이고 하물며 재생의 가능성이 있는 꼬리라면….

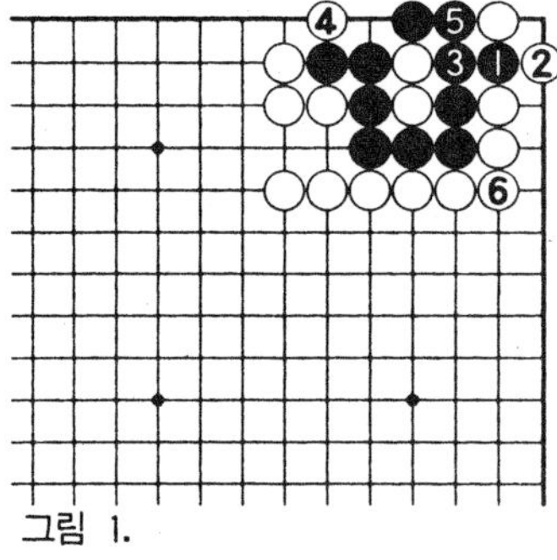

그림 1.

그림 1(한 발 늦었다) 흑1의 젖혀 넣기는 수법인데 백2의 단수에 흑3으로 빼면 아직 그 본질이 보이지 않았다. 백4로 변의 1집을 뺏기고 흑5로 추격하러 가도 한 발 늦었다.

흑1에서 3으로 빼는 등은 결과는 같아도 착상에 큰 차가 있을 것이다.

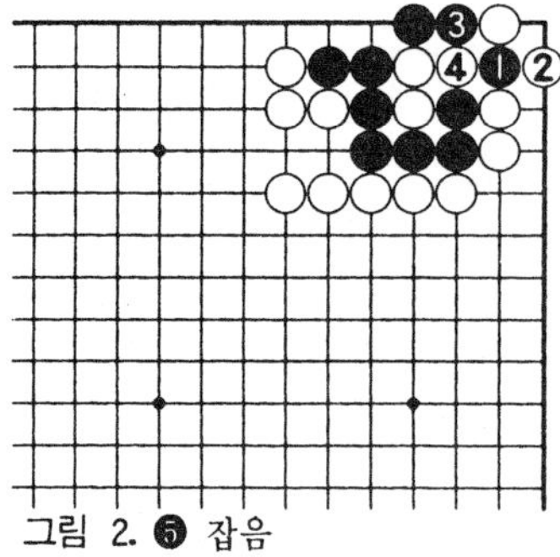

그림 2. ❺ 잡음

그림 2(흑1, 3, 수법) 흑1로 젖혀넣었으면 3으로 부딪쳐서 젖혀넣은 1석을 빼게하는 데까지 돌입하기 바란다. 백4에는 흑5로 되 뺄 수 있기 때문인데 3석으로 만들어서 빼면 1집이라는 것이 사활의 기본 원칙이다.

흑3으로 공배를 채운 효과는 곧 나타난다.

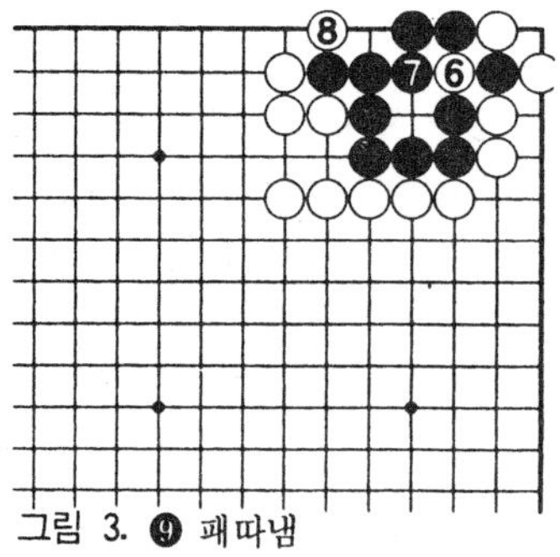

그림 3. ❾ 패따냄

그림 3(2단 패) 앞그림에 이어서 백은 6으로 다시 되빼고 흑7로 눌러 1집이 확정. 백8로 변의 집모양을 뺏았을 때에 흑은 패를 잡고 이번에는 추격이 늦지 않았다.

흑 불리인 2단 패지만 무조건 죽음보다 나은 것은 물론이다.

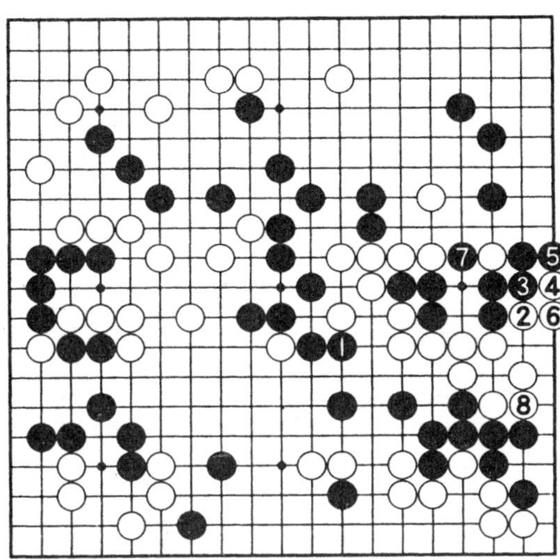

젖혀잇기

땅을 얻으면서 쫓아 올라가 느냐, 단숨에 으깨러 가느냐. 후자인 경우에는 더구나 정확 한 읽기가 필요할 것이다.

【참고보 6】

흑1은 백2, 4로 공배 채우 기를 이용당할 맥을 못 본 것. 흑7은 생략 못하고 백8로 살 면 단숨에 형세가 기울었다. 흑1은 거의 공배와 같다.

【참고보 6】
제24기 왕좌전　　백　　藤澤秀行
　　　　　　　　　흑　　戶澤昭宣

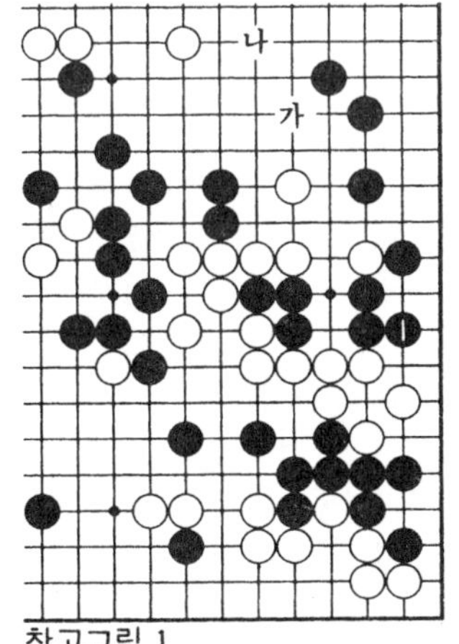

참고그림 1

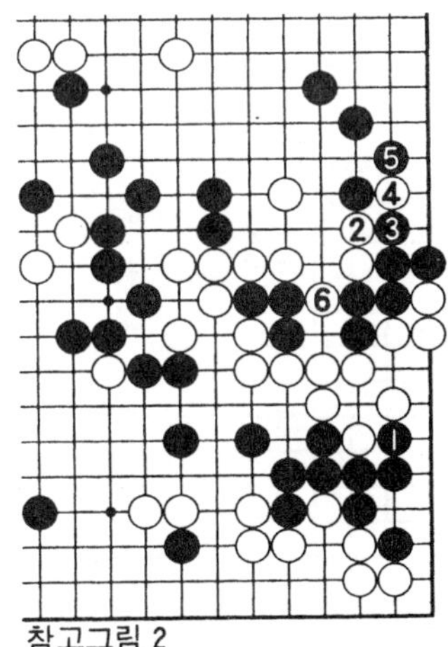

참고그림 2

참고그림 1(쫓아 올린다) 보 의 흑1에서는 1로 처져서 땅을 얻 으면서 공격할 것이었다. 백가에 는 흑나로 쫓고, 백에게 공배를 연 락시키면서 귀를 다진다.

참고그림 2(공배 채우기) 보 의 흑7에서 1로 집모양을 뺏어도 백2부터 4로 끊기워서 공배 채우 기를 보충할 도리가 없다. 백6으 로 3점을 추격으로 잡히고 백 크 게 살아 버린다. 백2에서 6의 단수 는 흑2로 살아 백 조금 손해를 본 다.

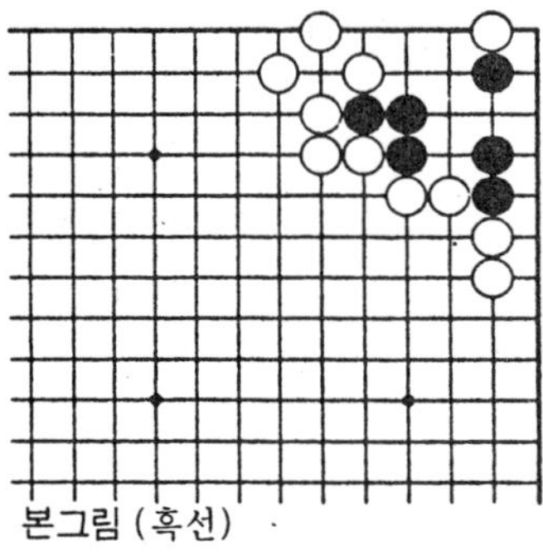

본그림 (흑선)

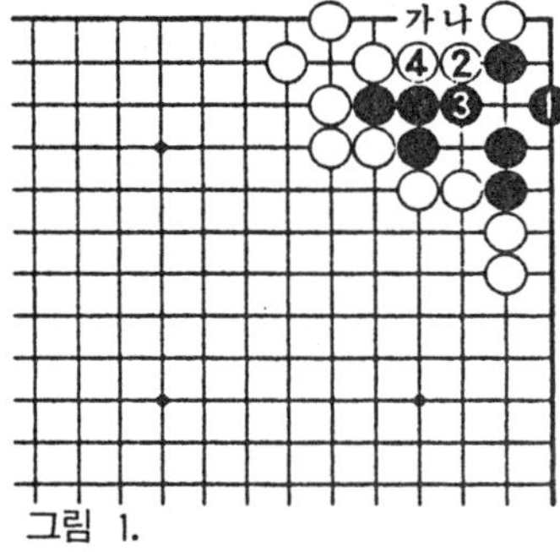

그림 1.

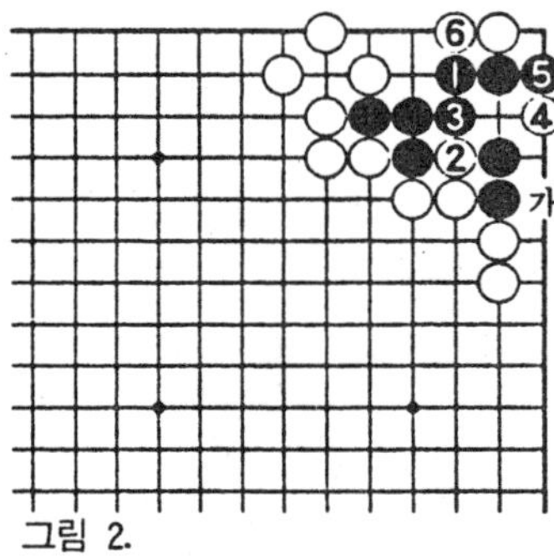

그림 2.

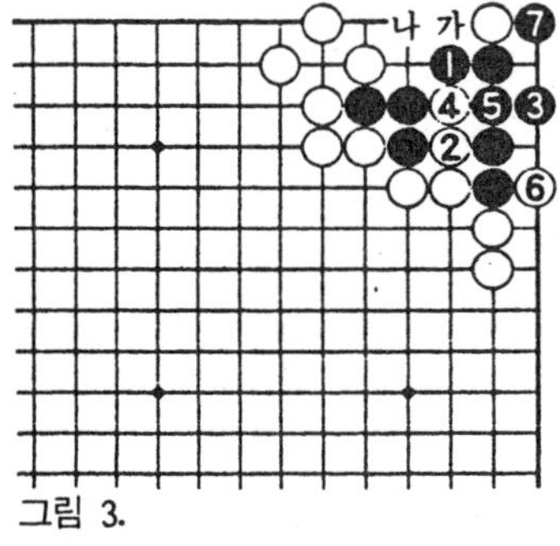

그림 3.

들어가기

상대를 귀끝으로 유인하려는 들어가기의 맥. 저항하면 으깨기로 유인한다.

그림 1(지나치게 서두르기) 흑1의 들어가기를 서두르면 품이 너무 좁다. 백2의 젖혀올리기가 급소인데 흑3, 백4로 된 모양은 패로도 되지 않고 죽음이다. 흑3에서 4로 밀어내도 백가로 받으니 사정은 조금도 호전되지 않았다.

흑1에서 나는 백2의 들여끊기로 죽음.

그림 2(급소의 놓기) 흑1은 품을 넓히는 급소인데 백2의 나오기에 흑3으로 받으면 백4로 집모양의 급소에 돌입한다. 백가의 건너기를 막고 흑5로 해도 백6으로 죽음이다.

흑3에서 6으로 1점을 몰아넣어도 이쪽 2점의 공배 채우기를 찌르는 백가의 젖히기에 궁할 것이다.

그림 3(흑3, 수법) 백2의 나오기에는 흑3으로 들어가는 것이 수법이다. 백4, 흑5는 부득이한 이용 당하기라고 해도 백6에는 흑7의 던져 넣기로 으깨기할 마음이 있다.

백6에서 7이면 흑6으로 1집을 확보하고 백가에는 흑나로 3점을 잡을 수 있다는 것이 흑3의 효과.

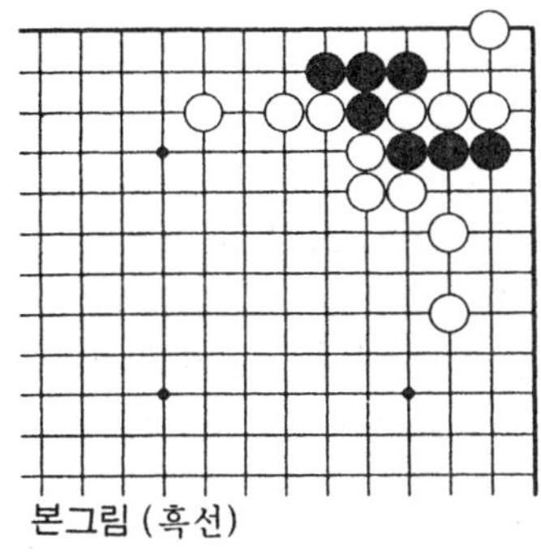

본그림 (흑선)

끼어들기

맞공격에 이길 수 없다고 비관할 것 없다. 좀더 시야를 넓게 가지면 또 다른 안도 생긴다.

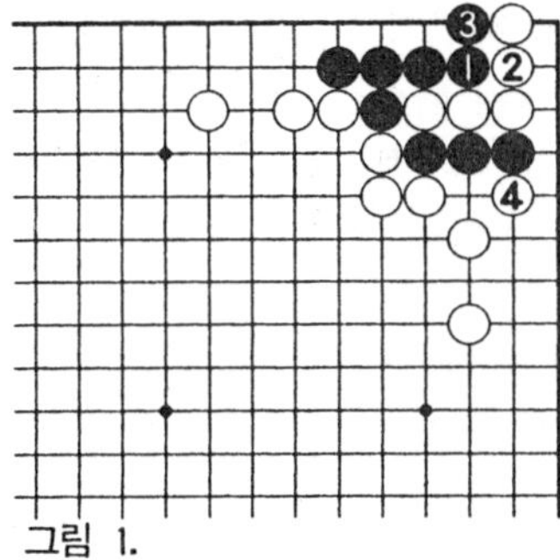

그림 1.

그림 1(품 부족) 흑1, 3으로 공배를 채워도 백4로 1수 패배는 분명하다. 하다못해라고 생각하는 상변의 흑도 이 모양으로는 품 계산이 부족해서 살기는 바랄 수 없다.

차례로 해서 안 된다면 좀더 백의 품속으로 침입해서 휘젓는 수를 생각한다.

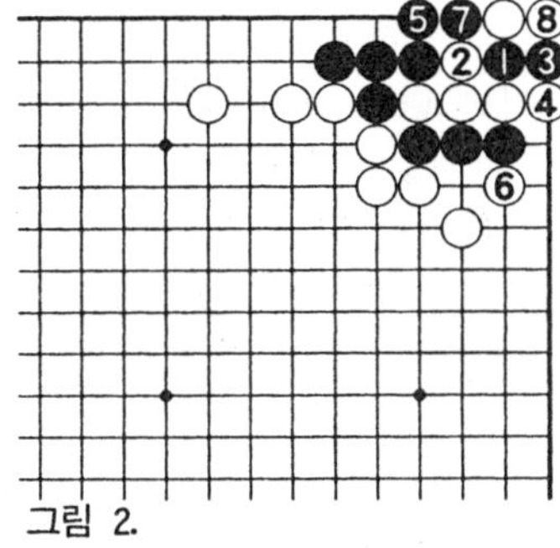

그림 2.

그림 2(흑1, 3, 수법) 흑1로 끼어들어서 3으로 처지고 일단 크게 만들어서 잡게 한다. 백4, 6으로 맞공격 패배의 사정은 변하지 않으나 흑5부터 7로 단수해서 백의 모양도 약간 흔들리기 시작했다.

백8로 2석을 잡히고 얼핏 보면 절망 같지만….

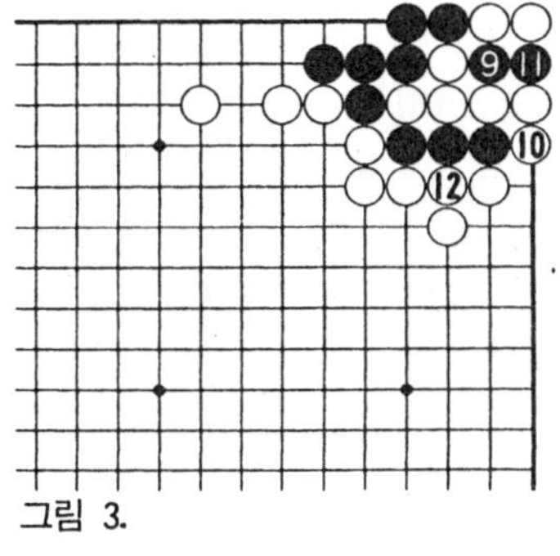

그림 3.

그림 3(선수 잡기) 흑9로 던져넣고 11의 두점 잡기를 선수로 둘 수 있는 것이 버림돌의 효과다. 이어서 9의 위에 잇고 귀에 1집을 다지면 상변에도 1집이 있어서 분산한 것으로 보인 흑이 여하간 안주할 땅을 얻었다.

이것도 버림돌의 철저한 이용이라고 할 수 있다.

잡고 사는 수법

집모양도 만들 수 없고 품 계산도 부족하다면 상대의 돌을 잡고 사는 것이 최고다. 공배 채우기를 이용하는 것보다 더 적극적으로 포위망의 한 끝을 물어뜯는 수법이다. 그 중에서 가장 많은 추격. 옛 기서에는 활, 사, 패 등으로 나란히 한 항목을 만든 경우도 있는 등, 다양한 수법이 포함되어 있다. 또 일단 잡게 하고 나서 되잡는 돌의 밑으로 보아야 할 맥은 많고, 그 둘을 중심으로 소개하겠다.

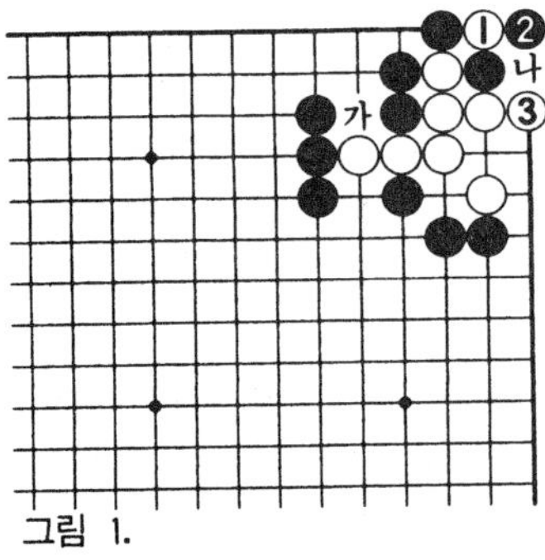

그림 1.

그림 1(던져넣기) 백1이라는 던져넣기가 추격의 원점이 된다. 흑2로 잡게 하고 백3으로 처지면 가에 결함이 있는 흑은 꼬리의 두점을 살릴 수 없다.

백1에서 나의 단수는 흑1로 잇기당해 추격하는 속도가 잇는 속도에 못미친다.

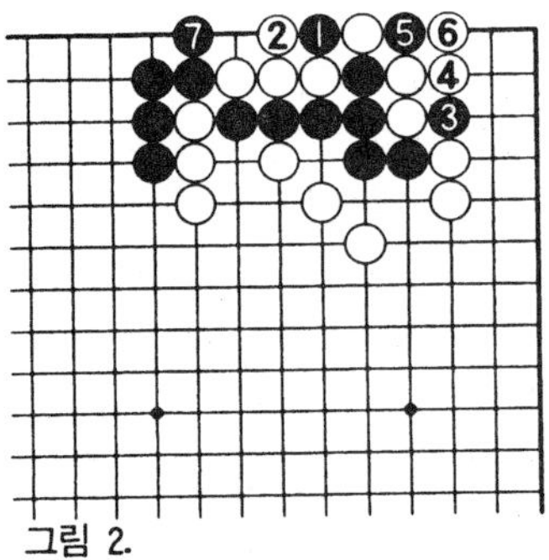

그림 2.

그림 2(3중) 추격의 준비 공작은 한 군데만이 아니다. 그때에는 수순에 세심한 주의를 해야 할 것이다.

흑1, 3, 5가 하나라도 틀리면 추격이 되지 않는다. 흑1에서 5는 백1, 흑3에서 5는 백6인데 모두 실패로 끝난다.

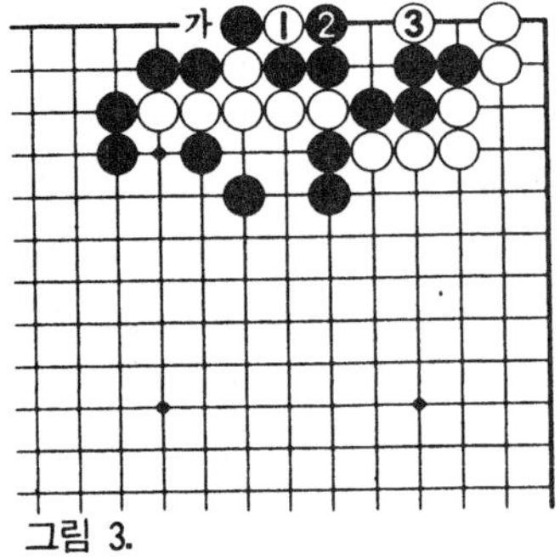

그림 3.

그림 3(필요한 곳) 물론 던져넣어야 할 곳과 던져넣어서는 안 되는 곳이 있다. 백1은 필요하지만 백1에서 가는 불필요할 뿐 아니라 흑1로 잇기당해 중앙 6점은 살지 못한다. 백3도 물론 단순히 붙일 곳. 이 이외에서는 추격이 성립되지 않는다. 유일한 수순이다.

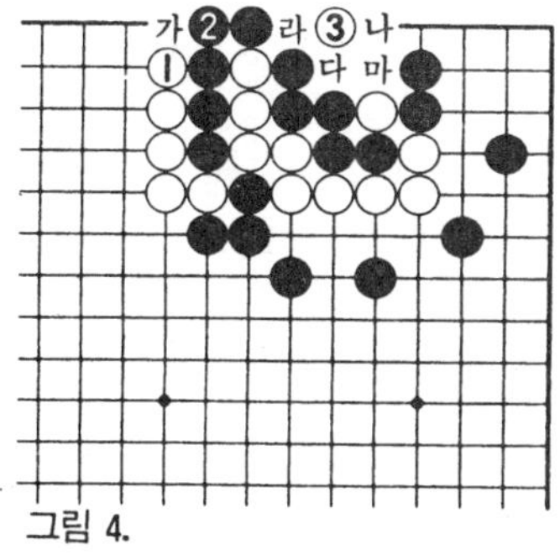

그림 4.

그림 4(맞공격) 백1로 단수, 3으로 놓는 간단한 수법이다. 백가로 단수하기 전에 놓는 것이 돌의 활동을 최고도로 발휘한 수단이고, 흑나, 다의 받기는 백가인데 그대로 추격. 백3에 흑라로 이으면 백마로 한점을 끌어내어 맞공격 1수 승리라는 줄거리다.

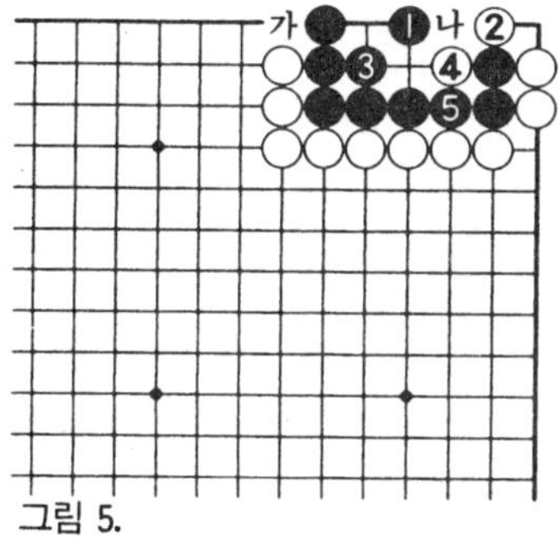

그림 5.

그림 5(유인한다) 흑1로 들어가고 백2면 다시 흑3으로 들어가서 추격으로 유인하는 수법. 이 경우는 특히 전체의 공배 채우기에 유의해야 하며 가령 가점의 공배가 채워져 있는 모양에서는 흑5 이후 백나로 죽음이다.
　백2에서 3은 흑2, 백4, 흑5로 비김수 살기.

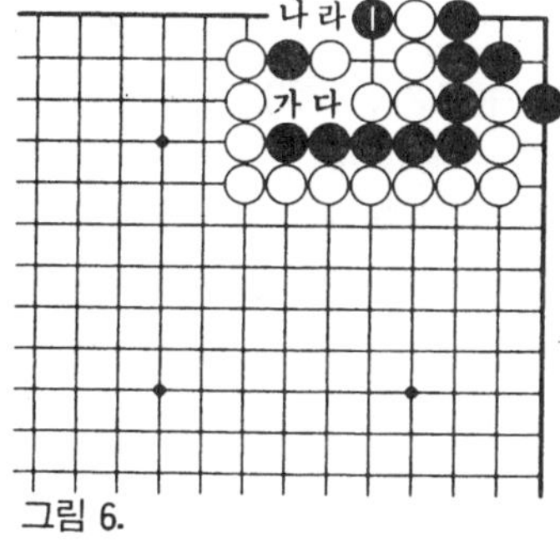

그림 6.

그림 6(상황 보기) 흑1의 붙이기 하나로 추격이 성립되고 있다. 흑가, 백나로 모양을 결정하고 난 후면 이미 어쩔 수 없고 흑나의 처지기도 백가로 후속이 없다. 먼저 흑1로 붙이는 것으로 백다면 흑가부터 라의 먹여치기를 노리고 백라면 흑다부터 나의 단수를 노리는 맥이 된다.

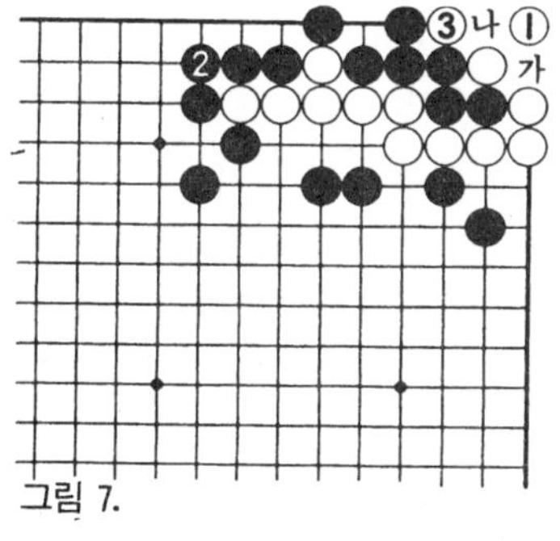

그림 7.

그림 7(패 포함) 백1로 패를 강매하는 추격이다. 흑2에는 백3으로 패. 이 패를 피하려고 흑2에서 3은 백가의 잇기로 무조건 살기가 됨.
　백1에서 가는 흑2, 백1에서 나는 흑가인데, 모두 추격에는 한 발 늦다. 백1이어야 한다.

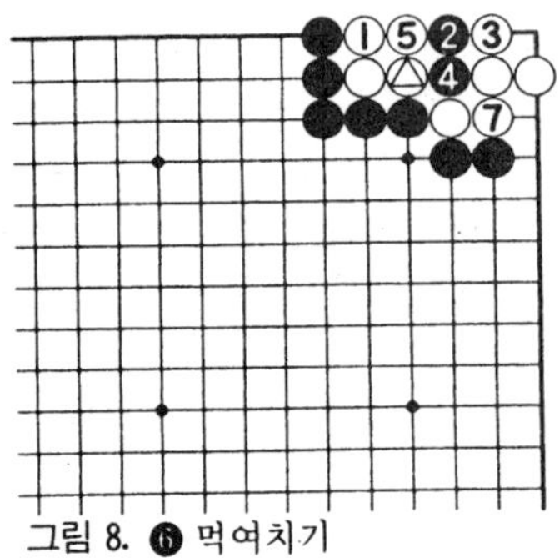

그림 8. ❻ 먹여치기

그림 9.

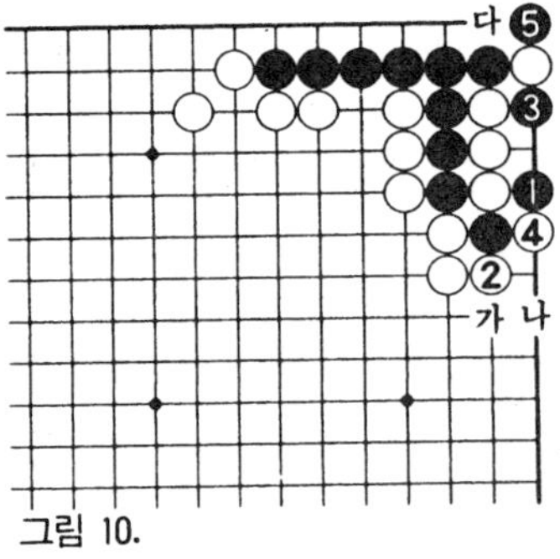

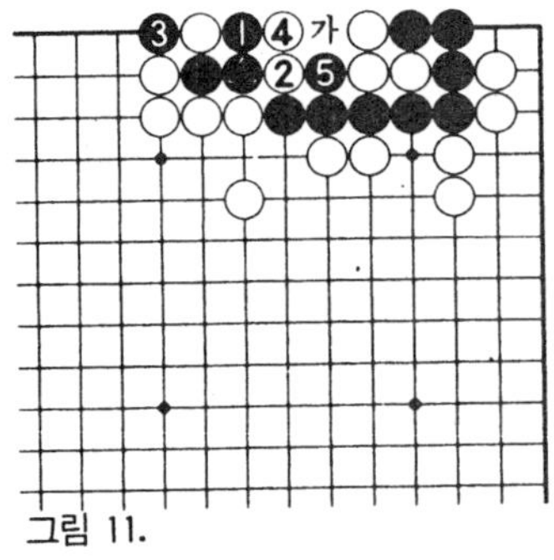

그림 10.

그림 11.

그림 8(돌밑) 돌밑의 기본형이다. 백5로 일단 두점을 잡고 흑이 4의 점에 먹여쳤을 때 백7로 잇는 것이 독특한 수법. 흑에게 2로 4점을 잡혀도 백이 ⚠의 점에 끊어 두점을 잡게 하기 때문에 「바보 4형」의 돌밑이라고 한다.

그림 9(번개형) 백1, 3으로 단수 잇고 흑4에는 백5에서 흑가로 잡게 하고 백은 ⚠의 점에 끊어 석점을 되잡는다. 이것은 모양에서 「번개형」이라고 부르는 돌밑이다.

백3에서 5의 단수를 서두르면 흑3, 백가, ●의 점에 먹여치고 귀에는 한 집도 없게 된다.

그림 10(돌밑 포함) 흑1의 젖히기에 백2의 누르기면 흑3, 5로 귀의 한 점을 잡고 유유하게 산다. 이것을 기피해서 백2에서 3이면 흑2, 백가, 흑4, 백나, 흑다로 처져 돌밑으로의 길을 달려간다는 셈이다. 흑2, 백가, 흑4로 기어 잇는 번개형은 가장 실전에 나타나기 쉬운 돌밑이다.

그림 11(三存抱一勢) 흑1로 누르고 백2의 끊기에 상관않고 3으로 뺀다. 이 준비가 작용해서 흑5의 단수부터 가로 누르면 석점의 뺀 흔적의 집 갖기와 ●의 점에의 끊기가 대응이 되는 살기다. 『玄玄碁經』에 「三存抱一勢」라고 제목이 붙은 모양인데, 이것도 많은 바리에이션이 있다.

256

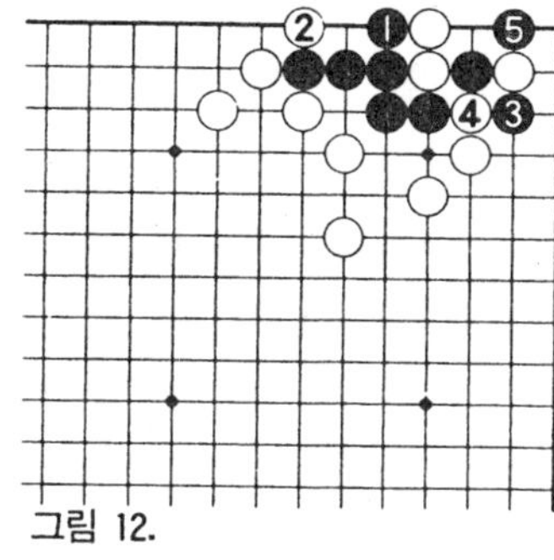

그림 12.

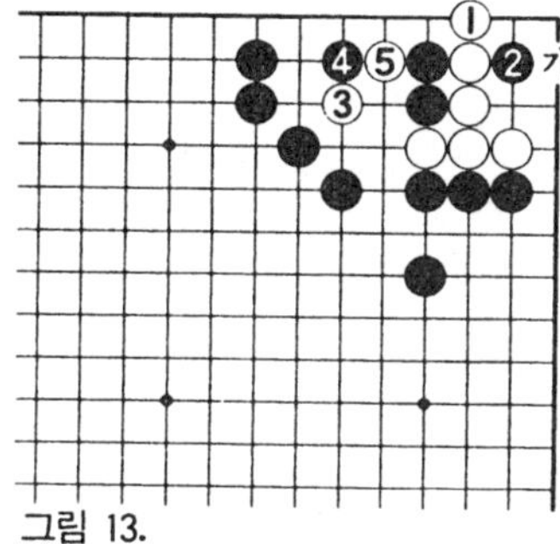

그림 13.

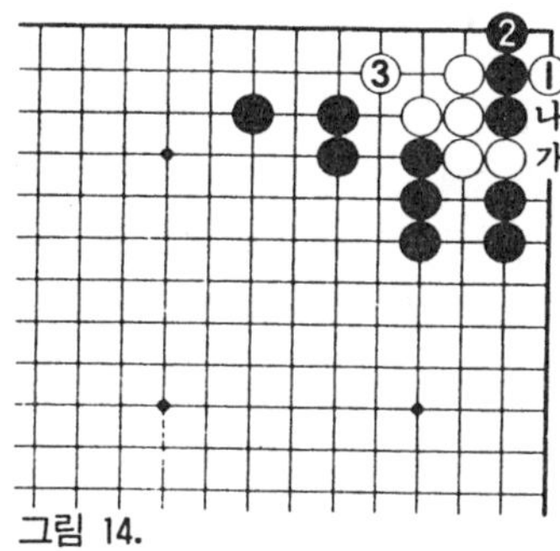

그림 14.

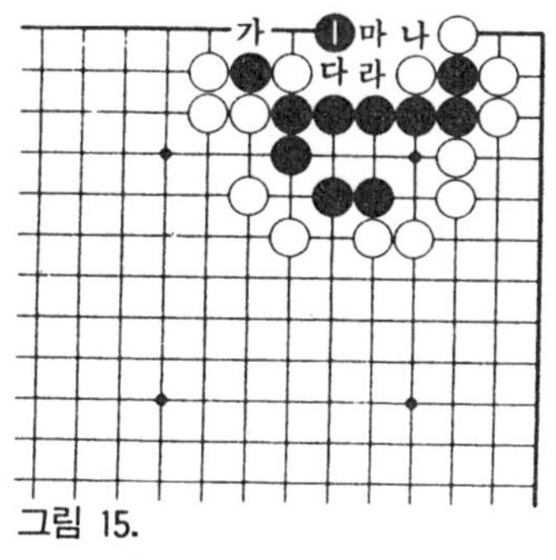

그림 15.

그림 12(회두리) 흑1로 2점의 공배를 채우는 수가 준비 공작이 되어 흑3의 젖혀내기가 성립된다. 흑5로 귀의 한점을 몰면서 변의 두점도 회두리로 제어하고 있는 것이 수법의 작용이다.

흑3, 5의 맥이 보이고 있지 않으면 흑1은 품을 좁혀서 두기 괴롭다.

그림 13(五龍閑遊) 백1의 처지기에서 두점 잡기와 집갖기를 대응으로 삼고 있다. 백가를 막고 흑2면 백3의 계마가 꺾어끊기를 작용시킨 추격의 맥이 되고 흑4에는 백5이하 백1의 위력을 충분히 발휘한다.

『玄玄碁經』에「五龍閑遊」라는 제목이 붙은 모양.

그림 14(붙이기 하나) 백1로 붙이고 흑2로 교환한 것만으로 우변의 건너기를 봉쇄하고 있다. 유유하게 백3으로 집을 가질 틈이 있고 이후 흑가면 백나 이하의 추격이다.

흑2에서 가면 물론 백2이고 흑2에서 나면 백가로 단수하고 나서 3으로 품을 넓혀도 좋다.

그림 15(대응) 흑1로 뛰고 가의 처지기와 나 이하의 추격을 대응으로 삼는다. 두어보면 별난 데가 없는 수인데 다, 라의 단수가 눈에 보이는 만큼 발상의 비약이 요구될 것이다.

흑1에서 나부터 두면 백마로 잡히고 공배 채우기 때문에 흑가를 못두게 된다.

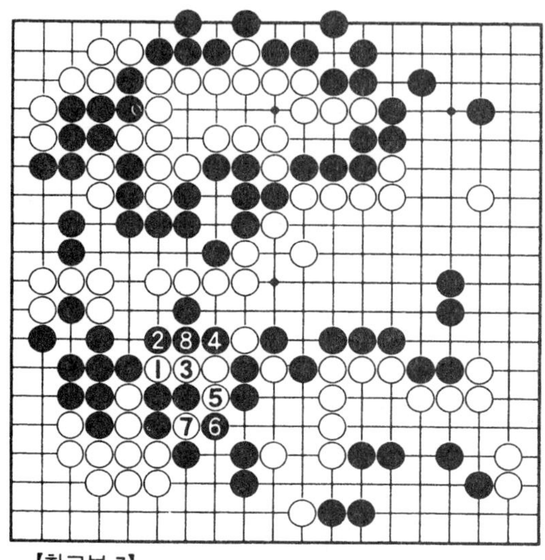

【참고보 7】

제22기 本因坊戰　　백　　藤澤秀行
리그전　　흑　　山部俊郎

돌　밑

전문 기사의 실전에서 돌밑은 좀처럼 생기지 않지만, 이것은 그 진기한 예. 뒤끊기를 이용해서 연락을 확인하는 모양이 되었다.

【참고보 7】
백1로 끊고 우선 좌변의 흑을 습격한다. 흑의 수에 붙고 자연히 하변의 흑을 손에 넣으려는 읽기. 그러나 흑4부터 8로 석점을 잡게 해서 연락이다.

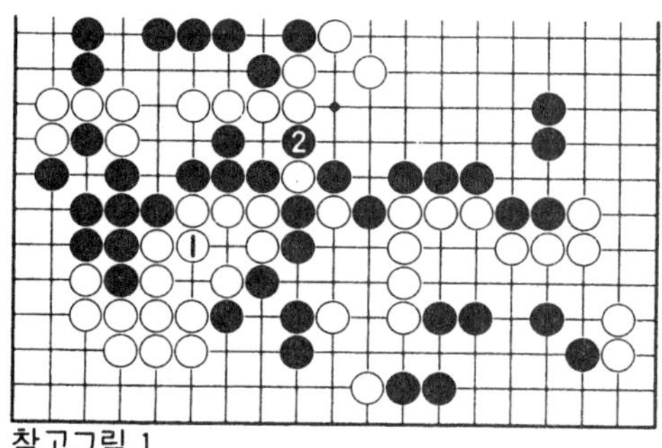

참고그림 1

참고그림　1(뒤끊기) 백이 석점을 빼도 1의 잇기를 생략할 수 없는 모양이다. 흑2로 빼서 좌변과 하변을 대번에 연락하면 백에게 희망이 없는 바둑이다. 보의 흑8로 백의 던지기도 부득이할 것이다.

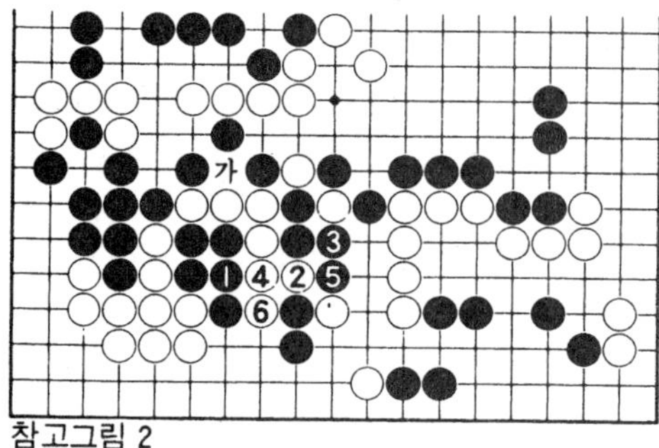

참고그림 2

참고그림　2(흑 최악) 백의 읽기 맥은 보의 흑6에서 1로 잇게 하고 그 사이에 2, 4로 하변을 분단하려는 것. 흑가가 작용해서 좌변은 무사하지만 하변을 몽땅 백이 잡수시면 흑 이길 수 있을 리가 없다.

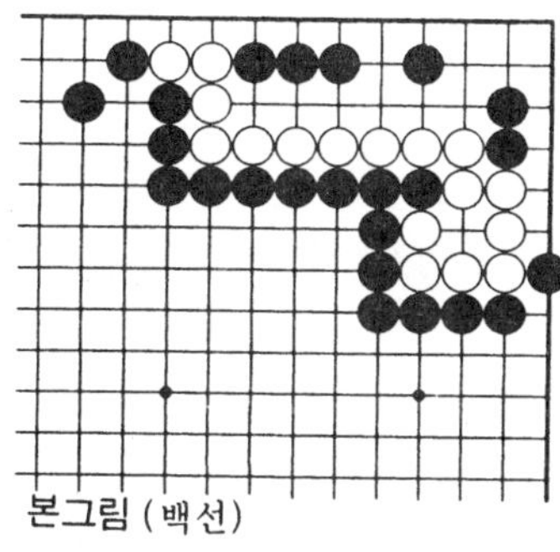

본그림 (백선)

놓　기

백은 一집, 어디를 물어 끊을 수 있
느냐에 생사가 걸린다. 『玄玄碁經』의
「單井勢」에서 발췌.

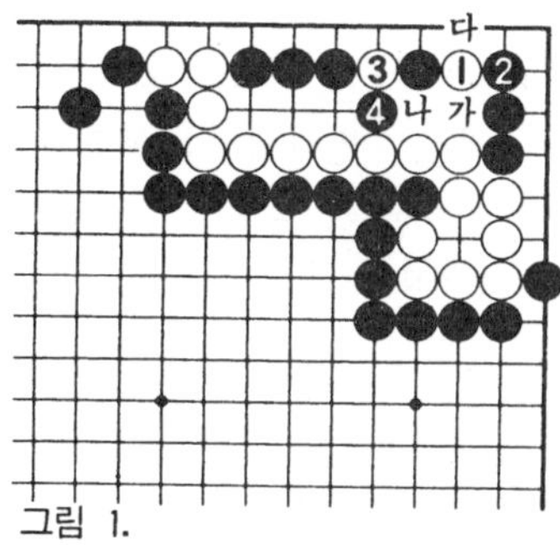

그림 1.

그림 1(다음 한수)　백1의 붙여넘
기는 한눈에 환한 수법인데 흑도 가로
차단해서 백나로 끊기우는 어리석음
은 범하지 않을 것이다. 흑2로 눌리웠
을 때 어떻게 흔들어 가느냐. 백3의
끼어들기에서는 흑4로 안되고 백3에
서 가의 잇기도 흑다로 건느니까 숨이
끊기운 모양이다.

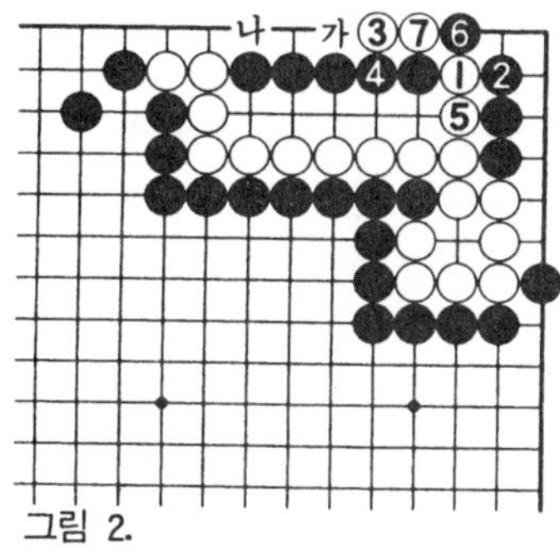

그림 2.

그림 2(백3, 수법)　순간의 틈을
찌르는 백3의 놓기가 매섭다. 흑4면
서서히 백5로 잇고 7로 먹여쳐서 집모
양을 뺏는다. 백가의 잡기에는 다시
한 번 7로 먹여치고 백나로 젖혀서 흑
은 한집이다. 다만 잘 보면 백도 한집.
결과는 비김수인데, 여하간 백은 잡지
않고 끝났다.

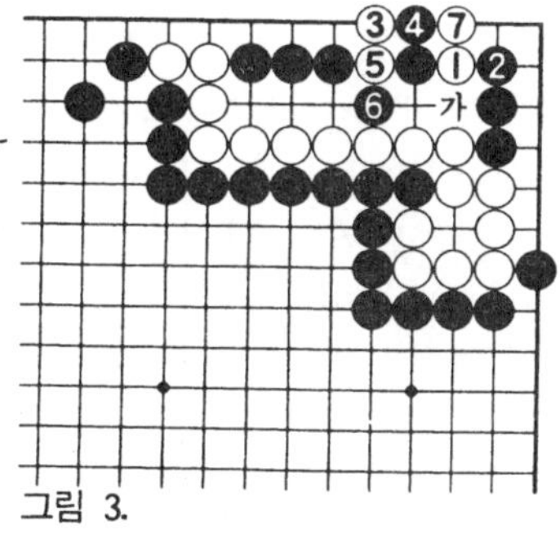

그림 3.

그림 3(차단의 맥)　백3의 놓기에
흑4면 백5로 나와서 7의 단수를 확보
한다. 백3에서 가, 흑7을 교환하면 이
맥을 잃는다. 흑4에서 가도 7도 백5로
먼저 나오는 맥으로 해결한다.
　그리고 흑2에서 7의 밑젖히기도 분
명치 않은 저항인데 똑같이 백3의 놓
기로 좋다.

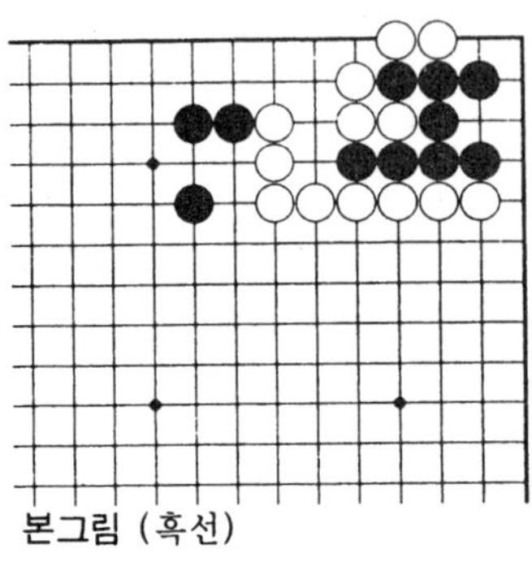

본그림 (흑선)

놓   기

유인해서 잡는 수법. 준비공작은 공배 채우기 이용의 수법으로 널리 알려졌다.

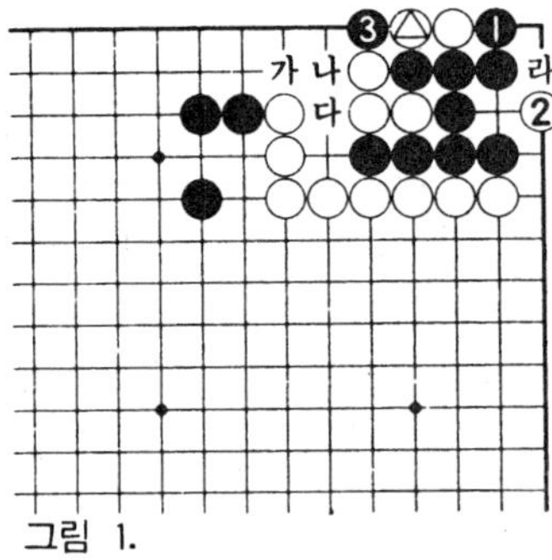

그림 1.

그림 1(준비 부족) 흑1로 노골적으로 단수해도 백2에서 앞의 전망이 없다. 흑3의 빼기는 ⓐ에게 먹여치기 당하고 흑3에서 가, 나, 다 등 고안을 짜내도 소용이 없다.

흑1에서는 또 하나 라로 두어 백1로 불러 들이는 맥도 있는데 지금 당장이면 쓸모가 없을 것이다.

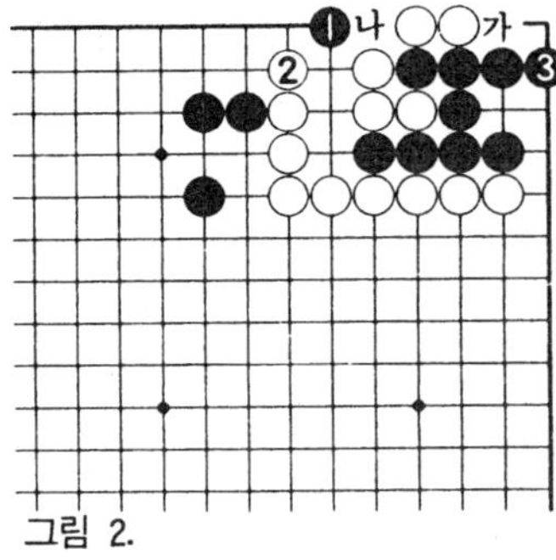

그림 2.

그림 2(흑1, 수법) 흑1로 모퉁이에 놓는 상용의 수법이 여기서도 유효하고 백2면 흑3으로 처지고, 백가로는 들어갈 수 없는 모양으로 되어 있다. 백2에서 나는 흑가가 분명히 작용해서 귀에 집모양은 확실하다.

이 흑1로 놓아 백의 응수를 묻고 흑3이냐 가나를 결정하는 것이 수법.

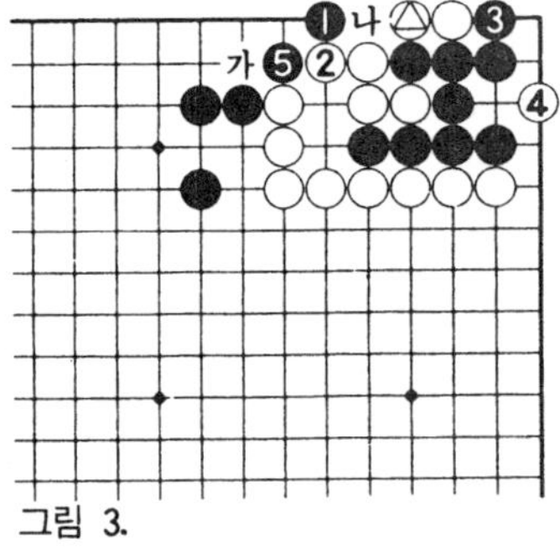

그림 3.

그림 3(백 최강) 백2의 불평하기가 최강인데 이 모양은 또 약간 맞이 다른 완성된 수법이 요구된다. 일단 흑3으로 누르고 귀에 한집을 확보하고 나서 흑5의 들여대기가 좋고 백가면 흑나의 빼기가 선수인데 백은 ⓐ에 먹여칠 틈이 없다는 줄거리다. 흑3에서 5를 서두르면 백3으로 죽음.

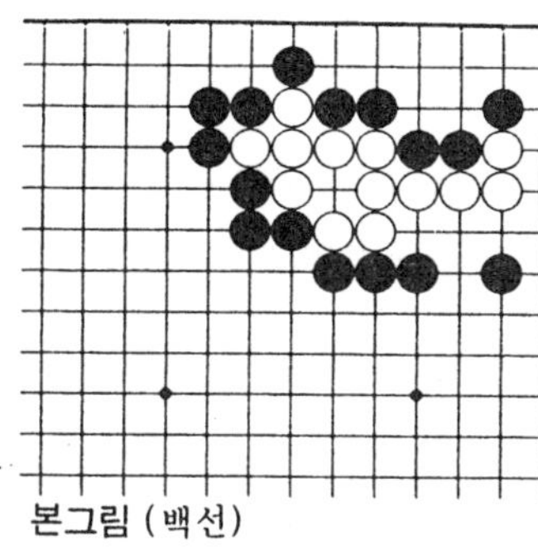

본그림 (백선)

끊　기

흑의 포위망을 물어 찢는 것밖에 살 길은 없는데 어느 단점이 목숨의 노림 수가 될까.

본그림은 『玄玄碁經』의 「王喬求仙 勢」에서 발췌.

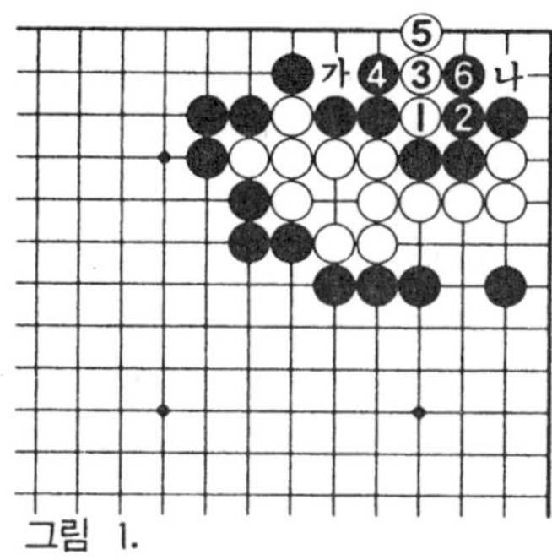

그림 1.

그림 1(끊어 처지기)　백1, 3의 끊어 처지기는 흑4의 누르기로 지키는 맥, 백5의 꺾어끊기에서 가로 던져넣는 추격을 노려도 흑6으로 배후에서 공배를 채우는 저항이 있어서 헛수고로 끝난다. 백1에서 나의 붙이기는 종반의 수법이고 물론 흑6으로 수가 되지 않는다.

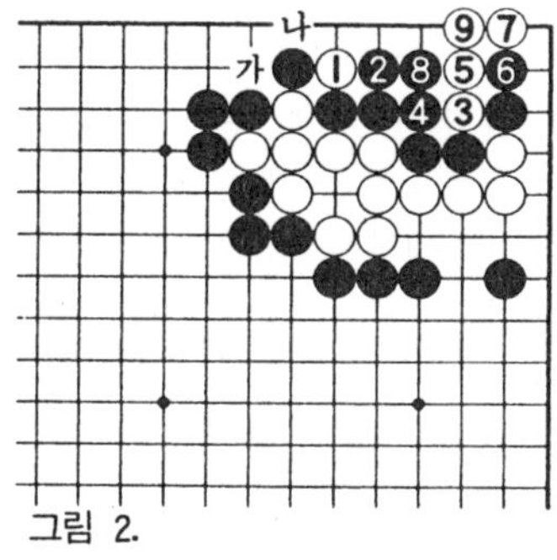

그림 2.

그림 2(백1, 3, 수법)　먼저 백1로 들여 끊고 흑2로 바뀌고 나서 흑3, 5로 이쪽을 끊어 처진다. 백1의 효과는 흑6이하 백9일 때 배후에서 단수하는 수를 지우고 있는 점에 있다.

백1에서 3, 흑4, 백5, 흑6 뒤에 백1로는 흑8, 백가, 흑나로 죽음이 된다.

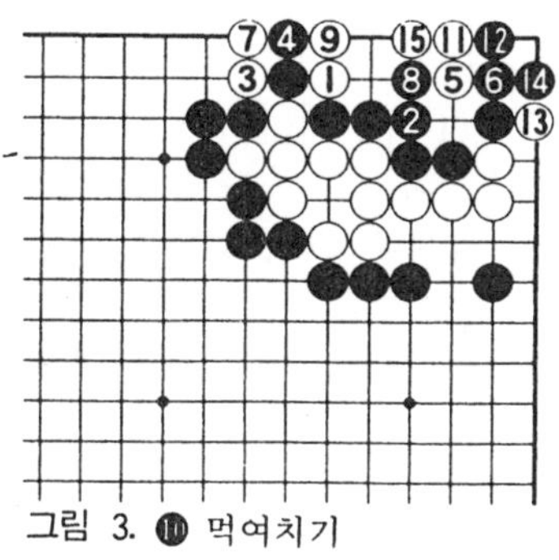

그림 3.　⑩ 먹여치기

그림 3(집모양)　백1이 먼저면 흑2로 지켜도 백3으로 끊어 살기는 보증되어 있다. 흑4에는 백5의 놓기부터 13으로 준비하고 15의 건너기에 추격을 방지하는 맥이 있고 여기까지 공들이지 않아도 백5에서 7로 보통으로 단수, 흑5, 백9로 집갖기와 탈출을 대응으로 삼아도 좋다.

261

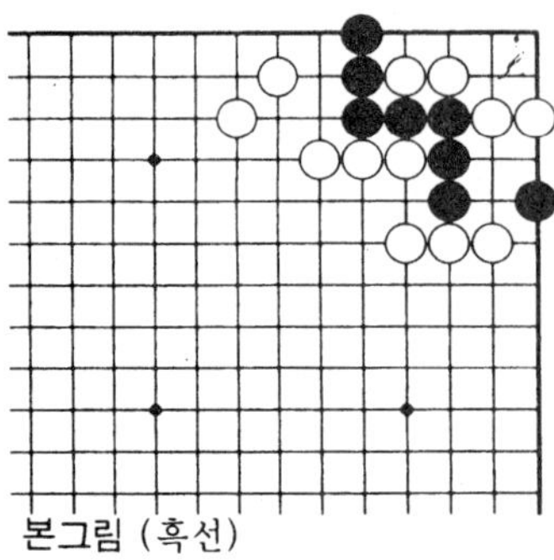

본그림 (흑선)

끊   기

처음과 끝, 두 군데에 함정이 있다.
본그림은 『玄玄碁經』의 「四門斗底
勢」에서 발췌.

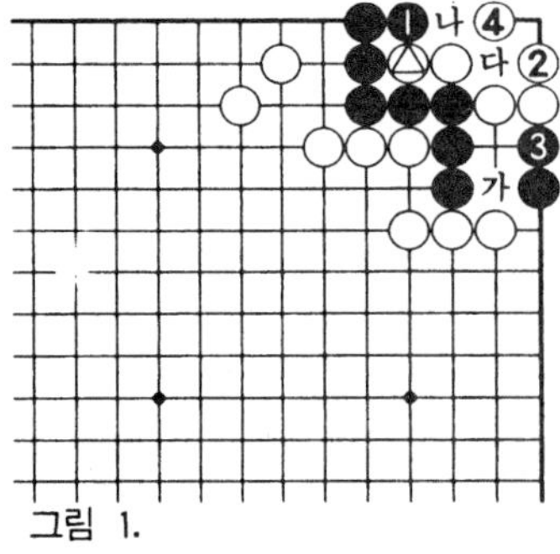

그림 1.

그림 1(6목 내격) 흑1로 나와도
백가의 건너기는 없는데 백2로 들어
가는 호수로 건너기와 내격을 대응으
로 삼는다. 흑3이면 백4로 일단 집을
갖고 흑나면 손빼기라고 해도 흑 죽음
이다. 그후 흑다에 두점을 잡으면 백
이 되잡고 ⓐ의 점에 단수했을 때 백
다의 잇기로 6목 내격이다.

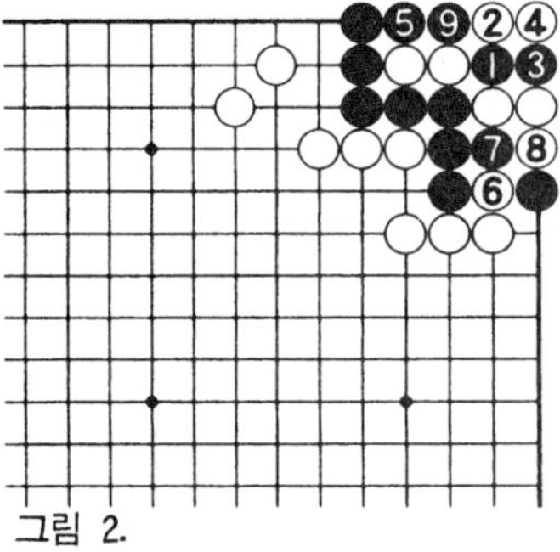

그림 2.

그림 2(흑3, 5, 수법) 흑1로 끊어
서 모양을 낼 참인데 또 흑3으로 두점
으로 만들어서 버리는 맥은 맹점이 될
듯하다. 백4로 빼게 하고 이번에는 흑
5로 잠자코 공배를 채우고 백6, 8의
건너기에도 흑9로 강하게 단수해도
된다. 속도는 느리지만 이것으로 백에
는 2, 4의 2점을 살릴 수가 없다.

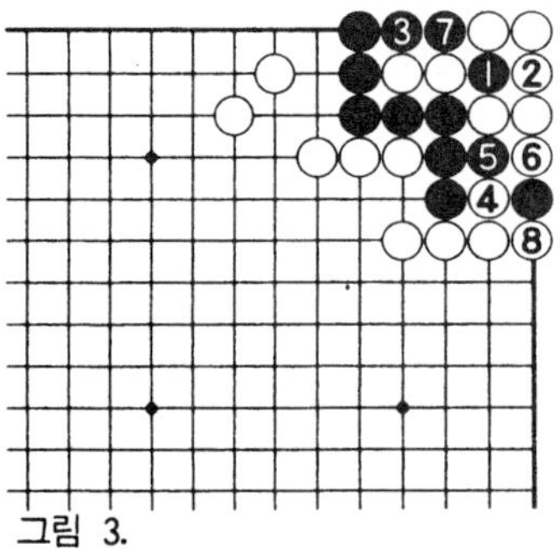

그림 3.

그림 3(지나친 생각) 앞의 흑5에
서 다시 한번 1의 던져넣기는 맥 비슷
하면서 공배를 채우는 속도를 늦춘 악
수다. 백2부터 4로 쉽게 건너도 두점
잡기에는 되잡기가 있어서 추격 불성
공. 전체의 흑 죽음이라는 결말이 된
다. 지나치면 미치지 못한 것과 같다
는 말대로이다.

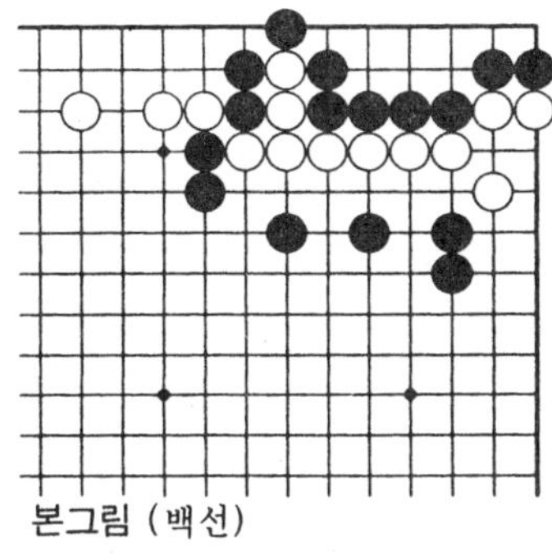

본그림 (백선)

들여끊기

추격에 양 회두리를 취감기게 한 맥.

본그림은 『玄玄碁經』의 「兩撲勢」에 서 발췌.

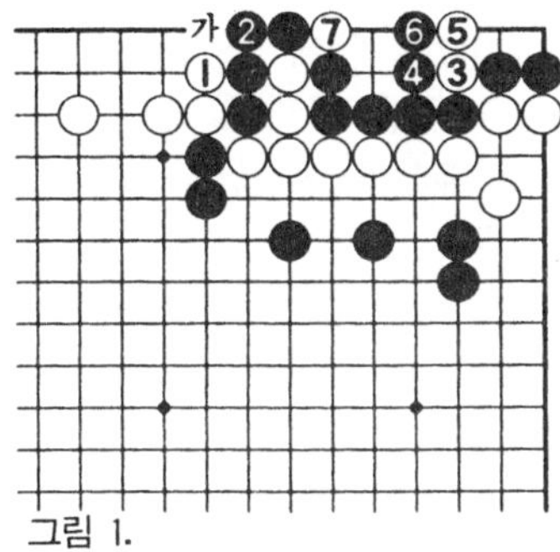

그림 1.

그림 1(백3, 수법) 백1의 단수에 실전이면 흑은 7로 이어 두점을 버릴 수밖에 없다. 흑2로 이어 끝까지 저항 한 점에서 수싸움으로서의 공방이 시 작된다.

백3으로 들여끊고 흑4, 6에는 백7로 던져넣고 나서 가로 단수하면 정확히 추격이다.

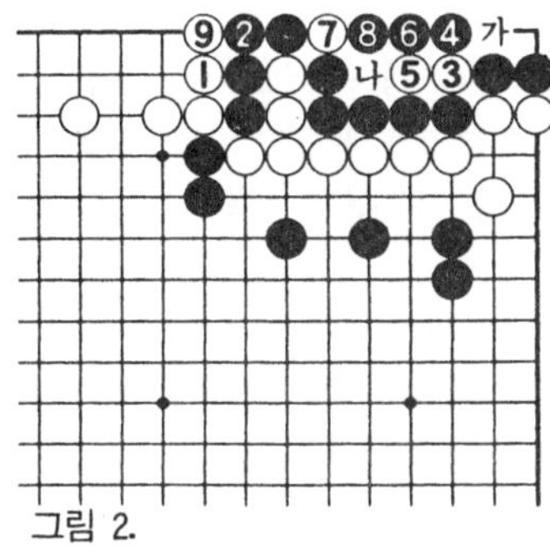

그림 2.

그림 2(양 회두리) 백3의 들여끊 기에 흑4로 밑에서 단수했을 때는 백5 로 하나 뻗고 나서 7로 던져넣는 수순 이 중요. 흑8에는 백9로 단수. 이하 흑 7의 잇기면 백가로 양 회두리다.

흑나로 두점을 빼면 다시 한 번 3으 로 던져넣기까지다. 흑6에서 나면 백7 이하의 추격.

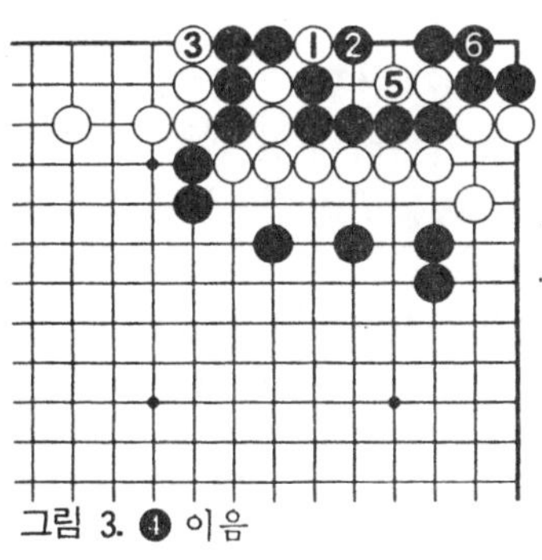

그림 3. ❹ 이음

그림 3(수순 전후) 앞그림 백5에 서 1의 던져넣기를 먼저하면 백3의 단 수에 흑은 4로 태연한 얼굴로 이을 것 이다. 백5의 뻗기에 흑6으로 잇는 멋 을 낸 참기를 준비했기 때문이다.

백1에서 5일 때는 흑6의 잇기도 흑2 의 마늘모도 무의미한 수가 된다.

263

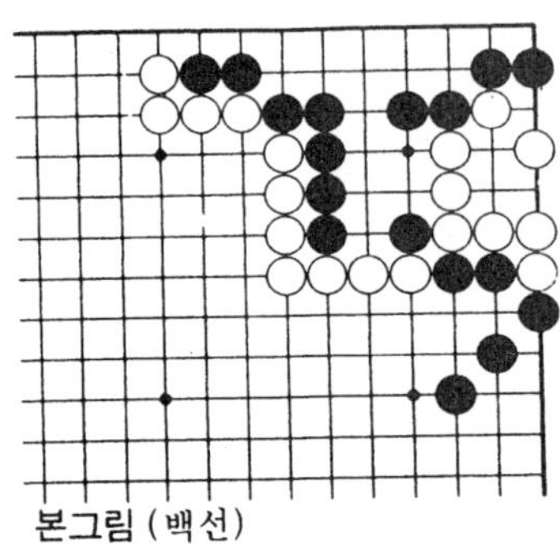

본그림 (백선)

끊어 처지기

숨이 끊어져가는 백이 점차로 소생하고 최후에는 흑을 잡고 산다.

본그림은 『玄玄碁經』의 「老子還魂勢」에서 발췌.

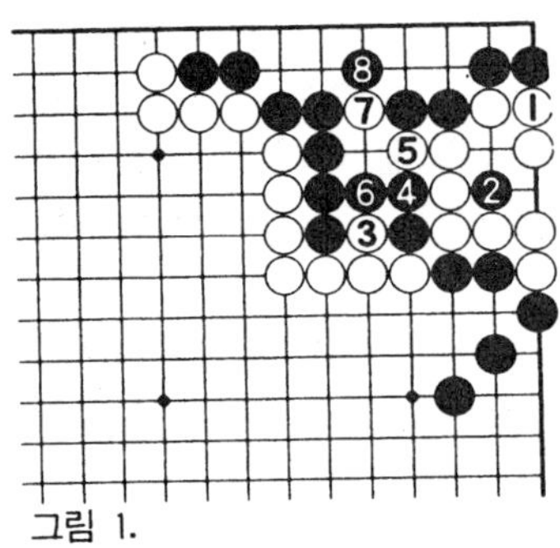

그림 1.

그림 1(준비) 백1에 흑2로 집을 잡으러 가면 나중은 기호(騎虎)의 기세로 백3에도 흑4, 6으로 구출하게 될 것이다. 백5부터 7로 끼어들어 점차로 흑의 공배 채우기가 표면화해 왔다.

물론 흑2로 기대러 가는 것은 무리한 모양이다.

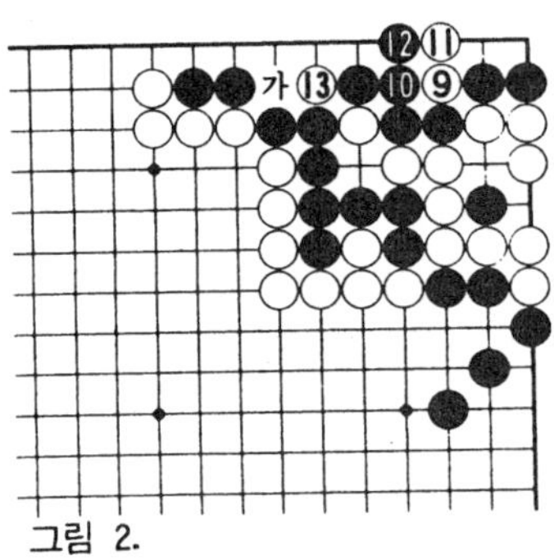

그림 2.

그림 2(백9, 11, 수법) 앞그림에 이어 백9, 11로 끊어 처지고 귀의 두 점을 살리려는 흑12는 백13의 되끊기가 있다. 다음의 백가로 하는 회두리를 막을 수는 없다.

좌우 동형인데 백9에서 가의 끊기는 본체의 백돌에 무관계.

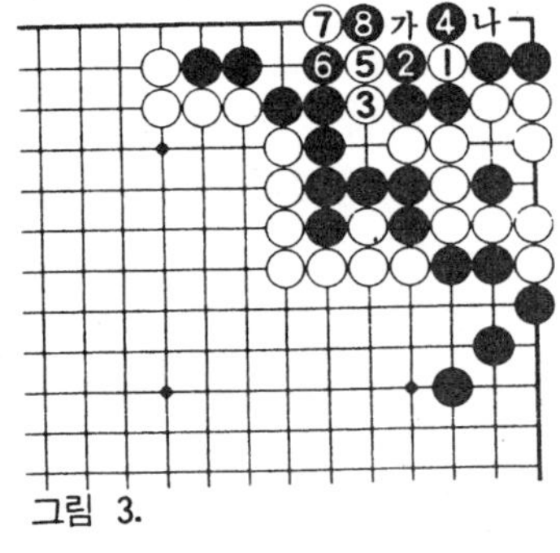

그림 3.

그림 3(수순 전후) 〈그림 1〉백7에서 1의 끊기부터 두면 백3의 끼어들기에 흑4로 빼고 8로 던져넣는 저항이 남아 있다.

또 백3에서 4의 처지기도 흑가로 눌리워서 백3, 흑6, 백5, 흑나로 잘 안된다. 빠른 시기에 백3의 끼어들기와 흑5의 누르기를 결정해 놓는 맥이다.

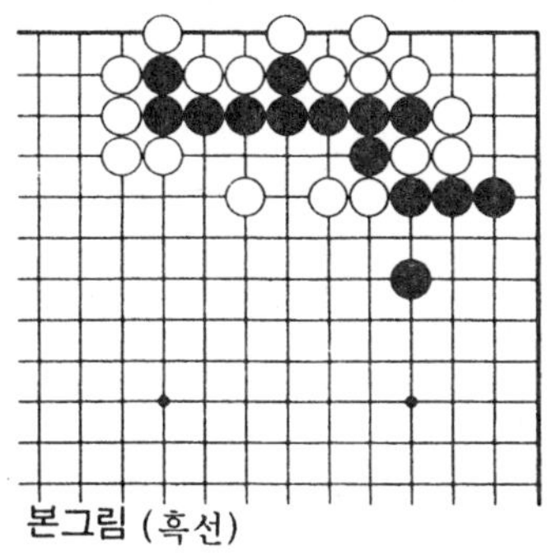

본그림 (흑선)

끊어 처지기

기본적인 추격의 한 모양인데 백의 저항으로 순순히 말을 듣지 않는 모양으로 진전한다.

본그림은 『碁經衆妙』에서 발췌.

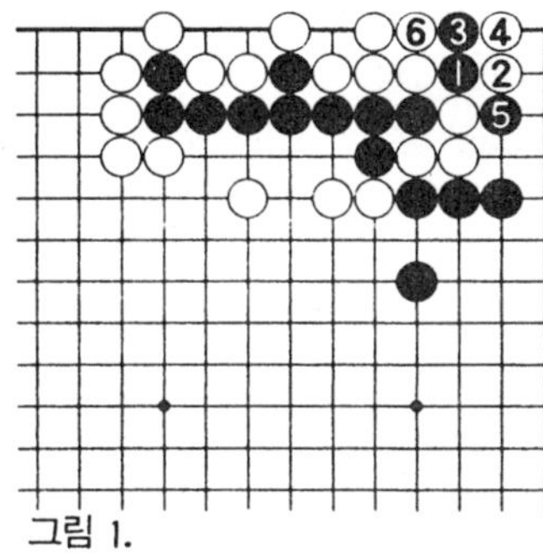

그림 1.

그림 1(흑1, 3, 수법) 흑은 1, 3으로 끊어처져서 석탑형의 조르기를 지향한다. 추격의 전제는 공배 채우기이고 공배 채우기로 유인하려면 조르기가 으뜸이다.

흑1에서 5의 붙이기나 2의 놓기는 모두 백의 공배 수효에 여유를 주어 추격으로는 연결되지 않는다.

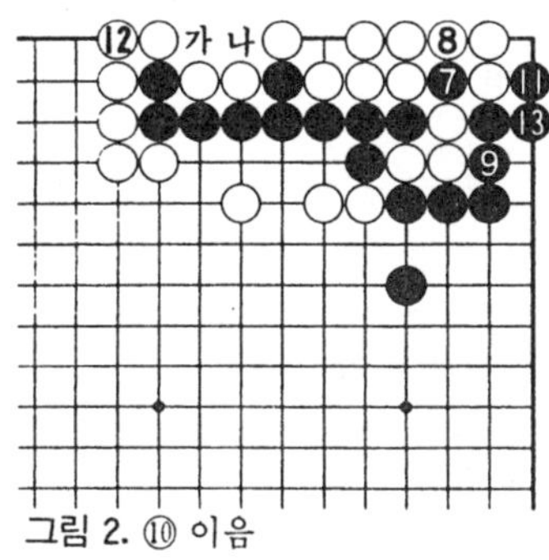

그림 2. ⑩ 이음

그림 2(던져넣지 않는다) 앞그림에 이어 흑7부터 차례로 공배를 채워가면 시기가 추격에 꼭 맞는다.

수순 중 멍청한듯한 것은 흑가 또는 나의 던져넣기인데 이 모양에서는 던져넣은 순간 백에게 한수 호강을 시킨다.

던져넣기 만능은 아니다.

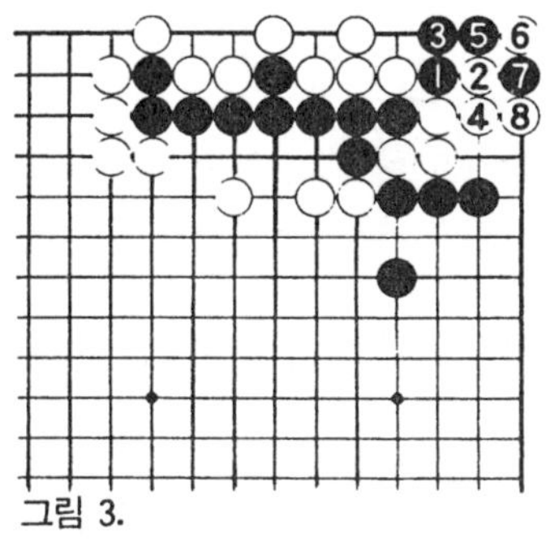

그림 3.

그림 3(백의 저항) 따라서 백은 2부터 4로 이어 버틴다. 흑도 공배 채우기로 추격이 되지 않고 5로 굽어 백 6, 8의 패로 진전하게 될 것이다.

백4에서는 8로 걸쳐이어도 패인데 잡기 차례가 흑으로 옮기기 때문에 바로는 백4이어야 한다.

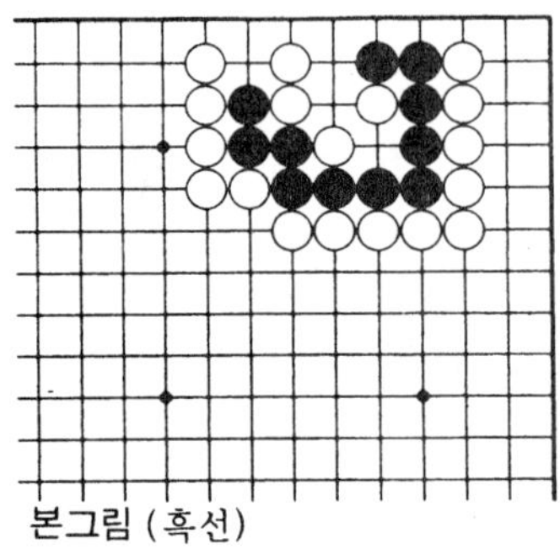

본그림 (흑선)

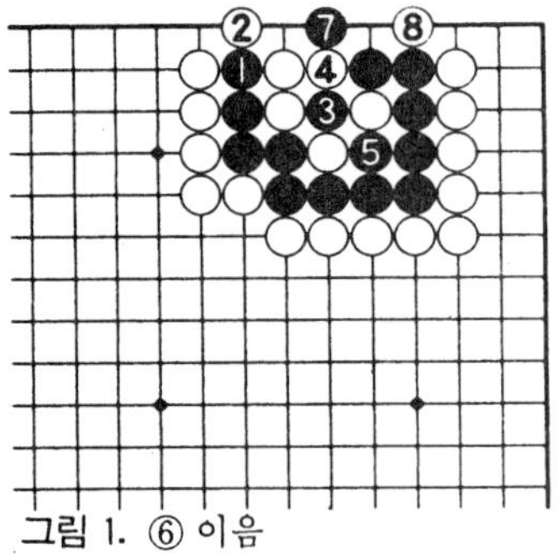

그림 1. ⑥ 이음

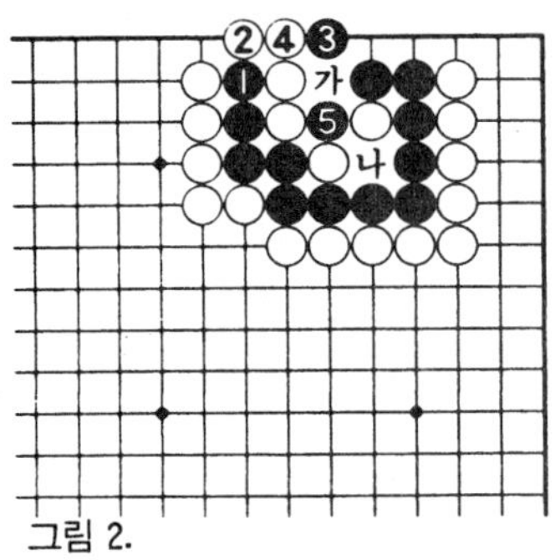

그림 2.

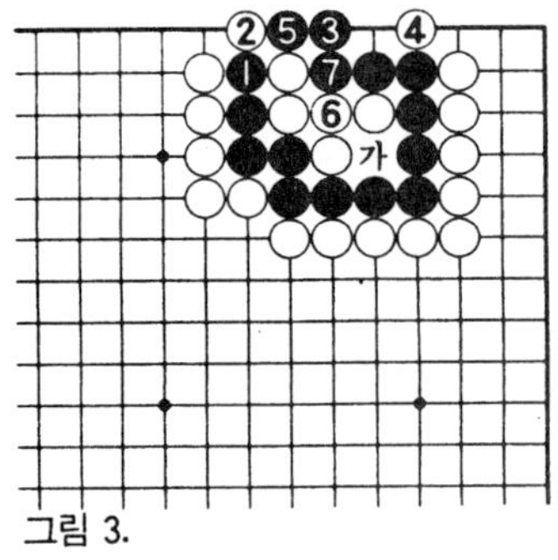

그림 3.

마늘모

상대의 돌을 잡는 추격과 살기 위해 상대의 돌을 잡는 추격을 엄격하게 분간해야 할 것이다.

그림 1(육궁도화) 흑1로 나와서 3으로 던져넣는 상용 수법이면 추격은 자명하다. 그러나 흑5의 단수에 백6으로 잇고 뭔가 이상하다고 눈치를 챘을 때는 백8인데 6점을 잡아도 육궁도화 내격의 죽음이 되었다.

흑3에서 4나 5는, 추격으로 되지 않는다.

그림 2(흑3, 수법) 추격의 수법을 본격적으로 가동하기 전에, 흑3으로 빗겨둔다. 백4로 교환한 효과는 당장 나타나서 흑5 이후 백가면 흑나인데 이번에는 두점을 이을 수는 없다. 추격의 본맥에 접촉되지 않고 버림돌로 만들기 어려운 모양을 강요한 것은 흑3의 공적이다.

그림 3(내격되지 않는다) 흑3일 때 백4의 젖히기면 상관없이 흑5로 끊어서 백은 7의 점에 둘수 없다. 흑7로 단수하면 잡은 돌은 5목인데 내격을 피하고 있다.

백4에서 6의 잇기도 흑5로 끊어도 좋고 이어 백7이면 흑가로 잡고 4의 점에 집모양이 있으므로 살기 모양.

266

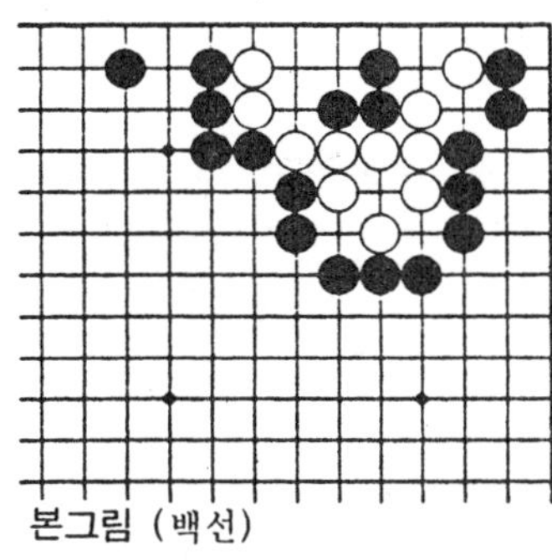

본그림 (백선)

처지기

급소로 비약하는 것만이 수법은 아니고 조금씩 공격하는 편이 매서운 경우도 있을 것이다.

본그림은 『玄玄碁經』의 「偸營勢」에서 발췌.

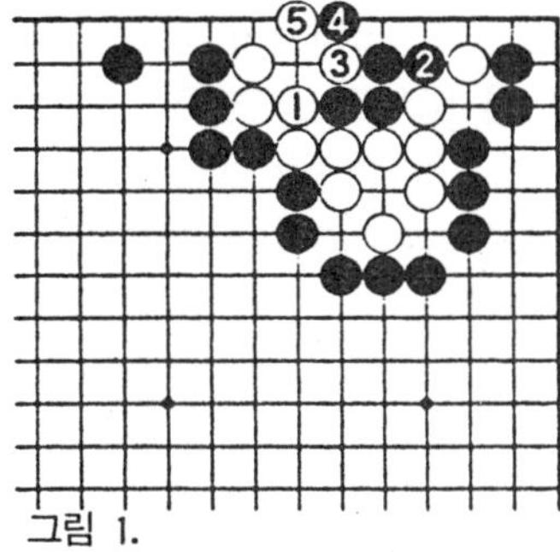

그림 1.

그림 1(패) 백1로 이으면 흑2의 건너기 밖에 없으므로 여기서 3으로 들여대어 패라는 것은 짧은 생각. 수가 된 것만으로 만족하지 않고 패가 보이면 무조건 살기는 없을까고 찾아본다.

흑2에서 4는 백5로 건너기를 저지당해 역시 흑2, 백3의 패.

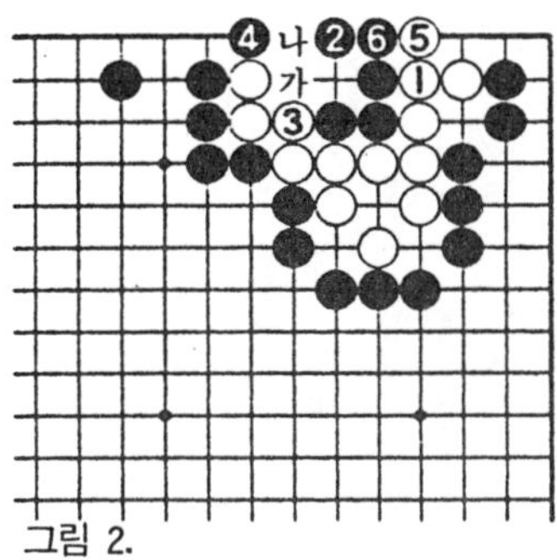

그림 2.

그림 2(반대의 건너기) 백1의 잇기는 흑3, 백가를 기대한 것인데 흑2의 호수로 마음대로 되지 않는다. 백3의 잇기면 흑4의 건너기이고 백3에서 가는 흑나, 백4, 흑3으로 수 패배로 되기 때문이다.

그러나 흑2 자체가 위험한 수인 만큼 뭔가 공격할 만한 틈이 있을듯….

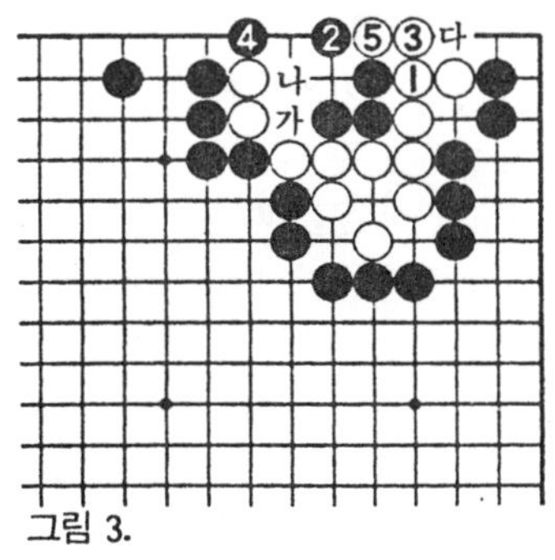

그림 3.

그림 3(백3, 5, 수법) 백3의 처지기가 알아차리기 어려운 공격이다. 흑가는 백나이므로 흑4로 건널 수밖에 없는데 여기서 다시 한 번 백5로 떫게 공배를 채운다. 이후 흑이 어떻게 두어도 추격이 성립되는 것을 확인하기 바란다.

흑2에서 3, 백다, 흑2는 백가, 흑4, 백나로 좋다.

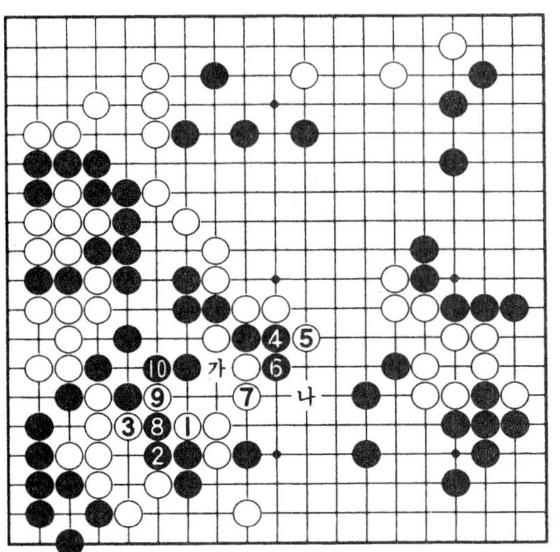

【참고보 8】
제2기 기성전　　백　　藤澤秀行
　제 4 국　　　흑　　加藤劍正

축

　잡고 사는 것은 잡는 것보다 사는 편이 소중. 따라서 잡기 위해 큰 희생을 치러야 하는 수도 있다.

【참고보 8】

　백1, 3은 약간 억지였다. 흑4, 6의 희생타가 적절하고 8부터 10으로 단수 패는 피할 수 없는 모양일 것이다. 흑8에서 가로 끊어도 백나로 안 된다.

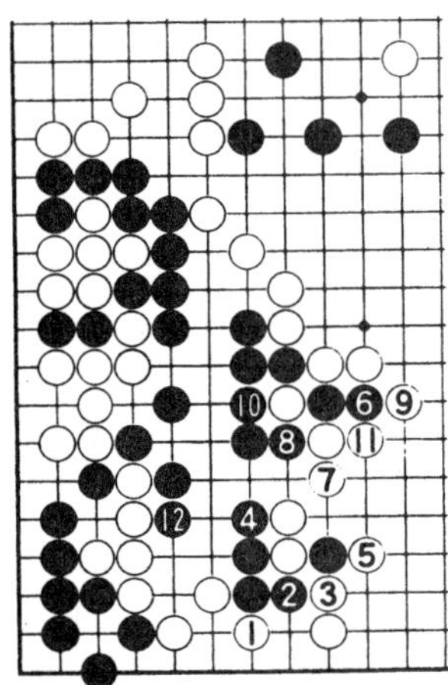

참고그림 1

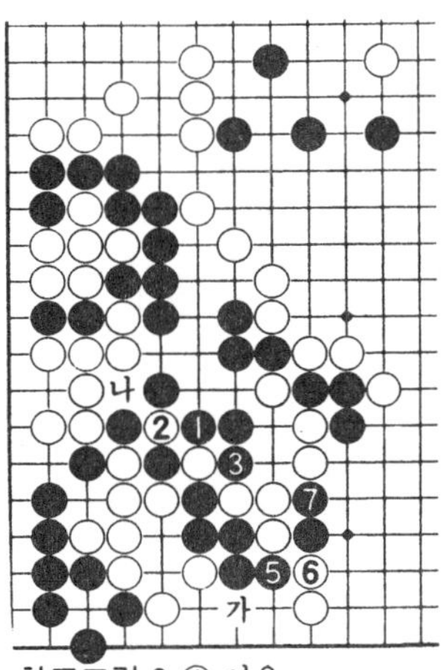

참고그림 2 ④ 이음

　참고그림　1(살려서　이득)
　〈참고보 8〉의 백1에서는 1로 건너 흑을 살리는 편이 낫다. 흑6일 때 백7이 호착. 중앙을 두껍게 만들어서 상변 흑에의 공격으로.

　참고그림　2(희생타는)　참고보의 흑4, 6을 둔 의미는 흑3의 단수에 백4로 이었을 때 5, 7의 축으로 석점을 잡을 준비다. 따라서, 백4에서는 5로 따르고 흑가면 백나를 본다. 흑도 패를 피해 3으로는 둘 수 없고 끝까지 버틸 수밖에 없는 모양이다.

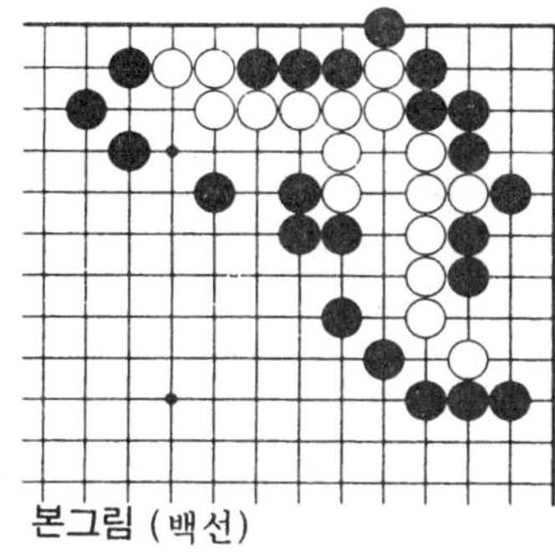

본그림 (백선)

붙이기

막연한 모양이지만 모양을 정형하면 주지(周知)의 맥이 나타난다.

본그림은 『玄玄碁經』의 「高祖解滎陽勢」에서 발췌.

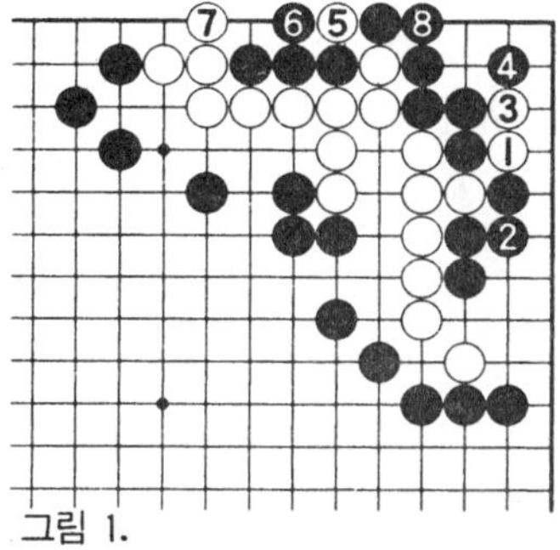

그림 1.

그림 1(맥 없음) 백1로 끊기를 넣으면 흑2의 잇기이므로 백3, 흑4로 되어 추격 제2과 정도의 수법이 보일 것이다. 다만 이것으로 안심하고 백5, 7은 흑8로 이어 맛도 쥐뿔도 없는 모양이다.

백5의 던져넣기는 어차피 둘 수지만 백7에서는 고안이 필요.

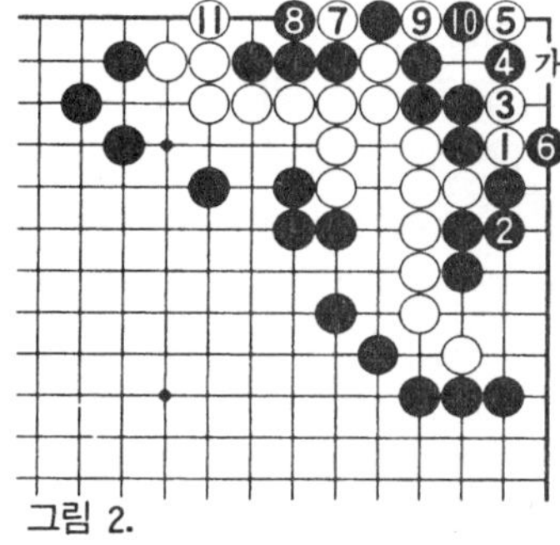

그림 2.

그림 2(백5, 수법) 백1, 3 이후 단순히 백5라도 백7, 흑8을 교환하고 나서의 백5라도 여하간 이 점에 돌이 오지 않으면 수가 되지 않는다. 흑6의 두점 잡기면 백9로 던져넣고 나서 11로 처져서 추격이 성립되어 있다.

흑6에서 가라도 백7, 9부터 11이다.

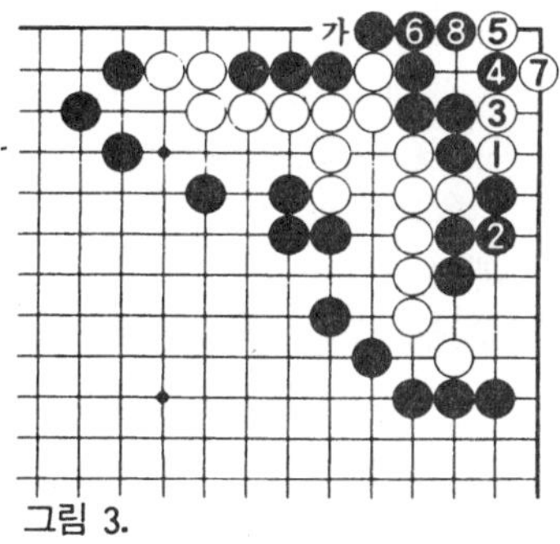

그림 3.

그림 3(흑의 저항) 백5일 때 흑6의 잇기가 수로서는 최강이다. 백7에는 흑8로 일단 패로 되기 때문인데 이것은 흑 불리의 2단 패이고 백에는 가이하의 살기 패로도 있어서 적어도 부분적으로는 끝까지 버틸 수 없는 패일 것이다. 다만 수싸움이라면 이것이 정해가 된다.

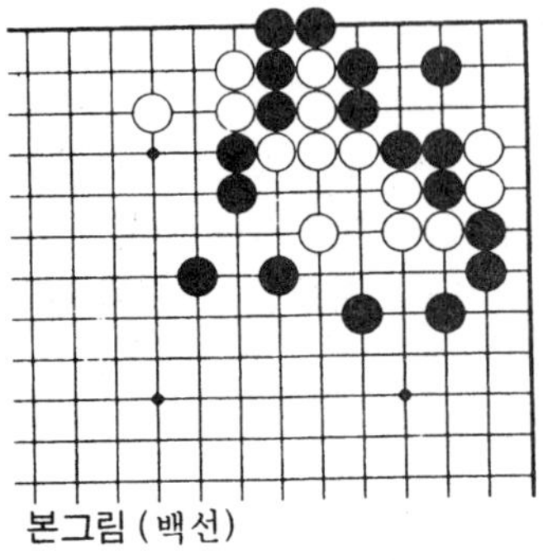

본그림 (백선)

붙여 젖히기

공배 채우기의 흑인데 급소를 지키고 있으므로 수로 만들기 위해서는 세심한 수순을 요한다.

본그림은 『玄玄碁經』의 「入妙勢」에서 발췌.

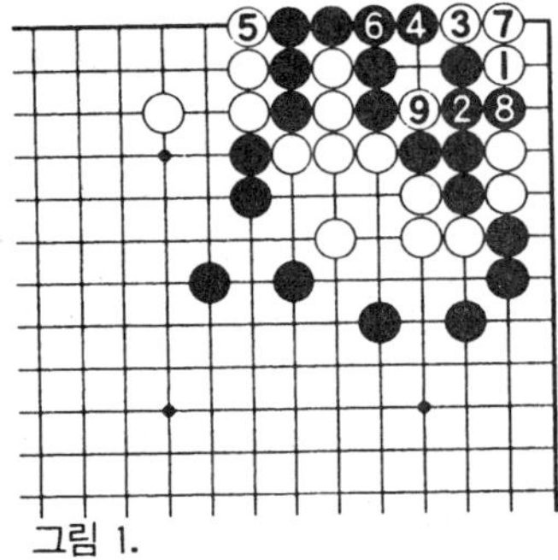

그림 1.

그림 1(붙이기부터) 백1까지 침입하는 한수. 8의 뻗기에서는 흑1로 눌리우고 집 유무의 맞공격 패배는 눈에 보일 것이다.

흑2에서 7이면 이번에야말로 백2, 흑9, 백4로 승리. 흑2에는 백8로 이어도 패 정도는 되고 백3 이하 9까지의 무조건 수 승리도 있다.

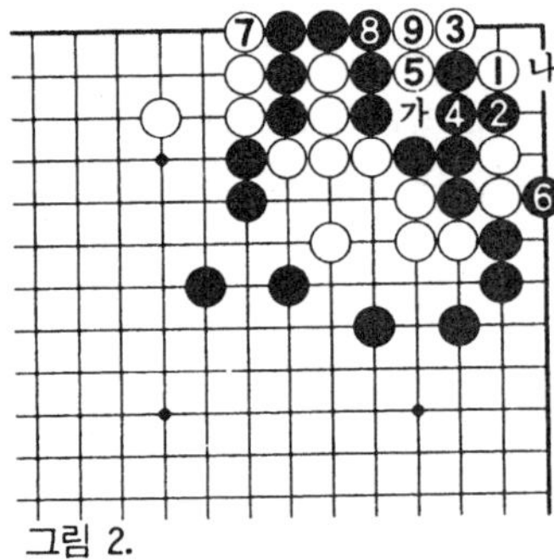

그림 2.

그림 2(백3, 수법) 흑2의 끼어들기가 최강. 그러나 백3의 젖히기가 더 그 위를 가는 묘 수법이데 흑의 움직임에 응해서 여러가지 추격을 보고 있다. 흑4면 백5부터 9까지. 흑4에서 9에는 백가, 흑4, 백7 이하 흑4에서 나라도 백가, 흑4, 백8 이하다. 흑도 실전이면 꼬리를 버린다.

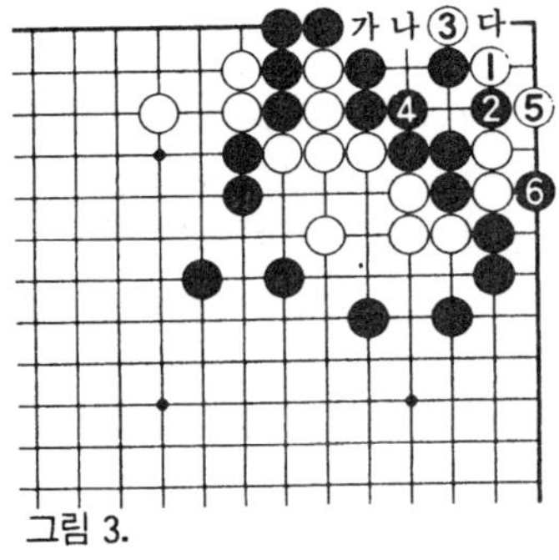

그림 3.

그림 3(흑의 저항) 수로서는 흑4로 들어가서 패에 버티는 맥이 있는것을 알아 둬야 할 것이다. 백5에는 흑6으로 단수, 패배하면 큰 손해지만 모양은 일단 패다.

백5에서 가로 던져넣어도 추격으로는 되지 않고 흑6에서 나면 백다로 이어 끝까지 패로 버틴다.

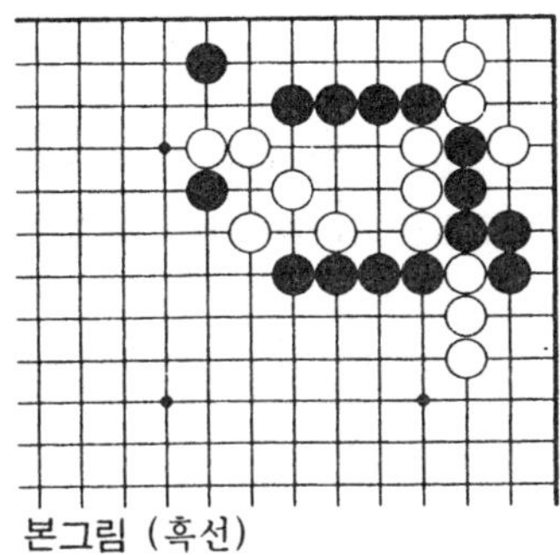

본그림 (흑선)

뻗　기

중앙의 추격인데 마무리의 맥이 약간 재미있다.

본그림은 『碁經衆妙』에서 발췌.

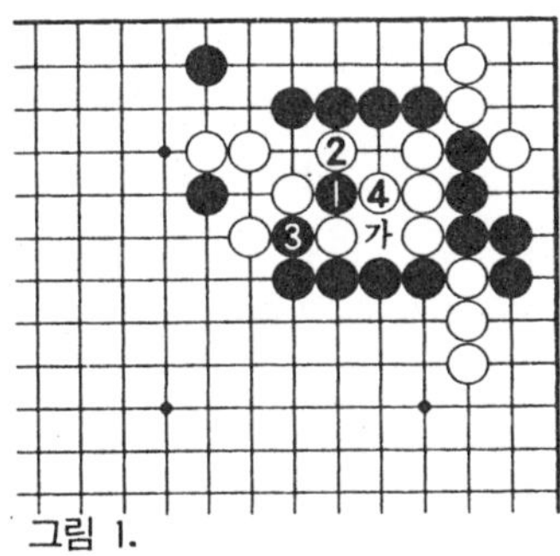

그림 1.

그림 1(첫수)　흑1의 뛰어붙이기는 여하간 이곳 밖에 생각할 수 없다는 급소. 다만 백2에 흑3의 단수를 서두르면 백4로 빼기 당해 모처럼의 첫수가 울 것이다.

백2에서 3의 잇기는 흑가이고 백2에서 가의 잇기는 흑3으로 회두리. 백의 응수도 이밖에는 없다.

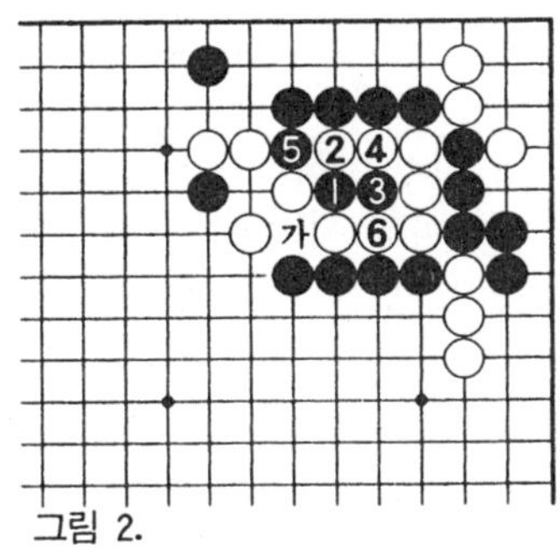

그림 2.

그림 2(흑3, 수법)　백2의 몰기에는 흑3으로 하나 뻗어서 크게 잡게하는 맥이다. 백4면 흑5, 백5에서 6이면 흑가로 이은 쪽을 끊는 요령인데, 여하간 백4, 6으로 뺀 모양은 흑 두점의 희생으로 외벽에 밀착하고 다음 수에 단단히 연결되어 간다.

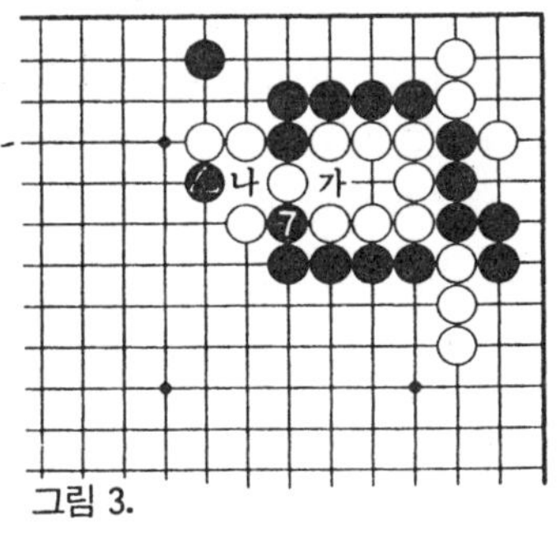

그림 3.

그림 3(들여대기)　보통 두점을 잡게 한 뒤를 다시 한번 가로 던져넣는 수순이 되는데 이 모양에서는 흑가에 백7이다. 반대로 흑7로 들여대서 가와 나를 대응으로 삼는 맥으로 변화해야 한다.

이제 와서 ●의 존재 이유가 분명해진다.

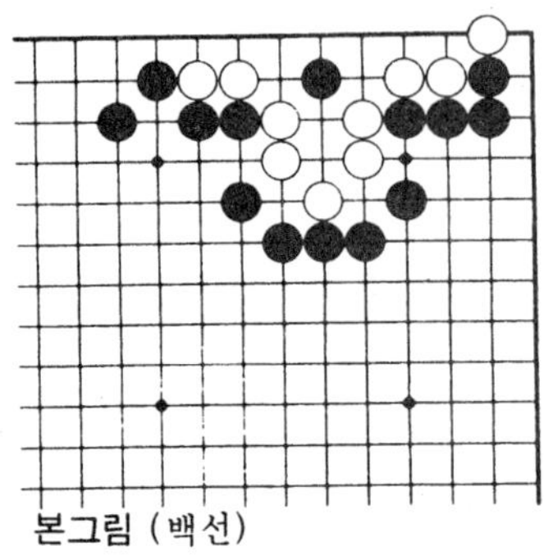

본그림 (백선)

젖히기

중앙 동형 비슷하면서 약간 다르다. 그 차이를 최고도로 이용하면 길이 열린다.

본그림은 『玄玄碁經』의 「通玄勢」에서 발췌.

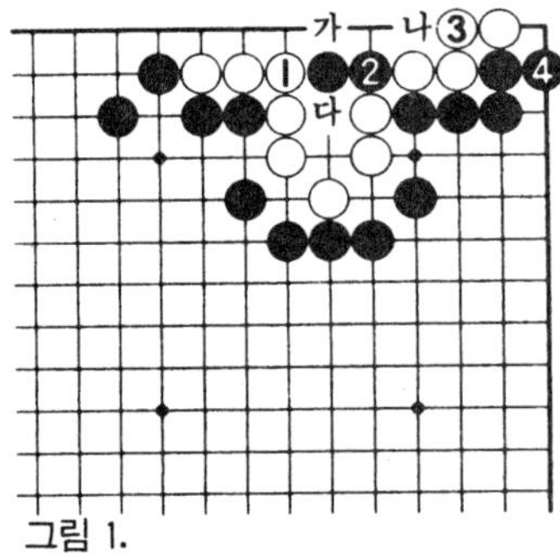

그림 1.

그림 1(잇기의 방향) 백1로 약한 쪽을 잇는 것은 당연. 백1에서 2의 잇기도 백1에서 가의 붙이기도 흑1로 끊기워서 전혀 자취가 없는 모양이다.

다만 흑2의 끊기에 백3의 잇기나 또는 나의 처지기, 다의 집갖기 등 보통 수로는 이 좁은 곳에서는 살기에 연결되지 못한다.

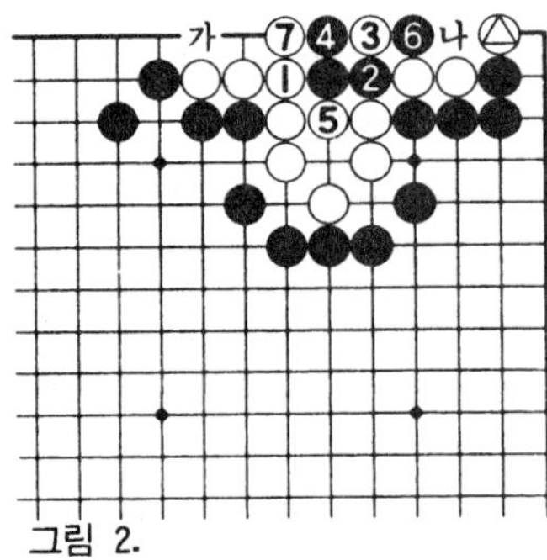

그림 2.

그림 2(백3, 수법) 백3으로 젖혀서 크게 버리는 맥이다. 흑4의 누르기면 백5, 7로 안성맞춤으로 이용하고 가의 집모양이 마침 시기에 맞다. 흑4로는 최강의 저항이라고는 할 수 없다.

흑4에서 나 쪽부터 단수할 수가 없는 곳에 ◎의 활동을 볼 수 있다.

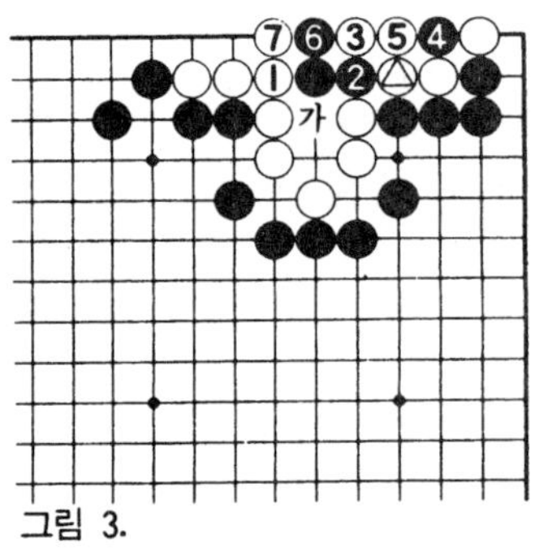

그림 3.

그림 3(돌밑) 흑4로 던져넣고 나서 6으로 단수하는 편이 완성된 모양이 멋지다. 백7로 단수, 흑4의 빼기에는 백가의 누르기가 ◎점의 뒤끊기를 보아 선수로 되기 때문이다.

백7, 가로 둘 작용시켜서 사는 원리는 앞그림과 완전히 같다.

272

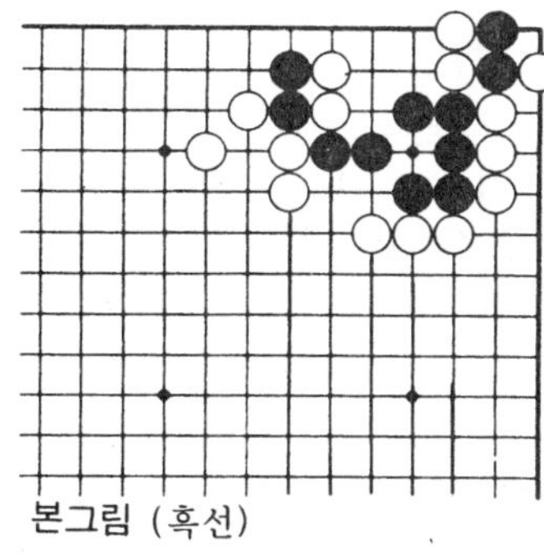

본그림 (흑선)

던져넣기

좌우 모두 백 두점 대 흑 두점의 맞공격은 흑이 지고 있다. 쌍방의 휘감기기로 기사회생(起死回生)할까.

본그림은 『玄玄碁經』의 「機玄勢」에서 발췌.

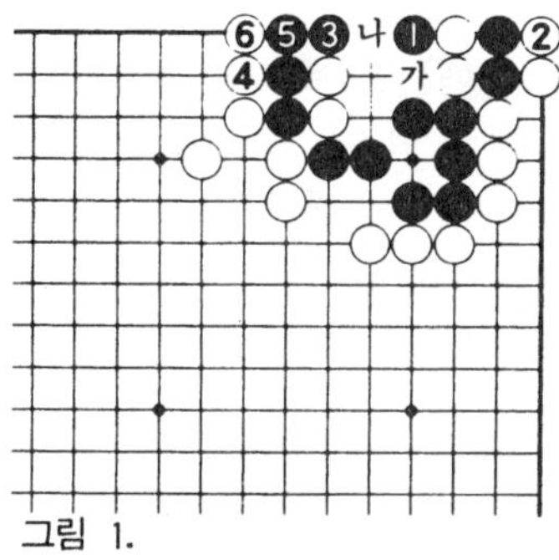

그림 1.

그림 1(직접법) 흑1의 단수도 흑가의 단수도 작용하지만 직접 작용시키면 뒤가 계속되지 않는다. 예를 들면 흑1부터 3은 백4, 6으로 단수당해 추격이 되어 있다. 흑가의 단수부터 흑3이면 백4, 흑5 이후 나쪽부터 단수해서 그만이다. 단수는 보류하는 것만 못하다.

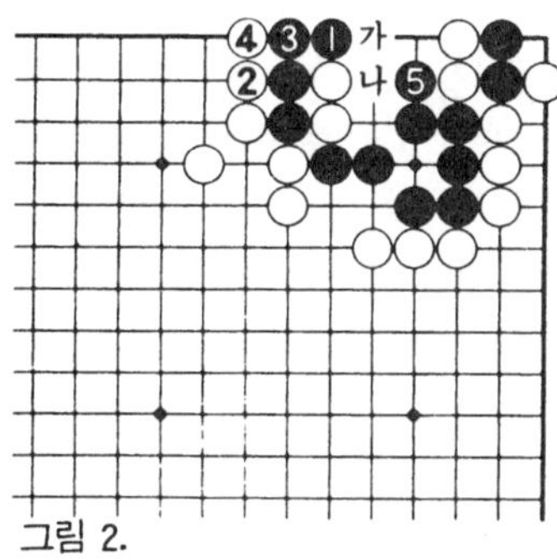

그림 2.

그림 2(단순 젖히기) 단순히 흑1로 젖힌다. 백2의 단수에 흑3으로 잇는 것은 약간 용기가 필요하지만 다른 수는 전부 안 되므로 이것밖에 없다는 역산(逆算)도 성립될 것이다. 백4면 흑5로 단수해서 가를 본다. 백4에서 나라도 흑5로 단수해서 가를 본다. 다만 이것은 백의 최강은 아니다.

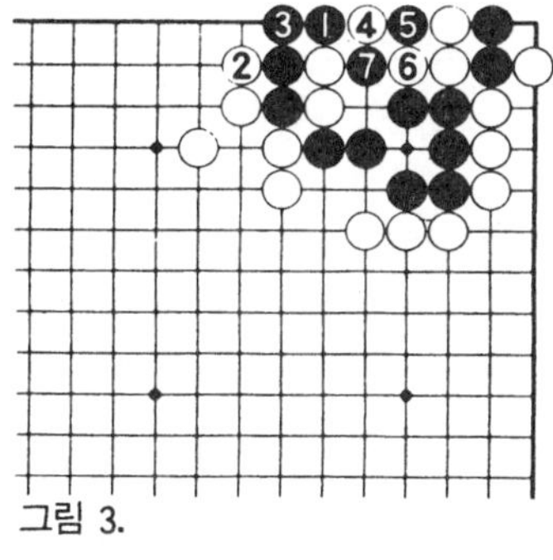

그림 3.

그림 3(흑5, 7, 수법) 흑1, 3에는 백4로 누르는 편이 어렵다. 그것은 흑5부터 7이라는 2연속 던져넣기의 수법을 요구하기 때문인데 끊기우고 나서 잠시는 끊기운 사실을 알아차리지 못할 정도로 예리하다.

백2에서 단순히 4라면 흑5, 7이다.

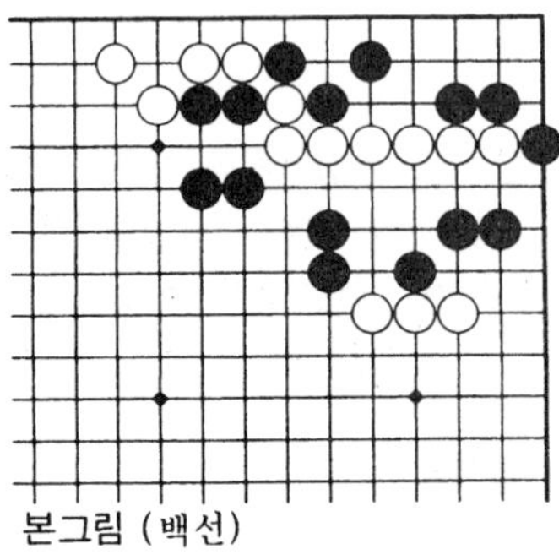

본그림 (백선)

굽　기

　집없는 백도 흑의 약점에 달라붙는 것으로 혈로를 뚫는다. 『玄玄碁經』에 「將軍出塞勢」라는 제목을 붙인 모양이다.

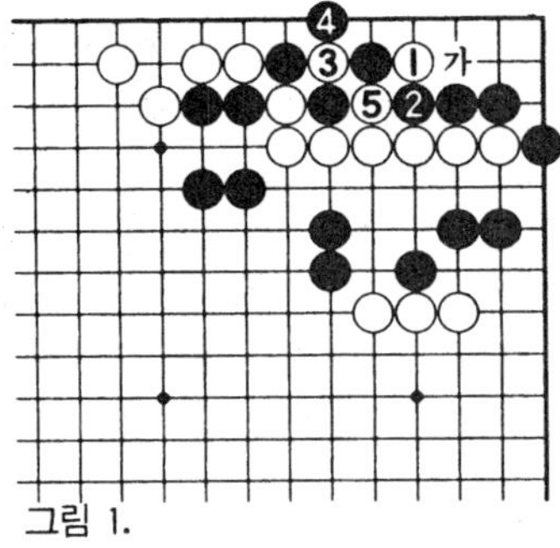

그림 1.

　그림 1(패에는)　백1의 붙여넘기부터 하나 3으로 던져넣고 5로 단수하는 수순. 단순히 백5의 단수로는 흑3으로 잇기 당해 나중에 어찌 두든지 잘 안될 것을 후속 도면에서 확인하시기 바란다.

　이후 흑가로 몰면 패인데 수법은 흑의 잇기부터 생긴다.

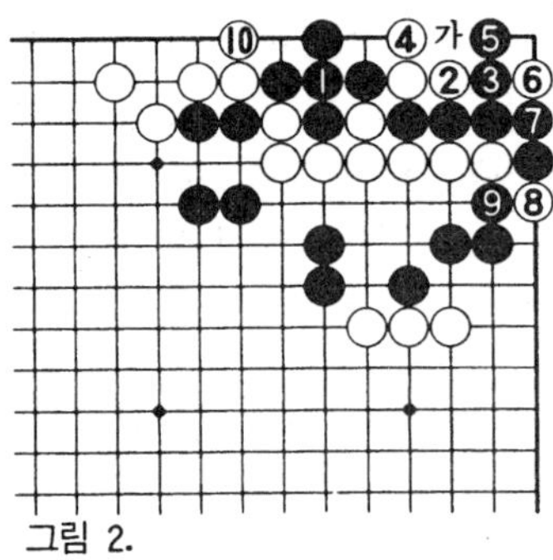

그림 2.

　그림 2(백4, 수법)　흑1의 잇기에는 백2로 기어 4로 처지는 묘수가 있다. 흑의 집모양을 뺏으면서 양 밀 수 없음을 포함한 것인데 흑5에 백6의 붙이기가 후속 수단이다. 흑7이면 백8로 일단 누르고 흑가를 둘 수 없는 모양으로 만들어서 백10으로 처지면 흑 다섯 점을 잡고서 생환이다.

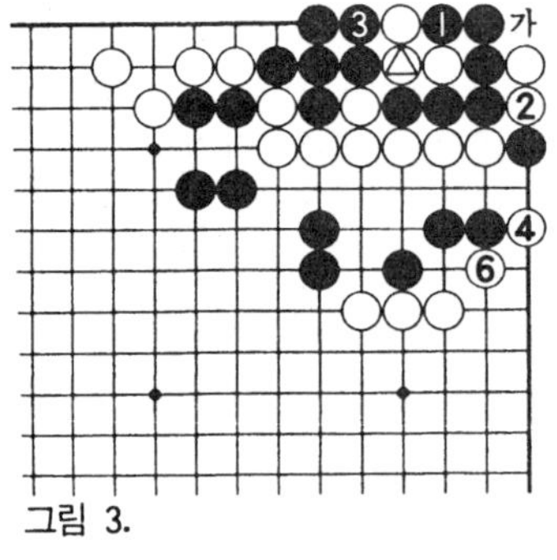

그림 3.

　그림 3(둘째 수법)　앞의 흑7에서 1로 석점을 잡았을 때에는 둘째 수법이 필요하다. 백2에 흑가로 빼도 다시 한 번 백2로 먹여치면 흑3으로 잡을 수밖에 없다. 그래서 백4로 붙이고 흑의 건너기를 저지하면서 자기의 연락을 본다. 흑5에서 6이면 △에 집을 빼앗아 수 승리로 된다.

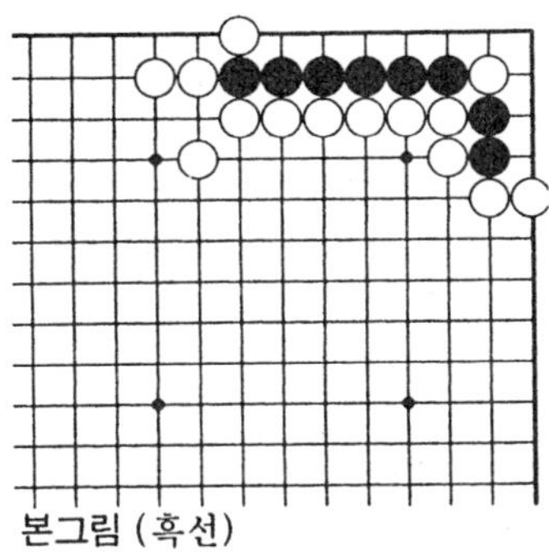

본그림 (흑선)

집갖기

슬쩍 보아도 돌밑이 예상되는데 사실 그대로 진행되지만 중도에서 돌밑을 서두르면 죽는다는 야릇한 모양이다.

본그림은 『玄玄碁經』의 「八王走馬勢」에서 발췌.

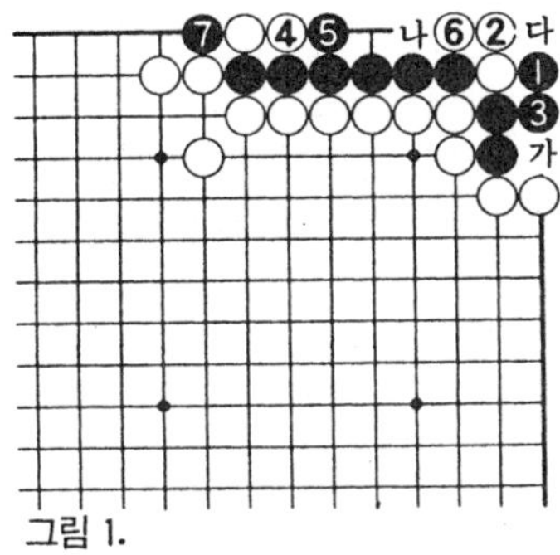

그림 1.

그림 1(번개형) 흑1, 3은 번개형의 돌밑 지망. 백도 4부터 6으로 기는 수순이 최강인데 백4에서 가는 흑6으로 돌밑을 싹 자르고 백4에서 6은 흑나, 백4, 흑다로 집갖기와 5의 누르기가 대응이 된다.

백4, 6이면 흑나로 누르는 수가 없고 일단 흑7로 잡는데….

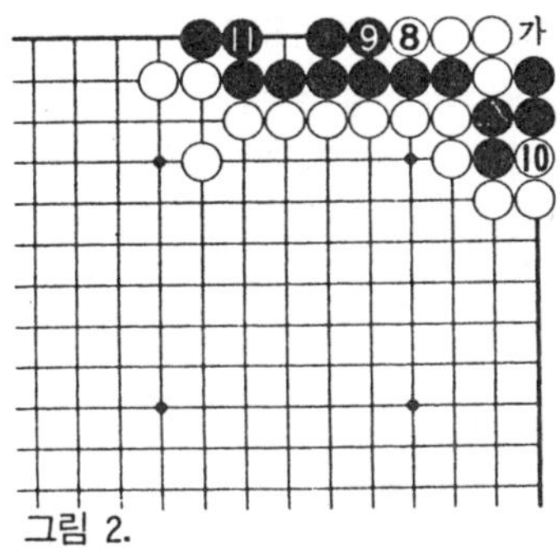

그림 2.

그림 2(흑11, 수법) 백8일 때 흑9로 단수 돌밑의 준비완료. 따라서 백10의 단수에는 외면하고 흑11로 집을 가져 놓는 것이 옳다. 돌밑은 벌써부터 약속되어 있으므로 백가의 빼기에는 ●의 점에 뒤끊기 하기까지다. 흑11에서 가로 뺀 것이 차도.

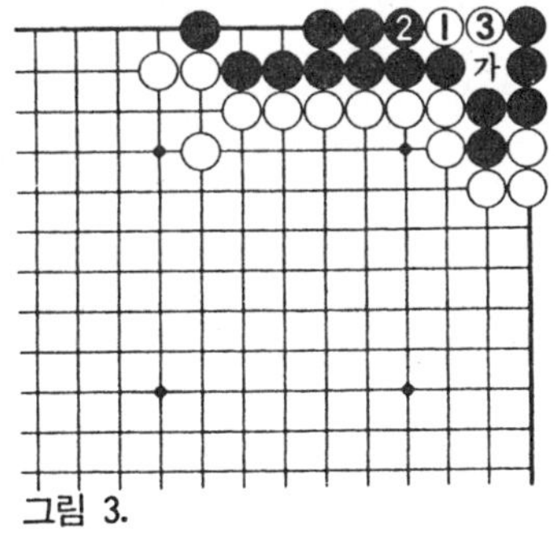

그림 3.

그림 3(회두리) 굽기 4목을 빼면 살기라고 속단할 듯하지만 백1의 붙이기가 회두리를 본 급소. 한 방으로 집모양이 소리를 지르며 무너진다. 흑2에는 백3인데 이 모양으로 5점을 빼도 돌밑으로는 되지 않는다.

백도 1에서 3은 흑가로 산다.

패로 사는 수법

「바둑이라면 패 등을 두어 살 것인데 죽음에는 수도 없다」라고 마지막 노래를 읊은 사람은 본인방 算砂. 보통수단으로는 살기를 바랄 수 없는 돌도 탄력을 최고도로 발휘하는 패의 끈기로 소생할 가능성이 있다.

패 포함으로 집모양을 만드는 경우, 패 포함으로 품을 넓히는 경우 등 케이스는 여러가지이지만 모두 패 특유의 약점을 엉거주춤하게 지키는 모양이 수법이 되는 수가 많다. 우선 기초 수법을 열거하겠다.

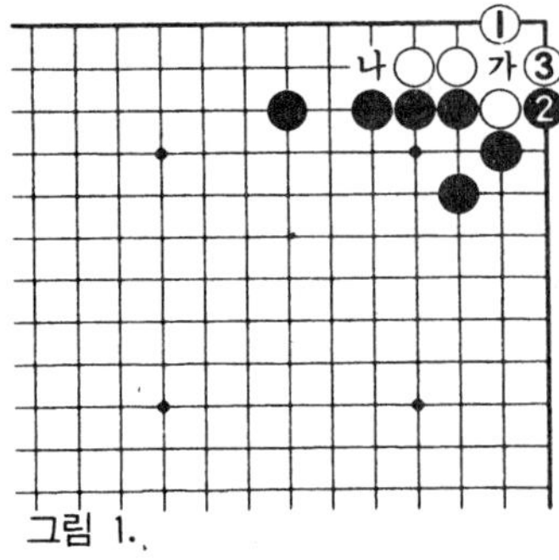

그림 1.

그림 1(一선의 걸쳐잇기) 백1 이외의 어떠한 잇기도 무조건 죽음이 된다. 백1에서 가의 굳게잇기는 흑나, 백1에서 3의 걸쳐 잇기는 흑1, 백1에서 2의 처져잇기는 흑1이다. 백1로 안쪽으로 들어가 탄력을 만드는 수법인데 흑2면 백3으로 패에 튕긴다. 흑2에서 3은 백2로 무조건 살기.

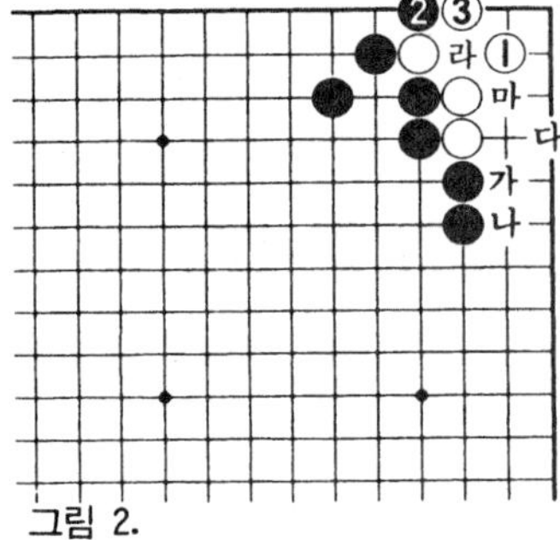

그림 2.

그림 2(二선의 걸쳐잇기) 백1로 二2에 걸쳐이으면 패는 약속된다. 이 모양뿐 아니라 변에서 제二선에의 걸쳐잇기는 언제나 패 포함으로 보아도 좋다. 백1에서 가, 흑나, 백다는 흑1, 백라, 흑마다.

백1이면 흑2로 단수할 수밖에 없고 백도 3으로 패에 받는다.

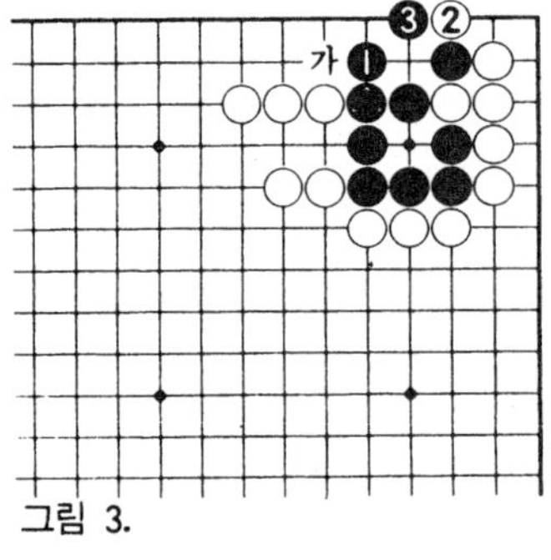

그림 3.

그림 3(변의 걸쳐잇기) ●에 돌이 있으므로 모양은 흑1에서 3이지만, 백1로 젖혀넣기 당해 무조건 죽음이 된다. 엉거주춤한 모양인데, 흑1이 앞그림과 비슷한 패의 버티기이고, 백2에는 흑3으로 버티고 흑가의 집모양에 연결할 수 있다.

백1에서 3은 흑2, 백2에서 가는 흑3으로 무조건 살기.

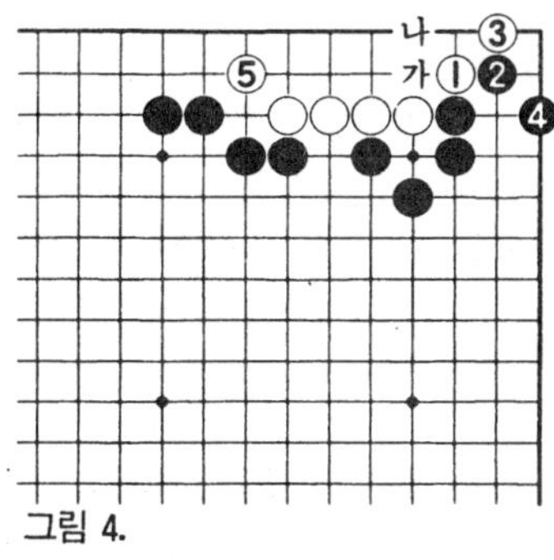

그림 4.

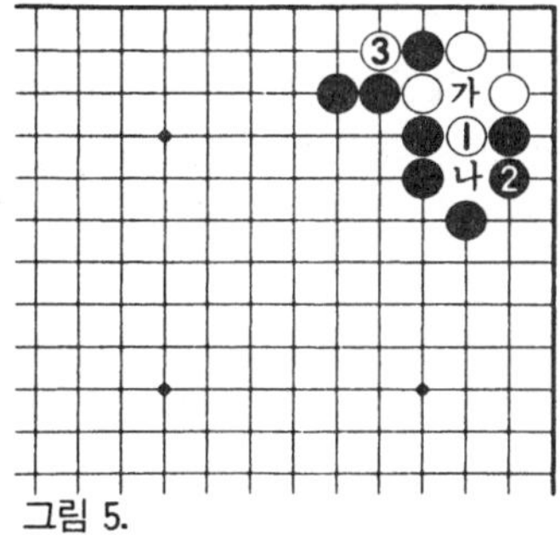

그림 5.

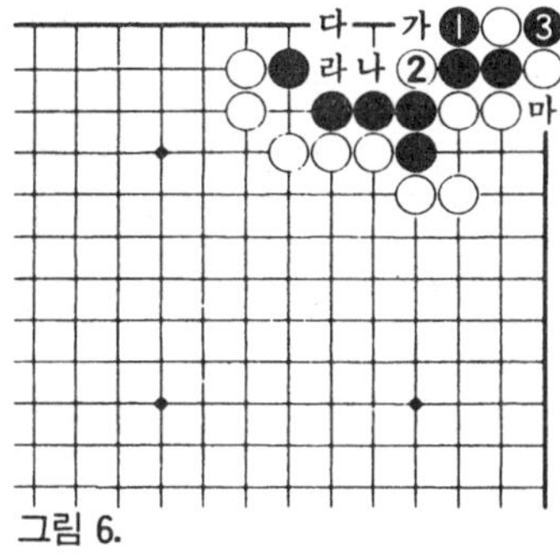

그림 6.

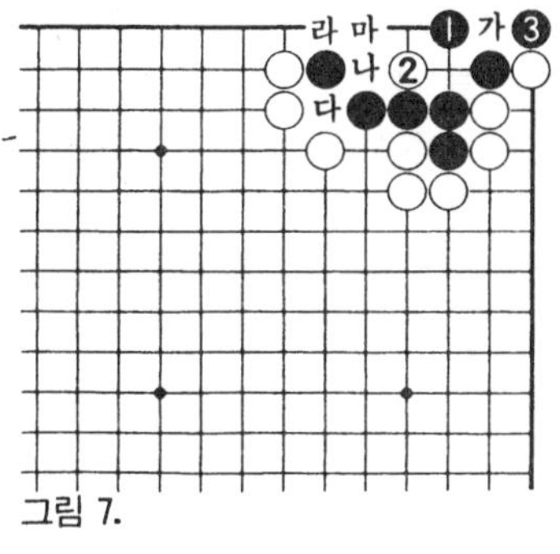

그림 7.

그림 4(2단 젖히기) 백1, 3으로 2단에 젖혀서 품을 넓힌다. 흑4에서 가면 언제라도 백나로 패에 버틴다. 백3에서 가나 나 등으로 단점에 개의하면 흑5의 마늘모로 무조건 죽음이다.

백3을 이용해도 아직도 품이 부족. 백5로 더 넓혀서 흑가를 유인한다.

그림 5(부풀기) 백1로 부풀어서 패의 탄력을 만들고 백3의 끊기에 연결할 수 있다. 단수라고 해서 백1을 가의 잇기는 흑3으로 지키기 당해 무조건 죽음이다. 흑도 2에서 나의 단수는 백가로 잇기 당해 좌우의 끊기를 대응으로 삼게 된다. 그리고, 흑2에서는 일단 가로 패를 잡을 참.

그림 6(누르기) 두기 어려운 수이지만, 흑1로 눌러서 패로 버틸 수밖에 없다. 흑1에서 가는 백나로 즉사. 흑1에서 나도 백다로 놓기 당해 다음에 백1의 단수가 온다.

백2에서 나의 붙이기는 급소이지만, 흑라로 이어 역시 패. 흑3의 패 잡기에 백마로 이을 수 없는 모양이다.

그림 7(걸쳐잇기) 수비의 걸쳐잇기가 아니고 귀의 특성을 활용해서 집 모양 만들기의 패를 거는 노림수다. 백이 손빼기해도, 흑2, 백가의 2단 패는 남지만 여하간 절망으로 보이는 흑이 실낱 같은 숨까지 회복했다.

흑3 이후 백나, 흑다, 백라는 흑마로 추격.

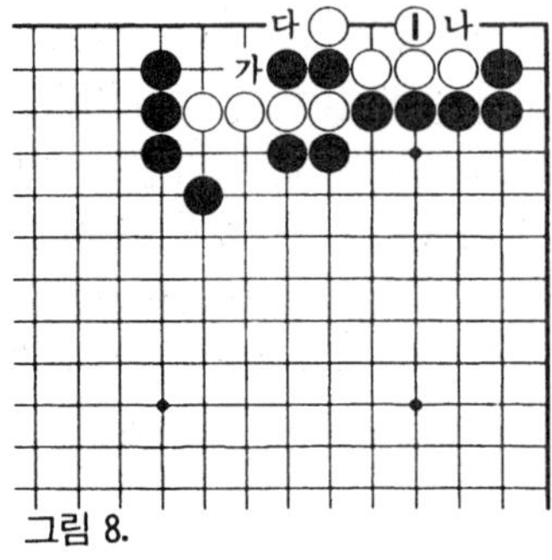

그림 8.

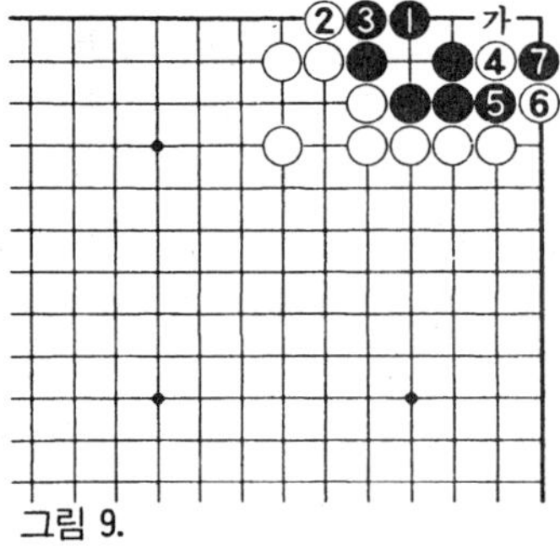

그림 9.

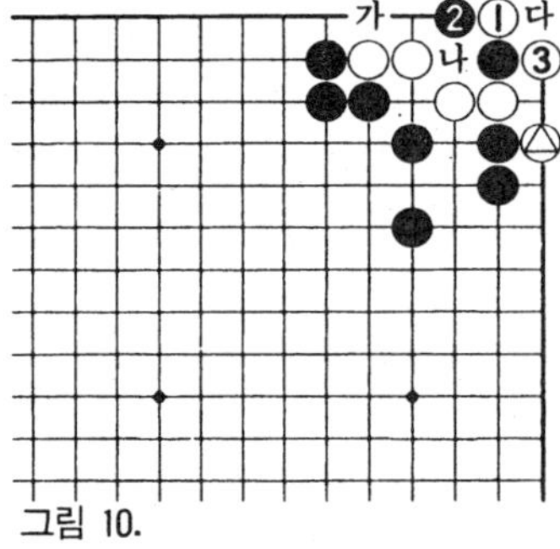

그림 10.

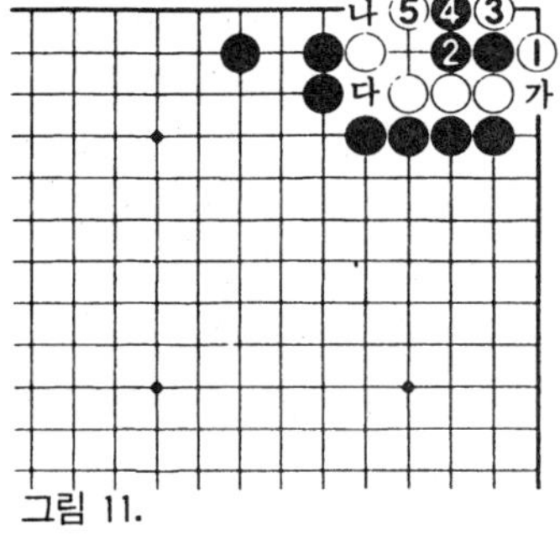

그림 11.

그림 8(들어가기) 백1의 들어가기는 맹점이 되기 쉽다. 백1에서 가의 단수는 흑나의 젖히기인데 공배 채우기 때문에 1로는 누를 수 없어 무조건 죽음. 백1에서 나로 품을 넓혀도 흑다로 5목 내격의 죽음은 피할 수 없다. 공배 채우기를 완화하면서 백1로 집모양을 만들고 흑다, 백가의 패다.

그림 9(집갖기) 흑1의 집갖기에 한정된다. 이것으로 5의 누르기도 7의 뛰기도 백가로 급소에 두기 당해 대번에 집모양이 적어진다.

백은 2의 이용처가 실전적으로 놓칠 수 없는 수순. 흑3으로 바뀌어 백4로 붙이고 흑5 이하 추격의 패다. 백4에서 7도 흑4, 백가.

그림 10(협공 붙이기) 백1로 협공 붙여서 흑2, 백3의 패가 쌍방 최선. 백1에서 3은 흑1이고 백1에서 가는 흑2로 죽음이다. ◎의 젖히기를 이용해서 백1로 하고 흑3, 백나의 살기를 기대한다. 흑2, 백3은 움직일 수 없는 수순. 백3에서 나는 흑다로 빼기 당해 5목 내격이 된다.

그림 11(젖히기) 백1로 젖히고 백3의 젖히기로 패로 끌어들인다. 백1은 선수로 건너기를 저지하는 수법이고 백3은 집모양의 탄력을 만드는 수법이다. 백1에서 가는 흑나, 백5, 흑2로 죽음. 백1이면 흑에게 나로 젖히는 틈을 주지 않는다. 백3에서 5는 흑3으로 죽음. 백5에서 나도 흑다로 패.

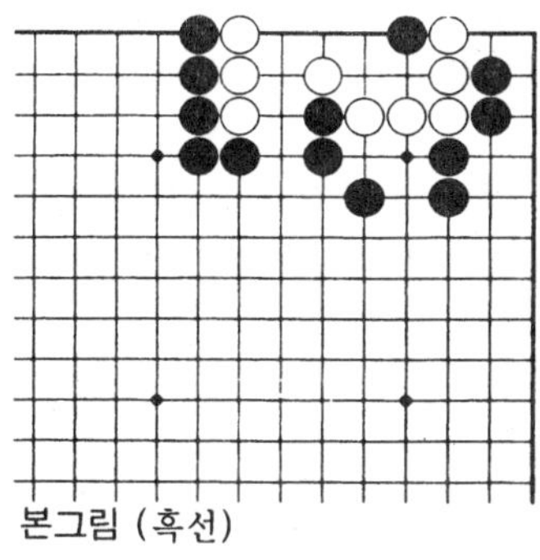

본그림 (흑선)

단 수

혹의 비겁을 몸을 숨겨 피한다. 공격수의 공배 채우기를 표면화하려는 버티기의 맥이다.

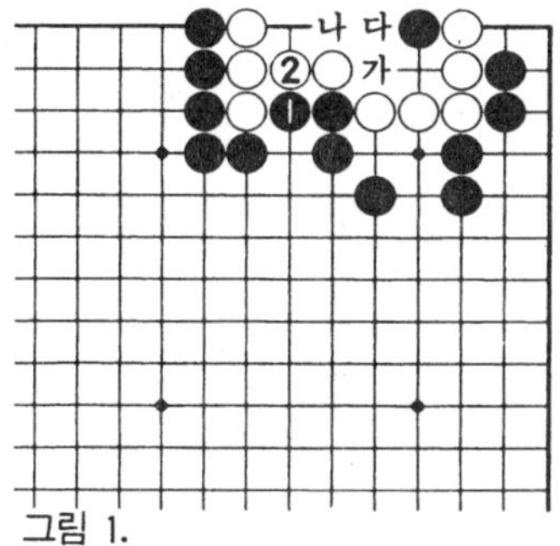

그림 1.

그림 1(넓다) 흑1 등으로 바깥부터 공격하면 백의 품이 넓고 모양도 정돈되어 있어서, 도저히 닿지 않는다. 백2이후 흑가면 백나로 바깥부터의 조르기가 작용할 뿐, 흑나면 백가, 흑다로 후수 비김수로는 수습으로서도 재미없다. 흑은 안쪽부터 파괴에 착수하는 모양이다.

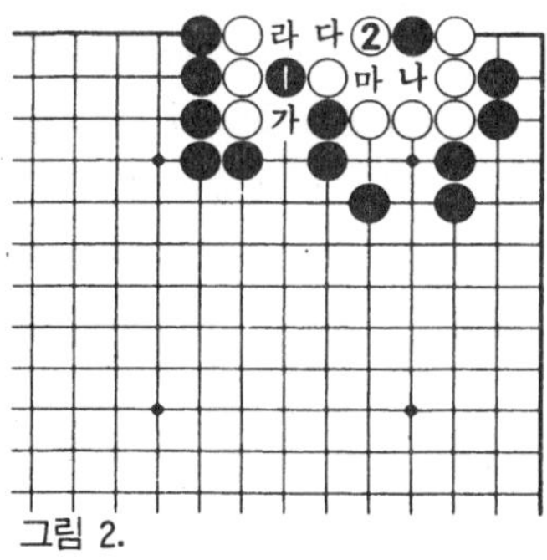

그림 2.

그림 2(3분의 1) 흑1의 젖혀넣기는 백2로 되돌리기 당하고 흑가, 백나로는 3분의 1밖에 잡을 수 없다. 백은 2에서 가로 몰고, 흑다, 백라, 흑마 이하의 패를 다툴 수도 있고 그 선택권이 있는만큼 의외로 하지 않은 모양이다.

혹에게는 더 매서운 맥이 있다.

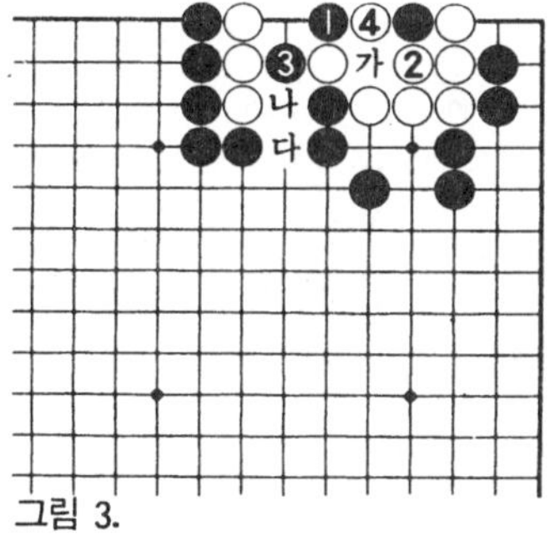

그림 3.

그림 3(백2, 수법) 흑1로 붙인다. 백도 2가 최강이고 흑3, 백4로 패다. 백2를 3이면 흑가로 4목 내격이고 백2를 가면 흑3으로 회두리, 모두 무조건 죽음이다.

백2가 유일한 버티기. 흑3에서 4의 잇기면 백나로 넓혀서 흑다, 백가의 무조건 살기로 된다.

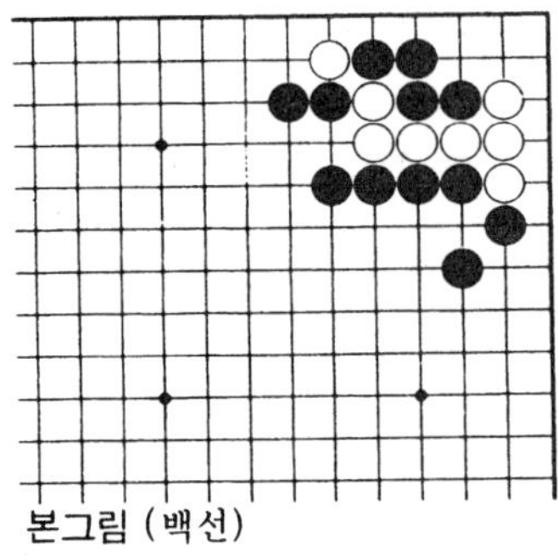

본그림 (백선)

들여대기

자루가 없는 곳에 자루를 끼우는 귀의 마성(魔性)이다. 재차 희생타부터 패의 버티기를 추출한다.

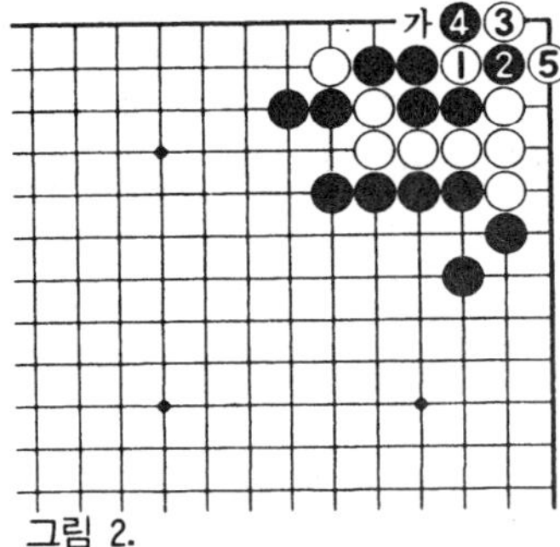

그림 1.

그림 1(뻗기) 백1 등으로는 도저히 이 위기를 구할 수 없다. 흑2로 품을 좁히고 4로 바깥을 지켜도 죽어있는 정도다.

백1에서 가는 흑나로 평범하게 당하고 있어도 공배. 백1에서 다의 뛰기도 흑나로 우직하게 두기당해 백1, 흑2로 죽음이다.

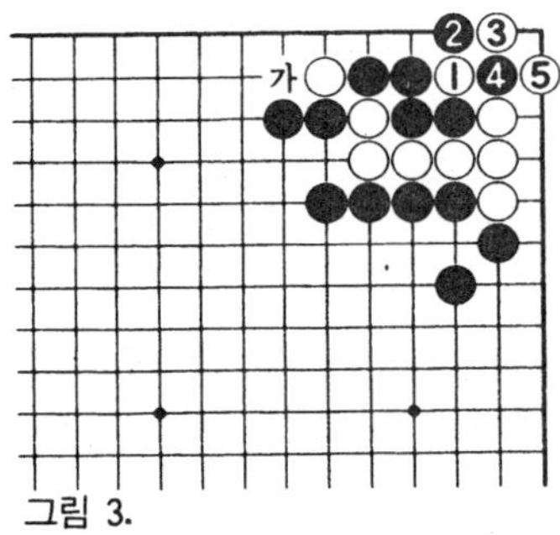

그림 2.

그림 2(백1, 3, 수법) 백1로 들여댄다. 흑2로 끊기워서 애기가 되지않는 것 같지만, 백3으로 밑부터 젖혀서 버티는 맥이 있고, 5로 누르면 패다. 2단 패인데 물론 무조건 죽음보다는 좋다.

흑4에서 5의 뻗기는 백가로 젖히고 본패로 되니까 백은 대환영.

그림 3.

그림 3(같은 결과) 흑2로 밑부터 단수했을 때에도 백3으로 이을 수 있는 곳을 잇지 않는 것이 좋다. 흑4로 잡게하고 백5로 되면 앞그림과 동형인 패가 된다. 흑은 패를 이을 수 없는 것이 슬프다.

백3에서 4의 잇기로는 대번에 탄력을 잃고 흑가의 몰기로 죽음이 된다.

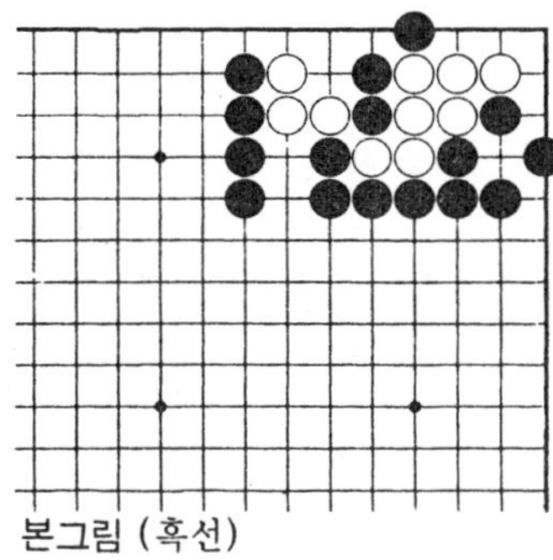

본그림 (흑선)

누르기

펀치를 얻어 맞아도 크린치로 피한다. 버티기의 맥을 어디에서 구할까.

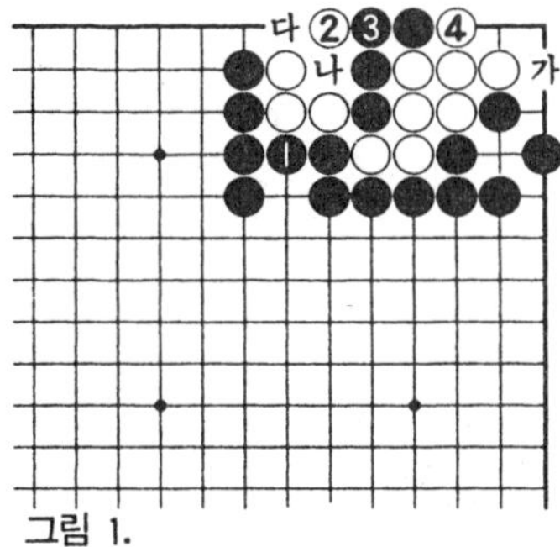

그림 1.

그림 1(무조건 살기) 흑1의 공배 채우기로는 백2가 급소에서 무조건 살기. 흑3에는 흑4로 굽기 4목이고 흑3에서 가면 백3으로 끊어도 좋다.

백2에서 부주의하게 나의 단수는 흑2, 백3, 흑 되잡기, 백 단수, 흑가로 패다. 흑1에서 다의 젖히기는 백2로 아무일도 일어나지 않는다.

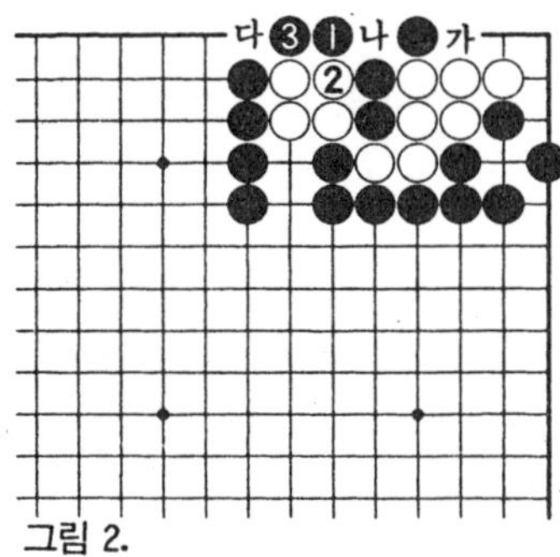

그림 2.

그림 2(무조건 죽음) 흑1의 마늘모가 호수인데 백2면 흑3으로 건넌다. 단수 때문에 백가부터 추격을 둘 여유가 없고, 백나로 잡으면 흑한테 한점을 되잡기 당해 무조건 죽음이다.

흑1은 맞공격의 상용수법이기도 하고, 백2에서 3의 차단이면 흑다로 한수 승리다.

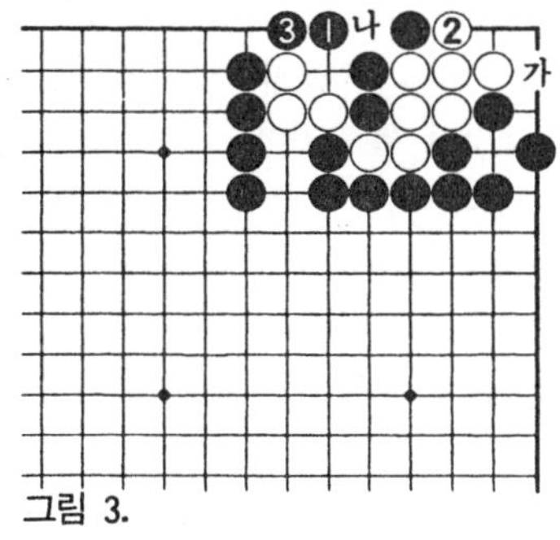

그림 3.

그림 3(백2, 최강) 백2로 꼬리부터 단수하는 맥은 의외로 알아차리기 어렵다. 흑3으로 건너도 흑3에서 가로 단수해도 백은 패를 잡고 버틴다. 흑3에서 나의 잇기는 내격이 되지 않고 흑도 패에는 도리가 없다.

자기의 공배를 채우는 백2는 맹점이 되기 쉽다.

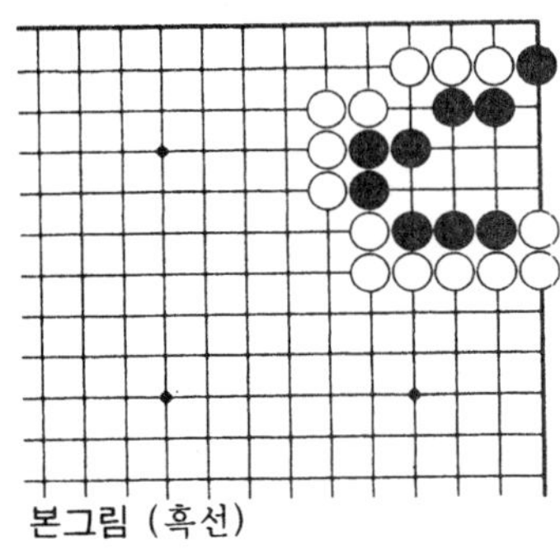

본그림 (흑선)

불평하기

처음에는 무조건 살기를 지향한다. 그러나 어떤 시점에서는 무조건을 단 념하고 패 맥 탐색으로 바꿔야 할 것 이다.

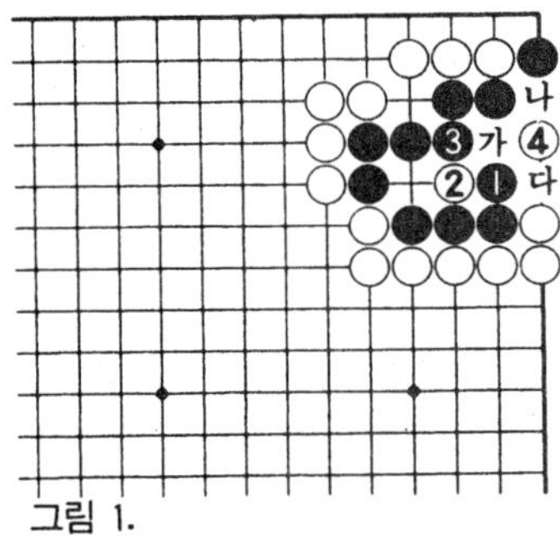

그림 1.

그림 1(좁다) 흑1의 굽기로는 품 이 좁다. 백2로 급소를 얻어 맞고 뒤 는 아무리 몸부림 쳐도 소용이 없다.

흑1에서 가는 백2, 흑나로 이어 패 를 노려도 백다로 두기 당해 아무 일 도 일어나지 않는다.

흑1에서 4도 백2의 붙이기로 살지 못한다.

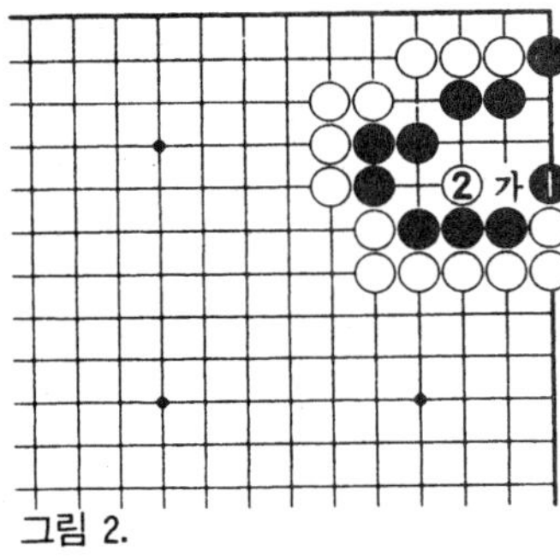

그림 2.

그림 2(궁여의 일책도) 흑1의 누 르기는 궁여의 일책인데 백은 알기 쉽 게 2로 급소로 직행, 문제도 되지 않 는 사형이다.

이만큼 죽이기의 급소가 2의 점인 증거가 갖추어지면 당연히 「적의 급 소는 내 급소」서, 흑이 2의 점에 집을 지어 볼 것을 생각해야 한다.

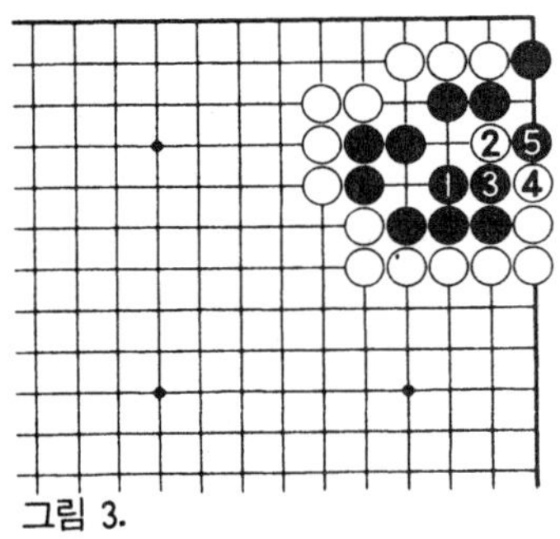

그림 3.

그림 3(흑3, 수법) 흑1의 집갖기 를 발견하는 것은 어렵지 않다고 해도 계속되는 백2의 붙이기에 흑3의 불평 하기는 맹점이 되기 쉽다. ●의 젖히 기를 작용시킨 패 버티기 맥인데, 백4 에 흑5로 던져넣는다.

흑3에서 5는 백3, 흑3에서 4는 백3 인데, 모두 무조건 죽음이다.

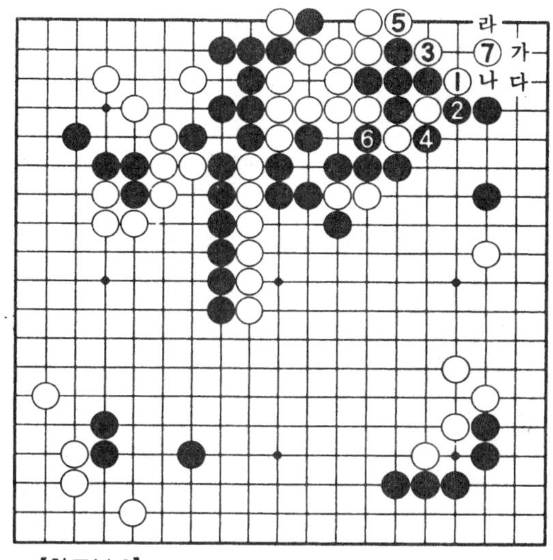

【참고보 9】

제15기 왕좌전　　백　　吳 淸 源
　　　　　　　　　　흑　　藤澤秀行

마늘모

전혀 수가 없는 것 같아도 패의 끈기는 의외로 남아 있다. 돌의 탄력을 끝까지 이용한다.

【참고보 9】

백1로 젖혀내어 귀로 숨어 들어가는데 쉽게 집모양이 생길 모양이 아니다. 백7이 유일한 버티기이고 흑가면 백나, 흑다, 백라로 살기다.

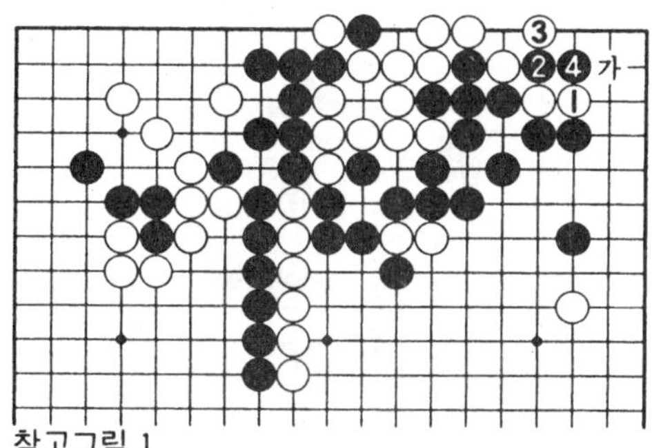

참고그림 1

참고그림　1(무조건　죽음)

보의 백7에서 1의 누르기는 흑2의 끊기인데 패도 아무것도 되지 않는 모양이다. 또 백1에서 2의 굳게잇기도 흑1 내지 가로 무조건 죽음. 이곳은 걸쳐잇기로 한정되는 맥이었다.

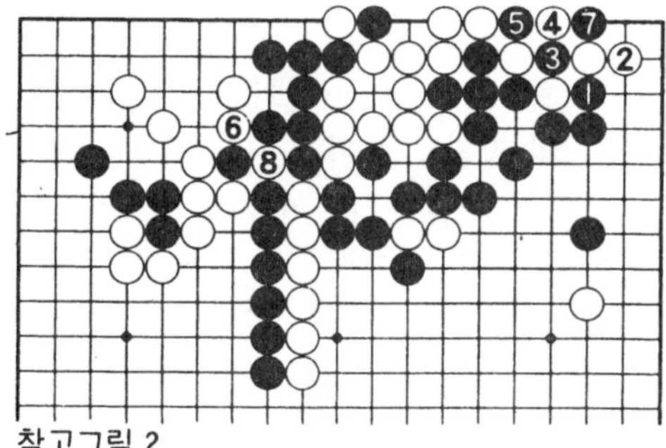

참고그림 2

참고그림　2(이후의　진행)

흑1의 단수에는 백2의 뻗기다. 흑3, 백4로 패가 되었지만, 그러나 이 바둑에서는 백에 적당한 패감이 없다. 백6, 8의 패 옮기기도 흑에게는 중앙의 백 6석을 공격할 패감이 있다.

283

따라 올리기

어차피 패라면 될수록 크게 사는 패가 좋다. 또는 상대의 땅에 빠져 들어가는 것도 좋고 이득이 될 것이다.

【참고그림 10】

백1로 따라올리고 흑2에는 3 이하 9를 작용시켜서 11로 보충한다. 흑12에는 백13으로 튕기는 패다. 백1에 흑3으로 받게하면 백가로 걸쳐이어서 퍽 다르다.

【참고보 10】
제5기 명인전　　백　　藤澤秀行
리그전　　　　흑　　楣原武雄

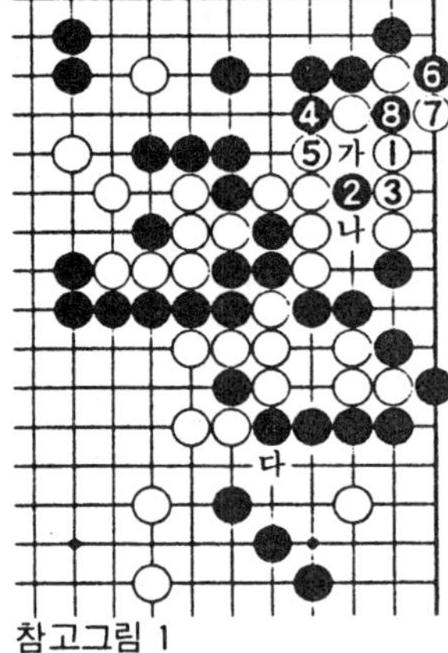

참고그림 1

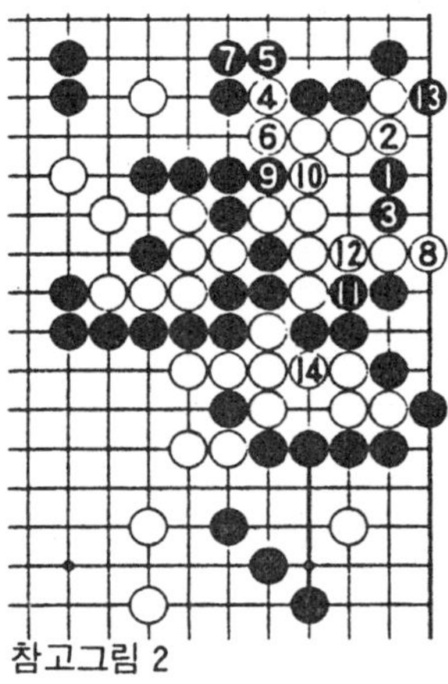

참고그림 2

참고그림 1(걸쳐잇기)　곧 백 1로 걸쳐이어도 패이지만, 흑2부터 4의 굽기를 하나 이용 당했을 뿐으로 상변의 흑지가 다르다. 흑 가로 빼기 당했을 때도 나가 남고, 백다 등이 패감으로 되지 않는다.

참고그림　2(무조건　없음) 참고보 흑2에서 1의 놓기는, 백2의 잇기로 품이 넓다. 흑3에는 백 4, 6을 작용시켜서 8. 흑13까지로 공격하면 백14로 추격이다.

이밖에 그림의 수순에는 변화가 많지만 흑도 12로 끊어서의 패가 시세일 것이다.

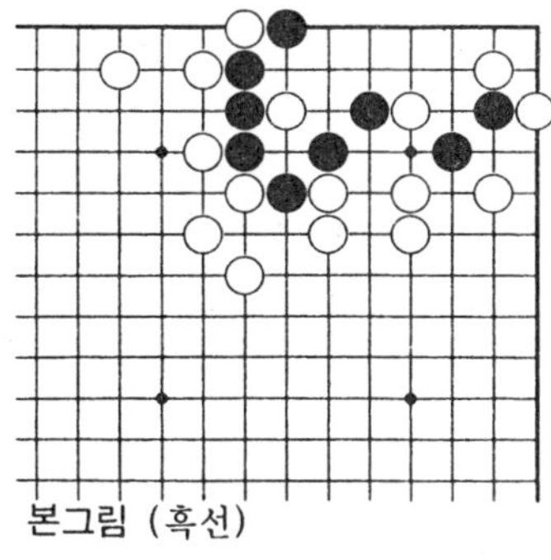

본그림 (흑선)

붙이기

모양을 정리하기까지 시간이 약간 걸리지만, 단서를 만드는 수법과 마무리의 모양이 재미있다.
본그림은 『碁經衆妙』에서 발췌.

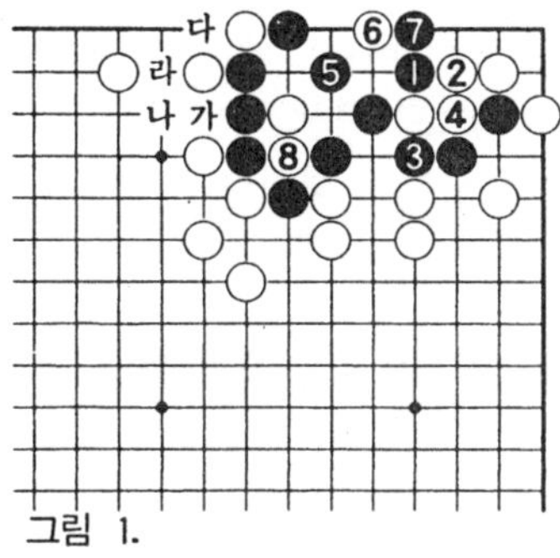

그림 1.

그림 1(정리 실패)　흑1을 작용시키고 5로 걸쳐잇는 정도로는 백6의 놓기로 무조건 죽음이 된다. 흑가 이하 백라의 잇기까지는 선수로 둘 수 있는데 이 경우는 아무 유익도 없다. 흑5에서 6의 걸쳐잇기는 백5의 마늘모로 죽음. 흑1에서 2의 젖혀내기는 물론 흑1로 안 된다.

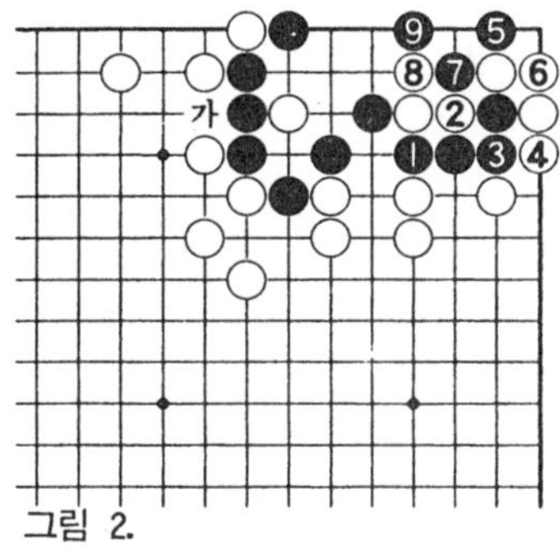

그림 2.

그림 2(흑5, 수법)　흑1로 끌어서 잔뜩 준비할 것이다. 백2, 4로 건널 수밖에 없고 여기서 흑5의 붙이기가 절묘. 백6의 잇기면 흑7, 9로 패를 걸고, 지금이야말로 흑가 이하를 패감으로 쓴다.
백6에서 7의 잇기면, 흑6으로 던져넣어서 역시 패다.

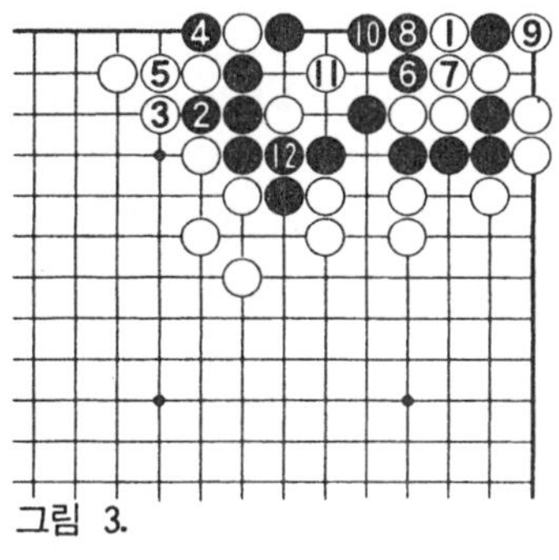

그림 3.

그림 3(비김수 살기)　앞의 백6에서 1의 누르기면 다시 흑2, 4를 결정하고 나서, 6, 8로 선수로 작용시킨다.
이어서 흑10의 굽기가 맹점으로 될 듯한 수법인데 백11에는 흑12로 비김수 살기다. 백11에서 12면 흑11로 두 집으로 나누어서 살기. 백1은 최강 수단이라고 할 수 없다.

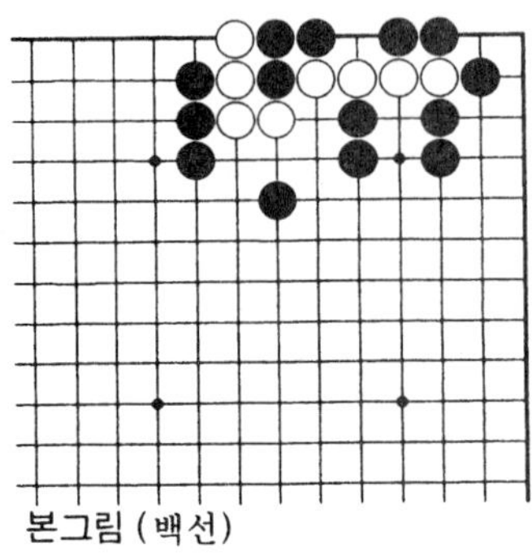

본그림 (백선)

붙이기

귀의 탄력을 극한까지 이용한다. 제 1감인 수법에는 흑의 선방(善防)이 있다.

본그림은 『碁經衆妙』에서 발췌.

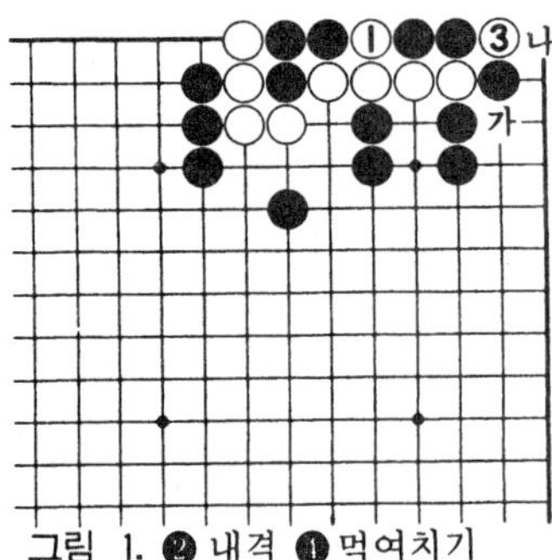

그림 1. ❷내격 ❹먹여치기

그림 1(무책) 백1로 빼서 내격을 당하고 또 백3으로 빼서 먹여치기 당하는 등 심한 무책일 것이다. 또 백가의 단수에는 흑나로 빼기 당해 후속 없음이다.

이하 귀의 추격으로 열심히 돌을 잡아도 집이 되지 않는다.

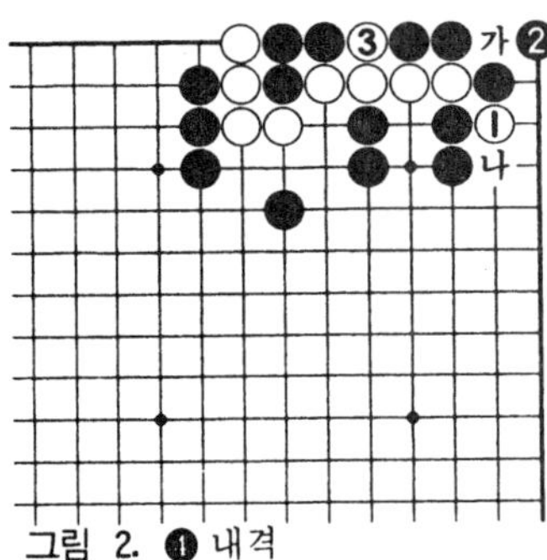

그림 2. ❹내격

그림 2(흑의 선방) 백1의 끊기는 유력한 수법이지만 그것을 윗도는 흑2의 선방이 있어서 좌절된다. 백3의 빼기에는 언제라도 흑4의 내격으로 보고 또 백가로 빼도 되빼기 당해 앞그림과 동형이다.

흑2에서 나는 백3부터 가로 뺏을 때 단수가 되어 먹여칠 틈이 없다.

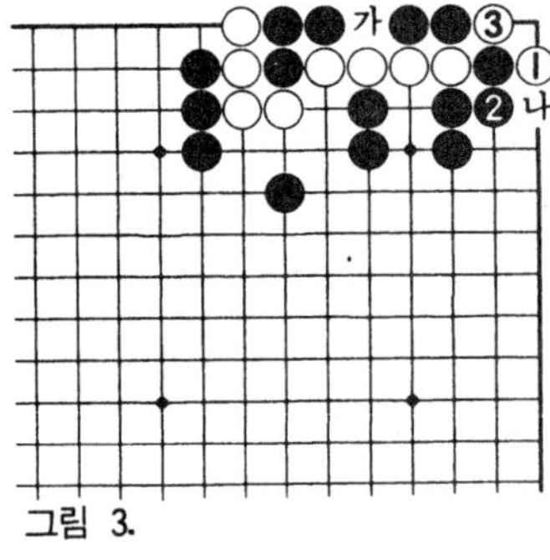

그림 3.

그림 3(백1, 수법) 백1로 붙인다. 아무 의미도 없는 듯 하면서 흑2에 백3으로 던져넣기 당하면 무릎을 칠 것 같다. 백이 패에 이기고 가로 빼면 둘 잡기가 되어 좌우의 집갖기가 대응의 살기로 된다.

흑2에서 3이거나 나라도 백가로 빼서 살기.

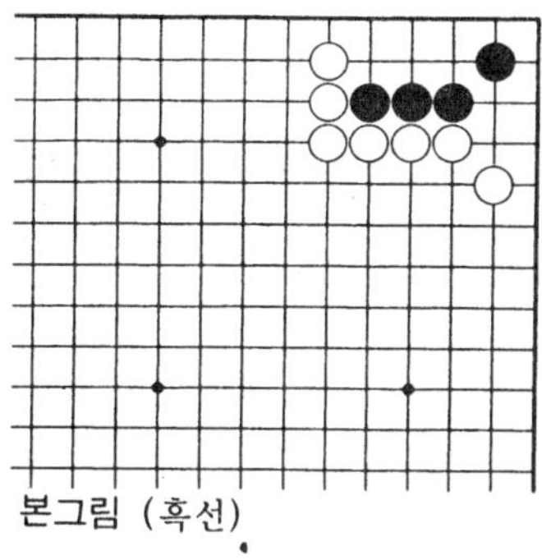

본그림 (흑선)

뛰　기

패의 맥이 보였다고 해서 달려들어서는 안된다. 더 고안하면 무조건으로 살 수 있을는지도 모르기 때문이다.

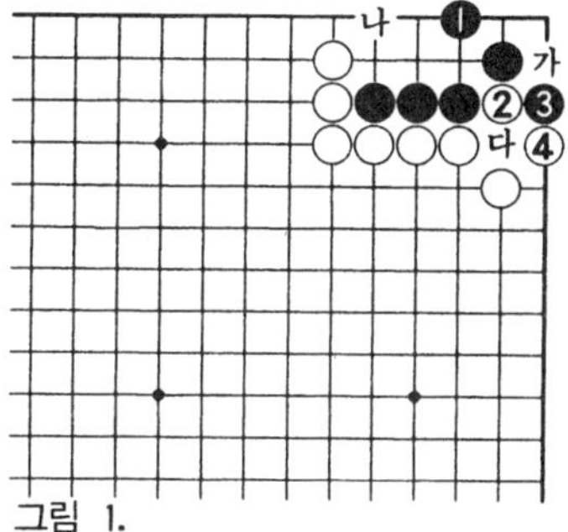

그림 1.

그림 1(마늘모)　흑1의 마늘모에는 백2의 들여대기다. 흑3에서 가는 백나로 죽음이므로, 흑3으로 단수하고 백4의 패는 여기까지 오면 부득이 하다. 흑1에서 다로 반대로 들여대도 백4, 흑3의 패인데 이쪽은 백이 잡을 차례로 되어 있는 사실에 주의. 패감인데 둘이 다르다.

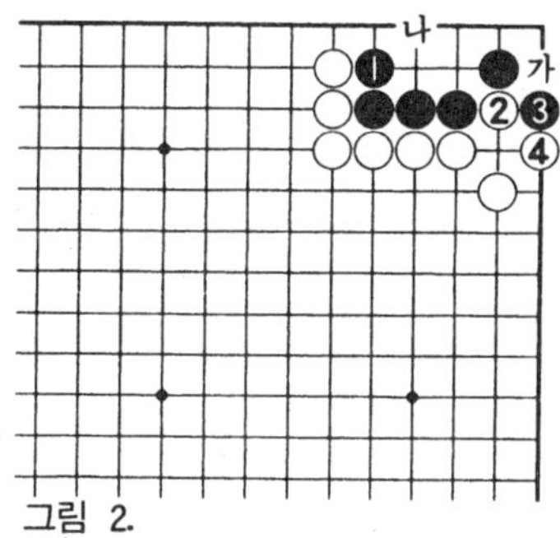

그림 2.

그림 2(누르기)　흑2의 누르기도 백2의 들여대기로 공배 채우기가 강조된다. 흑3에는 물론 백4의 패다. 이 패를 흑가로 이어도 백나의 놓기로 끝까지 패를 재촉당한다.

흑1에서 3은 백4로 마늘모 붙이고 흑이 어디에 두어도 2로 던져넣어 패.

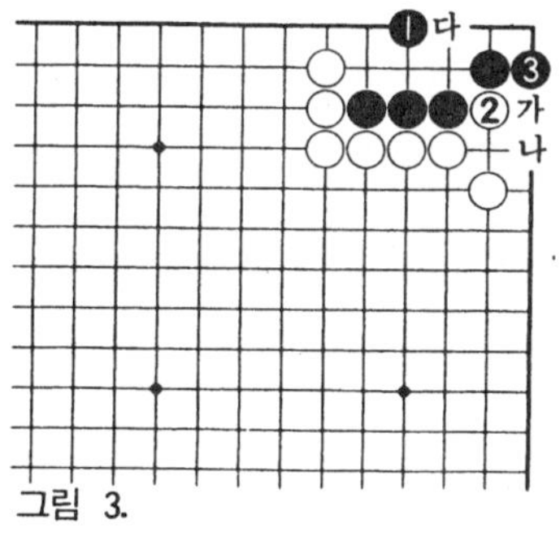

그림 3.

그림 3(흑1, 수법)　흑1의 뛰기가 공배 채우기를 피하는 급소, 3목의 한 가운데이다. 백2에는 상대하지 않고 흑3으로 처져서 매우 알기 쉬운 살기 모양이다. 흑3에서 가로 젖히고 백나, 흑3으로 공배 채우기가 되면 백다로 붙이는 수법이 생겨서 당장 패로 되돌아간다.

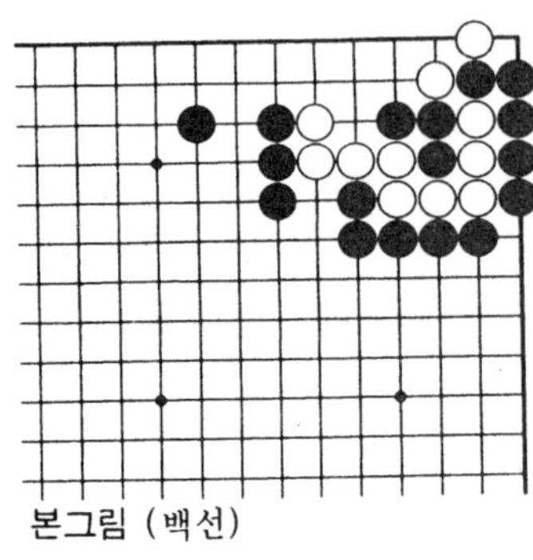

본그림 (백선)

뛰 기

품을 넓히는 패 버티기. 흑 석점을 잡는 것만으로는 좀체로 살 수 없다.

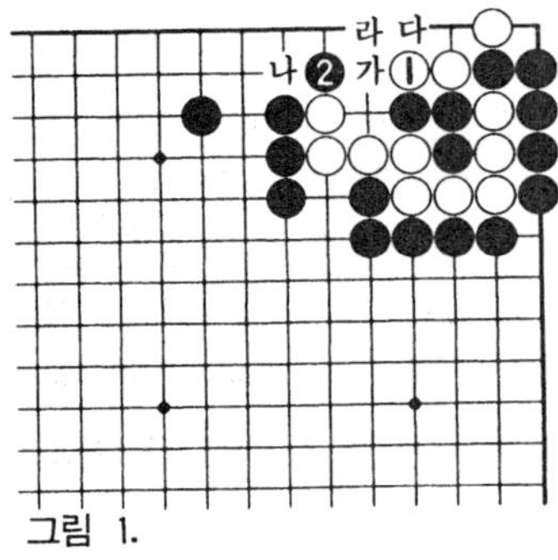

그림 1.

그림 1도(잡는 방식) 백1의 단수에는 흑2로 품이 좁고, 백1에서 패를 각오한 가의 마늘모도 흑2로 불리하다. 그렇다고 백1을 2로 처지면 흑1로 단수, 이번에는 패도 되지 않고 흑이 석점을 구출한다.

백1에서 다도 라도, 흑2로 품이 좁다.

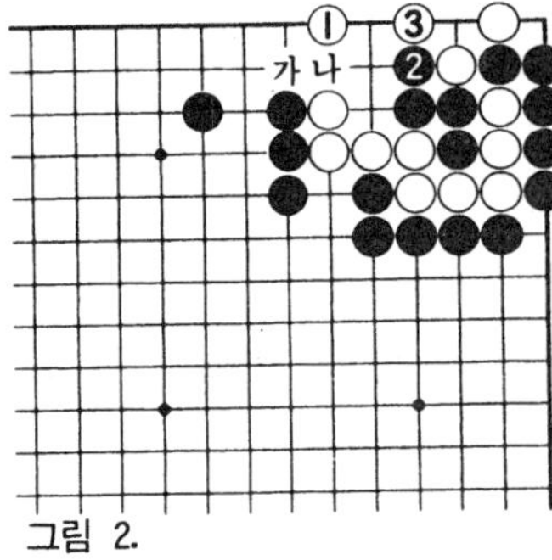

그림 2.

그림 2(백1, 수법) 품을 최대한으로 넓히면서 또 귀의 두점과 기맥을 유지하는 백1의 뛰기가 버티기의 수법이다.

흑2의 단수에 백3으로 젖혀서 패다. 귀부터 단수하는 수가 없는 점에 백1이 성립되는 근거가 있다.

흑2에서 가면 백나로 받아 놓는다.

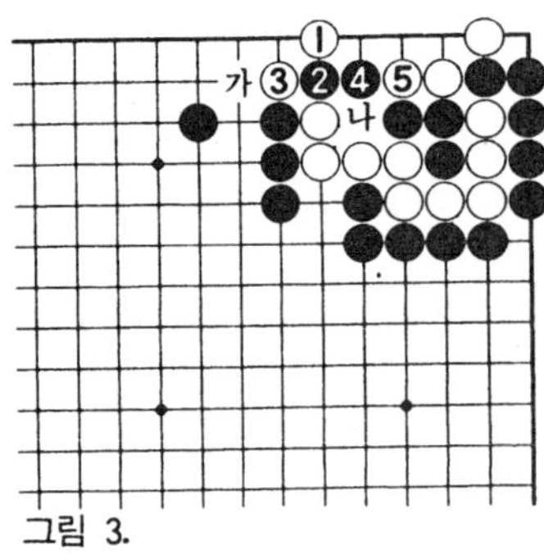

그림 3.

그림 3(선수 빼기) 백의 품을 억지로 좁히려고 하면 흑2의 끼어들기도 생각된다. 백3으로 안쪽에서 받으면 사형이지만 바깥에서 단수, 그 김에 백5로 석점을 잡는 맥이 생겼다. 이후 흑가면 백나의 빼기가 선수로 되어 무조건 살기가 된다. 흑은 앞그림밖에 없다.

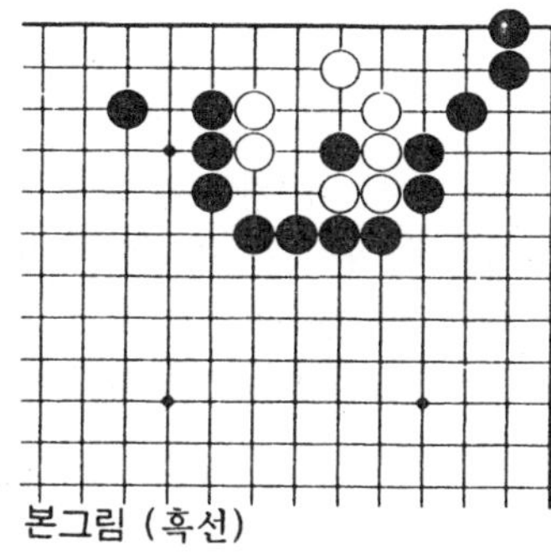

본그림 (흑선)

줄짓기

흑부터의 묘수를 백이 피하고 패로 끌어들인다는 내용.

본그림은 『玄玄碁經』의 「七子之母勢」에서 발췌.

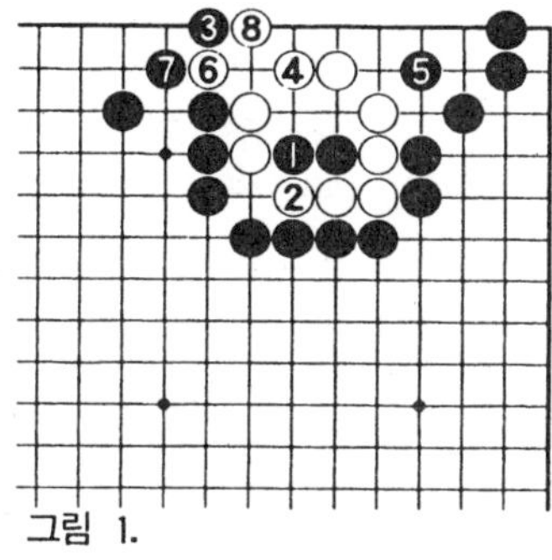

그림 1.

그림 1(백4, 수법) 흑1을 결정하고 3으로 뛰는 것이 절묘한 한수. 활동이 없는 듯한 백4의 줄짓기가 유일한 참기 맥인데 흑5에는 백6, 8로 패.

흑1은 보류해도 상관이 없지만 흑3에서 5는 백6, 흑7, 백3으로 살기이고 흑3에서 6은 백5로 살기. 그 대응을 타파하는 것이 흑3이다.

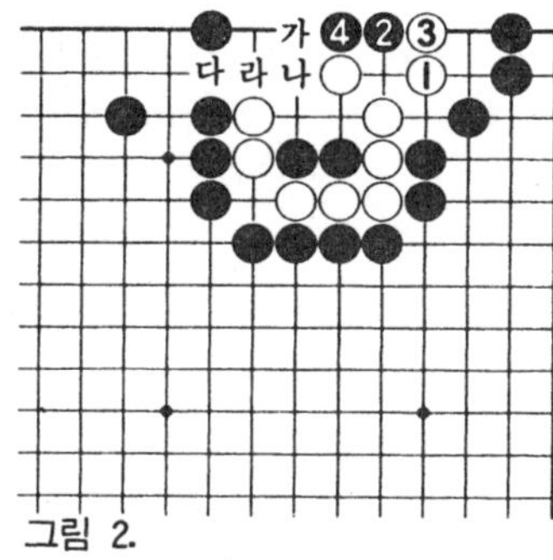

그림 2.

그림 2(뛰기의 활약) 앞의 백4에서 1의 마늘모는 흑2로 놓기 당하고 4로 끌어내기 당해서 백가면 흑나, 백나면 흑가로 죽음이다. ●이 다의 점이면 흑4일 때 백나로 살기이므로 그 활동은 분명할 것이다.

백1에서 라는 흑1의 마늘모로 품이 좁고 두집의 여지가 없다.

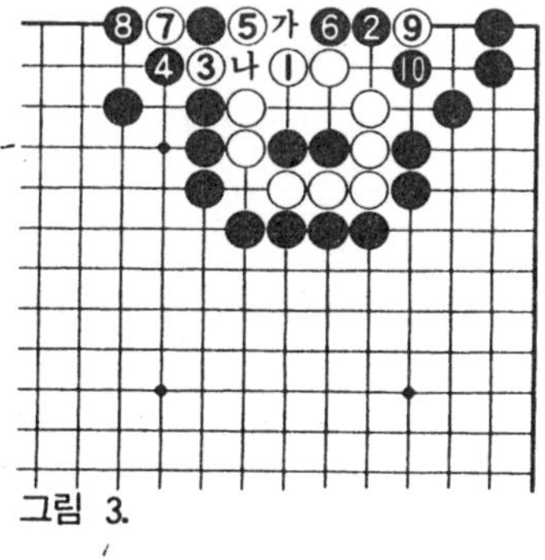

그림 3.

그림 3(들어가기의 구조) 백1의 들어가기에 흑2라도 백은 〈그림 1〉과 같이 3, 5로 좋다. 흑6에는 백7로 빼고 나서 잇기 전에 흑가를 피하는 백9를 작용시켜 무조건 살기다.

흑2에서 나면 물론 백10으로 살기. 일단 백1로 들어가 놓는 것이 탄력이 많은 수법이다.

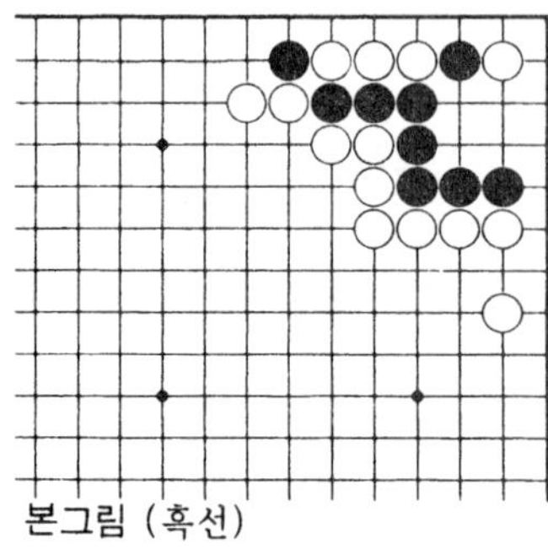

본그림 (흑선)

젖히기

공배 채우기 때문에 행동은 극히 제한된다. 놀랄만큼 끈기를 발휘하지 않으면 수가 되지 않는다.

본그림은 『玄玄碁經』의 「測姦亡秦勢」에서 발췌.

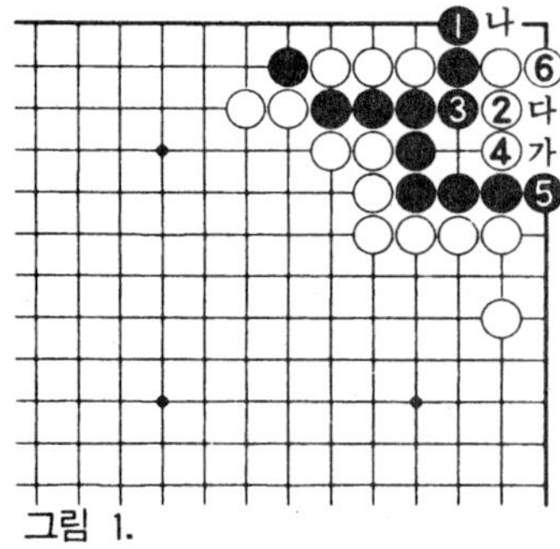

그림 1.

그림 1(처지기) 흑1의 처지기는 우선 첫째로 생각하는 수. 그러나 백2, 4로 노골적으로 복중에서 움직이고 흑5로 건너기를 저지했을 때, 백6으로 죽음. 흑가면 백나이고 흑다면 백가로 모두 공배 채우기 때문에 집유무다.

흑5에서 가도 백다, 흑5, 백나까지.

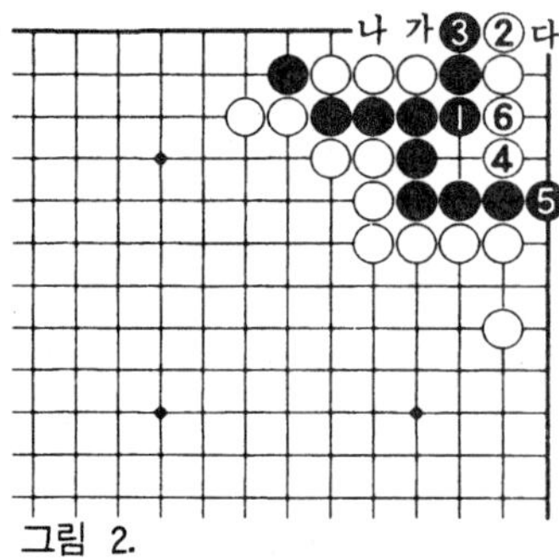

그림 2.

그림 2(탄력이 지워진다) 흑1의 잇기는 추격을 노린 받기인데 백2로 처지는 수법으로 돌의 탄력을 뺏긴다. 흑3이면 백4, 6으로 집유무, 흑3에서 6이면 백3으로 건너 추격이 되지 않는다.

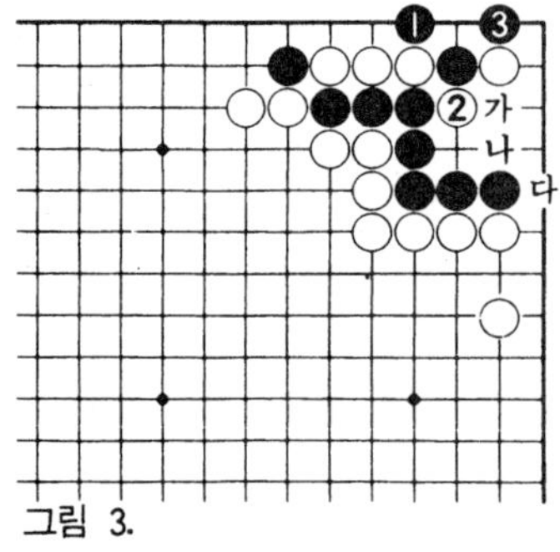

그림 3.

그림 3(흑1, 3, 수법) 난폭하게 보이지만 흑1로 젖히고 백2에 흑3으로 버티는 패밖에 없다.

흑1에서 3의 젖히기도 백2부터 흑1로 똑같은 패다. 다만, 흑3에 백가의 뻗기는 흑2, 백나일 때 흑다의 처지기로 비김수 이상으로는 되지 않는 듯하다.

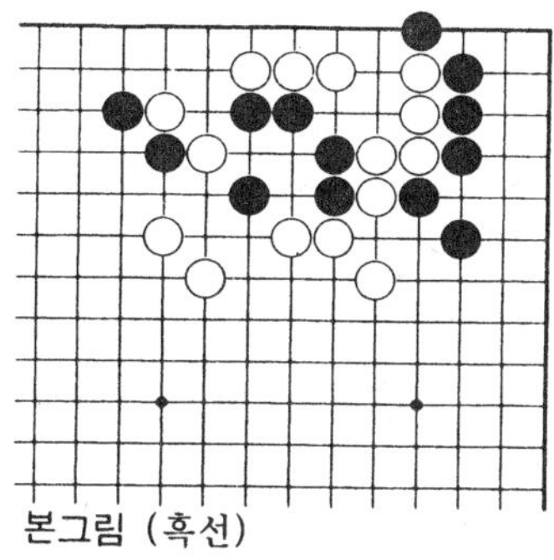

본그림 (흑선)

젖히기

잡고 사는 맥이기도 하지만 패를 강 매하는 수순이 재미있다.
본그림은 『發陽論』에서 발췌.

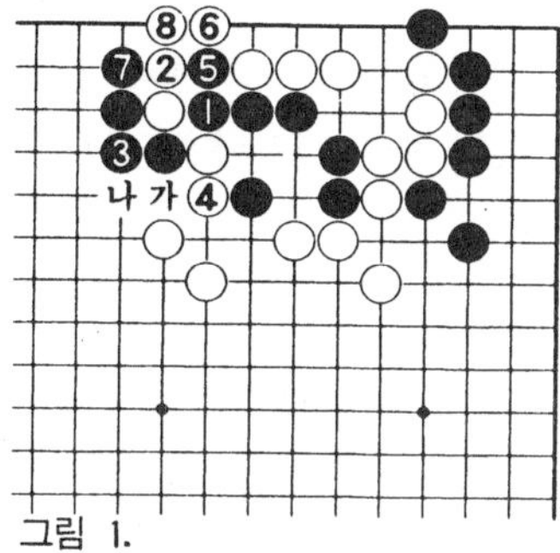

그림 1.

그림 1(정리)　발양론의 도면은 모 양을 정리하기까지 시간이 걸리고 수 순에 함정이 있는 것이 특징의 하나. 흑1 이하 백8까지의 사이에도 흑3에 서 4로 몰면… 이라는 의문이 있고 백 3, 흑가, 백나, 흑5일 때 백7로 단수하 는 선방으로 수단미수로 끝난다. 이유 는 다음에서 추리하기로 하겠다.

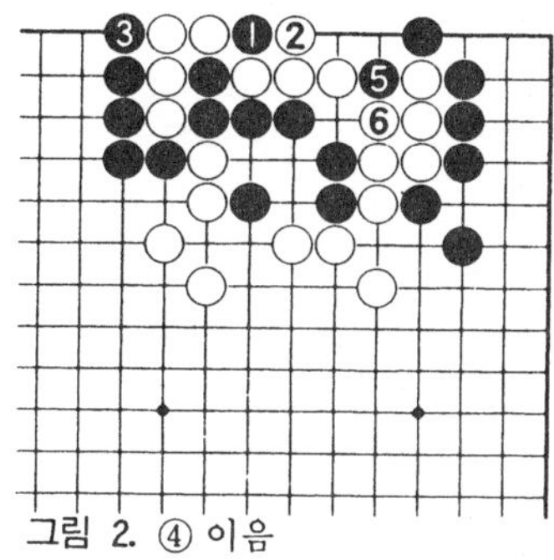

그림 2. ④ 이음

그림 2(되지 않음)　흑1의 던져넣 기는 추격상용의 수법. 어떻게든지 고 안해서 이 꼬리를 잡아뜯지 않으면 중 앙의 7점은 그대로 죽음이다.
다만, 흑1 이하 5라는 노골적인 맥 으로는 백2, 4로 전부 쉽게 받기 당하 고 있어서 마치 닿지 않는 모양이다.

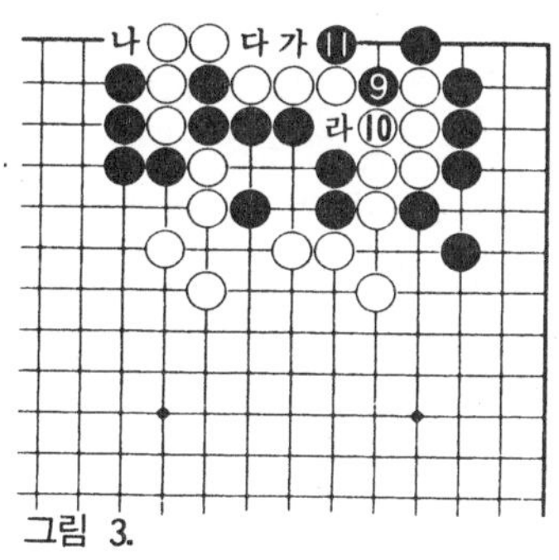

그림 3.

그림 3(흑9, 11, 수법)　〈그림 1〉 에 이어 흑9로 단순히 젖혀넣고 백10 이면 다시 흑11로 패에 젖힌다. 백가 면 흑나로 추격. 백다면 흑라로 끊어 여전히 패다.
백10에서 라면 흑다, 백가, 흑나, 백 잇기로 모양을 결정, 흑11로 던져넣어 단수하면 추격의 패로 된다.

젖히기

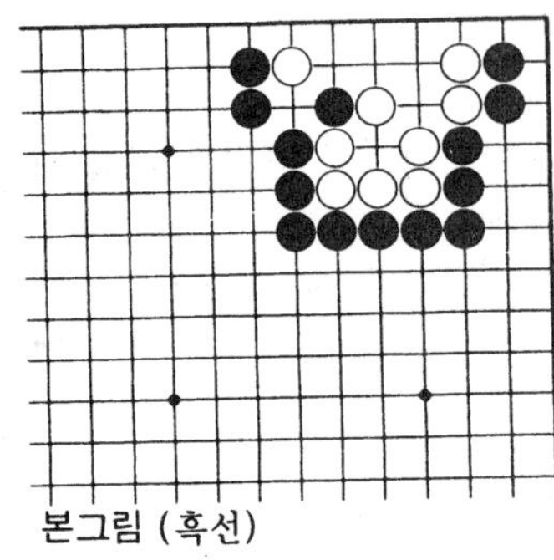

본그림 (흑선)

흑의 교묘한 공격 수에 백의 절묘한 받기 수가 있어서 패가 된다. 공배 채우기를 강조하고 공배 채우기를 완화하는 맥이기도 하다.

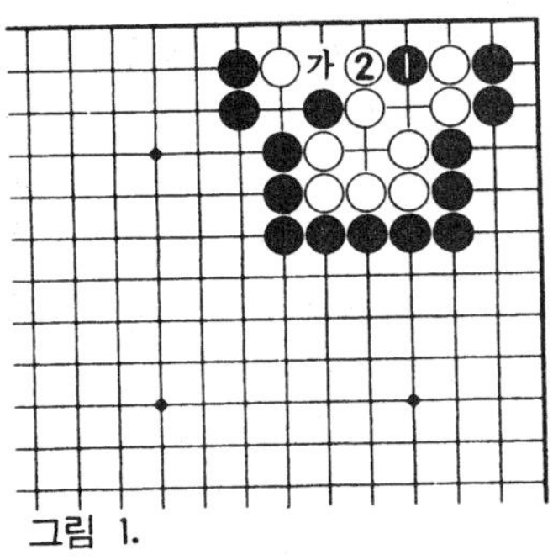

그림 1.

그림 1(급소 빗나감) 중앙의 한집은 확실하므로 변의 집모양을 공격할 수밖에 없는데 흑1의 붙이기에서는 백2로 좌우 대응. 흑1에서 가도 백2로 눌리워서 쉽게 집모양이 된다.

따라서 백을 만일 위협할 수 있다고 하면 2의 점까지 진행해야 할 것은 명백하다.

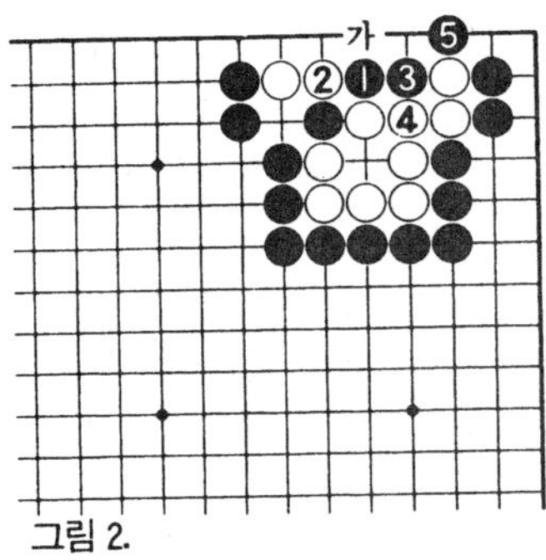

그림 2.

그림 2(빠뜨린 것) 흑1로 젖혀 본다. 백2에서 3의 누르기면 흑2로 이어도 좋고 백2면 흑3으로 부딪쳐서 5의 건너기가 선수. 깨끗이 해결했다고 기뻐하기는 아직 이르고 백의 버티기를 못보고 있다.

백4에서 가는 흑5로 추격.

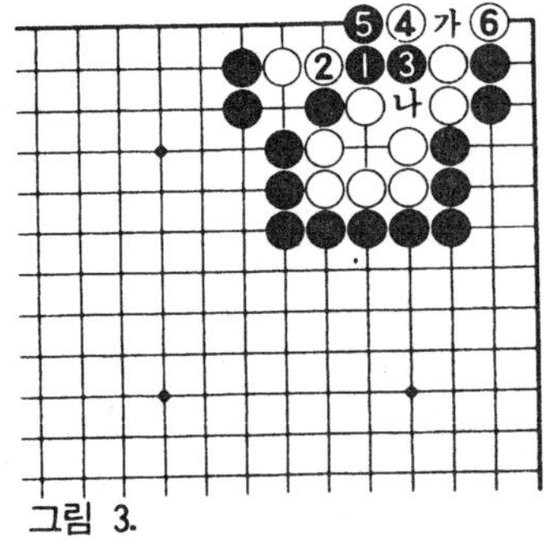

그림 3.

그림 3(백4, 6, 수법) 백4의 젖히기다. 흑5로 눌렀을 때 귀의 특수성을 잔뜩 발휘한 백6이 멋지다. 백6에서 가는 흑6으로 추격이다. 또 백6에서 나는 흑가로 잡혀 이것도 단수다.

이후 백이 패를 해소하려면 가의 잇기. 본 패다.

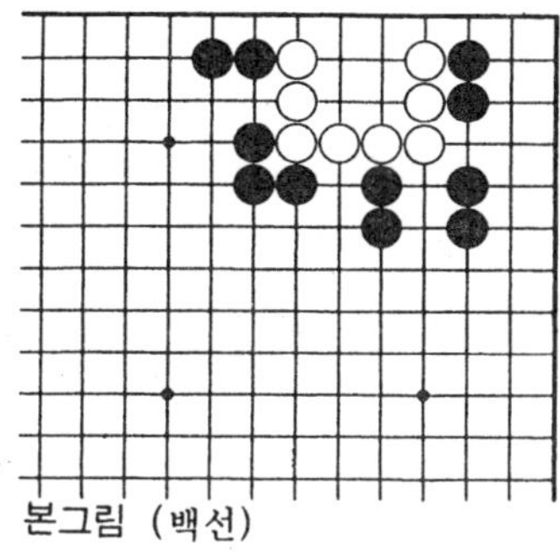

본그림 (백선)

젖히기

변의 1홉 뒷박이다. 젖히기나 처지기가 작용하면 살기이므로 그것을 위한 단서를 귀에 구하고 싶다. 『玄玄碁經』의「子房歸山勢」에서 발췌.

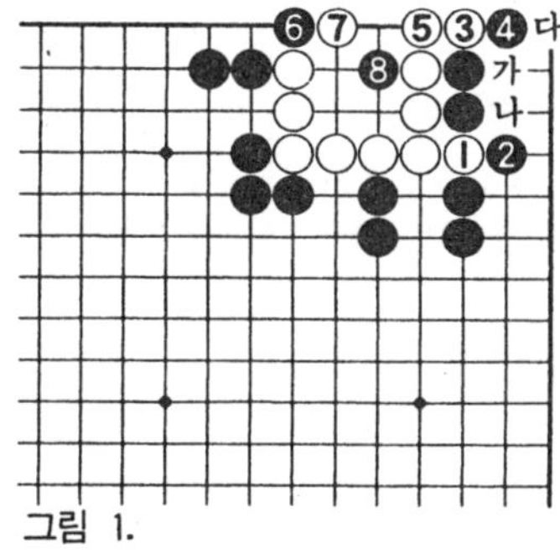

그림 1.

그림 1(선수되지 못함) 백1의 나오기는 여하간 3으로 젖혀도 흑4로 눌리울 뿐. 백5의 잇기는 선수가 되지 못하고 흑6, 8로 간단한 죽음이다.

백5에서 가로 되려단수하는 수법은 있지만 흑나, 백다의 빼기가 역시 선수로 되지 못한다. 백3에서 5라도 귀에 아무 노림수가 없다.

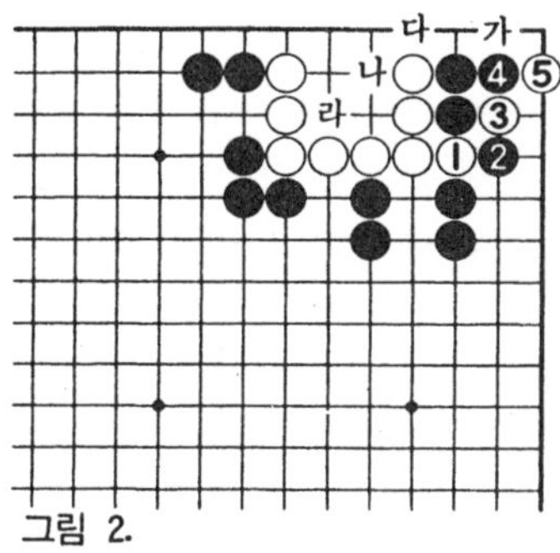

그림 2.

그림 2(백5, 수법) 백3의 들여끊기로는 문제가 되지 않는듯해도 다음에 백5로 젖혀 보면 단서 비슷한 것이 생긴다.

다음에 흑가의 처지기면 이미 추격의 준비 공작이 되어 있고 백나의 굽기로 무조건 살기로 된다. 백다에는 흑라의 들어가기다.

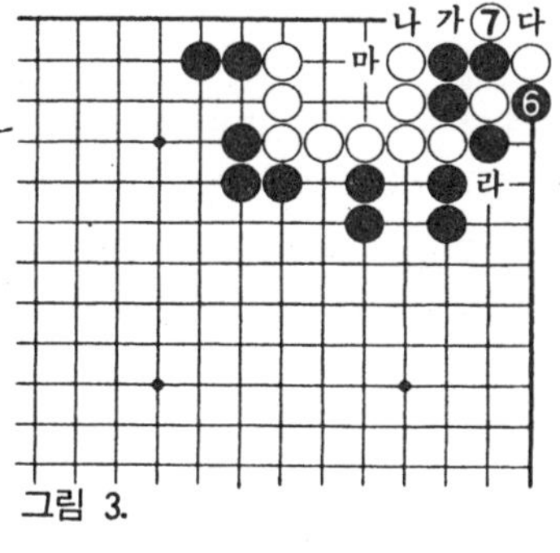

그림 3.

그림 3(다시 한 번) 따라서 흑은 6으로 빼는데 거기서 다시 한 번 백7로 젖히는 훌륭한 버티기의 맥이 있다. 흑가의 누르기면 백나의 단수가 작용해서 알기 쉽게 살기. 흑다로 패를 다투게 된다.

패를 기피해서 흑라의 잇기라도 백가의 단수가 선수가 되면 마로 살기.

293

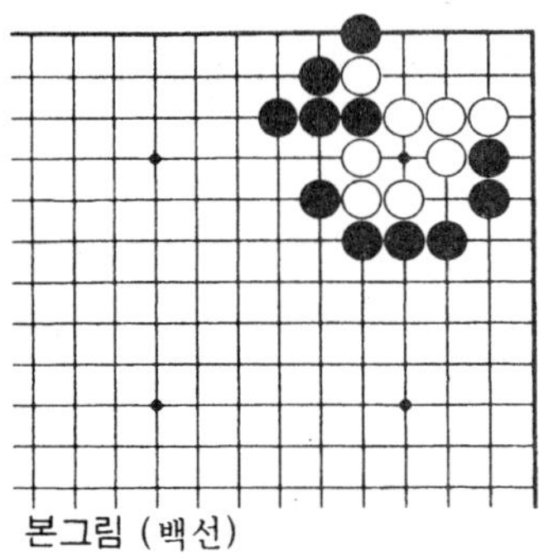

본그림 (백선)

들어가기

흑의 밑젖히기가 멋을낸 공격 맥인데 백은 궁했느냐 하는 장면. 탄력을 만들어 내는 급소는 어딜까.

본그림은 『碁經衆妙』에서 발췌.

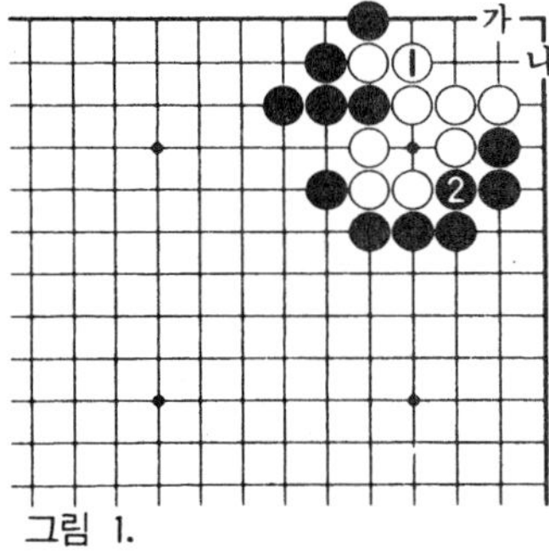

그림 1.

그림 1(대응) 백1의 잇기에서는 흑2로 중앙의 집모양을 뺏겨서 죽음. 귀는 6목형의 한집이다. 그렇다고 백1을 2면 흑가까지 발을 뻗으니 백, 귀의 집모양이 지워진다. 중앙과 귀가 우선 대응이다.

백1에서 가는 흑나의 놓기. 귀를 선수로 한집으로 만드는 것은 어렵다.

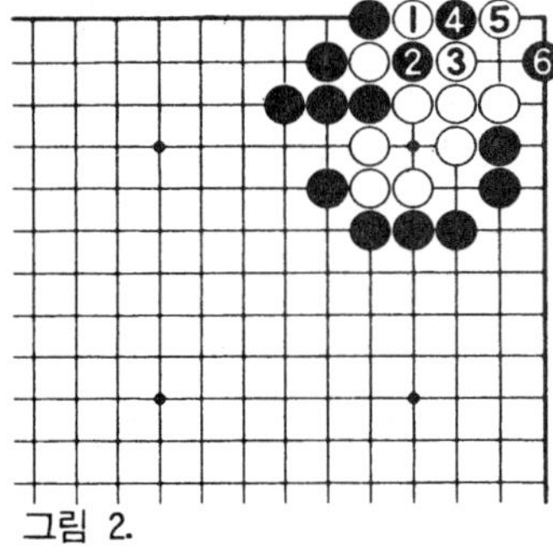

그림 2.

그림 2(두 빼기) 백1로 누르고 또 3으로 눌러서 두빼기를 허용하는 것은 백5의 누르기에 기대한 것이다. 그러나 흑6으로 놓기 당하고 보면 백이 패를 되잡아도 집모양이 되지 않는다. 역시 중앙과 귀의 대응 관계는 무너지지 않고, 수로 되어 있지 않다.

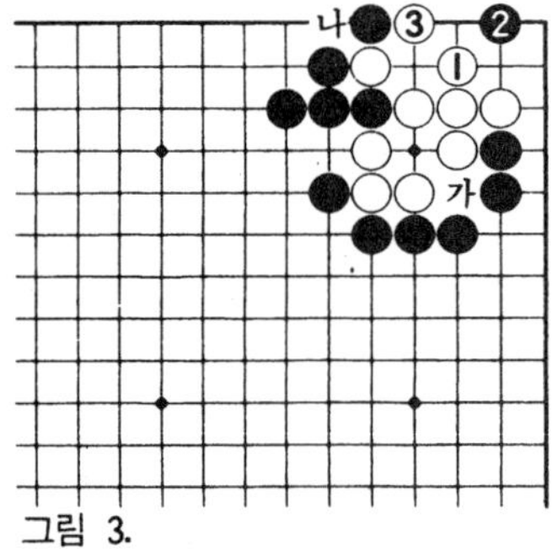

그림 3.

그림 3(백1, 수법) 백1이 급소. 우선 귀의 한집을 다지고 다음에 백3의 패 누르기를 본다. 흑2는 집모양을 뺏으면서 건너기를 본 최강의 저항인데 백3으로 밟을 수 있으면 여하간 패다.

흑2에서 가라도 백3으로 누른다. 그때 흑나의 잇기면 백2다.

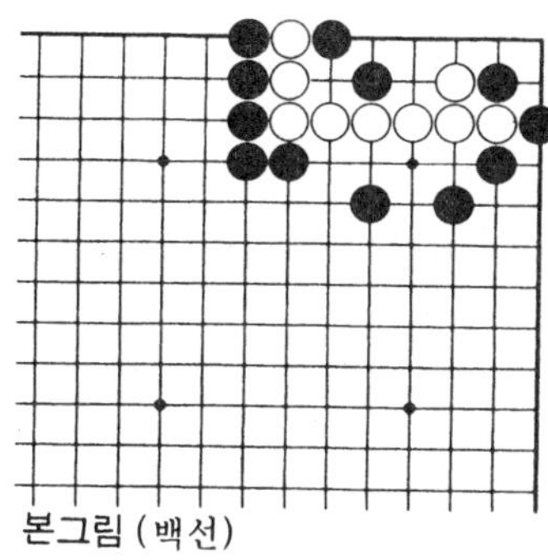

본그림 (백선)

던져넣기

마무리를 소홀히하면 그때까지의 고심이 물거품이 된다.

본그림은 『玄玄碁經』의 「玉匣藏珠勢」에서 발췌.

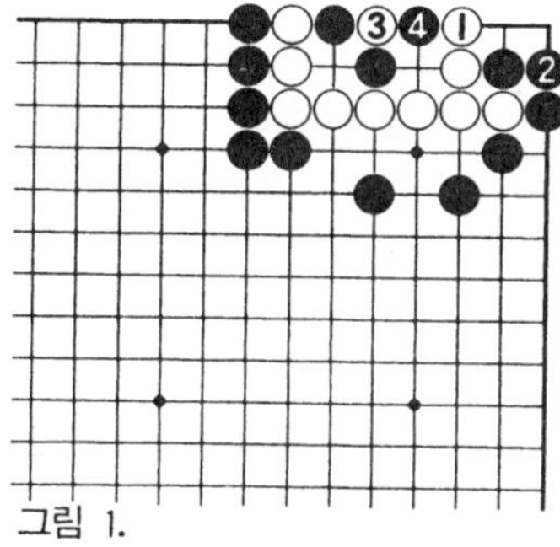

그림 1.

그림 1(내격) 백1의 처지기는 귀의 추격을 보아 선수인데 작용시켜도 품의 상태는 편하게 되지 않는다. 백3의 던져넣기는 흑4로 내격의 죽음이다.

귀에는 패를 노려서 4의 마늘모도 작용하지만 흑2로 지키니 백 집모양의 보탬이 되지 못한다.

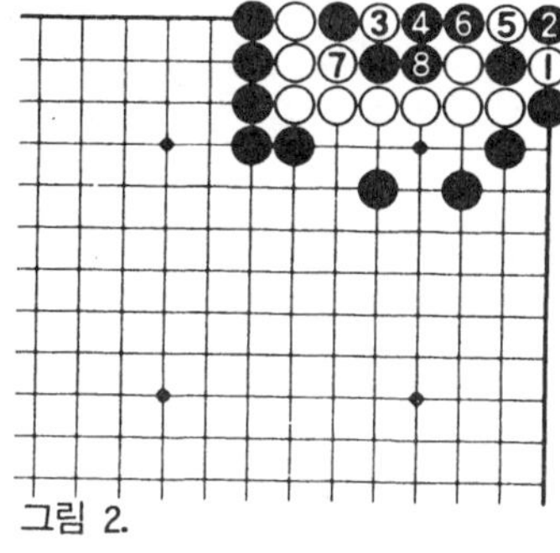

그림 2.

그림 2(백3, 5, 수법) 백1, 3, 5로 던져넣기의 3연타로 단서를 만든다. 백1과 5는 수순 전후해도 상관없고 요는 흑에게 4, 6으로 잡게 하고 좌우를 한줄로 연결시키고 나서 7로 추격한다.

다만 흑도 8로 버티고 한수 수습 패가 쌍방 최선의 수순이다.

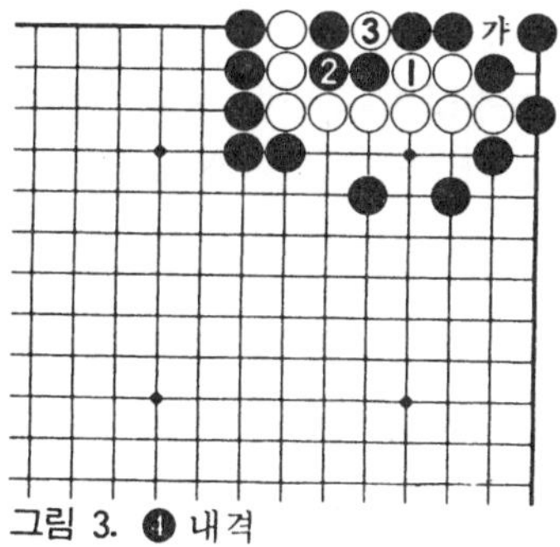

그림 3. ❹ 내격

그림 3(자살의 묘수) 앞그림의 패 버티기를 기피해서 백1부터 공배를 채우고 싶어지는데 무조건 죽음이다. 백3으로 3점을 잡아도 내격을 당하면 그만이다.

이후 백가로 이것을 빼도 되빼기 당해 추격으로 되지 않는다.

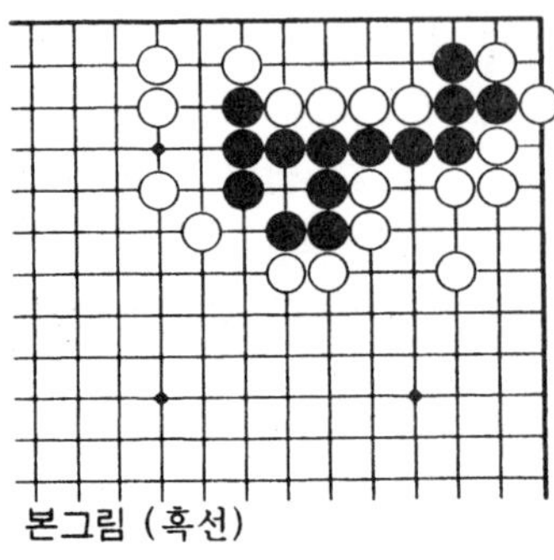

본그림 (흑선)

굽 기

좌우의 맛을 하나로 종합해서 수로 만든다. 수법이란 화려한 수단만은 아니다.

본그림은 『玄玄碁經』「奪標勢」에서 발췌.

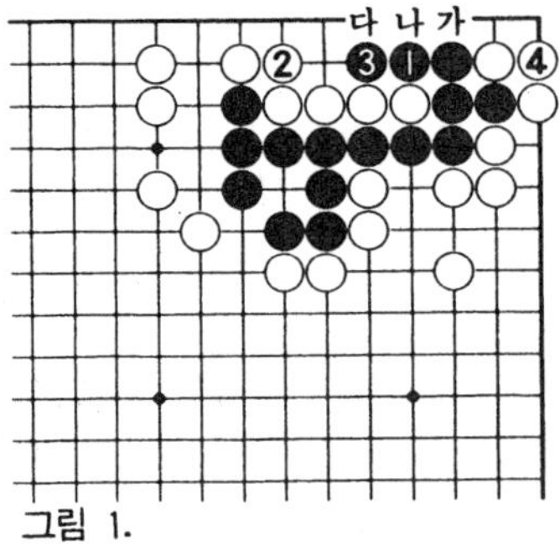

그림 1.

그림 1(맛을 지우기 당한다) 귀에 대해서는 추격을 포함하고 흑가의 처지기내지 나의 마늘모가 작용한다. 그것을 함축으로 흑1로 굽었는데 백2로 잇기 당하고 4로 잇기 당해 이럭저럭 준비 부족이다.

이후 가로 처져도 백다의 붙이기로 집모양으로 되지 않는다.

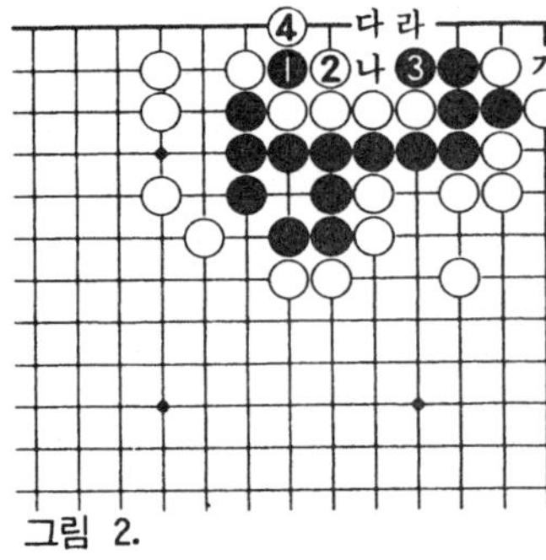

그림 2.

그림 2(흑3, 수법) 흑1로 하나 들여끊고나서 3으로 굽을 참. 이것이면 백4에서 가의 잇기라도 흑나, 백4, 흑다가 선수가 되어 한집이 된다. 백4에서 나는 흑라의 처지기에서 우변에는 가 이하의 패, 좌변에는 다 이하의 추격을 본다.

백4는 최강이지만…

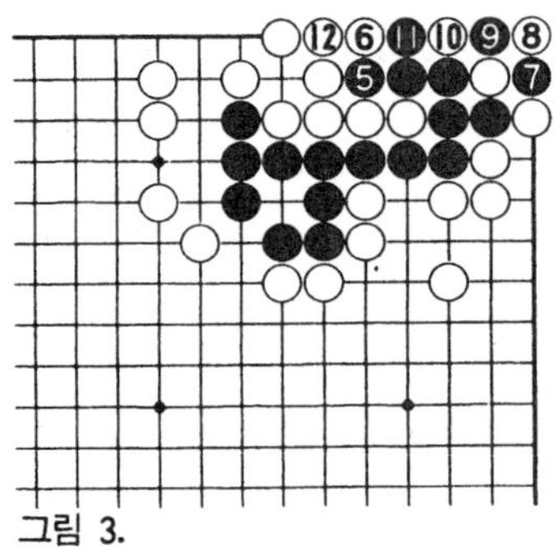

그림 3.

그림 3(흑5, 수법) 흑5의 공배 채우기가 마무리의 수법이 된다. 백6이면 흑7 이하, 수순을 다해서 패의 잡기 차례로 돌고 백6에서 10이면 흑7로 하나 던져넣고 나서 흑11이다.

흑5에서 6의 마늘모는 백10으로 죽음. 그리고 흑9, 백7, 흑6이면 백5로 죽음. 단순히 흑5가 유일한 수법이다.

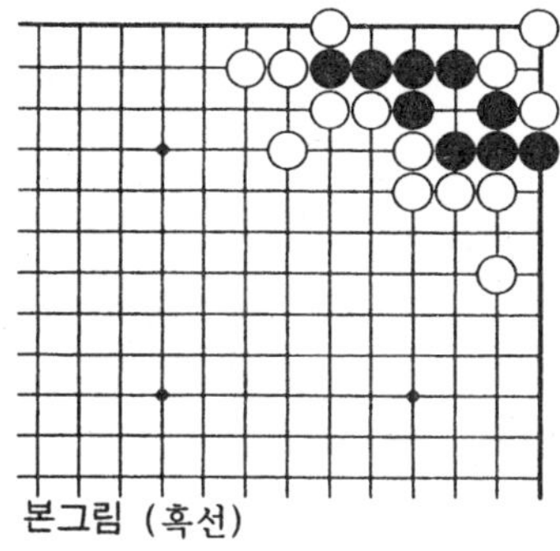

본그림 (흑선)

양 패

아무래도 패가 될 듯한 돌이라도 자세히 보면 패를 피해서 살게되는 경우가 있다.

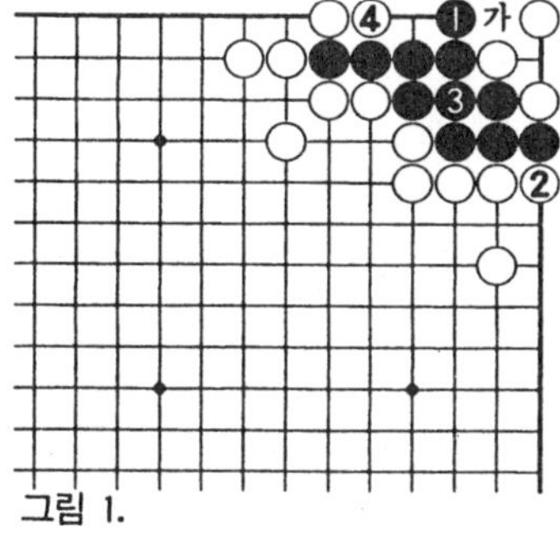

그림 1.

그림 1(처지기) 귀는 언제라도 패. 패를 기피해서 흑1의 처지기는 백2의 단수부터 4로 공배 채우기. 흑가의 으깨기는 둘 수 없고 역시 패를 다툴 수밖에 없다. 흑3은 당연히 한 번 패를 잡을 곳이다.

백4가 되고 나서의 패로는 집만으로 말해도 손해다.

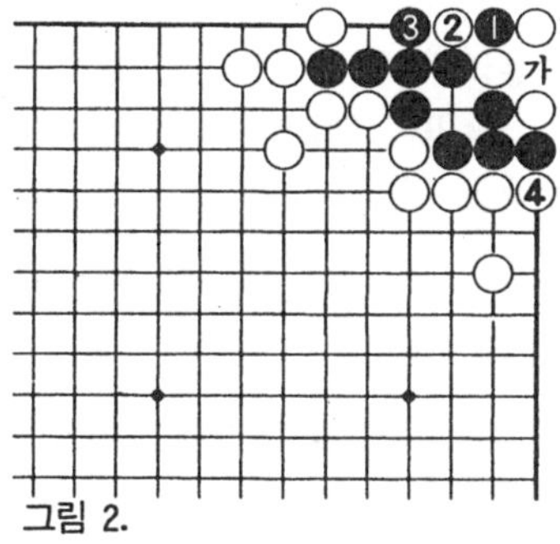

그림 2.

그림 2(던져넣기) 흑1의 던져넣기는 3으로 단수해서 양패를 노린 것인데 백4로 단수 당해서는 1쪽의 패를 잡을 틈이 없고 공배 채우기로 이을 수도 없다. 결국 흑가로 패를 잡을 수밖에 없다면 흑1, 3은 헛수고이고 실질적으로도 2집 가량의 손해가 되었다.

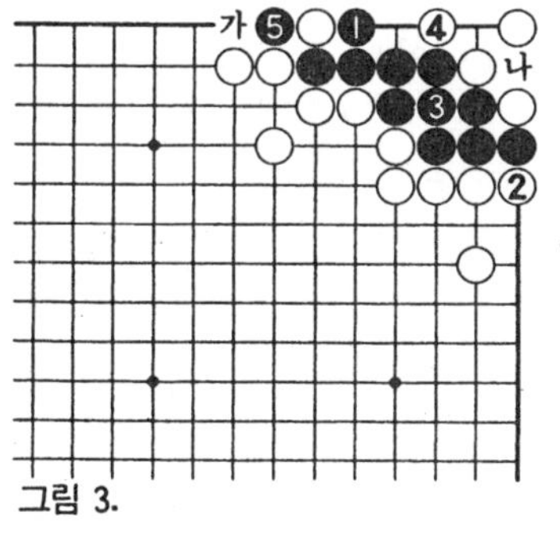

그림 3.

그림 3(흑5, 수법) 흑1로 변두리를 눌러 놓는다. 백2의 단수에는 흑3으로 이어도 좋고, 백4에서 5면 흑4로 처져서 집유무다.

흑5로 빼고 백가의 누르기에는 손을 빼도 살아있다. 백이 5의 우로 패를 잡으면 흑나. 소위 양패 살기다.

297

집모양을 부수는 수법

집모양을 부수는 급소에 두어 2집 분리를 방해한다. 완성 직전의 집모양의 약점을 찔러서 헛집으로 만든다. 죽이기의 테크닉으로는 모두 극히 기본적인 것이다. 요는 상대의 급소가 어디인가를 규명하는 힘에 달렸는데 사이비한 급소에 현혹되지 말 것이다. 상대의 살기의 급소가 죽이기의 급소로 되는 수도 많고 「적의 급소는 나의 급소」라는 격언은 자주 적용될 것이다.

기초적인 수법을 예를 들어서 먼저 설명하겠다.

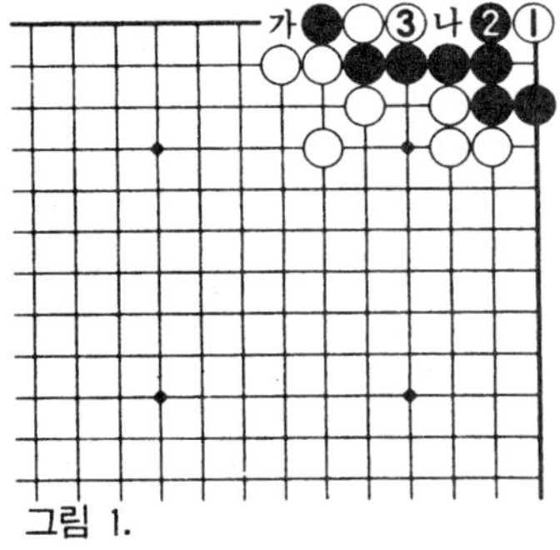

그림 1.

그림 1(놓기) 백1로 놓아 이 흑은 죽는다. 흑2면 백3이다.

백1에서 가의 빼기는 흑3으로 눌러도 살기이고 백1에서 3의 들여뻗기를 서두르면 흑나로 빼기 당하고 귀의 집 갖기와 변의 집갖기가 대응. 여하간 백1로 집모양을 부수는 급소에 두어 보면 해결된다.

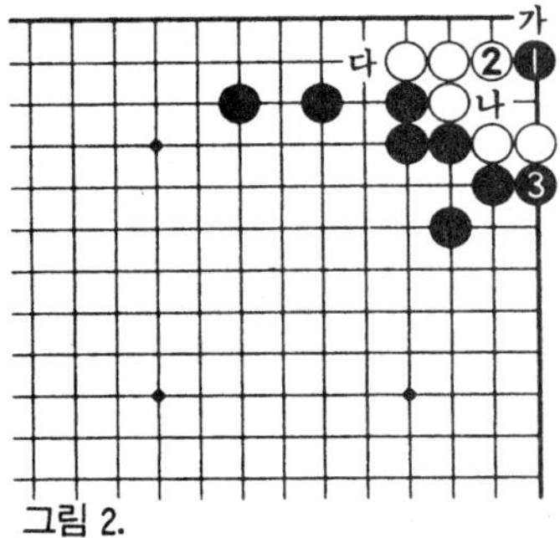

그림 2.

그림 2(놓기) 흑1이 1二의 급소이기도 하다. 백2면 흑3으로 착실히 바깥부터 공배를 채우고 귀의 특수성 때문에 백은 가로 둘 수 없다. 백나로 회두리를 막으면 흑다이고 품 계산이 부족한 모양일 것이다.

백2에서 나면 흑다로 잠자코 눌러도 좋다.

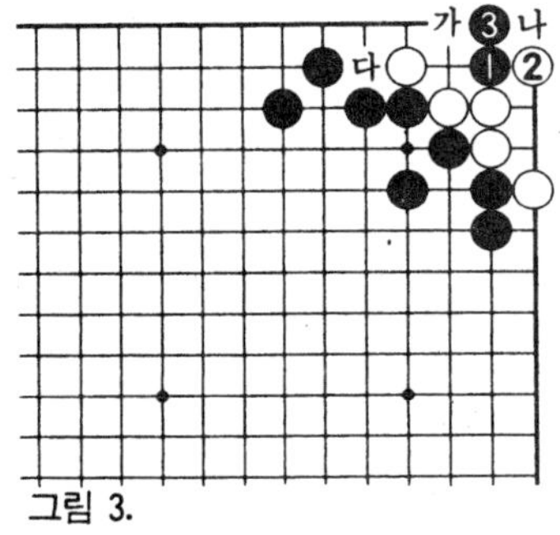

그림 3.

그림 3(붙이기) 흑1로 2二에 붙이고, 백2면 흑3, 백2에서 3이면 흑2로 처져서 모두 무조건 죽음이다.

흑1에서 3은 백1, 흑가, 백나로 으깨기의 살기. 흑1에서 2는 백1, 흑1에서 가는 백3, 흑1에서 다는 백가. 흑1 이외에서는 백의 패 버티기를 해소할 수 없다.

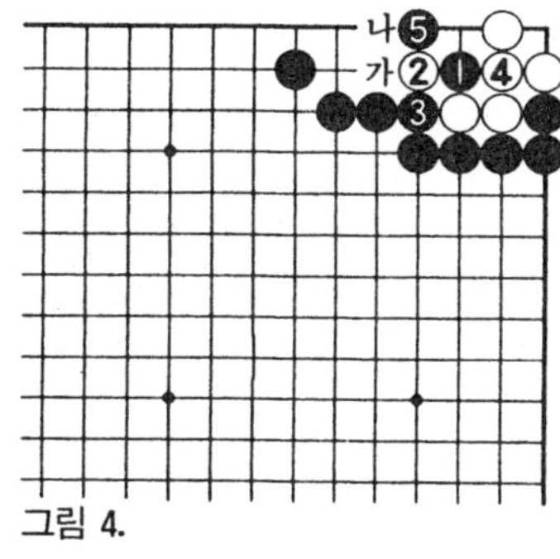

그림 4.

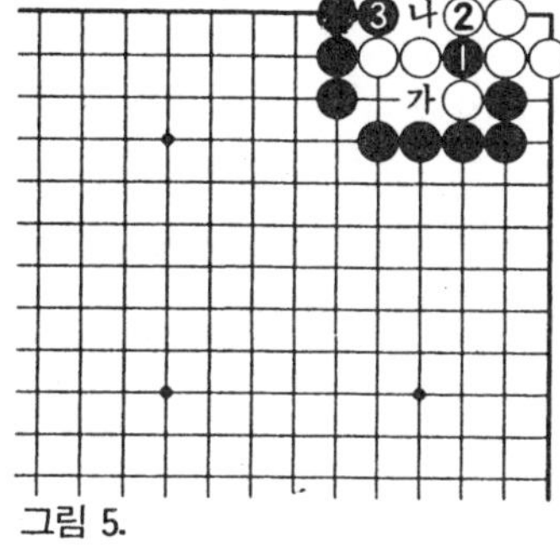

그림 5.

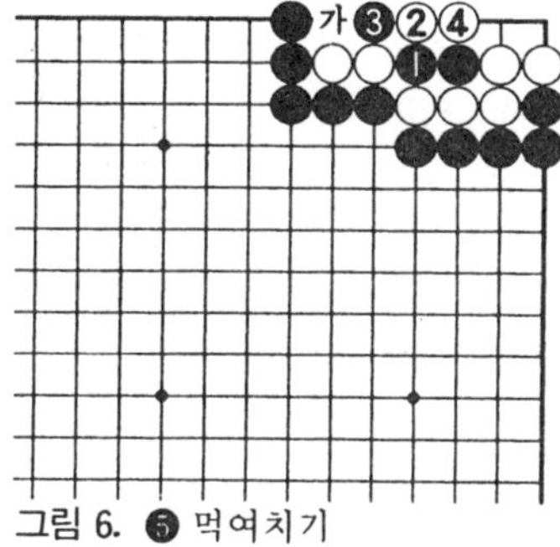

그림 6. ❺ 먹여치기

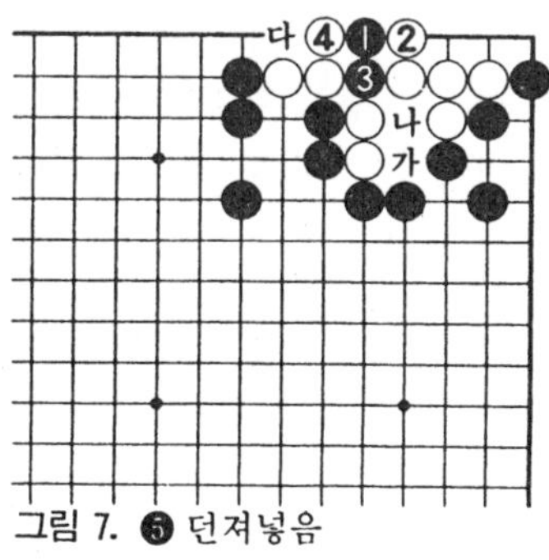

그림 7. ❺ 던져넣음

　그림 4(붙이기)　흑1의 붙이기까지 침입하고 백2에는 흑3부터 5로 옮긴다. 귀의 한집은 어쩔 도리가 없지만 변의 집모양에는 틈이 있다고 보고서의 강습이다.

　이하 백가면 흑나로 더 끌어내고 ●의 존재도 작용시켜서 백을 매장했다.

　그림 5(던져넣기)　이것도 귀의 한집은 지울 도리가 없다. 믿는 데는 ●의 꺾어끊기이고 작은 틈을 확대하는 것이 흑1의 던져넣기다. 백2의 빼기면 흑3인데 가와 나를 대응으로 삼아 백죽음. 백2에서 가의 잇기면 흑나로 젖히고 백은 공배 채우기 때문에 3으로 차단할 수가 없다.

　그림 6(먹여치기)　백의 유일한 약점을 추궁하는 것이 흑1의 끊기이고 백2의 잡기에 흑3으로 침입해서 단수하는 것이 수법의 묘다. 백4의 잡기에 다시 한 번 1의 점에 먹여치고 백 빼기면 흑가로 드디어 변의 한집을 파괴했다. 흑3 또는 5에 백가로 잡을 수 없는 것이 슬프다.

　그림 7(이중)　흑1로 놓고 3으로 돌입해서 잡게하고 다시 한번 3의 점에 던져넣는다. 백1의 빼기면 흑가로 후수 한집으로 하고 백 죽음은 명백할 것이다. 이중으로 잡게하는 수가 의외로 맹점이 된다. 흑1에서 가는 백1로 집을 갖고 흑나로 단수해도 되잡기가 가능하므로 백다.

299

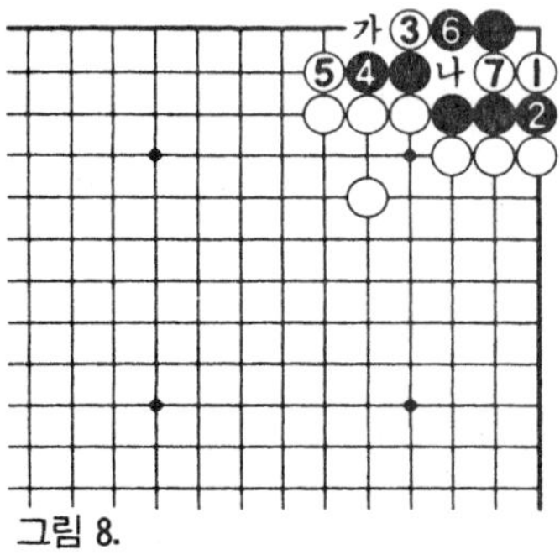

그림 8.

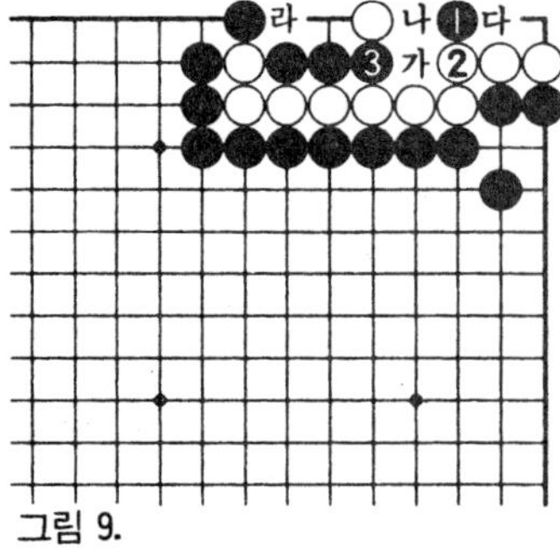

그림 9.

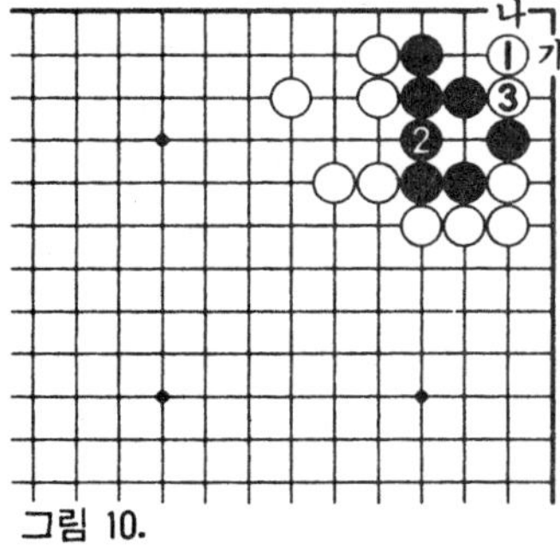

그림 10.

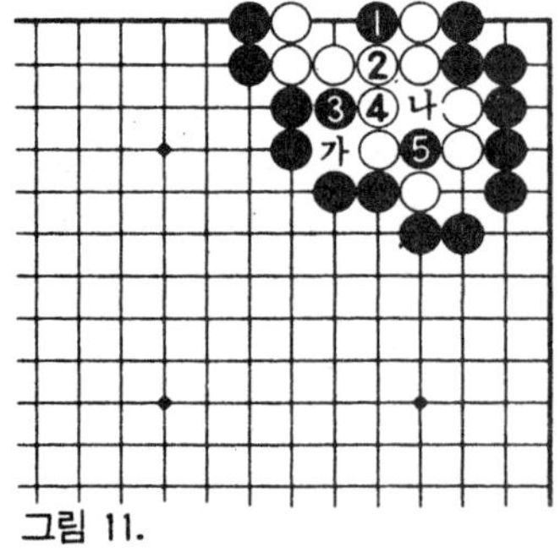

그림 11.

그림 8(협공 붙이기) 백1로 먼저 집모양을 부수는 급소에 일격하고, 흑2로 교환하고 나서 백3으로 제一선에 협공붙이는 호 수법이 있다. 흑4, 6은 최강이지만 백7로 선수로 내부를 한 집으로 만들고 가의 끌어내기를 보아 흑 죽음이다. 흑6에서 가는 백나로 양 단수다. 『玄玄碁經』의 「小功勢」다.

그림 9(놓기) 흑1로 놓고 백2의 잇기면 흑3으로 나오기까지다. 이후 백가면 흑나, 백다, 흑나로 집요하게 먹여치고 나서 라로 되돌아가고 백나의 끌기면 흑가로 돌입한다. 추격이 보이고 있는 만큼 흑3은 두기 어렵지만 흑1의 놓기가 공배 채우기 완화에도 작용하고 있다.

그림 10(놓기) 백1에서 2는 흑1로 살 수 있다. 여하간 백1의 놓기를 생각하는 참에, 일격하면 그후는 자연히 실마리가 풀린다.

흑2면 백3이고 이 한집을 으깨면 당연히 내격의 죽음이고 흑2에서 3이면 백2로 중앙으로 되돌아가고 흑가, 백나로 처지기까지다.

그림 11(붙이기) 흑1로 붙이고 백2로 바뀌면 흑3, 5의 공격 수는 쉽게 떠오른다. 백2에서 4라도 흑5로 먹여치는 상용 수법이 있다.

이 흑1에서 4는 백3, 흑가, 백나로 패, 또 흑5의 던져넣기를 서두르면 백나로 빼기 당해 접붙일 곳이 없는 모양이 된다.

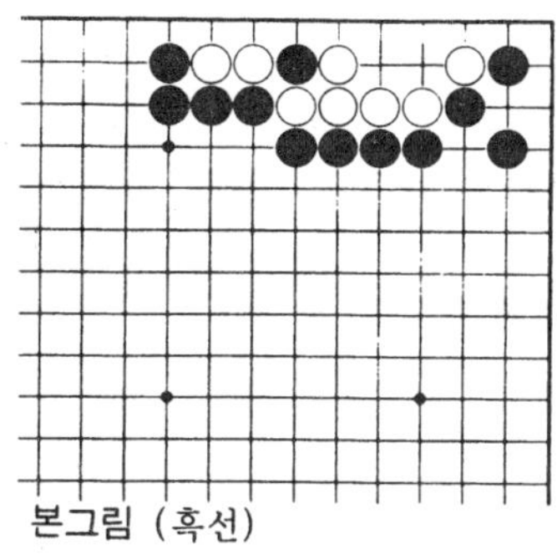

본그림 (흑선)

단   수

처음에 보인 맥에 달려들지 않도록. 스타트 지점에서는 넓고 얕은 검토가 바람직하다.

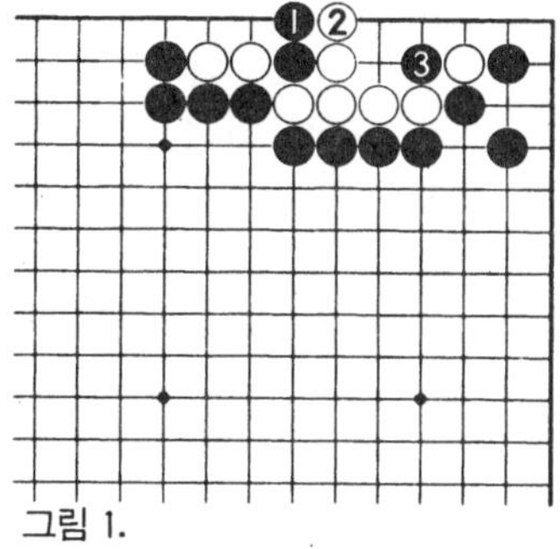

그림 1.

그림 1(처지기의 맥) 흑1로 처지고 3으로 끊는 맥이 우선 눈에 뜨인다. 흑1에서 3으로 끊으면 백1의 빼기로 살기. 따라서 흑1부터 두는 것이 이론적 필연처럼 생각되기 때문이다.

그러나 흑은 자기에게 편리하도록 읽기를 왜곡하고 있다. 백은 2로 누르지 않는다.

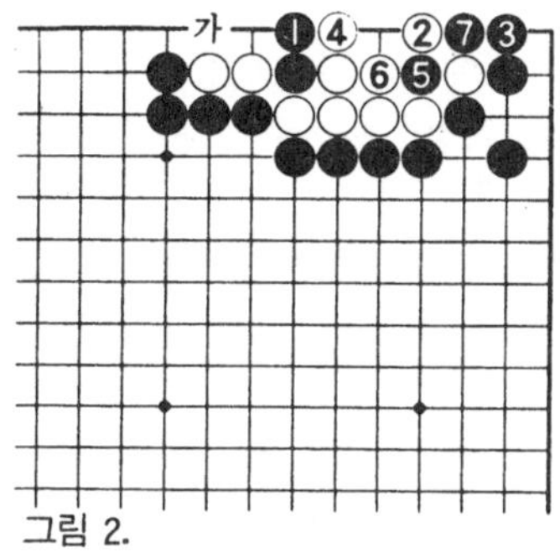

그림 2.

그림 2(호수의 응수) 백은 2로 걸쳐잇는다. 흑가의 두점 잡기면 백4로 단수해서 6의 집갖기다.

그러나 거기서 단념하면 흑1의 가치도 반감된다. 흑3으로 처져서 집요하게 육박하는 계속 수단이 있고 백4에는 흑5부터 7로 단수해서 백은 이을 수없다. 결국 패가 흑1의 결론이다.

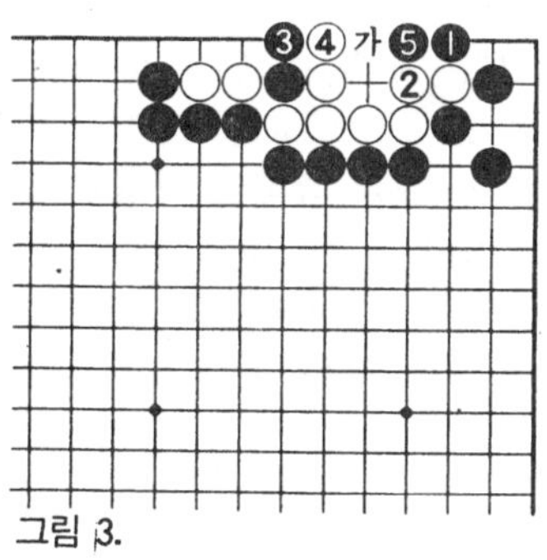

그림 3.

그림 3(흑1, 수법) 흑에 탐구심이 없으면, 앞그림으로 만족할 듯하다. 하물며 흑1로 밑부터 단수해서 백2로 잇게 하는 등은 매우 두기 어려운 모양이다. 그러나 흑3으로 처져서 5로 기면 효과는 역연하다. 백2에서 3으로 뺏을 때 흑가로 죽음이라는 것이 흑1의 근거다.

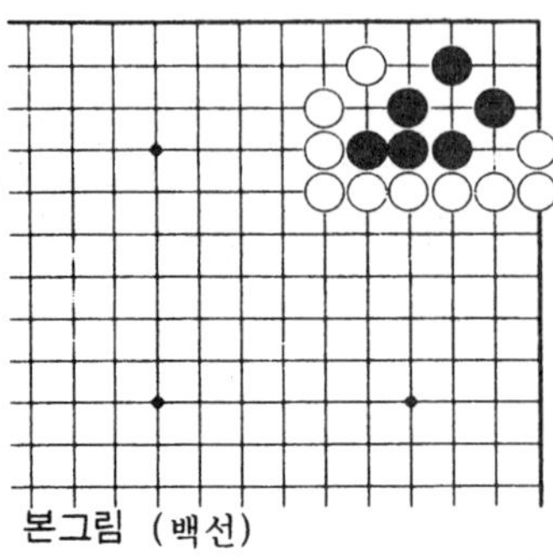

본그림 (백선)

모퉁이

안쪽부터의 공격과 바깥부터의 공격이 연관을 유지해서 겨우 돌파할 수 있는 집모양도 있을 것이다.

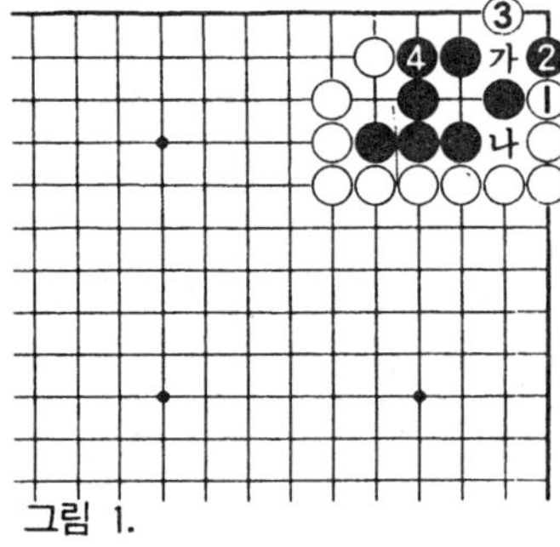

그림 1.

그림 1(산발적) 백1부터 3으로 놓아도 흑이 가로 이어줄 리는 없다. 단순히 백3의 놓기도 흑4로 불리하고 백1에서 4는 흑나로 이것도 닿지 않는 모양이다.

귀와 중앙을 산발적으로 공격해서는 효과가 없다. 내외 호응하는 수법을 고안했으면 한다.

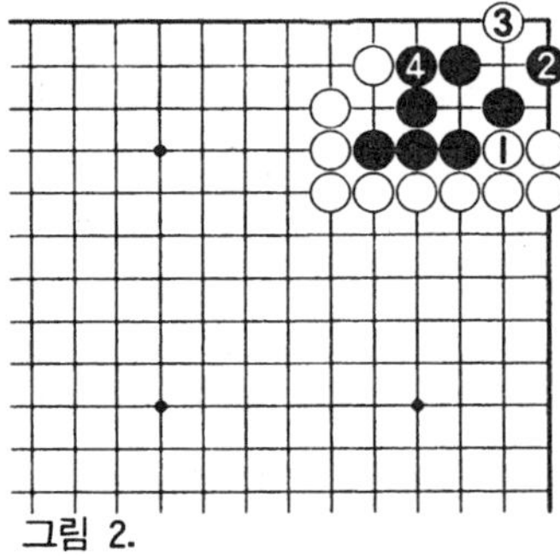

그림 2.

그림 2(흑에 호수) 백1로 모퉁이에 두어도 흑4면 백2로 놓을 노림수다. 그러나 흑에게는 먼저 2로 빗겨두는 참기의 호수가 있어서 백3으로 돌입해도 흑4로 두집을 대번에 확보한다.

따라서 적의 급소인 2의 점에 놓는 것을 생각해 볼 순서일 것이다.

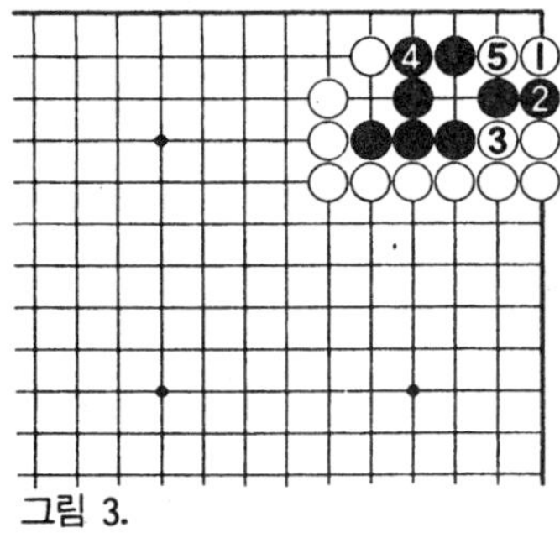

그림 3.

그림 3(백3, 수법) 백1로 놓고 흑2의 차단을 보아 3으로 들여댄다. 흑4면 백5, 흑5면 백4. 앞뒤로 공격을 받은 흑은 그처럼 견고한 성도 포기하지 않을 수 없다.

백3은 오싹할 만큼 우형인데 모양의 나쁘기와 수법의 본질을 혼동해선 안 된다.

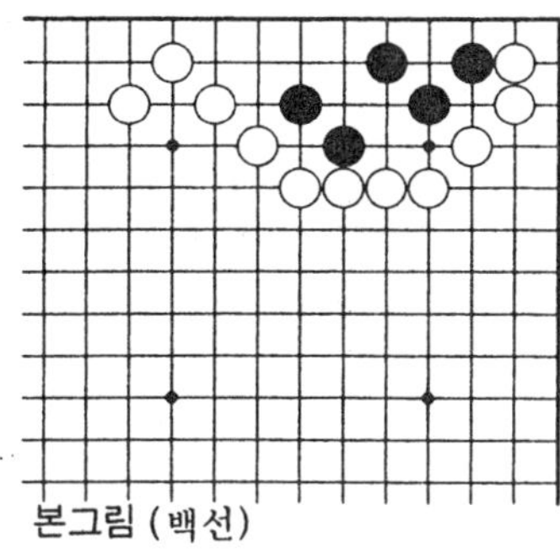

본그림 (백선)

마늘모

맥이 보였다고 해서 달려드는 것은 어떨까. 준비공작이 필요한 경우도 있을 것이다.

본그림은 「虎牙勢」에서 발췌.

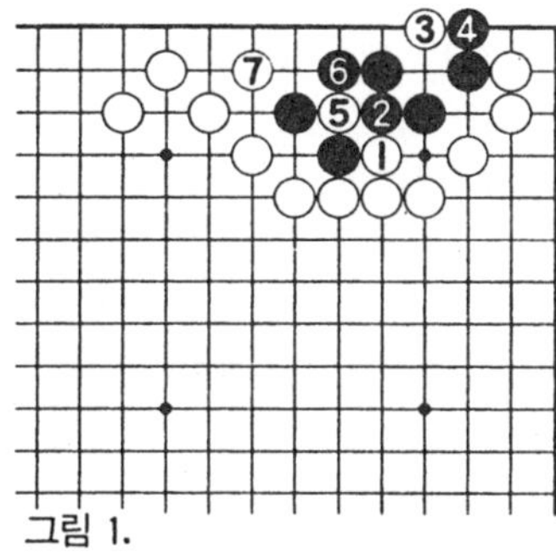

그림 1.

그림 1(백5, 7, 수법) 백1로 나오고 흑2면 백5, 7로 집모양을 뺏는 수법을 의외로 발견하기 쉽다. 그러나 그전에 백3, 흑4의 교환을 게을리하면 백7일 때 흑3으로 집을 가져 살기가 된다. 백5, 흑6으로 결정하고 나서의 백3도 이미 때가 늦고 흑7로 마늘모 당해서 살기로 된다.

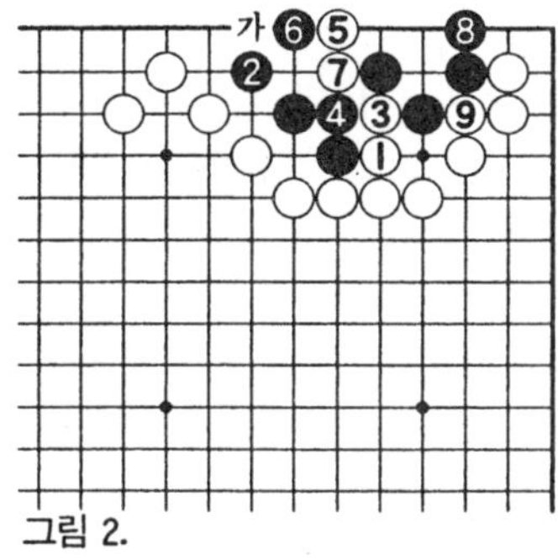

그림 2.

그림 2(넓은 저항) 너무 아름다운 맥으로는 되지 않으나 백1일 때 흑2의 마늘모가 까다로운 변화를 수반한다. 백3의 들여대기가 최선인데 흑4면 백5의 놓기가 급소. 흑6에는 백7부터 9까지.

흑4에서 7이면 백6, 흑가, 백9다.

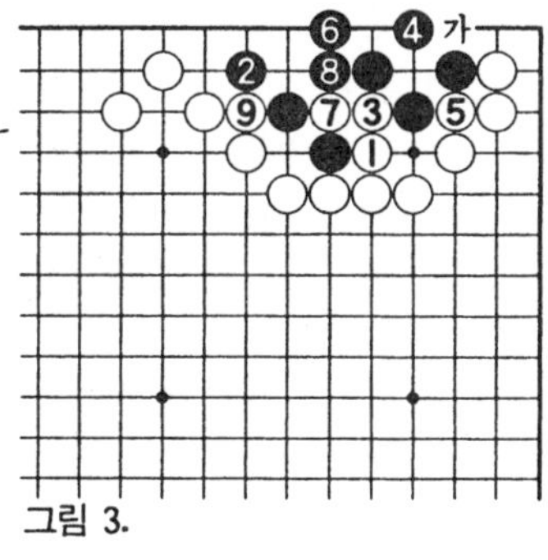

그림 3.

그림 3(패를 피한다) 백3에 흑4의 집갖기도 패 버티기를 포함해 약간의 저항. 백은 당황하지 않고 5로 바깥부터 집모양을 뺏고 흑6에 대해서도 백7, 9로 역시 바깥부터 공격한다.

모두 흑2에는 백3으로 들여대서 살지 못하는 모양. 흑4에서 5면 백가의 젖히기로 좋다.

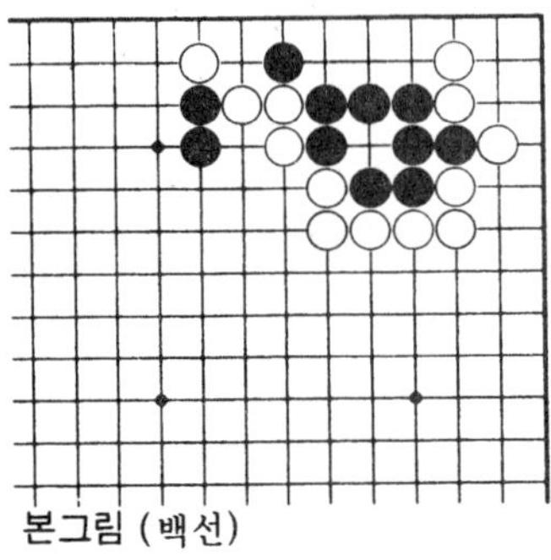

본그림 (백선)

마늘모

흑의 건너기를 막으면서 상변의 한 집을 지운다는 이중의 과제에 어떻게 응하면 좋을까. 귀의 백의 모양에 함정이 있다.

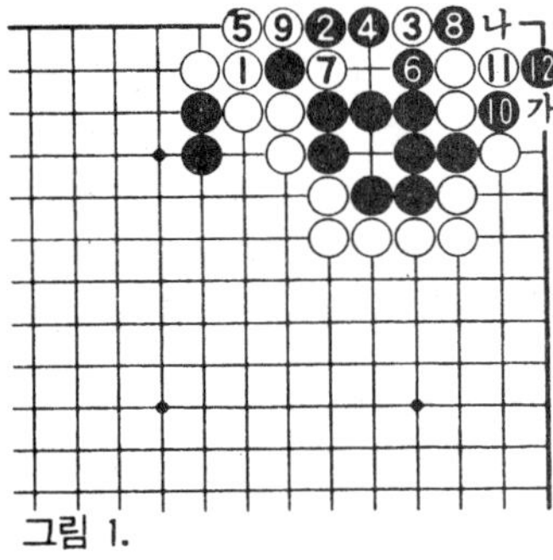

그림 1.

그림 1(함정)　백의 잇기에는 흑2이므로 거기서 백3으로 빗겨두는 상용 수법으로 해결이라고 속단할 듯한 모양이다. 흑4 이하 8로 빼기 당해도 귀에 집모양은 생기지 않는다고 봤지만 의외에도 흑10, 12로 뿌리를 끊고 버티는 맥이 있고 이후 백가, 흑나의 패는 피할 수 없다.

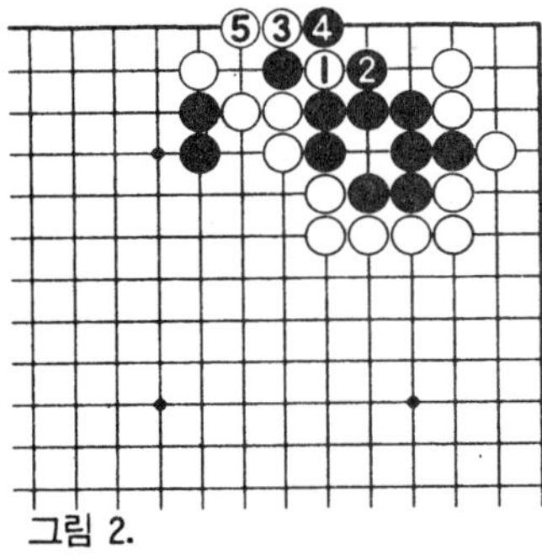

그림 2.

그림 2(이것도 속단)　제2안은 백1의 들여끊기일 것이다. 흑2의 몰기에는 백3으로 밑부터 옮기고 흑4, 백5로 되면 이중의 과제에 훌륭하게 대답한 것으로 되어 있기 때문이다.

　그러나 이래서는 너무나 백이 시키는대로다.　흑은　여하간 2에서　4로 밑부터 몰 것이다.

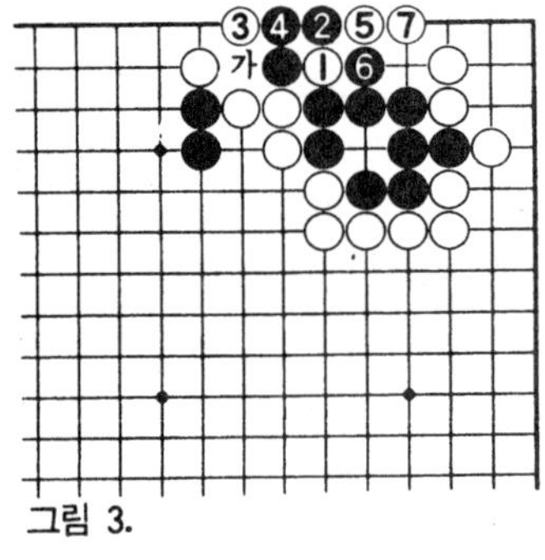

그림 3.

그림 3(백3, 수법)　흑2에는 백3의 마늘모가 알아차리기 어려운 공격 맥일 것이다. 흑4의 잇기에는 백5로 단수하고 흑가로 끊는 틈을 주지 않는다. 흑4에서 6의 빼기면 백4로 끼워넣어 앞그림과 같게 된다.

　흑2의 저항이 백3의 수법을 끌어냈다. 이것을 읽은 백1이었으면 한다.

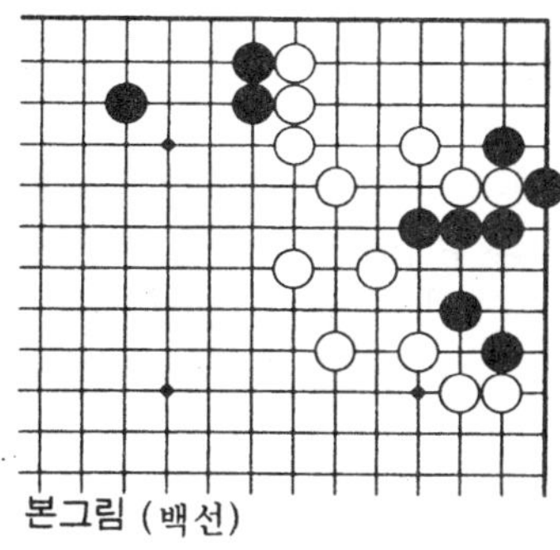

본그림 (백선)

마늘모

귀에서 확실하다고 보이는 집모양을 방해한다. 상변의 배치를 어떻게 활동시키느냐다.

본그림은『玄玄碁經』의「機深勢」에서 발췌.

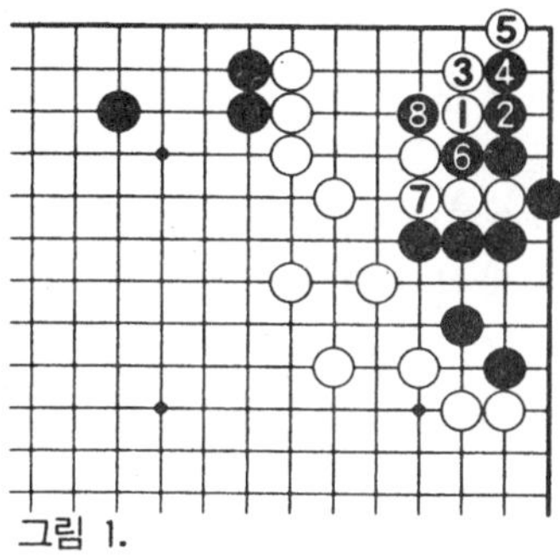

그림 1.

그림 1(정리)　돌입 부족처럼 보여도 흑6의 단수가 작용하는 곳이므로 백1 이하 5로 젖히는 것이 고작인 공격일 것이다. 다만, 흑6부터 8의 끊기가 와서 어떻게 지키느냐다.

흑6의 단수를 기피해서 백1을 6은 흑2로 뻗기당해서 도저히 죽일 수가 없다.

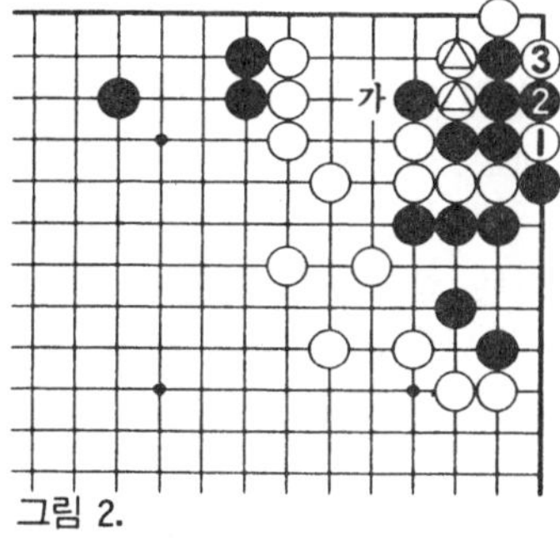

그림 2.

그림 2(패인가)　앞에서 이어 백1부터 3으로 던져넣는 패 도전은 없지도 않다. 상변에는 흑가의 뻗기가 작용하므로 ⊘두점은 살릴 수 없다고 판단한 끝의 비상 수단인데 무조건으로 죽일 수 있는 수가 있다면 얘기는 다르다. 흑가의 작용을 무력화하는 백의 수법은…

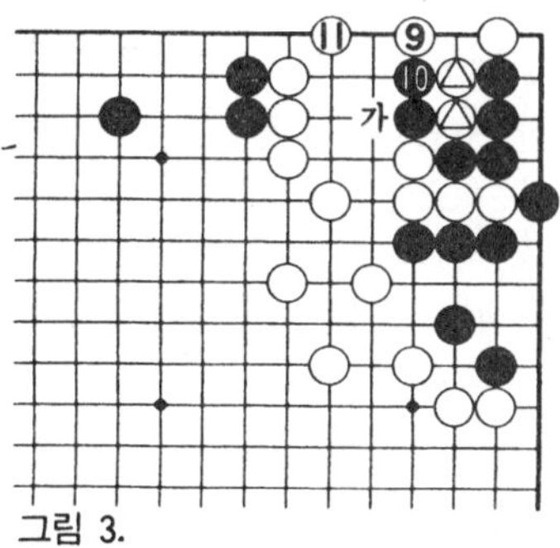

그림 3.

그림 3(백9, 수법)　〈그림 1〉에 계속되는 백9의 마늘모다. 흑10의 단수에는 상관않고 11로 건너기를 확보하고 ⊘두점은 잡힌다고 해도 되잡기가 가능해서 흑에 집모양이 없다.

다만 같은 것이라고 속단해서 백9에서 11은 흑가가 작용하므로 9로 뛰기 당한다.

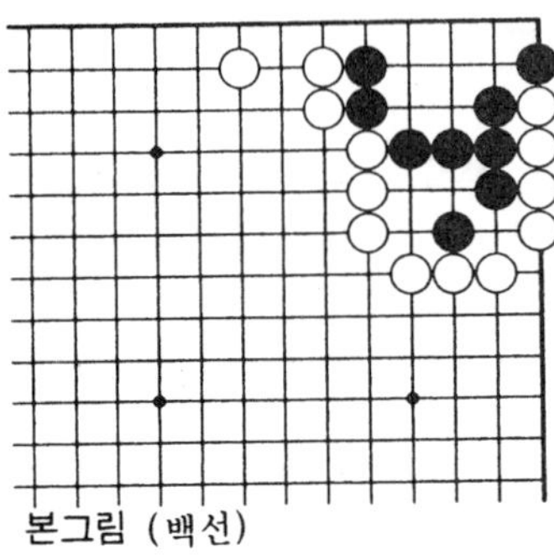

본그림 (백선)

마늘모

첫수는 불을 보는 것보다 더 명백하지만 다음의 한수에서 귀끝을 후수 한집으로 할 수 있는 여부로 결정된다.

본그림은 『玄玄碁經』의 「隱谷山勢」에서 발췌.

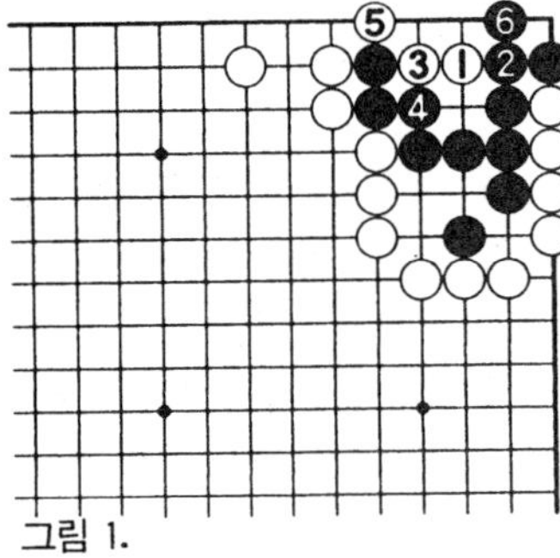

그림 1.

그림 1(충돌)　백1에서 다른 어디에 두어도 흑1로 지키니 편한 살기. 여하간 급소를 일격하고 나서 좌편에의 건너기 방식이 문제다.

우선 백3의 충돌은 흑4부터 6의 처지기가 추격을 보아 선수. 선수 한집으로 되면 살기다.

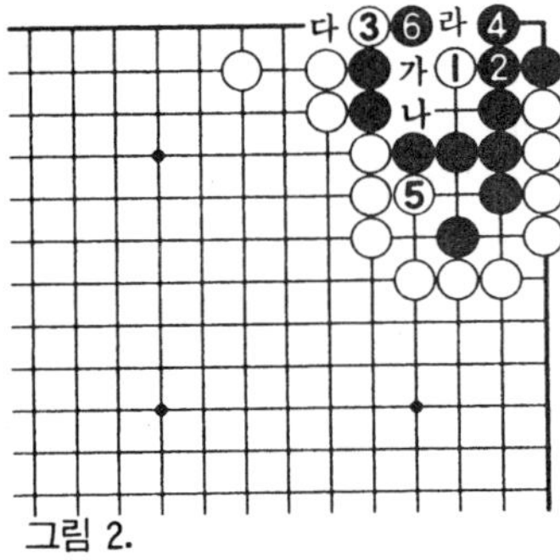

그림 2.

그림 2(젖히기)　백3의 젖히기는 어떤가. 알기 쉽게 흑4, 백5를 교환하고 생각하면 흑6의 누르기가 성립되는 것을 알아차릴 것이다. 이후 백가면 흑나인데 앞그림과 같은 추격이고 백나 쪽의 단수면 흑다로 빼고 라의 돌입을 둘 수 없는 모양이 된다.

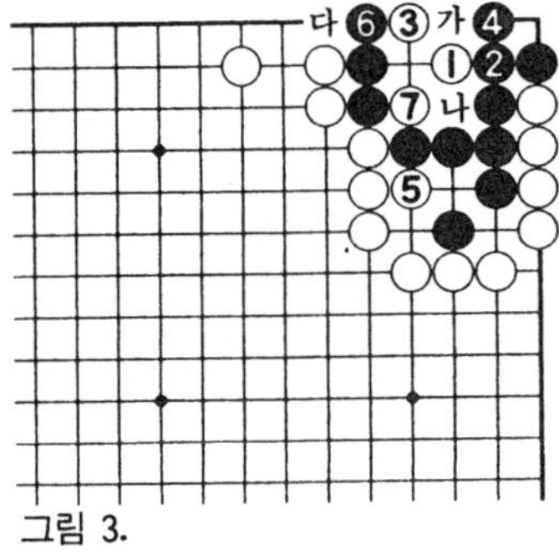

그림 3.

그림 3(백3, 수법)　백3의 마늘모가 유일한 수법이다. 흑4가 첨가되어도 건너기는 조금도 동요하지 않는다. 흑6이면 백7인데 가, 나 어느 쪽을 단수 당해도 백다로 회두리. 흑6에서 다른 어디를 두어도 백6으로 건너기를 확보하고 있다.

흑4에서 5면 물론 백4로 죽음이다.

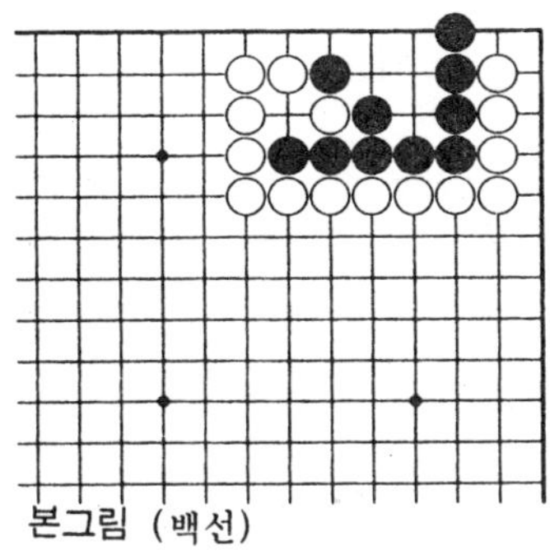

본그림 (백선)

처지기

한수로 결정되는 수법은 적다. 급소를 연타해서 비로소 수법의 효과가 나타난다.

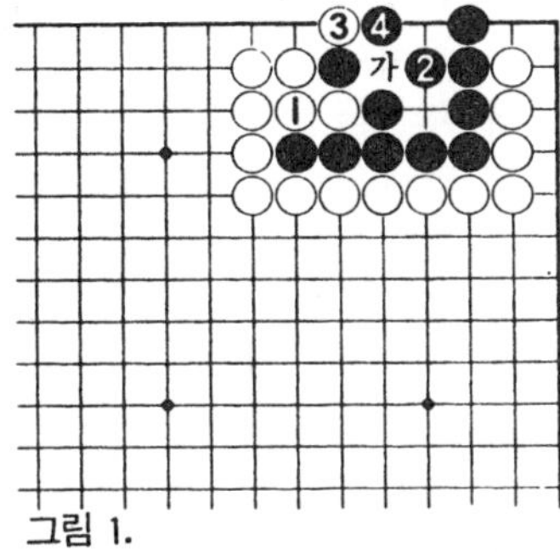

그림 1.

그림 1(패) 백1로 잇고 죽음이라고 속단해서는 안 된다. 흑2로 들어가는 수법이 있어서 여하간 패로 버틸 수 있다. 흑2에서 3이거나 4라도 백2로 일격 당하면 무조건 죽음. 2의 점은 쌍방부터의 급소다.

그러나 백1에서 2는 흑1, 백가, 흑4로 살기.

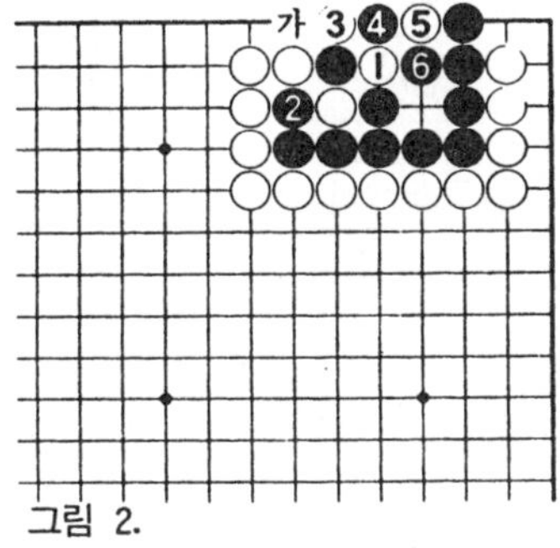

그림 2.

그림 2(패) 백1의 들여끊기가 헛집의 급소에 해당된다. 흑2에서 3은 백가, 흑2, 백4로 조르기 당해 알기 쉽게 죽음. 흑2로 빼고, 백3이면 흑4, 6의 패 도전을 노림수로 삼는다.

그리고 백1에서 3의 단수는 흑2로 빼기 당해, 백1, 흑4로 같은 패가 된다.

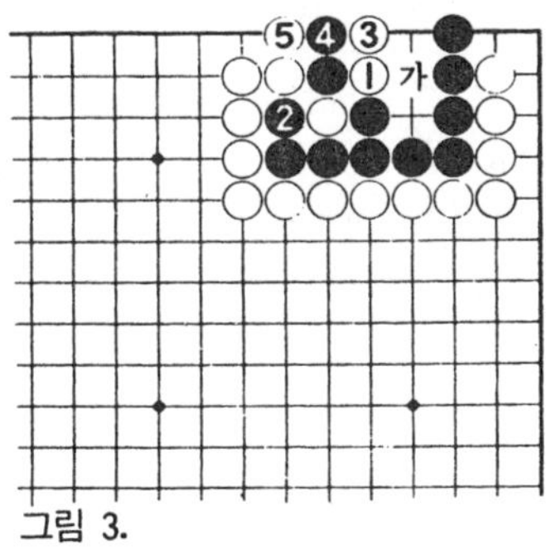

그림 3.

그림 3(백3, 수법) 흑2의 빼기에는 백3으로 처지고 패 버티기의 맥을 지워서 무조건 죽음으로 유도한다. 흑4의 차단은 달리 수도 없고, 백5로 단수해서 흑 잇기면 백가까지다. 백3의 수법을 유발하는 흑2의 빼기가 최강의 저항이라고 할 수 있을 것이다. 그리고 백1에서 3은 흑1로 살기.

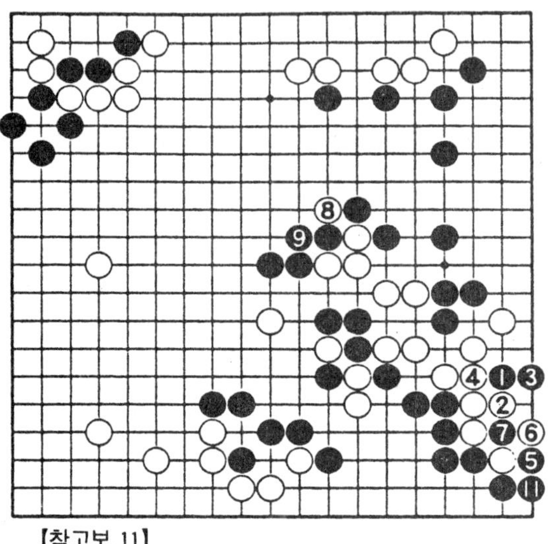

【참고보 11】
제2기 기성전　　백　　加藤劍正
제 5 국　　흑　　藤澤秀行

처지기

안쪽부터 집모양을 뺏고 기대러 가는 것은 손해를 먼저 보는 수인 만큼 단단한 결의가 필요하다. 잡지 않으면 패배다.

【참고보 11】
흑1의 놓기가 승부 수. 이제 7의 끊기에서는 백2로 단수 당해 안 된다. 백4에서 11의 젖히기는 흑4의 끊기. 흑11까지는 함께 필연적이고 백은 한집만 남았다.

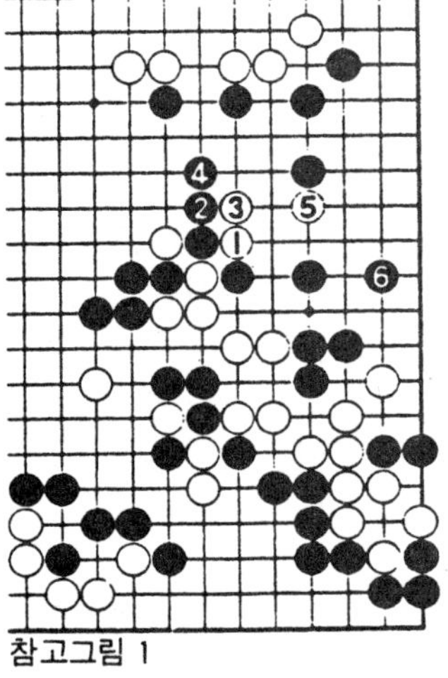

참고그림 1

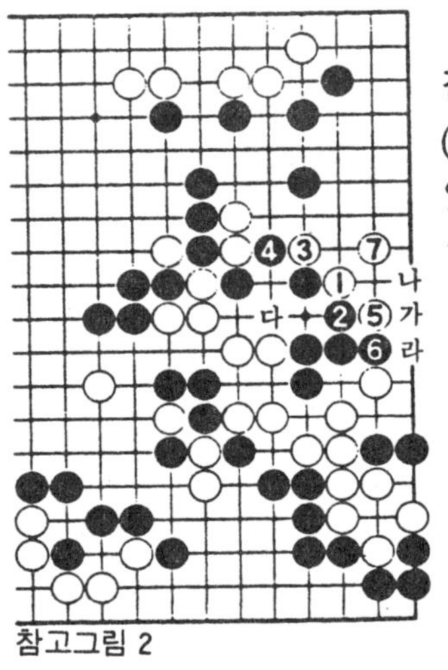

참고그림 2

참고그림 2
(패 버티기)
앞의 백5에서는 1의 붙이기가 유일한 버티기였다. 흑2, 4에는 백5의 3단 젖히기가 날카롭다. 흑6으로 나올 수밖에 없으므

참고그림 1(이후의 진행) 보이후 백은 1이하 5로 붙여서 필사적 탈출행. 그러나 흑6의 뛰기가 모든 것을 읽은 호착이어서 백 죽음이 확정되었다.

로 백7로 걸쳐잇고 흑가면 백나의 패로 버틴다. 백다가 있으므로, 흑라로 처질 시간이 없다.

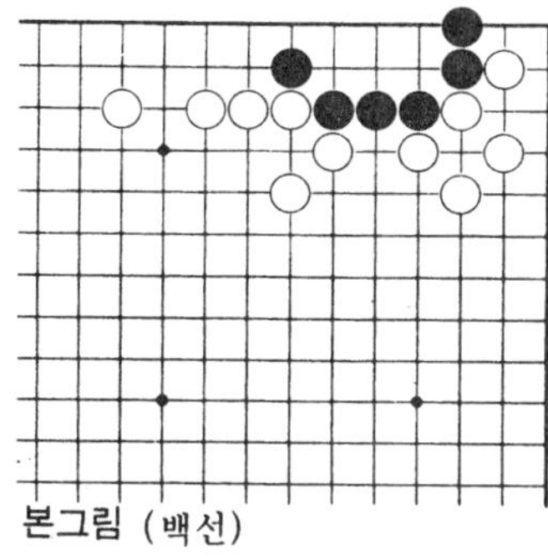

본그림 (백선)

붙이기

집모양의 탄력이란 어떤 것인가. 본제를 푸는 것으로 알게 될 것이다. 그 탄력을 지우는 수법이 요구된다.

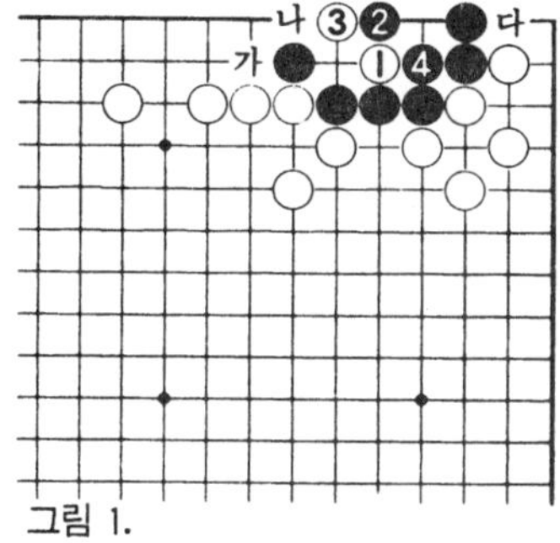

그림 1.

그림 1(패의 맥)　백1의 붙이기는 흑2, 4로 패. 물론 이 패 쪽이, 백가, 흑나로 빗 모양의 살기로 만드는 것보다 낫다. 다만, 백1에서는 나로 붙이고 흑가, 백2, 흑1, 백다, 흑3이라도 패다.

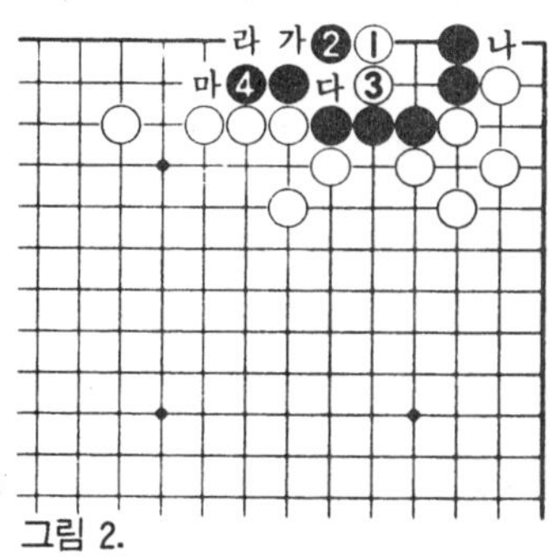

그림 2.

그림 2(패 구성)　백1의 놓기가 더욱 급소다. 흑2, 4는 최강의 저항인데 흑2를 3이면 백2, 흑가, 백나로 깨끗한 죽은 모양이다.

흑4에 대해서 백라의 단수는 흑라로 패로 구성당하고 흑4에 백마면 역시 흑라. 패를 피하는 수법이란….

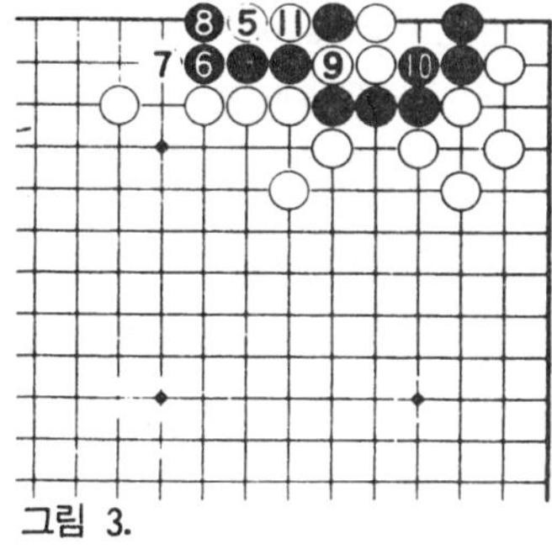

그림 3.

그림 3(백5, 수법)　앞그림에 이어서 백5의 붙이기가 패의 탄력을 뺏는 절묘한 수법. 흑6, 8로 1석을 몰아넣을 수밖에 없으므로 거기서 백9로 단수하면 흑에는 앞그림에서의 패 구성이 지워졌다. 흑10이면 백11로 빼고 이후 흑이 두점을 되잡아도 백11로 5목 내격이다.

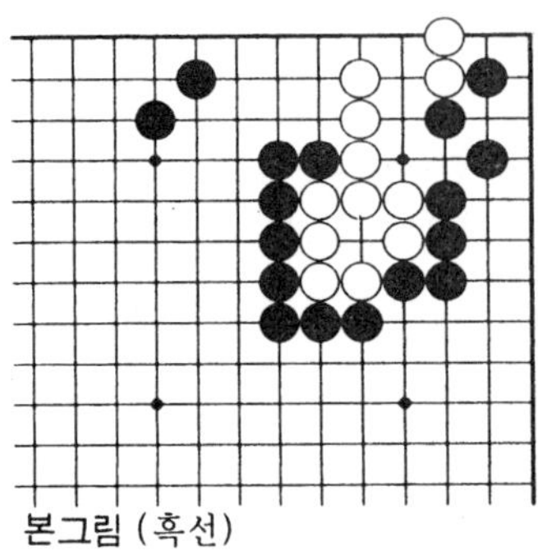

본그림 (흑선)

붙이기

개미 구멍 때문에 둑이 무너진다. 첫수는 분명할 것이다.

본그림은 『玄玄碁經』의 「雙與勢」에 서 발췌.

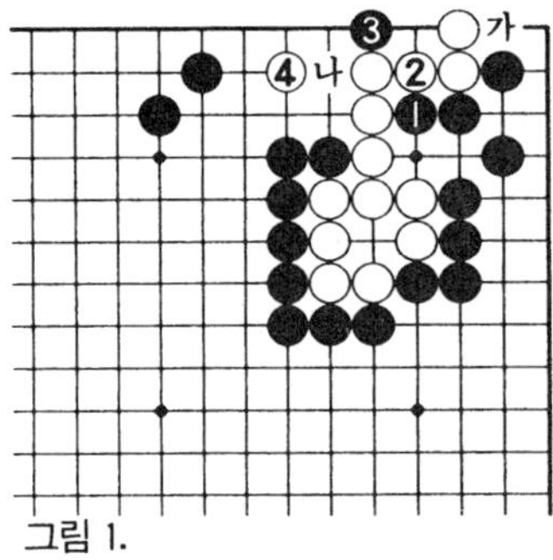

그림 1.

그림 1(심부름) 3의 점이 급소인 것은 눈에 보이고 있는데 그 준비 공작으로 하고 흑1을 결정하면 그 순간에 살기를 확정한다.

흑1에서 **가**는 백1, 흑1에서 **나**는 백3, 간접적 공격은 모두 백 살기의 길에 연결된다. 이곳은 직접 공격밖에 없다.

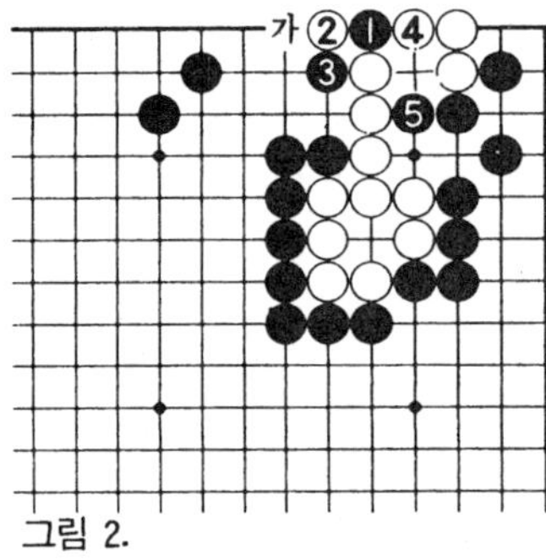

그림 2.

그림 2(흑1, 수법) 단도직입, 흑1의 붙이기다. 백2면 흑3으로 들여끊고 흑5로 나와서 죽음. 3의 한점은 잡히지 않고 백에게 탈출할 길도 없다.

백4에서 5로 저항해 봐도 흑가로 빼기 당해 백은 단서가 전혀 없다. 백2에서 단순히 4도 흑5의 뻗기로 같은 결과다.

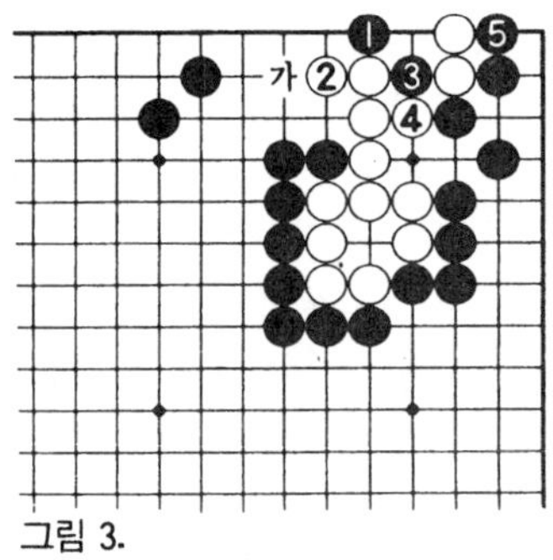

그림 3.

그림 3(회두리) 백2에는 흑3, 5로 만들어서 회두리다. 백2에서 **가**로 피해도 상관않고 흑3, 5로 두점을 잡아 외부에 집모양의 여지가 없다.

이 회두리의 맥이 소위 흑1의 수법을 지지하는 보증서. 백2에서 4면 깨끗이 흑2다.

310

붙이기

급소에 일격하느냐 먼저 지키느냐에 따라서 한수 가까운 차가 생기는 경우가 있다. 허리 가는 수비는 배후부터 걸어채이면 약하다.

【참고보 12】

두께를 활동시킨 흑1 이하의 공격이 매섭고, 백8의 단수가 비세(非勢)를 결정했다. 흑9의 일격을 당해 흑15로 기대기의 공격에 연결당했다.

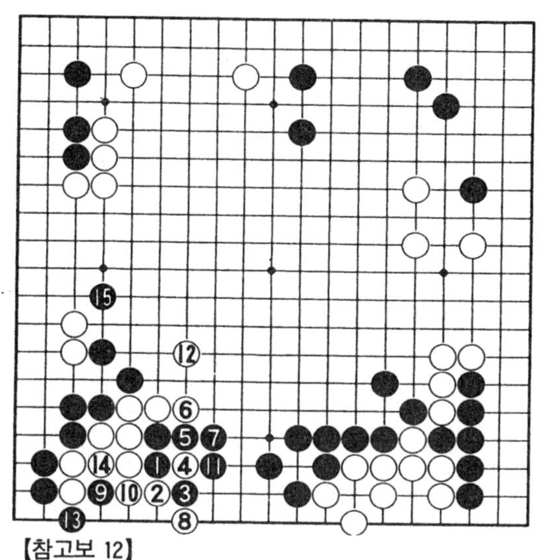

【참고보 12】
제1기 전일본제1위결정전 　백　　藤澤秀行
　　　제 3 국　　　　　　흑　　大竹英雄

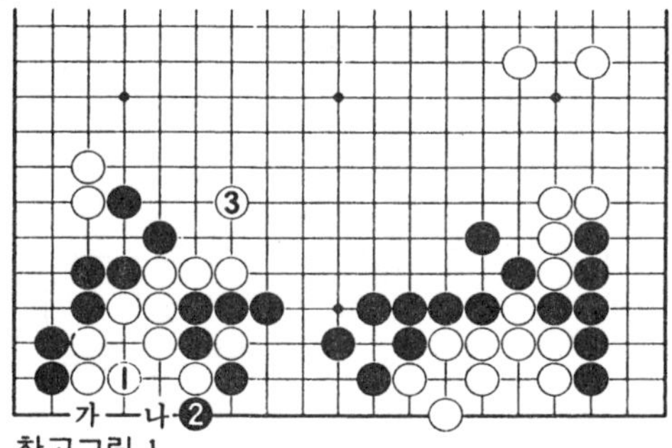

참고그림 1

참고그림 1(버티기) 보의 백8에서는 1로 일단 급소에 지키고, 흑2의 단수를 보아 백3이면 싸울 수 있었다. 흑가의 젖히기가 없으므로 좌하의 흑도 집모양이 결핍되고 유사시에는 백나의 패 참기도 있었다.

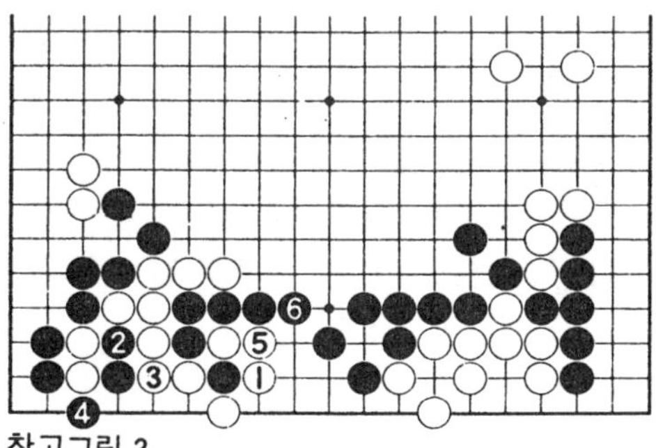

참고그림 2

참고그림 2(공격 남기) 보의 백10에서 기세는 1의 빼기인데 흑2, 4로 실리를 갖고 안정 당한 위에 아직 백은 살아 있지 못하다. 좌하 흑에의 공격맞이 지워지면 좌변의 백도 엷다.

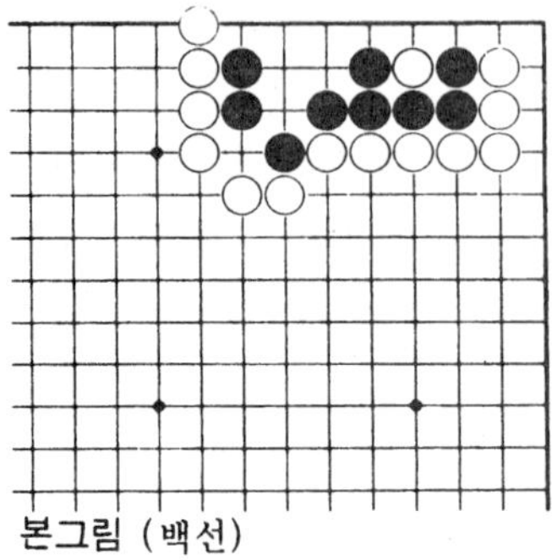

본그림 (백선)

돌 입

각기 눈에 익은 수법이라고 해도 몇이 결합되었을 때에는 수순이 중요하다.

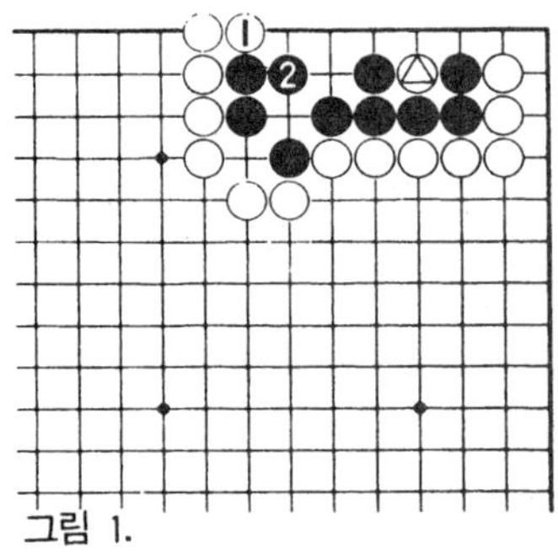

그림 1.

그림 1(좌변의 한집) 백1의 굽기는 흑2로 어쩔 수 없다. △의 곳은 확실한 라집이므로 죽일 가능성이 있다면 좌변의 한집에 달라붙을 수밖에 없고 그러면 꺾어끊기를 살려서 2의 붙이기까지 발걸음을 진행시켜야 할 것이 명백할 것이다. 적의 급소이기도하다.

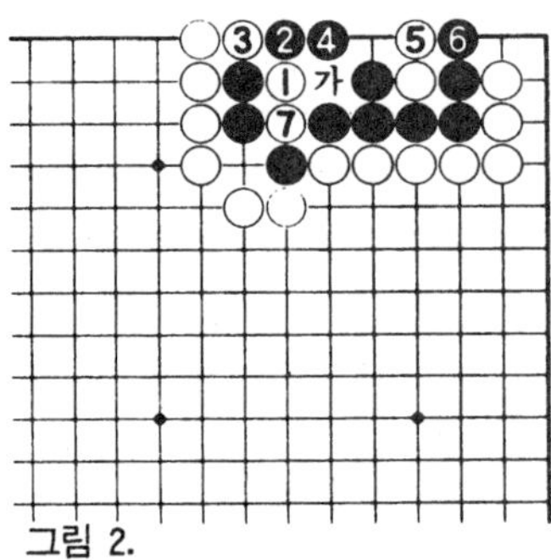

그림 2.

그림 2(백7, 수법) 백1의 붙이기에는 흑2가 최강. 이제 3은 백7이고 7의 잇기는 백3으로 건너기 당해 그만이다. 백은 3을 이용하고 수순좋게 5의 처지기를 결정하고 나서 백7. 흑가의 빼기면 다시 한 번 7의 점에 던져넣는다. 백5에서 7을 서두르면 흑5로당한다.

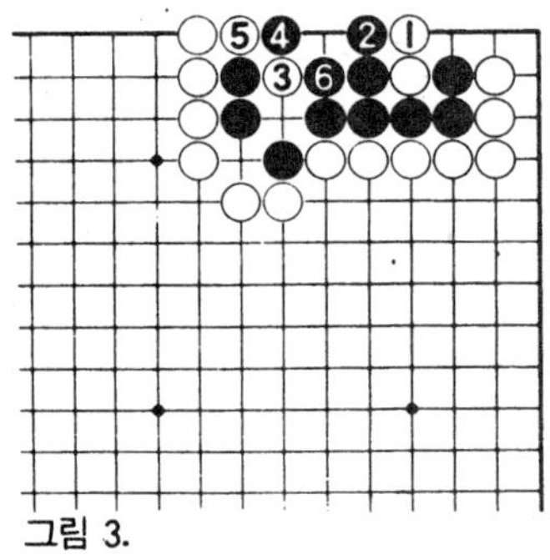

그림 3.

그림 3(수순 전후) 백1의 처지기를 먼저 두어도 좋을 듯하지만 좌변의 모양이 결정되기 전에는 흑2 쪽에서받기 당한다. 그리고 백3의 붙이기는흑4, 6으로 패. 수순 전후의 죄는 무조건을 패로 만들었다.

수법의 행사에는 타이밍도 중요하다.

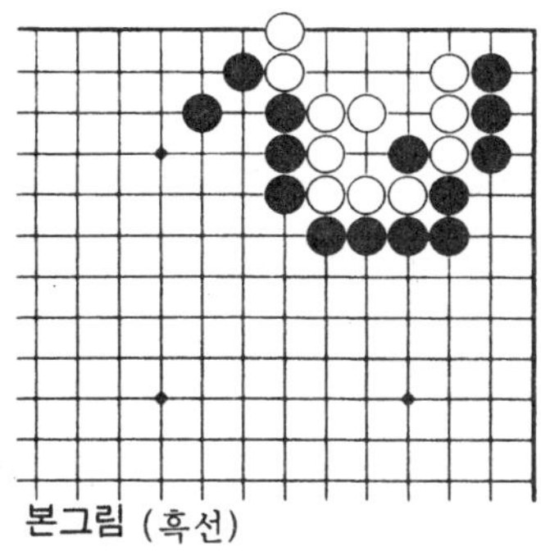

본그림 (흑선)

나오기

스스로 명백한 급소에 일격하면 간단하다고 보는 것은 속단. 백의 최강의 저항과 그것을 타파하는 흑의 호수법이 아쉽다.

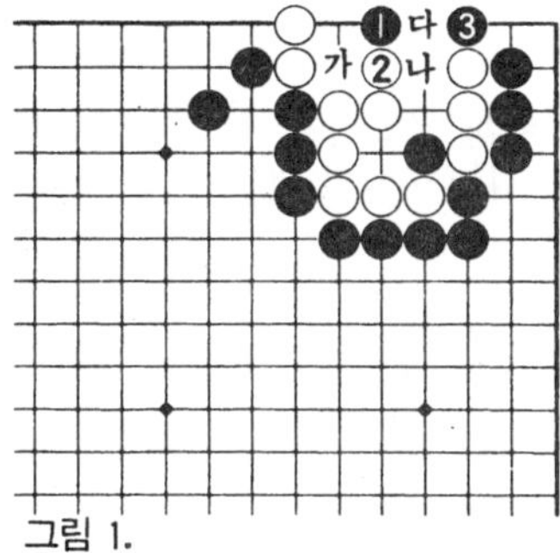

그림 1.

그림 1(놓기) 흑1로 놓고 좌우를 대응으로 삼으면 확실히 백은 약해졌다. 그러나 백2나 가로 두점을 살려서 흑3으로 건너기 당하면 너무 일방적이고 백2에서 나로 지키고 흑가로 끊기 당하면 안 된다는 것도 너무 기예가 없는 얘기일 것이다. 백2에서 다는 흑나.

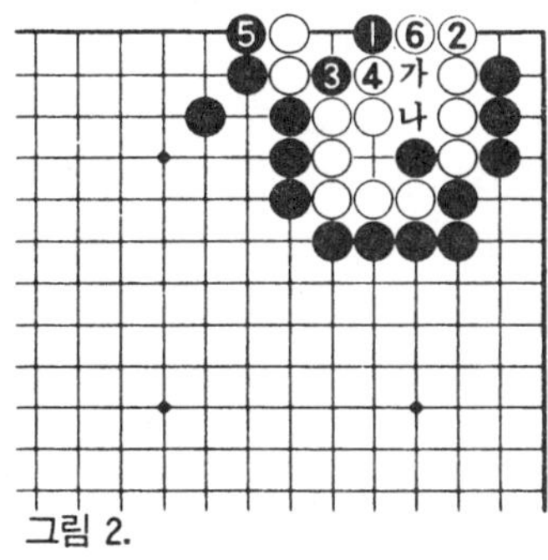

그림 2.

그림 2(최강) 백은 2의 처지기가 최강. 흑3이면 백4, 6으로 살기가 있다. 이 저항을 알아차리고 흑1을 버리고 다른 수를 찾아 민궁에 빠지는 경우도 있을 것이다.

흑1에서 2는 백1로도 가로도 좋고 흑1에서 가는 백나로 이어 아무 일도 일어나지 않는다.

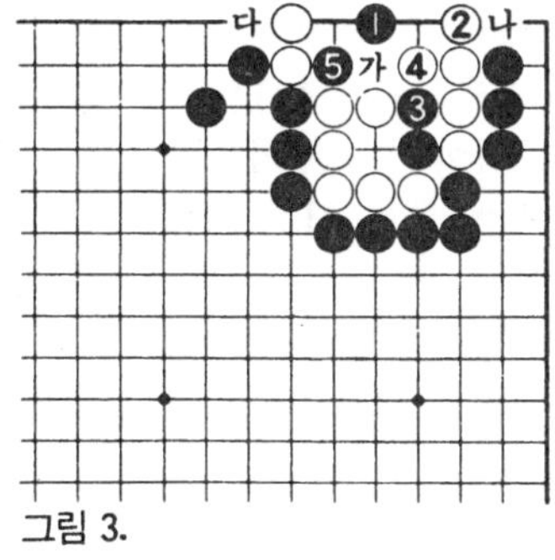

그림 3.

그림 3(흑3, 수법) 백2의 처지기에는 흑3의 나오기 하나가 절묘한 수순이다. 백4로 바꿔고 흑5로 끊으면 두점을 회두리로 잡아 어김없는 백죽음이다.

백4에서 가로 늦추어도 흑4, 백나, 흑다로 어쩔 수 없다.

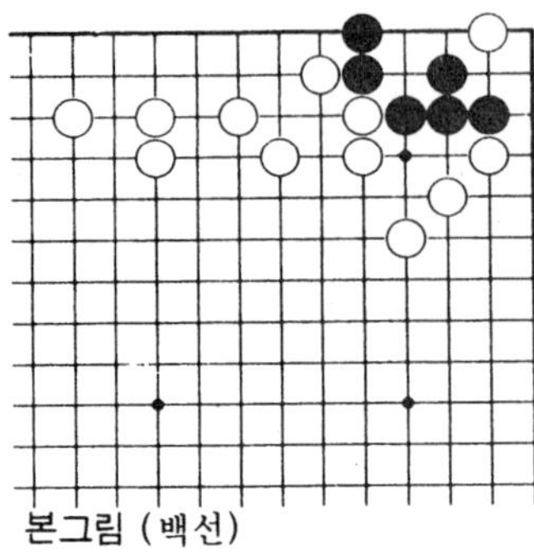

본그림 (백선)

뛰 기

귀에서 어떤 모양이 죽음을 의미할까. 그 전제아래 변의 공방이 전개된다.

본그림은 『發陽論』에서 발췌.

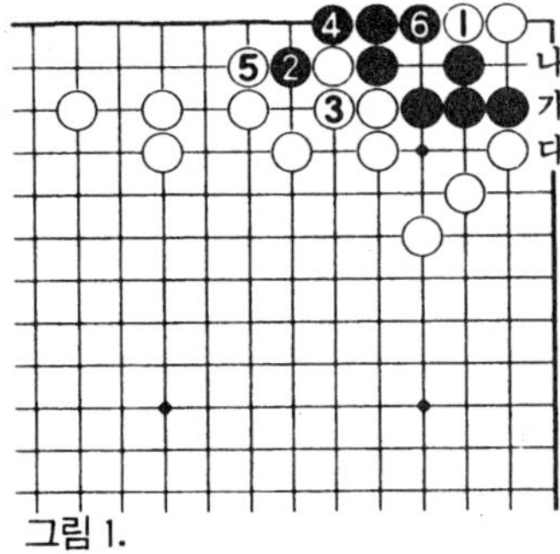

그림 1.

그림 1(붙이기의 저항) 백1의 기기는 당연해도 흑2, 4의 붙여건너기에 어떻게 대처하느냐가 관문이다. 백5에서는 한수 공배 비우기 효과를 작용시켜 흑6이 성립될 것이다.

또 백5에서 6은 흑가로 처지기 당해 품이 넓어진다. 백5에서 가, 흑나, 백6도 흑다로 잡혀서 살기.

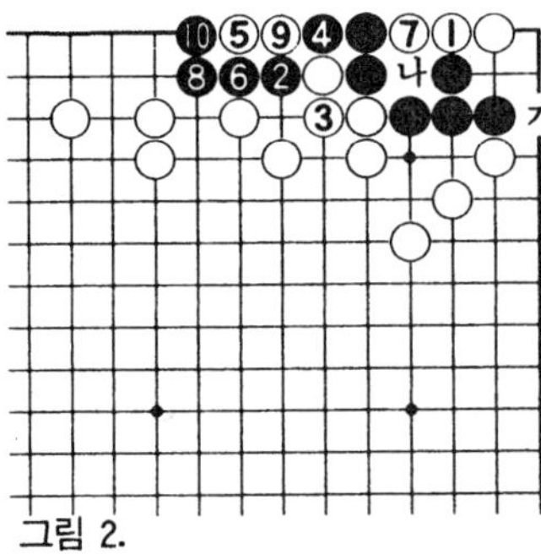

그림 2.

그림 2(백5, 수법) 백1 이하 흑4까지는 움직이지 않는 수순으로 삼고 여기서 백5의 뛰기가 절묘한 수법이다. 그 원리는 흑6으로 교환한 백7이면 흑가에는 백나가 있기 때문인데 흑9, 백8로 맞공격에 이긴다. 흑8에서 나는 백가로 죽음. 흑8의 뻗기에도 백9로 두점으로 만들어서 잡게 한다.

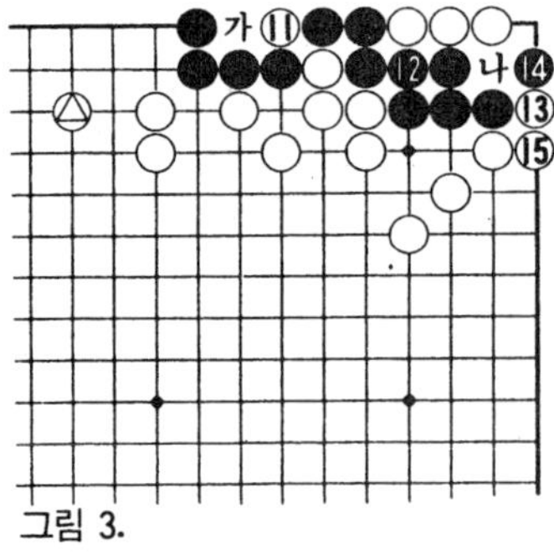

그림 3.

그림 3(비김수 되지 않음) 앞그림에 이어 다시 한 번 백11에 먹여치고 흑12의 잇기이거나 가의 잡기라도 상관없이 백13, 15로 젖혀 이어 죽음 모양. 어차피 흑은 나로 이어야하는 모양이므로 비김수로는 되지 않는다.

무의미하게 보였던 ◬도 흑의 탈출을 마침 방해하고 있다.

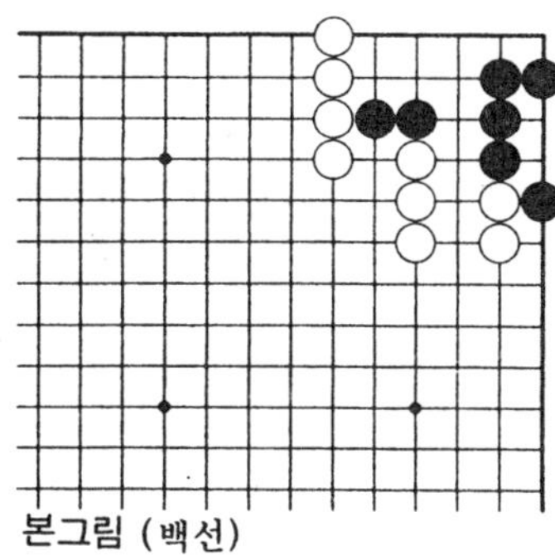

본그림 (백선)

뛰 기

첫째 급소로 직행하느냐, 아니면 둘째 급소에 두어 첫째 급소를 노리느냐다.

본그림은 『玄玄碁經』의 「味中有味勢」에서 발췌.

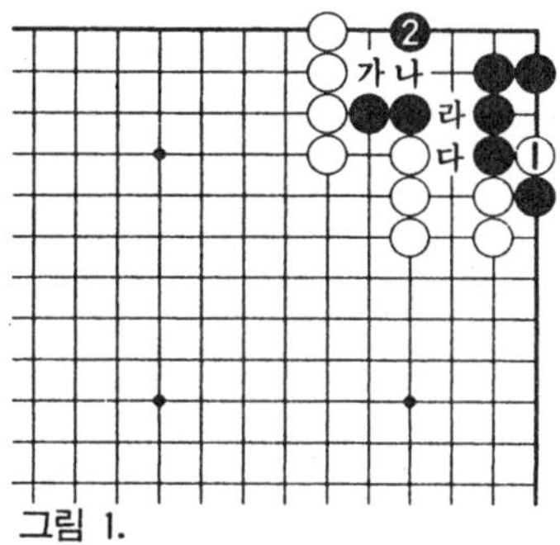

그림 1.

그림 1(굽기4)　백1로 분명히 알고 있는 후수 한집에 상관하고 있으면 흑2의 뛰기도 미끈하게 살기 당한다. 이후 백가 이하 흑라로 품을 좁혀 보면 아는 것처럼 흑2에서 굽기 4집의 모양이 확보되어 있다.

상변의 집모양을 공격하는 것이 급선무다.

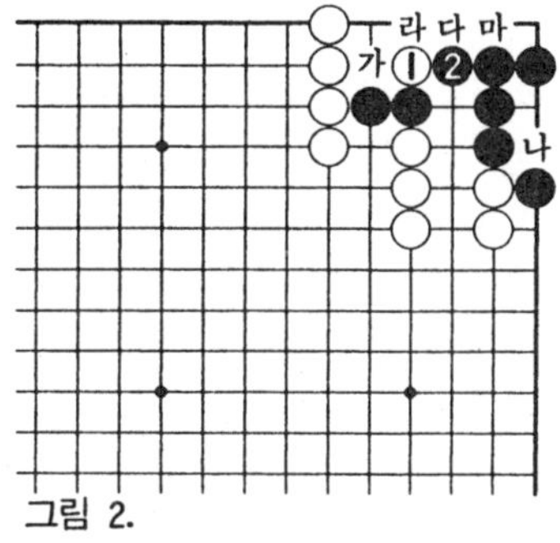

그림 2.

그림 2(과부족)　백1의 붙이기는 흑2에서 가와 나가 대응으로 간단하게 되지 않는다. 그렇다고 백1에서 다까지 진행시키면 흑2, 백라, 흑마로 1과 나가 대응. 또 백1을 마로 직행하면 흑라의 뛰기로 삼키운다.

침입에도 과부족이 있어서는 안 된다.

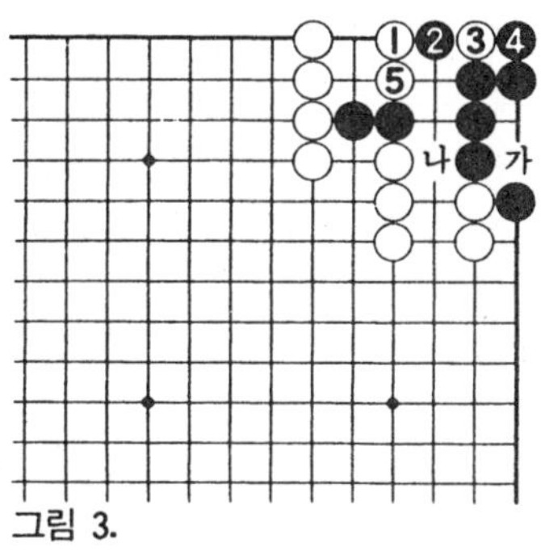

그림 3.

그림 3(백1, 3, 수법)　백1로 착실하게 뛰고, 다음에 3의 붙이기를 본다. 흑2라도 상관않고 백3으로 던져넣고 백5로 되는 모양은 선수 한집을 후수 한집으로 만드는 상용수법이다.

흑2에서 5면 백3. 흑2에서 3이면 백가로 먹여치고 흑5, 백나로 바깥부터 공격해서 흑 죽음이 된다.

315

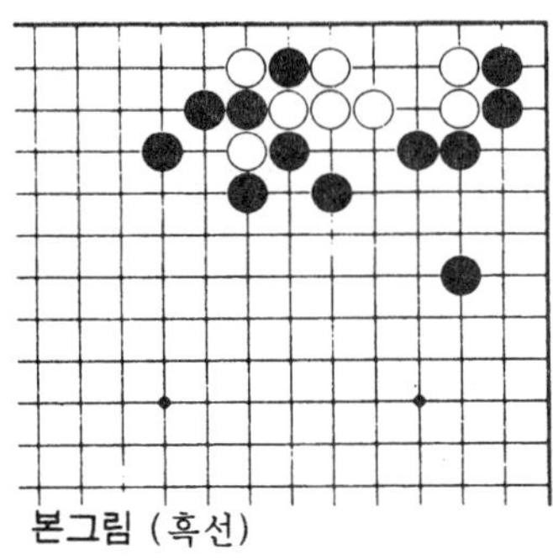

본그림 (흑선)

뛰　기

유사 급소에 깊이 빠지면 참된 급소를 못본다. 넓은 감각을 지니는 것이 중요하다.

본그림은 『碁經衆妙』에서 발췌.

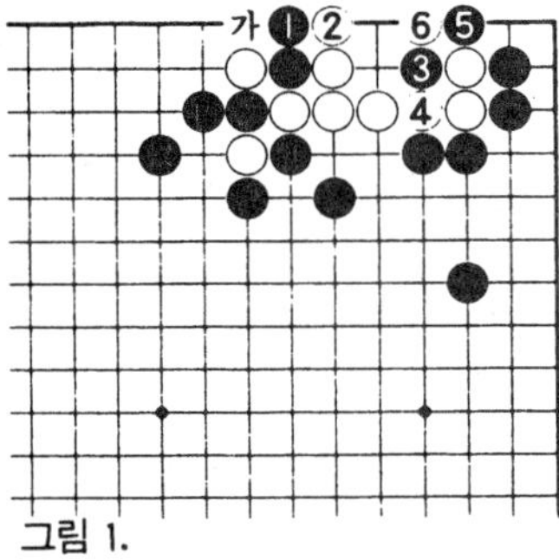

그림 1.

그림 1(유사 급소)　흑1의 처지기가 급소처럼 보인다. 흑1에서 3, 5로 붙여건넜을 때, 백1로 빵따내기 당해 살기로 되기 때문이지만 흑1, 백2를 교환해 버리면 이번에는 흑3, 5의 붙여건너기 그 자체가 추격으로 성립되지 않는다. 백2에서 가는 흑3으로 죽음이다.

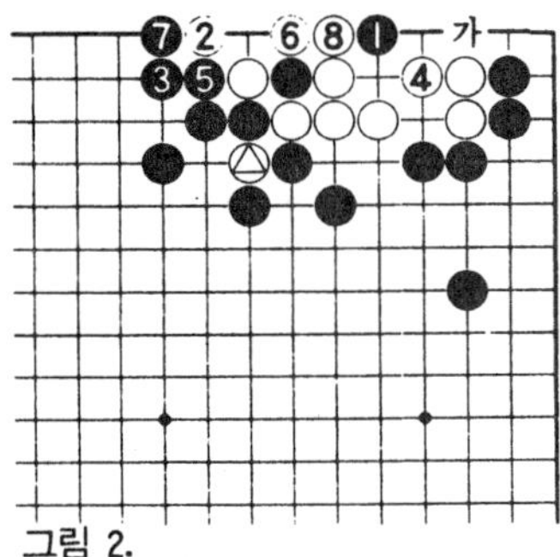

그림 2.

그림 2(패맛)　흑1의 놓기도 날카롭다. 백4로 곧 건너기를 저지하면 흑5, 백6, 흑2로 처져서 알기 쉽게 죽일 수 있다. 그러나 백2의 마늘모가 귀찮은 저항이어서 흑3으로 받으면 백4 이하 패의 버티기가 생긴다. 흑3에서 가는 백3으로 마늘모 당하고 ◎ 이 활동해서 쉽게 다 잡을 수 없다.

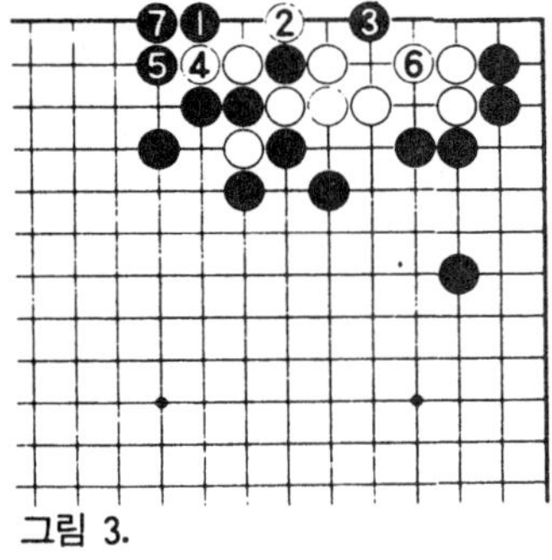

그림 3.

그림 3(흑1, 3, 수법)　흑1이 백의 패 버티기를 지우는 참된 급소. 백2에는 일단 흑3으로 놓아 집모양을 한정하고 그후는 백이 건너기를 저지했을 때 흑7로 밖에서 공격하면 된다.

백2에서 3은 흑2로 한점을 잡는다. 흑3에서 4의 잇기를 서두르면 백3으로 살기. 흑1, 3의 수순이 확실하다.

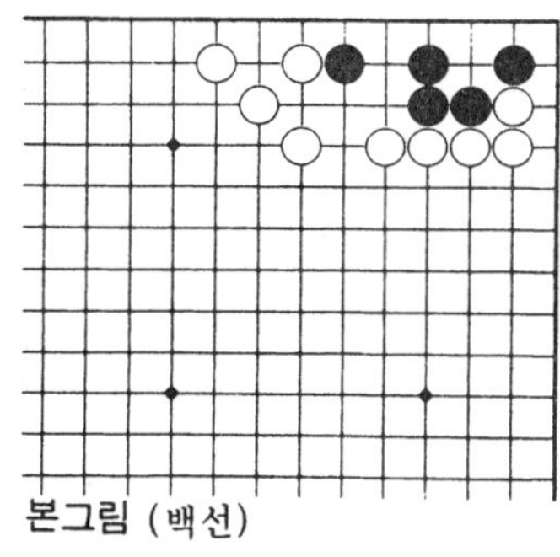

본그림 (백선)

젖히기

제 1착은 스스로 분명. 이하 수순을 다해서 집모양으로 쇄도한다.

본그림은 『玄玄碁經』의 「奪樂勢」에서 발췌.

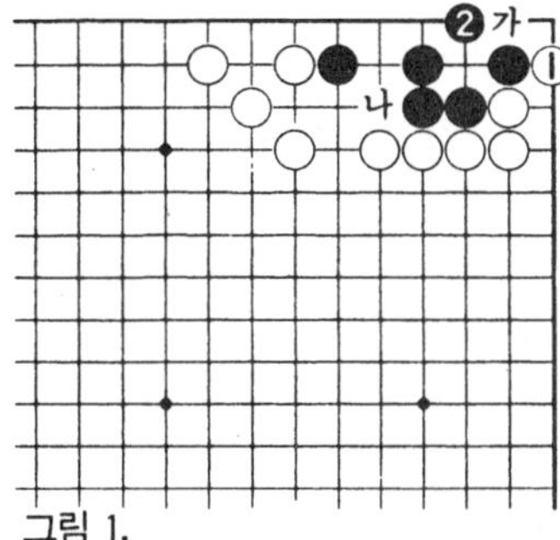

그림 1.

그림 1(패) 백1의 젖히기에 흑가의 처지기를 기대하는 것은 어떻게 되어 있나. 흑은 물론 2로 집을 갖고 환영하지는 않으나, 2단 패라면 참을 수 있다고 할 것이다.

백1에서 나의 나오기는 공격 발걸음이 느리고 흑1로 처지기 당해 닿지 않는 모양이 된다.

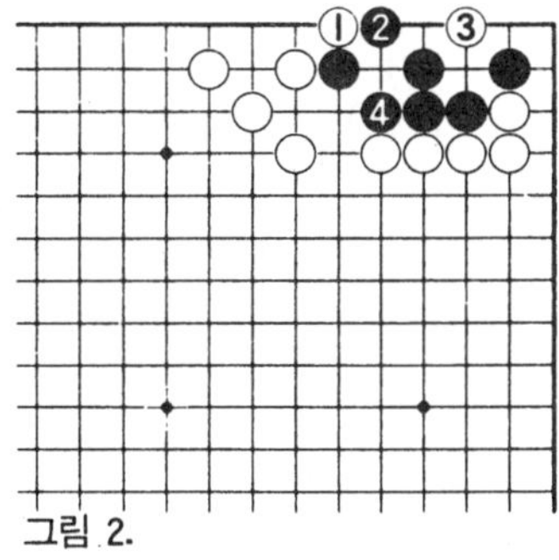

그림 2.

그림 2(패) 백1의 젖히기는 흑3의 집갖기면 2의 점으로 뻗으려는 것이다. 그러나 흑2로 눌리우고 백3으로 놓아도 흑4로 탄력이 생긴다. 백3의 놓기에서 4로 나와도 백3의 집갖기로 어차피 패의 모양이다.

흑의 패 버티기를 지우는 급소는 어디일까.

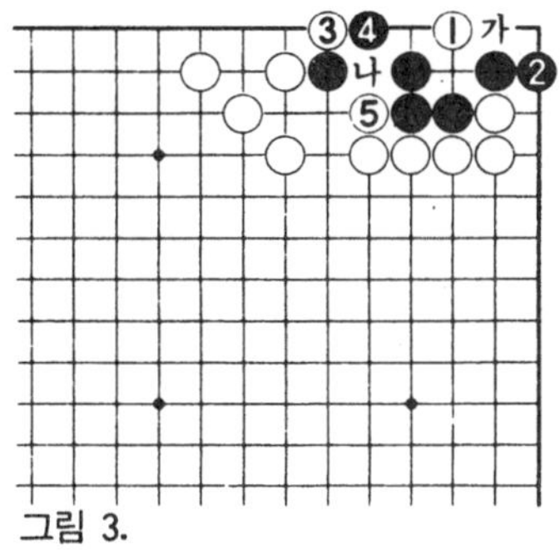

그림 3.

그림 3(백3, 5, 수순) 여하간 백1로 급소에 놓을 참이다. 물론 승산없는 반입이다. 그러나 이 경우는 흑2에 대해서 백3, 5로 흔드는 호 수순이 있었다. 이후 흑가에는 백나인데 흑4의 한점이 이을 수 없는 모양이다.

흑2에서 가는 백3으로 죽음. 백3에서 5는 흑가로 산다.

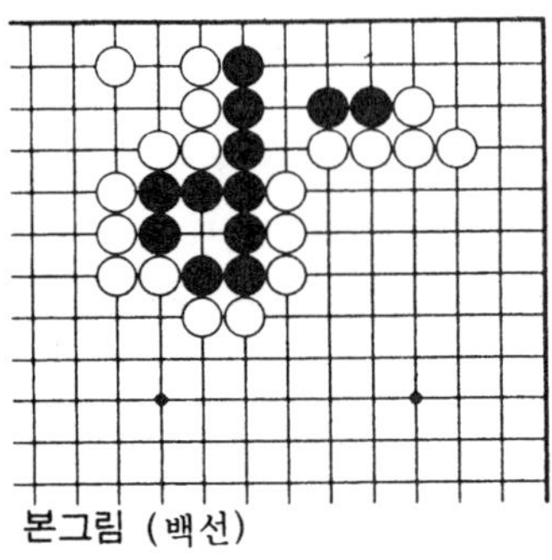

본그림 (백선)

젖히기

상변의 한집을 어떻게 공격할까. 흔드는 수순이 교묘하다.

본그림은 『玄玄碁經』에서 발췌.

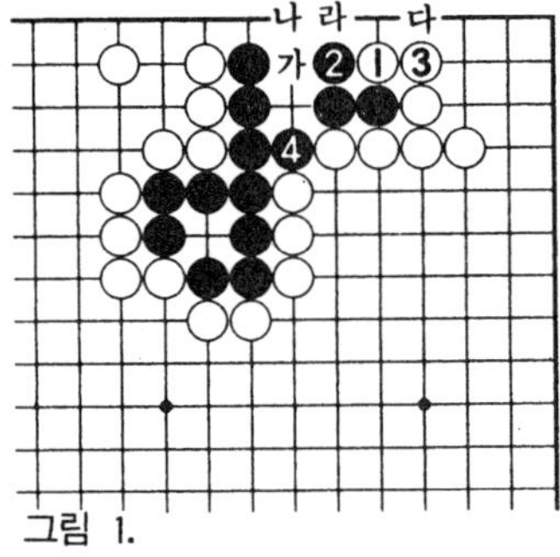

그림 1.

그림 1(무기력) 백1, 3의 젖혀잇기로는 무기력도 심하다. 그렇다고 백1에서 가의 붙이기는 흑2로도 나로도 안 되고 백1에서 화려하게 다의 뛰기도 흑라로 후속이 없다.

● 두점의 공배 채우기에 착안하면 흑의 응수는 따로하고 다음 한수만은 분명할 것이다.

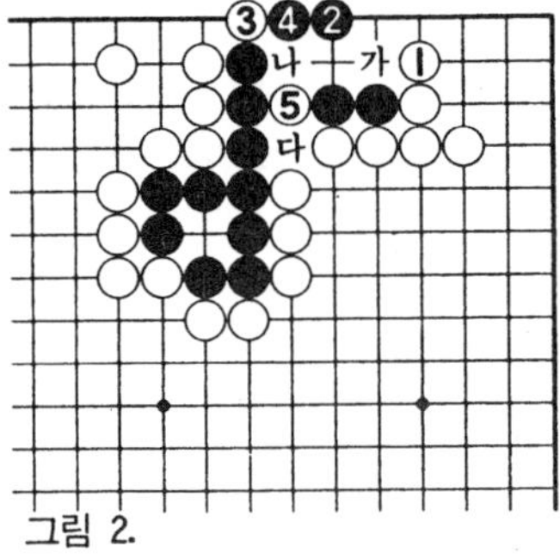

그림 2.

그림 2(젖히기 하나) 백1의 처지기다. 흑2도 유력한 저항이지만 백3의 젖히기 하나로 흑의 모양을 파괴하고 나서, 5의 끼어들기로 모두 해결이다. 흑가에는 백나로 돌입하고 흑다로 둘 수 없는 상태를 보기 바란다. 흑4에서 가라도 백나다. 이것은 공배 채우기 이용의 수법에 속한다.

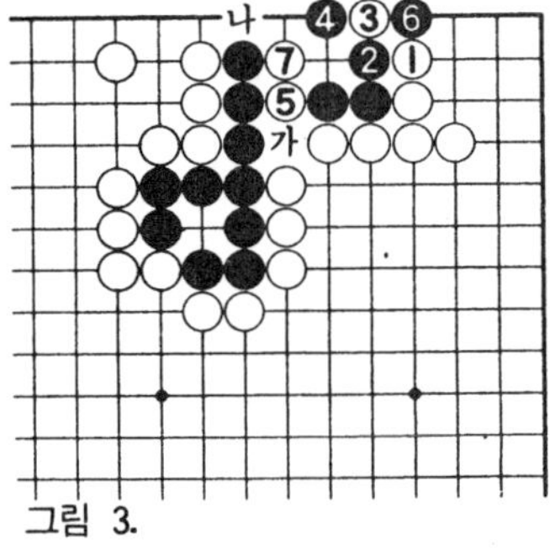

그림 3.

그림 3(백3, 수법) 앞그림과 본그림 중 어느 쪽을 정해로 쳐야 할까. 흑2의 누르기도 상당한 저항이지만 백3의 젖히기가 수법이다. 흑4의 누르기에 백5, 7로 진입해서 흑가로 끊으면 백나로 단수.

흑4의 누르기에서 7로 들어가도 백4의 뻗기까지다.

318

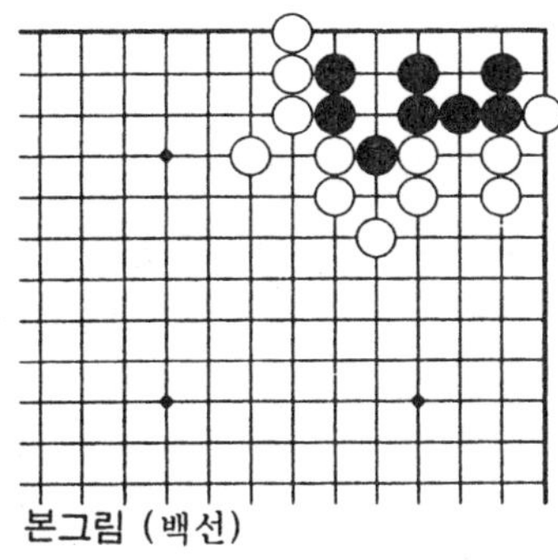

본그림 (백선)

던져넣기

한 번만으로는 동하지 않는 집모양
도 밀기 한수로 불안하게 된다. 흑의
저항에도 주의를 요한다.
『玄玄碁經』의「点綽勢」에서 발췌.

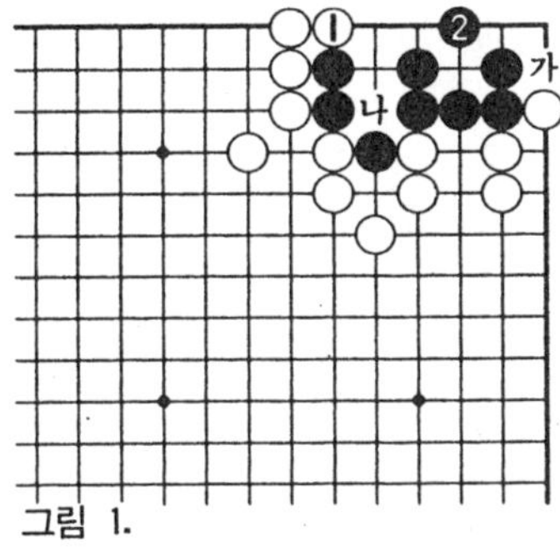

그림 1.

그림 1(급소) 백1에는 흑2, 백가
에도 흑2, 백나에도 물론 흑2, 어디를
두어도 흑한테 2의 점에 두기 당하면
살기 모양이다. 그렇다면 설혹 헛수고
처럼 보이지만 2의 점에 일격할 것을
생각해 봐도 좋을 것이다.
문제는 그 계속 수단이다.

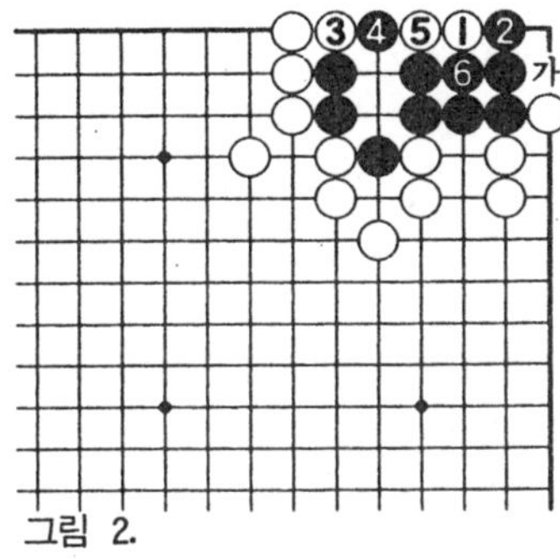

그림 2.

그림 2(백5, 수법) 백1로 놓는다.
흑2에서 5쪽의 누르기에서는 백3으로
간단하므로 흑은 당연히 2. 그래서 백
3으로 기고 흑4로 건너기를 저지했을
때에 백5의 단수다. 이 모양이 되면
흑2가 가이어서는 안되는 것이 분명
해진다.
흑은 일단 6으로 잡을 것이다.

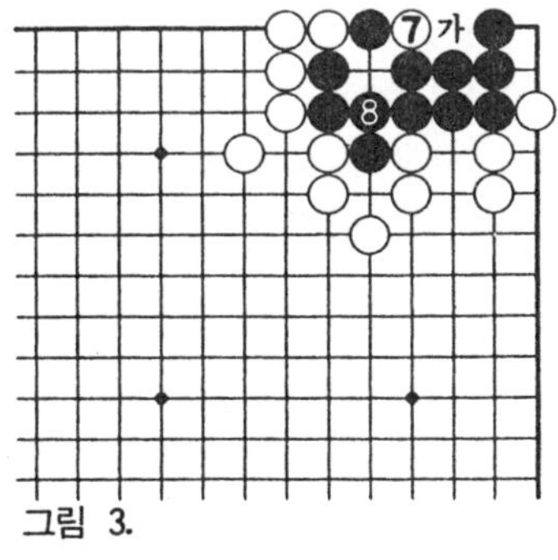

그림 3.

그림 3(백7, 수법) 앞그림에 이어
서 다시 한번 백7로 던져넣는 것이 중
심인 수법이다. 흑이 이 이상 상대해
서 가로 잡으면 백8의 먹여치기가 두
점 잡기를 보아 선수. 귀의 후수 한집
이 허무하게 된다.
따라서 흑도 8로 패로 버티고 쌍방
의 최선은 이 패라는 셈이다.

품을 좁히는 수법

품의 확대는 급소의 확산에 연결되고 품의 축소는 급소의 한정에 연결된다. 한정된 급소를 일격해서 죽음에 이르게 하려는 것이 품을 좁히는 수법의 목적이다. 「죽음은 젖히기에 있다」는 격언으로 대표되는 이 수법에는 그리 많은 바리에이션이 없는 것으로 생각되기 쉽다. 그러나 실지는 그렇지 않고 평범하고 선명한 점이 적은 수법인만큼 의외로 개의치 않고 행사하고 있는 경우가 많다.

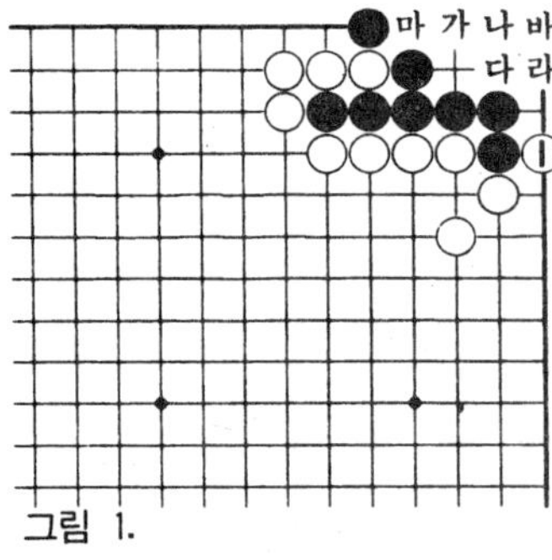

그림 1.

그림 1(젖히기) 안쪽부터 공격하는 수는 모두 불리하다. 잠자코 백1의 젖히기로 품을 좁히면 예의 「귀의 6목형」인데 한집밖에 없다.

백1에서 가는 흑나로 패. 백1에서 나는 흑1로 비김수. 백1에서 다는 흑라로 살기. 백1에서 라는 흑다, 백가, 흑마, 백1일 때 흑바로 패가 된다.

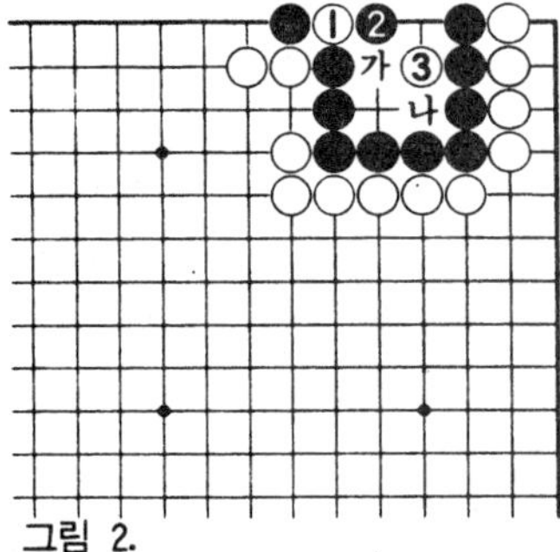

그림 2.

그림 2(먹여치기) 이것도 안쪽부터는 어쩔 수 없는 모양이다. 극히 단순하게 백1로 먹여치고 흑2로 잡게하면 3의 점이 집모양의 급소인 것이 분명해진다.

그 급소에 타격을 가하면 흑은 소리도 지르지 못한 채 무너진다. 흑2에서 가면 이번에는 나가 급소다.

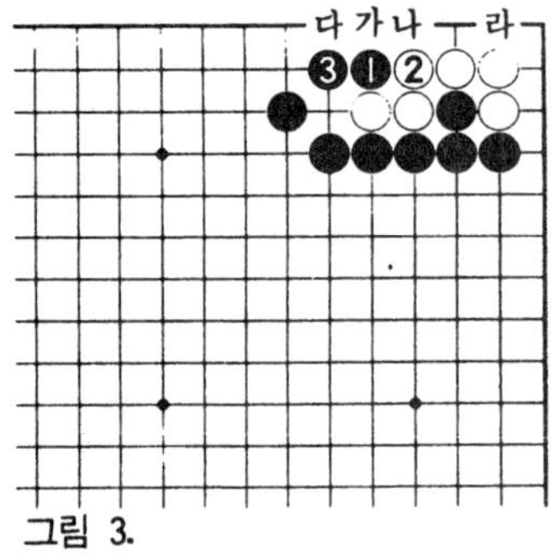

그림 3.

그림 3(붙이기) 흑1까지 진행시켜서 백의 넓이를 뺏는다. 백2면 흑3으로 끌고 이 이상의 설명은 불필요할 것이다. 백2에서 3이면 흑2로 단수해서 그만이다.

흑1을 3으로 사양하면 백1로 눌리워서 품이 넓다. 흑가의 젖히기도 백나로 눌리우고 흑다, 백라의 살기.

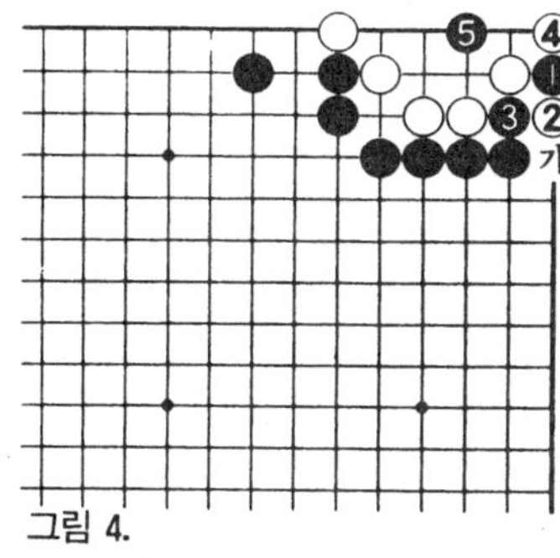

그림 4.

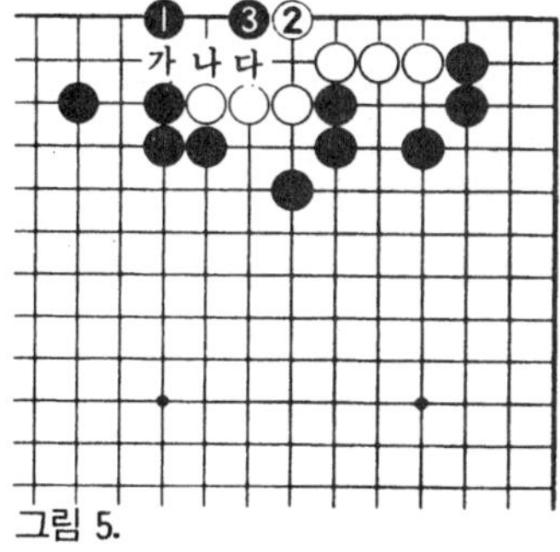

그림 5.

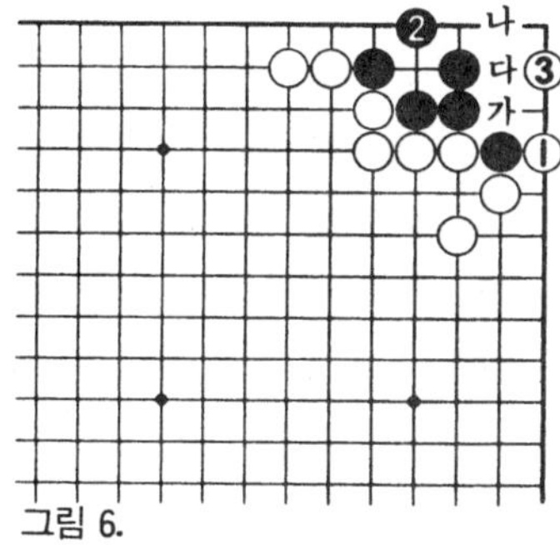

그림 6.

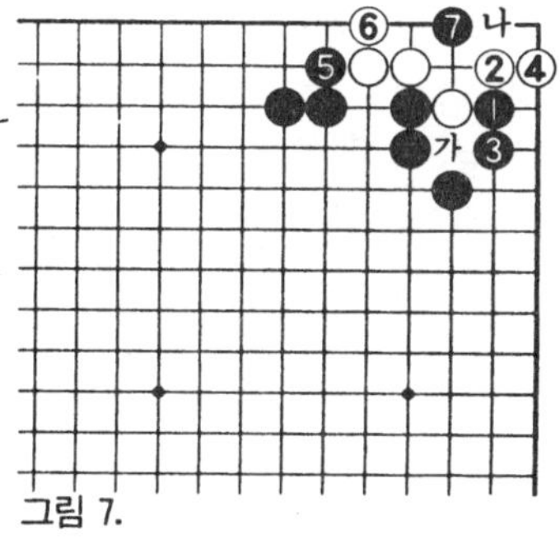

그림 7.

그림 4(붙이기) 흑1로 붙이고 백2에는 흑3으로 끊어 5로 놓기 까지다. 흑 1에서 3의 들여대기는 돌입이 부족하여 백1로 살기. 흑5에서 **가**의 누르기는 귀에 너무 구애되어 백5로 패에 버티기 당한다.

흑1, 3으로 젖혀 품을 좁히고, 5로 급소에 치중하는 것이 수법이다.

그림 5(뛰기) 흑1로 제—선으로 뛰고 이것이 가장 백의 품을 좁히고 있다. 흑1에서 **가**의 처지기면 백2로 살기 당할 것을 흑1이면 백2에는 흑3으로 죽음이다. 백2에서 **나**일때는 흑2로 급소에 일격한다.

흑1에서 **나**, 백**다**, 흑1은 백2로 패 밖에 안 된다.

그림 6(젖히기) 끊어잡을 수 있는 한점을 잡지 않고 백1로 밑부터 젖히는 수법인데 흑의 품은 대번에 좁아졌다. 흑**가**의 잇기면 백**나**로 놓아 패로도 되지 않고 흑 죽음이다.

흑2의 집갖기에서도 백3으로 거뜬히 뛰고 흑**다**에는 백**나**로 좋다. 백3에서 **다**는 흑**가**로 패다.

그림 7(붙여끌기) 흑1, 3의 붙여끌기가 최고다. 흑3에서 **가**로 단수하면 도리어 백의 품을 넓히고 있다. 백4의 처지기에 흑5의 누르기도 품을 좁히는 수법으로 들어갈 것이다. 백6으로 넓혀도 흑7로 급소에 놓아 백 죽음이다.

흑5에서 7은 백**나**로 살기.

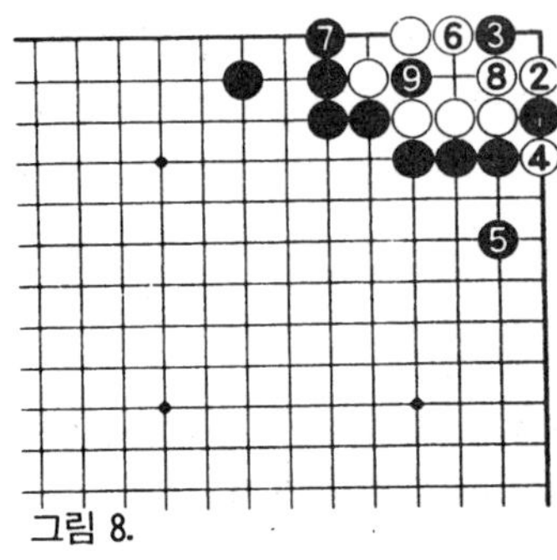

그림 8.

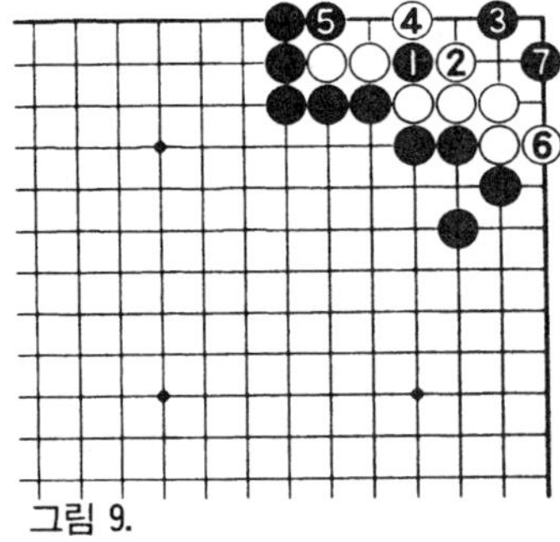

그림 9.

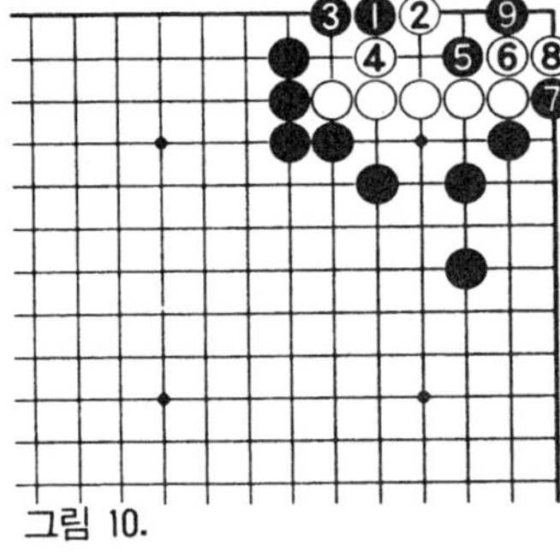

그림 10.

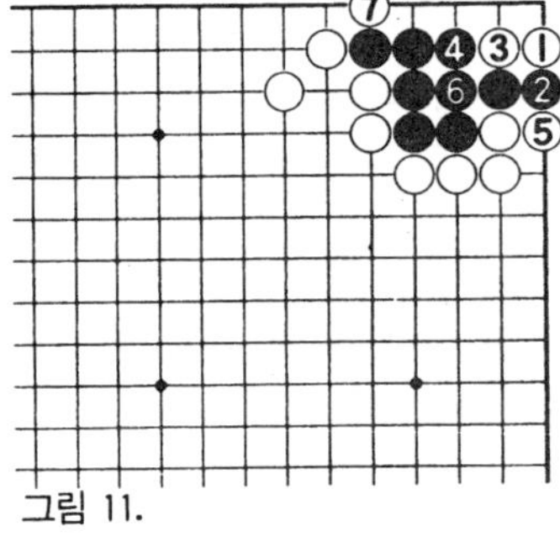

그림 11.

그림 8(젖혀 죽이기) 흑1의 젖히기부터 3으로 놓는 이 모양은 보통 「젖혀 죽이기」로 알려졌다. 백4의 빼기는 집모양에 무관계. 백6에서는 흑7로 죽음이므로 만일 백부터 7의 젖히기가 작용하는 모양이면 작용시켜서 패의 버티기를 만드는 것이 사활의 상식이다.

그림 9(끊기) 흑1의 끊기 하나로 백의 품이 좁혀지고 나중은 백이 아무리 몸부림 쳐도 죽음이다. 흑1에서 단순히 굽고 백1로 이어지는 모양의 넓이를 생각하면 흑1의 활동이 분명할 것이다.

『玄玄碁經』의 「六國歸秦勢」다.

그림 10(날일자 미끄럼) 품을 좁히는 맥으로서는 눈목자 미끄럼보다 날일자 미끄럼 쪽이 많이 사용된다. 흑1에 백2, 4면 흑5로 일격하고 나서 7로 품을 좁히고 또 흑9로 안으로 되돌아간다. 내외의 흔들기에 백은 함락되었다.

그림 11(놓기) 공배 채우기를 찌르느냐 품을 좁히느냐 견해에 따라 분류가 달라지는 맥도 있을 것이다. 백1의 놓기에 흑2로 차단하면 공배채우기 추궁의 모양이 되겠지만 흑2에서 3으로 눌러서 백2로 건너면 품을 좁히는 맥이다. 『玄玄碁經』의 「六道士逢厄勢」.

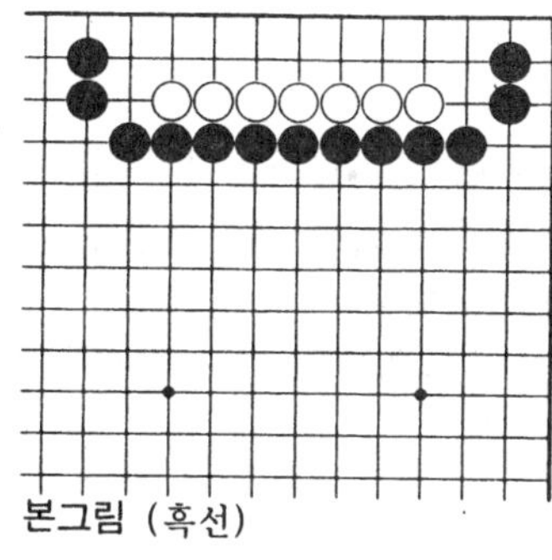

본그림 (흑선)

눈목자

매우 넓은 백의 품. 여하간 좁히는 방식으로는 늦겠다.

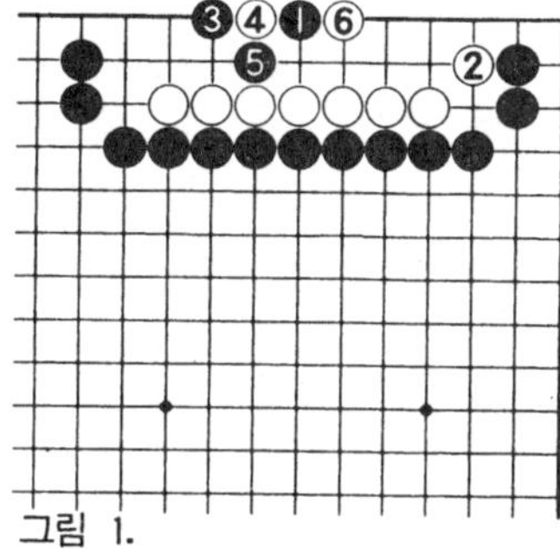

그림 1.

그림 1(중앙의 수) 좌우 동형 중앙에 수 있음인데 흑1로 놓고 좌우의 건너기를 대응으로 삼는 등이 제一감일 것이다. 그러나 백2로 한쪽을 저지 당하고 흑3으로 건넜을 때에 백4, 6으로 달라붙기 당한다. 눈목자의 약점이 당장 나타나고 이후 아무리 몸부림쳐도 추격을 뿌리칠 수 없다.

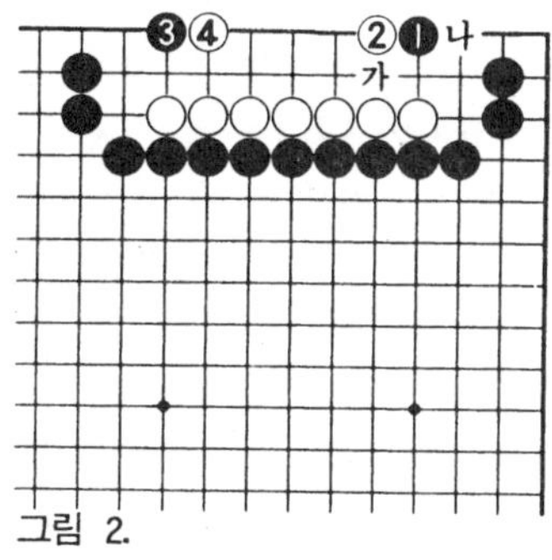

그림 2.

그림 2(날일자) 흑1의 날일자는 백2로 붙이기 당하고 흑가는 백나로 역습 당할 수가 뻔히 보인다. 좌부터 흑3으로 미끄러져도 백4. 백의 품은 아직도 불러 있어서 도저히 미치지 못할 모양.

날일자로 닿지 않으면 눈목자 밖에 없다.

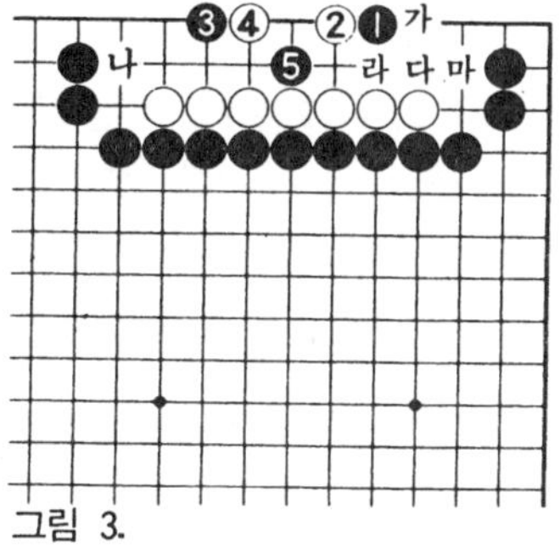

그림 3.

그림 3(흑1, 3, 수법) 흑1의 미끄럼이면 백2. 흑가로 되돌아가면 백나로 〈그림 1〉과 비슷한 모양이 되므로 다시 흑3으로 미끄러져 급소가 보이기 시작했다. 백4일 때 흑5가 중앙이고 이후 백가면 흑다, 백라, 흑마. 좌변도 똑같기 해서 백은 한 집뿐이다. 백4에서 5면 흑4로 나란히 선다.

놓 기

마무리의 맥에 이르기까지 품을 좁히고 급소를 두드려서 2단 구성의 전제 공작이 필요하다.

본그림은 『玄玄碁經』의 「項羽擧鼎勢」에서 발췌.

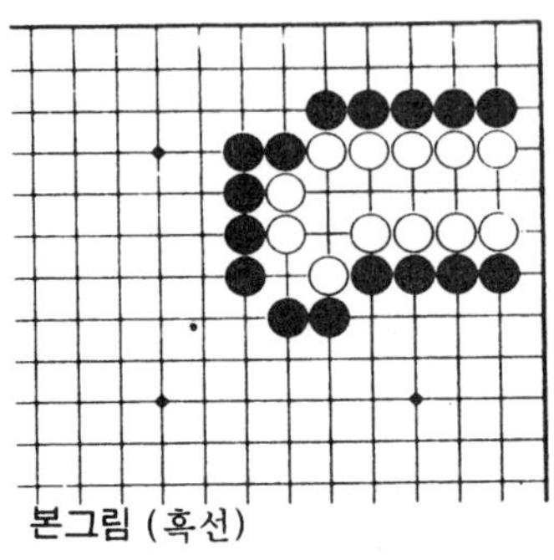

본그림 (흑선)

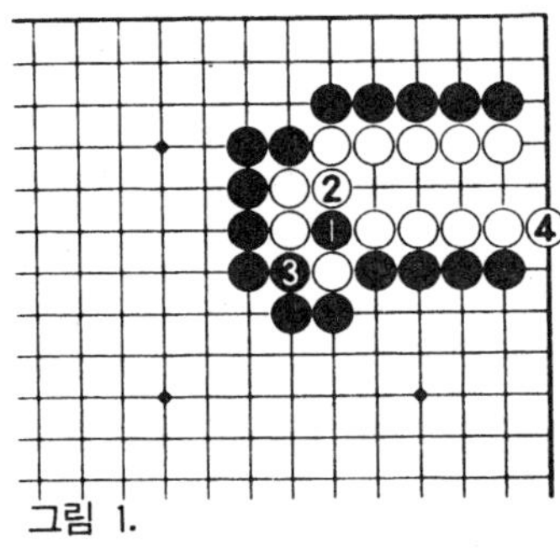

그림 1.

그림 1(앞길 멀다) 흑1의 던져넣기는 집모양을 뺏는 상용 맥. 백2로 잡게하고 3으로 단수하면 품을 좁히는 맥에도 연결되는데 앞길은 멀고 백4로 편한 잡기를 확보당한다.

흑1에서 물론 3의 단수도 안되고 4의 젖히기도 문제 밖이다.

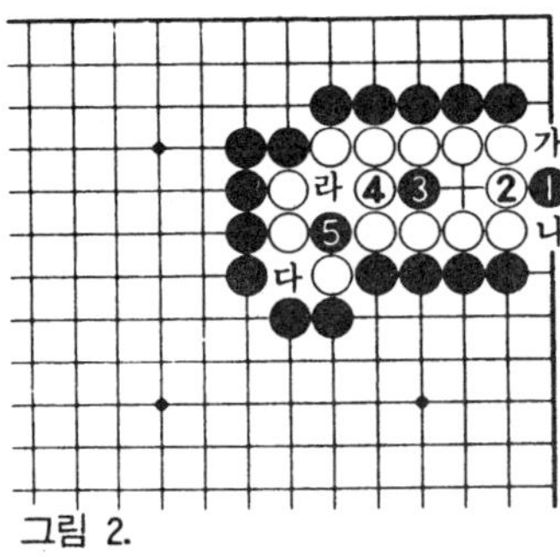

그림 2.

그림 2(흑1, 수법) 흑1의 놓기가 의외로 알아차리기 어려운 품을 좁히는 맥이다. 백2로 바뀌고 흑3이 집모양의 급소. 백4를 보고 흑5를 마무리의 맥으로 삼는다. 백가에서도 흑나인데 변에는 집이 있을 것 같지 않다.

백4에서 다는 흑라로 단수해서 죽음이 된다.

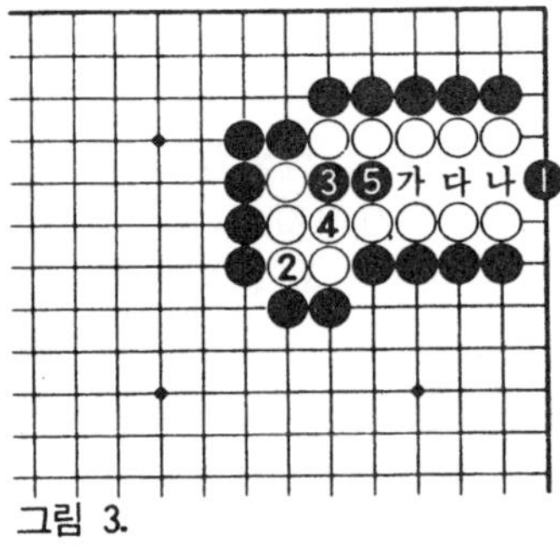

그림 3.

그림 3(양 건너기) 백2로 외부에서 품을 넓혔을 때는 흑3의 단수를 당연하다 치고 흑5의 나오기를 알아차리기 어렵다. 백가일 때 흑나로 나오고 좌우에 건너기를 보면서 집모양을 으깬다.

흑5에서 먼저 나로 나오면 백다의 누르기에서 2를 대응 당한다.

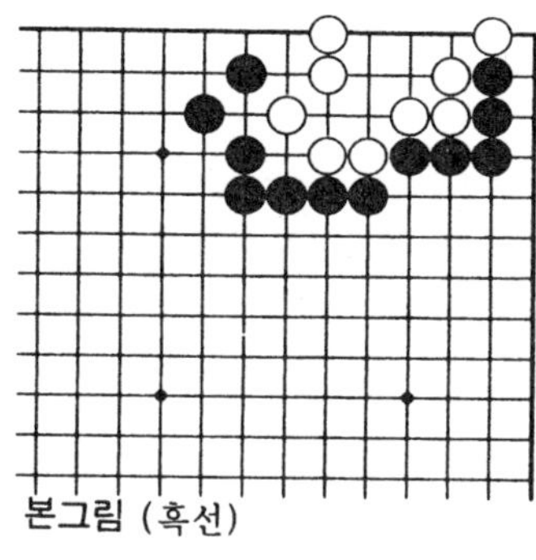

본그림 (흑선)

불평하기

품이 넉넉하게 보이는 백도 의외의 곳부터 좁히는 수법이 있어서 붕괴된다.

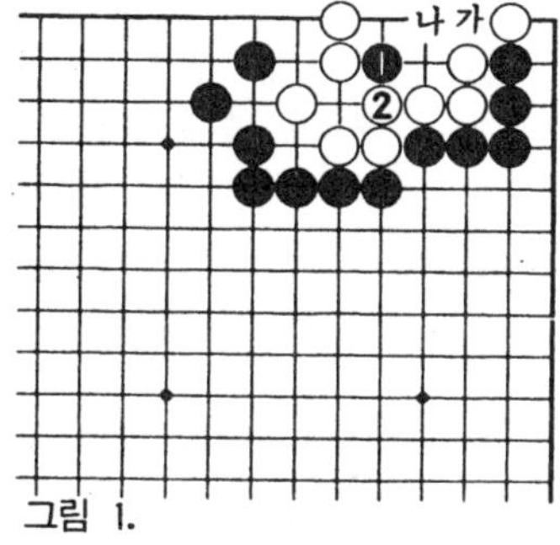

그림 1.

그림 1(안쪽부터) 흑1이면 백2, 흑1에서 2면 백1. 안쪽부터 직접 집을 잡으러 가도 성공하지 못한다. 이것은 도리어 백에게 활기를 넣어주는 결과로 끝날 것이다.

다만, 바깥부터 공격한다고 해도 흑1에서 가의 먹여치기는 백나로 빼기당해도 사정은 변하지 않는다.

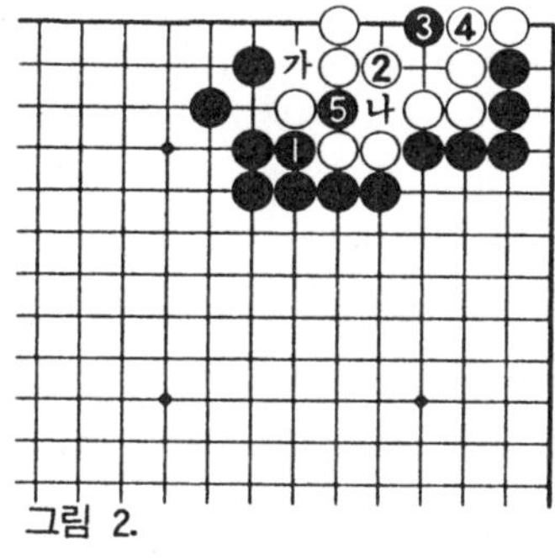

그림 2.

그림 2(흑1, 급소) 흑1의 불평하기, 백집 안을 들여대기. 명칭은 뭐래도 좋지만 이곳이 급소. 백4를 보고 흑5를 마무리의 맥으로 삼는다. 백가에서도 흑나인데 변에는 집이 있을 것 같지 않다.

백4에서 다는 흑라로 단수해서 죽음이 된다.

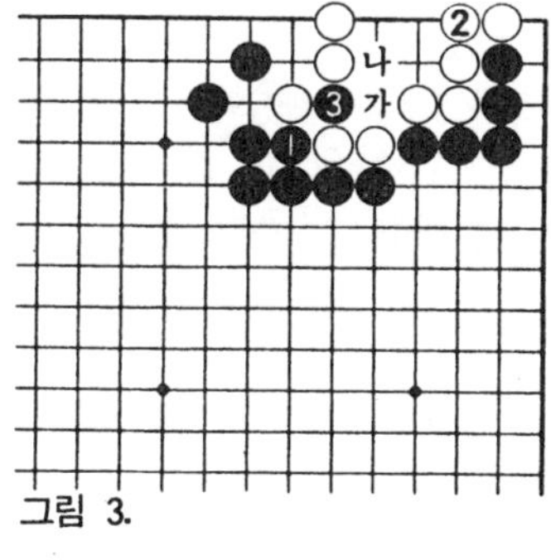

그림 3.

그림 3(일격으로 결정된다) 백2쪽에서 넓히면 흑3으로 먹여치는 맥이다. 흑3에서 부주의하게 가는 백나로 단수당해 두점밖에 잡을 수 없게 된다.

다만 흑3에서는 나라도 좋고 요는 흑1로 두기만 하면 백이 어떻게 받아도 살기는 없다.

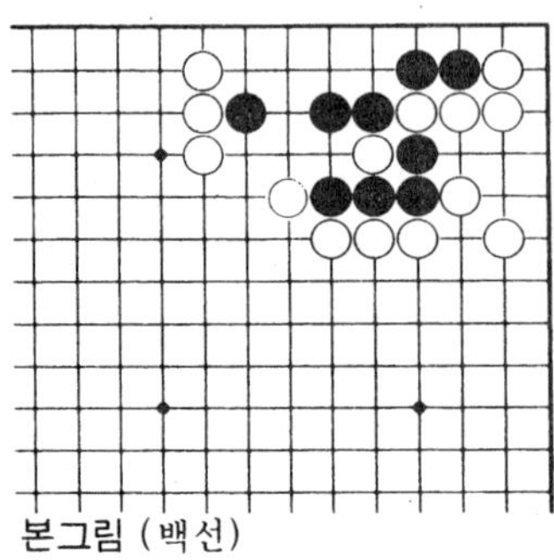

본그림 (백선)

날일자

사활에는 탁효가 있는 날일자의 맥. 다만 마무리의 맥을 발견하지 못하면 아무것도 아니다.

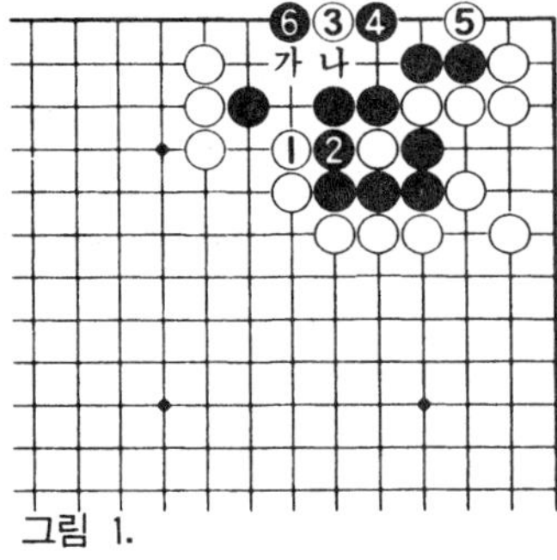

그림 1.

그림 1(눈목자) 백1, 흑2는 결정해 놓는다. 이어 백3의 눈목자에서는 흑4의 마늘모 붙이기가 꼭 맞아 5와 6을 대응으로 삼는 간단한 살기다. 눈목자의 미끄럼은 상대에게 기세를 주기 쉽다.

백3에서 가의 뛰어들기도 흑나로 눌리워서 후속이 없다.

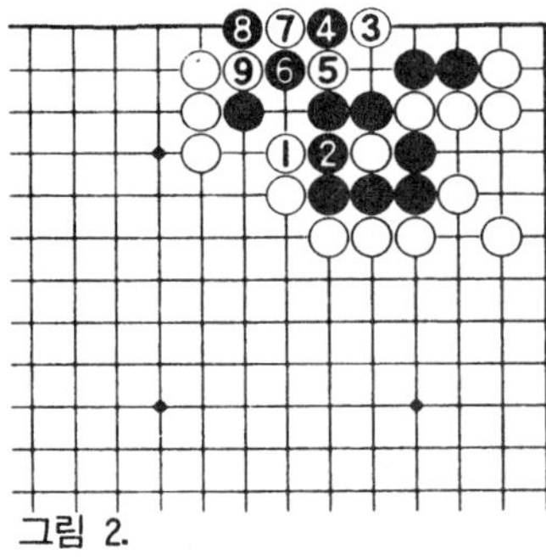

그림 2.

그림 2(큰 눈목자) 백3의 모퉁이까지 진행하면 흑4로 붙이기 당한다. 백5, 7로 잡아도 흑8의 누르기로 패를 피할 수 없는 모양이다. 눈목자 보다는 일보 전진했지만 아직 이것으로 만족해서는 안된다.

흑4에서 6의 마늘모는 백4로 좌우의 건너기를 대응으로 삼는다.

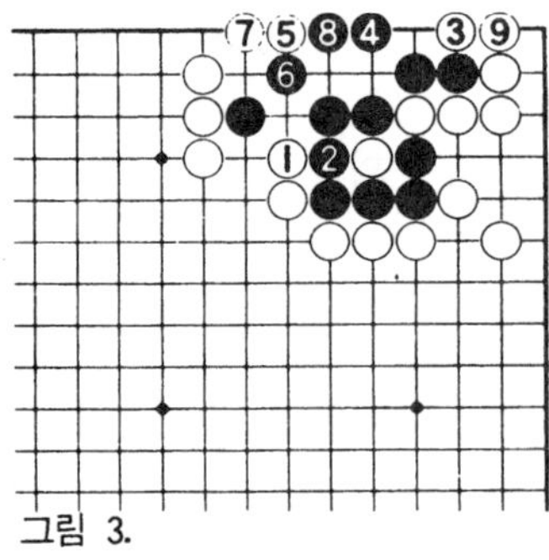

그림 3.

그림 3(백5, 9, 수법) 먼저 백3, 흑4로 교환하고 나서 백5의 날일자 미끄럼이 최선. 단순히 백5 계마는 흑8로 넓혔을 때 백9로 잠자코 잇는 것이 두번째의 호수이고 흑의 집모양을 노려서 으깬다.

흑6에서 단순히 8에서도 백9. 이어 흑7에는 백6이다.

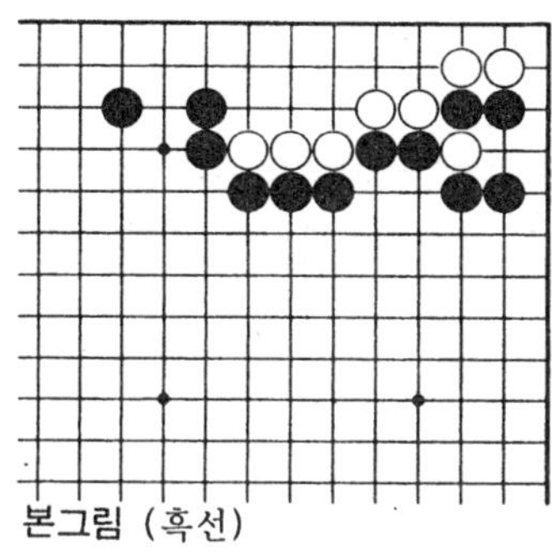

본그림 (흑선)

미끄럼

품을 좁히는 수법은 제一선에 한정 되지는 않는다. 상대의 공배 채우기가 안을 보장해 준다.

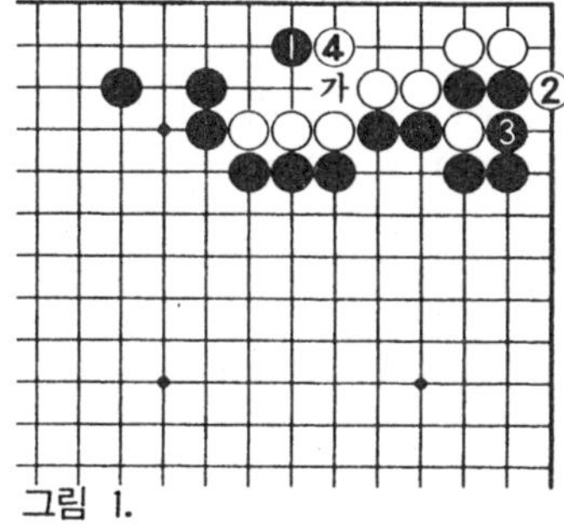

그림 1.

그림 1(계마) 흑1의 계마 미끄럼 은 3목의 한가운데라는 급소인데 백2 의 단수가 작용하는 것을 생각하면 백 의 위협에서 먼 것은 분명할 것이다. 이곳은 모양보다 읽기가 우선하는 장 면.

흑1에서 가의 끊기는 백4로 밑부터 단수 당한다.

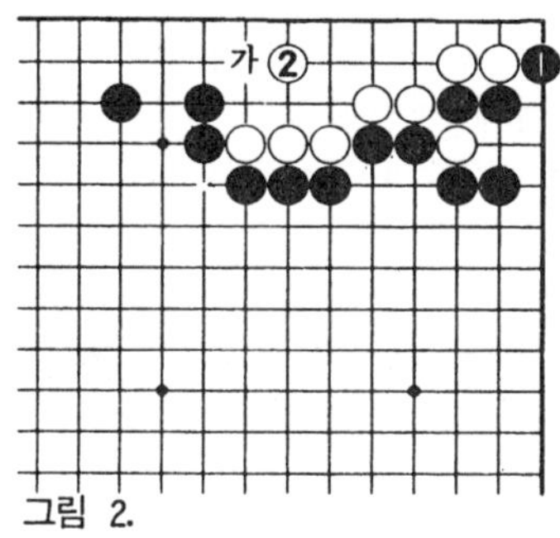

그림 2.

그림 2(거리가 별로다) 단수의 작 용을 기피한 흑1의 젖히기도 훌륭한 품을 좁히는 수법. 그러나 백2로 큰 쪽을 수비 당해 유유히 살기 당한다.

다만 백2에서 가로 욕심을 부리는 것은 흑2로 붙이는 강렬한 맥이 있고 보통으로는 끝나지 못할 것을 확인하 기 바란다.

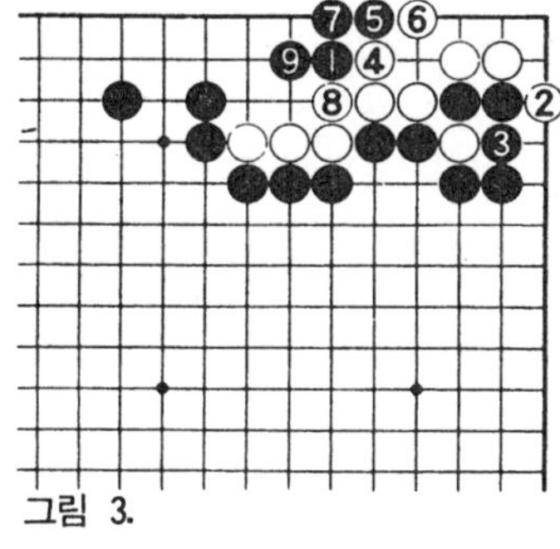

그림 3.

그림 3(흑1, 수법) 정면으로 당당 하게 공격한다고 해도 흑1로 눈목자 로 미끄러져 모퉁이까지 진행하지 않 으면 실효가 없다. 백은 2의 단수부터 4의 누르기일 것이다. 또 흑5, 7로 젖 혀잇고, 백은 공배 채우기 때문에 이 석점을 차단할 수가 없었다.

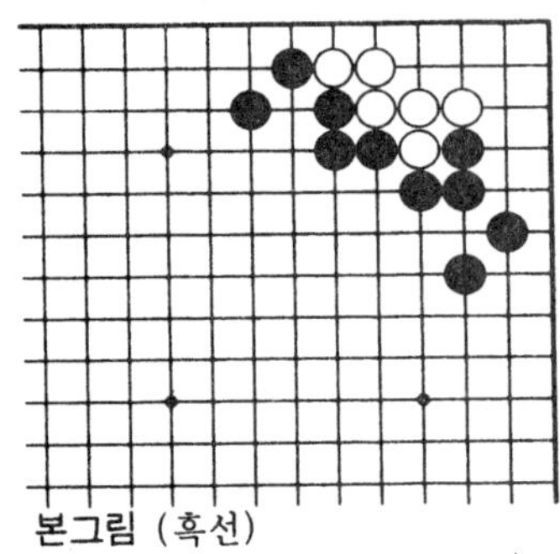

본그림 (흑선)

큰 눈목자

귀의 특수성을 가산해서 어디까지 발을 뻗을 수 있을까. 패로는 만족 못한다.

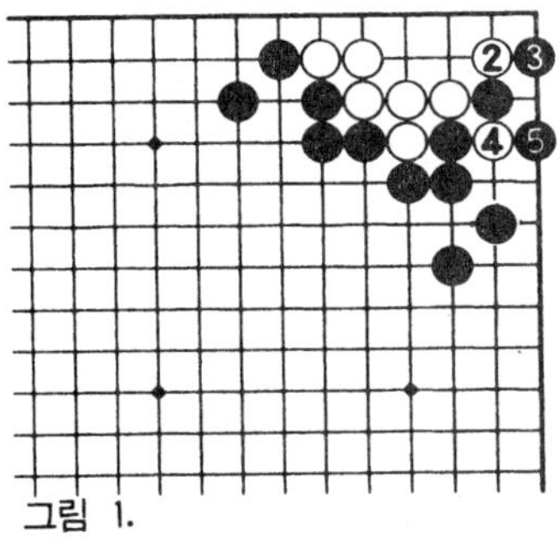

그림 1.

그림 1(손해인 패) 흑1의 젖히기로는 ●이 활동하지 않는다. 백2의 누르기에 흑3의 2단 젖히기로 패로 만들 수 밖에 없고 실전적으로는 말해도 지면 손해가 큰 패다. 흑3에서 4의 잇기는 물론 백3으로 살기 당한다.

흑1에서 2의 점으로 돌입은 백1로 차단 당하고 품이 너무 넓다.

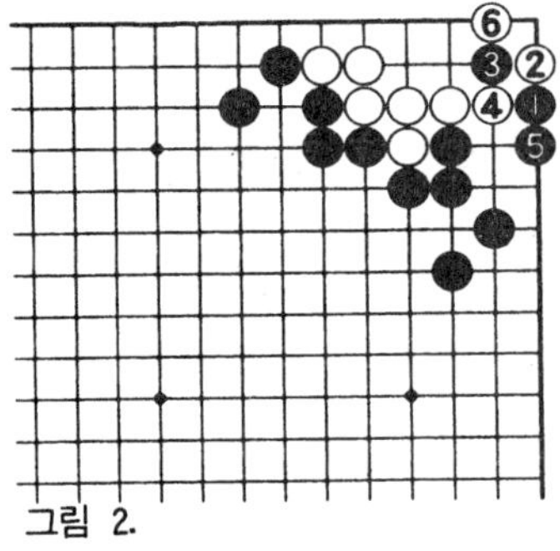

그림 2.

그림 2(눈목자) 흑1은 ●부터 눈목자 미끄럼에 해당된다. 그러나 백2로 붙이면 흑3부터 5로 퇴각않을 수 없다. 백6으로 패다.

패로 좋다면 이밖에도 흑1에서 5로 뛰고 백2 또는 4로 패가 된다. ●은 아직 활동이 끝나지 않았다.

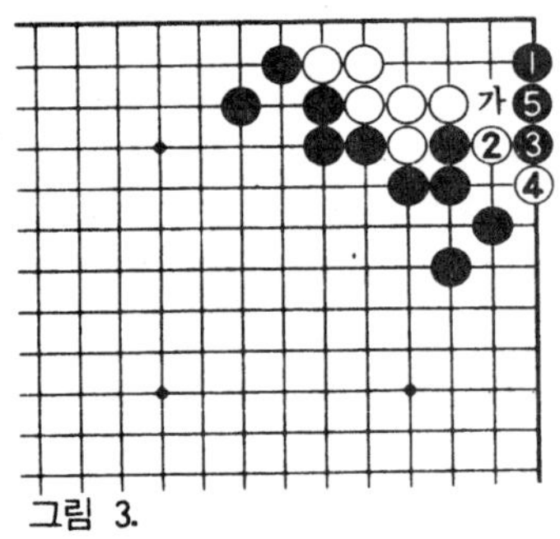

그림 3.

그림 3(흑1, 수법) 백척간두, 일보를 진행, 흑1의 큰 눈목자 미끄럼이다. 1二의 맥에도 해당되고 백은 귀부터 받는 수가 없다. 차단하지 않으면 품이 좁아 자연 죽음. 그러나 백2에는 흑3으로 붙이기 당해 어쩔 수 없다는 결말이다.

백2에서 가면 흑5로 건너기다.

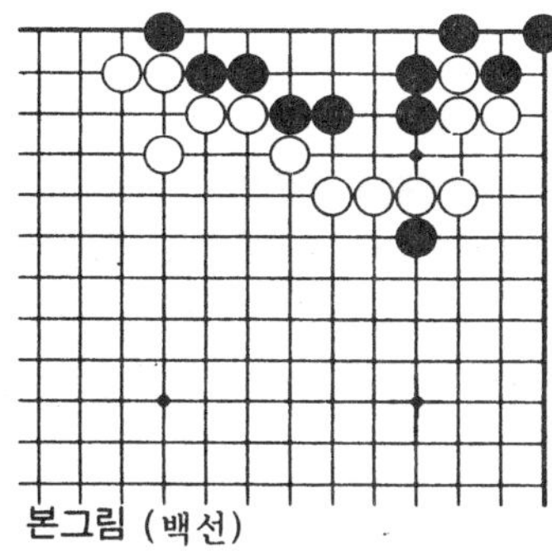

본그림 (백선)

공배 채우기

매우 이상한 채우기로 알려진 모양. 품을 좁히면서 공배 채우기로 유도한다.

본그림은 『玄玄碁經』의 「隱微勢」에서 발췌.

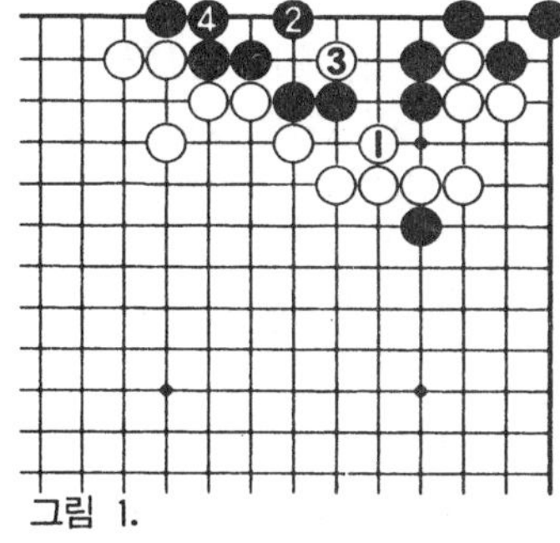

그림 1.

그림 1(단순)　백1로 정면부터 품을 좁히면 흑2의 걸쳐잇기로 살기 당한다. 3과 4의 점이 대응이다. 백1에서 4의 먹여치기도 흑3의 들어가기도 ●한테 영향력을 받을 것이다. 단순한 좁힘 방식으로는 성공하지 못한다.

안쪽부터 두면 물론 모두 살기다.

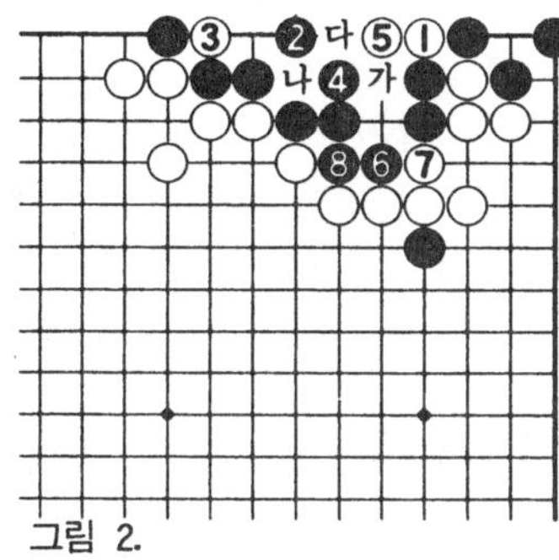

그림 2.

그림 2(패)　백1의 먹여치기는 유력한 맥인데 흑2, 4로 백5를 유인, 또 흑6, 8로 백가를 유인해서 패로 유도하는 끈기가 있다.

흑2에서 5면 백4로 죽음. 백1에서 직접 4는 흑가, 백나, 흑2, 백3, 흑다인데 1과 6이 대응의 살기다.

백1에서 2는 흑나.

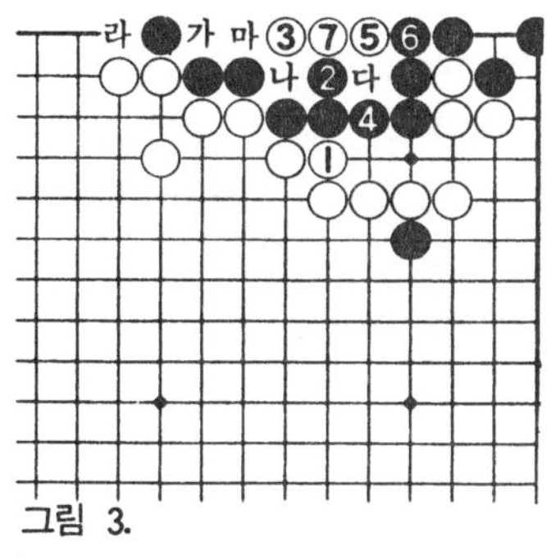

그림 3.

그림 3(백1, 묘수)　백1로 공배를 채우면서 품을 좁히고 흑3이면 백2의 붙이기를 강조한다. 따라서 흑은 2, 4로 저항하는 정도의 것이므로 백5, 7로 내격의 모양으로 만들어 흑 죽음이다.

이후 흑가, 백나, 흑다, 백라, 흑마, 그때 백7로 붙여서 돌밑을 피한다.

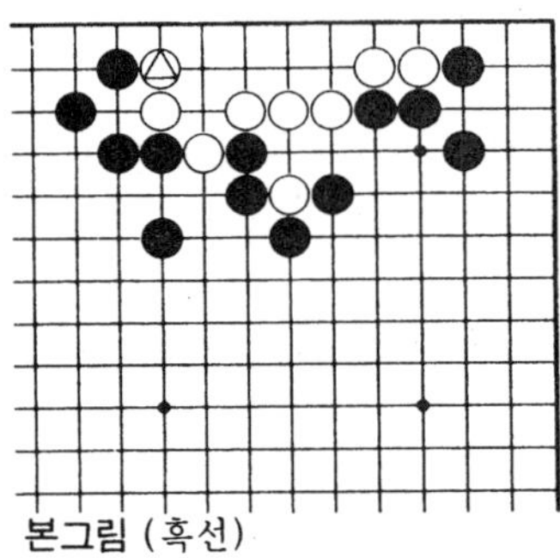

본그림 (흑선)

잇 기

『發陽論』의 개권 제1면에 있는 도면인데 ◎으로 눌러서 살기로 만들었기 때문에 실제(失題)가 되었다. 명인 因碩이 놓친 묘수가 있다.

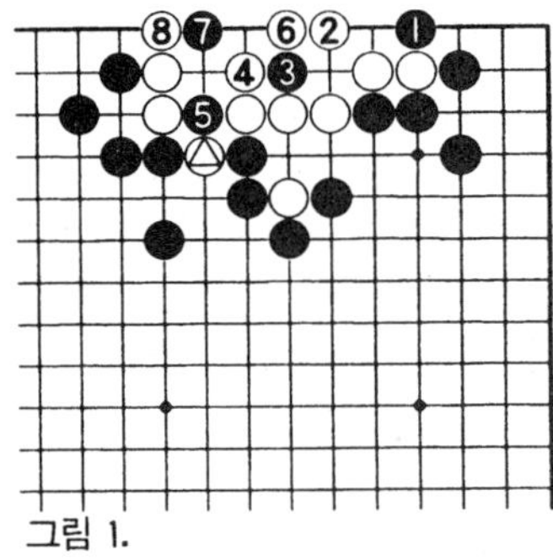

그림 1.

그림 1(작의-作意) 흑1의 젖히기로 품을 좁히고 3으로 급소에 놓는 맥이면 백4로 살았다. 흑5에는 ◎을 잔뜩 활동시킨 백6의 들어가기가 있고 백8로 흑은 이을 수 없음이 되는 살기다.

흑3에서 5도 백3으로 살기. 이것이 작의였을 것이다.

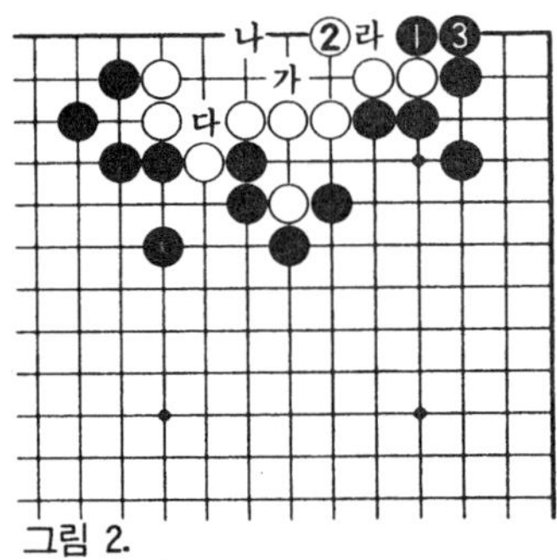

그림 2.

그림 2(흑3, 수법) 흑1, 백2는 같은데 흑3으로 잠자코 잇는 수가 맹점으로 들어갔다. 이후 백가면 흑나의 놓기이고 백나면 흑가로 죽음. 또 백다의 잇기면 다시 품을 좁히는 흑라의 단수다.

흑3의 잇기로 백은 꼼짝할 수 없다.

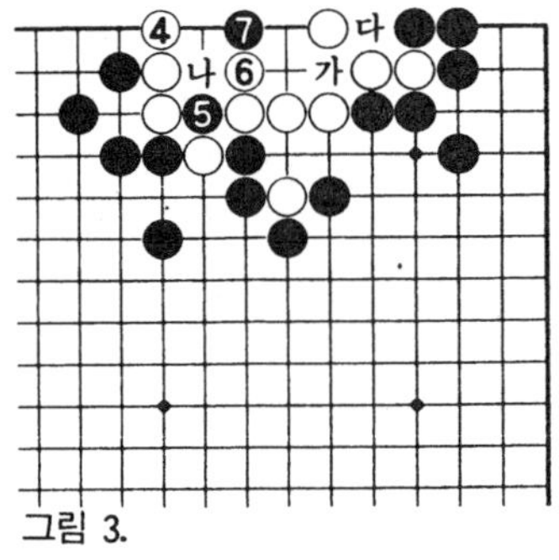

그림 3.

그림 3(먹여치기의 묘) 앞그림에 이어서, 백4가 최강수다. 상대가 품을 넓혔으면 흑도 5로 먹여쳐서 품을 좁히는 요령이 된다. 백6의 단순 굽기에는 흑7로 붙여서 가의 맥을 보는 것이다. 백6에서 나의 빼기라도 흑7의 놓기다.

흑5에서는 다 쪽부터 좁혀도 좋다.

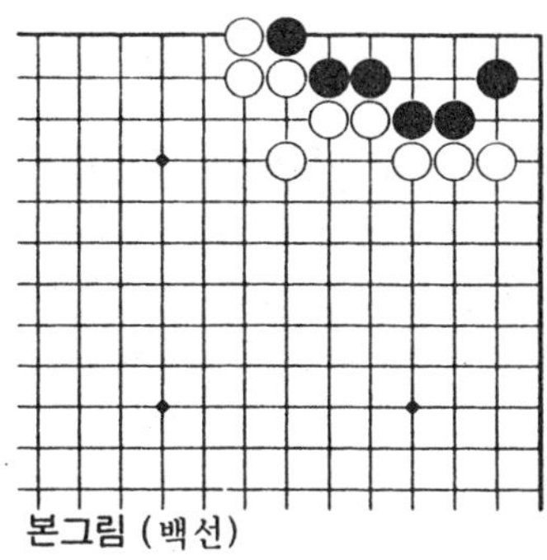

본그림 (백선)

잇　기

　맥을 보는 눈이 투철하지 않으면 모양에 속는 경우가 있다. 흑의 끈기를 지우는 급소는 어디일까.

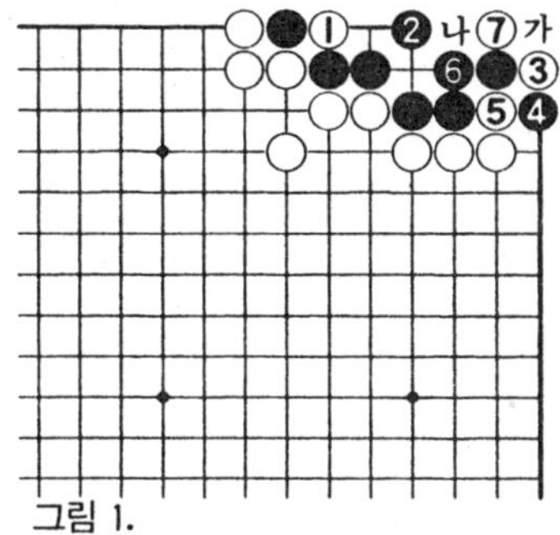

그림 1.

　그림 1(패)　백1의 빼기에는 허비가 없고 흑의 품을 한정시키는 효과도 있을 것이다. 흑2에 백3으로 바깥부터 공격하는 것도 좁히는 맥의 연장인데 흑4, 6에는 백7로 패로 유도했다. 흑6에서 가의 빼기는 백나의 붙이기로 죽음이다.

　그러나 패 이상의 수는 없을까.

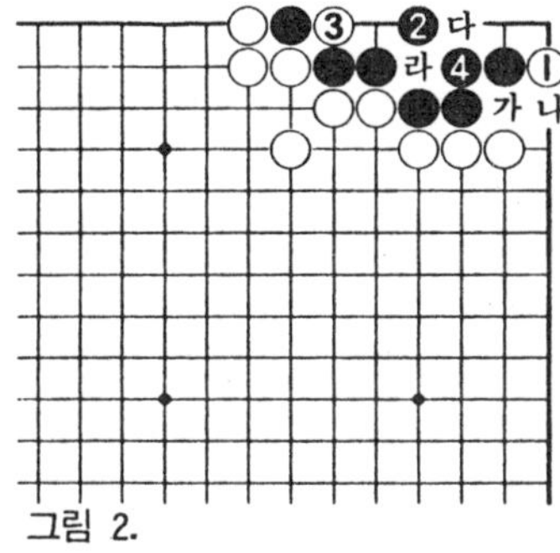

그림 2.

　그림 2(단순 붙이기)　백1의 붙이기부터 두어도 흑2의 걸쳐잇기다. 백3이면 흑4인데 앞그림과 같은 패로 유도당하고 백3에서 4는 흑가, 백나 이후 흑3으로 변에 한집을 갖고 귀는 추격이다.

　백1에서 2의 놓기도 흑다, 백라, 흑4로 패 이상이 되지 않는다.

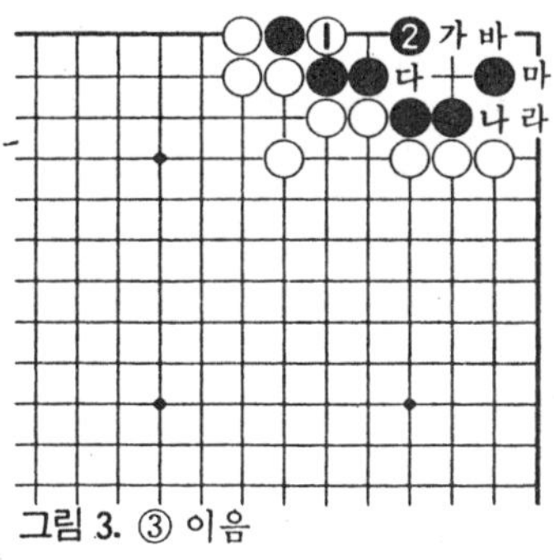

그림 3. ③ 이음

　그림 3(백3, 수법)　백1로 빼고나서 3으로 잠자코 잇는 것이 급소에 해당된다. 모양에서 보면 두기 어려운 수인데 그 효과는 절대. 흑가면 백나로 들여대어 다의 맥을 노리고 흑나면 백라, 흑마 이후 백바로 붙이고 역시 다의 던져넣기를 노린다. 흑은 절명하고 말았다.

331

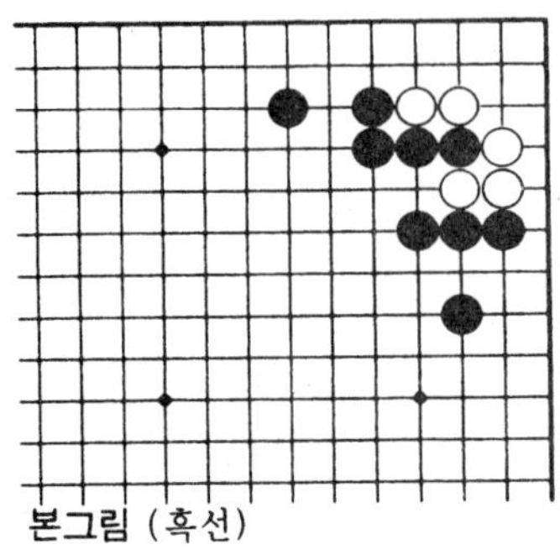

본그림 (흑선)

뛰 기

좁히고 나서 놓느냐 놓고 나서 좁히느냐, 반대가 성립되지 않는 경우도 있고 어느 쪽을 택하느냐는 모양 나름일 것이다.

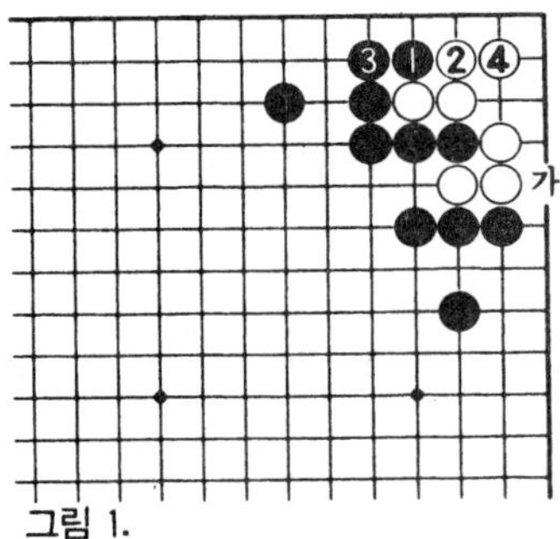

그림 1.

그림 1(놓기부터) 흑1, 3의 젖혀잇기는 백4로 지켜서 살기. 흑1에서 3의 단순 처지기도 백4로 살기다. 또 흑1에서 가의 젖히기도 백4로 살기라고 하면 여하간 두어야 할 첫수는 분명할 것이다.

이 모양에서는 놓고나서 좁히는 수순. 반대는 성립되지 않는다.

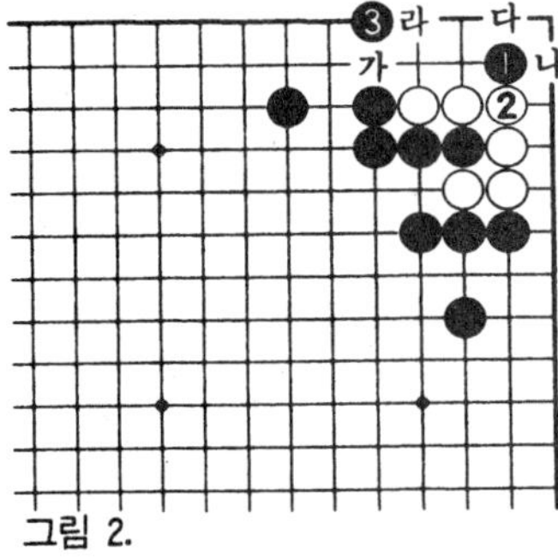

그림 2.

그림 2(흑3, 수법) 흑1의 놓기에는 백2로 이을 수밖에 없다. 어느정도 백의 집모양을 제한하고 나서 흑3의 뛰기로 품을 좁힌다. 백은 건너기를 저지해야 한다.

흑3에서 가는 백나, 흑다, 백라의 살기. 흑3의 뛰기면 백나에는 흑다로 처져서 죽음인 셈이다.

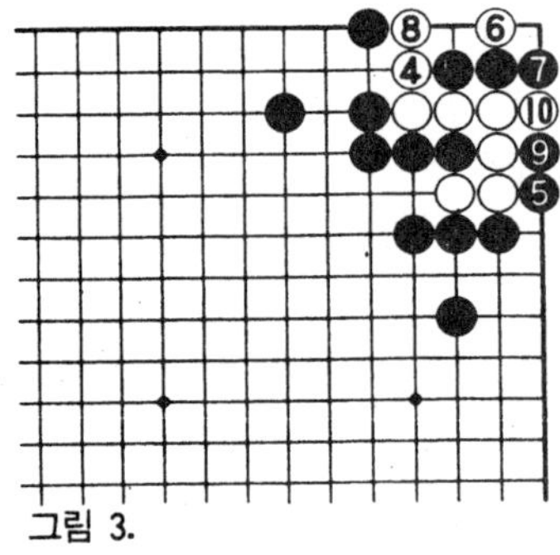

그림 3.

그림 3(축소의 연타) 앞그림에 이어 백4면 흑5로 이번에는 반대부터 품을 좁힌다. 백6에서 7은 흑6에서 8의 건너기를 본다. 백6이면 흑7로 처지고 백8일 때 다시 한번 흑9로 좁히고 나서 11로 내격으로 죽인다.

흑9에서 11을 서두르면 백9로 비김수가 되는 모양이다.

332

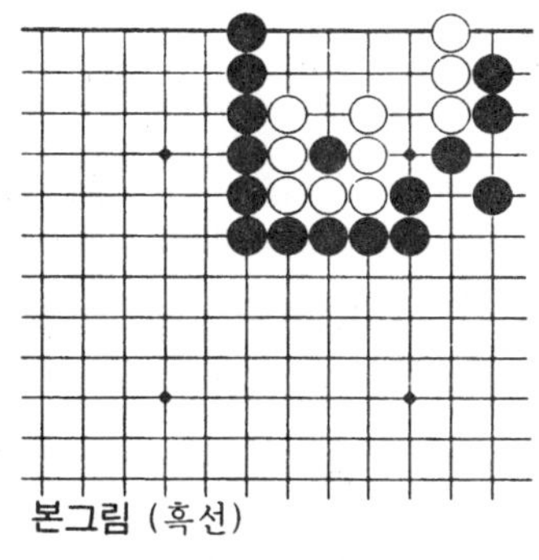

본그림 (흑선)

2칸 뛰기

품을 보다 더 좁혀도 상대의 반격을 당하면 쓸데없다. 한계의 판정이 중요하다.

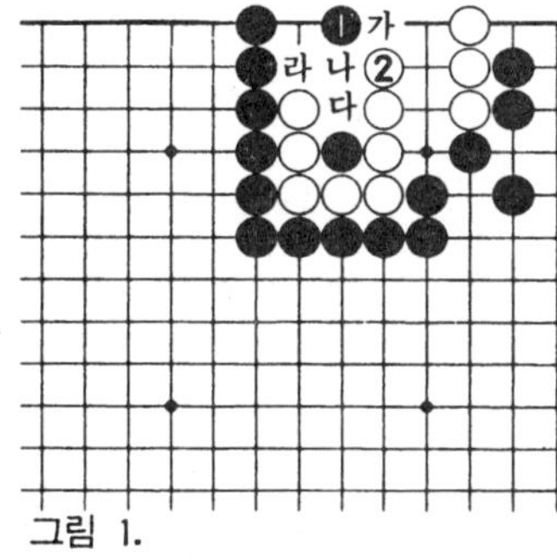

그림 1.

그림 1(닿지 않는다) 흑1의 뛰기는 백2의 줄짓기로 집모양을 위협하기까지 이르지 않는다. 백2에서 가면 흑나로 뻗으려는 주문도 무효였다.

또 흑1에서 나의 뛰기도 똑같이 백2로 지킨다.

흑다의 잇기는 백라로 잡히므로 이것도 숨 끊기의 공격이다.

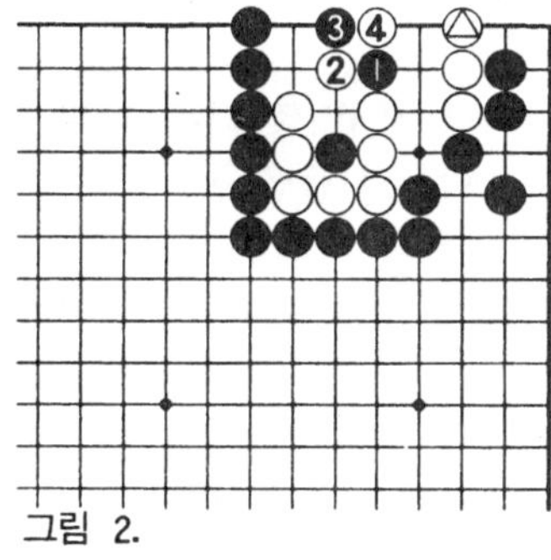

그림 2.

그림 2(지나친 뻗기) 따라서 백의 급소인 1의 점까지 진행하는 것을 당연히 생각해 봐야 할 것이다. 그러나 백2부터 4까지 극히 단순한 추격. 그러나 흑은 △한테 잔뜩 활동 당한다.

어쩐지 뛰어든 흑1은 지나친 허리 뻗기이고 중간점은 어디인가를 탐색해야 한다.

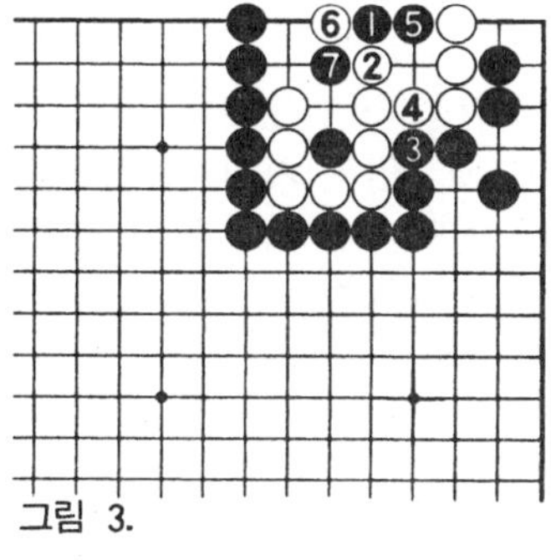

그림 3.

그림 3(흑1, 수법) 흑1로 적의 급소에 어중간한 미끄럼(뛰기)이다. 백2면 이번에는 흑3으로 위부터 품을 좁히고 백4에는 흑5, 7의 되끊기가 있다.

백2에서 3이면 흑2가 헛집의 급소. 백4에서 6이면 상관없이 흑4로 나와도 좋다.

2단 젖히기

품을 좁히는 맥은 보기쉽다. 다만 실전에는 단독으로 나타나지 않고 다른 맥과 복합하는 경우가 많은 것 같다.

【참고보 13】

흑1의 잇기에는 백2로 우하귀의 보강. 가의 들여대기로는 흑에의 영향이 약하다고 보았다.

백2면 다음에 나의 뻗기를 노릴 수 있다. 흑은 3의 공격을 먼저 했다.

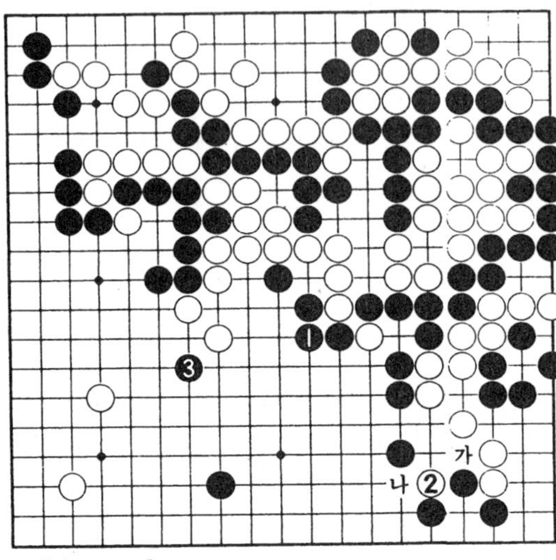

【참고보 13】
제32기 本因坊戰　백　　林 海 峰
　　　리그전　흑　　大竹英雄

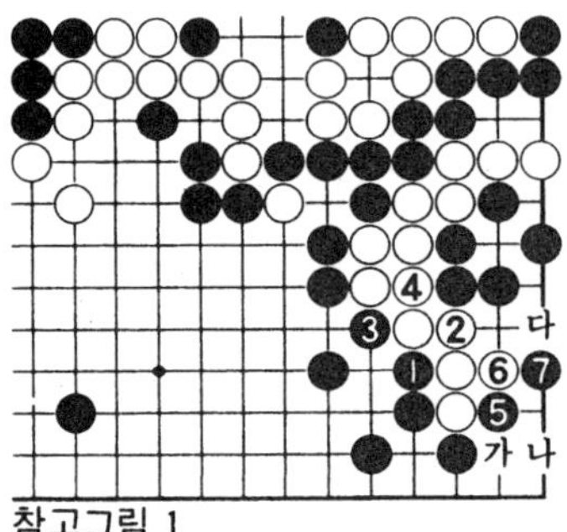

참고그림 1

참고그림 1(내격)　보의 백2로 지켜놓지 않으면 흑3으로 나무관 위에 5, 7로 패 포함으로 품을 좁혀가는 강수를 노린다.

백가의 끊기면 흑나로 튕기고 백다의 누르기라도 흑나로 패를 구성할 수 있다. 이기면 백은 5목 내격으로 죽음이다.

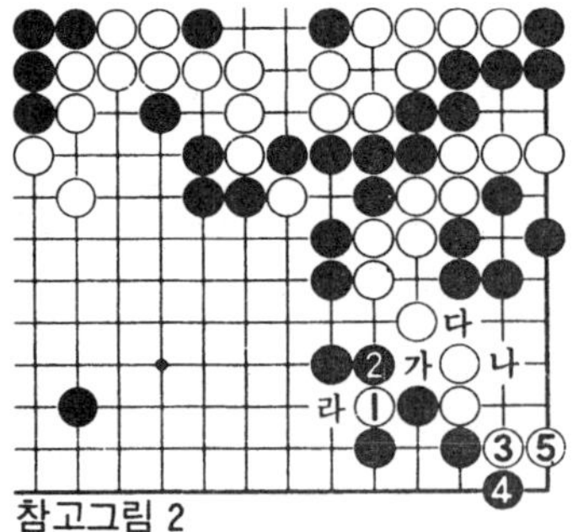

참고그림 2

참고그림 2(방치)　흑2의 받기면 백3, 5로 젖히고 처져 놓는다. 백1, 흑2의 교환이 있으면 백가의 선수로 되어 흑나의 붙이기에 저항력이 있고, 없으면 반대로 흑다의 작용이 있어서 수를 넣는 방법이 어렵다. 백1에서 가로 두면 손빼기 당하고 다음의 백1에 라로 받을 것이다.

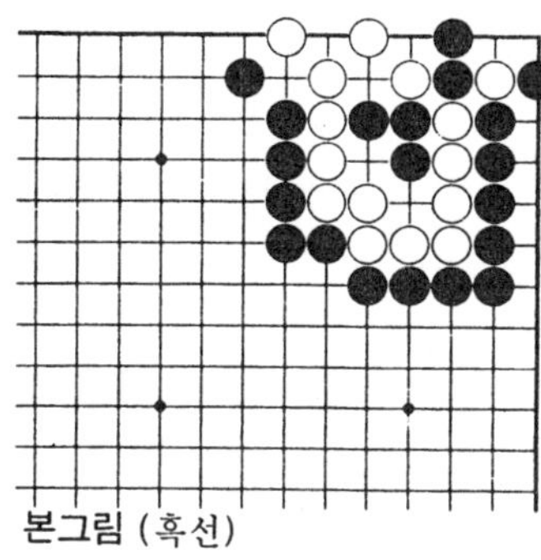

본그림 (흑선)

빼   기

약탈하기가 불같은 수법보다도 움직이지 않기가 산과 같은 수법이 유효한 경우도 적지 않다.

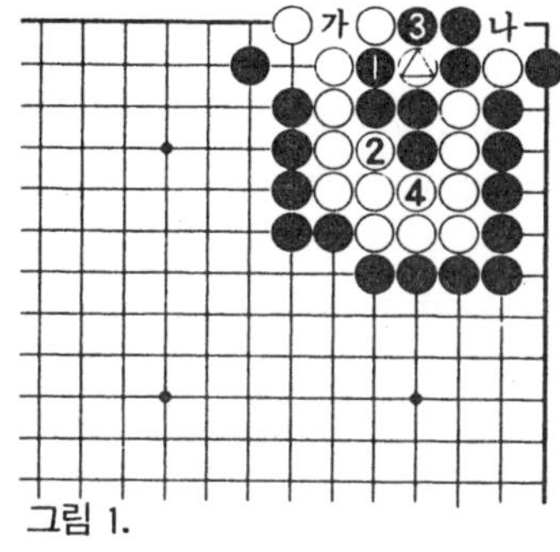

그림 1.

그림 1(패) 흑1로 단수하는 추격이 보이는 만큼 당장 달라붙고 싶어지는 것은 인정일까. 그러나 백2, 4로 반대로 추격당하고 이하는 가의 패를 다투게 된다.

흑은 일단 나로 빼는 여유도 있고 △에 뺏을 때…

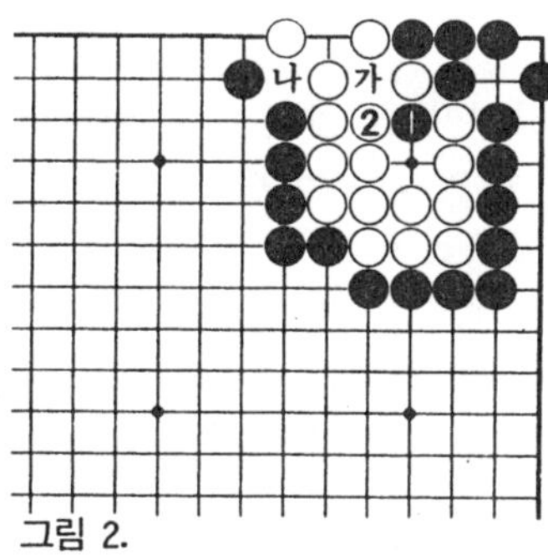

그림 2.

그림 2(돌밑) 앞그림에 이어 흑1로 단수하면 백2로 버티고 역시 패로 할 수밖에 없다. 가의 잇기는 물론 흑 나로 죽음이 된다.

약간 비튼 돌밑이 되는데 이 수를 발견한 일로 만족하고 이 이상의 수를 탐구하는 의욕을 잃기 쉽다.

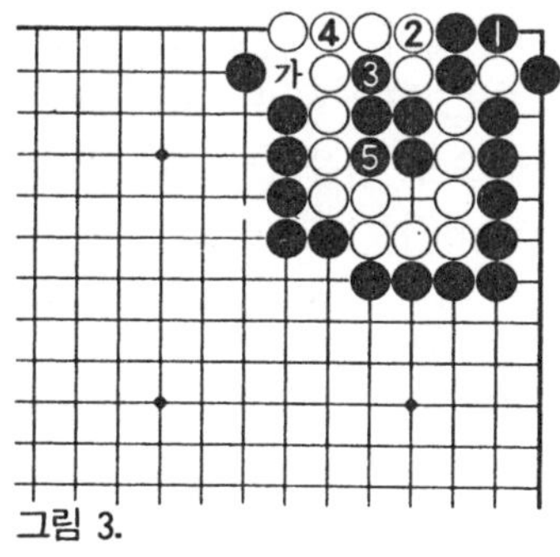

그림 3.

그림 3(흑1, 수법) 단수를 서두르지 않고 잠자코 흑1로 뺀다. 백2로 넓혔을 때에 흑3의 단수로 좋고 흑5로 5목 내격의 죽음이다.

백2에서 5면 흑은 2의 쪽부터 단수해서 백3, 흑가이고 백2에서 가면 흑3으로 단수해서 이번에는 4점이 살았다.

335

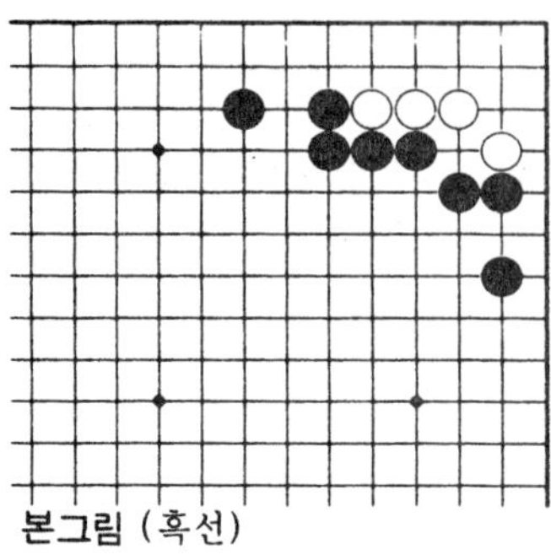

본그림 (흑선)

젖히기

나중에는 작용하지 않는 이용처를 작용시키는 것도 품을 좁히는 효용의 하나로 셀 것이다.

본그림은 『玄玄碁經』의 「察細勢」에서 발췌.

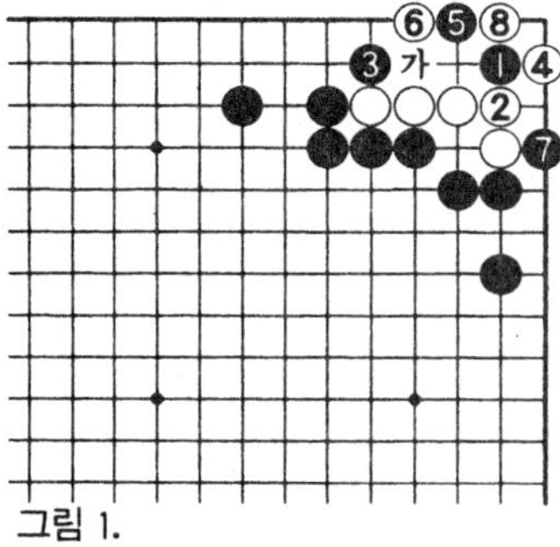

그림 1.

그림 1(넓다) 흑1의 놓기는 맹목적으로 두고 싶어지는 급소 중의 급소. 그러나 백2로 받으니 의외의 넓이에 맥빠질 것 같다. 흑3으로 젖힐 수밖에 수는 없지만 백은 가로 누르지 않고 4로 젖히고 흑8이면 백6의 살기를 본다. 흑5, 7은 맥인데 패로 밖에 되지 않는다.

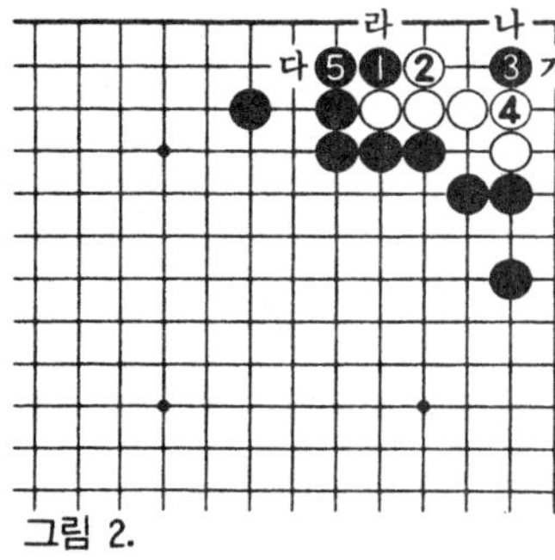

그림 2.

그림 2(흑1, 수법) 흑1로 젖히고 백2로 교환해 놓는 것이 품을 좁히는 맥으로 되어 있다. 이어서 흑3으로 놓고 백4면 흑5로 극히 알기 쉬운 사형이다. 이후 백가면 흑나다.

백4에서 5의 끊기는 흑다, 백라, 흑4로 죽음으로 되는 것이 흑1의 성립 이유다.

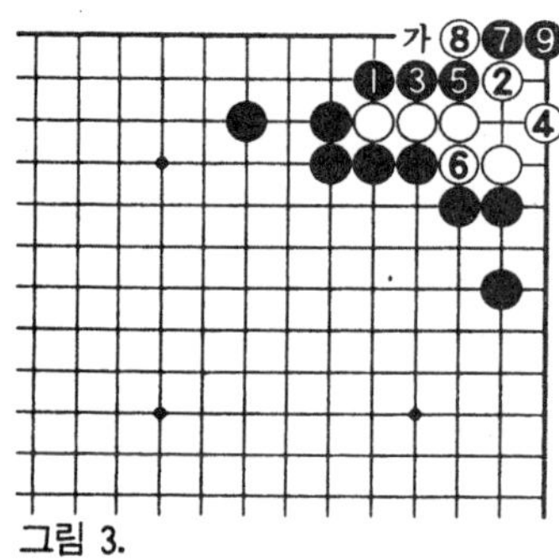

그림 3.

그림 3(패 회피) 백2의 들어가기에는 흑3 그리고 5로 무표정하게 육박한다. 백은 6으로 집을 갖고 흑7에 백8이 노림수. 흑가로 잡게하고 9의 점에 던져넣고 패로 유도하려고 하지만 흑9의 뻗기로 좌절했다.

흑9는 집뺏기의 맥으로서 뛰어난다.

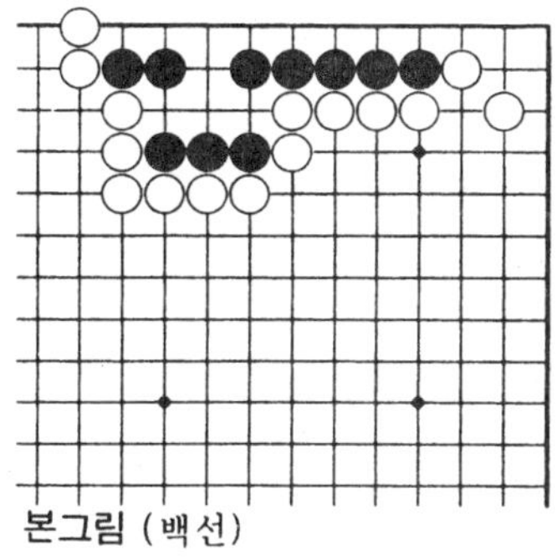

본그림 (백선)

젖히기

6사 8생이라고 하지만 한 군데라도 약점이 있으면 보장할 수 없다. 변화하는 리듬으로 흑의 견루(堅累)를 위협한다.

본그림은 『玄玄碁經』의 「十王飛騎勢」에서 발췌.

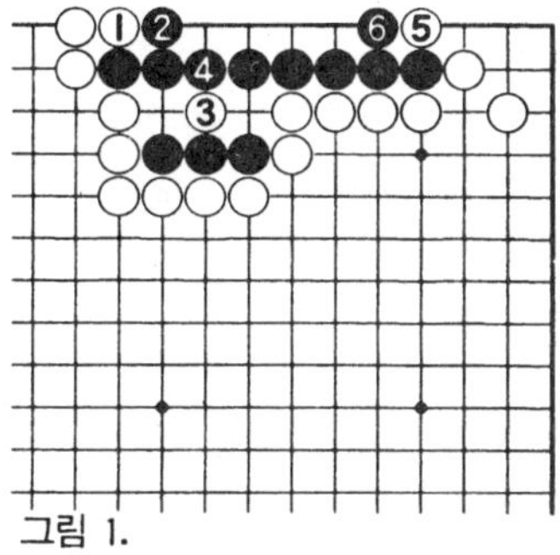

그림 1.

그림 1(미숙) 백1, 3 등 모두 흑의 품을 좁히는 수법인데 지나치게 평범해서 미숙으로 떨어졌다. 그중에는 필요한 수도 있고 불필요한 수도 있는데 그 분간이 수법의 운용에 중대한 조건이 된다.

또 수법 행사의 순서에도 재검토가 필요하다.

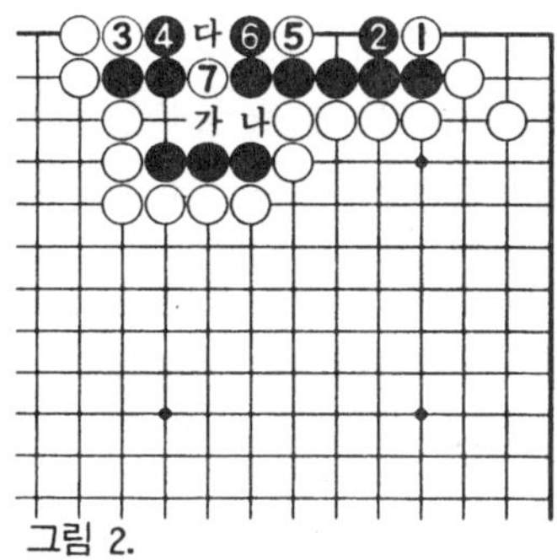

그림 2.

그림 2(백1, 3, 수순) 백1, 3으로 평범하게 좁히고 나서 일전해서 5로 집모양의 급소에 놓는다. 흑6으로 받게 하고, 마무리는 백7의 난조다.

흑2에서 가면 백3, 흑4부터 나로 들여대고 흑2에서 3이면 갑자기 백7로 끼어들어 흑가, 백다, 흑6일 때 백나 쪽부터 단수, 죽음으로 유도한다.

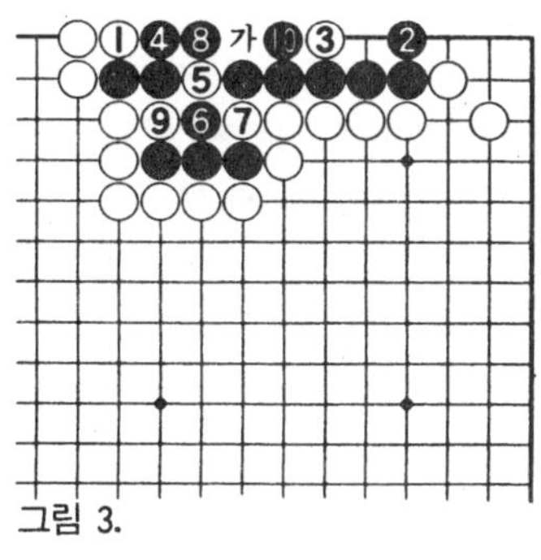

그림 3.

그림 3(수순 전후) 잘못해서 백1 쪽부터 두면 흑2의 처지기로 산다. 백3이면 흑4 이하 10으로 4점을 잡게 해서 되잡고 백3에서 8이면 흑가로 눌러 좌우를 대응으로 삼는다.

상대의 약한 쪽부터 백1로 나오는 것보다 강한쪽부터 백2로 젖히는 편이 매섭다.

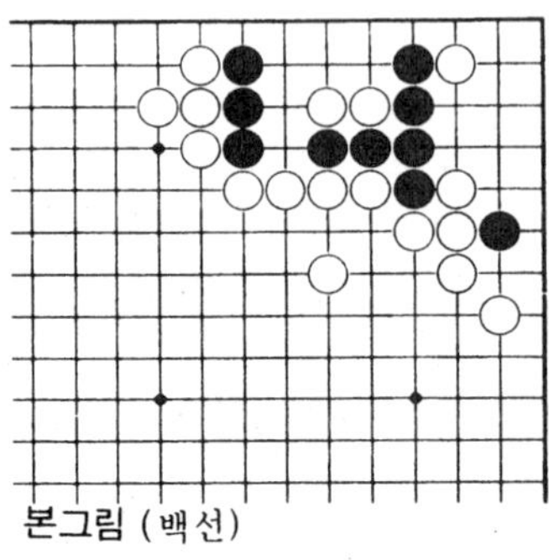

본그림 (백선)

젖히기

첫수는 분명하지만 흑의 응수에 따라서는 품을 좁히는 모양이 좋은 예제가 될 것이다.

본그림은 『發陽論』에서 발췌.

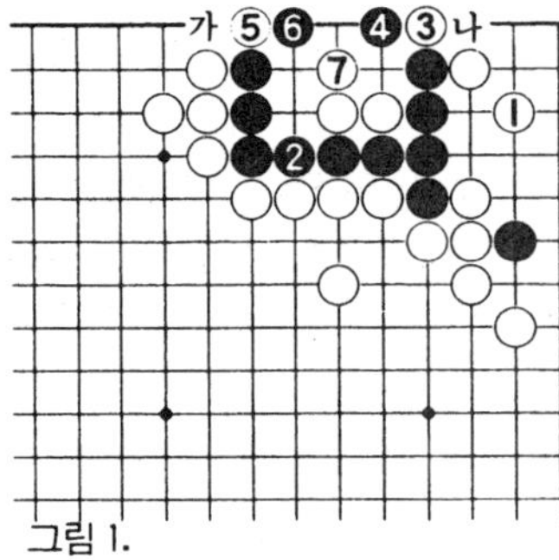

그림 1.

그림 1(백3, 5, 수법) 백1일 때 흑2의 잇기면 백3, 5의 이중 젖히기가 필요하게 된다. 흑4 및 6은 생략할 수 없고 여기까지 품을 좁히고 나서 백7의 붙평하기다.

이대로는 비김수인지 죽음인지 분명하지 않다면, 흑가, 나로 양쪽 젖히기를 잡아 이은 모양을 보면 된다.

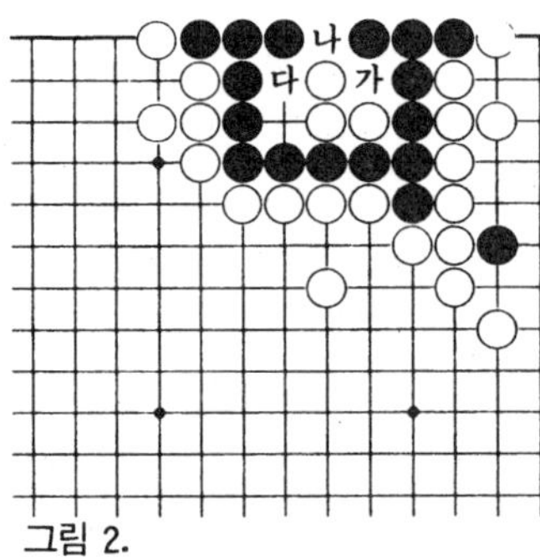

그림 2.

그림 2(육궁도화의 죽음) 앞그림을 정리한 모양. 백이 흑 죽음을 증명하려면, 가, 나, 다로 채워가면 된다. 흑이 뺀 모양은 육궁도화다.

채우는 방법을 그르쳐서 백가를 나부터 두면 흑가로 비김수가 된다.

따라서 앞그림은 그대로 흑 죽음.

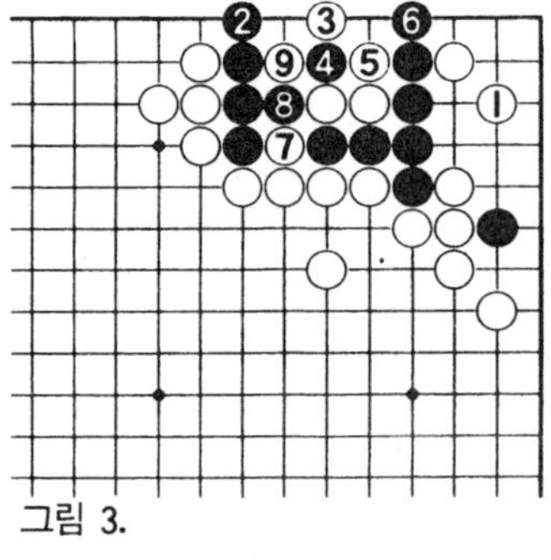

그림 3.

그림 3(변화) 흑2의 처지기면 백3의 뛰기가 좋고 이하 9까지 이것도 육궁도화의 죽음이다. 백5에서 6의 건너기는 흑8로 추격이 되는 것을 확인하기 바란다.

흑2에서 4면 백7, 흑8, 백2. 기타 적지않은 변화가 있지만 모두 흑 죽음이다.

젖히기

내격의 죽음을 에워싼 공방은 품의 넓이와 모양의 공방이다. 비김수 모양이나 만년패의 모양에 주의해야 한다.

【참고보 14】

흑1로 급소에 놓고 나서 3, 7, 9는 모두 품을 좁히는 맥. 백14에서 17로 이어도 흑은 손을 빼고 있어서 五목 내격의 사형이다. 흑19로 이어서 백죽음.

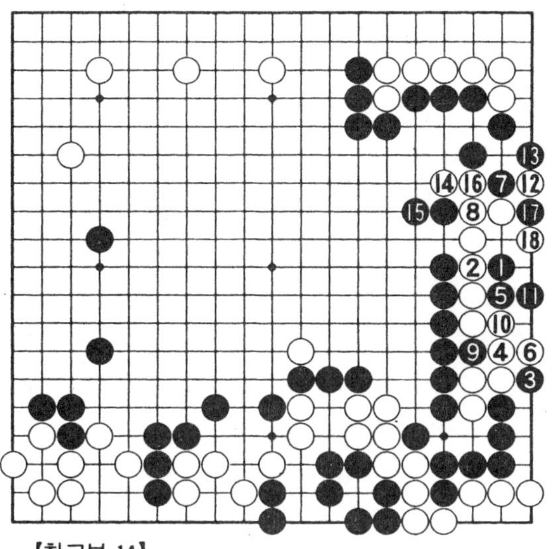

【참고보 14】
제10기 위기선수권전　백　　曲 勵 起
　　　제 1 국　흑　　　藤澤秀行

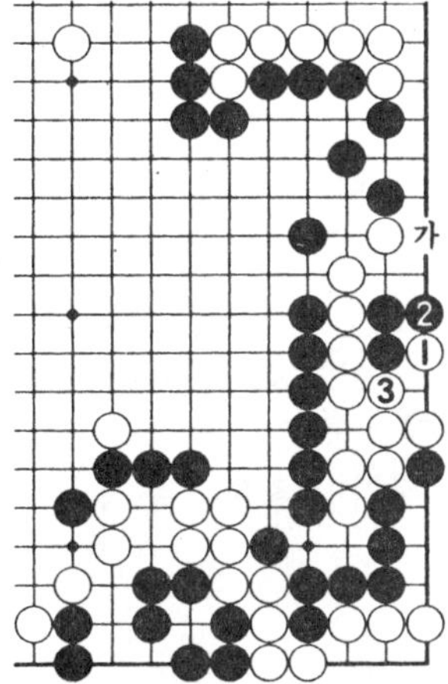

참고그림 1(패에는)　보의 백8에서 1로 붙이면 패가 되었다. 흑2에서 3은 백가의 처지기로 살기다. 다만, 패가 되어도 하변의 백에 패감이 얼마든지 작용하므로 무조건 죽음이나 마찬가지다.

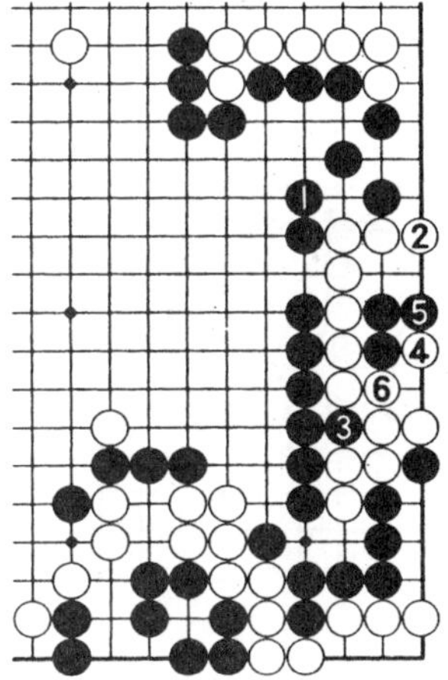

참고그림　2(만년 패)　보의 흑9에서 1 등으로 완하하면 백2의 처지기로 만년 패다. 바깥 공배가 많이 비어 있으면 거의 비김수라고 본다. 중앙의 모양이 깊으므로 살려도 흑 우세일 것인데 결정할 때는 확실히 결정하는 것이 바람직하다.

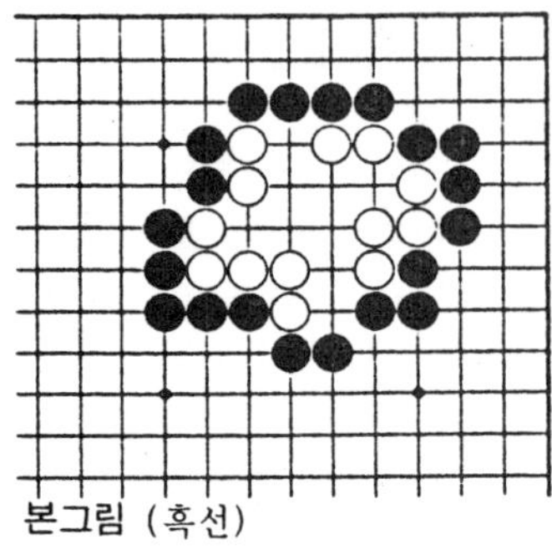

본그림 (흑선)

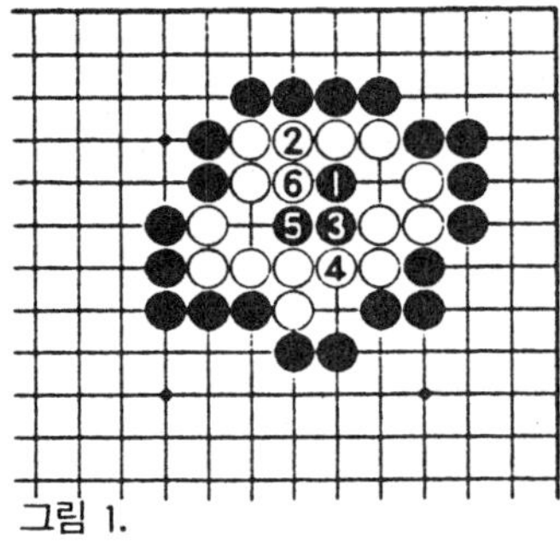

그림 1.

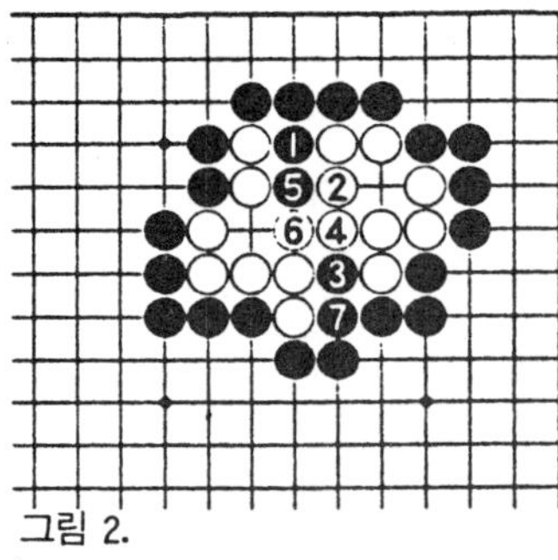

그림 2.

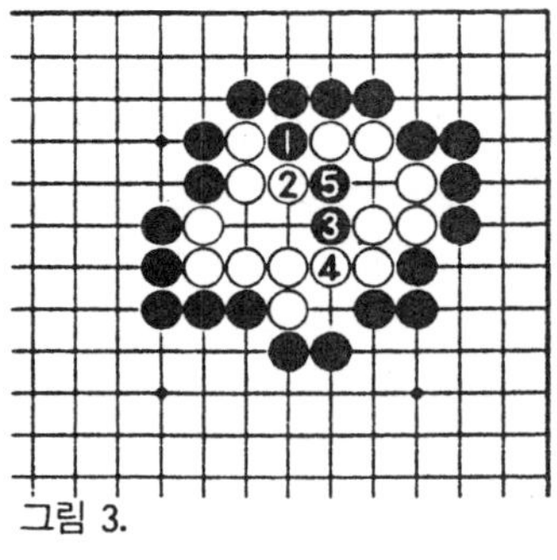

그림 3.

젖혀넣기

품을 좁히는 데에도 수순은 중요. 좁히는 수가 상대의 수비를 강화시켜서는 안된다.

본그림은 『玄玄碁經』의 「金精炫暈勢」에서 발췌.

그림 1(비김수) 우선 급소로 직행하는 맥을 검토해 보겠다. 흑1의 붙이기에는 백2의 잇기로 넓히기 당하고 약간 설쳐도 곧 다른 곳이어서 백6까지의 비김수다. 흑1에서 5는 백3, 흑6, 백2이고 흑1에서 3은 백4, 흑2, 백1로 완화 당해서 모두 수다운 수로는 되지 않는다.

그림 2(흑1, 3, 수법) 흑1로 하나 나와서 상황을 본다. 백2면 여기서 흑3으로 젖혀넣는 수순이고 백4에는 흑5, 7까지다. 흑1에서 단순히 3으로 젖혀넣으면 백4의 누르기로 난공불락의 모양으로 되는 차다.

백6에서 7의 잡기면 흑6이 꼭 맞는다.

그림 3(대응의 붙이기) 백2의 누르기면 흑3의 붙이기가 급소로 된다. 곧 5의 점에 단수하지 않는것이 소위 수법의 진수여서 흑3으로 중간에 두고 5의 단수와 4의 단수를 대응으로 삼는다.

흑3을 먼저두면 흑1에 백5로 완화 당하는 차다.

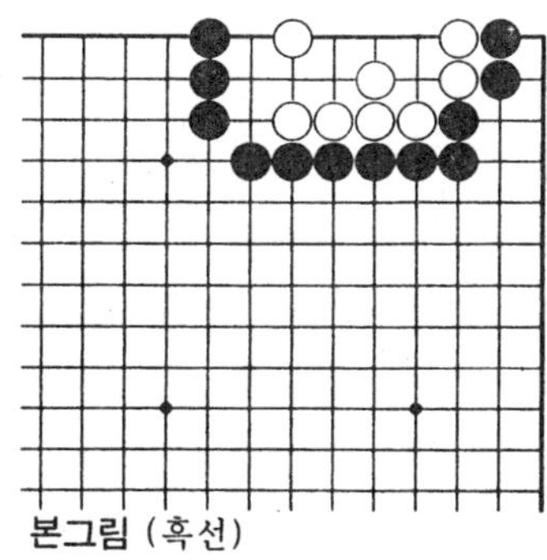

본그림 (흑선)

끼어들기

급소의 일격을 서두르느냐, 품을 먼저 좁히느냐는 모양에 따라서 선택한다고 밖에 할 도리가 없다. 폴로우는 읽기의 힘이다.

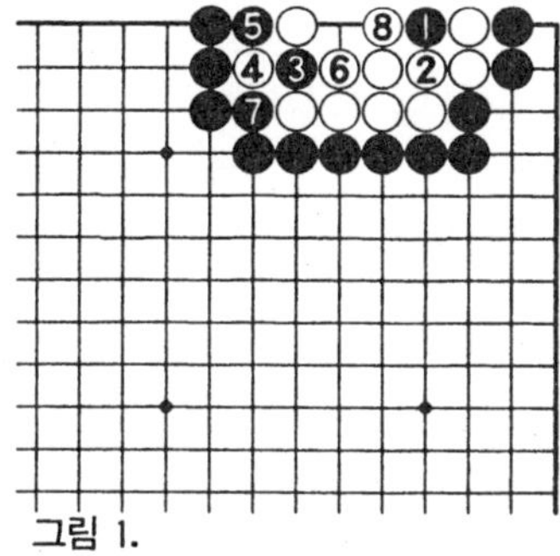

그림 1.

그림 1(급소 먼저) 흑1의 단수를 먼저하고 나중에 흑3으로 끼어들어도 수로 되어 있다. 백4로 일단은 몰게해도 흑5, 7로 단수하게 되므로 흑3에서 4로 두어 백3이 되는 것보다는 6의 점에 백석이 온만큼 좁다. 다만, 이 모양에서는 백8로 패로 버티기 당할 것이다.

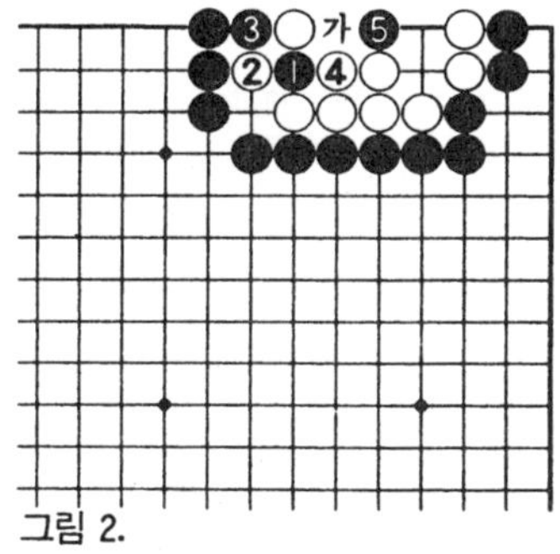

그림 2.

그림 2(흑1, 수법) 흑1이 수법이 되는 이유는 앞그림의 설명으로 충분할 것이다. 다만 여기서는 품을 먼저 좁히고 백4의 빼기면 흑5의 붙이기로 회두리를 맥에 연결시켜야 한다.
흑1 앞에 5의 붙이기는 백가인데 전혀 아무 효과도 없다.

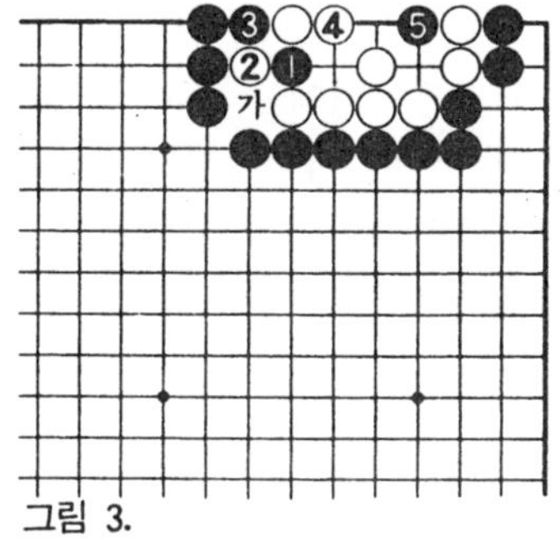

그림 3.

그림 3(상황 보기) 먼저 품을 좁히는 것은, 흑1, 3일 때 백4면 이번에는 흑5의 단수로 후수 한집으로 만든다는 앞그림의 맥과 어느 쪽을 택하느냐의 상황 보기로도 되어 있기 때문이다.
흑3에서 부주의로 가의 단수는 백5의 집갖기로 살기 당하는 것에 주의.

공배 채우기 추구의 수법

상대의 공배 채우기를 추구하는 맥은 집모양을 뺏는 맥이나 품을 좁히는 맥과 복합하는 경우가 많다. 공배 채우기를 역용하는 맥보다는 직접적이고 모양도 단순하다. 다만, 상대의 돌이 어느 부분의 공배 채우기를 노리느냐, 또는 전체의 공배채우기를 노리느냐, 대상을 명확하게 해 놓지 않으면 맥의 발견이 어렵다. 부분적 공배 채우기를 노린다면 단점. 전체를 노린다면 집모양이 최초의 체크포인트가 된다.

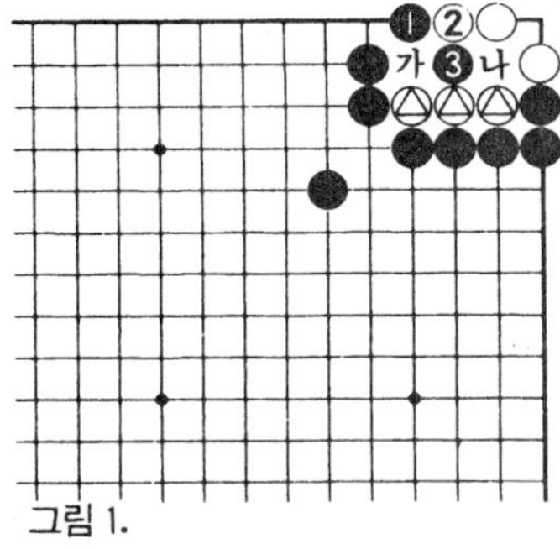

그림 1.

그림 1(마늘모) 흑1의 마늘모는 느린 것 같지만 ⊖ 석점의 공배 채우기를 탓하는 교묘한 수법으로 되어 있다. 백2면 흑3으로 젖혀넣어 백가로 차단하는 수는 없고 백2에서 3이면 흑2, 백2에 가라도 흑2다.

흑1에서 3의 붙이기는 백가, 흑1, 백나로 추격이다.

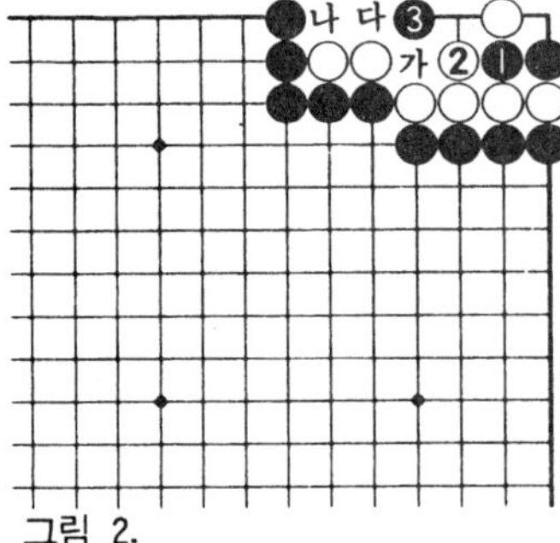

그림 2.

그림 2(나오기) 흑1의 나오기 하나로, 백 전체의 공배 채우기를 확대한다. 백2로 바뀌고 흑3으로 놓으면 백가면 흑나로 차단하는 수가 없다. 또 흑3에 백다면 흑나로 단수해서 추격이다.

흑3은 백가, 흑1, 백다로 살기. 흑1에서 다는 백3, 흑나, 백2의 살기다.

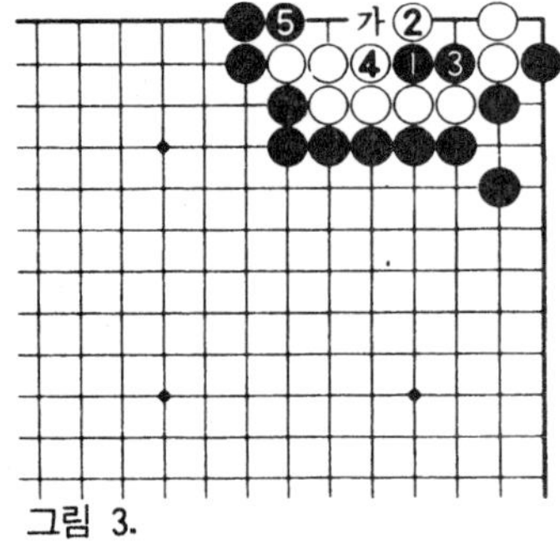

그림 3.

그림 3(붙이기) 흑1의 붙이기가 급소. 백2의 되붙이기에는 흑3으로 끊어 중앙 6점을 공배 채우기로 하고 흑5로 나오면 백에 누르는 수는 없다.

흑1에서 2의 놓기도 가의 놓기도 백1로 수비당해서 무조건 살기다. ●으로 호응하는 수법이다.

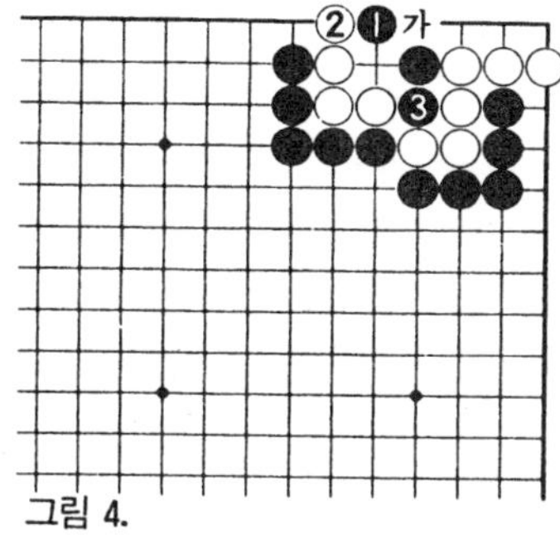

그림 4.

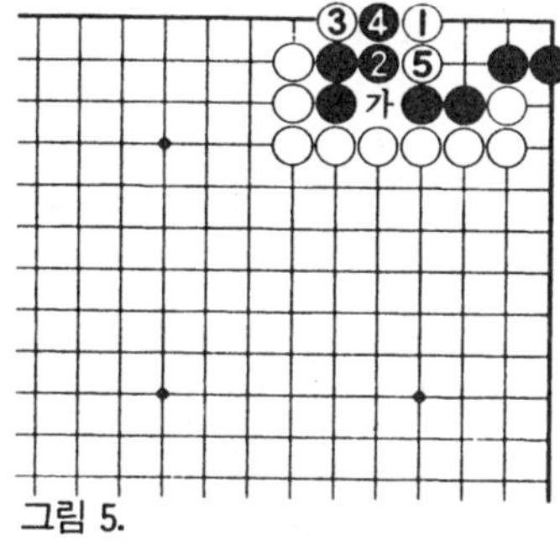

그림 5.

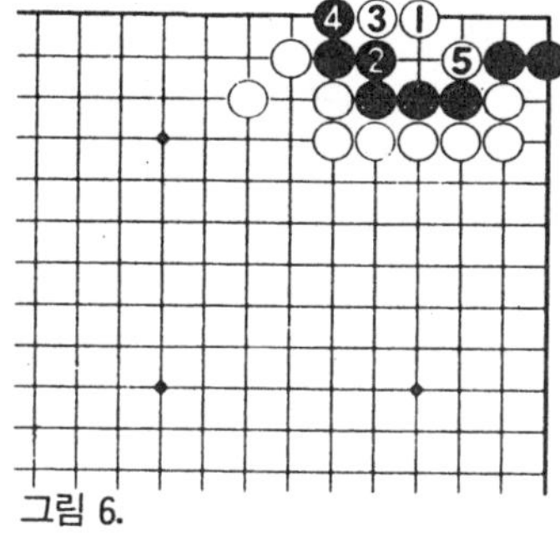

그림 6.

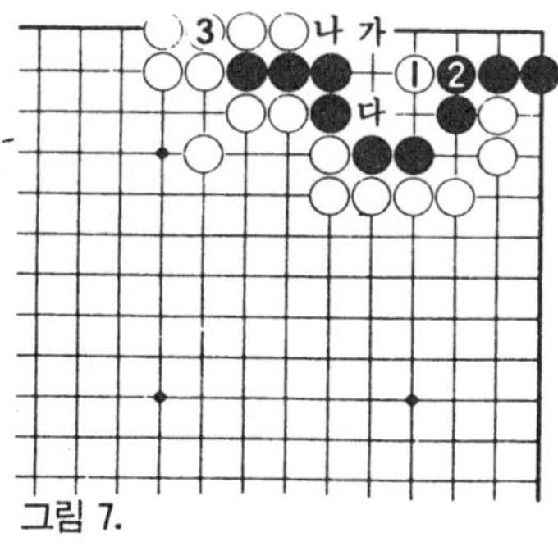

그림 7.

그림 4(마늘모) 흑1의 마늘모는 응용범위가 넓은 수법. 백의 공배 채우기를 찔러 건너기와 끊기를 대응으로 삼는다. 백2면 흑3으로 수 승리이고 백2에서 3이면 흑2로 건너고 모두 백 전체의 죽음이다.

흑1에서 2의 젖히기는 백1, 또 흑1에서 3의 끊기는 물론 백가로 살기.

그림 5(놓기) 백1의 놓기가 급소. 건너기를 허용하면 즉사이므로 흑2로 저항하는데 백3의 젖히기부터 5로 단수 당하고 흑은 공배채우기 때문에 공중 분해된다.

백1에서 3의 젖히기로는 흑1의 뛰기가 호수여서 살기. 백1에서 2, 흑가, 백3일 때도 흑1이 호수여서 살기.

그림 6(놓기) ●의 공배 채우기 석점, 그 한가운데에 백1로 놓으면 흑이 둘 수가 없다. 흑2면 백3부터 5로 끊어 그만. 바로 일격으로 숨통이 끊어졌다.

백1에서 4면 흑1로 받고 살기.「3목의 한가운데」는 언제나 급소다.

『玄玄碁經』의「大乙眞人勢」.

그림 7(잇기) 백1로 놓고 흑2로 잇게하고 이후는 까다로운 것을 두지 않고 백3으로 근본을 잇고 있는 것이 가장 매섭다. 백3에서는 가의 마늘모도 눈에 띄는 맥인데 흑나, 백다일 때 흑3으로 두점을 빼기 당해 잘 안 된다.

『玄玄碁經』의「田黃自刎勢」다.

343

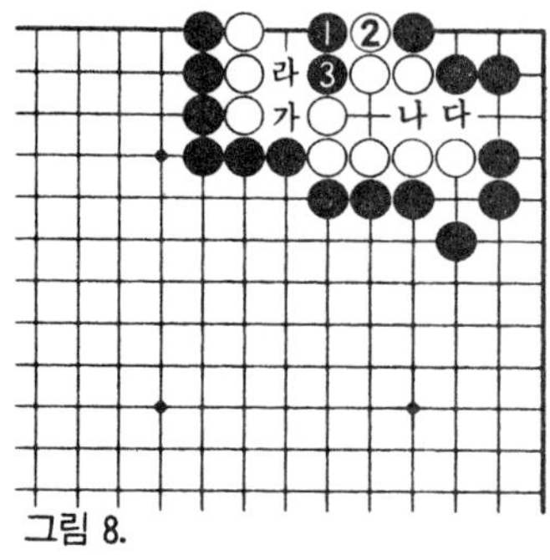

그림 8.

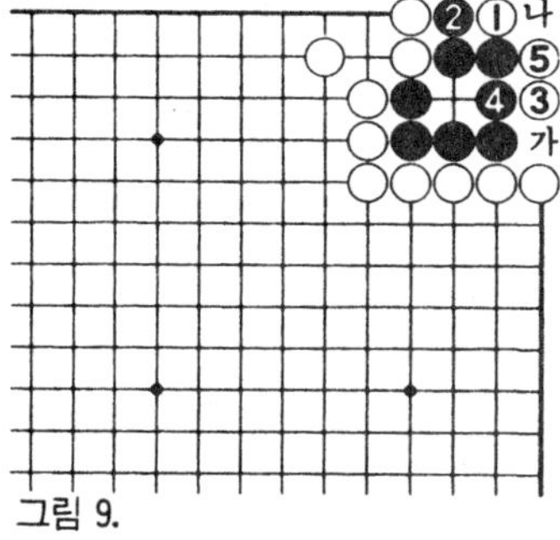

그림 9.

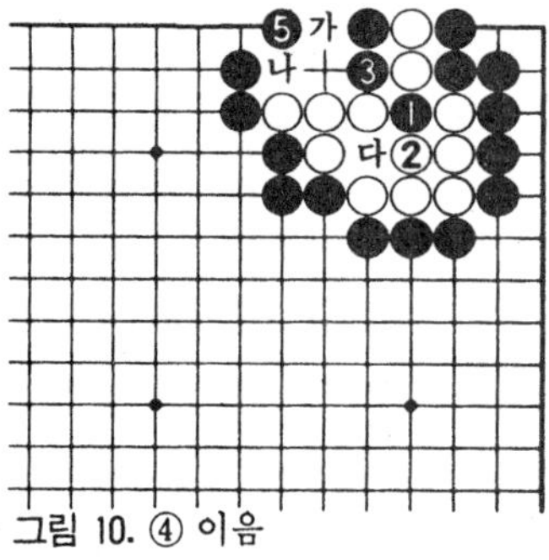

그림 10. ④ 이음

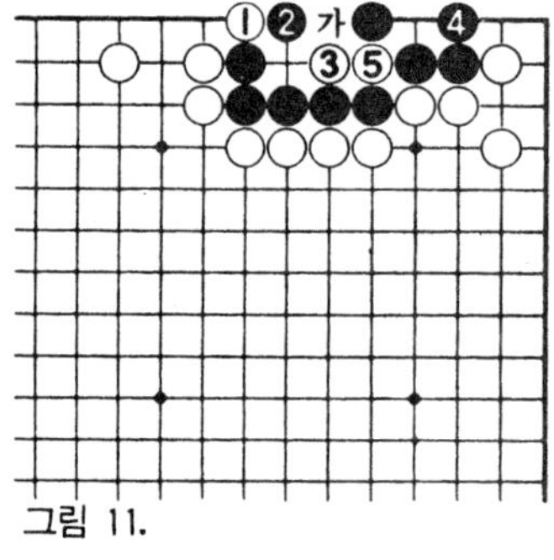

그림 11.

그림 8(들여대기)　흑1로 뛰어들어 백2면 흑3의 들여대기가 유일한 공격수. 가와 나를 대응으로 삼아 백의 아성을 뺏다. 백2에서 3이면 흑가로 나오는 수순이다.

흑나, 백다를 교환하고 나서의 흑1은 백3, 흑가, 백라 이하 귀에 추격이 생기는 것에 주의.

그림 9(기어들기)　백1로 붙이고 3으로 놓고 또 백5로 기어들어서 흑의 공배 채우기를 드디어 잡았다. 이것이 유일한 수순이고 백3, 흑4를 먼저 해서의 백1에는 흑5가 있다.

분명치 않은 변화는 단순히 백3으로 놓고 흑4, 백5, 흑가, 백1인데 흑나로 쉽게 빼기 당해 아무 소용없다.

그림 10(마늘모 건너기)　흑1의 던져넣기부터 3으로 단수, 백 전체를 공배 채우기로 삼아 흑5로 건넌다. 백가 이하의 추격이 성립되지 못해 죽음.

흑1에서 가의 줄짓기는 백5, 흑나로 교환하고 나서의 백2로 살기. 또 백2에서 3이면 흑2, 백다, 흑가로 끌어내기까지다.

그림 11(젖히기)　백1의 젖히기는 흑의 품을 좁히는 동시에 흑4일때 백5의 단수를 선수로 만들기 위한 준비 공작이기도 하다. 단순히 백3에서는 흑4, 백2, 흑5로 살기다.

흑2에서 3이면 백2, 흑2에서 4면 백가, 백1의 젖히기로 모든것은 끝난다. 『玄玄碁經』의 「八蜜從化勢」.

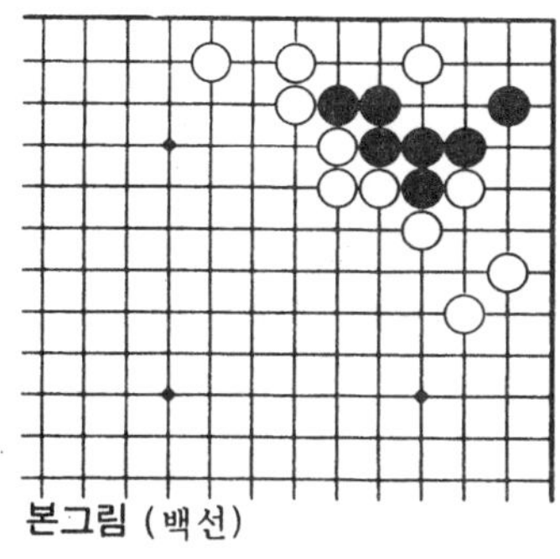

본그림 (백선)

먹여치기

수단 그 자체는 간단해도 발상 쪽이 떠오르지 않는 모양도 있을 것이다.

본그림은 『發陽論』에서 발췌.

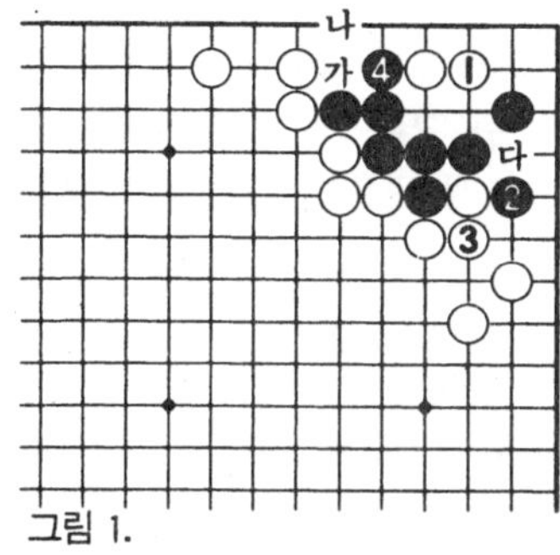

그림 1.

그림 1(억지로 돌입) 백1로 나란히 돌입하고 억지로 기대러 가려면 여간 읽기의 뒷받침이 필요하다. 그렇다고 백1에서 가령 2는 흑1, 백4, 흑가, 백나, 흑다로는 분명히 살기다.

흑2의 단수에 백3은 생략할 수 없고 흑4로 눌리워서 정말 같지만…

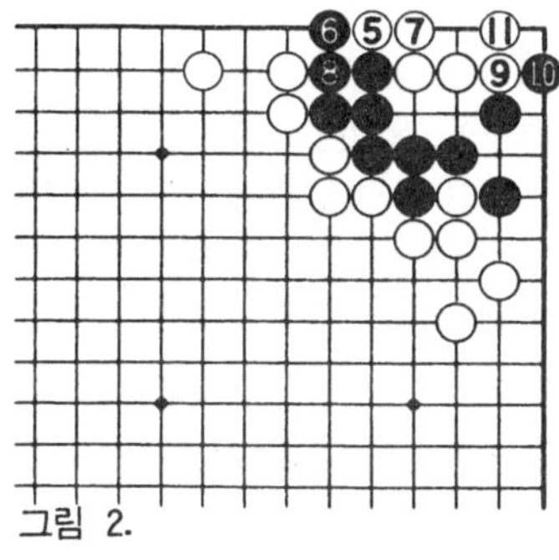

그림 2.

그림 2(유무) 백5, 7의 젖혀잇기부터 백9, 11로 한집을 만들어 보면 갑자기 집유무의 희망이 부풀어 오를 것이다.

흑6 내지 8에서 9로 누르고 백에게 건너기를 허용하면 흑11로 처져도 백10으로 급소에 붙이기 당해 살지 못하는 모양이다.

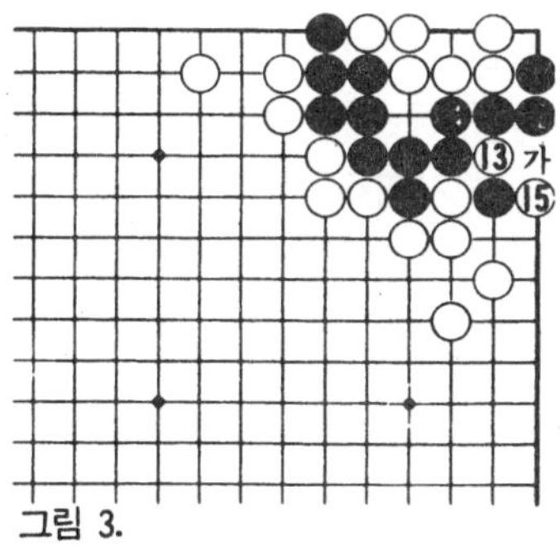

그림 3.

그림 3(백 13, 수법) 앞에서 이어 흑12면 백13의 던져넣기가 헛집의 맥, 흑에게 집모양을 주어 비김수로 만들어서는 안되고 또 「집 유무도 때에 따른다」로 만들어도 재미없다. 예를 들면 백13에서 14는 흑13으로 잇기 당해 한수 패배다. 흑12에서 14면 백가, 흑12, 백15로 좋다.

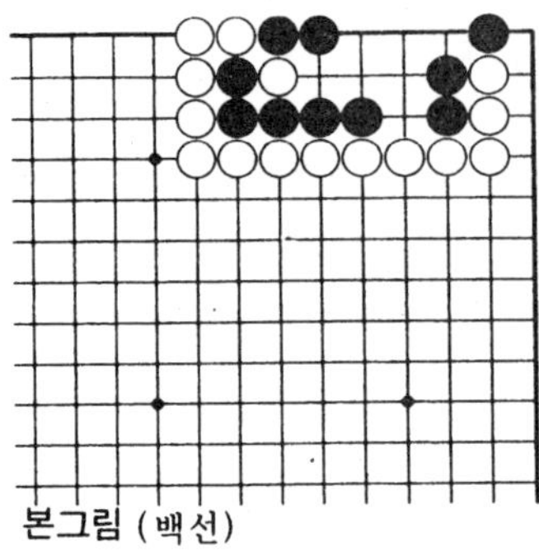

본그림 (백선)

놓   기

수로 만든 것 만으로는 만족하지 못한다. 패라면 무조건을 탐색해야 할 것이다. 패의 급소와 무조건의 급소는 다르다는 사실에 주의.

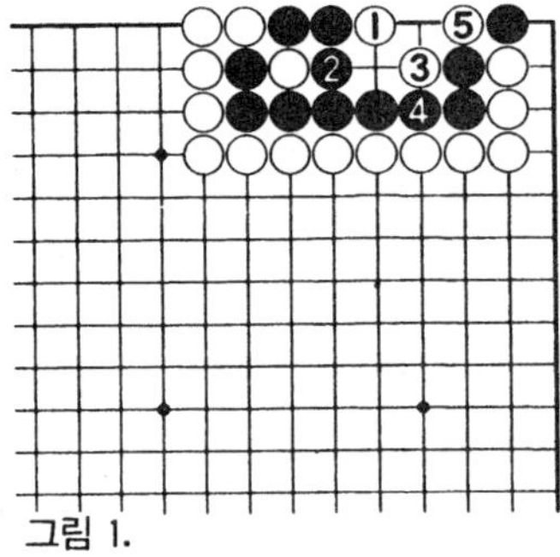

그림 1.

그림 1(추격할 수 없음) 백1로 단수, 3, 5로 던져넣으면 분명히 패. 흑은 전체의 공배 채우기 때문에 추격을 둘 수 없다.

백1에서는 3부터 두고 흑4, 백1에서도 같은 모양의 패로 된다. 무조건 죽음이 없으면 이 패를 정해로 여겨야 하는데….

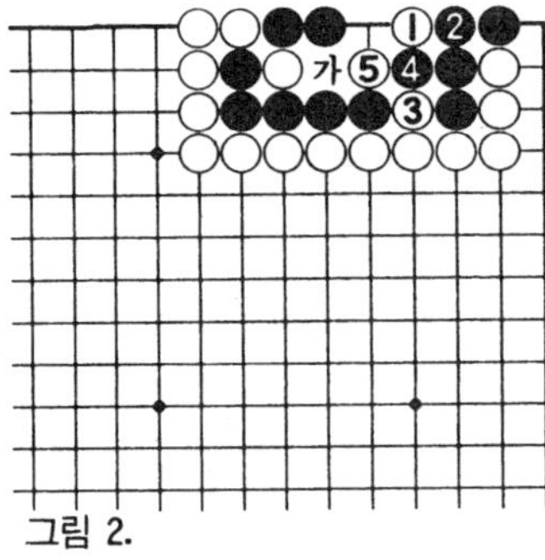

그림 2.

그림 2(백1, 수법) 백1의 놓기가 무조건 죽음을 노리는 급소인데, 흑2의 잇기면 백3, 5의 양단수다. 먼저 백1, 흑2의 교환을 강요하고 흑2의 공배 채우기를 유발하는 것이 수법의 활동이다.

흑2에서 가의 빼기면, 백4, 흑3, 백2로 끊어 흑은 한집뿐.

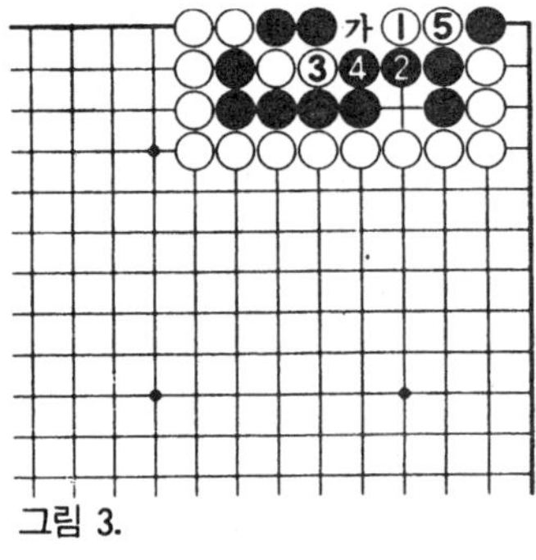

그림 3.

그림 3(나오기의 시기) 흑2로 공배 채우기를 피하면 지금이 백3, 흑4를 결정하는 기회다. 서서히 백5로 먹여쳐서 어김없는 사형일 것이다. 백1에서 3의 나오기를 먼저 결정하면 흑4, 백1일 때 흑5로 잇기 당한다.

흑2에서 가라도 백3, 흑4, 백5다.

놓 기

호랑이 굴에 들어가지 않으면 호랑이 새끼를 얻지 못한다. 공배 채우기를 유발하기 위한 침입이란.

본그림은 『玄玄碁經』에서 발췌.

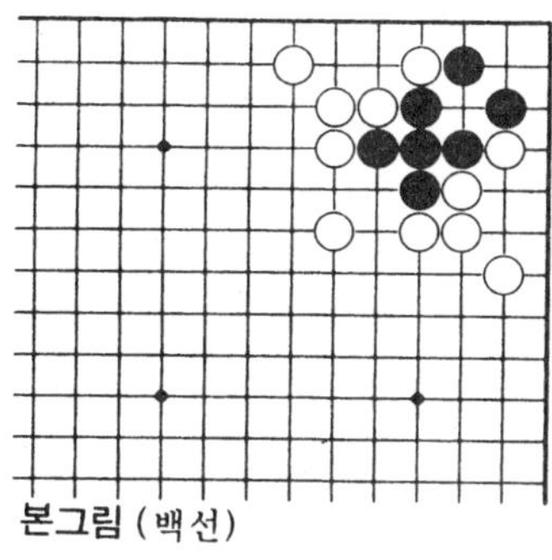

본그림 (백선)

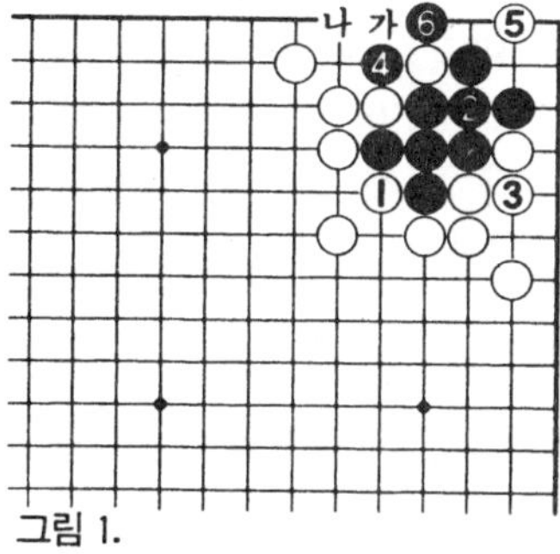

그림 1.

그림 1(잇기) 백1의 단수는 당연하다고 해도 다음에 백3에서는 흑4로 끊어잡기 당해 뒤가 없다. 백5의 놓기는 흑6이고 백5에서 가, 흑6, 백나는 흑5로 산다.

따라서 수가 있다면 백3, 흑4로 모양이 결정되기 전에 순간의 틈을 이용할 수밖에 없다.

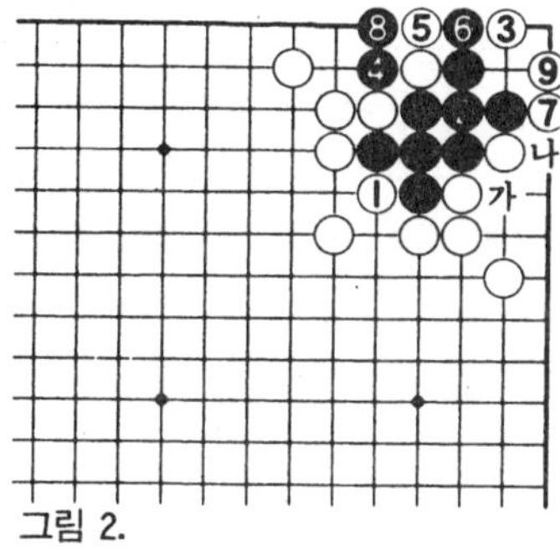

그림 2.

그림 2(백3, 5, 수법) 백3으로 지금 놓는다. 흑4의 끊기에는 백5의 처지기인데 흑6을 유인해서 백7로 단수한다. 백9 이후 흑가에는 백나로 이으니 아무것도 아니다.

흑4에서 가의 끊기면, 백6으로 건너서 흑 죽음. 또 흑4에서 단순히 6이면 백가, 흑4, 백8이다.

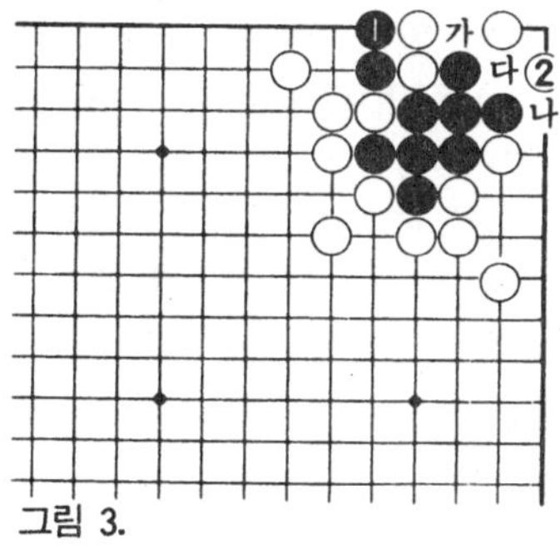

그림 3.

그림 3(마늘모) 앞의 흑6에서 1로 바깥부터 단수했을 때는 백2의 마늘모가 알아차리기 어려운 묘수법이다. 흑가면 백나로 건너서 앞그림과 같다. 또 흑나의 차단이면 백가로 잇고 흑은 공배 채우기 때문에 다의 단수를 둘 수 없다. 백2 이외에는 이 흑을 죽이는 맥이 없다.

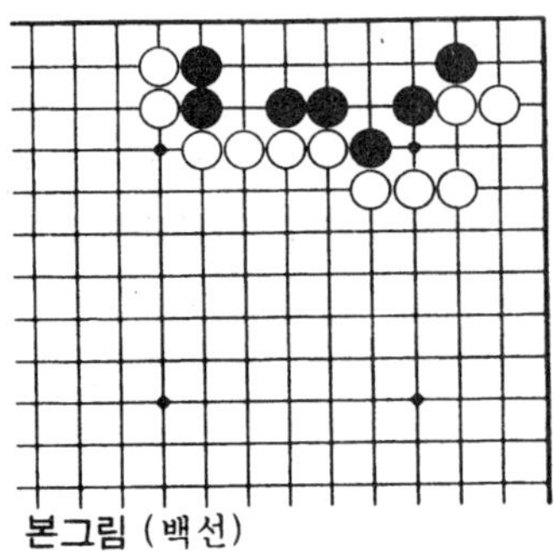

본그림 (백선)

모퉁이

내격이냐 양 밀 수 없음이냐 하고 육박한다.

본그림은 『發陽論』에서 발췌. 극도로 난해하다.

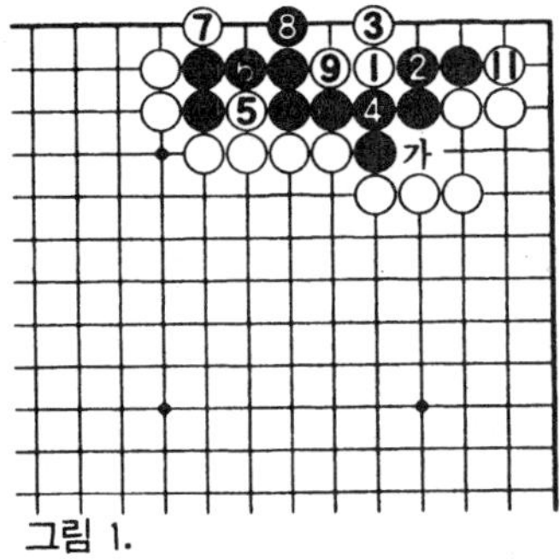

그림 1.

그림 1(내격) 백1의 놓기는 우선의 급소인데 백3의 처지기는 알아차리기 어렵다. 이제 4로 단수해도 흑가로 잇기 당하고 백5에는 흑9로 살기 당한다.

흑4의 잇기면 간단. 백5, 7로 품을 좁히고 나서 9로 집모양을 뺏기까지다.

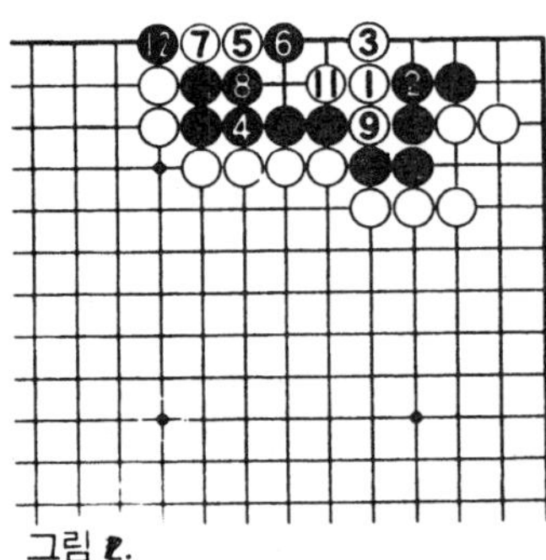

그림 2.

그림 2(백5, 수법) 흑4의 잇기가 최강. 다만 이때 백5로 모퉁이에 놓는 수법이 있고 흑7이면 백9, 흑10, 백6으로 끌어서 임시 비김수로 만들 노림수다.

흑도 6의 붙이기가 최강이고, 백은 일단 7로 건너고 나서 9, 11로 내격 모양으로 가져간다.

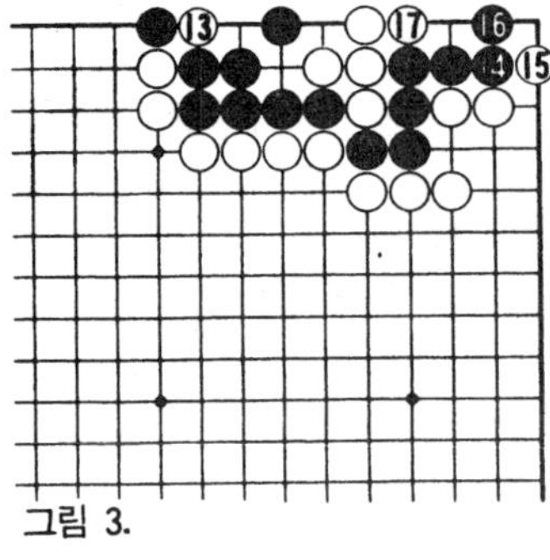

그림 3.

그림 3(양 밀 수 없음) 앞그림에 이어 백13으로 먹여치고 흑14, 16으로 품을 넓히면 백17로 양 밀수 없음이다. 흑14에서 17이면 수 승리인데, 이번에는 백14로 내격의 죽음이 된다.

앞그림의 백9의 단점을 직접 두지 않고, 멀리 돌아서 이용하는 수법과 수순을 음미하기 바란다.

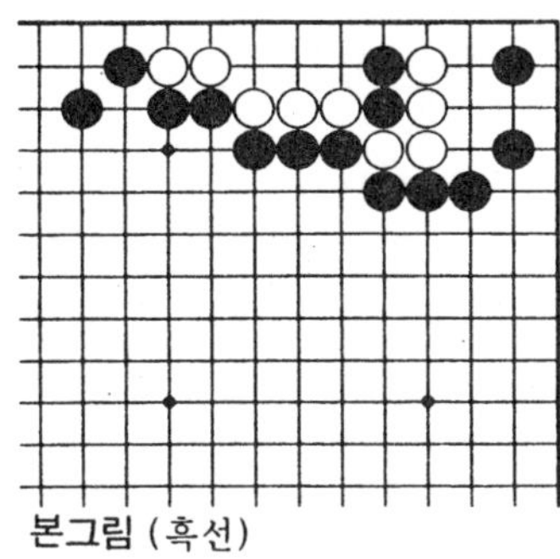

본그림 (흑선)

끊어 처지기

맞공격의 수수를 늘이는 수법이다.
자, 어느 돌과 어느 돌의 맞공격일까.
본그림은 『玄玄碁經』의 「二將突圍
勢」에서 발췌.

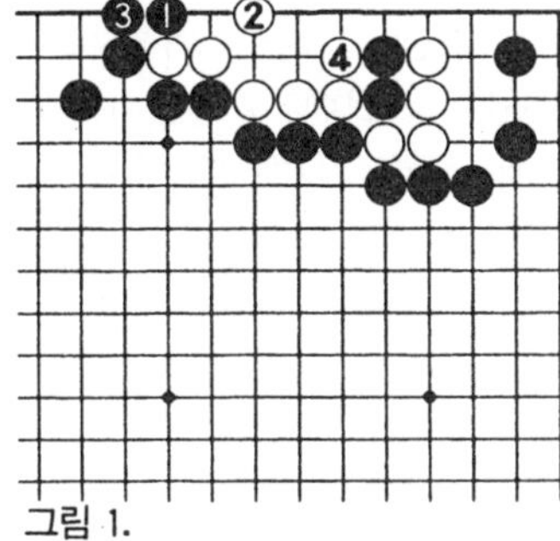

그림 1.

그림 1(바깥부터) 흑1, 3 등으로
바깥부터 공격하면 단서 비슷한 것조
차 잡을 수 없다. 백의 품은 충분히 넓
고 2로 시킨 일로 공배 채우기의 싫은
맛도 대번에 해소되었다.
이 모양에서는 ●의 「二將」이 주역
이 되어야 한다.

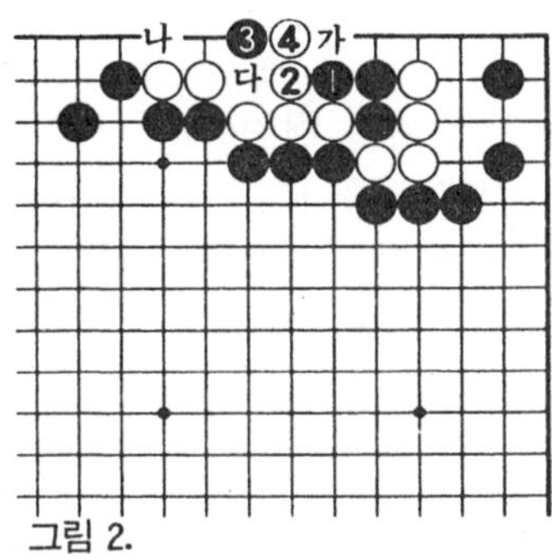

그림 2.

그림 2(안쪽부터) 흑1부터 3으로
놓는 것도 약간의 맥인데 백4를 가면
흑나로 건너서 죽이려는 노림수. 그러
나 여기서는 백4로 버티는 수가 있어
서 흑나는 백다로 추격이 된다.
전체의 공배 채우기를 노릴 수 없다
면 부분적 공배 채우기를 노린다.

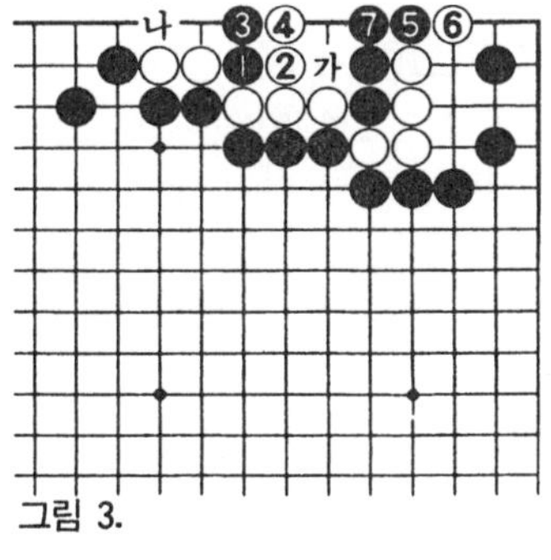

그림 3.

그림 3(흑 1, 3, 수법) 흑1, 3의
끊어처지기로 중앙 석점의 공배채우
기를 유발한다. 백4로 바뀌고 흑5, 7
로 젖혀이으면 본래 두수, 네수의 두
수 패배였던 맞공격이 반대로 한수 승
리로 되어 있다.
백4에서 7로 이쪽의 두점을 잡아도
흑4, 백가, 흑나로 역시 죽음이 된다.

불평하기

형세 불리라고 초조한 마음이 멋대로 읽기를 초래한다. 불리는 불리한대로 두고 장기적으로 만회를 도모하는 마음으로 추진할 것이다.

【참고보 15】

백1로 기대러 가고 흑6의 호수로 백이 무너졌다. 이밖에 예를 들면 흑6에서 가면 백나, 흑6, 백다로 단수해서 살기. 흑의 죽음이 된다.

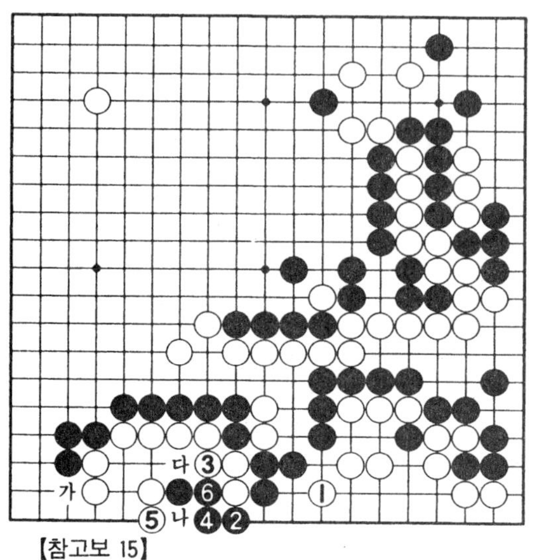

【참고보 15】
제26기 本因坊戰　　백　　藤澤秀行
　　　　　　　　　　흑　　曲　勵　起

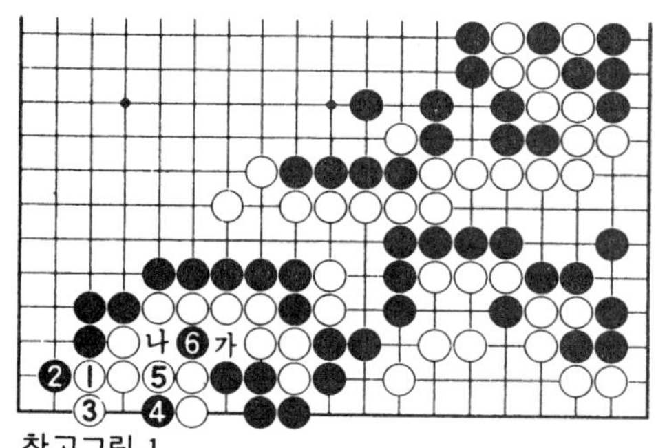

참고그림 1

참고그림 1(백 죽음) 보의 흑6으로 백이 던졌는데 다시 백1, 3으로 품을 넓혀도 흑4부터 6의 젖혀넣기로 집모양이 안 된다. 백1에서 가면, 백나의 단수부터 흑1이다.

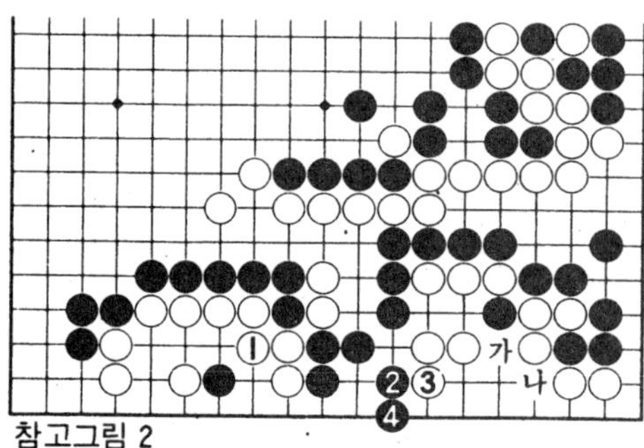

참고그림 2

참고그림 2(숨 길게) 보의 백1에서는 1로 확실하게 살아서 선수를 잡고 상변의 수비로 돌면 불리하지만 앞이 긴 바둑이었다. 하변은 백3으로 하나만 눌러 놓는 것이 좋고 흑가나 나를 간신히 막고 있다.

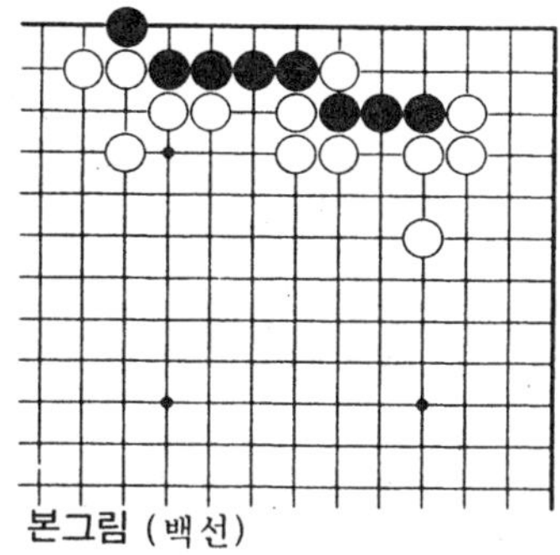

본그림 (백선)

마늘모

공배 채우기를 탓하는 데에도 직접법과 간접법이 있다. 본그림은 『玄玄碁經』의 「影雲勢」.

마무리의 수법에도 주의할 것.

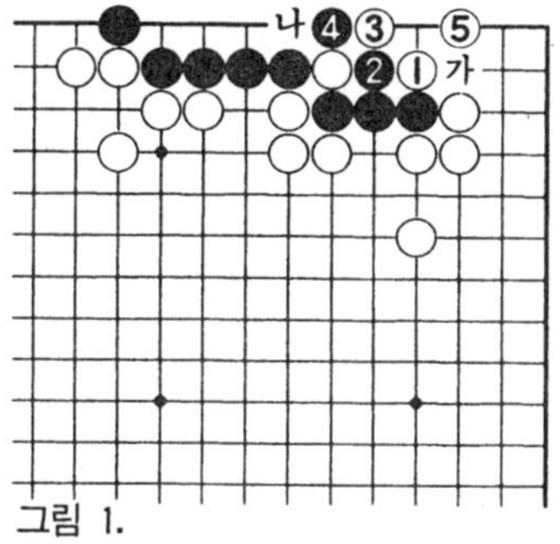

그림 1.

그림 1(패의 맥) 흑의 공배 채우기를 직접 탓하려고 하면 백1, 3으로 단수해서 5로 걸쳐 잇는 패 등이 생각된다. 달리 수가 없으면 이것도 틀림없이 당당한 수법이다.

백1에서 가의 처지기는 흑2로 꽉 물리우고 백4, 흑나로 안쪽부터 받기 당해서 무조건 살기.

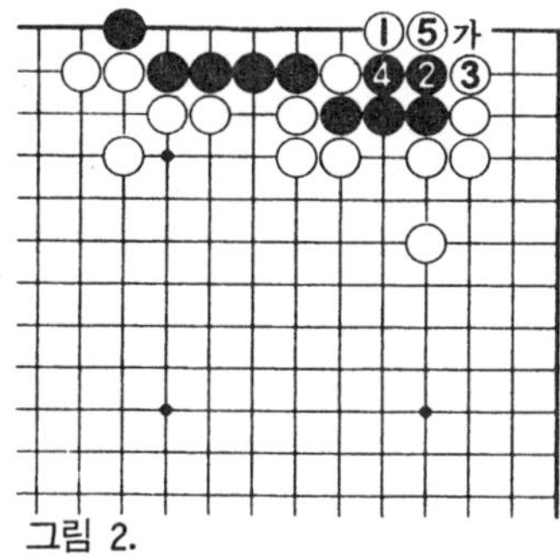

그림 2.

그림 2(맞공격의 수법) 백1의 마늘모로 간접적으로 공배 채우기를 탓해야 할 참. 흑2면 백3으로 누르고, 맞공격이나 건너기나 하는 수법으로 전화한다. 흑4면 백5로 건너고 흑4에서 5면 백가로 맞공격 승리다.

흑2에서는 4로 단수하는 편이 더 어렵다.

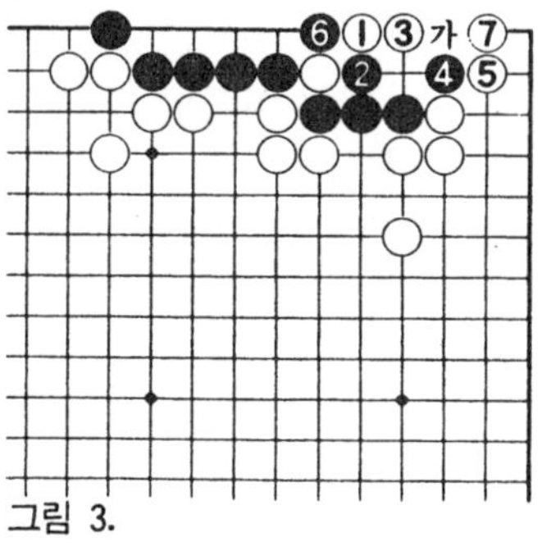

그림 3.

그림 3(백1, 3, 수법) 흑2의 단수에 백3의 뻗기가 최선. 흑4의 젖혀 내기도 백5로 받기 당해 뒤가 계속되지 못하고 결국 흑6으로 되돌아갈 수밖에 없으므로 백7로 연락을 완성시키고, 흑 죽음이 확정된다. 백7에서 가는 흑7 이하의 추격이 있다. 똑같이 백3에서 가도 그 추격으로 살기 당한다.

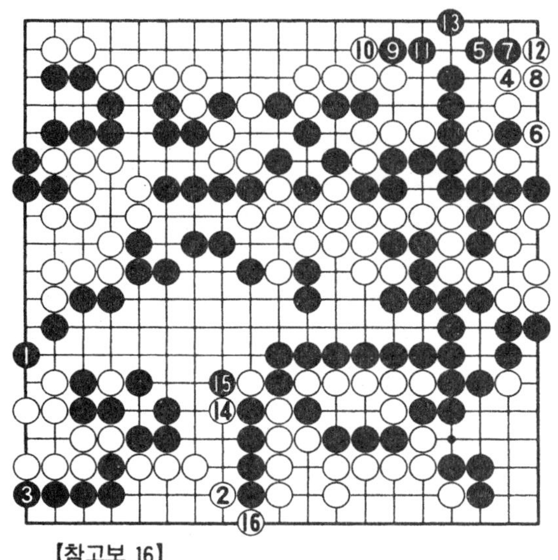

【참고보 16】
제1기 일본기원　　　백　　藤澤秀行
제1위전 제1국　　　흑　　宮下秀洋

마늘모

　맞공격 포함의 사활은, 여러가지 조건이 중복되어 극도로 복잡하다. 냉철하게 중심이 되는 돌의 공방을 주시해야 한다.

【참고보 16】
　흑1로 마늘모, 이것으로 백 죽음이다. 실전은 백2에서 흑3으로 바뀌고, 우상 귀에서의 살기, 살기부터 16으로 건넜다. 그러나 이것으로 흑에게 약간 남는 바둑이다.

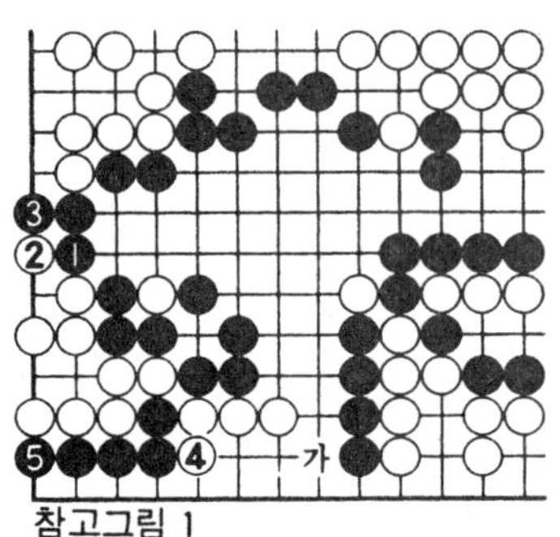

참고그림 1

　참고그림 1(패맛)　흑1의 부딪치기에서는 백2의 젖히기가 작용, 백4쪽부터 맞공격을 도전할 듯하다. 백 불리의 한수 수습패인데, 백은 우상귀에 패감이 얼마든지 있으므로 우세로 보고 있는 흑은 불안할 것이다.
　백2에서는 보와 같이 가의 선택도 있다.

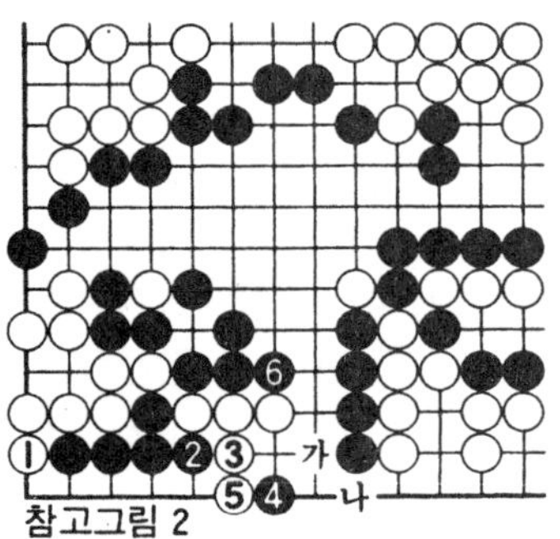

참고그림 2

　참고그림 2(맞공격)　보의 백2에서 1의 굽기면 흑2의 기기부터 4의 모퉁이에 두는 수가 있고 이쪽의 맞공격이 한수 승리로 된다.
　다만, 이 모양에 백가, 흑나의 교환이 있으면 반대로 백의 한수 승리. 보의 백2는 그 맛을 보고 작용시킨 것이었다.

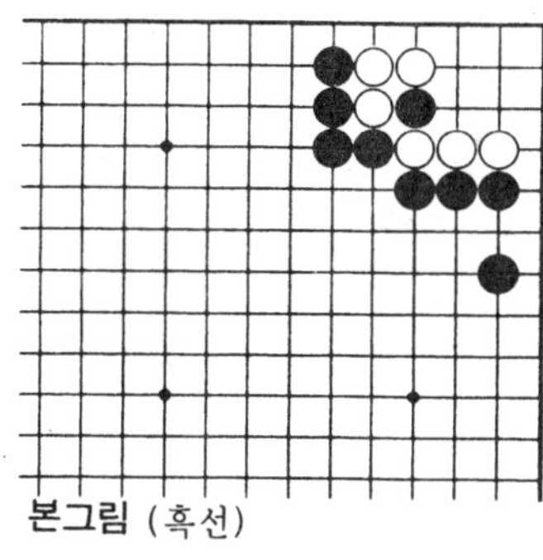

본그림 (흑선)

처지기

한점을 안고 견고하게 보이는 백에
도 공배 채우기라는 슬픈 점이 있다.
제 일착은 스스로 분명하지만…….
본그림은 『碁經衆妙』에서 발췌.

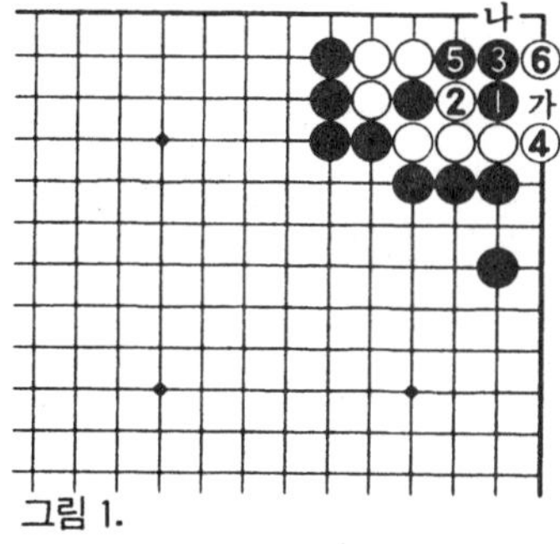

그림 1.

그림 1(패) 흑1의 붙이기는 백2의
빼기를 호조로 만들 뿐. 흑3의 뻗어내
기에는 백4부터 6의 붙이기가 있고,
빠른 얘기가 흑가면 백나로 패다.

흑1은 일부러 백의 공배 채우기를
해소해 주는 수다. 어차피 3의 점에
두어야 한다면 시초부터 3으로 직행
한다.

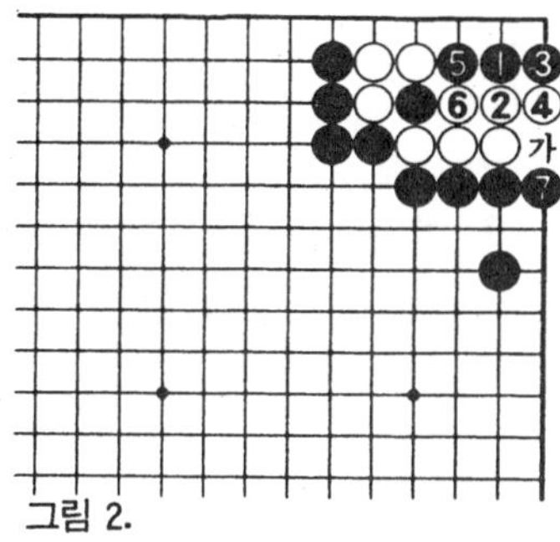

그림 2.

그림 2(흑3, 수법) 흑1에 백2면
흑3으로 처져서 건너기를 본다. 백4로
막으면 일전해서 흑5로 백을 헛집으
로 만들고 흑7로 처지면 맞공격 승리
다.

백2에서 5의 부딪치기는 흑2, 백6,
흑가로 건너기 당해 너무 간단하게 죽
는다.

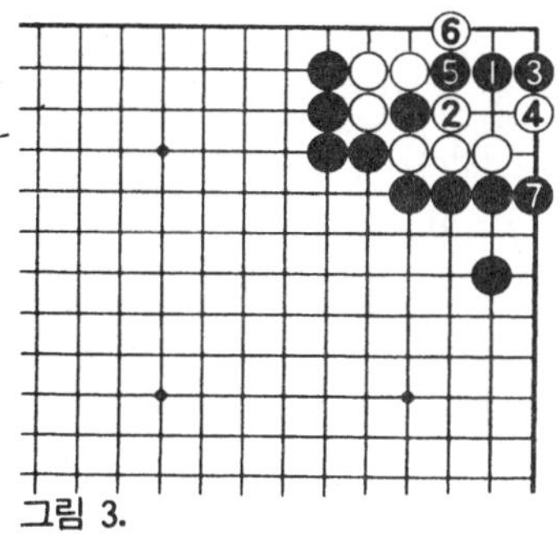

그림 3.

그림 3(흑3, 수법) 백2의 빼기가
가장 넓은 받기일 테지만, 여기서도
흑3으로 1二와 줄짓는 수법으로 백의
숨통을 끊는다. 뭔가 건너기를 저지하
면 흑5로 헛집으로 만드는 요령은 앞
그림과 같다. 귀에 탄력을 비축해서
흑7로 바깥부터의 공격으로 돌고 이
것도 백은 지킬 도리가 없다.

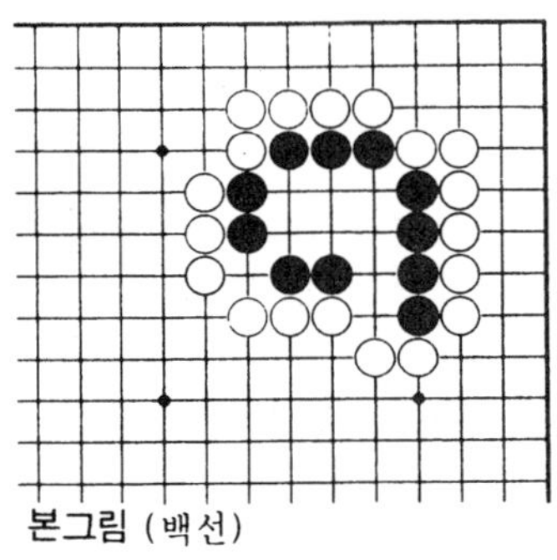

본그림 (백선)

붙이기

중앙의 「板六」이 완성되기 전에 공배 채우기를 추구해서 무너뜨리고 싶다.

본그림은 『玄玄碁經』의 「遊魚入網勢」에서 발췌.

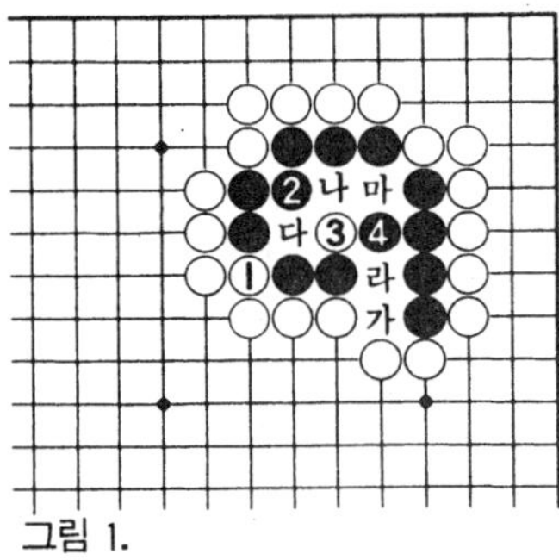

그림 1.

그림 1(바깥부터)　바깥부터 공격하려면 백1의 들여대기가 가장 유망한데 흑2의 잇기로 참기. 백3에는 흑4로 가와 나가 대응이다. 흑2에서 3이면 백2, 흑다, 백라, 흑가, 백마.

백1에서 가는 흑라인데 「板六」을 완성 당한다. 백1에서 라의 젖혀넣기로 흑가로 뒤가 없다.

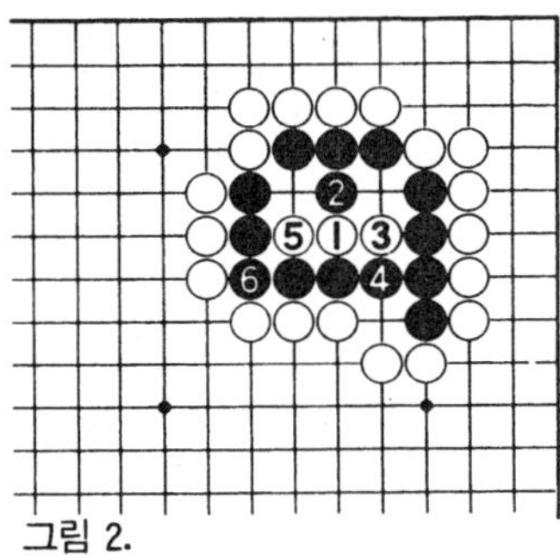

그림 2.

그림 2(다른 붙이기)　백1의 붙이기로 공배채우기 석점의 한가운데, 그래서 일단 생각해 놓았으면 하는 장소. 다만, 흑2가 보다 더한 급소이고 백3 그리고 5의 뻗기를 강요당하고 흑6까지로 된 모양은 비김수 살기다.

백3, 5로 안쪽부터 두고 흑4, 6으로 품을 넓히게 해서는 안된다.

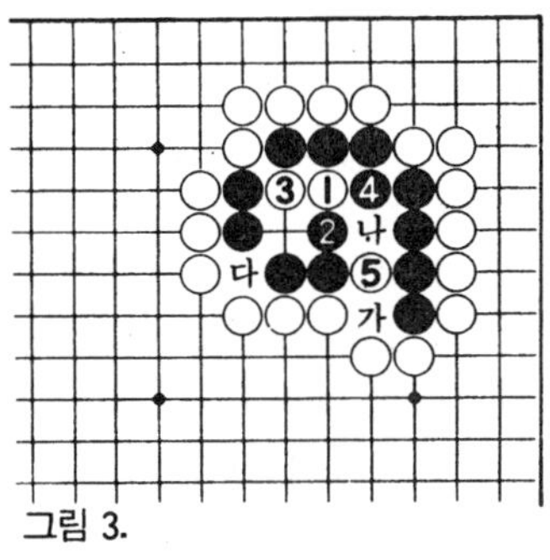

그림 3.

그림 3(백1, 급소)　백1로 공배 채우기의 석점에 직접 붙이기가 급소로 되어있다. 흑2의 부딪치기면 백3부터 5의 젖혀넣기가 생긴다.

흑2에서 3은 백2로 비김수로 되지 않고 흑2에서 4는 백3, 흑가, 백나, 흑5, 백다인데 중앙에서의 이상한 추격이 된다.

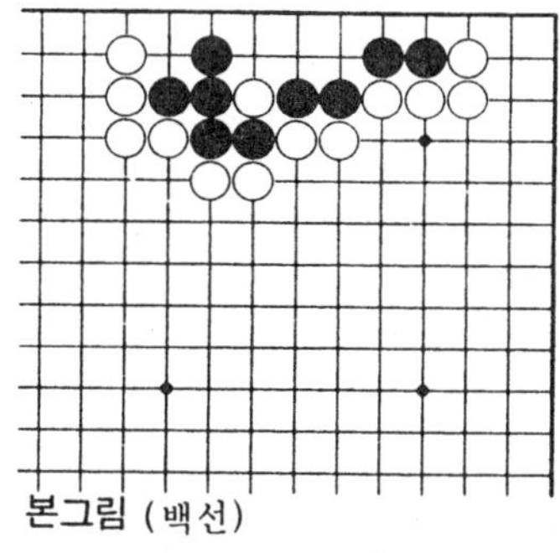

본그림 (백선)

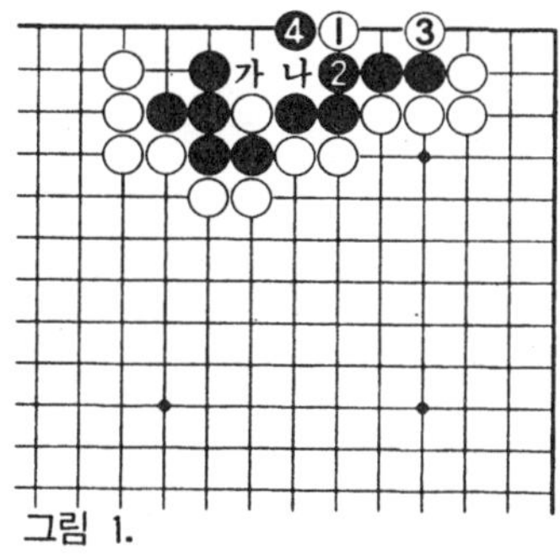

그림 1.

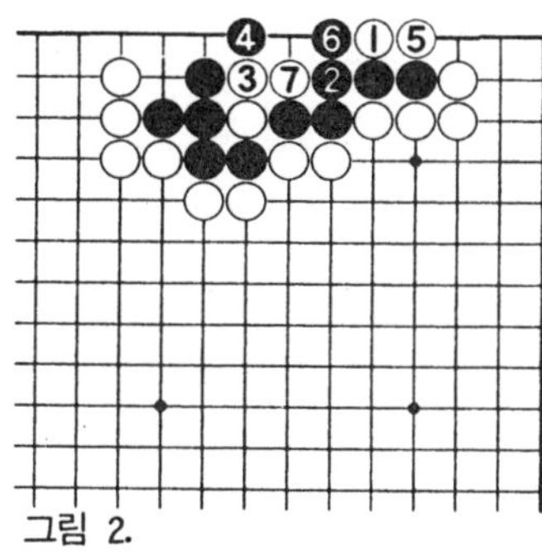

그림 2.

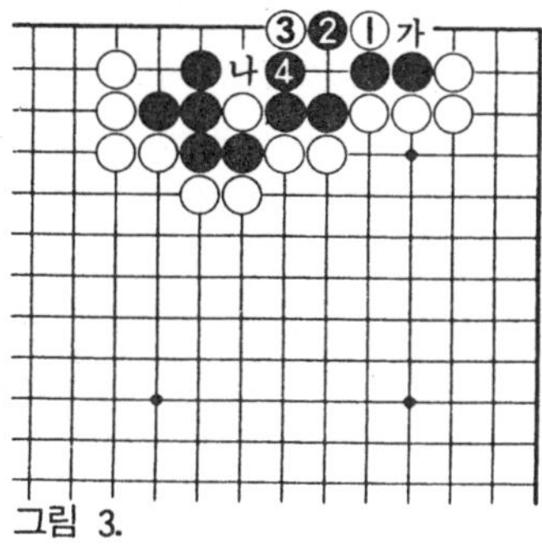

그림 3.

붙이기

집모양이나 품의 급소는 모양에서 판단할 수 있다. 그러나 공배 채우기의 급소는 돌의 기능에서 판단해야 한다.

『玄玄碁經』의 「一將立攻勢」에서 발췌.

그림 1(단서는) 백3의 젖히기로는 흑1로 걸쳐잇기 당하므로 백1로 놓아보는데 흑2의 잇기로도 간단한 살기다. 백1에서 가의 뻗어내기도 흑나, 백1, 흑4로 살기. 확실히 공배 채우기인데, 약간 손을 댈 도리가 없는 모양이다. 백1에서 나, 흑2, 백가는 흑4로 살기.

그림 2(백1, 수법) 기상천외, 백1의 붙이기가 이때의 묘수법이다. 흑2의 잇기면 서서히 백3으로 뻗어내고 흑4로 바꿔어 백5, 7이다. 백1의 한점을 데리고 돌아오는 점에 앞그림 백1과의 차가 있다.

흑2에서 5는 백2에서 양단수. 흑2에서 7은 백5의 단수로 좋다.

그림 3(흑의 저항) 흑2의 누르기가 최강의 저항. 이때는 백3으로 단수, 흑4로 버티는 패로 진행한다.

흑4에서 가의 빼기는 백나로 회두리 포함의 죽음. 이 모양을 실현하기 위한 백1의 준비 공작이다. 백1에서 단순히 3은 흑4인데 나중의 백1은 흑가다.

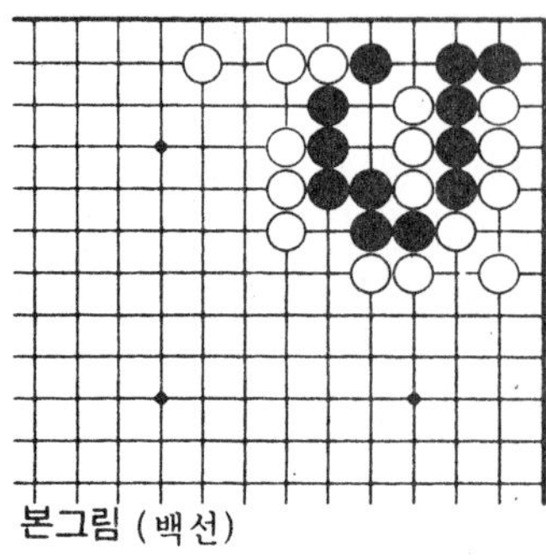

본그림 (백선)

붙이기

흑의 복중의 백에는 공배 수가 셋. 이것을 최대한으로 살리는 수법을 구한다.

『玄玄碁經』의 「大吉祥勢」에서 발췌.

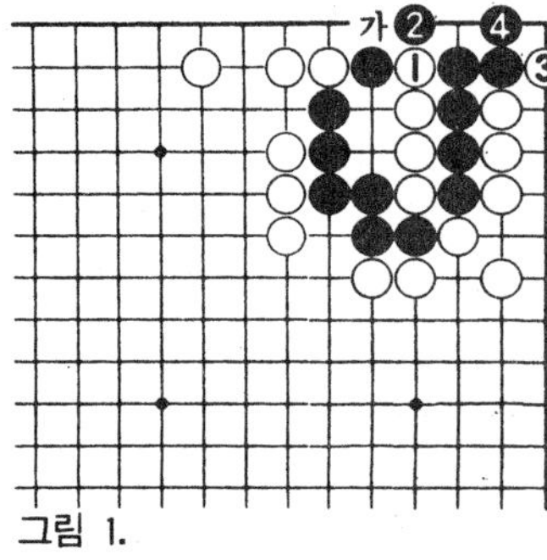

그림 1.

그림 1(계속되지 못함) 백1로 넉점으로 만들면 공배가 채워져서 잔 재주를 부릴 여지가 없어지는 위에 빼면 살기의 모양이 되어 공격이 계속되지 못한다. 백1에서 3의 젖히기는 흑4, 백1에서 가는 흑2. 바깥부터의 공격으로는 품이 너무 넓고 백1에서 2의 놓기도 흑가로 어쩔수 없다.

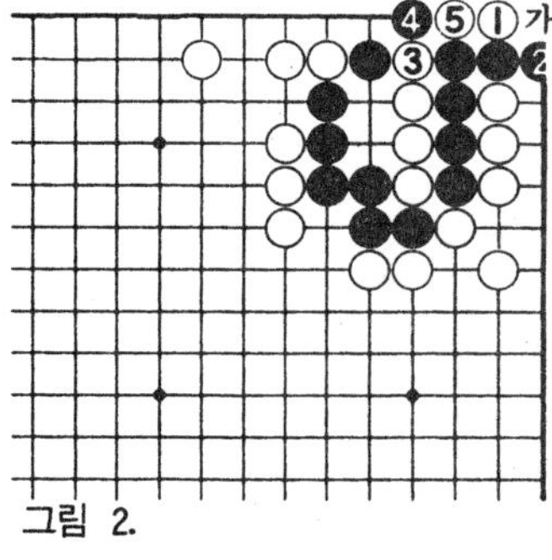

그림 2.

그림 2(백1, 수법) 백1의 붙이기가 급소. 공배 채우기를 추구하는 맥과 품을 좁히는 맥을 대응으로 삼고 있다.

흑2의 처지기면 이번에야말로 백3으로 나와 5로 먹여친다. 흑가로 빼게 하고 백5로 다시 던져 넣어서의 추격은 극히 알기 쉬운 수순이다.

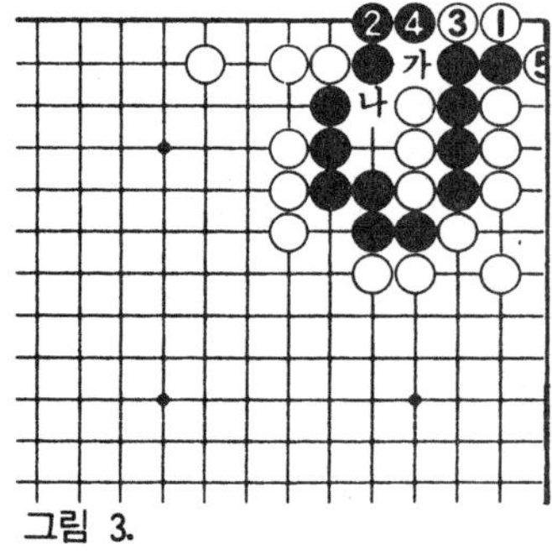

그림 3.

그림 3(비김수 되지 않음) 흑2의 처지기면 백3으로 힘껏 기는 가수가 있다. 흑5의 처지기면 백가로 추격이 부활하고 흑4의 누르기면 백5로 건너서 귀의 집모양을 방해하고 있다. 그리고 이 모양을 자세히 보면 장래에 흑나의 잇기를 필요로 하므로 비김수로는 되지 않고 흑 죽음이다.

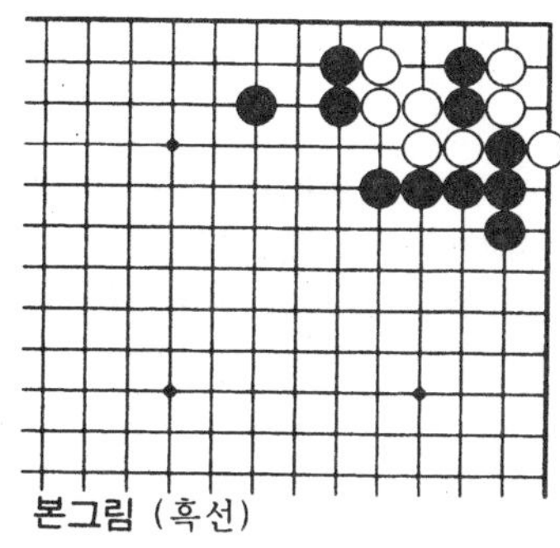

본그림 (흑선)

붙이기

　후속 수법을 발견할 수 없으면 참된 급소를 피해서 유사 급소로 만족하는 일도 있을 듯하다.
　본그림은 『碁經衆妙』에서 발췌.

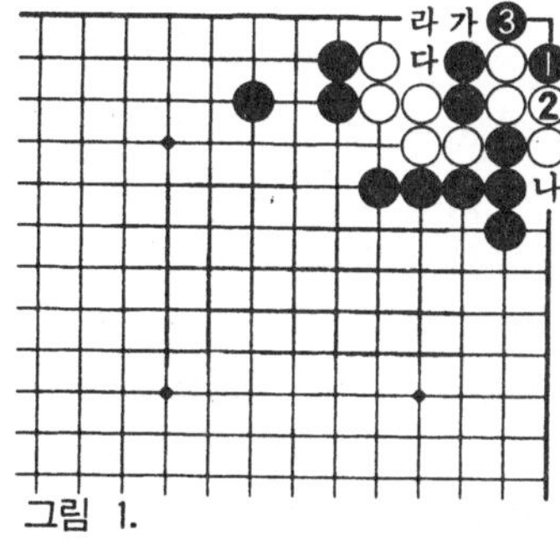

그림 1.

　그림 1(착각) 흑1로 붙이고 백2, 흑3으로 패라는 것은 생병법의 큰 착각이다. 백2에서 가, 흑나, 백다로 빼기당해 문제없이 살기로 된다.
　흑1에서 라의 마늘모도 백다로 먼저 단수 당해서 주문이 빗나간다. 공배 채우기 치고는 탄력이 풍부한 백의 모양이다.

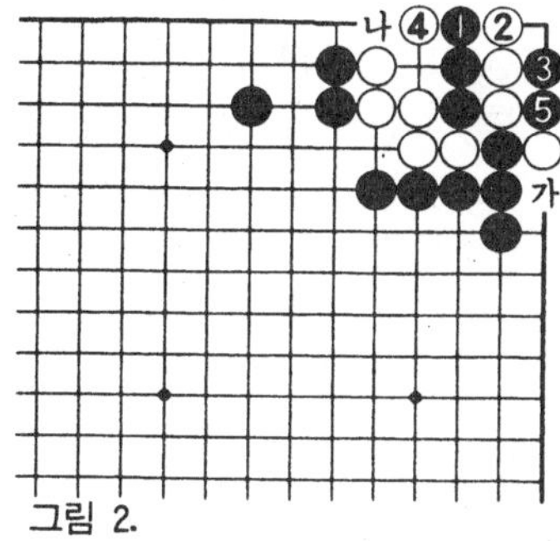

그림 2.

　그림 2(흑3, 수법) 흑1의 처지기가 백의 탄력을 절단하는 급소. 다만 백2일 때 흑3으로 붙이는 강수를 모르면 모처럼의 호수도 살지 못한다. 백4면 흑5로 귀의 집을 잡고 백4에서 5면 흑가로 단수로 된다.
　백2에서 3으로 넓혀도 흑나로 건너기다.

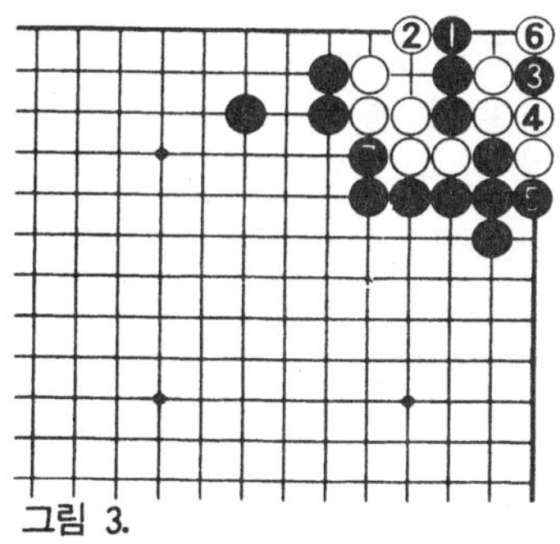

그림 3.

　그림 3(상관않고) 백2의 마늘모 붙이기라도 상관않고 흑3으로 붙인다. 백4의 잇기에는 흑5로 단수, 유유하게 밖말부터 흑7로 공배를 채우면 양 밀 수 없음의 백 죽음이다. 흑3에서 단순히 5는 백3으로 굽히기 당해 잘 안 된다. 흑1, 3의 컴비네이션이 견고한 성을 파괴하는 수순이다.

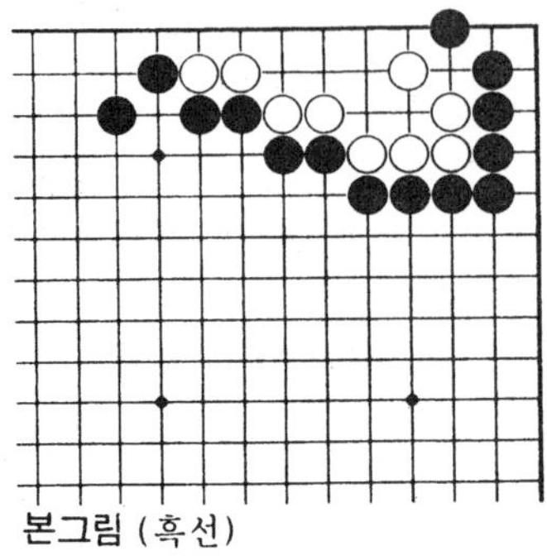

본그림 (흑선)

붙여 처지기

본그림은 『玄玄碁經』의 「蚊龍玩珠勢」다. 미묘한 수순인데 백의 공배 채우기를 확대하고 자기의 공배 채우기를 해소한다.

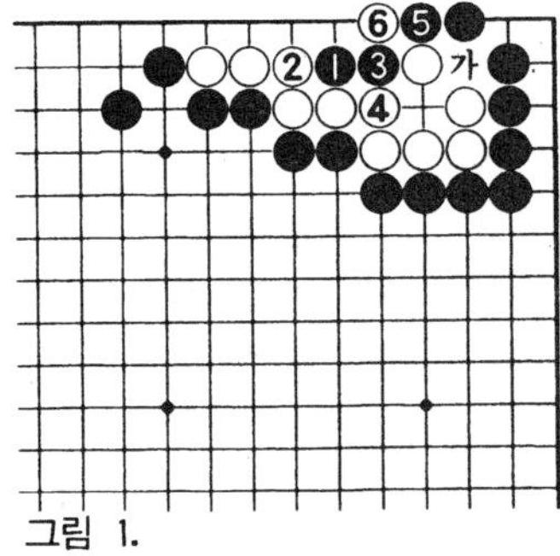

그림 1.

그림 1(살기) 흑1의 붙이기는 확실히 급소이고 백2를 강제해서 흑3, 5로 건널 수 있다. 그러나 백6부터 가까지 이용당해서 백을 죽이는 데까지는 이르지 못했다.

흑1에서 5의 기기는 백3으로 완화당해서 살기. 흑1에서 6의 뛰어들기도 백3으로 살게 된다.

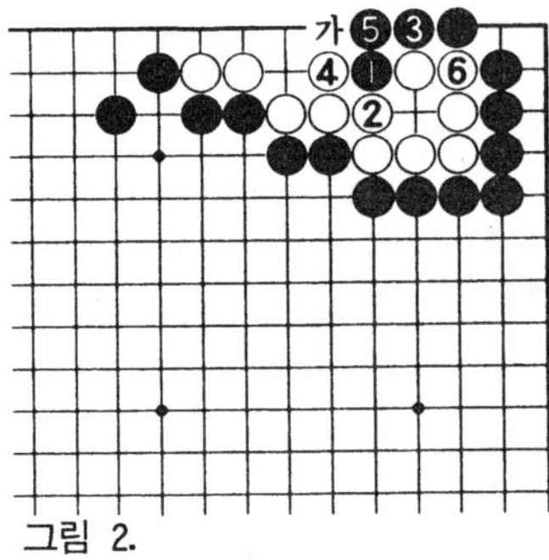

그림 2.

그림 2(건너기) 흑1이 당면한 급소인데 백2를 3의 차단이면 흑2의 끊기로 끝난다. 다만 백2일 때 흑3으로 건너기를 서두르면 백4, 6으로 어김없이 살기다. 백가의 단수가 작용, 변의 한집은 아무래도 뺏을 수 없다.

흑은 건너기보다 백의 공배 채우기를 탓하고 싶다.

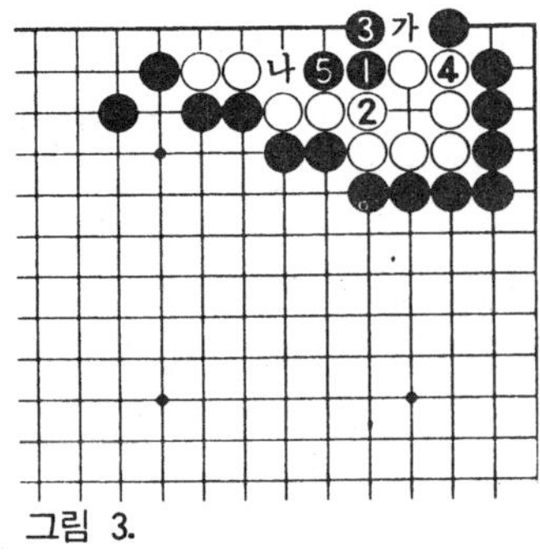

그림 3.

그림 3(흑3, 5, 수순) 흑3으로 처져서 백가면 흑4를 본다. 백4로 중앙의 한집을 다졌을 때, 흑5로 하나 나오는 수순. 백나면 흑가로 건너도 이번에는 〈그림 1, 2〉와는 달리 상변의 집이 뭉개져 있다.

또 백4에서 5면 흑4로 백의 집모양을 지우면서 건넌다.

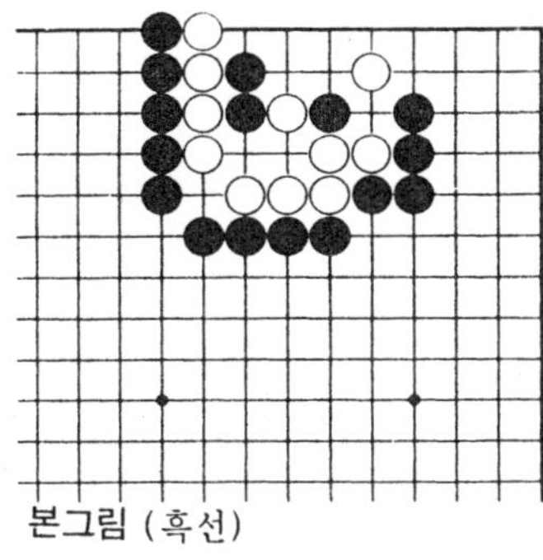

본그림 (흑선)

빼 기

기묘한 공배 채우기의 모양이다. 집 모양의 강함을 틀림없이 깊이 느낄 최종형이다.

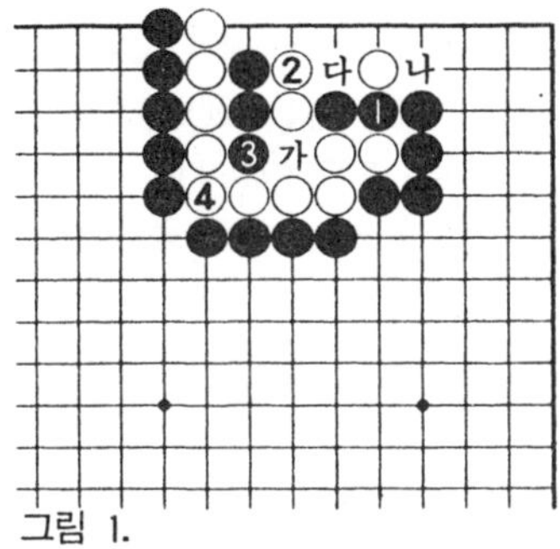

그림 1.

그림 1(최초의 급소) 흑1의 잇기에서도 백2로 눌리우고 흑3을 강요당해 비김수형이다. 그렇다고 흑1에서 2의 단수는 백1, 흑가, 백나로 품은 충분. 도저히 내격으로 죽일 것 같지 않다. 흑1에서 다도 백3으로 안 된다고 하면 우선 첫수만은 짐작이 갈 것이다.

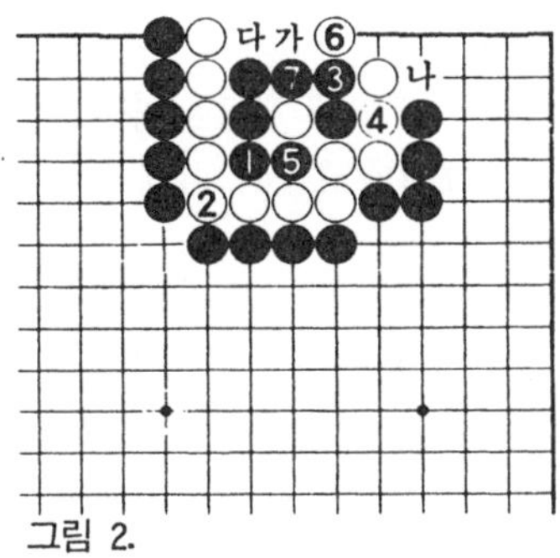

그림 2.

그림 2(흑5, 호수) 흑1을 결정하고 3으로 나온다. 백4에서 7은 흑가, 백5, 흑4. 백4로 차단했을 때 잠자코 흑5로 한점을 물어뜯어도 좋다.
백6, 흑7 이후 백가로 건너도 흑나의 누르기로 공배 채우기. 백다로 둘 수 없어 죽음이 되는 것을 확인하기 바란다.

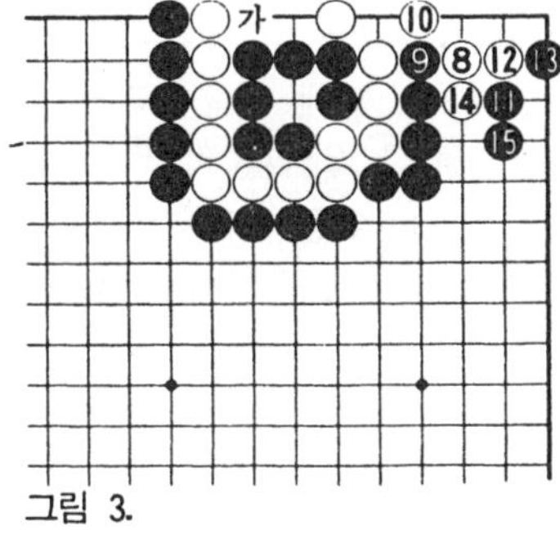

그림 3.

그림 3(늘지 않는 공배) 백8로 뛰어나가도 물론 귀에 집모양은 생기지 않는다. 바깥 공배가 많으면 차례로 이어 가서 잡을 수도 있는데 이 모양으로는 무리다.
그리고 백8에서 9, 흑8, 백10으로 굽어서 비김수처럼 보이기도 하지만 흑가로 안쪽을 두기 당해 역시 죽음.

359

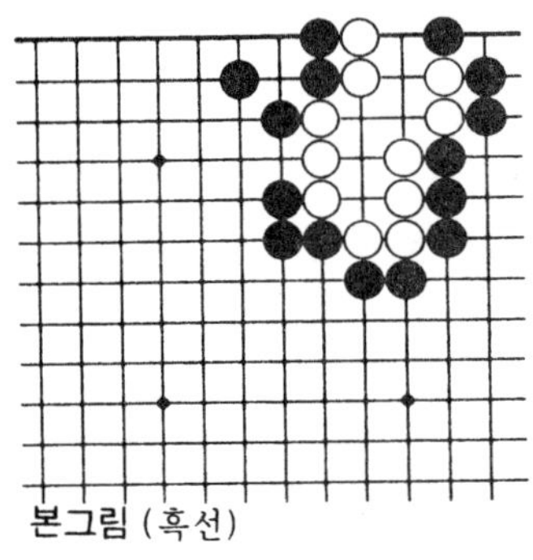

본그림 (흑선)

뻗 기

품을 줍히는 맥과 공배 채우기를 찌르는 맥과의 연동. 힌트가 없으면 첫수는 맹점이 될 듯하다.

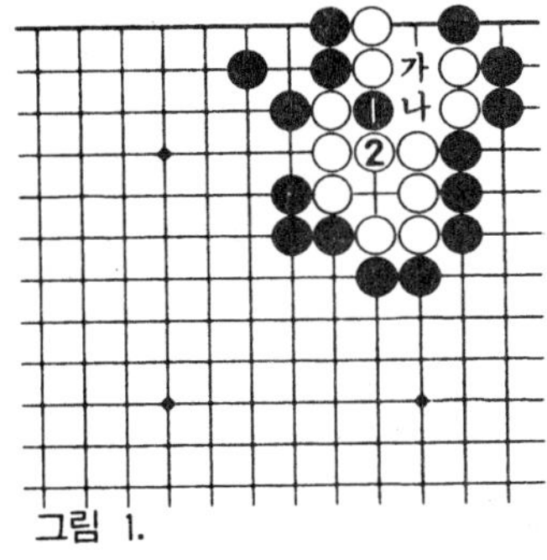

그림 1.

그림 1(안쪽부터) 흑1의 끊기는 백2인데 계속되는 흑가는 백나로 추격이 된다. 또 흑1에서 2쪽부터 두어도 백1이고 흑가의 단수는 역시 백나로 추격이다. 물론 단순히 흑가의 단수도 백나이고 흑나의 단수는 백가의 살기.

안쪽부터 두면 어쩔 수 없는 모양.

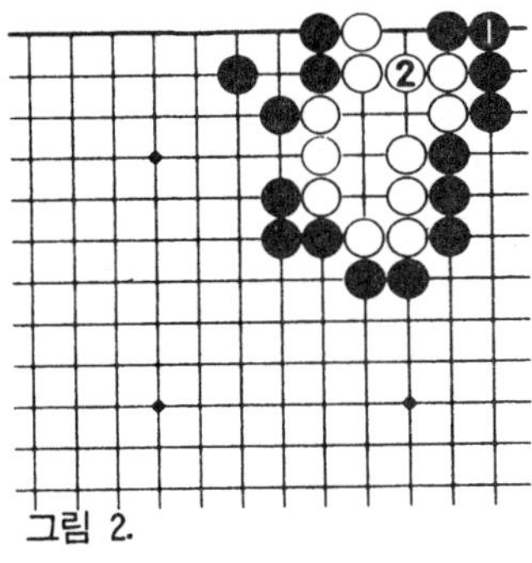

그림 2.

그림 2(근본 잇기) 흑1의 근본 잇기도 있을 듯한 맥인데 백2로 수비당해 그만이다. 그렇다고 2의 점에 두면 추격.

그다지 둘 장소가 없는 모양인데 이제 한 군데만 남아 있다. 그것이 소위 맹점이다.

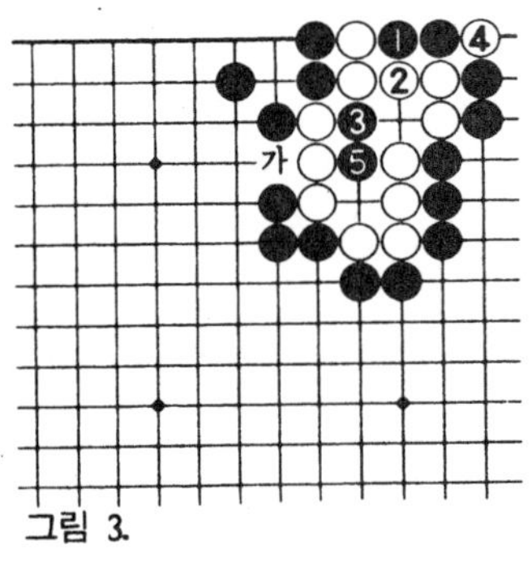

그림 3.

그림 3(흑1, 수법) 흑1의 부딪치기는 백2로 받기 당해 단수. 더구나 굽기 4목의 모양이 되므로 퍽 두기 어려운 수다. 그러나 흑3의 단수를 선수로 둘 수 있다. 백4로 빼게해도 흑5이고 가의 추격을 보면 중앙은 후수 한 집이다.

백2에서 3이면 흑2.

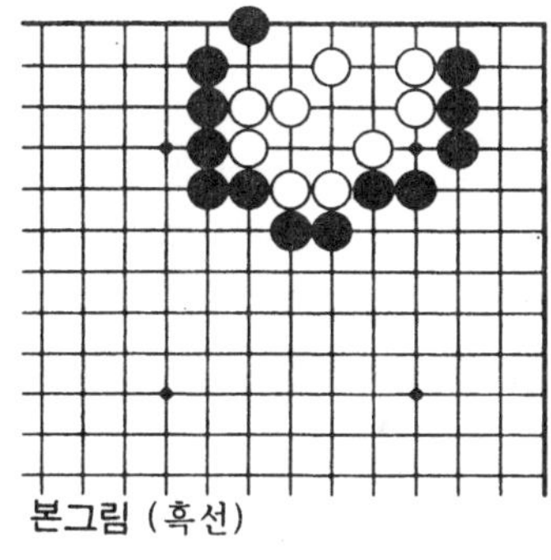

본그림 (흑선)

뻗어 내기

수법을 실현하기 위해 평범한 수를 쌓아 올려서 준비해야 하는 경우도 있다.

본그림은 『玄玄碁經』의 「水落石出勢」에서 발췌.

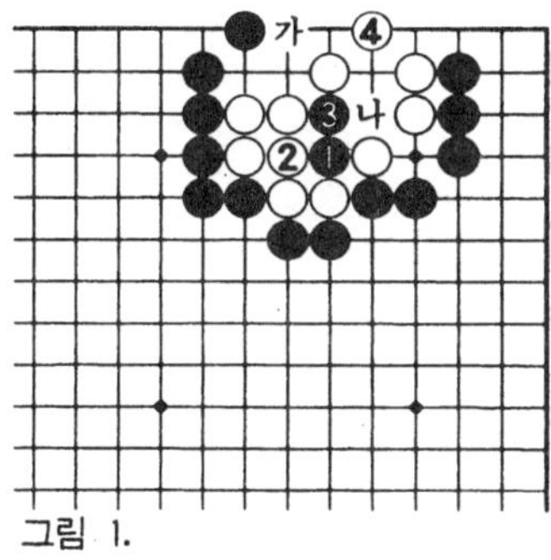

그림 1.

그림 1(들어가기의 맥) 흑1의 단수는 백2로 잇게하여 집모양을 제한한다. 다음에 백3으로 빼기 당하면 살기이므로 흑3으로 두는 수가 눈에 들어 오는데 백4로 들어가는 호수를 만나서 잘 안 된다. 중앙의 집갖기와 가의 마늘모 붙이기를 대응으로 삼고 있다. 백4에서 나면 흑4로 수.

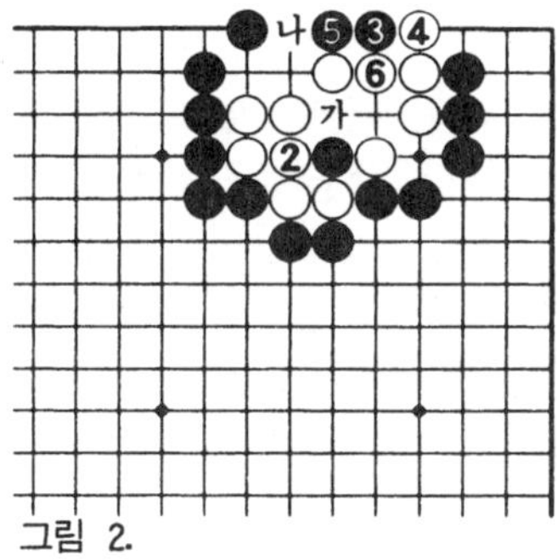

그림 2.

그림 2(대응) 따라서 흑3으로 놓는 공격이 다음의 노림수가 된다. 백 가면 흑6으로 나오고 4와 5의 양 건너기로 보아서 백 죽음.

그러나 백4로 차단 당하고 흑5의 건너기에 백6으로 단수 당해 어찌할까. 이것도 중앙의 집갖기와 나의 두점 잡기가 대응으로 되어 있다.

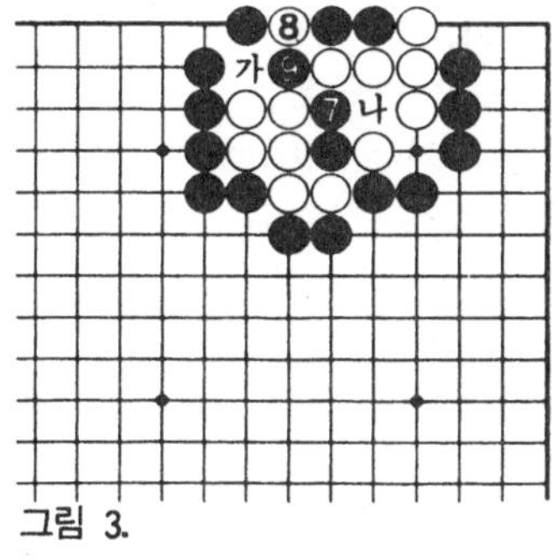

그림 3.

그림 3(흑7, 수법) 그 대응을 파괴하는 것이 흑7이다. 백8로 빼기당해도 공배 채우기를 이용하는 흑9가 있다. 회두리로 되기 때문에 백가로는 뺄 수 없고 백나로 후퇴하는 사이에 한점을 되잡아 백 죽음으로 되는 줄거리다.

백8에서 9, 나라도 백8.

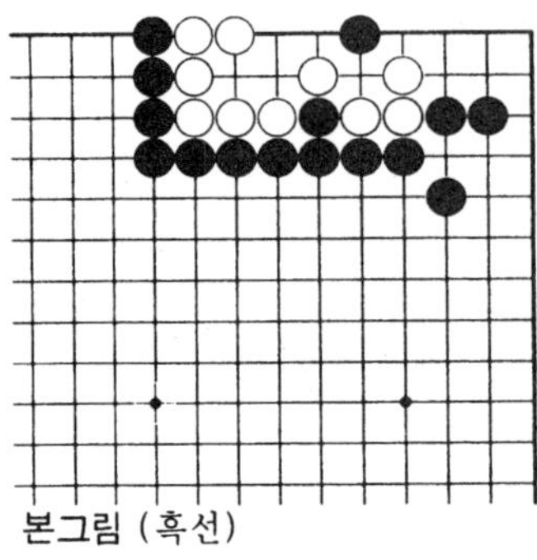

본그림 (흑선)

기어들기

부분을 공격하느냐 전체를 공격하느냐 먼저 그곳부터 짐작할 필요가 있을 것이다.
본그림은 『玄玄碁經』의 「自然勢」에서 발췌.

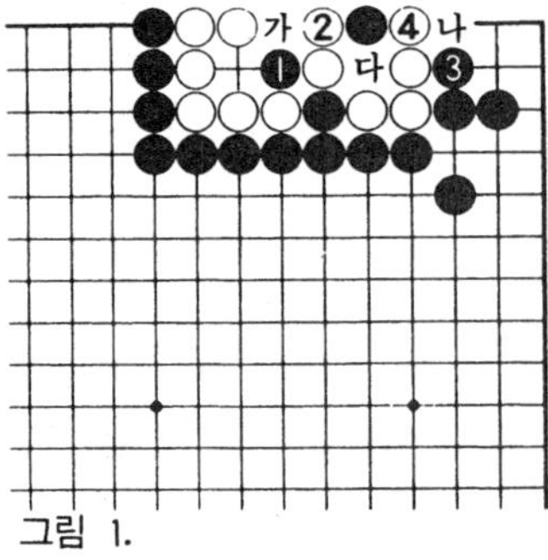

그림 1.

그림 1(부분)　흑1로 단점을 강조하면 부분의 공배 채우기를 탓하는 공격이 된다. 그러나 백2가 호수. 호수라고 해도 이것밖에 없고 백가는 흑2로 회두리다.
흑1에서 3의 누르기를 먼저 해도 백4, 흑나, 백다로 양 회두리에는 퍽 먼 모양이다.

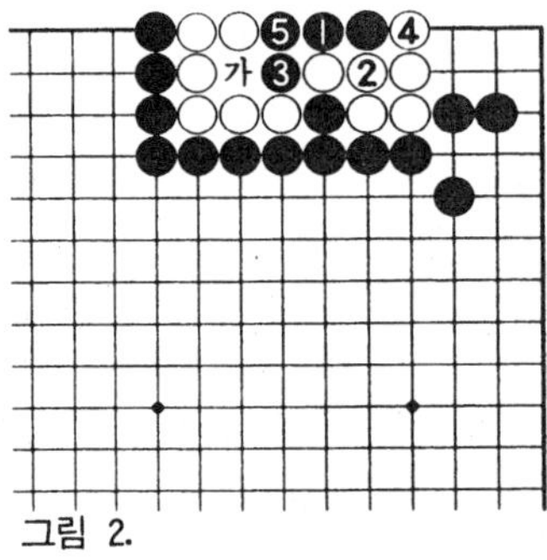

그림 2.

그림 2(돌밑)　적의 급소인 흑1에 두어 보고 싶다. 백2면 흑3으로 끊고 백4로 바깥부터 단수할 수밖에 없으므로 흑5로 4점으로 만들어서 버린다. 백가로 빼기당한 후 다시 1의 점에 붙여서 훌륭하게 돌밑의 죽음이 되었다. 백2는 탄력이 적고 최강의 응수라고는 할 수 없을 것이다.

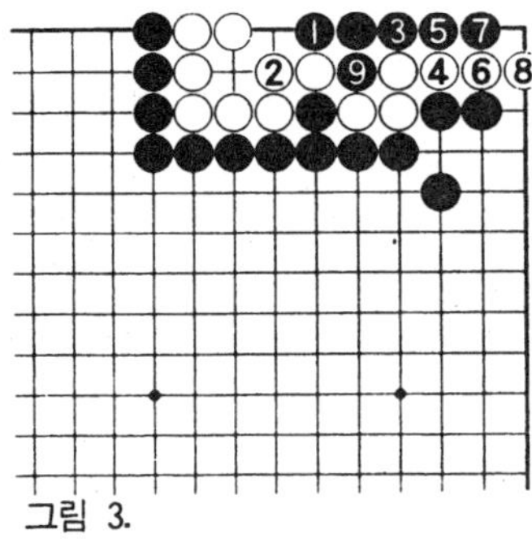

그림 3.

그림 3(흑1, 3, 수법)　백2의 잇기로 흑은 공격을 단념할는지도 모른다. 흑3의 기어들기는 상식에서 벗어난 수여서 보통 각오로는 둘 수 없다.
백4, 6으로 질질 완화되고 큰 갖고들기인가고 보인 순간 흑9로 양 밀 수 없음. 백8에서 9는 흑8로 추격이 없다.

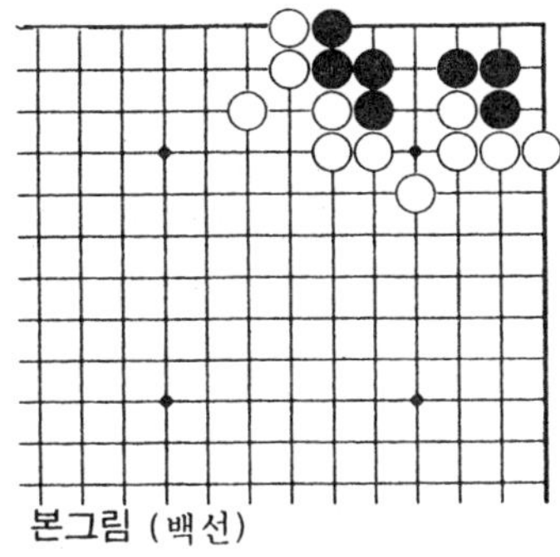

본그림 (백선)

던져넣기

『玄玄碁經』의 「老僧入定勢」가 본그림. 흑의 최강의 저항을 발견하고 또 그것을 격파하는 호수를 발견한다. 전부 잡는 것이 아니면 의미가 없다.

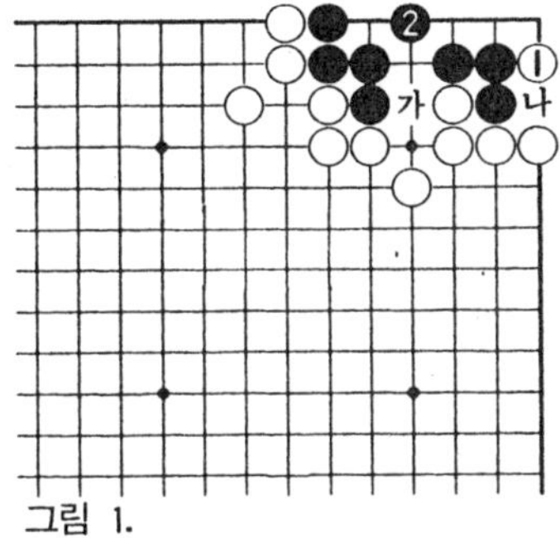

그림 1.

그림 1(시기 상조) 백1의 붙이기는 1二의 급소이기도 한데 흑2의 들어가기로 전부 산다.

백1에서 가 또는 나 등으로 조금씩 나가면 흑의 품이 넓다. 어차피 백1로 침입하는 맥을 노려야 하는데 지금 당장은 수순이 나빴다.

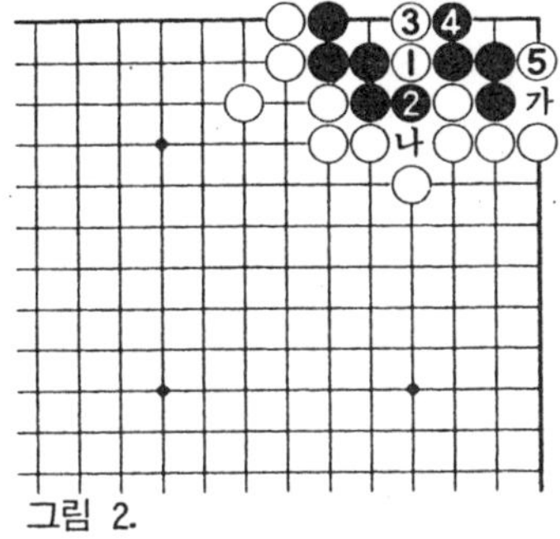

그림 2.

그림 2(모양을 결정한다) 백1의 끼어들기부터 모양을 결정한다. 흑2로 끊게하여 백3으로 처지고 흑4면 백5의 붙이기가 성립되어 깨끗이 흑 죽음이 되었다. 그러나 이래서는 흑의 최강의 저항을 보이지 않았다. 흑4에서는 가로 누르고 백나면 흑4를 작용시켜서 절반 살려고 할 것이다.

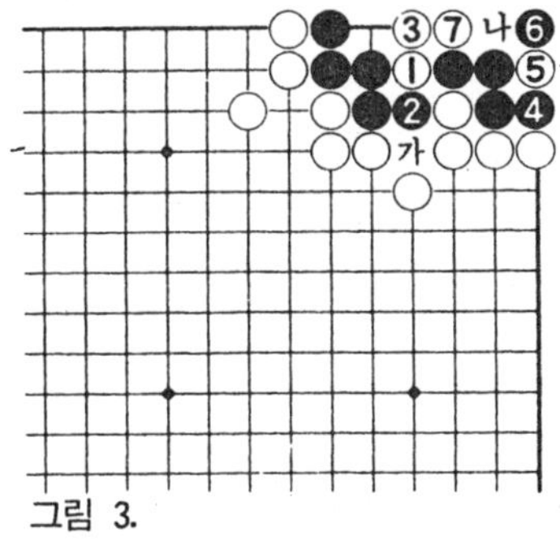

그림 3.

그림 3(백5, 수법) 흑4에는 백5로 던져넣는 수법이 있다. 흑6으로 잡게 하고 백7로 굽으면 양 밀 수 없음의 흑 죽음이다.

이 백5에서 가면 물론 흑7로 절반살기. 7의 굽기는 흑나로 문제외. 나의 붙이기로 좋을 듯하지만 흑6으로 던져넣는 패가 있다. 백5이어야 한다.

잡게 해서 죽이는 수법

돌을 크게 잡게하고 또 살기 모양을 주지 않기 위해서는 쉽지 않은 기술이 요구된다. 기본 수법이라고는 하지만 다소의 난해성은 각오하기 바란다. 잡게해서 죽이는 수법에는 내격, 돌밑 등을 들 수 있다. 그 연장 위에 고래로 적지 않게 작도되어 온 큰 내격도 있고, 돌밑의 진기한 형도 있을 것이다. 돌밑의 살기를 회피하는 수법도 그중에 포함시켜도 된다.

모두 잡게 한 후의 모양을 정확하게 규명하는 데서 출발한다.

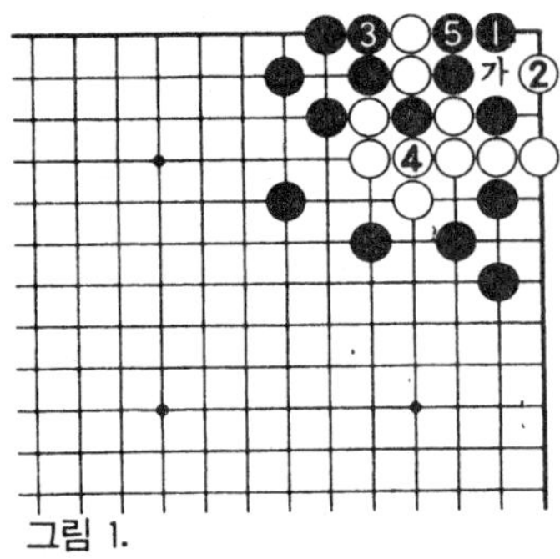

그림 1.

그림 1(5목 내격) 흑1의 걸쳐잇기로 5목 내격이 약속된다. 백2를 보고 나서 서서히 3, 5의 조르기를 결정하는 수순이다. 백 잇기면 흑가다.

그 조르기를 서둘러서 흑1에서 5로 단수하는 것은 백가로 되려 단수 당해서 귀에서의 살기가 있다. 또 흑1에서 가는 백1의 붙이기로 살기.

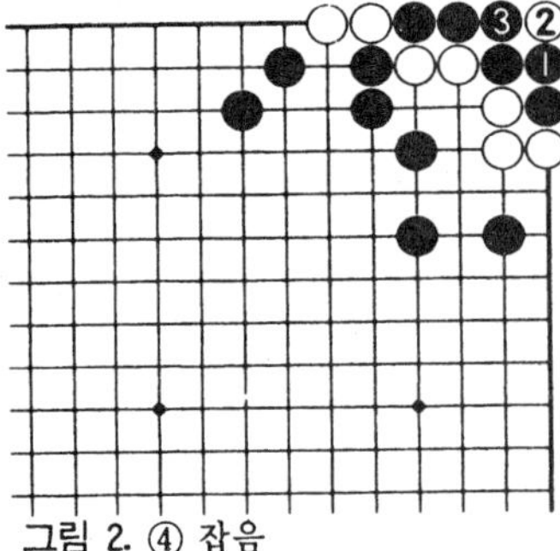

그림 2. ④ 잡음

그림 2(크게 버린다) 흑1로 아무래도 살지 못할 돌을 크게 만들어 상대에 약점을 만드는 모양으로 잡게하는 것이 큰 내격의 요령이다. 백도 2에서 3의 빼기는 흑한테 ●의 점을 관통당해 간단히 죽는다. 백2로 던져넣어 양빼기의 맥을 노리고 흑3으로 잡게하고 나서 빼는 것이 최강의 저항.

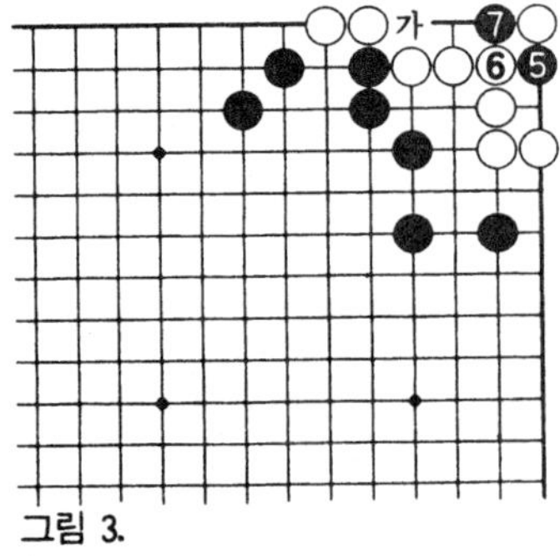

그림 3.

그림 3(발자취에 수 있음) 앞그림에 이어 그 빼기 발자취에 흑5로 착수하고 백6이면 흑7로 귀의 굽기 4목의 죽음. 백6에서 7이면 흑가로 먹여치고 이것도 문제없이 사형이다.

여기까지 오면 극히 알기 쉬운 모양인데 앞그림의 단계에서 끝까지 읽으려면 상당한 노력을 요할 것이다.

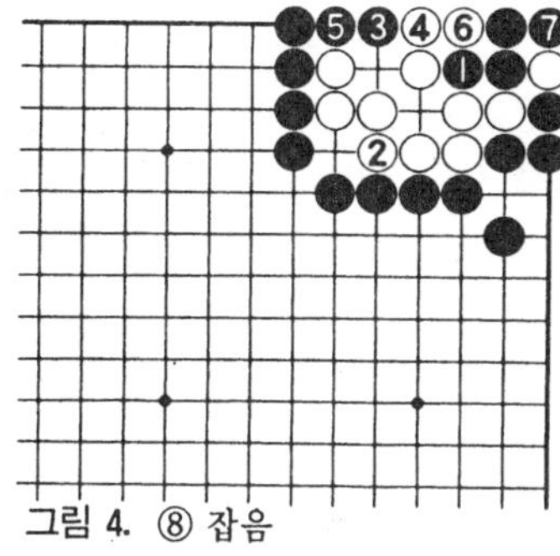

그림 4. ⑧ 잡음

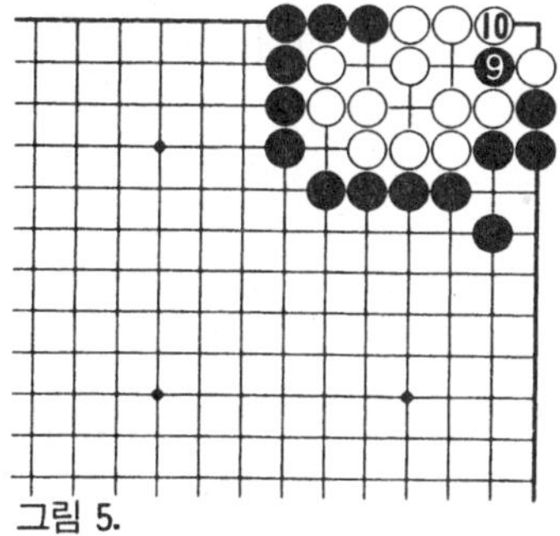

그림 5.

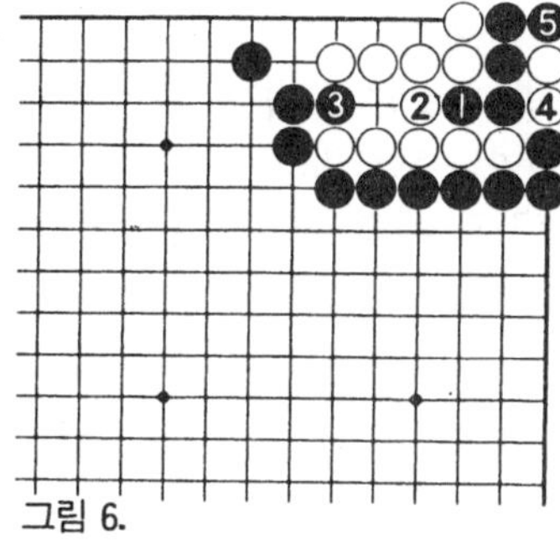

그림 6.

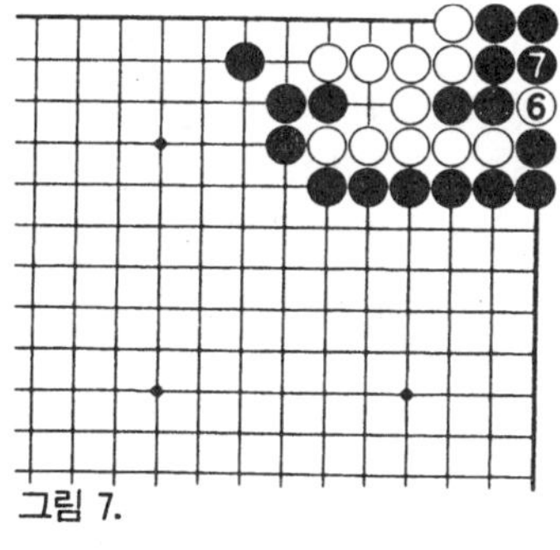

그림 7.

그림 4(번개형) 흑1의 들여대기가 번개형의 돌밑을 암시시키는 전제 공작이다. 백2로 바뀌어 흑3으로 놓고 백4, 6에는 흑7로 잡아 백의 빼기를 재촉한다.

흑1에서 3은 백1로 살기. 백4에서 5는 흑4인데 두점을 잡아도 되잡히는 사형이다.

그림 5(돌밑) 앞그림에 이어 흑9와 끊는 맥이 생긴것은 감히 하나로 뺀 효과다. 다만 이 모양은 백도 10으로 패로 버틸 수 있어서 이 패가 쌍방 최선이다.

『玄玄碁經』에 「象牙勢」로 명명된 모양. 앞그림 흑1이 상아를 연상케 한다는 셈이다.

그림 6(흑 모양) 흑1로 하나 나오는 수가 복선이다. 백2로 바뀌어 흑3으로 중앙의 집모양을 뺏으면 백은 4이하에서 회두리로 유도할 수밖에 없다. 흑1에서 귀의 수 석을 아낀 4의 잇기는 백1로 살기로 되고 중앙의 집모양을 뺏는다고 해도 흑1에서 3은 백1로 뒤가 재미없다.

그림 7(돌밑) 앞그림에 이어 백은 6으로 던져넣고 분명히 회두리의 모양이다. 그러나 상관않고 흑7로 빼고 백이 다시 6의 점에 두어 6점을 뺏을 때 ●의 점에 끊으면 바로 돌밑이 성립되었다. 앞그림 흑1로 나와 흑을 만드는 것은 이 맥을 본 것이었다.

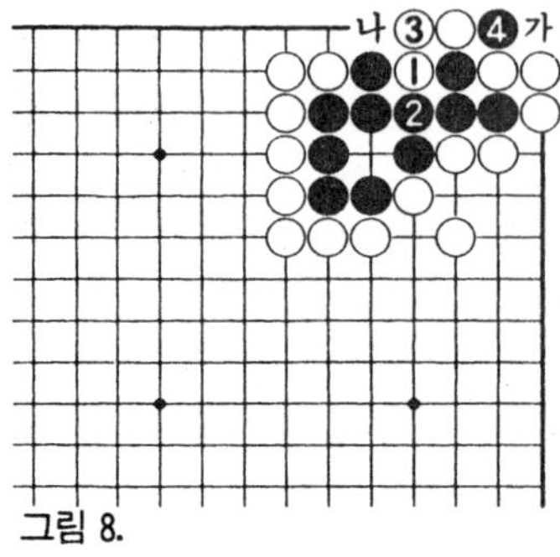

그림 8.

그림 8(석점의 맹점) 백1의 단수에는 흑2로 이을 수밖에 없는데 백3에는 흑4로 던져넣고 잘 되었다고 미소 지을 것이다. 백가의 빼기면 흑나로 추격이다.

이 추격을 기피하려면 백은 3에서 나로 젖힌다. 패라는 것으로 만족할는지도 모른다.

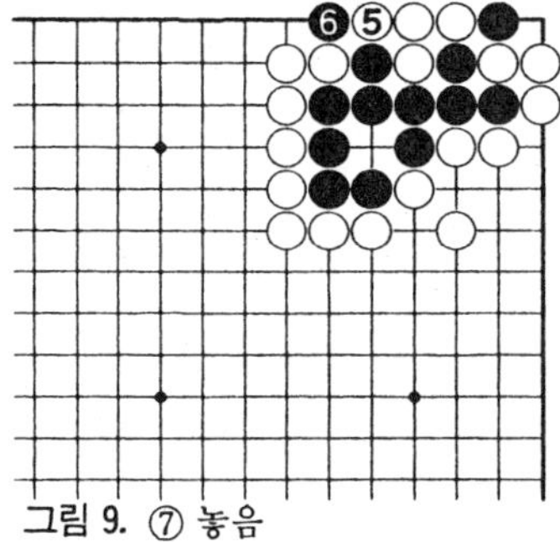

그림 9. ⑦ 놓음

그림 9(돌밑) 석점 이상을 빼면 한집이라는 사활의 상식에 도전하는 것이 백5로 크게 버리는 수다. 흑6으로 빼게하고 그 중앙에 백7로 놓았을 때 흑은 놀란 나머지 소리도 지르지 못할 것이다.

좌우의 먹여치기를 대응으로 삼고 두어보면 간단한 죽음이다.

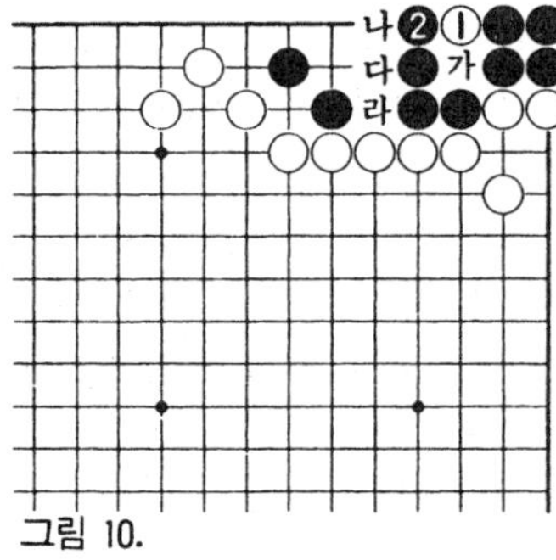

그림 10.

그림 10(돌밑인가) 흑의 모양은 매우 돌밑 비슷해서 백1의 단수를 두려면 보통이 아닌 용기를 요한다. 흑2일 때 백가로 빼면 물론 돌밑. 이제부터 백의 공작이 시작된다.

백1에서 2는 흑나, 백1에서 다는 흑라, 모두 돌밑을 피하기 어렵다.

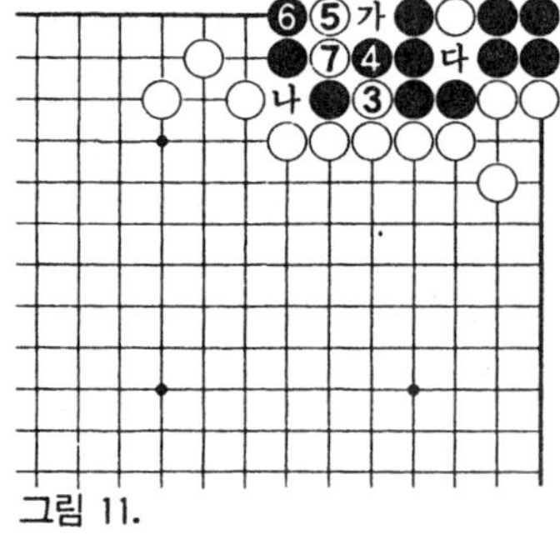

그림 11.

그림 11(공배 채우기) 앞그림에 이어 백3, 5로 나머지 한집에 접근한다. 흑6으로 차단할 수밖에 없으므로 백7로 던져넣고 흑가에는 다시 한번 7의 점에 던져넣어 흑나, 백다다.

백다의 빼기를 단수로 만들기 위한 백3 이하였다. 『玄玄碁經』의 「小鐵網勢」다.

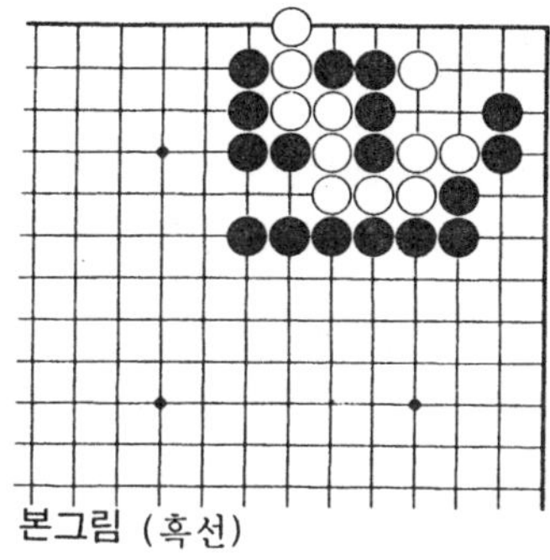

본그림 (흑선)

단 수

최종형까지 읽을 수 있을까. 어떤 모양으로 잡히고 어떤 수가 있는가를 생각한다.

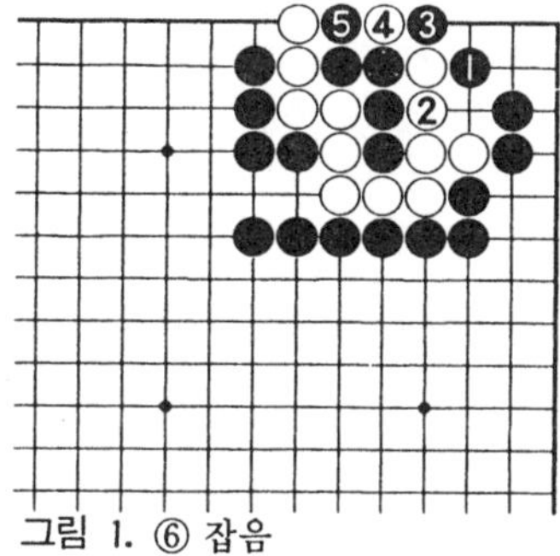

그림 1. ⑥ 잡음

그림 1(추격) 흑1의 마늘모붙이기에는 백2의 잇기이므로 거기서 흑3부터 5로 빼어 돌밑의 바람직한 모양으로 보인다. 백6으로 뺀 후 흑이 ●의 점에 단수, 순간에 돌밑인가 하고 가슴 설레이지만 백한테 그 밑에 되려 단수 당해, 추격이 되어 있다. 이 잡게 하는 방식으로는 안 된다.

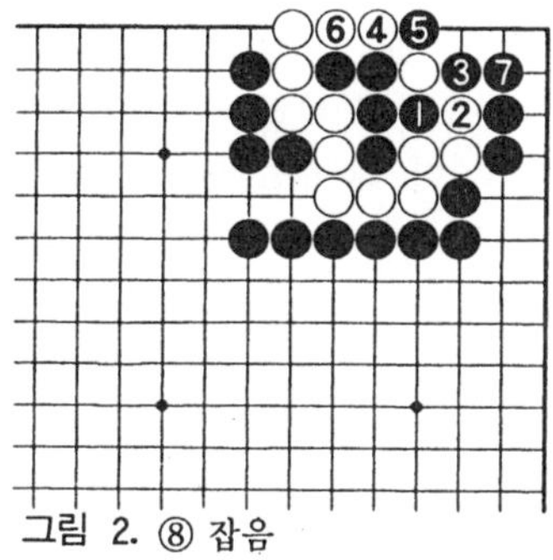

그림 2. ⑧ 잡음

그림 2(흑1, 3, 수법) 흑1, 3으로 내끊어 백4 이하의 추격 유인, 예에따라 크게 만들어서 버리는 요령이다. 다만 크게라고 해도 흑7로 이어 요석을 살리지 않으면 얘기가 되지 않고 백8로 다섯 점을 빵따내게 하고 나서 어떤 수가 있을까. 흑5의 한점은 단수로 되어 있는데…….

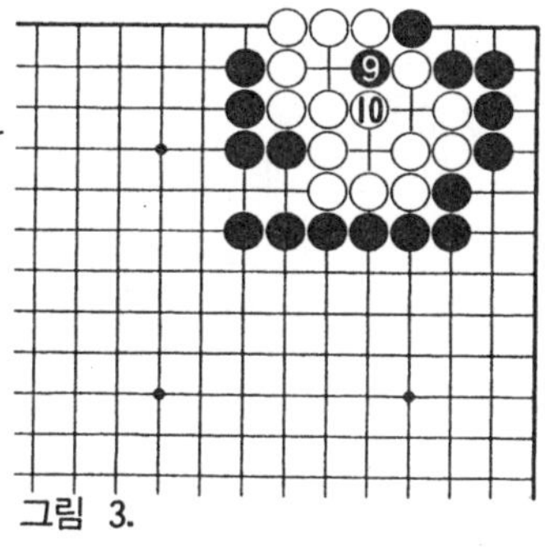

그림 3.

그림 3(되끊기) 한점의 단수에 상관없이 흑9로 되려 단수하는데까지 읽어 놓지 않으면 앞그림 이후는 도저히 결행할 수 없을 것이다. 백은 어디를 두어도 10의 점에 두기 당하면 죽음이므로 10으로 버티어 패로 유도할 수밖에 없는 모양이다.

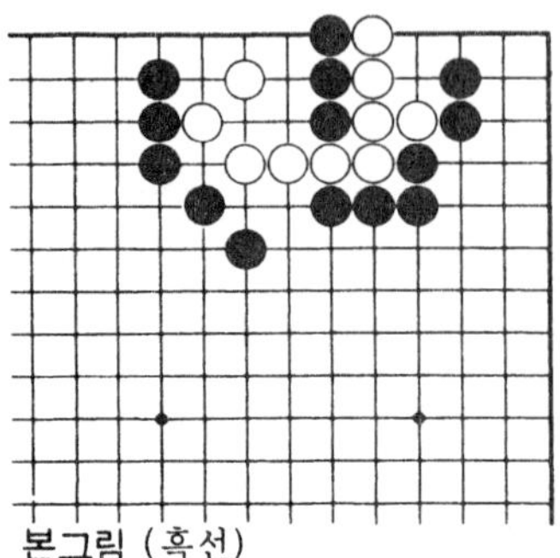

본그림 (흑선)

들여대기

밖부터 안으로 흔들어서 백의 저항에는 의외의 보복으로 5목 내격으로 유도한다.

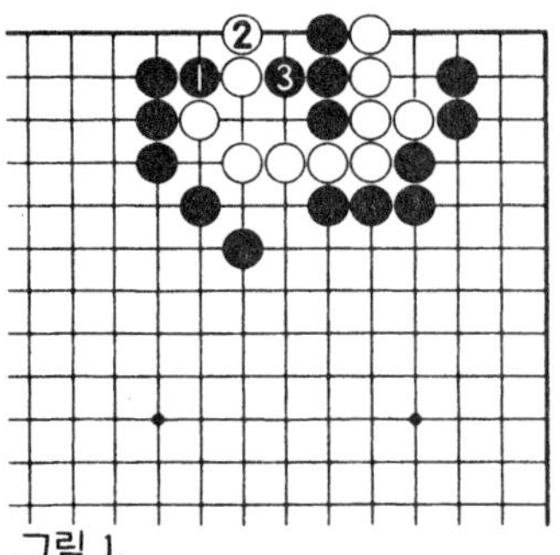

그림 1.

그림 1(내격이지만)　흑1로 들여대면 백의 품은 의외로 좁다. 백2면 흑3이 급소, 백2에서 3이면 흑2로 젖혀서 모두 내격의 죽음이긴 하다. 다만, 백2에서는 최강이라고 할 수 없다. 흑1에서 2면 백3으로 살기이고 흑1에서 3이면 백1로 살기의 모양이다.

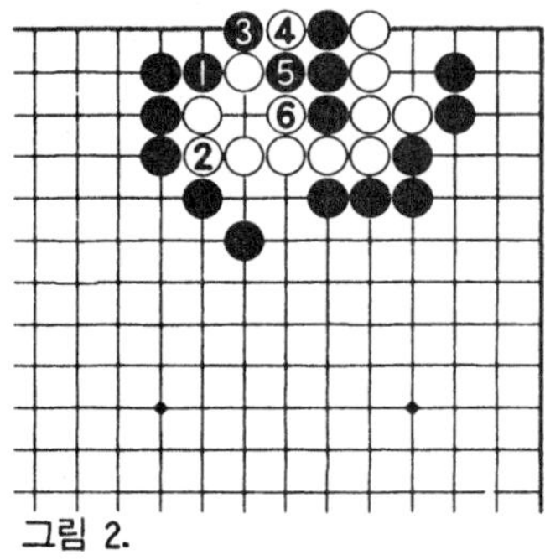

그림 2.

그림 2(패)　백2로 모퉁이를 이어 넓히는 편이 유력한 저항. 흑3의 젖히기에는 백4, 6의 패 버티기를 준비하고 있기 때문이다.

이 모양에서는 흑3에서 5는 6이고 흑3에서 6은 5로 살기. 따라서 흑3에는 필연성이 있는데 흑5는 어떨까.

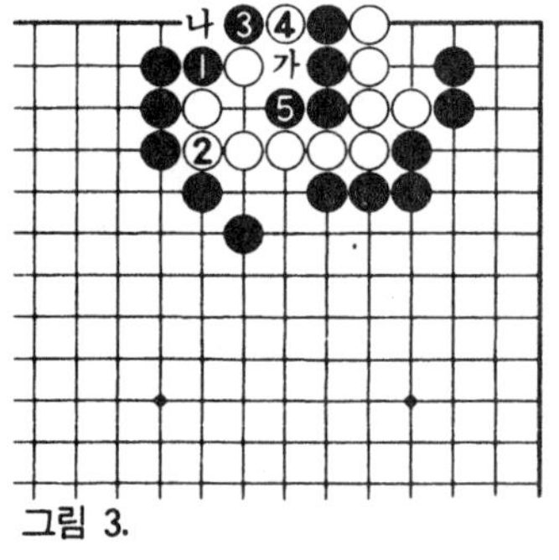

그림 3.

그림 3(흑3, 5, 수법)　흑3으로 젖혀 백의 품을 좁히는 동시에 백을 공배 채우기로 만드는 효과가 있다.

백4일 때 슬쩍 피하고 흑5로 굽으면 백가로는 둘 수 없고 나로 뺄 수밖에 없다. 흑가를 두면 어김없는 5목 내격의 사형이다.

돌 밑

두꺼운 모양은 얼마든지 사납게 할 수 있다. 두께와 묘수가 믹스하면 죽을 것같지도 않은 돌도 거뜬히 위태롭게 된다.

【참고보 17】

패감에 백2, 4로 연타했는데 이것은 흑7, 9의 묘수를 못 본 것이다. 퍽 우형인데 우형을 잡게 했을 때는 내격의 확률이 높다.

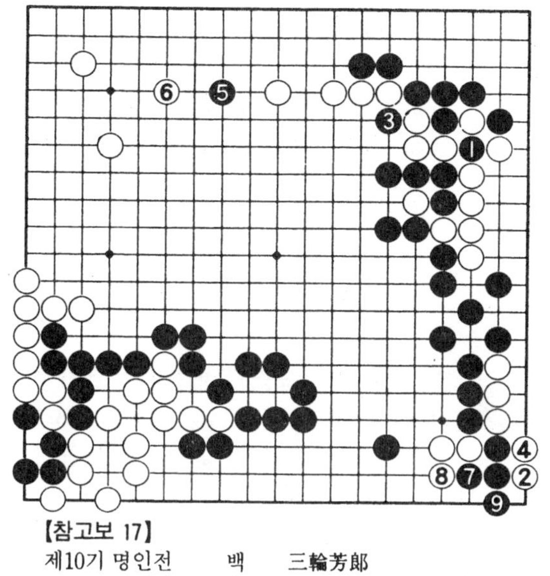

【참고보 17】
제10기 명인전　　백　　三輪芳郎
　　서선　　　　흑　　石田芳夫

참고그림 1(4목 내격)　보에 이어 백은 1이하 5로 우선 이것을 뺄 수밖에 없다. 뺀 모양은 4목 내격인데 보통 4목 내격이면 흑이 집을 뺏았을 때, 백가로 붙여서 편하게 산다.

그러나 이 귀의 4목은 보통 내격이 아니었다.

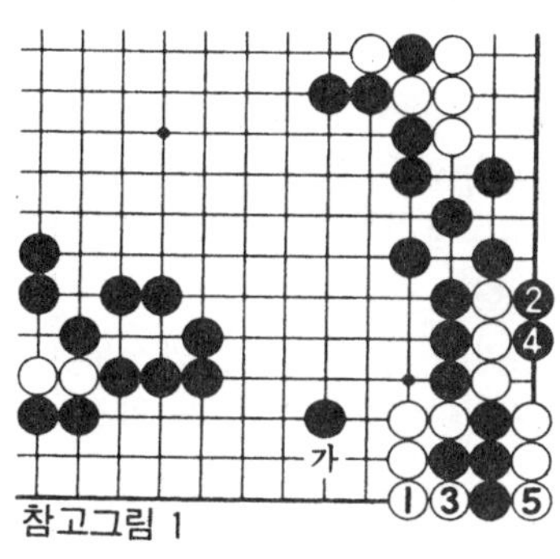

참고그림 1

참고그림 2(돌밑)　앞그림부터 흑 6으로 놓고 가의 추격을 본 돌밑이다. 백가로 지키면 흑나로 죽음. 따라서 백은 나로 붙여 보겠지만, 흑가 이후 또 한수를 어찌 두어도 흑이 너무 두꺼워 두집의 기색은 보이지 않는다. 백다면 흑라. 백라면 흑다, 백마, 흑바로 좋다.

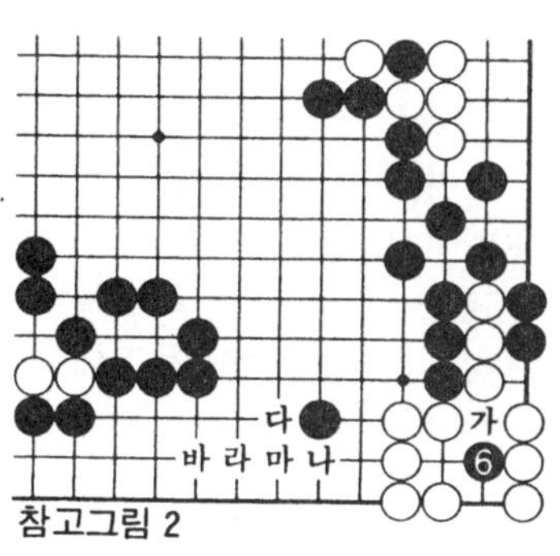

참고그림 2

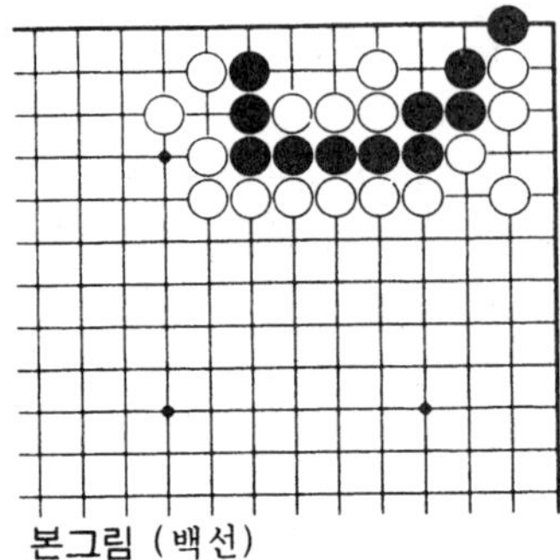

본그림 (백선)

누르기

집유무 포함의 큰 내격. 잡게 하고 다시 한 번 내격으로 유도한다.

그림 1.

그림 1(백1, 급소) 백1의 누르기부터 손을 댄다. 흑2로 놓게하고 백3으로 건너고 흑4에 백5로 이으면 큰 내격의 징후 충분. 다만, 잡게한 뒤에 수가 있는 여부는 이 단계에서는 결정할 수 없다.

백1에서 3은 흑1로 살기. 흑2에서 3은 백2인데 집유무의 수 패배다.

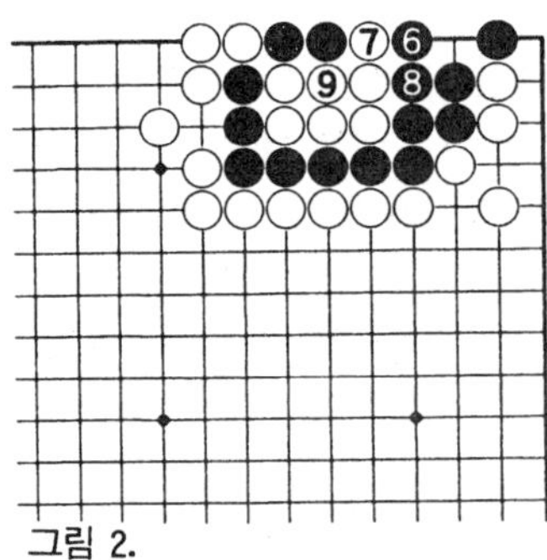

그림 2.

그림 2(외길) 흑6의 마늘모가 호수인데 우선 회두리로 백점을 잡을 수 있다. 이제 7의 기기는 백6으로 어쩔 수 없다.

백7에 흑8 이하 ●의 점에 던져넣고 나서 8점을 빵따내기까지는 외길이다.

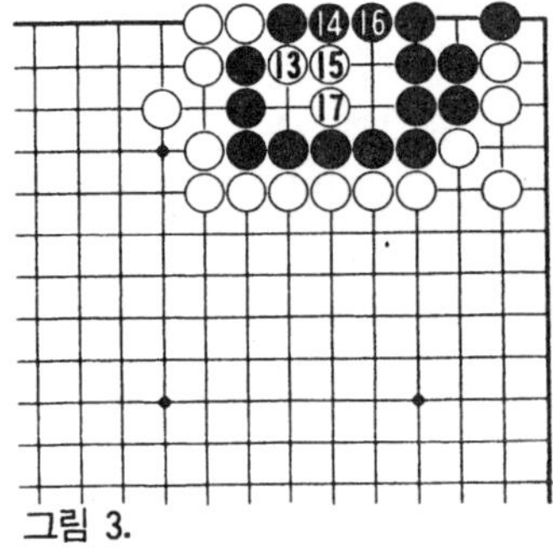

그림 3.

그림 3(5목 내격) 뺀 자국을 백13으로 끊는다. 그리고 15로 단수, 17로 굽어서 5목 내격이다.

흑14에서 15로 단수해도 백14로 빼서 죽음. 백17을 손빼기하면 동점에 두기 당한 비김수다.

본그림부터 여기까지를 다 읽는 것은 지난한 일일 것이다.

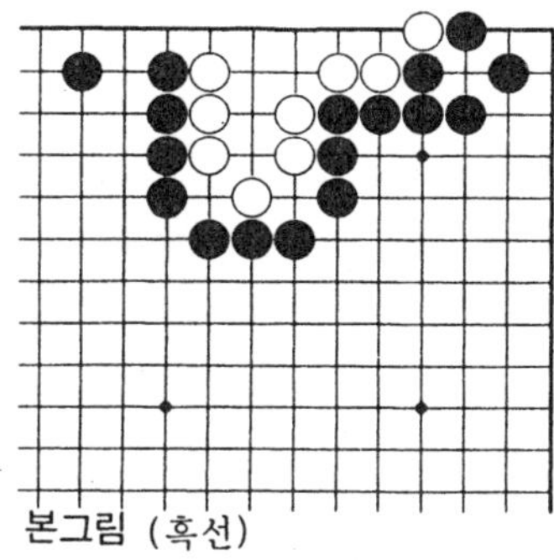

본그림 (흑선)

놓　　기

극히 자연스러운 모양부터도 돌밑이 생긴다는 예다. 공배 채우기의 무서움이다.

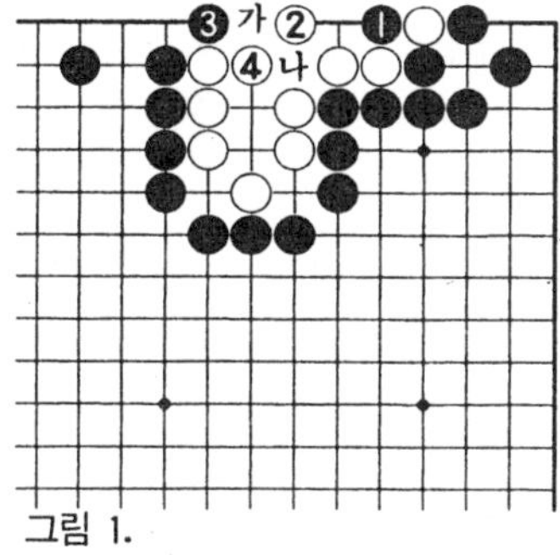

그림 1.

그림 1(들어가기)　흑1로 빼고 3으로 젖혀서 바깥부터 품을 좁히는 맥은 백4의 들어가기로 좌절된다. 백4에서 부주의하게 가의 누르기는, 흑에 1의 우측에 잇는 호수가 있어서 이하를 아무리 몸부림쳐도 죽음이 된다.

흑1을 4의 붙이기면 백나로 이어서 착실히 살기.

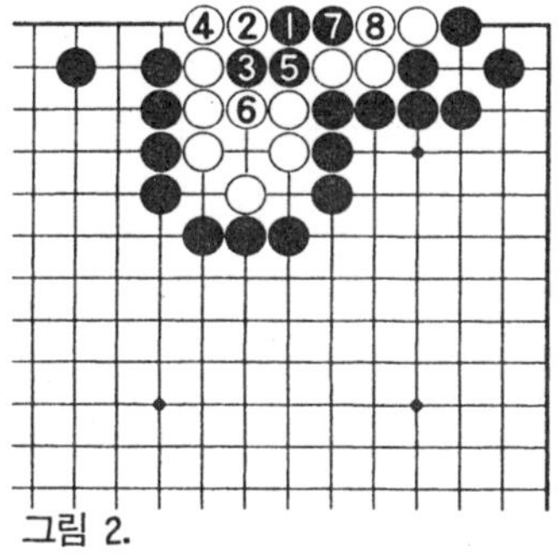

그림 2.

그림 2(흑1, 급소)　흑1의 놓기가 좋다. 백2의 마늘모붙이기는 최강인데 흑3, 5로 단수 이어서 돌밑이 보이기 시작했다.

백2에서 5의 잇기면 흑4로 건넌다. 백2에서 3의 굽기면 흑8로 건넌다. 그 양 건너기를 동시에 저지하는 것은 백2밖에 없고 백8까지는 외길이라고 해도 좋다.

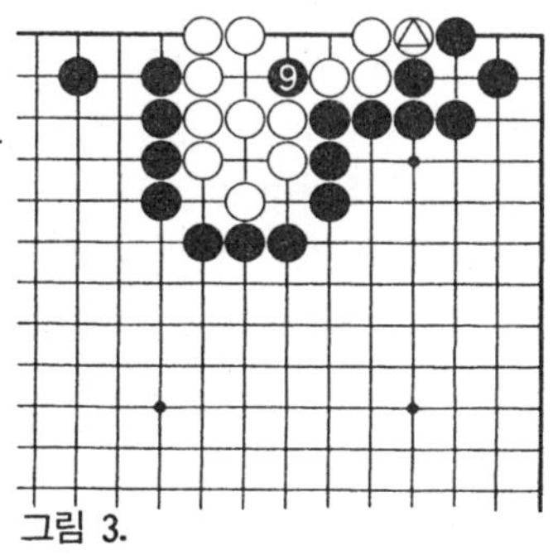

그림 3.

그림 3(돌밑)　앞그림에 이어 흑9로 끊으면 전형적인 번개형의 돌밑이다. 근소한 숨막힘이 비극을 낳는다.

아무 생각없이 젖혀서 공배 채우기로 되어 있는 ◈을 개별적으로 공개하지 않고 전체적 공배 채우기에 편입한 것이 흑의 성공의 원인이다.

371

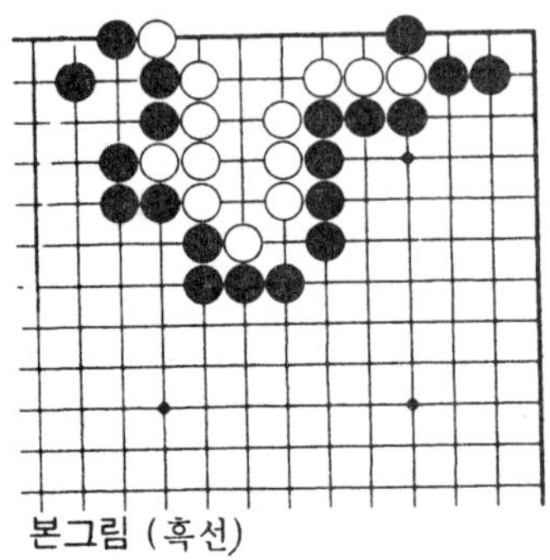

본그림 (흑선)

놓　기

작은 쪽의 공후(악기 이름)와 모양도 비슷하고 스타트도 비슷하지만 마무리의 맥이 크게 다르다.

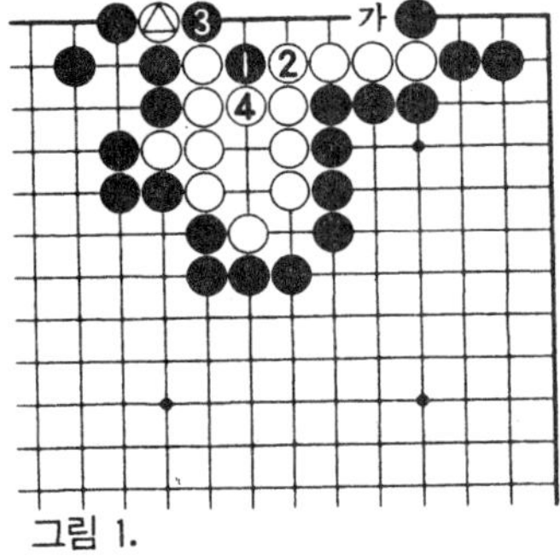

그림 1.

그림 1(노림수)　흑1의 붙이기는 백2로 잇기 당해 역시 꼭 맞는 살기다. 그렇다고 흑1에서 가나 3 등으로 바깥부터 공격해도 백의 품이 작은 공후보다 큰만큼 문제가 되지 않는다.

노리는 곳은 △의 공배채우기다. 어떻게 전체에 편입할까.

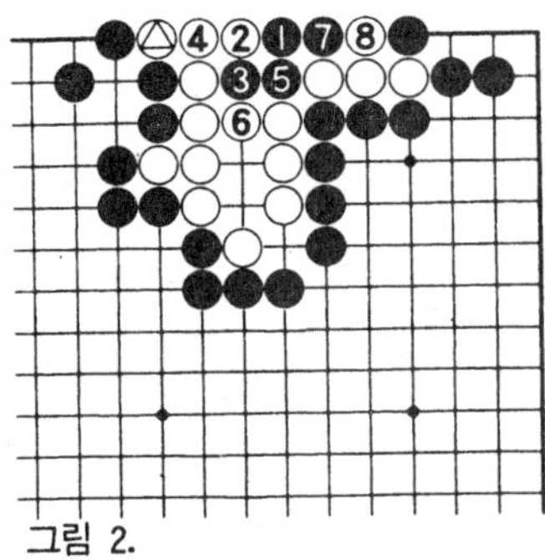

그림 2.

그림 2(흑1, 급소)　흑1의 놓기가 역시 급소인데 좌우에의 건너기를 노리고 있다. 동시에 막기에는 백2의 마늘모붙이기 밖에 없으므로 흑3으로 단수해서 △의 공배 채우기를 전체의 공배 채우기로 확대했다. 그 효과가 언제 나타날까. 지금은 우선 흑5, 7로 번개형으로 백에 잡게 한다.

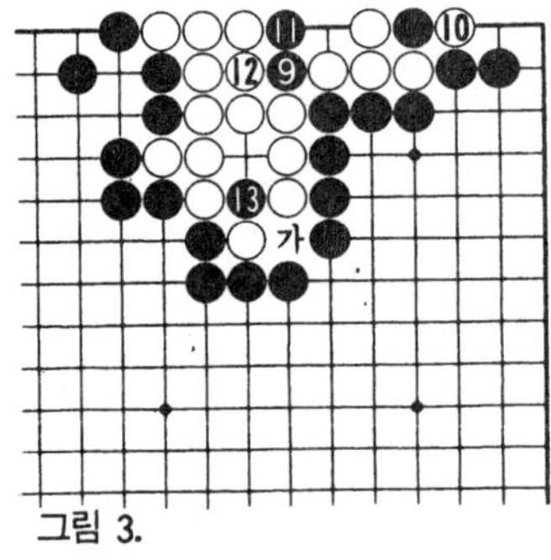

그림 3.

그림 3(공배 채우기)　앞그림에 이어 흑9로 단수하면 백은 10으로 뺀다. 흑11에 백12도 부득이하고 지금까지 모양을 결정하면 흑13의 던져넣기가 자연히 번쩍거릴 것이다. 백가로 중앙의 집모양을 유지하는 수는 공배 채우기 때문에 둘 수 없다. 백12에서 13이면 흑가인데 양 밀 수 없음이다.

372

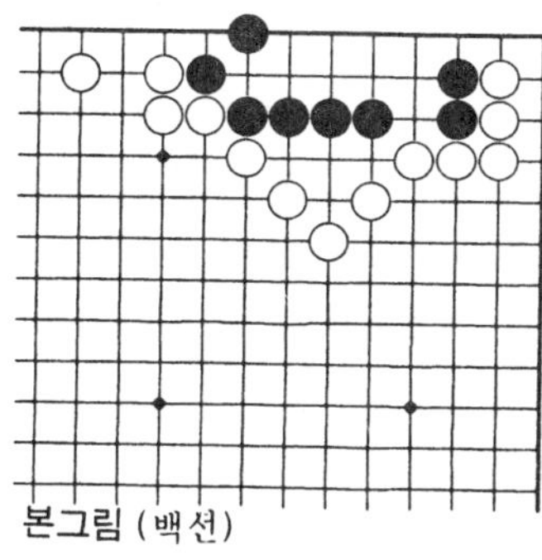

본그림 (백선)

놓　기

평범한 모양부터 난해한 공방으로 발전한다. 돌밑 휘감기기의 내격인데 흑에도 끈기가 있을 것이다.

『玄玄碁經』의「飛魚勢」에서 발췌.

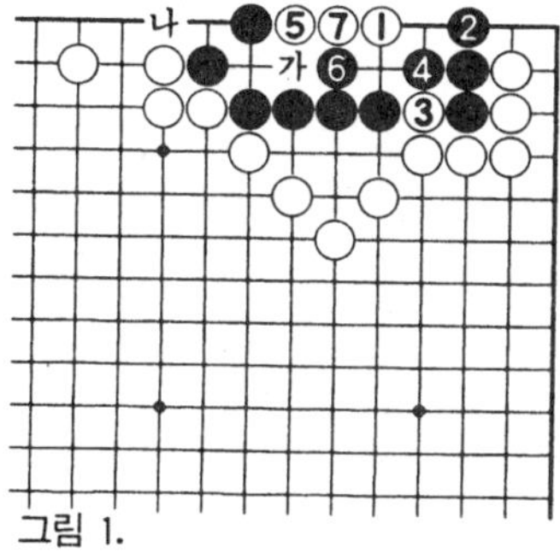

그림 1.

그림 1(백1, 5, 수법)　백1에서 2의 젖히기나 3의 나오기를 결정하면 단서를 스스로 잃는다. 단순히 놓고 흑2를 보고 3으로 나오는 수순. 흑2에서 4라도 결과에 대차가 없다. 흑2에서 7은 백가, 흑6, 백2다.

백5의 붙이기가 계속되는 급소. 흑6에서 가는 백7, 흑6, 백나로 죽음.

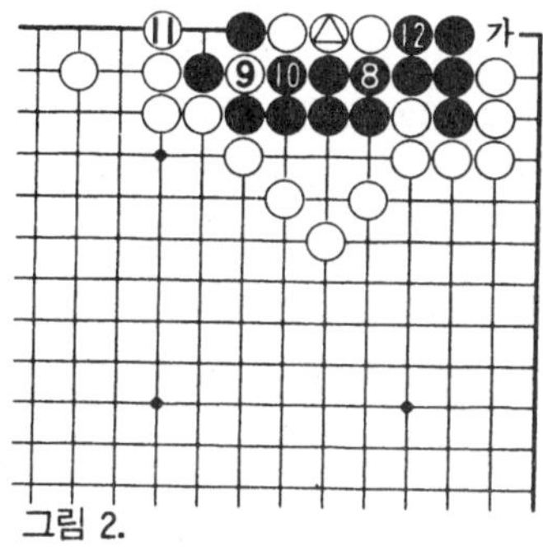

그림 2.

그림 2(내격)　흑8의 잇기는 우둔한 수 같지만 10에서는 백11로 죽음. 또 흑8에서 9의 잇기는 백8, 흑10, 백가, 흑12 이후 백은 △의 점에 붙여서 돌밑 아닌 죽음이다.

백9로 던져넣고 11로 처져서 3목 내격처럼 보인다. 그러나 이 흑에는 탄력이 있다.

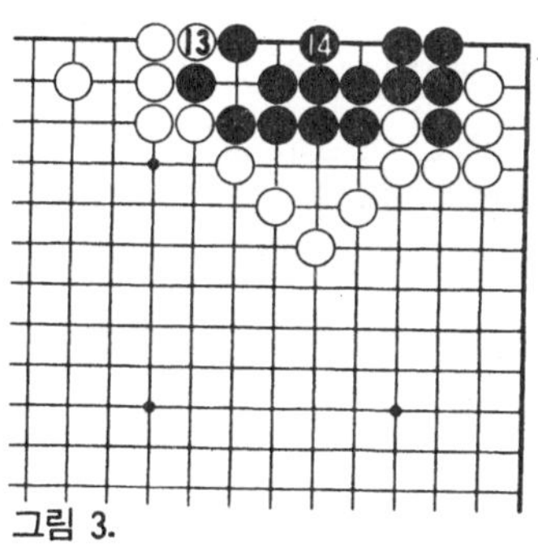

그림 3.

그림 3(버티기)　백13의 단수에 흑14로 들어가고 여하간 패로 되었다.

본그림의 넓은 모양부터는 상상도 할 수 없이 옹색한 패인데 백의 내격을 잡으러 가서 몸 공배를 채웠으므로 도리가 없다.

이런 종류의 수법에도 이와 같이 실전적인 모양이 있다.

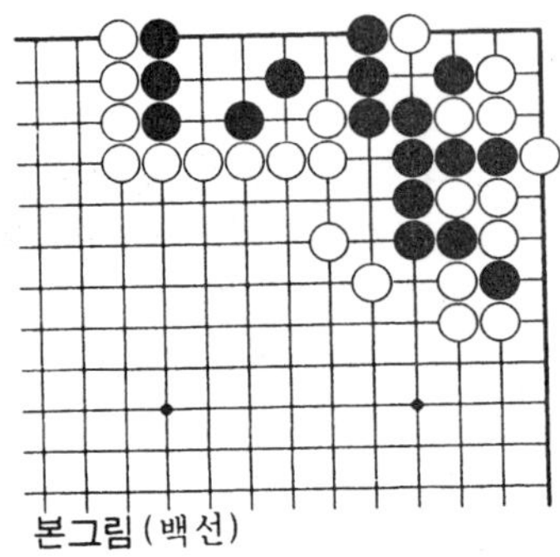

본그림 (백선)

놓　기

돌밑으로 집모양을 뺏고 돌밑의 집 모양을 피한다는 욕심 부린 모양.

본그림은 『玄玄碁經』의 「田文度關 勢」에서 발췌.

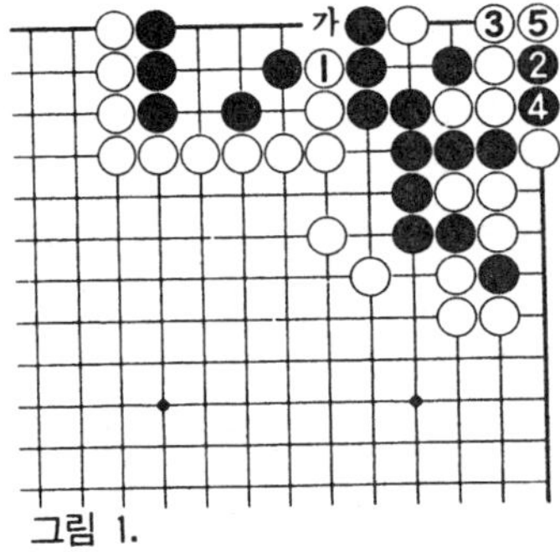

그림 1.

그림 1(백3, 수법)　먼저 백1로 나온다. 흑가는 백3으로 죽음이므로 흑2 이하로 귀에서 공작하는 것은 당연할 것이다. 백3에서 4는 흑3으로 패인데, 자신이 있으면 백3으로 뻗어 흑4 이하의 추격을 감수하게 된다.

백3에서 가는 너무 마음이 약하다.

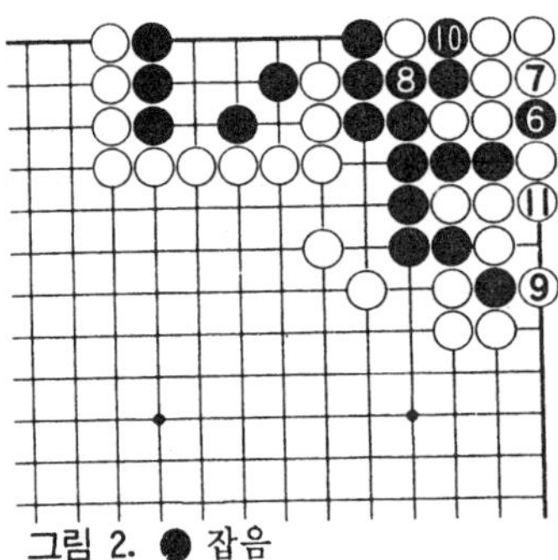

그림 2. ● 잡음

그림 2(한집은)　흑6으로 던져넣고 흑8로 공배 채우기의 속도가 한수 늦어지는 것은 아프지만, 백도 9로 빼야 하므로 마찬가지다.

흑10으로 빼고 우선 한집. 그리고 12와 6석을 빵따내면 한집 쯤은 더 있을 듯하지만……

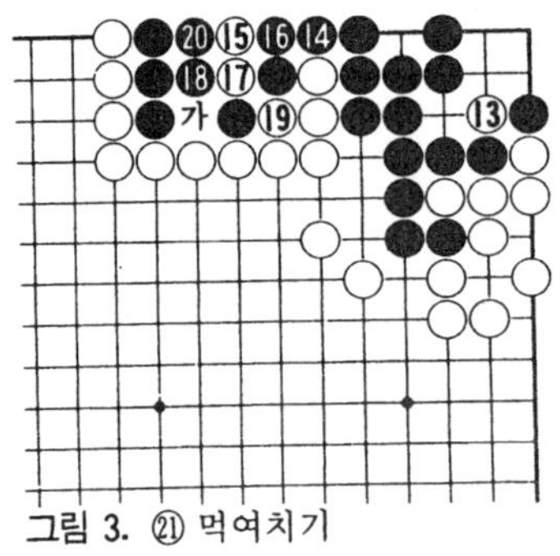

그림 3. ㉑ 먹여치기

그림 3(백15, 수법)　백13으로 끊기워서 귀에는 한집도 없다. 그렇다면 하고 흑14의 건너기. 그러나 이것에도 백15의 놓기가 있고 17로 들여대는 계속 수단이 있어서 흑 죽음이 되었다.

백15에서 가, 흑18, 백15의 놓기는 흑16, 백17, 흑20, 백17일 때 흑19로 이어서 돌밑의 살기다.

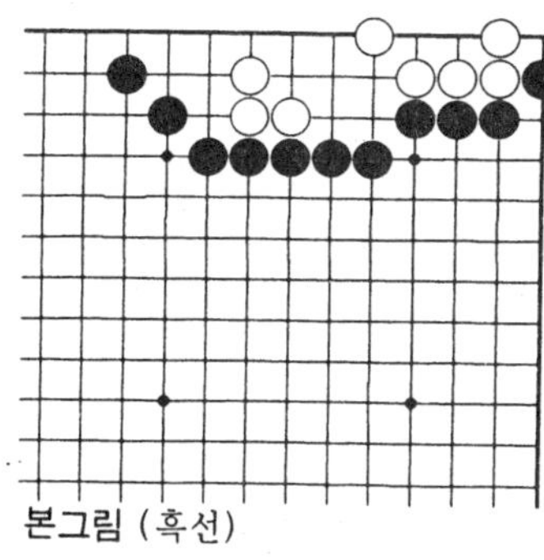

본그림 (흑선)

놓 기

역사상 가장 난해한 채우기의 하나인데 수법의 하나하나는 기본에 충실. 그 구성이 어려울 뿐이다.

본그림은 『玄玄碁經』의 「臨危見機勢」에서 발췌.

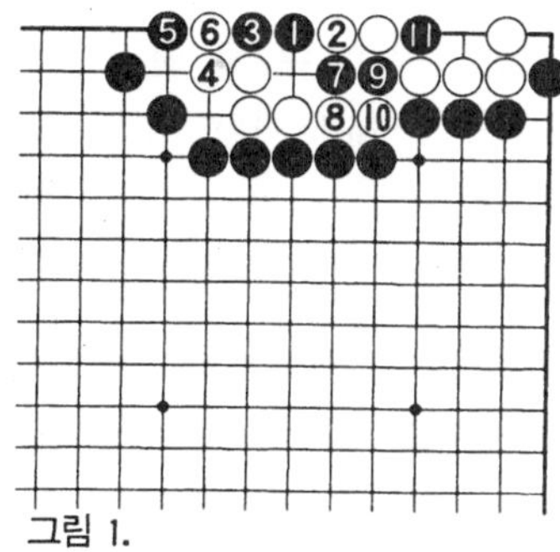

그림 1.

그림 1(흑1, 5, 수법) 흑1로 놓고 백3이면 흑9로 들여대서 죽인다. 백2는 흑9에 대비하면서 흑3의 건너기를 막은 것. 흑3의 의미는 다음 그림에서 밝혀질 것이고 흑5의 마늘모는 흑7 이하를 두고 나서는 작용하지 않는 것을 예상하고 있다.

극히 모두 당연한 수다.

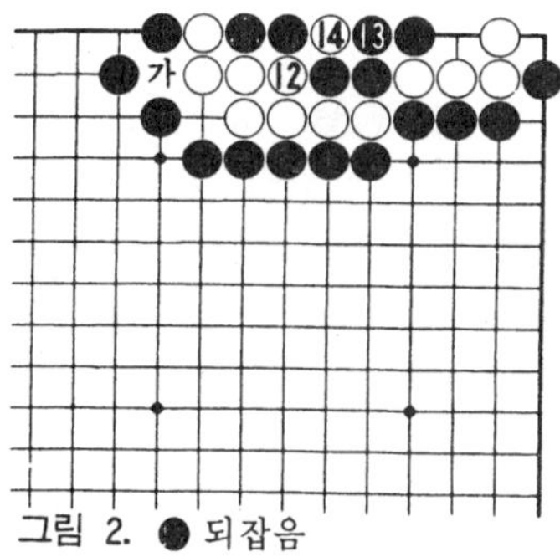

그림 2. ● 되잡음

그림 2(흑13, 수법) 앞그림에 이어 백12로 단수한다. 흑13으로 잇고 이때 ●(앞그림 흑3)이 백의 패 버티기를 막는 수법이 되어 있는 것을 알아차릴 것이다. 백12에서 13은 흑가로 채우기 당해 수 패배가 된다.

백14로 두점을 잡고 흑이 되잡고 차도로……

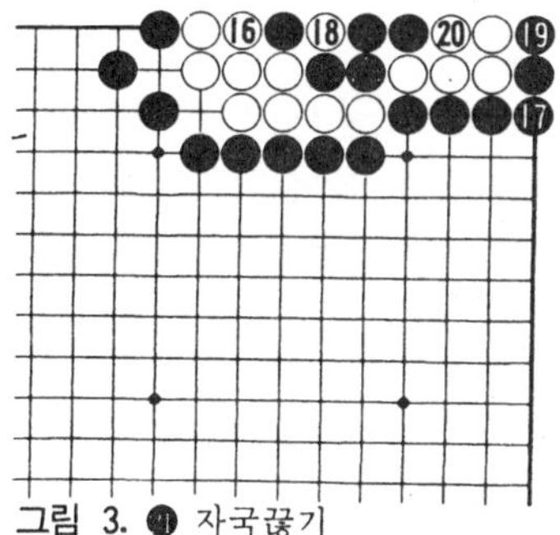

그림 3. ● 자국끊기

그림 3(번개형) 백16으로 단수, 패인가 생각되지만 사실은 그렇지 않다. 외면하고 흑17부터 19로 채우는 수가 있고 백20으로 넉점을 뺏을 때 ●의 점에 끊어서 무조건 죽음이 되어 있다.

여기서 앞그림 흑13이 돌밑의 준비였던 일이 판명된다.

끊   기

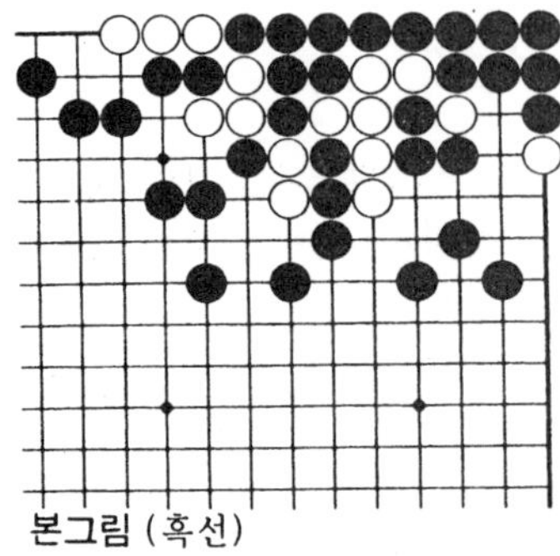

본그림 (흑선)

최대의 내격이다. 道策의 작이라고
전해지는 「香餌懸魚의 그림」의 일부.

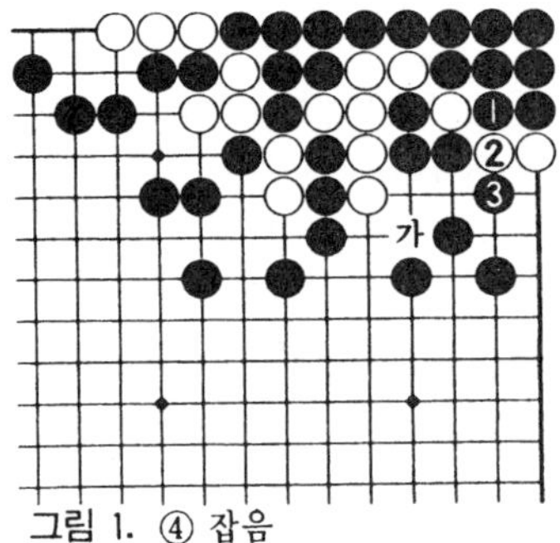

그림 1. ④ 잡음

그림 1(흑1, 수법) 흑1로 일단 잡
고 크게 만들어서 잡게 하는 것이 항
용의 내격의 요령이다. 백2의 단수로
추격이므로 이렇게 되면 흑3으로 16
점을 버릴 수밖에 없다.

그리고 흑3은 이 한수이고 예를 들
어 흑이 가 등으로 두면 뒷수습이 잘
안 된다.

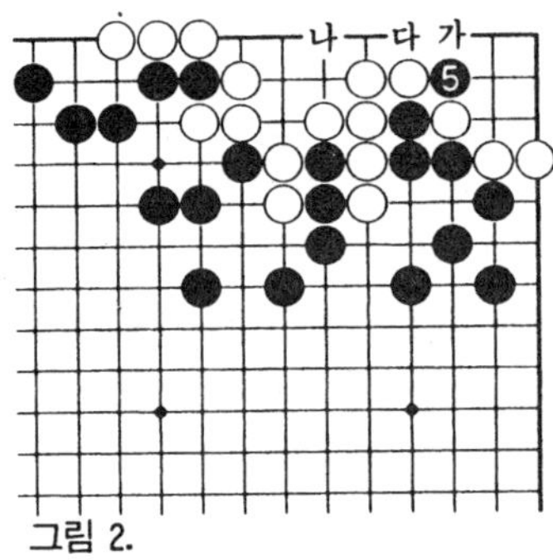

그림 2.

그림 2(자국 끊기) 앞그림에 이어
흑5로 끊으면 ●의 필연성이 분명할
것이다. 귀의 석점은 이미 살지 못하
고 넓게 보이는 상변도 백가가 작용하
는 정도로는 두집 작성은 불가능이다.
백나면 흑다, 백다면 흑나인데 요는
이대로 죽어 있다는 것이다.

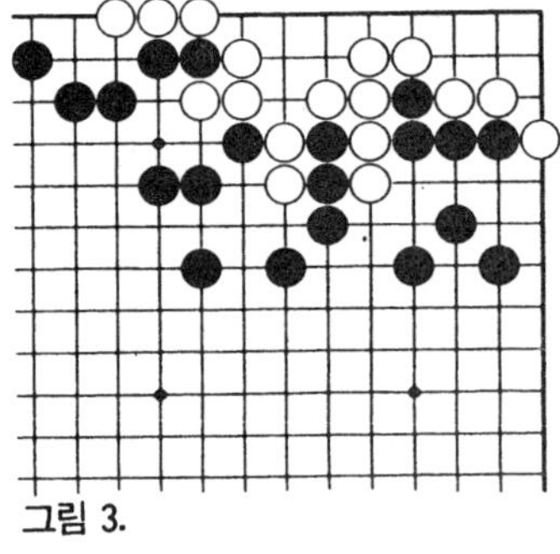

그림 3.

그림 3(흠집의 유무) 〈그림 1〉에
서 한점을 크게 만들어서 버리지 않으
면 이 모양이 된다. 물론 백 살기다.

다만, 뭐든지 크게 만들어서 버리면
된다는 것은 아니다. 크게 만들어서
버리는 수가 상대에게 어떤 약점을 조
성하느냐를 정확하게 보아 놓지 않으
면 손해를 볼 뿐이다.

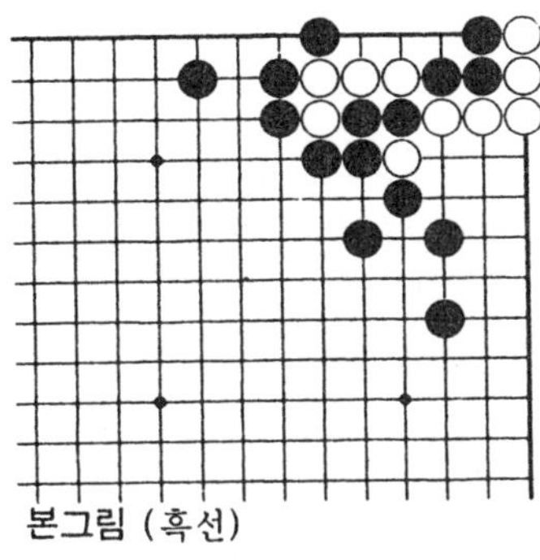

본그림 (흑선)

불평하기

내격으로서 잡게 하는 돌은 소위 우형일수록 잡은 쪽이 곤란하다.

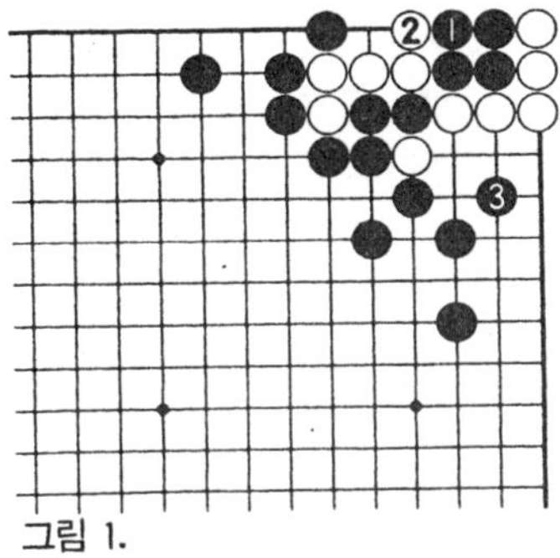

그림 1.

그림 1(무저항) 흑1로 우형 중의 우형인 바 4로 만들어서 백2로 빼게 할 것을 생각한다. 보통은 흠집이 없는 모양으로 넉점 이상을 빼면 선수 한집이 되는데 이 모양에 한해서 후수 한집. 흑은 유유하게 3으로 돌아서 죽인다. 그러나 생각해 보면 백2를 서두를 필요는 없다.

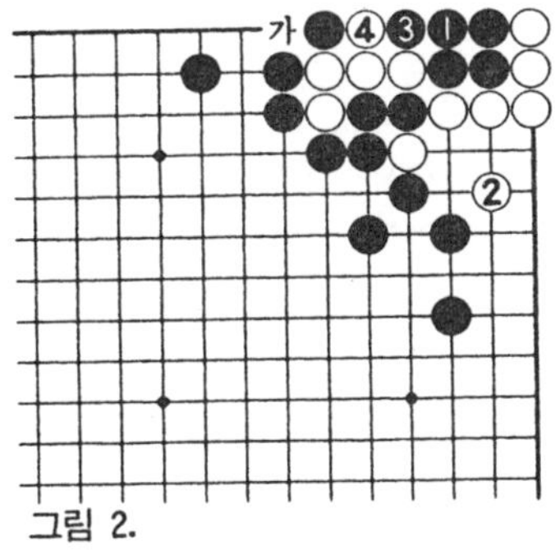

그림 2.

그림 2(흑1, 3, 수법) 백은 당연히 2로 바깥에 한집을 구할 것이다. 앉아서 기다리고 있으면 백3으로 빼기 당해 살기. 흑3으로 크게 만들어서 버리는 것이 항용 요령이다.

흑3에서 4쪽부터 단수, 백3으로 빼기 당하면 뒤가 없다. 흑이 ●의 점에 단수해서 가로 빼기 당할 뿐이다.

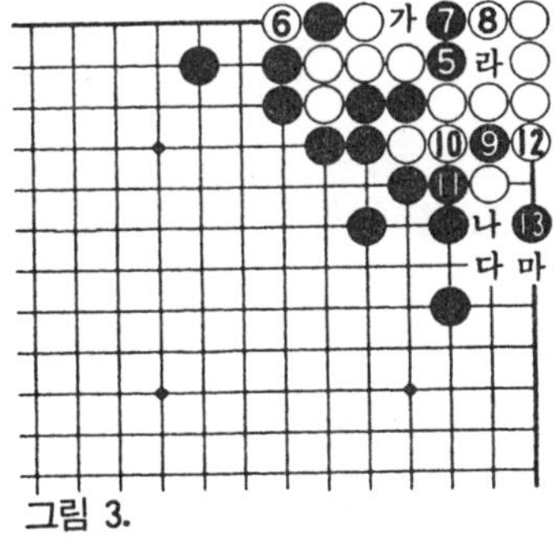

그림 3.

그림 3(공배 채우기) 앞그림에 이어 흑5로 단수 7로 처지는 것이 백의 공배 채우기를 유발하는 수법이 된다. 백8을 생략하면 흑가. 흑9, 11로 이쪽의 공배도 채우고 13의 뛰기가 패 버티기를 피하는 맥. 백나, 흑다, 백라일 때 흑마로 이으면 9의 점이 집모양으로 되지 않는다.

377

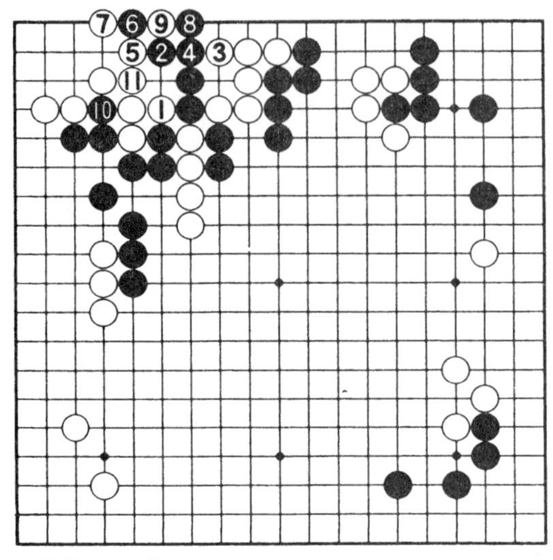

【참고보 18】

마늘모

내격의 죽음은 부주의하면 못보기 쉽다. 일찍 주의할 필요가 있다. 돌을 잡게하는 모양이 문제다.

【참고보 18】

백1의 절단에 흑2로 빗겨둔 것이 나 중의 공방을 다 읽은 호수. 백3, 5에는 흑6, 8로 일단 패모양으로 만든다. 옆패는 흑에 많다.

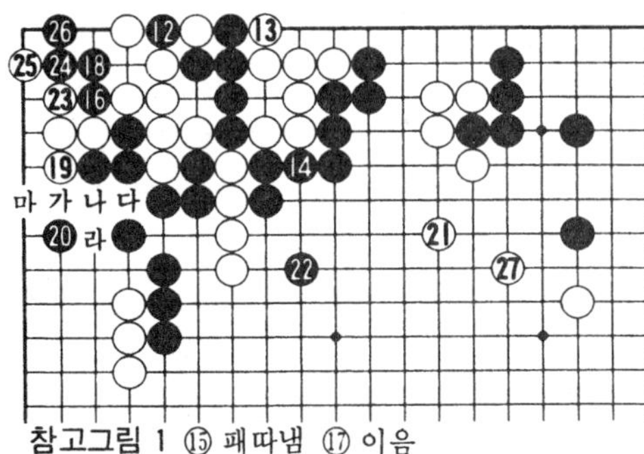

참고그림 1 ⑮ 패따냄 ⑰ 이음

참고그림 1(이후의 진행) 보에 이어 흑16, 18로 패 교체를 구하고 백19의 기기로 수수를 늘였다. 흑20에서 가는 백나, 흑다, 백20, 흑라, 백마로 패맛이 생긴다.

흑26으로 한수 승리. 그리고 백의 집모양에 노림수가 있다.

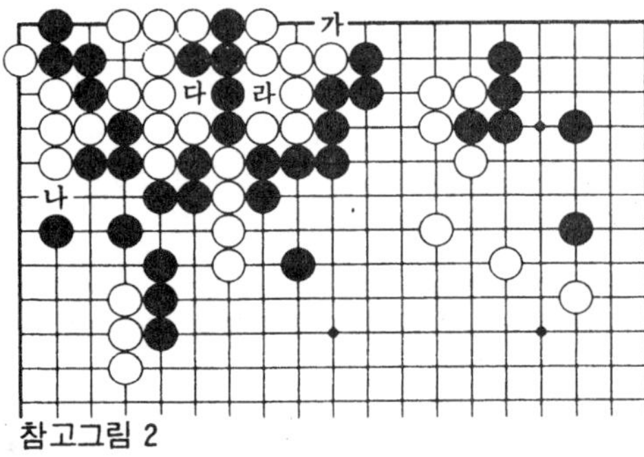

참고그림 2

참고그림 2(흑의 노림수) 위그림의 백은 흑가와 나의 둘이 오면 집이 없다. 백다, 라로 5석을 빼도 ●의 점에 놓기 당해 내격의 죽음이다.

이하의 싸움은 이 맛을 포함하고 진행했다.

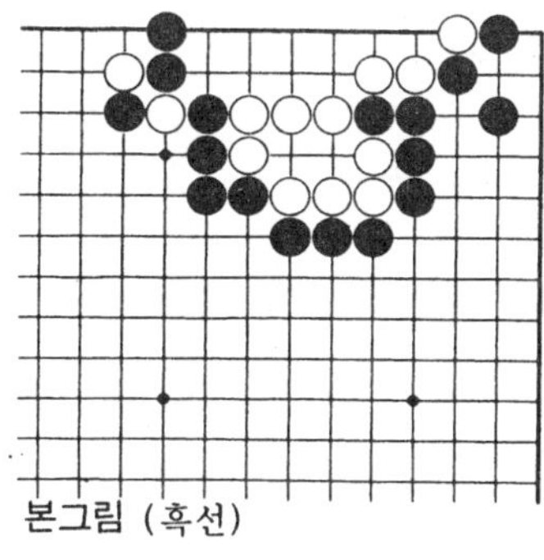

본그림 (흑선)

마늘모 붙이기

무리하게 돌밑으로 끌어들이는 이상한 수법이 있다.

본그림은 『玄玄碁經』의 「盤蛇勢」에서 발췌.

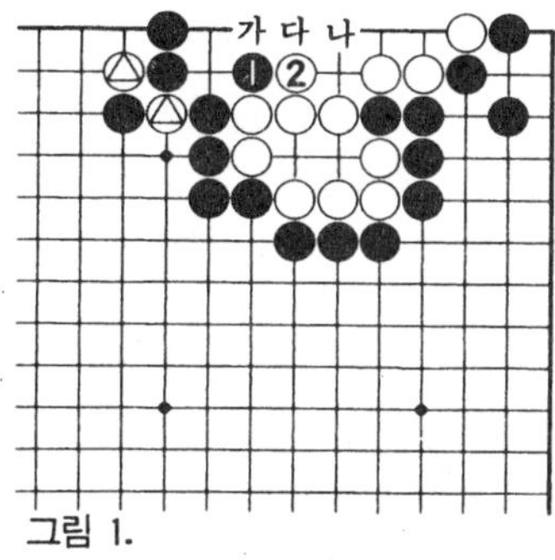

그림 1.

그림 1(평범) 흑1의 젖히기에서는 백2로 눌리워서 숨끊어지기다. 또 흑1에서 가의 뛰기는 백나, 흑1에서 다의 2칸도 백나인데 모두 후속이 없다. 실전에서는 통용되지 않는 사고 방식인데 수싸움인 경우이면 상변의 ◎ 두점이 무엇을 의미하느냐 생각해 보는 것도 필요할 것이다.

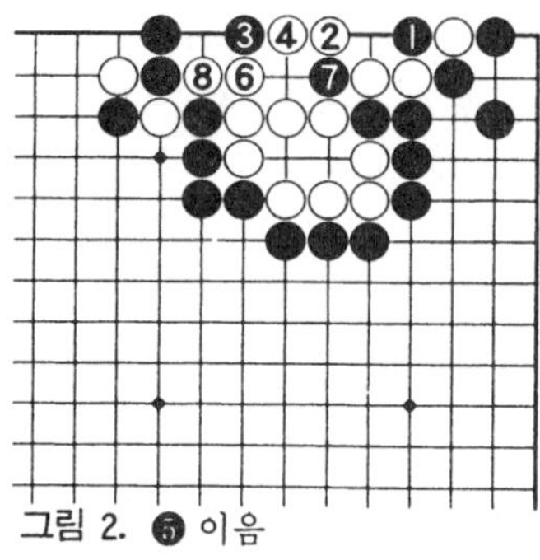

그림 2. ❺ 이음

그림 2(밖에 영향) 흑1 이하 백4까지를 결정하고 1의 우측으로 착실히 잇는 것도 유력한 맥이다. 백6에는 흑7의 던져넣기가 있기 때문인데 그러나 이 경우는 백8로 상대하지 않고 흑3의 한점을 잡고 사는 수가 있다. 바깥에 붙어 있는 백 두점은 이 흑1 이하를 막은 것이다.

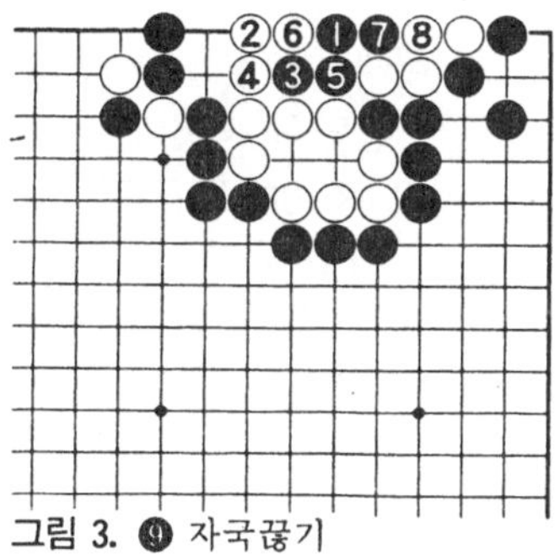

그림 3. ❾ 자국끊기

그림 3(흑3, 수법) 여하간 백한테 두기 당하면 곤란한 1의 점에 선행한다. 좌우의 건너기를 저지하려면 백2밖에 없지만 거기서 흑3의 마늘모 붙이기가 상식을 벗어난 수법. 백4로 차단 당해도 흑5로 끊으면 나중은 이미 익숙한 돌밑으로 진행한다.

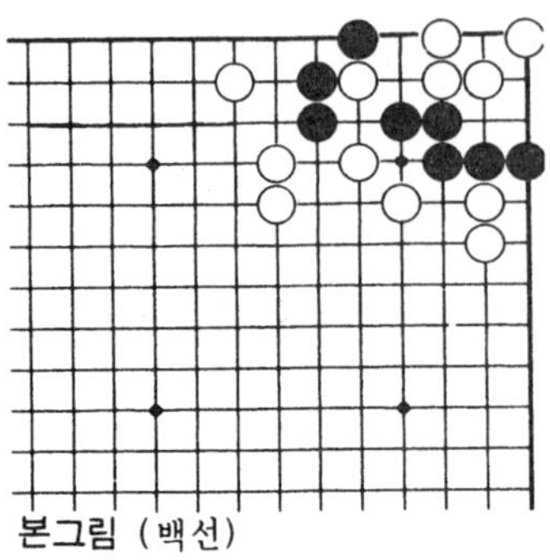

본그림 (백선)

잇 기

집유무부터 큰 내격으로 도중에 발상의 전환이 요구되는 모양이다.
본그림은 『發陽論』에서 발췌.

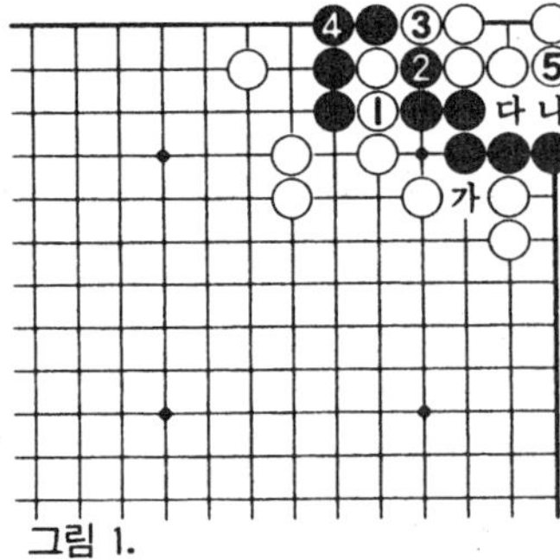

그림 1.

그림 1(유무) 백1로 잇고, 3으로 끊을 수밖에 없는 것을 알기에는 시간이 필요없다. 문제는 다음의 한수인데, 여기서 잠자코 백5로 한집을 확보하는 것이 호수다.

백5에서 가로 직접 맞공격 하면 흑5, 백나, 흑다로 패를 피할 수 없다. 패맛을 지우는 급소이기도 하다.

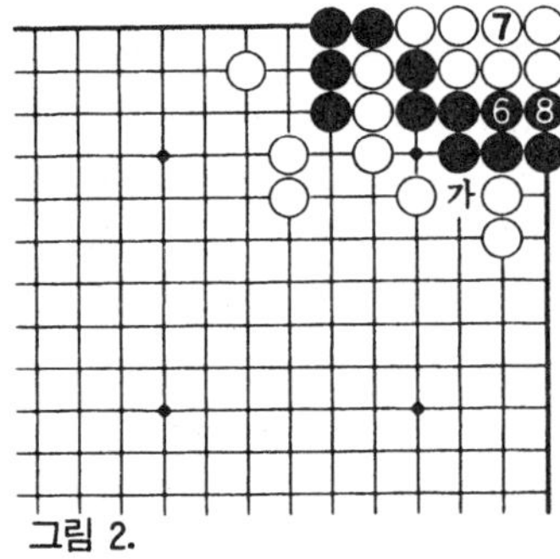

그림 2.

그림 2(백7, 수법) 흑이 방치하면 백가로 집 유무. 따라서 흑6으로 공배를 채워가는데 그때 방금 만든 집모양을 백7로 스스로 으깨는 것이 절묘한 수로 된다.

백7을 두지 않으면 흑한테 8로 채우기 당하고 7의 점에 둘 수 없게 된다.

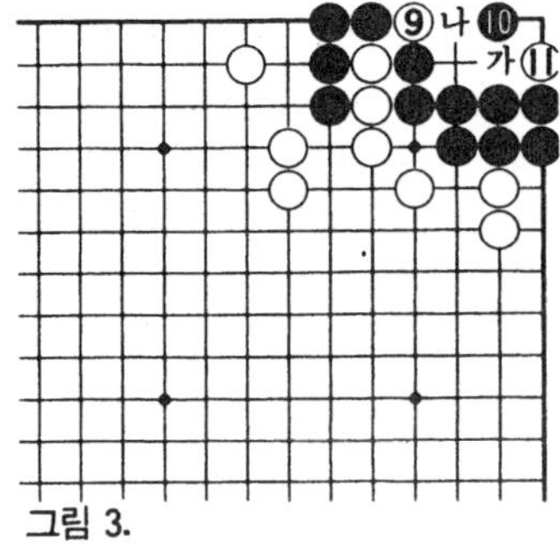

그림 3.

그림 3(7목 내격) 7점을 빵따내도 백9로 관통당해 간단히 죽어 있다. 흑10이면 백11이고 흑10에서 가면 백나다. 백9에서는 가라도 좋다.

〈그림 1〉의 백5로 일단 집모양을 만들고 당장 〈그림 2〉의 백7로 으깨는 것이 호수라니 이상하지만 이것이 큰 내격의 독특한 맥이다.

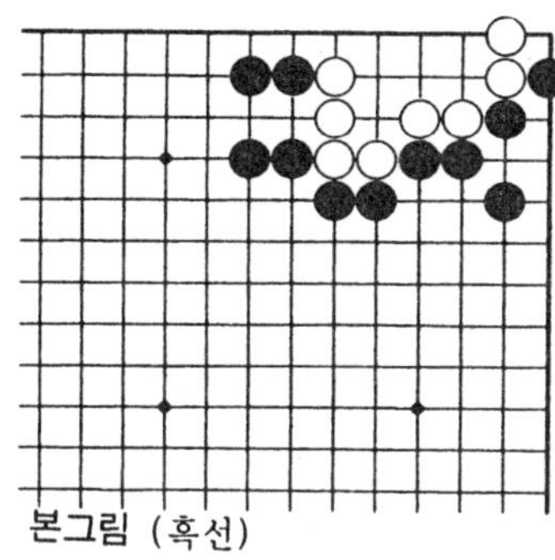

본그림 (흑선)

잇 기

극히 당연한 모양부터 큰 내격이라는 괴물이 출현한다. 다만, 백의 최강의 저항에 의해서다.

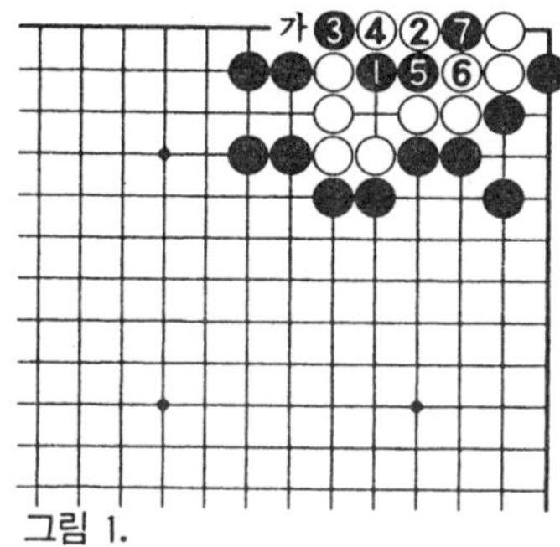

그림 1.

그림 1(최강의 저항) 흑1의 붙이기에는 백2가 최강. 흑1에서 5는 백6으로 무조건 살기이고 백2에서 4이거나 3이라도 흑5로 간단한 죽음이다.

흑은 일단 3으로 건널 수밖에 없고 백4에는 흑5로 되려 단수 7로 뺀다. 흑3에서 4는 백3으로 으깨기의 살기. 백6에서 가는 흑6으로 맥없이 죽는다.

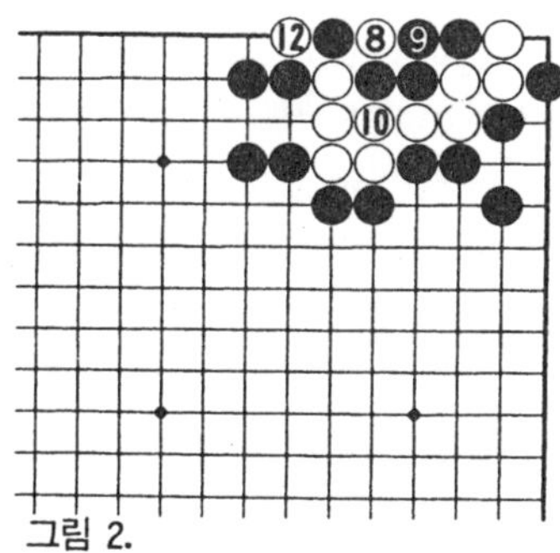

그림 2.

그림 2(흑11, 수법) 백8의 던져넣기가 추격의 맥. 백10의 단수에 흑11로 8의 점에 잇고 6점으로 만들어서 버리는 것은 용기가 필요한 수이기도 하고 실전이면 깜빡 잊는 수이기도 할 것이다.

백12의 빼기에 흑은 9의 점에 놓아 분명히 두집이 생기지 않는 모양이다.

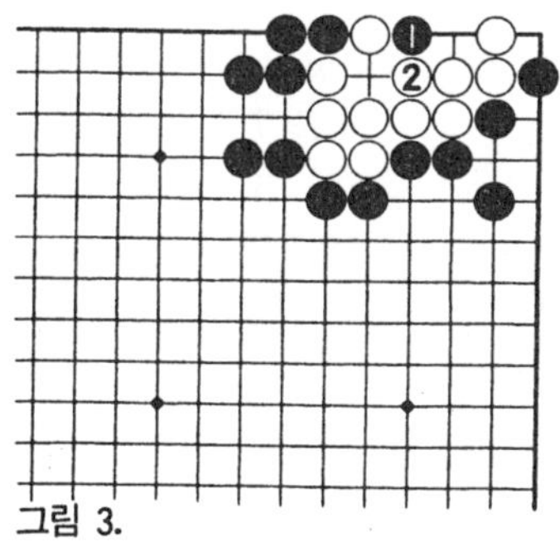

그림 3.

그림 3(패) 앞그림의 흑11 잇기에서 12의 점에 잇고 백에 넉점을 빼게 하면 이 모양이 된다. 더구나 흑1로 단수 백2로 패에 받게하고 일단 돌밑이 되는 만큼 앞그림의 근본 잇기는 더구나 알아차리기 어렵다.

엉거주춤한 읽기로는 엉거주춤한 결과밖에 나오지 않는다.

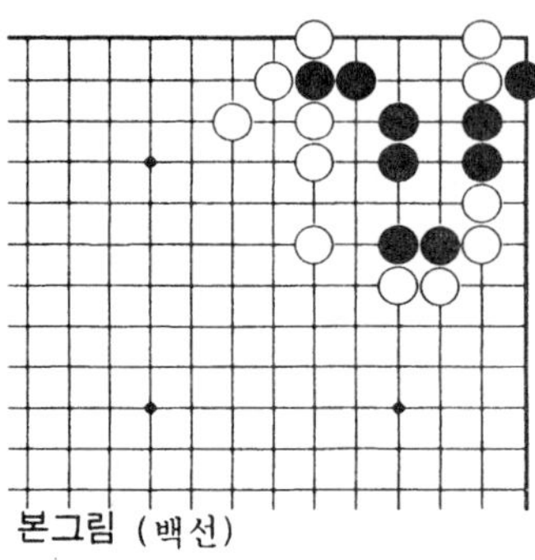

본그림 (백선)

붙이기

처음부터 내격을 노리면 꼭 잘 된다고는 못한다. 상대의 응수 나름이라고 알기 바란다.

본그림은 『發陽論』에서 발췌.

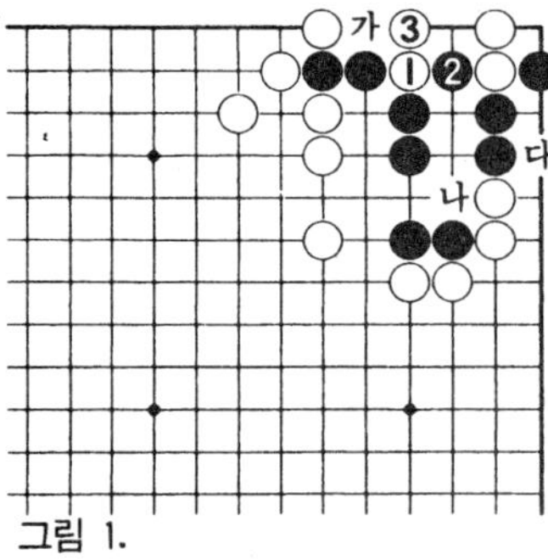

그림 1.

그림 1(건너기) 백1로 턱에 붙이는 맥이다. 흑2면 백3으로 건너고 있다.

이 백1에서 2의 굽기도 급소인데 흑 가의 누르기로 나, 다를 대응으로 삼게 되고 품이 넓어 손이 닿지 않는다. 넓을 뿐 아니라 약점도 없어 바깥과의 맞공격도 물론 무리.

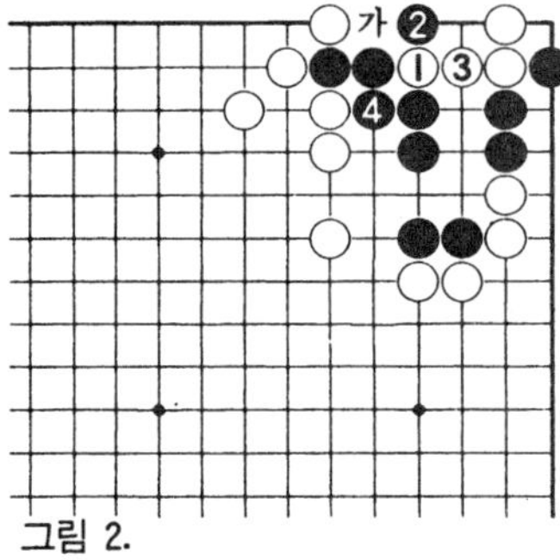

그림 2.

그림 2(좁힌다) 흑2, 4가 백의 건너기를 저지하는 유일한 버티기. 그러나 이 모양은 백1에서 3, 흑가로 된 모양보다 분명히 품이 좁아 백한테는 내격의 가능성이 부풀어 있다.

이대로는 굽기 4목의 모양이므로 노린다면 다음의 수는 스스로 명백.

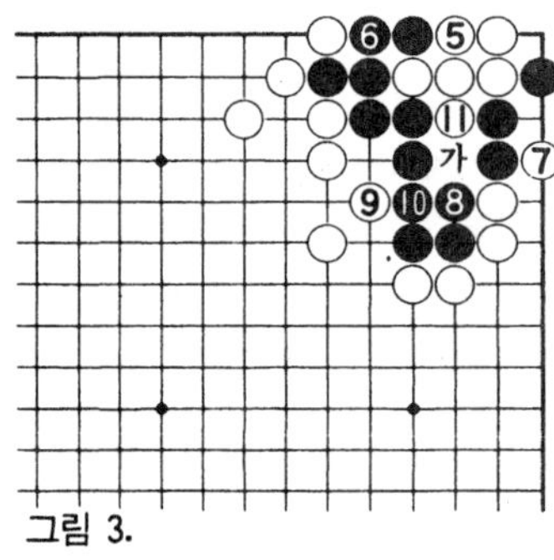

그림 3.

그림 3(백5, 급소) 백5로 심한 모양인데 반입해 놓는 것이 내격의 급소다. 흑6으로 잇게 하고 7로 집모양을 뺏으면, 중앙은 흑8에 백9인데 결국 흑10으로 이을 수밖에 없다. 유유하게 백11로 더 크게 내격해서 육궁도화의 죽음으로 된다.

흑은 가의 점을 이어야 하고 비김수로 되지 않는다.

382

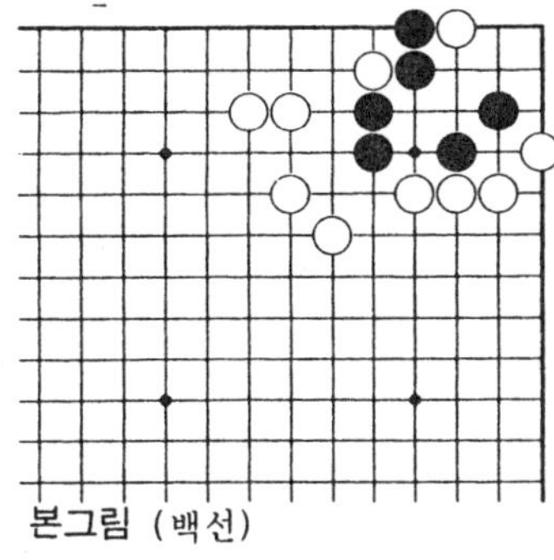

본그림 (백선)

잡지 않는 3목

까다로운 모양인데, 첫수를 발견하면 쉽게 정리할 수 있을 것이다. 종반에서는 쌍방 수내기 하지 않는 모양도 사활에서는 다르다는 진기형.

본그림은 『發陽論』에서 발췌.

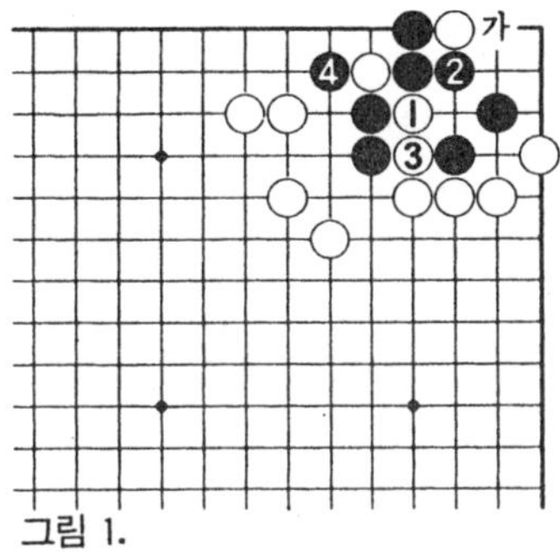

그림 1.

그림 1(급소는) 백1로 끊어서의 조르기 맥이 눈에 뜨인다. 그러나 흑2로 회피 당해, 가의 살기를 노림당하면 뒤가 계속되지 못한다. 백3의 잇기에는 흑4로 두점을 구출하는 여유가 있을 정도다.

백1에서 4의 끌기도 흑2. 2의 점이 급소인 것이 분명해졌다.

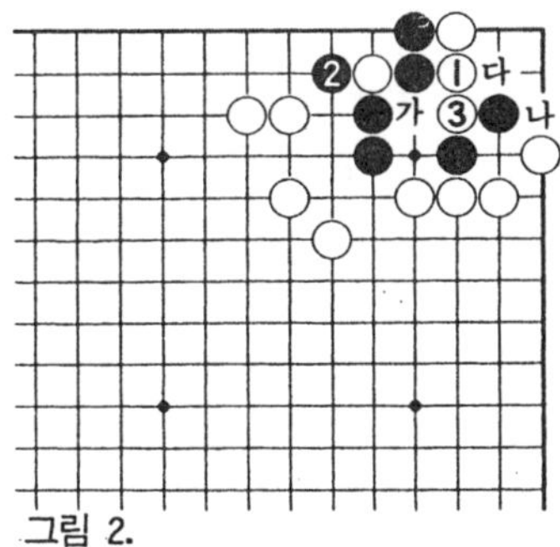

그림 2.

그림 2(급소인 따르기) 백1이 급소. 흑2의 몰기에는 백3으로 부딪쳐서의 연락이 있다. 흑2에서 가의 잇기면 백나로 나와서 귀를 후수 한집으로 만들고 흑2에서 다면 가로 끊어도 된다.

따라서 흑2에서는 3으로 부딪치는 한수. 조르기를 감수해도 그쪽이 어렵다.

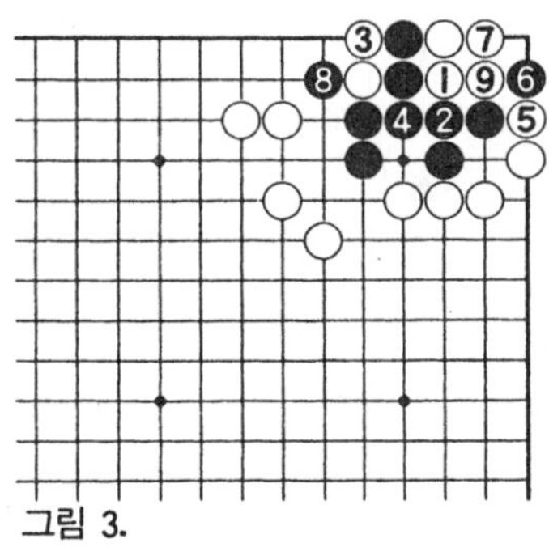

그림 3.

그림 3(백7, 수법) 백1의 따르기에는 흑2로 받아 4로 잇는다. 2의 점의 공배를 채운 효과는 백5의 기기에 흑6으로 눌리우는 곳에 나타난다.

그러나 백7의 불평하기부터 9로 끊어 죽음. 종반에서는 쌍방 이대로 하고 흑집 3목으로 여기는 모양인데 사활에서는 집모양이 되진 않는다.

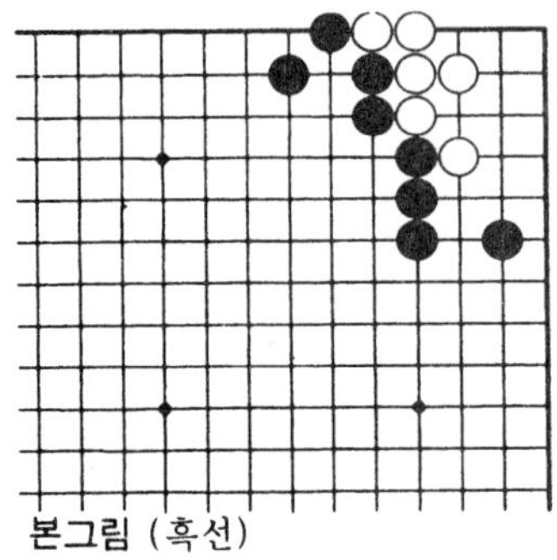

본그림 (흑선)

젖혀 잇기

백 전체의 공배 채우기를 추구하고 집유무냐 큰 내격이냐 하고 육박한다. 이런 케이스가 많다.

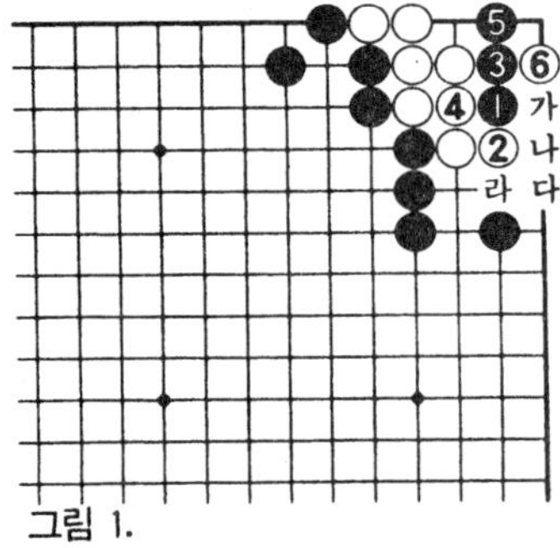

그림 1.

그림 1(비김수인가)　흑1까지 진행한다. 흑1에서 2로는 백1로 눌리워서 살기이기 때문이다.

백2로 차단시키고 흑3으로 흘러 넣는다. 흑5의 처지기에 백6이 선방. 백가면 흑6으로 4목 내격이라고 보고 있던 흑은 놀랐다. 이후 흑나, 백다, 흑라는 백가로 비김수 살기.

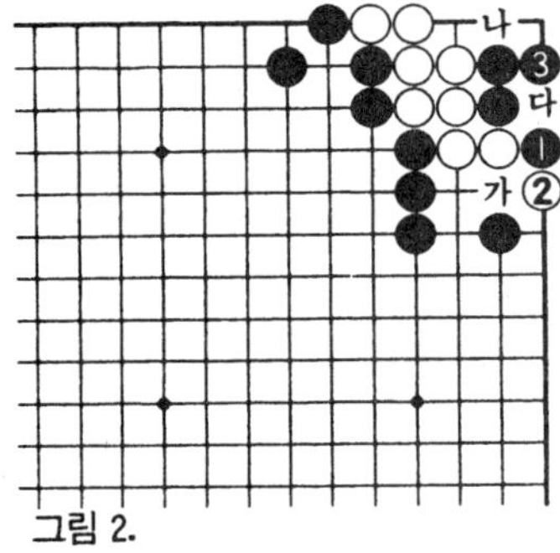

그림 2.

그림 2(패인가)　그러면 앞그림의 흑5에서는 1의 젖히기부터 3으로 겨누어 패로 유도할 것이었다고 반성한다. 이후 백가에서도 흑나로 처져, 백 전체와 맞공격의 패다. 흑3에서는 가로 끊고 백다, 흑3에서도 패다.

그러나 사실은 패면 재미없다.

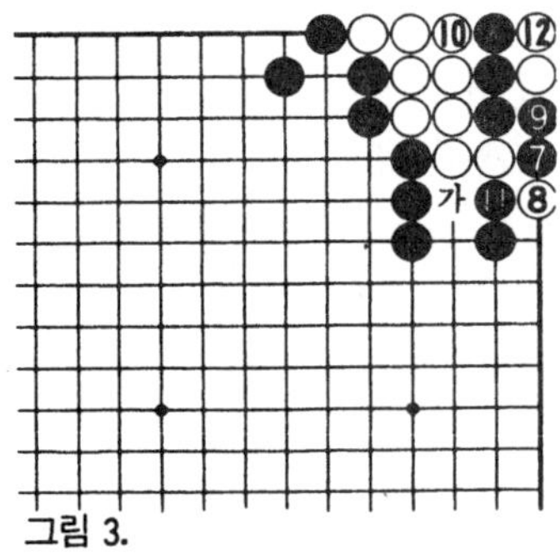

그림 3.

그림 3(흑7, 9, 수법)　〈그림 1〉에 이어 흑7, 9로 평범하게 젖혀잇는 강수가 있다. 백10으로 공배를 채우고 12로 빼도 그 뺀 자국인 7의 점에 던져넣으면 어쩔 수 없는 사형인 것을 확인하기 바란다.

그렇다고 백10을 11로 이으면 흑가인데 이것은 집 유무의 수 패배다.

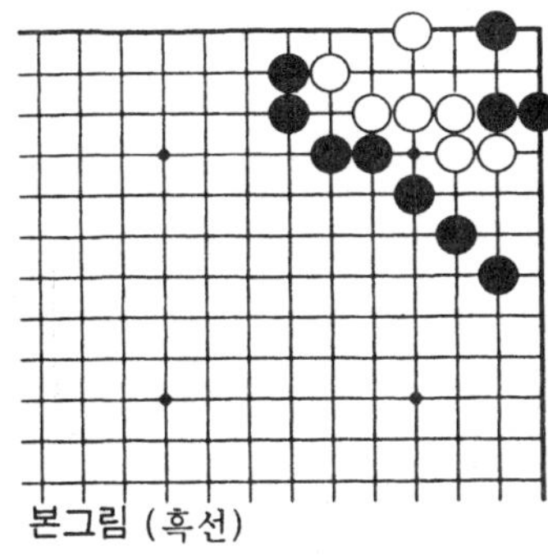

본그림 (흑선)

들어가기

내격과 건너기를 대응으로 삼는 맥. 다만, 백의 최강인 응수에 대해서는 또 한수 묘수법이 요구되고 있다.
본그림은 『發陽論』에서 발췌.

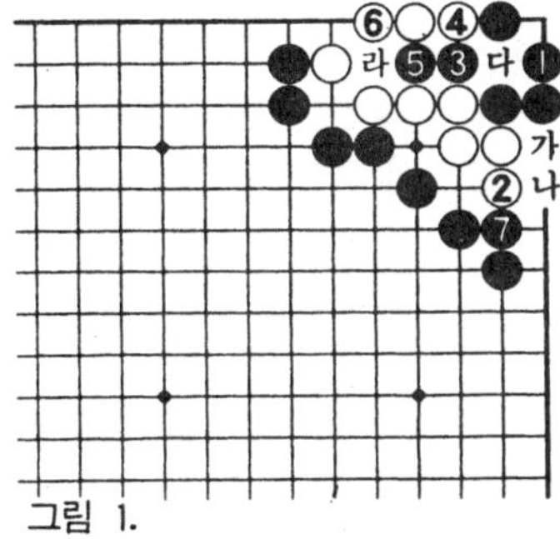

그림 1.

그림 1(대응) 흑1에서 가와 3을 대응으로 삼는다. 흑1에서 가, 백나, 흑2는 백다로 살기이고 흑1에서 3도 백1로 살 수 있다. 백2로 건너기를 저지하면 흑3으로 복중의 살기를 보이고 백4를 유인해서 5로 단수한다. 흑7 이후 백라부터 두점을 잡혀도 되잡아 육궁도화의 내격이다.

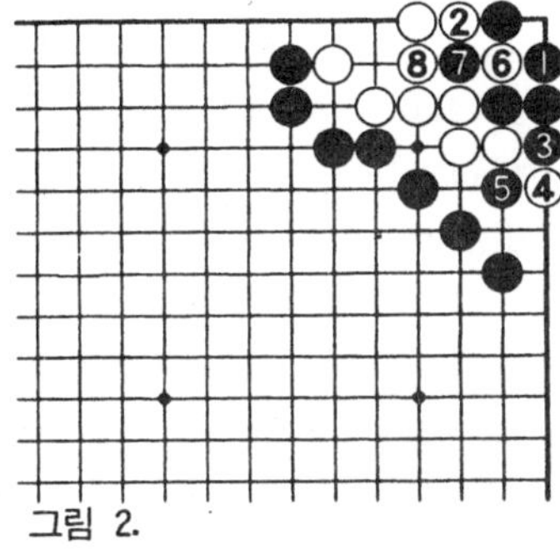

그림 2.

그림 2(백 최강) 백은 2로 부딪쳐서 버틴다. 흑3, 5로 연락 당해도 공배 채우기를 이용해서 백6의 던져넣기부터 8로 단수하는 맥이 있기 때문이다. 이 추격을 차례로 잡아 가면 패로 될 것은 확실하다.
백2에서 7은 흑3으로 문제가 되지 않는 사형.

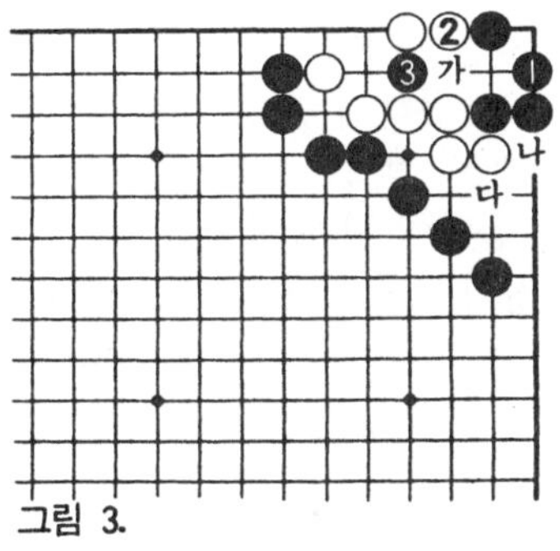

그림 3.

그림 3(흑1, 3, 수법) 백2에는 흑3으로 끼어드는 묘수가 있다. 백가로 바뀌고 흑나로 건너면 백의 패 버티기를 지우고 있으므로 무조건 백 죽음. 또 흑3에 백다면 흑가로 단수, 이것은 〈그림 1〉과 아주 동형이 된다.
『發陽論』의 명작의 하나일 것이다.

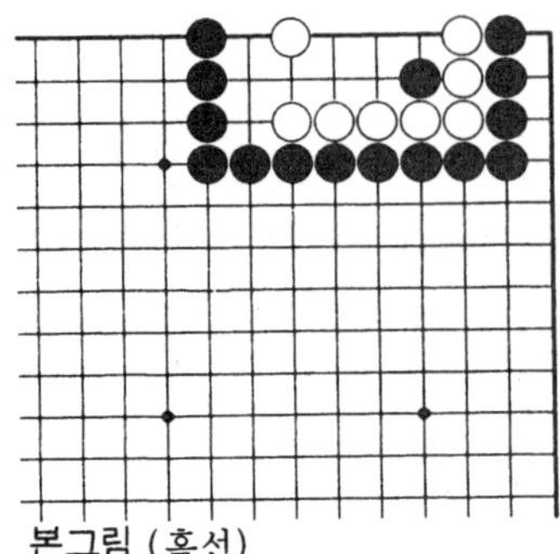

본그림 (흑선)

끼어들기

크게 잡게 하는 것이 품을 좁히는 맥에 연결되는 경우도 있다.

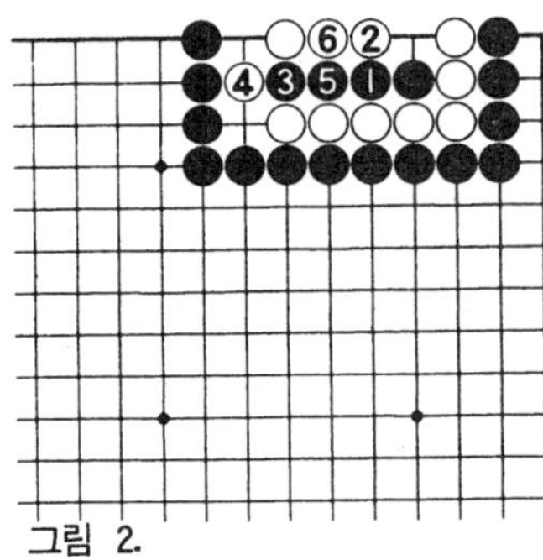

그림 1.

그림 1(빠르다) 흑1의 끼어들기는 급소인데 당장 두어도 그리 효과가 없다. 그래도 백2 이하 6까지의 패는 확실하고 수가 된 것에 만족하고 그 이상의 추궁을 그칠는지도 모르는 참이다.
흑3에서는 5부터 두어도 마찬가지.

그림 2(흑3, 수법) 흑1로 하나 뻗는다. 백2의 붙이기는 흑5, 백3의 비김수를 기대한 것. 백2에서 3은 흑2로 5목 내격이고 백2에서 4는 흑5, 백2, 흑3으로 본 수순과 동형이다.
흑3의 끼어들기는 무모로 보인다. 백4, 6으로 직사각 모양으로 되기 때문인데 모양에서는 품도 좁다.

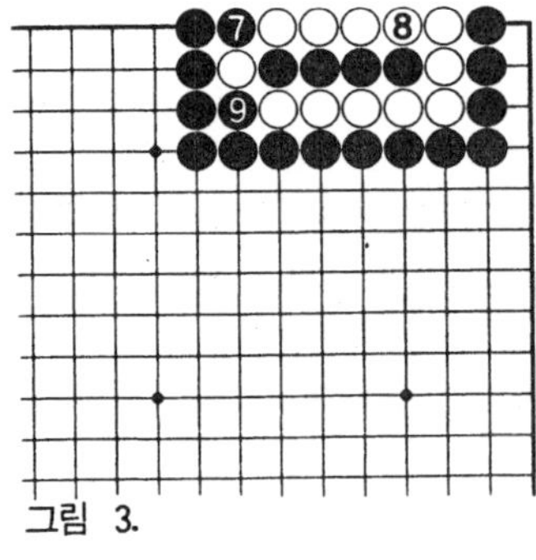

그림 3.

그림 3(좁은 품) 앞그림에 이어 흑7, 9로 평범하게 바깥부터 단수한다. 직사각인 셈이었는데, 갑자기 실질 3목인 품밖에 없게 된다.
돌을 잡혀도 흠집만 남기면 애기를 다시 걸 수 있다. 문제는 잡히우는 돌의 대소가 아니고 흠집의 대소다.

패로 죽이는 수법

보통으로 두어서는 죽일 수 없는 돌도 돌의 탄력을 최고도로 발휘하여 1수의 활동을 1수 반으로 확대하는 패의 엄습으로 흔들리는 경우가 적지 않다. 공배 채우기에 이용하고 내격에 이용하며 부분적인 맞공격에 이용하는 여러가지 이용법이 있는데 모두 집모양이나 품의 경계점에서의 침입이 이 수법의 특징. 무조건으로 패로 관점을 움직이는 것으로 발견에 연결된다.

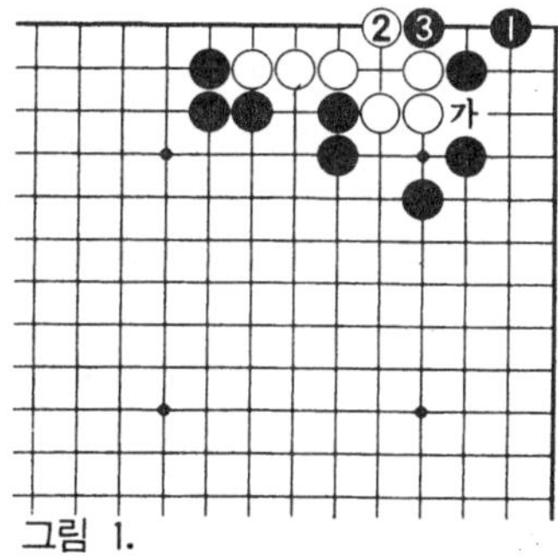

그림 1.

그림 1(마늘모) 흑1로 일단 들어가는 것으로 3의 던져넣기에 연결되었다. 가의 약점을 1로 버티어 지키고 탄력을 비축하는 것이 수법의 활동이다. 백2로 패를 피하는 수는 전혀 없다.

실전이면 흑3의 패 도전은 그리 서두르지 않게 될 것이다.

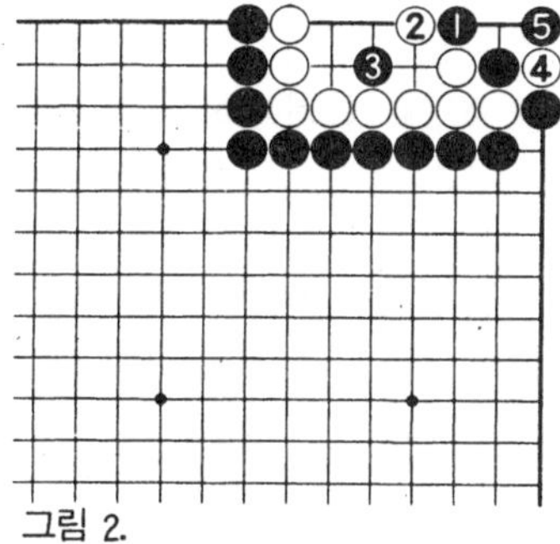

그림 2.

그림 2(젖히기) 흑1의 젖히기는 억지인데 안쪽부터 두면 백1의 처지기가 추격을 보아 선수이므로 아무래도 품을 좁혀 놓을 필요가 있다. 백2로 눌리우고 백4 이하의 패는 환하게 보여도 물론 무조건으로 살리는 것보다는 크게 나을 것이다.

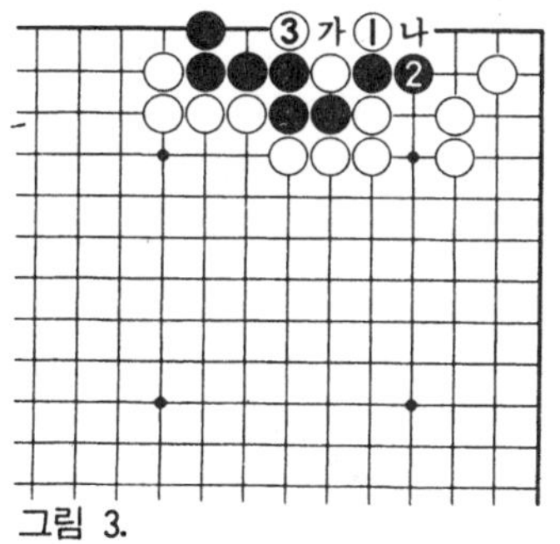

그림 3.

그림 3(죽는다) 백1로 경계선까지 침입하고 흑2면 더욱 백3으로 침입해서 패로 이끌었다. 패에 이겨 백가로 이으면 내격의 죽음이다.

백1에서 2는 물론 흑가로 살기. 또 흑2에서 가의 빼기는 백나로 끌어 무조건 죽음이 된다. 외길이지만 훌륭한 공방이다.

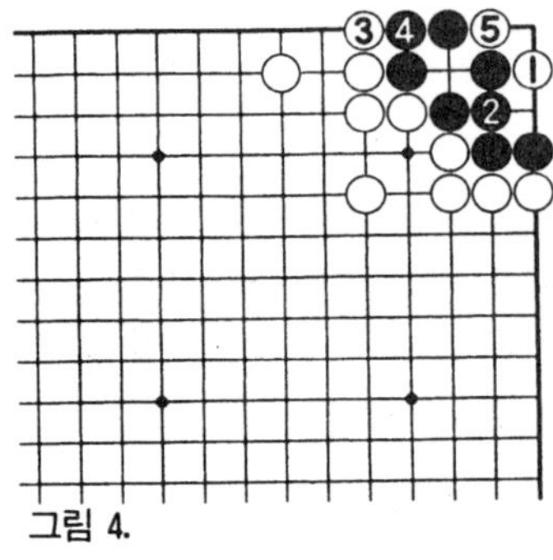

그림 4.

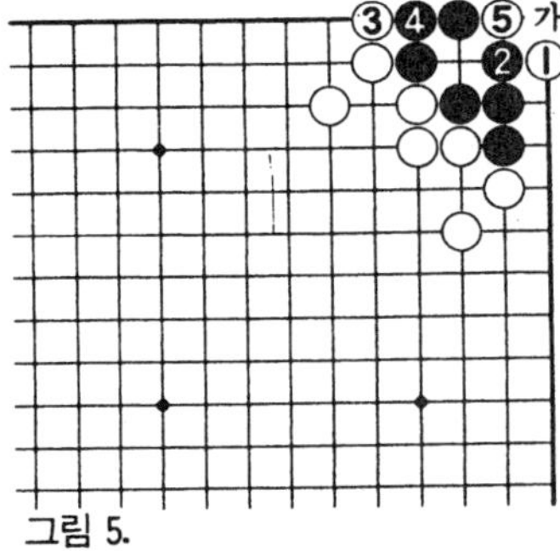

그림 5.

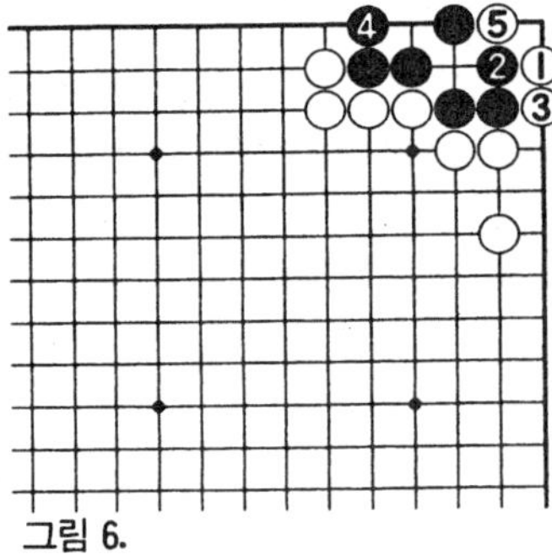

그림 6.

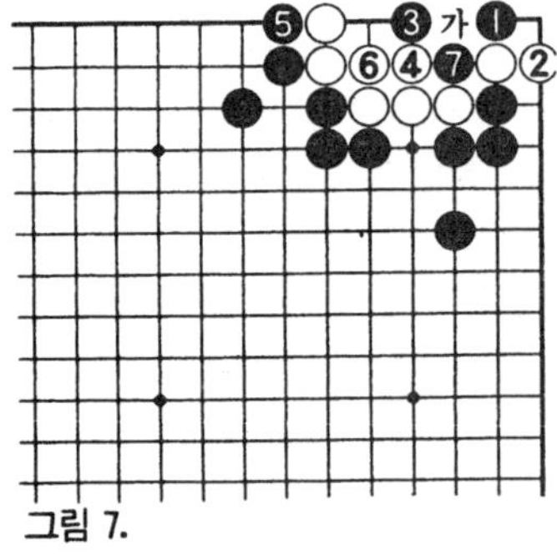

그림 7.

그림 4(1二의 맥) 귀의 탄력을 살려 패로 유도하려면 1二가 급소인데 여러 가지 케이스가 있으므로 몇을 소개하겠다. 백1은 공배 채우기를 찌르는 1二인데 흑2로 회두리를 지키게 하고 백3, 5로 패.

『玄玄碁經』에 「六服歸周勢」라고 명명된 모양이다.

그림 5(집모양의 급소) 백1, 흑2로 교환하는 일로 백3으로 처졌을 때 흑1로 살게되는 맥을 지우고 있다. 흑4에서 가라도 괜찮고 백4로 단수해서 패다.

백1에서 2의 점이 급소로 보이지만 흑1의 젖히기로 무조건 살게 된다.

『玄玄碁經』의 「五通終陰勢」다.

그림 6(선수로 으깬다) 백1에서 2의 붙이기는 흑1로 살기. 백1에서 4의 젖히기는 흑2로 살기. 그러나 백1로 놓으면 그 대응이 무너지고 흑3의 차단이면 백2의 나오기가 선수로 무조건 죽음이다.

따라서 흑2로 지키고 백5의 패는 도리가 없다.

그림 7(적의 급소) 흑1의 붙이기가 급소. 흑1에서 2의 젖히기면 백1로 살기이므로 빗모양을 파괴하는 「적의 급소는 내 급소」의 수법이다.

백2 이하 흑7까지가 쌍방 최선의 패. 백은 패에 이기면 가장 유리한 모양이고 흑도 5의 누르기를 선수로 둔 만족이 있다.

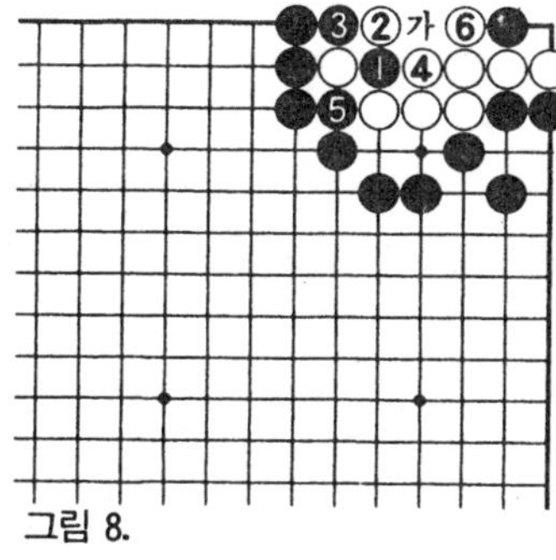

그림 8.

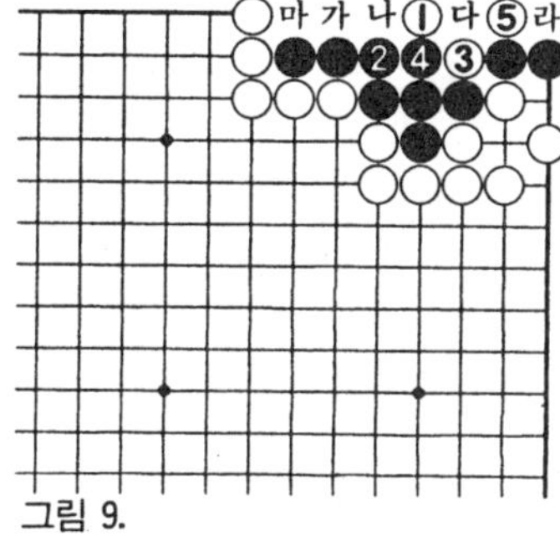

그림 9.

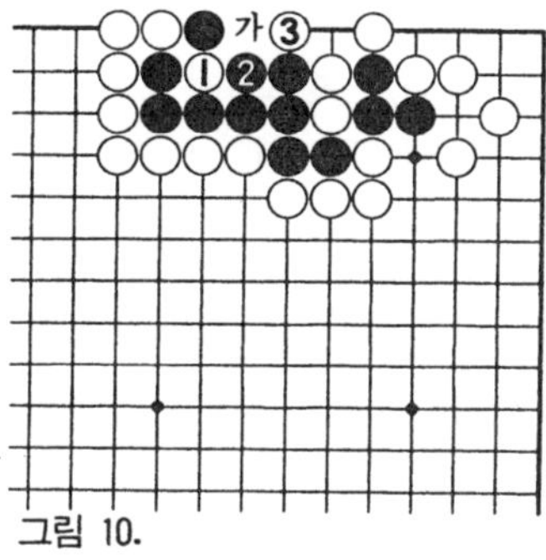

그림 10.

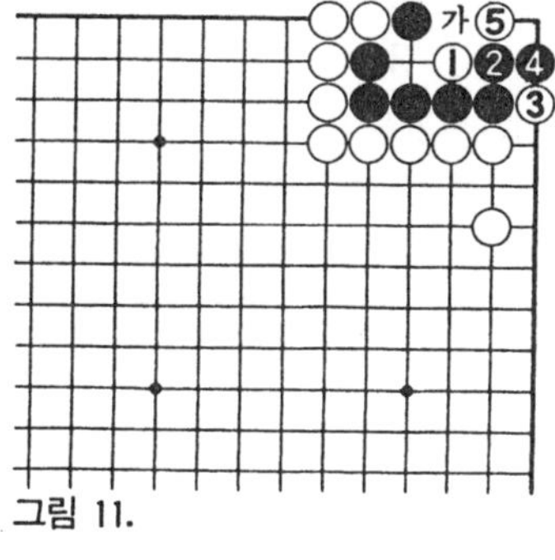

그림 11.

그림 8(단수 붙이기) 흑1로 단수 붙여서 품을 좁힌다. 단순히 흑3의 굽기면 백1로 불평해서 받게 되고 흑가, 백2, 흑6의 비김수로밖에 되지 않는다.

한점을 희생으로 흑3, 5로 단수하면 백은 이을 수 없고 6으로 집모양을 만들어 패를 다툴 수밖에 없는 모양이 되었다.

그림 9(놓기) 백1로 3목의 한가운데에 놓으면 흑2로 이어 백3, 5의 패냐, 흑3으로 이어 백2, 흑4, 백가의 패냐다.

백5에 이어 흑은 나로 단수하면 무조건 살기 같으나 백다, 흑라로 뺀 후에 백다로 다시 놓이고 흑마면 백3으로 양 밀 수 없음의 죽음이 된다.

그림 10(공배 채우기) 어찌 두어도 패로 보이는 모양을 무조건 죽음으로 인도하는 수법도 이 항에서 몇을 설명해 놓겠다.

백1이 순간의 끊기는 맛. 흑2로 빼게 하고 백3이면 추격이 성립되지 않고 두점을 빼도 되빼기 당해 흑 죽음이 된다. 백1에서 가는 흑2로. 패다.

그림 11(놓기) 백1로 놓아 패의 버티기를 지운다. 백1에서 멍청히 가의 단수는 흑5로 되려 단수 당해 무조건 살기고 백1에서 5의 놓기는 흑1로 집을 가져 패를 유인 당한다.

흑2로 바뀌어 백3으로 품을 좁히고 5로 젖히기 내외의 흔들림으로 무조건 죽음으로 쫓아보냈다.

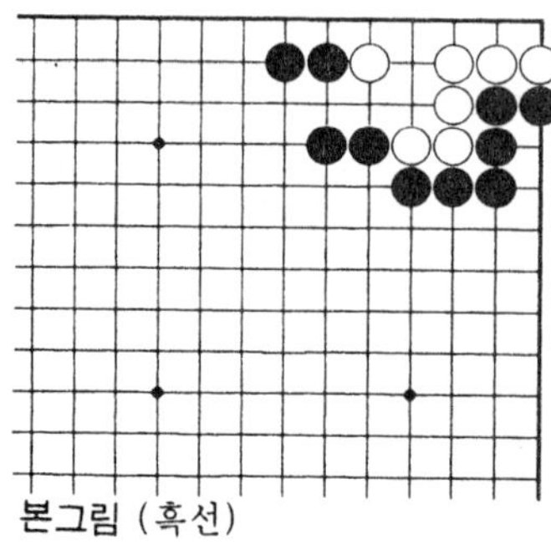

본그림 (흑선)

단　수

품을 좁히는 수법으로 공격한다. 백이 무조건 죽음을 기피하면서 자연히 패다.

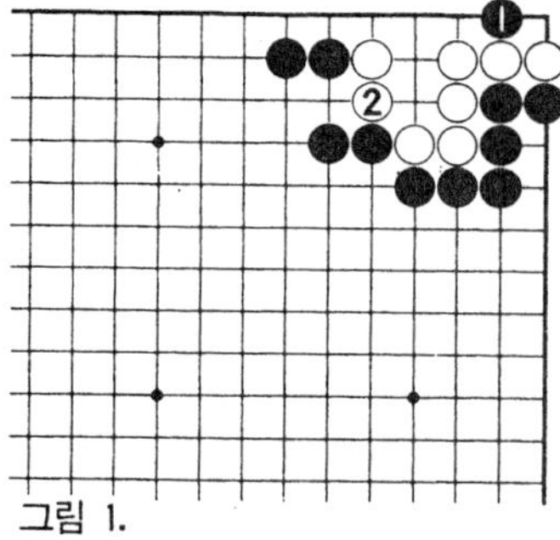

그림 1.

그림 1(ー2)　귀라고 해서 뭐든지 ー2가 급소는 아니다. 흑1은 백2인데 문제가 되지 않는 반입의 대악수다.

백의 안쪽에서 급소다운 급소라고 하면 1의 점뿐이므로 이것이 안 된다면, 바깥부터 공격하는 발판이 생겼을 것이다.

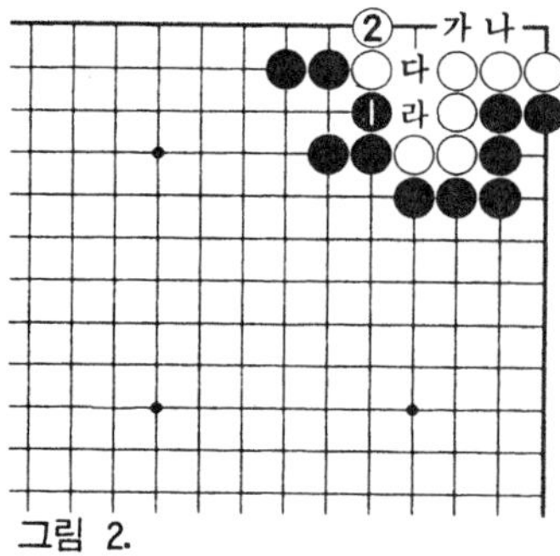

그림 2.

그림 2(직4각)　흑1의 누르기는 백2의 처지기인데 깨끗하게 직4각형의 살기.

이후 흑가로 붙여서 어떻게든 될 것 같은데 백나, 흑다의 주문에는 걸리지 않고 흑가에는 백라로 넓히기 당해 이것도 반입으로 된다.

흑1에서는 아직 돌입이 부족하다.

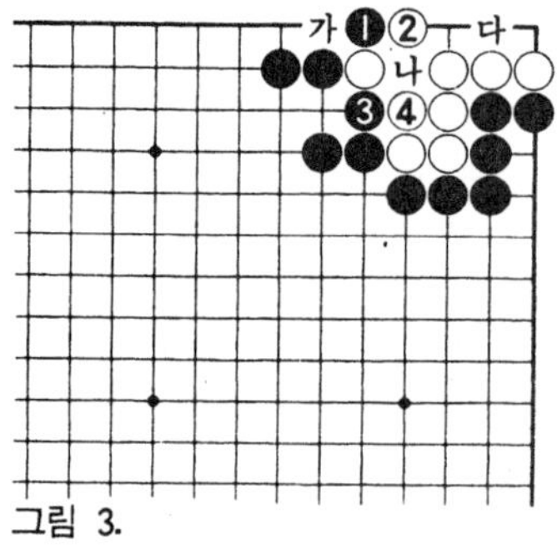

그림 3.

그림 3(흑1, 3, 수순)　흑1의 젖히기를 먼저, 백2로 바뀌어 흑3으로 단수한다. 백가의 빼기는 흑4, 백나의 잇기는 흑다, 모두 무조건 죽음이므로 백은 4로 패에 받아 버틸 수밖에 없다.

간단한 수법이어도 결합에 따라서 놀라운 효과가 생긴다.

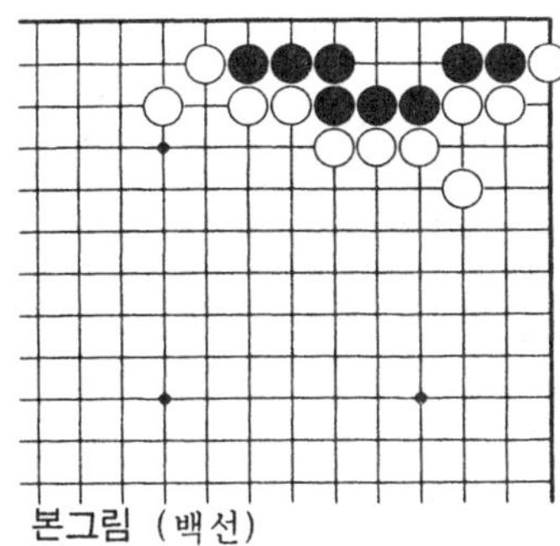

본그림 (백선)

놓　기

흑의 공배 채우기를 노리려면 단점이 단서. 직접은 성공될 리가 없고 어디서부터 가져가느냐다.

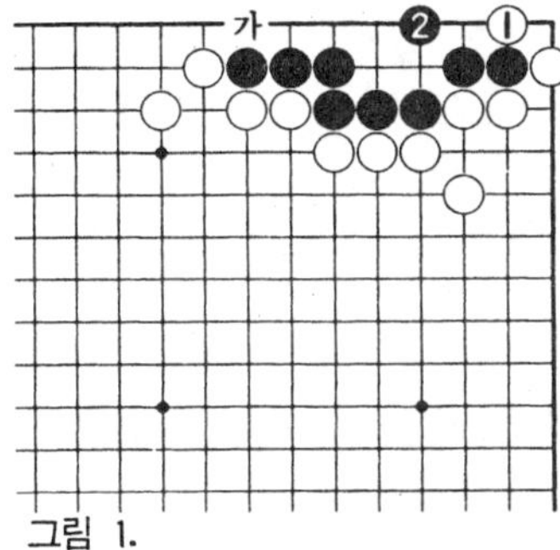

그림 1.

그림 1(바깥부터)　바깥부터 공격하기에는 품이 넓다. 백1의 젖히기는 흑2로 편히 살기다. 백1에서 가쪽부터 젖혀도 흑2로 간명한 살기다.

따라서 수가 있다면 급소로 직행할 수밖에 없고 그 급소란 흑의 집모양의 중심이었던 2의 점 이외에는 없다.

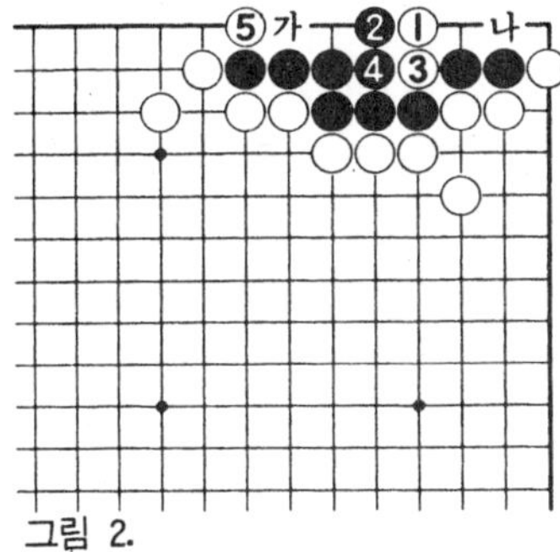

그림 2.

그림 2(공배 채우기)　백1로 놓는다. 흑2의 마늘모 붙이기면 백3으로 하나 끊고 5로 젖히면 흑은 공배 채우기 때문에 가에 누를 수 없다.

흑4에서 변의 집모양을 확인하고 있으면 백나로 두점이 잡히므로 물론 그 틈은 없다.

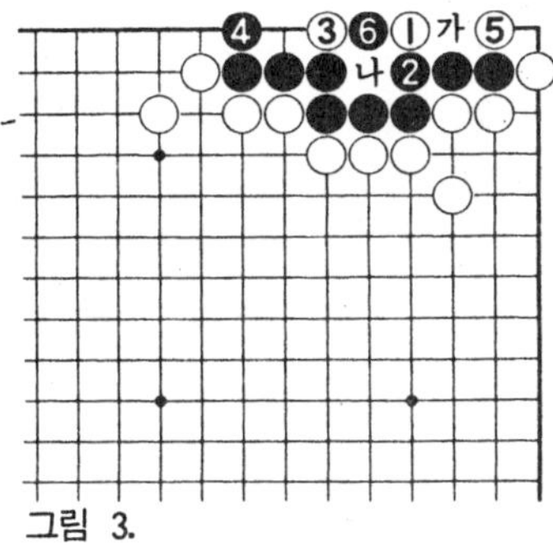

그림 3.

그림 3(백1, 3, 수법)　흑2로 잇게 하고 3으로 뛰어 붙여서 흑4, 6이 패를 유인한다. 흑도 4에서 곧 6으로 던져넣는 것보다 이쪽이 실전적으로는 이득이다.

백3에서 6의 뻗기면 흑4, 백3, 흑5로 비김수. 또 백3에서 6, 흑4, 백5는 흑3, 백가, 흑나로 추격의 살기다.

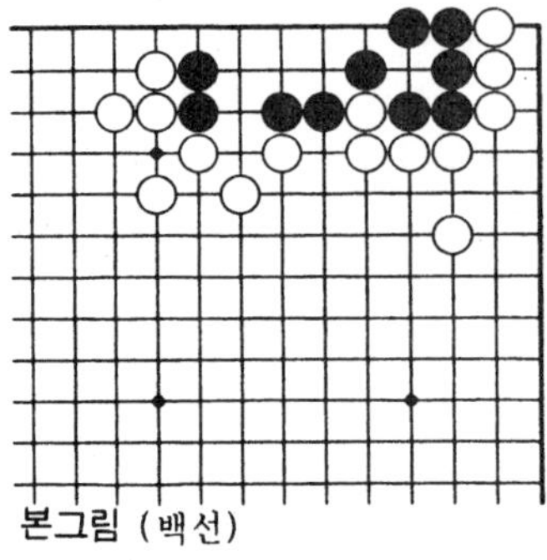

본그림 (백선)

놓 기

넓게 보이는 흑의 품도 급소의 일격으로 당장 좁아진다. 공배 채우기의 무서움이다.

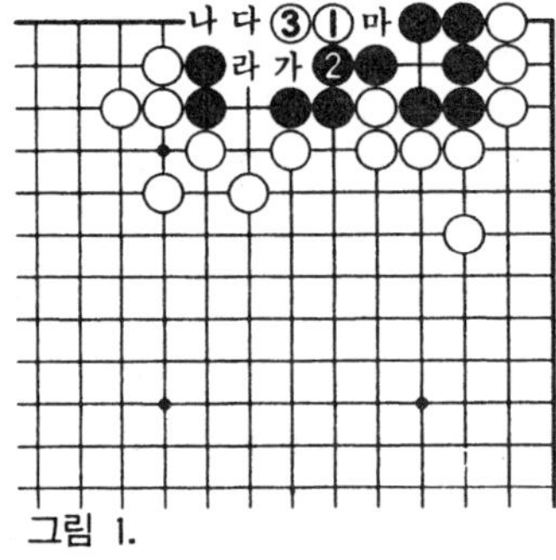

그림 1.

그림 1(백1, 급소) 백1 이외에서는 극단적으로 말해 어디에 두어도 흑1로 살기. 여하간 급소에 일격해 보면 흑2면 백3으로 즉사로 되는 것을 알 것이다.

두점의 공배를 채워서 흑가면 백나, 또 흑다면 백라로 건너기. 공배를 비우면 백마로 단수다.

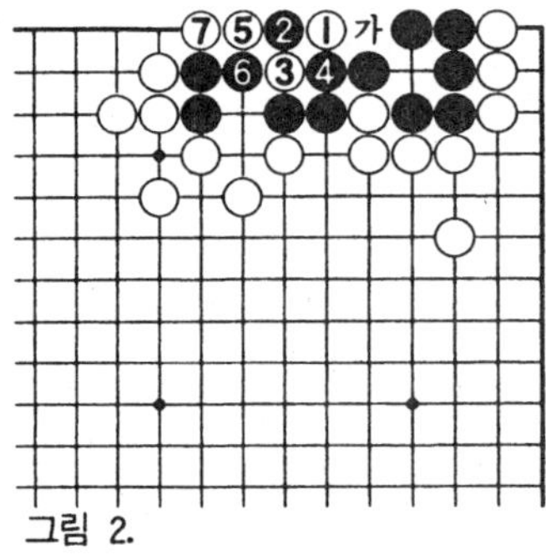

그림 2.

그림 2(지연법) 따라서 흑은 둘째 급소인 2의 점에 붙여서 백의 탈출 속도를 늦춘다. 백3, 5로 잡게 해도 흑6으로 단수하면 백7로 패다.

흑4에서 가는 백5로 빼기 당해 역시 추격하는 속도가 늦어지기 때문에, 무조건 죽음이 된다.

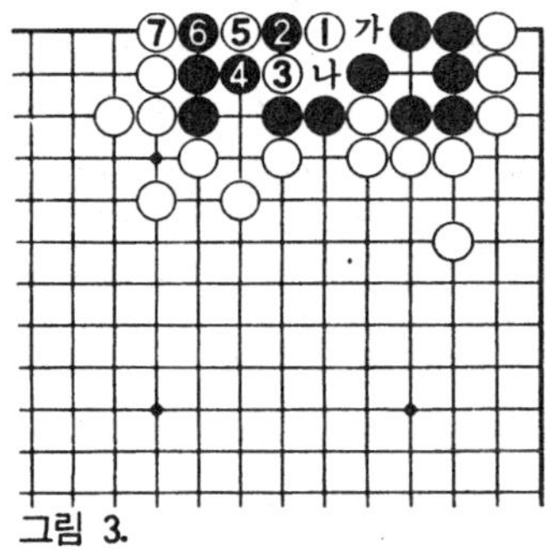

그림 3.

그림 3(선택있음) 흑4 쪽부터 단수하는 수에는 약간 경계를 요한다. 백5로 빼고 흑6일 때 냉철하게 백7로 단수하면 전체의 패인데 단수에 눈이 어두어 백7에서 가는 흑나로 되려 단수 당해 절반 밖에 잡을 수 없기 때문이다. 다만, 실전에서는 패보다 절반을 잡는 쪽이 나을 경우가 있다.

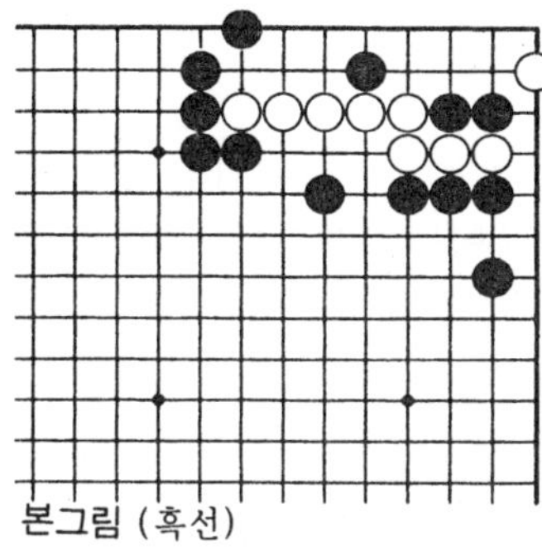

본그림 (흑선)

놓 기

넓은 모양인 만큼 여러가지 수법이 나타난다. 요는 백의 패 버티기를 봉쇄하고 무조건으로 잡을 수 있는 여부다. 본그림은 『玄玄碁經』의 「九老優遊勢」에서 발췌.

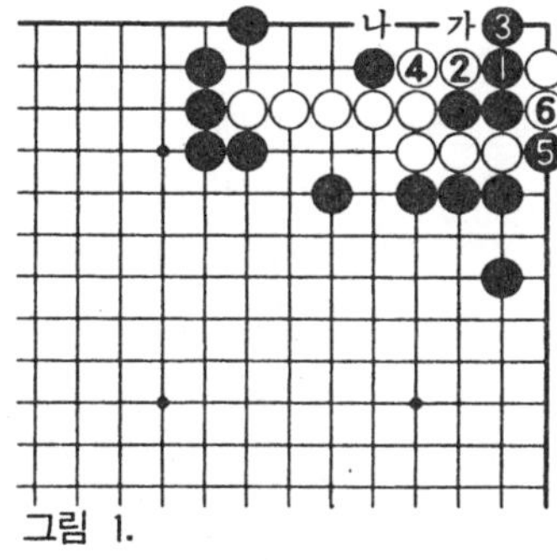

그림 1.

그림 1(돌밑) 흑1의 누르기도 유력한 맥인데 백2를 6이면 흑4로 건너는 함축. 그러나 백에는 2의 들여대기가 있고 흑3에서 4, 백3의 패를 기피해서 흑3, 5 이하의 돌밑을 노려도 백가의 누르기가 선수여서 백나의 살기로 된다.

백2에서는 3의 젖히기라도 패다.

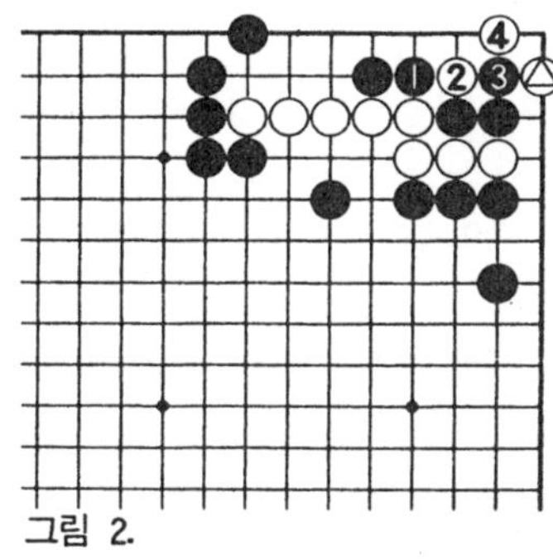

그림 2.

그림 2(패) 솔직하게 흑1로 누를 참인데 백2의 들여끊기부터 4로 마구 단수하는 맥이 있어서 추격을 포함한 패다.

흑1에서 2의 굽기면 백1로 나와 역시 ◎이 빛난다. ◎을 무력하게 만드는 수법을 찾아야 한다.

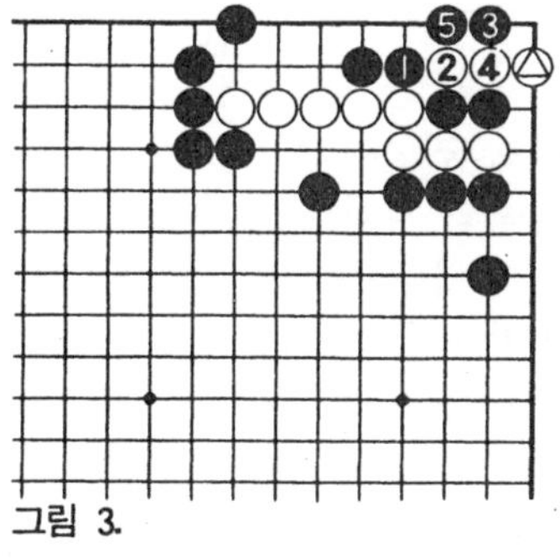

그림 3.

그림 3(흑3, 수법) 일단 흑1로 건너고 백2일 때 흑3의 놓기가 절묘. 백4로 이을 수밖에 없으므로 흑5로 끌어내어 상변을 흠뻑 건넌다. 백은 한집뿐이다.

잡힌 흑 두점도 백을 공배 채우기로 만들어 활동한다. 추격이 성립되지 않고 ◎의 활동은 지워졌다.

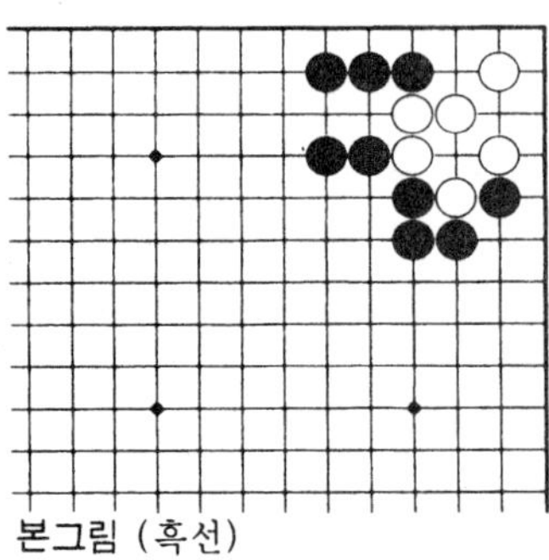

본그림 (흑선)

걸쳐잇기

패 이외에 없다고 생각되는 돌을 무조건으로 죽이는 수법이다. 돌의 탄력에 민감해야 한다.

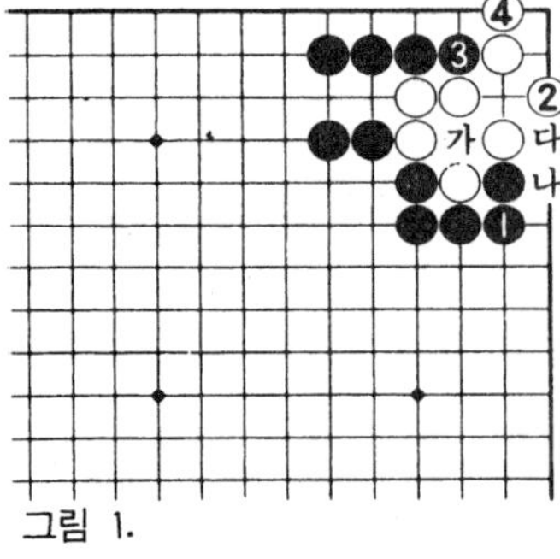

그림 1.

그림 1(패) 흑1의 잇기는 백2의 집갖기인데 결국 흑가로 패를 다툴 수밖에 없는 모양이다. 그렇다고 1의 점을 지키지 않으면 얘기가 되지 않고 실전에서는 패로 만족할는지 모른다.

그러나 똑같이 잇는다고 해도 잇는 방식에 고안이 필요하다. 그러나 흑1에서 나도 백다로 역시 패.

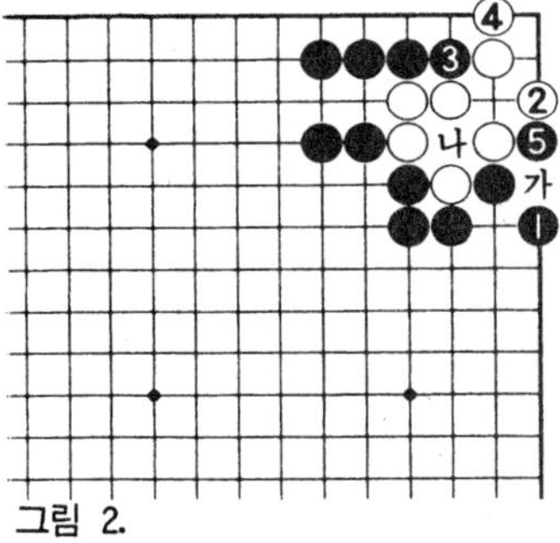

그림 2.

그림 2(흑1, 수법) 흑1의 걸쳐잇기로 백 죽음이 된다. 둔 시초는 느끼지 못할는지 모르지만, 백2에 흑3으로 들여대서 모양을 정리하고 흑5로 던져넣어 보면 명백하다.

흑가로 이으면 백 죽음. 백가의 패 잡기면 흑도 나로 패를 잡고 이 패를 이으면 백 죽음이라는 셈이다.

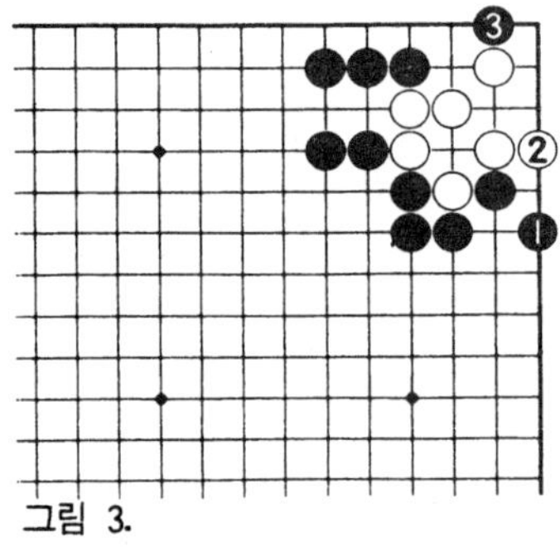

그림 3.

그림 3(무조건 죽음) 앞그림의 양패 죽음을 기피한 백2의 처지기는 흑3의 붙이기로 숨통이 끊기운다.

어차피 죽임 당한다면 양패로 죽는 편이 딴 방면의 싸움에서 패로 되었을 패감이 얼마든지 있다는 이득이 생긴다. 무조건 죽음보다는 약간 랭크가 위다.

걸쳐잇기

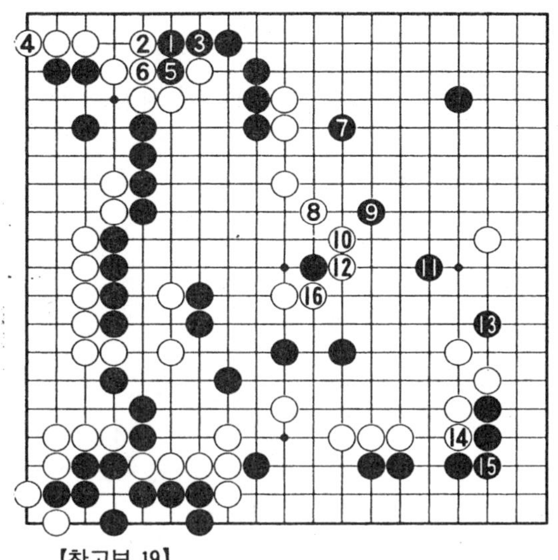

문제로 제시되면 곧 풀리는 모양이라도 실전에서는 왕왕 못 보기 쉽다. 전문기사라도 그것은 마찬가지다.

【참고보 19】

흑1로 뛰어들어 백을 확대하고 이 흑을 약간 강화해서 7, 9로 중앙을 공격한다. 그러나 백16 까지로 되면 반대로 흑이 엷어졌다.

【참고보 19】

8강전결승	백	藤澤秀行
제 2 국	흑	趙 治 勳

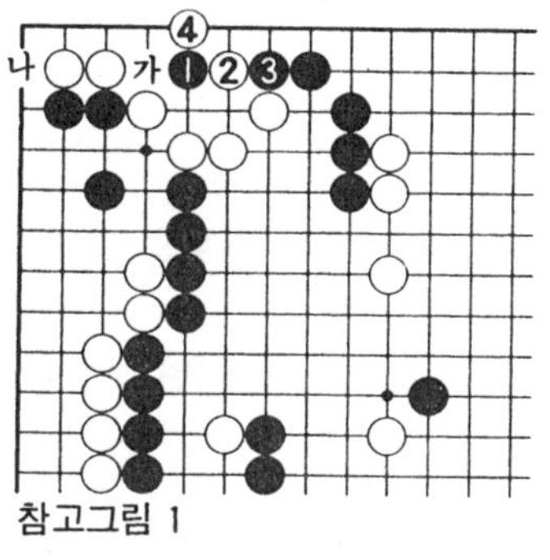

참고그림 1

참고그림 1(놓기 맥) 흑1의 놓기는 유력한 맥인데 백2로 마늘모 붙이기 당해 후속 수단을 발견하기 어려운 모양. 흑3의 들여대기에는 백4의 젖히기인데 가와 나가 대응이 되는 살기다. 흑1에서 나의 젖히기도 백1로 걸쳐잇기 당해 그만. 1의 점은 확실히 급소인데…….

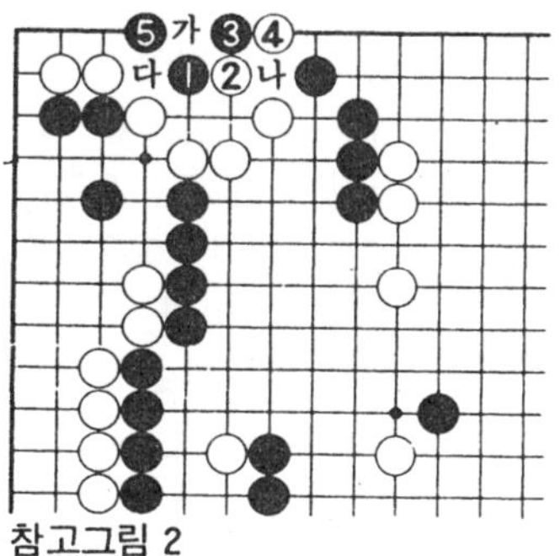

참고그림 2

참고그림 2(걸쳐잇기) 흑3부터 5로 걸쳐잇는 맥에 이어지지 못하면 1의 놓기가 활동하지 않는다. 양자 못 보고 있던 맥이다.

이후 백가로 잡아 패인데, 백나로 사과를 받으면 흑다로 끊어 부분적으로는 귀의 두점과 맞공격의 패가 된다. 흑은 패감을 중앙의 공격에 구함.

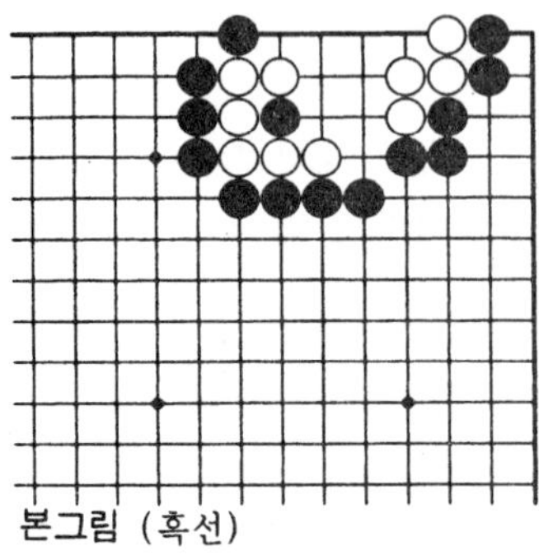

본그림 (흑선)

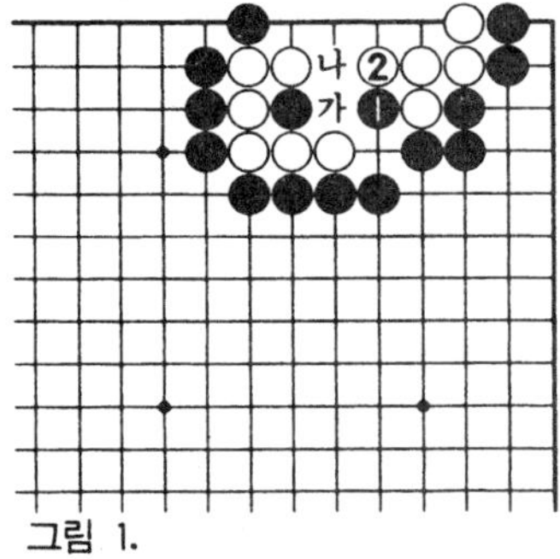

그림 1.

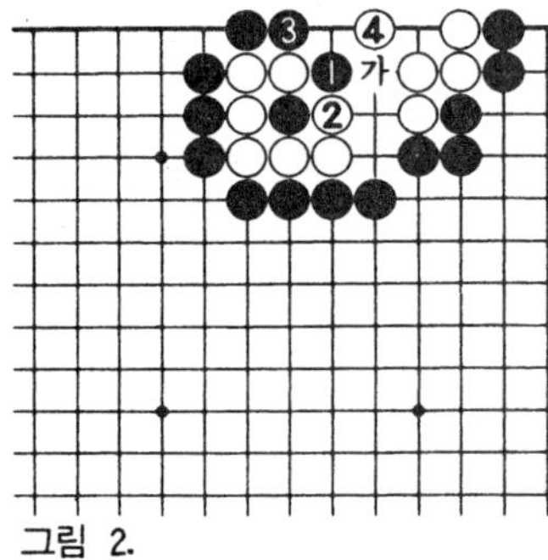

그림 2.

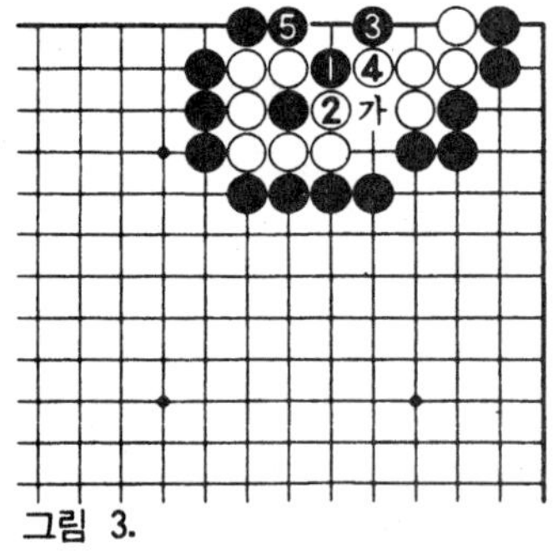

그림 3.

마늘모

집모양 풍부한 백이지만 약점은 공배 채우기. 의표를 찌르는 수법으로 패를 약속한다.

그림 1(위부터) 흑1의 젖혀내기는 백2로 받기 당해 모처럼의 공배 채우기를 해소해 주는 것과 같다. 흑1에서 가의 뻗어내기도 흑나로 문제가 되지 않고 위부터 뭔가 해가는 것은 모두 재미없다.

공배 채우기를 탓하려면 직접보다 간접법이 효과적이다.

그림 2(건넜지만) 흑1로 젖혀내어 건너기를 노린다. 백2에서 3이면 흑3으로 이어 맞공격 승리라는 노림수인데 백2로 깨끗하게 빼기 당했을 때 다음 수가 문제다.

건너기에 구애되어 흑3이면 백4의 마늘모가 급소여서 어쩔 수 없다. 백4에서 가면 흑4로 패인데……

그림 3(흑3, 수법) 건너기를 함축으로 흑3으로 빗겨두고 이번에는 우방의 넉점을 공격한다. 백4에는 흑5로 건너고 이것이면 분명히 패. 백은 공배 채우기로 추격을 둘 수 없다.

백4에서 5면 흑가로 젖혀내고 백 넉점은 잡히지 않는다.

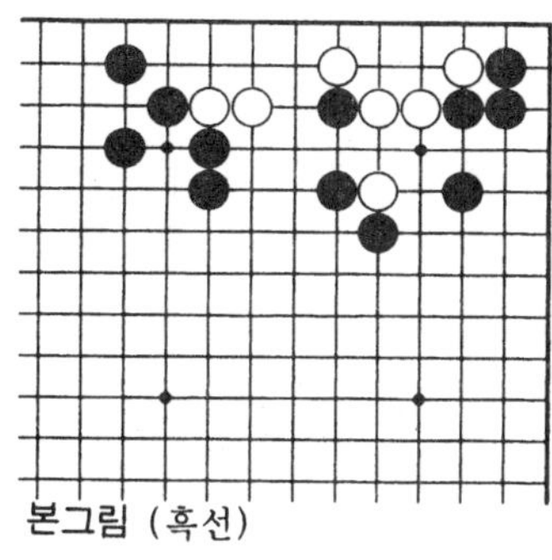

본그림 (흑선)

끼어넣기

백의 눈알을 귀구멍부터 잡아 뜯는다. 제일착에도 함정이 있다.
본그림은 「發陽論」에서 발췌.

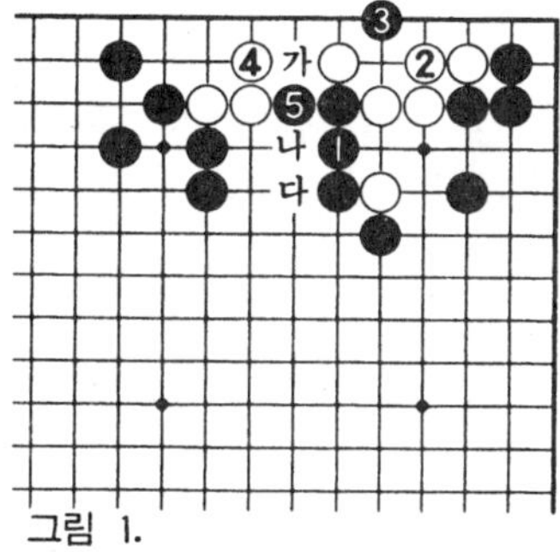

그림 1.

　그림 1(잇기부터)　흑1로 잇고 백의 받기를 정관하는 참. 백2의 잇기면 흑3의 놓기인데, 좌변에 집모양의 여지는 없다.
　흑1에서 5로 부딪치고 백가, 흑2로 알기 쉽게 죽일 수 있을 듯하지만 백1, 흑나, 백다로 중앙의 엷음을 찔리우고 쉽게 탈출 당한다.

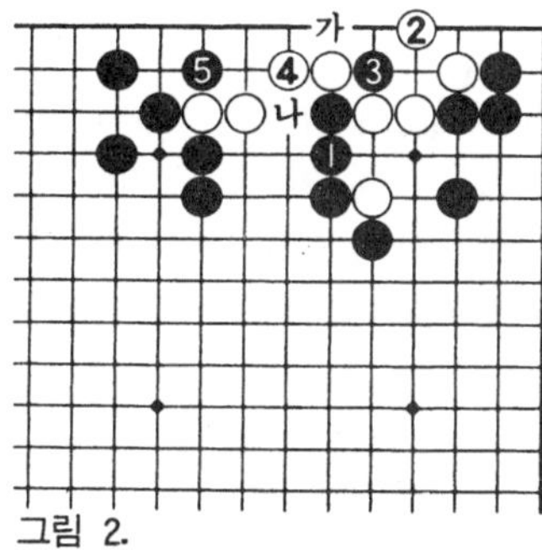

그림 2.

　그림 2(걸쳐잇기)　백2의 걸쳐잇기면 굳게 잇기보다 탄력이 풍부한데 그 탄력을 죽이는 급소가 흑3이다. 백4면 흑5다. 흑3에서 4의 젖혀내기는 백3으로 잇기 당하고 흑가, 백나 이후 어찌 두어도 추격이다. 흑3으로 하나 끊어 놓으면 백4에서 나라도 흑4, 백가, 흑5까지다.

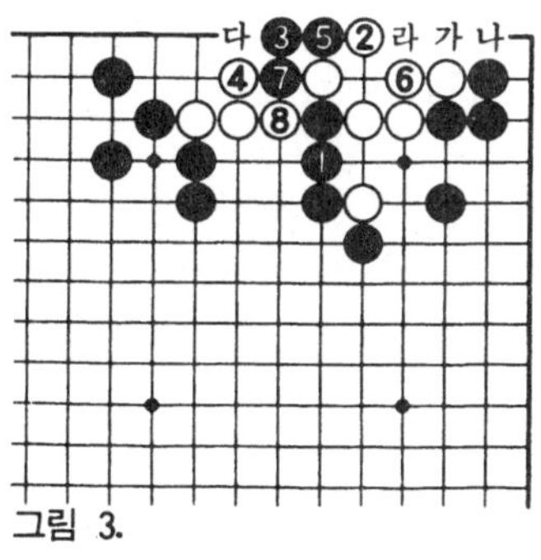

그림 3.

　그림 3(흑5, 수법)　백2로 이쪽에 걸쳐잇는 모양. 다만 흑3으로 급소에 미끄러지고 백4를 가면 흑7, 백8, 흑5로 단수해 가는 수를 본다. 백4로 공배를 채워서 건너기를 저지했을 때 흑5의 끼어넣기가 절묘인데 백6으로 패로 할 수밖에 없다. 이것을 7이면 흑6, 백나, 흑다의 추격.

397

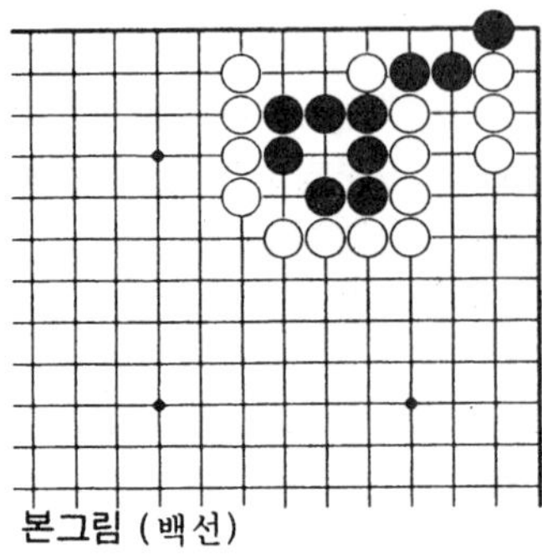

본그림 (백선)

미끄럼

복중의 한점을 잡게 하는 방식이 문제. 백에도 선방이 있어서 결론은 패다.

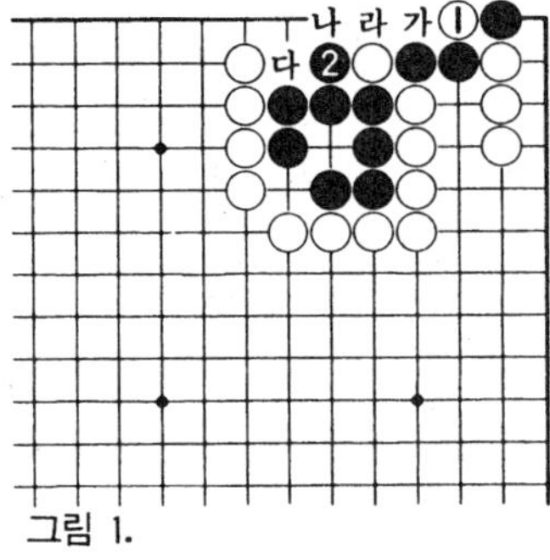

그림 1.

그림 1(백1, 수법) 백1의 먹여치기는 노림수가 너무 겸손했다. 흑2에서 가면 백나의 노림수인데 흑2로 정면부터 잡혀서 어쩔 수 없다.

그렇다고 이 한점을 구출하는 수는 없고 백2면 흑다로 나와 추격. 백라의 처지기도 흑2의 누르기까지다.

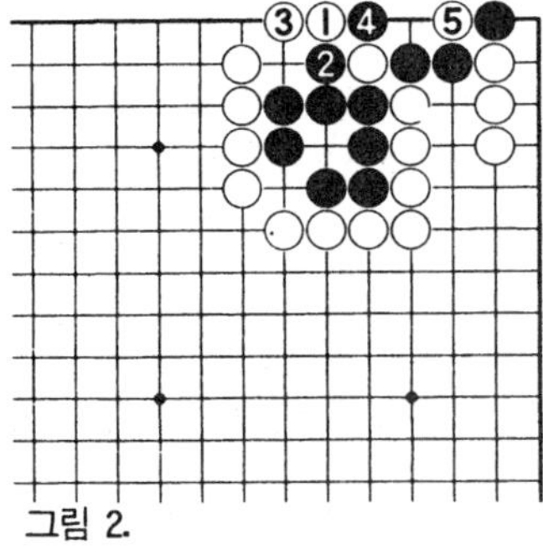

그림 2.

그림 2(백1, 수법) 복중의 일점부터 말하면 마늘모, 바깥부터 말하면 날일자 미끄럼의 백1이 재미있다. 흑2의 단수로 일점을 잡혀도 백3부터 5로 먹여치면 일점을 잡혀도 헛집만으로 된다.

물론 흑도 손가락을 입에 물고 이 사형을 보고만 있지는 않는다.

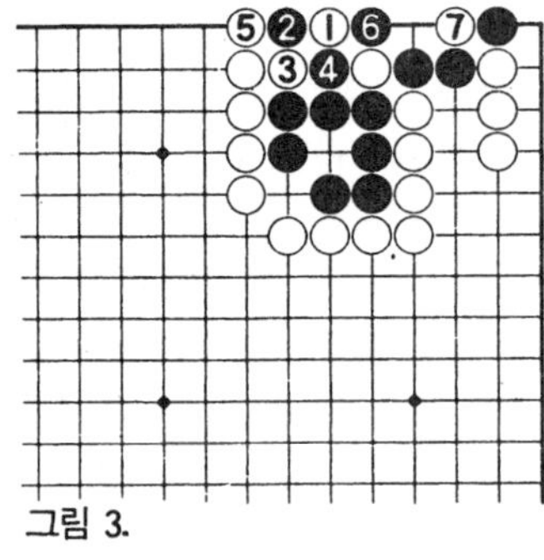

그림 3.

그림 3(흑의 저항) 흑2로 붙여넘겨 4로 단수하면 모양에 여유가 생겨 무조건 죽음은 없다. 백도 일점을 잡아 탄력이 생기고 흑6의 빼기에 백7로 먹여칠 시간이 생겼다. 백7에 이어 흑이 2의 점에 잡아서 패다.

백1 흑2 모두 맹점이 되기 쉽다.

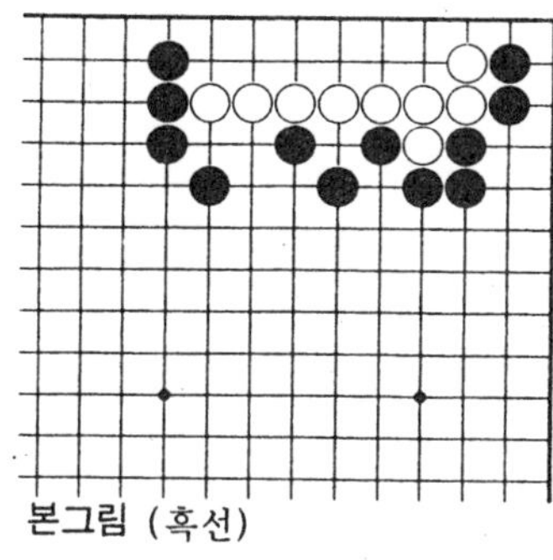

본그림 (흑선)

미끄럼

매우 넓은 백의 품이다. 어떻게 좁히느냐가 무조건이냐 패냐의 기로다.

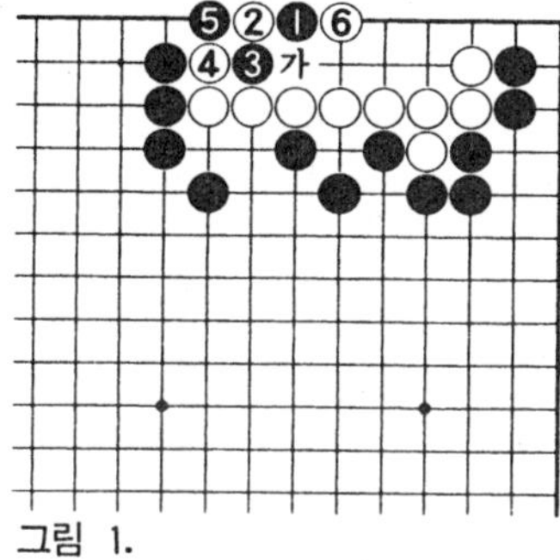

그림 1.

그림 1(눈목자) 흑1의 눈목자 미끄럼은 백의 품을 크게 좁히고 있지만 엷은 모양이므로 여러 가지 작용을 노림 당한다.

이 경우는 백2의 붙여넘기부터 6으로 붙이는 맥. 백6에서 가의 단수를 서두르면 흑6으로 뻗어내기 당해 패를 면할 수 없다.

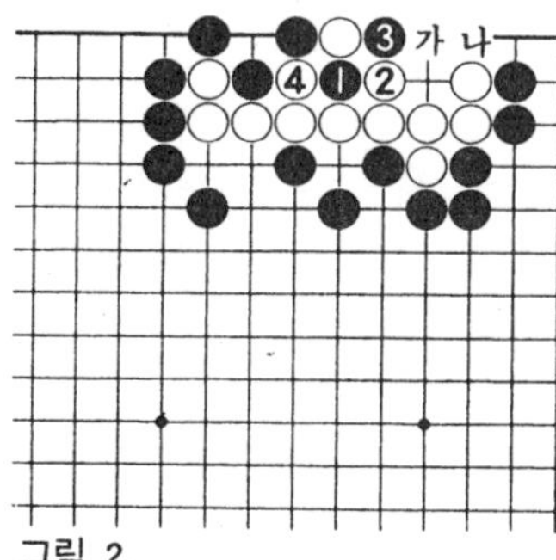

그림 2.

그림 2(양패) 앞그림에 이어 흑1로 단수 당해도 백2의 단수로 흑3을 강요하고 4로 돌입하는 선방이 있다. 백4에서 멍청히 가의 누르기는 흑4로 본패다.

이후 흑가의 뻗기면 백나로 눌러 추격이고 흑나의 건너기면 양패의 살기로 된다.

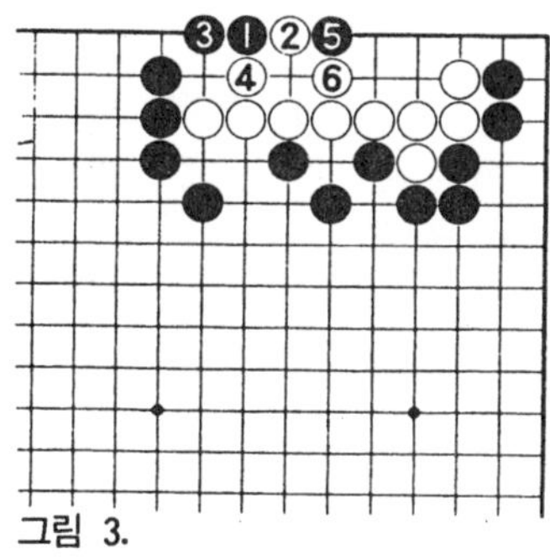

그림 3.

그림 3(흑1, 수법) 흑1로 날일자에 미끄러져 힘을 비축해 놓는 것이 좋다. 백2에는 흑3으로 끌고, 백도 4로 품을 넓혀 흑5, 백6의 패를 각오할 수밖에 없을 것이다.

백4에서 무조건으로 사는 수는 없고 흑5에서 무조건으로 죽이는 수도 없다. 패가 시세다.

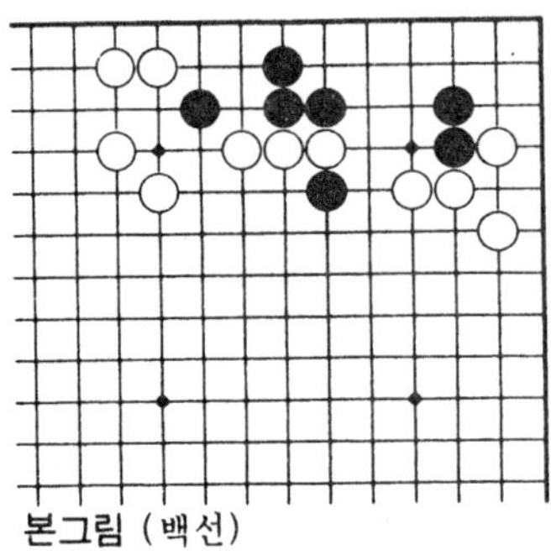

본그림 (백선)

붙이기

넓은 모양이지만 극히 보통으로 품을 좁혀 가면 된다. 마무리의 수법을 모르면 놀라 자빠질 것이다.

본그림은 『發陽論』에서 발췌.

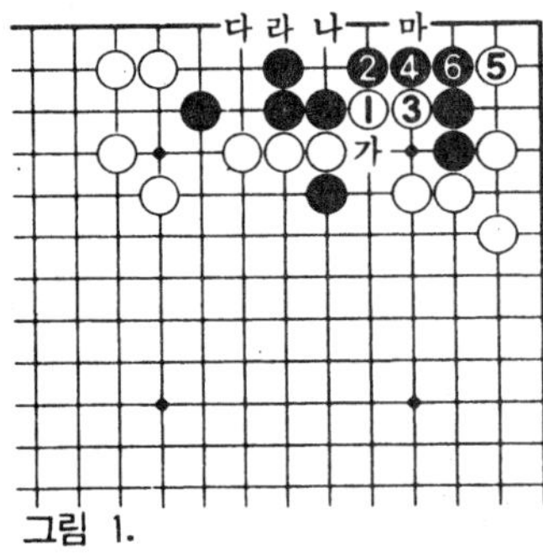

그림 1.

그림 1(정리의 구멍) 백1, 3을 결정하고 5로 뛰어들어 모양을 정리한다. 지나치게 생각해서 흑가를 반대로 이용당하면 수로 삼기가 곤란하다.

흑6에서 나로 집을 가지면 좌우 대응인 것 같으나 백다의 미끄럼으로 라의 끼어들기를 노림당하고 흑라로 지키면 백마로 죽음이 된다.

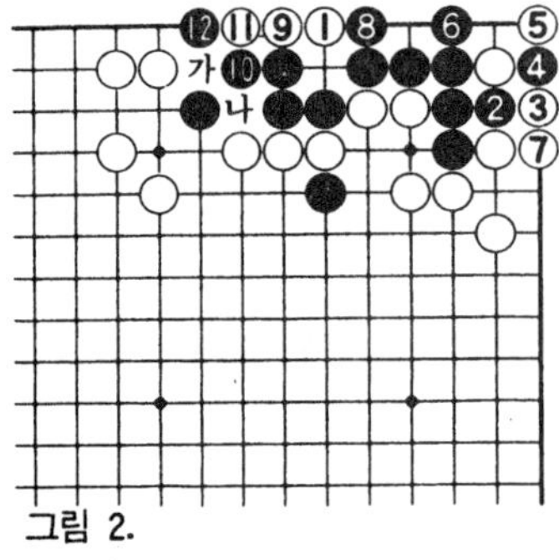

그림 2.

그림 2(3석의 집) 앞그림에 이어 백1로 놓고 싶어지는데 흑2 이하 6의 처지기가 선수여서 흑8로 눌리우고 백9부터 한점을 끌어 내도 석점으로 잡혀서 또 한집이 된다.

또 백1에서 6의 젖히기는 흑가로 일단 누르고 백나, 흑1로 본체는 무조건 살기다.

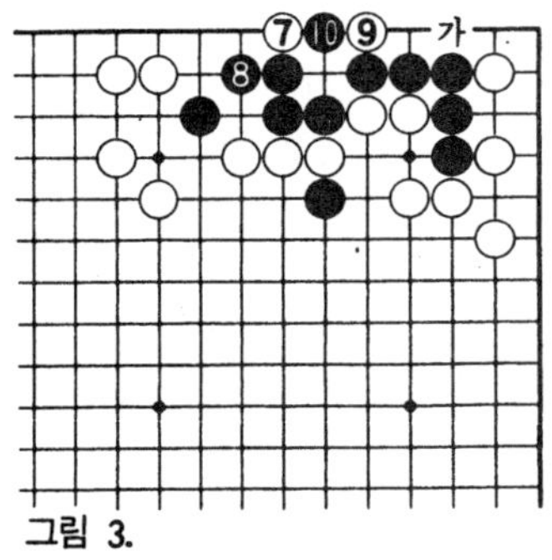

그림 3.

그림 3(백7, 수법) 백7로 집모양의 경계선까지 침입한다. 흑8의 뻗기 백9의 뛰어붙이기는 모두 호수. 흑10으로 던져 넣어서 패다.

흑8에서 가는 백9로 마찬가지이고 백9에서 10은 흑가를 작용하고 나서 9로 눌리고 앞그림과 같은 맥으로 살 수 있다.

400

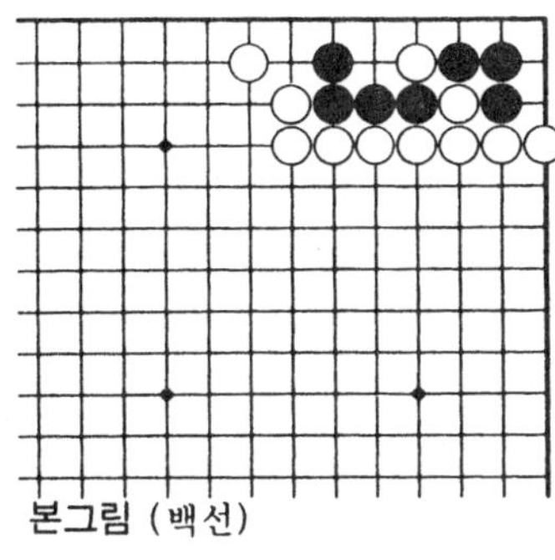

본그림 (백선)

붙이기

흑의 공배 채우기를 추구한다. 흑의 선방을 얻어 마무리는 맞공격의 패다.

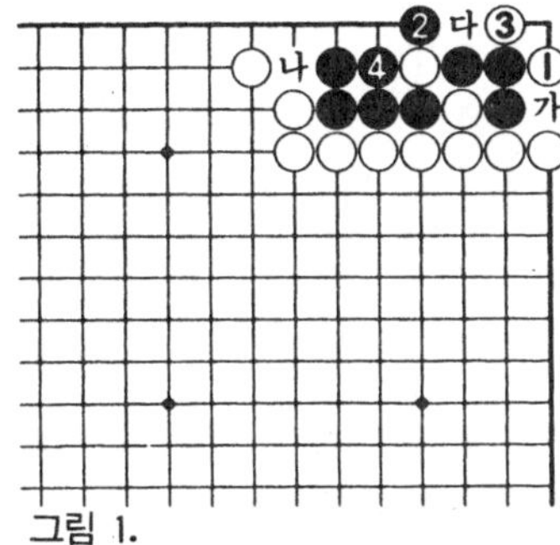

그림 1.

그림 1(되돌아가기 당함)　백1의 붙이기는 흑가를 기대한 것일테지만, 흑2로 되돌아가 기대에 어긋났다. 백3에는 깨끗하게 흑4로 빼고 가와 나를 대응으로 삼는 알기 쉬운 살기 모양이다.

흑2에서 가는 백3으로도 패이고 백다의 단수부터 나로 채워도 패.

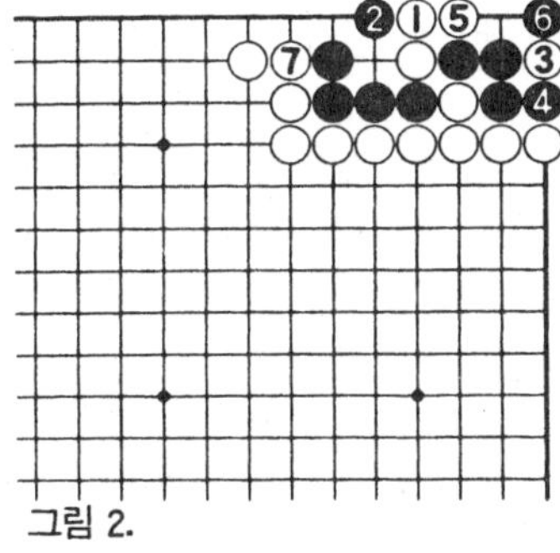

그림 2.

그림 2(무조건 죽음)　백1의 처지기부터 두어야 하는데 여기서 흑2면 백3의 붙이기로 양 밀 수 없음, 흑2에서 5면 백3으로 들어갈 수 없음의 죽음이라고 속단해서는 안된다.

그렇다고 흑2에서 4의 누르기도 백5로 굽히기 당해서 맞공격 패배로 되어 무조건 죽음이다.

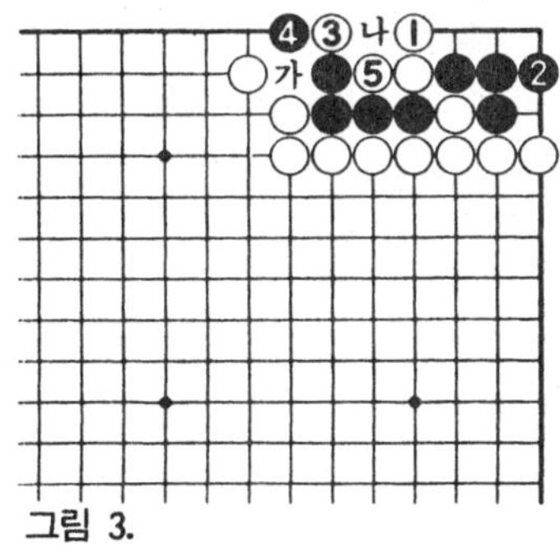

그림 3.

그림 3(백3, 수법)　공배 수를 증가시키면서 귀에 한집을 확보하는 흑2가 선방. 그러나 백은 조금도 당황하지 않고, 3으로 붙이고 5로 부풀면 패 이외의 아무 것도 아니다.

백3에서 가는 흑나로 수 패배이므로 그 흑나를 두지 못하게 하는 백3이 버티기의 수법이 된다.

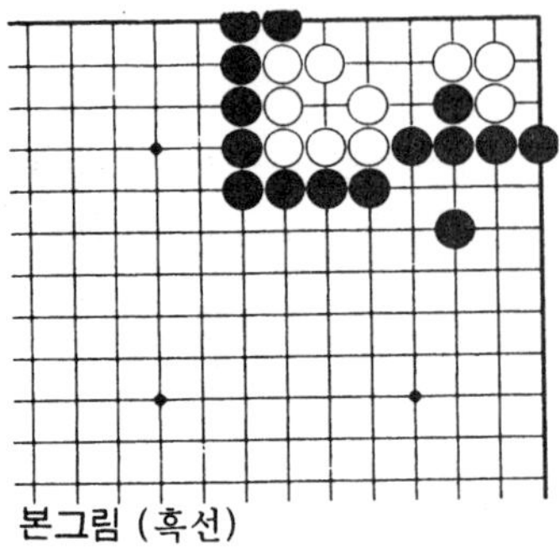

본그림 (흑선)

붙이기

최후의 수법에 도달하기 까지 공방에 볼 만한 것이 있다. 요는 백의 공배 채우기를 찌른다.

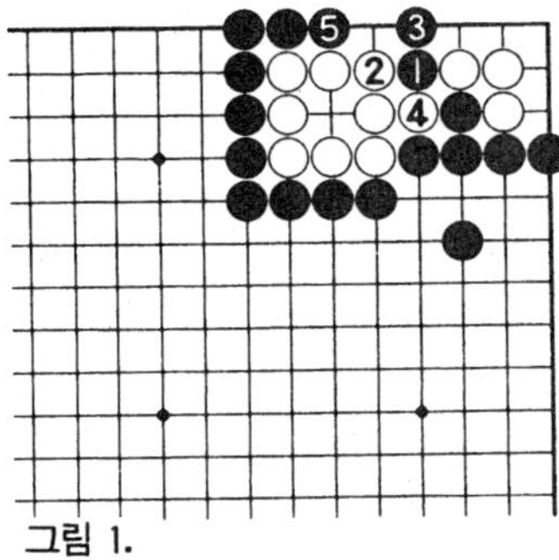

그림 1.

그림 1(들어가지 못함) 흑1의 젖혀내기는 당연하지만 백2 등으로 받아준다면 가전의 보검을 뺄것도 없이 흑3의 처지기부터 5로 건너면 백에 차단하는 수가 없다. 어이없이 무조건으로 죽었다.

백은 무엇보다도 좌우 연락을 우선적으로 생각해야 할 것이다.

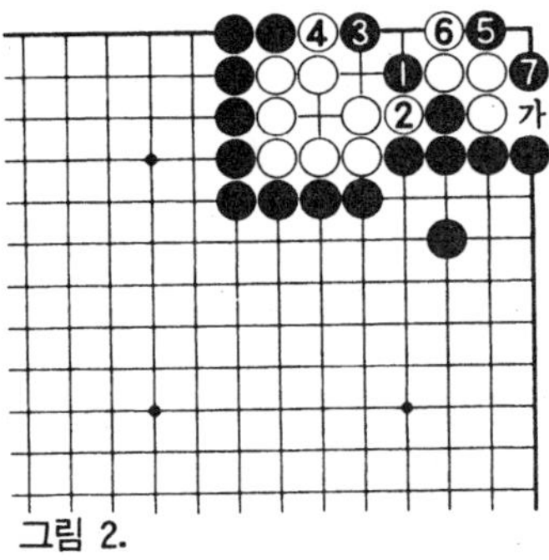

그림 2.

그림 2(양 밀 수 없음) 백2로 차단하는 편이 아직 어렵다. 그것은 흑3, 백4 이후 귀에 집모양을 젖기 당하면 비김수로 되니까 흑5의 붙이기도 간단하게는 발견할 수 없다. 흑7로 양 밀 수 없음의 죽음이다.

흑5에서 7이라도 같은 듯하지만 백가, 흑5의 패로 밖에 되지 못한다.

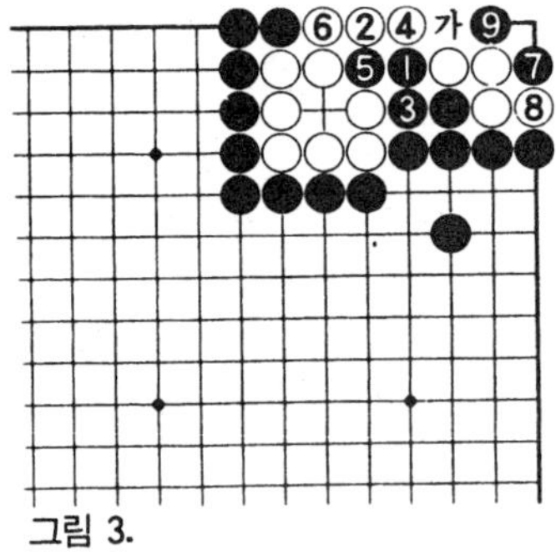

그림 3.

그림 3(흑7, 수법) 백2의 마늘모가 연락의 수법. 그러나 흑3의 잇기부터 5로 백 전체를 공배 채우기로 만들고 7로 붙이는 추격의 수법이 준비되었다. 흑9로 패가 된다.

흑5, 백6을 결정하지 않고 흑7은 백8, 흑5일 때 백가로 잇기 당하고, 절반 살게 된다.

402

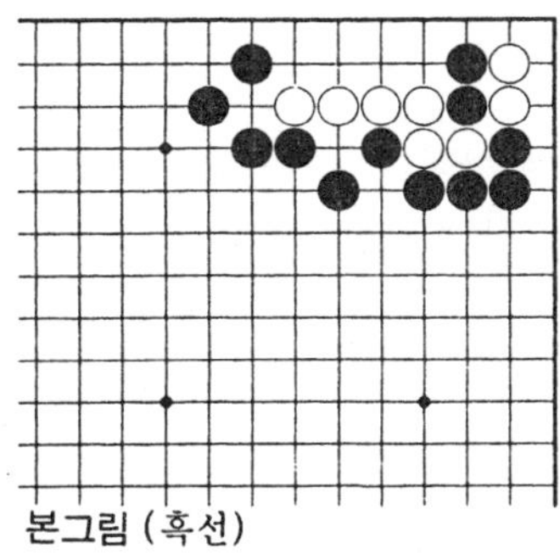

본그림 (흑선)

붙이기

한 걸음 침입하는 상용수법이다. 넓은 장소가 꼭 서두르는 장소라고는 못한다.

본그림은 『碁經衆妙』에서 발췌.

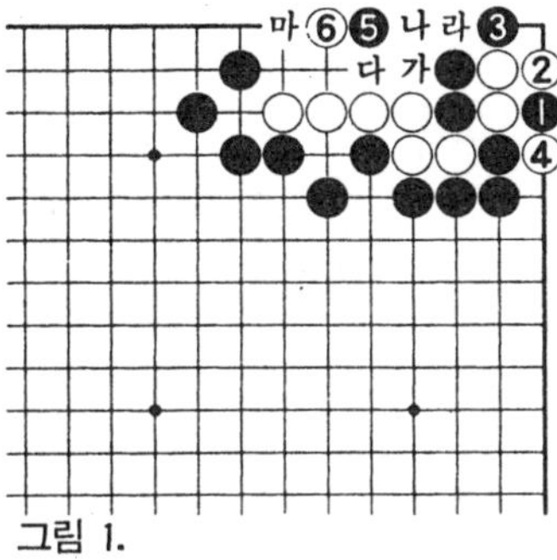

그림 1.

그림 1(젖히기) 흑1의 젖히기부터 단수를 작용시키고 백5로 미끄러지는 맥에는 방심할 수 없다. 백6의 붙이기로 무사하게 되는데 이것을 멍청히 가의 단수면 흑나로 무조건 죽음이 되고 나의 붙여넘기도 흑가, 백다, 흑라, 백6 이후 흑마의 단수로 두수 종반 패다.

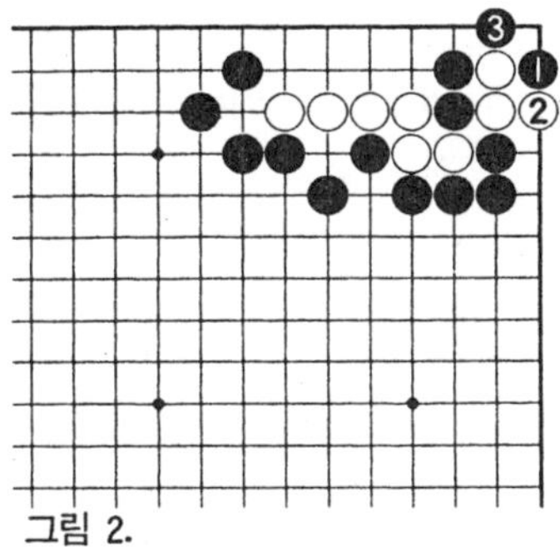

그림 2.

그림 2(흑1, 수법) 흑1의 붙이기는 종반의 수법으로 사용되는 수가 많을는지도 모른다. 백2면 흑3으로 패로 유도하려고 하는 귀의 탄력을 잔뜩 활동시킨 수단이다.

백도 이 모양으로는 이 패를 다툴 수밖에 없고 흑의 침입이 호 결과를 가져왔다.

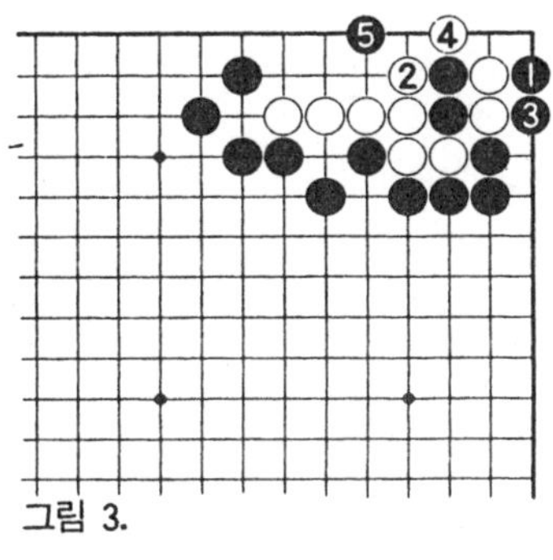

그림 3.

그림 3(무조건 죽음) 흑1의 붙이기에 백2로 받으면 종반으로서는 무사하지만 이 경우는 재미없다. 흑5의 미끄럼이 꼭 맞아 넓게 보인 백의 품이 대번에 좁아졌다.

흑1에서 단순히 5는 백2. 공배가 채워지고 나서는 수법도 늦다.

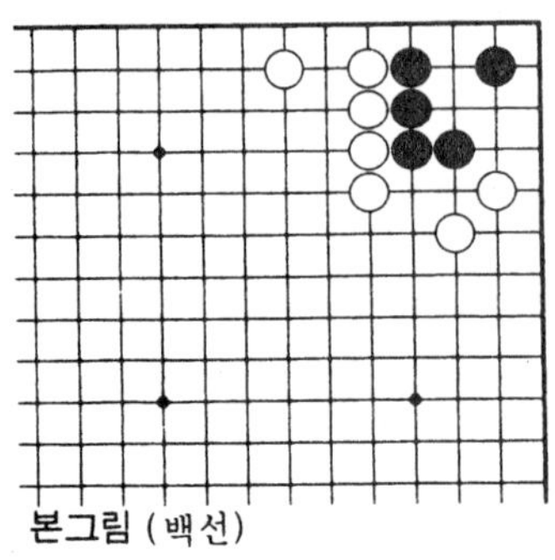

본그림 (백선)

협공 붙이기

변형 1흡 뒷박이다. 품이 넓고 급소에 수비도 있지만 좌우의 동요로 견루를 무너뜨린다.

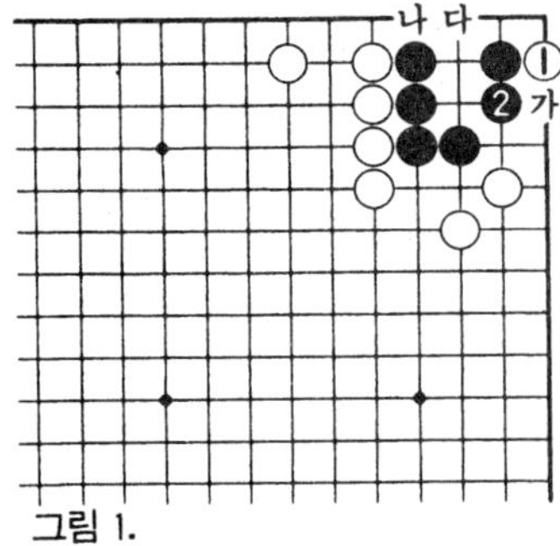

그림 1.

그림 1(시초의 급소) 백1의 붙이기는 흑가, 백2를 기대한 것인데, 태연하게 흑2한테 줄짓기 당해 손도 발도 낼 수 없다. 백1에서 가의 계마도 흑2. 여하간 시초의 급소가 2의 점인 것만은 명백하게 되었다. 백1에서 나 나 다 등으로 견고한 쪽부터 공격해도 전혀 의미가 없다.

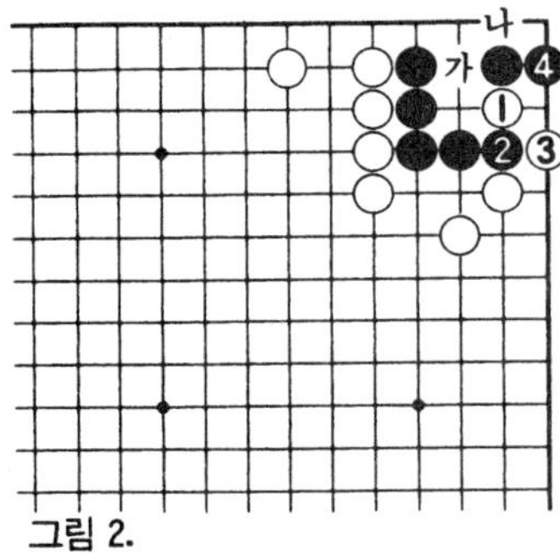

그림 2.

그림 2(후속은) 백1로 붙인 것은 좋은데 흑2의 나오기에 백3이면 흑4로 추격 포함. 백이 한점을 구하는 사이에 귀의 집모양이 정비된다.

그렇다고 백3에서 4로 돌입해도 흑3, 백가, 흑나로 크게 살 수 있다. 흑의 바깥 공배 둘이 작용하고 있다.

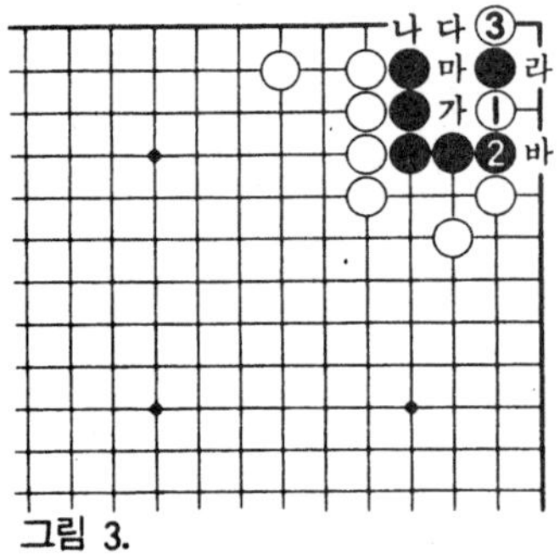

그림 3.

그림 3(백3, 수법) 일전해서 백3으로 협공붙이고 상변에의 건너기를 노리는 흔들기다. 그 후는 흑이 아무리 저항해도 패. 흑가면 백나로 건너 흑다의 패이고 흑다면 백라, 흑가로 되는 패다.

또 흑마면 백바로 건너서 흑 죽음. 백3은 집모양의 급소에 해당된다.

젖히기

패의 공격 맥이 보였다고
해도 그것만으로는 의미가 없
다. 이길 수 없는 패를 걸다
부질없이 손해를 볼 뿐이다.

【참고보 20】

흑1, 3의 패감 만들기가 중
요. 이 준비를 마치고 비로소
흑5, 7의 패를 걸 자격이 생
겼다. 백에게도 살기 패가 많
다.

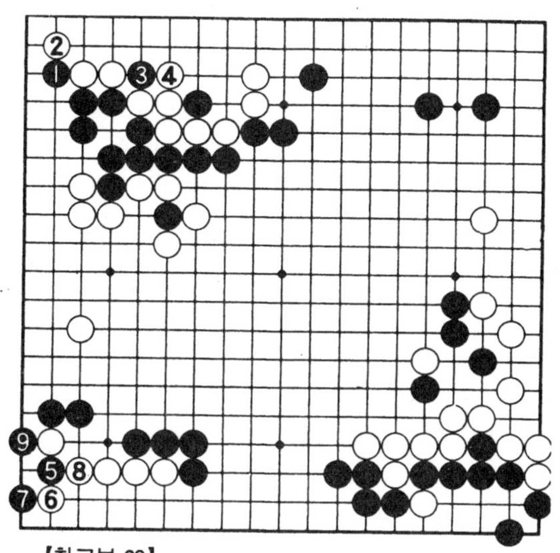

【참고보 20】
제15기 本因坊戰　　백　　藤澤秀行
　　제 5 국　　흑　　高川秀格

참고그림(이후의　진행)　이
후의 패 다투기다. 백17일 때 흑
18로 끊어 소리(小利)를 감수하
지 않는다. 백35로 괴로운 패감
을 두어 왔을 때에는 흑36으로
젖혀서 모양을 결정해 놓는 찬스
다.

흑46의 패감에 백은 패를 해소
했는데 흑48로 빼고 상하의 백에
의 공격을 보고는 우세가 결정되
었다. 백이 패를 계속한다면 가에
패감이 있지만 흑나로 단수 당해
도, 다로 잇기 당해도 손패로 될
우려가 있으므로 둘 수 없다. 흑
46에 백라면 흑마, 백48이면 흑
라가 패감이 된다.

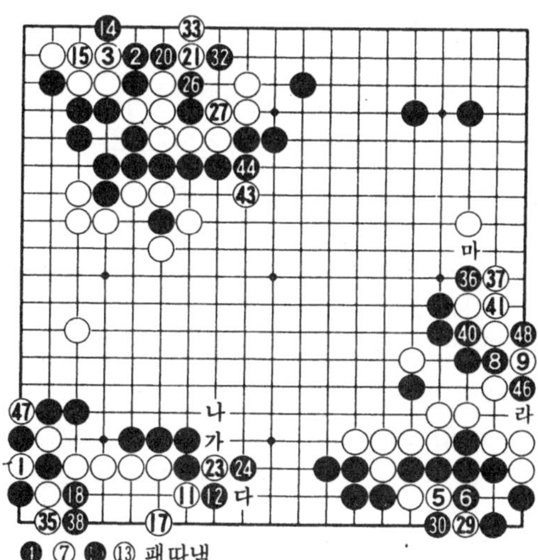

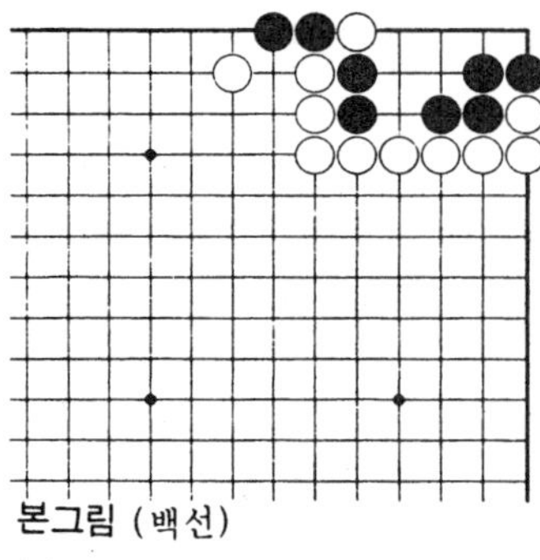

본그림 (백선)

부풀기

혹의 집모양은 보기보다는 훨씬 풍부하다. 유일한 약점인 전체의 공배 채우기를 확대해서 패로 유도한다.

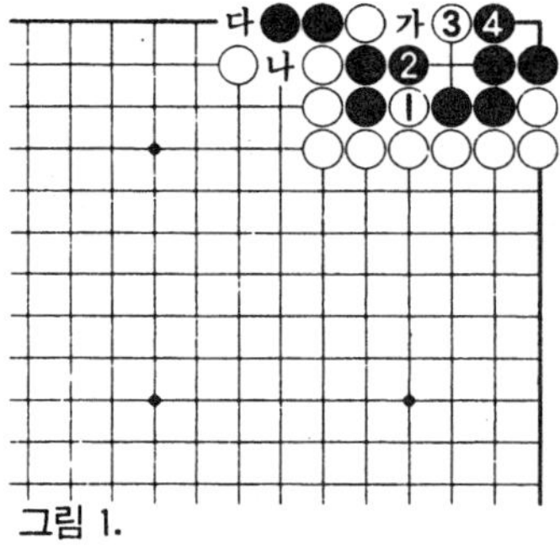

그림 1.

그림 1(추격) 백1로 나와 3으로 놓는 맥은 제 1감인데 흑4로 귀에 한 집을 다지기 당하고 또 백가로 이을 수 없는 모양이므로 한집 터다.

또 백1에서 가의 뻗기도 흑3의 마늘모 붙이기이고 백2, 흑1 이후 둘 도리가 없다.

나, 다의 공배 둘이 빛난다.

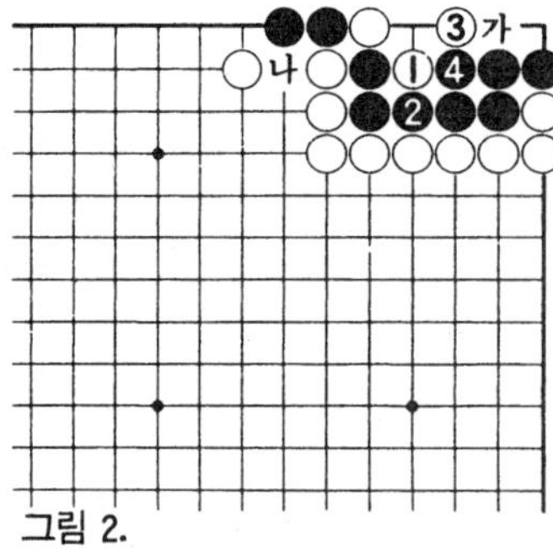

그림 2.

그림 2(속수에는 속) 백1의 젖히기는 속된 맥과 같으면서 매서운 노림수를 지닌다. 흑2를 필연적이라 치고 백3으로 빗겨두고 흑가면 백나로 채워서 패로 유도하려는 것이다.

그러나 흑도 속수에는 속으로 4로 단수 백의 노림수를 회피해서 무조건 살기로 연결한다.

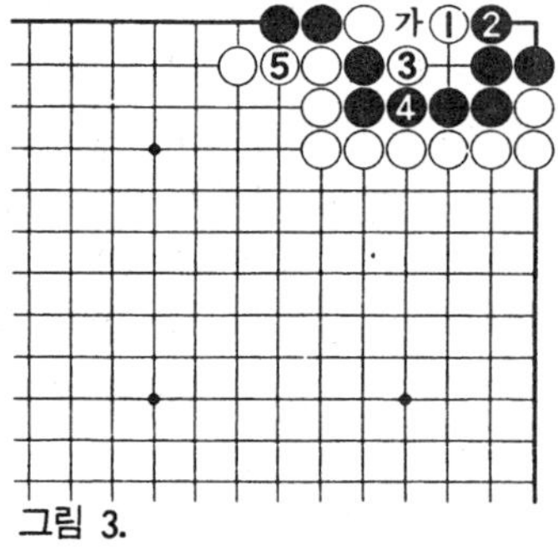

그림 3.

그림 3(백1, 3, 수법) 달리 아무것도 결정하지 않고 단순히 1의 점으로 직행한다. 흑2에는 백3으로 부풀고 앞그림에서 노린 패로 끌어 들였다. 흑은 공배 채우기 때문에 배후부터 댈 수 없다. 흑2에서 3이면 백2. 흑2에서 4면 백가로 잇고 이번에는 두수 세수의 맞공격 승리다.

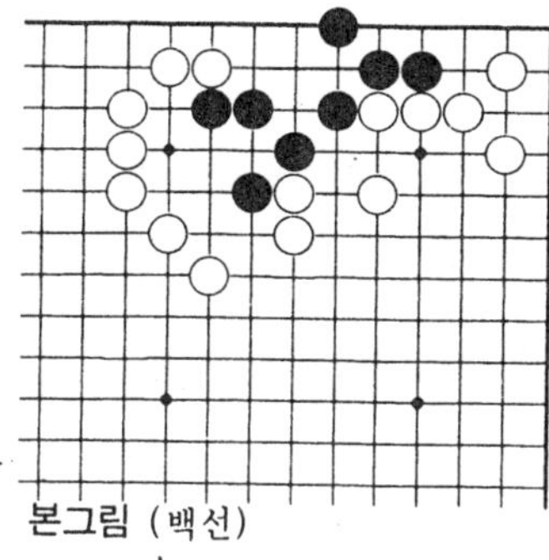

본그림 (백선)

던져넣기

이곳이다 라는 급소에 눈을 붙였으면 집요하게 한점을 추궁하는 것이 좋다.

본그림은 『玄玄碁經』의 「八子醉桃源勢」에서 발췌.

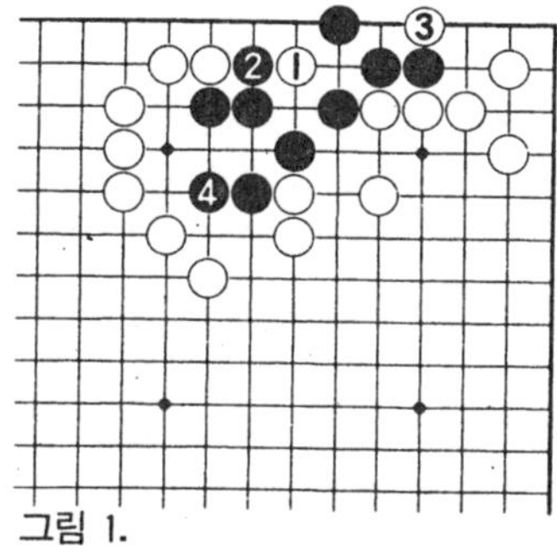

그림 1.

그림 1(대응) 여하간 백1로 급소를 일격할 수밖에 없는데 이대로는 변의 집모양과 중앙의 집모양이 대응이 되어 손을 낼 도리가 없다.

변의 후수 한집은 완전히 독립했으므로 단서를 구한다면 중앙의 집모양이다.

선수로 으깨는 수가 있을까.

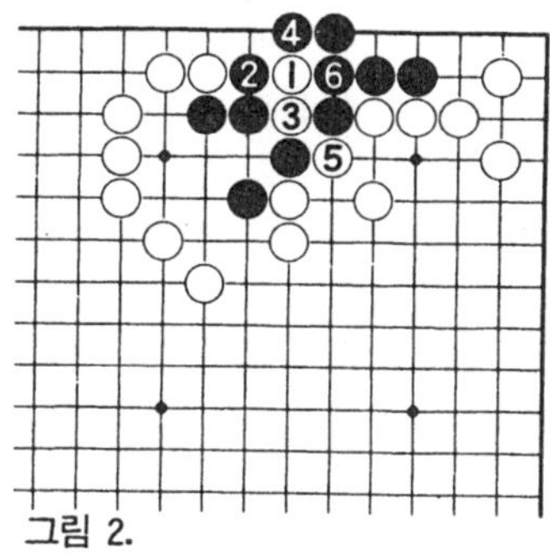

그림 2.

그림 2(두점으로 만든다) 백3으로 돌입해서 5의 양단수를 본다. 흑4에는 백5로 단수, 흑6으로 빼게하여 모양의 여유를 뺏았다.

다만 아직 상변의 한집과 중앙의 한집이 대응으로 되어 있다. 흑8점을 도원부터 끌어 내려면 백3 한 번 더 수고가 필요한 모양이다.

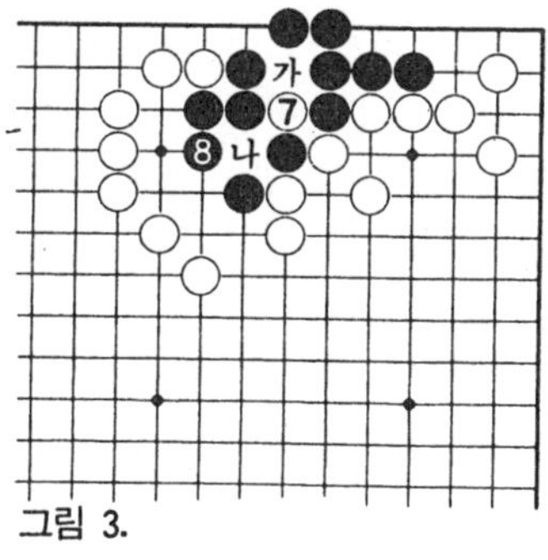

그림 3.

그림 3(백7, 수법) 빼기 자국에 다시 백7로 던져넣는다. 흑가의 빼기면 백8로 두고 나의 돌입을 노리면 흑은 무조건 죽음. 하는 수 없이 흑8로 패에 버티고 이것이 양자 최선의 응수다.

드디어 흑은 도원경의 도취에서 깨어났다.

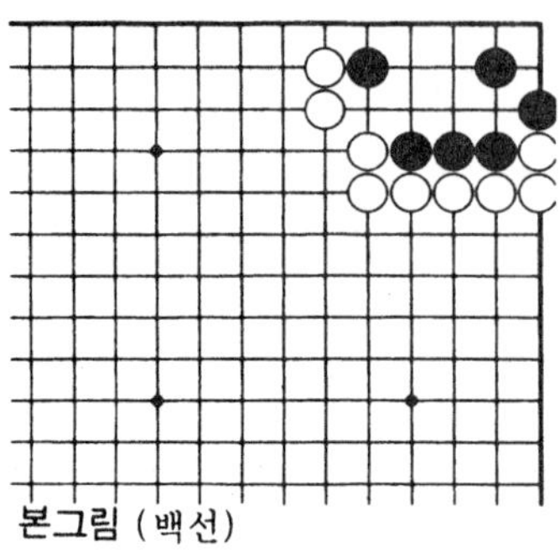

본그림 (백선)

던져넣기

공배 채우기를 탓하기 위한 전제 공작과 그것을 간파한 흑의 버티기가 볼 만하다.

본그림은 『官子譜』에서 발췌.

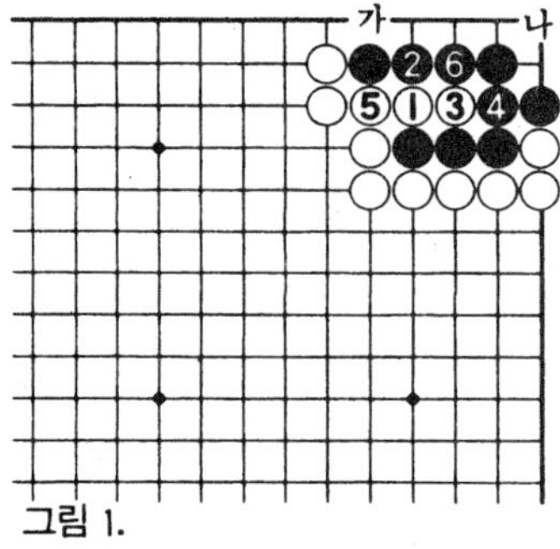

그림 1.

그림 1(닿지 않는다) 백1의 젖혀넣기부터 슬슬 공격해 가면 흑2, 4로 쉽게 받기 당해 손이 닿지 않는다. 백5에서 6은 흑5로 안되고 흑6으로 잇기 당한 후 백가는 흑나로 무조건 살기다.

백1에서 2도 흑6으로 살기. 백은 좀더 침입할 필요가 있을 것이다.

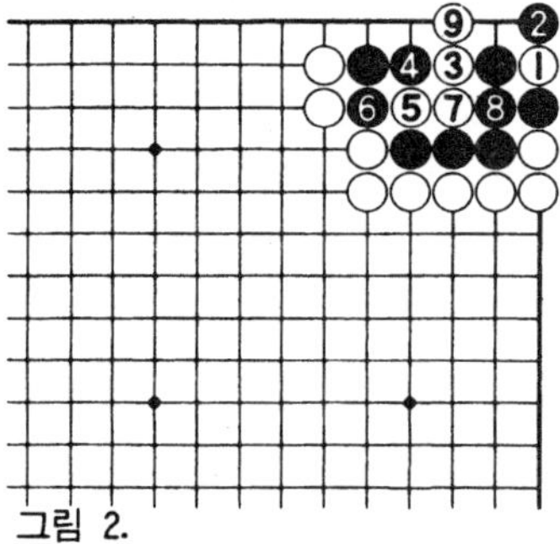

그림 2.

그림 2(백1, 수법) 백1의 던져넣기가 공배 채우기 이용의 복선이 된다. 아무 생각없이 흑2로 잡을 것 같지만 순간에 백3의 붙이기가 와서 꼼짝할 수 없다. 흑4에는 백5의 젖혀넣기인데 이하 백9까지의 양 밀 수 없음이다. 나중의 백1은 흑2로 받아주지 않는 다.

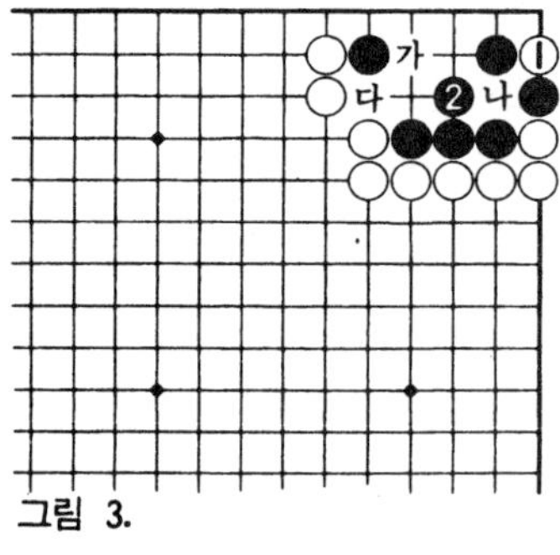

그림 3.

그림 3(흑의 저항) 따라서 흑은 백1의 던져넣기에 2로 버틴다. 고의적인 패 구성이지만 이것밖에 없다. 무조건 죽음을 패로 유도해서 교수의 공방은 무승부일 것이다.

그리고 흑2에서 가라도 백나, 흑2, 백 잇기, 흑다 이하의 패인데 약간 손해.

第 4 部

종반의 수법

침입의 수법

침입의 수법은 외부와 연락을 유지하면서 내부로 돌입하는 경우와 내부를 침식하고 나서 외부로 되돌아가게 하는 경우로 대별될 것이다. 전자의 대표는 미끄럼이고 후자의 대표는 놓기다.

미끄럼의 종반은 상대의 끝의 공간을 이용하고 놓기의 종반은 상대의 공배 채우기를 이용하는 일이 많다. 또 바깥부터의 수습은 선수로 안쪽부터의 수습은 후수로 되는 경우가 많은 것이 일반적인 경향이다.

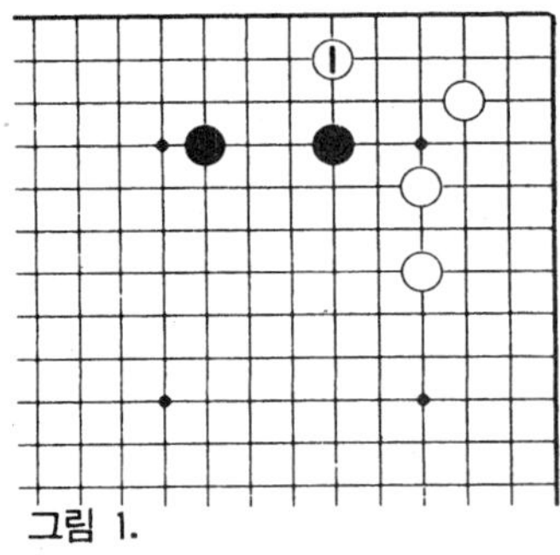

그림 1.

그림 1(미끄럼) 제二선의 미끄럼은 종반이라기보다 중반의 근거에 관한 수법이다. 그러나 물론 종반으로서도 크고, 출입 계산으로 20집 가까이 예상되는 미끄럼도 적지 않다.

다만 너무 일찍 미끄러져 상대가 받으면 더 근본적인 뛰어들기를 노릴 수 없게 된다.

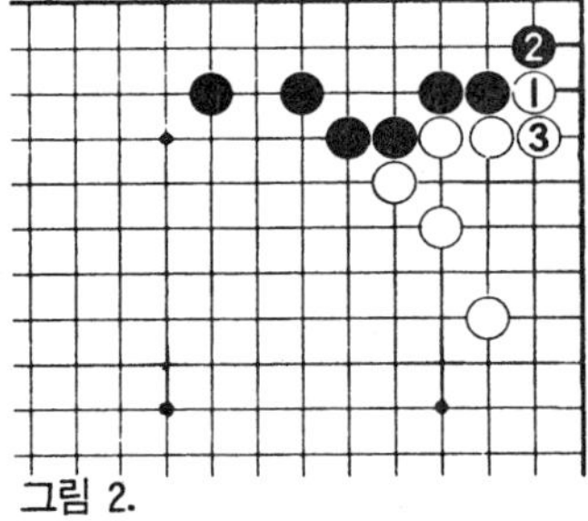

그림 2.

그림 2(젖혀잇기) 제二선의 젖혀잇기도 중반에서는 근거에 관한 수법이 되는 경우가 있다. 근거에 무관계한 때도 10집 전후의 큰 수습이고 젖혀잇고 나서 또 계속되는 종반 수법을 노리고 있는 케이스가 많다. 종반은 이런 제二선의 젖혀잇기부터 시작된다고 해도 될 정도다.

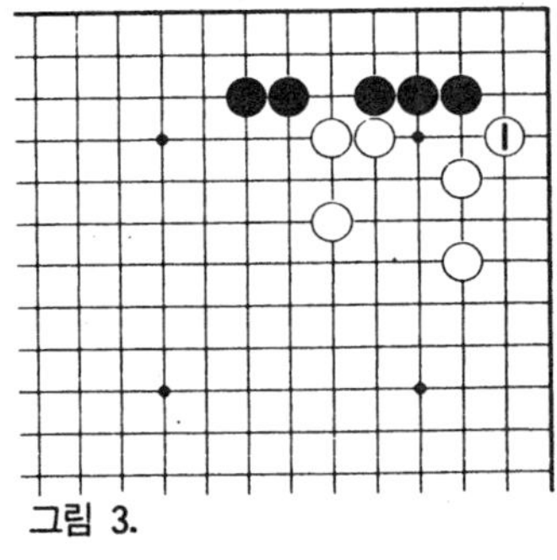

그림 3.

그림 3(마늘모) 쌍방이 제三선에 한칸의 거리를 놓고 대치하고 있을 때 그 중간에 빗겨두는 것은 큰 수습. 미끄럼과 같아서 일찍 두면 상대를 다져주므로 보류하는데 뛰어들기를 노릴 수 없게 되면 화급한 수습이 된다. 어느 쪽이 두어도 선수로 되는 경우가 많아 놓칠 수 없다.

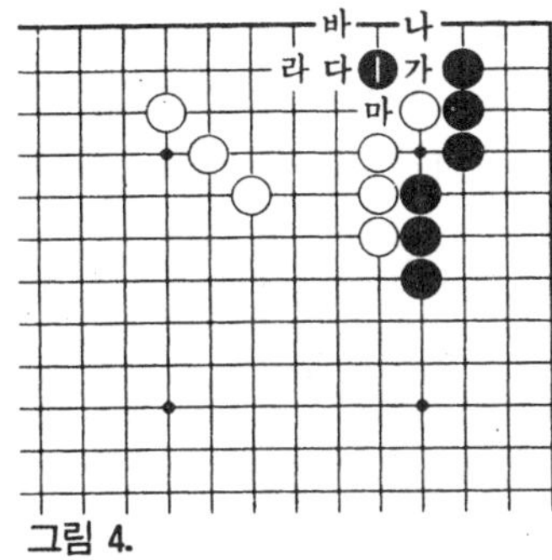

그림 4.

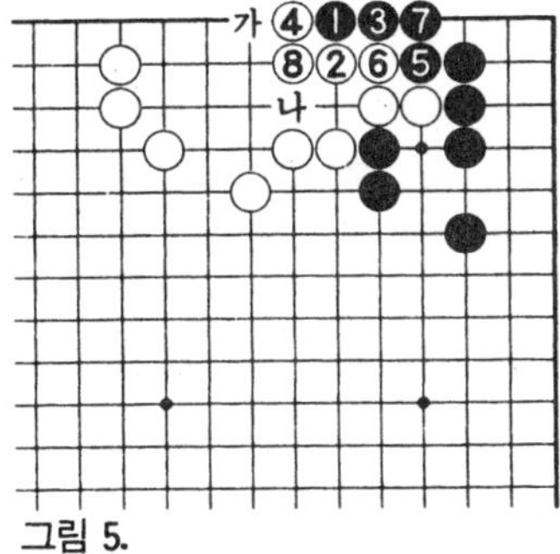

그림 5.

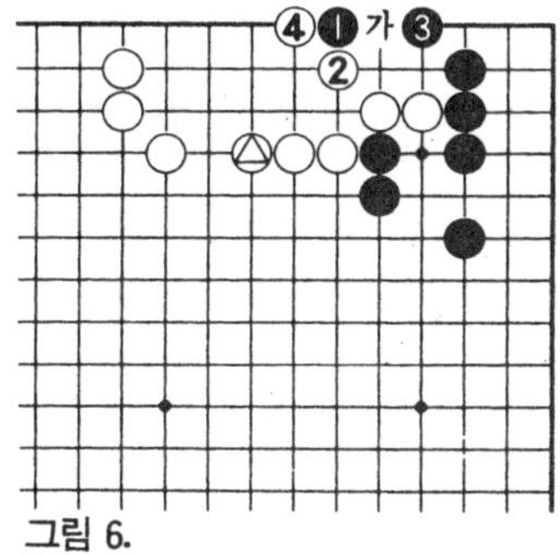

그림 6.

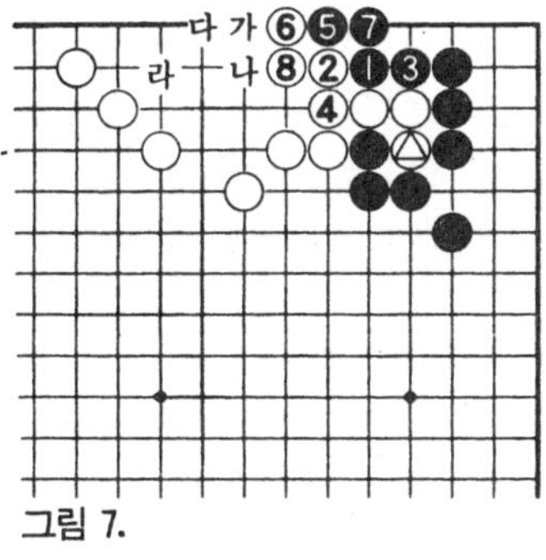

그림 7.

그림 4(뛰어들기) 상대의 끝 공간을 단적으로 탓하는 수법. 흑1과 같은 뛰어들기가 남아 있는 한 아무리 포위해도 땅이라고 생각해서는 안 된다.

백은 가로 나오고 흑나, 백다로 붙이는 등이 침입을 저지하는 한 형인데 흑에게 패감이 많으면 라, 백마, 흑바의 버티기가 있다.

그림 5(원숭이 미끄럼) 제一선의 눈목자 미끄럼인데 이쯤되면 순전한 종반의 기색이 농후할 것이다. 저지 방법은 의외로 어렵지만 이 모양이면 백2의 마늘모 붙이기가 최선. 흑3 이하 백8까지 선수 수습이다. 백8을 생략하면 흑8, 백가, 흑나로 부딪치는 재차의 침입 수법이 있다.

그림 6(마늘모) 백석이 ◎의 점에 있는 것만으로 흑의 수습 방식이 변한다. 이 모양이면 흑3으로 빗겨두어 선수를 잡아야 하고 백4 이후 가의 점은 쌍방 5부의 권리로 본다.

◎의 점에 준비가 있으므로 흑3에서 가로 끌어도 백4로 눌리워서 후수로 되기 때문이다.

그림 7(붙이기) 〈그림 5〉와 동형으로 보이지만 ◎의 공배가 채워져 있는 것에 주의. 이 모양에서는 눈목자 미끄럼이 아닌 흑1의 붙이기가 바른 수습의 수법이다. 〈그림 5〉와 비교해서 흑지에서 1, 백지에서 1, 모두 2집의 차가 생겼다. 백8을 손빼기하면 흑8, 백가, 흑나, 백다, 흑라.

411

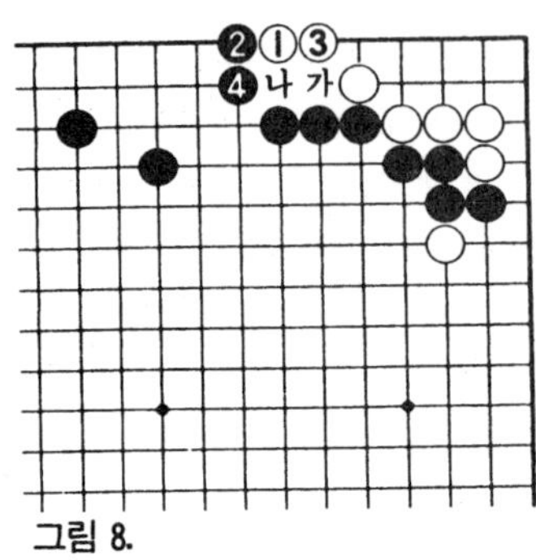

그림 8.

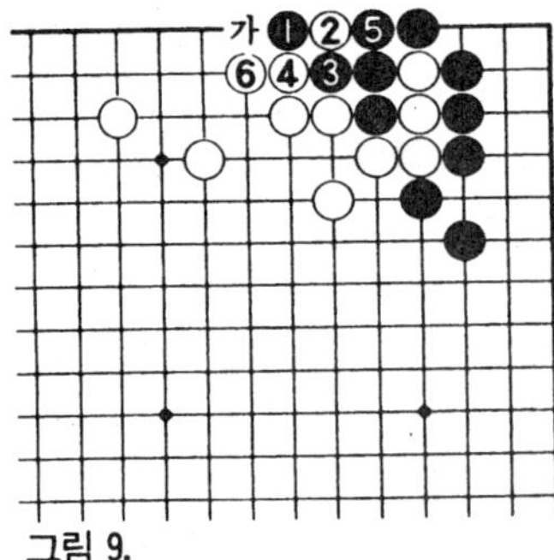

그림 9.

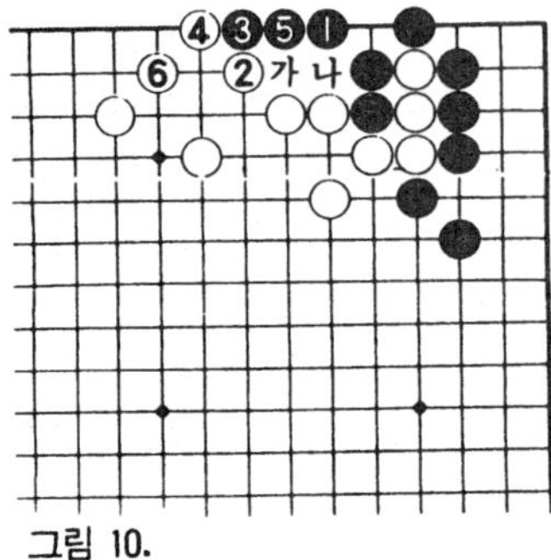

그림 10.

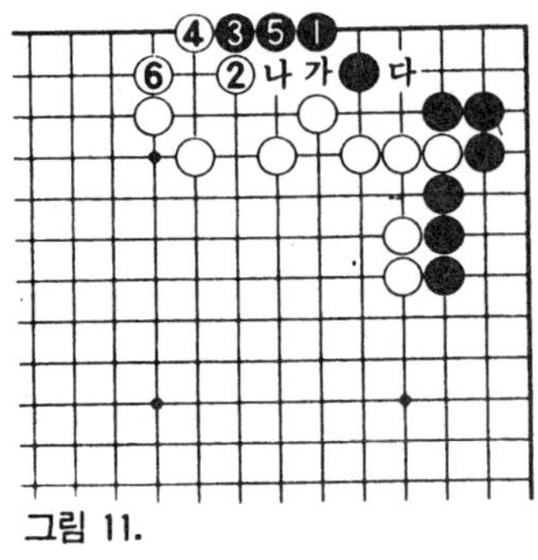

그림 11.

그림 8(작은 원숭이) 제二선의 미끄럼과 구별해서 제一선의 미끄럼을 원숭이 미끄럼이라고 할 때도 있다. 백1의 날일자는 우선 작은 원숭이다.

방치하면 흑가의 누르기가 선수. 백1로 미끄러져 흑4까지로 바꾸어 놓으면 백1에서 가, 흑나로 되기보다 2집 이득이다.

그림 9(날일자) 흑1로 날일자에 미끄러지는 것이 멋을 낸 수법인데 흑1에서 3으로 기고 백4로 눌리워서 후수를 잡는 모양에 비하면 천지의 차. 백2에서 3이면 흑2인데 상변을 저지할 도리가 없어져 손해. 백2의 붙여넘기는 가의 단순 붙이기보다 3분의 1집 손해지만 안전한 저지법이다.

그림 10(패 포함) 앞그림과 동형인데 흑1은 패감이 많을 때의 종반 수법이다. 백2로 들어가게 하고 흑3, 5를 선수로 작용시키면 날일자보도 2집은 이득인데 다만 백2에서는 5로 붙이는 강수가 있고 흑가는 백나, 흑3, 백2로 단수해서 패. 쌍방 모두 패배하면 피해가 크다.

그림 11(마늘모) 흑1의 마늘모가 최선. 백2로 들어가서 받을 수밖에 없고 흑3, 5를 선수로 작용시켰다. 흑1에서 가는 백나로 눌려서 숨 끊김이고 흑1에서 나로 뛰어 들 수도 있지만 백가, 흑1, 백다 이하로 졸려서 후수로 된다. 흑1에서 3은 백1이 호수.

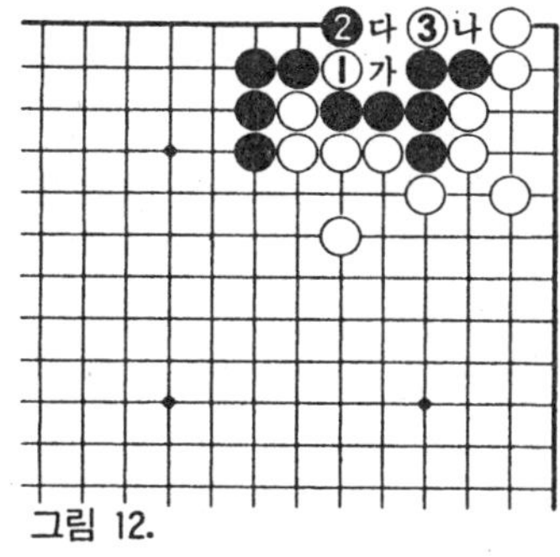

그림 12.

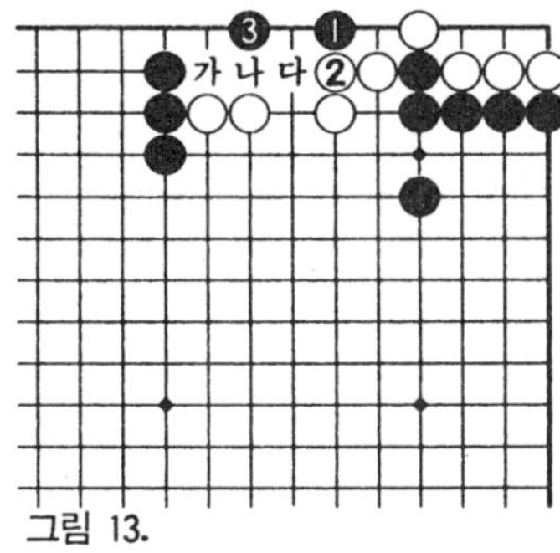

그림 13.

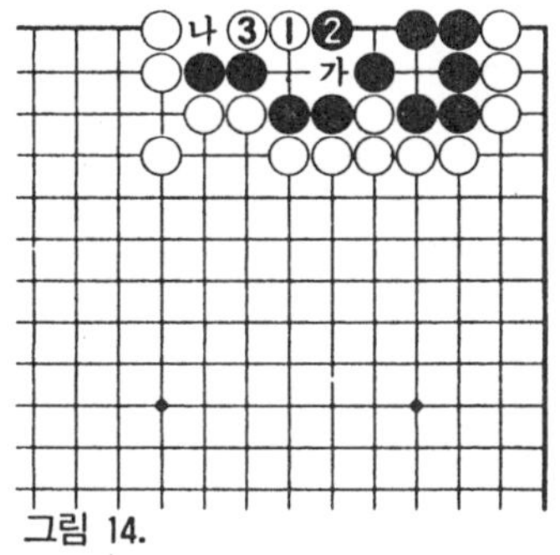

그림 14.

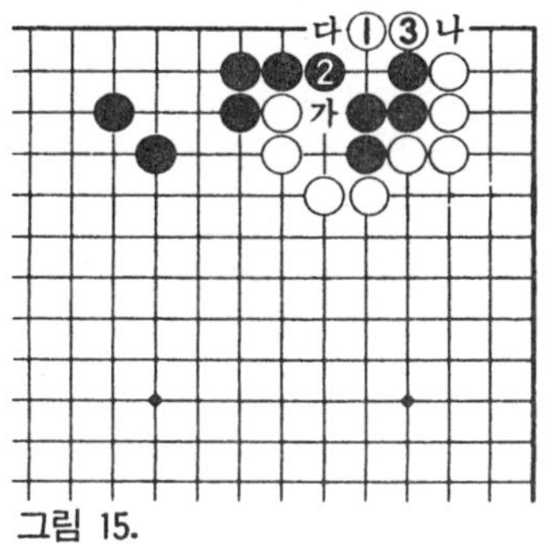

그림 15.

그림 12(들여끊기)　안부터 무너뜨리고 밖부터 수습한다. 백1의 들여 끊기는 모르면 둘 수 없는 수다. 흑2면 백3, 흑2에서 가면 백나다. 백1에서 나, 흑3으로 되는 모양에 비해 3집 이득으로 수습이 되었다.

　백1에서 먼저 3으로 붙이면 흑나, 백1, 흑다로 반입이 된다.

그림 13(놓기)　흑1로 놓고 백2에 흑3으로 되돌렸다. 백가로 눌리는 모양에 비해 9집에나 달하고 경우에 따라서는 백의 집모양을 위협하는 일조차 있을 것이다.

　흑1에서 가는 백나로 극도로 무책이다. 흑1에서 3은 우선의 맥인데 그래도 백다로 3집 손해다.

그림 14(놓기)　백1까지 일단 침입한다. 흑2가 최선의 받기인데, 백3일 때 손을 빼느냐. 흑가의 잇기는 두점을 살려 후수 4집에 해당한다.

　백1에서 나로 나오면, 흑1로 받기 당해 조금도 이득이 없다. 놓기의 수습에 비교해서 분명히 4집 가량 손해를 보고 있다.

그림 15(놓기)　백1로 놓고 3으로 되돌아 가는 수습이 바르다. 흑2에서 3으로 차단하면 물론 백2로 젖혀내 흑가, 백나의 수 승리다.

　백1에서 3으로 젖히고 흑1, 백나 이후 흑이 손을 빼면 백2, 흑다로 똑같은데 흑2로 수비 당하면 2집 반의 손해가 된다.

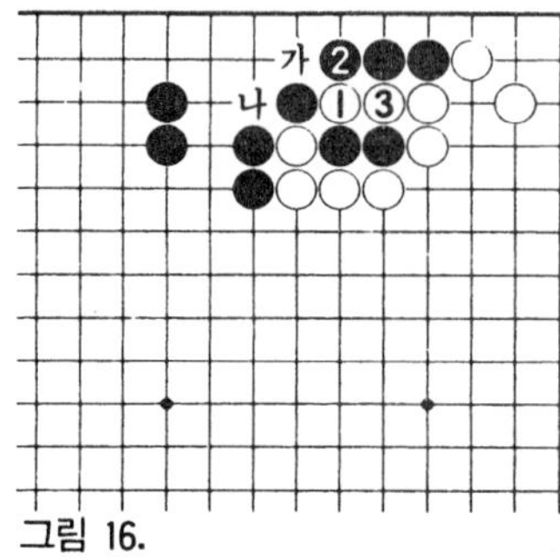

그림 16.

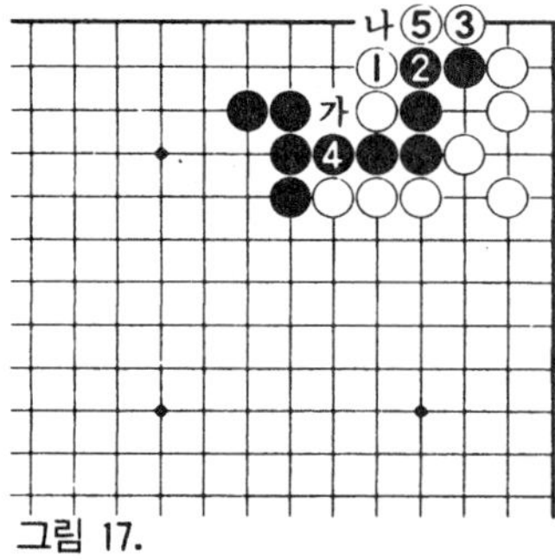

그림 17.

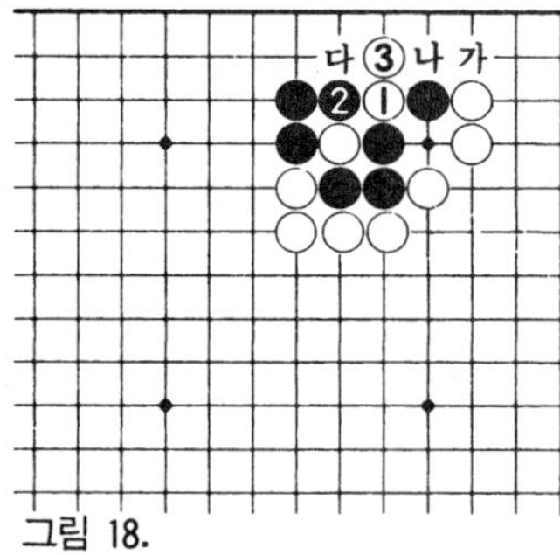

그림 18.

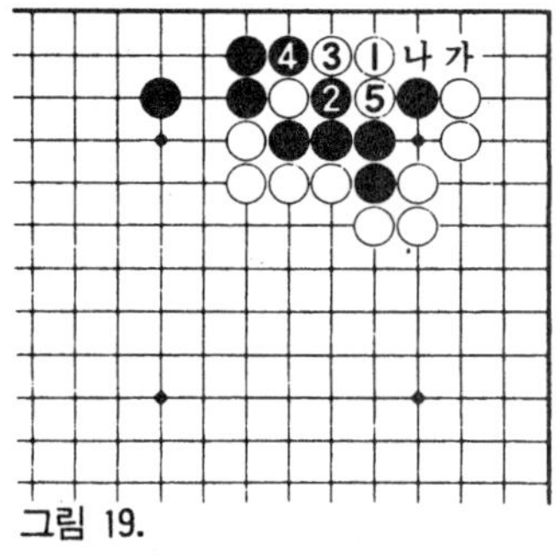

그림 19.

그림 16(끊기) 백1의 들여끊기가 대단한 수습인데 흑은 2로 단수, 이것을 잡게 하고 피해를 최소로 억제할 참. 백1에서 3의 나오기는 흑1인데 도저히 이득을 얻을 수 없다. 흑2에서 3은 백가로 젖히고 흑나면 백2로 큰 이득. 백가에 흑2의 빼기도 백나로 단수 당하는 패는 싸울 수 없을 것이다.

그림 17(처지기) 백1의 처지기가 맞공격 포함의 큰 수습이다. 흑2로 건너기를 저지, 백4면 흑가로 수 승리라는 읽기인데 먼저 백3으로 젖히는 맞공격의 수법이 있어서 흑4로 돌아갈 수 밖에 없다. 백3에 흑5의 차단은 몸공격이 되어서 백4, 흑가, 백나로 수 패배가 된다.

그림 18(들여대기) 흑의 공배 채우기를 정확하게 찌르고 흑가의 젖히기에 비교하면 18집에 해당하는 대리를 거두었다. 백1에서 나의 젖히기로는 흑3으로 눌려서 일부러 수습맥을 지우는 심부름이 된다.
  이후 흑다, 백나로 간주할 참.

그림 19(놓기) 백1의 놓기도 흑가에 비하면 19집에 달하는 큰 수습이다. 흑2에서 나는 백5의 들여대기가 있고, 흑2에서 3은 백나로 건너기 당한 후, 백2를 막아야 하므로 후수다.
  수습이라고 해도 서반의 한수에 해당하는 큰 수가 얼마든지 있다.

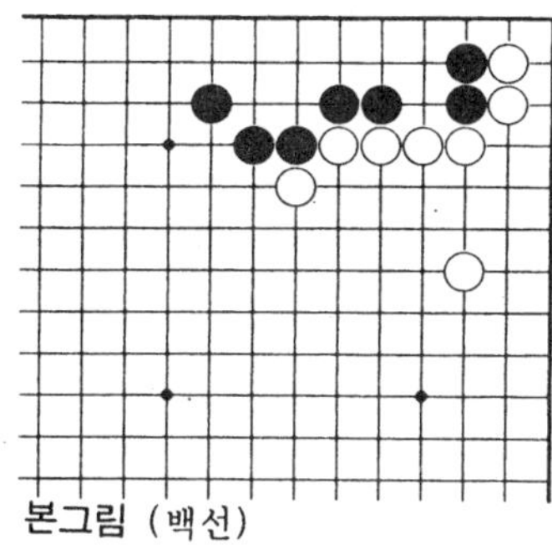

본그림 (백선)

놓 기

평범한 수습에 잘못된 받기, 그리고 찬스를 놓치는 무기력과 악수의 3중주로 되기 쉬운 모양이 있다.

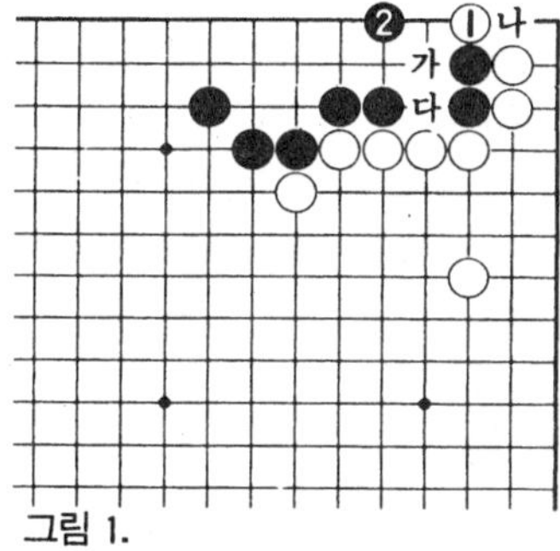

그림 1.

그림 1(선방) 백1의 젖히기는 평범. 흑2로 받기 당해 바르게 수습한 모양에 비하면 2집 손해를 본다.

흑2에서 가는 그릇된 받기인데 그래서 2의 점에 뛰어드는 수습 맥을 발견할 수 없으면 모처럼의 찬스도 살지 못한다. 흑부터는 나의 젖히기가 다보다 약간 이득.

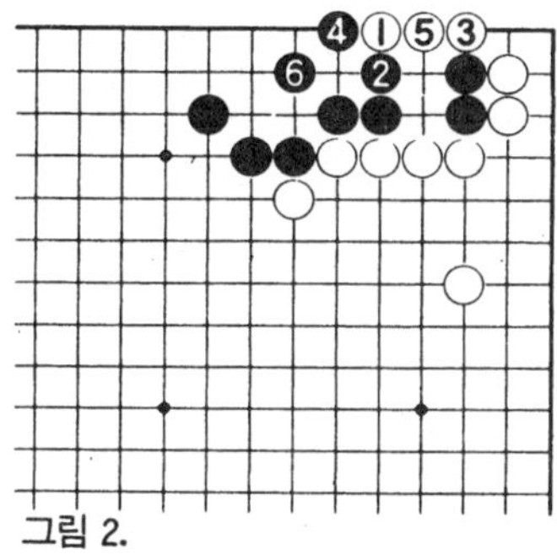

그림 2.

그림 2(백1, 수법) 백1의 놓기부터 둔다. 흑의 바른 받기는 2의 부딪치기인데 백은 3으로 건너고 이하 흑6까지로 선수로 수습하게 된다. 흑6을 손빼기하면 동점에 놓는 후수 6집의 수습이 남을 것이다.

흑2에서 건너기를 방해하는 수는 없다.

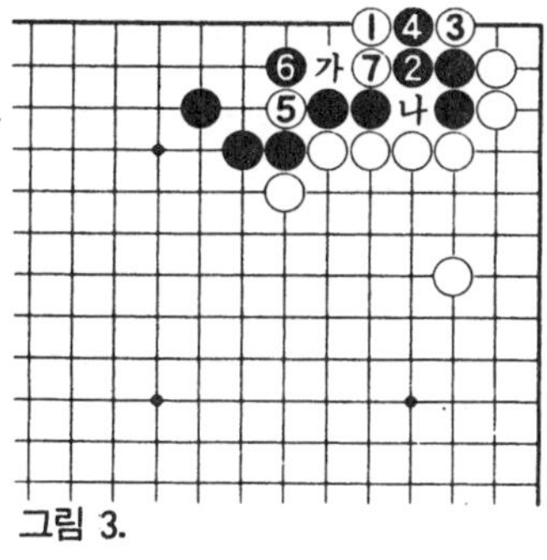

그림 3.

그림 3(끊기 하나) 흑2로 불평해도 백3의 젖히기에 흑4로 둘 수 없는 모양이다. 백5의 끊기 하나가 절묘한 수순인데, 흑6이면 백7의 쨍그랑이 있다. 흑6에서 가면 백6인데 역시 큰 손해를 면할 수 없다.

백5를 먼저 7로 단수하면 흑나, 백5, 흑가로 수가 되지 않는다.

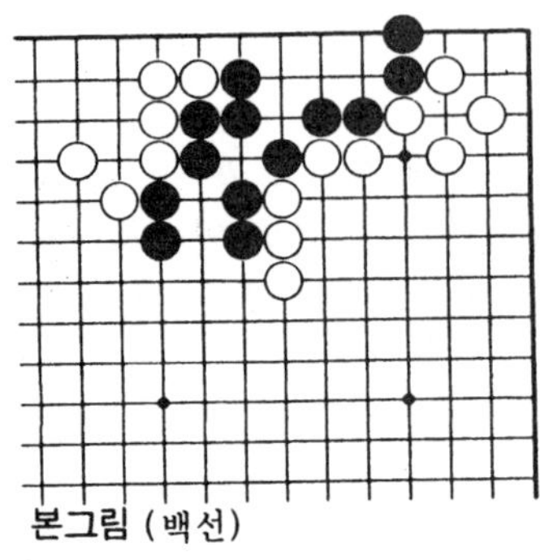

본그림 (백선)

놓 기

혹의 공배 채우기를 탓하는 수습 맥. 이런 경우의 급소는 사활에도 수습에도 공통된다.

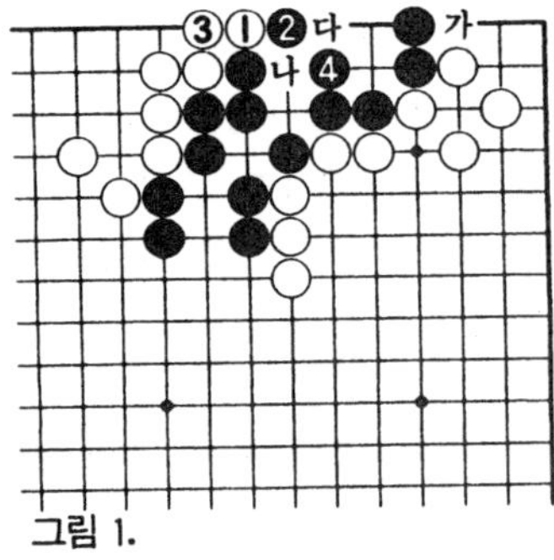

그림 1.

그림 1(젖혀잇기) 백1, 3으로 젖혀이으면 혹4로 수비 당해 가의 나오기가 혹의 권리로 되어 있다. 또 백1에서 가쪽을 누르는 것도 혹4로 수비 당해 이번에는 백1, 3의 젖혀 잇기가 선수로 되지 않는다.

백1에서 나로 협공붙이는 수습은 있지만 혹4, 백1, 혹라 이하로 후수.

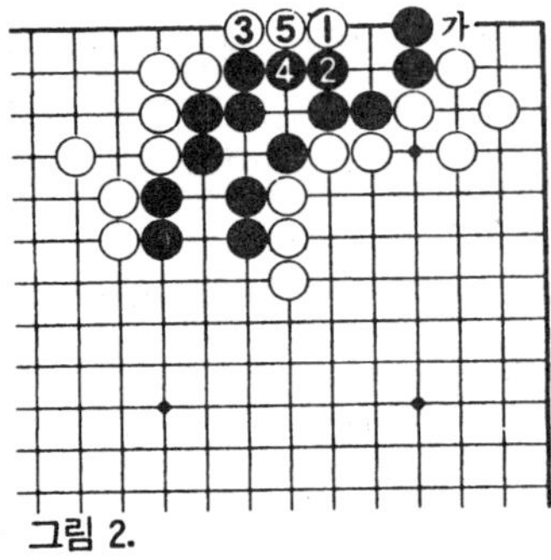

그림 2.

그림 2(백1, 급소) 백1의 놓기가 급소인데 혹은 받기가 궁하다. 보통은 혹2로 참고 건너게 할 수밖에 없고 혹지는 대폭 줄었다. 백가의 누르기도 선수로 두기 당한다.

백1에서 4로 협공붙이는 수습과 비교해서 모두 후수인데 본그림 쪽이 2집 이득이 된다.

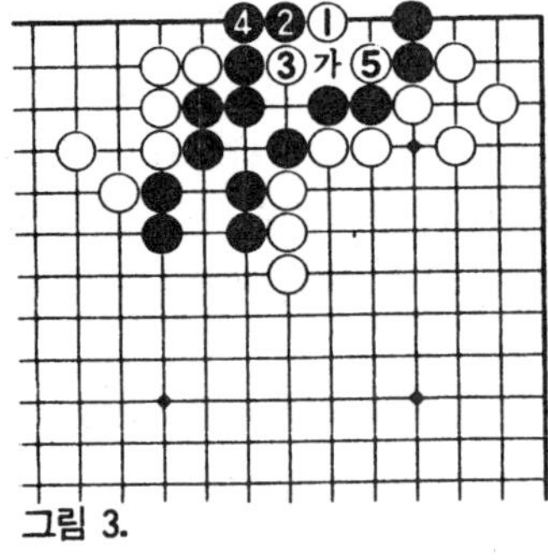

그림 3.

그림 3(흑 그르친다) 흑2의 마늘모 붙이기는 백3, 5로 두점이 잡힌다. 공배 채우기 때문에 흑가의 단수를 둘 수 없다. 흑2에서 3은 백5로 싹둑 끊어도 되고 결국 흑으로서 두점을 살리려면 건너기를 허용할 수밖에 없다는 셈이다.

416

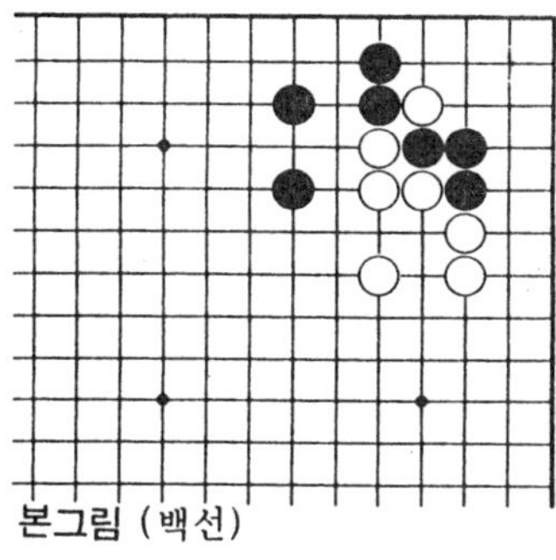

본그림 (백선)

모퉁이

중반 후기에 이미 두어졌을 거대한 수습이었다. 백이 패감 유리면 더욱 침입한 수습을 노릴 것이다.

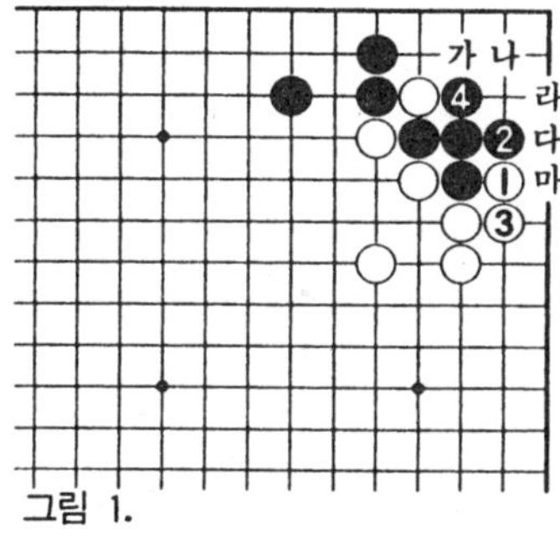

그림 1.

그림 1(젖혀잇기) 백1, 3의 젖혀잇기는 다음에 가로 빗겨두는 수습 맥을 보아 거의 선수다. 반대로 흑부터 3의 점으로 젖혀잇기 당하는 모양과 비교하면 선수 9집의 수습에 해당된다. 그리고 흑4는 바른 수비 방식인데 나의 1칸 뛰기에서는 백다, 흑라, 백마 이후 귀에 수가 생긴다.

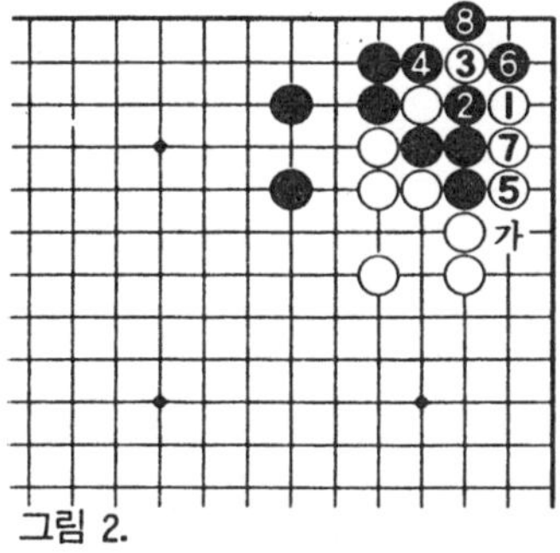

그림 2.

그림 2(백1, 수법) 백1의 모퉁이에 놓는 대단한 도려내기가 성립된다. 흑2로 지킬 수밖에 없으므로 백3으로 젖히고 흑의 공배 채우기에 달라 붙는다. 흑4에는 백5 이하 흑8까지로 앞그림보다 훨씬 수습하고 있다.

이 수습 맥을 기피하면, 흑은 일찍 가의 젖히기를 작용시켜 놓기도 가능.

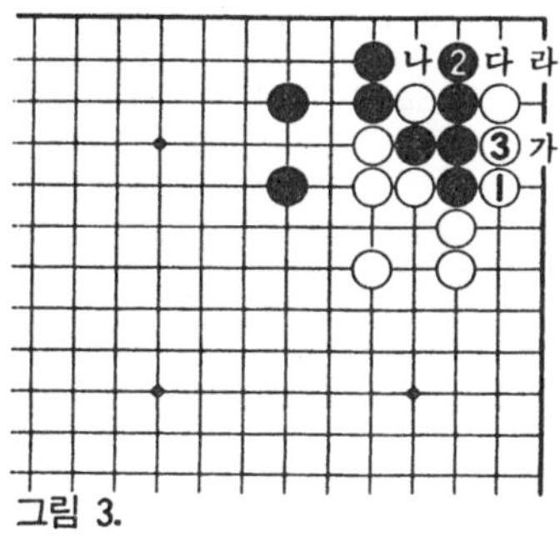

그림 3.

그림 3(침입 부족) 앞그림 백3으로 귀에 먹어 들어가는 수인데 단순히 1로 젖히면 약간 부족하다. 흑2로 처지기 당하면 백3을 생략할 수 없고 백 후수로 된다. 흑2에서 3으로 나오면 백2, 흑가, 백나, 흑다일 때 백라로 걸어붙여 패로 삼는 수가 있다. 이것은 백의 꽃놀이 패인데 흑 괴롭다.

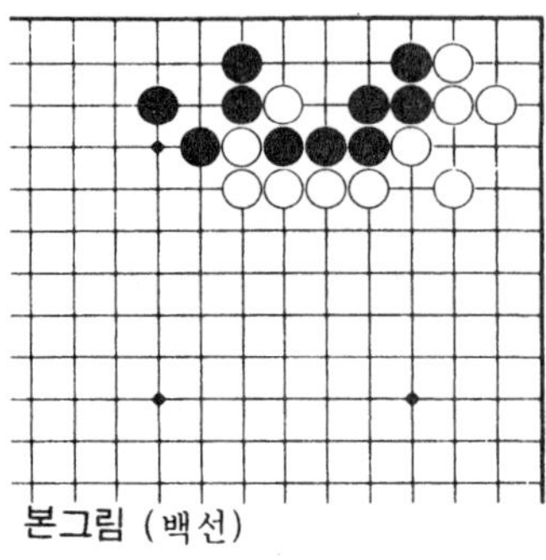

본그림 (백선)

마늘모

묘수로 크게 이득을 남겨도 후수인데 보통으로 수습하는 선수 쪽이 전국적으로 보다 더 이득이라는 경우도 있다.

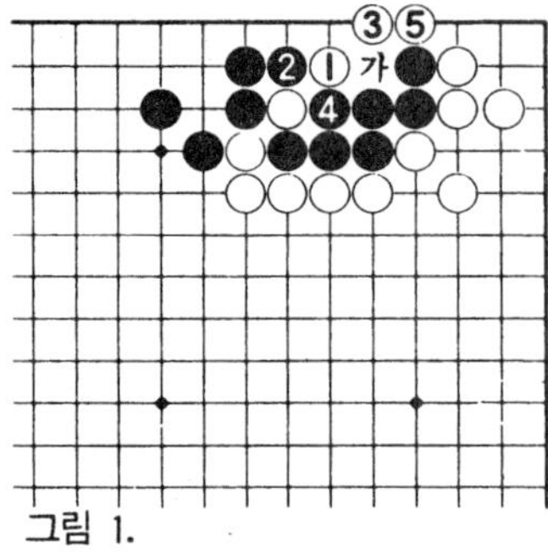

그림 1.

그림 1(백1, 수법) 백1로 잡혀 있는 한점을 움직이는 것이 깨끗한 수법인데 흑2의 단수에 또 하나 3으로 빗겨둔다. 흑4에서 5의 차단은 백4로 수패배. 따라서 백5로 건너게 할 수 밖에 없다. 맞공격 포함의 수습으로 흑지를 대폭 줄였다.

흑2에서 가는 백5로 회두리가 된다.

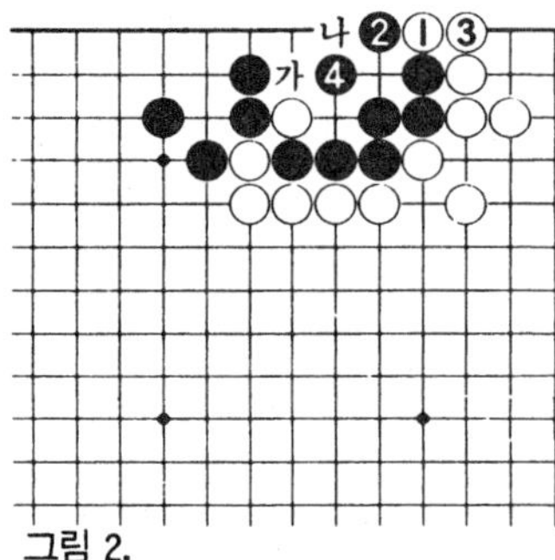

그림 2.

그림 2(선수) 백1, 3으로 젖혀이으면 선수인데 앞그림과는 6집의 차가 있으므로 선택은 전국에서 판단해야 할 것이다. 백1에서 2의 놓기는 흑4로 수비 당해 손해다.

그리고 흑4에서 멍청히 가 등으로 지키면 백나로 단수 당해 또 손해를 거듭해야 한다.

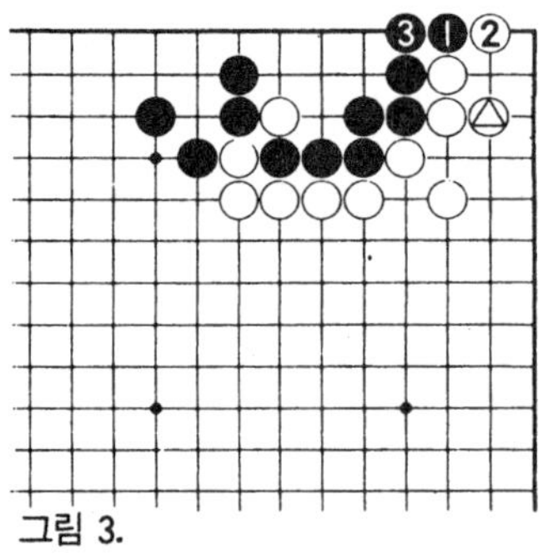

그림 3.

그림 3(흑부터) 흑부터 두면 1, 3의 젖혀잇기이고 이것과 〈그림 1〉과의 차는 6집이다.

만일 ◎이 없고 흑1, 3이 선수로 될 가능성이 있을 때면 백도 〈그림 1〉의 후수 수습보다도 우선 〈그림 2〉의 선수 수습을 두어 놓아야 할 모양. 양선수의 수습은 놓칠 수 없다.

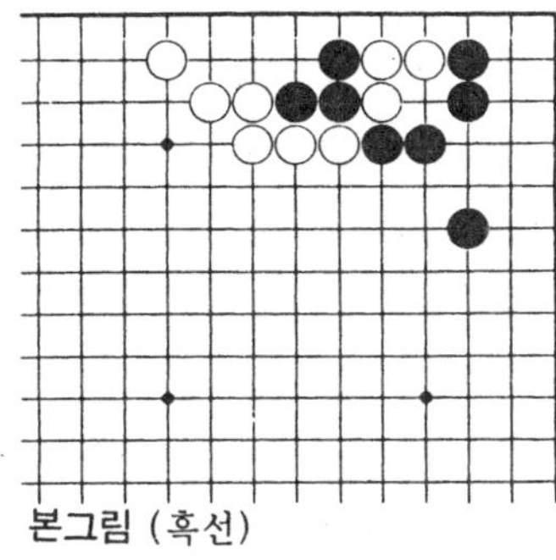

본그림 (흑선)

마늘모

맞공격 2수 3수. 그러나 패배라고 해도 지는 방식이 있어서 백지를 대폭 줄일 수 있다.

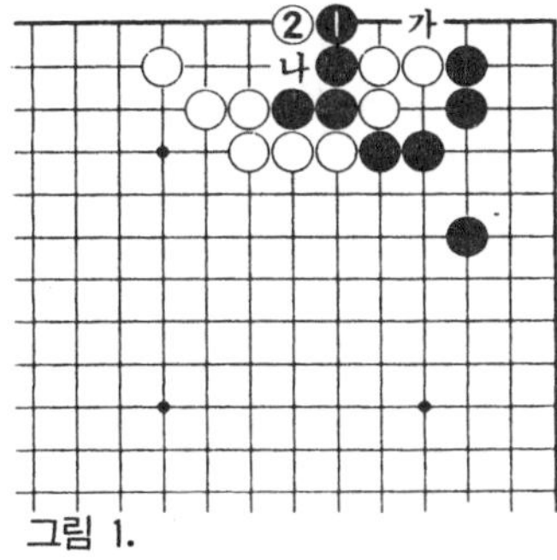

그림 1.

그림 1(패배) 흑1의 처지기에는 백2의 붙이기가 맞공격의 수법. 흑1로 달리 아무리 몸부림쳐도 이길 수는 없다.

그러나 실전은 수싸움과 다르다. 돌을 잡는 것이 목적이 아니고 이를 얻는다. 또는 손해를 적게 만드는 것에 목적을 두어야 한다.

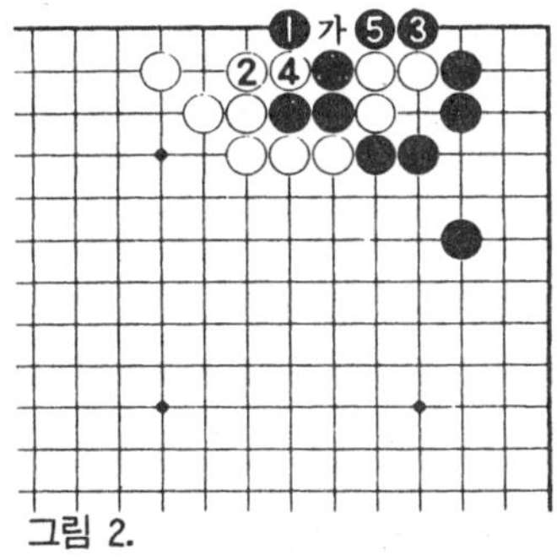

그림 2.

그림 2(흑1, 수법) 흑1로 빗겨두어 탄력을 만들고 백2를 유인해서 흑3, 5면 석점을 잡혀도 되잡을 모양이 되어 있다. 백가, 흑 ●에 되잡고 백 그 밑에 잇기일 때 손을 뺏다고 해도 앞그림보다는 퍽 유리하다. 후수라도 좋다면 흑가로 잇고 앞그림과 6집의 차가 생겼다.

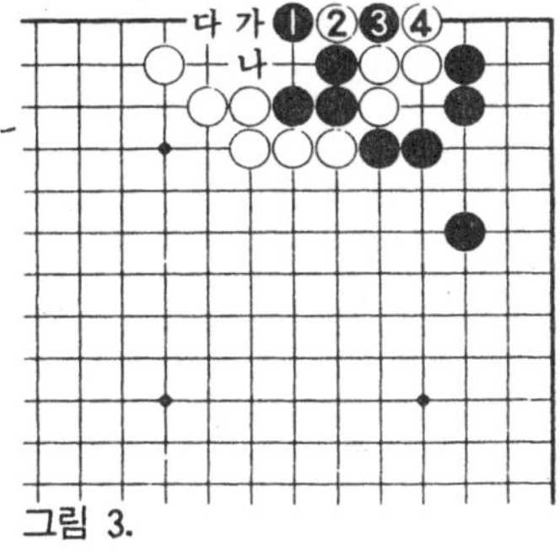

그림 3.

그림 3(패) 백에 패감이 많으면 2, 4의 버티기가 있다. 다만 백이 일방적으로 부담이 큰 패이므로 이겨도 조금도 감격이 없다.

백2에서 가의 붙이기는 흑나, 백다, 흑4로 맞공격 패배. 무사를 도모한다면 앞그림의 모양으로 참을 수 밖에 없을 것이다.

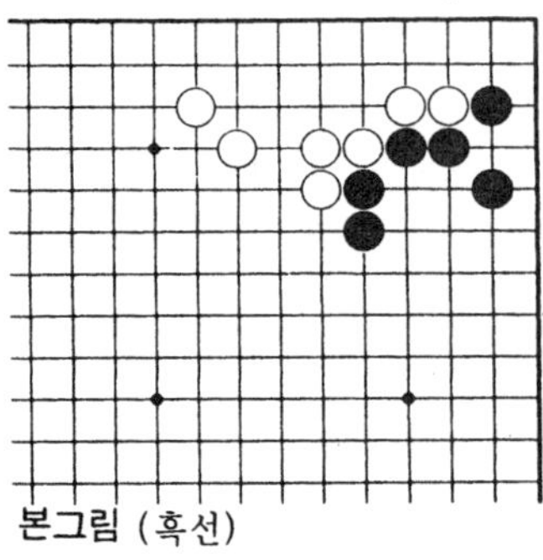

본그림 (흑선)

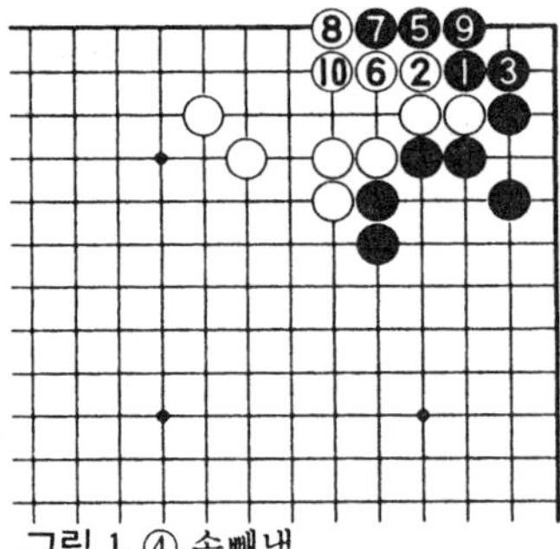

그림 1. ④ 손빼냄

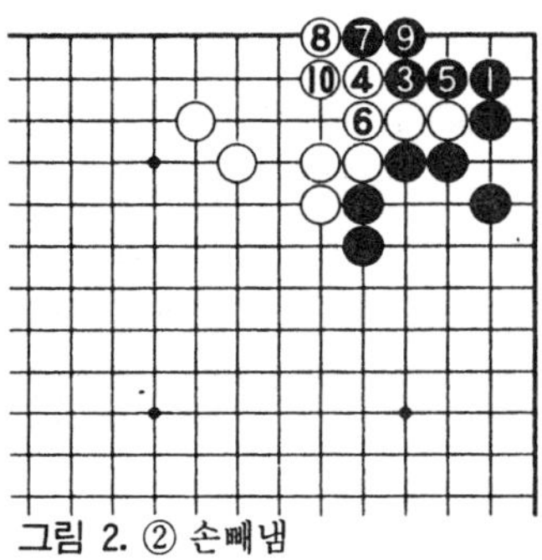

그림 2. ② 손빼냄

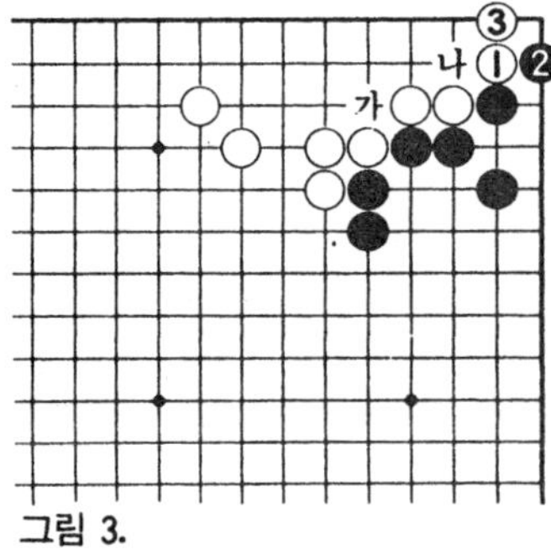

그림 3.

처지기

큰 수습이라도 더 크게 수습하는 수가 없는가를 생각해야 한다. 약간의 맥의 유무로 곧 2집이나 3집이 달라진다.

그림 1(젖혀잇기) 흑1, 3의 젖혀잇기는 10집 이상의 수인데 곧 달라붙을 것같다. 백의 수비는 후수이므로 수습의 산정 기준에는 흑5의 젖히기를 흑의 권리로 간주한다. 백6에서 7은 흑6의 되끊기가 있으므로 6으로 늦춰서 백10까지를 최종형으로 상상해 놓는다.

그림 2(흑1, 수법) 젖혀잇기보다도 흑1로 처져서 참고 다음의 수습에 기대하는 것이 옳다. 백의 손빼기로 간주하는 것은 앞그림과 같은데 이 모양은 흑3으로 붙이는 수습이 있고 앞그림과는 분명히 2집의 차가 생겼다.
이 모양을 최종형으로 상상해야 한다.

그림 3(젖혀 처지기) 백부터 두면 1, 3의 젖혀 처지기가 바른 수습이다. 가 등의 단점에 싫은 맛이 있다면 모르나 그렇지 않은 이상 백3에서 나는 흑3으로 젖히는 한집 약수를 남겨 손해다.
이 모양과 앞그림을 비교하면 앞그림 흑1은 13집의 수습으로 산정할 수 있다.

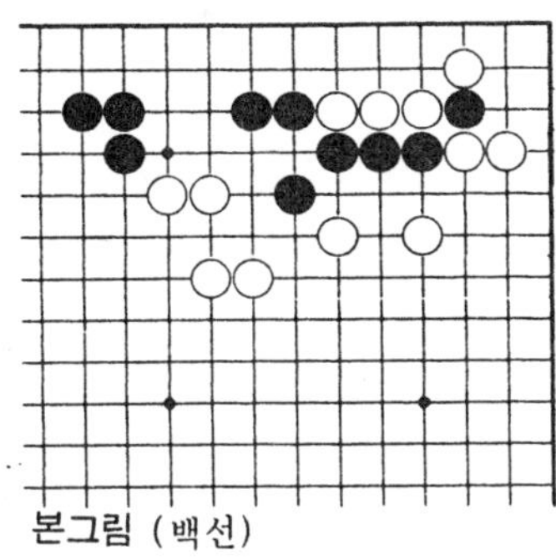

본그림 (백선)

붙이기

상대의 약점을 발견했으면 가장 효과적인 수순으로 추궁한다. 이제 일보의 고안이 수법과 비수법의 기로다.

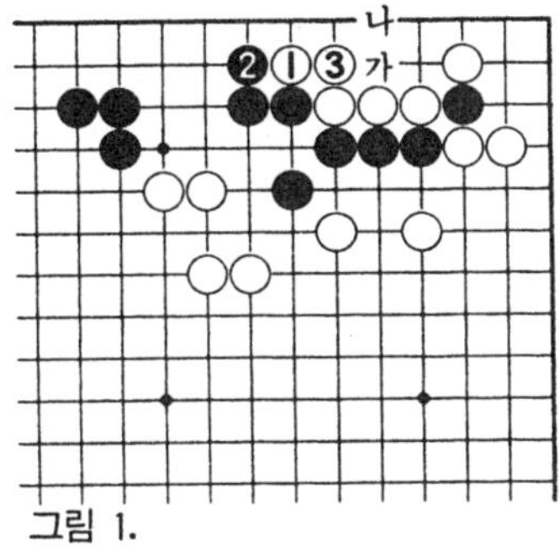

그림 1.

그림 1(젖혀잇기) 백1, 3의 젖혀잇기는 크다. 반대로 흑부터 3으로 젖히기 당하면 백가, 흑나의 단수까지를 이용 당하기 때문인데 10집 가까운 수습으로 되어 있다.

그러나 이것으로는 침입부족. 흑의 연락 불비를 찌르는 절묘한 수습 맥이 잠자고 있다.

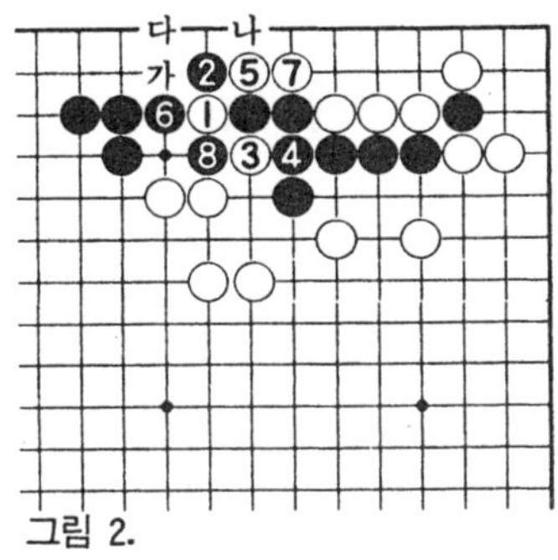

그림 2.

그림 2(속맥) 백1, 3을 이용한 모양을 상상하면 백5로 들여 끊는 수습을 발견하는 것은 곤란하지 않다. 흑6이면 백7로 건너서 큰 이익이고 흑6에서 7이면 백가로 단수, 흑나, 백6으로 상변을 파한다. 흑은 수를 넣어 삼아야 하고 백다의 꺾어끊기까지 작용해 온다.

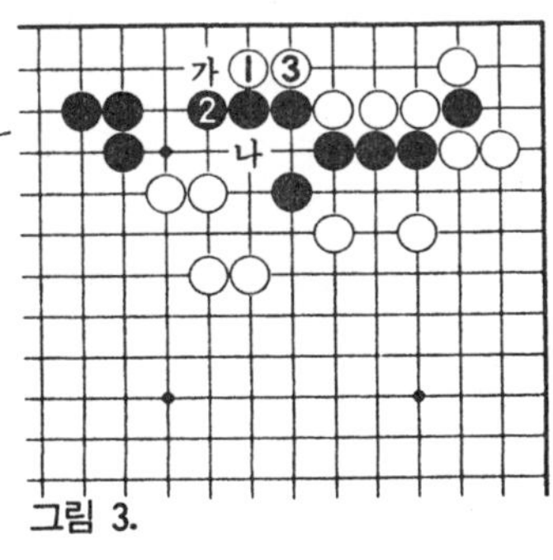

그림 3.

그림 3(백1, 수법) 모은 이용처를 보류하고 단순히 백1로 붙이는 것이 수법이라는 것이다. 흑2로 끌어 선수를 취하는 정도의 것이고 백이 〈그림 1〉보다 유리한 것은 물론이다.

흑2에서 가는 백3에서 2의 끊기가 남고 흑2에서 3은 백2, 흑가, 백나로 상변을 파괴 당한다.

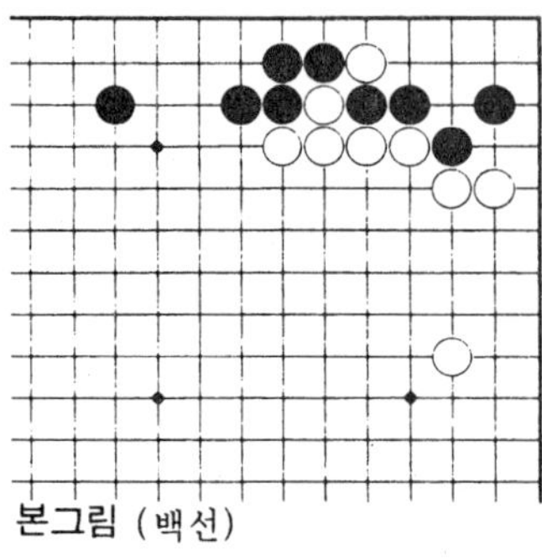

본그림 (백선)

붙이기

도려내기의 수습으로서는 유명한 수법. 흑 최강의 저항도 있음을 알아 두어야 할 것이다.

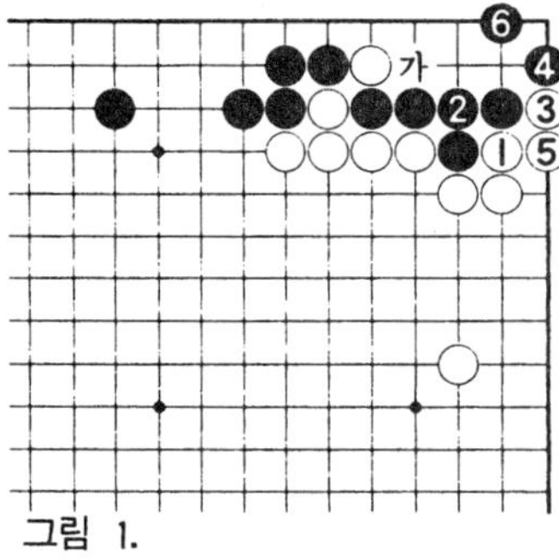

그림 1.

그림 1(선수라도) 백1로 단수, 3, 5로 젖혀잇는 등으로는 선수라고 해도 실질적으로는 거의 이득이 없다. 이곳은 본래 흑이 수를 넣는다고 해도 2로 잇는 정도의 곳이다.

그렇다고 백1에서 가로 단수하는 것도 맛 지우기, 흑2로 잇기 당해 후속이 없다.

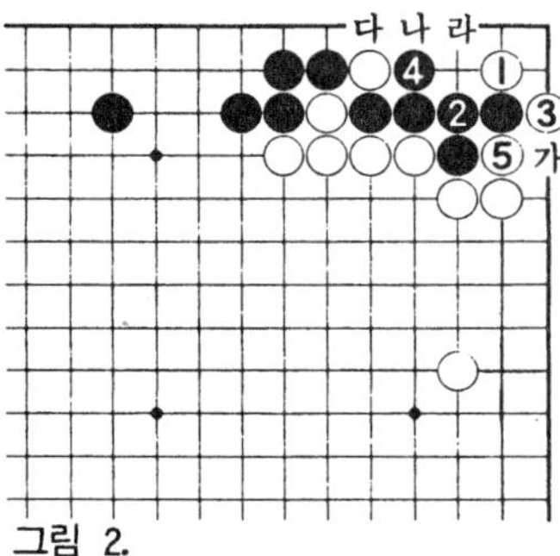

그림 2.

그림 2(백1, 수법) 백1의 붙이기가 날카롭다. 흑2의 잇기면 백3으로 젖히고 흑4에서 가로 눌러도 5로는 이을 수 없는 것이 분명할 것이다. 흑4, 백5면 무난한 전환인데 다만 이후 백나, 흑다, 백라가 5집에 달하는 수습이어서 흑부터 선수로 막을 수도 없다.

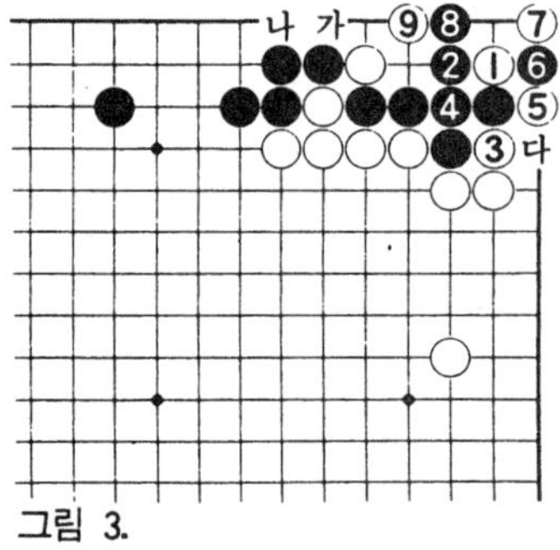

그림 3.

그림 3(흑의 저항) 앞그림에서의 수습 남기를 기피한다면 흑2로 눌러서 백에 3, 5로 건너게 하고 흑6, 8로 추격 포함으로 선수 처리 가능.

백은 9로 마늘모 붙이고 흑 손빼기면 백가, 흑나, 백다의 한수 수습패를 노리는데 흑은 앞그림보다 5집 가량 유리한 모양으로 생각된다.

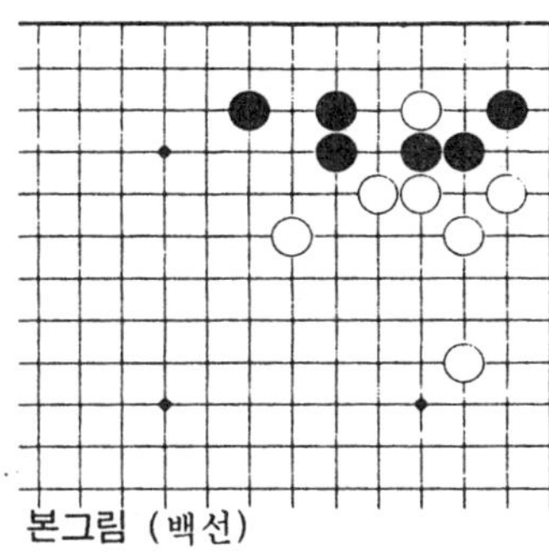

본그림 (백선)

붙이기

수습의 수법이란 상상도 할 수 없는 곳에도 잠자고 있다는 예증이 될 것이다.

본그림은 『官子譜』에서 발췌.

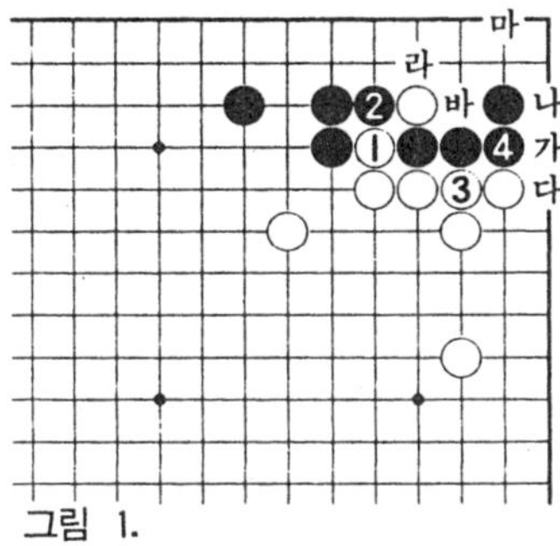

그림 1.

그림 1(조르기) 외부를 다지는 목적이면 백1로 나와서 3으로 잇는 등도 생각되는데 흑4로 가득히 두기 당해 땅은 손해다. 이후 백가, 흑나, 백다로 젖혀이어도 손빼기 당해 백라에는 흑마가 호수여서 수가 되지 않는다.

그렇다고 백3에서 4는 흑바인데 바깥이 엷다.

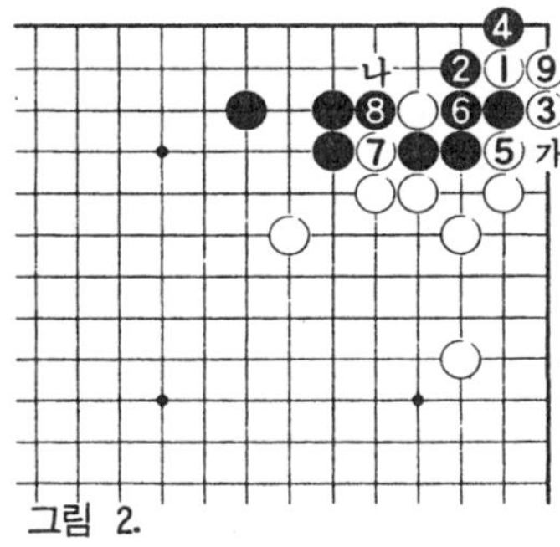

그림 2.

그림 2(백1, 수법) 백1로 붙이는 기상 천외한 수습 맥이 있다. 흑2면 백3으로 젖히고 이하 9까지 바깥을 조르면서 귀로 먹어 들어갔다. 흑2에서 5는 백7, 흑8, 백2. 흑4에서 가는 백5, 흑9, 백6이 있다.

백1에서 6은 흑7, 백1, 흑5, 백9일 때, 흑나로 두기 당해 무조건 잡힘.

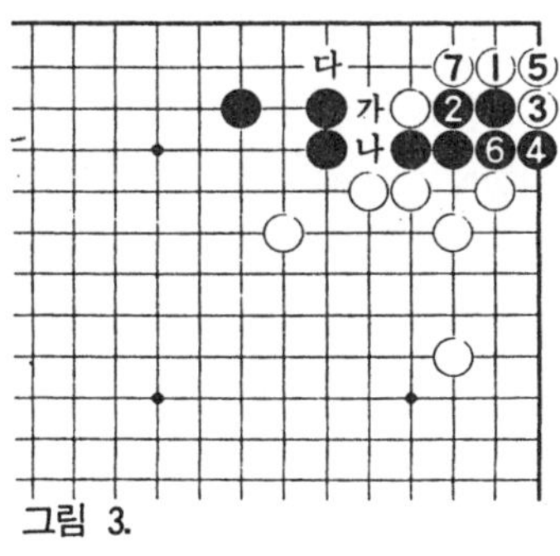

그림 3.

그림 3(백 살기) 흑2의 불평하기도 분발한 응수인데 백3의 젖히기로 앞그림으로 되돌아간다. 흑4, 6은 백7로 기기 당하고 백은 그대로 살아 있다. 백7에서 가, 흑나로 교환하고 나서의 7은 흑다로 죽음. 단순히 두는 것이 수법이다. 그 밖에도 변화는 많지만 흑은 앞그림이 무난하다.

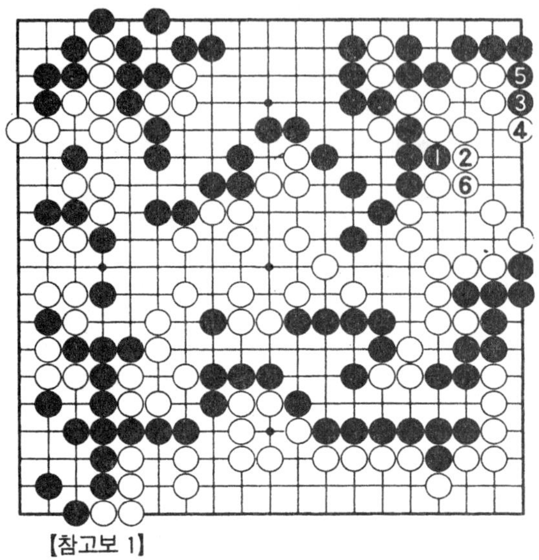

【참고보 1】

제4기 왕좌전　　백　　坂田榮壽
　　　　　　　　　흑　　藤澤秀行

붙이기

상대의 공배 채우기는 놓치고 싶지 않다. 수순을 다하면 반드시 이득에 연결되는 수법이 나타나는 법이다.

【참고보 1】

흑1로 나와 3으로 붙인 것이 눈이 부실만큼 수습의 수법이다. 흑3에서 평범하게 5로 나오고 백3으로 된 것이면 백6의 손질도 불필요. 2집의 차가 있다.

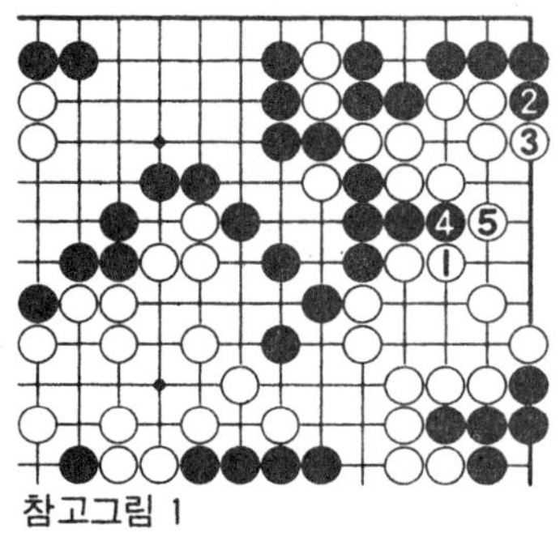

참고그림 1

참고그림 1(백지 12집) 흑의 밀어내기에 백1로 늦추면 흑은 평범하게 2, 4로 수습해도 좋다. 이제 백지는 12집으로 감소하고 보와 같은 크기로 되어 있다. 그리고 백은 본그림의 받는 방식이 바르고 패감이 하나밖에 작용하지 않는다. 보는 패감이 둘 작용하므로 집 수로 되지 않아 손해다.

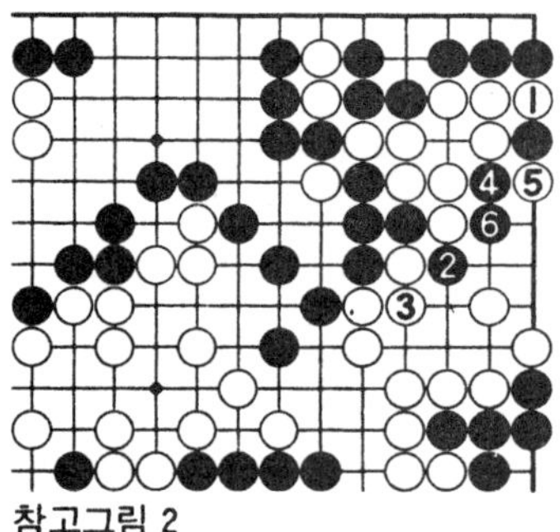

참고그림 2

참고그림 2(차단 무리) 보의 백4에서 1로 차단하는 것은 무리인데 흑2의 단수부터 4, 6으로 추격이 된다.

그리고 ●에서는 2의 단수부터 4에 붙이고 백6, 흑 ●으로 젖혀도 좋을 듯하지만 백5로 빼기 당해 후수. 한수와 1집의 손해로 문제밖이다.

붙이기

엷은 모양에는 어딘가 모르게 약점이 있는 법이다. 어떤 약점을 언제 찌를까. 상식에 현혹되어서는 안 된다.

【참고보 2】

흑1까지 침입하는 수습이 성립되었다. 백2로 사과하게 하면 흑3, 5가 선수로 작용해서 백5의 수비에 비하면 7집 남짓 수습이 되어 있다.

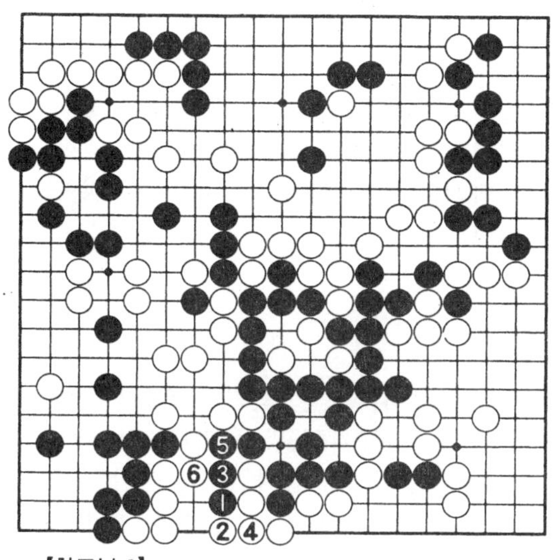

【참고보 2】
제3기 기성전 　　백　　岩田達明
　　　　　　　　흑　　大竹英雄

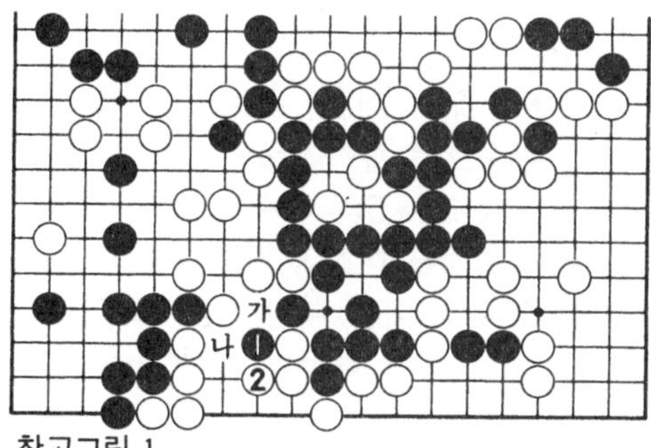

참고그림 1

참고그림 1(무책) 흑1의 젖혀내기에서는 백2로 받고 흑가의 잇기는 백나로 후수이므로 거의 이득이 없다.

모처럼의 수습 맛을 지우고 오히려 마이너스의 수가 되고 있다.

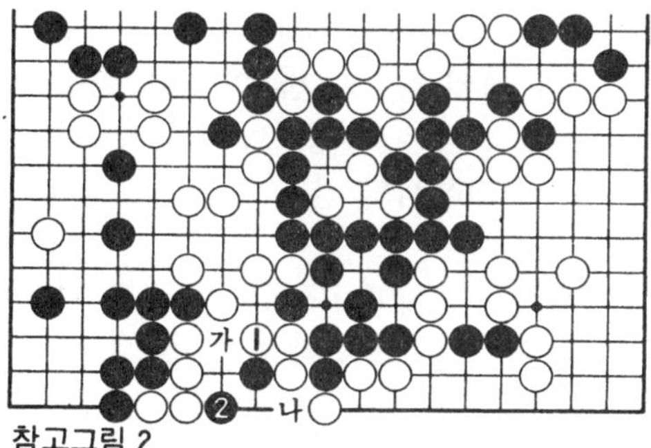

참고그림 2

참고그림 2(큰 패) 보의 백2에서 1로 차단하면 흑2의 마늘모 붙이기에서 가의 회두리와 나의 패가 대응. 전국적으로 백이 엷은 바둑이므로 이 패는 백에 승기가 없다.

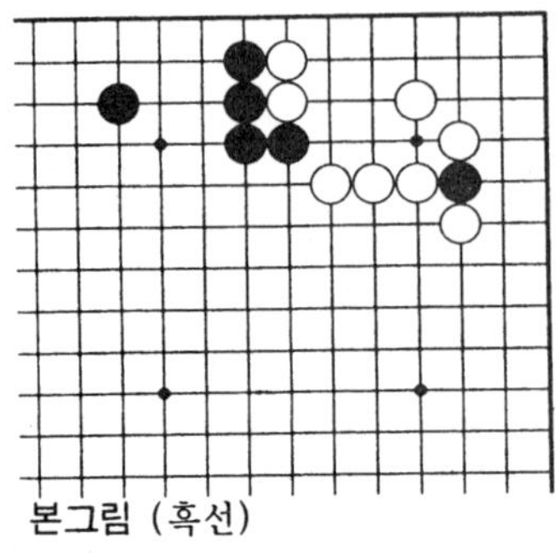

본그림 (흑선)

2단 젖히기

조르기의 수법을 응용해서 상하부터의 트릭 플레이가 있다. 백도 냉철하게 받아 피해를 저지해야 할 것이다.

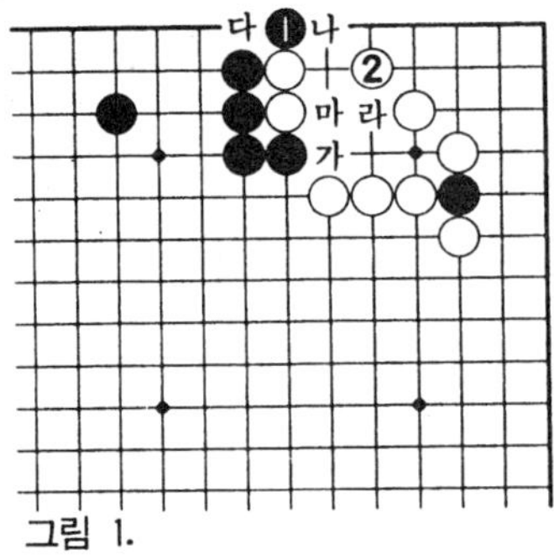

그림 1.

그림 1(꼭맞는 받기) 흑1의 젖히기에는 백2가 꼭맞는 받기여서 흑은 조금도 이득이 없다. 이후, 흑가의 뻗기는 백나로 받아지고 흑다, 백라로 되는 정도의 것. 2의 점이 이 모양의 급소다.

그렇다고 흑1에서 2는 백마로 몽땅 삼키운다.

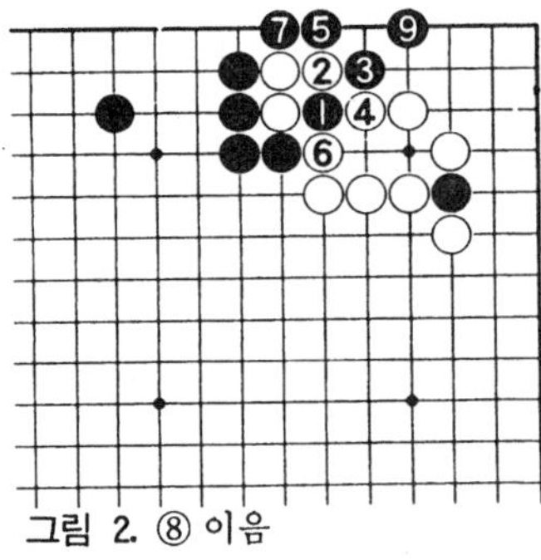

그림 2. ⑧ 이음

그림 2(흑1, 3, 수법) 흑1의 젖혀내기부터 두고 백2면 흑3으로 자연스러운 수순으로 돌이 급소로 간다. 백4로 끊게하고 흑5의 단수부터 슬슬 침입해서 백지를 대폭 줄였다. 흑9도 수법인데 이 진행은 이상. 선수로 이만큼 교란하면 흑 한점의 희생 등은 수에 칠 것도 없다.

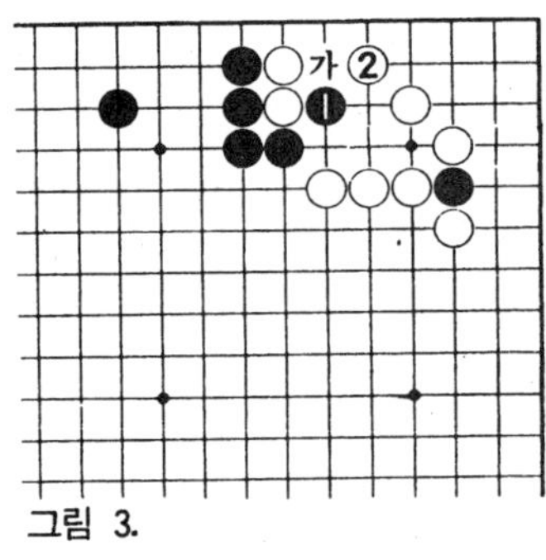

그림 3.

그림 3(백의 저항) 따라서 백은 흑1의 젖혀내기에 2로 받아야 한다. 흑가의 잡기는 12집 가량의 큰 수습인데 앞그림에서의 선수 수습은 아무래도 괴롭다.

흑가로 잡혔다고 해도 앞그림과의 차는 약 5집이므로 흑에게 5집 정도의 후수 수습을 두게 한 셈이다.

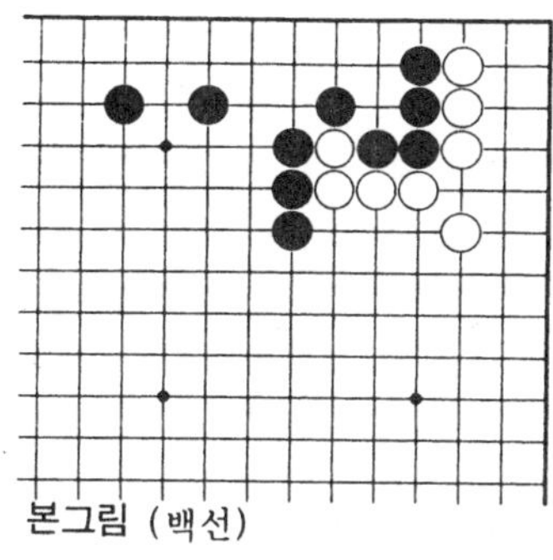

본그림 (백선)

협공붙이기

상대의 공배 채우기를 추구하려면 먼저 모양의 급소를 일격해야 할 것이다.

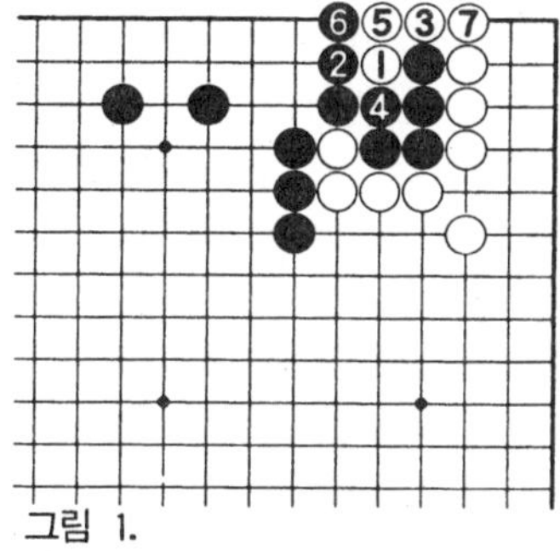

그림 1.

그림 1(속맥) 백1 쪽의 협공붙이기는 거의 모든 경우 속맥이다. 흑2에 백3은 단수이지만 자기도 공배 채우기이므로 흑4, 6을 이용당한다.

다만 실전적으로는 백5의 잇기는 곧 두지 않는다. 흑7의 선수 젖혀잇기를 방해한 일에 만족해서 딴곳으로 돌게 될 것이다.

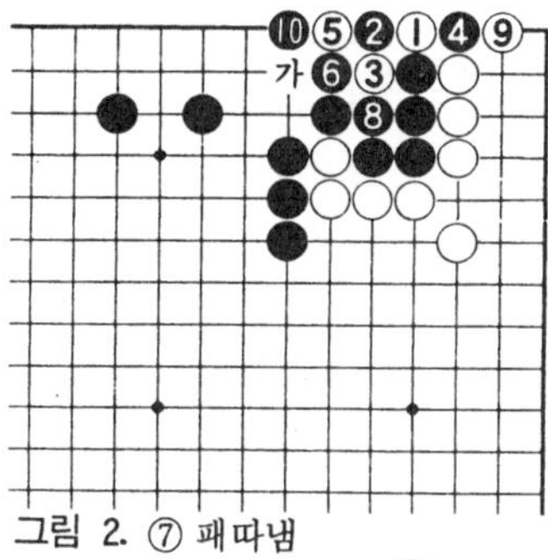

그림 2. ⑦ 패따냄

그림 2(선방) 백1의 젖히기는 흑3이면 백5로 뛰어드는 노림수를 갖고 있는데 흑2로 눌리워서 조금도 이득이 없다. 백3의 들여 끊기부터 5로 단수하는 수법을 연타해서 흑10까지로 된 결과는 앞그림보다 더 손해인 수습으로 되어 있다. 백5에서 6도 흑가로 대차는 없다.

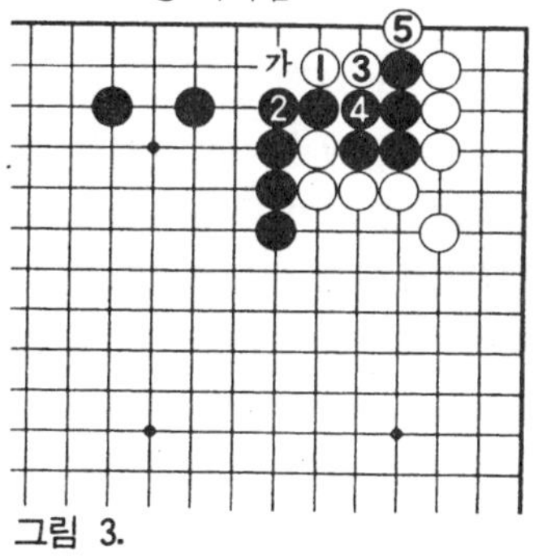

그림 3.

그림 3(백1, 수법) 백1의 협공붙이기가 예리한 수법이다. 흑2로 잇게 하고 백3, 5로 건너서 〈그림 1〉보다도 퍽 유리. 다음에 흑가면 백은 일단 손을 빼도 된다.

흑2에서 가는 백3, 5가 선수로 된다. 흑도 2가 선방이고 가는 곧 두지 않을는지도 모른다.

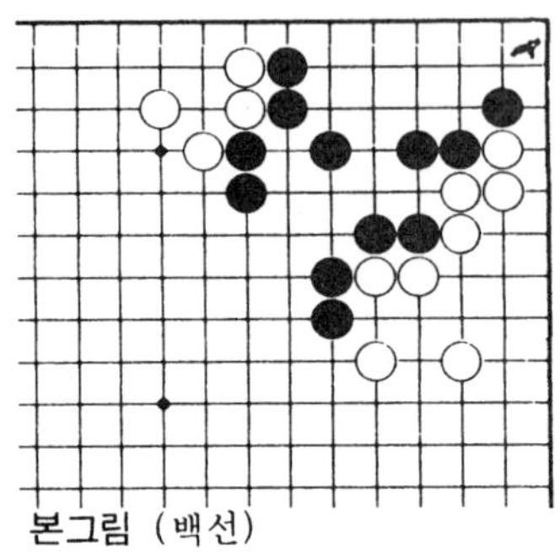

본그림 (백선)

협공붙이기

수습에서는 상용, 주지의 수법일 것이다. 성립되느냐, 아니냐, 철저한 읽기가 요구되는 모양도 있으므로 주의.

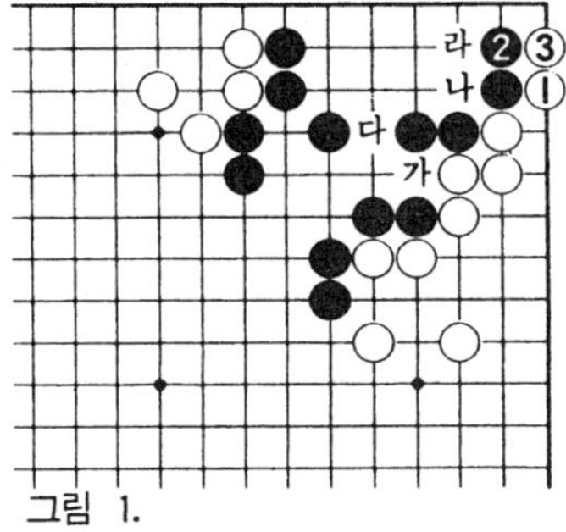

그림 1.

그림 1(젖히기)　백1의 젖히기는 선수인데, 또 하나 3의 기기는 손빼기 당할 확률이 크다. 그후 백가로 나와 나의 끊기를 노려도 흑다로 헛물을 켜기가 고작이다.

백1에서는 단순히 가로 나와서 상황을 보는 수순도 있을 듯한데 흑라로 받기 당해 귀의 수습을 잃는다.

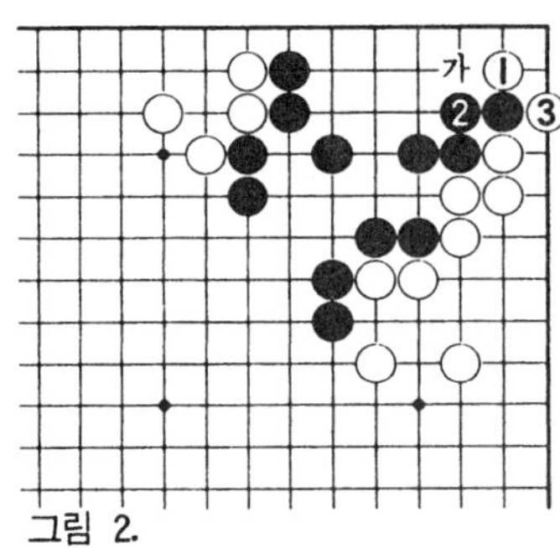

그림 2.

그림 2(백1, 수습)　갑자기 백1의 붙이기가 성립된다. 흑은 2로 이어 백3으로 건너게 하고, 가의 누르기는 곧 두어야 할까를 검토하게 될 것이다. 흑2로 이었을 때 백가로 두기 당할 우려가 없는 한, 2의 잇기부터 가가 바른 받기의 수순이라고 알기 바란다.

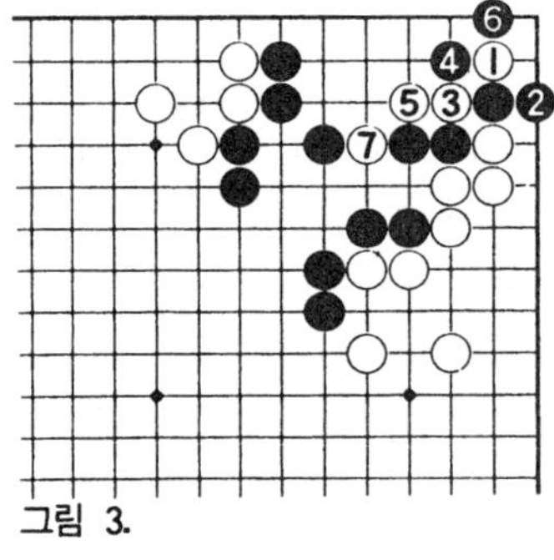

그림 3.

그림 3(파괴된다)　흑2의 처지기가 있는 여부를 확인해 놓아야 한다. 백3으로 끊고 5의 뻗기가 단수로 되는 모양이면 알기 쉽지만 그렇지 않을 때는 여러가지 수법, 준비공작이 필요한 수도 있을 것이다.

이 모양이면 백5, 7로 간단하다.

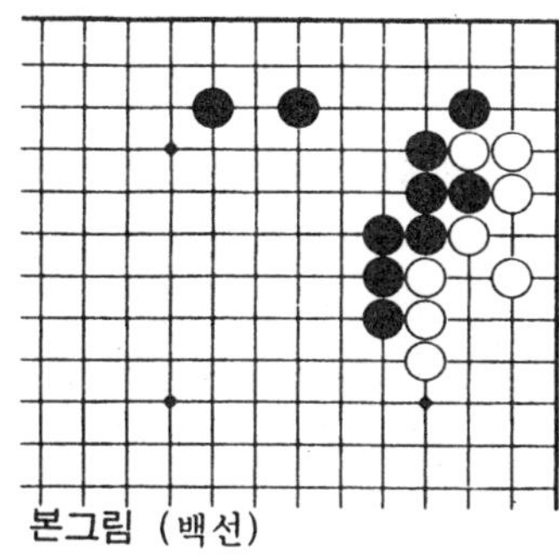

본그림 (백선)

협공붙이기

접바둑에서는 자주 보는 모양. 수습 맥을 알고 있는 여부로 6, 7집의 차가 나온다.

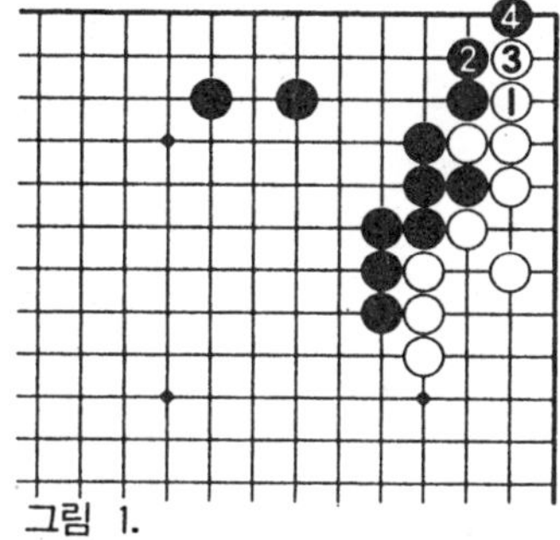

그림 1.

그림 1(무기력) 백1, 3의 기기는 확실히 선수인데 흑4로 젖히기 당해 그대로 몽땅 상변을 땅으로 삼기 당하면 괴롭다. 흑1로 눌리우는 모양에 비해 6집 가량의 이들은 이득.

그러나 좀더 유리한 수가 있는데 두지 않았다는 것은 그만큼 손해를 본 것과 같다.

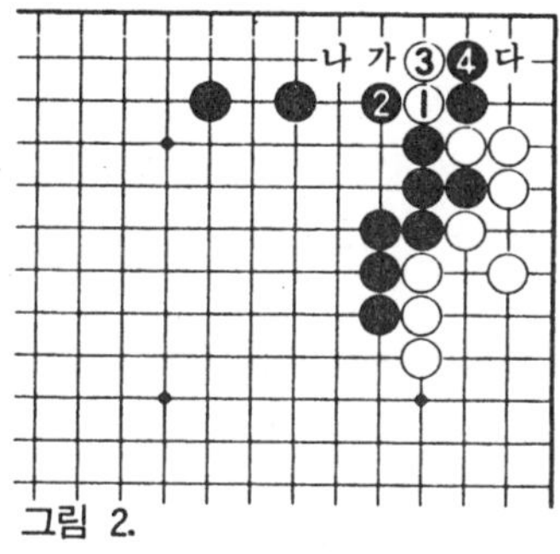

그림 2.

그림 2(끊기) 백1로 끊어도 흑2, 4로 살지 못한다. ●이 없을 때에 흑4는 약간 용기가 필요하지만 이 모양이면 백가에 흑나다.

다만 이만큼 작용시켜도 앞그림보다는 이득. 백다 이하의 조르기가 선수로 되어 2집 가량의 차가 생기고 있다.

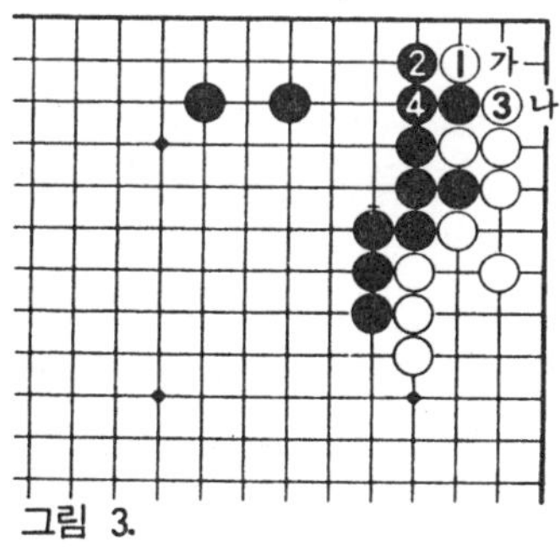

그림 3.

그림 3(백1, 수법) 백1의 협공붙이기가 교묘한 수습 맥이다. 흑2, 4면 백은 선수. 가의 잇기는 5부의 권리라고 본다. 흑2에서 3으로 나오면 백가로 눌러서 나의 건너기와 4의 끊기가 대응. 또 흑2에서 4의 잇기면 백3의 건너기가 아니고 가로 처져서 2의 기기를 보는 진행이다.

저지하는 수법

상대로부터의 침입, 상대로부터의 큰 수습을 어떻게 저지하느냐가 이 항의 테마다. 침입의 수법에는 주의하지만 저지하는 수법은 소홀하게 되기 쉽고 큰 수습을 막은 것만으로 안심하고 보다 유리한 수비 방식을 간과하는 경우도 적지 않다. 상대의 다음 수를 봉쇄해서 앞질러 지키고 또는 확실하게 지키는 것으로 다음 수를 노린다. 또 현실적으로 저지 방식을 그르치면 큰 손해를 보는 케이스가 얼마든지 있다.

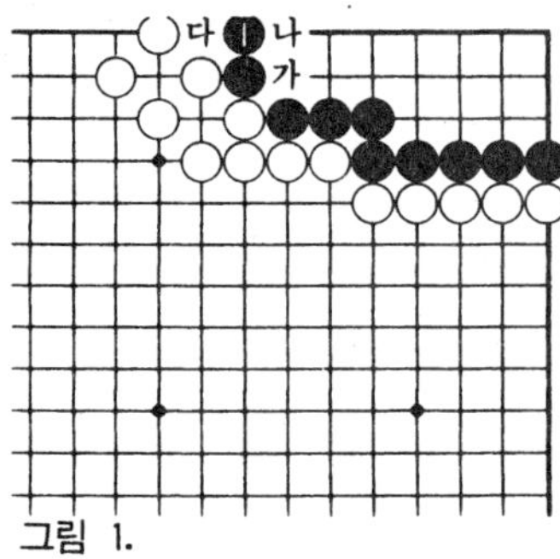

그림 1.

그림 1(처지기) 아무것도 아닌듯한 수지만 흑1의 처지기가 바르다. 똑같이 백가의 끊어잡기를 막는다고 해도 흑1과 가로는 1집 약의 차가 있다.

흑1에서 가일 때는 백1, 흑나를 백의 권리로 봐야 하고 흑다의 패 잡기를 3분의 1집으로 보아 3분의 2집의 손해로 된다.

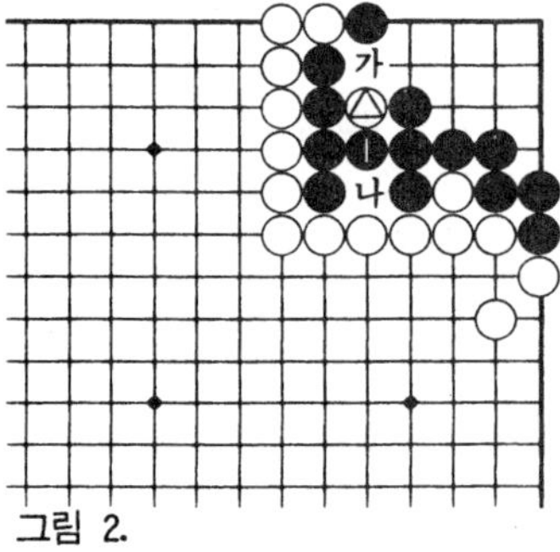

그림 2.

그림 2(몰아 잇기) 방치하면 백가의 끊기가 있다. 그러나 지킨다고 해도 흑은 가가 아닌 1이어야 한다. 흑가에서는 백나 흑1로 이용 당해 분명히 1집 손해다.

흑1은 ⓐ의 공배 채우기를 이용하는 교묘한 잇기 방식이고 수습만 아니고 중반에도 응용할 수 있다.

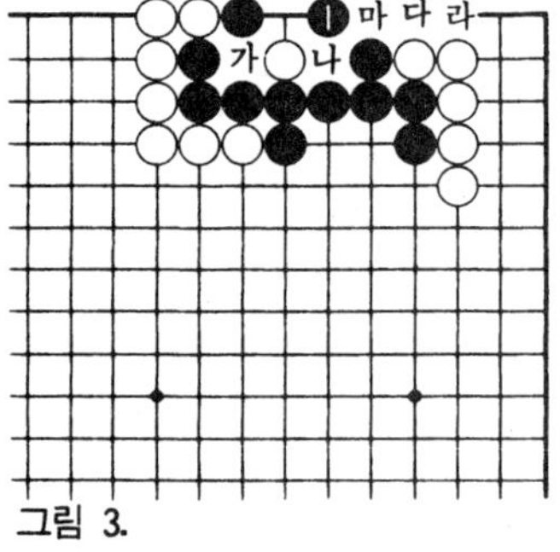

그림 3.

그림 3(마늘모) 백가의 끊기를 막으려면 흑가로 잇는 것만이 능사는 아니다. 흑나로도 좋고 또 흑1이 가장 유리한 잇기 방식이다. 이 점에 돌이 있으면 흑다의 젖히기가 선수. 백라로 바뀌고 이것도 3분의 2집 이득을 본다. 백마의 패에 져도 필요없는 모양이다.

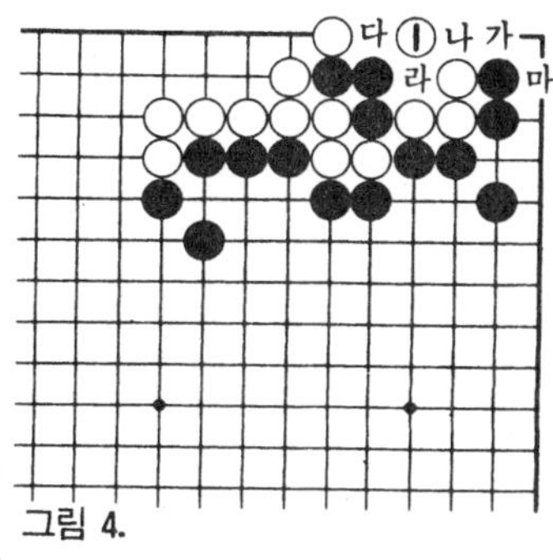

그림 4.

그림 4(마늘모) 백1의 마늘모가 2집 이득인 수습. 흑가에는 백나로 받고 흑을 빵따내지 않고 두는 것이 가치다. 백에서 다로도 라로도 흑나의 단수를 이용 당한다.

같은 값이면 백1에서 가의 젖히기가 유리한 듯하지만 흑은 라로 단수해 주지 않고 흑1, 백나, 흑마로 백 항복.

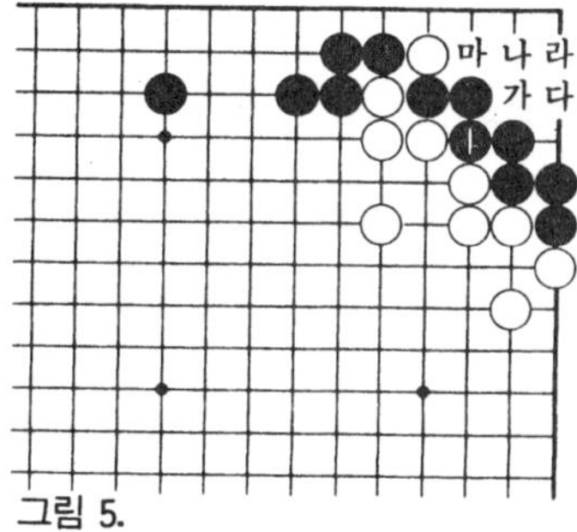

그림 5.

그림 5(불평하기) 흑1을 두지 않으면 백가로 붙이는 무서운 수습이 있다. 흑나, 백다, 흑라 등으로 저항하면 백마부터 단수 당해 큰 손해를 본다는 모양이다.

그 맥을 지키기 위해 가나 나는 1집 손해. 흑마는 2집 손해다. 땅을 줄이지 않고 흑1로 불평하고 있어도 된다.

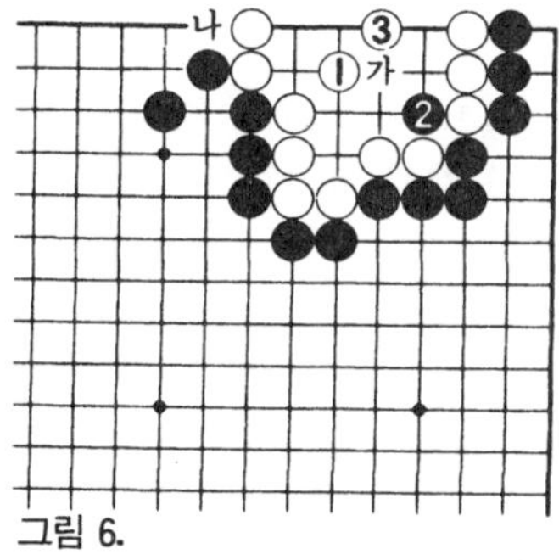

그림 6.

그림 6(마늘모) 공배 채우기로 불안한 백의 모양인데 1로 걸쳐 이어서 전부 지키고 있다. 흑2면 백3의 마늘모가 선방. 이것이 보이지 않으면 백1은 둘 수 없다.

백1에서 가 등에 지키면 견실하지만 흑나로 이용당하고 안과 밖에서 1집씩 합계 2집의 손해가 된다.

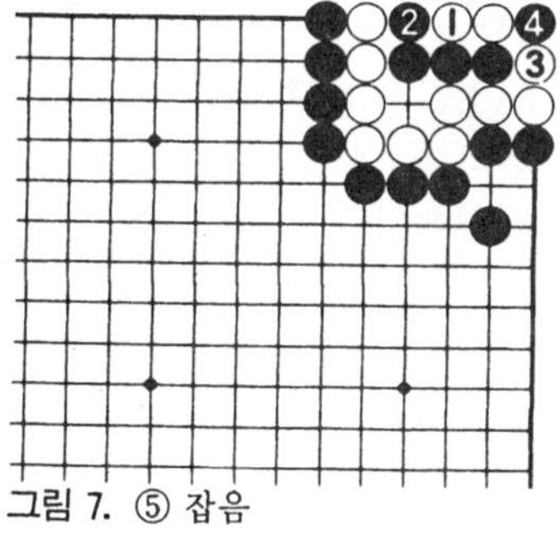

그림 7. ⑤ 잡음

그림 7(기기) 방치하면 흑3으로 집유무의 백 잡히기. 그렇다고 3의 건너기에서는 흑1로 눌리우고 만년 패의 모양이 되어서는 장래 불안하다.

백1로 기고 3으로 명백히 비김수로 만들어 놓을 곳. 흑도 2에서 3보다 한 점 백보다 많이 잡을 수 있는 2가 좋다.

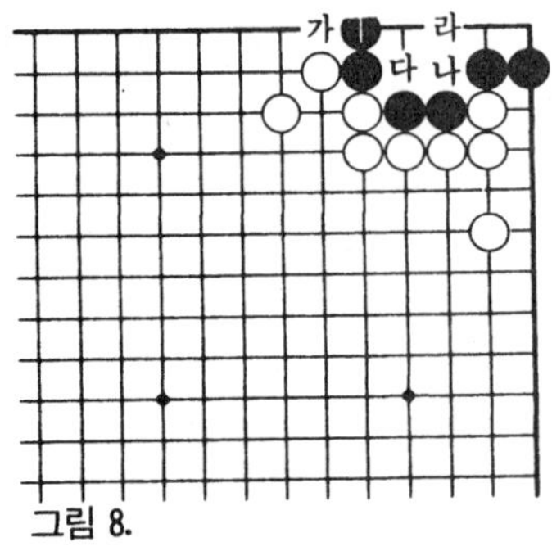

그림 8.

그림 8(처지기) 산다면 조금이라도 크게 사는 편이 좋다. 흑1로 처지고 백가, 흑나로 5집의 땅이다.

이것을 멍청히 다의 굳게 잇기면 백1로 젖히기 당해 흑라로 집을 짓지 않을 수 없다. 흑지는 3집. 순간에 2집의 차가 생겼다.

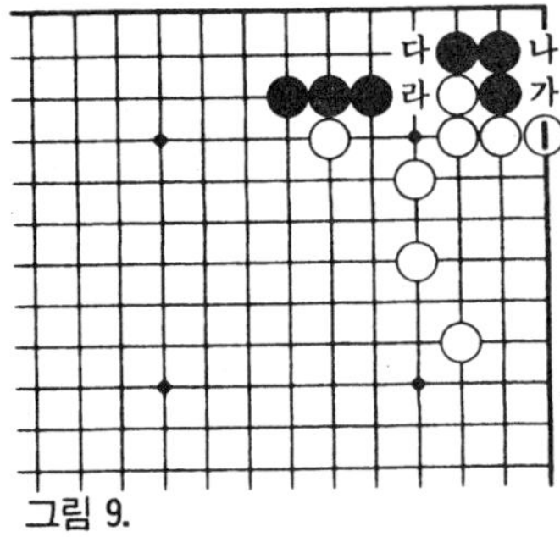

그림 9.

그림 9(처지기) 방치하면 흑1 이하의 젖혀잇기가 선수. 백이 역수습으로 돌았다 치고, 1의 처지기가 바른 모양이다. 후에 백가, 흑나가 대략 권리로 간주되므로 백1에서 가, 흑나, 백1로 된 모양과 변함이 없다. 그 위에 백1부터는 다음에 다, 흑라, 백나의 수습을 노릴 수 있다.

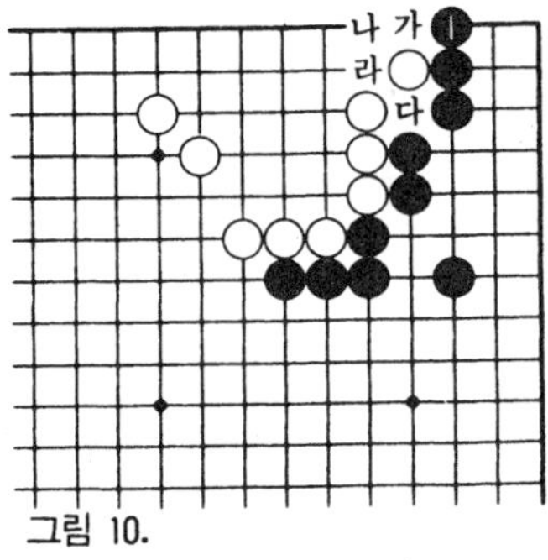

그림 10.

그림 10(처지기) 백의 젖혀잇기를 봉쇄하고 흑1의 처지기. 흑1에서 가, 백나, 흑1의 젖혀 잇기로는 나중에 다의 단수를 작용시킬 정도의 노림수 밖에 없지만 흑1로 처져서 참아 놓으면 다음에 라로 붙이는 맥이 남아 있다. 그 맥을 기피해서 흑1에 백가면 흑다를 작용시켜서 선수를 얻었다.

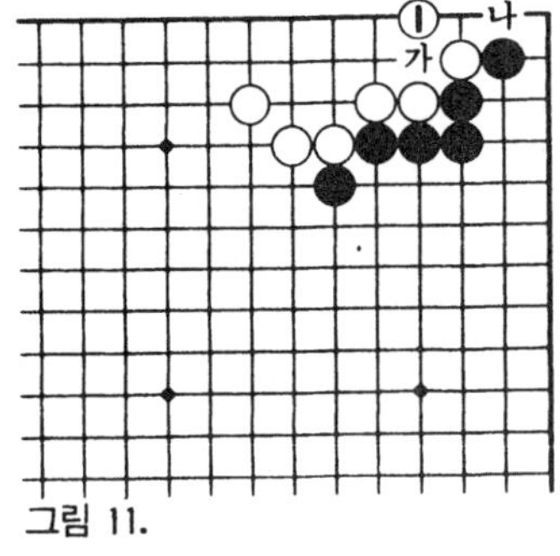

그림 11.

그림 11(걸쳐잇기) 백1에서 가의 잇기는 흑나로 처지기 당한 후 1로 붙이는 수습 맥이 생긴다. 백1이면 흑나가 와도 태연하다는 이론이다.

다만 백나로 젖히는 수순이 됐을 때는 후에 한수 수비가 필요하게 되어 한집 손해. 어느 쪽의 가능성이 있느냐는 전국의 문제다.

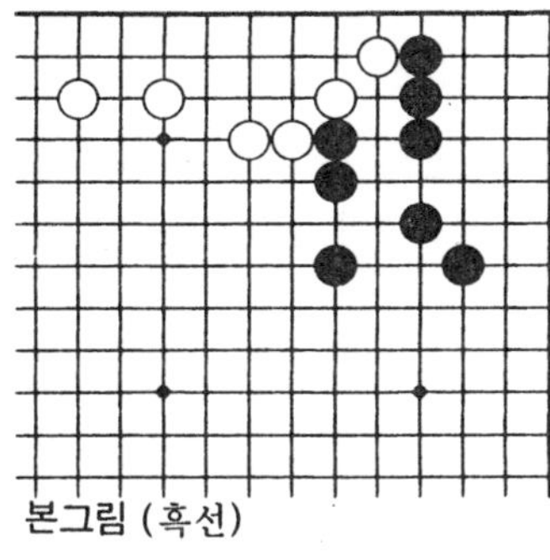

본그림 (흑선)

놓　기

　방치하면 백부터의 젖혀 잇기가 선수. 가능하면 선수로 막고 싶고 후수라도 이득이 크면 참을 수도 있을 것이다.

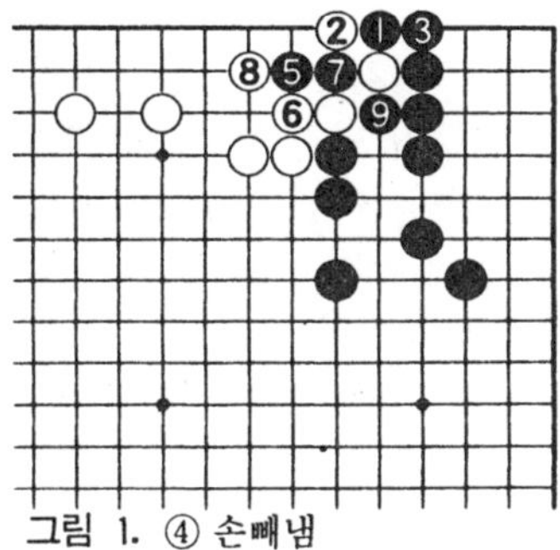

그림 1. ④ 손빼넘

　그림 1(후수)　흑1, 3의 역 젖혀잇기도 있다. 다음에 흑5의 놓기를 노리고 있는데 아마 백은 손을 뺄 것이다. 흑5에는 백6, 8로 저지하고 재차의 손빼기. 흑의 이득은 작지 않은데 백한테 두 번 손빼기 당했으므로 고마움도 엷어질 것이다. 백이 지킨다면 백4에서 7이 모양.

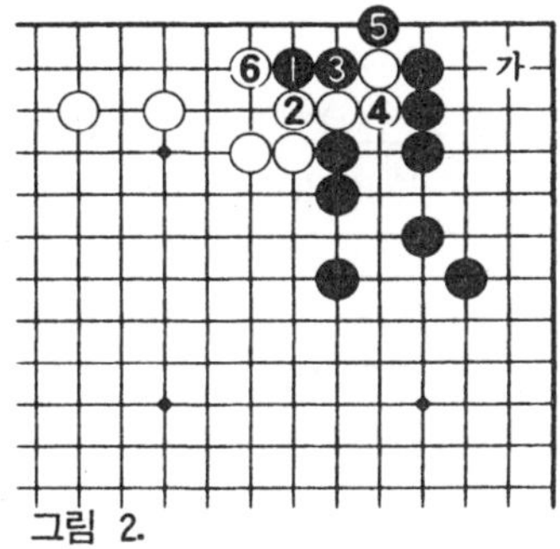

그림 2.

　그림 2(흑1, 수법)　흑1은 가령 가 단수에 흑이 있어서 백의 젖혀잇기가 선수로 되지 않을 때면 침입의 수법이라고 할 수 있다. 백2로 잇게 하고 3, 5로 건너서 선수 젖혀잇기를 막았다. 그후 손빼기 해도 2집 가량 이득이 되었다.

　백4에서 6이면 흑4로 끊고 만족.

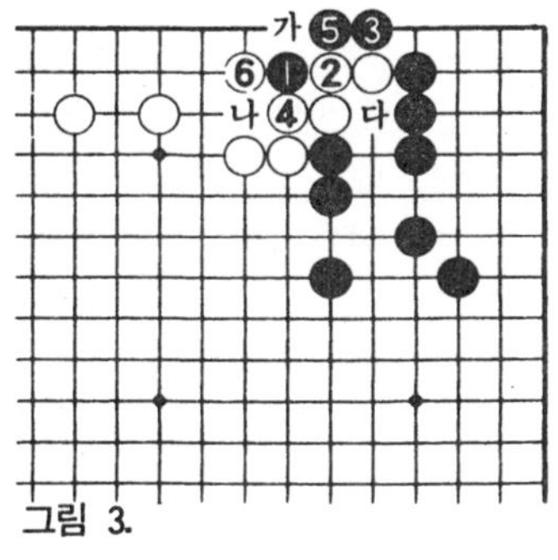

그림 3.

　그림 3(백 약간 손해)　백2의 불평하면 흑3의 젖히기가 맞공격 포함의 상용 수법. 백4로 잇게 하고 5로 건너고 이것도 손을 빼게 될 것이다.

　이후 백가의 빼기가 선수로 보면 흑3에서 4로 끊고 백나, 흑다로 조른 모양과 같고 여하간 백3의 젖혀잇기를 막아 4집이 이득이다.

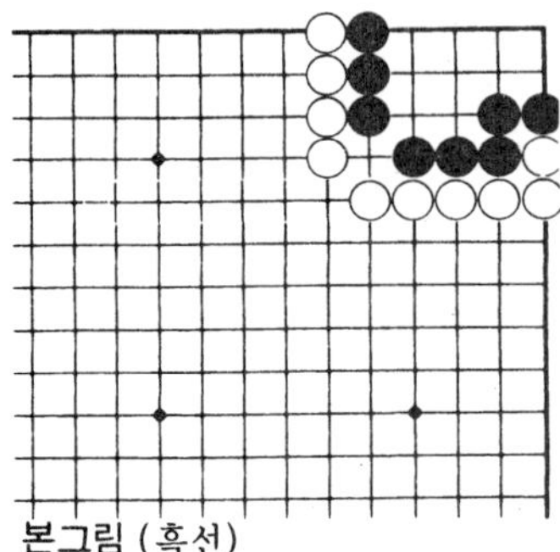

본그림 (흑선)

모퉁이

보강하든 어쨌든 상대에게 어떤 수가 있는가를 정확하게 판단하고 볼 일이다.

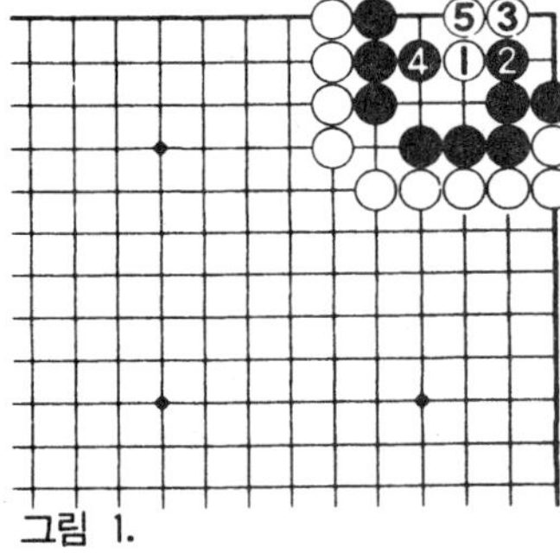

그림 1.

그림 1(패냐 비김수냐)　방치하면 백1의 급소에 두기 당한다. 흑2면 백3이고 이하는 패냐, 비김수냐, 또는 만년 패의 어느 것이냐 여하간 무사히 지날 수 없는 모양이다.

흑2에서 4면 백2로 역시 수. 흑2에서 3이라도 백2로 수가 된다. 이곳은 지켜 놓고 싶다.

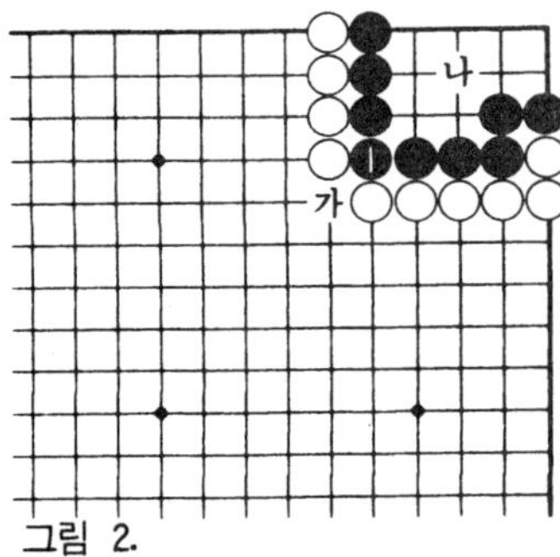

그림 2.

그림 2(흑1, 최대)　흑1의 모퉁이에 두고, 땅을 감소시키지 않고 백부터의 노림수를 봉쇄하고 있다. 가의 끊기를 노릴 수 있는 여부는 묻지 않는다고 해도 나 등으로 지키는 것보다는 분명히 한집 이득이다.

다만, 자기가 공배를 채우고 귀의 공방에 자신이 있어야 한다.

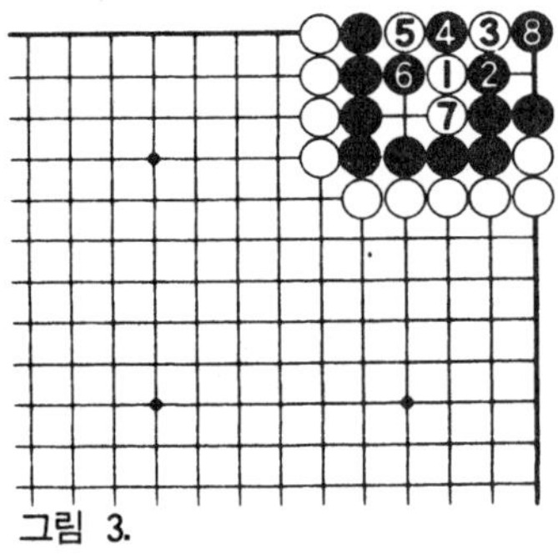

그림 3.

그림 3(양패)　백3일 때 흑4의 던져 넣기부터 6으로 단수하는 분발이 있다. ●이 없을 때는 이곳에 백부터 단수당해 패인데 이미 대비하고 있는 지금은 백도 7로 나올 수밖에 없다. 흑8로 던져넣어 양패의 살기.

다만 백에게 많은 패감을 주는 사실에 주의.

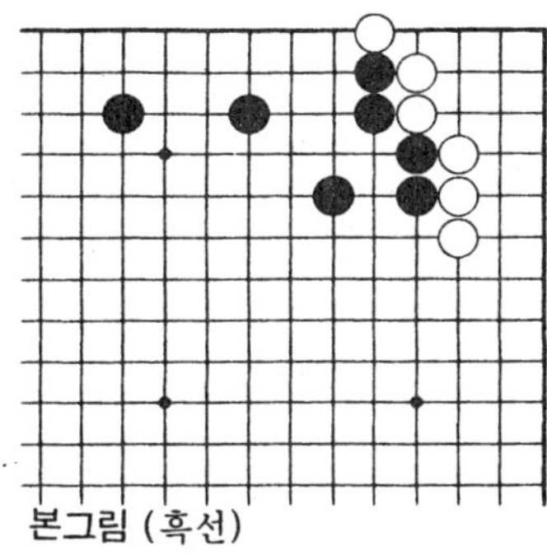

본그림 (흑선)

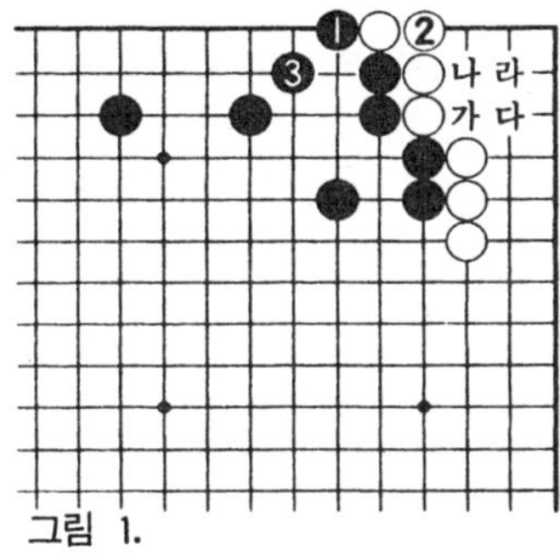

그림 1.

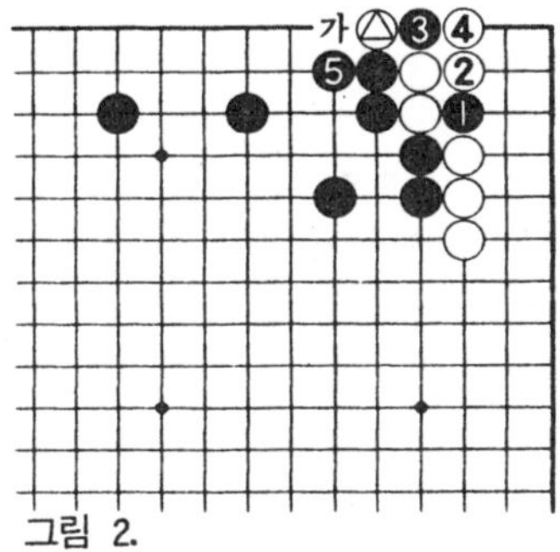

그림 2.

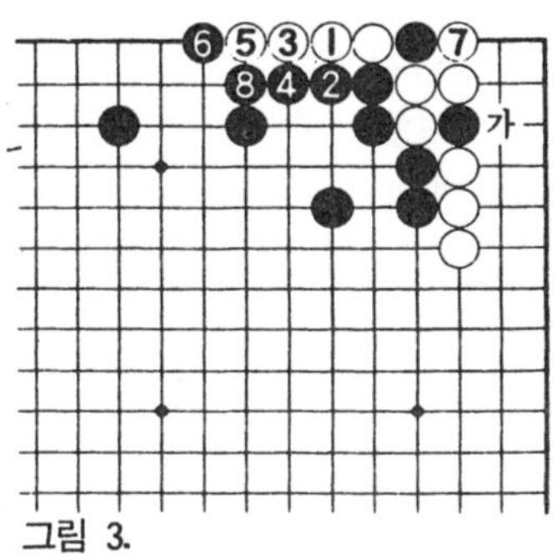

그림 3.

끊   기

후수로 지킨다고 해도 지금이면 작용하라는 이용처로 상대의 땅을 줄이면, 그만큼 이득이 된다. 상변을 어떻게 지킬까.

그림 1(주문)   흑1로 누르고, 3으로 이을 수밖에 달리 길은 없는 것처럼 보인다. 물론 그것이 백의 주문이다. 백가의 끊기는 백나, 흑다, 백라로 아무 일도 일어나지 않는다.

흑은 1로 눌러서 백을 견고한 모양으로 만들기 전에 작용시켜 놓아야 할 수순이 있었다.

그림 2(흑1, 3, 수법)   흑1로 들여끊고 백2에는 3으로 던져넣어 놓는다. 더구나 흑3은 ◎에 젖힌 순간인만큼 효과적인 이용처다.

백4로 빼게하고 흑5로 지키면 백가의 기어잇기는 지워졌다. 가의 누르기는 흑의 권리인데 흑지에 변함없고 백지는 앞그림과 한집 강 다르다.

그림 3(도로－從勞)   앞그림 백4에서 1로 나오는 것은 흑2, 4로 어디까지나 쫓기다가 결국은 백7로 빼야한다. 흑8의 단수에 이으면 흑가로 뻗어내기 당해 몽땅 잡힌다.

타이밍을 맞춘 끊기와 던져넣기가 한집 이득에 연결되었다.

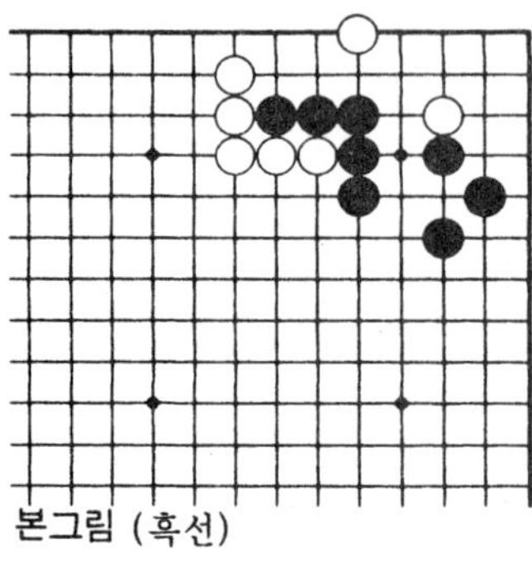

본그림 (흑선)

불평하기

백의 원숭이 미끄럼을 어떻게 저지할까. 어떤 케이스에도 틀리지 않고 저지할 수 있으면 아마츄어 5단의 기량은 충분하다고 간주된다.

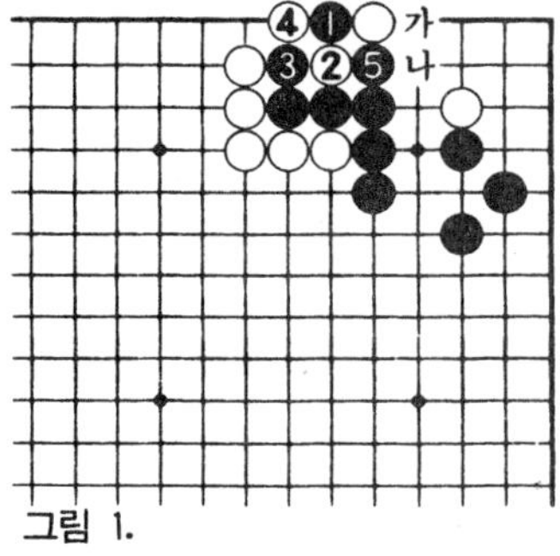

그림 1.

그림 1(패) 흑1의 붙여넘기부터 한점을 희생으로 3, 5로 단수해서 저지하는 것은 패감 유리한 경우. 백이 패앗기면 흑가로 단수 딱 멈출 수 있다.

흑1에서 가는 백나로 젖혀내기 당해서 귀에 살기 당하고 흑1에서 **나**는 백가로 기기 당해서 두집 손해.

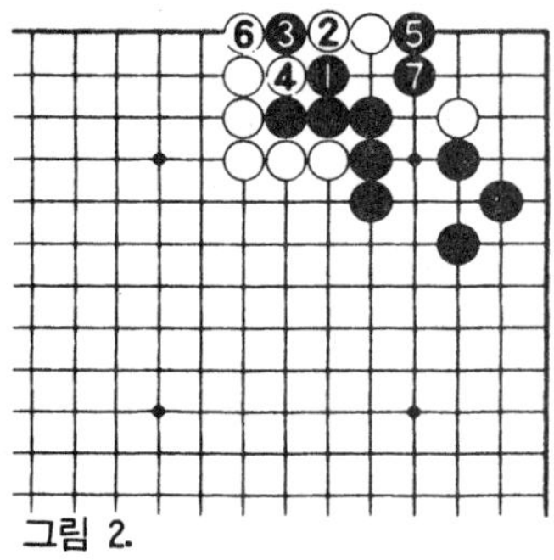

그림 2.

그림 2(흑1, 수법) 패 다툼의 위험을 피해서 흑1로 불평하는 이상한 저지 방식이 있다. 백2면 흑3으로 여기서 한점을 희생하고 5로 단수하는 기세를 구한다. 결과는 앞그림에서 백이 패를 그르쳤을 때와 같다.

다만 흑1에는 귀에서의 사활에 요주의.

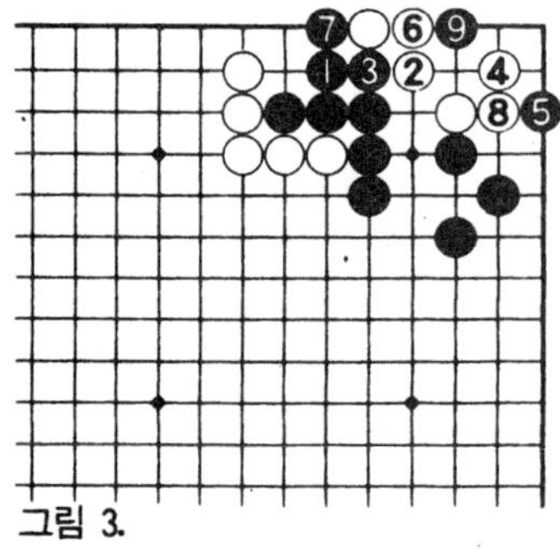

그림 3.

그림 3(역습되지 않음) 흑1일 때 백2의 역습이 성립되면 큰일이다. 다만 이 모양에서는 흑3으로 모퉁이를 비게하는 호수가 있어서 백4에는 흑5, 9로 무조건 죽음이다.

이쪽은 읽기로 해결할 문제인만큼 패의 싫은 맛을 남기는 〈그림 1〉보다 〈그림 2〉가 훨씬 낫다.

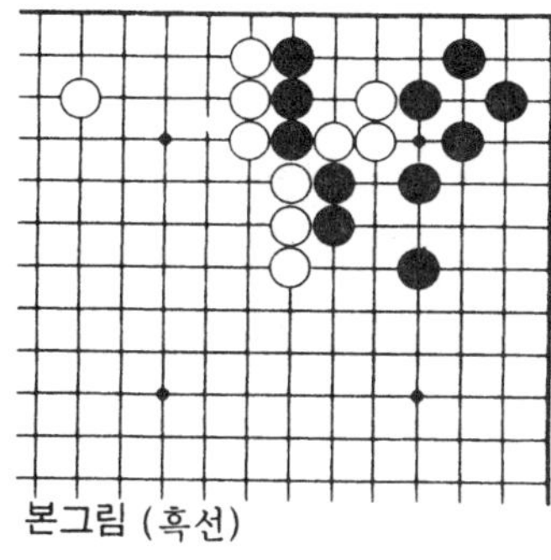

본그림 (흑선)

마늘모

 돌을 잡는데도 유리한 잡는 방식이 있다. 그러나 너무 욕심을 부리면 역전될 수도 있으므로 판단이 중요할 것이다.

 본그림은 『碁經衆妙』에서 발췌.

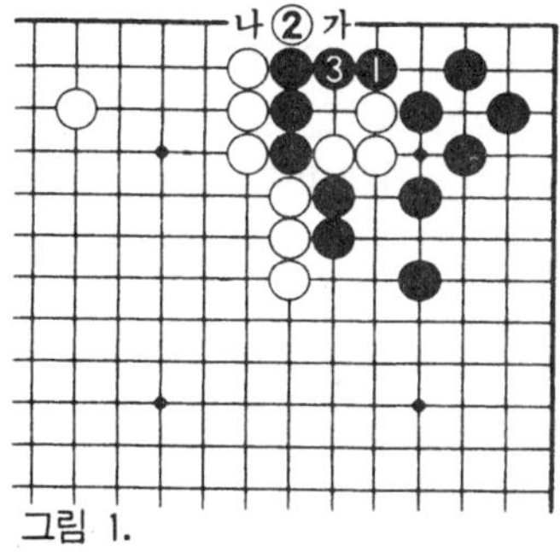

그림 1.

 그림 1(2집 손해)　흑1의 젖히기면 전혀 책동할 여지가 없이 백을 다 잡고 있다. 그러나 백2의 젖히기를 하나 이용 당하는 것은 괴롭다. 흑3에서 가로 눌러도 백나에서 역시 흑3의 수비가 필요하다.

 백이 잡힌 돌을 3쪽부터 몸부림칠 리도 없다.

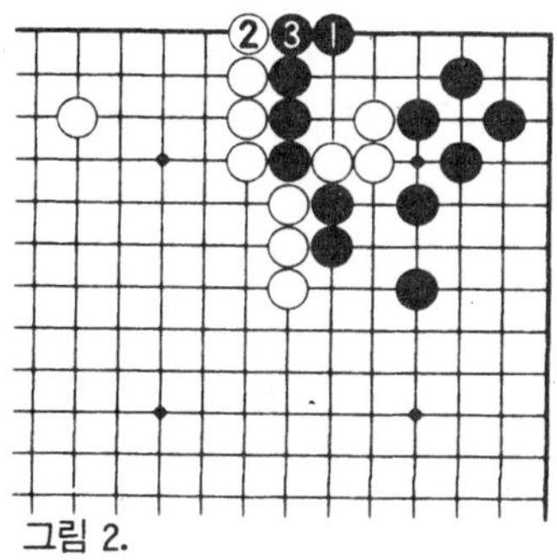

그림 2.

 그림 2(흑1, 수법)　흑1의 마늘모로 백 삼점은 잡을 수 있다. 백2는 이용 당해도 흑3으로 받고 이 모양이 앞그림보다 두집 이득인 것은 간단한 산수 문제다. 아슬하게 잡는 방식인만큼 앞그림보다 백부터의 패감은 많이 작용하지만 목산에 2집 손해에는 견딜 수 없다.

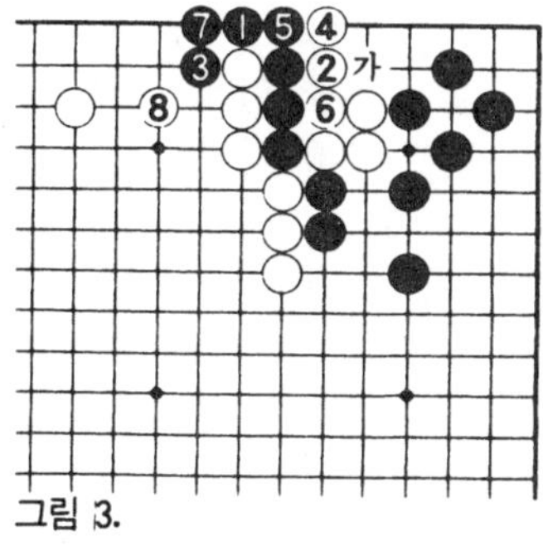

그림 3.

 그림 3(욕심)　흑1의 젖히기는 지나친 욕심인데 백2로 마늘모 붙이기 당하면 맞공격이 역전된다. 흑1에서 5의 처지기라도 백2의 마늘모 붙이기로 마찬가지다.

 흑1의 주문은 백에게 7로 누르게 하고 흑5, 백3, 흑가인데 그렇게 마음대로 될 리가 없다.

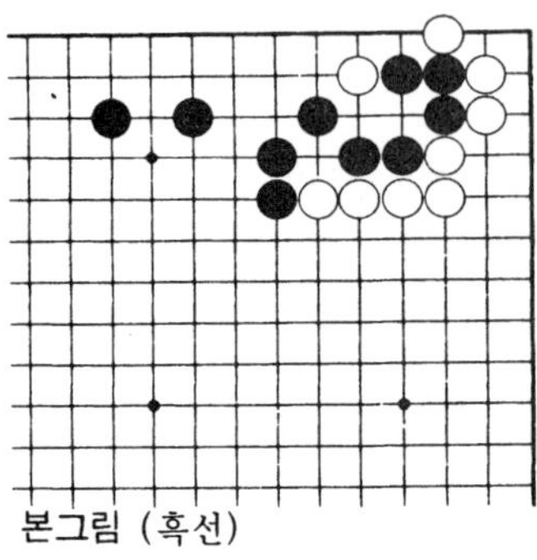

본그림 (흑선)

마늘모

상대한테 호수를 당했을 때 얼마나 냉철하게 받느냐가 승패의 기로가 되는 경우가 많다.

본그림은『官子譜』에서 발췌.

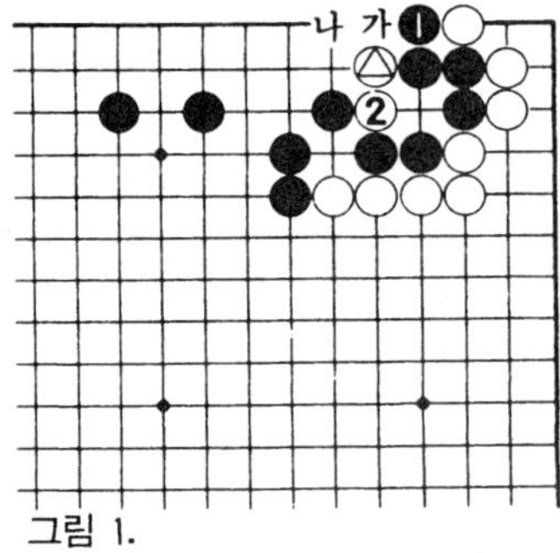

그림 1.

그림 1(잡히기)　◎의 코붙이기라고 하는 마비될 것 같이 예리한 수습을 당해 어떻게 처리할까. 흑1의 차단은 백2의 부딪치기로 대단한 손해를 거듭하게 된다.

흑1에서 가는 백나. ◎을 잡으려는 기분을 우선 버리되 임해야 한다.

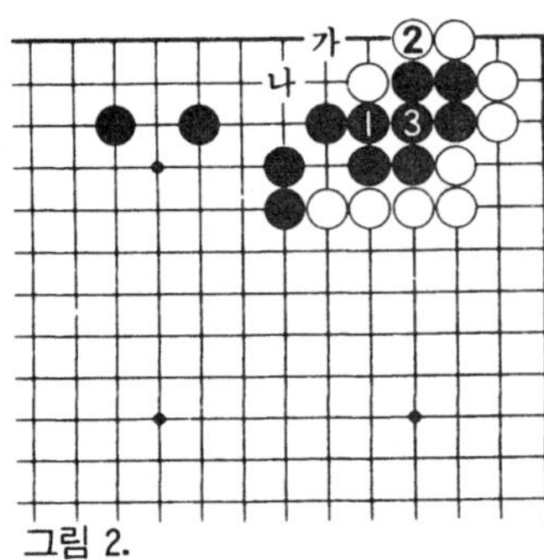

그림 2.

그림 2(동요)　흑1의 누르기 등, 호수를 당한 동요로 밖에 생각할 수 없다. 백2의 단수를 작용당하고 이후 백가로 빗겨두는 호수가 재차의 선수 수습에 연결될 것이다.

패감에 여유가 있으면 백은 나로 뛰어들어 뿌리채 교란하러 올는지도 모른다.

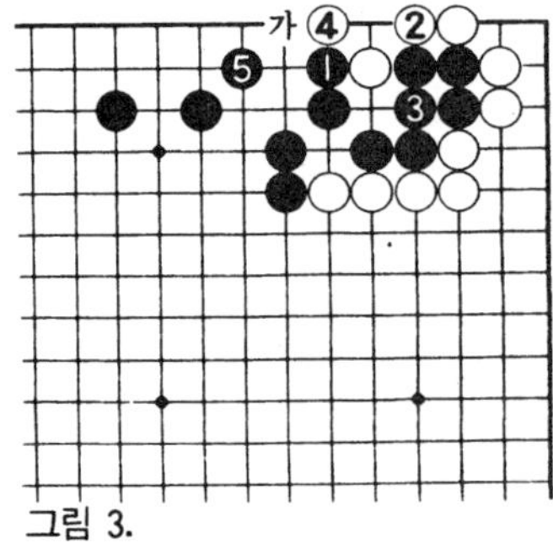

그림 3.

그림 3(흑5, 수법)　흑1로 누르고 3으로 이어 놓을 참. 흑1에서 먼저 3으로 잇고 백2면 흑1이라도 마찬가지인데 흑3일 때 1로 길 수 있는 맛이 있고 바르게는 흑1로 본체를 지켜야 한다.

백4에 흑5가 정형. 이후 흑가의 누르기가 추격을 보아 선수다.

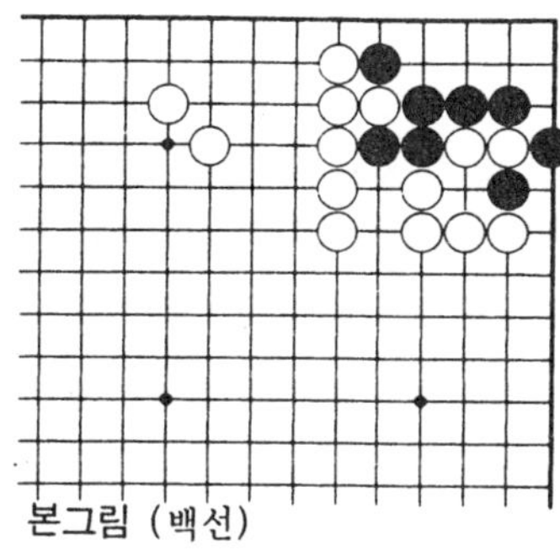

본그림 (백선)

처지기

수습이라고 해도 부분적으로 해결하는 모양은 극히 적다. 한쪽에서 손해를 봐도 딴쪽에서 이를 얻으면 별로 지장이 없는 셈이다.

본그림은 『官子譜』에서 발췌.

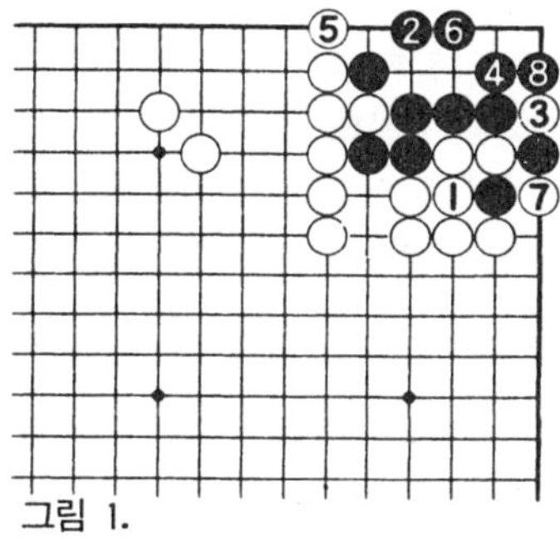

그림 1.

그림 1(걸쳐잇기) 백1의 잇기는 당연하지만 여기서 귀의 사는 법은 두 가지다. 흑2로 걸쳐이어도 ●이 있으면 살기. 그것은 사활의 정석에서 백3에는 흑4로 냉철하게 끌어 8까지 살기다. 귀의 땅은 3집 있고 패잡기도 남는다. 그러나 이 모양으로는 손해보는 살기 방식이다.

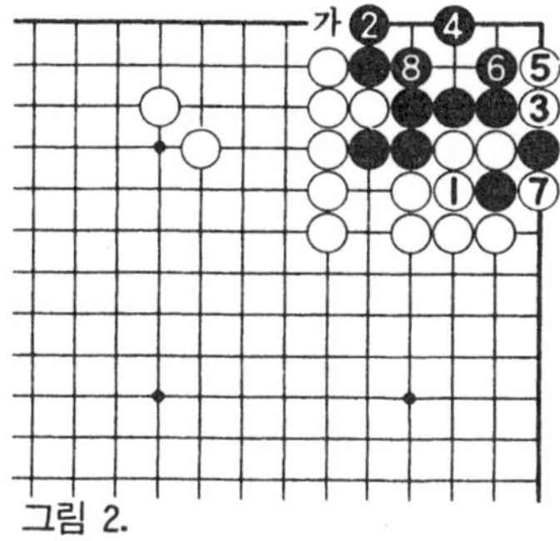

그림 2.

그림 2(흑2, 정착) 흑2로 처져서 살아야 할 참이다. 백3의 먹여치기에 흑4로 들어가야 하고 백5, 7을 작용당해 두집의 살기.

앞그림과 귀의 모양에서는 한집 강의 차가 있는데 이때 잘 보면 흑가의 나오기라는 거대한 수습이 남아 있다.

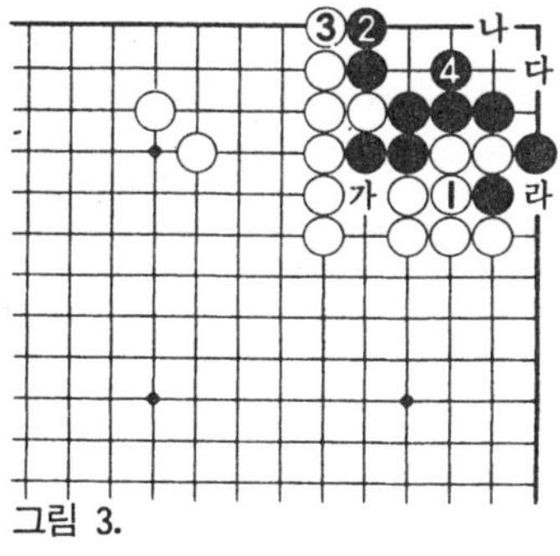

그림 3.

그림 3(쌍방 최선) 따라서 흑2의 처지기에는 백3에 누르고 흑4로 살릴 수밖에 없다. 이 모양은 장래 가의 공배가 채워지면 백나로 놓을 맥이 남고 그것을 흑다로 막는다고 해도 〈그림 1〉보다 훨씬 유리한 살기 방식인 것은 물론이다.

흑라의 잇기도 남아 있다.

439

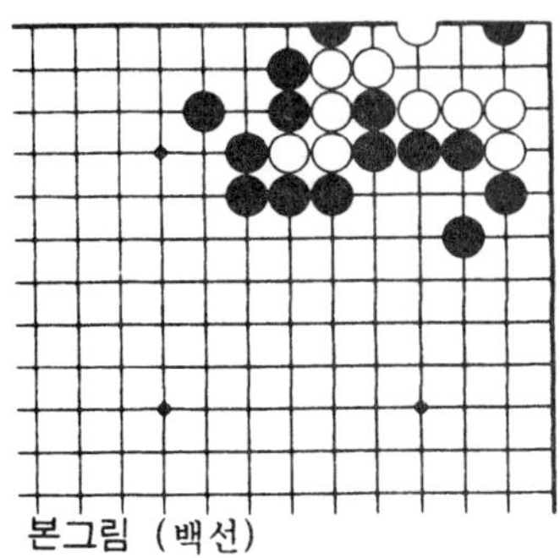

본그림 (백선)

잇 기

흑한테 상용인 수습 수법을 당했다. 손해를 적게 하려면 어떤 받기가 있을까.

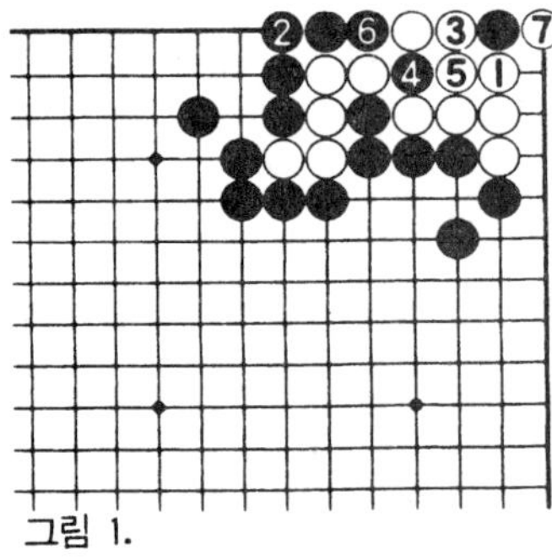

그림 1.

그림 1(5석 잡히기) 백1의 부딪치기에 흑2가 호수인데 백3에는 4의 계속 수법이 준비되어 있다. 백5, 7로 살기는 살아도 5점의 잡히기가 남으면 손해가 크다.

꼬리가 작을 때는 이 받기가 좋고 꼬리가 클 때는 또 다른 받기가 필요하다.

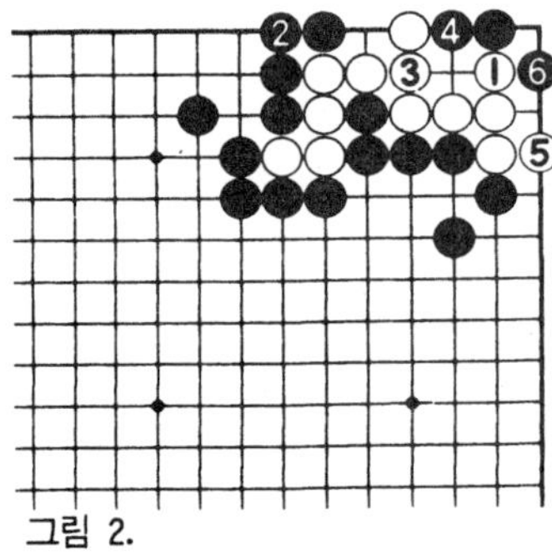

그림 2.

그림 2(백3, 선방) 백1의 밀어내기는 이것으로 좋고 다만 흑2에는 백3의 잇기이어야 한다. 흑4, 6에서 비김수로 만들어져도 꼬리는 살았고 백5의 처지기가 흑지를 줄이고 있다. 흑4에서 5면 백4로 5집의 땅. 후수로 4집의 이익밖에 되지 않는다면 흑4의 시기가 어렵다.

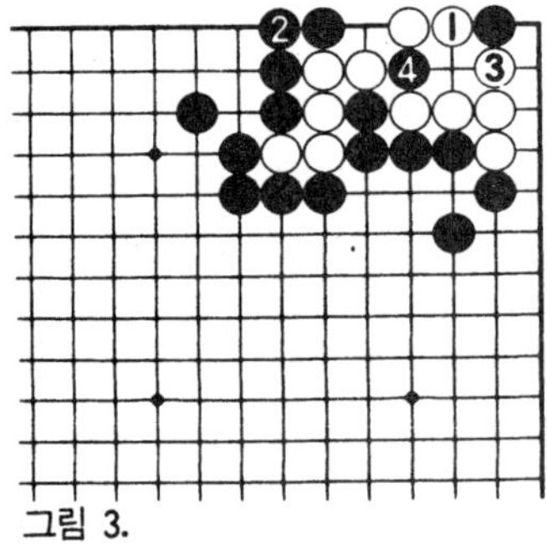

그림 3.

그림 3(역 밀어내기) 〈그림 1〉의 받기로 좋다면 백1의 가로 밀어내기로도 결과는 같다. 흑2에 백3밖에 없고 흑4의 던져넣기는 필연적으로 두게 된다.

그러나 백1에서 3이면 비김수로 만드는 선택도 있으므로 백1은 그 선택권을 버린 악수라는 것이 된다.

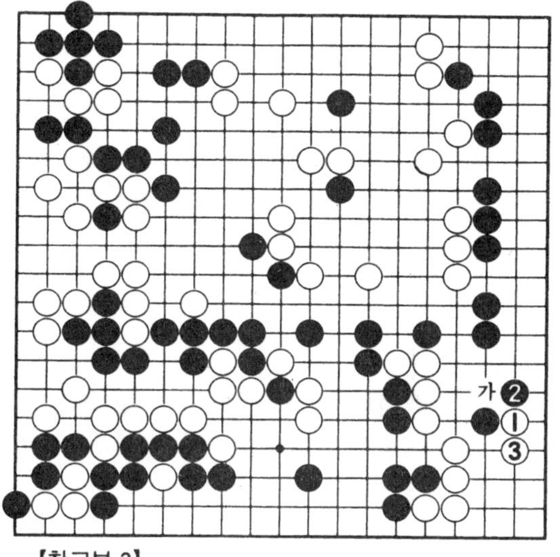

【참고보 3】
제1기 天元戰 백 藤澤秀行
제 1 국 흑 大平修三

붙이기

미세한 바둑이면 수습의 수법은 집균형을 떠나서 최후의 일격이 되는 수도 있다. 실패하면 되려 추격 당한다.

【참고보 3】

백1로 침입하는 밑붙이기가 최선. 귀에 실리와 근거를 다져서 승세를 부동의 것으로 만들었다. 아직 가의 끊기도 남는다.

백1에서 3은 흑1의 누르기로 미세 바둑.

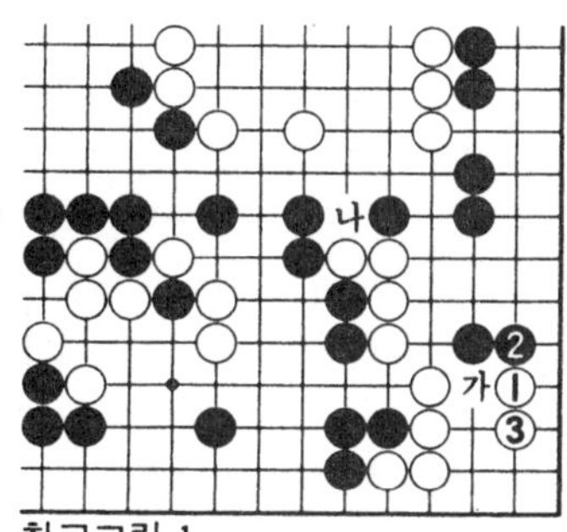

참고그림 1

참고그림 1(평범) 백1의 뛰기나 가의 누르기로는 귀의 땅은 작고 흑지는 부푼다. 그리고 귀에 여러 가지 수습맛을 보기 당해 갑자기 불명의 지경까지 후퇴한다.

백은 이 귀에의 침입을 저지해 놓지 않으면 흑1로 살기를 위협당하고 나의 공배를 두기 당할는지도 모른다.

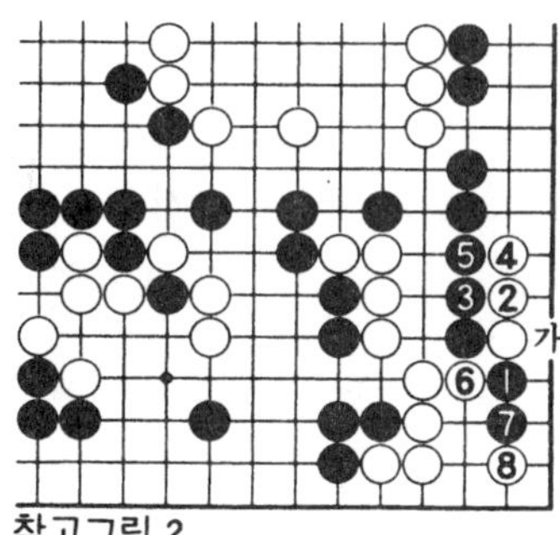

참고그림 2

참고그림 2(무리한 누르기) 보의 흑2에서 1의 누르기면 백2의 뻗기부터 6으로 끊고 백8까지의 맞공격 승리다. 흑5에서 6의 잇기면 백5로 나와도 좋다. 그리고 백2에서는 3쪽이 맥인 것처럼 보이는데 흑2, 백4, 흑가로 빼기 당하고 백5에는 흑8의 뛰기가 호수여서 수로 삼기 당한다.

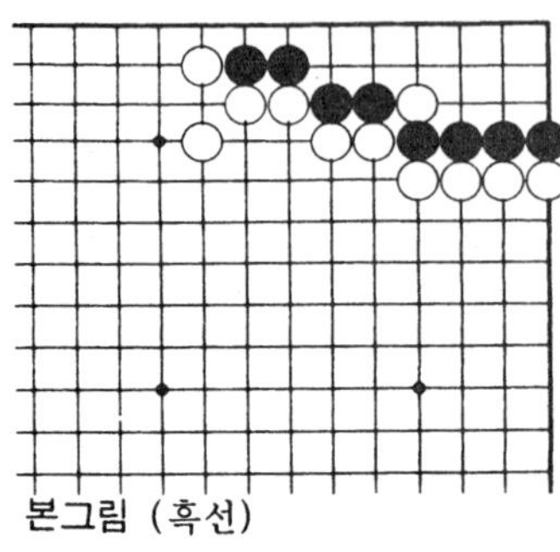

본그림 (흑선)

뛰 기

공배 채우기의 흑지에 백의 끊기가 들어가서 무사할 수 없는 양상이다. 흑은 어떻게 저지할까. 그다지 손해를 보지 않는 수법이 있다.

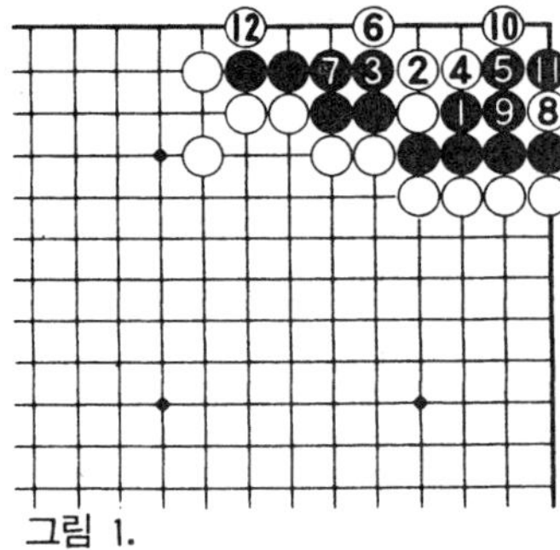

그림 1.

그림 1(양 밀 수 없음) 흑1 쪽부터 단수하면 백2의 뻗기에 흑3으로 지킬 수밖에 없다. 백은 4부터 6, 8, 10으로 마구 단수해서 12. 잘 보면 이것으로 양 밀 수 없음의 흑 죽음으로 되어 있다.

차라리 흑3에서 4로 눌러서 귀만으로 살까.

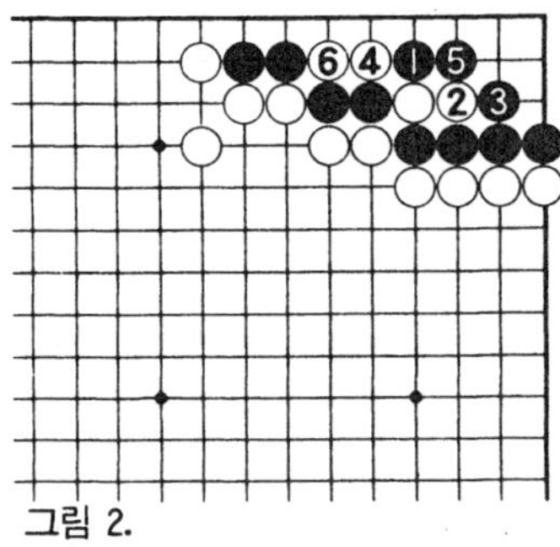

그림 2.

그림 2(되끊기) 흑1, 3으로 축에 잡으면 좋을 것 같지만 이때는 백4의 되끊기라는 호 수법이 준비되어 있다. 흑5로 빼고 두점을 희생으로 귀를 사는 편이 흑5에서 6으로 잇고 백5의 단수로 귀를 뺏기는 것보다는 낫다. 그러나 손해는 손해.

참기는 없을까.

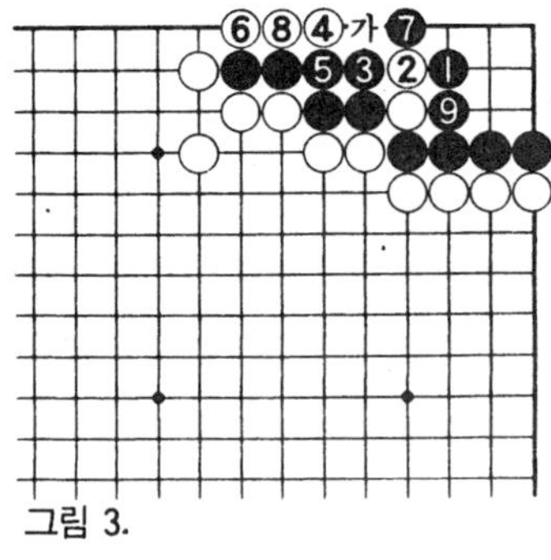

그림 3.

그림 3(흑1, 3, 수법) 흑1로 뛰고 백2에는 흑3으로 눌러서 끝까지 지키고 있는 흑지다. 백4의 놓기는 수습의 수법인데, 가로 단수하기보다는 두집 이득. 여하간 흑9까지 11집의 흑지가 되었다.

상대의 무리를 고집하면 어떤 땅에서도 패할 것이다.

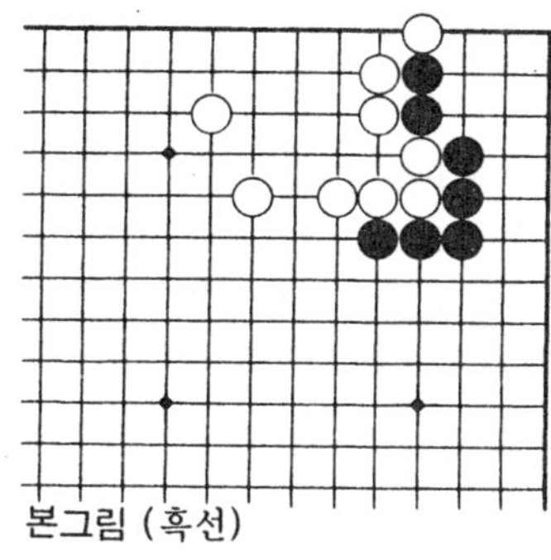

본그림 (흑선)

뛰 기

백의 젖히기가 와서 귀의 흑지를 어떻게 지킬까. 패감 유리할 때, 불리할 때에 따라서 받기가 다르다.

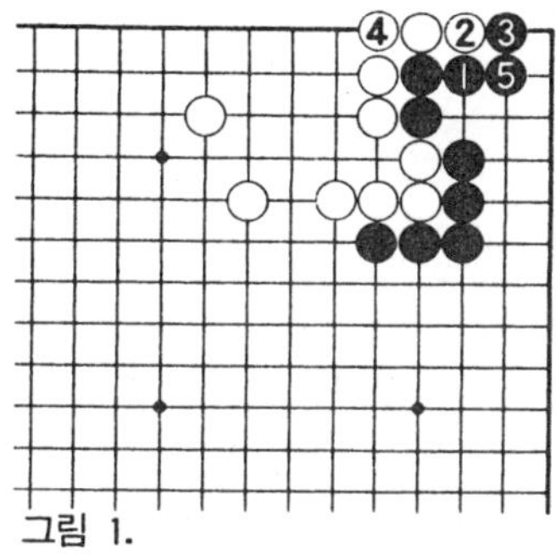

그림 1.

그림 1(패감 불리) 흑1의 굽기는 패감 불리한 경우. 백2, 4의 기어 잇기는 거의 절대적 작용이 된다.

흑1에서 2로 누를 수 없는 것은 수습의 상식인데, 백1로 들여끊기워 한 푼 아끼다가 큰 손해가 날 것이다. 백도 2, 4는 곧 둘 참.

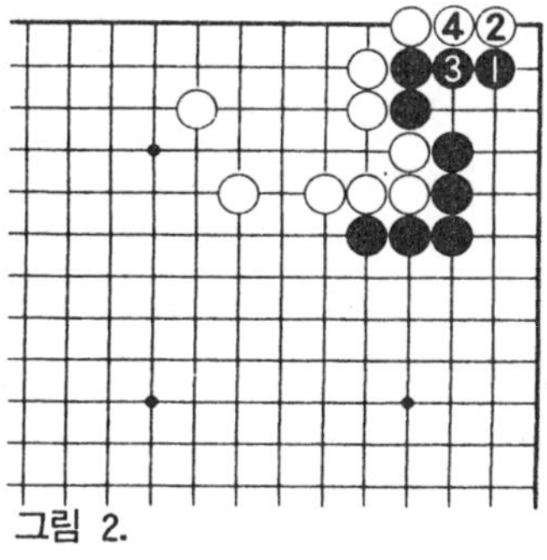

그림 2.

그림 2(흑1, 수법) 흑1로 1칸에 뛰어 피하는 맥이 있다. 백2의 붙이기는 남지만 흑3을 작용시켜 손을 뺀다. 앞그림은 백 선수, 본그림은 흑 선수. 한수의 차가 있어서, 앞그림과 본그림의 차, 4집 약도 염려되지 않는 경우가 많을 것이다. 백2를 곧 두지 않으면 흑부터 4를 선수로 둘 기회가 생김.

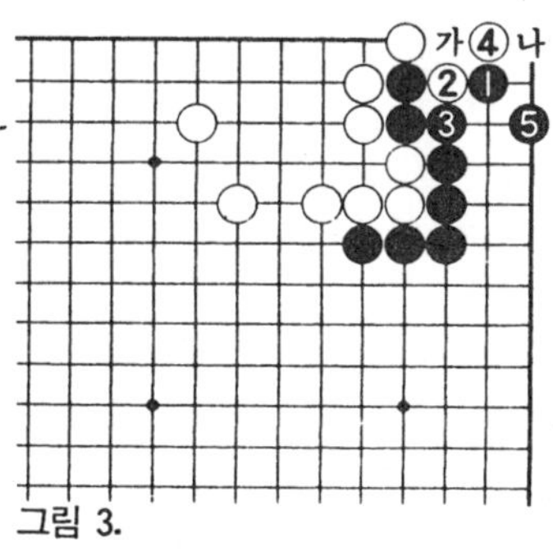

그림 3.

그림 3(패인 경우) 흑1로 피하고 가의 누르기를 둘 기회를 잃고 있는 중 백에게 패감이 호전하면 2, 4라는 수습이 생긴다.

흑도 물론 일단은 가로 잡지만 아무래도 패에 이길 수 없다면 흑5로 걸쳐 이어서 지키는 모양. 다음에 나로 던져넣는 양패를 노린다.

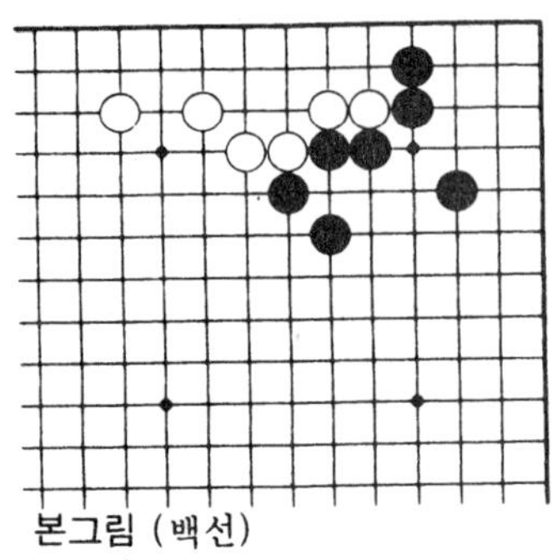

본그림 (백선)

뛰 기

상대의 큰 수습을 임시로 막아 놓는다. 상대가 받으면 선수가 되고 받지 않거나 받기가 틀리면 이쪽부터의 수습에 연결할 수 있다.

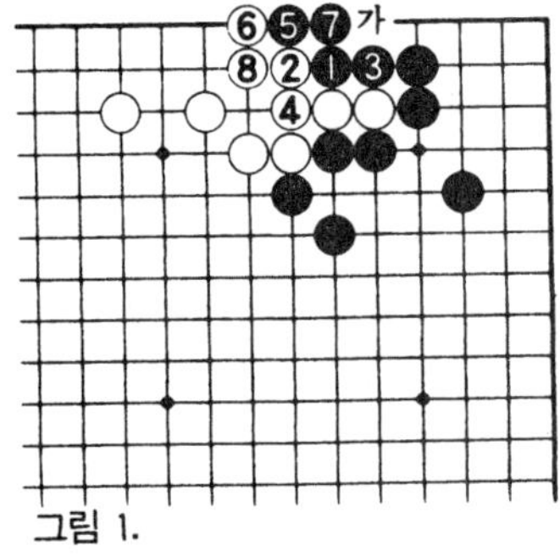

그림 1.

그림 1(흑부터) 흑부터의 수습은 1의 붙이기다. 잠깐에 백지가 줄고 흑지가 는다.

그러나 이곳은 백선이다. 흑1이 수습을 어떻게든 막고 싶은데 3의 점에 누르는 등으로는 흑가로 젖히기 당해 저지할 도리가 없고, 2에 들어가야 한다. 그래도 흑5의 붙이기가 있다.

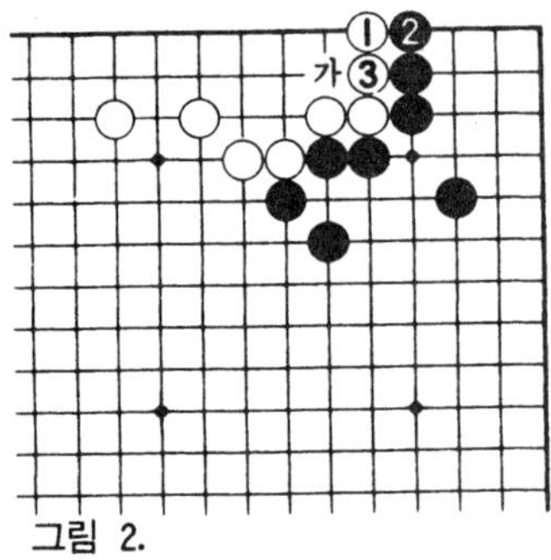

그림 2.

그림 2(백1, 수법) 백1로 뛰는 맥이다. 백가로 처지기보다 유리하다. 흑2의 누르기는 백이 손을 빼면 가의 붙이기가 부활할 것을 예견하고 있는데, 그때는 백3으로 지켜서 크고 앞그림과는 후수라도 9집의 차가 있다.

백1에서 가는 같은 후수로 땅이 두 집 틀리다.

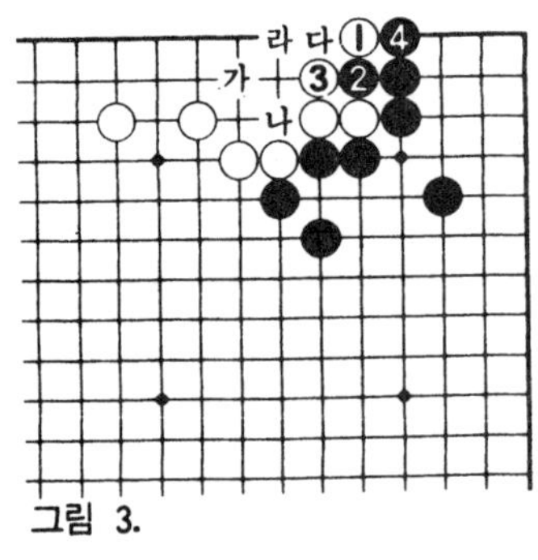

그림 3.

그림 3(백 선수) 흑2, 4면 백은 〈그림 1〉의 큰 수습을 방해한 일에 만족하고 딴곳으로 돌 수도 있을 것이다. 흑4를 두지 않으면 백4의 기어 잇기가 선수다.

이후 흑부터 가로 놓는 맥은 있지만 백나, 흑다, 백라로 패. 흑다의 잡기면 백가로 모두 〈그림 1〉보다 유리.

살기를 위협하는 수법

상대의 살기를 뺏을 때까지 가지 않아도 살기를 위협하는 것으로 많은 이익을 얻는 경우가 있다. 돌의 사활만을 문제 삼는 것이 수싸움이고 거기에는 여러가지 산뜻한 수법이 내포되어 있는데 실전에서는 돌의 사활이 딱 결정되는 케이스는 오히려 적고 훨씬 맑지 못한 맥이면서 훨씬 실용적인 살기를 위협해서 이익을 얻는 수법에 자리를 양보한다. 공배 채우기를 탓하는 수법이 많다. 우선 두 세가지 전형적인 예를 들겠다.

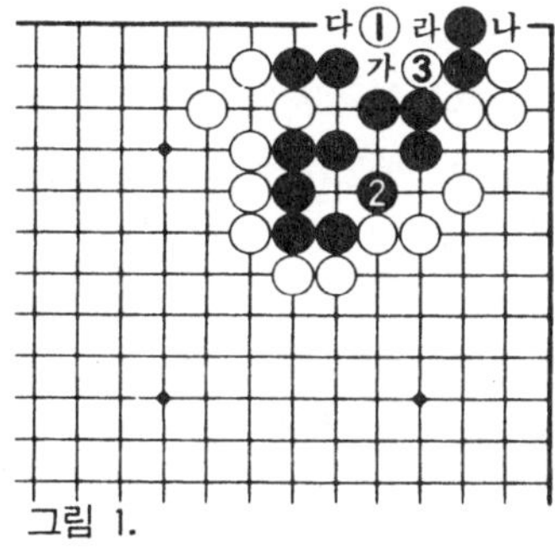

그림 1.

그림 1(놓기) 백1로 놓고 흑2면 백3으로 끊어 두점을 손에 넣는다. 백1에서 2는 흑1로 두점을 살리면서 살 수 있는데 그 차는 크다.

흑2에서 가로 저항해도 백나로 밖부터 공배를 채우는 수순이 좋고 흑다로 회두리를 피하면 백라인데 역시 흑은 두점을 이을 수 없다.

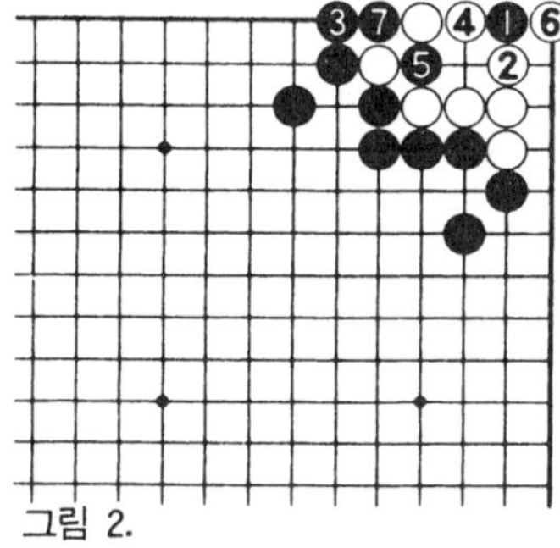

그림 2.

그림 2(놓기) 수습의 수법으로서 잘 알려진 모양. 흑1로 놓고 백2에는 3으로 처진다. 백4에서 5로 이으면 비김수인데 이 모양에서는 백4, 6으로 하고 한점을 희생해서 선수를 취하는 것이 보통이다.

흑1에서 단순히 3으로 처지고 백1로 대비되는 모양에 비해 세집 이익.

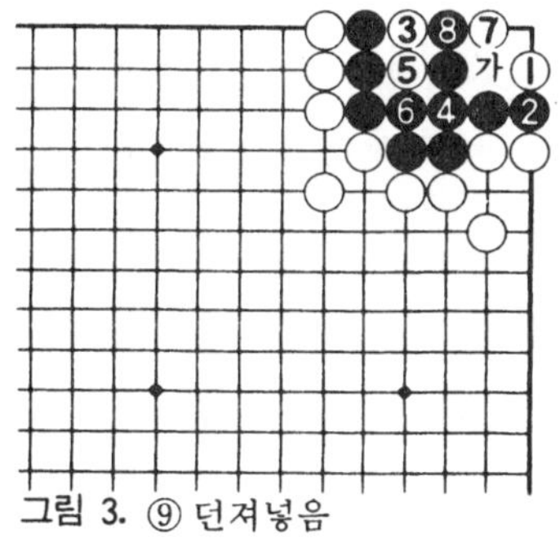

그림 3. ⑨ 던져넣음

그림 3(뛰어들기) 백1로 뛰어들고 흑2의 차단이면 백3의 붙이기가 교묘. 흑4면 백5, 7로 비김수로 만들고 흑땅은 잡은 돌 세집만으로 된다. 흑4에서 5면 백4의 던져 넣기다.

흑2에서 가, 백2, 흑7로 5집의 땅을 가지고 후수도 살기보다는 선수로 세집의 땅이 나을 것이다.

445

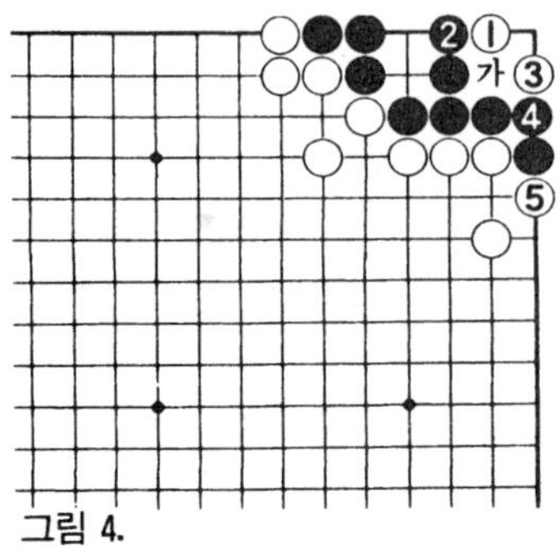

그림 4.

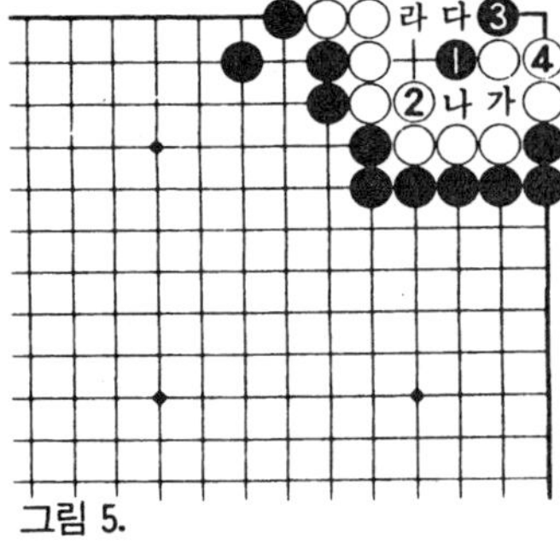

그림 5.

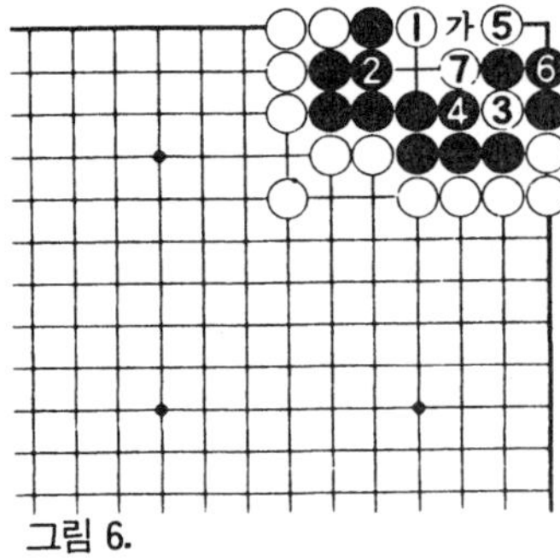

그림 6.

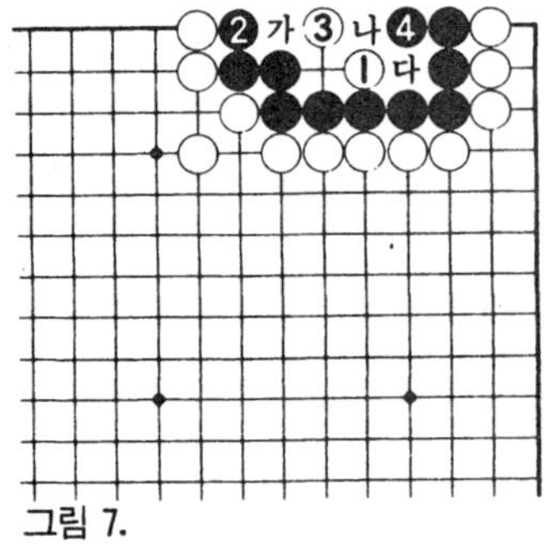

그림 7.

그림 4(놓기)　백1로 놓고 흑2에는 백3, 5로 전체를 비김수로 만든다. 흑 2에서 가는 백2로 기어서 죽음이다. 또 흑4에서 가는 백5로 눌려서 이익이 되지 않는다.

　백1에서 5로 누르면 흑3으로 빗겨 두는 선방이 있어서 6집 흑의 땅이다.

그림 5(붙이기)　흑1의 붙이기가 급소 중의 급소. 백2로 잇게하고 흑3으로 젖혀서 비김수다. 백4를 손빼기하면, 흑가, 백나, 흑4로 던져 넣는 패 맥이 생겨 위험할 것이다.

　백2에서 다의 밑젖히기는 흑2로 끊기워서 죽음. 백2에서 나의 부풀기는, 흑라, 백2, 흑4로 패다.

그림 6(단수)　백1로 단수, 흑2의 잇기면 백3으로 던져넣는 묘수순으로 비김수나 패다. 흑4에서 6이면 백7, 흑4, 백5로 동형의 비김수.

　백3에서 먼저 5의 붙이기로는 흑7로 뻗기 당해 수로 되지 않는다.

　현실 문제로서는 흑2에서 가로 사과할 참.

그림 7(붙이기)　백1로 갑자기 급소에 붙인다. 이제 2의 나오기는 흑가로 눌리워서 그대로 6집의 땅이다. 흑2에서 나의 붙이기는 백3, 흑다의 패이므로 문제 밖. 흑2로 품을 넓히고 백3에 흑4로 비김수로 끌어들였다.

　그러나 백1, 3은 선수 7집의 수습이다.

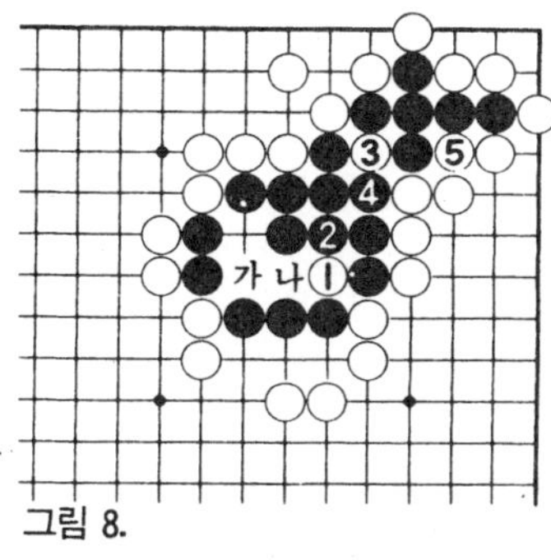

그림 8.

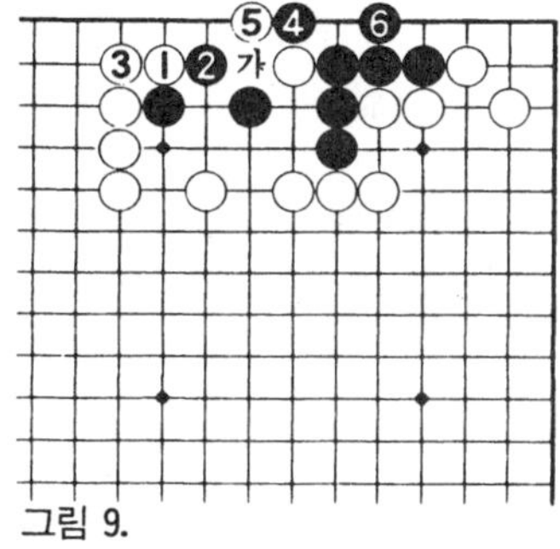

그림 9.

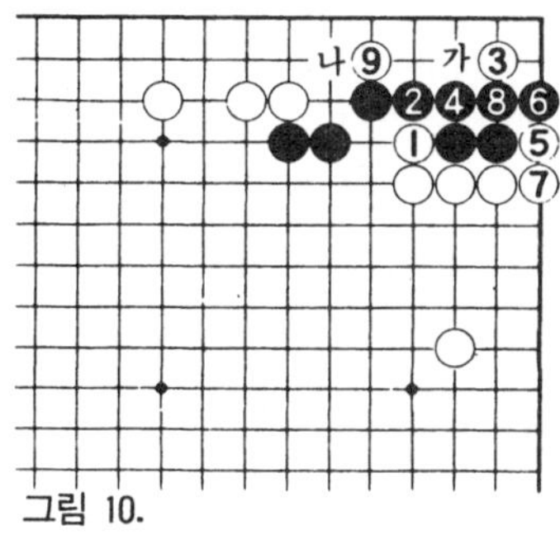

그림 10.

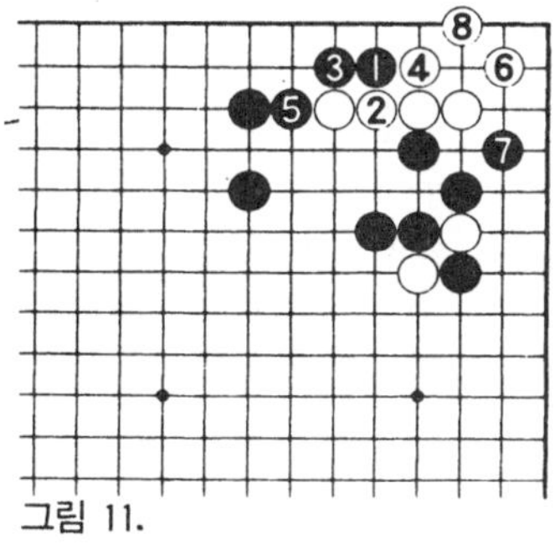

그림 11.

그림 8(들여끊기)　백1의 들여끊기가 공배 채우기를 탓하는 절묘한 수다. 흑2면 백3의 던져넣기부터 5로 단수, 흑 잇기면 백가로 흑군 전멸. 흑2에서 나는 백4로 간단하고 그림보다 두집 백 이득이다.

백1에서 4, 흑3, 백1에서는 흑2로 잇기 당해 으깨기로 살기다.

그림 9(젖혀잇기)　수습만 생각하다가 수가 있는 곳을 해소하면 이것도 재미없는 이야기. 백1, 3으로 젖혀잇는 침착성인데 흑은 4, 6으로 한수 수습패로 버틸 수밖에 없다.

수습으로서는 백1에서 2로 놓는 맥인데 흑가, 백1일 때 흑4로 살기 당한다.

그림 10(놓기)　수습의 맥이 상대의 근거를 뺏는 맥과 일치하는 경우도 적지 않다. 백1의 나오기부터 3으로 놓고 5, 7의 젖혀잇기도 아낌없이 결정한다. 그리고 나서 서서히 백9로 붙이면 귀는 한집 밖에 없는 모양이다.

흑4에서 8이면 백가, 흑4, 백나로 건너기를 본다.

그림 11(놓기)　상대를 죽일 수 없어도 주위부터 자꾸만 공격해서 이득을 도모하면 완전한 이득이다. 「학대」의 맥은 종반이라기보다 중반에 속할는지도 모른다.

흑1의 놓기부터 5로 건너고 또 흑7의 마늘모까지 이용했다. 백6에서 7은 흑6인데 무사하지 못하다.

먹여치기

수습에는 크기가 주로 되는 경우와 수가 주로 되는 경우가 있다. 물론 어느 쪽도 소홀히 못한다.

【참고보 4】

백1의 먹여치기가 호수인데 흑의 집모양을 위협하면서 약 두집 이득. 그러나 흑6으로 연락을 위협하고 흑10까지 침입해서 이 돌은 잡히지 않는다. 흑에 남는 바둑이다.

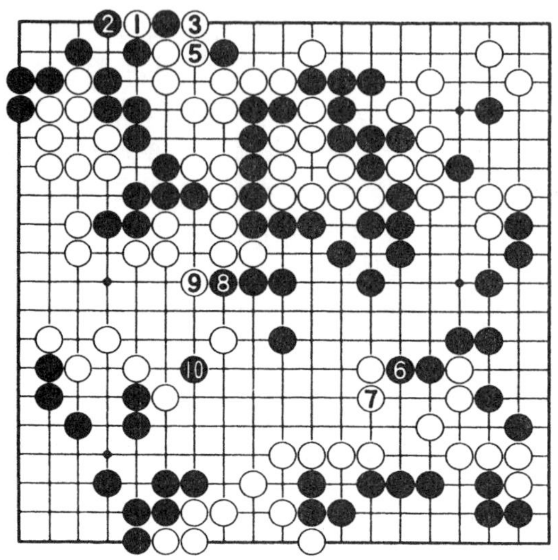

【참고보 4】

제5기 왕좌전　　　백　　橋本昌二
제 1 국　　　　　흑　　藤澤秀行

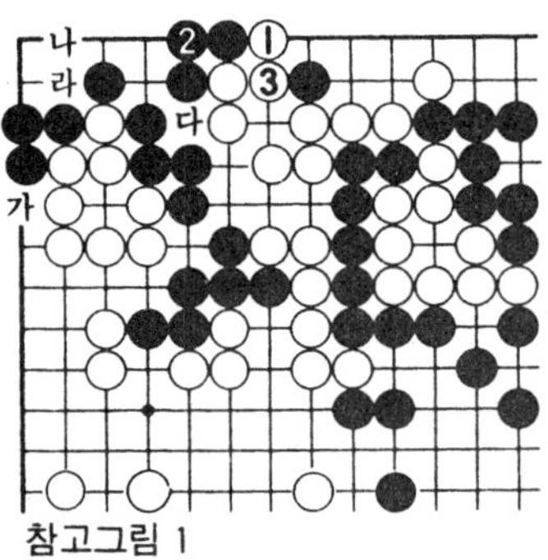

참고그림 1

참고그림 1(단순 누르기)　백1로 단순히 누르면 이후 백가, 흑나를 이용해서 백다를 오푼의 권리로 보면 흑땅 5집 반으로 계산된다. 백가에서 다부터 두면 흑나로 수비 당해서 가의 나오기가 남고 백나로 먼저 놓아도 흑라인데, 백다는 작용해도 백가는 작용하지 않는 모양이다.

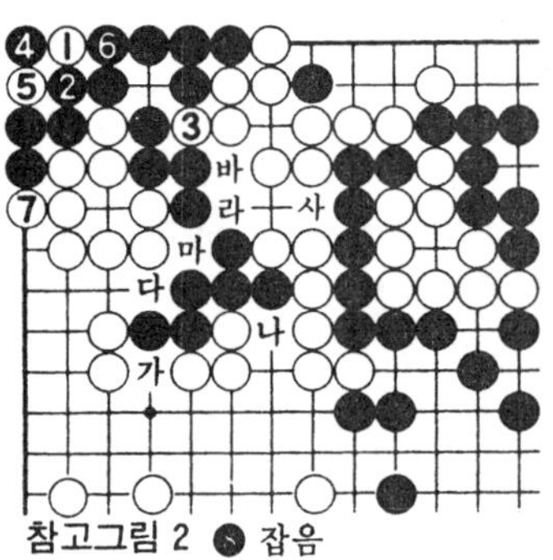

참고그림 2　⚫ 잡음

참고그림 2(흑땅 4집)　보의 모양에서는 나중에 백1로 놓기 당해 백3, 7의 양쪽을 이용 당했다. 먼저 백의 먹여치기를 잡아 잇고 있으므로 흑땅은 4집이다. 그리고 앞으로 가, 나, 다의 공배가 채워지게 되므로, 백라, 흑마, 백바가 작용해서 백사에 반 집의 권리가 남는다.

"""

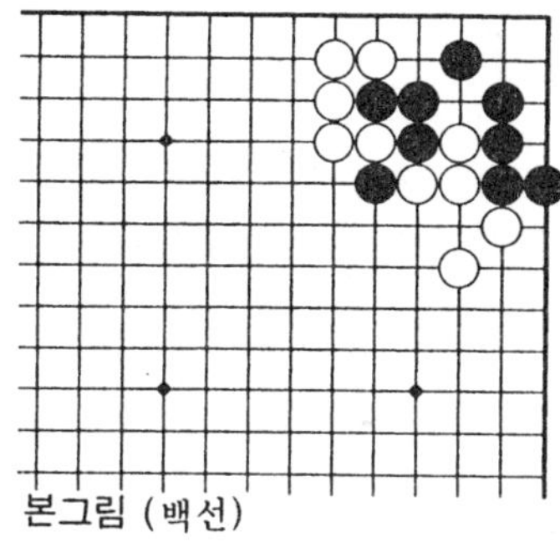

본그림 (백선)

놓 기

흑에 죽음은 없다고 해도 엷음을 뚫고 이득을 도모하는 수법이 있다. 끝까지 저항해 오면 물론 전체문제로 에스컬레이터한다. 본그림은 『官子譜』에서 발췌.

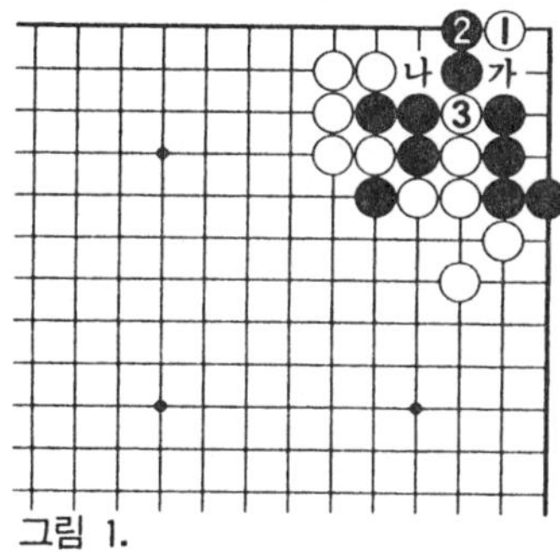

그림 1.

그림 1(백1, 수법) 백1의 놓기가 소위 양노리기의 수법에 해당된다.

흑2면 백3, 흑2에서 가면 백나인데 여하간 꼬리의 석점을 잡을 수 있다.

백1에서 3으로 단수해도 나로 단수해도 흑한테 잇기 당해 수로 되지 않는다. 먼저 1로 놓고 응수에 따라서 단수의 방향을 결정한다.

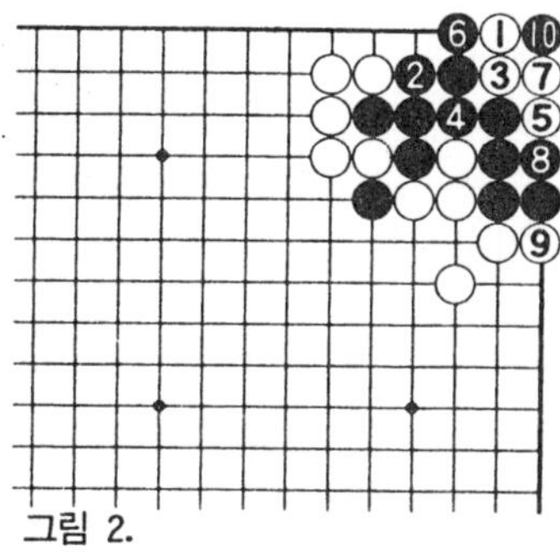

그림 2.

그림 2(흑 최강) 석점을 버리고 싶지 않다고 하면 흑2로 불평하는 저항이 되는데 백3, 5로 안쪽에서 난동하면 문제가 전체에 미친다. 흑6에서 7의 던져넣기는 백10, 흑6, 백7로 5목 내격. 단순히 흑6으로 채워서 내격으로 만들 틈을 주지 않는다. 다만 흑10으로 잡아도 아직 문제가 남아…….

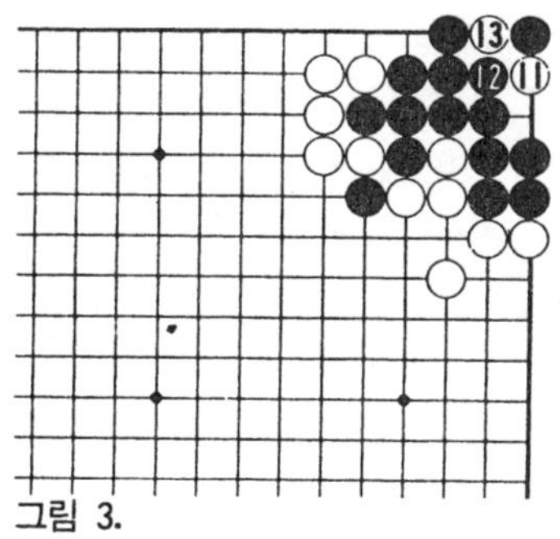

그림 3.

그림 3(전체의 패) 빼기 자국에 백11로 붙이기 당해 재미없다. 으깨기는 공배 채우기 때문에 불성립이다. 흑12로 단수. 패로 다툴 수밖에 없게 된다.

따라서 흑으로서도 너무 버티는 것을 생각할 것. 석점을 버릴 수밖에 없는 모양일 것이다.

449

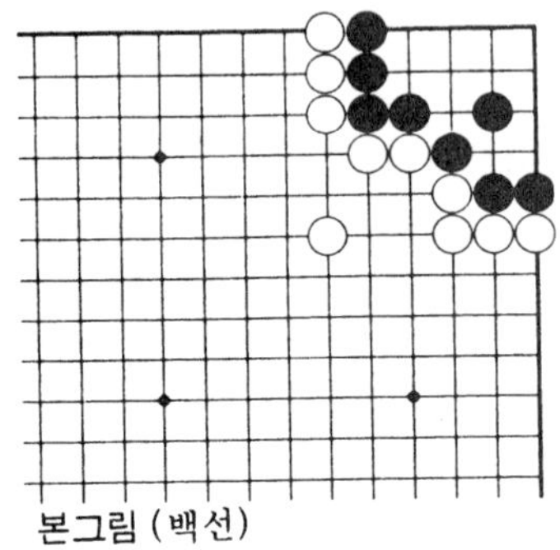

본그림 (백선)

놓　기

　귀의 급소를 제어해서 땅속에 수를 만드는데 흑의 응수에도 주의한다. 본 그림은 『官子譜』에서 발췌.

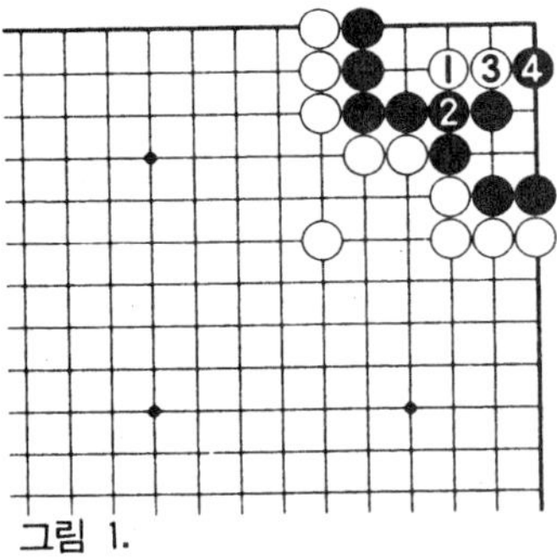

그림 1.

　그림 1(유무)　백1의 들여다보기는 이 한수인데 흑은 2로 이을 수밖에 딴 것은 없다. 이어서 백3의 누르기 정도 로는 침입이 나빠서 수가 못됨.
　흑4로 젖히기 당해 집 유무. 이후 아무리 당해도 사정은 변치 않고 손질 이 필요한 장소를 불필요하게 만들어 한집 손해다.

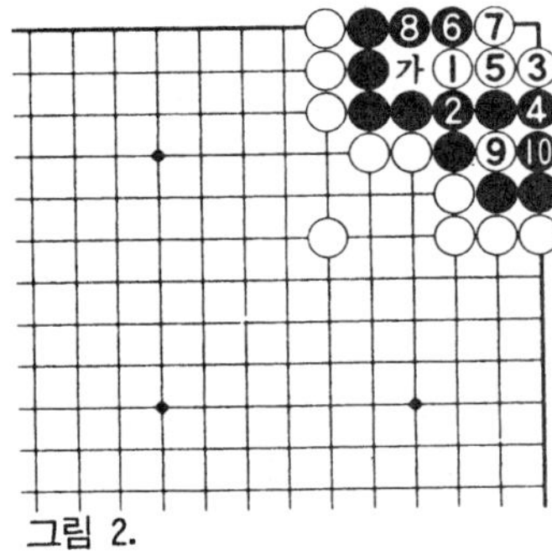

그림 2.

　그림 2(백3 수법)　백3의 놓기가 1 二의 급소다. 흑4에는 백5로 잇고 흑8 까지의 모양은 비김수다. 한수 지키면 11집의 흑땅을 선수로 사석 한집으로 만든 것이 된다.
　흑8에서 가는 일방적으로 부담이 큰 패. 백9를 두지 않으면 흑가로 석 집 손해 보는 수가 남는다.

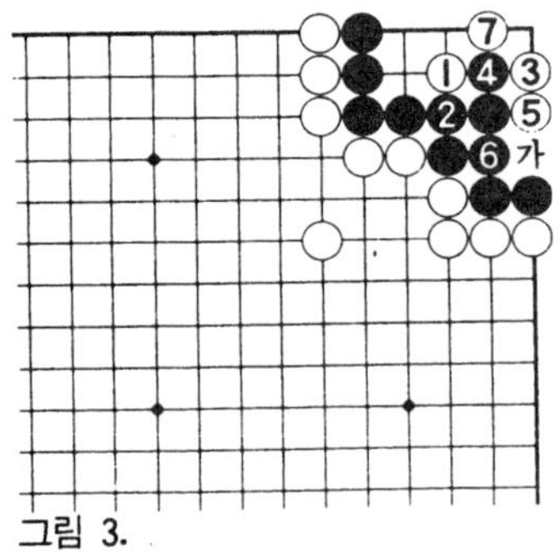

그림 3.

　그림 3(한수의 차)　흑은 4로 나오 는 참이다. 백5를 이용당하고 7의 건 너기로 역시 비김수인데 이쪽은 흑의 선수로 그 차는 크다. 또 흑부터는 가 로 단수해서 한집 이를 보러 가는 수 도 남아 있고 집 수의 차도 작지않다.
　백1, 3은 후수, 10집 반의 수습에 해당된다.

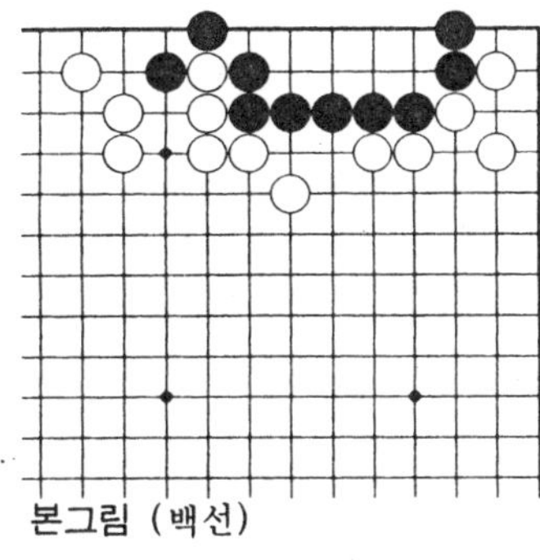

본그림 (백선)

놓 기

수로 삼을 뿐이면 몇가지를 생각해도 바른 수는 그 중의 하나뿐이다. 본그림은 『碁經精妙』에서 발췌.

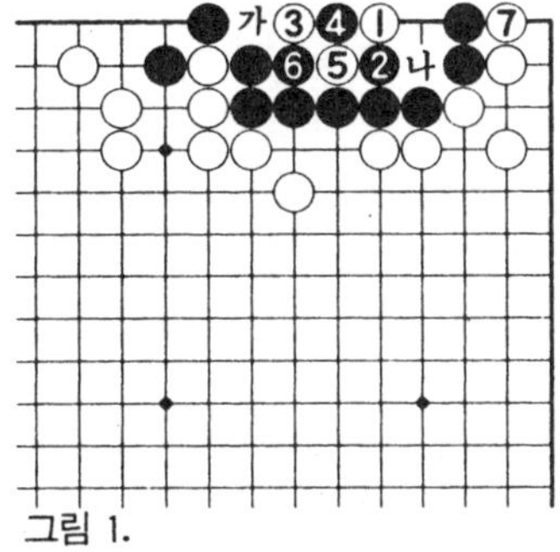

그림 1.

그림 1(패의 선택) 백1로 놓아도 수로는 되어 있다. 흑2의 부딪치기에는 백3으로 뛰고 흑4, 6의 패 내지는 흑8에서 가로 단수시켜서 백나로 두점을 잡는 수습이다. 흑2에서 4로 붙이고 백5, 흑2, 백3, 흑6으로도 같다.

흑은 패를 철저하게 버틸는지도 모른다.

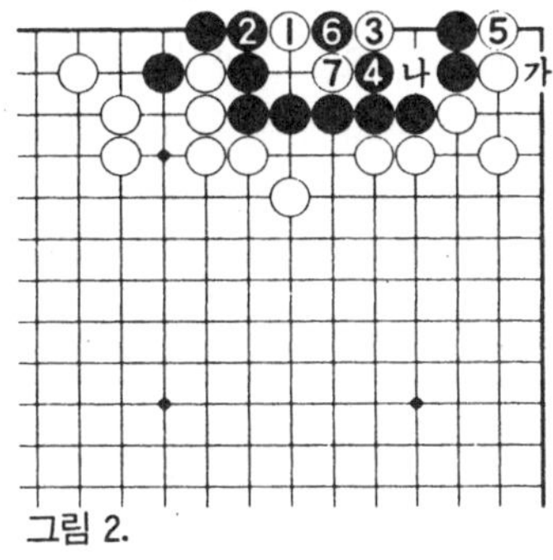

그림 2.

그림 2(백1, 수법) 백1의 놓기부터 두는 편이 흑에게 선택의 여지를 주지 않는만큼 낫다. 젖히기의 모퉁이에 두는 것은 사활에도 나타난 상대의 공배 채우기를 탓하는 수법이다.

백3으로 뛰고 흑4이하로 두점을 잡는 진행. 흑4에서 5면 백가로 냉철하게 처진다. 흑4에서 나는 백7로 죽음.

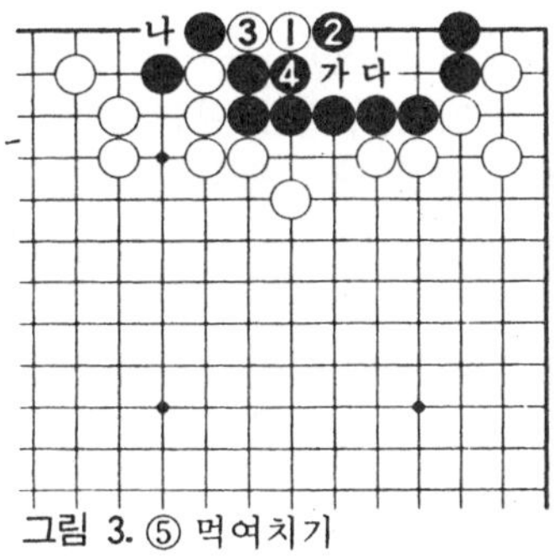

그림 3. ⑤ 먹여치기

그림 3(꼬리 떨어짐) 흑2의 붙이기는 백가의 단수를 기대하고 〈그림 1〉의 모양으로 끌어들이려는 노림수인데 백3부터 재차 3의 점에 먹여치는 강습이 있고 흑나의 잇기나 빼기로는 백다로 죽음. 흑나로 살 수밖에 없고 꼬리의 두점을 잡히는 수가 남는다. 흑은 〈그림 2〉가 무난한 받기임.

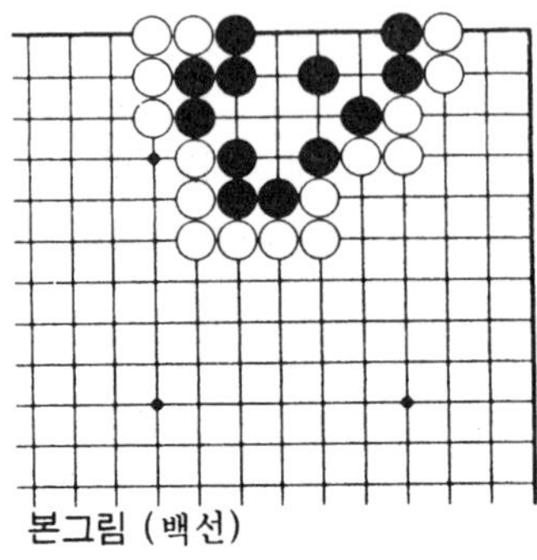

본그림 (백선)

붙이기

백의 첫수는 명백. 오히려 피해를 최소로 억제하는 흑의 응수에 주의해야 한다. 본그림은 『官子譜』에서 발췌.

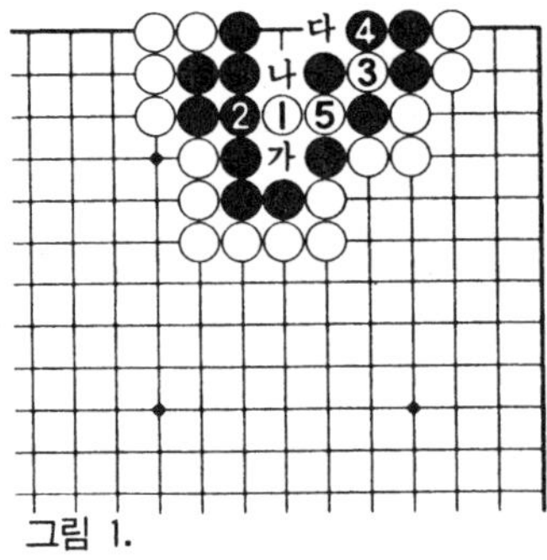

그림 1.

그림 1(악 응수) 백1의 놓기는 그 곳인데 흑에는 여러 가지 응수가 있어서 헤맨다. 흑2의 잇기는 백3의 던져넣기가 예리한 맥인데 5로 단수 당해서 패다. 백3에서 5, 흑3, 백가에서는 흑나로 주문에 속는다.

흑2에서 나는 백다로 먼저 붙이고 나서 2로 끊어 흑 죽음이다.

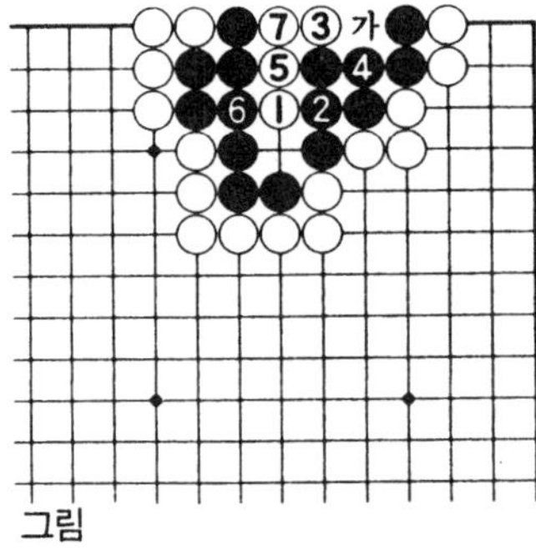

그림

그림 2(백3, 수법) 흑2의 잇기가 최선. 이번에는 백이 단서에 고통하는 모양인데 3으로 붙여서 공배 채우기에 달라붙는 수법이 있고 흑4면 백5로 한점을 끌어내어 전부가 죽음이다.

백3에서 6의 단수나 가의 단수를 결정하면 흑에게 여유를 준다. 단순히 붙이는 것이 수법이다.

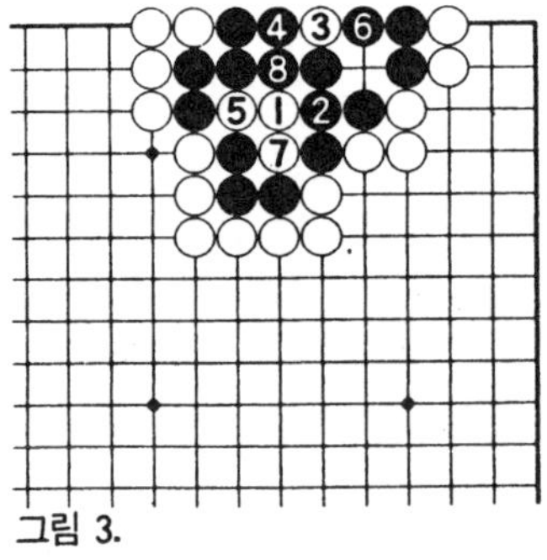

그림 3.

그림 3(쌍방 최선) 흑4가 최선의 응수. 백5의 양 단수가 보이는만큼 두기 어려운 수인데 흑6, 8로 참고 살기만은 확보하고 있다. 이것이 쌍방 최선의 응수다.

시초에 흑에 한수 넣어서 수비 당한 모양에 비해, 백1 이하의 이득은 선수 11집에 달할 것이다.

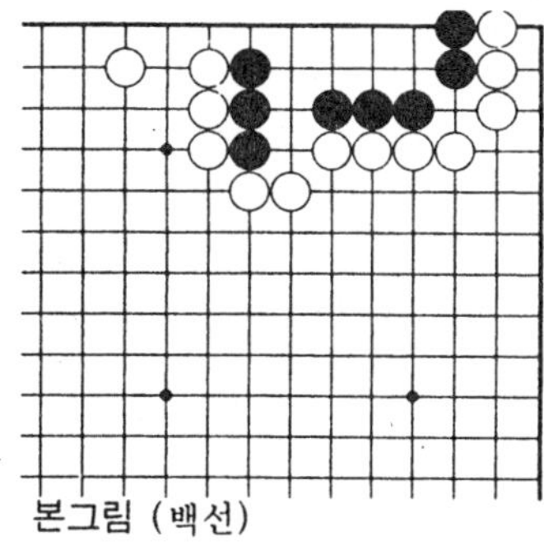

본그림 (백선)

붙이기

사활만의 공방보다 손익도 생각하는 수습의 공방 쪽이 훨씬 난해다. 본 그림은『官子譜』에서 발췌.

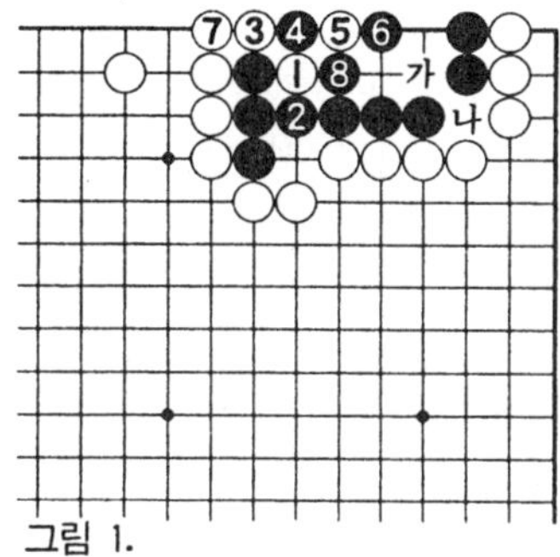

그림 1.

그림 1(협공 붙이기) 백1의 협공 붙이기는 속되지만 유력. 흑2부터 4로 던져넣어 겨우 살기를 확보한다, 백7로 이어 흑을 二집의 살기로 하느냐, 백7에서 가, 흑8, 백나로 二점을 서로 잡느냐인데, 二점을 선수로 잡아도 흑7의 빼기가 남아 조금도 이익이 되지 않았다.

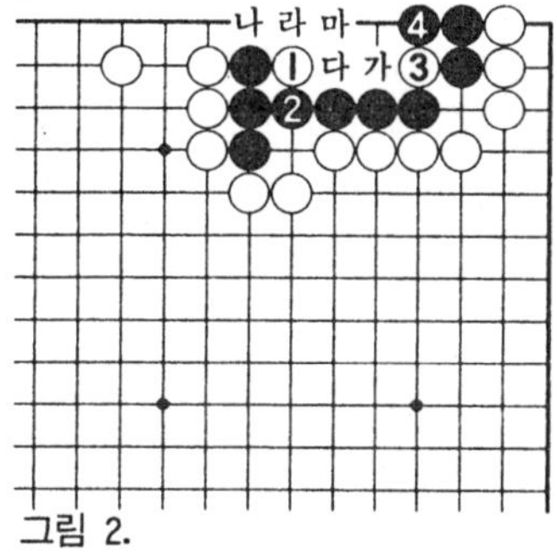

그림 2.

그림 2(선방) 백1로 붙였을 뿐으로, 3으로 침입하는 강수가 있다. 흑 가라면 백나로 건너고 흑다, 백라, 흑 마일 때 백4로 죽음. 그러나 흑4로 밑부터 모는 선방이 있어서 흑땅 세집이 살기로 된다.
백1에서 나의 젖히기는 흑1로 크게 살기. 1의 점은 우선의 급소다.

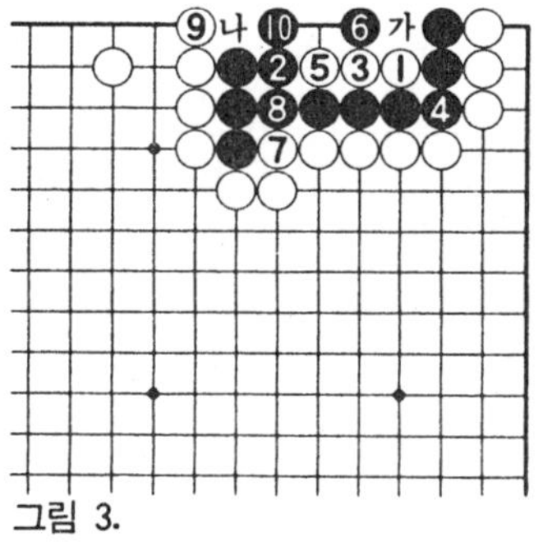

그림 3.

그림 3(백1, 수법) 먼저 백1의 붙이기. 흑2로 또 한쪽의 급소에 대비 백3이면 이하 흑10까지의 비김수가 된다. 다만 이것보다 백3에서 4로 끊고 흑3, 백가, 흑7쪽이 한집이 이득.
흑2에서 가의 밑 몰기는 백나로 젖혀서 흑 죽음. 흑2면 백3이고 흑10이면 백2다.

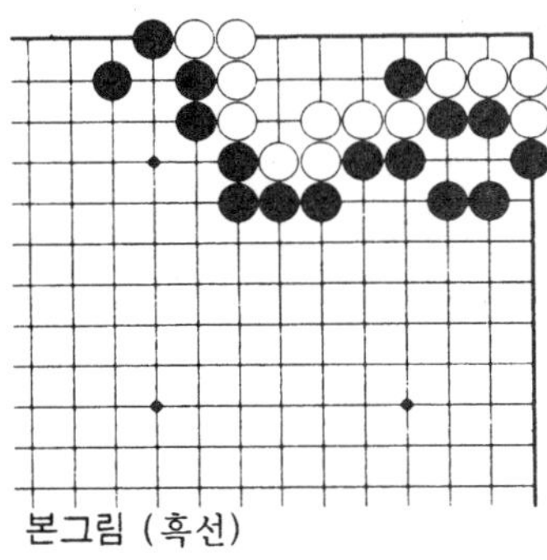

본그림 (흑선)

붙이기

공배 채우기를 탓해서 백지의 한 모퉁이를 물어 뜯는다. 쑥맥으로 보이는 수가 성공되면 가장 매섭다. 본그림은 『碁經精妙』에서 발췌.

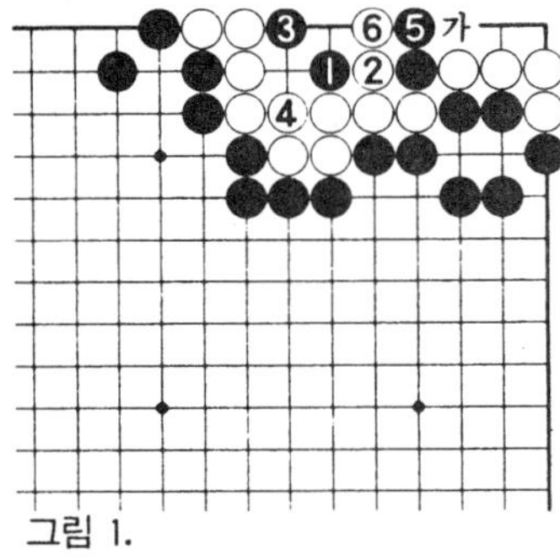

그림 1.

그림 1(숨찬 공격) 공배 채우기의 급소라고 하면 흑1로 시선이 가지만 백2로 나오기 당해 뒤가 없다. 흑3의 마늘모붙이기 하나만의 작용으로는 요리할 도리가 없다.

흑1에서 6의 마늘모, 가의 젖히기는 모두 백2로 단수 당해 불가. 멋을 낸 수법은 도리어 성공 못한다.

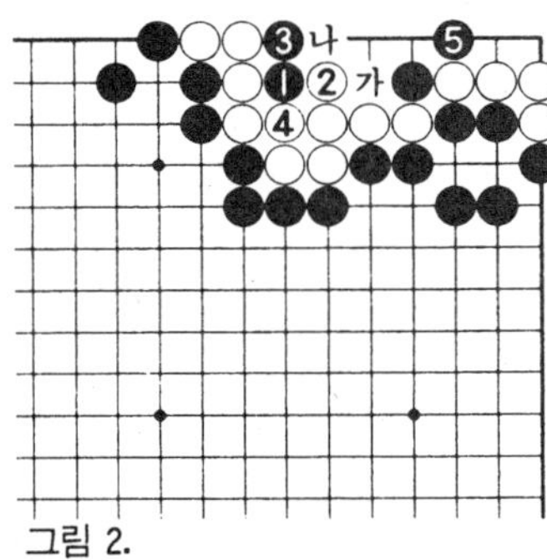

그림 2.

그림 2(흑1, 강수) 흑1로 붙이는 속맥이 이경우 매섭다. 백2면 흑3의 단수부터 5로 젖히고 백은 공배 채우기 때문에 배후부터 밀 수 없는 모양이 되어 있다.

백2에서 4의 잇기는 흑가의 기기로 수 패배. 백4에서 나의 누르기라도 흑5가 성립되어 전부 죽는다.

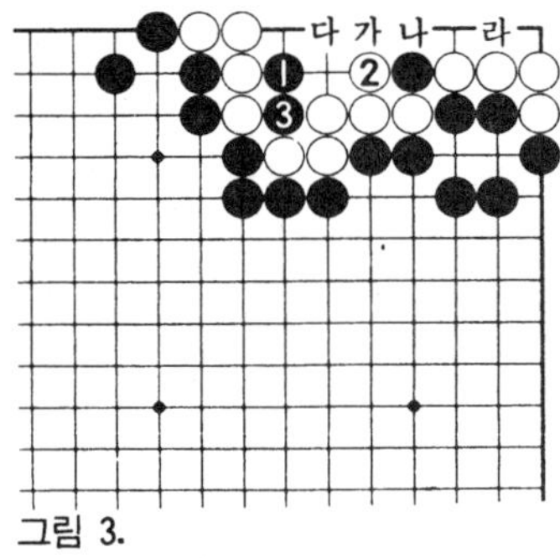

그림 3.

그림 3(수습) 백은 2로 한점을 몰아 수습을 도모할 수 밖에 없다. 흑3으로 4점을 잡힌 곳에서 손을 빼는데 이후 흑부터는 더욱 가, 백나, 흑다, 백라까지로 확대하는 수습이 있고 백 땅은 3집으로 감소되었다. 한수 지키면 12집의 땅이 3집으로 되고 흑지 8집. 흑1, 3은 후수 17집이다.

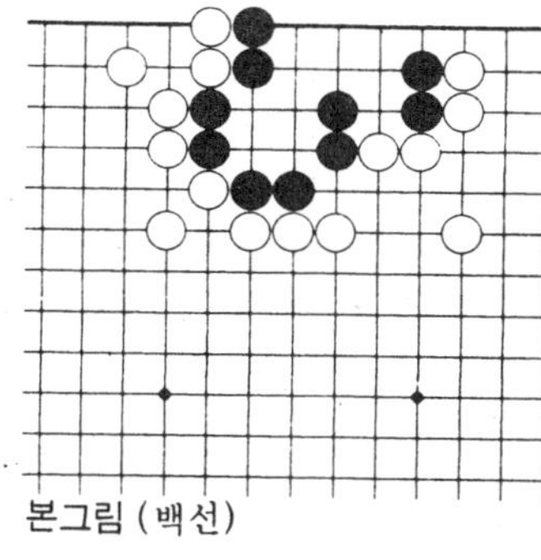

본그림 (백선)

붙이기

수습에서도 공격의 묘수도 있고 수비의 묘수도 있다. 임의 읽기에서는 계산의 기준이 서지 못한다. 본그림은 『官子譜』에서 발췌.

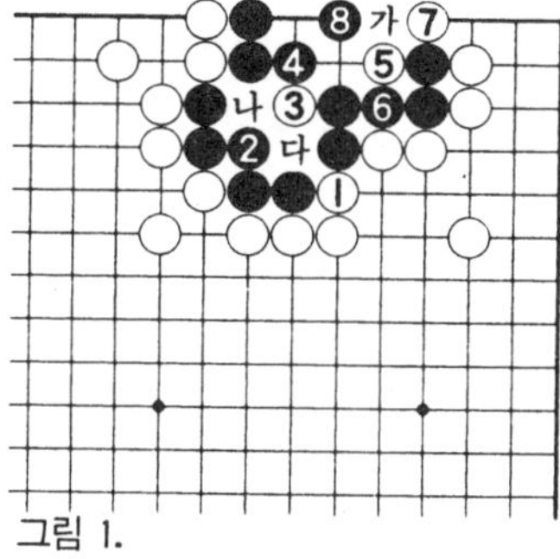

그림 1.

그림 1(침입 부족) 백1의 들여대기는 손해가 없는 수습 방식인데 흑2의 잇기가 호수여서 의외로 수습이 작용하지 않는다. 백3부터 5, 7로 붙여 건너는 정도의 것. 백가로 이어 후수를 취해도 흑땅이 5집 있다. 흑2에서 나면 백다, 흑2, 백6으로 나오고 흑2에서 다면 백나, 흑2, 백4로 조른다.

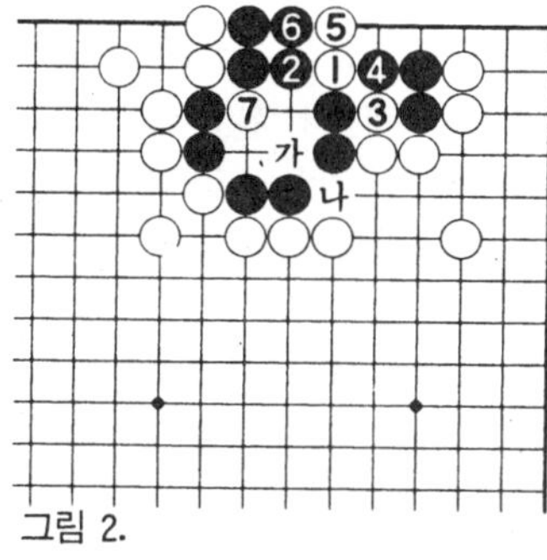

그림 2.

그림 2(백1, 수법) 백1까지 침입하는 것은 확실한 읽기에 지탱되어 있어야 한다. 흑2면 백3부터 5로 처져서 전부 잡을 수 있다. 흑6에는 백7이고 흑6에서 7이면 백가, 흑6, 백나까지이다.

그러나 이것이 당연한 진행이라고 생각한다면 어림없는 이야기.

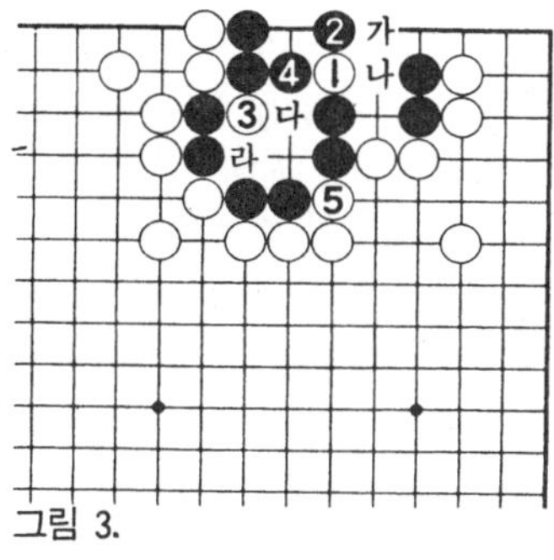

그림 3.

그림 3(흑의 수습) 흑2로 붙이는 묘한 방어가 있어서 앞그림 백3, 5의 맥을 피한다. 백가면 흑나로 참기이고 백4면 흑다로 좋다.

결국 백은 3으로 단수, 흑4, 백5로 되는 참일 것이다. 흑4에서 라는 백라가 있고 백5는 라의 잡기보다는 훨씬 낫다.

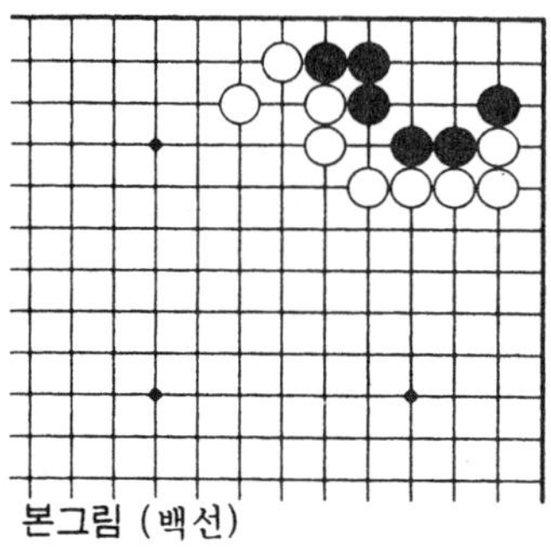

본그림 (백선)

협공붙이기

상대의 돌을 잡을 수 있는 여부와 어떻게 수습하느냐는 완전히 딴 문제. 같은 맥을 더듬어도 발상이 다르다. 본그림은 『官子譜』에서 발췌.

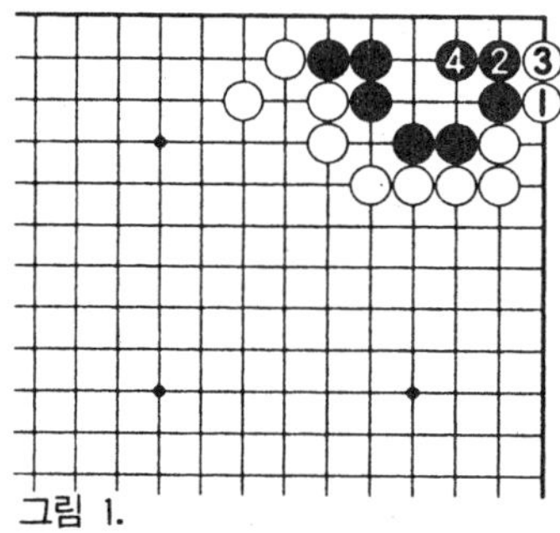

그림 1.

그림 1(젖히기) 확실히 잡을 수 없는 돌이지만 그렇다고 백1, 3으로 무기력하게 수습해도 좋다는 법은 없다. 선수라고 하지만 5집 가량의 땅을 가지고 살기 당하면 이곳에 더주기 분이 있는 것이 된다.

그리고 흑2에서 3의 누르기는 물론 무리. 백2로 되끊기를 당해서 패다.

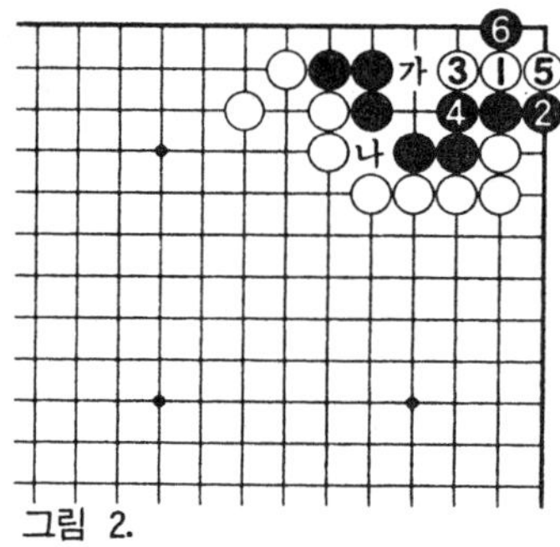

그림 2.

그림 2(백1, 수법) 수습의 수법도 사활의 수법도 백1의 협공 붙이기다. 흑2로 차단시켜서 백3, 5로 바로 앉고 안과 밖의 맞공격의 양상을 띠기 시작했다.

흑6에서 가는 백나, 흑6에서 나는 백가로 모두 죽음. 흑6의 붙이기는 내격을 피하는 참기의 호수인데…….

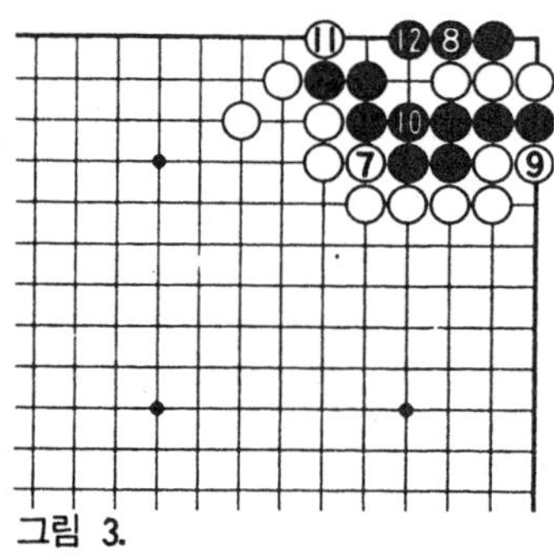

그림 3.

그림 3(비김수) 이어서 백7로 모퉁이를 걸르고 집유무를 노린다. 흑8이 재차의 호수인데 백도 9, 11로 비김수로 만들 수밖에 없을 것이다.

여기까지 보고 살기 당했다고 낙심하느냐, 흑땅을 제로로 만들어 백9, 11로 작용시키고 선수의 전환으로 만족하느냐다.

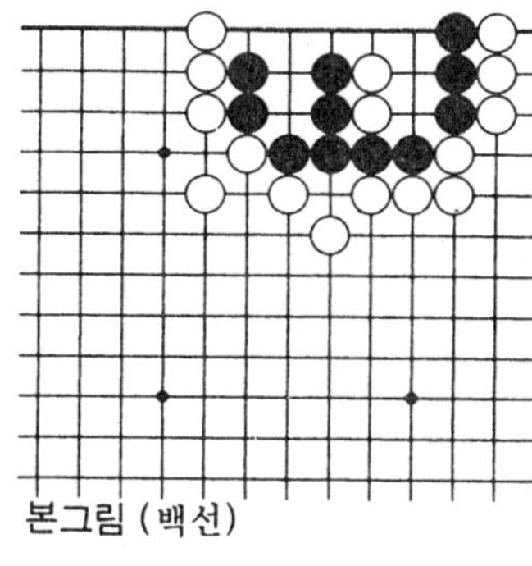

본그림 (백선)

젖히기

혹의 복중의 두점을 어떻게 움직이느냐. 맞공격 포함으로 집모양을 위협하는 맥이다. 본그림은 『官子譜』에서 발췌.

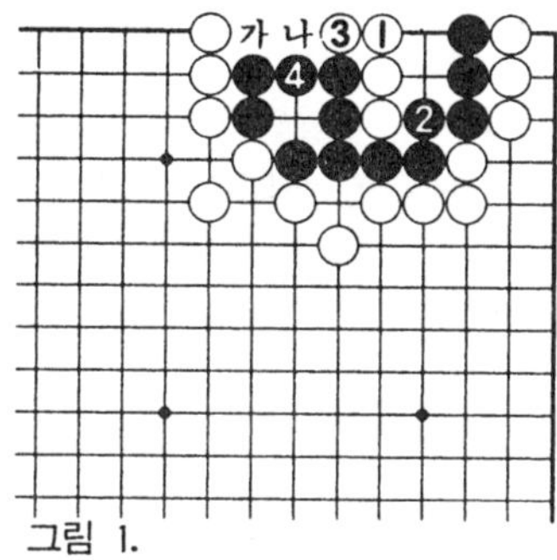

그림 1.

그림 1(처지기) 백1로 처져서 2로 끊는 임시 비김수를 노리면, 흑도 2로 이을 수밖에 없다. 그러나 이 모양에서는 백3으로 굽어도 집유무이고 백3에서 4로 던져넣어도 흑가의 선방이 있어서 크게 살기 당할 것이다.

흑4에서 나면 백4의 던져넣기가 주문.

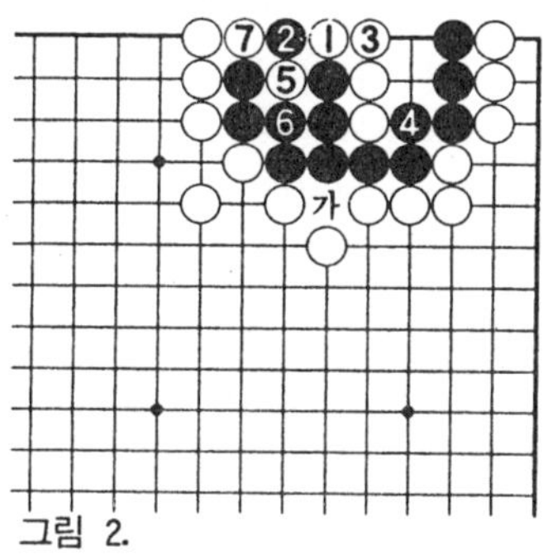

그림 2.

그림 2(백1, 수습) 앞그림부터 먼저 백1로 젖히는 수법이 생각날 것이다. 흑2의 누르기면 백3으로 잇고 5로 던져넣어 패로 유도한다. 흑은 과연 끝까지 버티지 못하고 이을 수밖에 없으므로 백가로 공배를 채워서 전체의 비김수가 최종 결과다. 지키면 12집인 흑땅이 한집으로 되었다.

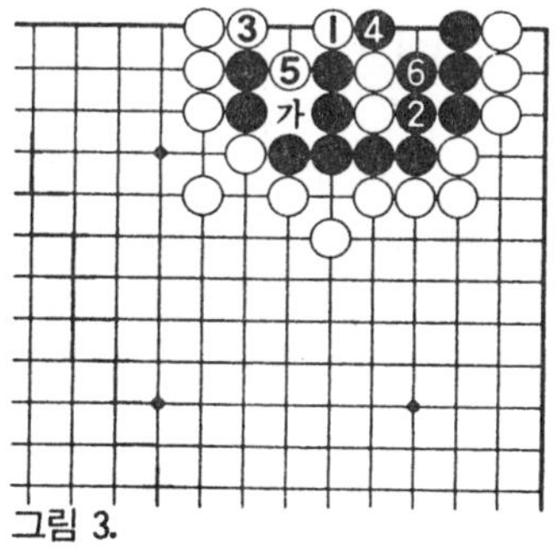

그림 3.

그림 3(잡기 잡기) 백1의 젖히기에는 흑2로 잇는 저항도 있고, 백3으로 건너기 당해도 흑4의 던져넣기부터 추격을 보고 있다. 백5에는 흑6으로 빼고 백가로 곧 빼느냐의 선택이 있는만큼 흑으로서는 앞그림이 나을 것이다.

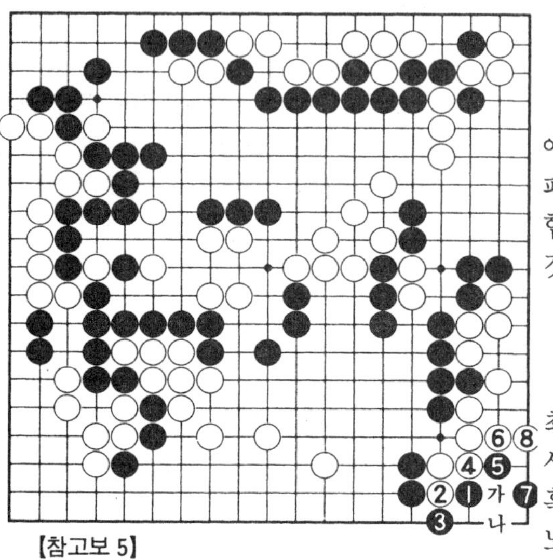

【참고보 5】
제4기 프로10걸전　백　杉內雅男
　　　　　　　　흑　藤澤秀行

젖혀 올리기

전국적으로 두껍고 패다툼에 강한 기세이면 철저하게 패를 이용한다. 집모양을 위협하는 경우에는 특히 유효할 것이다.

【참고보 5】
흑1로 뛰어들고 백2, 4는 최강의 저항인데 흑5로 젖혀서 백가면 흑나의 패를 본다. 흑7도 8의 점에 젖히는 패를 노리고 있다.

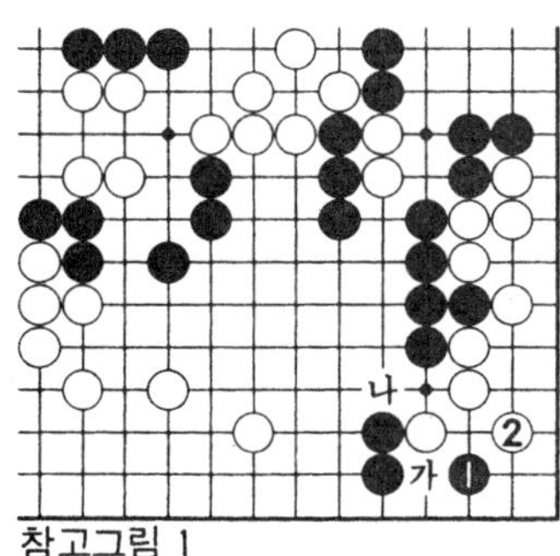

참고그림 1

참고그림 1(마늘모)　흑의 뛰어들기에 백2로 빗겨두어 받는 것은 이대로 손빼기 당하고 장래에 흑가로 이을 두꺼운 수습을 남긴다. 또 이 모양은 백나의 젖혀내기를 노릴 수 없고 중앙의 흑이 크게 부풀어 오를 가능성이 있다. 수습의 수단으로서는 백2는 완수일 것이다.

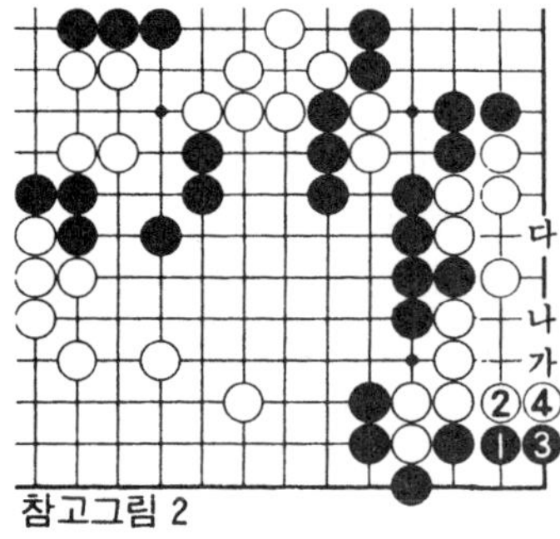

참고그림 2

참고그림 2(백땅 는다)　보의 흑5에서 1로 처지면 백2, 4로 눌려서 백땅이 는다. 백4를 손빼기하면 흑가, 백나, 흑다로 사건이다.

보도 본그림도 같은 후수이긴 하지만 보의 백나로 놓는 흑땅의 감소를 보아도 본그림 쪽이 흑 약간 손해다.

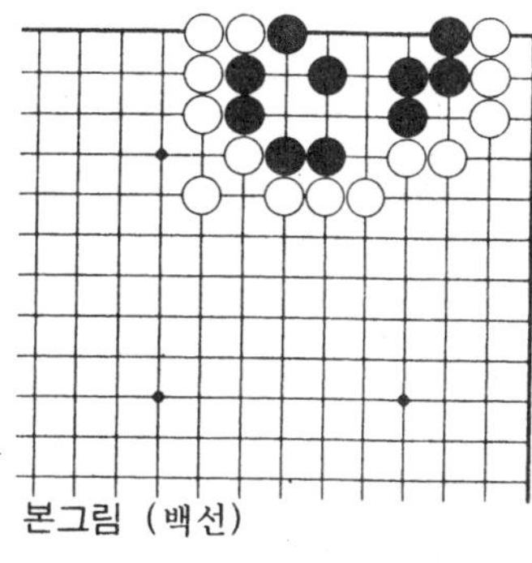

본그림 (백선)

젖혀내기

상대가 받기를 그르쳤을 때에 정확한 탓하기를 보아 놓지 않으면 악수를 호수로 만들 것이다. 본그림은 『官子譜』에서 발췌.

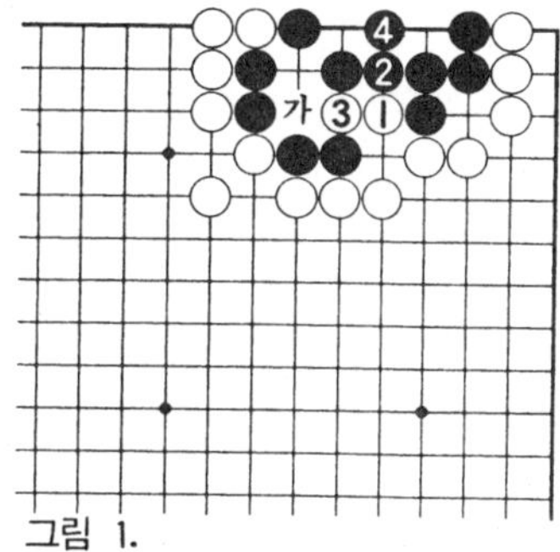

그림 1.

그림 1(백1, 수법) 백1의 젖혀내기가 성립되는 것은 일부러 확인할 필요도 없을 것이다. 문제는 흑의 받기인데 결론부터 말하면 약한 듯해도 흑2가 최선. 흑3의, 나오기에 흑4로 살아서 일단락이 된다.

이후 가의 점이 4집. 5푼의 권리를 보아 백땅 두집이다.

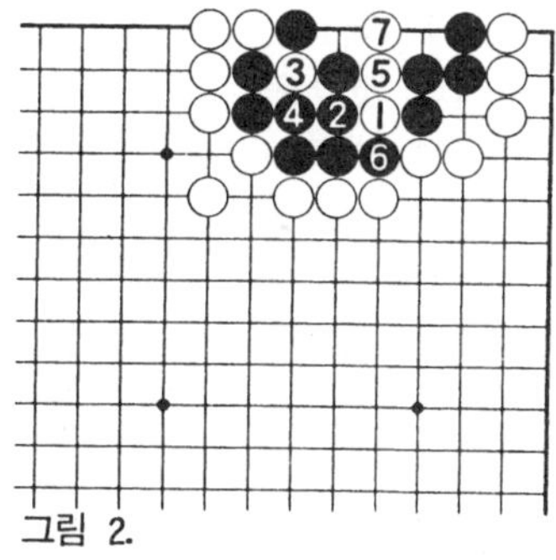

그림 2.

그림 2(양 밀 수 없음) 흑2로 버티기 당했을 때에 백3의 던져넣기를 보고 있는지. 흑4의 빼기면 백5, 7로 양 밀 수 없음의 전군 전멸이 된다.

이 백3을 알아차리지 못하고 6으로 이으면 흑5로 받기 당해 오집의 땅. 흑은 위험을 무릅쓰고 오집의 이익을 얻은 셈이다.

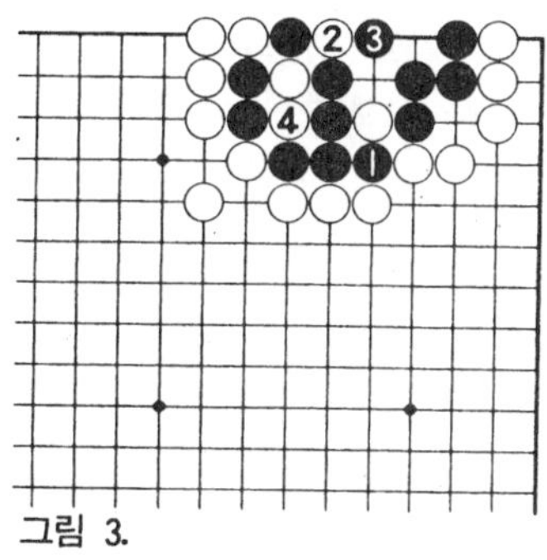

그림 3.

그림 3(흑의 수습) 앞그림 백3으로 던져넣기 당해도 절망인 셈은 아니고 흑1로 끊어 피해를 저지할 수 있다. 다만 백2부터 4의 잡기를 선수로 두기 당해 〈그림 1〉의 저자세보다 손해를 거듭했다.

저자세에도 그 이유가 있었다.

459

공격해 잡는 수법

공격해 잡기를 시키는 수법이다. 돌 두기를 끝내려면 그만한 수수가 필요하고 그것이 자기의 땅에의 착수였던 경우에는 그만큼 자기의 땅을 줄이게 된다. 공격해 잡기를 시켜서 수습의 이익을 도모하는 수법이다.

공격해 잡기 수법의 요령은 공배 수가 많은 모양으로 잡게 할 것, 집모양을 만들지 못하게 할 것 등인데 이것도 돌의 탄력에 관한 예민한 감각이 요구될 것이다. 화려하지는 않으나 유효한 수법이다.

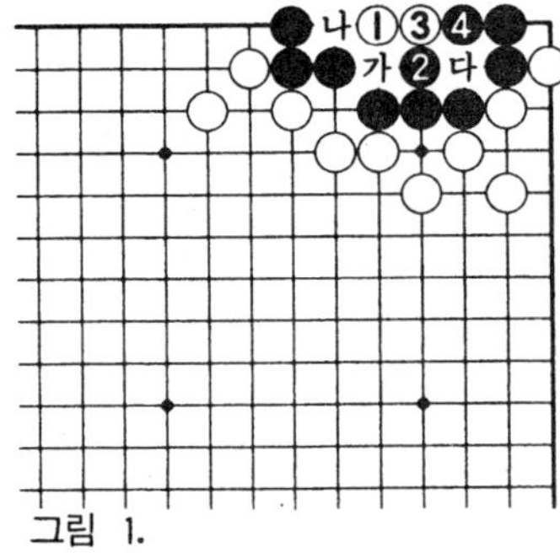

그림 1.

그림 1(놓기)　백1로 놓아도 유익하다고는 생각되지 않으나 흑4까지를 교환해 놓으면 장래에 흑가, 나의 두 수가 필요하게 되고 흑땅은 5집이다. 이것을 두지 않고 흑2로 수비 당하면 흑땅 6집. 약간 이용해서 한집 이익을 얻었다. 흑2에서 3은 백2, 흑다의 패로 큰일.

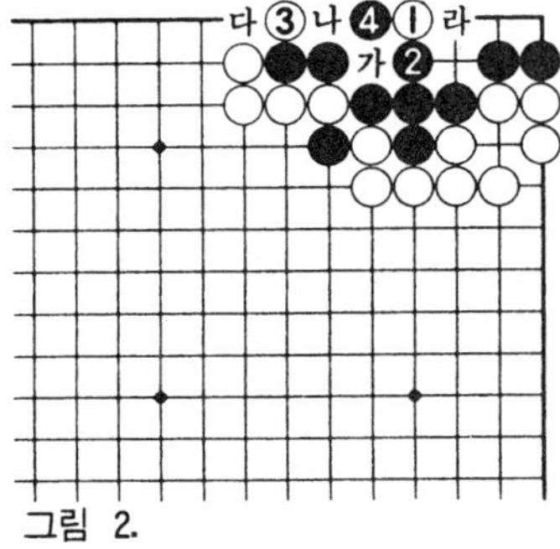

그림 2.

그림 2(놓기)　백1로 놓고 3의 젖히기를 작용시킨 것만으로 이득을 얻었다. 단순히 백3의 젖히기에서는 흑가로 잇기 당하고 장래에 흑나, 백다로 될 참이므로 흑땅 7집. 그러나 백1의 놓기가 어금니에 끼어 있으면 흑라로 잡아 6집. 백다로 먼저 잇기 당하면 5집의 땅으로 준다.

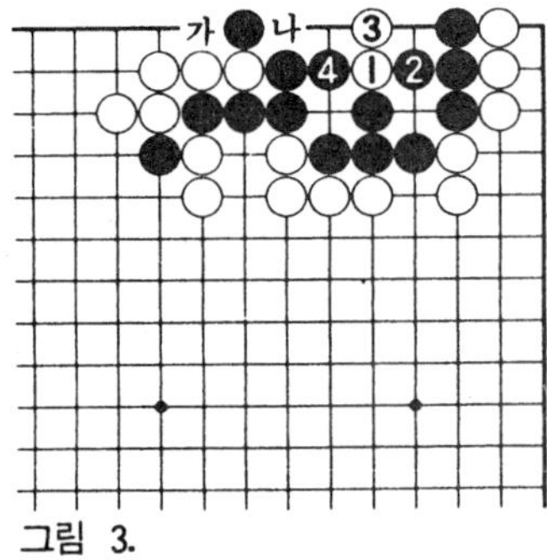

그림 3.

그림 3(붙이기)　백1의 붙이기에는 무조건 살기를 확보하기 위해 흑2, 4다. 이 모양은 장래 두점을 빵따내지 않으면 비김수이므로 흑땅 6집으로 간주될 것이다.

백1에서 가, 흑나로 결정하고 나서의 백1에는 흑3으로 협공붙이는 선방이 있어서 7집의 땅이다.

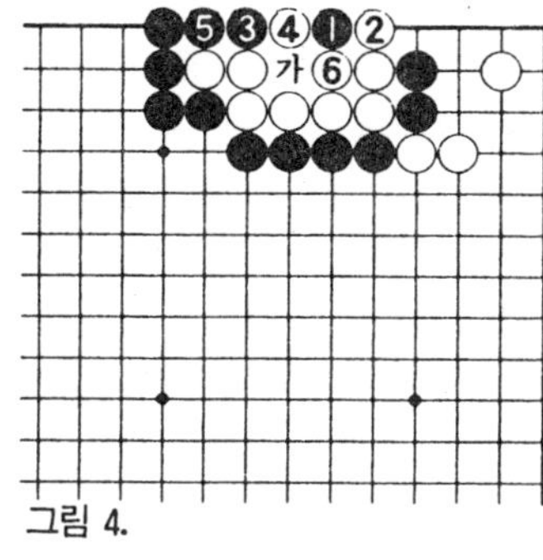

그림 4.

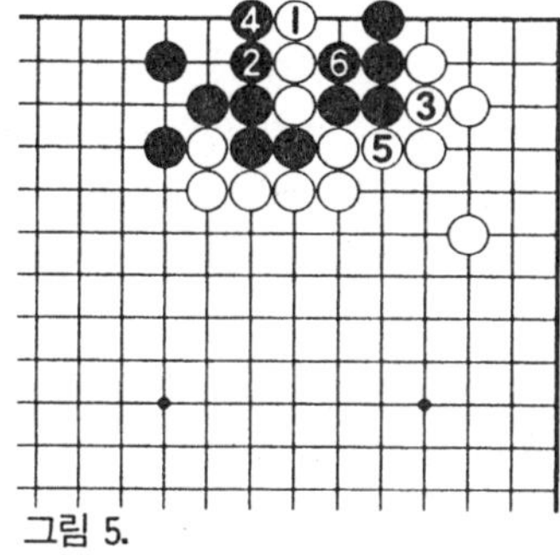

그림 5.

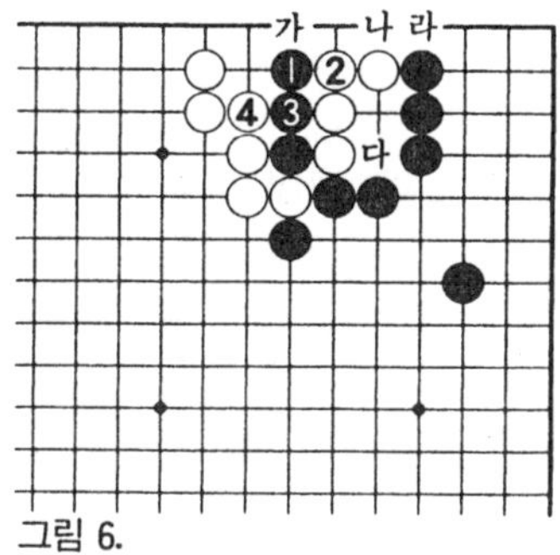

그림 6.

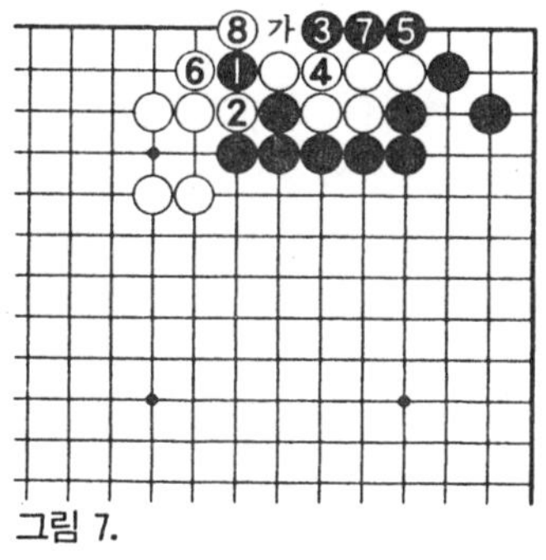

그림 7.

그림 4(놓기) 집유무에서 맞공격 패배한 흑이지만 근소한 틈을 놓치지 않고 1의 놓기부터 수습한다. 백2에는 흑3으로 붙이고 이하 백6까지로 되면 흑1에서 5, 백3으로 되기보다 두집 이익이다. 백2에서 4면 흑5로 같다. 백4에서 5는 흑가로 부풀고 한수 수습하면서 큰 패로 끌어들인다.

그림 5(꺾어끊기) 어차피 수 패배의 모양이지만 백1로 크게 만들어서 잡게 하는 것이 좋다. 비김수를 막고 흑2 이하로 채울 수 밖에 없고 이 모양을 백1에서 단순히 3, 흑1, 백5, 흑2로 된 모양에 비하면 분명히 두집의 차가 생기고 있다. 백1에서 2면 조금도 이익이 없다.

그림 6(잇기) 흑1로 놓고 백2면 흑3으로 이어 크게 만들어서 버린다. 백이 손빼기 하면 흑가로 패이므로 수를 채울 수밖에 없지만 백이 3점을 공격해 잡는 사이에 흑나나 다도 작용시킨다. 백2에서 3이면 흑2의 건너기가 크다. 지금 결정해 놓지 않으면 백라의 젖혀잇기가 선수.

그림 7(젖혀내기) 흑1의 젖혀내기부터 3으로 놓는 상용 수법이다. 백2로 잡혀서 손해인 듯하지만 그 점은 공격해 잡기의 묘한 것. 흑3의 한점까지 구출하는 수습이다.
흑3에서 가, 백4로 되면 그림보다 두집 손해. 그전에 흑1에서 5도, 백3으로 역시 두집 손해다.

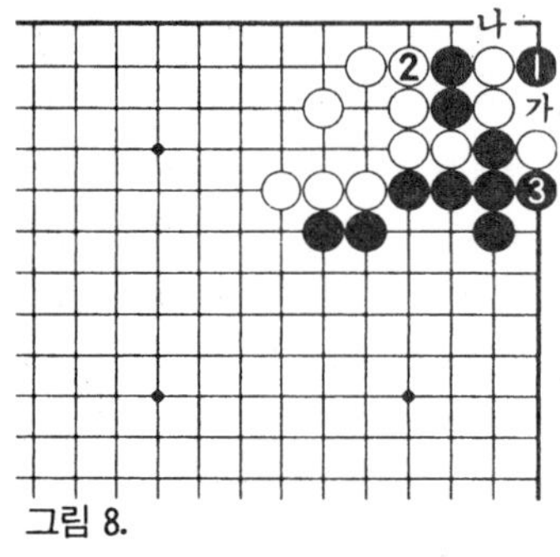

그림 8.

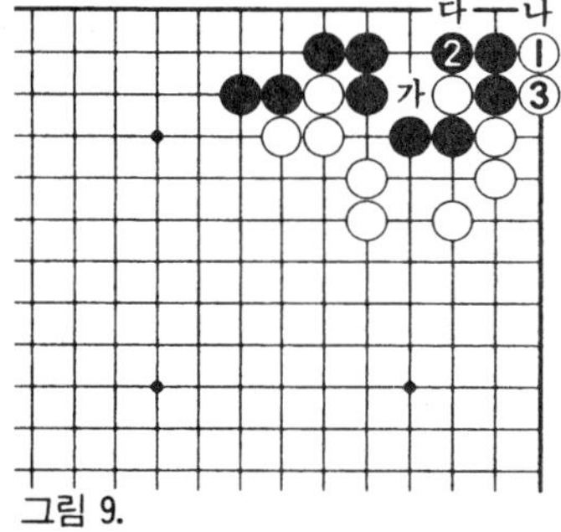

그림 9.

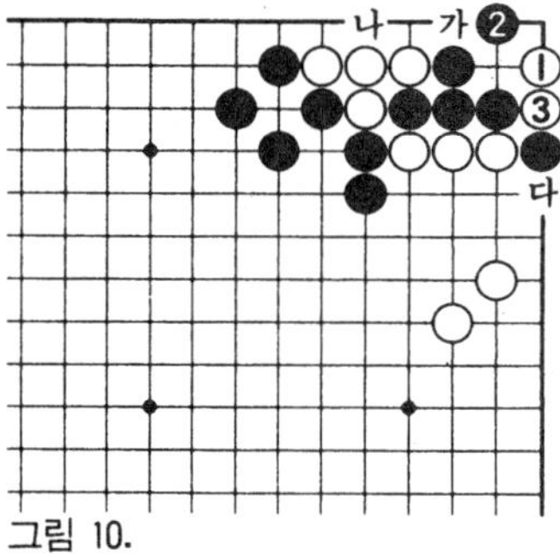

그림 10.

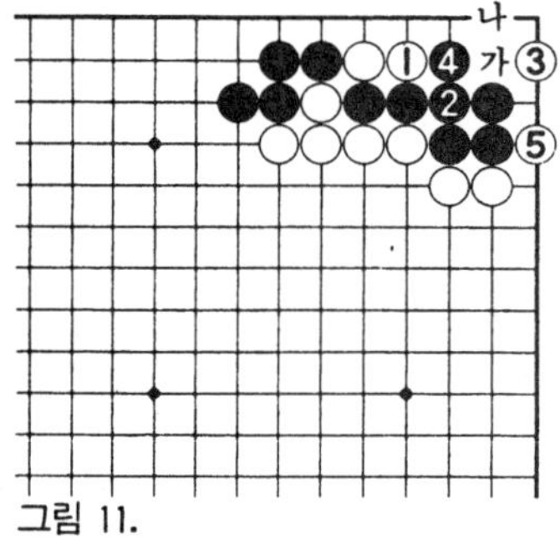

그림 11.

그림 8(붙이기) 흑1의 붙이기가 1 二의 맥에도 해당된다. 백2에서 가는 흑나로 패니까, 우선 백2로 후퇴할 참. 흑3으로 밖부터 두고 추격으로 한 점을 살리고 있다.

흑1에서 단순히 3이면 백1로 불평하는 수가 있고 거의 이익이 없다.

그림 9(붙이기) 단순히 백1의 붙이기는 좀처럼 떠오르지 않는다. 백2로 먼저 두고 흑가, 백1을 상상하기 쉽지만 그것은 백2일때 흑1이 있어서 끌어들이기로 된다.

단순히 백1로 두어도 흑3이면 백2, 흑나, 백다로 처져서 패. 흑2로 후퇴하면 백3인데 후수지만 크다.

그림 10(놓기) 4점과 5점의 맞공격은 분명히 백 패배. 그러나 패배를 각오한 때부터 수습에의 교체가 필요한데 백1의 놓기가 그 수법이다. 흑2에서 3의 잇기면 백가, 흑2, 백나의 패 버티기가 생긴다. 흑2의 호수로 패배는 패배지만 백3의 끊기를 선수로 둘 수 있다.

그림 11(놓기) 백1의 단수부터 3의 놓기가 예리하다. 흑4면 백5로 젖혀서 건너고 흑4에서 가면 백나로 패에 버티고 이것은 흑도 싸울 수 없을 것이다. 백1에서 단순히 5의 젖히기는 흑1로 재미없고 백3에서 5의 젖히기도 흑3으로 빗겨두는 선방이 있어서 조금도 수습이 되지 않는다.

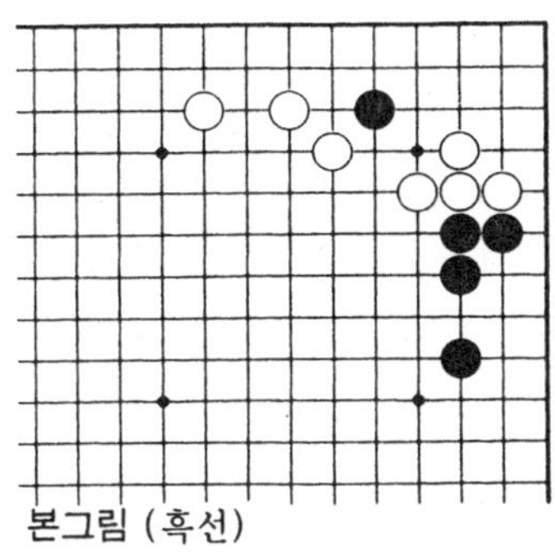

본그림 (흑선)

놓 기

맞공격의 모양이 없어도 공격해 잡기의 수법은 응용할 수 있다. 희생타를 쳐서 이익을 꾀하는 요령이다. 원도는 『碁經精妙』에서 발췌. 귀를 어떻게 수습하느냐다.

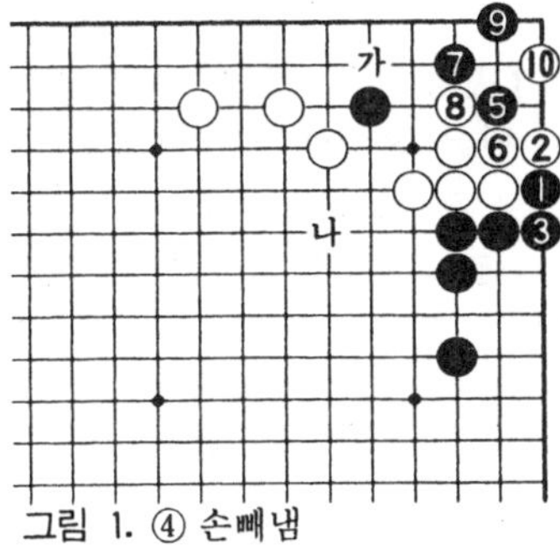

그림 1. ④ 손빼냄

그림 1(후수 2집) 흑1, 3으로 젖혀 이은 후의 맛을 노려도 백은 손빼기로 태연할 것이다. 흑5, 7에는 백8부터 10으로 놓아 살기는 없고 흑7에서 8이면 백가다.

만일 맛이 나쁘다고 생각했으면 백4에서 나 부근에 지켜 놓으면 이 교환은 분명히 백이 유리하다.

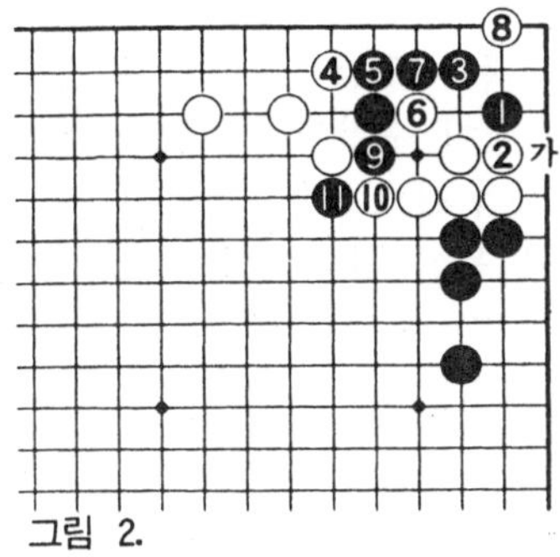

그림 2.

그림 2(흑1, 수법) 단순히 흑1로 놓고 상황을 보는 참. 백2에서나 가에서도 흑3으로 빗겨두어 상당히 귀찮은 모양. 백4이하 8로 부분적으로는 집이 없을는지도 모르지만 흑9, 11로 바깥에 맛을 구해서 무사하지 못할 모양이다. 단순히 흑1이면 2와 가의 두 곳에 백 자리가 없다.

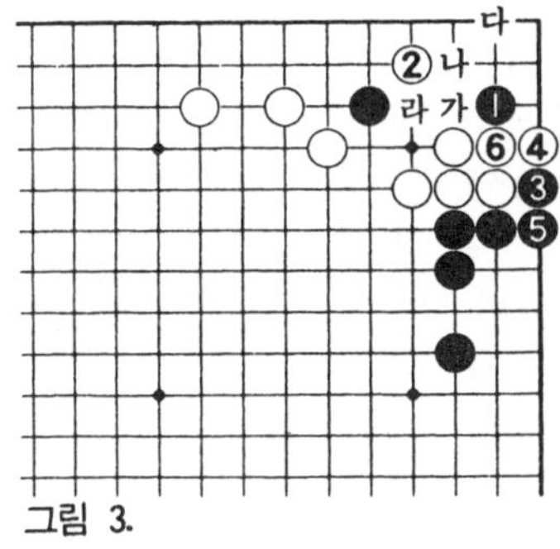

그림 3.

그림 3(시세) 백2는 가장 맛이 좋은 받기인데 흑3, 5의 젖혀 잇기가 분명히 작용해서 두집의 이득이다. 백도 눈뜨고 두집의 손해는 아프지만 복중의 약점을 생각하면 이것이 시세라는 것이다.

백2에서 가는 흑나, 백2, 흑다로 수. 백2는 흑나에 백라로 받는 의미다.

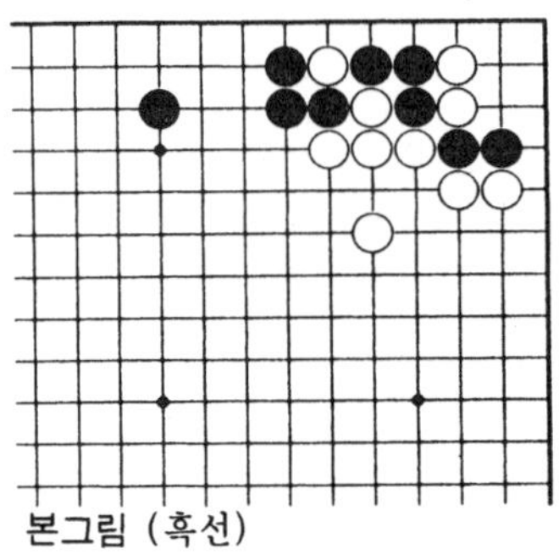

본그림 (흑선)

놓 기

실전이면 놓칠 것 같은 수습이다. 상대의 공배 채우기를 유발하는 모퉁이의 놓기다. 본그림은 『碁經精妙』에서 발췌.

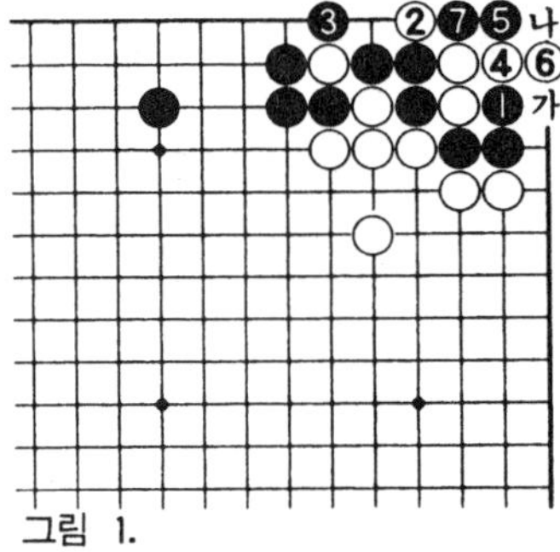

그림 1.

그림 1(1二의 맥) 흑1의 굽기는 5의 붙이기 맛을 본 것인데 백6으로 처지기 당하고 흑 석점도 공배 채우기에서 가로 누르는 수가 없으므로 그리 유익이 없다. 흑7로 먹여치고 백은 앞으로 석점을 잡아야 하고 약간 이득. 그러나 후수이기도 하고 백은 한 번 나로 잡을 것이다.

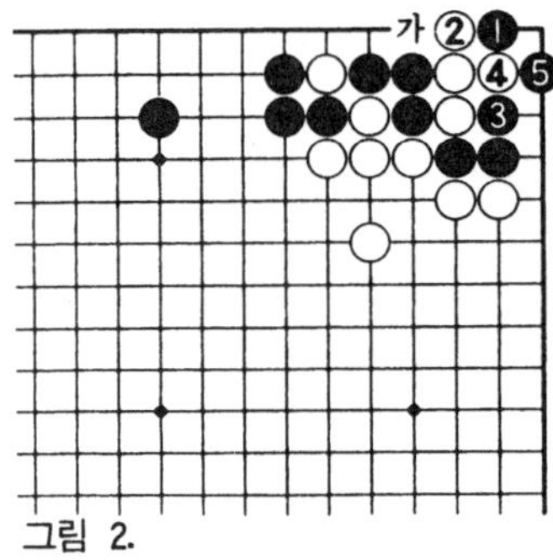

그림 2.

그림 2(흑1, 수법) 흑1의 놓기로 직행하는 편이 수법이다. 백2면 흑3, 5인데 갑자기 패로 되면 큰일이다.

백2에서 우선 가를 작용시킬 것이지만 그후 3으로 끊기를 무조건으로 두기 당해 괴롭다. 받기에도 좀더 고안이 필요.

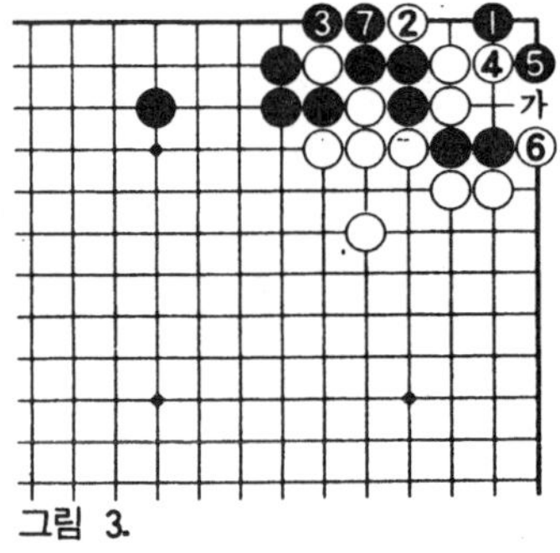

그림 3.

그림 3(패감 나름) 백2로 단수하고 나서 일단 4로 눌러서 저항하고 싶다. 흑5의 젖히기라는 무서운 버티기가 있고 또는 백6으로 후퇴해야 할는지도 모르나 그것으로 본전이다.

백에서 가, 흑7의 패면 백에도 약간의 여유가 있을 것이다.

놓   기

실전에서는 예리한 맥보다 큰 수가 우선한다. 특히 패 휘감기인 경우 패감부족이면 패 수단은 없는 것과 같다.

【참고보 6】

흑1의 잇기가 눈으로 보기보다 훨씬 큰 수습. 백부터의 공격해 잡기의 맥을 막고 있다. 이것으로 집균형의 차는 역연하고 흑의 승리가 결정되었다.

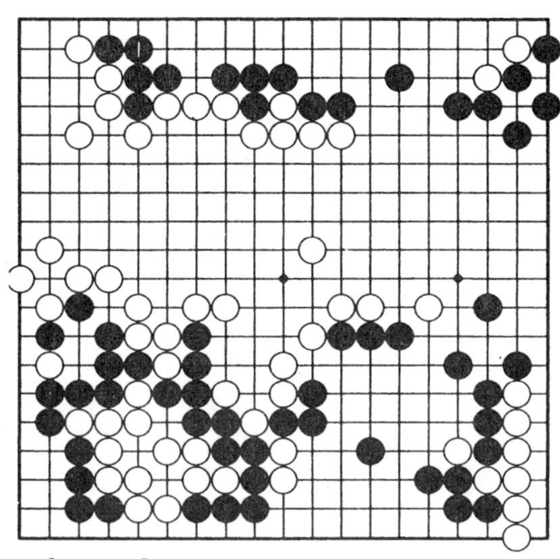

【참고보 6】

제3기 기성전　　　백　　安倍吉輝
8 단전　　　　　흑　　小林光一

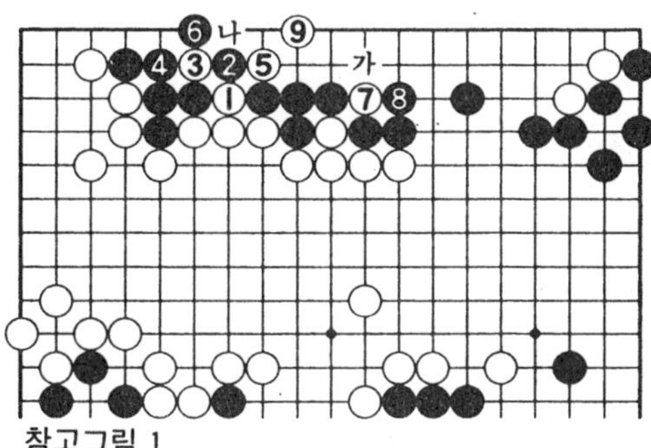

참고그림 1

참고그림 1(패의 맥) 보의 흑1을 생략하면 먼저 생각되는 것이 백1이하 9로 빗겨두는 패의 맥. 그러나 이 바둑에서는 백부터 패감 다운 패감도 없고 흑가, 백나로 던져넣어도 이길 수 없다. 이길 수 없는 패는 무리.

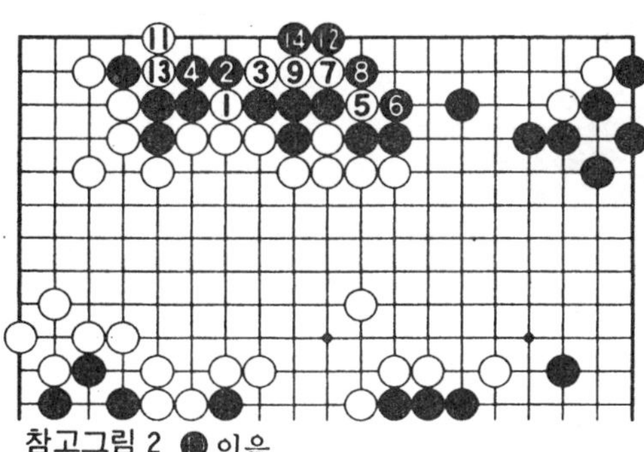

참고그림 2 ●이음

참고그림 2(백11, 수법) 백1부터 3쪽을 끊고 5, 7로 조르는 편이 이 경우는 재미있다. 백11로 놓으면 흑12, 14로 잡을 수밖에 없으므로 선수로 백13의 끊기를 둘 수 있다. 이것을 둘 수 있으면 형세 불명이었다.

모퉁이

내격의 돌을 공격해 잡기로 만들어지면 대단한 수수가 걸린다. 공배를 채우는 수가 모두 자기의 땅을 으깨서 심한 손해다.

【참고보 7】

흑1의 단수는 당연한 것같지만 가에 걸쳐이어야 했다. 이곳의 집모양을 잃었기 때문에 나중에 대단한 공격에 잡기를 당했다.

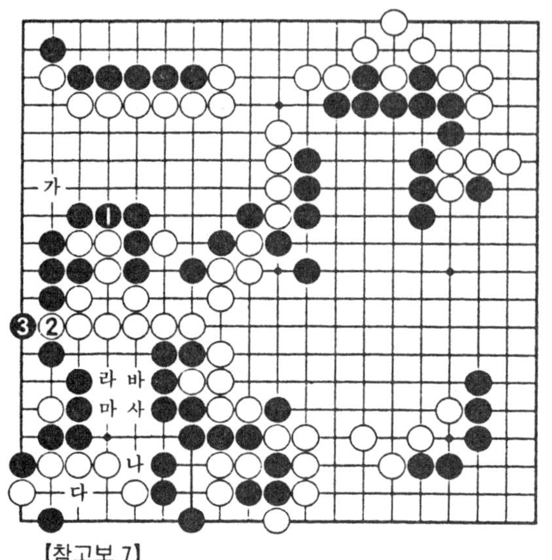

【참고보 7】
제22기 수상배전　백　　時 本 壹
　　　　　　　흑　　高本祥一

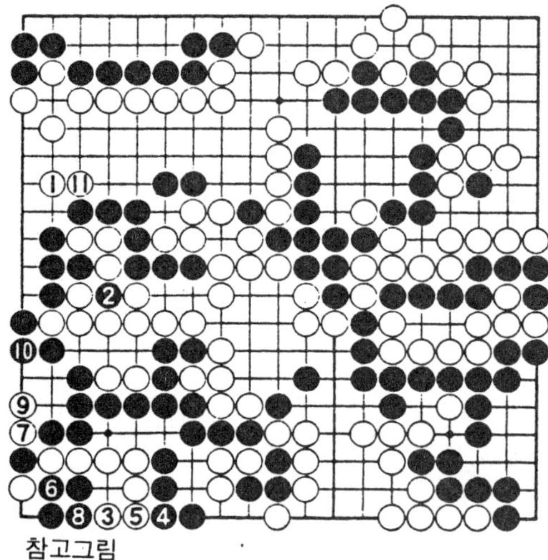

참고그림

참고그림(큰　내격)　참고보부터 一백 수 가까이 진행하고 좌하를 백부터 나 이하 흑사까지 이미 정해져 있는 국면이다. 백1로 모퉁이에 두어 흑의 집모양을 뺏고 귀는 백3 이하로 공작해서 큰 내격의 모양. 백의 공배 수는 안쪽 공배도 전부 흑부터 채워야 한다. 안쪽 공배가 5수인데 합계 13수. 그 사이에 백은 바깥 공배를 채우면서 땅을 포위해가는 셈이므로 대단한 손해가 된 것은 물론일 것이다.

그렇게도 우세인 바둑도 13수의 공격해 잡기를 당하면 불리하다.

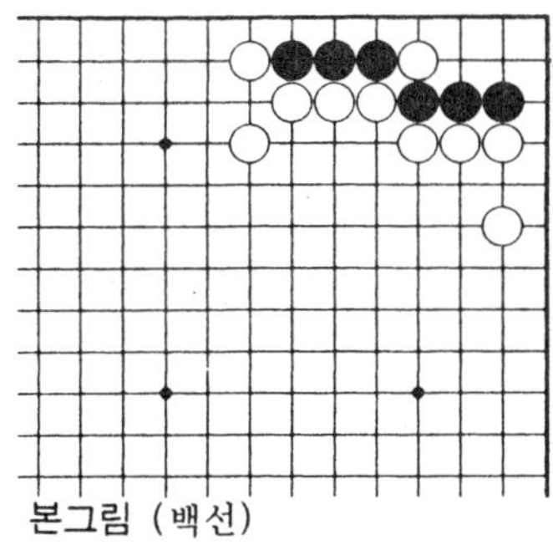

본그림 (백선)

처지기

같은 모양이라도 사활의 눈으로 보느냐 수습의 눈으로 보느냐에 따라서 느낌이 다르다. 상대의 끌어들이기를 유인해서 이익을 도모한다. 본그림은 『官子譜』에서 발췌.

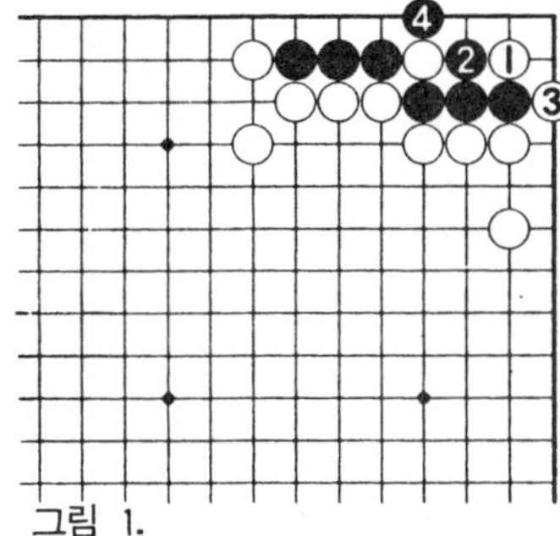

그림 1.

그림 1(수습뿐)　수습 뿐인 눈으로 보면 의외로 백1, 3 등으로 만족할는지 모른다. 물론 돌입 부족이고 흑은 4집의 땅을 가지고 대만족이다.

백1에서 3의 단순 젖히기도 흑4로 밑부터 몰기 당해서 대략 같은 모양. 조금도 이익이 없다.

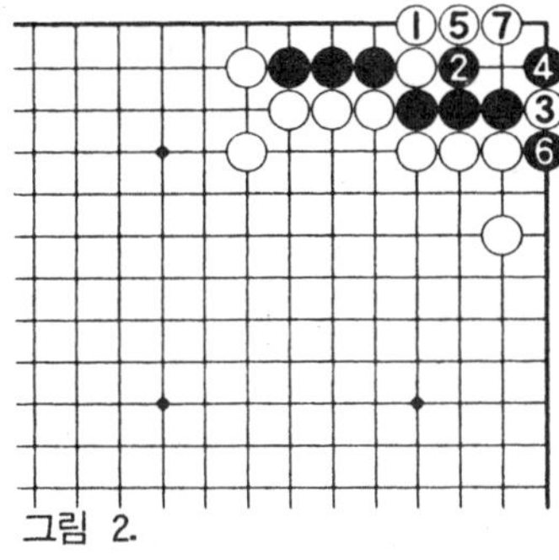

그림 2.

그림 2(백1, 수법)　사활부터의 눈으로 보면 백1의 처지기가 보이기 시작할 것이다. 흑2일 때 백3이 멋진 공격인데 흑4이면 백5, 7로 바로 앉아 양 밀 수 없음의 사형으로 유도한다. 그러나 이것은 백의 임의 읽기다.

흑4에서 5면 백4로 뻗어끊어 흑5 죽음인데…….

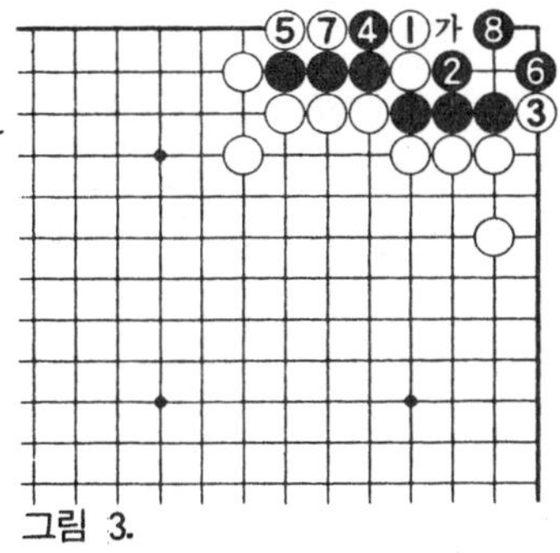

그림 3.

그림 3(쌍방 최선)　흑에는 4로 끌어들이는 참기의 호수가 있다. 백5로 바꾸어 흑6으로 누르면 백가로 단수할 틈은 없고 흑8로 집을 가질 수 있다. 그러나 백의 대리에는 변함이 없다. 백1의 시점에서 수습만의 눈으로는 이 이익을 얻을 수 없고, 사활만의 눈으로는 단념했을 것이다.

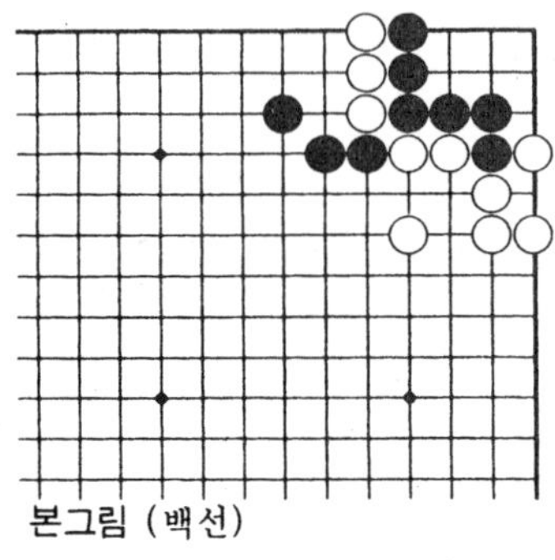

본그림 (백선)

붙이기

잡혀 있는 석점을 이용해서 어떻게 수습할까. 상대의 집모양을 위협하는 예리한 침입이 요구되고 있다. 본그림은 『官子譜』에서 발췌.

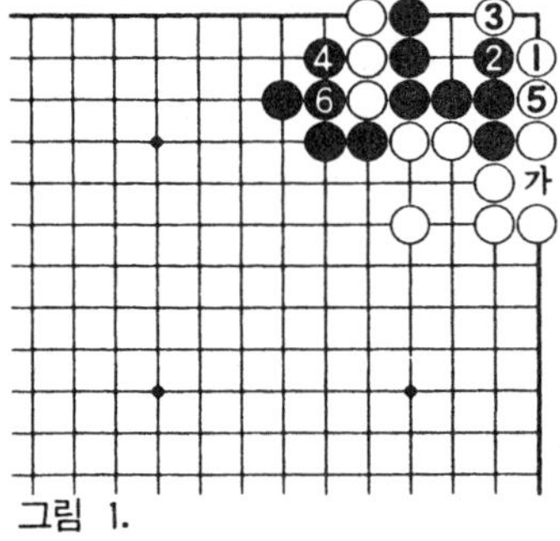

그림 1.

그림 1(놓기) 백1의 놓기에 흑이 5로 차단하면 백2로 큰일이 일어난다. 흑2면 백3, 5를 선수로 작동시키려는 것인데 흑2를 손빼기 당해도 수 패배면 박력이 없다.

그러나 백1에서 5, 흑1, 백가, 흑2로 되는 모양에 비하면 틀림없이 큰 수습일 것이다.

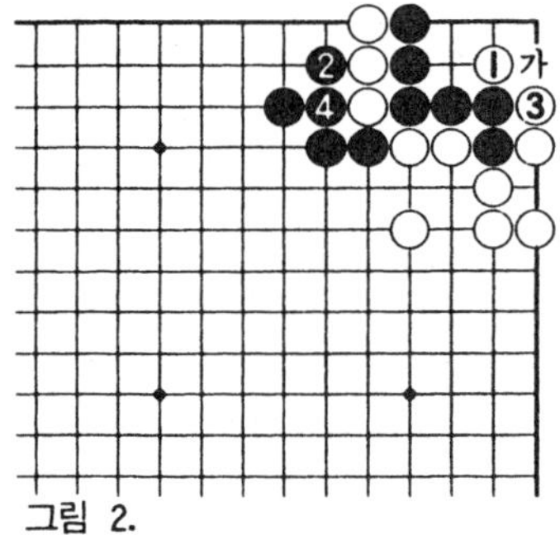

그림 2.

그림 2(백1, 수법) 백1의 붙이기면 흑도 손을 뺄 수 없다. 2, 4로 받게 한 곳에서 손을 빼는 것도 좋고 귀에 집모양을 만들어 백의 땅을 4집 늘려도 좋다. 흑2에서 3이면 백가의 누르기다.

이것이 시세인 수습으로 볼 수 있는데 흑에는 또 하나의 저항이 있다.

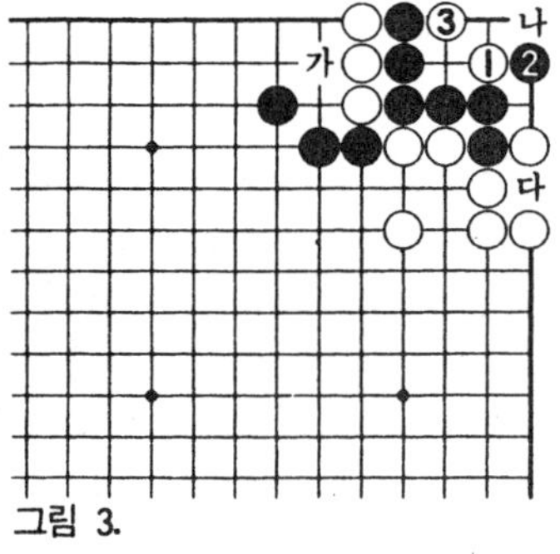

그림 3.

그림 3(최강) 흑2의 젖히기에서 패를 각오한 무지한 버티기. 백3으로 마늘모붙여서 흑가에 백나로 패를 걸게 되어 백의 꽃놀이 패에 가깝다고 하지만 결국은 패감 나름일 것이다.

백3에 흑나로 패를 피하면 백다로 맞공격, 한수 패배다.

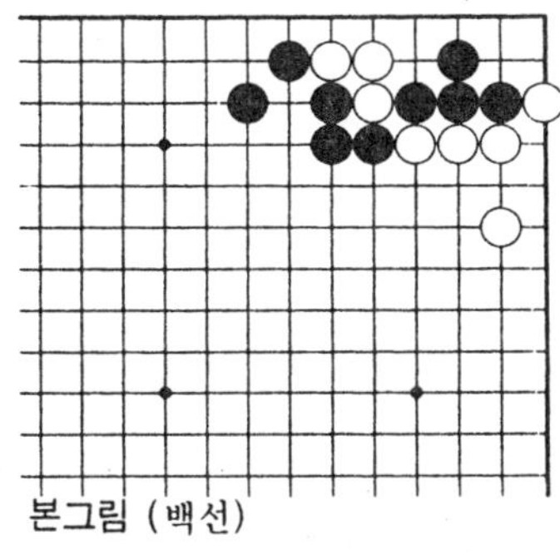

본그림 (백선)

뻗어들기

맞공격 백 패배. 그러나 피해를 최소로 눌러 놓으면 나중에 찬스도 있을 것이다. 본그림은 『官子譜』에서 발췌.

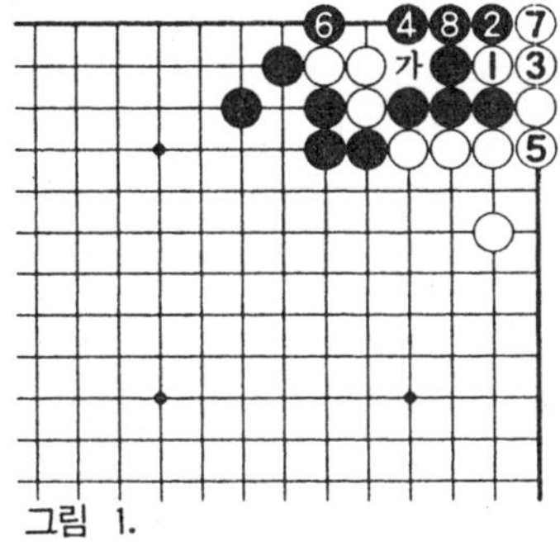

그림 1.

그림 1(공배 채우기) 맞공격이니까 라는 머리로 백1의 공배 채우기는 귀의 특수성을 무시한 것. 흑2, 4로 예의 맥으로 응함 받고 석점 빼기를 생략 당한다. 백5에서 가로 단수해서 흑8로 잇기를 할 수는 있지만 그뿐인 애기에서 흑땅의 크기는 그림과 같다.

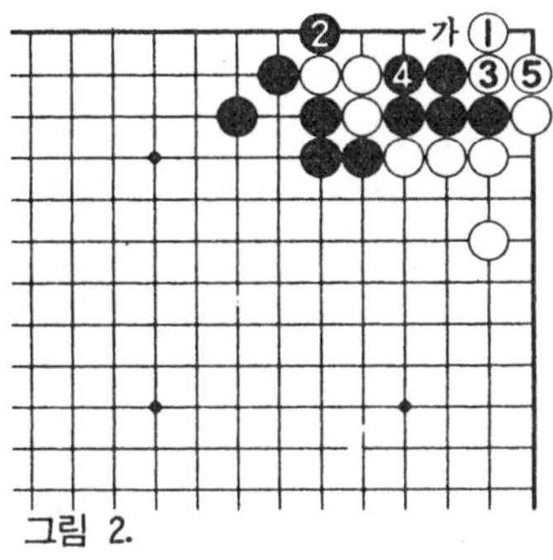

그림 2.

그림 2(모퉁이) 백1로 모퉁이까지 진행하는 수법이 있다. 흑2에서 5의 누르기는 백가로 끌려 나와서 맞공격 역전. 흑2로 후퇴하면 백3부터 5로 잇고 앞그림과는 흑의 땅에서 두집, 백의 땅 二집 합계 넉집의 차가 생긴다.
흑4에서 5에 던져넣을 시간은 없다.

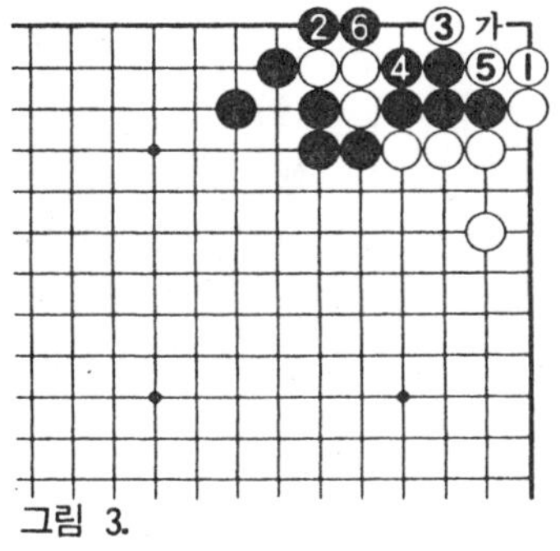

그림 3.

그림 3(백1, 수법) 위에는 위가 있는 법이어서 백1의 단순 뻗기가 최선이다. 흑2에 백3, 5로 작용시키는 곳까지는 앞그림과 비슷한 것인데 이쪽은 가의 잇기를 반드시 서두르지 않아도 된다. 앞그림은 추격을 피해서 크고, 본그림의 흑가는 작다. 그 차가 한수의 차에 연결된다.

469

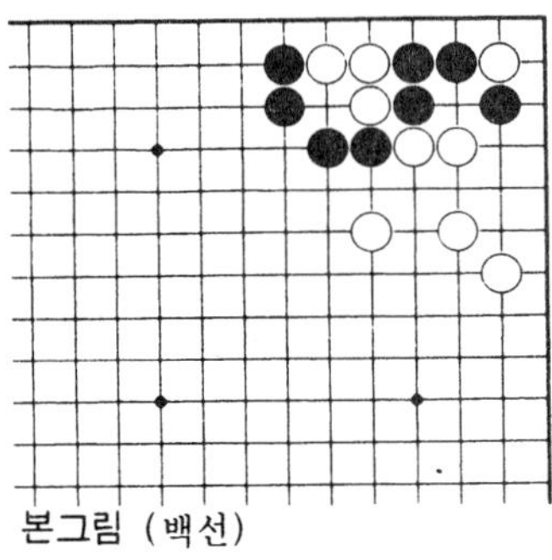

본그림 (백선)

젖히기

三점 쪽은 잡혀 있지만 귀의 一석은 이제부터의 활약을 기대할 수 있는 돌.

공격해 잡기의 수법의 극치다. 본그림은 『官子譜』에서 발췌.

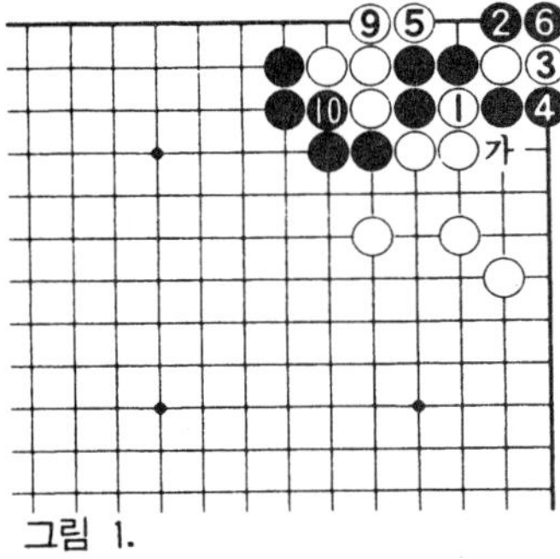

그림 1.

그림 1(상용불가) 백1로 끊고 3으로 처지는 상용 수법은 이 경우 잘 통하지 않는다. 백9로 이었을 때 흑10의 밖 공배를 채워서 집유무로 잡힌다. 백가까지도 작용하지 않게 되어 너무나 큰 손해. 경우를 자세히 보았으면.

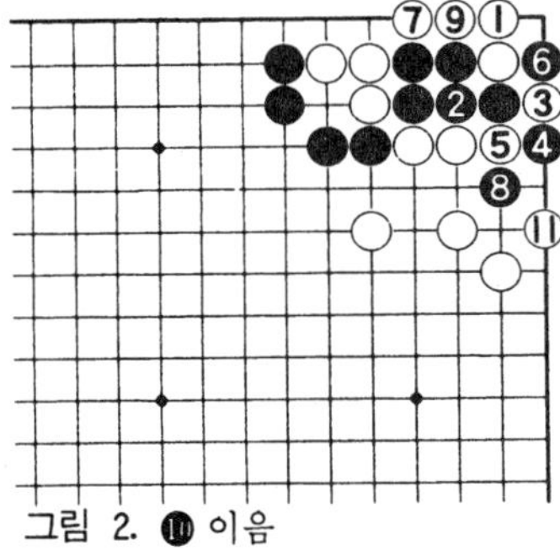

그림 2. ⑩ 이음

그림 2(백1, 수법) 백1로 바깥 쪽에 처진다. 흑2에서 6은 백2의 끊기. 흑2로 잇게 하여 백3으로 젖히고 공격해 잡기의 모양이 정비되기 시작했다.

흑4는 지나친 버티기고 백5부터 7로 건너기 당하면 반대로 맞공격 패배다. 백11이 치명적 수법으로 되어 있다.

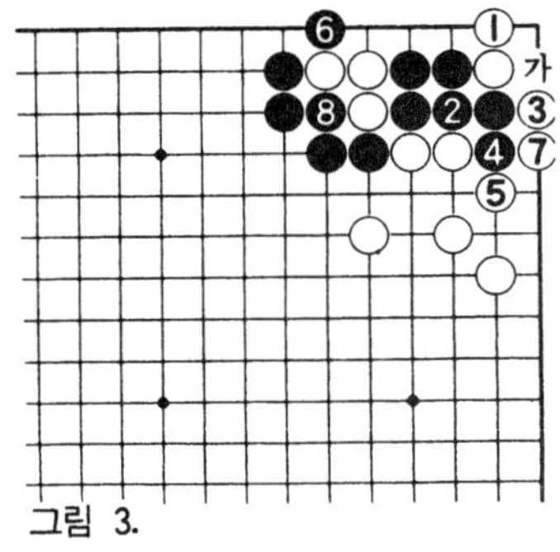

그림 3.

그림 3(시세) 흑4로 하나는 나와도, 배5의 누르기에는 흑6으로 후퇴할 수 밖에 없을 것이다. 백7, 흑8로 선수로 졸라서 적지 않은 이득이고 이후 백가의 잇기는 역 선수 두집에 해당된다. 흑가로 두기 당해도 추격은 없지만 흑집이 한집 늘고 백집이 한집 줄어서 흑 선수.

470

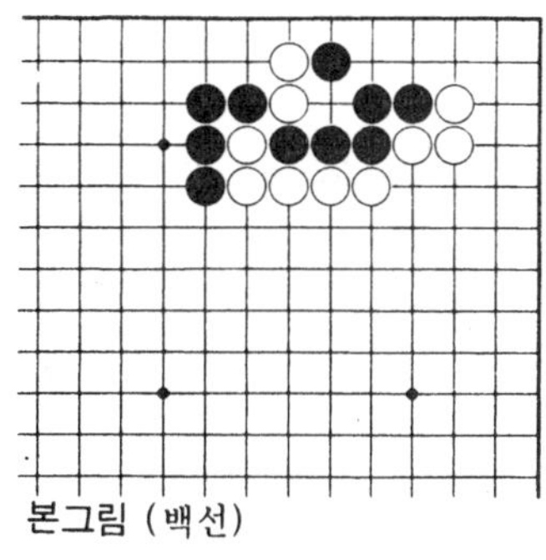

본그림 (백선)

젖혀잇기

백2점을 최대한으로 이용하는 수습은 어느 것일까. 평범이 최선이라는 경우도 있을 것이다. 본그림은 『官子譜』에서 발췌.

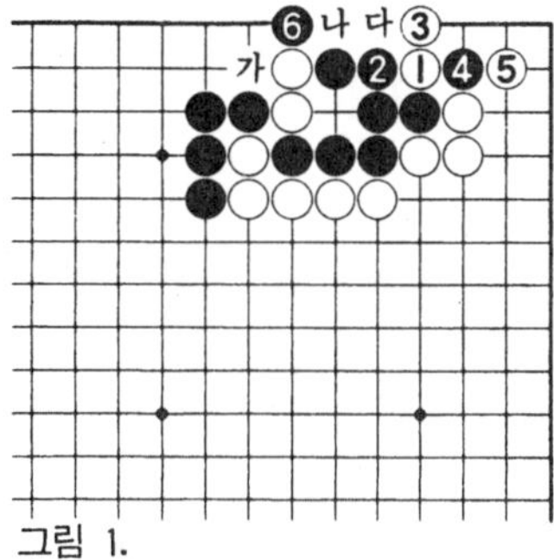

그림 1.

그림 1(젖혀 처지기) 백1, 3이 젖혀처지기는 요사스러운 맥이지만 흑4의 끊기 하나부터 6의 밑 젖히기로 간신히 면했다.

백3에서 4의 잇기면 흑도 마음 편하게 가의 누르기로 좋다. 백1에서 안쪽부터 나로 젖혀서 흑다, 백6이면 우선 패. 백1, 3은 그 맛을 지웠다.

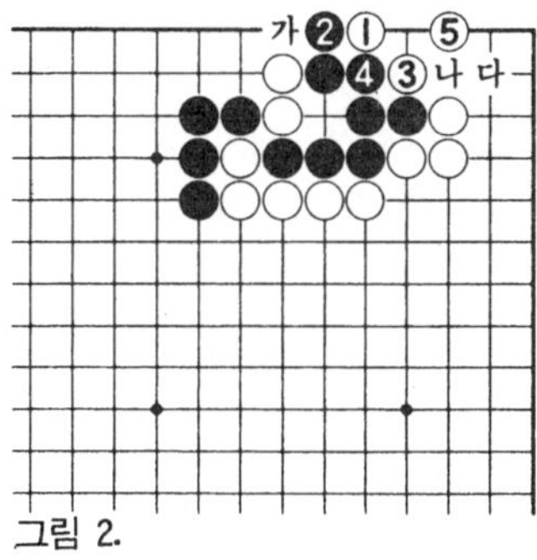

그림 2.

그림 2(패) 패로 만드는 수는 이 밖에도 있고 백1의 모퉁이까지 진행하는 것도 일책이다. 흑2로 차단하게 하고 백3부터 5로 겨누면 이것도 맞공격의 패다.

백1에서 가의 처지기면 흑나, 백다, 흑2의 누르기로 패로도 되지 않는다. 패가 정해라고 해도…….

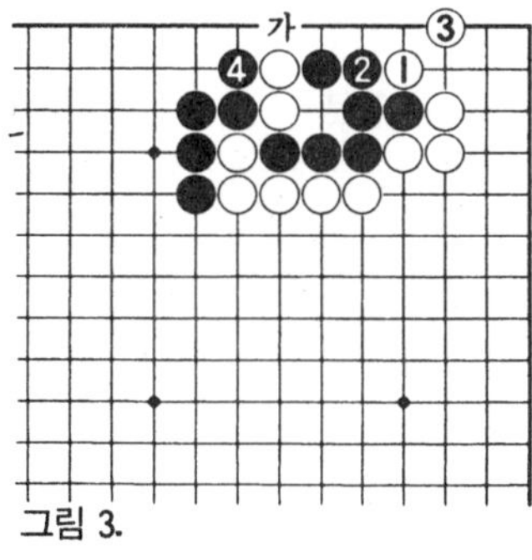

그림 3.

그림 3(백3, 수법) 백3으로 걸쳐 이어 패맛을 남기는 것이 최선이다. 흑4 후에 백가로 처지면 언제든지 패. 그러나 패를 걸려면 시기라는 것이 있고 〈그림 2〉와 같이 곧 걸면 도리어 손해인 수도 있다. 먼저 이를 얻었고 패맛을 권리로 삼는 것이 손해가 없는 수습이다.

물어뜯는 수법

땅 안에 수가 있다고 경계선을 물어뜯는 수법. 주로 상대의 공배 채우기를 찌르고 저항하면 할수록 문제가 커진다.

땅 안에 한수의 보강을 게을리 한 경우 또는 보강이 마땅치 않은 경우에 이 수법이 가동되고 복합 수순으로 수단이 구성되는 경우는 먼저 작은 곳부터 손을 대는 것이 보통이다. 공배 채우기의 급소를 발견하고 또는 공배 채우기를 확대시키는 급소를 발견하는 것이 이 수법의 출발점.

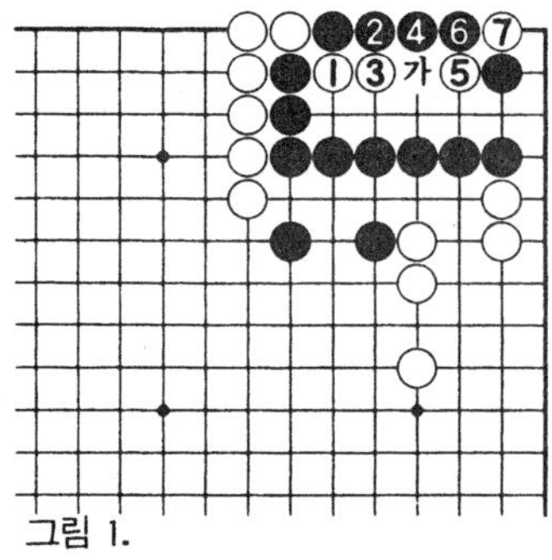

그림 1.

그림 1(걸기) 백1, 3으로 단수, 흑4일 때 백5의 걸기로 흑 석점은 살지 못한다. 흑6은 백7의 던져넣기로 추격이다.

따라서 흑은 백1일 때 손을 빼든가 또는 가로 두어 백2로 빼게 하여 놓을 참. 흑가에서 3은 백2의 빼기가 선수로 된다.

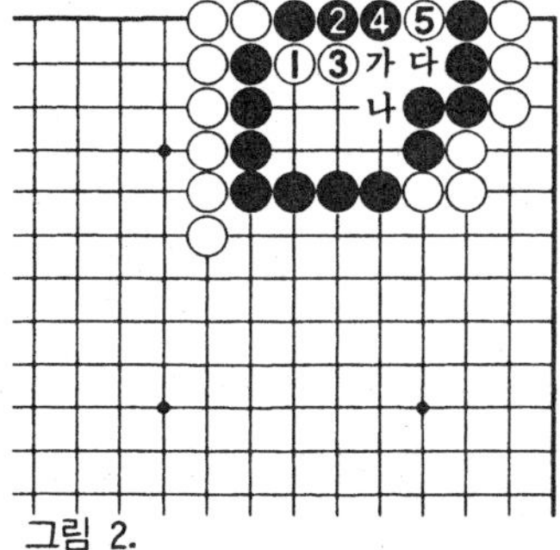

그림 2.

그림 2(던져넣기) 백1, 3으로 단수하기까지는 같지만 이 모양은 백5의 던져넣기가 공배 채우기를 탓하는 급소다. 흑가면 백나, 흑다면 백가로 단수해서 모두 추격. 백5에서 가로 단수해서 모두 추격. 백5에서 가의 단수는 흑5로 단서가 없다.

흑2에서 가로 지킬 수밖에 없음.

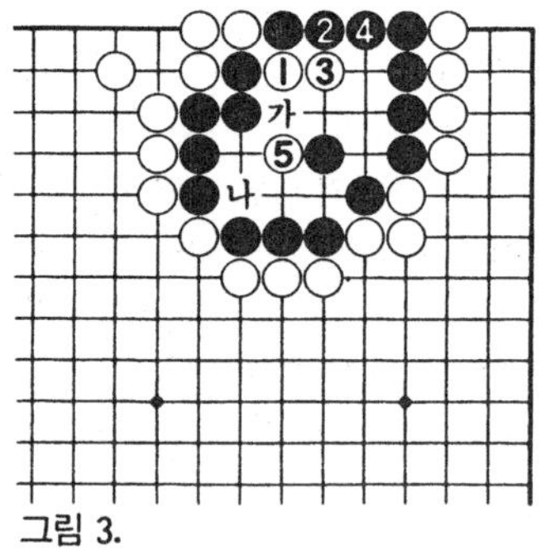

그림 3.

그림 3(붙여넘기) 흑4까지를 이용하고 백5로 붙여넘는 맥이다. 흑가면 백나로 끊어 전부가 죽는다. 흑나의 잇기를 강요해서 백가면 이것은 전체가 비김수의 모양이다.

흑2에서는 3으로 단수, 백2, 흑가로 단수, 패 포함으로 지켜 놓는 것이 가장 유리한 것 같다.

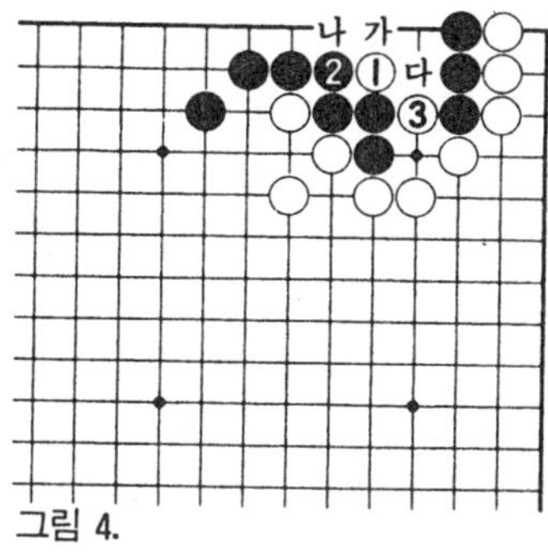

그림 4.

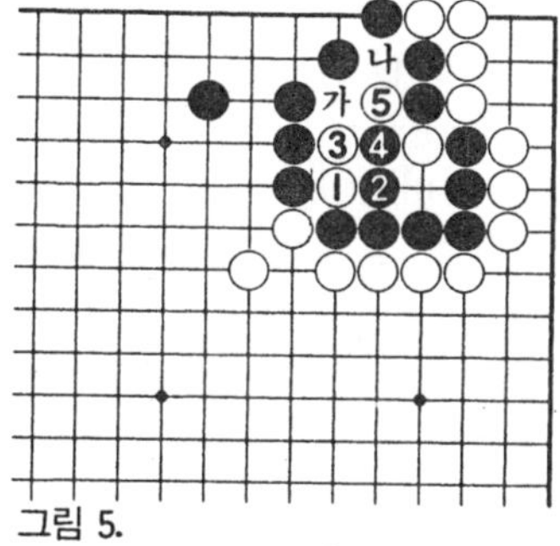

그림 5.

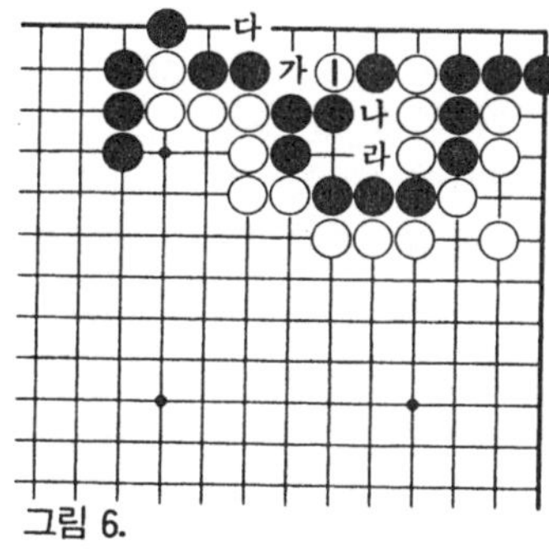

그림 6.

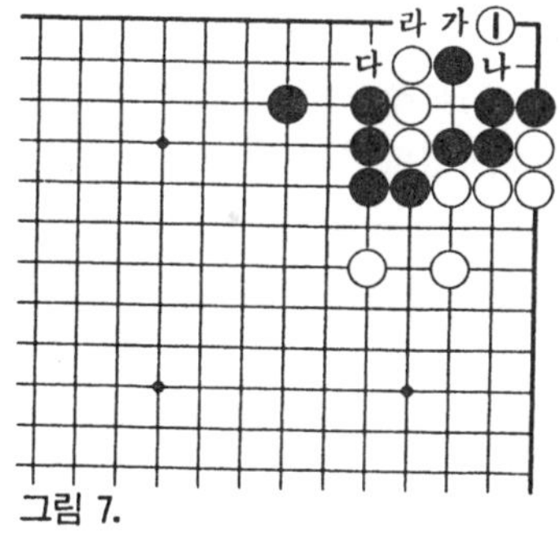

그림 7.

그림 4(배 붙이기) 백1의 배 붙이기로 흑점을 도려내어 잡았다. 흑2에서 3의 잇기면 백2로 끊고 흑가, 백나, 흑다의 패에 불만이 있을 리는 없다. 흑2에서 다면 백3으로 던져넣을 뿐이다.

백1에서 3은 흑1로 늦추어져 이득이 적다.

그림 5(끊기) 백1로 단순히 끊는 수순이다. 흑2에서 4의 단수는 백2로 회두리. 흑2, 4로 참기인가고 생각된 순간에 백5의 끊기로 수가 된다. 흑가, 백나로 빼게 할 수 밖에 없는 모양이다.

백1에서 먼저 5, 흑나로 바뀌고 나서의 백1은 흑2, 백3, 흑가가 있다.

그림 6(단수 붙이기) 백1의 단수 붙이기 일발로 흑의 땅이 파괴되었다. 흑가면 백나인데 한점잡기와 석점 잡기가 대응. 한점이라고 해도 이 경우는 귀가 떨어진다.

백1에 흑나면 백가로 끊고 이번에는 다와 라의 추격이 대응된다. 흑은 가로 받고 중앙의 석점을 버릴 참.

그림 7(놓기) 백1의 놓기가 예리하다. 흑가의 차단은 백나로 수패배이므로 흑은 나로 불평하고 백가, 흑다로 하고 비김수냐 패냐의 판단을 백에게 맡길 수 밖에 없는 모양이다.

백1 이외 가령 가의 젖히기에서는 흑1, 백라, 흑다로 집유무. 집모양을 후비는 백1이 급소다.

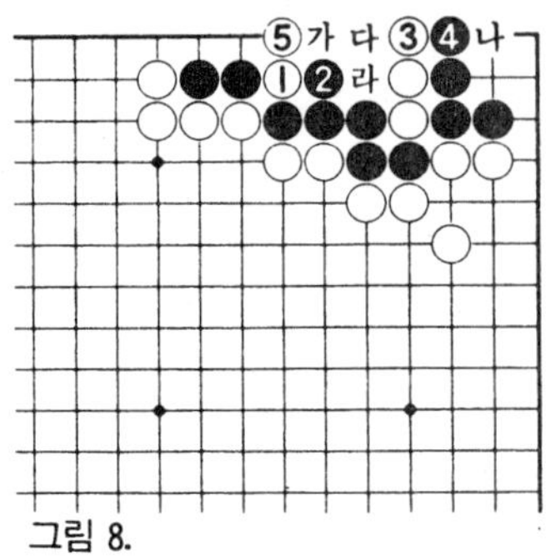

그림 8.

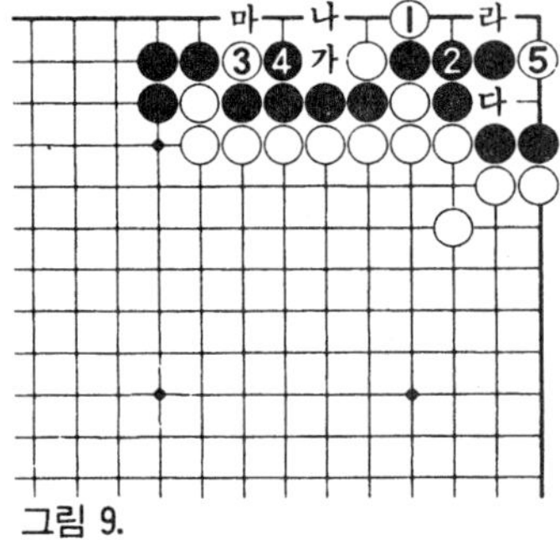

그림 9.

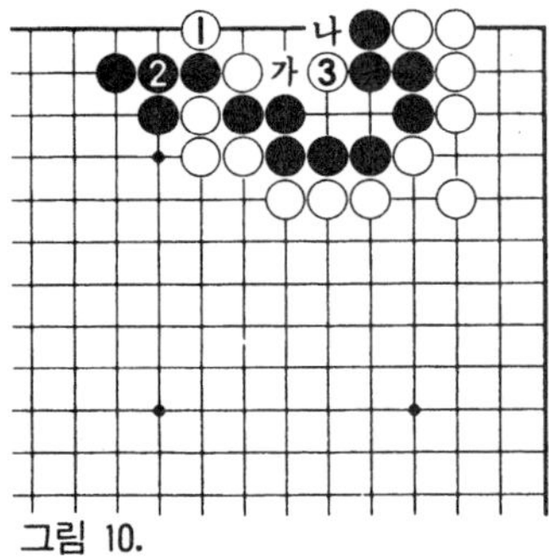

그림 10.

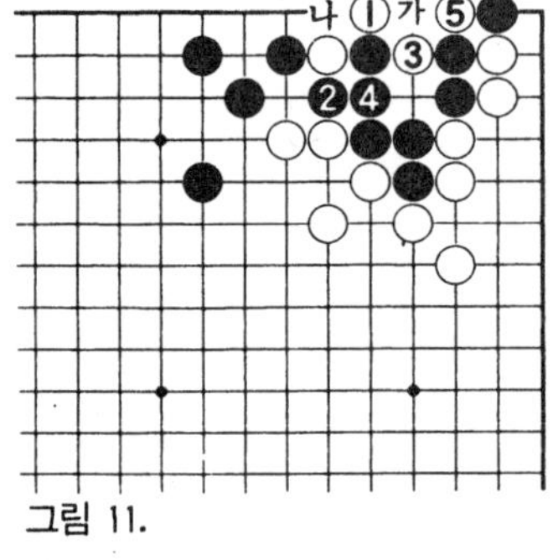

그림 11.

그림 8(꺾어끊기) 먼저 백1로 끊어 흑2로 바뀐다. 그리고 백3의 처지기면 흑4를 강요할 수 있다면 수순이다. 먼저 백3은 흑가로 백1에는 흑5로 밑부터 몰 수 있다.

백5에 대해서 흑가는 백나로 전부 죽는다. 백5에 흑다는 후수이므로 흑은 시초에 2에서 라가 최선의 받기다.

그림 9(붙이기) 백1로 단수하고 나서 3으로 들여끊고 흑4에서 가에는 백나의 패를 준비했다.

이어서 백5로 붙이고 흑다로 회두리를 피하면 백라인데 패로도 되지 않는 잡히기다. 결국 흑은 이후 마에 빼고 백다, 흑가로 두점을 버릴 수 밖에 없다. 백 선수로 대리가 되었다.

그림 10(붙이기) 백1의 단수부터 3의 붙이기가 공배 채우기의 급소. 이것을 맞공격적인 발상으로 가의 기기는 흑3으로 패배. 조금이라도 파괴하면 된다는 수습적인 발상에서 비로소 3의 붙이기를 발견할 수 있다. 이후 흑가, 백나일 때에 넉점을 버리느냐 패로 끌어들이느냐로 흑은 고민한다.

그림 11(마늘모) 백1로 젖히고 흑2에는 백3, 5로 추격의 패를 건다. 이 패에 이길 수 없다면 흑은 2에서 가로 누르고 백4, 흑나로 만들어 석점을 버리는 편이 무난하다.

나와 2가 대응이어서 안전하다고 보인 흑의 연락도 공배 채우기 때문에 붕괴했다.

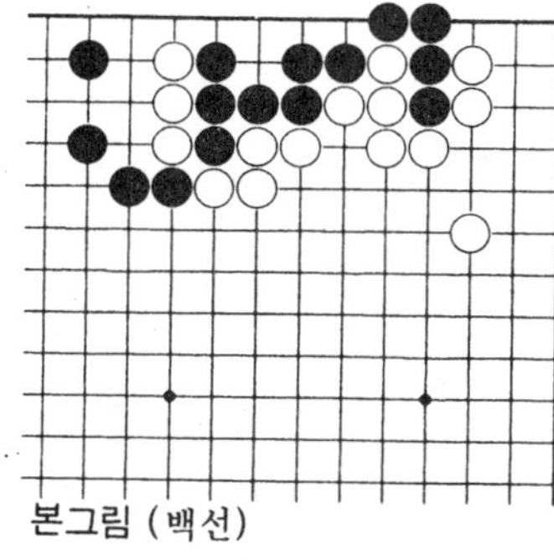

본그림 (백선)

놓 기

　꼬리의 흑 넉점은 아무것도 두지 않아도 추격으로 잡혀 있다. 여기에 수가 돌았을 때 어떤 모양으로 잡는 것이 최선일까다.
　본그림은 『官子譜』에서 발췌.

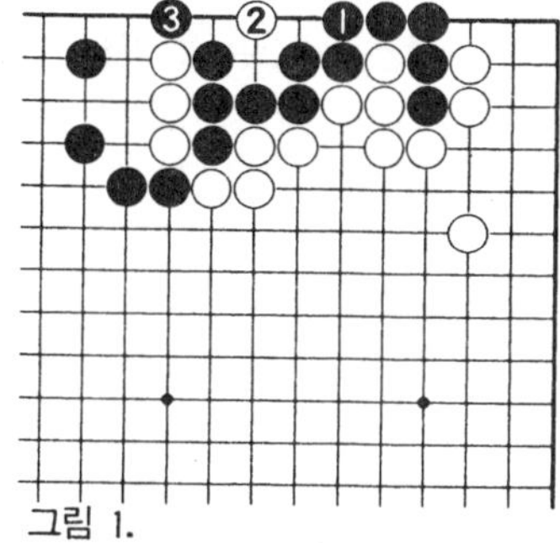

그림 1.

　그림 1(근본 잇기)　방치하면 시기를 보아 흑1로 잇기 당할 것이다. 백2로 놓아 보아도 흑3으로 젖히기 당하는 맞공격은 백1로 수 부족하다.
　흑1에서 2로 집을 가지면 백1로 걸치기 당해 꼬리의 넉점이 떨어진다.

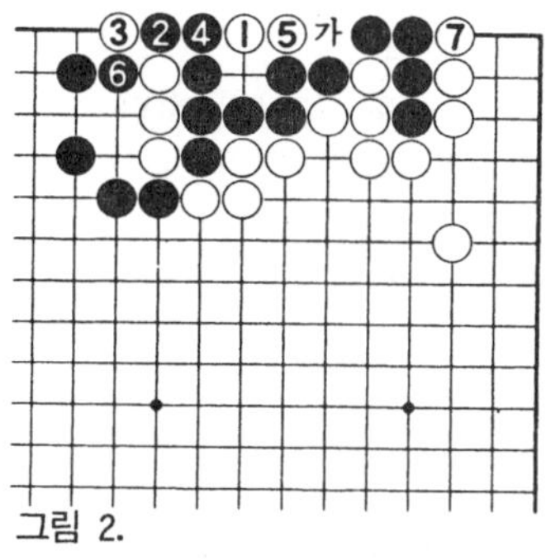

그림 2.

　그림 2(백1, 수법)　백부터 1로 놓는 것이 역시 급소인데 흑2, 4에는 5로 긴다. 백7 이후 가의 빼기가 선수로 1의 한점까지 구출하고 〈그림 1〉과는 석집의 차가 생겼다.
　흑2에서 4는 백2로 눌러서 수 승리. 백5에서 7을 서두르면 흑5로 손해를 본다.

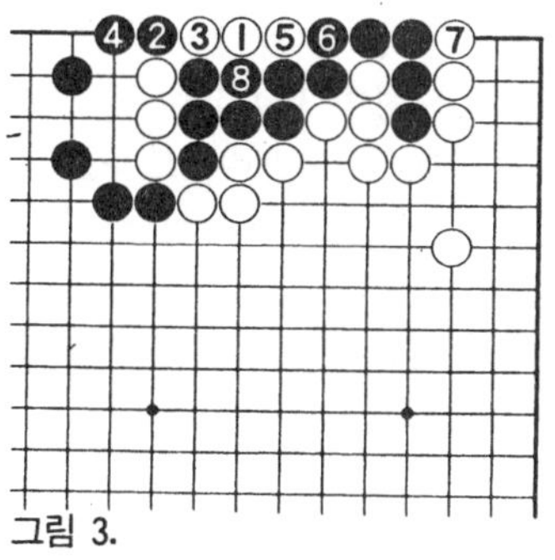

그림 3.

　그림 3(욕심 손해)　백3으로 하나 끊기가 들어가면 흑의 땅은 8집으로 감소하는데 이번에는 백5일 때 흑6으로 잇기 당하고 석점의 모양으로 잡히면 회두리로도 추격으로도 되지 않는다. 역시 백3에서는 4로 누르고 앞그림도 만족할 수밖에 없다.
　흑4에서 5는 백4로 수 패배다.

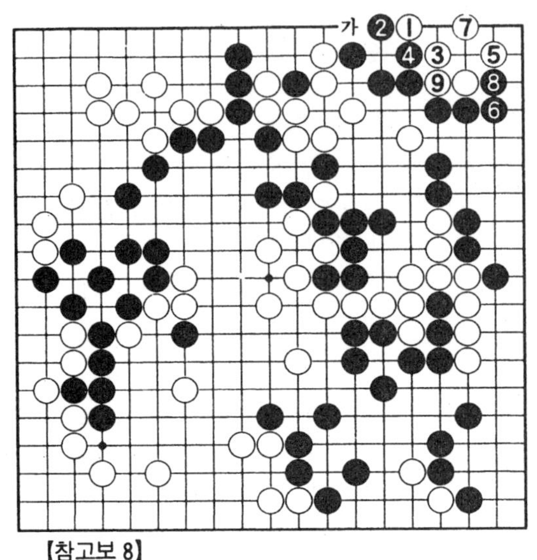

【참고보 8】
제6기 10단전 　백　藤澤秀行
　　　　　　　　흑　大竹英雄

놓　기

직접으로는 수가 없는 곳에서도 수습 맛을 보고 책동하면 의외로 쉽게 맛이 붙는 법이다.

【참고보 8】
백1의 놓기가 수습의 귀수다. 흑2에서 3은 백가의 건너기가 남아 대단한 손해. 어차피 흑은 2로 차단해서 끌어들이기의 모양으로 만들고 패에 승부를 걸었다.

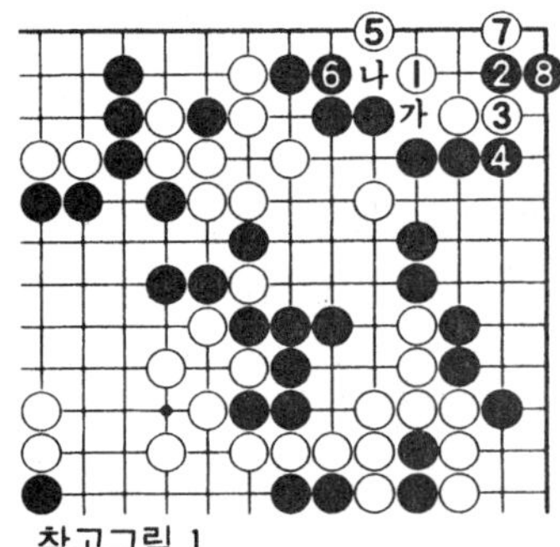

참고그림 1

참고그림 1(직접법)　백1로 직접 움직여가면 흑2의 놓기부터 4의 누르기로 아무 보탬도 되지 못한다. 나중에 백5로 빗겨두어도 흑6의 잇기 정도로 끌어들이기가 될 뿐이다.

백1에서 4의 젖히기는 흑1로 좋고 백1에서 가의 들여대기는 흑나의 처지기로 수가 되지 않는다.

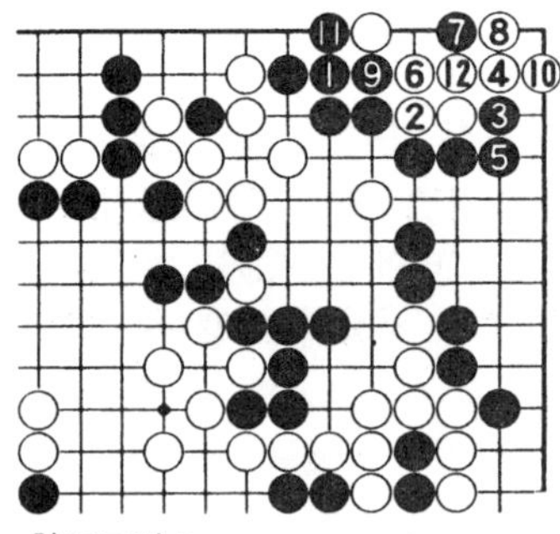

참고그림 2

참고그림 2(사정이 다르다)　보의 흑2에서 흑1의 불평하기는 백2로 들여대기 당해 사정이 다르다. 흑3, 5는 백12까지로 맞공격 패배이고 흑3에서 6의 젖히기면 백12로 눌러서 역시 수로 되어 있다.

또 흑1에서 9의 부딪치기는 백6으로 눌러서 앞그림과 동형이다.

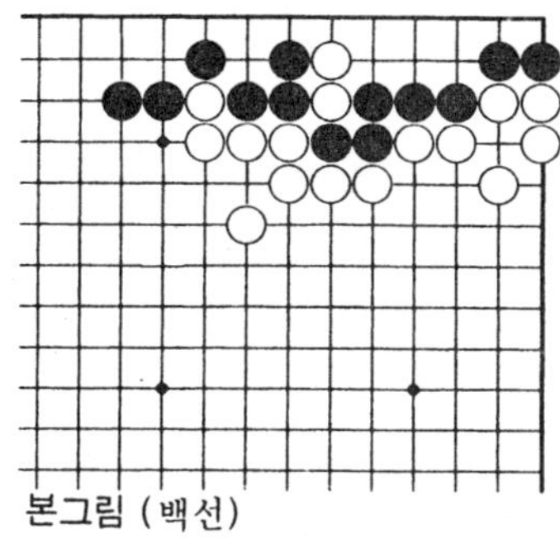

본그림 (백선)

꺾어끊기

보이고 있는 맥이라도 준비 공작이 필요한 경우는 적지 않다. 본그림은 『碁經精妙』에서 발췌.

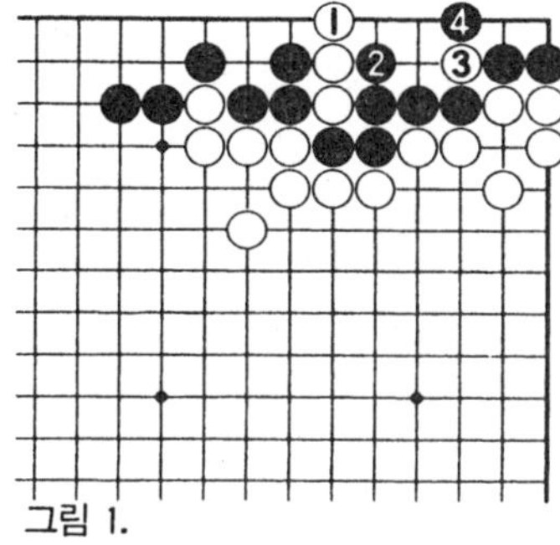

그림 1.

그림 1 (수 없음) 백1의 꺾어 끊기는 좌편에의 추격을 보아 유력한 작용인 셈인데 곧 두면 흑2로 배후에서 수비 당한다. 그후 수를 구한다고 해도 3의 끊기 정도. 흑4로 밑부터 단수 당해 숨이 끊겼다. 도리어 백이 공배 채우기에 운 모양이다.

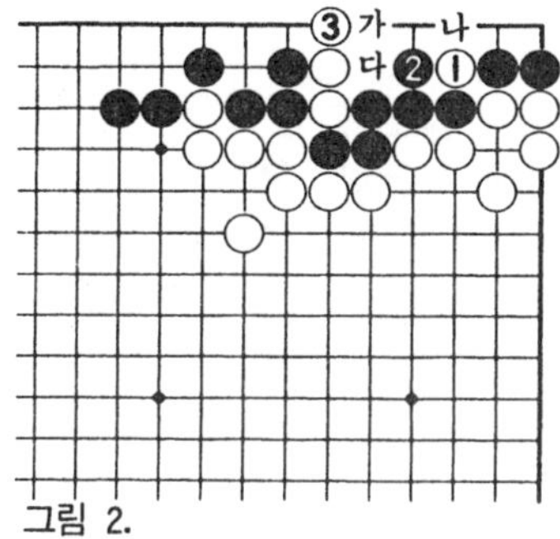

그림 2.

그림 2 (백3, 수법) 먼저 백1로 칼질을 한다. 지금이면 흑2로 위부터 잡을 수밖에 없으므로 거기서 백3으로 처지는 수순이다.

현실 문제로 하면 여기서 흑가로 마늘모붙이고 백나로 바뀌어 귀를 버리는 정도. 흑2에서 다로 곧 후퇴하면 흑지가 한집 틀려서 손해를 본다.

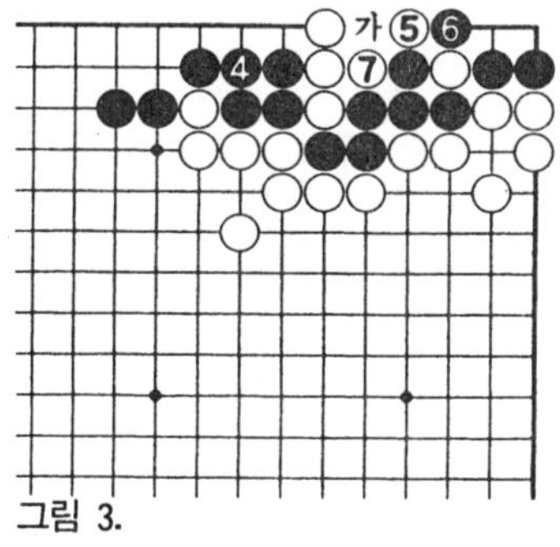

그림 3.

그림 3 (패) 앞그림에 이어 흑4로 추격을 피하면 백5, 7이라는 버티기의 맥이 있어서 패로 끌어들이기 당한다. 흑4에서 6, 백4로 던져넣기 당해 관통 당하는 것도 괴롭고 흑4에서는 역시 가밖에 없었다.

맥5, 7의 패 맥은 깜빡 잊을 것같다.

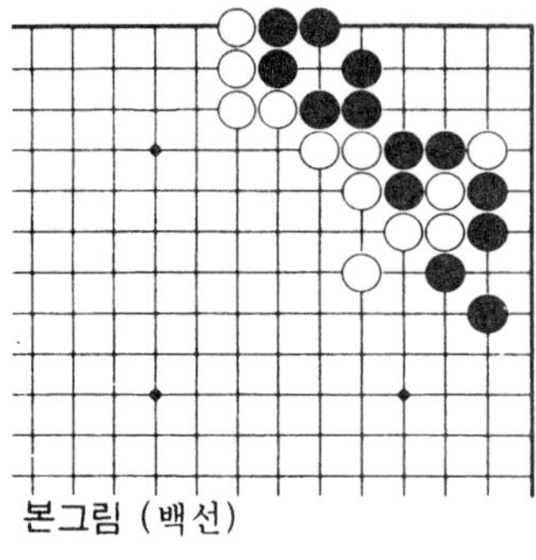

본그림 (백선)

잇 기

공배 채우기의 흑인데, 집모양의 강함으로 좀체로 수가 되지 않는다. 그 집모양을 철저하게 공격한다. 본그림은 『官子譜』에서 발췌.

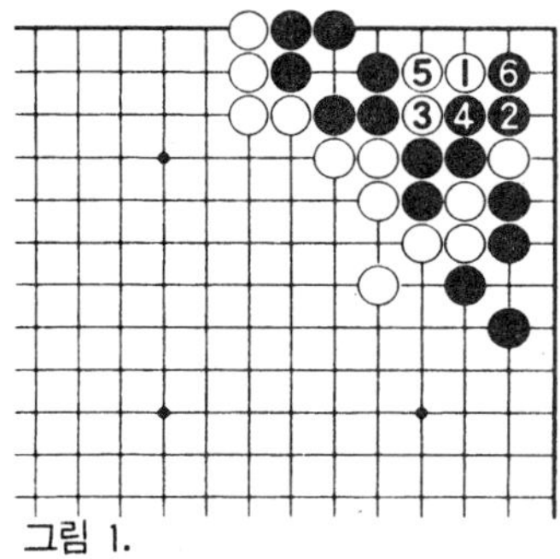

그림 1.

그림 1(유무) 백1의 놓기는 볼수록 급소인데 흑2로 몰기 당해 뒤가 없다. 백3, 5는 흑6으로 집유무다.

백1에서 2의 뻗기는 흑1로 수비 당해 안 되고 백1에서 3의 단수는 흑4, 백5, 흑1로 물론 안 됨. 가려운 곳에 손이 닿지 않는다.

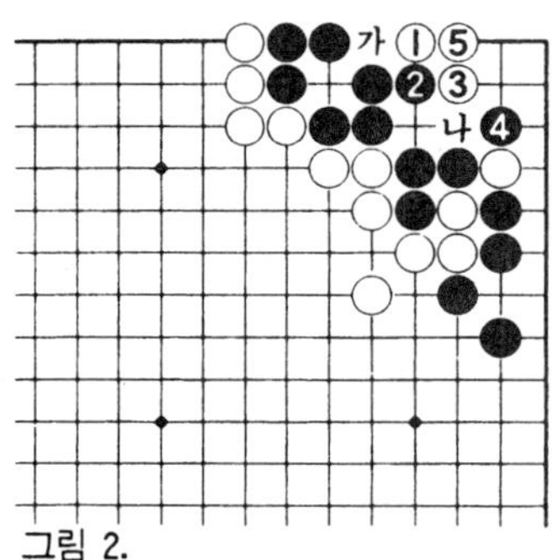

그림 2.

그림 2(백1, 5, 수법) 흑의 집모양으로 보이지 않고 공배 채우기의 돌로 보아 백1에 놓는다. 흑2의 누르기면 백3으로 젖혀 올리고 다음에 4의 끌기를 보여서 흑4의 수비를 강요한다.

백5가 마무리의 수법. 흑가면 백나이고 흑이 가이외의 곳이면 백가로 추격이다.

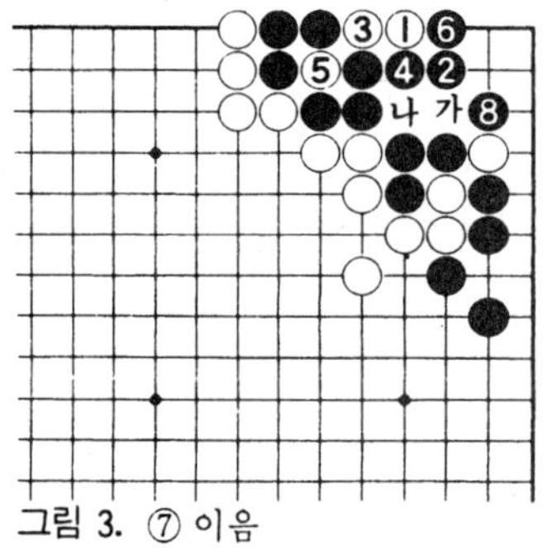

그림 3. ⑦ 이음

그림 3(선수 수습) 결국 백1에는 흑2로 지켜서 백3을 허용할 수밖에 없다. 흑4에서 5의 잇기는 백4이므로 흑8까지는 외길이다. 흑이 한수 지킨 모양에 비해 선수 11집의 수습인 셈이다. 흑8을 생략하면 백가, 흑나, 백8이다.

그리고 흑2에서 3은 백나다.

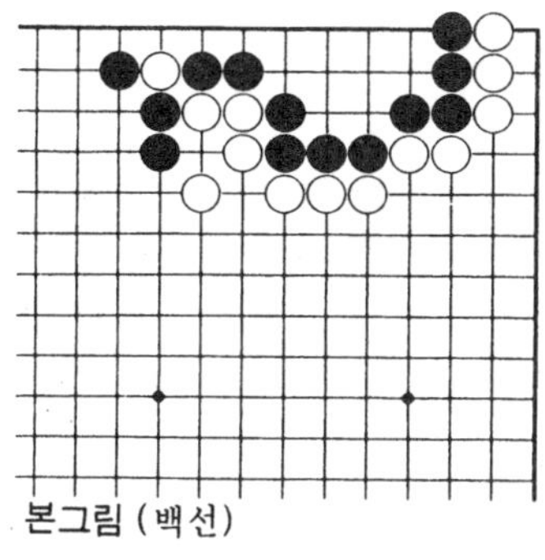

본그림 (백선)

붙이기

공배 채우기의 싫은 모양인데 수로 삼으려면 그리 간단치 않다. 수로 삼 는 방법이 몇 가지 있을 때는 물론 최 선을 택한다. 본그림은 『官子譜』에서 발췌.

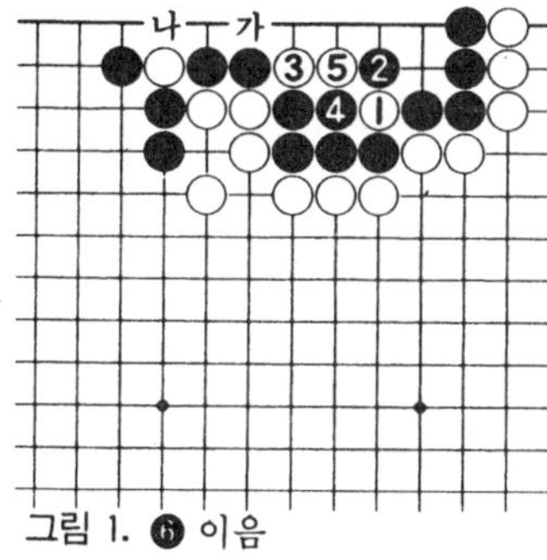

그림 1. ❻ 이음

그림 1(서로 끊기) 백1쪽의 들여 끊기에서는 흑2로 받기 당해 뒤가 계 속되지 않는다. 백3, 5로 졸라 봐도 흑 6으로 잇기 당하고 백가, 흑나를 이용 해도 맞공격의 보탬이 되지 않았다.

백1은 전체를 공배 채우기로 만드 는 수법인데 이 경우는 부적당.

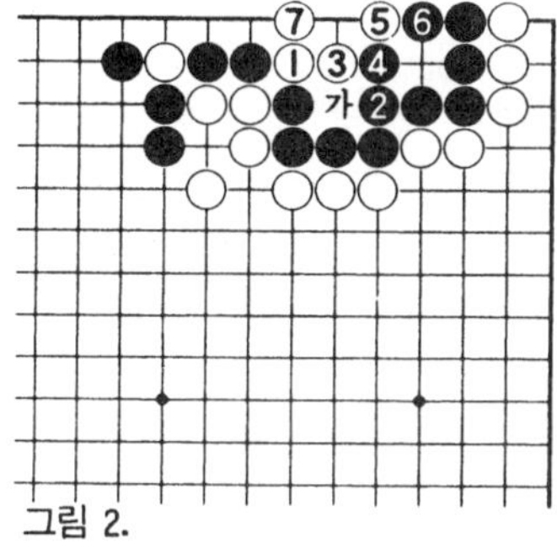

그림 2.

그림 2(한수 수습패) 백1의 끊기 가 부분적인 공배 채우기를 탓하는 수 법이다. 흑2에서 3은 백2의 단수로 끝 나므로 이어서 버티지만 백3부터 7로 처지는 맥으로도 패가 된다.

다만 이 패는 집유무의 맞공격이므 로 백이 가로 단수하고 나서의 본 패 다. 약간 얘기가 멀다.

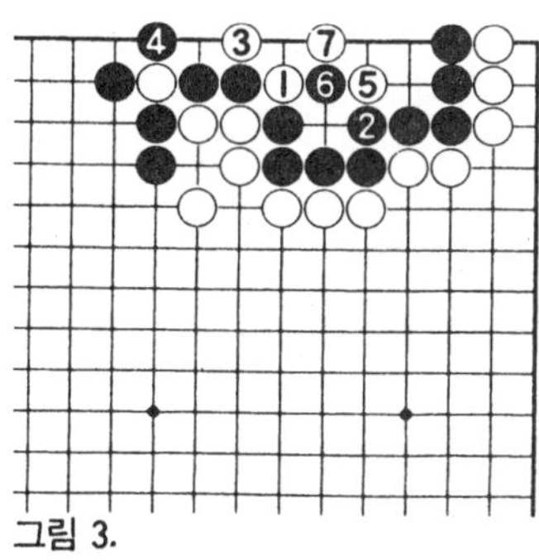

그림 3.

그림 3(백5, 수법) 백은 아낌없이 3의 단수를 이용 5로 뛰어붙여서 깨끗 하게 피로 만드는 편이 좋다. 흑6, 백7 로 되어 이것은 분명히 본패다.

약간 속된 맥이지만 한수 수습보다 본패가 낫다. 7은 흑5로 집유무.

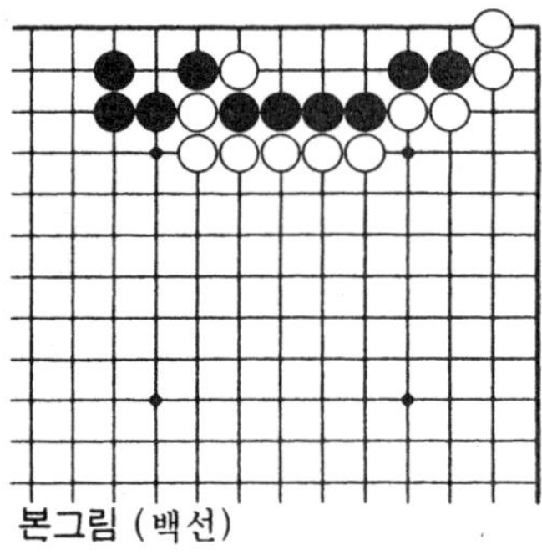

본그림 (백선)

붙이기

백의 제三착을 약간 알아 차리지 못한다. 고전풍으로 힌트를 말하면 「백三묘」가 된다. 본그림은 『碁經精妙』에서 발췌.

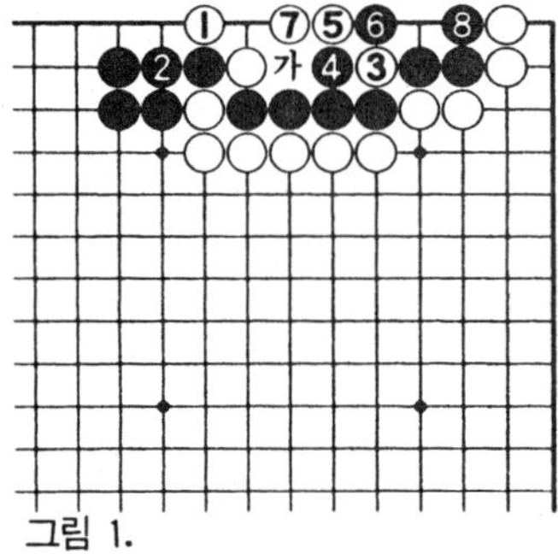

그림 1.

그림 1(끊기) 백1의 단수에 흑2의 잇기는 부득이할 것이다. 그러나 그후 백3의 끊기가 묘수법인 것처럼 보이면서 흑8까지의 집유무다.

백3에서 가의 기기는 흑4로 눌리워져 그만이 되고 백5에서 6의 처지기도 흑5의 몰기로 전혀 수의 기색도 없다.

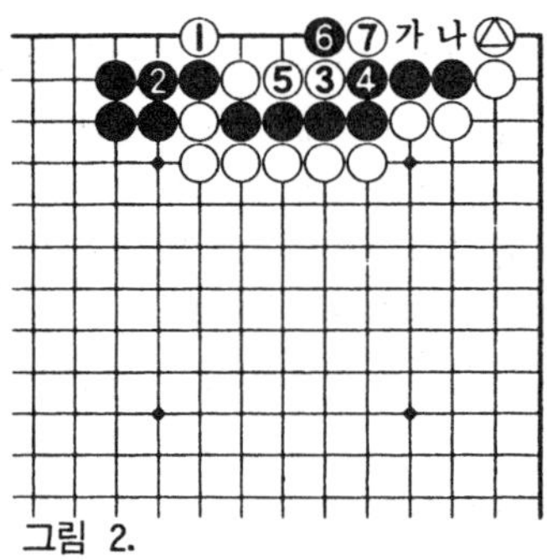

그림 2.

그림 2(백3, 수법) 백3의 붙이기가 묘착이다. 흑4로 잇고 백5로 잇기 당해도 3수 3수로 수승처럼 보이지만 흑6의 젖히기는 ◎을 활동시킨 7의 먹여치기가 있고, 흑가면 백나의 추격인 셈이다.

흑6에서 7은 백나로 문제없다.

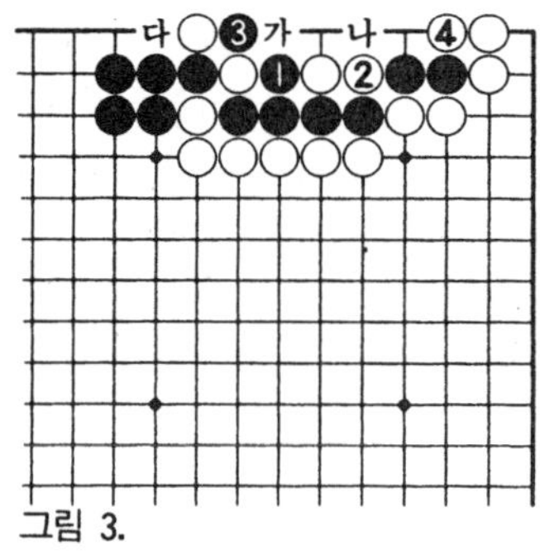

그림 3.

그림 3(흑의 수습) 앞그림 흑4에서는 1로 밀어내서 수습할 수밖에 없을 것이다. 백도 2에서 가는 이번에야말로 흑2로 잇기 당해 백나, 흑다의 추격이다. 백2로 끊어 4로 두점을 잡고 이것이 시세인 전환일 것이다. 흑에게 한수 수비 당하는 모양에 비교해서 6, 7집의 수습으로 되어 있다.

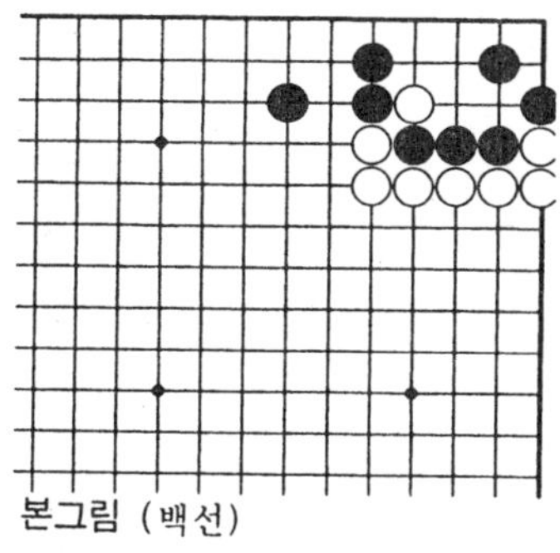

본그림 (백선)

젖히기

이대로 흑의 땅으로 계수될 염려가 없지도 않다. 침입하고 또 침입해서 귀의 특수성을 이용한다. 본그림은 『官子譜』에서 발췌.

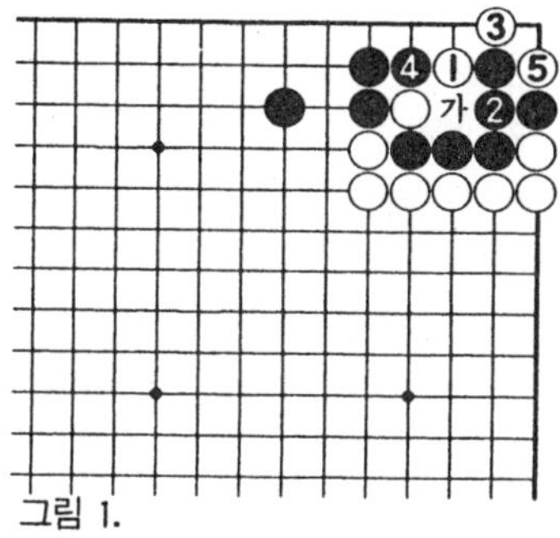

그림 1.

그림 1(임의 읽기) 백1의 모늘모 붙이기 이외로는 수의 부스러기도 못 된다. 다만 흑2의 잇기를 기대하고 백 3, 5의 패를 보는 것은 지나친 가기. 흑2는 물론 4로 댈 것이다.

백1에서 4는 흑1, 백1에서 가는 흑2 인데 어쩔 수 없다. 1의 점이 이 모양 의 급소다.

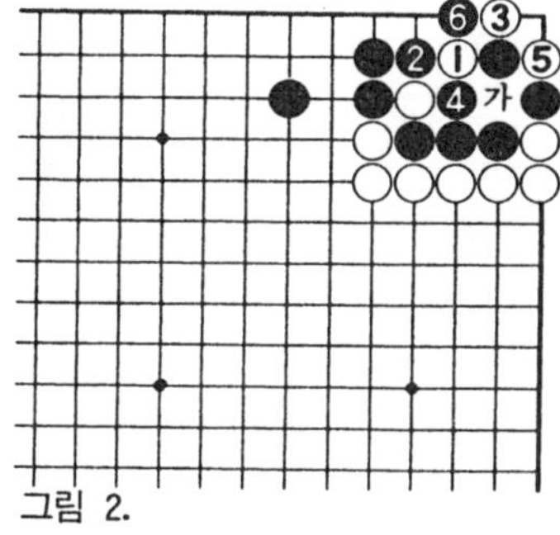

그림 2.

그림 2(백3, 수법) 흑2의 단수에 백4로 이으면 흑가로 수가 지워진다. 백3으로 젖혀서 끝까지 달라붙고 흑4 의 빼기에 백5로 대서 버틴다. 흑4에 서 가의 잇기는 백5에서 앞그림과 같 은 회두리의 큰패. 흑6에서 가로는 이 을 수 없고 패를 다투느냐, 6으로 사 과하느냐다.

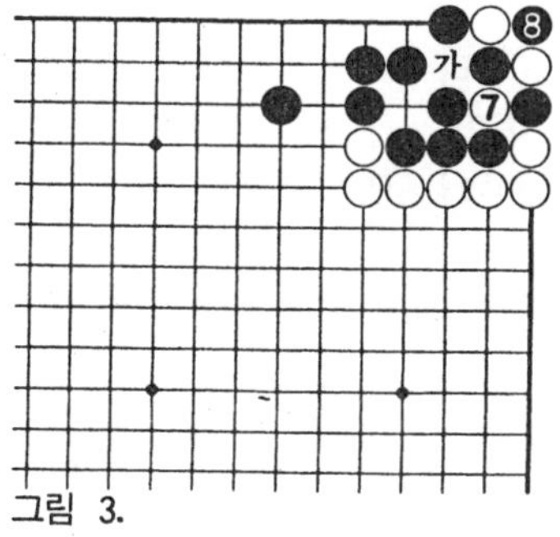

그림 3.

그림 3(시세) 앞그림에 이어 백7 로 빼면 다음에 가의 패 잡기가 크므 로 흑8로 귀의 패를 잡을 것이다. 양 패는 다툴 수 없고 백은 7의 우측에 잇고 흑 손빼기인데 장래에 백 패 잡 기. 흑가로 잇기로 보는 것이 시세다. 한수 흑한테 수비 당한 모양과 비교해 서 대략 후수 7집의 수습이 된다.

481

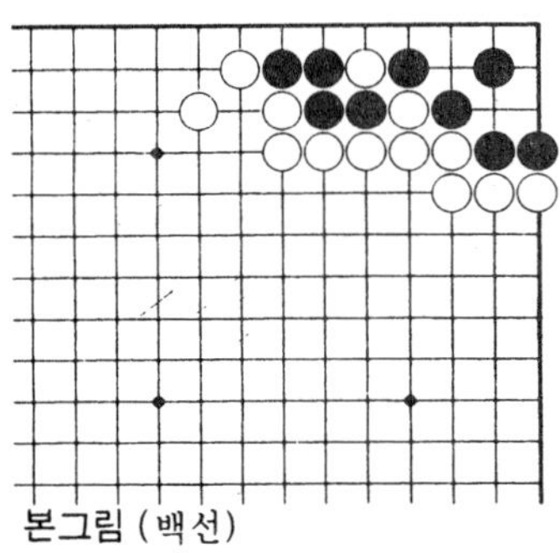

본그림 (백선)

던져넣기

공배 채우기를 확대하는 급소. 공배 채우기를 탓하는 급소를 어떻게 결합할까. 본그림은『官子譜』에서 발췌.

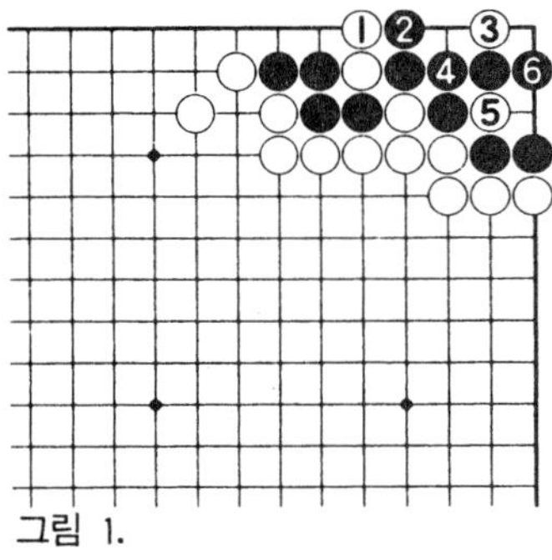

그림 1.

그림 1(소리 —小利) 백1은 공배 채우기를 확대하는 수법. 흑2로 바꾸고 백3의 붙이기는 득의 만면인데 흑4로 잇기 당해 의외로 이익이 적다.

그렇다면 백3에서 6쪽의 붙이기는 더욱 나쁘고 흑5로 잇기 당해 전혀 이익이 없고 백1, 흑2를 교환한 손해만이 남는다.

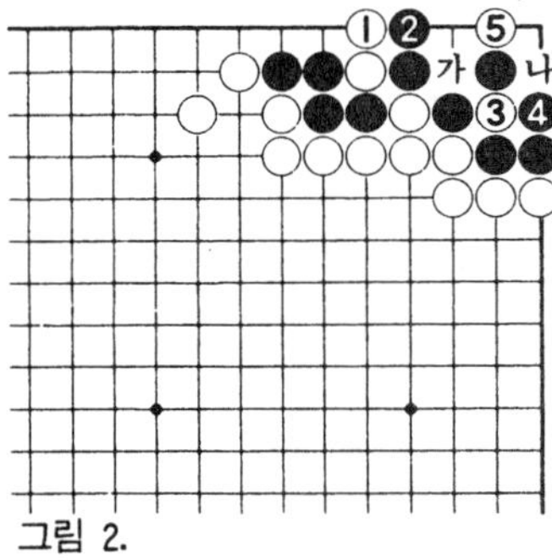

그림 2.

그림 2(백3, 수법) 백3으로 지금 던져넣는다. 흑4로 빼게 하고 5의 붙이기면 이번에는 백가, 나 양쪽의 패걸기를 한수로 지키는 수는 없다. 양쪽 모두 지면 생사에 관계되는 패이므로 흑4에서는 가로 잇고 백나, 흑5로 참기를 생각하는 편이 좋을 것이다.

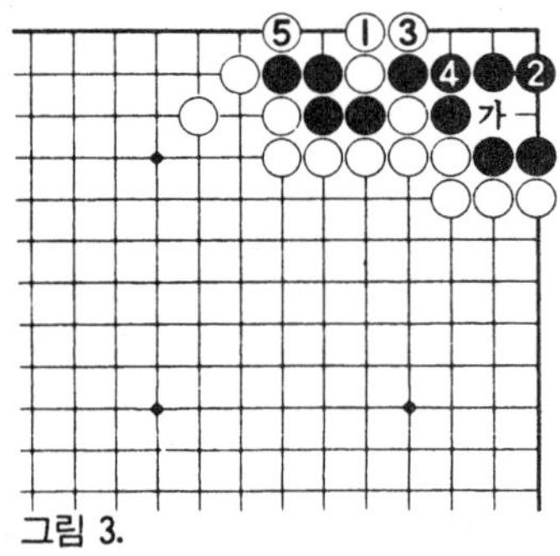

그림 3.

그림 3(무리이지만 손해) 백1의 처지기에 흑2로 급소를 지키면 무난하지만 백3부터 5로 넉점을 잡혀서 손해가 크다.

역시 흑2에서는 일단 3으로 누르고 백가에는 흑4로 잇는 편이 이득. 그 차는 약 6집이나 된다. 수가 되는 것만 두려워 해선 안 된다.

482

2중 이용처의 수법

상대의 약점을 두 번에 걸쳐서 이용하는 수법. 약점이 두 군데에 분산되어 있으면 양노림수의 맥으로도 되고 지키면 양 참기의 맥이다.

돌의 활동을 최고도로 이용하기 위해 흔히는 위험한 다리를 건넌다. 정확한 읽기의 뒷받침이 없으면 지나친 생각이 되어 도리어 손해를 입게 된다. 상대의 약점을 추궁하는 데도 자기의 약점을 지키는 데도 직선적인 사고로는 성공하지 못한다.

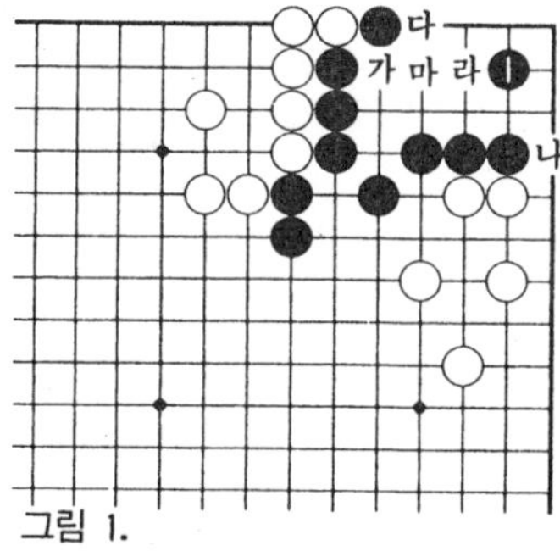

그림 1.

그림 1(뛰기) 흑1로 뛰어 가의 단점을 지키면서 백나의 선수 젖혀잇기를 막고 있다. 집수로 한집의 이득 밖에 되지 않으나 한집이라고 해도 미세 바둑이면 승패의 차다.

다만 상대에게 패감을 주는 것, 백가, 흑다, 백라일 때 흑마로 두는 것을 잊어서는 안 된다.

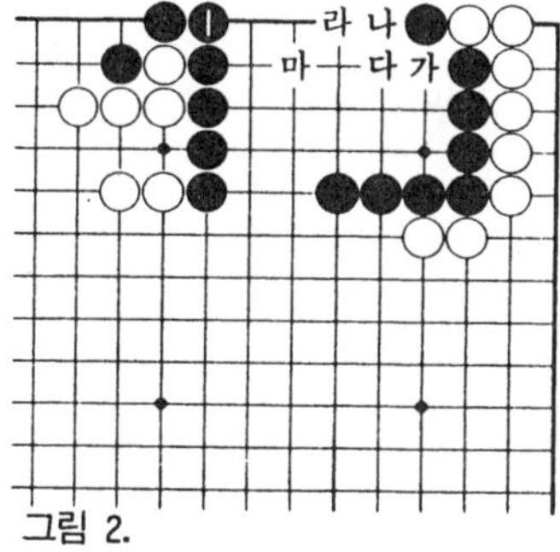

그림 2.

그림 2(잇기) 흑1로 이어도 흑은 단점을 지키고 있다. 흑 땅의 보탬은 이것도 ―집인데 흑1의 잇기가 백에게 어떤 영향을 줄까를 생각하면 소홀히 할 수 없는 양참기의 수비다.

백가, 흑나, 백다, 흑라일 때에 백마의 걸기를 막을 목적이다.

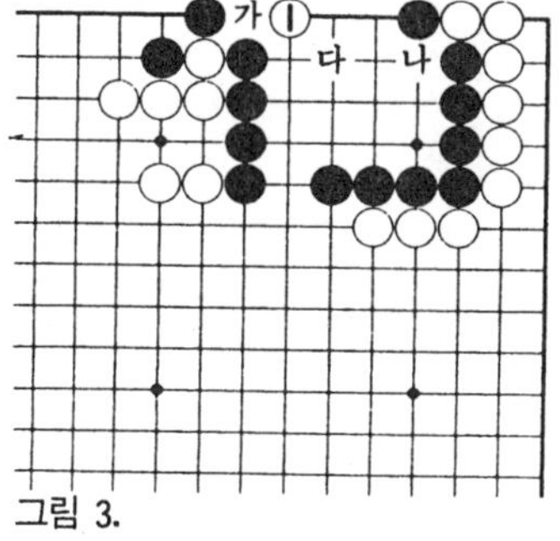

그림 3.

그림 3(놓기) 〈그림 2〉보다 흑땅이 한줄 좁은 모양에는 백1로 놓는 양노림수의 수습 맥이 있다. 흑가면 백나, 흑나면 백가라는 단순한 변화만이 아니고 흑이 어떻게 응해도 백1이 성립되고 있는 것을 확인하기 바란다.

흑은 **다**로 받고 백가를 허용할 수밖에 없을 것 같다.

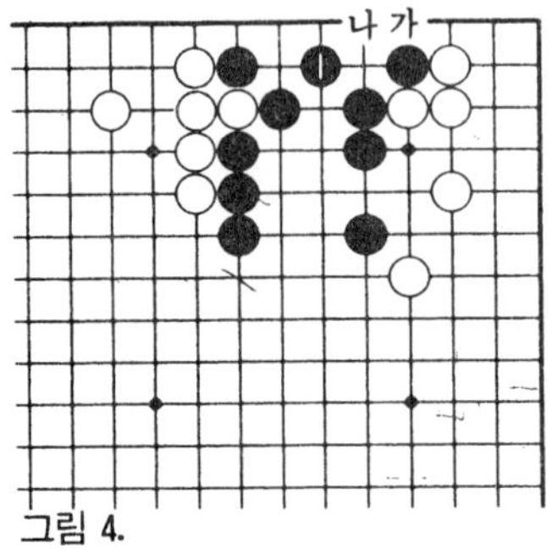

그림 4.

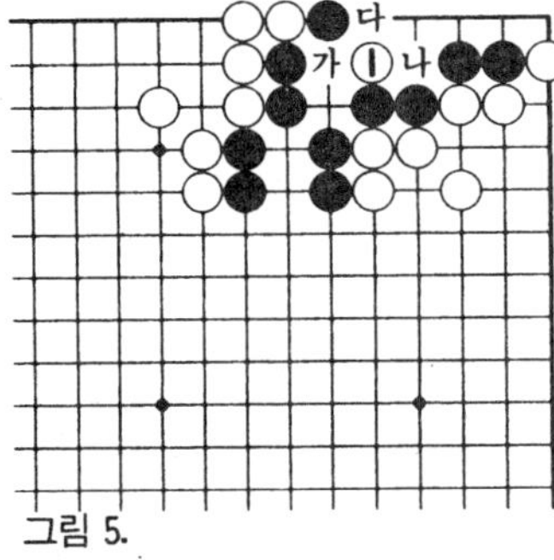

그림 5.

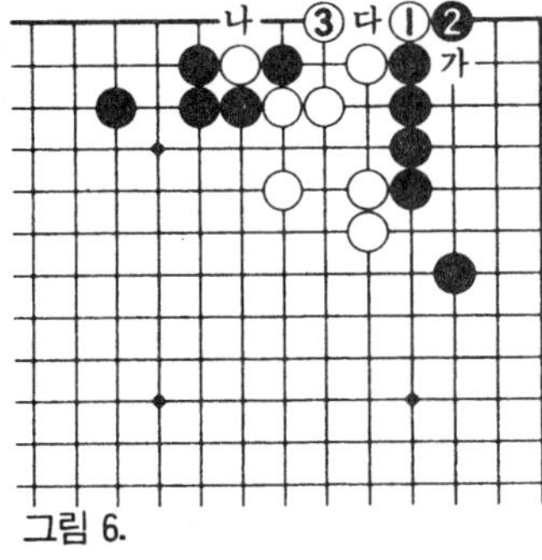

그림 6.

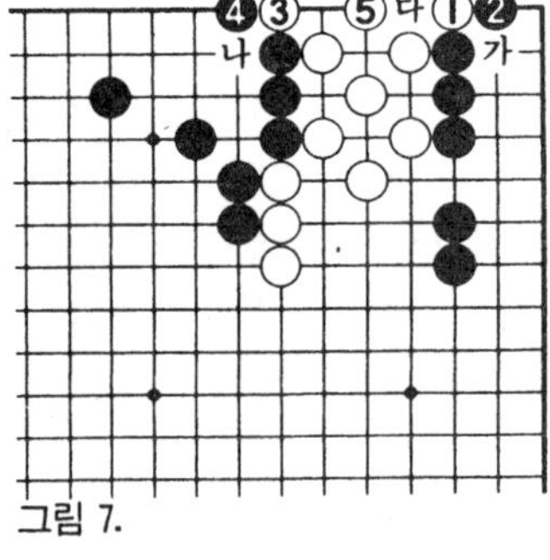

그림 7.

그림 4(겸해 잇기) 흑1은 겸해 잇기라고도 양 잇기라고도 하는 수법인데 중반에도 사활에도 응용할 수 있을 것이다. 한쪽을 이으면 한쪽을 끊기우므로 양쪽을 한 번에 지킨다. 다만 백가 등으로 단수 당했을 때에 흑나로 패로 버틸 역량이 없으면 효과는 충분치 못하다.

그림 5(붙이기) 백1로 붙이고 가의 끊기와 나의 단수를 대응으로 삼는다. 백1에서 가의 끊기는 흑다로 끌리고 백1에서 나의 끊기는 백1로 단수 당한다. 한 쪽씩 추궁하면 닿지 않던 약점이 그 중간에 두는 것으로 확대된다.

흑나, 백가로 되어 6집의 수습.

그림 6(걸쳐잇기) 백1의 젖히기는 평범하지만 흑2의 누르기면 백3로 걸쳐잇고 가의 끊기와 나의 처지기를 양노림수로 만든다. 물론 패감 나름. 흑다로 잡아 잇기 당하면 백나로 성립되지 못하고 손해인데 우선은 수로서 일고의 여지가 있을 것이다.

백3에서 다는 무기력한 수습이다.

그림 7(양 잇기) 백1로 젖히고 흑2면 백3으로 젖힌다. 시발점은 평범하지만 흑4로 누른 순간 백5의 패 겨누기로 양쪽의 끊기를 노린다는 줄거리다. 백3에서 5, 흑가, 백3은 흑나로 늦추게 하고 백다로 잇는 편이 **훨씬 낫**다.

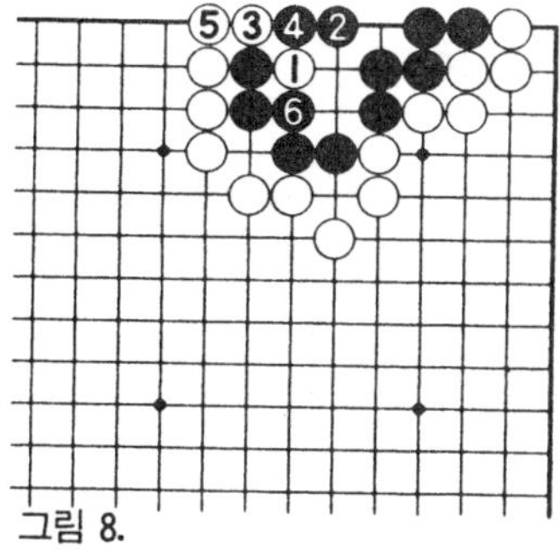

그림 8.

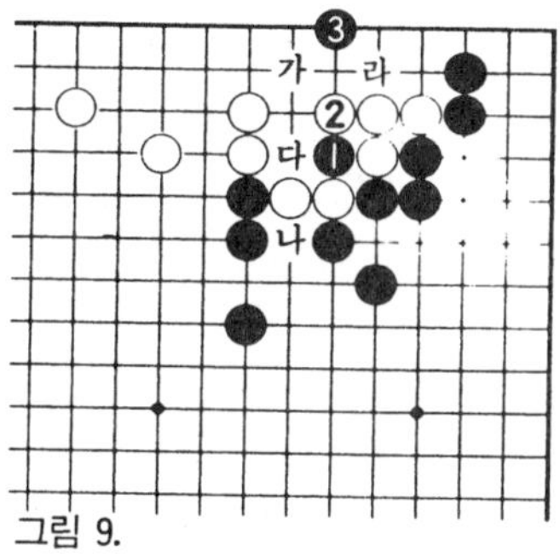

그림 9.

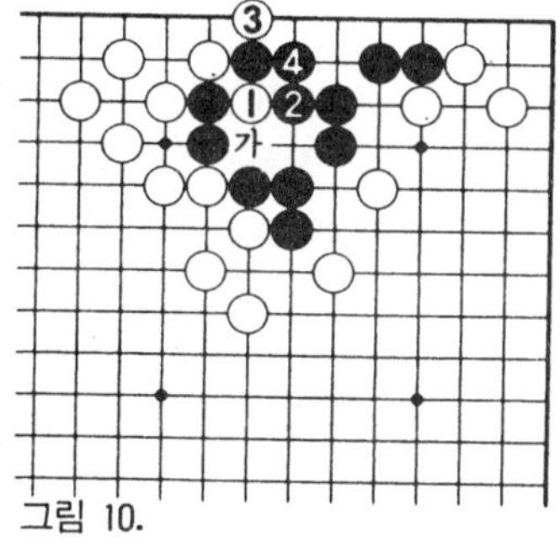

그림 10.

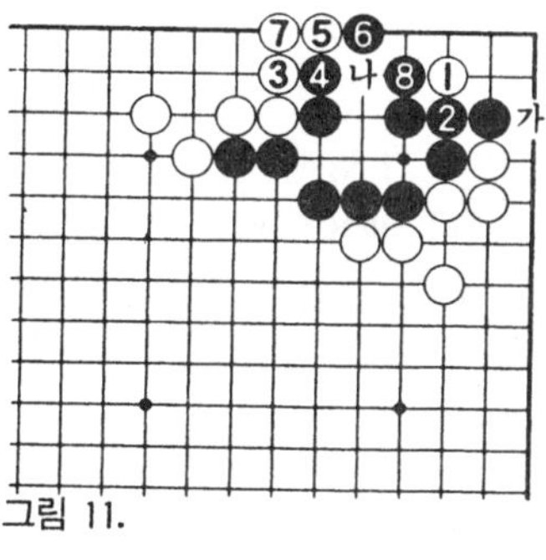

그림 11.

그림 8(二重 이용처)　백1의 협공 붙이기로 흑의 집모양을 위협해서 무조건 살기는 흑2의 마늘모 밖에 없다. 그래서 백3, 5 젖혀잇고 한집 이득인 수습으로 되어 있다. 이 그림은 흑땅 4집이지만 백1에서 단순히 3, 5로 젖혀이으면 흑1에 잇기 당하고 5집의 땅이 되어 있다.

그림 9(들여끊기)　흑1로 들여끊고 백2로 바뀌고 나서 3으로 미끄러지는 것이 수순. 흑3의 원숭이 미끄럼에는 언제나 백가로 받는다치고 중앙에서 흑나의 단수가 작용하면 두집의 차가 생긴다. 흑3, 백가의 뒤부터 흑1에서도 백다. 백2에서 다의 잇기면, 흑라의 붙이기가 꼭 맞는다.

그림 10(들여끊기)　二重 이용처의 전형으로서 자주 제시되는 모양. 백1로 들여끊고 나서 3으로 대는 수순이고 단순히 백3으로 젖혀서 흑4로 받기 당하는 모양보다 한집 이득이다. 나중에 백1로 끊어도 흑가로 틀림없이 받을 것이다. 흑2에서 가는 백4, 흑2, 백3으로 건너기 당한다.

그림 11(들여다보기)　백1로 하나 들여다보아 놓는 것으로 좌부터 백3 이하의 젖혀잇기가 선수로 작용하고 우부터도 백가의 젖혀잇기가 선수로 작용한다. 단순히 백3 이하의 젖혀잇기로는 흑8에서 1로 수비 당하고 가쪽의 젖혀잇기가 작용하지 않게 됨.
백3에서 4, 흑나, 백3은 후수가 됨.

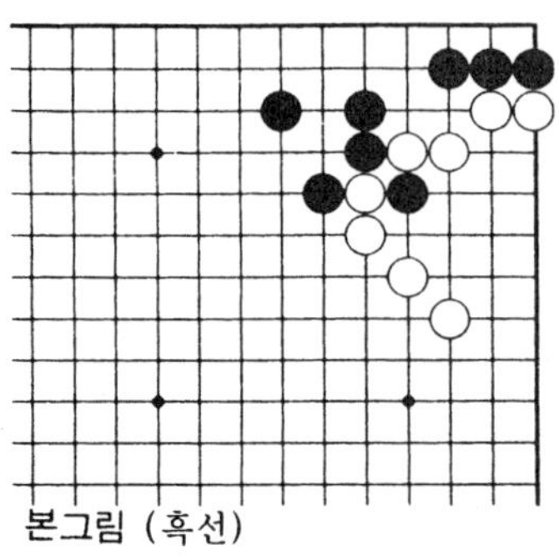

본그림 (흑선)

붙여 대기

노골적인 수로 이득을 얻는 예는 거의 없다. 단 하나, 노골적인 버림돌만은 성공률이 높다. 본그림은 『官子譜』에서 발췌.

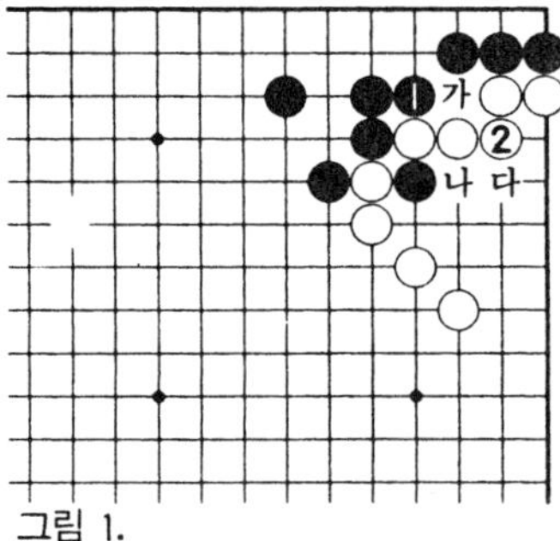

그림 1.

그림 1(받기의 호수) 흑1은 교묘한 수인데, 한집 덕을 보면서 다음 수를 보고 있다. 백2로 수비 당해 대성공이라고는 할 수 없지만 흑1에서 가, 백2보다 한집 이익인 것은 확실하다.

백2를 손빼기하면 흑나, 백다, 흑2가 있고 백2를 나나 다의 수비면 흑가에 대해서 한수 더 수비가 필요하다.

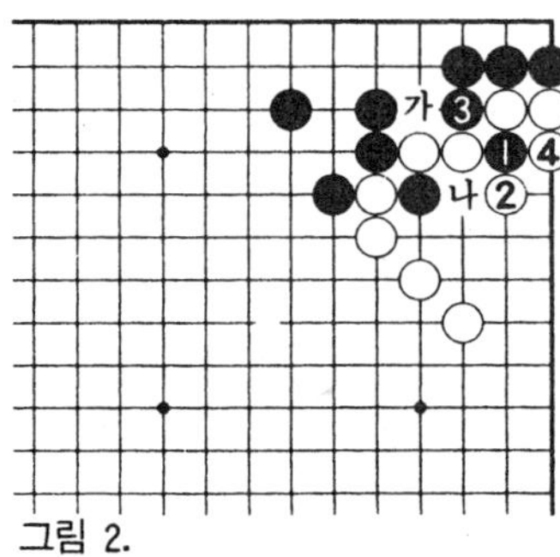

그림 2.

그림 2(흑1, 수법) 먼저 흑1로 붙여대는 맥이다. 백2 밖에 없고, 흑은 3을 이용한 후 가도 작용이다. 앞그림에 비해 백의 땅에 한집의 차가 생기고 있다.

그리고 흑1에서는 나, 백2, 흑1에서도 같은 결과. 1의 점이 이 모양의 급소에 해당되고 있다.

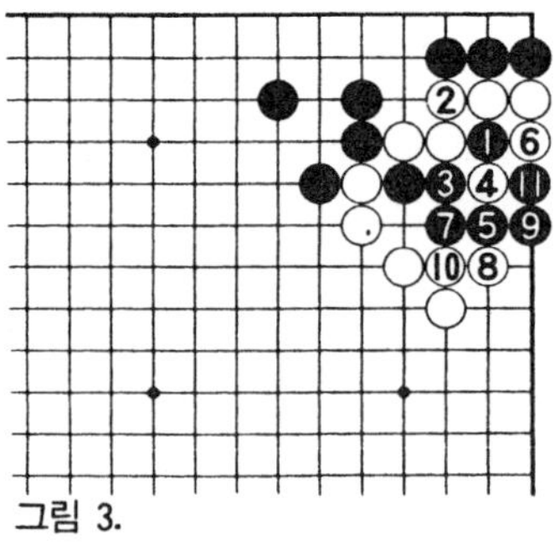

그림 3.

그림 3 (백, 무모) 백2의 잇기는 분발이라기보다 무모. 흑3의 누르기부터 5, 7로 잇기 당해 당장 목숨을 건 맞공격이 된다. 백8 이하 흑11로 단수해서 패. 1집의 손해를 기피, 30집의 꽃놀이 패로 유도 당하면 큰일이다. 앞그림이 쌍방 최선이다.

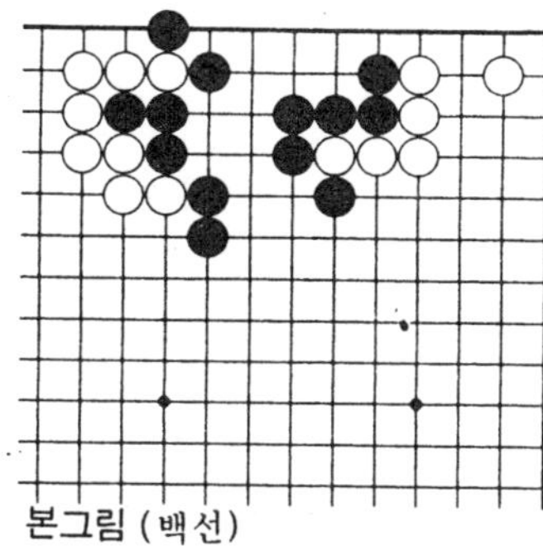

본그림 (백선)

놓　기

맛이 나쁠듯한 흑땅이지만 갑자기 수다운 수는 바랄 수 없을 것이다. 시초에는 잠시 상황을 보고 상대의 받기 나름으로 습격한다. 본그림은 『碁經精妙』에서 발췌.

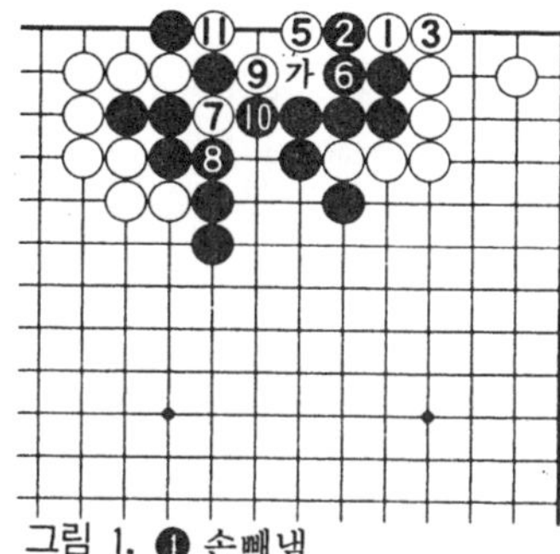

그림 1. ❶ 손빼냄

그림 1(후수)　백1, 3으로 젖혀잇고, 다음 수를 노리는 것도 큰 수습. 그러나 당장은 후수이고 백5 이하로 손을 대어도 흑이 강경하게 패를 버틸는지도 모른다.

패가 불리하면 흑6의 잇기에서 가로 사과할 수도 있고 백11에 7로 이어서 추격을 볼 수도 있다.

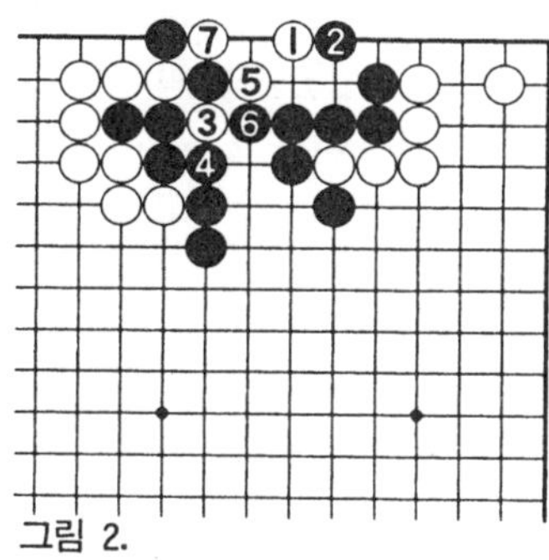

그림 2.

그림 2(백1, 수법)　갑자기 백1로 놓는 맥이다. 흑2의 차단에는 백3의 끊기부터 5, 7로 던져넣어서 패. 백3에서 단순히 5는 흑3으로 잇기 당하고 백7의 던져넣기에 박력이 없다.

앞그림과 같은 패지만 앞그림과는 한수 다르다. 이것은 흑도 견딜 수 없다.

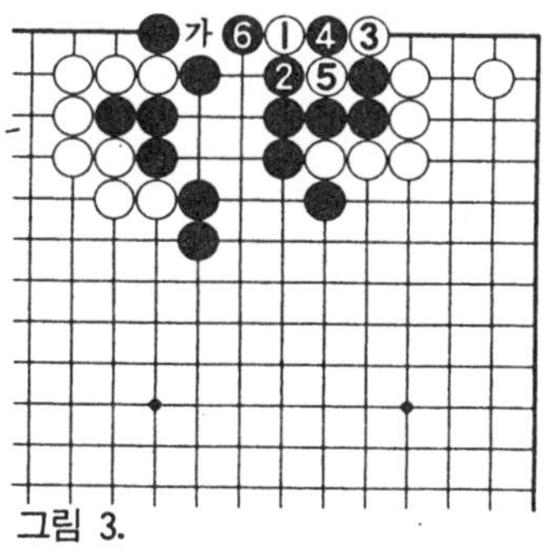

그림 3.

그림 3(선수 젖혀잇기)　흑2로 받고 백3의 건너기를 허용할 것이다. 흑4, 6의 추격이 있기 때문인데, 그러나 이래도 백은 이득. 〈그림 1〉의 젖혀잇기를 선수로 둔 것으로 되어 있기 때문이다. 그리고 흑이 가로 수를 넣어야 할 것을 6으로 지키게 해서 퍽 이롭다.

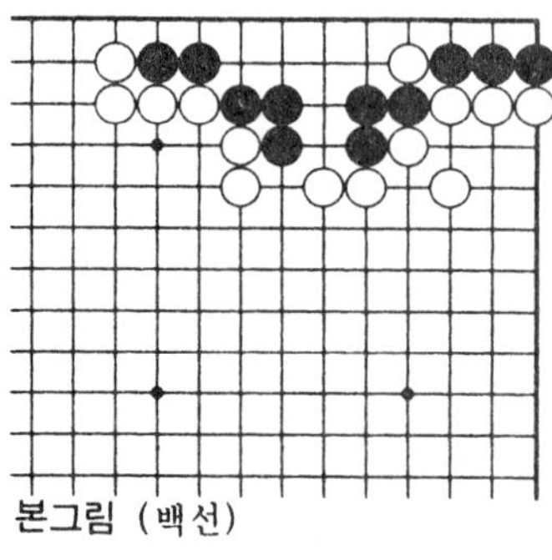

본그림 (백선)

놓　　기

좌우 양 노림수도 여기까지 있는가 하고 생각되는 무서운 맥이다. 복중의 백一점을 어떻게 움직일까. 본그림은 『碁經精妙』에서 발췌.

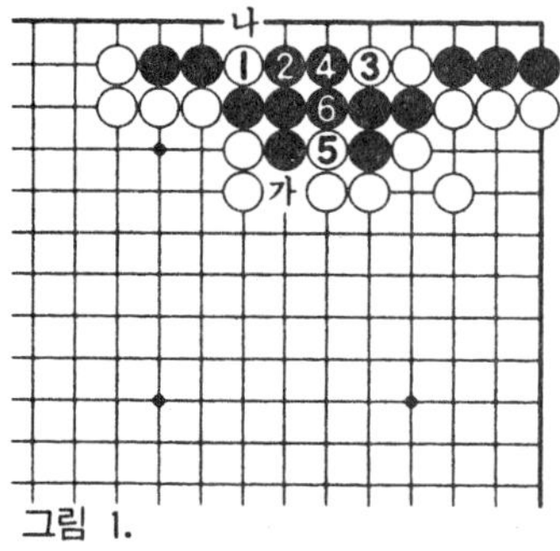

그림 1.

그림 1(채워지지 않음)　백1이하 여러 가지로 회책해 봐도 가의 점의 공배가 비어 있으므로 직접적 수에는 연결되지 않는다. 가가 채워져 있으면 이후 백나로 알기 쉬운 수다.

그리고 흑2에서 부주의하게 나로 밑부터 몰면 백4로 놓기 당해서 한 방에 거꾸러진다.

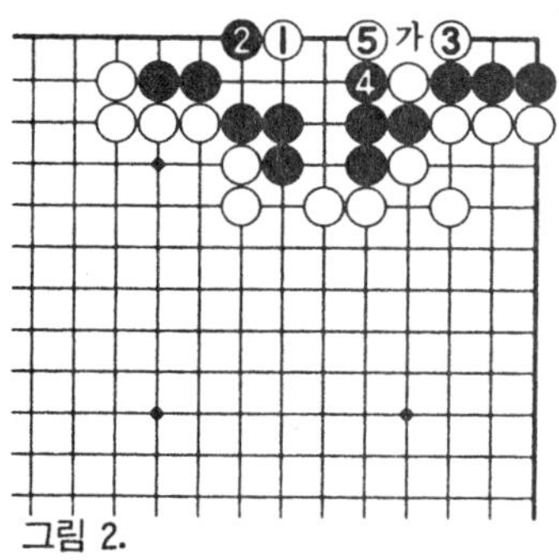

그림 2.

그림 2(백1, 수법)　백1의 놓기라고 할까, 들여다보기라고 할까, 또는 눈목자 미끄럼이라고 할까고 고민하는 一착인데 좌우 어느쪽의 패로 끌어들인다. 흑2면 백3으로 젖히고 흑4에 백5로 버티는 것이 백1의 효과다. 이것은 백가로 이으면 승리이므로 본패다.

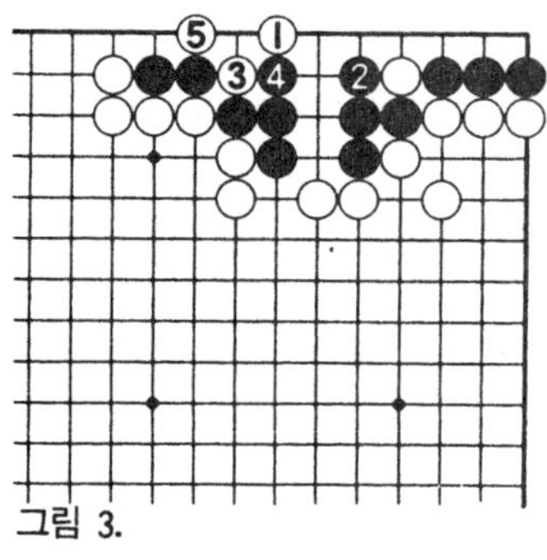

그림 3.

그림 3(억지)　흑은 져도 피해가 적도록 2쪽을 몰아 놓는다. 백3, 5로 이쪽도 억지인 패 도전이고 지면 손해도 크므로 경우에 따라서는 곧 걸지 않고 상황을 살피게 될 것이다.

그래도 수는 있는 법이다.

마늘모

본 목숨의 노림수를 실현함
에 있어서도 준비 공작이 되
는대로면 이득이 감소된다.
탐욕에 이익을 구하고 싶다.

【참고보 9】

백1의 마늘모부터 3의 처
지기를 이용하고 5까지 침입
한 것이 진정한 목적이다. 백
1에서 단순히 3은 흑가로 눌
리우고 두집 강의 손해를 본
다.

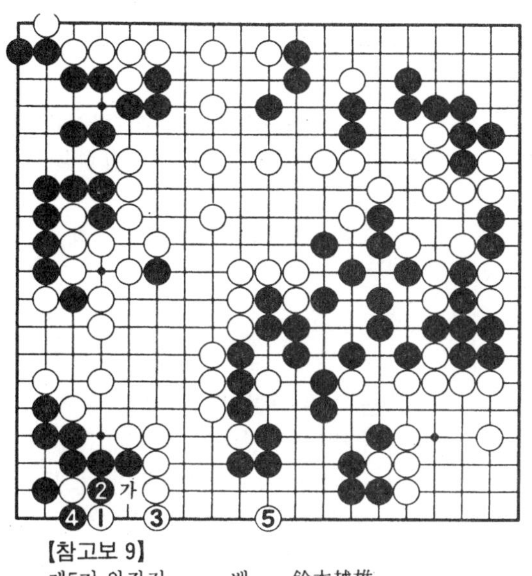

【참고보 9】
제5기 왕좌전　　　백　　　鈴木越雄
　　　　　　　　　흑　　　藤澤秀行

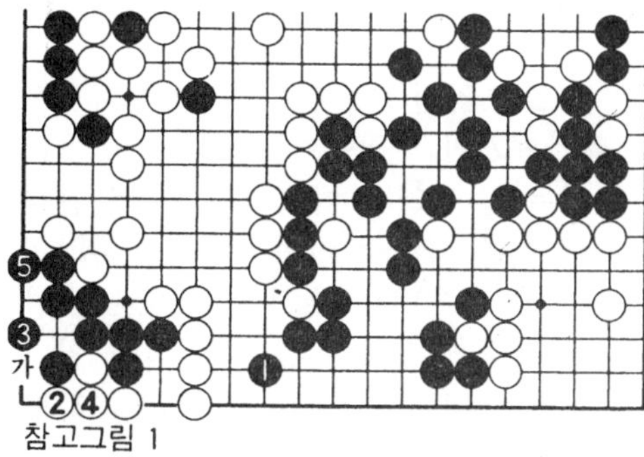

참고그림 1

참고그림 1(패) 보의 백3에
흑1로 우방을 지키면 백2의 젖히
기로 귀가 패로 된다. 흑이 패에
이기지 못하고 3의 후퇴면 백4로
덕을 보고 나서 또 가로 던져넣는
패가 남는다.

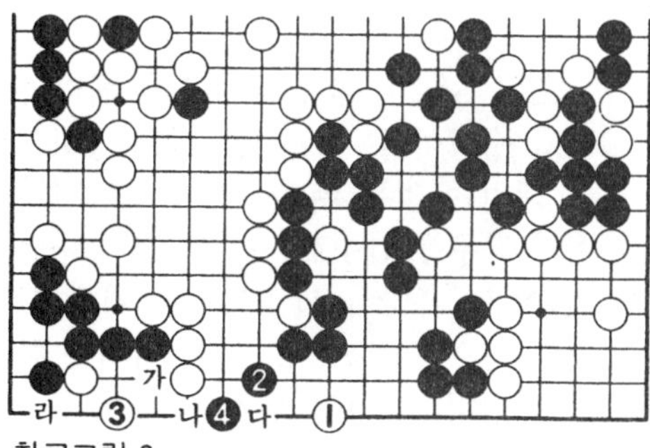

참고그림 2

참그림 2(수순) 귀를 결정
하지 않고 백1의 미끄럼은 지나
친 멋이고 흑2로 반격 당한다. 그
리고 백3의 마늘모는 흑4에서 가
의 나오기를 보기 당하고 백3에
서 나, 흑다, 백라는 흑3으로 수
로 되지 않는다.

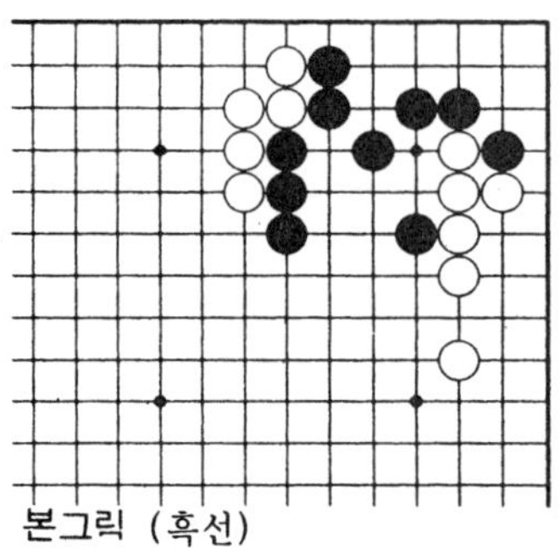

본그림 (흑선)

처져잇기

우상귀의 흑땅을 어떻게 마무리할까. 여하간 끊어 잡힐듯한 한점을 이어야 한다.

본그림은 『碁經精妙』에서 발췌.

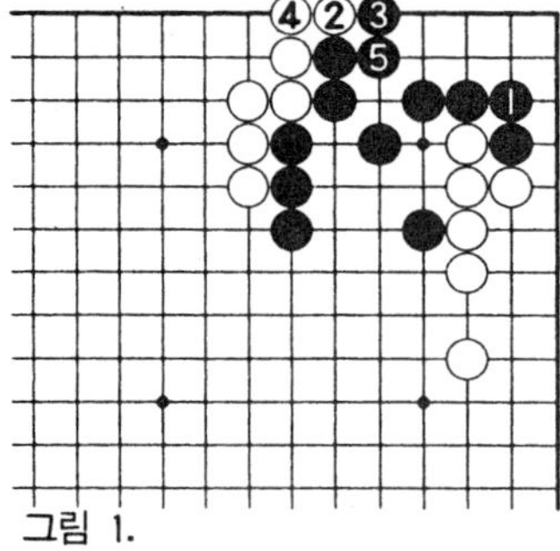

그림 1.

그림 1(굳게잇기) 흑1의 굳게 잇기에서 별로 어떻다는 것도 없고 흑땅은 10집이다. 그러나 이 진행을 당연하다고 생각하면 진보가 없고 좀더 유리한 수비 방식은 없을까고 한 번 생각해 봐야 할 것이다.

사실 약간의 고안으로 두집 덕을 보는 수가 있다.

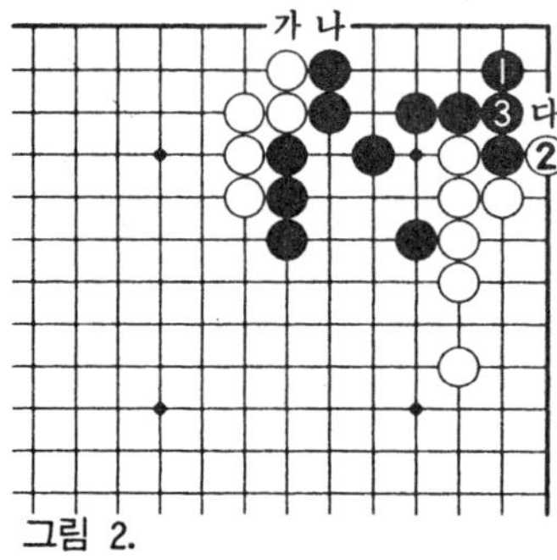

그림 2.

그림 2(걸쳐잇기) 흑1의 걸쳐잇기면 백가의 젖혀잇기를 선수로 만들지 않는다. 그러나 이번에는 백2의 단수를 이용 당해서 상변은 백가, 흑나의 처지기, 우변은 흑다를 권리로 보면 역시 흑땅 10집으로 밖에 되어 있지 않다. 흑1에서 다쪽의 걸쳐잇기라도 맛이 나쁜 위에 10집.

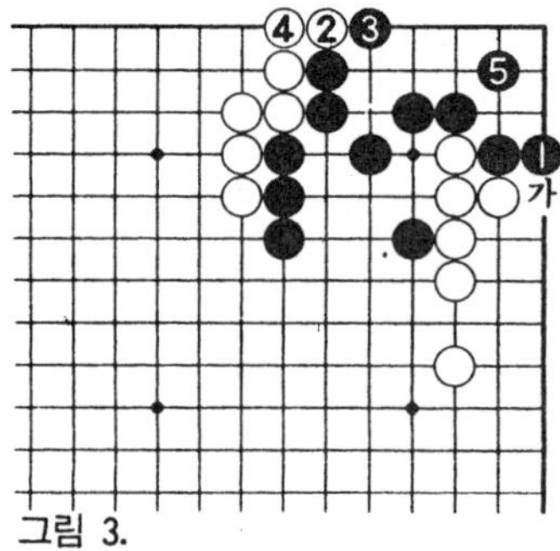

그림 3.

그림 3(흑1, 수법) 흑1의 처져잇기가 수법이다. 백2, 4를 이용 당하므로 대차는 없는 듯하지만 흑5로 걸쳐 이어 좌우를 한수로 지키는 것이 수법인 이유. 흑땅이 11집으로는 위에 흑가의 나오기가 선수로 되어 백지를 한집 줄인다. 합쳐서 두집 이득인 잇기 방식이다.

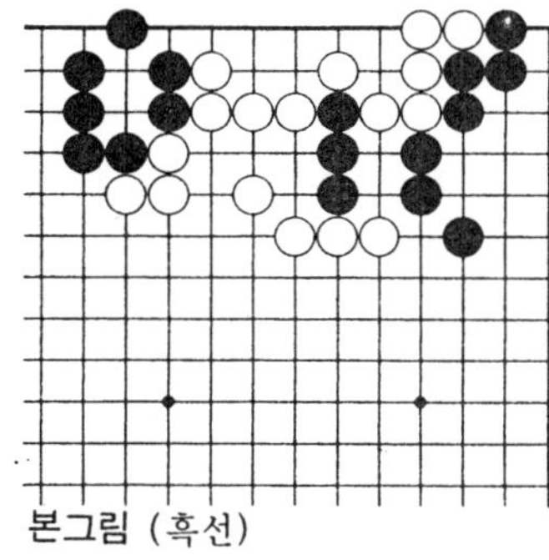

본그림 (흑선)

붙이기

약점이 있는 모양은 어딘가에서 손해를 보는 법이다.

본그림은 『官子譜』에서 발췌.

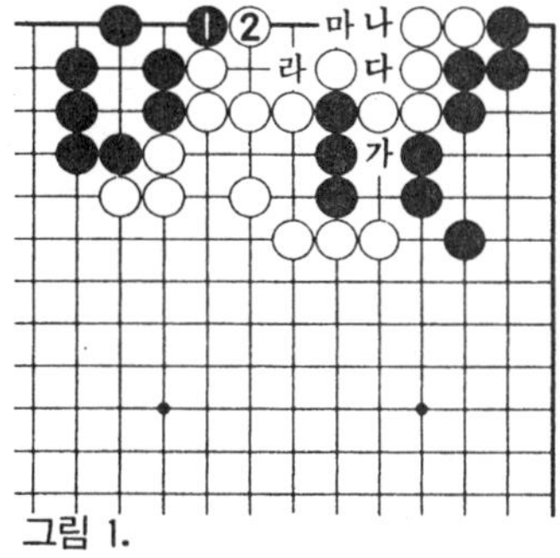

그림 1.

그림 1(백땅 6집 강) 흑1의 젖히기는 우선 작용하지만 그것뿐으로 뒤에 이을 것이 없다. 백지 6집 3분의 1로 계산된다. 착각하기 쉬운 것은 흑가가 선수로 보이는 일인데 2의 점에 돌이 있으면 흑나, 백다, 흑라, 백마로 수 없음. 따라서 흑1에서는 가, 백2가 바르고 이것이면 백땅 6집.

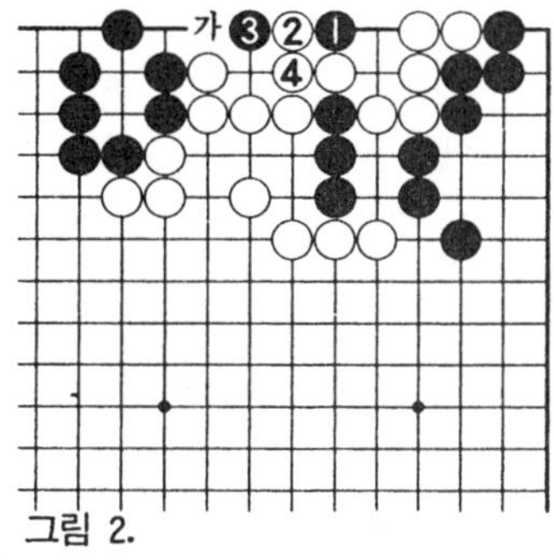

그림 2.

그림 2(흑1, 수법) 흑1로 붙이고 상황을 살피는 수법이 있다. 백2면 흑3의 단수가 선수이므로 이후 석집에 해당하는 가점의 권리를 5푼으로 보아도 백땅은 다섯집 반으로 감소되고 있다.

달리 둘 곳이 없으면 흑가로 건너고 백땅은 넉집이 된다.

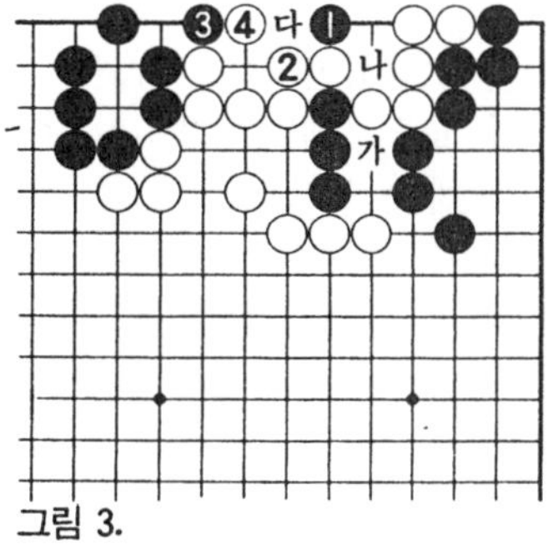

그림 3.

그림 3(손빼기의 권리) 백2로 이으면 흑은 3을 이용한다. 이 모양은 나중에 흑가, 백나로 될 곳이므로 백땅은 5집 3분의 1로 앞그림보다 조금 손해다. 다만 이 모양은 흑3일 때 손을 빼고 흑4, 백다로 하는 권리가 백에게 있고 앞그림은 손을 빼는 여부의 권리가 흑에게 있었다.

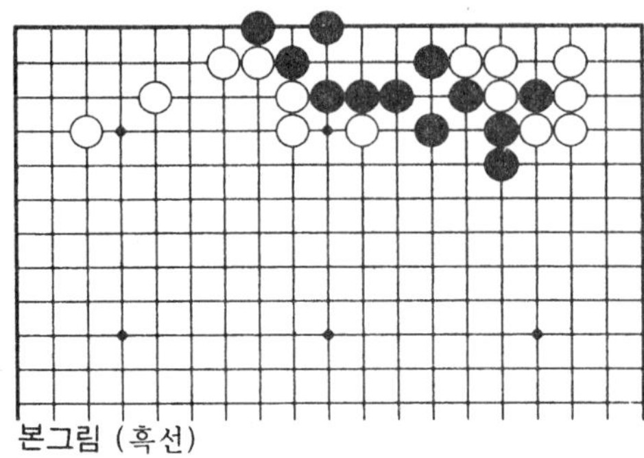

본그림 (흑선)

붙이기

상변에서의 흑의 수습 방식에
만 주목한다.

본그림은 『碁經精妙』에서 발
췌.

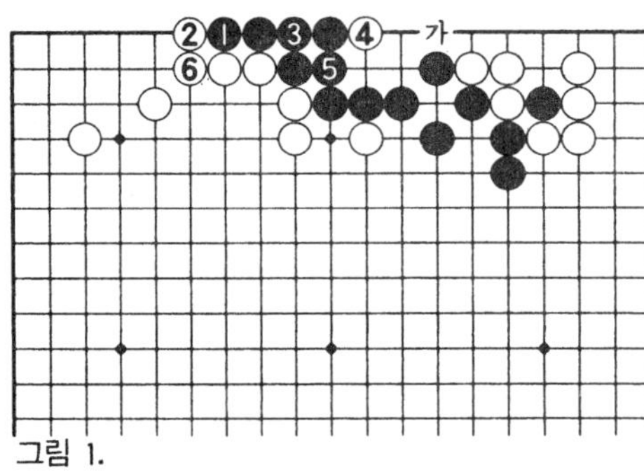

그림 1.

그림 1(단수하나)　흑1, 3의
기어잇기는 백1의 역 수습에 비
해 3집에 해당된다. 그러나 지금
두면 백4의 단수부터 가의 건너
기를 보게 되고 후수를 될 수밖에
없다.

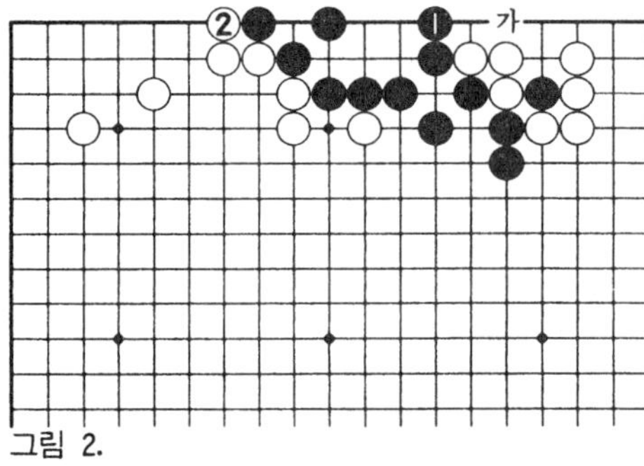

그림 2.

그림 2(후수)　흑1의 처지기
도 다음에 가의 붙이기를 보아 후
수 4집에 해당될 것이다. 그러나
백2의 역 수습은 그 갑절의 가치
가 있고 그 교환이 손해인 것은
명백하다. 흑 고안이 필요하다.

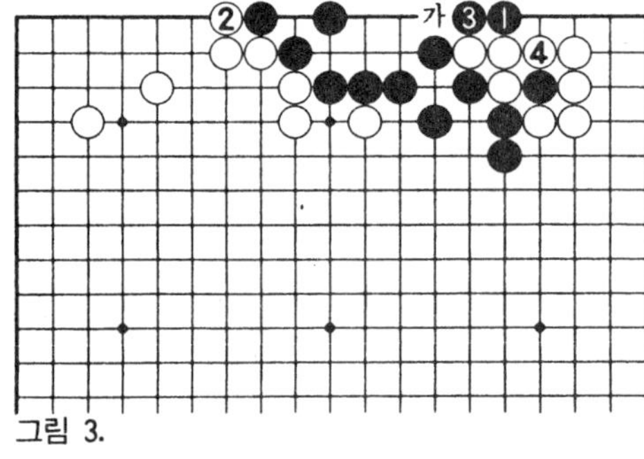

그림 3.

그림 3(흑1, 수법)　흑1의 붙
이기가 교묘. 백2면 흑3의 단수
를 이용하고 앞그림과 한집 차밖
에 없어서 선수다.

백2에서 3이면 가의 단수를 이
용하고 2의 기기로 돌아서 주문
대로다.

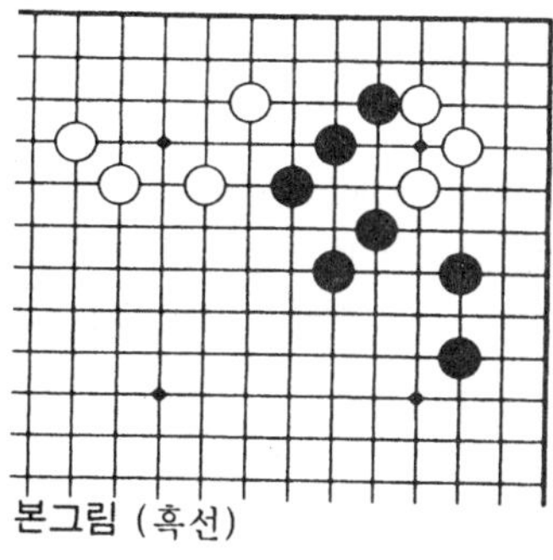

본그림 (흑선)

붙이기

수습이라기보다 중반적인 배치인데 중반이라고 해도 수습의 수법은 어디든지 나타난다. 본그림은 『碁經精妙』에서 발췌.

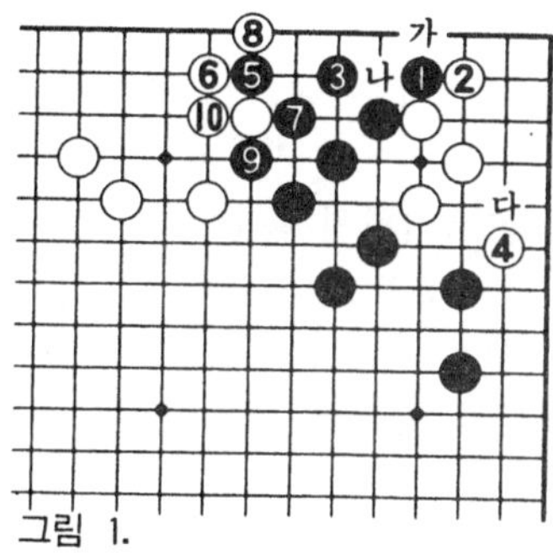

그림 1.

그림 1(한쪽 작용) 흑1, 3으로 젖혀 걸쳐 이으면 백은 **가**의 패 단수보다 4를 택할 것이다. 거기서 흑5, 7로 붙여 부풀고 기분이 좋은 수습이다. 다만 백4를 두기 당했으므로 보기보다는 이익이 적다.

흑1에서 **나**, 백1이면 흑**다**는 선수이지만 상변은 5까지 진행할 수 없다.

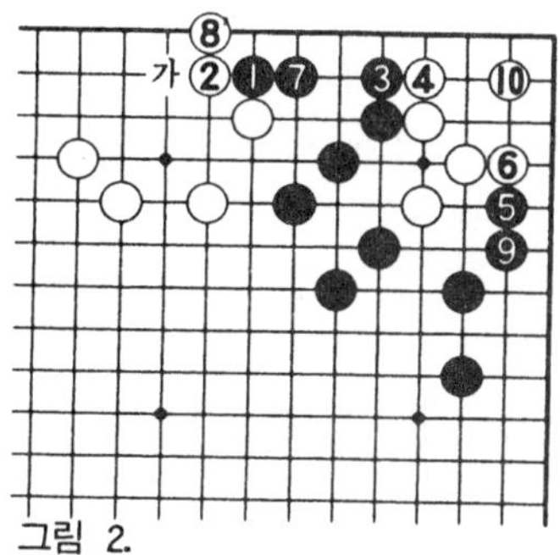

그림 2.

그림 2(흑1, 수법) 귀를 결정하지 않고 흑1에 붙일 참이다. 백2면 흑3의 처지기부터 5의 미끄럼을 이용하고 상변도 7의 끝기를 둘 수 있어서 앞그림과의 차는 크다.

백8을 손빼기하면 흑가가 있고 백10을 손빼기 하면 동점에의 놓기인데 비김수냐 패냐 하는 모양이다.

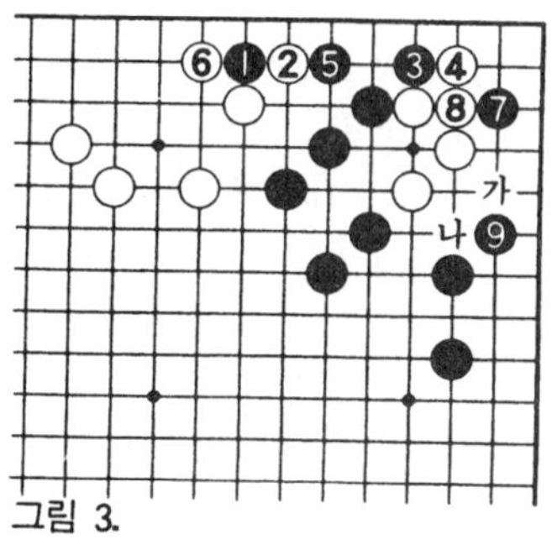

그림 3.

그림 3(백 무리) 백2 젖해내기는 흑3, 5로 젖혀 걸쳐잇기 당해 문제. 기세부터하면 백6일 것이지만 흑7의 놓기부터 9로 귀의 확대는 퍽 매섭다. 백가부터 나로 들여대는 맥이어서 패로는 되지만 물론 큰 손해.

백6에서 9면 흑6으로 두는 수가 있다.

493

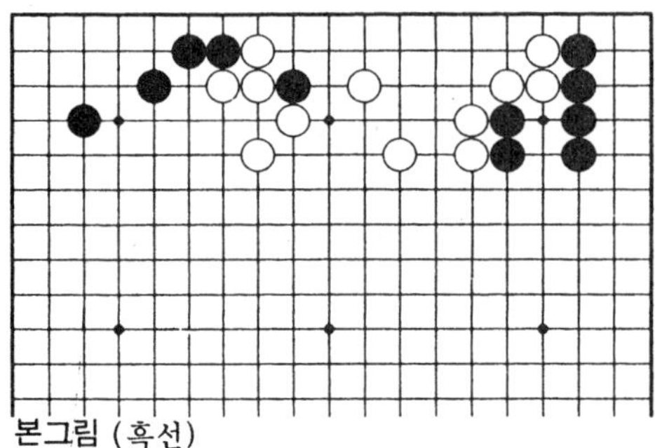

본그림 (흑선)

들여다보기

상변의 백땅을 어떻게 수습할까. 중앙의 문제는 지금 생각하지 않는다. 본그림은 『碁經精妙』에서 발췌.

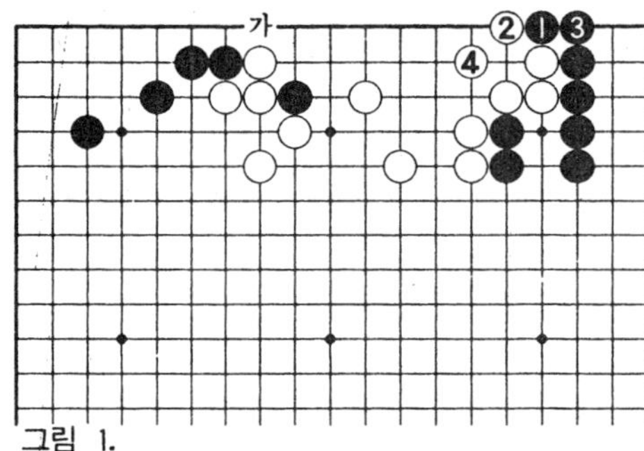

그림 1.

그림 1(우부터) 흑1, 3의 젖혀잇기는 우선 선수로 본다. 백4를 손빼기하면 흑4로 놓고 5집의 수가 남는다.

다만 이렇게 모양을 결정하면 흑가의 젖혀잇기가 선수로 되지 않는다.

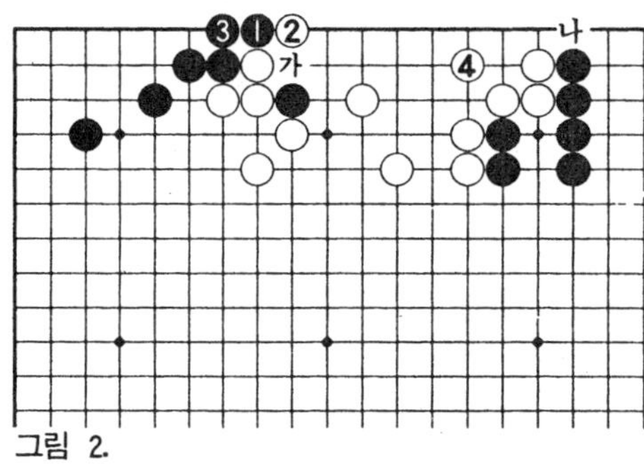

그림 2.

그림 2(좌부터) 흑1, 3쪽의 젖혀잇기면 백은 역시 4로 걸쳐 이어 양쪽을 지킨다. 흑가이하는 물론 성립되지 않고 백나의 선수를 남겼을 뿐 흑으로서는 앞그림보다 죄가 중한 모양이다.

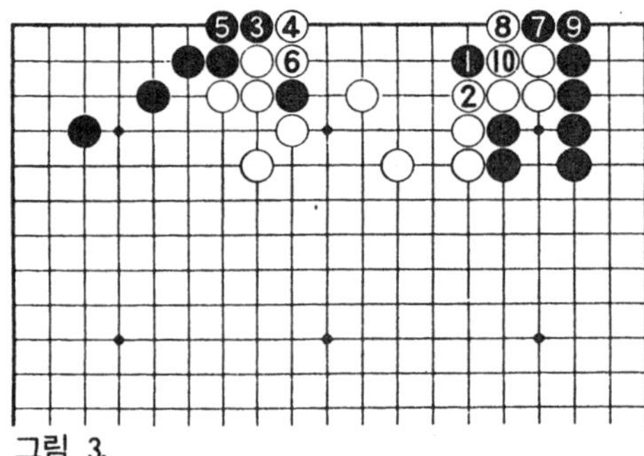

그림 3.

그림 3(흑1, 수법) 흑1로 먼저 들여다보고 나서 3, 5로 젖혀잇는다. 백은 6으로 이을 수밖에 없으므로 계속해서 흑7, 9의 젖혀잇기를 이용한다. 훌륭한 이중 이용처다. 흑3에서 먼저 7, 9는 흑3, 5가 작용하지 않는다.

선수 수습의 수법

선수 수습, 또는 상대의 선수를 막는 수습은 양 후수 수습의 약 2배의 집 수로 간주된다. 따라서 만일 선수로 수습할 수 있으면 설혹 후수보다 작은 수습 방식으로도 만족할 수 있고 또는 상대의 선수 수습을 약간의 고안으로 저지할 수 있다면 약간의 희생타는 마음에 걸리지 않는다는 것으로도 된다. 이 수법의 기본 원리는 간단하지만 요는 전국과의 관련에서 어떻게 행사하느냐일 것이다.

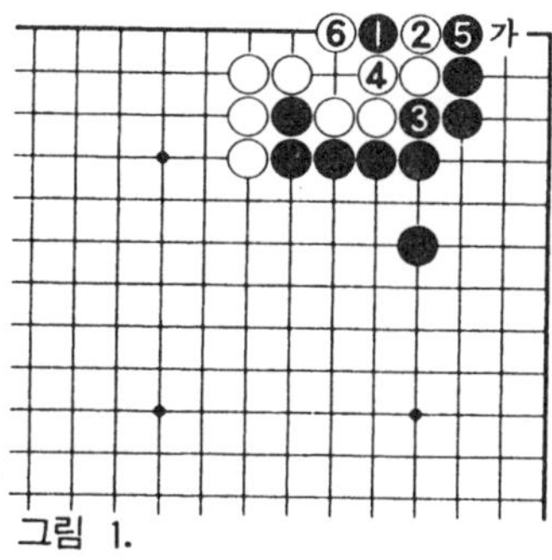

그림 1.

그림 1(놓기)　흑1로 놓고 백2로 차단시켜서 흑3, 5를 결정한다. 방치하면 백5, 흑가, 백2의 젖혀잇기가 대략 선수로 볼 수 있는 만큼 선수로 그것을 막으면 완전히 두집 이득인 셈.

백2에서 4, 흑2, 백6, 흑5면 흑은 후수이지만 그래도 흑2, 백1, 흑5보다 매우 이익이다.

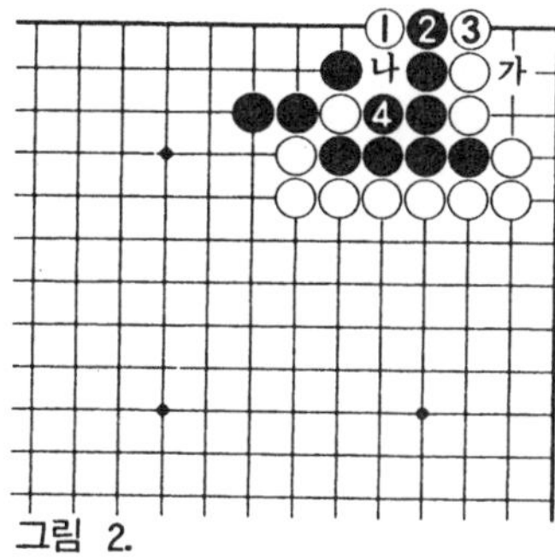

그림 2.

그림 2(놓기)　방치하면 흑가의 붙이기로 귀를 몽땅 교란 당할 참이므로 백1, 3으로 선수를 취하면 매우 잘된 일. 백1에서 2, 흑1, 백3보다 한집 손해지만 개의치 않는다.

흑2에서 나면 백2로 건너고 같은 후수라도 백1에서 2로 젖히는 모양보다 두집 이익으로 되어 있다.

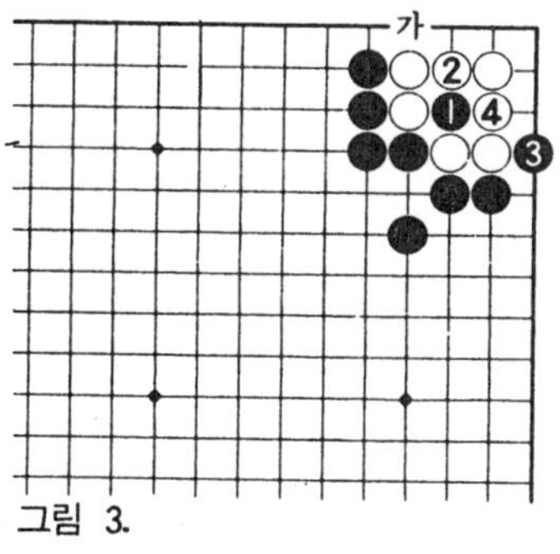

그림 3.

그림 3(들여끊기)　흑1로 들여끊고 백2면 흑3을 이용하고 백4면 흑가를 이용한다. 양쪽의 젖혀잇기가 선수로 간주된 것을 한쪽을 봉쇄해서 선수 4집의 이익을 거두었다.

수법의 활동으로 무로부터 4집의 이익이 생겼으니 크다. 양 선수이므로 완전히 4집 이익이다.

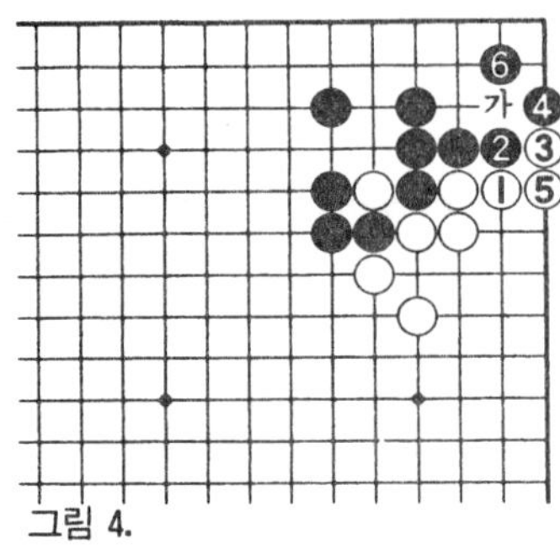

그림 4.

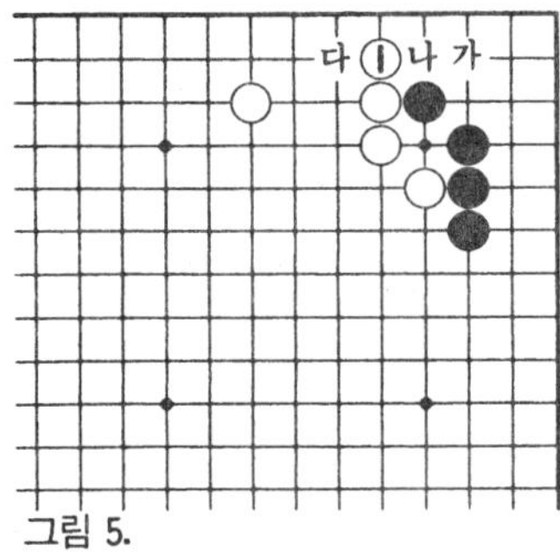

그림 5.

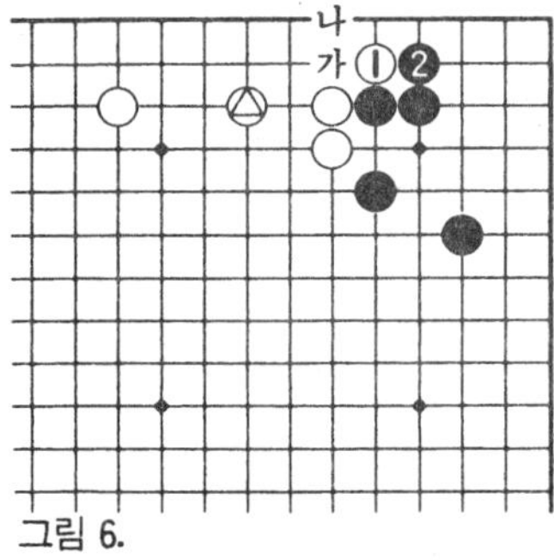

그림 6.

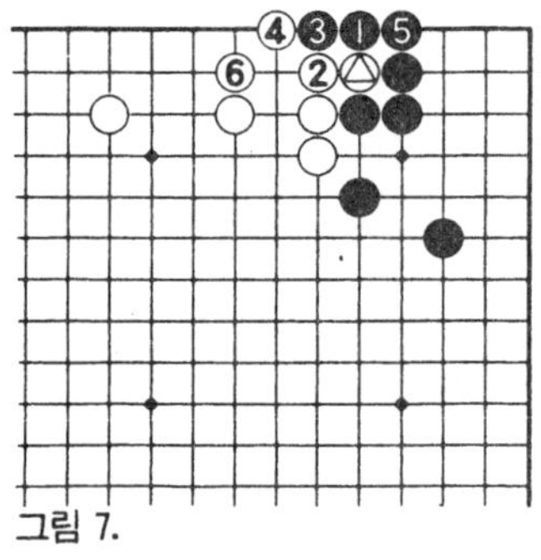

그림 7.

그림 4(처지기) 백1의 처지기가 이때의 수법. 다음에 백가의 뛰어들기가 크므로 흑2로 받는데, 백3, 5의 젖혀잇기가 권리로 된다.

백1에서 2, 흑가, 백1로 젖혀이어도 후수이고, 다음에 4의 젖혀잇기가 작용한다치고 처지기와의 차는 두집밖에 없다.

그림 5(처지기) 백1과 같은 처지기는 수습이기는 해도, 오히려 서반이나 중반에 둘 만큼 큰 수다.

방치하면 백가가 크고, 흑나로 받게 하면 이용처. 흑부터 1로 젖히고 백다, 흑나로 잇는 수습과 공격을 겸한 수를 선수로 지운 것이 된다.

그림 6(젖히기) 백1을 두지 않으면 흑1의 처지기부터 백가, 흑나의 젖혀잇기를 이용 당한다. 백1로 하나 젖히고 흑2로 바꾸어 놓으면 흑가의 끊어잡기는 후수. △이 잔뜩 활동하고 있다는 이치다. 백1과 같은 버릴 작정인 젖히기 하나를 「버림 젖히기」라고 한다.

그림 7(젖히기) 백의 버림 젖히기에의 흑의 대항책이다. 흑1로 밑부터 젖히면 이하 백6까지 선수다. 백2를 손빼기하면 흑2의 잡기는 아니고 4로 뛰어들어 크게 줄인다. 다만 이렇게 되어도 △의 젖히기 하나는 효과가 있어서 흑땅을 두집 적게 만들고 있다.

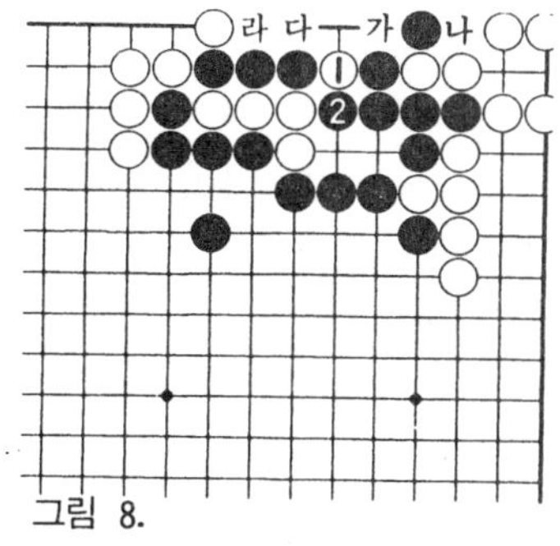

그림 8.

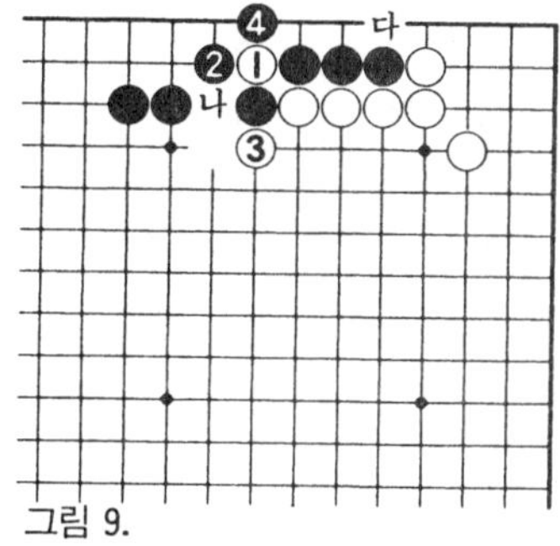

그림 9.

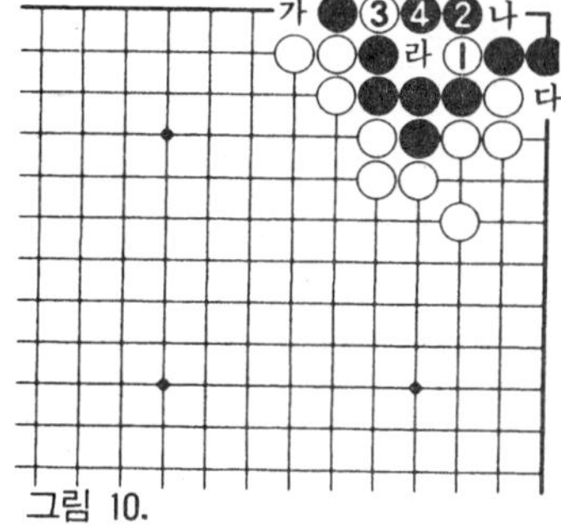

그림 10.

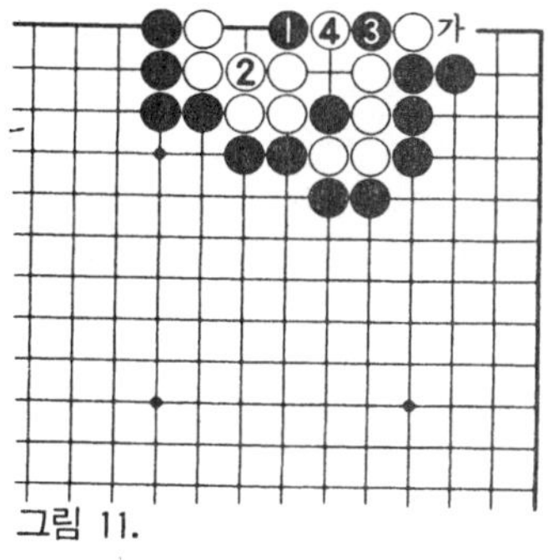

그림 11.

그림 8(들여젖히기) 백1의 들여젖히기를 하나 결정해 놓는 것으로 이미 일집 이득을 거두고 있다. 이 백1을 알아차리지 못하고 흑부터 시기를 보아 가에 잇기 당하면 백나에 잇지 않을 수 없고 나중의 백1에 흑다로 굽기 당한다. 백1에서 라는 흑다로 눌리울 참이다.

그림 9(들여끊기) 백1로 끊기를 넣고, 흑2면 백3으로 대는 수순이다. 단순히 백3으로 젖혀도 손빼기를 당할는지도 모르는 참이다. 백3부터 또 가로 뻗게 되면 백나도 작용한다.

흑2에서 나면 이번에는 백다를 이용해서 중앙은 백3으로 두지 않는다.

그림 10(던져넣기) 백1로 하나 들여끊고 흑2면 다시 한 번 3에 던져넣어 놓는다. 이 만큼 선수로 두는 것으로 상변이 흑가 이하로 공배가 채워졌을 때 나의 양 회두리를 보아 백다가 선수 한집으로 된다.

흑2에서 라면 백은 손빼기로 흑가를 둘 수 없다.

그림 11(붙이기) 흑1로 붙여서 공배 채우기를 강조하는 수법이 있다. 백2면 흑3으로 던져넣어 놓으면 백가의 기어잇기를 둘 수 없는 모양이다.

백2에서 4라도 마찬가지. 이대로 역시 백가로 둘 수 없다.

흑1에서 가의 누르기는 후수로 재미없다.

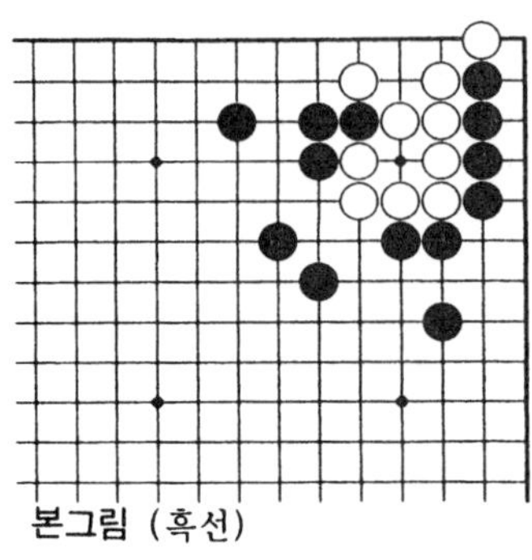

본그림 (흑선)

놓 기

알고 보면 간단. 알아차리지 못하면 만년 마찬가지일 것이다.

본그림은 『碁經精妙』에서 발췌.

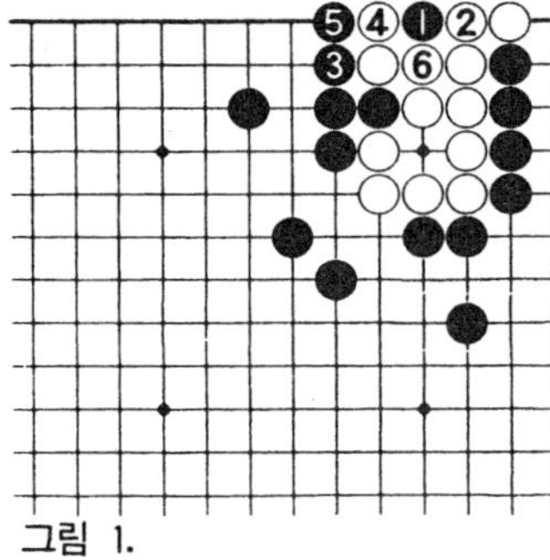

그림 1.

그림 1(흑1, 수법)　흑1로 지금 놓으면 먹여치기를 피해서 백2로 잇는다. 이 이용처를 흑3, 5의 선수에 작용시킨다. 백지는 三집, 흑은 누르기를 둘 이용하고 선수로 잔뜩 땅을 다쳤다.

눈에서 비늘이 떨어진 후에 보면 흑1은 매우 쉬운 수법이다.

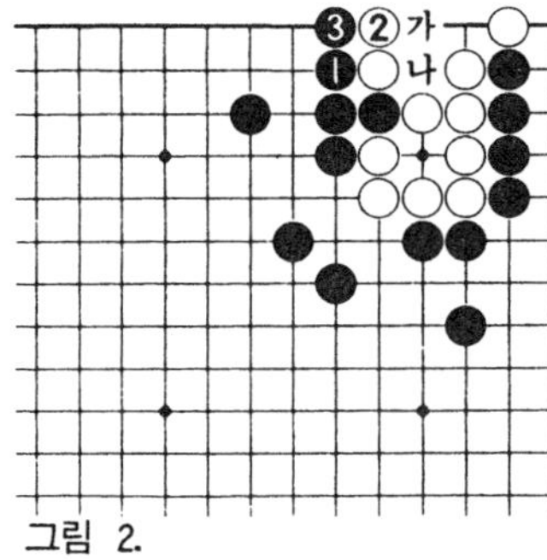

그림 2.

그림 2(후수)　단순히 흑1, 3으로 누르면 후수. 흑3을 두지 않으면 백3의 굽기가 선수 세집이 되어 큰일이 난다. 이렇게 해서 공배를 채운 후에 서서히 흑가로 대도 백나로 아무 일도 일어나지 않는다. 먼저 들여다보기를 작용시켜 놓지 않으면 의미가 없다.

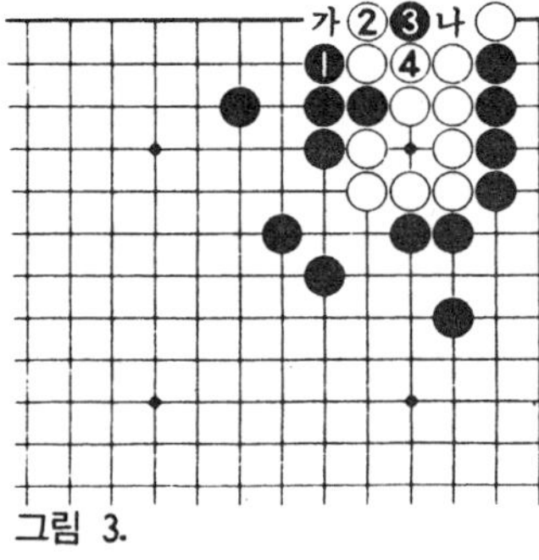

그림 3.

그림 3(수순)　흑1로 두어 버리면 가로 누르기 전 흑3으로 붙여도 백은 틀림없이 4로 받을 것이다. 흑1, 백2의 교환 없이 흑3에 백4면 흑나로 죽음이므로 수순이란 무서운 정도의 것이 있다.

흑3을 두어도 백땅 세집은 전혀 변하지 않는다.

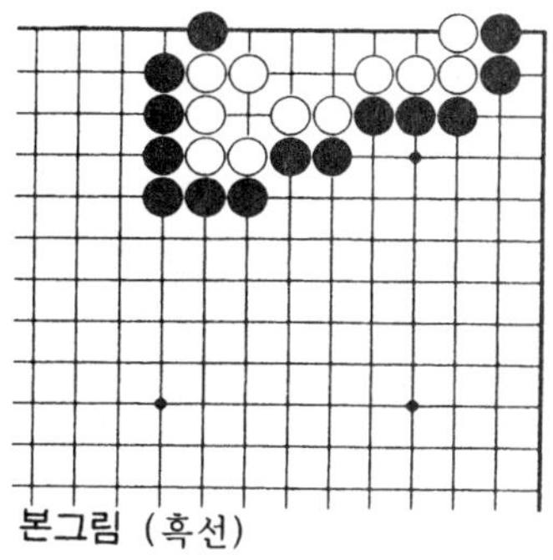

본그림 (흑선)

놓　기

백의 땅을 몇 집으로 계산해야 할까. 선수로 한집 이득인 수법이 있다. 본그림은 『官子譜』에서 발췌.

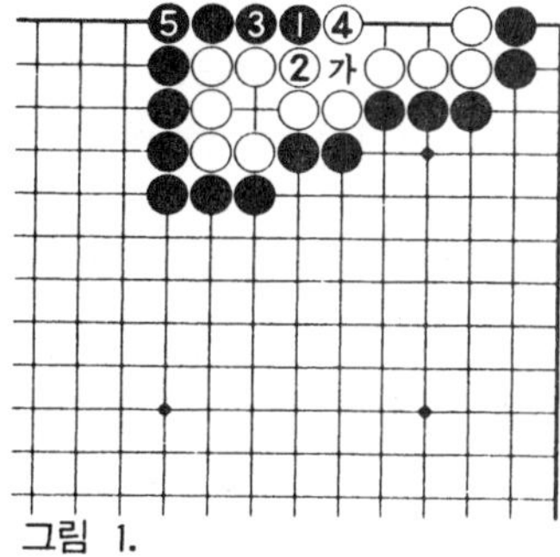

그림 1.

그림 1(후수)　흑1로 뛰어들면 이하 5까지로 되어 백땅은 4집이 된다. 그러나 이것은 후수이고 백부터 3으로 누를 확률이 크다고 보아야 한다. 수습 맥이긴 해도 계산 기준은 아님.
　그리고 백2에서 3의 차단은 무리. 흑가로 끊기워서 양 밀 수 없음의 백 죽음이다.

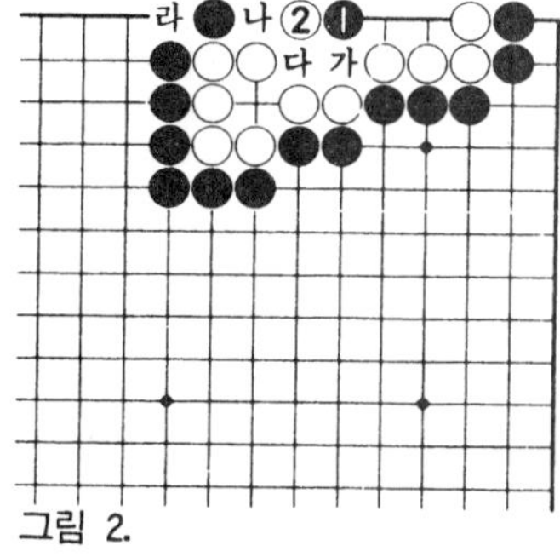

그림 2.

그림 2(흑1, 수법)　흑1로 하나 뛰어들고 백2로 바뀌어 놓는 수법이 있다. 백2에서 가는 흑나의 건너기가 있고 백2에서 다는 흑 그대로 백나로 누를 수 없는 모양으로 되어 있다.
　흑1, 백2를 일찍 결정해 놓지 않으면 백나, 흑라로 될 것이라고 간주되고 백의 땅은 7집이다.

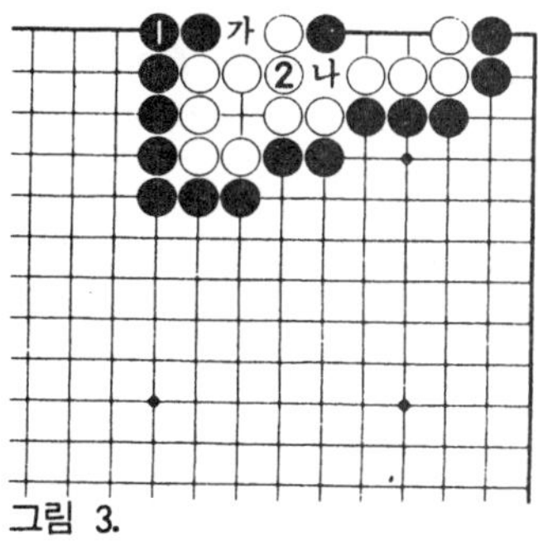

그림 3.

그림 3(이익인 이유)　앞그림 이후 둘 곳이 없어서 흑1로 이었다고 하자. 백2에서 가는 흑나로 궤멸이므로 백2로 지켜야 하고 백땅은 6집으로 감소되어 있다.
　수비 방식으로도 백2는 최선인데 이것을 그만 나라면 흑가의 단수까지 이용 당해서 5집으로 된다.

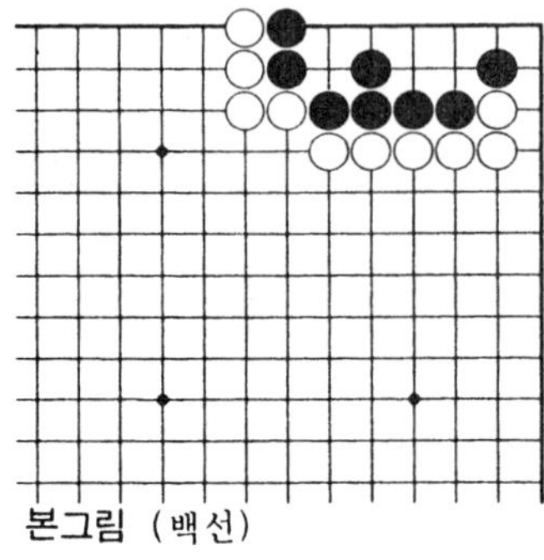

본그림 (백선)

놓 기

최대의 이익은 세심한 수순에 의해서 생긴다. 나중에는 작용하지 않는 이용처를 결정해 놓는 것으로 한집의 차가 생긴다. 본그림은 『碁經精妙』에서 발췌.

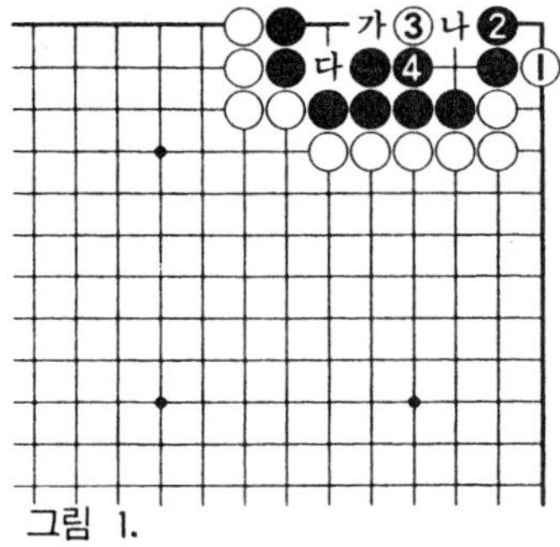

그림 1.

그림 1(흑땅 6집) 어렵지 않게 백1로 젖힐 것 같지만 흑2의 처지기로 받아 흑땅은 6집으로 되어 있다. 나중에 백3의 놓기는 흑4인데 백가면 흑나로 아무 일도 없다. 장래 밖 공배가 채워져도 흑의 손질은 가의 한수로 끝난다. 그리고 흑4에서 가는 백다로 큰 손해.

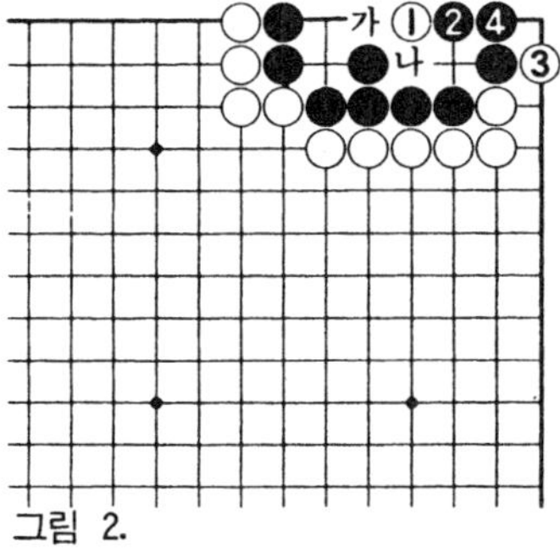

그림 2.

그림 2(백1, 수법) 먼저 백1로 놓고 흑2로 지키게 하고 나서 백3으로 젖힌다. 흑4로 지켜도 이 모양은 장래 가, 나의 두수 손질이 필요하므로 5집의 흑땅으로 감소되고 있다. 흑4에서 가로 두어도 백은 방치하고 5집의 땅에 변함이 없다. 수순의 묘료 한집 이를 낳았다.

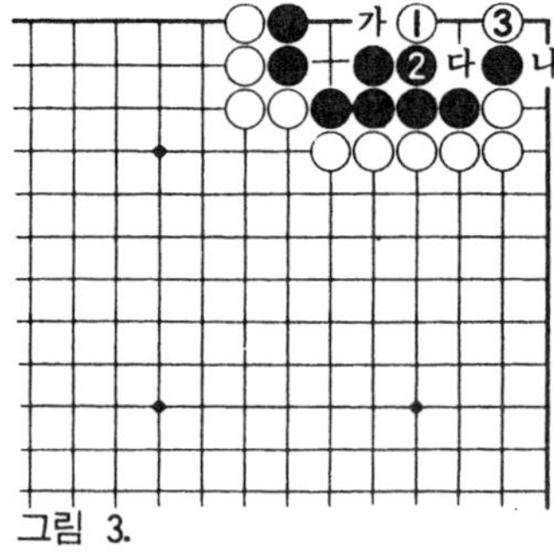

그림 3.

그림 3(4집 강) 백1에 흑2는 분발한 수인데 백3의 뛰어붙이기로 손해가 커진다. 이후 흑가, 백나, 흑다로 되어 흑땅은 4집 강. 한층 더 땅이 적어졌다.

흑2에서 나는 백가부터 다의 끊기를 노림 당해 무리이고 백1에는 앞그림의 받기가 무난하다.

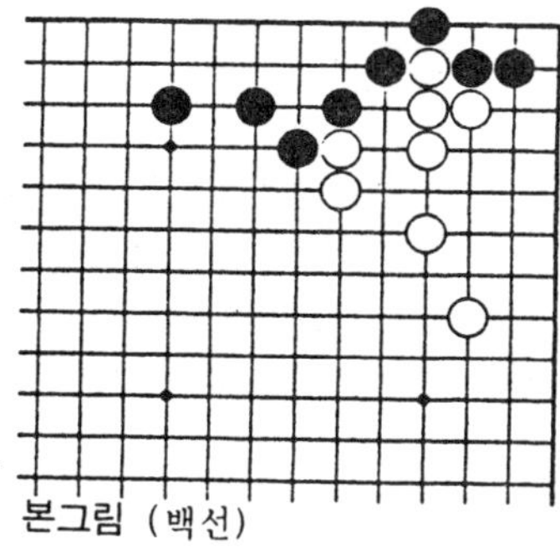

본그림 (백선)

붙이기

방치하면 흑부터 교묘한 수습 맥이 있어서 백지가 대폭 준다. 가능하면 선수로 저지해 놓고 싶다.

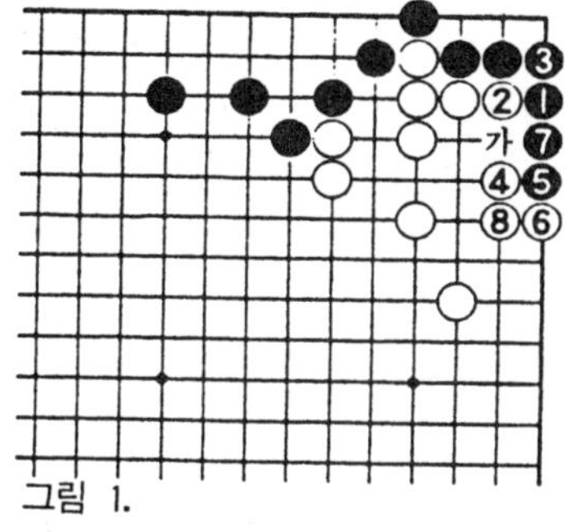

그림 1.

그림 1(흑부터는) 흑1의 마늘모가 절묘. 백2에는 흑3으로 추격되지 않고 이렇게 되면 백4로 후퇴해서 피해를 적게 해 놓을 수밖에 없다.

흑1에서 2로 굽고 백가, 흑7로 젖혀 이은 모양에 비해 이 수습 쪽이 두집 가량 이익이 되어 있다니 재미있다.

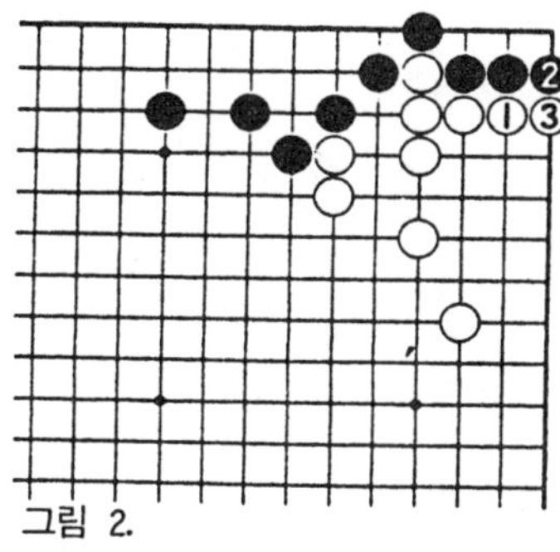

그림 2.

그림 2(후수) 따라서 백부터 1, 3으로 눌러서 저지해 놓는 것은 역 수습으로 크다. 앞그림에 비해 7집의 차가 있고 역 수습 7집이라고 하면 7집의 돌을 빵따내는 것과 같은 크기다.

그러나 후수라는 것은 약간 괴롭다. 선수로 수습하는 맥은 없을까.

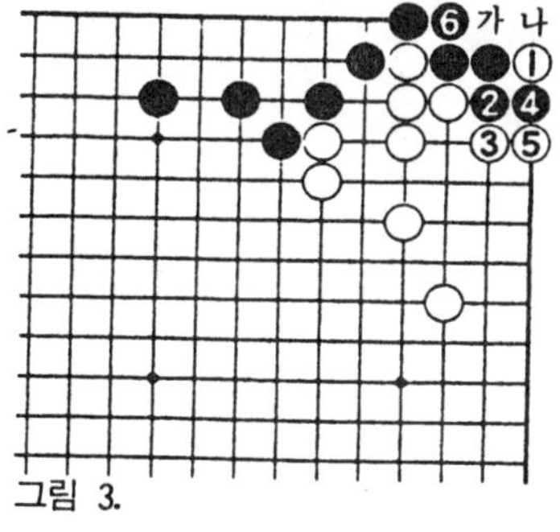

그림 3.

그림 3(백1, 수법) 백1의 코붙이기가 교묘한 수법이다. 흑2, 4로 나와도 백5의 누르기가 선수다. 흑6을 손빼기하면 백가의 패가 기다리고 있기 때문이다.

흑2에서 4는 백2로 끊고 흑나, 백6으로 던져 넣어 추격형. 흑6까지 앞그림보다 세집 손해지만 선수다.

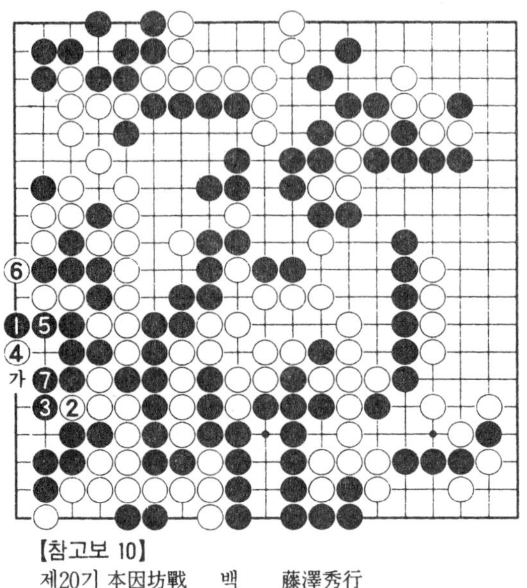

【참고보 10】
제20기 本因坊戰   백   藤澤秀行
   리그전   흑   山部俊郎

붙이기

약점을 지키기 전의 이용처한 방으로 선수를 취하는 수법이다. 중반에도 종반에도 널리 사용되는데 주도권을 탈환한다.

【참고보 10】
흑1로 뛰어 백6의 빼기를 재촉했을 때, 백2로 사석부터 나와 4의 붙이기가 결정되었다. 흑5에서 가면 백 손빼기. 같은 후수면 흑5, 7이 이롭다.

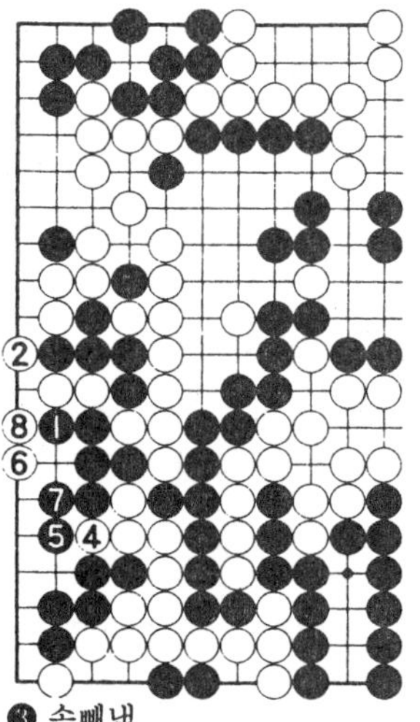
❸ 손빼냄

참고그림 1(공격해 잡기) 보의 뛰기에서 흑1로 대어도 백2의 빼기로 또 한수의 수비를 생략할 수 없다. 손을 빼면 백4부터 6으로 놓는 예의 맥이 있고 좌하의 백돌이 공격해 잡기로 된다.

❸ 손빼냄

참고그림 2
(살기) 흑1에는 백2의 빼기는, 이번에야말로 손빼기를 당한다. 백4부터 6, 8로 놓아도 흑 9로 살기다. 백 4에서 5로 놓으면 집모양은 뺏을 수 있지만 그것은 수순이 달라서 백 이길 수 없다. 흑의 이런 노림수는 보의 백2의 수법으로 그림의 떡이 되었다.

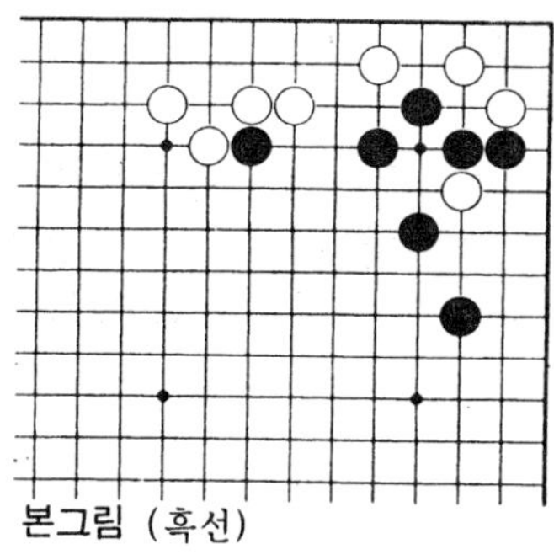

본그림 (흑선)

붙여넘기

수순을 다해서 상변의 백지를 좁힌다. 엷은 모양을 철저하게 추궁하면 의외의 큰 수습이 될 것이다. 본그림은 『碁經精妙』에서 발췌.

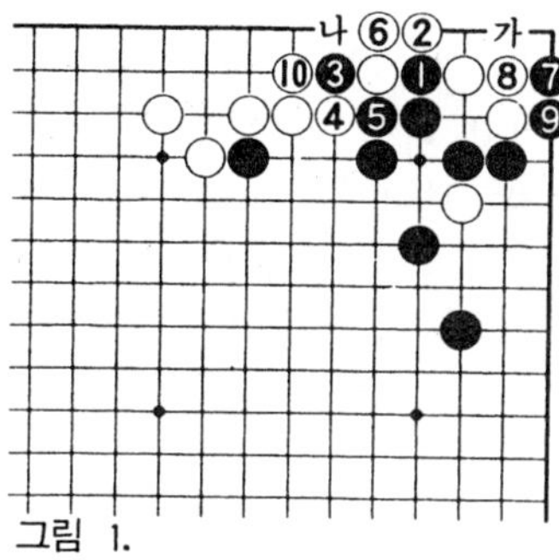

그림 1.

그림 1(흑3, 7, 수법) 흑1의 나오기부터 우선 3의 붙여넘기가 중요한 수법. 백6까지 결정하고 다음에 흑7로 마무리한다. 백8에서 9는 흑8, 백가, 흑나 이하 맞공격 패배가 되는 것을 확인하기 바란다. 또 백8에서 10으로 후퇴를 서두르면 흑8로 들여대어 귀를 반대로 흑땅으로 만든다.

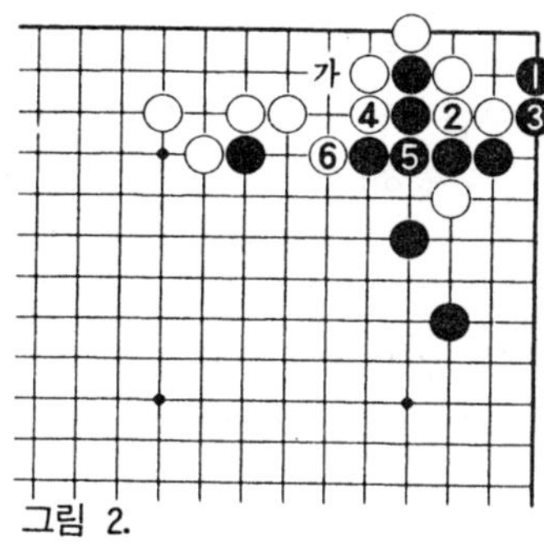

그림 2.

그림 2(결정하기 실패) 붙여넘기를 결정하려다가 실패하고 흑1의 놓기는 백2로 불평해서 양쪽을 지키는 맥이 있다. 흑3이면 백4, 6인데 〈그림 1〉보다는 백이 퍽 좋다.

또 흑3 앞에 4로 불평하면 백가로 받고 이번에는 흑3으로 건너기 당해도 손을 뺄 수 있다.

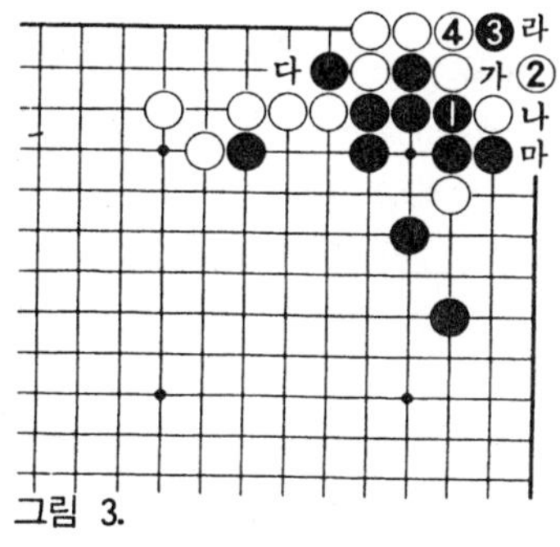

그림 3.

그림 3(임의 읽기) 〈그림 1〉의 흑7에서는 1부터 두는 수도 있을 듯하지만 백2의 선방을 만나 손해를 본다. 백2에서 가면 흑나를 젖혀서 백2로 누를 수 없으므로 백다, 흑2로 본 것은 임의 읽기였던 셈이다. 이후 흑가, 백라, 흑가도 재차 던져넣고 나서 흑마지만 〈그림 1〉보다 두집 강의 손해.

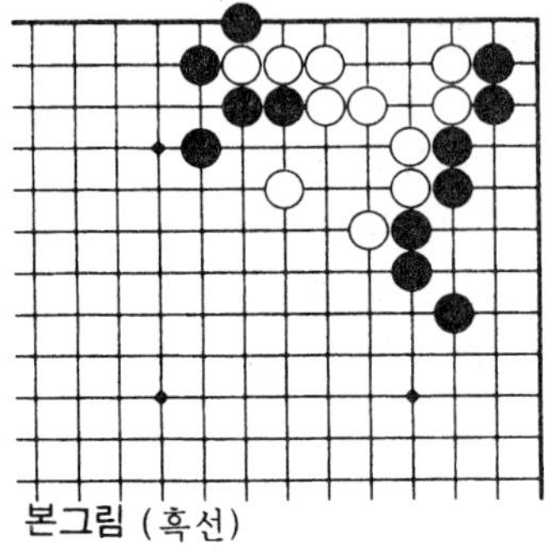

본그림 (흑선)

협공붙이기

상변의 백지를 어떻게 수습할까. 가능하면 선수로 백부터의 큰 수습을 막아 놓고 싶다. 본그림은 『碁經精妙』에서 발췌.

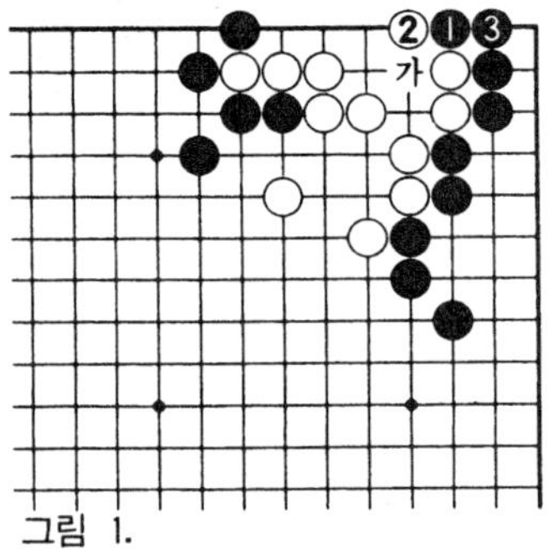

그림 1.

그림 1(젖혀잇기)　흑1로 젖혀이으면 보통이고 다음 가의 끊기를 보고 있다. 백3의 젖히기와 비교하면 7집에 가까운 큰 수습이다. 물론 백은 3으로 젖히는 수습을 잃은 일로 이곳을 당장 둘 마음은 없다. 가의 권리를 5푼으로 보아 7집이다.

흑 후수.

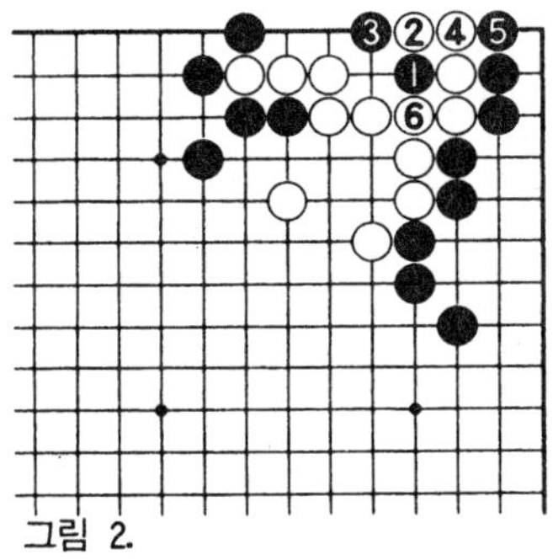

그림 2.

그림 2(흑1로 협공붙이는 수법)　흑1로 협공붙이는 수법이 있다. 백2, 4면 흑5를 분명히 이용해서 선수. 5의 점에 젖히는 큰 수습을 선수로 지운 일에 만족한다. 백4에서 5로 젖히면 패인데 과연 무리라는 것이다.

흑3에서 5는 역시 백 손빼기다.

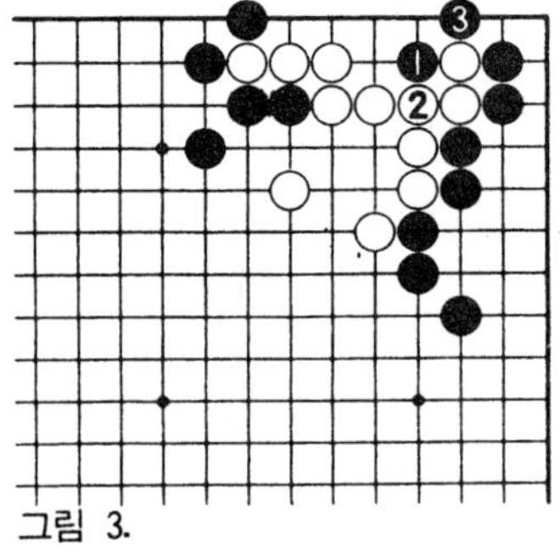

그림 3.

그림 3(한수 이익)　백2의 잇기면 흑3으로 건너고 〈그림 1〉과 두집 차는 있지만 이 모양은 〈그림 1〉과 한수가 틀린다. 즉 〈그림 1〉은 이후 상변에서 다시 한번 후수 두집의 수를 둔 것으로 되어 있다.

7집 수습이 문제되는 시기에 두집 수습을 두면 얘기가 되지 않는다.

504

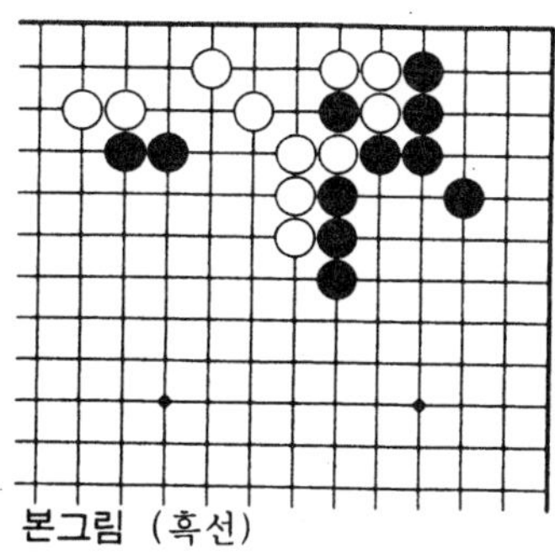

본그림 (흑선)

젖혀내기

백의 선수 젖혀잇기를 봉쇄하는 수습이다. 약간의 희생은 돌아보지 않는다. 본그림은『碁經精妙』에서 발췌.

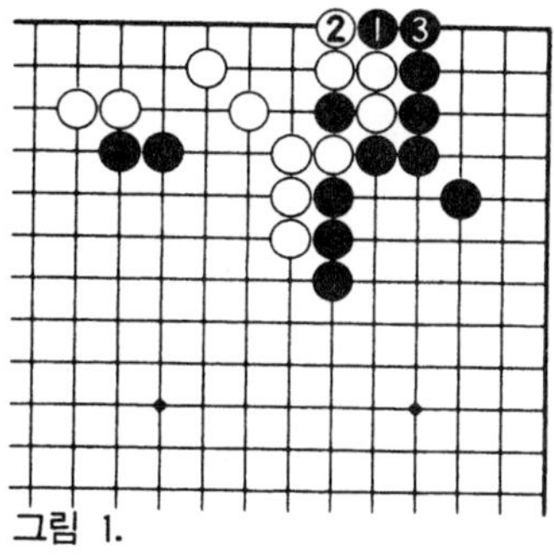

그림 1.

그림 1(젖혀잇기) 흑1, 3의 젖혀잇기는 후수. 그러나 백부터 젖혀잇기를 두기 당하면 선수이므로 단순한 후수가 아니고 역 선수의 수습이다.

백부터 두기 당한 모양과 비교해서 흑땅 두집은 양 후수 6집에 해당된다. 그러나 이것으로 만족하면 공배다.

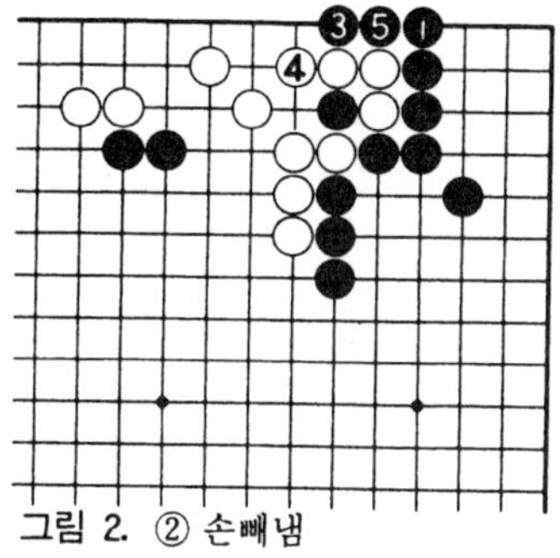

그림 2. ② 손빼 냄

그림 2(처지기) 같은 후수를 맞는다면 흑1로 처져 놓은 편이 낫다. 백이 손빼기하는 것으로 치고 다음에 흑3의 붙이기를 노릴 수 있고 5로 건너서 석집 이익을 더한다. 흑1에 곧 백5면 선수이기 때문이라는 일없음. 흑3에서 4의 젖혀내기는 백3으로 처지기 당해 잘 안 된다.

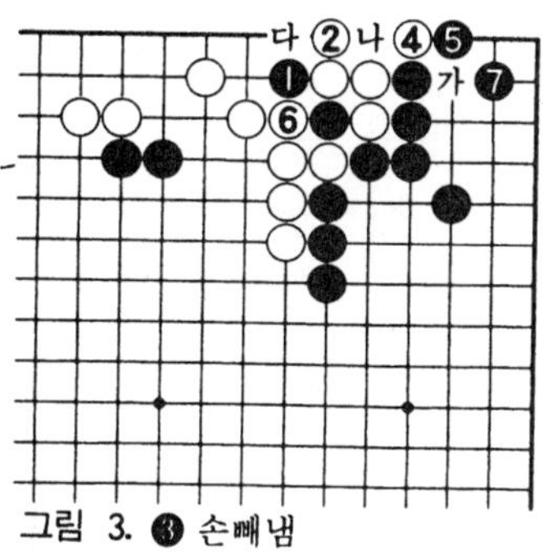

그림 3. ❸ 손빼 냄

그림 3(흑1, 수법) 흑1로 시초부터 젖혀내면 백은 2로 받는다. 흑은 이대로 방치하고 백4, 6에 패를 이길 수 없고 흑7로 사양해도 이미 한집 강의 이익을 얻고 있다. 백도 6에서 가의 끊기는 무리. 백2에서 6, 흑2, 백나, 흑4, 백다는 흑의 이상형인데 백의 젖혀잇기를 봉쇄해서 두집 이득.

505

```
판 권
본 사
소 유
```

기본수법사전(下)

2016년 2월 5일 1판 7쇄 발행

저　자 : 藤澤秀行
옮긴이 : 김　홍　순
발행이 : 김　중　영
발행처 : 오성출판사

서울시 영등포구 영등포6가 147-7
TEL : (02) 2635-5667~8
FAX : (02) 835-5550

출판등록 : 1973년 3월 2일 제 13-27호
http://www.osungbook.com

※파본은 교환해 드립니다
※독창적인 내용의 무단 전재, 복제를 절대 금합니다.